U0922444

SHIJIAZHUANG YEARBOOK

石家庄市人民政府编

河北人民出版社

图书在版编目（CIP）数据

石家庄年鉴．2011/石家庄市人民政府编．—石家庄：河北人民出版社，2011.12
ISBN 978-7-202-06029-2

Ⅰ．①石… Ⅱ．①石… Ⅲ．①石家庄市—2011—年鉴 Ⅳ．①Z522.21

中国版本图书馆CIP数据核字（2011）第225711号

书　　名　石家庄年鉴2011
编　　者　石家庄市人民政府

责任编辑　杨永林
美术编辑　于艳红
责任校对　付敬华
版式设计　速诺传媒
封面设计　王　鹏
翻　　译　李书清

出版发行　河北人民出版社（石家庄市友谊北大街330号）
印　　刷　济南黄氏印务有限公司
开　　本　889×1194毫米 1/16
印　　张　46
字　　数　1 234 000
版　　次　2011年12月第1版　2011年12月第1次印刷
印　　数　1-3 000
书　　号　ISBN 978-7-202-06029-2/Z·155
定　　价　300.00元

石家庄市地方志编纂委员会

高新城　市人社局局长

徐拥政　市统计局局长

刘月照　市民政局局长

卢长锁　市科学技术局局长

韩保来　市教育局局长

李耀峰　市文化广电新闻出版局局长

唐　青　市体育局局长

田嘉一　市商务局局长

张　炬　市环境保护局局长

曹新华　市工商行政管理局局长

梁传刚　市国家税务局局长

马提福　市地方税务局局长

王孟新　市地方志办公室主任

《石家庄年鉴》终审

张妹芝　李　清　郭广生　张　业　郎金国　赵志敏

《石家庄年鉴》

主　　　编：王孟新

副　主　编：刘建洲　黄俊清　武光宇

编辑部主任：薛鹏飞

责 任 编 辑：（按承编顺序为序）

徐陈卫：特载、县（市）区概况、文献法规

薛鹏飞：要事辑录

郭尚武：大事记

肖海军：石家庄综述、工业、城乡建设与环境保护、信息产业、国内外贸易・旅游

王建峰：公共管理和社会组织

石玉杰：社会团体、政法、军事

彭连忠：农业、交通运输、金融、综合经济管理

赵振献：科学技术、教育、文化、卫生・体育、社会生活

苟志俊：图照、人物

韩　芳：统计资料

编辑说明

一、《石家庄年鉴》是石家庄市人民政府主办的一部全面记述石家庄市市情的权威性大型综合性地方年鉴。本年鉴自1993年始，逐年编纂出版，向国内外发行。

二、本年鉴以邓小平理论、“三个代表”重要思想和科学发展观为指导，如实记录上一年度石家庄市政治、经济、军事、文化、科技、教育等方面的情况，充分反映各行各业取得的成就，客观记述改革和建设中的经验与教训，是各级领导和机构实施决策的重要依据，是国内外了解石家庄最准确、最权威的资料性文献。

三、本卷为2011年卷，总第16卷，着重记述2010年度经济社会发展情况。本年鉴采用分类编纂法，由类目、分目、条目三部分组成。共设特载、要事辑录、大事记、石家庄综述、公共管理和社会组织、政法、军事、农业、工业、城乡建设与环境保护、交通运输、信息产业、国内外贸易·旅游、金融、综合经济管理、科学技术、教育、文化、卫生·体育、社会生活、县（市）区概况、人物、文献法规、统计资料等24个类目。条目统一用黑体字加【】表示。记述时间月日未标注年份均为2010年。为反映工作实际，记述占地、耕地面积有的使用“亩”，其余均采用国家规定的法定计量单位。

四、年鉴组稿采取部门供稿与责任编辑采编相结合的方式。市直各部门，各县（市）区政府及有关单位均指定专人撰写，并经主管领导审核。

五、本年鉴数据一般截至2010年底，个别事情记述上限适当追溯，下限稍有延长，以供读者了解发展脉络。全局性数据以石家庄市统计局提供的数据为准。统计资料由市统计局提供。因统计口径等原因，有关部门提供的个别数据与统计资料中的数据不尽一致，采用时请予注意。

◆ 2010年3月29日，中共中央政治局常委李长春在西柏坡学习考察。

◆ 2010年6月24日，中共中央政治局常委、国务院副总理李克强到西柏坡学习考察。

◆ 2010年2月2日，中共中央政治局常委、中央政法委书记、中央综治委主任周永康到西柏坡学习考察。

◆ 2010年9月9日，中共中央政治局委员、中央军事委员会副主席、中华人民共和国中央军事委员会副主席郭伯雄（前排中）到西柏坡学习考察。

◆ 2010年6月19日，中共中央军事委员会委员、中华人民共和国中央军事委员会委员、国务委员兼国防部部长梁光烈（中）在中共河北省委书记张云川（二排左一）陪同下到西柏坡学习考察。

◆ 2010年4月26日，省委书记张云川、省长陈全国出席西柏坡高速公路（高庄至北沟段）开工奠基仪式。

◆ 2010年9月17日，中共河北省委常委、市委书记孙瑞彬（左五），市长艾文礼（右四）等领导参加石家庄市综合商务中心奠基仪式。

石家庄市教育局

市教育局党组书记、局长 韩保来

石家庄市现有学校、幼儿园3074所，在校学生、幼儿165万人，教职工11万人，专任教师9.44万人，其中义务教育阶段在校生98.58万人，专任教师 6.53万人。近年来，市教育局坚持以打造“现代一流、人民满意的省会教育”为目标，紧紧抓住“管理和质量”这个核心，创新举措，努力把每一所学校管理好，把每一所学校的办学质量提高上去。全市学前三年毛入园率达到88.3%，提前超额完成全国到2020年学前三年毛入园率达到70%的目标；义务教育均衡发展创出经验，被国家教育部命名为首届全国义务教育均衡发展工作先进地区；普通高中优质教育覆盖面全省领先，高中阶段毛入学率达到87%；职业教育校企合作不断深化，办学特色彰显，职业技能大赛获奖面位列全省第一；民办教育健康发展；地方高等教育规模、质量同步提高。素质教育全面推进，教育质量稳步提高，教育国际化进程明显加快，教育活力不断增强，为石家庄率先建设教育强市、实现教育现代化奠定了坚实基础。

市委书记孙瑞彬实地调研山区教育扶贫工程

教育部第41期高中校长研修班到我市进行教育考察

省政协副主席王玉梅等考察我市教育工作

2010年教师节座谈会

局长韩保来作客行风热线

副市长张妹芝视察高中教育工作

河北省网络示范区启动仪式

石家庄市人口和计划生育委员会

国家人口计生委副主任江帆在石家庄市考察

副省长孙士彬观看人口计生题材现代坠子戏《女儿情》后亲切会见演职人员

市委副书记刘云峰在基层调研军民共建人口和计划生育工作

副市长张妹芝在全国人口宏观管理与决策信息系统一期应用现场会上做典型发言

国家计生协常务副会长潘贵玉在石家庄市考察

石家庄市人口和计划生育委员会在市委、市政府的领导下，坚持以科学发展观为统揽，以创先争优为动力，紧紧围绕“低生育水平得到持续稳定，统筹解决人口问题得到有效解决，计生家庭得到更多实惠，人口计生事业得到创新发展”的工作目标，抓重点求突破，抓服务惠民生，抓创新求发展，抓队伍强素质，人口计生各项工作取得明显成效，圆满完成省委、省政府下达的人口和计划生育责任目标，多项工作在全省乃至全国创出经验。2010年，石家庄市先后被国家确定为“人口和计划生育综合改革示范市”、“婚育新风进万家活动示范市”和“流动人口均等化服务试点城市”，被省委、省政府授予“十一五完成人口计生责任目标优秀奖”；市人口计生委被市委、市政府授予“精神文明先进单位”和“普法工作先进单位称号。

市人口计生委主任、市计生协常务副会长李志宏在藁城调研人口早教工作

石家庄市工业和信息化局

市工业和信息化局党组书记、局长 吴飞

石家庄市工业和信息化局是2009年10月市政府机构改革新组建的部门。主要职责是：拟订工业行业规划和产业政策并组织实施；研究提出全市工业发展战略；组织协调工业行业经济运行中的有关重大问题，研究提出促进工业经济运行方面的政策建议；按市政府规定权限，审批、核准、备案市规划内和年度计划规模内工业、信息化固定资产投资项目；负责工业节能、资源综合利用和清洁生产促进工作；负责煤电油气运等生产要素的调度协调和工业经济运行的日常预测、监测；负责城区工业企业搬迁改造、企业对标、淘汰落后产能等工作；负责全市中小企业和民营经济的宏观指导、综合协调；负责全市发展中小企业、民营经济的扶持政策、中小企业产业集群发展规划及政策、全民创业政策的制定及组织实施；统筹推进全市信息化工作，组织拟订相关政策并协调信息化建设中的重大问题指导协调电子政务发展；负责协调维护全市信息安全和信息安全保障体系建设，承担跨部门、跨地区和重要时期的信息安全应急协调工作，负责国防信息动员工作；承担市政府减轻企业负担领导小组办公室、市民营经济领导小组办公室、市电力办公室、市工业50强领导小组办公室等方面工作。

全省县域工业企业对标培训暨石家庄特色产业对标培训启动仪式在辛集市举行

召开2010年度工作总结会议

召开市医药工业“三年滚动发展”规划专家咨询会

石家庄市入围2010中国城市信息化50强

成功举办河北省暨石家庄市对标工作现场交流会

石家庄市在2010河北国际信息产业周上取得丰硕成果

市工业发展“十二五”规划通过专家评审

石家庄市人力资源和社会保障局

市人力资源和社会保障局局长高新城陪同原人力资源和社会保障部副部长张小建到市人力资源开发服务中心视察

石家庄市人力资源和社会保障局在市委、市政府的领导下，紧紧围绕促进经济发展方式转变、保持经济平稳较快发展这个核心，坚持以民生为本、人才优先为主线，积极开展各项人力资源和社会保障工作。2010年，全市城镇新增就业10.2万人，其中下岗失业人员再就业4.4万人，城镇登记失业率为3.82%，控制在省下达的4.5%以内。年内全市完成或超额完成社会保险扩面任务，提高了城镇职工医保和居民医保住院费用报销比例；企业退休人员人均月增资133.08元；实现农村劳动力转移就业33.6万人。全市引进各类人才20470名，其中高层次人才601人；新培养技师、高级讲师1500名；完成职业技能鉴定7.2万人；完成引智项目17个；还聘请21名外国专家来我市进行了技术指导。加强公务员队伍管理，认真做好了公务员省市县乡四级联考、年度考核奖惩和培训工作。事业单位人事制度改革完成岗位设置审批和事业单位公开招聘工作，事业单位全员聘用制已实行聘用单位6310个，聘用人员17.2万人，占事业单位总人数的94%。军转安置工作共接收军转干部421人，随调随迁家属16名，对所有军转干部进行了全员适应性培训和专业培训。启动用工备案制度，加大劳动监察执法，全年受理劳动争议案件2738件，为2.5万名劳动者追发工资6645万元,有力地促进了全市社会和谐稳定。2010年，市人力资源和社会保障局荣获全市普法先进集体，市劳动监察大队荣获全国人力资源社会保障系统2008～2010年度优质服务窗口单位。

2010年1月13日，全国就业援助月启动仪式在石家庄市举行

2010年3月30日，河北省2010年大型劳务洽谈会启动仪式在石家庄市举行

2010年3月2日，石家庄市人力资源和社会保障会议在石家庄市举行

石家庄市劳动就业服务局

市劳动就业服务局局长安蔚在2011年石家庄市全民就业援助月启动仪式上接受采访

“十一五”以来，石家庄市就业服务工作以稳定就业、扩大就业以及以创业促进就业为出发点和落脚点，经过全市就业服务战线同志们的共同努力，各项就业服务工作取得长足发展，为我市就业局势稳定和社会经济平稳发展做出了重要贡献。一是人力资源市场功能不断完善，服务水平快速提升。二是搭建了全省首家“一条龙”、“一站式”的创业服务平台，可为创业者提供从培训到实施创业的全程化服务。三是小额担保贷款工作实现历史性突破。从2007年10月担保中心成立至2010年底，三年多来，全市共放贷4153笔、3.8亿元，直接扶持下岗失业人员11718人，间接带动就业33956人。四是农村劳动力转移就业工作成效显著。“十一五”期间，全市完成农村劳动力向非农产业转移就业163.5万人，其中劳务输出46.1万人，为促进社会主义新农村建设和城乡经济社会全面协调发展做出了积极贡献。五是多形式、多渠道开展就业援助活动，为就业困难群体就业创造条件。“十一五”期间，全市共举办就业援助招聘会381场，有13335家企业进场招聘，提供就业岗位20多万个，达成就业意向12万余人。六是失业保险工作步入科学化、规范化轨道。“十一五”期间，全市征缴失业保险金17.25亿元，支出13.96亿元；全市共接收失业人员65160人，发放失业金46959.84万元，失业保险待遇发放率达到100%。

2011年是“十二五”规划开局之年，市各级就业服务部门将继续加强自身建设，努力提高服务能力和水平，为全市社会经济发展做出新的贡献！

人社部部长尹蔚民参观创业成果展示

人社部副部长张小建参观省会创业指导中心

市委书记孙瑞彬参观创业成果展示

市长艾文礼参观创业成果展示

常务副市长栗进路、副市长刘明轩听取就业援助活动汇报

石家庄警备区

警备区召开常委扩大会会议，研究部署非战争军事行动能力建设试点任务

组织省会征兵宣传日活动，营造关心国防建设、踊跃报名参军的浓厚社会氛围

组织官兵参观西柏坡纪念馆，接受革命传统教育

在非战争军事行动能力建设试点任务中，民兵钢桥架设分队正在组织训练，非战争军事能力建设试点任务完成出色，受到军地各级充分肯定

组织官兵进行冬季适应性训练，练习走、打、吃、住、藏本领

组织官兵到西柏坡七届二中全会旧址，重温入党誓词

石家庄市司法局

市司法局党组书记、局长、市劳教所党委书记、第一政委　王建国

近年来，全市司法行政工作在市委、市政府和上级司法行政机关的领导下，坚持“围绕中心、服务大局、贴近民生、构建和谐”的指导思想，按照“整体推进，重点突破，科学发展，追求卓越”的总体思路，充分发挥法制宣传、法律服务和法律保障的职能作用，全力服务经济社会发展，维护社会和谐稳定，取得了明显成效。全市司法系统先后有126个集体、316名个人受到中央、国务院有关部委和省、市有关部门的表彰。市司法局被中宣部、司法部和全国普法办评为全国“五五”普法中期验收先进集体、“五五”普法先进单位，被司法部评为“抗震救灾工作先进集体”、“国家司法考试先进集体”、“人民调解宣传工作先进集体”、“第三届全国法律援助先进单位”；市农民工法律援助中心被司法部评为“全国法律援助先进集体”；市劳教所被司法部授予“部级现代化文明劳教所”；市少保中心被确定为“中国关工委石家庄少年儿童保护教育基地”；市太行公证处被全国公证员协会评为“全国公证行业文明公证处”。市司法局还被河北省司法厅评为“奥运安保先进集体”、“国庆安保先进集体”；连续多年被省司法厅评为“实绩突出单位”；被省司法厅荣记集体二等功。《法制日报》头版头条以《创新发展是不变的主题》为题，系统报道了我市司法行政工作的发展和创新。北京、上海、天津、广州、江苏、浙江、安徽、河南、陕西、吉林等45个省、市的有关单位到我市参观学习。国家和省、市多家媒体刊登我市司法行政工作经验980多篇。石家庄市的司法行政工作在全国产生了广泛的社会影响。

司法部部长吴爱英到我市视察司法行政基层工作

司法部副部长张苏军视察石家庄市普法工作

司法部副部长郝赤勇视察我市社区矫正工作

举行最美帮大哥　最美帮大姐金牌人民调解员颁奖仪式

石家庄市首届律师运动会开幕式

市司法局机关干部参加全市政法系统庆“七一”文艺汇演

中央政治局委员、中央政法委副书记王乐泉在省市领导的陪同下到市少保中心视察

省司法厅厅长李益民、市委政法委书记张铁力视察“12·4”普法宣传活动

市司法局领导深入创先争优活动联系点调研

市司法局领导深入创先争优活动联系点调研

中国关工委少年儿童保护教育基地在我市少保中心举行揭牌仪式

红领巾模拟法庭的小法官们在普法节上公开审理《商店老板私自向未成年人售烟一案》

普法形象大使王宝强到石家庄市中学普法

少保中心孩子在春节联欢会上表演千手观音

开展法律宣传服务活动

石家庄市司法局举办建局三十周年座谈会

石家庄市供销合作总社

中华全国供销合作总社党组书记、理事会主任李成玉（前排左三）率全体班子成员到石家庄市视察指导工作。省委常委、市委书记孙瑞彬陪视察同

2010年6月9日，省委常委、纪委书记臧胜业（前排左三）等省领导到正定国际物流园视察，副市长张殿奎（前排左二），省供销社党组书记、理事会主任张彦惠（前排左五）等陪同视察

近年来，市供销社紧紧围绕市委、市政府的决策和部署，以科学发展观统揽全局， 大力实施项目、网络“双轮驱动”战略，深入推进网络立社、项目强社、富农兴社、机制活社、名牌亮社五大攻坚战，加快转型升级和跨越发展，供销合作事业呈现出蓬勃向上的发展局面。

实施“网络立社”攻坚战，消费环境焕然一新。按照“配送进区域、超市进城镇、网点进社区”的发展思路，升级改造六大现代流通服务网络。六大骨干商品经营网络覆盖了全市85％的行政村，为农民提供质优价廉商品34.8亿元，推销农产品14.7亿元，规范了农村市场经营秩序，改善了农村商业面貌，促进了农村商品流通。实施“项目强社”攻坚战，产业结构焕然一新。把项目强社作为优化经营结构、转变发展方式、增强自身实力的重要举措。全系统累计完成投资 9.03 亿元，谋划和建设项目62个，其中列入国家、省、市重点项目5个。正定国际物流园、 北方农产品物流中心、再生资源回收利用体系、石家庄国际会展中心等重点项目取得突破性进展，产业带和企业群初具规模，合作经济焕发生机和活力。实施“富农兴社”攻坚战，服务功能焕然一新。2010年，全市共有各类专业社752家，各类行业协会143家，入社农户11.5万户，辐射带动24.1万户，助农增收1.2亿元。市供销社注重发挥网络、人才、技术、信息等优势，打造了农民生产生活服务平台、农村金融服务平台和信息服务平台，在提高农民组织化程度、推进农业结构调整、帮助农民增收致富等方面做出了积极贡献。实施 “机制活社”攻坚战，体制机制焕然一新。按照“两个体系、一个中心”的改革目标，深化县级社综合改革，加快推进基层社和社属企业改革，进一步激发了系统发展活力。实施“名牌亮社”攻坚战，

正定国际物流园项目（一期）工程奠基仪式

中华全国供销合作总社党组书记、理事会主任李成玉（左一）听取市供销社党委书记、理事会主任毕凤鸣（右一）工作汇报

全国人大常委会副委员长、民革中央主席周铁农（前排左二），全国政协副主席、民革中央常务副主席厉无畏（前排右二）率民革中央调研团深入市供销社正定国际物流园调研

系统形象焕然一新。以“育名牌、创名企、树名店”为主要内容，大力推进“三名”工程，先后创建了河北中山日化、润华国际物流、正定瑞天大厦等一批龙头企业；涌现出红满楼超市、正定华安等一批名店；培育了“原村”土布、万鸿塬蔬菜、灵洁食用菌等一批具有地域、产业特色的名牌产品。

2010年，国务院副总理回良玉，省委书记张云川，省长陈全国，省委常委、纪委书记臧胜业，省委常委、市委书记孙瑞彬，市长艾文礼等省市领导对供销社工作分别作出批示。省委常委、纪委书记臧胜业，省政协副主席赵文鹤，市长艾文礼，副市长张殿奎等领导多次到供销社调研和指导工作。2010年，市供销社被评为全国总社系统改革先锋社、河北省文明单位、省社系统综合经济效益特等奖，被市委、市政府授予市文明单位、普法工作先进集体等荣誉称号。

赞皇县原村土布合作社举行新厂开业典礼

石家庄再生资源科技工业示范基地项目签约仪式

石家庄北方农产品物流中心开工典礼

北方农产品物流中心项目签约仪式

石家庄国际会展中心鸟瞰图

石家庄市公安交通管理局

公安部交管局局长杨钧视察省会交管工作

2010年，石家庄市交管局按照“全国一流、全省第一”的奋斗目标，以发展的眼光、战略的思维和创新的举措，围绕难点求突破，围绕重点抓落实，围绕亮点促发展，确保了交通事故继续保持下降的态势。市交管局连续六年被全国总工会和安监总局联合评为“安康杯竞赛活动”优胜单位，2011年初荣获“全国五一劳动奖状”，这是全国政法系统唯一获此殊荣的基层单位。车驾管业务改革取得历史性突破。实施了“十八下放、六延伸、三开办”便民利民新举措，分流市区车管业务量达到40%以上，包括建立的“网上车管所”，成为全省乃至全国的亮点。交通智能化建设实现新跨越。以“城市道路全视频、车辆通过全纪录、违法车辆全过滤、民警上岗全定位”为着眼点，建设了高、中、低三层视频监控系统，实现了“行能报警、动知轨迹、走明去向、全程掌控”的目标监视要求。勤务制度改革迈出坚实步伐。科学划分了31个警务区，实施不堵车正计时、摩托化勤务、点对点指挥调度、全员处理交通事故等警务模式，打造出5分钟警务圈，向广大市民兑现了“不堵车”的郑重承诺。交通安全宣传呈现出新局面。一是市交管局与石家庄电视台合作开办的“天天说交通”电视栏目，作为“交警品牌”，从开播至今一直在全台保持着收视率第一的记录。这在全国公安宣传中仅此一例。二是在市电视台开办了“每日路况信息播报专栏”，成为与“天天说交通”相媲美的品牌栏目。三是充分发挥交管局指挥中心《交管直播室》的作用，及时向社会播发交通管制信息、路况信息、交通安全信息和气象信息。四是在市广播电台开辟《交警热线》栏目，并通过参加河北电视台《阳光访谈》特别节目，与群众建立起零距离的沟通桥梁。

省委常委、政法委书记、公安厅长张越视察省会交管工作

省委常委、市委书记孙瑞彬视察新乐交警大队

省会交警实施摩托化勤务，打造“五分钟警务圈”

2010年12月，便民自行车亮相省会街头

市委副书记、市长艾文礼和市委副书记刘云峰视察省会交管工作

“爱的斑马线”走上省会街头
“人体红绿灯”助推文明交通

2010年12月2日，省会“畅行中国——文明交通在行动”百城百台大联播活动在石家庄正式启动

石家庄市公安消防支队

市长艾文礼在全国构筑社会消防安全“防火墙”工程现场会上发言

市公安消防支队第四中队举行揭牌仪式

2010年4月2日，全国构筑社会消防安全“防火墙”工程现场会在石家庄市召开

2010年，全市消防工作在市委、市政府高度重视和市公安局的坚强领导下，取得了显著成就。一年来，全市共计投入消防经费1.9亿元，比2009年增长50%以上。投资9000万元的新消防应急救援指挥中心投入使用，新建消防站2个，整体翻建消防站1个，新建市政消火栓469座，消防水鹤14座，结束了省会二环路无市政消防水源的历史；新增101米登高消防车、强臂破拆车、气垫船等消防车辆装备，极大地提升了城市整体抗御火灾和各类事故灾害的能力。为提升消防安全管理水平，石家庄市紧紧抓住社会单位这个火灾防控的第一道防线，在全市范围内开创性地实施了社会单位“四个能力”建设，使全市所有消防安全重点单位均达到“四个能力”建设标准，100%的社区达到“六有”标准，80%的农村完成“八有”建设，186个乡镇建设了“四有”消防队伍，困扰我市多年的32处省政府督办重大隐患单位全部整改销案，强化了消防安全责任体系，构建起了消防管理社会网络，为人民群众筑起重点防控、基础防控、全民防控的社会消防安全“防火墙”，确保了全市火灾形势的稳定。4月2日，全国构筑社会消防安全“防火墙”工程现场会在石家庄市胜利召开。现场会前后，25个省、市的73个考察团共计700余人次先后到我市参观学习。

市公安消防支队第十三中队举行揭牌仪式

市消防指挥中心启用

石家庄市疾病预防控制中心

石家庄市疾病预防控制中心于2006年10月13日正式组建，其前身为石家庄市卫生防疫站。2010年末，中心拥有专业技术人员199名，其中高、中级专业技术人员占66.83%；拥有主要仪器设备568台（件），其中10万元以上具有国际先进水平的技术设备72台（件）；工作用房面积17723平方米；固定资产总值超过亿元。

中心主要承担着传染病防控、突发公共卫生事件处置、免疫规划、卫生检验、病媒生物防制、结核病防治、慢性病防治、地方病防治、公共卫生监测与评价等职能。2002年在全省卫生系统中首家通过中国实验室国家认可委员会认可，认可检验项目达555项，可为广大群众和社会提供食品、化妆品等健康相关产品的生产与销售及传染病的实验室诊断提供检验服务。2003年全面实行ISO9001质量管理，并通过国家评审中心的认证。2004年建成国内一流的突发公共卫生事件预警与指挥调度系统，逐步发展成为华北地区具有相当规模和水平的疾病控制、公共卫生监督监测、健康教育、卫生培训、预防保健等多功能的综合性专业防病中心。

采用“走出去，请进来”的办法，广泛开展对外交流与合作，市中心的科研创新能力日渐提高

5·12汶川地震发生后，中心迅速成立了抗震救灾卫生防疫队，图为河北省卫生厅厅长杨新建向赴川卫生防疫队队长赵川授旗

科普赶大集活动、卫生知识下乡活动、防病知识消夏晚会活动已成为中心健康教育的品牌

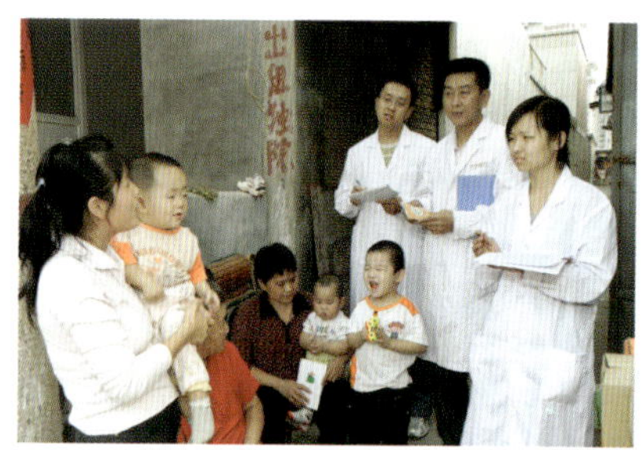

2007年6月1日，《石家庄市流动儿童预防接种管理办法》颁布实施，流动儿童预防接种管理纳入法制化轨道

实施手足口病防控“九早”策略，有效遏制了我市手足口病的发生和蔓延

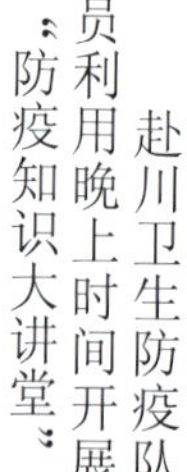

赴川卫生防疫队员利用晚上时间开展“防疫知识大讲堂”

奥运期间，工作人员定期到景区开展病媒生物监测

到元氏县北吴会村幼儿园指导手足口病防治工作

石家庄住房公积金管理中心

团结务实、勤奋廉洁的领导班子

石家庄住房公积金管理中心于2003年8月组建成立，是直属市政府的不以营利为目的的正县级事业单位，主要负责全市住房公积金的归集、住房贷款的审批、发放、回收等工作。内设办公室、信贷科、会计科、执法检查科、网络管理科、资金归集科、监察室等7个科室，下辖20个县（市）区管理部，领导班子1正5副，人员编制118名。

近年来，石家庄住房公积金管理中心在市委、市政府的领导下，在市直部门的大力支持和帮助下，以科学发展观为统领，以维护职工合法权益为原则，以扩大住房公积金归集、覆盖面为主线，以开展职工个人住房贷款业务为重点，以规范住房公积金管理为核心，以安全运作和适度增值为目标，以廉洁高效优质的服务为手段，各项工作均取得突破性进展。截至2011年5月底，全市累计归集住房公积金146.8亿元，累计提取59.81亿元，累计发放贷款44686户、87.4亿元，住房公积金覆盖率95.97%，个贷率75.77%，主要业务指标在全省名列前茅。市住房公积金管理中心多次被市委、市政府评为精神文明先进单位、民主行风评议工作先进单位；连续两年被省建设厅、财政厅评为全省住房公积金管理优秀单位。

“十二五”规划期间，市住房公积金管理中心将下大力保持良好的发展势头，紧紧围绕全市工作大局，认真落实市委、市政府决策部署，进一步加强住房公积金管理，充分发挥住房公积金制度的作用，在全省争第一，在全国争先进，为解决广大中低收入居民家庭住房问题，打造繁华舒适现代一流的省会城市做出更大的贡献。

定期召开全市住房公积金管委会会议，审议重要事项，确保资金安全规范运行

举办庆祝建党九十周年公积金杯书画摄影展

“青年文明号”命名仪式

宽敞整洁的业务大厅

市住房公积金管理中心外景

石家庄广

2010年6月28日，石家庄广播电视台挂牌成立

省委常委、市委书记孙瑞彬在石家庄广播电视台视察

石家庄广播电视台2010年度广告年会多媒联动、整合营销、成果丰硕

2010年，石家庄广播电视台华丽转身，体制改革迈出实质性步伐。6月28日，石家庄广播电视台正式挂牌成立，组建了台属、台管、台控的石家庄广电传媒集团有限公司，实现了体制与机制的同步改革，落实了机构简化和扁平管理，搭建了事业产业协调发展的平台。

在新体制下，广播、电视、报纸、网络等资源优化配置、集约经营，集中打造广电品牌。电视市场份额较上年增加0.8个百分点，增幅6.19%；广播市场份额占据石家庄收听市场半壁江山，在竞争中处于绝对优势地位。

新闻报道形成舆论强势。在中央电台、中央电视台播发稿件多篇。创新主题报道表现形式，开办专栏，积极策划大型媒体活动，增强市民对石家庄的归属感、自豪感。节目质量不断提升，在河北省新闻奖、河北省影视节目奖评选中多有收获。拍摄完成十集电视纪录片《璀璨时空》，获2010年度中国电视纪录片好作品奖。由《璀璨时空》改编的《滹沱沧桑》在央视记录频道播出。广播剧《盖楼的哥们儿》获河北省“五个一工程”奖。连续两年举办《我要秀春晚》和春节联欢晚会，连续六年举办“感动省城”十大人物评选及颁奖盛典，极大地丰富了市民文化生活，促进了全市精神文明建设。

播 电 视 台

基础设施和技术装备进一步完善。石家庄广电中心荣获全国建筑业质量最高奖"鲁班奖"。3G新闻直播系统、新闻媒资管理系统、1000平方米开放式高清演播室投入使用。两条非编网正在改造升级。

经营创收实现新增长。举办优质资源广告年会，广播、电视、网络、报纸等多媒互动、整合营销。经营创收同比增长10%，在全省11个城市中稳居第一。

在开拓探索中，石家庄广电坚持"与众相通"的理念，大力实施"人才强台"、"品牌带动"战略，向着富有活力、影响力和竞争力的区域性传媒集团阔步迈进。

1000平方米开放式高清演播室投入使用

石家庄广播电视台2011年度春节联欢晚会高潮迭起、精彩纷呈

石家庄广电中心荣获全国建筑业质量最高奖"鲁班奖"

河北石家庄国家粮食储备有限责任公司

现代化的粮食仓库

整齐的库房

完善的硬件设施

河北石家庄国家粮食储备有限责任公司是一家国有独资有限责任公司，注册资金2393万元，占地面积251亩，分为市内库区和正定新库区两个库区。市内库区位于石家庄市工人街10号，正定新库区位于正无路与京石高速交汇处，总仓容量13万吨。

河北石家庄国家粮食储备有限责任公司是由石家庄市粮食局直属粮库发展而来。石家庄市粮食局直属粮库成立于1949年，是石家庄市区成立最早的国有粮食购销企业。1998年按照国务院《关于进一步深化粮食流通体制改革的决定》及《关于实施粮食附营业务与收储业务分离方案》要求，为实现企业收储业务与附营业务分离，主营业务组建了河北石家庄国家粮食储备库。2003年10月，根据国家、省、市相关文件精神，河北石家庄国家粮食储备库开始进行改制，历时三年，于2006年12月基本完成后成立河北石家庄国家粮食储备有限责任公司。主要承担中央储备粮和地方储备粮的收购、储存、轮换、管理任务及国家政策性粮食的储存、管理工作，在确保各级储备粮数量真实、质量良好、储存安全的基础上，兼营粮油购销业务。设办公室、财务部、仓储管理部、资产安全部、购销部和开发部五部一室。

河北石家庄国家粮食储备有限责任公司始终牢记肩负的责任，发扬"团结、守信、求真、务实"的企业精神，坚持"执行政策、做优主业、适应市场、稳步发展"的发展战略，执行"以共赢赢得市场、以诚信立足社会"的经营理念,认真落实国务院提出的"确保中央储备粮数量真实、质量良好，确保国家需要时调得动、用得上"的"两个确保"要求，按照市场和企业发展规律，不断加强自身建设，完善管理机制，提升综合竞争实力，努力实现国有资产保值增值。

石家庄学院

党委书记杨鹏起在生物产业大会签订转让技术合约

石家庄学院地处石家庄市高新技术开发区，始建于1956年，2004年5月经国家教育部批准改建为全日制综合性普通本科院校。

学校占地1221亩，建筑面积35.4万平方米。建有13类基础教学实验中心和121个专业实验室，其中物理基础教学实验中心、文学与传媒实验教学中心是河北省省级实验教学示范中心。教学科研仪器设备总值近8000万元。图书馆藏书81.4万余册，各类中文期刊1482份，建有中国学术期刊、中国高等教育期刊等多个数据库资源。建有两个塑胶跑道田径场和一个天然草坪足球场，篮、排、网球场、多功能体育馆、游泳池等体育活动设施齐备。整个校园教学、生活设施完备，构成了完善的教学和生活体系。

党委副书记院长王俊华在全省高校学科专业建设工作会议上做典型发言

学校设有15个院系、74个本专科专业（其中本科专业37个），涵盖法学、教育学、文学、史学、理学、工学、医学、管理学等8个学科门类。学校紧密结合石家庄市的经济和社会发展需求，加大应用型专业和新兴学科建设力度，确定了通信工程等11个重点建设专业和化学工艺等6个重点建设学科，其中，化学工艺、马克思主义中国化研究两个学科被列为省级重点发展学科；拥有生物制药教育、政治法律教育两个省级本科教育创新高地；拥有生物工程、制药工程、法学、社会工作等四个省级品牌特色专业，其中制药工程、生物工程两个专业被评为国家级特色专业建设点。

学校现有全日制在校生16000余人。教职工976人，其中具有专业技术职务的教师708人。有教授85人、副教授177人，占专任教师总数的37%；具有博士学位的教师60人，具有硕士学位的教师460人，占专任教师总数的73.5%。

石家庄学院东大门

全国政协主席贾庆林与我校实习师生合影

石家庄市第六中学

国家教育督学陶西平视察六中

石家庄市第六中学，始建于1955年9月15日，位于裕华西路27号，占地面积58159平方米。学校设有初中部、高中部、艺术部、中专部、培训部，是一所德智体美全面发展的完全中学。校园环境优雅，建有初高中教学楼、实验楼、图书馆、美术馆、音乐馆、学生公寓、餐厅以及400米跑道的全塑胶操场。现有74个教学班，306名教职工，4000余名学生。经过几代六中人的共同奋斗和拼搏努力，六中的办学思想由原来的“创建合格加特色的学校，培养合格加特长的学生”发展成为“以人为本，以德育人，特色立校，质量强校”，走出了一条“文理并重上质量，发展艺术化创品牌”的育人道路。2010年，六中高考升学率高达98.6%，本一、本二上线人数407人，占桥西区总上线人数的三分之二；文化、专业双上名校分数线的学生达41人：清华大学5人，中央美术学院21人，中国美术学院11人，中国音乐学院4人。

六中建校50余年来，全面贯彻党的教育方针，形成了“严谨、博学、善教、爱生”的教风和“诚实、刻苦、尊师、守纪”的学风，秉承“厚德、启智、健体、精艺”的校训，认真践行“对民族的美好未来负责，为学生的幸福人生奠基”的办学宗旨。1999年被省政府命名为河北省重点中学； 2000年12月被国家教育部授予“全国学校艺术教育工作先进单位”；2001年被教育厅批准为河北省艺术特色高中；2010年再次被评为“石家庄市高中教学先进单位”，并成为全市唯一一所连续15年荣获高考奖旗和奖牌的学校。

新校门落成典礼

中美音乐会演出

“上海之春国际音乐节
——中华号角观月艺术节展演”

中加青少年文化艺术节演出

“中华杯”中国第四届非职业优秀（交响）管乐团队展演

辛勤汗水换得成绩和荣誉

石家庄市第二十四中学

石家庄市第二十四中学（石家庄七一学校）是石家庄市教育局直属的省级示范性高中，建校六十余年来，为社会输送了大量优秀人才。学校前身是全国闻名的中国人民解放军“北京军区七一学校”。由创建于1948年的“华北军政大学干部子弟学校和“平原省军区新英干部子弟学校”合并而成，是一所有着优良革命传统和深厚红色文化底蕴的学校，在几十年办学过程中，受到了党和军队的无限关怀。学校占地159亩，是市区内占地面积最大的中学，校园布局合理、绿树参天，教育教学设施在市区首屈一指，学校建有已获得国家专利的原生态、全自动录播教室，建有能容纳1000人的学术报告厅，拥有市区内规格最高的标准运动场。学校还建有高标准的学生宿舍和能满足在校师生校园生活的不同需求的各项生活设施。学校拥有一支素质过硬的师资队伍，在职教师中特级教师5人，省级骨干教师4人，高级、中级教师172人。在国家、省、市各级评优课中有72人次获得一等奖。近些年来，学校秉承着“让学生在爱与理解中健康成长，把学校建成师生共同的精神家园”这一“绿色教育”办学理念，实施了“导师制”、“分层次教学”、“递进式分班”、“分阶段目标管理”等一系列教育教学方面的探索，使得学生在原有基础上获得了最大限度的提高，有效地推进了学校的教育教学水平。学校高考成绩连创新高，成为市区内唯一一所继一中、二中之后第三所高考纯文化考试本一人数过百的学校，成为市区内唯一一所连续五年荣获“高中教学工作先进单位”的市直属学校。2010年，学校获得市教育局颁发的“高中教学增值奖”；2011年，学校高考成绩再创新高。

2011年3月1日，教育部副部长杜玉波到我校调研指导工作，对我校各方面工作给予充分肯定，他鼓励二十四中要更好地展现文化底蕴、彰显办学特色，并欣然为我校题词：“继往开来，再创辉煌”，对我校未来发展寄予厚望。

建党九十周年前夕，在上级领导的支持下，学校恢复增挂“石家庄七一学校”校名，学校的发展翻开了新的一页。目前，学校新校区正在规划建设之中，高标准、规范化、样板式的新校区建成后，石家庄市第二十四中学（石家庄七一学校）将朝着全国一流高中的目标迈进。

2009年天安门阅兵时，我校校长尚小朋（右二）作为全国两千多万中小学教师的代表登上教育部游行彩车

教育部副部长杜玉波参观我校校史馆

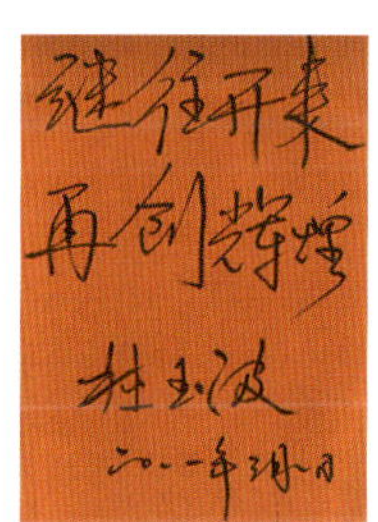

杜玉波副部长为我校题词

二〇〇九年度 高中教学工作先进单位 石家庄市教育局 二〇〇九年十一月

二〇〇六年度 高中教学工作先进单位 石家庄市教育局

二〇〇八年度 高中教学工作先进单位 石家庄市教育局

二〇一〇年度 高中教学增值奖 石家庄市教育局 二〇一〇年十一月

二〇一〇年度 高中教学工作先进单位 石家庄市教育局 二〇一〇年十一月

二〇〇八年度 高中教学工作先进单位 石家庄市教育局

我校获得国家专利的原生态、全自动录播教室

让所有的学生都能在原有的基础上得到最大的提高

升旗仪式

石家庄市第一医院

卫生部副部长马晓伟在全国改革创新医院颁奖典礼上与院长郑志敏合影留念

副省长孙士彬、省政府秘书长李同亮、省卫生厅厅长杨新建、副市长张妹芝、卫生局党委书记、局长闫纯锴在院长郑志敏的陪同下视察指导我院工作

石家庄市第一医院（河北医科大学附属人民医院）始建于1938年，坐落在市中心繁华地段——范西路36号，是一所集医疗、教学、科研、保健、急救、康复为一体的综合性三级甲等医院。

医院拥有一座19层医技病房楼、一座5层综合病房楼及5层智能门诊大楼，开放床位1097张，设临床科室44个，医技（药）科室14个，行政职能科室20个，在职职工总数1744名，其中卫生技术人员1514名（正高级119名，副高级169名，博士后1名，博士研究生10名，硕士研究生290名），具有河北医科大学硕士生导师7名，兼职教授、副教授53名。

医院拥有先进的西门子128层螺旋CT、数字DR摄像系统及床旁X线机、直线加速器维纳斯适形强调系统、飞利浦Allura Xperfd20数字减影血管造影机、飞利浦1.5T核磁共振、海扶刀等大型先进仪器设备。心血管内科专业、普通外科专业、妇科泌尿专业、脑血管专业、消化内科、眼科、耳鼻喉科、肿瘤科均为市医学重点学科。开展了心导管介入治疗、非停跳下冠脉搭桥术、全髋关节置换术、各种腔镜微创手术、氩氦刀治疗肿瘤、激光治疗消化道息肉及吻合口狭窄、食管内支架植入、微创保胆取石（息肉）手术、激光内窥镜治疗消化道疾病等新技术、新项目，均处于国内领先水平。

医院和北京大学人民医院、北京天坛医院、北京安贞医院、阜外医院、友谊医院等国家级大型医院常年保持业务协作关系。与北京大学人民医院心脏中心组成专家协作组，成立了河北省首家“胡大一爱心志愿服务队”，聘请国际著名心脏病专家胡大一教授为终身名誉院长。与北京天坛医院神经外科合作成立神经外科技术协作中心，聘请国际著名神经外科专家王忠诚院士为终身名誉院长。

医院拥有全国“五一劳动奖章”获得者、“全国劳动模范”、“全国优秀科技工作者”、享受国务院特殊津贴专家、省市知名专家、市管拔尖人才共20余人，先后荣获了“全国医院文化建设先进单位”、“全国改革创新医院”、“河北省五一奖状集体”、“河北省文明单位”、“河北省医德医风建设先进单位”、“河北省百佳医院”、“河北省思想政治工作先进单位”、“河北省医院管理年暨诚信医院先进单位”等荣誉称号，连续三年在全市直属医院民主评议活动中位列第一。

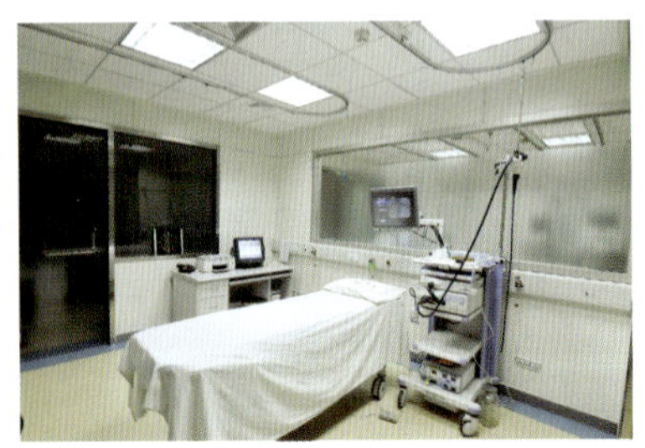

设备先进的内镜治疗室

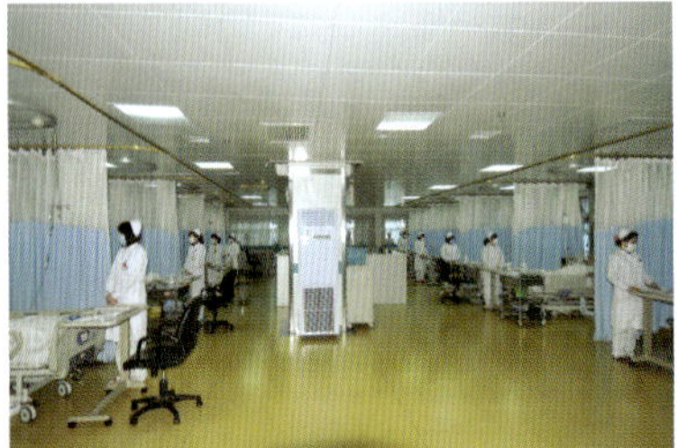

现代化的ICU重症监护室

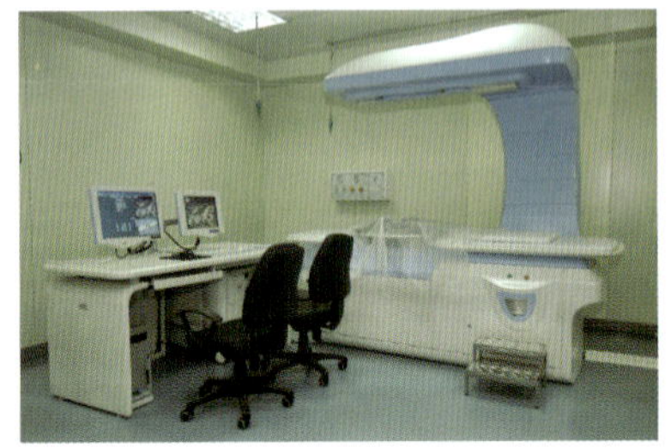

海扶刀

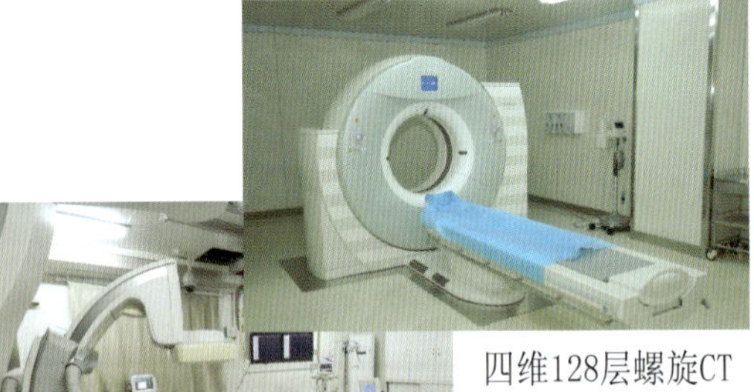

四维128层螺旋CT

飞利浦Xper FD20 型数字减影血管造影系统（DSA）

无极县医院

院长：翟卷平

无极县医院成立于1945年10月，至今已有66年的历程。这些年来，我院始终坚持“科技兴院，诚信服务”的建院方针，现已成为一所集医疗、教学、科研、预防、保健、康复于一体的现代化二级甲等综合医院，承担着全县50万人口及周边临县人员的医疗、保健、康复、急救及孕产妇抢救等任务。医院占地面积30260平方米，医疗用房建筑面积20000多平方米。现有门诊楼、医技楼、病房楼各一幢。目前我院正新建一幢高标准病房楼，总建筑面积21000余平方米，总投资8000余万元，现主体已完工，正在进行内外装修及各种配套设施的施工，预计2011年年底投入使用。

无极县医院现有干部职工500余人，其中专业技术人员355人，高级职称41人，中级职称124人，初级职称164人。开设病床360张。全院设有内科、外科、妇科、儿科、骨科等17个临床科室；放射科、化验、B超、心脑电等12个医技科室和9个职能科室。主要设备有核磁共振、东芝四排螺旋CT、CR、8人高压氧舱、制氧机、四维多功能彩超、遥控胃肠X光机、电子胃镜、结肠镜、全自动生化分析仪、微量元素分析仪、经颅多普勒、脑电地形图、膀胱镜、动态心电图、心电监护仪、呼吸机等。2011年，我院又购入腹腔镜、关节腔镜、高频钼靶乳腺X光机、C形臂X射线数字成像系统、碎石机、液基、利普刀等医疗设备，开展了贲门癌、肺癌、肝叶切除术、脑瘤切除术、关节置换术及腹腔镜下子宫全切术、子宫肌瘤剥除术、胆囊切除术、肾囊肿剥除术等较高难度的手术。

近年来，我院注重加强与各友邻医院的合作和交流，先后与白求恩国际和平医院、石家庄市第一医院、新疆库尔勒市二院等多家医院建立了长期友好的协作关系，拓展了业务范围，提高了技术水平。66年来，我院坚持以病人为中心，以质量为核心，努力创建文明服务示范医院，先后被评为省级文明单位、市级文明单位、省级模范职工之家、市级卫生先进单位、市廉政文化建设示范单位等荣誉称号。

县长韩清榕到医院病房楼工程调研和指导工作

团结奋进的领导班子

中国农业银行 AGRICULTURAL BANK OF CHINA 河北省分行营业部

2010年4月10日，第四届石家庄金融理财节在先天下购物广场隆重举行，营业部组织10名理财师参会，向市民讲解理财知识

2010年5月24日，总行运营管理部领导到广安、西城支行就个贷中心和网络运行等情况进行调研和座谈

2010年10月26日，省分行营业部首家理财中心在自强支行揭牌，营业部总经理王占水和有关领导参加揭牌仪式

2010年10月26日，省分行营业部总经理王占水陪同有关领导参观理财中心

2010年9月16日，省分行营业部总经理王占水、副总经理崔金涛出席营业部举办的首期理财沙龙。特别邀请省书法家协会副主席陈茂才就字画鉴别、收藏等知识进行深入讲解，并现场挥毫泼墨题字，以抽奖形式赠送客户

2010年11月28日，省分行营业部参加“银行业公众教育服务日”活动

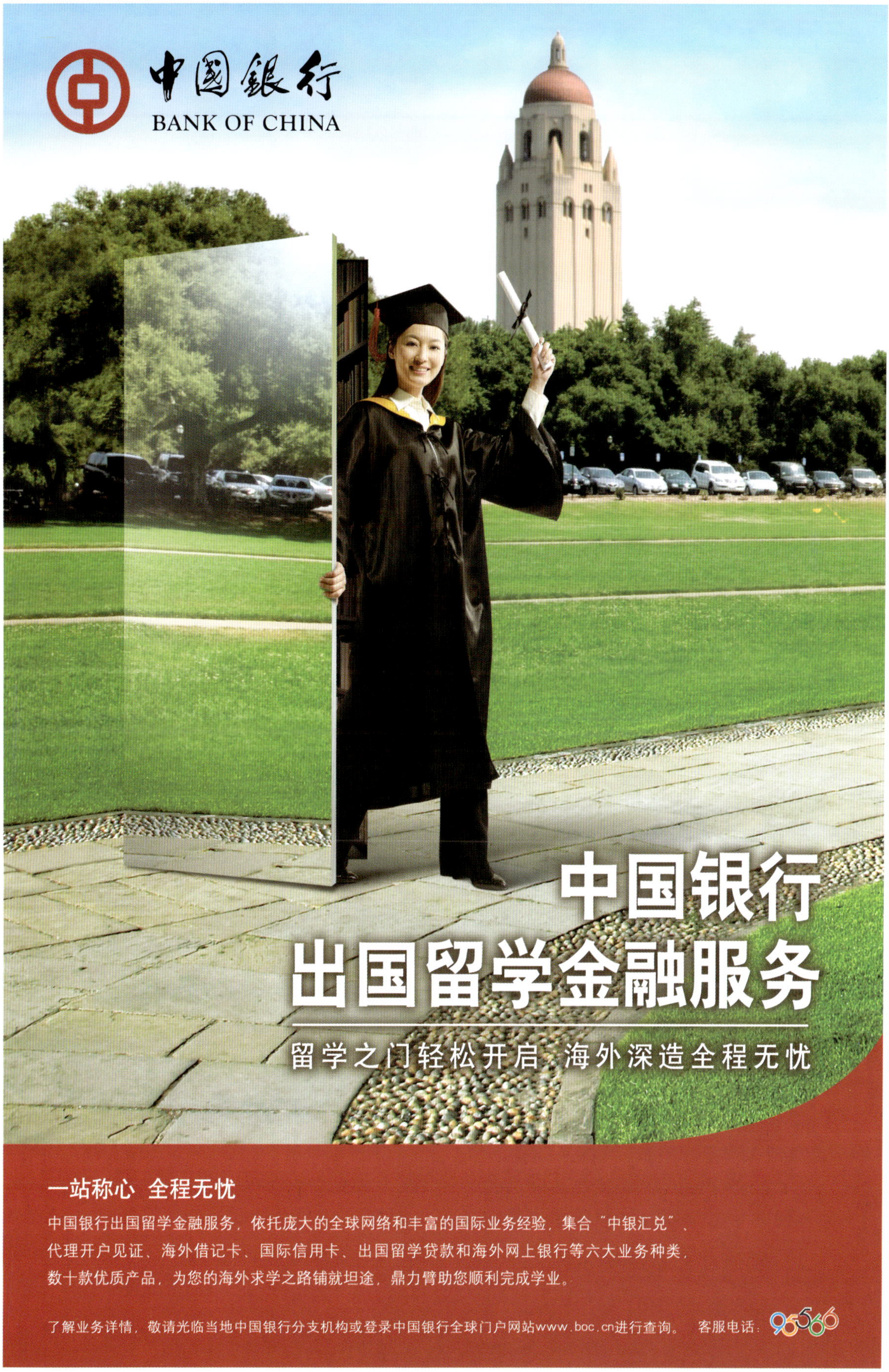
中国银行
BANK OF CHINA
中国银行
出国留学金融服务
留学之门轻松开启，海外深造全程无忧
一站称心 全程无忧
中国银行出国留学金融服务，依托庞大的全球网络和丰富的国际业务经验，集合“中银汇兑”、代理开户见证、海外借记卡、国际信用卡、出国留学贷款和海外网上银行等六大业务种类，数十款优质产品，为您的海外求学之路铺就坦途，鼎力臂助您顺利完成学业。
了解业务详情，敬请光临当地中国银行分支机构或登录中国银行全球门户网站www.boc.cn进行查询。 客服电话：95566

建设银行河北省分行营业部

全国工人先锋号授牌仪式

参加第五届"金融理财文化推广节"现场

建设银行河北省分行营业部是河北省建设银行在省会设立的经营性分行，现有员工2000多人，下辖机构103家。多年来，营业部在市委、市政府及河北省分行的领导下，在社会各界和广大客户的大力支持和帮助下，积极推动业务转型，下大力改善和提升服务质量，坚持为省会居民提供了多样化、优质、快捷、安全的金融服务。营业部先后探索和建立了对公信贷业务集中经营、小企业"信贷工厂"及个贷中心三大专业化运作平台，加大了对大中型企业、城市基础设施和中小企业的投入力度，为促进石家庄市经济发展做出了贡献。营业部坚持以人为本，认真履行社会责任，努力创建和谐企业，在综合实力、社会形象、服务水平、创新能力上得到了社会各界和客户的广泛认可和好评，连续18年成为石家庄市金融企业中唯一一家省级"文明单位"，连续多年获得市行风评议金融系统第一名。2010年，省分行营业部荣获AAA级河北省劳动关系和谐企业称号。

积极组织银团贷款，支持地方经济建设

宽敞明亮的营业大厅

丰富多彩的文化活动

中国邮政储蓄银行 石家庄分行

POSTAL SAVINGS BANK OF CHINA

小额贷款支持“三农“取得重大进展，鹿泉市支行小额贷款余额突破1亿元

石家庄支行小额贷款荣获德国“GTZ最高成就奖”

2008年3月18日，中国邮政储蓄银行石家庄分行挂牌成立，下辖网点204个，其中市区80个，县区124个。我行自成立以来，始终注重开发多样化的金融产品，已形成以本外币储蓄存款为主体的负债业务，以国内、国际汇兑、转账业务、银行卡业务、代理保险及基金理财业务、代收代付等多种形式的中间业务，以及以个人贷款、中小企业贷款和银团贷款为主要内容的资产业务。

2010年，中国邮政储蓄银行石家庄分行在行长时国校等领导带领下，始终按照“服务城乡大众，支持‘三农’、支持中小企业发展”的市场定位，积极发挥网络优势，在服务城乡和农村经济发展，方便城乡和农民生活方面发挥了重要作用。为满足外出农民工金融服务需要，我行开通了农民工银行卡特色服务，推进了“绿卡村”、“绿卡镇”、“绿卡校园”建设，开办了“新农保”、代缴税金、代发农村财政性补贴款等一系列与群众生活密切的代收付业务。2010年，中国邮政储蓄银行石家庄分行个人储蓄存款累计净增28.38亿元，同比增长116%，余额达到279.24亿元；对公存款累计净增21.83亿元，同比增长108%，余额达到42.05亿元；贷款净增10.91亿元，结余17.26亿元。中国邮政储蓄银行石家庄分行全面推广了农村贷款宣传站建设，在全市80%以上的县区建立了农村贷款宣传站，数量达到243个，为缓解“三农”贷款难、支持农业增产、农民增收和农村经济发展等发挥了积极作用。

裕华东路支行开业

石家庄市金融业防抢劫演练观摩会在我行友谊南大街支行成功举办

勇立潮头创新路

严谨 规范 精细 创新

石家庄市农村信用合作社联合社成立于2000年11月17日。全辖共18家县级联社，1家农村合作银行，18家营业部，360个信用社，151个分社，52个储蓄所，共有员工6392名。

石家庄市联社在新一届领导班子的带领下，认真落实省联社“五句话”总要求，以实际行动践行“二次创业”，坚持“以市场为导向，以客户为中心”，贯彻“严谨、规范、精细、创新”的方针，明确“标准化、程序化、规范化、专业化、信息化”的发展目标，以“定位三农、服务中小，以小为主”制定发展战略，强化管理，稳健经营，以超前的管理意识，果敢的经营决策，走出了一条改革创新之路。

截至2010年12月底，市联社各项存款余额达690.5亿元，各项贷款余额达448.6亿元，实现总收入40.3亿元，拨备前利润11.3亿元。

标准化 程序化 规范化

专业化 信息化

首家农商行紧张筹备中

小额贷款现场办公

石家庄华莹玻璃制品有限公司

△ 扶持特色养殖业

采摘园引来国际友人

支持龙头企业

深入企业调查研究

支持特色农业发展

支持新农村建设

石家庄市农村信用合作社联合社

RURAL CREDIT COOPER ATIVE OF SHIJIAZHUANG

石家庄汇融农村合作银行

银监局领导视察

经营工作会议

职工体育比赛

2010年，石家庄汇融农村合作银行坚持以改革为动力，完成引进战略大股东及增资扩股工作，以强化管理为手段，部门职责进一步明晰，执行力得到加强；以发展为主线，各项经营指标有了新的发展和增长。

坚持存款是立行之本，采取多种措施大力吸收各种存款。“抓两头”就是加强对优质大客户和系统性客户的营销，优化客户结构和行业结构；在战略上发展小客户，包装微小企业和个人信贷品牌，推广网点代理业务，扩大社会影响力。“促中间”就是吸收同业资金，大力发展资金业务，争取资金业务经营全牌照，以资金运作收益作为新的利润增长点。“靠协同”就是依托信托、期货、保险、金融租赁等资源，迅速丰富银行的产品结构，通过协同金融机构，将传统银行产品迅速拓展到综合业务领域。

根据经营战略，重新进行总部机构设计，理清部门职能和岗位职责，重点强化了总部的战略规划、专业管理和服务支撑职能。2010年，我行基本形成了贷款的经营、审批、发放三分离的“一条线管理”，塑造了公司业务、零售业务、资金业务“三条营销线”的营销体系，着手打造了包括服务投诉、产品质量保证、流程持续优化“三条服务线的服务质量体系。

认真梳理制度及流程，全面强化风险管理。重新定位风险管理部门职能，将单一信贷风险管理扩展到全面风险管理。按照商业银行标准，对现有的制度体系、业务流程进行全面梳理，组织制订和修订涵盖综合管理、人力资源管理、业务经营、风险资产管理、财务管理、稽核监察、科技、资金运营、安全保卫九大方面的百余项制度。此外，以案件防范工作为契机，加强操作风险管理，严格密钥、重空管理，实施了印章总部统一保管，在内部逐渐建立了覆盖各项经营管理活动的风险管理体系。

以强化执行力为核心，加强企业文化建设，努力提高员工的凝聚力。首先，培养全行以“务实、创新、激励、拼搏”为文化理念的工作作风，提高工作执行力。其次，建立唯才是举，唯才是用的用人制度。经营班子公平地为员工提供施展才华的舞台，在用人上坚持做到：让想干事的有机会，让能干事的有平台，让干成事、干好事的有地位。再次，努力提高全行员工的凝聚力和向心力。成立了企业文化部，统筹负责全行的企业文化建设，举办了全行文艺汇演、乒乓球羽毛球比赛、拓展活动，丰富了员工的业余文化生活。通过企业文化建设，全行员工的精神面貌有了较大改善。

强化经营，各项经营指标取得新发展。截至2010年末，我行资产总额151.21亿元，较同期增长39.24亿元，增幅35%。其中贷款余额67.34亿元，较同期增长7.41亿元，增幅12.45%，存贷比72.71%；负债总额140.66亿元，较同期增长34.97亿元，增幅33%，其中一般性存款93.28亿元，增长10.65亿元，增幅11.42%；拨备前利润1.88亿元，较同期增长1715.15万元；所有者权益10.56亿元，较同期增加4.28亿元，其中股本金60000.00万元，较同期增长3.65亿元。

天俱时工程科技集团

2009年2月，集团董事长、党委书记刘秀忠荣获第五届"中国青年创业奖"。图为中共中央政治局委员、全国人大副委员长王兆国（左一）为刘秀忠颁奖

天俱时工程科技集团成立于1998年，总部位于石家庄国家高新技术产业开发区，是集工业自动化控制、工程技术研发、设备安装、冶炼施工等为一体的大型企业。具有医药冶金研发设计、计算机信息系统集成、机电安装工程施工总承包、冶炼工程施工总承包等多项资质，下属7个子分公司。

集团坚持以"为用户创造价值、为员工创造价值、为股东创造价值、为社会创造价值"为核心价值观，坚持"平等、尊重、信任、合作、分享"的企业文化精神，创造了一大批优质精品工程。先后荣获国家优质工程奖1项、省市级优质工程奖29项，被评为全国质量安全管理先进单位、全国优秀施工企业、河北省重点推荐品牌，2011年被河北省住房和城乡建设厅列为全省重点支持专业优势建筑业企业。

持续创新发展战略，不断向EPC总承包模式转变；建立研发队伍，设立"科技创新奖"激励科技人才，取得了3项发明专利和1项实用新型发明，编制的3项施工技术被评定为省级工法并获河北省建设科技成果奖；连续3年举办"天俱时科技论坛"，为天俱时发展提供了技术支撑。

坚持建设学习型企业，每年组织集团董事和党委委员集中学习，每年选送企业中高层管理干部参加国内著名高校的EMBA学习和EDP培训，自主创办"天俱时管理学院"为企业发展培养了大批后备人才。

2011年6月，中共河北省委授予集团党委"全省先进基层党组织"荣誉称号

2010年11月，"2010天俱时科技论坛"在石家庄中茂海悦酒店成功举办

2011年5月3日，省委副书记付志方（左一）在省委常委、市委书记孙瑞彬（左二）、市委副书记刘云峰（右一）陪同下莅临我集团就民营企业党建工作进行调研

高度重视党群工作，注重发挥党员的先锋模范作用，始终把保障员工的切身利益作为核心目标。省委副书记付志方和省委常委、市委书记孙瑞彬到我集团进行民营企业党建工作专题调研时，对集团党建工作给予充分肯定。2011年6月30日，集团党委作为“全省先进基层党组织”受到中共河北省委隆重表彰。

积极承担社会责任，招工优先安置贫困县农民工，努力做好新生代农民工工作，得到了到集团调研的团中央常务书记、全国青联主席王晓的充分肯定。积极参加“帮百村扶千户”等公益活动，先后向省青少年发展基金会捐款50万元，向灾区捐款10余万元。

集团承建的张家口卷烟厂“十一五”技改项目一期安装工程荣获中国安装工程优质奖（中国安装之星）

联邦制药（成都）有限公司提炼车间过滤系统（工程实例\2007年6月）

石家庄桥西16万吨污水处理厂自控系统（工程实例\2010年4月）

安徽芜湖富鑫钢铁630m³高炉项目（工程实例/2009年5月）

石家庄俊景房地产开发有限公司

香港俊和发展集团于1968年由彭锦俊先生创立，现已发展成为集房地产开发、建筑、物业管理、IT、药业等综合业态的集团公司，1993年在香港联交所挂牌上市。

凭着不断精益求精和努力开拓业务的精神，经过多年品质发展，集团主要业绩已遍布香港屋宇建筑、市政建设、地产开发等，成绩斐然。现任主席彭一庭先生更是关注内地业务发展。2004年，俊和集团投资成立石家庄俊景房地产开发有限公司，努力拓展石家庄及国内物业发展，首期开发建设一印旧厂改造项目——名门华都。

香港考察团来访

名门华都位踞石家庄市核心区广安街CBD，与省会文化广场、省博物馆遥相对应。地块面积11公顷，总建筑面积50万平方米，涵盖住宅、商业办公、会所及幼儿园等。

“名门华都”由俊和集团董事兼香港知名建筑师潘志才先生领导香港知名的“兴业建筑师(国际)有限公司”及其它境外及石家庄具实力的设计团队担纲，融合欧港设计元素，倾力打造国际高端时尚领地，引领石家庄豪宅风潮。潘先生更亲自设计其中震撼亮世的超大豪华销售大厅，堪称华北顶尖恢宏手笔。典雅至尊名门私密会所及风情意式商业街，渲染出雍容瑰丽的名门望族风范；巨资打造的国际欧式园林及新派古典主义建筑外观，更成为其他楼盘竞相效仿的典范。石家庄俊景房地产公司将凭借自身非凡实力，本着把高端的优质生活带给石家庄人民的宗旨,继续为石家庄城市发展助力。

名门花都外景图

名门花都高级会所

12#北立面

11#、12#北立面

名门花都实景

名门花都景观图

名门华都一二期效果图

石家庄国家高新技

石家庄市副市长 高新区工委书记　刘晓军

高新区工委副书记、管委会主任　赵拴文

石家庄高新区是1991年3月经国务院批准设立的首批国家级高新区。2005年6月，国家发展与改革委员会审核确定石家庄高新区政策区面积为15.53平方千米，其中东区7.33平方千米，西区8.2平方千米。2009年10月，市委、市政府决定高新区对原裕华区宋营镇和原栾城县郄马镇实行托管，行政辖区面积扩大到75平方千米。

截至2010年底，高新区内共有各类企业2600多家，其中工业企业650家，外商投资企业72家，高新技术企业190家，已初步形成了生物与现代医药、电子信息、先进设备制造和现代服务业四大主导产业。全年实现工业总产值435亿元，同比增长33%；总收入739亿元，增长24%；利税80亿元，增长25.08%；出口创汇6.5亿美元，增长26%；固定资产投资完成120亿元，增长40.85%；实际利用外资6885万美元，增长351.51%；财政收入20.5亿元，增长18.16%；规模以上工业增加值增速18.1%，利税增速38%。常住人口约21万人，人口自然增长率控制在11‰以内。

2010年，高新区创新能力不断提升，共有市级以上企业技术中心和工程技术研究中心46家，占全市总数的30%；全年新增孵化器面积22万平方米，新批高新技术企业16家。新申报科技创新项目国家级15项，省级31项，共获资金4943万元。项目建设工作积极推进，全年共引进项目50多个，项目总投资超550亿元，项目梯队逐渐形成，项目质量显著提升，主导产业实力明显增强。投资221亿元的石济铁路客运专线项目以及四药、石药、华药等一批大项目入区。2010年，石家庄高新区共获批省市重点项目14项，总投资98亿元，其中省重点项

2010年10月19日，高新区举行秋季工业项目集中开工仪式

2010年9月27日，长江大道（裕华路）东延工程通车仪式

术产业开发区

着力自主创新 实现跨越发展

目10项；新开工项目16项，项目总投资98亿元；续建项目20项，总投资73.3亿元；竣工项目10个。项目全部投产后预计可新增产值200多亿元，利税40亿元。企业融资上市工作取得突破，5月6日，高新区企业河北恒信移动在创业板上市，成为创业板启动以来河北省首家登陆创业板的企业。7月15日，天山集团在香港上市，开创了河北省民营企业境外上市的先河。11月5日，先河环保在深圳证券交易所举行新股挂牌上市仪式，成为中国首家上市的环境监测仪器装备企业。三家企业共融资16.24亿元。专业园区建设加快推进，产业聚集优势不断增强。年初，省政府正式批准设立了石家庄高端医药产业园区，成立了以常务副省长为组长的园区建设领导小组。高新区组成了专门机构，制订优惠政策，完成了五个规划，园区招商全面展开，石药总部、四药总部、富丽华德等投资数十亿元的大项目签订了入园协议。不断加大基础设施建设，全年投入近12亿元。长江大道东延工程9月27日正式建成通车。第一条贯穿我区南北的主干道太行大街建设全面开工。环城水系已完成拆迁和征地工作，已经开工建设。城中村改造全面启动，赵村、周通、南辛庄和西仰陵已基本拆迁完毕。

此外，加强人才环境建设，吸引高端人才入驻我区。着力保障和改善民生，和谐社会建设取得新成绩。党的建设得到全面加强，机关作风明显改善。实施机关搬迁，大大改善了机关办公条件，进一步振奋了干部精神。

2010年10月18日石洽会上，高新区共签约19个项目，投资总额191亿元

2010年11月25日，石济铁路客运专线公司总部落户石家庄高新区

2010年12月10日，博深工具科研办公楼举行开工奠基仪式

2010年7月4日，台湾统一企业与石家庄高新区签署项目协议

历史文化名城 正定

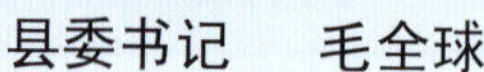

县委书记　毛全球

县长　米志奇

正定是国家历史文化名城和国家可持续发展示范区，紧邻省会石家庄，现辖9个乡镇，1个街道办事处，174个行政村，面积470平方千米，人口46万。2010年，全县地区生产总值完成169.6亿元，增长12%；财政收入完成8.07亿元，增长23.09%，其中地方一般预算收入达到5亿元，增长31.29%；城镇居民人均可支配收入、农民人均纯收入分别达到11545元和8139元，均比上年增长10%。综合实力位居全省第14位，连续五年荣获“全国最具投资潜力中小城市百强”。

正定历史悠久。古称常山、真定、恒山、中山、东垣等，公元前770年建鲜虞国，公元前221年始设县治，公元前196年改名真定，清雍正年间为避皇帝讳始称“正定”，沿用至今。自晋代至清末的1500多年间，正定一直是郡、州、路、府治所，是当时中国北方政治、经济、文化交流中心和兵家必争之地，历史上曾与保定、北京并称“北方三雄镇”，至今南城门上仍嵌有“三关雄镇”的匾额。

文物古迹众多。悠久的历史为正定留下了众多的文物古迹，素有“三山不见，九桥不流”、“九楼四塔八大寺，二十四座金牌坊”的美誉，现存国保8处、省保6处、县保24处，为国内县级城市罕见，国保级文物在全国县级行政区中位居第二，被有关专家誉为“古建艺术宝库”。

文化积淀深厚。历史上正定人杰地灵，名人辈出，先后孕育了“南越王”赵佗，“常胜将军”赵子龙，“一代文豪”范仲淹，“太子太保”梁梦龙，“四部尚书、保和殿大学士”梁清标，“北洋三杰”王士珍，“元杂剧名家”白朴、尚仲贤等历史文化名人。常山战鼓、正定高照被列入国家级非物质文化遗产。正定国家乒乓球训练基地自1992年开始，一直担负着国家乒乓球队世界大赛前的封闭训练和中国乒协的对外交流任务，被誉为“世界冠军的摇篮”。

区位优势明显。作为省会北大门，正定有着得天独厚的区位优势，自古就有“燕南古郡，京师屏障”之称，北距北京258千米，距天津新港350千米，境内京广铁路、京石客运专线、京珠高速、张石高速、107国道纵贯南北，座落县境内的石家庄机场是河北省唯一的国际航空口岸和民用机场。

发展潜力巨大。正定是省会石家庄“一城三区三组团”重要组成部分，随着省会北跨战略的加速实施和正定新区、空港工业园的大规模开发建设，正定面临着千载难逢的发展机遇，在省市地位愈加重要，特别是随着京石高铁的快速建设，正定与首都将很快形成45分钟经济圈，未来发展前景十分广阔。

正定国际小商品博览会开幕式

石家庄正定国际机场

开元寺须弥塔

临济寺澄灵塔

天宁寺凌霄塔

广惠寺华塔

隆兴寺

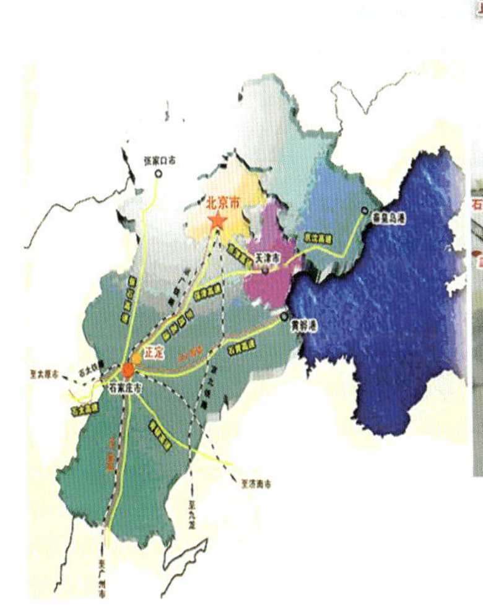

正定县区位图

正定沿107国道商贸流通聚集带

文明现代新行唐

中共行唐县委书记　李震国

行唐县人民政府县长　吕素维

2008～2010年，中共行唐县委、行唐县人民政府强力推进城镇面貌三年大变样工作，相继实施了“规划编制、拆迁改造、标准建设、绿化提升、精细管理”等五大工程97个重点项目，倾力建设宜居、宜业、优美、文明的现代新行唐，累计投入资金27亿元（含社会投资），城区面貌发生了巨变。这三年，成为行唐县城建设史上投资最多、变化最大、发展最快、成效最为显著的三年。

——完善规划体系。对县城总体规划进行修改完善，先后编制完成县城排水、绿地系统以及县城建设用地控制性详规等6大类29项规划和6项规划技术导则、规定，主城区控制性详细规划实现全覆盖，县城建设步入有法可依、快速发展的轨道。

——改善居住条件，拓宽路网建设。重点对城区、主要出城道路两侧的违法建筑、超期临建以及有碍观瞻建筑实施拆迁改造；首次实现高层（21层）住宅建设零的突破；城区五街三关8个城中村改造全部启动；先后投入资金11亿元进行路网延伸拓展工程，实现县城南北和东西交通中轴干道贯通，城区“三纵五横一环六射”路网日趋完善，建成区面积达到7.9平方千米，特别是1号路、2号路的建成，实现了京昆高速行唐段两个出入口与县城的互通，行唐的交通区位优势更加明显。

县城新貌

2009年11月19日，县委书记李震国（左三）、代县长吕素维（左二）陪同市“三年大变样”考核组检查工作

2010年5月25日，县委书记李震国（右四）陪同市交通局领导视察张石高速行唐连接线施工现场

——打造样板街、特色街。玉城大街、龙州大街、香港路3条主干街道面貌焕然一新，夜景异彩纷呈，呈现出现代县城的特有魅力和亮丽风采。

——实施绿化升级，提升承载功能。特别是文化广场、玉城公园改造升级及龙州公园的建设实施，提升了县城品位，提高了居民的生活质量；污水处理厂和垃圾填埋场建设竣工并投入运行，实现了县域污水和垃圾处理的历史性跨越，有效破解了制约城市发展的两大难题。

——推行精细化管理。成立城管综合执法大队，出台“门前四包”等规章制度，推行网格化管理机制，脏、乱、差现象彻底改变。

2010年9月7日，县委书记李震国（左四）、县长吕素维（右四）出席行唐县加强城乡建设和管理强势推进大会

2010年11月8日，县长吕素维（右三）陪同市“三年大变样”考核组到污水处理厂视察

县城夜景

玉城大街夜景

街头小景

县城样板路——香港路

玉城公园世纪门

村 道

京赞公路行唐段

供电大楼

宣传文化中心

首座高层住宅

农业技术推广中心夜景

朔黄铁路行唐段

张石高速公路行唐段

灵寿县

县委书记　王建海

县长　姜　阳

灵寿县地处河北省中西部，太行山东麓，辖6镇9乡、279个行政村、772个自然庄，人口32.2万人，面积1546平方千米。县城距省会石家庄30千米，距石家庄机场20千米，京昆高速、西阜高速、朔黄铁路穿境而过，并设站和互通道口。

灵寿县自然资源丰富，历史文化遗迹保存完好。全县森林覆盖率40.8%，已探明储量的大理石、云母、金、铁、锰、钼等矿藏49种，总储量28亿吨；境内有9条河流、29座大中小水库，总库容3.1亿立方米。灵寿是古中山国都城所在地，有北齐幽居寺、明代透雕石牌坊等历史古迹以及晋察冀边区政府、边区银行、抗大二分校等红色旧址。境内国家森林公园、地质公园、4A级景区五岳寨和横山湖、水泉溪、秋山等景区景色宜人，极具开发潜力。

灵寿县基础设施完备，投资环境良好。境内有112.8平方千米岗坡次地；大中型变电站15座，电力负荷余容40万千瓦；有污水处理厂1座，大型水厂3座；移动通讯无缝隙覆盖。现已形成18.6平方千米的城东工业园一区、二区。其中，一区规划面积10平方千米，正在积极申报省级工业园区，目前已达到“六通一平”，主要承接高新技术产业、医药化工产业；二区规划面积8.6平方千米，主要承接物流、纺织轻工等产业。县政府出台了《招商引资和项目建设优惠政策》，所有投资项目审批在县行政服务中心实现“一站式”办结，对入驻的重大项目全程实行“保姆式”服务。

灵寿县云母储量、产量、出口量均居全国第一，黄金产量在太行山区位居第一，石材板材年生产、加工能力居华北第一，食用菌产量居河北第一，水资源保有量居石家庄第一。

古城新貌

省委常委、副省长杨崇勇到灵寿调研

省委常委、市委书记孙瑞彬到灵寿视察工作

县委书记王建海调研交通建设工作

牌楼公园

中山公园

京昆高速公路连接线

县长姜阳到农村调研

省会城镇面貌三年大变样项目集中开工仪式灵寿分会场

建设中的灵寿县城

美丽的横山湖

五岳寨风光

千年古县　　魅力赵州

县委书记　罗二虎

县 长　张军卫

赵县地处华北平原中南部、太行山东麓，辖11个乡镇、281个行政村，人口58万，面积714平方千米，耕地面积72万亩，其中梨果种植面积25万亩，是国家农业综合开发县、全国优质梨果生产基地重点县、全国经济林示范县、中国雪花梨之乡，是全国优质小麦生产基地县、 全国粮食生产先进县标兵。

赵县古称赵州，历史悠久，文物荟萃，文化底蕴深厚。见于文献记载已有2500多年文明史，作为郡治、州治的时间长达1500多年，拥有国保文物5处、省保文物7处。2005年赵县被河北省政府批准为“河北省历史文化名城”，被民政部命名为“千年古县”。

“水从碧玉环中过，人在苍龙背上行”，举世闻名的赵州安济桥迄今已有1400多年历史，是我国唯一一处国际土木工程历史古迹，已列入世界文化遗产后备名录。“寺藏真际千秋塔，门对赵州万里桥”，建于东汉末年的柏林禅寺，被誉为“古佛道场”、“畿内名刹”，近年来佛教文化交流日益频繁，已经成为我国佛教文化活动的重要场所。25万亩梨园春季万树堆雪，夏季碧波荡漾，秋季硕果累累，冬季银妆素裹，是全国规模最大的生态梨园景区。

悠久的历史见证了赵州的沧桑和变迁，也同样助推着今日赵县的发展和腾飞。“十一五”期间，赵县全力加速工业化、城镇化进程，综合经济实力不断提升。培育发展了玉米生物、医药化工、纺织印染、造纸包装、食品调味品、机械零配件制造六个重点产业。赵县工业园区被省政府批准为第一批省级工业聚集区，生物产业园列为石家庄国家生物产业基地重点发展园区。

以建设“石家庄南部中等城市”、“国家历史文化名城”和“省级园林城市”为目标，全面加强基础设施建设，城乡面貌明显改观。以“路电水气热”为切入点，累计实施100多个重点工程，总投资40多亿元。加快北部县城新城区、东部畅运物流园、西北赵县工业园区、南部赵州桥文化景区建设和旧城区改造，拉开了“一城四区”发展框架。实施了污水处理厂、垃圾处理厂、城区水厂、城区供水供暖管网改扩建等市政工程。古城墙遗址园、永通桥公园、安济广场等园林和绿地景观建成开放。县城建成区面积比“十五”末扩大了4.3平方千米，城镇化率提升了9.4个百分点。

历史文化名城牌楼

陀罗尼经幢

白云公寓

河北华泰纸业

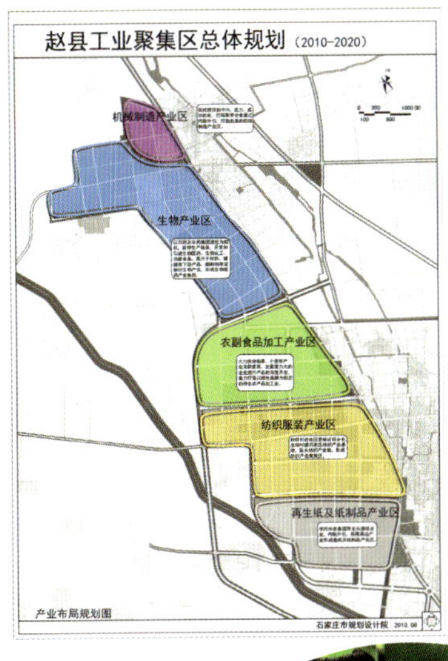

工业园区产业规划

安济广场

雪花梨

柏林禅寺

天下第一桥赵州桥

永通桥公园

2010年9月30日～10月4日，举办2010中国·石家庄第五届国际动漫博览交易会。

2010年10月18～20日，举办2010'中国·石家庄国际投资贸易洽谈会暨第五届国际医药博览会。

目　录

特　载

要事辑录

大　事　记

石家庄综述

公共管理和社会组织

政 法

军 事

农 业

工　业

城乡建设与环境保护

交通运输

信息产业

国内外贸易·旅游

金　融

综合经济管理

科学技术

教　育

文 化

卫生·体育

社会生活

县（市）区概况

人 物

文献法规

统计资料

CONTENTS

Featured Articles

Important Events Compiled

Events

Gneral Introduction of Shi Jiazhuang

Public Administration and Social Organizations

Politics and Laws

Military Affairs

Agriculture

Industry

Urban Rural Construction and Environmental Protection

Traffic Transportation

Information Industry

Internal Trade & Tourism

Banking

General Economic Management

Science & Technology

Education

Culture

Public Health & Sport

Social Life

An Introduction of Cities and Counties

Figures

Literatures & Regulations

Statistical Data

特　载

关于石家庄市国民经济和社会发展第十二个五年规划纲要的报告

——在石家庄市第十二届人民代表大会第四次会议上

石家庄市人民政府市长　艾文礼

(2011 年 1 月 19 日)

各位代表：

从今年开始，我市将实施第十二个五年规划，根据市委八届六次全会通过的《中共石家庄市委关于制定国民经济和社会发展第十二个五年规划的建议》，市政府制定了《石家庄市国民经济和社会发展第十二个五年规划纲要(草案)》。现在，我代表石家庄市人民政府向大会作报告，请各位代表连同《纲要(草案)》一并审议，请市政协委员提出意见。

一、"十一五"时期经济社会发展取得巨大成就

"十一五"时期是石家庄发展历程中极不平凡的五年，是应对重大挑战、经受严峻考验、取得辉煌成就的五年。五年来，在中共石家庄市委的正确领导下，全市人民坚持以邓小平理论和"三个代表"重要思想为指导，深入贯彻落实科学发展观，同心同德、开拓创新，坚定不移地朝着繁华舒适、现代一流的省会城市目标迈进。市十二届人大三次会议确定的2010年各项任务圆满完成，市十一届人大四次会议通过的"十一五"规划各项目标顺利实现。

过去的五年，是经济平稳较快发展，综合实力显著提升的五年。初步核算，2010年全市地区生产总值预计完成3400亿元，五年平均增长12.3%；人均生产总值超过5000美元。全部财政收入完成387.9亿元，其中地方一般预算收入163.63亿元，分别比2005年增长1.3和1.5倍，财政收入占GDP的比重达到11.4%。全社会固定资产投资完成2958亿元，增长2.2倍。规模以上工业企业增加值完成1340亿元，增长1.2倍。社会消费品零售总额达到1391亿元，增长1.3倍。

过去的五年，是产业结构不断优化，转变发展方式取得新进展的五年。三次产业结构比例由13.9 : 48.4 : 37.7调整到9.8 : 49.7 : 40.5。重点产业振兴规划和工业倍增计划成效明显，生物医药、装备制造、石油化工等五大主导产业增加值占规模以上工业的比重达到56.4%，高新技术产业增加值占规模以上工业的比重达到11.68%。民营经济上缴税金占全市总量的47.2%。商贸物流、总部经济、文化产业、旅游休闲等现代服务业发展迅速。国家创新型试点城市全面启动，自主创新能力明显提高，共荣获国家级科技进步奖14项，省级165项。淘汰落后产能任务超额完成，节能减排目标如期实现。

过去的五年，是重点建设成效显著，发展后劲持续增强的五年。累计竣工项目152个，新开

工项目313个，总投资2557亿元。去年，全市226个重点项目全部超额完成年度计划，其中，华药新型头孢等34个项目竣工投产，800万吨炼油综合改造等86个项目开工建设。大西柏坡、空港工业园、现代农业产业观光园、河北航空城等重点工程强势推进。“20+X”重点商贸项目2个竣工开业、18个加紧进行，省会13条特色商业街全部建成。石太高速铁路、京昆高速公路石家庄段建成通车，西柏坡高速公路加紧建设，正定国际机场改扩建工程全面启动，京石、石郑高铁开始铺轨，石家庄铁路枢纽工程顺利推进。南水北调工程北段完成、邯石段开工建设。

过去的五年，是省会面貌变化巨大，城镇化水平快速提升的五年。强力推进“三年大变样”，三年累计完成投资2965.6亿元，省提出的“五项基本目标”全部完成。正定新区建设全面启动，综合商务中心、园博园等15个项目开工建设，省会进入跨河发展的新时代。大气和水环境治理成效显著，空气环境质量首次达到国家二级标准，全年市区二级以上优良天气达到319天，比2005年增加36天。市域主要河流水质COD浓度基本达到省控标准。三年共新改建城市道路300余千米，人均道路达到16.68平方米。开通了石环路，提升了二环路，建成了槐安路快速大道、裕华路景观大道、和平路高架桥等一批主要干道。主城区共拆迁各类建筑2210万平方米，整治居住小区177个，建设经济适用房5.6万套、廉租住房6911套，廉租住房补贴保障4.2万户，使19万多户家庭的居住环境得到改善。万象天成、联邦明珠等一批彰显时代特色的大型城市综合体相继竣工，民心广场、文化广场等5座大型广场陆续建成，一批精品公园和街旁游园建成开放。共整治楼宇4109栋、小街巷454条，新建、改建标准化菜市场60座，“一河两环”水系即将形成，主城区夜景亮化明显提升。以管理重心下移为重点的城管体制基本理顺，四组团与主城区基本实现同城化管理。万米网格化管理全面实施，成为全国数字化管理试点城市。以“十大工程”为重点的县城建设进展顺利，载体功能普遍提升，县城环境容貌明显改观；小城镇建设加快推进，城镇化率由42.6%提高到50%。

过去的五年，是新农村建设扎实推进，统筹城乡发展迈出重大步伐的五年。认真落实各项强农惠农政策，各级财政用于“三农”的支出达280亿元，年均增长32.9%。粮食生产连续7年丰收，去年总产达到518万吨，单产总产再创历史新高。蔬菜、畜牧、果品产业稳定发展，肉、蛋、奶产量逐年增加。全市市级以上重点龙头企业达到180家，农业产业化经营率由58%提高到62%。五年累计新建农村公路4982千米，完成32座水库除险加固，新建改造变电站94座，新增沼气用户21.9万户，解决了100多万人的饮水安全问题。行政村基本实现公路、广播、电视、电话“村村通”。新民居建设扎实有序推进，566个开工建设，建成了一批体现时代特色的示范村。

过去的五年，是改革开放向纵深推进，发展活力不断增强的五年。国有企业改革基本完成，东方热电、宝石集团、化肥集团等7家国有大型企业成功重组。投融资体制改革取得积极进展，浦发、兴业、东亚等6家银行机构落户我市；政府性融资平台与市场化融资平台实现分开；五年新增上市公司10家、小额贷款公司25家。文化体制改革取得重大突破，市报业集团、演艺集团、广电传媒集团相继挂牌。医药卫生体制改革全面启动，66家乡镇卫生院和30家社区卫生机构推行了基本药物制度和零差价销售。对内对外开放不断扩大，沃尔玛、家乐福、大连万达、广州恒大等国际国内商业巨头、地产巨头纷纷前来我市投资置业。正定国际小商品博览会、石洽会、石家庄国际动漫节影响不断扩大，成为招商引资的重要平台。五年实际利用外资27亿美元，引进市外资金1076.9亿元，外贸进出口总值累计完成322.1亿美元。

过去的五年，是人民生活水平持续提高，社会事业全面进步的五年。保障和改善民生工作扎实推进，每年都办好一批惠民利民的好事实事。城镇居民人均可支配收入达到18268元，年均增长12.7%；农民人均纯收入达到6515元，年均增长9.6%。五年城镇新增就业43.1万人，农村劳动力转移就业182.6万人次。城镇企业职工基本养老保险实现省级统筹，医疗、失业、工伤和生育保险覆盖面逐步扩大。企业退休人员基本养老金、城乡低保标准、住房公积金缴存比例进一步提高。扶贫、救灾、救济力度加大，19万人实现了稳定脱贫。公共财政用于教育、文化、卫生事业的支出年均增长25%以上。教育事业全面发展，城乡免费义务教育全面实现，高中段教育毛入学率达到88%。文化精品力作成果丰硕，五年累计荣获国家级奖项124个；市广电中心、图书馆、美术馆等一批文化设施相继建成，新建乡镇综合文化站183个，实现了乡乡有综合文化站的目标。新建和改造县级医院20个、乡镇卫生院188个。新型农村合作医疗参合率达到96.1%。全民健身运动广泛开展，建成全民健身路径757条，竞技体育取得优异成绩，连续四届在省运会取得金牌和总分“双第一”。援建四川平武任务圆满完成，支援新疆巴州建设项目顺利进行。计生惠民行动深入实施，低生育水平保持稳定。国防动员和双拥共建深入开展，军政军民团结进一步加强。“六城同创”统筹推进，精神文明建设成果丰硕。妇女、儿童、老龄、慈善、残疾人等事业不断发展，民族宗教、外事侨务、防震减灾、气象、统计、人防、档案等各项工作都取得新成绩。

过去的五年，是政府民主法治建设不断加强，执政为民水平进一步提高的五年。“五五”普法成效明显，依法行政水平不断提升。自觉接受人大及其常务委员会的法律监督、政协的民主监督，五年累计办理人大代表议案建议1675件、政协委员提案2602件，结案满意率达到97.8%。五年共削减行政许可项目136项，削减率达到53.5%。扎实推进行政权力运行监控机制建设，深入开展专项资金治理，小金库治理工作取得明显成效。食品药品安全最放心城市创建活动扎实开展，安全生产工作进一步加强，重特大事故得到有效遏制。集中开展市县乡三级干部大接访活动，一大批信访积案和遗留问题得到解决。“三位一体”大调解和城中村拆迁的经验在全国推广。大力推进平安省会建设，社会治安综合治理卓有成效，突发公共事件应急预案体系基本形成，各类刑事案件发案率连年下降，全市政治稳定、社会安定。

各位代表！奋斗创造辉煌，成就令人振奋。这些成绩的取得，得益于省委、省政府的亲切关怀，得益于市委的正确领导，得益于全市人民的共同努力。在此，我代表市人民政府，向全市人民，向人大代表、政协委员，向各民主党派、工商联、人民团体和各界人士，向驻石人民解放军、武警官兵和政法干警，向中直、省直机关驻石各单位，向所有关心支持石家庄发展的国内外朋友，致以崇高的敬意和诚挚的感谢！

在充分肯定成绩的同时，我们必须清醒地认识到，未来五年我市经济社会发展也面临着新的挑战。从宏观环境看，世界金融危机的严重性和复苏的曲折性超过预期；国家宏观调控政策由财政刺激转向抑制通货膨胀，货币政策由适度宽松转向稳健，土地供应门槛提高，资源环境约束越来越大。从我市发展的实际看，主导产业的战略支撑能力不够强，具有行业领军地位的大企业、大集团相对较少；科技创新能力比较弱，转变发展方式任重道远；县域经济整体实力不强，城镇化水平较低；社会事业发展相对滞后，改善民生的任务艰巨；农村公共服务能力不足，城乡一体化步伐不快；政府职能转变还不够到位，发展环境有待进一步改善。对此，我们必须进一步增强忧患意识，趋利避害、顺势而为，奋力开启未来五年发展的新征程。

二、“十二五”时期经济社会发展的战略任务

今后五年是全面建设小康社会的关键时期，是深化改革开放、加速转型升级的攻坚时期，也是我市科学发展、跨越赶超的重要时期。展望“十二五”发展大势，世界经济的大变革和国内经济的大调整，为我市提供了诸多前所未有的难得机遇。一是后金融危机时代，世界经济将在深度变革和调整中恢复增长，生产要素在全球加速流动的趋势前所未有，更加有利于我们利用两个市场、两种资源，拓展新的发展空间。二是随着我国工业化、城镇化的加快推进，“东企西扩”、“南资北移”的速度之快前所未有，更

加有利于我们承接产业转移和技术扩散，推动经济社会转型升级。三是京津冀一体化进程加快，冀中南地区被列为全省重点开发区域，我们面临的有利政策环境前所未有，更加有利于我们借力京津、对接发展。四是经过“十一五”的快速发展，我市综合实力显著增强，特别是省会“三年大变样”成效凸显，聚集要素、聚集财富、聚集产业的平台大幅提升，为未来发展奠定的良好基础前所未有，更加有利于我们厚积薄发，加速腾飞。五是近年来，省委省政府对省会建设的重视程度、支持力度前所未有，更加有利于我们乘势而上、率先发展。“十二五”，一个大有作为的重要战略机遇期已经摆在我们面前，机遇难得，稍纵即逝；条件难求，犹豫不再。我们必须以更加强烈的责任感、使命感和紧迫感，努力在新一轮竞争发展中抢占先机、赢得主动，全力推动经济社会发展再上一个大台阶，让全市人民过上更加幸福美好的生活！

根据市委八届六次全会作出的战略部署，我市“十二五”经济社会发展的指导思想是：高举中国特色社会主义伟大旗帜，以邓小平理论和“三个代表”重要思想为指导，深入贯彻落实科学发展观，以科学发展为主题，以加快转变经济发展方式为主线，围绕转型升级和跨越赶超两大任务，全力实施工业化与城镇化“双轮驱动”、统筹城乡发展、中东西区域经济协调互动发展三大战略，大力加强改革开放创新、保障改善民生、繁荣发展先进文化、优化发展环境四大举措，倾力建设正定新区、东部产业新城、大西柏坡、空港工业园、南部工业区五大重点工程，努力打造京津冀第三极，强化省会在冀中南经济区的主导地位和全省领先地位，加快向繁华舒适、现代一流省会城市目标迈进。

依据上述指导思想，《纲要（草案）》提出了今后五年全市经济社会发展的主要目标，主要包括经济发展、结构调整、科技创新、统筹城乡建设、社会和谐发展、生态环境改善等6个方面，定性与定量相结合，具有战略性、前瞻性、指导性。《纲要（草案）》提出全市经济增长速度和效益高于全省水平，生产总值预期年均增长12%左右，全部财政收入年均增长13%，城镇居民人均可支配收入年均增长10%，农民人均纯收入年均增长9%以上。这些指标既是非常积极的，也是切实可行的，既体现了科学发展、转型升级的要求，又体现了和谐发展、惠及民生的要求。在实际工作中，我们将着眼争先进位，跨越赶超，力争发展的步伐再快一些，各项指标完成得再好一些，争取向全市人民交出一份满意的答卷。

围绕实现上述目标，未来五年，政府工作的基本思路是：

——立足新起点。省委省政府对石家庄打造京津冀第三极、引领带动冀中南的殷切期望，云川书记对我市提出的在调整经济结构、发展新兴产业、城市建设管理、统筹城乡发展、保障改善民生、扩大对外开放、优化投资环境等七个方面走在全省前列的要求，都赋予了我们必须当好科学发展排头兵的历史使命，石家庄正站在新的历史起点上。

——瞄准新目标。石家庄的发展历史证明：敢于跨越赶超是全市人民的风格；“三年大变样”的实践彰显：勇于追求卓越是我们这座城市的境界。在新的伟大征程中，我们将进一步放宽视野，瞄准先进定坐标，面向全国比发展，奋起直追，奋力赶超，加快跻身全国一流省会城市方阵。

——走出新路子。深入实施城镇化、工业化“双轮驱动”战略，在更高层次上加快形成中东西区域良性互动、可持续发展新格局，加快形成以城带乡、以乡促城，协调发展的新格局，加快形成经济硬实力与文化软实力共同提升的新格局，加快形成人与自然和谐发展的新格局。

——创造新辉煌。始终锁定目标，牢牢扭住重点，举全市之力、汇全球之智、聚四海之财，以创新之策、非常之举，谋求大发展，实现大跨越，努力把石家庄建设成为综合实力更强、创新活力更足、生态环境更美、民生福利更高的现代一流省会城市。

根据上述目标要求，今后五年集中抓好八项战略任务：

（一）围绕构建现代产业体系，推动产业结构优化升级。突出加快转变发展方式这条主线，大力推进产业结构战略性调整，着力构建高新技术产业为先导、现代服务业为主体、先进制造业为支撑、现代农业为基础的现代产业体系。实施新兴产业倍增计划,按照高端引领、集约发展、政策聚焦的思路，做大做强生物医药、信息网络、先进装备制造等新兴产业，形成高起点、规模化的先发优势，到“十二五”末，全市新兴产业规模实现倍增，销售收入占全市工业总量的比重达到30%以上。实施传统产业升级计划，坚持以调高、调优、调强为取向，以优化结构、提档升级，实现可持续发展为目标，高起点、大规模改造提升纺织、化工、建材、食品、冶金等五大传统产业，努力实现创新能力、发展后劲、品牌效应、集聚水平、经济效益五个明显提升。实施服务业提速计划，按照发展提速、比重提高、结构提升的总体要求，以现代服务业为核心，以生产性服务业为重点，以生活性服务业为基础,重点发展现代物流、服务外包、总部经济、金融保险、旅游会展业，着力打造全国重要物流节点城市、华北重要服务外包生产基地、区域总部经济聚集区和环渤海地区会展名城。到“十二五”末，服务业增加值占GDP的比重达到44.5%。实施现代农业增效计划，按照工业化的理念抓农业，在确保粮食综合生产能力稳步提高的前提下，着力深化农业结构调整，积极发展设施农业和高效生态农业，突出抓好一批集高效生态安全、观光休闲旅游于一体的都市农业、城郊农业、生态绿色农业示范园，引领和带动现代农业建设，加快农业大市向农业强市转变。

（二）围绕推进区域协调发展，构筑中东西区域良性互动发展格局。按照“发挥比较优势、突出区域特色、功能协调配套、要素优化配置”的原则，推动中部率先隆起，东部整体突破，西部加快发展。中部区域，通过思想上聚力、政策上给力、执行上发力“三力同加”，努力实现产业大集聚、功能大提升、资源大配置，重点发展高新技术产业、战略新兴产业和现代服务业，统筹推进城市建设与城市工业，把结构调优、总量做大、实力做强，打造全市经济发展的龙头带动区和城乡统筹发展的示范区，“领跑”全市经济发展。东部区域,通过配强班子、下放权限、政策聚焦、设施配套“四管齐下”，以大上工业、上大工业为主攻方向，以产业聚集区建设和招商引资为突破口，建设一批十几亿、几十亿、甚至超百亿的大项目、大企业，发展一批销售收入过百亿的大园区，强力打造各具特色的经济增长极。西部区域,通过优化班子、规划先行、交通突破、政策扶持、环境提升“五措并举”，重点发展绿色工业、生态农业、农副产品加工业和休闲旅游业，打造省会绿色生态屏障，加快富民强县步伐。

（三）围绕构建经济发展新高地，强力推进四大重点工程建设。全力打造东部产业新城，通过完善领导体制，明晰功能定位，优化产业布局，整合空间资源，以战略新兴产业为重点，集中发展生物医药、信息网络、高端装备、循环化工、纺织服装、现代物流等主导产业，到“十二五”末，将东部产业新城打造成河北省战略新兴产业龙头带动区、最具影响力的高端服务业聚集区、展现省会现代化水平的标志区。加快建设大西柏坡，坚持以规划为龙头，以项目为抓手，以环境为平台,突出精品建设,推进综合开发,重点实施总投资411.8亿元的86个大西柏坡综合开发项目，力争到“十二五”末，将其建设成为全国一流的爱国主义教育基地、河北省旅游产业的强力引擎、全省新经济板块增长极。做大做强空港工业园,坚持大航空、大产业、大功能开发理念，加快机场、口岸、物流、加工、园区等综合开发建设，大力发展空港物流业和临空特色产业，加大机场改扩建力度，扩大空港规模，提升空港功能，增强空港辐射，努力打造区域性航空枢纽、首都主要分流机场和备降机场。加速开发南部工业区,按照整合资源、优化结构、集约发展、保护环境的要求，做大做强新型建材、清洁燃气、精细化工、生物化工四大优势产业,尽快建成全省新型建材化工基地、传统产业循环改造示范区和市区产业转移的主要承接地。

（四）围绕繁荣、舒适两大目标，全力推进城市建设上水平。按照省委省政府“五个体现”的总体要求，今后三年投入3527亿元，围绕生态环境提升、基础设施完善、繁华地标打造等8个方面，集中实施80项重点工程，掀起新一轮城镇建设高潮。高起点规划城市，充分发挥规划在城市发展中的引导和控制作用，高站位、开放性调整完善城市总体规划、土地利用规划、产业布局规划、控制性详细规划，切实做到“四规统一”，增强各层次、各领域规划的协调性和可操作性，实现法定图则全覆盖。高标准建设城市，按照“低碳、生态、智慧”的理念，加快正定新区开发建设步伐，力争用3到5年的时间，30平方千米核心起步区初具规模，为建成全国一流的现代化新城区打下坚实基础。全面改造提升老城区，大力度推进功能调整和布局优化，高标准实施集中连片开发改造，集中建设一批各具特色、聚集人气的中心商务区和城市新地标。切实加快城中村、破旧小区、低矮建筑及影响观瞻地段改造升级步伐。加快高速铁路、高速公路、干线公路、轨道交通、快速公交等交通设施建设，构建内外贯通、立体交叉、畅通快捷的现代化交通体系。高效能管理城市，以“无处不精细、无处不精美、无处不精彩”为标准，对标国际国内先进城市，大力实施城市容貌综合整治工程，在更高的起点上提升城市管理水平。

（五）围绕统筹城乡发展，加快城镇化和新农村建设。坚持以城乡发展一体化为导向、以城市群为主体形态，加快主城区与组团县（市）同城化步伐，切实做到基础设施同建共享，管理标准全面对接。加快以县城为重点的中小城镇建设，积极推进辛集、平山、新乐向中等城市迈进，到“十二五”末，城镇化率达到59%。坚持群众自愿、规划先行、类型多样、培育产业、政策规范的原则，积极稳妥地推进新民居建设，力争到“十二五”末，30%的行政村完成新民居建设改造任务。以大力发展工业、做大做强园区为重点，加快发展县域经济，到“十二五”末，力争全国百强县榜上有名，一半以上县（市）进入全省30强行列。紧紧抓住我市作为全省统筹城乡发展试点的机遇，以破除城乡二元结构为突破口，推动公共资源在城乡均衡配置、生产要素在城乡自由流动，公共财政最大限度地向农村倾斜，促进城乡规划、产业发展、基础设施、公共服务、劳动就业和社会保障“六个一体化”，实现城乡协调发展、共同繁荣。

（六）围绕增强自主创新能力，率先基本建成创新型城市。以建设国家级创新型城市为契机，坚持走创新驱动、内生增长的发展之路，以培育自主知识产权、自主品牌和创新型企业为重点，在推动产学研合作、建设科技创新平台、加快科技成果转化、引进消化吸收再创新等方面取得重大进展。强化企业在技术创新中的主体地位，引导创新要素向企业集聚，推动企业进一步成为技术创新需求的主体、研发投入的主体、创新成果应用的主体。坚持结构调整与自主创新紧密结合，选择一批引领产业升级的重大技术难题进行攻关，突破一批重大关键技术，转化一批重大技术成果，提升产业技术层次和竞争力，推动更多的“石家庄制造”向“石家庄创造”转变。坚持把人才支撑体系建设作为强市之基、竞争之本、转型之要，落实人才发展规划，深入实施十大人才工程，把握引进、培养、使用三个关键环节，建设一支规模宏大、结构合理、素质优良的人才队伍，以人才规模优势构筑发展优势，以高素质人才引领高水平发展。

（七）围绕建设文化强市，倾力打造城市文化软实力。坚持社会主义先进文化前进方向，以争创全国文明城市为目标，促进文化大发展、大繁荣。突出文化引领作用，坚持把建设社会主义核心价值体系作为文化引领的根本任务，以提高公民文明素质为重点，推进社会公德、职业道德、家庭美德、个人品德建设，深化拓展群众性精神文明创建活动，形成扶正祛邪、惩恶扬善的社会风气。突出培植主导产业，大力发展现代传媒、印刷出版、动漫游戏、民俗演艺等重点产业，打造北方动漫原创企业及衍生产业基地。做大做强石家庄报业、广播电视、文化演艺等国有文化企业集团，着力培育一批主业突出、竞争力强的大型文体企业，加快发展一批专、精、特、新的中小文体企业，推动文化产业成为国民经济支柱产业，力争到“十二五”末，文化产业增加值占全市的比重达到5%以上。突出培育地域特色文化，依托大西柏坡建设，加大红色文化资源整合开发力度，深入挖掘正定古城文化底蕴，着力构建“古郡红都、魅力新城”的文化标志，建设一批全国一流的现代文化设施，推出一批文艺精品，形成一批文化事业亮点、文化景观看点、文化产业卖点，把石家庄的人文优势转化为发展优势、竞争优势，努力打造城市功能与文化品位相得益彰的魅力城市。

（八）围绕保障和改善民生，全面建设和谐石家庄。坚持以人为本、民生优先，着力实施八大工程。扩大就业工程，落实更加积极的就业政策，多渠道开发就业岗位，发挥创业带动就业的倍增效应，促进社会充分就业，到“十二五”末，全市城镇实现新增就业45万人，转移农业劳动力150万人次。增收富民工程，合理调整收入分配关系，切实落实各项增收措施，使城乡居民收入与经济发展水平相适应，力争使低收入者收入明显增加，中等收入群体持续扩大。教育提升工程，全面实施素质教育，高标准普及学前三年教育，推动义务教育优质均衡发展，普及高中阶段教育，打造一批全国名校，大力发展中等职业教育，推动高等教育内涵式发展，力争各项教育指标达到全省领先水平。医疗健康工程，按照保基本、强基层、建机制的要求，把基本医疗卫生制度作为公共产品，向全民提供，优先满足群众基本医疗卫生需求，启动“健康城市”创建活动，切实提高出生人口素质和人民群众健康水平。安居保障工程，切实加大保障性安居住房建设力度，加快发展公共租赁住房，完善面向困难群众的廉租住房制度，确保低保家庭住得上廉租房、中低收入家庭租得起房。社保扩面工程，以养老保障、基本医疗保障、最低生活保障为重点，以商业保险为补充，扩大保障覆盖面，不断提高保障标准，建立健全覆盖城乡的社会保障体系，基本实现人人享有基本社会保障。食品药品放心工程，加大食品药品质量监管力度，持续开展食品药品安全专项整治活动，确保广大人民群众吃的放心、用药安全，打造食品药品安全最放心城市。社会管理创新工程，以建设全国社会管理创新城市试点为契机，加快由防控型管理向服务型管理转变，进一步完善“三位一体”大调解、“四位一体”大维稳机制，健全应急管理体系，从源头上预防和化解社会矛盾，提高平安省会建设水平，确保群众安居乐业，社会和谐稳定。

三、2011年经济社会发展的重点工作

今年是“十二五”时期开局之年。做好今年的各项工作，对实现今后五年的奋斗目标意义十分重大。必须认真贯彻党的十七届五中全会、省委七届六次全会和市委八届六次全会精神，紧紧围绕主题与主线、突出跨越与赶超、突出统筹与重点、突出民生与民心，把“稳增长、调结构、控物价、惠民生”作为主攻方向和着力点，确保全市生产总值增长12%，全部财政收入增长14%，其中一般预算收入增长15%；全社会固定资产投资增长19%，其中城镇固定资产投资增长20%；规模以上工业增加值增长15%、利润增长16%；社会消费品零售总额增长19%；城镇居民人均可支配收入增长10%，农民人均纯收入增长9%；万元生产总值能耗同比下降3%；城镇登记失业率控制在4.5%以内；居民消费价格指数控制在104%以内。围绕实现以上目标，着重抓好以下八个方面的工作：

（一）着力推进结构调整，在产业集聚企业集群上实现新突破。做大做强主导产业。加大战略性新兴产业的培育力度，集中力量实施高端医药产业园、华药新型制剂、现代中药产业园、卫星导航、通用航空、矿山机械等一批产业链核心项目，以大项目带动产业的大提升。加大传统优势产业的改造升级力度，今年重点实施千万元以上技改项目150项，力促产业上水平、产品提档次、企业增效益。做大做强产业聚集区。着眼规划设计上档次、基础设施上水平、项目集聚上规模，突出抓好东部产业新城建设，年内力争实现规划编制、资源整合、机制建设三到位。力争用三年时间，将高新区、良村开发区、循环化工园区分别打造成千亿元级的规模。强力推进24个重点产业聚集区建设，年内全部实现“七通一平”，确保11个聚集区跻身省级行列。做大做强龙头企业。继续深入开展企业“对标”行动，瞄准产业高端，明确升级目标，制定赶超措施，突出重点，扶优扶强，着力打造一批上百亿、乃至几百亿的大型工业“航母”。今年主营业务收入超百亿元的企业力争达到5家。增强自主创新能力。

以高新区和大企业大集团为载体，着力抓好2个国家级、33个省级重点实验室和81个市级以上工程技术研究中心建设，大力组织实施90项国家、省重点科技专项，力争取得国内先进科技成果160项，解决一批制约我市主导产业和新兴产业发展的共性关键技术。年内确保规模以上高新技术产业增加值增长25%。切实抓好节能减排。突出抓好循环化工示范基地、西柏坡发电等循环经济试点，继续加大对280家重点排污企业和列入省“双三十”目标考核县（市）的治理、监督和考核，加强110家用能大户和150家用水大户监督管理。实施一批重大节能减排工程，坚定有序淘汰落后产能，推动绿色低碳发展，着力构建资源节约型、环境友好型产业体系。

（二）着力抓好重点项目建设，在大项目好项目上实现新突破。坚持把项目建设作为保增长、促发展的重要支撑，转方式、调结构的有力抓手，切实抓好省市重点项目建设。谋划一批立市、立县的大项目，依据国家产业政策、市场需求和我市资源禀赋，力争在项目单体规模上实现新的突破。中部区域重点抓好投资500亿元的高端医药产业园、投资300亿元的德国科技工业园等18个超百亿元项目，力争早开工早建设；东部区域9县(市)，着眼打造各具特色的支柱产业，年内每个县（市）谋划建设3～5个投资10亿元以上的大项目；西部山区县，围绕优势产业做大做强，年内分别谋划建设2～3个投资5亿元以上的好项目。争列一批国家和省重大项目，加大跑部进厅工作力度，争取更多的项目落地石家庄，更多的资金向石家庄倾斜。建设一批好项目，加强协调调度，强化土地供应、资金需求等要素保障，对年度投资265亿元的104个省重点项目，确保38个续建项目完成年度投资计划，华北制药新制剂等54个项目开工建设，神威药业改扩建等10个项目竣工投产。

（三）着力发展省会服务业，在提高水平增加比重上实现新突破。大力发展现代服务业。加快发展现代物流业，以空港工业园建设为重点，强力推进“10＋X”现代物流重点项目建设，力争物流业增加值增长18%以上。增多做强金融市场主体，积极引进更多的国内外金融机构落户石家庄。做大做强市级投融资平台，促进产业发展与金融发展良性互动。积极培育会展业，着力打造动漫、医药、小商品等五大会展品牌。切实做大旅游业，以“大西柏坡”综合开发为重点，带动全市旅游设施上水平、旅游景点树品牌，“七一”前西柏坡纪念馆等50个项目开工建设，19处中直单位旧址修缮恢复竣工，确保藁城现代农业观光园1500亩核心区“十一”前建成开放。全面提升传统服务业。加快推进祥云国际、中银广场等32个重点服务业项目，改造提升北国至先天下、新百至东购主商圈和联邦东方明珠、怀特商贸城等区域性商业圈，加快新华集贸、南三条市场业态升级和正定小商品城建设，全面提升省会商贸设施档次和载体功能。扩大城乡居民消费。积极培育消费热点，大力发展新型消费，拓展服务性消费，进一步繁荣城市夜经济。深入推进“双百市场工程”和“农超对接”，继续实施便利消费进社区、便民服务进家庭“双进”工程，落实家电、汽车、摩托车下乡和以旧换新政策，努力扩大城乡消费，增强消费对经济的拉动作用。

（四）着力发展现代高效农业，在新农村建设上实现新突破。提高粮食生产能力。集中力量打造520万亩粮食生产核心区，积极推进6个国家级农技推广示范县建设，大力实施优质粮食工程，力争粮食单产提高到900斤以上。提升产业化经营水平。大力培育乳品、肉类、粮油、果品、蔬菜五大产业，突出抓好市级以上重点龙头企业建设，新增农民专业合作社500家，新建改建标准化养殖场（区）100个，新发展名优果品5万亩，力争农业产业化经营率达到63%以上。建好蔬菜基地。加强藁城、无极、高邑等12个蔬菜大县（市）基地建设，每个县（市）建设1至2个万亩蔬菜示范区，年内全市蔬菜面积达到240万亩以上，总产量达到1100万吨。切实抓好新民居建设。充分尊重农民意愿，积极稳妥地推进新民居建设，年内对已确定的65个联村并建试点全部开工建设，新民居建设示范村力争达到700个以上。加强农村基础设施建设。年内治理水土流失面积150平方千米，发展节水灌溉30万亩，改造中低产田8万亩，新建改造变电站18座，新增沼气用户1.3万户，解决好20万农村人口饮用水安全问题。

（五）着力推进城镇建设，在上水平出品位上实现新突破。实施生态环境整治工程。围绕“水通、路通、船通、景通、林带通”的目标,加快“一河两环”水系建设，确保“五一”前建成开放。启动西山森林公园和石环公路防护林建设，加大公园、街旁游园建设力度，提高城市绿化水平。全力实施大气和水污染防治，加快二环路以内燃煤工业企业搬迁改造，加大市区燃煤电厂烟尘治理力度，确保市区空气质量稳定达到国家二级标准，市区二级以上优良天数达到320天。实施承载能力提升工程。年内完成京石、石郑高铁客运专线和穿城入地隧道工程，启动石青高铁客运专线建设，大力度推进正定国际机场扩建工程，京昆高速公路石太北线、西阜高速公路、南绕城高速开工建设，南二环东延、太行大街南延北展工程竣工投用，西柏坡高速公路、中华大街至机场快速路迎宾大道全部建成通车。加快热源热网建设，推进供热方式多元化，年内新增供热能力4300万平方米，满足城市居民供热需求。坚持公交优先,年内新增空调公交车300辆，向组团县（市）开辟10条公交线路，建成50座公交站亭。实施城市功能完善工程。以承办国际国内大型体育赛事为目标，加快建设建筑面积达38万平方米的省体育中心，年内启动主场馆建设；以承办国际性和国家级博览活动为目标，启动建设建筑面积达26万平方米的会展中心；加快推进历史博览中心和工业创展中心建设。实施繁华地标打造工程。以道路交通、综合商业商务、绿化景观为重点，启动新客站广场建设；以华润综合体、华强商务中心、苏宁总部大厦三大商务综合体为支撑，加快形成中山西路繁华片区；以南茵河水景景观轴为核心，打造集高端商务、高品位文化娱乐和高档生态居住区于一体的城市东南亮点区域；以北国商城为核心，加快周边区域改造建设，构建集大型商业、商务办公、餐饮住宿、文化娱乐于一体的城市东部繁华核心区。实施精细管理攻坚工程。以城市主干道、重点区域和出入市口为重点，大力推进景观整治、夜景亮化、小区物业、停车管理等8大领域精细管理，确保重要干道设施完好率达到100%，全天候道路清扫保洁率达到70%以上，主路及繁华商业区高层楼宇夜景亮化率达到80%以上。实施县城建设提质工程。高标准规划建设，整体推进突破，每年实施一批对县城形象有显著带动作用的重点工程，力争经过几年的努力，使我市县城建设有一个大的飞跃。

（六）着力加快改革开放，在增强发展活力和动力上实现新突破。继续深化重点领域改革。大力支持一批国有企业实施联合并购和战略重组，扎实做好国有企业改制扫尾工作，健全国有资产监管运营体系。深化财政体制改革，健全预算编制和执行管理制度，完善事权、财权相匹配的财政体制。加大金融改革创新力度，扩大直接融资渠道，健全金融服务体系，创建资本要素市场，优化金融发展环境。突出抓好企业上市融资，年内力争常山生化、以岭药业、河北众诚、四方通信等企业上市。深化医药卫生体制改革。围绕三项要求、五项重点改革内容，选择9个县（市）在以下方面先行试点：村级实现“三个一”，即一个标准化卫生室、一名具备职业资格的医生、一套基本药物保障制度；乡级实现“三个有”，即有一个标准卫生院、有一支适应农村医疗工作的好队伍、有一套基本检测设备；县级医院探索“三个双”，即经营双轨制、医疗服务双价格、医疗队伍双配备；基本药物供应实现“三个零”，即配送零缝隙、价格零差率、使用零盲区；公共卫生服务体系实现“三建”，即为所有群众建立一套健康档案，建立定期检查的制度，建立公共卫生服务的阵地。提升对外开放水平。坚持内资外资并举、引资引智并重，创新招商方式，切实加大对世界500强、中国500强等战略投资者的招商力度，进一步强化与京津及长三角、珠三角发达地区的合作，突出抓好签约和在谈项目的跟踪落实，大力提高履约率。力争全年实际利用外资超过8亿美元，引进内资386亿元。促进对外贸易增长。积极适应对外贸易变化，提高机电产品和高新技术产品的出口比重，促进出口结构转型升级，力争全市外贸进出口总值达到116亿美元，增长12%。大力实施“走出去”战略，鼓励具有比较优势的企业到境外投资办厂，开展海外并购和工程承包。

（七）着力发展民营经济，在做大做强上实现新突破。认真落实省市促进民营经济发展的各项政策措施，强化对民营经济的财税扶持、金融支持和用地保障。进一步拓宽民营经济准入领域，做到“一视同仁、非禁即入”。降低企业设立条件，对个体工商户、民营企业实行“零成本”注册。进一步完善创业辅导、融资担保、技术支持、风险投资等8大服务平台，大力开展50强民营企业和120家成长型中小企业重点帮扶活动，推进民营企业联合重组，做大做强。建立市级领导与民营企业家联系制度，积极为企业发展出谋划策、排忧解难。严格控制各类评比考核，大幅度减少各种检查，严肃查处涉企乱收费行为，大力营造全民创业、增收致富、竞相发展的生动局面。今年，全市民营经济增加值、上缴税金力争双增20%以上。

（八）着力惠民利民，在保障和改善民生上实现新突破。加大财政投入力度，集中力量抓好十件大事。稳控市场价格。加强市场价格预警监管，设立价格风险调节基金，健全价格应急协调机制，建立物价波动挂钩的联动机制，确保市场价格秩序基本稳定，保障低收入群体基本生活。扩大就业规模。重点解决好高校毕业生、复转军人、失地农民、农村剩余劳动力和城镇就业困难人员的就业问题，确保城镇新增就业93万人、下岗失业人员再就业385万人、农村劳动力转移30万人次。提高社会保障水平。企业退休养老金人均提高140元，新型农村合作医疗人均筹资标准达到150元，年内企业职工养老保险参保人数新增4万人。对城乡低保家庭实现动态管理下的应保尽保，城市低保平均标准达到每人每月330元，农村低保平均标准达到每人每年1660元。加快安居工程建设。加大城中村回迁房建设力度，年内安置村民1.6万户，大力推进危陋住房改造和旧小区改善，年内分别完成43万平方米和45万平方米。二环路以内城中村全部实施拆迁改造。年内新开工建设廉租房5000套、筹集公共租赁住房700套。积极实施济困助学。农村义务教育生均公用经费标准比上年提高100元，高校和中职家庭经济困难学生国家助学金资助标准，从每年2000元、1500元分别提高到3000元。强化基层医疗服务。新改建县级医院3个、村级标准化卫生室2173个。扩大国家基本药物制度覆盖范围，解决好群众“看病贵”问题。完善文化体育设施。推进县（区）级图书馆、文化馆等综合文化场馆建设，提升城市社区文化中心建设水平，新建农村书屋1000家；启动建设全民健身中心，新建改造城区健身路径30条，实施农民健身工程80项。创新扶贫开发工作。采取贫困人口异地安置、儿童异地免费就学、劳动力免费培训等措施，逐步将深山区贫困人口全部转移出来，从根本上消除绝对贫困现象。切实做好养老服务。积极应对人口老龄化，加快建立政府主导和社会参与相结合，居家养老和机构养老相结合，物质保障和精神关爱相结合的养老服务体系。推进平安省会建设。加强安全生产监督管理，严格执行重大安全生产事故责任追究制度，坚决遏制各类重特大事故发生，切实抓好食品药品安全整治，斩草除根地解决好存在的突出问题。创新社会管理，深化社会治安防控体系建设，严厉打击各种刑事犯罪，切实保障人民群众生命财产安全。积极支持人民解放军和武警部队建设，以争创全国双拥模范城“七连冠”为契机，进一步增进军政军民团结。完善人口计生导向机制，提高出生人口素质，促进人口长期均衡发展。继续做好民族宗教、外事侨务、气象防震、人防档案、妇女儿童、老龄、残疾人等各项工作，促进社会事业全面进步。

四、切实加强政府自身建设

实现“十二五”宏伟蓝图，完成今年的目标任务，需要全市人民共同奋斗，更需要各级政府卓有成效的工作。我们必须进一步加强自身建设，切实提高行政能力和管理水平，努力建设人民满意的政府。

（一）坚持科学理政，打造创新型政府。创新发展理念，打破惯性思维，破除路径依赖，靠创新突破瓶颈，用改革破解难题。旗帜鲜明地鼓励创新、扶持创业、支持创优，善待挫折，宽容失败。以宽广的视野考量自身的发展，不为过去的成绩而自满，不为既有的经验所束缚，不为传统的模式所局限，树立更高的发展定位和追求，确保政府的每一项重大战略部署都能体现时代性、把握规律性、富有创造性。

（二）坚持为民施政，打造服务型政府。准确把握新形势下群众工作的新特点、新要求，心系群众冷暖，情牵百姓喜忧，多做惠民利民富民的实事、好事，千方百计为百姓谋福祉。尊重群众的首创精神，坚持问政于民、问需于民、问计于民，从群众中汲取智慧和力量，推进科学发展。切实转变政府职能，进一步优化行政流程，全面实行跨部门横向联合审批制，切实做到在全省审批环节最少、程序最简、办理最快、费用最低、服务最优。

（三）坚持依法行政，打造法治型政府。坚持科学决策、民主决策、依法决策，把专家论证、风险评估、合法性审查和集体讨论决定，作为重大决策的必经程序。自觉接受人大法律监督、政协民主监督和新闻舆论监督，广泛听取各民主党派、工商联和无党派人士的意见和建议。严格规范行政执法行为，提高执法水平，切实做到用权受监督、侵权要赔偿、违法须追究。

（四）坚持高效执政，打造实干型政府。唱响创先争优、干事创业主旋律，大力弘扬求真务实、敢于担当的作风，大力弘扬开拓进取、敢抓敢管的作风，大力弘扬团结干事、务实高效的作风，只争朝夕，雷厉风行，拒绝理由，真抓实干，真正把心思和精力用在抓工作、促落实上，把时间和功夫下到察实情、办实事上，把能力和水平体现在促发展、求实效上，决不能让好的思路和决策在热烈的掌声中落空。

（五）坚持从严治政，打造廉洁型政府。建立健全惩治和预防腐败体系，以制约和监督权力为核心，推进行政权力运行监控机制建设。加快建立全市统一的公共资源交易平台，规范权力运行，促进公平竞争。认真落实《机关工作人员损害发展环境行为责任追究暂行办法》，完善投诉举报机制，加大行政问责力度。严格执行《廉政准则》，认真落实领导干部述职述廉、财产申报、报告个人有关事项等制度规定。坚持厉行节约，反对铺张浪费，把节约的每一块“铜板”用于发展石家庄大业。

各位代表！“十二五”的壮丽蓝图已经绘就，序幕已经拉开，号角已经吹响，让我们在省委、省政府和中共石家庄市委的正确领导下，团结一心、锐意进取，顽强拼搏，奋力开创石家庄更加光明、更加绚丽、更加灿烂的明天！

关于石家庄市2010年国民经济和社会发展计划执行情况与2011年国民经济和社会发展计划（草案）的报告

——2011年1月19日在石家庄市第十二届人民代表大会第四次会议上

石家庄市发展和改革委员会主任　赵顺法

各位代表：

我受市政府委托，向大会作石家庄市2010年国民经济和社会发展计划执行情况与2011年国民经济和社会发展计划（草案）的报告，请予审议，并请市政协委员和其他列席人员提出意见。

一、2010年计划执行情况

2010年，全市各级各部门坚持以科学发展观为指导，紧紧围绕打造繁华舒适、现代一流省会城市的目标，以加快经济发展方式转变、保持经济平稳较快增长为核心，全力以赴抓推进，抓落实，全市经济社会保持了平稳较快发展。

——经济总量平稳增长。预计全年地区生产总值完成3400亿元，增长12.7%，高于计划1.7个百分点。其中，第一产业增加值完成333亿元，增长3%；第二产业增加值完成1690亿元，增长14.2%；第三产业增加值完成1377亿元，增长13.3%。经济总量实现持续较快增长，第二、三产业对经济发展的拉动作用进一步提升。

——经济运行得到巩固。农业生产再获丰收。夏粮产量235.3万吨，预计粮食总产518万吨，超额完成全年目标任务。畜产品稳定增长，1～11月肉、蛋、奶产量分别为62.95万吨、95.59万吨和96.03万吨，同比分别增长6.88%、8.99%和20.48%，畜牧业产值占农林牧渔业总产值比重预计达到43.8%，高于计划0.3个百分点。工业经济稳定增长。预计规模以上工业增加值完成1340亿元，增长16.5%，高于计划2.5个百分点；规模以上工业利税完成630亿元，增长30%，高于计划16个百分点。1～11月全市工业制造业入库税收133.05亿元，增长21.17%，其中循环化工产业增长66.55%，装备制造产业增长32%，产业调整振兴已初见成效。服务业快速发展。预计社会消费品零售总额完成1391亿元，增长18.6%，高于计划1.6个百分点。1～11月第三产业税收完成156.8亿元，增长26.4%，其中金融服务业增长46.6%，显示出第三产业进入了快速发展阶段。

——投资结构趋于优化。预计全社会固定资产投资完成2958亿元，增长21.4%，完成省下达任务，低于计划3.6个百分点；城镇固定资产投资完成2697亿元，增长21%，完成省下达任务，低于计划4个百分点。服务业发展后劲逐步增强，1～11月第三产业投资完成1421.2亿元，增长28.2%，占城镇固定资产投资的58.2%，增速、比重分别高出第二产业15.8个百分点和18.5个百分点。民间投资开始激活，民营经济投资完成1348.4亿元，增长45%，增速高于国有经济42.5个百分点。中央投资项目进展顺利，2010年中央投资项目下达383项，争取资金6.39亿元，已开工266项，竣工21项。

——重点建设顺利推进。2010年安排市重点项目226项，总投资2038.97亿元，年度计划投资264.86亿元，预计完成投资440.73亿元，占年度计划的159.72%。其中，列入省重点项目144项，总投资2042.17亿元，年度计划投资175.97亿元，完成投资281.39亿元，占年度计划的159.91%。1～12月全市审批各类项目1511个，项目总投资4070.8亿元，比上年同期增长76.5%；项目单体平均投资规模为2.7亿元，比上年同期增长80%。项目库储备亿元以上项目1043个，初步实现了省政府对我市储备亿元以上项目1000个的要求。

——财政金融运行平稳。预计全部财政收入完成387.9亿元，增长25%，高于计划13个百分点；其中一般预算收入完成163.63亿元，增长29.9%，高于计划17.9个百分点。2010年，一般预算收入占全部财政收入的比重达到42.2%，高于2009年1.6个百分点，全部财政收入占生产总值比重达到11.4%，高于2009年1.44个百分点，财政收入质量进一步提高。金融机构人民币各项贷款余额3204.2亿元，增长9.8%，存款余额5997.6亿元，增长14.6%，存贷比为53.42%，金融运行总体情况较好。

——改革开放逐步深化。改革方面。国有企业改制完成24家，全市国有中小企业改制基本完成；市属集体企业有24家进入筹备改制程序。经营性事业单位2家完成改制，5家进入筹备改制程序。城中村集体经济组织66个完成改制。报业集团、演艺集团、广电传媒集团挂牌运营。66家乡镇卫生院和30家社区卫生机构全面推行了基本药物制度和零差价销售。开放方面。“以外引外”工作取得突破，与德国ERP公司签订了“中国石家庄德国应用技术研发基地科技园区”合作协议，与美国洛克菲勒、纳斯达克OMX公司等世界跨国公司达成了初步合作意向，德国工业园、美国工业园项目正在积极洽谈。成功组织参加了“石洽会”、香港、廊坊、厦门等投洽会，签约了一批规模大、质量高的内外资项目。预计实际利用外资6.4亿美元，高于计划0.5亿美元。进出口总值完成104亿美元，增长89%，高于计划81.5个百分点，其中出口完成56亿美元，增长30%，高于计划22个百分点。

——人民生活继续改善。预计农村居民人均纯收入6515元，增长9%，高于计划1个百分点。城市居民人均可支配收入18268元，增长10%，与计划持平。居民消费价格指数为103%，低于控制目标1个百分点。城镇新增就业9.6万人，高于计划0.5万人。城镇登记失业率为4%，低于控制目标0.5个百分点。截止2010年底，共筹集廉租住房9736套，新开工6976套，解决了3.2万户低收入家庭住房困难。新建改建标准化学校48所、县级医院9座。解决了农村25万人的饮水安全问题。完成了与人民群众密切相关的38件实事。

——经济社会和谐发展。教育、科技、文化、体育、卫生各项事业全面进步，社会管理创新工作取得新成绩，安全生产形势和社会治安环境持续好转，约束性指标全部完成。每万元生产总值能耗下降3%，每万元工业增加值取水量下降10%，耕地保有量保持在57.75万公顷，化学需氧量排放量和二氧化硫排放量分别控制在11.73万吨和17.65万吨以内，森林覆盖率达到29.42%，城镇参加基本养老保险人数达到150万人，新型农村合作医疗参合率为96.1%，人口自然增长率为6.48‰。市区二级以上天数达到319天，高出计划2天。

2010年全市经济社会发展中还存在着一些突出矛盾和薄弱环节。一是具有行业领军地位的大企业、大集团相对较少，主导产业战略支撑能力不强；二是土地制约亟需破解，节能减排形势严峻，资源环境压力越来越大；三是企业自主创新能力较弱，加速转变经济发展方式任重道远；四是社会事业发展相对缓慢，城乡一体化发展步伐不快，改善民生任务艰巨。这些矛盾和问题需要我们在今后的工作中着力解决。

二、2011年经济和社会发展总体要求和主要目标

（一）总体要求。坚持以邓小平理论和“三个代表”重要思想为指导，深入贯彻落实科学发展观，全面贯彻党的十七届五中全会、省委七届六次全会和市委八届六次全会精神，以科学发展为主题，以加快转变经济发展方式为主线，紧紧围绕打造繁华舒适、现代一流省会城市和京津冀第三极，构筑省会中东西三大区域经济协调互动发展新格局，大力实施工业化、城镇化“双轮驱动”战略，坚持把“稳增长、

调结构、控物价、惠民生”作为主攻方向和着力点，加快正定新区、东部产业新城、大西柏坡、空港工业园、南部工业区等重大战略性工程建设，着力调整优化经济布局和结构，着力推动城市建设上水平，着力统筹城乡发展，着力深化改革开放，着力保障和改善民生，努力保持经济社会平稳较快发展，确保“十二五”规划实现良好开局。

（二）主要经济社会发展目标

——预期性指标

1、地区生产总值增长 12%。

2、全部财政收入增长 14%，其中一般预算收入增长 15%。

3、全社会固定资产投资增长 19%，其中城镇固定资产投资增长 20%。

4、规模以上工业增加值增长 15%。

5、规模以上工业利润增长 16%。

6、社会消费品零售总额增长 19%。

7、实际利用外资 8 亿美元。

8、外贸进出口总值增长 12%，其中出口总值增长 13.5%。

9、居民消费价格指数控制在 104% 以内。

10、城市居民人均可支配收入增长 10%。

11、农村居民人均纯收入增长 9%。

12、城镇登记失业率控制在 4.5% 以内。

——约束性指标

1、城镇参加基本养老保险人数 154 万人。

2、每万元生产总值能耗下降 3%。

3、每万元生产总值二氧化碳排放量下降 3%。

4、每万元工业增加值取水量下降 8%。

5、化学需氧量排放量下降 1.5%。

6、二氧化硫排放量下降 1.5%。

7、氨氮化物排放量下降 1.5%。

8、氮氧化物排放量下降 1.5%。

三、2011 年重点工作和主要措施

（一）制定规划政策，促进中东西区域互动发展。一是抓规划引领。理清思路，明确定位，中部区域重点发展高新技术产业、新兴产业和现代服务业，做强城市经济，实现跨越发展，打造省会经济发展新高地；东部区域以工业聚集区建设和招商引资为突破口，建设一批大项目、大企业、大园区，打造省会经济新的增长极；西部区域以生态保护为重点，大力发展生态农业，积极发展绿色工业，加快发展休闲旅游业，力争在区域平衡发展和生态环境改善上取得重大进展。按照三大区域发展思路，编制出台全市产业布局规划和中东西区域经济协调互动发展产业规划。二是抓政策设计。根据三大区域产业定位和发展重点的差异，研究出台针对性强的财政扶持政策，“飞地”项目财税分成政策，土地和节能减排等要素指标调剂政策等，努力形成配套政策体系和利益平衡机制。三是抓推进落实。组织专门班子，实行分类指导，健全统计制度，完善考核办法，狠抓责任落实，为“十二五”末形成中东西良性互动、功能协调配套、要素优化配置的区域发展新格局奠定坚实基础。

（二）加快园区建设，打造产业聚集平台。一是明确发展重点。以东部产业新城、大西柏坡、空港工业园、南部工业区 4 大省级战略工程和市管基地、县城周边 24 个工业聚集区建设为重点，尽快完成总体规划、产业规划和控制性详细规划编制，继续加大省级工业聚集区申报力度。二是破解瓶颈制约。多措并举解决土地供应难题，加大争列省重点项目的力度，最大限度争取省重点配套指标。加大超 50 亿元产业项目谋划推进，争取省长重大项目专用指标。制定全市新民居建设置换土地计划，分解下达到各县（市）区。强化项目投资强度，提高土地利用效率。三是强化基础建设。构建园区基础设施建设新机制，实行“政府主导、市场运作”开发模式，拓宽投融资渠道，引进战略投资者，加大基础设施投入，力争年内重点产业聚集区基本实现“七通一平”。四是加大招商力度。优化招商环境，制定优惠政策，创新招商方式，主动走出去、请进来，开展全方位、多层次、宽领域的招商活动，完善招商激励机制，对成功引进重大项目的单位和个人给予适当奖励，通过调动社会各方面的积极性，争取一批好项目、大项目落户园区，实现产业大聚集、大发展。

（三）抓好谋划实施，推动项目建设再上新台阶。一是抓谋划。构建项目谋划新机制，采取主要领导亲自谋划、聘请顾问班子谋划、组建专业队伍谋划、委托中介机构

谋划、动员全社会力量谋划等多种形式，谋划实施一批高新技术、现代服务业、劳动密集型项目，特别是加强卫星导航、半导体照明、汽车制造等重大项目和重大产业链的谋划，积极争列国家、省“十二五”专项规划和省重点项目盘子。二是抓推进。构建项目调度新机制，每月分区域调度项目，各县（市）区会同业主采用多媒体形式汇报；每季开展项目观摩拉练活动，向全市通报项目进度；重大项目实行市领导现场办公，协调解决项目推进中存在的问题。构建要素配置新机制，统一调剂使用要素指标，实行要素跟着项目走，保证好项目、大项目要素供给，促进谋划项目早落地、在建项目早投产。三是抓考核。构建项目考核新机制，加大项目建设在县（市）区党政领导班子考核中的权重，落实好《重点项目建设考核办法》、《鼓励企业新上项目奖励办法》，严格实施奖惩。

（四）做好“三农”工作，巩固农业农村发展基础。一是加快集约化经营。深入实施农业产业化“115”行动计划，突出抓好180家农业产业化龙头企业发展。做大做强奶业、禽蛋、优质猪等优势产业，新建改建100个标准化规模养殖场。稳定完善土地承包关系，建立健全土地承包经营权流转制度，正确引导农民流转土地承包经营权，集约发展种植、养殖、农产品加工等高效农业。二是加快新技术推广。推广优良品种和重大关键技术，开展“百千万”高产创建活动，稳定粮食播种面积，确保粮食产量实现504万吨，支持设施农业发展，重点抓好240万亩设施蔬菜种植。三是加快基础设施建设。着力推进太行山绿化、平原绿化及农田林网建设，完成5座中小型水库除险加固，整治中小河道4条，抓好冶河、绵河灌区水利配套和节水改造，发展节水灌溉面积30万亩，治理水土流失面积150平方千米，解决农村20万人饮水安全问题。同时，加强农业气象灾害监测预警，完善农产品安全检测体系和动物防疫监测体系建设，保障农畜产品安全。确保农业增效、农民增收、农村稳定。

（五）加强运行调节，促进经济平稳较快发展。一是保持价格总水平基本稳定。按照“促生产、畅流通、增储备、建机制、保民生”的总体要求，综合运用多种调节手段管理通胀预期，努力做到注重监测早预警，有效调节控时度，加强监管稳秩序，为经济社会发展营造有利的价格环境。二是发挥要素调节对结构调整的促进作用。坚持有保有限，完善煤电油气运保障工作联席会议制度，鼓励重点煤电企业签订中长期合同，加强成品油、天然气供需衔接，优先保障骨干企业和重点项目要素供给，对国家限制、淘汰类生产设备，通过实施差别电价以及限供、停供等措施，倒逼企业加快转型升级步伐。三是加强企业内部管理。强力推进企业对标行动，引导重点企业从产品研发、生产、营销、售后服务等各个环节，制定升级目标、赶超路线图和时间表。引导企业加强管理创新，整合人才、资本和科技要素，挖潜提效，促进企业上台阶。鼓励和支持企业加大研发投入，加强技术和产品创新，形成更多拥有自主知识产权的品牌产品。落实安全生产责任制，加强安全生产管理。

（六）深化改革开放，增强经济发展动力。一是强化重点领域改革。实施工业企业战略重组，重点推进国有企业改革，稳妥推进事业单位改革，大力推进集体企业和城中村集体经济组织改革。加大金融改革力度，拓宽企业上市融资渠道，争取美国纳斯达克交易所合作部落户石家庄。搞好公立医院改革试点，政府办基层医疗服务机构全部实行基本药物制度。制定出台《关于进一步加快民营经济发展的意见》，为民营企业提供优质服务，创造良好环境，促进民营经济大发展。二是强化招商引资工作。总结“以外引外”经验，抓好德国应用技术研发基地科技园、德国国际科技工业园、美国工业园等项目推进，建好“以外引外”承接平台，实现招商引资新突破。组织参加“10·18”石家庄、“3·26”香港、“5·18”廊坊、“9·8”厦门投洽会，力争签约项目数量和规模实现突破，并抓好签约项目履约落实。加强与中科院、清华大学等高等院校的合作，积极引进高端技术和人才。三是强化对外贸易转型。加强品牌建设和知识产权保护，开发核心技术，提高出口产品技术含量和附加值。加强与非洲、南亚、西亚等国家的经贸合作，培育新兴出口市场。引导出口企业用足用好国家政策，有效降低出口成本，扩大出口规模。实施“走出去”战略，鼓励优势企业境外投资办厂。鼓励增加重要原材料、先进装备和关键设备进口。

（七）抓好节能减排，促进发展方式转变。一是抓好结构节能减排。大力发展电子信息、生物医药、新能源等战略性新兴产业，扩大其在经济总量中的比重。严格控制新上“双高”项目，坚决淘汰钢铁、造纸和制革等行业的落后产能。大力推广节能、节水、节材等新技术、新产品、新材料，积极应用清洁能源，严格控制碳排放强度。二是抓好工程节能减排。实施国家、省重点企业节能减排工程，注重发挥重点企业带动作用。实施循环经济示范工程，推动循环经济发展。实施节能减排技改工程，在冶金、建材、化工等行业推广节能减排新技术。实施一批市级重大节能减排工程，增强节能减排持续能力。三是抓好管理节能减排。创新节能减排管理模式，提高企业节能减排的效率。强化对280家重点排污企业和列入省“双三十”目标县（市）的治理和管理，对110家用能大户和150家用水大户进行分类指导，采取有效措施降低资源消耗。下达各县（市）区“十二五”节能减排总量控制目标，严格控制能耗排放总量，强化目标责任和行政问责。

（八）加强建设和管理，提升城市发展水平。一是规划上水平。在高端设计、科学论证、全面完成石家庄城市总体规划的基础上，公开规划内容，实行全民监督，严肃法定地位，严格遵循实施，充分发挥城市规划在服务经济、保障民生、塑造特色等方面的刚性作用、引领作用和前置作用。二是建设上水平。加快推进主城区、正定新区建设，优化拓展城市空间。以创建国家环保模范城和生态园林城为目标，改善环境质量。加快构建城市综合交通体系，全面提升综合载体功能。东南外环水系建成开放，滹沱河综合整治市区段主体完工，完成机场改扩建，抓好铁路货运系统、新客站和轨道交通等建设，推进京昆、西柏坡等高速公路建设，加快槐安路东延、中华大街高架路等建设，搞好裕华、鹿华和良村热电联产工程建设。三是管理上水平。实施市民素质提升工程，提高城市“软管理”水平。建立数字城市共享机制，实现城市精细化、数字化联动管理服务。深入推进“城市管理服务进社区”活动，构筑社区联动管理服务网络。加强市政设施维护，重要干支道设施完好率达到100%。加强城市容貌环境综合整治，提高亮化、绿化水平和环境质量。

（九）健全体制机制，推动城乡统筹发展。一是抓好规划建设。统筹各项规划编制，做到统筹城乡发展规划、镇村体系规划、土地利用总体规划、产业发展规划和新民居建设规划“五规合一”。大力推进城乡规划、产业发展、基础设施、公共服务和社会事业、劳动就业和社会保障、社会管理“六个一体化”建设，形成城乡协调互动发展新格局。二是实施典型带动。抓住我市作为全省统筹城乡发展试点市的机遇，推进藁城和鹿泉等7县、生物医药和装备制造等6大基地以及高新区、正定新区、大西柏坡3区域的城乡一体化建设，推进主城区与组团县（市）、高新区、正定新区、6大基地的基础设施同城化建设。三是搞好全面推动。加快推进县城周边聚集区建设，加大公共设施和服务投入，初步建立起城市支持农村、工业反哺农业、城乡互动发展的良性机制和城乡一体的政策体系。积极推进集体土地和农村房屋确权登记工作，采取出租、出让、转租、转让等多种形式进行土地流转，研究土地利益平衡机制、农民利益平衡机制、农村经济组织转型等问题，实现土地规模经营、土地集约利用、农村人口向城镇聚集。

（十）积极改善民生，促进社会和谐发展。加快推进分配制度改革，努力提高居民收入，使城乡居民收入与经济发展水平相适应。实施积极的就业政策，加强就业服务，推动创业带动就业。完善社会保障体系建设，扩大社会保险覆盖面。拓展服务消费领域，保障市场供应，引导消费市场，促进市场繁荣。加大廉租住房、公租房建设力度，落实配建措施，不断扩大实物配租率。抓好示范性老年公寓项目，力争在市区再建30个社区为老服务站。积极实施校舍安全工程，加强学校基础建设。健全基层医疗卫生服务体系，满足群众基本医疗卫生需求。探讨扶贫工作新途径，从源头上解决扶贫问题。做好社会管理创新工作，抓好与群众利益密切相关的好事实事落实，促进社会和谐稳定。

关于2010年市级预算及市总预算执行情况和2011年市级预算及市总预算（草案）的报告

——2011年1月19日在石家庄市第十二届人民代表大会第四次会议上

石家庄市财政局局长　李和平

各位代表：

受市政府委托，现将2010年市级预算及市总预算执行情况和2011年市级预算及市总预算（草案）的报告提请大会审议，并请市政协委员和列席会议人员提出意见。

一、2010年市级预算和市总预算执行情况

过去的一年，在市委的正确领导和市人大常委会的监督支持下，我市财政工作坚持以科学发展观为指导，以深入开展创先争优活动和深化干部作风建设为动力，紧紧围绕打造繁华舒适、现代一流省会城市目标，认真落实积极财政政策，千方百计保增长、调结构、促改革、惠民生，圆满完成了十二届人大三次会议确定的各项工作任务。

市级一般预算收入及城区分享收入完成70.88亿元，比上年增长35.71%。市级一般预算支出完成98.64亿元，占调整预算的95.2%，比上年实际支出增长33.89%。实现了收支平衡，略有结余。

市级基金收入完成91.31亿元，比上年增长210.18%；市级基金支出完成80.84亿元，比上年增长218.4%。

全市一般预算收入完成163.63亿元，占预算的115.97%，比上年增长29.9%；全市一般预算支出完成298.92亿元，占调整预算的97.91%，比上年增长24.07%。

全市基金收入完成133.16亿元，比上年增长145.28%；全市基金支出完成123.66亿元，比上年增长139.25%。

2010年市级一般预算收入和基金预算收入都有较大幅度增长，主要是我市经济可持续发展能力增强，企业效益提高，以及省会三年大变样拉动，也有政策性增长因素。超收形成的财力主要用于社会保障扩面提标和增加偿债基金。

上述预算执行情况均为快报数，待决算和省批复结算事项后还会有些变化，届时再向市人大常委会报告。

围绕完成全年预算任务，我市财政工作重点抓了以下几个方面：

（一）大力促进收入增长，切实增强财政实力。各级党委政府高度重视财政收入工作，把工作的着力点放在促发展、抓项目、增财源上，在认真落实国家和省激励性财政体制的同时，市县积极谋划产业发展思路，制定专门激励措施，调动组织收入的积极性。按照“堵漏洞、促增收，调结构、增实力”的要求，着力在调结构、堵漏洞上下功夫，对餐饮、洗浴、娱乐、建筑服务业等行业开展税收专项清理。深入开展综合治税，市县乡三级涉税部门全部建立了纳税信息共享平台。进一步完善对重点行业、重点企业及重点税种的监控机制，确保了主体税收及时入库。全市全部财政收入完成387.9亿元，比上年增收77.65亿元，增长25%。全市17个县（市）中，全部财政收入超过10亿元的有藁城、平山、鹿泉、

辛集、井陉5个县（市），其中藁城达到76.09亿元；5亿元以上的有正定、栾城、晋州、元氏4个县（市）；其他的均在2亿元以上，县（市）财政实力进一步增强。

（二）**完善产业扶持政策，培育壮大财源基础**。以加快发展为目标，以财源项目建设为重点，积极发挥支持促进作用。着眼于构建我市现代产业体系，研究出台了专门的财政扶持政策。三年安排30亿元产业发展专项资金，用于支持园区建设和现代产业发展。抓住国家实施积极财政政策机遇，争取上级基本建设专项资金25.4亿元，保障了重点建设项目需要。支持科技创新和节能减排，全市科技和环境保护支出13亿元。通过补助、贴息、以奖代补等多种方式，支持高新技术产业发展，加快我市产业升级和经济发展方式转变。加大中小企业支持力度，设立中小企业发展专项资金10亿元，其中7亿元用于增加中小企业担保机构资本金，3亿元设立风险投资基金。据统计，市级财政全年用于支持企业发展的资金达到了28亿元。努力扩大消费需求，认真落实家电和汽车摩托车下乡扶持政策。全年兑付财政补贴4.78亿元，销售家电下乡产品106万台（件）、汽车摩托车7.8万辆，拉动消费超过43亿元。

（三）**积极拓宽投融资渠道，全力保障“三年大变样”**。市级财政用于城市建设的投入达到了157.98亿元，支持了新客站拆迁、正定新区建设、铁路穿城入地、西柏坡高速、环城水系、小街巷整修、街道景观整治和滹沱河生态整治等一大批重点项目的建设，较好地保障了省会建设“三年大变样”资金需要。为充分发挥财政融资功能，规范融资平台运作，组建石家庄国控投资集团公司，实现了政府融资借、用、还统一管理，为整合国有资本、资产和资源，利用市场机制融资打下基础。切实加强对政府投资的使用管理，向重点项目单位增派财政监察员，派驻的项目单位达到21个。完善政府投资预决算评审机制，政府投资项目全部纳入财政评审范围，坚持先评审后立项、不评审不拨款，全年评审基本建设项目1892个，审核资金253亿元，审减率达到了18%。

（四）**优先保障民生支出，促进城乡统筹发展**。全年用于民生的支出占全市一般预算支出的比重达到了62%，有力地促进了社会事业协调发展。加大教育事业投入，全市教育支出68亿元，可比增长22.7%。大力支持医药卫生体制改革，全市医疗卫生支出27.33亿元，同比增长32.07%。财政补助标准进一步提高，新型农村合作医疗保险的参合率达到了96.1%，城镇居民基本医疗保险参保人数达到了91万人，比上年增加24万人。市级财政设立专项资金2.5亿元，支持城乡统筹发展。切实加大对农业的支持力度，全市用于农业的支出达到24.4亿元。各项强农惠农政策得到全面落实。全市社会保障和就业支出24.11亿元，提高城乡最低生活保障补助标准，启动新型农村养老保险试点，全市16.5万名农村60岁以上老人领取了养老金。支持保障性住房建设，三年市级财政累计投入13亿元，建设廉租住房6911套。大力支持广播电视台、广电传媒集团、演艺集团改制，以及基层公共文化服务体系建设。切实做好公共安全经费保障工作，全市公共安全支出21.5亿元，保证了政法部门维护社会稳定和处置突发事件的需要。

（五）**坚持科学理财、依法理财，改进完善财政监督**。围绕提高财政资金使用效益，不断完善管理机制，促进财政管理科学化精细化。扩大财政支出绩效管理范围，对节能减排、企业发展等十大类专项资金进行分析监控和跟踪问效，对中小学校舍安全工程、住房公积金、社会保障等六大类重点社会事业支出，以及强农惠农专项资金开展重点检查和专项治理，确保资金专款专用。深化国库管理改革，市级财政资金全部实现国库集中支付。全市政府采购额完成88.6亿元，节约资金6.6亿元。公务卡改革覆盖市级所有预算单位，公务消费行为更加规范透明。行政事业单位国有资产管理步入规范化轨道，资产收益纳入预算管理，公物仓节支效果明显。深入开展“小金库”专项治理，纠正了存在的问题。主动接受社会监督，认真办理了人大代表建议和政协委员提案。

各位代表，过去的五年，是我市经济社会发展取得辉煌成就的五年，也是财政综合实力迅速提升、实现跨越发展的五年。2010年，全市全部财政收入比“十五”期末的2005年增长1.3倍，一般预算收入增长1.5倍。全市一般预算收入占全部财政收入的比重由39.8%提高到42.2%，全部财政收入占GDP的比重由8.9%提高到11.4%。全市一般预算支出由"十五"期末的106.85亿元增加到2010年的298.92亿元,农业、教育、环保、卫生、文化和社会保障等支出年均增长都在25%以上，保障了重点社会事业发展需要。市级财政积极拓宽融资渠道，累计投入城市基础设施建设资金430亿元，带动社会投资2000多亿元，保证了省会"三年大变样"的完成。五年间，我市财政部门不断探索和完善财政管理的新途径，重点项目投资评审、政府采购、委派财政监察员、行政事业单位国有资产管理等一系列改革措施取得明显成效，财政管理质量和服务效率显著提升。

在总结成绩的同时，也要看到财政运行中存在一些不容忽视的问题：财政收入规模与周边省会城市存在较大差距；财政收入占GDP的比重和一般预算收入占全部财政收入的比重不高；财政收支矛盾仍然比较突出；财政资金使用中还存在铺张浪费现象。对于这些问题，需要进一步增强发展紧迫感，通过培植财源，强化征管，深化改革，努力加以解决。同时，也恳请各位代表、委员提出宝贵意见和建议。

二、2011年市级预算和市总预算安排情况

2011年是"十二五"规划的起步年，也是我市城镇建设"三年上水平"开局年。做好今年的财政工作,对于进一步落实科学发展观,加快转变经济发展方式，推进我市科学发展、跨越发展，具有十分重要的意义。

今年财政工作既存在许多有利因素，也面临很大的增支压力。中央继续实施积极的财政政策，省会城镇建设"三年上水平"的全面推进，对经济的拉动作用进一步显现；我市确立"双轮驱动"战略和构建中东西三大区域经济协调互动发展格局,谋划建设六大产业基地,正定新区、东部新城、空港工业园和大西柏坡建设，将为财政增收提供坚实基础。同时，落实事业单位绩效工资改革及医药卫生体制改革，保证法定支出增长和上级投资配套等增支数额较大，支持产业发展,推进城市建设和城乡统筹发展,都需要大量财政资金作保障，财政收支矛盾仍然十分尖锐。

根据财政工作面临的形势，2011年市级年度预算编制的指导思想是：全面贯彻落实党的十七届五中全会、省委七届六次全会和市委八届六次全会精神，坚持以科学发展观为指导，认真实施积极的财政政策，加快经济发展方式转变；支持构建中东西互动的产业发展格局和六大产业基地，促进现代产业体系建设，壮大我市财源基础；依法强化收入征管，保持财政收入稳定增长，增强我市财政实力；着力保障和改善民生，加快城乡统筹发展，推进省会建设"三年上水平"，为建设繁华舒适、现代一流省会城市和京津冀第三极提供有力保障。

综合考虑各种增减收因素，本着积极而为的原则，2011年全市全部财政收入计划安排442.21亿元，增长14%。其中，地方一般预算收入计划安排增长15%，达到188.18亿元。

分征收部门安排情况是：市国税系统安排231.92亿元，增长13.05%；市地税系统安排183.39亿元，增长15.43%；财政系统安排19.39亿元，增长13.9%；省地税征收七大银行省级营业税安排7.5亿元，增长9.22%。

市级一般预算收入安排75.12亿元（含城区市级分享收入），增长13.5%。

按照2011年收入计划和现行体制初步测算，市本级一般预算收入，加上省财政税收返还、增资转移支付和其他财力补助，减上解省支出及补助县（市）区支出后，市本级一般预算可用财力为69.05亿元，比2010年预算安排财力增加13.36亿元，增长24%，剔除新增纳入一般预算管理的预算外资金收入，可比增长15%。

按照量财办事、收支平衡的原则，相应安排市级一般预算支出69.05亿元。从支出结构上看，一是机关事业单位人员经费、公用经费等基本性支出安排39.68亿元，比上年增长10.32%，占总支出的57.46%。其中，人员经费28.09亿元，比上年增长8.72%，占总支出的40.68%；正常及专项公用经费11.58亿元，比上年增长14.46%，占总支出的16.78%。二是经济建设和事业发展等专项支出安排27.77亿元，比上年增长52.39%，占总支出的40.22%。三是市级总预备费安排1.6亿元，占总支出的2.32%,比上年略有增加。

初步汇总的全市一般预算支出安排210.6亿元，比上年预算增

长 17.86%。

市级政府性基金收入预算安排 103.96 亿元，比上年增长 13.85%。其中，国有土地出让收入安排 100 亿元，比上年增长 12.43%。按照自求平衡原则和规定用途，当年市级政府性基金支出预算相应安排 103.96 亿元。

全市政府性基金收入预算安排 151.34 亿元，比上年增长 13.65%；全市政府性基金支出预算相应安排 151.34 亿元。

2011 年市级预算支出安排重点向以下几个方面进行了倾斜：

（一）优先保障重点民生支出。全力支持就业富民、教育提升、医疗健康、社保扩面提标、安居保障、食品药品放心、平安省会以及社会管理创新等“八大民生工程”建设。2011 年市级一般预算安排民生支出 47.82 亿元，增长 25%，占总支出的 69%。足额安排了事业单位绩效工资改革和医药卫生体制改革资金。基金预算安排保障性住房建设资金 2 亿元。公共安全支出安排 10.79 亿元，增长 23%，增加了政法基础设施建设投入，安排专项资金用于交巡警治安服务亭建设。

（二）大力促进现代产业发展。预算内安排产业发展专项资金 7.09 亿元，比上年预算增长 35.6%。园区基础设施建设用城建资金安排 5 亿元。现代产业专项资金用于实施“工业强市”战略、发展现代服务业、提升现代农业。增加引导传统产业升级改造贴息资金 1 亿元。安排旅游发展专项资金 2200 万元，对大西柏坡、老景区提升以及重点旅游项目给予贴息支持；安排航线补贴奖励资金和机场建设贴息资金 8700 万元。

（三）全力推进省会建设“三年上水平”。除财政融资安排的城市建设资金外，一般预算和基金收入安排基础设施建设和环境保护资金 55.7 亿元。为支持公共交通事业发展，安排公交公司政策性补贴 1 亿元，比上年增加 7000 万元。此外，为防范和化解财政融资风险，安排偿债基金 2 亿元。

（四）积极支持城乡统筹发展和新农村建设。整合农业发展资金、城乡社区建设资金、土地出让金等 3 亿元，用于农村基础设施和公共服务项目建设。农林水事务支出安排 3.03 亿元，增长 26.12%。

（五）切实保障重点社会事业发展投入。市教育局系统支出安排 6.75 亿元，增长 15.21%；科技支出安排 2.54 亿元，增长 14.45%。教育、科技等法定支出增长，均高于市级一般预算收入增长。安排文化服务体系建设资金 1.64 亿元，支持文化产业发展和公益性文化基础设施项目建设。

今年的财政预算，各项支出全部细化到项目，统筹安排了预算内外资金、政府基金和部门其他收入。按照市人大常委会的要求，向大会提交了市级政府预算文本和市直部门预算文本，请一并审议。

三、确保完成 2011 年预算任务的主要措施

2011 年，我市财政工作将围绕落实市委八届六次全会精神，坚持“促发展、培财源，调结构、增实力，保重点、惠民生，讲效益、重创新”工作思路，发挥财政职能，狠抓增收节支，深化管理改革，确保完成本次大会确定的各项任务。

（一）切实强化收入征管，保持财政收入快速增长。加强收入工作领导，增强财税部门征管合力，落实收入目标，挖掘增收潜力，促进财政收入稳定快速增长。强化税源监控，继续抓好重点行业、重点企业、重点税种的税收征管。深化综合治税，防止跑冒滴漏，努力做到应收尽收。规范非税收入管理，强化国有资产和国有资本收益征缴。加强收入调控，努力提高财政收入占 GDP 的比重和地方收入占全部收入的比重。

（二）大力促进产业发展，构建可持续发展新格局。发挥财政体制导向作用，深化市县财政体制、县乡财政体制、园区财政体制改革，建立健全有利于科学发展、跨越发展的财政体制，充分调动各级谋发展的积极性。认真落实市委鼓励产业加快发展的政策措施，加大资金支持力度，推进六大产业基地建设和构建中东西产业发展格局，打造东部平原县千亿元产业园区，促进县域经济发展，全力支持经济发展方式转变，培植壮大财源基础。

（三）充分发挥融资功能，支持城市建设“三年上水平”。积极探索市场化融资新渠道，加大财政筹融资力度，保障重点项目建设资金需要。发挥财政资金的调控作用，引导社会资金参与省会建设，实现城市建设投资多元化。完善投融资决策机制、运营机制和内控机制，促进政府融资平台规范运作，提高投融资能力。完善重点投资项目监

管措施，发挥财政监察员作用，把好资金使用关口。加强投资预决算评审工作，提高政府投资评审效率。加强政府债务管理，实现借用还良性循环，努力化解财政风险。

（四）创新财政管理监督模式，努力提高财政管理水平。增强预算执行约束力和有效性，科学合理安排支出，严格控制公用经费和一般性支出增长，全力保证重点支出需要。扩大支出绩效评价管理，对民生支出、重大项目资金使用情况实行跟踪问效。健全专项资金使用监管机制，接受人大、政协和社会各界监督，确保资金安全高效运行。行政事业单位国有资产管理与财政预算管理、财务管理相结合，实现行政事业单位资产配置标准化、规范化。

（五）切实转变工作作风，建设过硬财税干部队伍。加强思想作风建设，增强发展意识、大局意识和创新意识，弘扬团结干事、务实高效的作风，察实情、办实事、求实效。坚持依法理财，推进政务公开，加强廉政建设，认真落实《机关工作人员损害发展环境责任追究暂行办法》，为部门、企业和广大群众提供优质服务，保持财税干部良好形象。

各位代表，今年全市财政工作任务光荣而艰巨。我们将在市委的正确领导和市人大的监督支持下，深入贯彻落实科学发展观，开拓创新，扎实工作，为建设繁华舒适、现代一流省会城市，实现我市科学发展、跨越发展做出新的更大贡献！

石家庄年鉴 Important Events Compiling

要事辑录

表彰城镇面貌“三年大变样”工作先进集体和先进个人

2008～2010年，按照省委、省政府统一部署，石家庄市围绕建设繁华舒适、现代一流省会城市的目标，解放思想，迎难而上，奋力拼搏，开拓进取，全力实施了有史以来规模最大、投资最多、力度最强的城市建设工程，掀起一场波澜壮阔的城镇面貌“三年大变样”（简称三年大变样）攻坚战。三年内，经过全市上下艰苦努力，圆满完成省下达的“五项基本目标”、80项考核指标，城镇面貌发生了明显变化，在河北省发挥了示范引领作用。三年大变样任务的胜利完成，改善提升了石家庄市城镇功能和形象，更重要的是带来思想观念、精神面貌、能力素质、体制机制以及经济社会发展等诸多方面的深刻变化；是一次城市建设的大会战，更是一场推进思想解放、科学发展、创新机制、改善民生和加强干部队伍建设的生动实践；创造了丰厚的城市有形资产，更为省会未来发展创造了许多无形的精神财富和思想成果。

在三年大变样工作中，全市涌现出一大批甘于奉献、务实进取、争创一流的先进集体和先进个人。为树立典型、鼓励先进，弘扬模范事迹，激励全市人民积极投身城镇建设“三年上水平”工作，2011年2月14日，市委、市政府决定（石字〔2011〕8号）：授予裕华区、桥西区、长安区“石家庄市城镇面貌三年大变样工作突出贡献奖”荣誉称号，各奖励60万元，并从2011年1月起对3个区在职在编机关公务员（含参照管理人员）先行提高工作生活补贴标准，暂按每月300元执行；授予新华区、桥东区、高新区、鹿泉市、平山县、辛集市“石家庄市城镇面貌三年大变样工作优秀县（市）区奖”荣誉称号，各奖励30万元；授予藁城市、矿区、晋州市、新乐市、正定县“石家庄市城镇面貌三年大变样工作进步县（市）区奖”荣誉称号，各奖励20万元；授予市委办公厅等11个单位“石家庄市城镇面貌三年大变样工作突出贡献单位”荣誉称号，各奖励20万元；授予市纪委（监察局）等18个单位“石家庄市城镇面貌三年大变样工作优秀单位”荣誉称号，各奖励10万元；授予市规划设计院等202个单位“石家庄市城镇面貌三年大变样工作先进集体”荣誉称号；授予王丁辉等161名同志“石家庄市城镇面貌三年大变样工作模范”荣誉称号，并享受市级劳动模范和先进工作者待遇，每人奖励4000元；授予张素钊等373名同志“石家庄市城镇面貌三年大变样工作先进个人”荣誉称号，并记三等功，每人奖励3000元。同时，向河北省军区政治部秘书群联处等8个驻石部队赠授“石家庄市城镇面貌三年大变样工作特别贡献奖”匾牌，各奖励5万元。

附表彰名单

石家庄市城镇面貌三年大变样工作突出贡献单位、优秀单位、特别贡献奖单位名单

突出贡献单位（11个）：市委办公厅、市政府办公厅、市城市建设三年大变样指挥部办公室、市城乡规划局、市建设局、市城市管理局、市园林局、市住房保障和房产

管理局、市环境保护局、市交通运输局、市财政局。

优秀单位（18个）：市纪委（监察局）、市人大常委会办公厅、市政协办公厅、市委组织部、市委宣传部、市委统战部、市委政法委、市信访局、市总工会、市人力资源和社会保障局、市水务局、市国土资源局、市公安局、市发展和改革委员会、石家庄电业局、市工业和信息化局、市商务局、市统计局。

特别贡献奖（8个）：河北省军区政治部秘书群联处、河北省武警总队政治部秘书群联处、石家庄市新华区人民武装部、石家庄市军地协调联络办公室、66296部队基建营房处、66440部队后勤部、66208部队、66025部队。

石家庄市城镇面貌三年大变样工作先进集体名单（202个）

市广播电视台新闻综合频道、市规划设计院、市城乡规划局市政规划处、市勘察测绘设计研究院、市城乡规划局城乡规划与地理信息处、市城乡规划局桥东分局、市城市建设投资控股集团有限公司、市城中村改造领导小组办公室、市建设工程质量监督管理站、市建设工程招投标管理办公室、市建筑节能与墙材革新管理中心、市建设工程安全生产监督管理站、市桥东污水治理工程筹建处、市建设局建筑管理与质量安全处、市道桥管理处、市环境卫生管理处、市二环路管理处、市排水管理处、市城市管理监察支队、市市政建设管理处、市容管理考评办公室、市政建设总公司、市环城水系工程建设指挥部办公室、市出市口绿化综合整治工程建设筹建处、市街道绿化建设筹建处、市民心河二期工程筹建处、市园林建设项目管理中心、市长安公园、市动物园搬迁筹建处、市裕西公园、市住房保障和房产管理局住房保障处、市住房保障和房产管理局城市危房管理处、市房屋安全管理办公室、市住房保障和房产管理局物业管理处、市房地产经营开发公司、市住宅开发建设公司、房屋资产权属登记监理中心、市万成民用建筑设计有限公司、市环境执法稽查大队、市环境监测中心、市环境监察支队、市环境保护局高新区分局、市环境保护局长安区分局、市地产集团（土地储备中心）、市建设用地服务中心、市国土资源局裕华分局、市国土资源局新华分局、市国土资源局长安分局、市环城公路建设指挥部办公室、市张石高速公路筹建处、市公共交通总公司、市公路管理处、市公路工程管理处、市地方道路管理处、市公路桥梁建设集团、市运输管理处、市水资源综合管理办公室（原石家庄市节约用水办公室）、市滹沱河综合整治指挥部办公室、市水务局规划计划处、石家庄电业局生产技术部、石家庄电业局营销部、石家庄电业设计研究院有限公司、市公安交通管理局、市公安交通管理局交通控制中心、市公安交通管理局桥西交警大队、市铁路建设工程指挥部办公室、市能源管理办公室、市财政局经济建设处、市财政投资评审中心、省会精神文明委员会办公室、市金融工作办公室、中国工商银行股份有限公司河北省分行营业部、市接待办公室、长安区城区建设管理局、长安区高营镇政府、长安区谈固街道办事处、长安区长丰街道办事处、长安区西兆通镇政府、长安区跃进街道办事处、长安区河东街道办事处、长安区育才街道办事处、长安区青园街道办事处、长安区建北街道办事处、长安区广安街道办事处、长安区南村镇政府、桥东区城区建设管理局、桥东区彭后街道办事处、桥东区汇通街道办事处、桥东区桃园镇政府、桥东区胜北街道办事处、桥东区阜康街道办事处、桥东区建安街道办事处、桥东区中山东路街道办事处、桥东区东华街道办事处、桥东区休门街道办事处、桥东区东风街道办事处、桥西区城市建设“三年大变样”工作指挥部办公室、桥西区城区建设管理局、桥西区维明街道办事处、桥西区友谊街道办事处、桥西区中山街道办事处、桥西区南长街道办事处、桥西区裕西街道办事处、桥西区红旗街道办事处、桥西区新石街道办事处、桥西区振头街道办事处、桥西区西里街道办事处、桥西区苑东街道办事处、桥西区留营街道办事处、新华区赵陵铺镇政府、新华区东焦街道办事处、新华区拆迁安置管理办公室、新华区城区建设管理局、新华区住房保障局、新华区卫生队、新华区新华路街道办事处、新华区大郭镇政府、新华区革新街道办事处、新华区西三庄乡政府、新华区西苑街道办事处、新华区石岗街道办事处、新华区杜北乡政府、新华区宁安街道办事处、裕华区城区建设管理局、裕华区裕东街道办事处、裕华区建通街道办事处、裕华区方村镇政府、市公安局裕华分局、裕华区人民法院、裕华区槐底街道办事处、裕华区裕华路街道办事处、裕华区东苑街道办事处、裕华区裕兴街道办事处、裕华区裕强街道办事处、石家庄高新技术产业开发区管理委员会办公室、石家庄高新技术产业开发区宋营镇政府、石家庄市公安局高新技术产业开发区分局特警大队、石家庄高新区环城水系征地拆迁指挥部办公室、石家庄高新技术产业开发区“三年大变样”指挥部办公室、石家庄高新技术产业开发区留村乡政府、辛集市住房和城乡建设局、辛集市城管局、辛集市辛集镇政府、辛集市环保局、藁城市城市管理局、藁城市交通运输局、藁城市石家庄经济技术开发区管委会、藁城市廉州镇政府、晋州市晋州镇政府、晋州市国土资源局、晋州市城乡规划局、晋州市粮食局、新乐市住房和城乡建设局、新乐市委办公室、新乐市人民政府办公室、新乐市环保局、鹿泉市住房和城乡建设局、鹿泉市城市管理局、鹿泉市公用事业管理局、鹿泉市获鹿镇政府、正定县住房和城乡建设局、正定县正定镇政府、正定县城区街道办事处、正定县城市管理局、栾城县住房和城乡建设局、栾城县楼底镇政府、栾城县交通运输局、栾城县栾城镇政府、井陉县住房和城乡建设局、井陉县环保局、井陉县公安局、无极县住房和城乡建设局、无极县环境保护局、无极县交通运输局、深泽县住房和城乡建设局、深泽县交通运输局、深泽县深泽镇政府、行唐县住房和城乡建设局、行唐县环境保护局、行唐县龙州镇政府、灵寿县住房和城乡建设局、灵寿县灵寿镇政府、灵寿县交通运输局、平山县平山镇政府、平山县交通局、平山县工商局、平山县公安局、赵县住房和城乡建设局、赵县赵州镇政府、赵县财政局、元氏县住房和城乡建设局、元氏县槐阳镇政府、元氏县交通运输局、高邑县住房和城乡建设局、高邑县公安局、高邑县高邑镇政府、赞皇县住房和城乡建设局、赞皇县交通运输局、赞皇县赞皇镇政府、井陉矿区三年大变样办公室、井陉矿区住房和城乡建设局、井陉矿区交通运输局。

石家庄市城镇面貌三年大变样工作模范名单（161 人）

王丁辉、杜文强、尤振昌、贾兵山、刘鹏（女）、董芬平（女）、布宏伟、石凤存、张雅琳(女)、李忠、霍立东、崔玉斌、尹贵权、刘彦岭、杜建桥、刘宗奇、武杰、崔金刚、王运泽、杨军平、祖桂玉（女）、李景明、李英波、王锡江、冉荣珍（女）、刘俊全、史月桂、王文兴、冯建磊、王永、李勇侠、徐孟平、张炬、王育文、张岱平、张伟、梁伟、徐群珍（女）、杨胜涛、李根权、田朝民、高文华、王凯、赵旭方、温富才、柴玉文、孙宏普、路喜柱、曹中杰、梁树伟、鲁永飞、王志华、李辉明、魏锁均、杜建文、武瑞琪、金永安、陈冬冬、张勇、吕军、左力鸥、刘生彦、王素敏（女）、沈学启、崔国平、韩志、平国强、商业南、安树国、张聪（女）、袁捷才、党惠建、张月华、韩延朝、王学峰、张国青、翟雁辉、田增礼、王振生、李旭阳、陈彦报、李庆华、秦海涛、王典巨、秦清敏、刁立刚、张瑞娄、李勇、陶明法、周立新（女）、蒲建伟、黄振国、张伍银、高景深、郭红琴（女）、袁俊兰（女）、王玉洁、赵欣、蒋文红、王德庆、闫卫民、梁宝堂、赵满兰、李冀承、梁中刚、赵力、杜铁、侯跃海、郭庆轩、孙志红（女）、王丽君（女）、于凤玲（女）、李玉明、张贵秋、郝永志、赵玉秋、吴卫东、刘建新、赵拴文、潘宗营、杨立中、金珂锐、郑来宾、许平涛、范玉柱、马耀堂、王普增、聂彦超、张明其、韩计良、李宪英、杨振国、郝竹山、李聚祥、王威、张文才、王世利、焦建波、王永华、刘建平、张振江、李国章、张少华、韩占昌、赵海军、陈树旗、周二焕、李宏林、马地震、王俊英、任国宏、郑华英、冯才均、王国强、张会强、张建朝、郭献民、商旭民、韩彦军、彭敬捷（女）、王录方。

石家庄市城镇面貌三年大变样工作先进个人名单（373 人）

张素钊、庞英须、康德忠、周向飞、王文增、宋加涛、周书献、张世民、马广英（女）、李旭亮、李伟、张跃彬、关增利、刘福金、张玉广、黄党生、董荣建（女）、贾妍（女）、王吉利、尚守军、王江宁、张雅霞（女）、刘丙科、孙沧生（女）、宿永利、蔡来美（女）、秘勇、王士宾、张立峰、王国廷、刘健、杭后俊、赵惊、李辉（女）、王建国、郭静溢、付相龙、刘全良、郝莹（女）、张福庆、刘然、周分清、吴国祥、王志来、李子路、李盛明、赵会芳(女)、高小明、李永青、张永强、齐朝旭、张林兵、高晓霞（女）、张勇、闫淑华（女）、魏朝阳、李权、隋胜、李振友、闫士魁、谢超、张炳良、巩建跃、田立锦、崔青凯、李芳舟、路素英（女）、王俊平（女）、白素辉（女）、王万华、何三军、郝庆云、李均华、武世平、常雁起、左晗伟、王鹏涛、刘峰涛、张继宏、张建军、楚臣、李明、苏金忠、王金亭、刘革平、陈刚、安凤海、赵永辉、王丽军（女）、李文瑞、刘建华、董海斌、李树勇、岳存义、李鸿雁、杨书奇、赵晖（女）、臧树波、李月彬、张二保、张云良、李新社、朱明伦、任春雷、李程昊、樊宏伟、韩明、彭冬、李秀君、石永利、周蓓红（女）、张洪波、葛燕平、张颖（女）、朱双生、池玉清、张义忠、郑风刚、马佩苑、贡倬、王玉、姚洪斌、刘进山、周建成、王海文、韩中英、李　昕（女）、杨改周、鲁印兴、李建中、董风学、王瑞榜、张立欣、王建勋、孙扬忠、柴进福、赵建民、李雄伟、王金芬（女）、严树业、刘立国、刘玉华、李庆波、宋振杰、郝军、赵建辉、李克伦、李书军、齐晨光、何志刚、曾军、吴斌、王代远、李利军、武立峰、李学建、辛彦明、宋向峰、康庆国、骆令杰、杨琳怡（女）、孙利民、杜元（女）、田俊跃、彭国勇、陈进、布永忠、王立新、侯明山、师曙光（女）、赵东旗、龙玉琳、吴建波、王铁航、刘俊德、张云杉、戴贻辉、吴庆平、姚浩俊、李维平、吕明轩、梁建民、宋涛、张瑞军、韦瑞岭、李爱信、赵继军、张国珍、周跃、王平海、张会增、马增辉、张建芬、朱克武、高文华、王丽娟（女）、张凤鸣、郭文军、牛军波、王建昌、张海涛、柳彦刚、鲁中欣、张占宗、陈红鑫、冯俊杰、刘朝晖、王　红（女）、马军旗、高林增、张英（女）、张治军、薄力、李英辉、张芃、赵雪飞、杨宗奇、崔广利、姜凤刚、刘玉生、何立军、张泽、任颢（女）、潘增、黄永山、尤绍辉、孙振强、徐晶晶、焦红光、柴伟民、郭少卿、程黎燕（女）、吕建华、徐立伟、王广岭、郝梅英（女）、牛兰柱、高华、许建斌、于利江、刘建辉、郭玉奎、张天杰、高国平、闫文柳、李喜进、祝宝常、魏保宁、王　勇、杨琪、郭振文、王春红、王建贞、王彦春、李建平、郝英鹏、蒋兴虎、郭庆华、武晓峰、张晓（女）、尹会乔（女）、王利、任群英、王世如、胡学昌、李蔚、杨军辉、李庆辉、马建桥、房晓丹（女）、李建涛、牛学勇、高永顺、王玉杰、尹兵、潘宇、李晔、许芬立、赵振杰、马青力、李振林、李建刚、范杰滨、魏振锁、宿壮臣、王建、龚福良、秘增群、王志波、汪磊、马红斌、杨瑞强、宋守辉、陈建军、陈景坡、李国林、郭吉林、孙秀建、史维斌、康建新、刘春晓、朱会敏、贾秀忠、许彦锋、李书海、焦越平、李丙义、孙亚坤、房彦海、张立杰、孙文喜、赵梦江、王志军、靳瑞志、李英杰、李军峰、房东升、封明亮、周振海、刘巨洋、刘明生、李七五、马正堂、毕吉平、许世宏、权和平、牛军超、许素平（女）、杨志强、申立功、靳占军、信道庄、耿忠强、张志兴、郑红桥、张江彦、高志强、杜彦民、刘鸣利、李军法、孟振平、杨永军、孙少龙、付利辉、尚军海、李庆和、武四海、白庆芳、刘东辉、苏京周、张军现、魏金水、石立峰、韩素波、何生华、何运其、刘建生、王晓明、李现志、王连瑞、任秀力、彭云中、张立芬（女）、冯军洲、商瑞英（女）、李录京、邱志民、米吉辰、李志敏、王素庭、王保文、程志华（女）、武爱亭。

（市三年大变样工作办公室）

正定新区建设

2009年12月，市委、市政府成立滹沱新区（2010年9月17日滹沱新区正式更名为正定新区）建设领导小组，下设办公室，市长艾文礼任组长，常务副市长栗进路、副市长王大虎及赵新朝任副组长，办公室主任和临时党委书记由赵新朝兼任，配备副主任3名。其中，副书记、副主任宋同原兼任正定县委常委，副主任孙风毅、李春华分别兼任市委办公厅、市规划局副调研员。2010年3月31日，市委、市政府印发《关于规划建设滹沱新区的意见》，标志新区建设正式拉开帷幕。6月9日，省机构编制委员会下发《关于组建石家庄滹沱新区管理机构的通知》，批准组建滹沱新区党工委和管委会，内设综合办公室、规划建设局、经济发展局、社会事务局、财政局和综合执法局6个正科级部门。9月10日，市委组建滹沱新区党工委、管委会领导班子。毛全球任党工委书记、管委会主任（2010年9月～2011年1月），宋同原任党工委副书记、管委会常务副主任，孙风毅、李春华任党工委委员、副主任。10月20日，市机构编制委员会印发《关于组建石家庄正定新区管理机构的通知》，除明确6个内设行政机构外，同意组建劳动和社会保障中心、城区综合管理中心、建设和房管中心等3个内设事业机构以及土地分局、公安分局、环保分局、土地收储中心等4个派驻机构。

新区建设前期，起草了《关于规划建设新区的意见》、《土地房屋征收办法》、《土地收储实施细则》、《新区被征地居民劳动就业和社会保障实施办法（试行）》等6个宏观性政策文件，构建起滹沱新区建设基本政策框架。2010年3月，起步区内乡村开始进行托管。正定县诸福屯镇10个村整建制及起步区10个村划归新区管理；起步区内人口、土地、基础设施、企业工商户和文物古迹等进行普查造册，为固定现状、制定有关政策提供了科学依据；还成立了控制私搭乱建工作领导小组，对起步区内村庄存在抢建、私搭乱建现象进行控制和查处。

2010年8月13日，石家庄市召开滹沱新区生态、低碳规划研究论证会，邀请同济大学校长助理、上海世博会总规划师吴志强等国内著名专家以及国家发改委、住建部、环保部、工信部等部委领导对新区生态、低碳两项研究进行论证。与会专家和领导认真听取了滹沱新区生态规划研究和滹沱新区低碳规划研究的汇报，原则通过评审，并对规划成果提出完善性意见。市委常委、副市长王大虎参加会议。建设滹沱新区是实施《石家庄空间发展战略规划》核心战略的突破点和关键点，按照现代城市发展的新趋势，石家庄市确定了建设“生态、低碳、智慧”新区三大理念，并邀请英国奥雅纳公司编制了《滹沱新区生态规划研究》，邀请中国社科院、英国剑桥大学、联合国开发计划署编制了《滹沱新区低碳规划研究》，邀请美国IBM公司编制了《滹沱新区智慧规划研究》。生态、低碳两项研究已完成初步成果。在《滹沱新区低碳规划研究》中，提出在滹沱新区构建5个重点领域、15项核心指标、70项支撑指标，将其打造成国内一流低碳新型示范城市，到2020年，初步建成一个空间布局简约、绿色交通引导、低碳建筑普及、低碳市政之城的新型低碳城区雏形；在《滹沱新区生态规划研究》中，以“可复制、可规模化、可市场化、可操作管理”为生态规划基本指导思想，构筑了六个层面31项生态规划指标体系；在《滹沱新区智慧规划研究》中，以“智成燕赵，慧在滹沱”为口号，制定了“便捷生活、人性服务、高效沟通、智能管理”的领先的智慧城市发展理念。与会专家和领导认真听取了规划研究编制单位的汇报，表示石家庄市将生态、低碳和智慧三个专题研究平行推进，与城市规划紧密配合，是非常好的做法。生态规划提出生态城市的发展愿景，从绿色空间、环境污染控制、绿色交通与可达性、能源、水系统、废弃物等方面进行分析和研究，侧重指标体系的构建，提出了生态城市各个子系统的发展目标，为新区建设奠定了良好基础；低碳规划研究对相关的基础理论、城市发展的基础条件和低碳策略进行了认真系统地梳理，制定了新区低碳发展的总体目标，并从低碳空间、低碳交通、低碳建筑、低碳产业、低碳市政、低碳消费等方面对新区的低碳发展策略进行了分解落实。与会专家认为规划成果目标明确，结构清晰，理念先进，在如何进行滹沱新区的生态建设上进行了全面系统的探索，对滹沱新区的起步发展以及远景建设都具有非常重要的指导意义，原则通过评审，并对规划成果提出完善性意见。专家认为，生态和低碳两个课题以及同时开展的智慧城市的专题研究各有特色和侧重，又相互联系，需要进行整合。同时，在新区建设的规划研究阶段开展生态、低碳和智慧城市的研究，最终要回归到以人为核心的科学发展观上，建设宜居宜业，舒适便利的城市新区，实现人与人的和谐、人与自然的和谐、历史文化与未来城市创新的和谐。

正定新区规划面积135平方千米、人口140万，起步区30平方千米。2010年，正定新区基本形成“一心一网、三轴两带、十大片区”规划布局。一心，指起步区建设的中心，即为市级中心。依托古城和滹沱河，在最靠近老城的区位构建滨水带状的新城中心，集中设置行政、会展、文化、体育等大型公共设施以及金融商务功能。一网，依托滹沱河和周汉河，构筑东西生长、南北渗透、服务均衡、兼具生态和景观功能的绿化网络。三轴为中部公共服务轴、东部产业发展轴和正无科技发展轴。其中，中部公共服务轴，依托由主城中心通往机场的新城大道和太行大街，集中串联布置行政、会展、体育、商务、商业等主要公共功能，打造新区的公共服务集聚带。东部产业发展轴，依托东石环北延线、机场路以及京珠高速东移线，集中布置高新技术、研发以及优势传统产业等相关产业，与东部产业新区共建城市产业走廊。正无科技发展轴：沿正无路主要集聚发展职教、企业总部、研发、科技创新等功能，吸引国际国内知名企业进驻，构筑新区产业发展成就的展示走廊。两带是滹沱河公共带和周汉河休闲带。其中滹沱河公共带，发挥滹沱河的滨水作用，布置主题公园、会展、行政、体育、金融、商业等多种类型的公共功能。周汉河休闲带，自古城向东依托周汉河布局旅游服务、居住、商业、公共设施混合等功能，延续历史文脉，营造宜人的生活休闲带。十大片区，即以空间结构为依据，结合道路交通系统、绿地系统以及公共设施服务半径，把新区划分为10个片区。

2010年，正定新区按照低碳、生态、智慧理念，坚持政府主导、市场运作，统一规划、分期建设，滚动发展、自求平衡的建设原则，全力打造财智要素聚集、功能多元复合、生态人文和谐、水绿交融共生的创新动力之城、宜居活力之城和滨水魅力之城。根据省政府关于下放正定新区等特定区域审批权限有关要求，正定新区有关内设机构制定了实施细则和工作流程，开始行使下放的各项审批权限。土地收储。全年新区起步区内20个村已完成18个村收储工作，收储土地6.5万亩，支付收储资金（包括收储利息、地上附着物和青苗补偿）2.6亿元。宅基地房屋征收。三里屯村是正定新区第一个整体拆迁的村庄，占地面积300多亩，人口2286人，宅基地729块，企业27家；截止到12月31日，共交房626块，占总数的87%。蟠桃村土地房屋和其他项目涉及的宅基地和企业征收，共拆迁企业30多家。还完成新区建设项目征地组卷报批，上报省国土部门征地卷15个批次，上报面积9698.415亩，其中耕地3217.9965亩。

开展新民居建设。2010年，正定新区起步区内20个村庄全部列入省、市新民居示范点，规划用地总面积2629亩，共分3个社区，建筑面积350万平方米，总投资70亿元，安置居民1万多户，总人数超过5万人。至年底，3个社区全部完成项目选址、规划条件和设计方案，其中三里屯社区一期建设工程全面展开。

解决失地群众永久出路。按照“群众是最大的贡献者，也应该是最早的受益者”的思路，正定新区提出解决失地群众永久出路的系列措施。主要有：成立全员股份有限公司，利用“利息收储”方法征收群众土地，为失地群众多渠道提供就业平台；建立健全养老保险、医疗保险等社会保障制度，保证新区群众“老有所养，病有所医，困有所助，幼有所教”。

招商和融资。通过开通新区网站、公布招商政策、印刷招商手册、制作多媒体宣传片等方式，采取走出去、请进来的办法，向国内外客商推介新区，加强与市政府签署战略框架协议的中冶、力宝、中石油、中石化等合作伙伴对接。全年共洽谈接待客商400余家，3000余人次；与5家大型集团公司（中国安华集团、台湾德安集团、安徽南翔万商、国创高科、省建投）签订战略合作框架协议，协议投资金额达350亿元。与21家金融机构和投资集团进行融资洽谈，其中农业开发银行确定贷款107亿元，到账9亿元；河北钢铁、省出版集团、省粮食集团、际华集团等20多家企业确定到新区建设总部，其中省出版集团等10家大型企业、金融机构、省直单位确定选址并签订协议，总投资金额达300多亿元。

推进项目建设。2010年1月，河北省人大十一届三次会议将滹沱新区建设列入全省百项重点工程。石家庄市委八届五次全会和市人大十二届三次会议，也对滹沱新区建设作出全面部署。2010年9月17日，全市隆重举行石家庄正定新区建设启动暨首批重点项目开工仪式。省委副书记、省长陈全国宣布石家庄正定新区建设启动暨首批重点项目开工。省委常委、市委书记孙瑞彬致辞。副省长宋恩华，省长助理、省政府秘书长尹亚力，市长艾文礼及市四大班子领导出席开工仪式。此次开工共有12个重点项目，分别是综合商务中心、园博园、城市规划展馆、新区中学、新民居建设（回迁安置区）项目、市人防预备指挥所、综合管沟、滹沱河北岸防洪堤、太行大街北段、新城大道、滨水路和西上泽大街，总投资115亿元。2010年12月中旬，新区快速路工程全面通车，实现了快速到达新区管委会的目标，方便了各地客商和社会各界人士到新区考察和参观。年内，新区管委会集中力量，全面推进园博园、规划展馆、居民回迁区、市级行政中心、会展中心、新区中学、滹沱水厂以及太行大街等重点项目建设。至年末，正定新区启动建设项目达到14个。

（薛鹏飞　安泉林
张跃彬　张光辉）

大事记

大 事 记

2010 年

1 月

2 日，藁城市被授予“全国粮食生产先进县标兵”称号，这是该市自 2003 年以来第 6 次获此殊荣，也是 2009 年度河北省获得该称号的唯一县（市）。

3 日，石家庄市出台政策支持现代产业发展。对进入六大产业园区企业的土地出让金市留成部分全额返还，免缴行政事业性收费；对新建的大型工业项目进行贴息支持，对落户石家庄市的总部经济给予一次性奖励等。首次提出从 2010 年到 2012 年，市级财政安排 30 亿元现代产业发展专项资金，用于支持主导产业发展振兴计划和工业倍增计划的实施，以及生物医药、循环化工、装备制造、信息产业、纺织服装五大基地和南部工业区六大产业园区基础设施建设。并专门设立中小企业发展专项资金 10 亿元，重点用于帮助中小企业融资、创业辅导和服务、支持技术创新、鼓励专业化发展、支持中小企业开拓市场等。

△ 石家庄市获全国科技进步先进市七连冠。石家庄市被确定为“2007 ～ 2008 年度全国科技进步先进市”，这是自国家开展科技进步考核工作以来，石家庄市连续第 7 次荣获此称号。

4 日，市政府在石家庄科技中心召开座谈会，祝贺以岭医药集团董事长、博士生导师吴以岭当选中国工程院院士。市长艾文礼向吴以岭颁发 100 万元奖金，奖励他对石家庄市医药事业发展做出的贡献。

7 日，市家政服务网络中心开通，这是河北省首家成立的家政服务网络中心。

8 日，市政府与中国医药集团总公司签署战略合作框架协议，双方计划在医药生产、研发、物流、会展等方面开展全方位、宽领域的合作。

10 日，国家人力资源和社会保障部与中国残疾人联合会在石家庄市隆重启动 2010 年全国就业援助月活动。

10 ～ 12 日，在“全国科技工作会议”上，石药集团有限公司获颁“国家创新型企业”铜牌，这是石家庄市首家企业跻身于“国家创新型企业”行列。

11 日，在北京人民大会堂举行的 2009 年度国家科学技术奖励大会上，石家庄市 3 个项目被授予国家科技进步二等奖，分别是：以岭医药集团的“参松养心胶囊治疗心律失常应用研究”，石药集团的“丁苯酞原料及软胶囊”，以及农哈哈机械有限公司参与研究的“北方一年两熟区免耕播种关键技术与装备”。

18 日，市委、市政府对全市评选出的 32 名“人民满意的公务员”进行表彰。另有 34 名“爱岗敬业标兵”、10 个“人民满意的公务员集体”和 10 个“人民满意的（行业名称）先进集体”受到表彰。刘海波等 3 名个人和裕华区人民检察院等 5 个集体分别获得河北省“人民满意公务员”和“人民满意的公务员集体”荣誉称号。

△ 科技部国际合作司司长靳晓明为冀凯实业集团、华药集团、中电科技集团 13 所等 3 家“国际科技合作基地”授牌。副市长张妹芝出席授牌仪式。石家庄市共有 5 家“国际科技合作基地”，以岭药业集团、河北医科大学第四医院于 2008 年被授予该称号。

21 ～ 25 日，政协石家庄市第十一届委员会第三次会议在人民会堂召开。会议期间，委员们认真审议并通过了政协常委会工作报告、提案工作报告和有关决议；认真听取并讨论了市长艾文礼所作的政府工作报告和其他报告；选举了政协秘书长和政协常委；围绕事关全市发展的重大问题，广泛协商讨论，积极建言献策，提出了许多建设性的意见和建议。

22～25日，石家庄市第十二届人民代表大会第三次会议在市人民会堂召开。大会审议并通过了市长艾文礼所作的政府工作报告，以及关于市国民经济和社会发展计划的报告、关于市本级预算及市总预算的报告、关于市十五家重点企业履行节能减排目标承诺情况的报告、关于市人大常委会工作报告、关于市中级人民法院工作报告、关于市人民检察院工作报告，并作出了相应的决议。会议选举王仕平、刘国栋、安忠起、张云雁为石家庄市第十二届人民代表大会常务委员会委员。

27日，石家庄市2件商标被国家工商总局评选为“驰名商标”、43件商标被省工商局评选为“河北省著名商标”。2件驰名商标分别是神威药业股份有限公司的“五福”牌和河北大羽制衣集团的“大羽”牌商标。

31日，市财政多渠道筹融资金200亿元，专项用于城市基础设施建设。这是石家庄市首次预算一次性安排如此大量的建设资金。

2月

2日，国家知识产权局公布第四批全国企事业知识产权试点单位名单，石家庄市博深工具、冀凯集团、河北医科大学、神威药业、石家庄铁道学院、石药集团等6家企业榜上有名。

△ 世界三大零售商（英国TESCO集团、美国沃尔玛、法国家乐福）之一的英国TESCO（特易购）集团与二十里铺金明基业集团举行战略合作签约仪式。合作项目占地面积30余亩，拟建设商业面积近6万平方米，主要经营超市零售业。

△ 石家庄市旅行社协会成立。

3日，石家庄东方明珠国际名品商业街开业。

5日，由市政府主办、石家庄工信局和石家庄移动公司共同承办的“石家庄无线城市”徽标揭晓，并正式开通石家庄无线城市门户网站（www.tdsjz.com）。

7日，解放军66010部队24岁战士习朝峰在石家庄新乐市邮电南街路遇李丽女士挎包遭抢劫，挺身而出与3名歹徒搏斗，身中数刀，从歹徒手中夺回挎包。10日，习朝峰被省会精神文明建设委员会授予“石家庄市文明公民标兵”荣誉称号。

10日，石家庄外国语学校副校长、特级教师刘贵获得世界杰出华人教育家称号，成为唯一获此殊荣的大陆教师。

20日，石家庄行政服务中心政务大厅启用。市行政服务中心政务大厅位于槐安东路77号，分为三层，服务面积约7600平方米，设97个对外服务办公席位。设有咨询、问询、商务中心、VIP代办等服务窗口。还分设车管一所、车管二所、房地产交易、出入境管理、国税、地税、运管处、自来水等8个分中心大厅。

21日，国家知识产权局根据实地考核评定结果，批准石家庄市、太原市、苏州市等11个城市为国家知识产权示范城市，有效期为3年。

26日，石家庄市决定全面加大住房保障工作，计划年内保障户数达到2.5万户，新开工廉租住房5100套，累计筹集廉租住房达到14649套，拆迁危陋住宅25万平方米，解决2500户低收入家庭住房困难；通过发放廉租住房补贴，实现应保尽保。同时，加快推进国有林区和农村危房改造，解决197户国有林区棚户区和3600户农村困难群众基本居住安全问题；确保住房公积金制度覆盖率达到85%，个贷使用率达到50%。

28日，石家庄金石化肥有限责任公司老厂区全线停车，这家在石家庄市主城区内经营53年的化肥企业整体搬迁工作正式启动。

3月

2日，省会110巡控新机制启动仪式在省会文化广场举行。新型警务机制启动后，省会110巡警下属6个大队划归市内6个公安分局。

10～16日，市万名干部组成工作队，到各县（市）区、乡镇（街道）、农村、社区和企业、学校、重点项目单位等，广泛开展“下基层、访群众、解难题、促发展”活动。

14日，河北省电力公司计划2010年投资1000万元，在省会建造1座充电站（电池更换站）和300个充电桩。建设完成后，市民可驾驶电动汽车绿色出行。

18日，由河北省国土资源厅、农业厅、统计局相关负责同志组成的省3厅局检查组听取了石家庄市关于2009年度耕地保护责任目标履行情况的汇报。市委常委、副市长王大虎会见了检查组一行。

19日，河北钢铁集团与中信泰富在石家庄签署意向性协议，出资19亿元收购石钢80%股权。2005年，中信泰富以14.78亿元收购了石钢65%的股权。

22～25日，以市长艾文礼为团长的市经贸代表团参加了2010年河北省（香港）投资贸易洽谈会，共有22个外资项目签署合作协议，总投资9.17亿美元，协议利用外资7.95亿美元。

30日，河北省2010年大型劳务洽谈活动在市人民会堂举行，200家外省（市）用人单位、100多家石家庄市用人单位现场进行用工招聘。

31日，东亚银行石家庄分行正式开业。这是东亚银行（中国）有限公司在内地市场设立的第19家分行，也是首家进入河北省的外资银行。省委常委、常务副省长付志方会见了东亚银行主席兼执行总裁李国宝一行，并对东亚银行石家庄分行开业表示祝贺。

4月

8日，大连万达集团在石家庄市投资建设的第一个商业综合体项目——石家庄裕华万达广场奠基。该项目总投资80亿元，总建筑面积183万平方米。省委副书记、市委书记车俊出席奠基仪式并宣布石家庄裕华万达广场正式奠基。

9日，省纪委通报查处石家庄团市委原副书记王亚丽造假骗官案件处理结果。

10日，省长陈全国在西柏坡主持召开西柏坡综合开发建设现场办公会。

16日，青岛啤酒石家庄项目签约仪式在省会举行。根据协议，青岛啤酒在石家庄市藁城经济开发区建设年产量4亿升的现代化啤酒生产厂，项目总投资6亿元。8月5日该项目正开工建设。

22日，市政府与中国安华（集团）总公司签署战略合作框架协议。根据协议，中国安华（集团）总公司为石家庄正定新区土地收储筹集资金，在新区起步区内成片开发，投资、建设、运营大型商业组团或产业园区。

26日，石家庄市通往革命圣地西柏坡高速公路开工建设。

26～28日，2010中国　石家庄（正定）小商品博览会在正定举行。

27日，农业部绿色食品办公室和中国绿色食品发展中心共同命名石家庄平山县为“全国绿色食品原料（核桃）标准化生产基地”，这是河北省唯一一个国家级绿色食品原料核桃标准化生产基地。

29日，石家庄市文化市场综合执法支队成立。

△ 4月份，省政府以会议纪要形式提出民航跨越式发展战略，决定成立石家庄临空产业园区暨空港经济区管委会，享受省级开发区政策，统一协调、管理石家庄机场临空产业发展。

5月

2日，农业部办公厅印发《关于下达2010年农业综合执法规范化建设示范项目的通知》，石家庄市的藁城市、元氏县的农业行政综合执法大队获得批准，成为全国农业综合执法规范化建设示范单位。

5日，《石家庄城市快速轨道交通线网规划》（最终报告）通过专家论证，规划建设6条轨道线。

9日，《石家庄通史》（近现代卷）论证会在石家庄市举行，中央和省内多位专家学者参加此次论证会。大家就《石家庄通史》（近现代卷）的内容提出很多宝贵的意见和建议。

16日，《石家庄市环城水系工程征地拆迁工作实施办法》出台。

17～19日，石家庄市参加“2010中国　廊坊国际经济贸易洽谈会”，有10个项目签约，总投资84.26亿元，涉及建筑材料、生物饲料、碳业新材料、城市综合体、生物农药、啤酒生产等行业。

22日，作为新建石家庄铁路枢纽的配套工程，河北省首个动车所落户石家庄。由中铁六局石家庄铁建公司承建的新建动车所，是未来动车组的存放和维修基地，位于石家庄新客站东南端鹿泉市境内，占地面积460余亩。现设检查库线2条，存车线12条及其他配线:洗刷线1条，牵出线1条，轮对踏面诊断线1条,临修线1条，安全线3条等。

26日，由中共石家庄市委主办的“纪念中共中央移驻西柏坡62周年暨西柏坡精神高层论坛”在石家庄市举行。来自全国理论界的著名专家学者和人民日报社、光明日报社、解放军报社等中央新闻单位领导共聚一堂，就进一步弘扬西柏坡精神，推进大西柏坡建设畅所欲言，建言献策。省委副书记、市委书记车俊出席论坛并讲话。

6月

7日，市科技局被科技部、中宣部、中国科协联合授予“全国科普工作先进集体”称号，平山县科技局孙贵风、市卫生局林慧芳被授予全国科普工作先进个人。

9日，石家庄市决定市级财政2010年安排1300万元引导资金，根据夜消费特色街区、夜市建设规模、投资额以及总体效果等验收考核情况，对特色街区、夜市建设给予奖励。

10日，在2010年第一批国家创新基金项目中，石家庄市有21个项目获得立项支持。其中无偿资助项目20项，贷款贴息项目1项，共获得支持资金1470万元，数额为历年最多。

△ 国务院总理温家宝在河南许昌视察小麦收割时，攀上3米多高的联合收割机驾驶室，不顾驾驶室里的闷热，与来自石家庄市赵县农机手吕素彬一同操作，收割小麦。

14日，石家庄双鸽食品有限责任公司被评为“农业产业化国家重点龙头企业”。这是石家庄市此次唯一一个被授牌的企业。双鸽是河北省最大的集生猪良种繁育、养殖、饲料加工、畜牧科技研发、屠宰、预冷分割、熟肉制品深加工、冷冻冷藏、连锁销售为一体的现代化农产品加工企业。近年来，双鸽从发展示范养猪、生猪屠宰、肉食品加工以及连锁销售产业化链式经营入手，建立了从源头到餐桌的食品安全屏障。

19日，石家庄市召开“非战争军事行动能力建设”试点工作总结表彰大会，31个单位和106名个人受到表彰。市委副书记刘云峰，石家庄警备区司令员王亚光、副政委刘英光、参谋长丁建民、政治部主任王仕平参加表彰会。市委常委、石家庄警备区政委李国伦主持会议。

27日，中心线广安商业街正式开街迎客。

28日，石家庄市2010年转变发展方式第二批重点项目集中开工。全国人大常委会副委员长桑国卫，河北省委副书记、省长陈全国，省委常委、常务副省长付志方，省人大常委会副主任马兰翠，省政协副主席段惠军，市领导艾文礼、王增明、王华清、栗进路、王大虎、刘明轩和省市有关部门领导出席开工仪式。第二批重点项目涉及15个县（市）区的37个工业服务业项目，总投资170亿元，单体平均投资规模4.6亿元。开工仪式设石药集团三期项目主会场和赞皇河北金益城项目分会场。

△ 石家庄广播电视台和石家庄广电传媒集团有限公司成立。

29日，以国务院人力资源和社会保障部规划财务司司长李保国为组长的国务院第六次全国人口普查督查组一行到达石家庄市，对石家庄市第六次全国人口普查工作进行专项督导检查。河北省第六次全国人口普查领导小组副组长、省统计局局长郭洪波陪同检查，副市长刘明轩出席汇报会。

△ 国家工商行政管理总局公布首批41个国家商标战略实施示范企业名单，石药集团榜上有名，成为河北省唯一一家入选企业。

△ 河北航空投资集团有限公司、河北航空有限公司、市演艺集团有限责任公司、石家庄国控投资集团有限责任公司成立。

△ 河北习三内画博物馆、石家庄民间工艺博物馆举行开馆典礼。

30日，石家庄市市级医院和社区卫生服务机构双向转诊网络平台在市第一医院正式启动。从此，患者在社区和医院之间可以实现网上转诊，大医院医生还可通过平台了解患者的社区健康档案、既往病史和治疗过程。

7月

2日，以全国政协副主席罗富和为团长的全国政协视察团一行33人，就“建立健全食品安全体系”到河北三元食品有限公司进行视察。视察团对河北三元严格的质量管理体系和现场管理表示满意，并希望河北三元再接再厉，发扬成绩，做中国乳品质量的标杆。

△ 新建成的市消防指挥中心正式启用。该中心位于建华大街与北二环路口西行200米路北处，指挥中心大厅总建筑面积300平方米，是集数字化、信息化、智能化于一体的现代灭火作战和抢险救援指挥中心，技术水平达到国内同等城市先进行列。

△ 石家庄市综合应急救援支队在市消防指挥中心挂牌成立。

3日，石家庄机械技工学校被

国家人力资源和社会保障部批准为“国家级重点技工学校”。市机械技工学校创建于1965年，是石家庄市建校最早的一所国办技工学校，以培养机电类中、高级技能型人才为特色，集学历教育、职工培训和考核鉴定于一体。

4日，高新区管委会与台湾统一企业签署进区协议，又一台资企业落户石家庄市。

13日，由全国政协委员和知名专家一行9人组成的古城文化保护考察组，在省政协文史委主任王玉楼陪同下，到石家庄市正定县就古城文化保护工作以及正在筹备的“中国石家庄·正定古城文化保护高峰论坛”有关情况进行考察。

14日，“京畿之地　希望河北”2010年全国重点网络媒体河北行首站到达石家庄市。来自中央和全国各地的18家网络媒体记者就石家庄市经济社会发展和“三年大变样”建设情况进行参观采访。

15日，晋州市鲁家庄温泉社区开工仪式在营里镇鲁家庄村举行。该项目是晋州市温泉度假区首个超亿元开工项目，分2期建设，项目占地面积3000亩，规划总投资30亿元，规划设农业观光、休闲度假、旅游及温泉农业区、温泉体验区、温泉公园区等6大功能区。营里镇鲁家庄温泉经中国地质科学院水文地质研究所检测，并通过水利专家评审：井口水温达80℃，且富含矿物质，其中偏硅酸、偏硼酸、氟、钡、锂等均达到矿泉水浓度，属于复合型优质医疗矿泉水，具有极高的医疗保健作用。地下热水净储量16.4亿立方米，可连续开采利用134年。

△ 石家庄高新区天山发展（控股）有限公司在香港联合交易所有限公司（港交所）主板成功上市，成为高新区首家境外上市企业。

16日，家乐福与保龙仓宣布通过股权合作形式组建合资公司——河北保龙仓家乐福商业有限公司，家乐福和保龙仓分别持股51%和49%。

17日，曾引起省会各界关注的南大街四合楼院开始进行迁建保护，其新址位于百年广场规划中保留的原正太饭店南、售票厅东，迁建采用“原材料、原工艺、原做法”，还原一个“真实”的南大街四合楼院。该四合楼院建于20世纪初。

18日，石家庄高新区管委会与石药集团签署入驻合作协议。石药集团计划投资50亿元在高新区建设新型药物制剂产业化、河北医药财富中心等项目，标志河北省（石家庄）高端医药产业园建设启动。

20日，《石家庄市创建全国文明城市实施方案》出台。《方案》提出，石家庄市经过三年创建，力争2011年进入“全国文明城市”行列。

△ 投资1.23亿元新购的302辆天然气公交车在市区投入运营。

21日，国家质量监督检验检疫总局第71号公告，批准对晋州鸭梨等实施地理标志产品保护。“晋州鸭梨”是此次公告中河北省唯一地理标志保护产品。“晋州鸭梨”地理标志产品保护范围为晋州市东卓宿镇、周家庄乡、东里庄乡、总十庄镇、马于镇、营里镇、循环经济园区、桃园镇等8个乡镇现辖行政区域。

27日，全国农村集体“三资”（资金、资产、资源）管理工作座谈会在石家庄召开。

△ 第二届中国最具竞争力医药上市公司20强评选在上海揭晓，神威药业入选最具竞争力医药上市公司20强，其综合得分在全部参评上市公司中列第7位。

28日，由河北省住建厅、省发改委、省质监局等部门组成的省节能减排工作第五督导组结束了对石家庄市为期2天的督导检查。督导组对石家庄市上半年节能减排工作给予充分肯定。

△ 石家庄正定国际机场直飞台北桃园国际机场航线开通，该航线由东方航空河北分公司执飞。

29日，来石家庄市考察招商的新疆生产建设兵团农二师，在参观考察神威药业和常山纺织集团后，顺利签订合作协议。石家庄常山纺织集团和新疆兵团农二师约定，在农二师开展棉花资源基地建设和29团棉纺企业升级、扩建，双方合作发展棉花产业，共同打造、转化、提升农二师棉花产业，建设常山纺织优质棉供应基地；神威药业与新疆兵团农二师约定，在新疆建设中草药基地，建立长期战略合作关系，农二师按照神威药业提供的中药材种植有关要求和质量标准，开发建设现代有机农业中药材万亩种植示范基地，种植板蓝根、黄芪、黄芩、甘草等中药材，神威药业负责中药种植监督，并在当地建厂收购，加工符合神威药业质量标准的中药材。

△ 河北省家电以旧换新启动

仪式在石家庄市北国商城举行。

30日，中国工商银行电子银行中心（石家庄）投入运营。此次投入运营的电子银行中心(石家庄)可提供700余人的人工坐席服务，承担河北、辽宁、青海、吉林、宁夏等5家分行的电话银行服务。

8月

1日，第二届中国最具竞争力医药上市公司20强评选在上海揭晓，神威药业入选最具竞争力医药上市公司20强,综合得分列前10位。

2日，由国家食品药品监督管理局南方医药经济研究所评选的“2009年度中国制药工业百强排行榜”揭晓，石药集团位列百强榜榜眼,在河北省入围企业中排名第一。至此，石药集团连续3年位列百强榜榜眼。

3日，石家庄市有6个产品被科技部列入2010年度国家重点新产品计划。6个产品分别是河北中信联信息技术有限公司的“e-Switch企业应用集成平台”，河北中唐医药的“芪丹通络颗粒”，石家庄中煤装备制造的“气动架柱式钻机ZQJ-300/6”，以岭药业股份有限公司的“养正消积胶囊”，河北常山生化药业的“那曲肝素钙注射液”，博深工具的“DK32C台式三速工程钻机”。

4日，海鸥300飞机在中航工业石飞公司总装下线，这是中国首架具有完全自主知识产权的轻型水陆两栖飞机。该飞机于11月日试飞成功。

△ 石家庄润泰纺织印染有限公司整体搬迁改造及产业升级项目举行开工仪式，该项目位于无极县北苏工业区，占地200亩，总投资4.5亿元。建成后，润泰纺织将成为黄河以北档次最高、品种结构最全的多功能印染加工企业。

△《驼梁国家森林公园总体规划》通过河北省森林风景资源评价委员专家组论证评审，并获省林业厅正式批复。该《规划》分近期和中期两个阶段,预算投资2.6亿元,总体布局分驼梁旅游区、常峪红色旅游区、卸甲河景观区和生态保育区四个部分，由景点与游览路线规划、植物景观规划、保护工程规划、旅游服务设施规划和基础设计规划等建设内容组成。

8日，受省科技厅委托，市科技局组织并主持，邀请同行业专家组成论证委员会，对石家庄华牧牧业有限责任公司承担的《蛋鸡规模化健康养殖关键技术集成与示范》项目过程中形成的《华北地区标准化蛋鸡舍建设规范》、《商品蛋鸡饲养管理规范》、《商品蛋鸡饲料营养规范》、《商品蛋鸡场兽医卫生技术规范》、《鸡蛋质量追溯体系》等五项阶段性成果进行论证并顺利通过。

9日，辛集市和元氏县被确定为河北省提高农村儿童重大疾病医疗保障水平试点县（市）。试点地区患有6种重大疾病的0～14周岁儿童，可在救治定点医院享受补偿待遇。农村困难家庭患儿报销比例达到90%以上。

13日，“赵县雪花梨”地理标志图案商标正式推出。该商标由文字和图形共同组成，文字为“赵县雪花梨”中英文两种字体，图案设计理念采用雪花梨作为设计主体，将抽象的赵州桥贯穿两梨之间。

16日，市长艾文礼在民生路历史文化长廊宣布“市区夜经济特色街区开街”，随后广安街中心线地下商业街、滨河休闲夜市、石门1925特色商街、民生路历史文化长廊、东风路华夏服装街、新石中路夜市、南小街酒吧街、绿荫广场夜市、北大街海鲜特色街、闽江道休闲餐饮风情街、联邦东方名珠地下国际商业街、人民广场休闲文化夜市等12条特色街区夜市全部运营。

20日，市长艾文礼主持召开市政府第四十一次常务会议。会议研究并原则通过《石家庄市现代都市农业发展指导意见》、《关于加快推进全市“菜篮子”工程建设的实施意见》、《石家庄市环境污染举报奖励暂行办法》、《关于进一步加强淘汰落后产能工作的实施意见》等。

△ 市畜牧水产局与中国联通石家庄市分公司签署框架合作协议，在全市正式启动奶站联网监控项目。

25日，冀中能源石煤机公司生产的EBZ75型掘进机装车发运越南，这是该公司生产的大型煤矿专用设备首次出口国外。

26日，市委、市政府召开修复西柏坡革命旧址工作会议，全面启动旧址修复工作。27日，石家庄市歌舞剧院有限公司、石家庄市丝弦剧院有限公司揭牌成立。

29日，鹿泉市政府与三一重工集团举行混凝土搅拌设备华北制造基地项目签约仪式，全球最大混凝土机械制造企业落户鹿泉绿岛火炬开发区。项目总投资约7亿元，占地348亩，主要生产水泥混凝土搅拌设备。

30日，孙瑞彬任石家庄市委委员、常委、书记。

△ 在成都举行的“2009～2010中国报刊广告投放价值排行榜”颁奖盛典上，《燕赵晚报》荣膺“全国晚报20强”，这是《燕赵晚报》连续第3年摘得此奖项。

31日，石家庄市物价局组织召开石家庄民用天然气价格听证会，与会23位听证会代表表示，原则同意民用天然气价格上调，但综合考虑收入水平，上调幅度应控制在10%～15%左右。

△ 8月份，由美国人史蒂文与中国人王某合伙开办的石家庄市某商务咨询服务中心在市工商局领取到工商营业执照，这是石家庄市出现的首家中外合伙企业。

9月

1日，市政府印发《石家庄市住房公积金管理行政执法暂行规定》（简称《规定》）和《石家庄市住房公积金行政处罚自由裁量管理办法》（简称《管理办法》）。其中明确规定，从9月1日起，单位不给职工办理住房公积金缴存登记或者不为本单位职工办理住房公积金账户设立手续，将被罚款1～5万元。

2日，省委常委、市委书记孙瑞彬会见参加2010年河北国际信息产业周的美国信息产业机构代表团成员一行。

△ 2010中国企业500强在安徽省合肥市发布，由石家庄市企业联合会、企业家协会推荐的河北敬业集团有限责任公司、石家庄北国人百集团有限责任公司、河北建工集团有限责任公司3家企业荣登榜单，后两者均为首次入选。

3日，2010年河北国际信息产业周在石家庄市举行。

4日，2010中国企业500强在安徽省合肥市发布，河北敬业企业集团有限责任公司、石家庄北国人百集团有限责任公司、河北建工集团有限责任公司3家企业荣登榜单，其中后两者为首次入选。

5日，上海世博会石家庄周在河北馆开幕。

5～9日，副市长刘晓军率领石家庄市代表团参加了在厦门举行的第十四届中国投资贸易洽谈会，共有14个项目签约，总投资2.9亿美元，协议利用外资1.4亿美元，涉及商业、轻工、医药、机械等行业和领域。

6日，中国石家庄　正定古城文化保护高峰论坛在石家庄市举行。

7日，国务院节能减排工作督查组莅临石家庄市，对全市节能减排工作进行督导检查。

△ 河北省委教育工委、河北省教育厅决定，授予娄敬捧等100名教师“河北省师德标兵”称号。石家庄市12名中小学教师和1名高校教师榜上有名：晋州市职教中心娄敬捧，石家庄市第十七中学冯春茹，灵寿县南宅乡中胡素爱，井陉县辰兴中学于俊霞，石家庄市第四中学董海霞，行唐县龙泉中学张晓丽，辛集辛集镇育红中学高静，正定解放街小学武文青，石家庄市特殊教育学校丁丽辉，石家庄市一中杨朋聚，正定中学刘宽，石家庄市四十中学赵冉，石家庄职业技术学院吴英绵。

△ 河北省公布2009年度设区市、县（市）城镇化发展监测结果。石家庄市城镇化发展综合水平、城镇化率分别位列全省第三名和第二名。

16日，市邮政速递物流公司“网上营业厅”启动。

17日，石家庄正定新区（原名滹沱新区）建设启动。

18日，在中国科协青少年科技教育委员会主办、上海市科协协办的“青少年玩世博”大型科普网络游戏邀请赛中，石家庄市长安区北翟营小学2名学生代表河北省参赛并分别获得二等奖。

△ 投资120亿元的河北航空城基地项目在石家庄市举行开工奠基仪式。

19日，赵州桥景区、井陉矿区万人坑纪念馆、　水生态风景区、平山县东方巨龟苑、河北孙庄革命老区科普示范教育基地、平山县驼梁景区管理处、冀中能源井陉集团段家楼景区、平山县战国中山国王陵文物陈列馆、裕华区图书阅览中心、元氏县芳菲园科普博物馆、石家庄市动物园、辛集皮革博物馆等12家被河北省授予省级科普教育基地。有效期为2010～2014年。

21日，省会纪念《中共中央关于控制全国人口增长问题致全体共产党员共青团员的公开信》发表30周年大会暨专场演出在石家庄市举行。省、市领导孙士彬、王玉梅、刘云峰、李屏东、张妹芝、朱增海出席大会。30年来，石家庄市共少生400万人，人口出生率由1980年的16.16‰下降到2009

年的12.06‰，人口自然增长率由9.88‰下降到5.62‰，实现了人口再生产类型从高出生、低死亡、高增长到低出生、低死亡、低增长的历史性转变。

24日，市援建四川平武县文体中心举行竣工仪式。至此，石家庄市援建平武县灾区项目全面竣工。

25日，市科技局公布29家首批创新型企业名单，有效期2年。分别是：华药集团新药研发，神威药业，常山生化药业，华药股份有限公司，常山恒新纺织，亚诺化工，石家庄四药，远征药业，石药集团恩必普药业，安瑞科，常山纺织，河冶科技，久强建材，河北电机，工大化工，石家庄中煤，永生华清，油漆厂，石家庄煤矿机械，威远生物化工，河北医科大学生物医学工程中心，小蜜蜂工具，河北农哈哈机械集团，石家庄科林自动化，河北极峰，君乐宝乳业，旭辉电气，京华电子，柏奇化工。

△ 在唐山闭幕的第七届中国评剧艺术节上，由评剧表演艺术家、中国戏剧梅花奖获得者刘秀荣与徒弟徐金仙主演的新戏《红叶》荣获评剧节一等奖。

26日，市评剧院有限公司和市河北梆子剧院有限公司揭牌成立。

27日，石家庄市被中宣部、中央文明办、国家人口计生委等13个部门联合确定为“全国婚育新风进万家活动示范市”。

△ 晋州市被河北省商务厅、财政厅、石家庄海关、省出入境检验检疫局授牌认定为“河北省纺织服装（晋州）出口基地”，成为石家庄市辖区内唯一被认定为省级出口基地的县（市）。

28日，第18届中国（辛集）皮革博览会开幕。

△ 市饭店烹饪行业工会联合会挂牌，这是石家庄市市区组建的首个行业工会。

30日，2010中国　石家庄第五届国际动漫博览交易会在市人民会堂开幕。本届动博会以“动漫，让生活更精彩”为主题，会期5天，共有15个项目现场签约，签约金额达到40.57亿元，比上届增长41%。

△ 石家庄报业传媒集团有限公司正式成立。

10月

5日，石家庄国际机场年旅客吞吐量突破200万人次。

9～16日，市长艾文礼率领市经济文化交流参访团赴台湾进行交流考察。考察期间，分别与台湾国祥冷冻机械股份有限公司签订在石家庄市国祥运输设备有限公司增资协议，与蓝天电脑公司达成投资8亿元的百脑汇（石家庄）数码广场及国际IT企业总部项目意向，与中华友好城市交流协会签订城市建设发展交流合作协议，共签约项目5个，涉及投资金额32亿元。

11日，赵县被命名为“河北民间文化艺术之乡”。

△ 石家庄市第六中学高二学生韩伟获得第七届WRO世界机器人奥林匹克竞赛中国区选拔赛（北方赛区）高中组常规赛冠军。

12日，国家工商总局商标局认定217件驰名商标，石家庄市“华莹”商标和“同福”商标榜上有名。

14日，经国家半导体器件质量监督检验中心检测，石家庄市7家企业的15项产品入选首批《河北省“十城万盏”半导体照明应用示范工程照明产品名录》，使石家庄市成为河北省LED路灯的主要制造城市和应用城市。7家企业分别是：神通光电、立德电子、大旗光电、立明电子、瑞兴太阳能照明、博信伟德、爱迪灯具。

18日，石家庄高新区以岭药业院士工作站成立。市长艾文礼出席仪式并为工作站揭牌。

18～20日，2010’中国　石家庄国际投资贸易洽谈会暨第五届中国　石家庄国际医药博览会举行，共有134个项目成功签约，签约外资项目27个，拟引进外资17.8亿美元；国内经济技术合作项目107个，总投资1566.9亿元。

20日，市委常委会研究通过《石家庄市机关工作人员损害发展环境行为责任追究暂行办法》。

20～21日，市第十二届人大常委会第二十二次会议第一次全体会议举行。会议听取了副市长王大虎所作的关于石家庄市城镇面貌“三年大变样”工作情况的报告，以及市政府副秘书长杨智勇所作的关于办理市十二届人大三次会议代表建议、批评和意见情况的报告。市人大常委会主任王增明主持会议，市人大常委会副主任许昆峥、王中联、傅世武、李屏东、张石峰，秘书长王志勇出席会议。

24日，市夜经济特色商业街区——怀特富强商业街正式开街。

27日，国家人力资源和社会

保障部副部长、国家外国专家局局长季允石一行6人到石家庄市考察城市建设工作。省委常委、市委书记孙瑞彬，副省长宋恩华，市长艾文礼陪同考察。

△ 由中华全国新闻工作者协会主办的第二十届中国新闻奖、第十一届长江韬奋奖评选结果揭晓。《石家庄日报》选送作品《栾城草农敢闹海》（作者：赵俊芳、郝斌生，编辑：周剑瑭）荣获中国新闻奖一等奖，这是该报成立后首次获得中国新闻界最高奖项，实现了河北省地市级报纸获中国新闻奖一等奖零的突破。

△ 市森林公安局挂牌成立。

29日，石家庄国际机场改扩建工程奠基。该工程完工后石家庄国际机场的总吞吐量将达到2000万人次，货运能力将达到25万吨。省长陈全国出席仪式并宣布工程开工。

11月

1日，获得北京大学2011年度“中学校长实名推荐制”资格的161所中学及其校长名单在北大招生网上公示，石家庄市二中为省会唯一一所中学获此资质。

4日，西柏坡革命旧址修复工程举行开工奠基仪式。省委副书记、省长陈全国，省委常委、宣传部长聂辰席，省委常委、市委书记孙瑞彬，省长助理、省政府秘书长尹亚力，市委副书记、市长艾文礼，副市长张殿奎，中央部委及省直部门有关领导出席奠基仪式。

5日，省文明委考核组到石家庄市检查工作，听取石家庄市“三年大变样”工作市民素质及城市公共文明建设情况的汇报。市委副书记刘云峰出席会议并讲话，市文明办、市交管局以及市民代表作了汇报发言。

6日，由中国传媒大学、中外名人文化产业集团联合发起的“2010传媒与城市发展峰会”在石家庄举行。

9日，市长艾文礼会见深圳华强集团董事长、总裁梁光伟一行。市委常委、政法委书记、公安局长张铁力陪同会见。

△ 在中国食用菌协会第四届第五次常务理事会上，灵寿县被评为全国食用菌行业优秀基地县。

10日，全国妇联党组书记、副主席、书记处第一书记宋秀岩一行到石家庄市调研妇女工作。省、市领导付志方、孙瑞彬、马兰翠、刘云峰、张妹芝等会见宋秀岩一行并陪同调研。

△ 国家能源局、财政部和农业部对可再生能源开发利用基础较好、成绩突出、发展目标明确、管理体制健全的河北平山等108个县（市）授予“国家首批绿色能源示范县”称号。平山县是石家庄市唯一一个获此殊荣的山区县。

△ 市长艾文礼会见香港华懋基金会董事长龚仁心，以及一同到访的龚仁心夫人刘元春，香港文汇报社社长王树成等一行。

△ 中国航空工业集团公司生产的国内首款具有自主知识产权的轻型多用途水陆两栖飞机——“海鸥300”在石家庄首飞成功。

△《城区融雪清雪工作应急预案》出台。

16～21日，在深圳举行第十二届中国国际高新技术产品交易会上，石家庄市代表团共签订高新技术产品利用外资和技术贸易合作合同7项，总投资7100万美元；高新技术产品进出口贸易合同5项，总金额5800万美元。

17日，由石家庄市委宣传部和石家庄广播电视台主办的石家庄2010年度“感动省城”十大人物评选活动正式启动。本次评选活动分为候选人提名、公众投票海选、专家评审、颁奖盛典四个阶段进行。

18日，市第十二届人大常委会举行第二十三次会议。会议采取无记名投票方式表决，决定任命张小国为石家庄市人民政府副市长。

△ 石家庄铁路枢纽货迁编组场全线铺通。

18～20日，2010第二届中国（石家庄）国际皮革裘皮博览会在国际科技博览中心举行。会议期间共签订贸易合同及合同意向金额达2.5亿元。

19日，石家庄市气象局气象行政执法大队成立。

20～21日，在四川成都举行的“2010全国城市周报十强荣誉盛典暨第八届全国生活服务类报刊峰会论坛”上，石家庄《精品导报》荣获“2010第二届全国城市周报十强”，这是《精品导报》继2008年获得首届全国城市周报十强后，再次获得此奖项。

22日，蒙牛乳业集团和君乐宝乳业在北京签署战略合作协议，中国乳业第一品牌与酸奶市场第四品牌的合作拉开序幕。蒙牛计划投资4.692亿元持有君乐宝乳业51%

股权，成为君乐宝的最大股东。

23日，在中国老龄事业发展基金会和世界华人老人联谊总会共同主办的“世界华人孝文化国际研讨会”上，行唐县被授予“孝亲敬老示范单位”和“弘扬中华孝道杰出贡献奖”。行唐县成为全国第一个“孝亲敬老示范单位”。

△ 经专家评审并公示，市科技局正式确定16家企业为市农业科技型企业，分别是：双鸽食品，华牧牧业，天泉奶牛、君乐宝乳业、远征药业、科星药业、广威农牧、永丰饲料、农哈哈机械、省农业机械化、金太阳生物有机肥、极峰农业、丸京干果、惠康食品、天山绿色食品、新星林业科技。

25日，石家庄高新技术产业开发区与石济铁路客运专线有限公司筹备组就建设总部项目签约，标志石济铁路客运专线项目正式进入实质性运作阶段。

△ 在四川成都举行的“2010年中国中药行业品牌峰会”上，以岭药业荣获“中药企业现代品牌十强”，所生产的通心络胶囊同时荣获“中药产品品牌十强”。

28日，市医疗废物处置中心建成投用，这是全省规模最大、技术最先进、自动化程度最高和最环保的医疗废物处置中心。

△ 11月份，藁城市被国家能源局、财政部、农业部授予“国家首批绿色能源示范县”称号。

12月

1日，由中央文明办主办的“我推荐、我评议身边好人”活动11月份“中国好人榜”入选名单揭晓，石家庄市王桂申、靳国芳、许双军、李洪信4位道德先进典型被评为“中国好人”。

△ 歌曲《飞翔石家庄》MV发布仪式暨媒体推介会在石家庄日报社新闻中心举行。

6日，招商银行石家庄分行举行揭牌开业庆典。

△ 石家庄交通行业国家职业技能鉴定站在市新华区揭牌。这是河北省唯一一家经国家人力资源和社会保障部、交通运输部联合批准的交通行业国家职业技能鉴定机构。

△ 货运列车石家庄南站新编组站投用。即日起，货运列车不再进入市区。

7日，《石家庄市住房建设与保障规划(2010～2012年)》发布。规划期内，全市将建设各类住房13.05万套，总建筑面积1159.5万平方米。其中廉租住房1.3万套，建筑面积65万平方米；公共租赁住房2000套，建筑面积12万平方米；商品住房10.5万套，建筑面积1020万平方米，其中单套套型建筑面积小于90平方米的普通商品住房8.1万套，建筑面积720万平方米，单套套型建筑面积90平方米以下的新建住房建筑面积应达到所有新建住房总建筑面积的70%。

8日，市人大常委会副主任、市总工会主席傅世武一行到桥东区卫生队中山东路女子清扫班班长付连香家，对付连香因公殉职表示哀悼，对付连香家属表示慰问，并为其家属送去慰问金5000元。

9日，藁城市蔬菜合作社联合社成立，这是石家庄市首家成立的蔬菜类联合社。

10日，全国总工会副主席、书记处书记张鸣起带领国务院安委会督查组到石家庄市开展安全生产综合督查工作。副市长刘明轩出席工作汇报会并陪同检查。

△ 张家口市商业银行石家庄分行揭牌营业，这是该行跨区域设立的首家分支机构。

12日，在团中央、中国青年志愿者协会举行的第八届中国青年志愿者优秀奖颁奖仪式上，石家庄科技工程职业学院2006届毕业生孙丽倩荣获“中国青年志愿者优秀个人奖”，并代表“西部计划”志愿者作典型发言。

△ 普金利菜市场开业，附近3万余居民“菜篮子”问题得到解决。该市场是全市兴建建筑面积最大、占地面积最大，具备批零兼顾的大型综合菜市场。

14日，《石家庄市域城乡统筹规划》(2010～2030)编制完成并通过专家评审。

15日，科技部火炬中心发布2010年火炬计划重点高新技术企业名单，河北省有12家企业入选，其中石家庄市有2家，分别是以岭药业和博深工具。

16日，国家通信导航设备质量监督检验中心及中电科第54所认证中心在高新区创业园区揭牌。

18日，石家庄美术馆举行落成典礼。该馆坐落于桥西区裕西公园东南角。

20～21日，市长艾文礼带领市有关部门负责同志，就环境保护和项目建设工作赴京与国家环保部、国家发改委领导及相关部门进行沟通汇报。两部委领导对石家庄市近年来取得的成绩给予充分肯定，并对石家庄市下一步工作特别是“十二五”规划给予指导。

21日，为中小企业搭建的网络交易平台e贸网建成开通。中小企业免费注册就可以拥有自己独立的网站，自己添加商业信息和维护。

△ 全市召开住房公积金管理委员会会议，审议通过《关于规范我市住房公积金业务承办银行的规定》等文件，省会市民使用住房公积金贷款更加便捷。

22日，市委决定，面向全省国有及国有控股企业选拔一批懂经营会管理、市场意识强、业务素质高、能够推动地方工业经济科学发展的副县（市）长人选。

△ 在全国农业工作会议上，赵县荣获“全国粮食生产先进县标兵”称号，这是继2006年和2008年该县第3次获此殊荣，也是2010年全市唯一获此次殊荣的县。

23日，《石家庄市“十二五”工业发展规划》通过专家评审。

△ 石家庄至香港飞机航线开通。

28日，市广播电影电视局与市文化新闻出版局合并，成立市文化广电新闻出版局。

△ 由河北银行发起设立的平山西柏坡冀银村镇银行成立，为石家庄市首家村镇银行。

△ 邯郸银行石家庄分行开业，这是邯郸银行第一家跨区域设立的分行。

29～30日，在广州召开的第六届中国总部经济高层论坛上，桥东区被授予“中国总部经济发展实践研究基地”称号。这是河北省2010年唯一获此称号的城区。

30日，中共石家庄市委八届六次全会召开。省委常委、市委书记孙瑞彬作重要讲话。市委副书记、市长艾文礼总结2010年经济工作，并对2011年经济工作进行部署。

石家庄综述

石家庄综述

行政区划

【地理位置】 石家庄市是河北省省会，全省政治、经济、科技、金融、文化和信息中心，是国务院批准实行沿海开放政策和金融对外开放的城市。石家庄地处河北省中南部，环渤海湾经济区。位于北纬37° 27 ' ~ 38° 47 '（误差±1 '），东经113° 30 ' ~ 115° 20 '（误差 ±1 '）之间，东与衡水接壤，南与邢台毗连，西与山西省为邻，北与保定市交界。南北最长处148.018千米，东西最宽处175.383千米，周边界长760千米。辖区总面积15848平方千米，其中市区面积456平方千米。在首都北京的西南方向，距北京283千米。

【区划设置】 石家庄市辖6区17县（市），即新华区、桥西区、桥东区、长安区、裕华区、矿区、辛集市、晋州市、藁城市、新乐市、鹿泉市、正定县、深泽县、无极县、赵县、栾城县、高邑县、元氏县、赞皇县、井陉县、平山县、灵寿县、行唐县。共有镇124个，乡97个，办事处52个，居委会535个，行政村4380个。

（周连颖）

建制沿革

石家庄市域有着悠久的历史。据《禹贡》记载，夏禹时期为冀州地。春秋时期域内先后建有鲜虞国（都城在今正定新城铺一带）、鼓国（都城在今晋州城西）、肥国（都城在今藁城市城西南城子村一带）。战国时期鲜虞人又建立中山国（都城在今平山县城北下三汲一带）。秦始皇统一中国后，全面推行郡县制，属巨鹿郡（郡治今巨鹿县）。西汉高祖三年（公元前204年），始置恒山郡。汉文帝初，因文帝名恒，讳改恒山郡为常山郡。汉高祖十一年（公元前196年），改秦时的东垣县（县治今石家庄市东古城）为真定县，并于汉武帝元鼎四年（公元前113年）置真定国（都城在今东古城）。三国时期，为魏地，分别属常山郡、安平郡、赵国、巨鹿郡、中山国。西晋统一后，分别属冀州常山郡、中山国、巨鹿郡、赵国、博陵国。隋代，分别属恒山郡（后改恒州，郡治真定，今正定镇）、赵郡（郡治平棘，今赵州镇）、信都郡（郡治今冀州市）、高阳郡（郡治今定州市）。五代时期，属河北成德军节度使，域内有镇州（州治今正定镇）、赵州（州治今赵州镇）、定州（州治今定州市）、祁州（州治今无极镇）。宋代，属河北西路（路治今正定镇）。元代，属中书省真定路（路治今正定镇）、保定路（路治今保定市）、广平路（路治今永年县）等。明代，属京师正定府（府治今正定镇）、保定府（府治今清苑县）。清代，属直隶省真定府（府治今正定镇，清雍正元年改正定府）、保定府（府治今清苑县）、赵州（州治今赵州镇）、定州（州治初属祁州，雍正十二年改今定州市）。民国元年(1912年），中华民国成立，仍沿清制。民国3年(1914年），裁府设道。民国14年(1925年)6月24日，中华民国临时执政命令直隶省建立“石家市”，实行市自治制；8月29日中华民国临时执政又以1273号指令批准将石（家）庄、休门合并，取首尾各一字，更名为石门市，组建石门市政公所，筹建市制。民国17年(1928年），南京国民政府通令全国，取消所有市政公所，废除原来的“市自制”。至此，建市工作遂告搁浅。民国27年(1938年)1月15日，组建伪石门市政公署筹备处。民国28年(1939年)10月7日，伪中华民国临时政府行政委员会以秘字第1027号指令，正式批准设立石门市。民国36年(1947年)11月12日石门市解放，12月26日石门市更名为石家庄市。民国37年(1948年)9月26日，石家庄市改属华北人民政府领导。民国38年(1949年)1月24日阳泉市划归石家庄市(当年8月又划归山西省)；8月1日石家庄市归河北省人民政府领导，为省辖市。1949年石家庄专区初设，辖14县1镇。1958年4月28日，石家庄市由省辖市改为专辖市。1960年5月3日，国务院批准撤销石家庄专区,改为石家庄市。1961年5月，国务院批准恢复石家庄专区建制。石家庄专区辖石家庄市和25个县。1962年6月，国务院批准设立衡水专区，石家庄专区所辖衡水等8县划归衡水专区，此后石家庄专区辖石家庄市和17个县。1967年11月21日，石家庄地区革命委员会成立，专区改称地区。1967年12月20日，石家庄市革命委员会成立。1968年1月29日，河北省会迁至石家庄市。1978年3月11日，石家庄市划为河北省直辖市。1978年7月，石家庄地区革命委员会撤销，成立河北省石家庄地区行政公署。1982年8月12日，撤销石家庄市革命委员会，恢复石家庄市人民政府。1993年6月30日，石家庄地区行政公署与石家庄市人民政府合并，成立新的石家庄市人民政府。

市　标

【概况】 1997年7月根据市人大代表提出的议案以及市政府领导的批示，由市园林局开始着手准备市花市树的评选工作，8月正式启动评选工作。通过民意测验和专家评审，于9月16日初步确定月季和槐树为市花市树，11月，市政府研究同意，12月，提请市第九届人大常委会第30次会议审议批准，正式确定月季为石家庄市市花，槐树为石家庄市市树。

【市花】 **月季** 属蔷薇科、蔷薇属，系木本落叶灌木，原产中国，已有2000多年的栽培历史，被誉为“花中皇后”，花色艳丽，千姿百态，香味馥郁，品种繁多，露地栽培从春到秋处处可见其绰约丰姿，是美好、友谊、和平的象征。月季适应性强，抗寒抗旱，对土壤要求不高，栽培繁殖容易，管理技术易掌握，易于推广普及。石家庄市的月季栽培有着悠久历史，通过引种、繁殖、培育，已经广泛用于街道、公园、庭院、广场的绿化、美化。同时也是插花、切花、盆景制作的理想植物材料，深受广大市民的喜爱。月季不仅具有极高的观赏价值，且具有极高的经济价值。月季的花、花蕾、叶、根皆可入药，并能制作高级香精、香料。月季还能代表石家庄人顽强不屈、坚韧不拔的品格，展示出石家庄人奋发图强、不断进取的精神风貌。

【市树】 **国槐** 属豆科槐属，系落叶乔木。国槐原产于中国，栽培历史悠久，抗逆性强，寿命长。石家庄市有百年以上的古槐多达71株，其中500年以上的古槐就达58株，且仍然枝繁叶茂，生机勃勃。国槐树干端直，树冠宽广，展叶早落叶晚，是优良的庭荫树和街道树，其花芳香，又是优良的蜜源植物。国槐性强健，具有很强的萌芽力，耐强修剪，更新能力强，耐寒、耐旱、耐瘠薄，并对二氧化硫、氯气、氯化氢等有毒气体抗性较强，是良好的抗污、滞尘、耐烟毒树种。石家庄市以国槐用作行道树的街道达120多条，占全市街道的41.87%，是街道的主要骨干树种之一。国槐的经济价值高，木材坚硬，耐水湿，材质优良，可供建筑、家具、造船、雕刻等用，全株可入药，花蕾可作黄色染料，种子可榨油、制皂。国槐在民间是吉祥、幸福、美好的象征，中国人民自古以来把他作为吉祥树、幸福树，他能代表石家庄人顽强不屈、坚韧不拔的品格，展示出石家庄人奋发图强、不断进取的精神风貌。

自然资源

【矿产资源】 石家庄市东部为华北平原，西部为太行山区。西部山区地质构造复杂，成矿条件良好，拥有比较丰富的矿产资源。至2010年底，全市发现矿种有59种（包含亚种为61种），矿产地423处，其中大型矿产地28处，中型矿产地62处，小型189处。金属矿产分为黑色金属、有色金属、贵金属、放射性、稀有稀土金属等几大类。黑色金属矿产有磁铁矿、赤铁矿、褐铁矿，均以贫矿为主，品位大都在25～40%。铁矿资源储量为24951.75千吨，主要分布在平山县、赞皇县；钒钛磁铁矿资源量35.65千吨，主要分布在赞皇县和元氏县；锰矿资源量22千吨，主要分布在灵寿县。有色金属矿产有4种，其中，铜矿已发现矿点10余处，主要分布在平山县、灵寿县；铝土矿资源储量15987千吨；耐火粘土50104千吨，主要分布于井陉县；铅锌矿储量50吨，分布在平山县。贵重金属矿产有金矿石，主要分布于灵寿县、平山县、行唐县，探明资源储量（矿石量）14136.83千克，品位一般在2～8克，矿石可选性好。非金属矿产有冶金辅助原料非金属矿产，以夕线石、萤石、熔剂灰岩、冶金白云岩、冶金石英岩、冶金脉石英、耐火粘土为主。耐火粘土主要分布在井陉县境内，为中石炭统沉积矿床，共生铝土矿，伴生硫铁矿，保有储量3284千吨。化工原料非金属矿产30多种。其中装饰石材、云母、蛭石预测储量巨大，大理石、花岗岩储量近12260千立方米。石灰岩矿为寒武纪及奥纪沉积矿床，规模大，质量好，开采条件简单，总储量339.7亿吨。井陉的石灰岩分布较广，储量大，其品位为全国之首。刚玉资源储量1802千吨，分布于灵寿县、平山县。金红石资源储量约67千吨，分布于平山县。页岩石料（俗称坩子土）资源储量50.04亿立方米，主要分布在鹿泉市、赞皇县、灵寿县。此外，平原河沙丰富，新乐、元氏、鹿泉、正定等县市古河道、滹沱河等河滩广为分布，预测资源储量317.6亿吨。能源矿产中煤炭资源储量为178837.4千吨，主要分布在井陉矿区和赞皇，井陉矿区为主。石油和天然气资源主要分布在辛集市、晋州市，油气田地质储量5.1亿吨，含油面积30410平方米，天然气储量19.2亿立方米。2010年部分水泥、建筑石料、少量铁矿在开采，石油、油气行业运行正常。石家庄市的矿产资源在全省占有重要的地位，居全国首位的有碎云母；居全省首位的有矽线石、电石灰岩、长石、砖瓦用页岩、饰面用角闪岩、铝土矿、玻璃用砂岩、水泥用灰岩8种。全市的优势矿种有20余种。居全省第二位的有耐火黏土、石棉、水泥配料用黏土、钒矿4种；居全省第三位的有硫铁矿、制碱用灰岩、冶金用白云母、水泥配料用砂岩、饰面用花岗岩5种。金矿居全省第四位。

（张凤兰）

【能源资源】 石家庄市煤炭资源主要集中在井陉县，其次是赞皇、元氏两县。煤种有肥煤、焦煤、无烟煤、气煤等。石油、天然气资源主要分布在辛集市、晋州市凹陷中。已探明油田或构造有：河庄油田、河庄西油田、台家庄油气田、南小陈油田、晋40断块、赵兰庄构造。2010年，全市新建农村户用沼气池37716个，超额完成全年建设任务。新建养殖小区小型沼气工程6处，建成养殖场大型沼气工程13处。鹿泉市贾村建成太阳能冬季供暖示范点，栾城县、晋州市各建成沼气冬季采暖试验示范项目1处，赞皇县、赵县进行以秸秆、树枝为原料的生物质代煤炉具采暖示范50户，辛集、无极推广秸秆压块代煤采暖炉2850户。全年累计建成户用沼气41万余户；大、中、小型沼气池工程累计达95处，年产沼气13138万余立方米，折合标煤10万吨左右，年减排二氧化碳2.5万吨左右；完善沼气物业管理服务中心18个，初步建成村级物业服务网点861个，形成一个比较完整的建、管、用、服务一条龙工作体系。石家庄市太阳能资源处于较为丰富的地带，年辐射量为1259～1350千卡/平方厘米，年日照时数为2563～2852小时，占可照时数的58%～65%，太阳能利用方面主要有太阳能热水器、太阳能灶等。至年末，全市推广太阳能热水器1.2万余平方米，太阳能热水器82.52万平方米，节煤炉灶92万多台。

（刘栋）

【生物资源】 石家庄市生物资源比较丰富。动物现知陆栖(包括两栖)脊椎动物223种。其中，以鸟类最多，其次是兽类，两栖类及爬行类较少。野生动物种类有金钱豹、野猪、狍子、狐狸、狼、松鼠、獾、黑眉锦蛇、豺、黄羊、刺猬、雀鹰、天鹅、灰鹤、啄木鸟、麻雀、猫头鹰、石鸡、家燕、草兔、黑斑蛙、环颈雉、灰喜雀、斑鸠。其中国家珍贵稀有动物有金钱豹、斑羚、褐马鸡、天鹅等。褐马鸡为中国特有珍稀动物，仅见于山西、河北。现有畜禽几十个品种，地方畜禽品种有深县猪、大马身猪、大尾寒羊、小尾寒羊、河北奶山羊、太行山羊、冀南黄牛、太行牛、太行驴、柴鸡、河北鹅、虎皮黄兔。引进的畜禽品种有牛类:河北西门塔尔牛、南阳牛、荷兰黑白花奶牛、蒙古牛、短角牛、西门塔尔牛、夏洛来牛、海福特牛、利木赞牛、安格斯牛、爱沙尼亚牛、蒙贝利亚牛。马类：蒙古马、伊犁马、苏高血马。驴类：关中驴、渤海驴、泌阳驴。猪类：迪卡猪、冀合白猪、大约克夏猪、长白猪、杜洛克猪、汉普夏猪、北京黑猪、施格猪、PIC猪、皮特兰猪。羊类：美利奴羊、波尔华斯羊、考力代羊、茨盖羊、新疆细毛羊、萨能奶山羊、边区莱斯特羊、罗莫尼玛须羊、波尔山羊。鸡类:尼克鸡、白洛克鸡、宝万斯鸡、京红鸡、海赛克斯鸡、伊莎鸡、艾维茵鸡、罗曼鸡、爱拔益加鸡、雅康鸡、雅发鸡、海兰系列、京白系列。兔类：青紫兰兔、比利时兔、加利福尼亚兔、黑优兔、安哥拉兔、法国巨型兔、獭兔、丹麦兔、新西兰兔、日本大耳白兔、塞北兔。鸭类：康贝尔鸭、麻鸭、北京鸭。鹅类：石头鹅、郎德鹅。特养品种：梅花鹿、马鹿、兰狐、银狐、苏乌里貉、白玉蜗牛、散大蜗牛、落地王鸽、白羽鸽、美国牛蛙、七彩山鸡、乌骨鸡、鹌鹑、貂、小香猪、海狸鼠、蝎子、鹧鸪、麝鼠。鱼类资源主要有50多个品种。主要经济鱼类有:鲤、鲢、鳙、草、鲫、鲂、鳊、鲶、泥鳅、黄颡、乌鳢、黄鳝、鲴等,小杂鱼类主要有:白条、棒花、马口、麦穗、 鲅、鰕虎鱼、翘嘴等，另外还有中华鳖、青虾、蚌、螺、莲藕等，引进发展的品种主要有：罗非、牛蛙、中华绒鳌蟹、淡水白鲳、池沼公鱼、大银鱼、太湖新银鱼、日本白鲫、高背鲫、彭泽鲫、鳜鱼、革胡子鲶、大口鲶、罗氏沼虾、彩虹鲷、虹鳟鱼、金鳟鱼、香鱼、欧洲丁鱼岁、大口胭脂鱼、中国胭脂鱼、加州鲈、鲟鱼、白斑狗鱼、银大麻哈鱼、斑点叉尾鮰、雅鱼等。石家庄植被属暖温带针阔混交林，植被类型由自然植被和人工植被组成。植被结构复杂，种类繁多，植物资源合计2500余种。其中草本植物占80%以上。木本植物有44科74属144种，乔木有26科35属75种,灌木有23科34属43种。主要树木分类，阔叶树：杨树、柳树、国槐、刺槐、臭椿、香椿、红椿、合欢、苦楝（井陉）、漆树、黄连木、白榆、青檀（井陉）、梧桐、泡桐、杜仲、银杏、椋子木（井陉）、五角枫、栾树、黄金树、楸树、枫杨、悬铃木。灌木：柽柳、胡枝子、葛藤、紫穗槐、黄栌、锦鸡儿、枸杞、珍珠梅、绣线梅、鼠李、酸枣、沙枣、沙棘、女贞、六道木、丁香、夹竹桃、照山白、荆条、野杜鹃。针叶树:油松、华山松、雪松、云杉、桧柏、园柏、测柏、柞树、落叶松、水杉。经济木:苹果、梨、桃、杏、山楂、板栗、李、葡萄、石榴、柿子、核桃、大枣、花椒、桑、猕猴桃。草场分四类:山地草甸类草场，地处深山，处于原始状态，资源很少被利用；山地灌木类草场，草高40～70厘米，盖度60～80%；丘陵草丛类草场和低温草甸草场。药用植物资源丰富，有1039种，野生药材上百种，人工种植药材230多种。另外还有水生芦苇、莲藕等。人工种植牧草：紫花苜蓿、粒粒苋、串叶松香草、冬牧－70黑麦草、聚合草、沙打旺、苦卖菜、草木栖、鲁梅克斯、克孜连科。天然野生牧草共有121个科，1116种，其中菊科牧草占135种,禾本科占109种，豆科占98种，蔷薇科占58种，百合科占46种。有代表性的野生牧草主要有：野豌豆、直立黄芪、达乌里黄芪、野苜蓿、无芒雀麦、隐子草、冰草、披碱草、老芒麦、鹅冠草、早熟禾、胡枝子、山葱、白羊草、青木栖状黄芪、野古草、大油芒、白茅、铁杆蒿、野青茅、狗哇花、棘豆等。

【水资源】 2010年，全市地表水资源量为5.60亿立方米，地下水资源量为12.73亿立方米，扣除地表水和地下水资源的重复计算量，全市水资源总量为14.82亿立方米，比上年减少6.01亿立方米，比多年平均值21.16亿立方米减少6.34亿立方米。

供水量 全市供水量31.74亿立方米，其中地表水供水量6.03亿立方米，占总供水量的19.0%；地下水供水量25.71亿立方米，占总供水量的81.0%。

用水量 全市用水量31.74亿立方米，其中农田灌溉用水量21.33亿立方米，占67.2%；工业用水量3.01亿立方米，占9.5%；居民生活用水量2.83亿立方米，占8.9%；林牧渔畜用水量2.49亿立方米，占7.8%；城镇公共用水量0.91亿立方米，占2.9%；生态用水量1.6亿立方米，占3.7%。

地下水动态 2010年底全市平原区地下水平均埋深35.72米，较上年同期水位下降0.82米。监测点最大埋深高邑城关56.03米，最小埋深鹿泉市山尹村2.38米。

废污水排放量 全市废污水总排放量为4.17亿吨，其中工业废水排放量1.90亿吨，生活废污水排放量2.27亿吨，分别占总排放量的45.6%、54.4%。处理废污水量2.82亿吨，占总排放量的67.6%。

地表水水质 2010年全市地表水总监测河段长度为571.4千米，其中165.0千米全年河干。在有水的406.4千米监测河段中，水质超五类的河段163.0千米，占有水河段的40.1%；监测水质为五类的河段35.0千米，占有水河段的8.6%；监测水质为四类的河段30.0千米，占有水河段的7.4%；监测水质在三类及以上的河段178.4千米，占有水河段的43.9%。

（刘鹏）

【土地资源】 石家庄市土地资源类型多样，适宜性广，光、热、水土条件适宜，土地利用率和生产率高，但地域差异明显，土地后备资源不足。石家庄市土地资源类型按土地利用现状划分，根据全国统一规定，结合全市实际情况，采用二级分类系统。共分8个一级地类，36个二级地类。石家庄市东、西部自然和社会经济条件明显差异，按地貌类型和土地利用主导方向，分为西部山区林木地，中部山麓、平原建设用地区和东部平原农业地区三个地区分区。石家庄市土壤类型主要有山地草甸土、棕壤、褐土、潮土、盐土、风沙土、新积土、粗骨土、石质土、沼泽土、水稻土等11个土类，22个亚类，81个土属，270个土种。2010年全市严格落实耕地保有量和基本农田保护面积，确保基本农田保护面积稳定在52万公顷。强化基本农田保护管理，市、县、乡镇、村层层签订耕地保护责任书；基本农田保护图、表、卡、册及标识得到完善。落实耕地占补平衡制度，实现耕地占补平衡。全年验收占补平衡项目16个，新增耕地5387余亩；验收土地整理项目43个，新增耕地17142余亩；立项入库项目4个，新增耕地2419余亩。建设用地保障取得新成绩。2010年新增建设用地指标和土地利用规划建设用地规模指标创历年之最。全年争取新增建设用地指标37667亩，位列全省第一。国土资源市场运作水平提高。全年以企业搬迁、城中村（旧城）改造、大片区征收为重点，采取措施、明确责任，扎实开展正定新区、药博园、滹太片区和铁路入地等重点项目的土地收储工作。2010年全市共收储土地30156亩，库存储备总量达35039亩，超额完成市政府下达25000亩的土地收储任务。

（张凤兰）

人　口

【概况】 截至2010年底，市户政部门共登记人口2763407户，9891648人。其中城镇人口4100721人，占41.46%；农村人口5790927人，占58.54%。市属6区人口为632995户，2438730人，全部为城镇人口。市辖17县（市）人口为2130412户，7452918人。其中城镇人口1661991人，占22.30%；农村人口5790927人，占77.70%。全市总人口较2009年多117542人，增长1.2%，其中城镇人口增长55891人，农村人口增长61651人。自然增长105774人，增长率为10.76‰；机械增长6413人，增长率为0.65‰。市属6区人口较2009年增长10898人，增长率为0.45%，其中自然增长15803人，机械减少9259人。市辖17县（市）人口较2009年增长106644人，其中自然增长89971人，机械增长15672人。2010年全市共出生196360人，出生率为19.97‰。年内死亡人口90586人，死亡率为9.21‰。全市总人口中有男性4980815人，占50.35%；女性4910833人，占49.65%。市属6区人口中有男性1202131人，占49.29%；女性1236599人，占50.71%。

【人口分布】 全市人口平原地区人口稠密，城镇及市区人口密度更大，山区相对稀少。按县（市）区统计，长安区119447户，426982人，全部为城镇人口；桥东区93948户，384086人，全部为城镇人口；桥西区124164户，513850人，全部为城镇人口；新华区135879户，490194人，全部为城镇人口；裕华区130810户，527006人，全部为城镇人口；矿区28747户，96612人，全部为城镇人口；井陉县103762户，328597人，其中城镇人口73286人；栾城县93500户，350663人，其中城镇人口81227人；正定县125454户，468156人，其中城镇人口111914人；行唐县137987户，444899人，其中城镇人口63147人；灵寿县99537户，332446人，其中城镇人口73461人；高邑县51479户，188582人，其中城镇人口53383人；深泽县78607户，256661人，其中城镇人口37302人；赞皇县81172户，257748人，其中城镇人口33823人；无极县138227户，510207人，其中城镇人口77450人；平山县151331户，479887人，其中城镇人口69964人；元氏县97397户，421786人，其中城镇人口80115人；赵县164292户，588395人，其中城镇人口97058人；辛集市201451户，622543人，其中城镇人口252265人；藁城市211735户，787857人，其中城镇人口243063人；晋州市151101户，537563人，其中城镇人口92347人；新乐市129844户，491447人，其中城镇人口126408人；鹿泉市113536户，385481人，其中城镇人口95778人。

【年龄构成】 2010年全市总人口中，6周岁以下850713人，占8.6%；18岁以下1895238人，占19.16%；18岁至35岁3034750人，占30.68%；35岁至60岁3568832人，占36.08%；60岁以上1392828人，占14.08%。

【民族构成】 至2010年末，石家庄市有53个民族。总人口中汉族9788279人，占98.95%；回族56009人，占0.57%；满族32538人，占0.33%；剩余50个少数民族共计14822人，约占总人口的0.15%；另外还有其他未识别民族41人（包括穿青人），外国人加入中国籍2人。

（赵光）

民族·宗教

【民族】 石家庄市是一个多民族散居城市，2010年末全市有民族53个，除汉族外，共有少数民族52个（无塔吉克族和门巴族、保安族）。总人口中汉族9788279人，占总人口的98.96%；少数民族人口104734人，占全市总人口的1.04%。其中少数民族农业人口40867人，占39.01%；非农业人口63867人，占60.09%。全市各县（市）区少数民族人口超过万人有5个，分别是无极县16352人，桥西区13732人，新华区12794人，裕华区11357人，桥东区10751人；超过千人以上县（市）区有藁城市9802人，长安区8956人，新乐市8351人，正定县4092人，辛集市1814人，鹿泉市1584人，平山县1075人，栾城县1041人。市区（含矿区）有少数民族46382人，占少数民族总人口的44.2%。全市少数民族以回族人口居多，共计56009人，满族32538人，蒙古族5356人，土家族1525人，壮族1513人，苗族1305人，其他少数民族人口共计5416人。在分布上呈“大分散、小聚居”特点，在全市23个县（市）、区均有分布，主要聚居在市内五区及无极、藁城、新乐、正定、辛集五个县市。全市有3个民族乡（无极县高头回族乡、藁城市九门回族乡、新乐市彭家庄回族乡），总人口为100245人，少数民族有26902人，占民族乡总人口的26.8%，占全市少数民族人口的25.7%。

【宗教】 石家庄市有道教、佛教、伊斯兰教、天主教、基督教五种宗教，至2010年底，全市共有信仰五种宗教公民29万人，占全市总人口的2.9%，分布在全市23个县（市）、区的211个乡（镇）、街道办事处。

道教 全市信仰道教公民1.3万余人，主要分布在鹿泉、平山、藁城、元氏、赞皇、新乐、栾城等7个县市。有教职人员近47人，宗教活动场所17处。较著名的道观有位于鹿泉市的十方院和抱犊寨金阙宫，平山县天桂山的青龙观等。市级宗教团体1个（石家庄市道教协会），有县（市）级道教协会3个。

佛教 全市信仰佛教的公民6.1万人，主要分布在赵县、正定、辛集、藁城、井陉、赞皇、鹿泉等县市。有教职人员261人，佛教活动场所77处，较著名的寺院有：赵县柏林禅寺、正定县临济寺、鹿泉市龙泉寺和石家庄市内谛音寺。市级宗教团体1个（石家庄市佛教协会），县（市）级佛教协会6个。

伊斯兰教 全市有信仰伊斯兰教的公民5.7万人。主要分布在市内五区和无极、藁城、新乐、正定、辛集等县（市）。有清真寺15座，有阿訇20名、海里凡12名。市级宗教团体1个（石家庄市伊斯兰教协会）。

天主教 全市有信仰天主教公民10万余人，分布在全市的211个乡（镇）、街道办事处的937个村、居委会。宗教活动场所151处，有神修人员74人。市级宗教团体2个（石家庄市天主教爱国会、天主教石家庄教区）。

基督教 全市有信仰基督教公民5.9万人，分布在23个县（市）、区的249个乡（镇）、街道办事处的1318个村、居委会。宗教活动场所204处，有牧师、长老34名。有市级宗教团体2个（石家庄市基督教三自爱国运动委员会、石家庄市基督教协会）。县建立宗教团体6个。

（赵光　张建营）

风景名胜

【概况】 石家庄旅游资源丰富，名胜古迹众多。有文化名城、故国遗址、古寺名桥、革命圣地等大量珍贵历史遗存；有丰富多彩的社会旅游资源，包括商贸会展、民俗民艺、都市风情等旅游景观。其中国家级文物保护单位25处，国家级历史文化名城1座，国家级风景名胜区3处，国家级森林公园2处，国家级地质公园2处，全国农业旅游示范区（点）1处。国家4A级景区19处，A级景区总数24个。

【纪念馆、陵园】 **革命圣地西柏坡** 国家爱国主义教育基地，国家4A级景区。距省会石家庄80千米。1948年5月至1949年3月中共中央在西柏坡居住10个月，召开了全国土地会议、中共七届二中全会，指挥了三大战役，赢得了解放战争决定性的胜利。西柏坡依托红色旅游资源优势，大力开发和培育红色旅游市场，形成了中共中央旧址，陈列馆、纪念碑、石刻园、五大书记铜像等10多个旅游景点，使西柏坡成为资源丰厚，感染力和震撼力强的独特景区。

革命圣地西柏坡

华北军区烈士陵园 位于石家庄市区内，是中国兴建较早，规模较大，造型艺术水平较高的烈士陵园之一。这里长眠着抗日战争时期，解放战争时期的无数革命先烈，伟大的国际主义战士白求恩、柯棣华也在其中。陵园自建成以来，受到老一辈无产阶级革命家的关怀和重视，毛泽东、刘少奇、朱德等中央领导曾亲临陵园，凭吊先烈。

【风景区】 **驼梁山** 位于石家庄市平山县境内西北部，距离石家庄市150千米，距离山西省五台山45千米，景区面积22平方千米，主峰海拔2281米，是河北省五大高峰之一。驼梁山集森林风光、草原风光、山岳风光为一体，自然生态呈现原始状态，以凉、静、野而闻名，是太行山中段生物多样性最丰富、最具代表性的典型区域。森林生态系统发育良好，从山谷到峰顶分布着白桦、松柏、枫树等树种及灌木草本植物，涉及102科、686个高等树种，植被覆盖率达98%。驼梁山是国家大型水库——岗南水库、黄壁庄水库和滹沱河的主要水源涵养地，也是阻挡来自西部高原风沙、寒流侵袭石家庄的重要生态屏障。2009年11月驼梁自然保护区晋升为国家级自然保护区。

天桂山 位于平山县境内，国家4A级景区。他既有雄秀交融的天然风光，又具有皇家园林的高贵气质和道家仙山的神秘色彩，是一个寻古探幽的绝佳去处。天桂山是北方珍贵的岩溶地貌区，形成了众多的天然溶洞等奇特景观，不仅风光绝佳，景色迷人，而且还是一处远近闻名的道教圣地，有“北武当”之称，至今还保存有许多道观。1997年为迎接香港回归祖国，在天桂山百丈危崖上镌刻的“归”字，高97米，宽49米，已载入吉尼斯世界纪录。名山巨字，珠联璧合，堪称天下奇观。

苍岩山 位于井陉县境内，国家级重点风景名胜区，国家4A级景区。他以“一奇、三绝、十六景、

天桂山

七十二景观”名扬海内外，素有“五岳奇秀一揽山，太行群峰唯苍岩”的盛名。1988年被评为国家级重点风景名胜区，1994年被国务院审定为中国历史文化名山。大自然的鬼斧神工使苍岩山中心地带形成了奇异的断崖绝壁及优越的生态环境，获得第73届奥斯卡最佳外语片奖的影片《卧虎藏龙》的部分外景就是在苍岩山拍摄。

仙台山　位于井陉县辛庄乡，距石家庄市50千米。仙台山主峰海拔1195米。山峰奇秀，俨然一尊大佛巍然屹立。树木繁多，自然景色优美，每至汛期，百泉汇合飞流直下，山光水影，宛如银河倒悬，仙朗凌空，故名仙台山。仙台山景观分上、中、下层，最下一层的仙台山牌坊，用太行山南麓独有的大红袍石料建成，风格别致，步石台阶经通天门，攀栏直上通天峡，过一崭，一步一景点，一石一奇观。有卧鹰岩、雀吸岩，如来讲经，蘑菇石，蝴蝶展翅石，青蛙望日等。东西北三面悬空。

清凉山　位于石家庄市矿区西部，距市区48.5千米。清凉山主要由下古生界灰岩构成，在大地构造上地处井陉县凹陷的西缘，在内外应力长期共同作用下形成温带喀斯特景观，经亿万年风雨侵蚀，使清凉山既有北方山峰雄伟壮观之势，亦有南方山川秀丽险峻之韵。因山势峻峭，古木苍翠，景色秀丽，山腰间多有天然溶洞，清泉常流，夏日置身于此，清风习习，心旷神情，实为避暑胜地，故名“清凉山”。

嶂石岩　国家级重点风景名胜区，国家4A级景区。以奇特、秀丽、多姿、壮观的自然风光著称。以嶂石岩山势造型命名的“嶂石岩地貌”，是和丹霞地貌、张家界地貌并称的国内三大砂岩旅游地貌之一。嶂石岩景区作为嶂石岩地貌的命名地，地貌类型最齐全，特征最突出，素有“百里赤壁，万丈红绫”之称，2003年被评为国家地质公园。景区内有国内最大的天然回音壁，弧形陡壁，高耸云天，其体量之大，回音效果之好，堪称一绝，已载入吉尼斯世界纪录。景区内许多山峰海拔高度都在千米以上，是观日出、赏云海的最佳地点。嶂石岩“佛光”也是不难见到的自然奇观。

五岳寨　位于石家庄市灵寿县西北部深山区，因五座山峰并列耸立，且有五岳之特点而得名。属河北省漫山自然保护区的一部分，总面积88平方千米。五岳寨于2004年被国家旅游局评定为AAAA级旅游区，2006年评定为河北省地质公园。景区内山高林密、繁花似锦、群山拱翠、云海波澜且气温湿润凉爽、空气清新，动植物及水资源极为丰富，大小瀑布数百个。海拔2000余米的亚高山草甸可让游人感受到“风吹草低见牛羊”的坝上草原境界。幽险的峰谷景观，浓厚的边塞区域特色，使景区成为集旅游观光、健身疗养、避暑度假、寻奇涉幽、登山探险、科学考察为一体的高品位、多功能自然风景区。

抱犊寨　位于鹿泉市境内距石家庄市区18千米，国家级4A景区。山寨的四面都是峭壁，山路曲折环复，山顶处却有600多亩的平坦土地。古代时农民要抱牛犊上山，养大后让其耕田，因此而得名。

封龙山　又名飞龙山，位于石家庄市区西南15千米，鹿泉市城南20千米。西倚太行山，东临平原，主峰海拔812米。封龙山自然风光秀丽，以沟深林茂，清泉碧溪，奇峰怪石为胜。封龙山历史文化璀璨，曾有五通汉碑、三大书院、四大禅林、三大石窟、两大道观。早在唐代《十道志》中就被列为河北名山，以封龙山历史文化而论，汉代李躬、唐代郭震、姚姚敬曾讲学于此山。五代以后，书院文化崛起，真定名士、文学家、史学家、政治家李　与学者张著在此创办学院。到北宋，见诸记载的河北书院仅有3处，全在封龙山中。元代著名学者、数学家李治在此著书讲学，时有著名文学家元好问、教育家张德辉在此讲学授业，人称“龙山三老”。古代名家在此培养出大批杰出人才，使封龙山成为河北古代教育胜地之一。

石家庄植物园 位于市区西部，占地5000多亩，园内种植各类植物达1100多种，建有科普教育与儿童游乐区，植物系统分类区，观赏植物品种展示区，植物进化展示带，水上游憩区，盆景园区，温室、宿根花卉展示区，拥有草木葱翠、鲜花烂漫的美景让人陶醉不已，还有丰富的文化内涵和科普知识。

天山海世界 国家4A级景区，位于市内裕华区，整个戏水大厅绿草如茵，椰林葱葱，众多的游乐设施，可提供多种娱乐方式，构成一座都市水上“迪斯尼”乐园。

另外风景区还有驼梁山、五岳寨、蟠龙湖、清凉山、仙台山、温塘度假区、东方巨龟苑等景点，其中驼梁山是著名的避暑胜地，黄河以北最为秀丽的自然风景区和最佳生态旅游地之一；五岳寨是国家4A级景区，国家森林公园，国家地质公园，森林覆盖率达98%，犹如一个巨大的天然氧吧。

五岳寨——七女峰

【古迹】 **古城正定** 距石家庄13千米，是国家级历史文化名城，历史上与保定、北京并称“北方三雄镇”，是河北中部的政治、经济和文化中心。城内汇集着唐、宋、元、明、清几代不同风格的古代建筑，被誉为“中国古代建筑博物馆”。境内现存国家级重点文物保护单位7处，省级重点文物保护单位5处，县级重点文物保护单位26处。驰名中外的隆兴寺是正定最著名的景点，位列全国十大名寺，是国家4A级景区。寺院中荟集了隋唐以来大量的建筑、壁画、雕塑等艺术珍品，其中有6处文物堪称“全国之最”。其中最著名的是铜铸千手观音，他举高21.3米，是世界古代铜铸佛像中最高大的一尊。除此之外，寺内有堪称宋代建筑孤例的摩尼殿，被鲁迅先生誉为东方美神的倒坐观音，有中国时代最早、体量最大的木制转轮藏，还有被推崇为隋碑第一的龙藏寺碑、设计巧妙的铜铸毗卢佛等珍贵遗存。古城内的临济寺是临济宗的发源地，在佛教界享有盛誉，临济宗在国内广为流传，还名扬海外，至今在日本、东南亚、美国都有大量临济宗信徒，每年春、夏之际，来自海内外的广大信徒都前来朝拜祖庭，盛况空前。正定不仅文物众多，而且也是名人的故乡和冠军的摇篮，家喻户晓的三国名将赵云赵子龙就是正定人，国家乒乓球训练基地建在正定，被称为“中国乒乓运动的福地”、“冠军的摇篮”。

安济桥 位于赵县境内，又称大石桥、赵州桥，是中国现存最早的敞肩式大型石拱桥，所谓敞肩就是大拱两端各有两个小拱，这种形式的采用使桥身看起来更加轻盈，造型更加精巧，同时也节省石料，减轻桥身重量，更为重要的是可以辅助渲泄洪水，减少水流阻力。在欧洲，这种桥梁直到19世纪才开始流行，晚于中国1200多年。安济桥开启了“敞肩拱桥”的先河，对中国乃至世界桥梁建筑产生了巨大而深远的影响，被公认为世界拱桥的鼻祖，在桥梁建筑史上占有极其重要的地位，被称为“天下第一桥”。

柏林寺 位于赵县县城南端。创建于东汉末年，唐代高僧玄奘法师赴西天取经前，曾在这里学习经文达一年多。20世纪80年代末，著名法师净慧任寺院主持，他含辛茹苦，广结善缘，恢复寺院，广传佛法，使柏林寺恢复了当年的勃勃生机，声名日益显赫。如今的柏林寺不仅是礼佛弘法的圣地，更成为与赵州桥联拱双璧的旅游佳境。

毗卢寺 位于石家庄市区。是全国重点文物保护单位，他以保存珍贵的明代宗教壁画而享誉中外，壁画的内容包涵佛、道、儒三教人物故事经画122组共500多身，线条流畅、色彩艳丽、服饰精美，是中国古代壁画艺术的瑰宝。

伏羲台 位于新乐市。是中华民族人文始祖——伏羲氏寓居的地方，距今已有六、七千年的历史，现已形成伏羲台、人祖庙等多处景观为主体的伏羲文化旅游区。

古中山国遗址 位于灵寿县境内。河北先秦四大古都之一，出土文物19000余件，数量之庞大，器具之精美令人叹为观止，这其中还创下了多项世界文化之最和中国文化之最，展示了2000多年前神秘的战国文化，是石家庄历史文化的重要组成部分，越来越受到世人的关注。

另外古迹还有井陉县境内的秦皇古驿道，是古代通往山西入长安的"国道"，历史上秦始皇东巡病故于沙丘，其遗体曾经从这条驿道送往咸阳。于家石头村是明朝大将于谦的故乡，已建成中国民族文化村，村内建筑全部采用太行山的石头为原材料，颇有地方特色。

（邹伟　马文会）

气　候

【概况】 2010年，石家庄市年平均气温较常年偏高0.4℃。四季中，冬、春两季偏低，4月下旬大部分县（市）出现有气象观测以来最晚的霜冻天气；夏、秋两季偏高，季内出现持续高温酷热和闷热天气。全市年平均降水量414.8毫米，较常年偏少69.6毫米（14.4%）。降水量时空分布不均：行唐降水最多为512.4毫米，其他县（市）少于500毫米；秋季降水正常，冬、春、夏三季降水普遍偏少，汛期推迟。全市年平均日照时数2237.4小时，四季均较常年偏少，全年合计偏少279.0小时。全年石家庄市主要经历了春季低温、大风沙尘、高温闷热、强对流和暴雨等灾害性天气，强降温和大雾时有出现。4月份出现罕见低温，成为近30年来最冷的4月份。5～7月降水明显偏少，并出现阶段性高温，尤其是7月份平均气温仅次于1997年，为1955年有气象记录以来第二高值。8～9月份降水较历史同期偏多，雨季姗姗来迟，但强降水较少，天气平稳。从10月26日至12月12日连续48天未出现降水，11～12月气温持续偏高，12月月平均气温仅次于1996年，同样为有气象记录以来第二高值。此外，全年大雾天气较少，创有气象记录以来最低值，11～12月风沙天气较多。气象灾害发生的频率和损失程度接近20世纪90年代以来的平均水平，但低于2009年的损失程度，属于"中等偏轻"年份。

【气温】 全市年平均气温偏高。2010年石家庄市年平均气温介于12.5～14.1℃之间，平均值为13.2℃，较常年偏高0.4℃，是1992年以来的第19个连续偏暖年。其中，石家庄市区年平均气温最高为14.1℃，行唐最低为12.5℃。与常年相比，除井陉、赞皇平均气温分别偏低0.2℃和0.1℃外，其余县（市）普遍偏高0.1～0.9℃，其中正定、石家庄、栾城

表1　2010年石家庄市月平均气温（℃）表

月　份	1月	2月	3月	4月	5月	6月	7月	8月	9月	10月	11月	12月
2010年值	−3.5	0.1	5.4	11.8	22.0	26.1	28.7	25.3	20.5	14.1	6.9	0.6
常年值	−3.2	−0.1	6.6	14.6	20.3	25.4	26.5	25.0	20.3	13.8	5.4	−1.0
距平	−0.3	+0.2	−1.3	−2.9	+1.7	+0.8	+2.2	+0.3	+0.2	+0.3	+1.5	+1.6

和无极为高值中心，平均偏高0.7～0.9℃。冬春两季气温偏低，夏秋两季气温偏高。冬春两季气温分别偏低0.2℃和0.8℃；其中3月和4月冷空气活动频繁，气温波动较大，月平均气温分别偏低1.3℃和2.9℃，4月13日和27日早晨大部分县（市）出现霜冻。夏、秋两季气温分别偏高1.1℃和0.7℃，其中7月、11月、12月气温显著偏高。前者与7月上旬炎热高温和下旬闷热高温相关，后者与11～12月降水偏少关系密切。冬季全市平均气温在-2.3～-0.5℃之间，比常年偏低0.2℃。东部地区略偏高，西部地区略偏低，中部地区与常年基本持平，其中新乐偏高最多为0.4℃，赞皇偏低最多为0.9℃。春季平均气温在12.5～13.9℃之间。与常年相比，普遍偏低，其中正定偏低最少为0.3℃，赞皇和井陉偏低最多为1.3℃。夏季平均气温在25.9～27.5℃之间，比常年偏高1.1℃，其中石家庄、正定分别偏高1.5℃和1.7℃。秋季平均气温在13.2～14.7℃之间，比常年偏高0.7℃，其中石家庄、新乐、晋州、正定和栾城偏高1.0～1.3℃。

【降水】 全市年降水量偏少，时空分布不均。全市年平均降水量为414.8毫米，比常年同期（484.4毫米）偏少1～2成。年降水量时空分布不均匀，行唐降水最多为512.4毫米，其他县（市）少于500毫米，其中无极、晋州、元氏和栾城雨量不足400毫米。与常年相比，行唐、新乐降水量偏多不足1成，其他县（市）普遍偏少，其中元氏、无极、平山、栾城和晋州偏少最多，为2～3成。秋季降水正常，冬春夏三季降水普遍偏少，汛期推迟。冬春夏三季降水普遍偏少，其中1月、5月和6月降水偏少5成以上，显著偏少；夏季6～7月降水偏少，8月降水偏多，汛期推迟；秋季正常略偏多，其中9月降水偏多6成，异常偏多，10～11月降水异常偏少，特别是10月26日～12月12日全市无降水。

表2　2010年石家庄市月降水量（毫米）表

月　份	1月	2月	3月	4月	5月	6月	7月	8月	9月	10月	11月	12月
2010年值	0.7	8.7	13.8	16.2	15.8	16.9	84.6	169.5	77.3	9.5	0	1.7
常年值	2.9	6.4	10.6	17.4	34.2	56.0	137.5	131.2	47.8	25.1	11.5	3.8
距平	-75.1	+36.2	+30.7	-7.0	-53.8	-69.8	-38.5	+29.2	+62.0	-62.1	-100	-54.0

冬季　全市降水量在6.3～16.7毫米，高邑最多，新乐最少，全区平均为9.6毫米，较常年偏少2～3成。与常年相比，除高邑和井陉两站偏多1～2成外，其他县（市）普遍偏少1～5成。

春季　全市降水量在31.8～64.4毫米，正定最多，晋州最少，全区平均为45.8毫米，较常年偏少2～3成。与常年相比，除行唐、新乐、正定略偏多外，其他县（市）普遍偏少1～5成。

夏季　全市降水量在195.6～339.7毫米，辛集最多，无极最少，全区平均为270.9毫米，较常年偏少1～2成。与常年相比，除辛集、赵县、深泽略偏多外，其他县（市）普遍偏少1～3成。暴雨日数与常年持平。

秋季　全市降水量在54.0～126.9毫米，行唐最多，深泽最少，全区平均为86.9毫米，与常年同期基本持平。市区、栾城及西北部山区较常年偏多，其中行唐偏多5成（最多），其他县（市）偏少1～3成。

【日照】　全市年日照时数比常年偏少。全市年平均日照时数为2516.4小时，比常年偏少279.0小时。各县（市）日照时数分布不均，其中深泽日照时数最多为2396.7小时，井陉最少为1799.4

表 3　　2010 年石家庄季日照时数（小时）表

季　节	冬季	春季	夏季	秋季	年
2010 年值	421.3	643.6	580.4	542.7	2237.4
常年值	535.6	722.1	671.7	587.1	2516.4
距　平	−114.3	−78.4	−91.3	−44.4	−279.0

小时。与常年相比，除元氏较常年偏多 56 小时外，其他县（市）普遍偏少，其中石家庄、正定偏少不足 100 小时，平山、行唐和藁城偏少 400 小时以上，西部的井陉较常年偏少 833.3 小时。

冬季　全市日照时数在 342 ~ 462 小时，深泽最多，井陉最少。与常年相比，普遍偏少 71 ~ 227 小时。

春季　全市日照时数在 519.7 ~ 685.8 小时，正定最多，井陉最少。与常年相比，除元氏略偏多外，其他县（市）普遍偏少 24 ~ 138 小时。

夏季　全市日照时数在 425.5 ~ 655.1 小时，平均比常年偏少 91.3 小时，石家庄最多，井陉最少。与常年相比，除石家庄和元氏略偏多外，其他县（市）普遍偏少 24.8 ~ 269.3 小时，其中西部山区和东部的辛集、藁城偏少 100 小时以上。

秋季　全市季平均日照时数为 542.7 小时，较常年偏少 44.4 小时。其中 9、10 月较常年略偏少，11 月略偏多。

【主要天气气候事件及影响评价】

2010 年石家庄市虽未出现明显的气象灾害，但大风沙尘、高温与闷热、强对流、暴雨、大雾和寒潮降温等灾害性和极端天气还是给人们生活和社会经济带来一定的影响和损失。

大风沙尘　受冷空气影响，3 月 20 日，除高邑外的 16 个县（市）全部出现大风天气，赞皇瞬时风力达到 26m/s，市区、灵寿和赞皇出现扬沙；3 月 22 日市区和无极出现浮尘，井陉、平山出现扬沙；4 月 26 日下午，市区、平山、井陉、深泽、新乐、赵县、晋州、藁城、赞皇、栾城、高邑和辛集 12 个县（市）出现大风，其中高邑和赞皇瞬时最大风速分别达 25 米 / 秒和 26.4 米 / 秒，为入春以来最大风，晋州、高邑出现扬沙；27 日赞皇和井陉再次出现大风。据有关部门不完全统计，全市高邑县、平山县、栾城县、赞皇县、元氏县、裕华区等 6 个县（市）、区遭受大风降温和低温冻害相对较重。全市因灾造成直接经济损失 5897.6 万元，大风刮落物砸死 1 人，轻伤 4 人。

高温酷热、闷热　2010 年 6 月下旬至 7 月上旬，石家庄市出现阶段性炎热高温，7 月下旬出现持续闷热高温天气，尤其是 7 月 31 日闷热指数达到 9.3，突破

2010 年 6 月 1 日 ~ 7 月 31 日石家庄市逐日最高气温

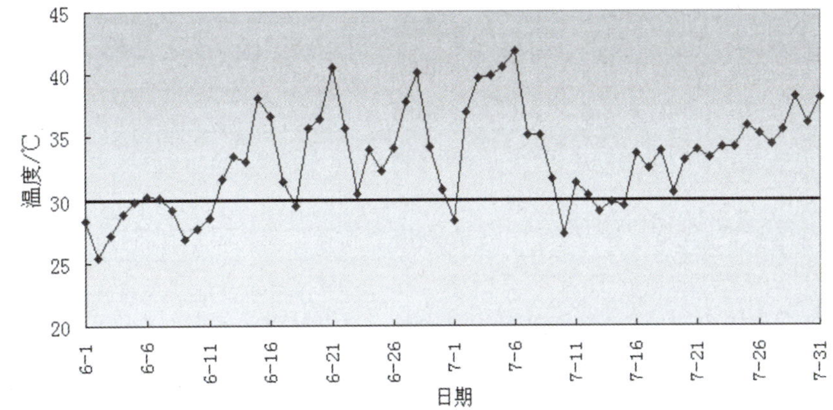

石家庄建站以来的最高纪录。受干暖气团影响，6月下旬至7月上旬，石家庄市出现阶段性炎热高温天气。其中6月15～16日、21日和27～28日出现大范围超过37℃的高温天气，21日全区最高气温均升至39℃以上，市区等12个县（市）超过40℃，其中无极、赵县和栾城达41℃；28日石家庄、赞皇和栾城3个县（市）最高气温也超过40℃。7月2～6日，石家庄出现大范围38～41℃的高温天气，市区最高气温分别为37.0℃、39.7℃、39.9℃、40.5℃和41.8℃。6日除井陉、平山和晋州以外的县（市）最高气温均超过40℃。受副热带暖高压影响，7月20～31日石家庄出现持续的高温闷热天气，最高气温维持在33℃以上，特别是29日、31日达到38℃以上，最小相对湿度维持在40%以上，人体感觉闷热难受。据石家庄市卫生局公告，31日井陉、平山出现3例中暑死亡事件；《河北青年报》报道31日石家庄市区亦有一男子中暑死亡。

强对流 6月16日18时30分～23时20分，平山县6个乡镇遭雷雨袭击，阵风8级，雨量达到28.8毫米，冰雹持续时间约30分钟，部分地区冰雹厚度超过10厘米。全县受灾人口约1.5万人。据统计，全县受灾作物面积约533.3公顷，成灾面积333.3公顷，造成直接经济损失301万元；7月10日21时30分左右，行唐县出现雷雨大风天气，最大风速19米/秒，个别地点出现短时暴雨，农作物受灾面积6.2万亩，成灾面积2.5

1955～2010年4月份石家庄市气温

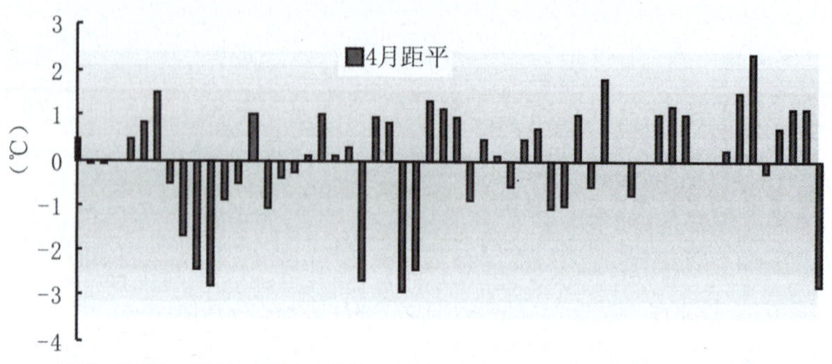

万亩，直接经济损失1243万元；8月6日0时左右新乐出现短时强降水，小时雨量达30毫米，总降水量38毫米。强烈降雨致使一座地道桥出现积水，一女管库员在去单位库房查看防雨时，途经地道桥溺水身亡。8月30日18时～31日08时，平山县宅北乡、三汲乡、杨家桥乡、北冶乡、东王坡乡等乡镇出现冰雹天气，冰雹直径0.5～1.0厘米，冰雹持续约40分钟，阵风8级以上，最大降雨量41.6毫米，受灾人口约57000人，造成直接经济损失1040万元。

夏季暴雨 7月9日下午到夜间石家庄出现分布不均的雷阵雨天气，市区和元氏、赞皇、灵寿、行唐、新乐的个别乡镇雨量超过50毫米，其中元氏的北褚雨量最大为101.8毫米，市区为44.4毫米；7月31日下午到夜间受冷空气和切变线影响，出现分布不均的雷阵雨，强降水主要分布在东部，深泽、赵县、辛集、藁城降雨量分别为87.8、73.7、51.3和50.9毫米，赵县的南柏舍乡雨量最大为105.0毫米。井陉、赞皇、新乐和深泽还出现短时大风。据媒体报道，受短时强降水影响，石家庄市多座地道桥排水不畅，在裕华路和体育大街交叉口桥下造成两名人员溺水死亡；8月4日出现分布不均匀的雷阵雨，东部、南部的部分乡镇降大雨，高邑城区、赞皇的土门、辛集的和睦井降雨量超过50毫米，其中辛集的和睦井最大为60.1毫米；8月10日夜间～11日夜间石家庄出现入汛以来最强降水。强降水集中出现在石家庄的中北部，平山、正定、灵寿、行唐、新乐、藁城、无极和深泽的部分乡镇雨量超过50毫米，其中灵寿的五岳寨、南营以及行唐的花沟达大暴雨，雨量分别为118.6、123.0、112.8毫米；8月18～21日受冷空气和切变线影响，出现本年度最强一次降水。强降水时段出现在18日白天到夜间，其中元氏、栾城、新乐、正定和井陉为中到大雨，其他县（市）为大到暴雨。高邑、赵县和辛集过程雨量超过100毫米，分别为106.3、118.6和114.2毫米，市区为68.4毫米。

强降温 春季3～4月平均气

温较常年明显偏低，尤其是4月偏低2.9℃，为1980年以来最低的一年。从气象学角度看（连续5天日平均气温高于10℃），2010年入春时间比往年推迟10多天。4月27日早晨各县市最低气温降至0.2～5.9℃，石家庄市区、高邑、灵寿、深泽、行唐、无极、新乐、平山、井陉、藁城、赵县、辛集和晋州13个县（市）出现霜冻，全部晚于终霜冻的平均日期（市区终霜冻平均日期为4月7日，县（市）晚于市区，赵县最晚为4月17日），其中石家庄市区为1955年建站以来春季霜冻出现最晚的一年。

干旱 10月26日～12月12日，全市连续48天均无降水出现。12月13～14日和23日，石家庄出现两次小雪天气过程，平均降水量为1.7毫米，比常年同期明显偏少。同时气温持续偏高，比常年同期偏高1.5℃。由于降水偏少，气温偏高，全市干旱持续发展。

大雾 2010年，石家庄市共出现4次明显大雾天气过程，大雾次数较历年偏少，创有气象记录以来最低值。3月31日9个县（市）出现大雾；5月5日8个县（市）出现大雾；9月26～27日，全市11个县（市）连续2天出现大雾天气，部分地区最小能见度不足100米。受大雾天气影响，公路部分地段交通受阻，多条高速公路部分路段因雾短时封闭；12月1日白天到夜间出现大雾天气，受此影响，石家庄机场能见度不足200米，航班出现大面积延误或取消。据机场有关部门统计，截至1日17时，飞往上海、深圳、广州、杭州、海口、三亚等地41个航班被取消，10个航班延误。

表4　2010年石家庄市主要气象要素表

要素	月份	1月	2月	3月	4月	5月	6月	7月	8月	9月	10月	11月	12月	年
降水量（毫米）	累积值	1.2	12.0	16.1	15.7	19.3	15.7	75.8	155.3	109.6	10.4	/	1.8	432.9
	距平	-2.7	4.6	4.8	-2.1	-17.6	-41.0	-65.3	7.0	61.5	-16.9	-13.2	-3.3	-84.2
气温（℃）	平均值	-2.6	1.0	6.3	12.4	23.2	27.0	29.4	26.0	21.1	14.7	7.5	1.9	14.0
	距平	-0.4	0.2	-1.0	-2.9	2.3	1.3	2.6	0.6	-0.4	0.6	1.6	2.0	0.6
雨（雪）日	累积值	1	4	8	7	5	5	6	16	9	5	/	3	69
相对湿度	平均值	45	58	50	49	45	57	66	72	74	62	47	35	55
日照（小时）	累积值	147.1	104.3	162.1	212.8	294.1	266.1	193.6	195.4	177.6	173.4	235.0	216.2	2377.7
气压（百帕）	平均值	1017.7	1013.6	1012.1	1007.9	998.7	997.9	994.8	999.3	1005.1	1011.8	1011.7	1011.0	1006.8
极大风速（米/秒）	风向	WNW	W	W	NW	WNW	NE	N	ESE	NE	WNW	W	W	W
	风速	13.2	10.8	20.1	18.9	13.6	13.0	13.5	9.7	8.1	11.9	18.8	15.6	20.1

备注：距平值为2010年的值与1971－2000年30年的平均值之差。“/”表示无降水。

石家庄市气象局

局　长：张秉祥

副局长：郭彦波　连志鸾

（王丽荣　刘建平）

国民经济和社会发展

【概况】 2010年，市委、市政府团结带领全市人民，以加快转变经济发展方式为主线，以保持经济平稳较快增长为核心，以“三年大变样”工作为重点，着力于保增长、调结构、促改革、惠民生，全力以赴抓推进、抓落实，全年经济运行呈现出平稳较快发展的良好态势，各项社会事业取得新的进步。

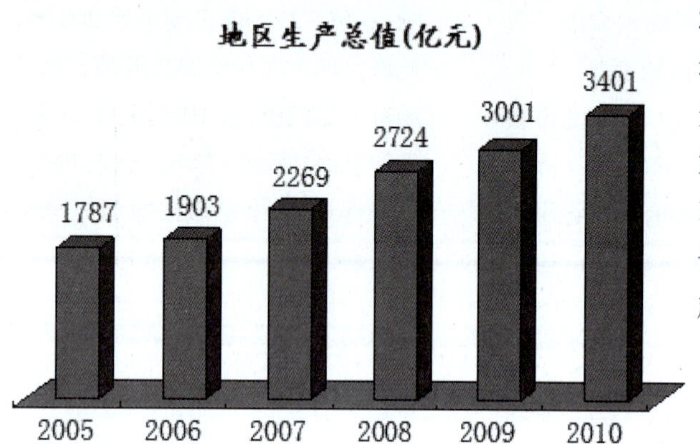

经济平稳较快发展。2010年全市实现生产总值3401.0亿元，比上年增长12.2%。其中，第一产业增加值369.6亿元，增长2.7%；第二产业增加值1653.8亿元，增长13.1%；第三产业增加值1377.6亿元，增长13.1%。三次产业结构比例为10.9∶48.6∶40.5。

物价总水平呈上涨态势。全年市区居民消费价格指数比上年上涨3.0%，其中食品价格上涨5.4%。全年全市工业品出厂价格指数比上年上涨8.03%，原材料、燃料、动力购进价格指数比上年上涨10.74%。2009年，全市继续加大对中小企业的扶持力度，全市民营民营经济快速发展。全年民营

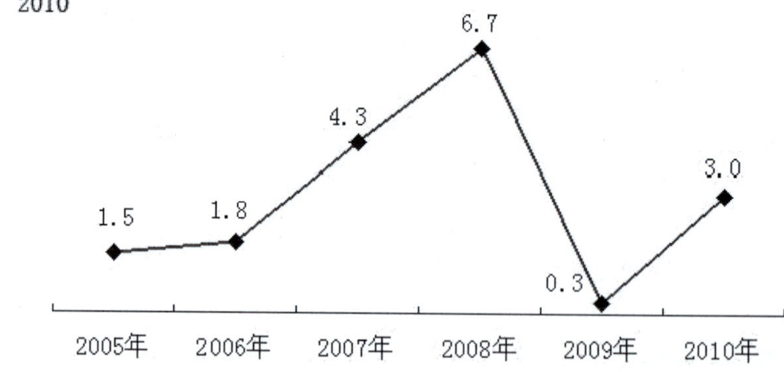

表5 2010石家庄市各类价格指数（以上年同期为100）表

指　　标	全　市	市　区
居民消费价格总指数		103.0
食品		105.4
烟酒及用品		100.1
衣着		102.9
家庭设备用品及维修服务		99.3
医疗保健和个人用品		104.2
交通和通信		99.1
娱乐教育文化用品及服务		100.5
居住		104.9
工业品出厂价格指数	108.0	
原材料、燃料、动力购进价格指数	110.7	

经济实现增加值1947.8亿元，比上年增长14.2%，占全市GDP的比重为57.3%；民营经济上缴税金176.8亿元，占全市全部财政收入的比重为45.6%。

【农业】 农村经济平稳增长。全市农林牧渔业总产值651.6亿元，比上年增长3.1%，其中农业产值358.8亿元，增长1.4%，畜牧业产值259.7亿元，增长5.0%。农林牧渔业增加值369.6亿元，比上年增长2.7%。

全年粮食播种面积77.26万公顷，比上年增加1.7万公顷，增长2.14%；粮食总产量507.9万吨，增长2.01%。因受雪灾、春季气温低等不良气候条件的影响，小麦总产235.3万吨，下降5.06%；玉米总产249.3万吨，增长9.83%。主要农产品产量如下：

农业生产条件不断完善、提高。年末全市农用机械总动力为1959.73万千瓦，比上年增长1.43%。农用运输车47.67万辆，增长3.24%；大中型拖拉机2.53万台，增长7.83%。当年机耕面积53.45万公顷，增长1.38%；机播

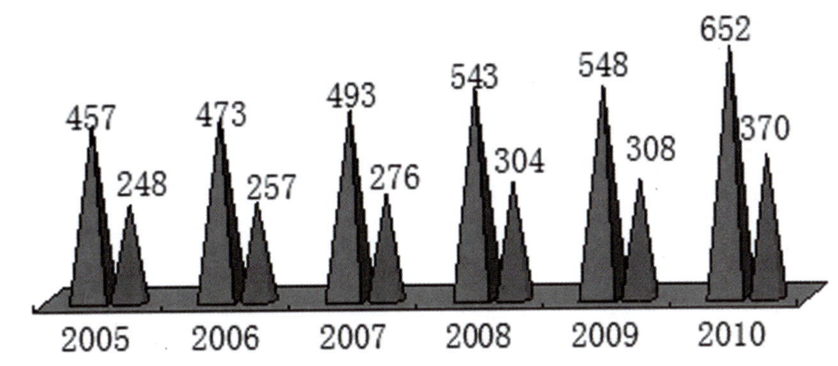

表6　2010年石家庄市主要农产品产量表

产品名称	产量（万吨）	比上年 ±%
粮食	507.9	2.01
油料	21.3	2.39
棉花	1.4	−3.50
蔬菜	1200.2	3.07
水果	210.7	−5.56
肉类总产量	74.8	4.88
其中：猪肉	42.8	6.04
禽蛋	103.9	4.50
奶类	113.7	6.74
水产品总产量	3.4	−0.66

表 7　2010 年石家庄市规模以上工业企业主要工业产品产量表

产品名称	产量	比上年 ±%
原油加工量	420.1 万吨	18.18
原煤	122.4 万吨	95.71
焦炭	285.1 万吨	29.04
发电量	384.0 亿千瓦时	13.06
合成氨	129.3 万吨	−3.4
水泥	4798.9 万吨	28.78
生铁	747.1 万吨	−8.70
钢材	856.2 万吨	21.13
机制纸及纸板	82.9 万吨	5.05
化学药品原药	17.0 万吨	−1.62
服装	1.5 亿件	29.84
纱	49.2 万吨	36.78
棉布	32.5 亿米	50.13
乳制品	53.6 万吨	21.82
卷烟	232.5 万吨	4.50
交流电动机	440.0 万千瓦	48.6
泵	1.1 万台	20.7
人造板	630.5 万立方米	22.60

面积 66.46 万公顷，增长 1.13%；机收面积 46.86 万公顷，增长 11.79%。农村用电量 71.35 亿千瓦时，增长 10.12%。农用化肥施用量（折纯）48.35 万吨，增长 0.99%。

【工业和建筑业】 工业生产运行良好。全市规模以上工业企业 2576 个，实现工业增加值 1340.1 亿元，比上年增长 16.5%。分轻重工业看，轻工业实现增加值 651.6 亿元，增长 16.8%，重工业实现增加值 688.5 亿元，增长 16.2%。分主要行业看，装备制造业实现增加值 197.6 亿元，增长 20.3%，医药工业实现增加值 104.4 亿元，增长 18.0%；纺织服装业实现增加值 277.7 亿元，增长 17.3%；钢铁工业实现增加值 127.9 亿元，增长 15.2%；食品工业实现增加值 151.7 亿元，增长 11.3%；石化工业实现增加值 163.5 亿元，增长 10.6%；建材工业实现增加值 107.6 亿元，增长 10.2%。

工业效益大幅提高。规模以上工业企业实现总产值 5655.3 亿元，比上年增长 26.7%；实现利税 634.9 亿元，增长 32.9%；其中利润 413.0 亿元，增长 40.7%。

年末资质等级以上建筑企业 271 个，全年完成建筑业总产值 558.6 亿元，比上年增长 22.0%，其中建筑竣工工程产值 273.3 亿

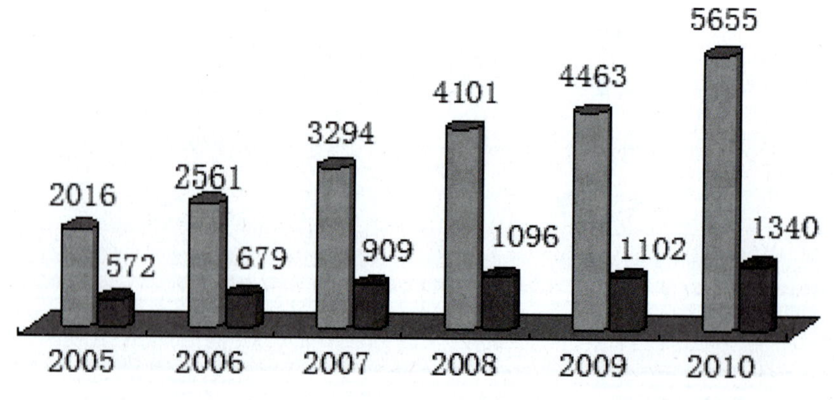

元，增长12.7%。

【固定资产投资】 固定资产投资较快增长。2010年全社会固定资产投资2958.0亿元，比上年增长21.4%，其中城镇固定资产投资2696.8亿元，增长21.0%。

在城镇投资中，第一产业投资61.6亿元，比上年增长21.1%，第二产业投资1048.0亿元，增长15.3%，第三产业投资1587.2亿元，增长25.1%。

建设项目投资完成2158.8亿元，比上年增长16.4%；新增固定资产1555.1亿元，增长11.9%；施工项目个数7443个，其中新开工项目6246个。房地产开发完成投资538.0亿元，比上年增长43.9%，施工面积4237.7万平方米，增长84.9%；竣工面积499.1万平方米，增长71.2%。

规模以上工业利税和利润(亿元)

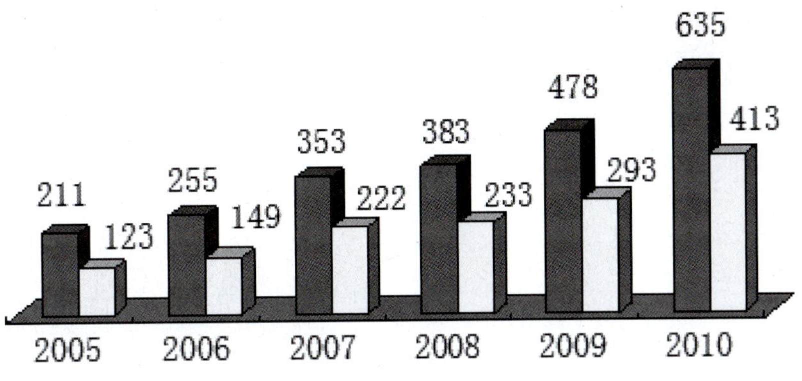

全社会固定资产投资和城镇固定资产投资(亿元)

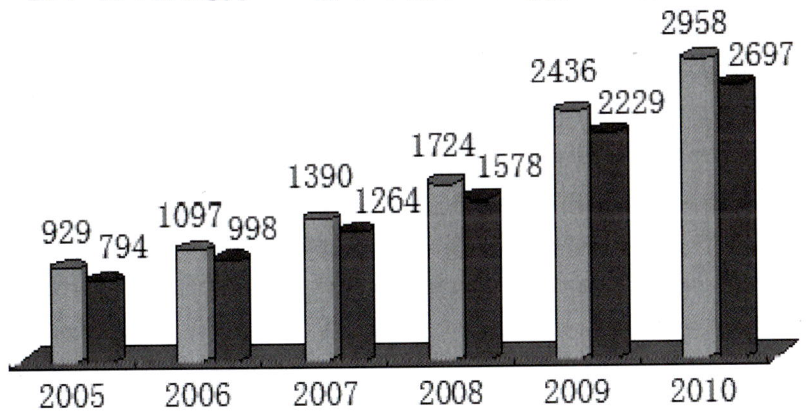

社会消费品零售总额(亿元)

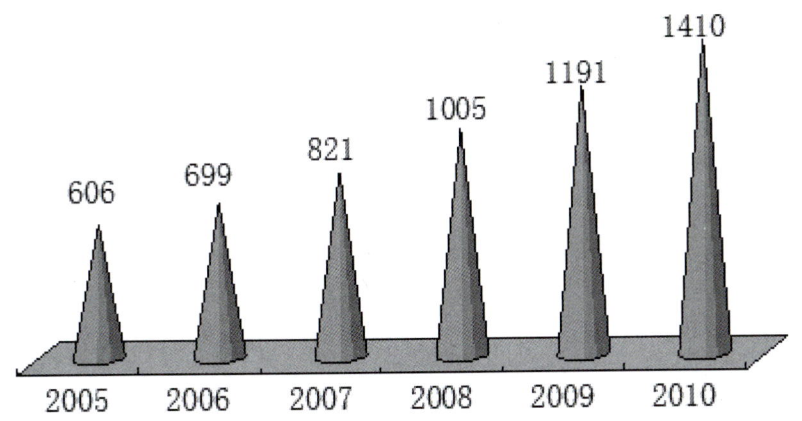

【国内贸易】 消费品市场稳步增长。全市实现社会消费品零售总额1409.9亿元，比上年增长18.4%。分区域看，市区消费品零售额完成1092.7亿元，增长19.0%；县(市)区消费品零售额完成317.2亿元，增长16.4%。分行业看，批发零售业实现零售额1261.9亿元，增长18.3%；住宿餐饮业实现零售额148.0亿元，增长19.5%。分类别看，限额以上批发零售贸易企业实现商品零售额362.5亿元，比上年增长25.4%。其中，汽车类实现零售额90.0亿元，增长28.9%；服装鞋帽针纺织品类实现零售额61.0亿元，增长28.6%；

石油及制品类实现零售额43.8亿元，增长28.4%；家用电器及音像器材类实现零售额43.3亿元，增长31.4%；粮油、食品饮料烟酒类实现零售额40.5亿元，增长21.0%；金银珠宝类实现零售额12.4亿元，增长30.0%；日用品类实现零售额11.1亿元，增长24.1%。

全市商品交易市场714个，其中消费品市场660个，生产资料市场54个，全年商品交易市场成交额达1659.9亿元，比上年增长2.7%。

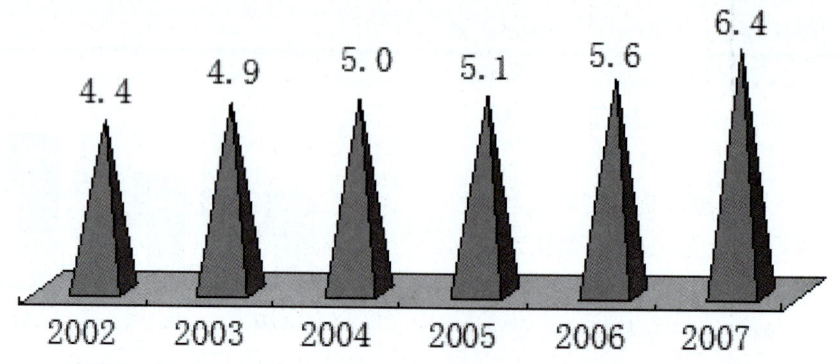

【对外开放和旅游】 进出口快速增长。据石家庄海关统计，进出口总值首次突破百亿美元大关，全年实现109.7亿美元，比上年增长99.3%。其中进口总值实现51.8亿美元，增长3.3倍；出口总值实现57.9亿美元，增长34.6%。在出口中，私营企业出口32.4亿美元，比上年增长43.3%，占出口总值的比重为56.0%；外商投资企业出口14.0亿美元，增长5.1%；国有企业出口9.2亿美元，增长62.0%。

实际利用外资保持增长态势。全市实际利用外资6.4亿美元，比上年增长12.9%，其中外商直接投资2.4亿美元。年内新批准设立外商投资企业32个，新增合同总金额6.4亿美元，合同外资额2.4亿美元。

旅游业得到发展。全年共接待入境游客人数11.73万人次，其中外国人9.98万人次。国际旅游创汇收入4384万美元，比上年增长9.6%；全年接待国内游客人数2350.5万人次，国内旅游收入129.4亿元。全年实现旅游总收入132.3亿元，比上年增长31.4%。

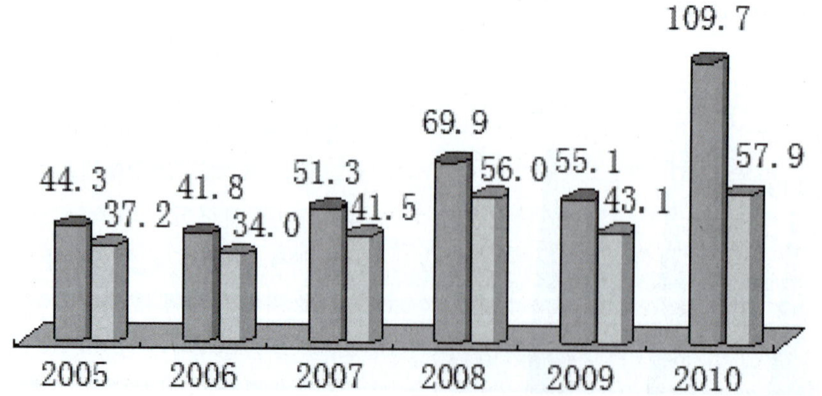

【财政和金融】 财政收入快速增长。2010年全市全部财政收入387.9亿元，比上年增长25.04%，其中一般预算收入163.6亿元，增长29.91%。在全部税收中，营业税57.0亿元，增长33.32%；企业所得税12.5亿元，增长18.34%；个人所得税7.1亿元，增长17.83%。全市一般预算支出305.2亿元，增长26.67%，其中环境保护支出8.7亿元，增长9.32%；医疗卫生支出27.3亿元，增长32.1%；教育支出70.0亿元，增长14.29%；农林水事务支出24.7

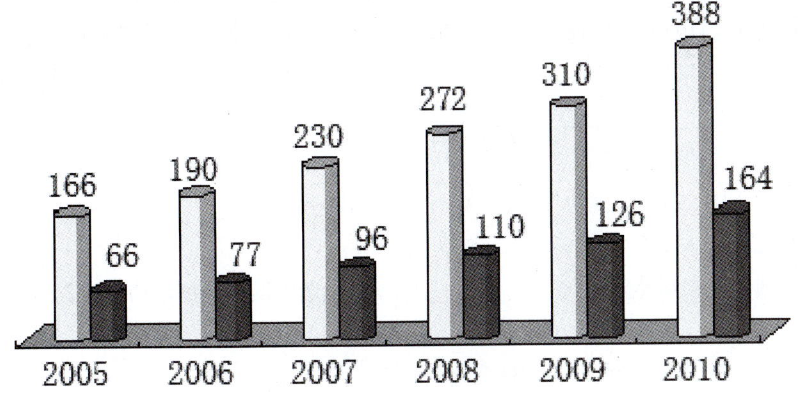

亿元，增长9.26%；社会保障和就业支出23.1亿元，增长11.76%。

金融机构存贷款余额较快增长。年末全市金融机构本币存款余额6115.5亿元，比年初增加954.4亿元，比年初增长18.5%；其中储蓄存款余额2920.4亿元，比年初增加353.0亿元，比年初增长13.7%。金融机构本币贷款余额3272.1亿元，比年初增加385.5亿元，比年初增长13.4%。

【科学技术和教育】 全年取得科技成果276项，其中达到国际领先水平6项，达到国际先进水平46项。全年申请专利3305项，授权2299项，分别增长28.1%和45.8%。全市共有普通高等学校41个，招生11.1万人，在校生35.7万人，毕业生9.6万人；中等职业教育学校166所，招生9.1万人，在校生26.2万人，毕业生8.2万人；技工学校40个，招生1.1万人，在校生2.6万人，毕业生1.1万人；普通中学437所，招生17.1万人，在校生52.5万人，毕业生20.2万人；小学1750所，招生12.6万人，在校生67.2万人，毕业生9.8万人。全市幼儿园698所，在园人数19.1万人。

【文化、卫生和体育】 年末共有艺术表演团体26个，艺术表演场所20个，文化馆、群艺馆25个，公共图书馆26个。广播综合覆盖率99.4%，电视综合覆盖率99.4%。全市共有医疗卫生机构（含诊所）2414个，比上年增加71个，其中医院174个。疾病预防控制中心(防疫站）25个，妇幼保健院（所、站）25个。年末卫生机构实有床位4.4万张，比上年增长17.82%；拥有卫生技术人员4.7万人，比上年增长9.3%。全市举办、承办市级以上运动会28项，参加运动会的运动员4400人次；全市选手在省级以上比赛中共获得金牌196枚，银牌147枚，铜牌136枚。

【城市建设和环境保护】 在“三年大变样”工作推动下，城市建设取得明显成效。年末城市道路总长度1475.2千米,比上年增加159千米；道路面积4146.8万平方米，比上年增加334万平方米；排水管道长度达2074千米，比上年增加213千米。全市有水厂9座，日产水能力67.6万立方米，年供水量2.76亿立方米。城市公用事业快速发展。年内天然气新增用户19.95万户，总用户达61.3万户。供热管道总长度858千米，比上年增加148千米，城市集中供热面积达8031万平方米，比上年增加了1283万平方米。城市公共汽车营运线路达166条，比上年增加31条；营运车辆3160辆，比上年增加151辆；年客运总量5.13亿人次，比上年增长21.6%。环境质量取得新突破。市区优良天气达319天，比上年增加2天。年末全市有环境监测站24个，城市水环境功能区水质达标率达到100%，全市工业二氧化硫排放达标率99.3%，全市工业烟尘排放达标率100%，全市工业企业废水排放达标率99.3%，全市工业固体废物处置利用率97.7%。城市市容市貌继续改善。年末城市公园41个，公园面积1112公顷；城市园林绿地面积8862公顷，园林绿化覆盖面积9762公顷，分别增加635公顷和842公顷；人均公共绿地面积14.4平方米，比上年增加2.9平方米。

【人民生活和社会保障】 城乡居民收入稳定增长。全市城市居民人均可支配收入18290元，比上年增长10.13%，农民人均纯收入为6577元，增长10.04%；城市居民人均消费支出10568元，增长4.86%，农村居民人均生活消费支出3956.3元，增长14.86%。居民生活质量明显提高，家庭耐用品拥有量继续增加。居民住户抽样调查显示，2010年末，市区居民家庭每百户拥有家用汽车11辆，彩电120台，洗衣机97台，空调136台，电冰箱、冰柜102台，家用电脑77台，移动电话180部；农村居民百户拥有彩电118台，洗衣机88台，空调35台，电冰箱55台，电脑15台，移动电话134部，电动自行车52辆。居住环境进一步改善。抽样调查数据显示，城市居民人均建筑面积为29.4平方米；农民人均住房面积40.0平方米。社会保障体系进一步加强。年末全市各类企业在职职工及个体工商户共有102.2万人参加基本养老保险，29.9万名离退休人员参加基本养老保险社会统筹。年末全市机关事业单位共有18.7万人参加基本养老保险，4万名离退休人员参加基本养老保险社会统筹。城镇职工失业保险参保人数达89.6万人。全市127万人参加了职工医疗保险。年末全市共有57628人享受城镇居民最低生活保障。

【"十一五"期间主要发展指标变化】 2010年是第十一个五年规划最末一年。五年中，石家庄市各项建设事业发生了巨大变化，主要表现在：（一）全社会固定资产投资增幅较大，由2005年的929亿元提高到2010年的2958亿元，2010年与2005年相比，增长218.41%。（二）规模以上工业利税、利润大幅增长，分别由2005年的211.3亿元、122.8亿元增长为2010年的659.8亿元、427.1亿元，2010年与2005年相比，分别增长212.26%、247.80%。（三）清洁高效能源广泛利用，市区天然气用户由2005年的1.6 万户增加到2010年的61.3万户，2010年与2005年相比，户数增加37倍。同时，从石家庄市2010年和2005年发展指标比较看，文化娱乐设施、居住条件发展较为缓慢。

【当选中国最具创新力城市】 2011年1月9日，在北京人民大会堂举行的"2010中国经济发展论坛"上，石家庄、深圳、大连等十大城市当选为"2010中国最具创新力城市"，标志石家庄市创新力迈入国内城市先进行列。全国人大常委会副委员长陈昌智为"2010中国最具创新力城市"颁奖，市长艾文礼代表石家庄上台领奖并讲话。中国生产力学会副会长、原国家粮食储备局局长高铁生，中国企业联合会、中国企业家协会执行副会长尹援平等领导出席论坛。此次论坛由新华社《经济参考报》社和商务部中国国际经济技术交流中心共同主办。"2010中国最具创新力城市"评选采取申报材料与专家评审相结合、抽样问卷调查和网络投票相结合的方式进行，主要考察城市创新举措、创新资源、创新机制、创新环境等方面，强调城市创新能力与水平。石家庄市入选理由为：石家庄市以建设创新型城市和知识产权示范城市为目标，加快重点领域和关键环节的创新工作，构建现代创新体系。并以主导产业为牵引，以优势产业为龙头，通过实施六大产业创新调整振兴计划，以创新推动力促进经济发展，并率先开启利用创新构建现代

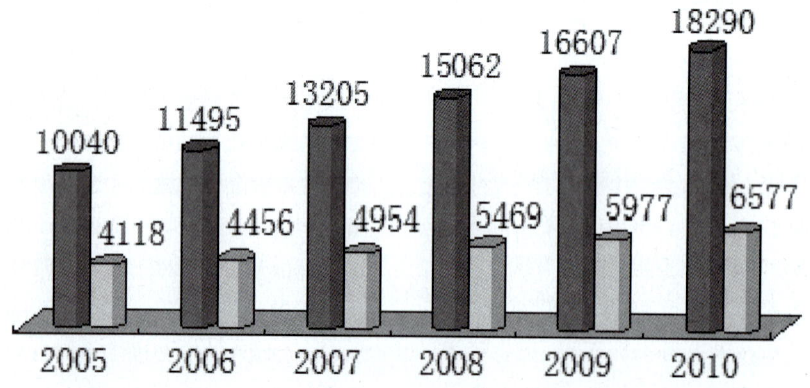

表 8　“十一五”期间石家庄市主要发展指标变化一览表

序　号	内　容	2005 年	2010 年	2010 年比 2005 年（±%）
1	生产总值	1787 亿元	3401 亿元	90.32
2	人均生产总值	19271 元	33915 元	75.99
3	总人口	927.3 万人	989.16 万人	6.67
4	人口出生率	12.55‰	12.78‰	—
5	人口死亡率	5.28‰	6.05‰	—
6	在职职工及个体工商户参加基本养老保险	67.2 万人	102.2 万人	52.08
7	参加职工医疗保险	96.4 万人	127 万人	31.74
8	城镇职工失业保险参保	85.3 万人	89.6 万人	5.04
9	享受城镇居民最低生活保障	74470 人	57628 人	22.62
10	民营经济实现增加值	1011 亿元	1943.6 亿元	92.25
11	民营经济上缴税金	70.6 亿元	176.8 亿元	150.42
12	农林牧渔业总产值	457 亿元	651.6 亿元	42.58
13	农业产值	204 亿元	358.8 亿元	75.88
14	畜牧业产值	231 亿元	259.7 亿元	12.42
15	粮食总产量	482.4 万吨	507.9 万吨	5.29
16	农用机械总动力	1803.9 万千瓦	1959.7 万千瓦	8.64
17	规模以上工业增加值	571.6 亿元	1340.1 亿元	134.45
18	规模以上工业利税	211.3 亿元	634.9 亿元	200.47
19	规模以上工业利润	122.8 亿元	413.0 亿元	236.32
20	建筑业总产值	195 亿元	558.6 亿元	186.46
21	全社会固定资产投资	929 亿元	2958 亿元	218.41
22	城镇固定资产投资	794 亿元	2696.8 亿元	239.65
23	社会消费品零售总额	606.2 亿元	1409.9 亿元	132.58
24	商品交易市场	684 个	714 个	4.39
25	进出口总值	44.3 亿美元	109.7 亿美元	147.63
26	出口总值	37.2 亿美元	57.9 亿美元	55.65
27	实际利用外资	4.4 亿美元	6.4 亿美元	45.45
28	旅游总收入	73 亿元	132.3 亿元	81.23
29	财政收入	165.6 亿元	387.9 亿元	134.24
30	一般预算收入	65.9 亿元	163.6 亿元	148.25
31	金融机构本币存款余额	2574 亿元	6115.5 亿元	137.59
32	储蓄存款余额	1355 亿元	2920.4 亿元	115.53
33	金融机构本币贷款余额	1561 亿元	3272.1 亿元	109.62
34	科技成果	210 项	276 项	31.43
35	科技成果达到国际领先水平	2 项	6 项	200

（续表）

序　号	内　　容	2005 年	2010 年	2010 年比 2005 年（±%）
36	科技成果达到国际先进水平	35 项	46 项	31.43
37	申请专利	1458 项	3305 项	126.68
38	授权专利	856 项	2299 项	168.57
39	普通中学	660 所	437 所	－33.79
40	中等职业学校	145 所	166 所	14.48
41	小学	2688 所	1750 所	－34.90
42	幼儿园	621 所	698 所	12.40
43	艺术表演团体	19 个	26 个	36.84
44	艺术表演场所	19 个	20 个	5.26
45	文化馆、群艺馆	24 个	25 个	4.17
46	公共图书馆	21 个	26 个	23.81
47	医疗卫生机构（含诊所）	1611 个	2414 个	49.84
48	医院	117 个	174 个	48.72
49	卫生机构床位	2.53 万张	4.36 万张	72.33
50	医院床位	1.93 万张	3.0 万张	55.44
51	卫生技术人员	3.37 万人	4.71 万人	39.76
52	执业医师	1.31 万人	1.8 万人	37.40
53	城市道路长度	781.1 千米	1475.2 千米	88.86
54	排水管道长度	981 千米	2074 千米	111.42
55	水厂	8 座	9 座	12.50
56	日产水能力	80 万立方米	67.6 万立方米	－15.50
57	年供水量	1.65 亿立方米	2.76 亿立方米	67.27
58	天然气用户	1.6 万户	61.3 万户	3731.25
59	供热管道长度	550 千米	858 千米	56.0
60	集中供热面积	4580 万平方米	8031 万平方米	75.35
61	公共汽车营运线路	84 条	166 条	97.62
62	公共汽车营运车辆	1789 辆	3160 辆	76.63
63	公共汽车年客运总量	2.66 亿人次	5.13 亿人次	92.86
64	市区优良天气	283 天	319 天	12.72
65	城市公园	35 个	41 个	17.14
66	人均公共绿地面积	7.6 平方米	14.4 平方米	89.47
67	城市居民人均可支配收入	10040 元	18290 元	82.17
68	农民人均纯收入	4118 元	6577 元	59.71
69	城市居民人均建筑面积	21.5 平方米	29.4 平方米	36.74
70	农民人均住房面积	35.6 平方米	40.0 平方米	12.36

产业体系的新征程。其他当选“2010中国最具创新力城市”为深圳、大连、烟台、徐州、南阳、清远、南通、柳州、寿光。

【入围中国城市信息化50强】 在“2010中国（沈阳）城市信息化峰会暨AMD杯第二届中国城市信息化50强发布会”上，石家庄市成功入围全国城市信息化50强。中国城市信息化峰会每两年举办一次。由国内业界9名专家组成中国城市信息化50强评选委员会，按照信息基础设施、信息资源开发利用、信息化环境、信息化应用水平4个方面的标准，对国内近200个城市提交的申报材料进行评审，最终评选出包括北京、天津、上海、杭州、沈阳、宁波、武汉、石家庄、唐山等城市在内的2010年中国城市信息化50强。

【规划建设6条轨道线】 5月5日，《石家庄城市快速轨道交通线网规划》（最终报告）通过专家论证。按照《石家庄城市快速轨道交通线网规划》（最终报告），石家庄规划建设6条轨道线，组成“大放射，小方格”远景线网格局，其中，骨干线3条，辅助线3条，线网总长244.7千米，中心城（三环以内）轨道交通线路全长169.2千米。1号线：中心城内东西向骨干线，连接主城与正定新区的干线。线路在昆仑大街，一直向北，穿越滹沱河后进入正定。沿规划新城大道向北至新生路折向东，至纳爱斯大街向北，止于规划环城快速路。线路总长40.0千米。2号线：都市区南北向骨干线，北起正定新区，南至栾城。线路沿正无路经过正定古城北侧向西，沿旅游路跨过滹沱河。沿胜利大街进入主城区，过北二环后，线路改为沿建设大街继续向南延伸，经建胜路，转至新客站，在新客站东广场贴近站房处通过，与东西向的3号线形成“T型”换乘站。然后沿胜利南街、107国道至现状城区边缘向东，至楼底向南至南三环。远景延伸至窦妪、栾城。2号线全长60.4千米。3号线：都市区东西向骨干线，全长62.3千米。西延鹿泉，东连藁城。在中心城段，西起西三环，沿联盟路向东，至中华大街转向南，沿中华大街南行至新客站西广场，转向东，下穿新客站站房后，沿塔北路向东，经由金沙江道、海南路，预留向藁城的延伸空间。3号线在三环内长31千米。4号线：东北－西南向“L型”辅助线，与5号线在中心区外围形成环线。北起北三环，沿规划路向南至建华大街，沿建华大街向南至建华西路，转向西，沿建华西路，穿过铁路后，转至汇丰路，向西延伸至西石环外的车场。路线全长23.3千米。5号线：“L型”辅助填充线。与4号线相扣成环。5号线东北端东三环与石津总干渠交叉处的西北侧之五女片区，向西沿规划道路串联吴家营、东杜庄、西兆通等片区，穿越京珠高速后向西南折入光华路，沿市庄路直至友谊大街转向南，沿友谊大街向南，在民心河北岸，沿滨河街转至红旗大街，沿红旗大街一直延伸至西南三环。5号线全长28.9千米。6号线：内部填充线。西起西三环，沿槐安西路东行，于西里街路口转至槐中路继续向东，过京珠高速公路，接新市区闽江道，至昆仑大街转向南，于1号线设平行换乘站，向南至南三环。预留远景向西延伸至西山、向南延伸至栾城的条件。6号线中心城段（西三环至南三环）长26.8千米。

（张跃彬　杨彩明）

【成为全省统筹城乡发展试点】 10月26日，全市召开统筹城乡发展试点工作动员大会。省委常委、市委书记孙瑞彬在会上作重要讲话，市长艾文礼主持会议并发言，市委副书记刘云峰宣读省委、省政府《关于同意将石家庄市列为全省统筹城乡发展试点市的批复》，副市长张树志就《石家庄市统筹城乡发展试点工作实施方案》及有关配套文件起草情况作了说明。会议强调，紧紧围绕破解城乡二元结构、加快城乡一体化进程，大力推进城乡规划、产业发展、基础设施、公共服务、劳动就业和社会保障、社会管理等“六个一体化”，选准突破口和着力点，迅速打开统筹城乡发展新局面。会议决定，石家庄市从2010年起，市财政每年拿出2.5亿元资金，重点支持统筹城乡发展和新民居建设工作。各部门的专项资金，按照渠道不变、用途不乱的原则，加以整合，集中捆绑使用。同时，以统筹推进农村工业化、城镇化和农业现代化为载体，使“三化”深度融合、互动发展，确保全市统筹城乡发展各项目标任务落到实处。

（赵石星）

【《石家庄市域城乡统筹规划》（2010～2030）通过评审】 12月14日，

《石家庄市域城乡统筹规划》(2010～2030) 编制完成并通过专家评审。按照规划，省会市域空间将形成“一核、五区、六极、两带”结构。“一核”指以石家庄中心城区为中心，整合周边具有功能与空间一体化发展潜力的正定、藁城、鹿泉、栾城四县市，构建交通与功能高度一体化的石家庄都市区，打造京畿首府和华北中枢最强大的区域中心。“五区”指在都市区外围选取具有较大发展空间和潜力的地区，对区域内资源、功能和空间进行整合和优化，主要发展五大区域性产业协作区。(1) 空港——新乐京津工业协作区，借助空港和接轨京津门户优势，整合空港产业园和新乐。(2) 西柏坡 (平山) 冀晋旅游休闲产业协作区，以西柏坡为核心，整合西部旅游资源，强化与山西的旅游协作。(3) 井陉——矿区冀晋能源综合产业协作区，统筹井陉和矿区的产业布局，利用山西能源优势，做大做强能源产业。(4) 南部——冀南工业协作区，整合赞皇、元氏、高邑的产业和资源，打造面向冀南的产业聚集地。(5) 辛集华北皮革综合产业协作区，做大做强辛集的皮革产业，树立华北地区皮革生产和贸易中心的地位。“六极”为培育灵寿、行唐、无极、深泽、晋州、赵县六大增长极，完善复合开放网络的空间结构。“两带”为两条生态发展带，为东部华北都市农业示范带和西部太行旅游生态涵养带。东部华北都市农业示范带在传统农业基础上发展地方特色农业，为京津地区提供高品质的农产品。西部太行旅游生态涵养带注重自然生态环境的建设，注重旅游休闲产业的开发。

(张跃彬)

【“十二五”工业发展规划出台】 12月23日，《石家庄市“十二五”工业发展规划》(简称《规划》) 通过专家评审。主要内容有：

(一) 构筑“一核三极三带”工业空间开发新格局。根据《规划》，“十二五”期间，石家庄市工业以产业集群化、资源集约化推动工业结构调整，以壮大主导产业为重点，依托大产业、大项目和大基地建设，优化发展装备制造、循环化工等优势产业，培育电子信息、生物医药、新材料、环保技术与产业等战略性新兴产业，改造提升纺织服装、建材等传统产业，逐步形成以生物医药、装备制造、循环化工、电子信息、纺织服装为重点的现代工业产业体系。按照“西部突出生态、中部创新高效、东部增产减污”，中、东、西三大片区协调发展的要求，“十二五”期间，省会工业发展以六大产业基地、十六个产业聚集区和二十八个特色产业园为依托，突出点线面结合，强化梯度聚集，培育优化产业园区，构筑“一核三极三带”的工业空间开发新格局，推动市域经济快速发展。 一核：强化都市区核心增长极。“一核”指1个中心城区加鹿泉、栾城、藁城三个组团县市。三极：打造辛集、新乐、平山＋井陉三个次级增长极。三带：构筑三大产业带。打造特色突出的中部山前平原高端优势产业带、东部平原特色产业带、西部太行山区生态友好型产业带，逐步形成中、东、西良性互动的区域开发格局。

(二) 正定城区以高端服务业为主。在中心城区，老城区以改造、提升为主，加快人口、工业的外迁和疏散，适度发展都市工业。正定新区以建设生态新城、打造第一低碳城市为目标，大力培育生态环保科技研发转化、信息技术等战略新兴产业，改造提升纺织服装等传统优势产业，建设以高端服务业为主的全新城区。东部产业区以建设国家战略性新兴产业基地为目标，依托国家生物产业基地、国家半导体材料产业基地、国家高新技术产业开发区等区域品牌，集中发展生物医药、信息网络、精密装备、创新创业服务、现代物流五大主导产业，改造提升石油化工业，构建对全市乃至全省具有示范意义的现代产业体系。组团县（市）中，鹿泉市：以信息产业基地建设为龙头，以鹿泉市获鹿镇产业聚集区、鹿泉市建材冶金聚集工业区、鹿泉市绿岛火炬开发区、鹿泉市北部新型建材冶金及加工产业聚集区等工业园区建设为支撑，重点发展信息产业，鼓励发展新型建材、食品加工等环境友好型工业。栾城县：为石家庄市装备制造业、中医药产业基地，重点发展装备制造、现代中药，鼓励发展食品、化工产业，重点培育栾城生物产业园、栾城县冶河工贸小区、栾城县南高纺织产业聚集区。藁城市：为石家庄市的现代化工基地，重点发展循环化工、生物，鼓励发展医药、化工、食品、装备制造等产业，重点推进藁城市工业新区建设。区域内限制发展高污染、高耗能项目，禁止新建炼焦、水泥和新增钢铁产能的建设项目。

（三）重点打造六大产业基地。“十二五”期间，省会重点打造六大产业基地、十六个产业聚集区和二十八个特色产业园。六大产业基地包括生物医药产业基地、装备制造产业基地、循环经济化工示范基地、电子信息产业基地、纺织服装产业基地和南部工业新区。其中生物医药产业基地：布局在高新技术开发区（东区）和藁城市良村经济技术开发区，在生物医药产业基础上重点发展新型药物制剂，配套发展相关产业。装备制造产业基地：布局在栾城县窦妪镇、元氏县马村，重点发展交通运输装备、大型专用设备、通用机械、数控设备、光机电一体化设备。循环经济化工示范基地：布局在藁城市丘头，重点发展石油化工、煤化工和氯碱化工。电子信息产业基地：布局在高新技术开发区（西区）和鹿泉市城东，重点发展电子信息、软件。纺织服装产业基地：布局在正定县城东，重点发展纺织、服装及相关产业。南部工业新区：布局在高邑县、元氏县、赞皇县交界处，重点发展建筑陶瓷、循环化工。同时，围绕县域主导优势产业发展，在全市十六个县（市）区重点培育矿区循环经济工业园、晋州市经济（产业）园区等十六个产业聚集区；围域特色产业发展，在全市十六个县（市）区重点建设鹿泉市建材冶金聚集工业区、鹿泉市绿岛火炬开发区等二十八个特色产业园。

【“十一五”节能减排任务完成】
“十一五”期间，石家庄市节能目标任务为：与2005年相比，万元GDP能耗降低20%。“十一五”前四年，全市万元GDP能耗累计下降17.98%。2010年1～9月份，全市万元GDP能耗同比下降3.33%，顺利完成节能降耗任务。石家庄市金石化肥、新化股份、河北敬业、东方热电、上安电厂、正元化肥、诚峰热电、鑫海化工、新世纪焦化、威远集团、深玉纸业、华曙制药、赵县兴柏、铬盐化工、河北诚信等15家重点企业“十一五”节能目标任务为节约45.1万吨标煤，“十一五”前四年累计完成节能量48.22万吨标煤，占“十一五”目标任务的106.9%，提前一年完成任务。截至2010年12月底，15家重点企业共削减化学需氧量2486吨、二氧化硫78830吨，全部完成“十一五”减排任务。其中上安电厂、新世纪焦化、深玉纸业、诚峰热电、新化股份、威远集团、河北诚信等7家单位提前一年完成任务。

（王静）

【3家企业入榜中国企业500强】
9月4日，2010中国企业500强在安徽省合肥市发布，市企业联合会、企业家协会推荐的河北敬业企业集团有限责任公司、石家庄北国人百集团有限责任公司、河北建工集团有限责任公司3家企业荣登榜单，其中后两者为首次入选。中国企业联合会、中国企业家协会按照国际通行方式，以2009年企业营业收入为入围标准，经专家委员会审定，排出2010中国企业500强。石家庄市的河北敬业企业集团有限责任公司以290.93亿元的营业收入名列中国企业500强第218位，首次进入中国企业500强榜单的石家庄北国人百集团有限责任公司以116.75亿元的营业收入名列中国企业500强第472位、河北建工集团有限责任公司以112亿元的营业收入名列中国企业500强第497位。

（王静）

精神文明建设

【概况】 2010年，省会文明办围绕省会三年大变样、市民素质大提高中心工作，扎实开展了精神文明创建活动。深化道德教育实践活动，举办道德模范巡讲活动，以典型示范作用弘扬社会正气。通过学典型、学雷锋等实践活动，促进了和谐社会建设。大力开展城市和农村精神文明创建活动，强化全市居民住在石家庄、建设石家庄的责任感。加强未成年人思想道德建设，开展美德少年选树活动，致力未成年人心理关怀疏导，引导广大未成年人尊师重德、守纪自律。全市未成年人心理健康工作在中央文明办于6月份召开的全国会议上作了典型发言，在全省会议上介绍了经验，中央文明办组织的全国未成年人思想道德建设工作测评中获得80.13分，老年志愿者工作在全国文明办主任会上做了经验介绍，文明办获全省三年大变样活动先进集体，受到省委、省政府表彰，在河北省美德少年评选等活动中，石家庄市入选人数列全省第一，教育处被省文明委授予全省“未成年人思想道德建设工作先进单位”，全市14人荣登“中国好人榜”，省会精神文明建设取得了较好成绩。

【市民道德教育】 一是开展道德模范选树工作。举办道德模范、中国好人座谈会，组织开展“道德模范基层巡讲”活动。由全国道德模范张建霞等组成巡讲团，共宣讲15场次，听众达2万余人。广泛宣传道德模范和中国好人高尚情操，进一步发挥道德模范和身边好人的榜样示范作用。继续开展“中国好人”推荐活动，向河北省推荐“中国好人”候选人120余人，14人荣登“中国好人榜”。春节期间，先后对全市445名各级道德模范进行慰问。广泛开展向见义勇为战士习朝峰同志学习活动，并在全市媒体进行广泛宣传，弘扬了社会正气。二是组织开展学雷锋精神主题系列活动。组织学雷锋主题访谈活动。3月4日，省会文明办、团市委组织道德模范、身边好人、见义勇为英雄等40余人举办的学雷锋主题访谈活动。赵渭忠、谷岳潘、韩金贵、靳国芳等典型人物分别讲述在新时代弘扬、传承雷锋精神的切身感受，交流学雷锋、做好事、践行雷锋精神的先进事迹。在毛主席题词“向雷锋同志学习”47周年之际，各学校采取班队会和座谈会的形式，引导广大师生开展学雷锋活动。同时，开展学雷锋优服务竞赛活动，提升公交企业的服务质量。三是大力弘扬传统美德。春节期间，全市社区开展“亲邻行动”，倡导邻里互送春联、共同打扫一次楼道和社区卫生、举办一次邻里大联欢、开展一次邻里大拜年、进行一次邻里互助等“五个一”活动，通过开展“亲邻行动”，消除陌生感，增强居民的亲近感。市内五区和高新区共组织各类活动300多场，参与人数达50多万人。清明节倡导全体市民以祭奠先烈、扫墓踏青为主题，开展网上祭奠、植树等系列活动。中秋节组织各社区、各单位开展了一次大扫除活动；在农村开展“清洁家园”活动；在窗口行业开展了“和谐迎双节，真情暖万家”活动；在青少年中开展了“经典诵读、传承文明”为主题的系列文化活动；在全社会开展了关爱空巢老人“认亲”志愿服务活动。重阳节在全市组织开展了多种形式的敬老、爱老、助老活动。据不完全统计，全市城乡共开展有组织的各种形式孝老活动2600多场，参与者30余万人次，广泛弘扬了敬老孝老传统美德，有力地促进了和谐社会建设。

【14人荣获“中国好人”称号】 2011年1月20日，省会文明办公布石家庄市2010年“中国好人”名单，共有14人获得这一荣誉称号。2008年起，中央文明办依托“中国文明网”每月举办一次“身边的好人”网络投票推选活动，展示发生在百姓身边的感人事迹，推选“中国好人”。2010年，石家庄市共有14人在投票中获得认可，获评“中国好人”，是2008年3人、2009年4人总和的两倍。分别为：(1) 助人为乐“中国好人”5人。王君花，女，52岁，藁城市南孟村人；耿罗莎，女，25岁，石家庄学院学生；王蓬，男，41岁，桥西区糖烟酒食品有限公司职工；靳国芳，女，72岁，原3302工厂退休职工；王桂申，女，76岁，河北省电信设计院退休干部。(2) 见义勇为“中国好人”3人。周中强，男，46岁，长安区西兆通村村民；郭书秀，男，53岁，元氏县苏村乡北营村村民；田福林，男，58岁，灵寿县寨头乡寨头村民。(3) 诚实守信“中国好人”1人。许双军，男，42岁，乐仁堂医药集团股份有限公司董事长。(4) 敬业奉献“中国好人”1人。高能权，男，92岁，晋州市马于镇吕家庄村村民。(5) 孝老爱亲“中国好人”4人。郄秀英，女，92岁，行唐县上闫庄乡上安里村农民；李洪信，男，50岁，石家庄力驰多经贸公司经理；高清华，女，45岁，灵寿县陈庄粮站下岗职工；吴会敏，女，20岁，栾城县人。

【文明城市创建活动】 大力开展文明城市创建活动。根据2010年版《全国文明城市测评体系》和《全国公共文明测评标准》，制定《石家庄市创建全国文明城市测评标准及责任分解》、《石家庄市创建全国文明城市实施方案》和《全国公共文明指数测评标准及责任分解》，将任务逐一分解到市内五区和市直89个责任单位。认真做好迎接全国、全省公共文明指数测评工作。积极推进文明交通行动计划，举行“文明交通行动计划”启动仪式，启动遵守交通法规奖励活动，市公安交管局连续开展对行人、非机动车交通违法行为的专项治理行动，有效地维护了省会通行环境。大力开展文明社区和文明示范社区创建活动，市、区列支100万元，为10个示范社区配备文艺器材、市民文明素质教育器材、开展心里咨询的器材等物品，着力创建一批文明示范社区。在全市开展的“清洁家园”活动，组织万名社区志愿者在全市所有社区开展环境卫生、楼道堆积物、小广告和乱搭乱建等清理活动，使社区环境得到了进一步净化美化。深入开展了文明停车、文明装修、文明娱乐、文明养犬“四个文明”道德实践活动。各社区通过进家入户发放宣传材料、组织居民召开座谈会等形式，使《石家庄市民公共文明公约》内容家喻户晓，深入人心。同时，大力开展市民文明素质教育培训工作，摘录与市民生活密切相关的法律法规189条，编印《市民生活与法》读本1万册，将宣传部制作的石家庄历史文化影像志《璀璨时空》400余套，免费发放到各社区，对市民开展遵守城市管理规章和石家庄历史文化的学习培训活动。市区组织各种类型的学习培训班20600余场次，参与居民达100万余人次，进一步增强了市民的法律意识，强化了市民住在石家庄、建设石家庄的责任感。

【出台《石家庄市创建全国文明城市实施方案》】 年内，《石家庄市创建全国文明城市实施方案》（简称《方案》）出台。《方案》提出，全市经过3年创建，力争2011年进入“全国文明城市”行列。中央文明办规定，2011年为第三届全国文明城市评选年。2009年和2010年，由中央文明办和国家统计局，连续两年对争创城市进行公共文明指数测评，两次测评结果按40%的比例记入第三届全国文明城市评选总成绩。2011年依据《全国文明城市测评体系》进行全面测评，测评结果按60%的比例计入总评成绩。2009年在全国公共文明指数测评中，石家庄市位列全国省会和副省级城市第16名。《方案》提出，2010年，石家庄在全国公共文明指数测评中，力争在全国排名位次前移。经过3年创建，力争2011年进入“全国文明城市”行列。按照《方案》,石家庄市争当“全国文明城市”采取以下办法和措施：

（一）以“八个环境”为创建标准。(1)营造廉洁高效的政务环境。坚持用中国特色社会主义理论、科学发展观武装全党；实行决策过错责任追究、专家咨询等制度，进一步规范科学民主决策制度；推进政务公开，进一步落实依法行政；健全接受人大、政协和新闻舆论、社会公众监督机制，人民群众对党政机关行政效能的满意度和反腐倡廉的满意度均达到90%以上。(2)营造民主公正的法制环境。法制宣传教育普及率达到80%以上；建立健全各级法律援助机构，市民对各级政府保障人民基本文化权益的满意度达到85%以上；依法执行社区居委会的选举制度，直选社区选民参选率在80%以上。(3)营造规范守信的市场环境。政府诚信体系健全，市民诚信观念和规则意识较强；积极开展“百城万店无假货”示范街活动，建成2条国家级“百城万店无假货示范街”。市民对政府诚信的满意度在90%以上，对行业风气的满意度在85%以上。(4)营造健康向上的人文环境。大力弘扬以爱国主义为核心的民族精神、以改革开放为核心的时代精神，努力学习和实践“两个务必”，提炼出符合实际的“石家庄精神”；辖区内80%以上的街道、乡镇有科普活动场所并经常开展活动；公共图书馆、群艺馆（文化馆）等公共设施，建设齐全，功能完好；建立公共文明的长效机制，不断提高公共场所的文明程度；广泛开展道德模范评选表彰宣传活动。(5)营造有利于青少年健康成长的社会文化环境。认真执行网吧管理制度，落实信息安全保护技术措施达到100%，严厉查处和取缔黑网吧，市民对本地网吧行业形象的满意度在70%以上；加强对电信企业和网络服务业的管理，大力净化荧声频环境和学校周边文化环境；鼓励支持优秀少儿作品的制作生产，制作播放优秀少儿作品。(6)营造舒适便利的生活环境。人均GDP水平和城镇居民可支配收入高于全省平均水平，第三产业增长率大于GDP增长率；城市交通秩序及交通管理良好，主要交通路口无严重阻塞现象；每3～10万居民拥有1个社区卫生服务中心，并列为城镇职工医疗保险定点机构，居民满意率在80%以上。(7)营造安全稳定的社会环境。建立健全以城市公共消防、电子视频监控设备为主的公共安全保障；加强食品安全监督，餐饮单位量化分级管理覆面率在95%以上；建立减灾、防灾、救灾和灾害应急机构、机制和处理自然灾害的能力，市民对政府处置突发公共事件能力的满意度在75%以上。城区安全形势稳定，群众对城市的安全感在80%以上。(8)营造可持续发展的生态环境。建城区绿地覆盖率和绿地率各达到35%、30%以上，森林覆盖率达到30%以上；加大城市废弃物处理力度，实现生活垃圾无害化处理；着力提高城市环境质量，市民对城市环保满意率在75%以上。

（二）**解决六项薄弱环节**。针对2008年在全国文明城市测评中发现的问题，全市采取有效措施，确保对标达标。(1)到2010年底，长安区、桥东区、桥西区、新华区全面建成区级文化馆，完成级别评定，正常开展活动；建设完善街道综合性多功能室，到2010年全部投入使用，并正常开展活动。(2)市档案馆在2010年底前晋升为国家一级馆，并取得资格证书。(3)市区万人拥有公共汽车数量在2010年底达到12台以上，城市公共交通分担率达到20%以上。(4)2010年全市森林覆盖率达到30%。(5)2009年、2010年市区优良以上天气两年平均力争达到或超过310天。(6)在彻底改变市区空气质量的基础上，加大其宣传力度，确保市民对城市环保的满意度达到70%。

（三）**扎实开展公共场所五个专项治理行动**。(1)交通秩序专项治理行动。针对交通路口非机动车、行人闯红灯，非机动车、行人未各行其道，机动车违章停车，行人翻越栏杆、不走斑马线，开展专项治理行动。(2)公共环境专项治理行动。针对城市主干道、公园广场、车站等公共场所乱扔杂物、随地吐痰、踩踏绿地、公厕环境卫生差等问题搞好治理。(3)文化环境专项治理行动。针对影剧院、图书馆等公共场所，观众在观演时大声喧哗、手机响铃、接听电话等问题进行治理。(4)出租车专项治理行动。针对出租车车容不整洁、语言不文明、行车不文明、拒客宰客等问题加强整改，深化出租车争做文明使者活动。(5)社区环境治理行动。针对老旧小区内楼道堆积杂物、乱涂乱画、没有楼道灯或有灯不亮；社区内没有路灯、乱倒垃圾等问题开展治理行动。

（四）**深化五项群众性创建活动**。(1)深化市民文明素质培训活动。大力开展市民素质培训，引导全体市民做到在公共场所文明行车、文明走路、文明乘车、文明游园、文明观演等“五个文明”，在社区文明停放、文明装修、文明娱乐、文明养犬等“四个文明”，提高全市的公共文明水平。2010年，重点开展以提高市民公共文明素质、城市管理等相关的法律法规常识的学习培训。2011年，重点开展以改善人际关系、拓展公益行动为内容的学习培训。(2)开展文明社区创建和文明城区竞赛活动。围绕改善人居环境、提高居民生活质量和人际关系和谐，开展文明示范社区创建活动。以“绿色、文化、和谐、清洁、平安”为主题，创出一批绿色家园、和谐家园、文化家园、清洁家园、平安家园。开展科教、文体、法律、卫生“四进”社区活动。(3)开展文明窗口创建活动。结合文明行业创建，以基层窗口单位为重点，围绕进一步落实服务承诺制、行政执法公示制和生产经营信誉制，以“擦亮窗口、让服务更温馨”为载体广泛开展十佳文明窗口、十佳服务岗台、十佳服务明星“三个十佳”创建活动，推进规范服务，提高人民群众对窗口单位服务的满意度。(4)开展“我们的节日”活动。广泛组织开展形式多样的群众性节目民俗活动和文化娱乐活动。春节突出欢乐喜庆、文明祥和、温馨和谐主题；清明节突出祭奠英烈、缅怀先辈、溯本求源主题；端午节突出爱祖国、爱家乡、爱人民主题；中秋节突出团圆、关爱、和谐主题；重阳节突出敬老孝亲、家庭和睦、追求健康主题。引导广大人民群众通过参与“我们的节日”系列文化活动，体验节日内涵，感知传统文化，传承中华美德，进一步凝聚民族情感和弘扬民族精神。(5)开展“做一个有道德的人”主题实践活动。组织引导广大中小学生，以在家庭孝敬父母、在学校尊敬师长、在社会奉献爱心为内容，深化“做一个有道德的人”主题实践活动。(6)开展志愿者奉献社会活动。广泛动员各级党政机关公务员、企事业单位员工以及社会各届热心社会公益事业的市民，加入到志愿者行列来，积极参与社会志愿服务活动。

（王静　苏卉卉）

【农村精神文明建设】 2010年，全市农村精神文明建设重点抓了“四个一批”创建工作，确定元氏县铁屯村等10个十星级文明农户榜样村，藁城市岗上村等10个文明示范村，鹿泉市宜安村等10个农村文化广场，辛集市旧城镇等10个文明集市等“四个一批”示范点。同时，选择了70个省、市级文明单位包村帮建。9月15日召开“石家庄市农村四个一批创建活动动员大会”。帮建单位对各村给予资金、器材、信息、技术等多种形式的帮扶，帮持资金及物品达80余万元，24个创建村达到示范点的标准。1月28日，在栾城县南牛家庄村召开“石家庄市村民中心文体器材、图书发放仪式”，把省配发的物品及市二中捐献的5000册图书全部送给该村村民中心，为服务农村发展和村民生产生活提供了物质帮扶。开展农村精神文明建设调研工作。围绕“关于开展新形势下农村精神文明建设工作”，分别就培育新型农民、改善村容村貌、加强乡风文明建设等内容，多次深入县（市）村开展多层次调研活动。总结了一系列具有推广和指导意义的典型做法，撰写了可行性调研报告，为进一步推进农村精神文明建设工作提供了理论指导。

【未成年人思想道德教育】 一是开展美德少年评选活动。开展石家庄市“十佳百优美德少年”评选活动。按照“在家庭做个好孩子、在学校做个好学生、在社会做个好公民”标准，在中小学校评选推荐，县（市、区）初选的基础上，文明办会同市教育局、团市委、市妇联有关同志组成评审组，评选出10名“石家庄市十佳美德少年”和100名“石家庄市美德少年”。举办新童谣创编评选活动。4月启动新童谣创作评选活动，收到参评童谣8000余首，其中14首选送河北省的童谣获奖。举办石家庄市中小学生中华经典诵读大赛，共收到81所学校选送的312件参赛作品。12月3日，在石家庄市电视台举行了经典诵读大赛颁奖晚会。二是致力未成年人心理关怀疏导。召开全市心理健康教育总结表彰大会，表彰全市未成年人三级维护体系建设先进单位和个人，配发二、三级心理维护站点购买的物品。组织开展“5·10中小学生心理健康日”新闻发布会、“心理健康义务咨询”、“心理健康日”活动、“心理助考”大型讲座、“心理健康教育论坛”、“心理活动课展示”等8个大项32个场次的系列活动。三是继续开展做一个有道德的人主题实践活动。在石家庄文明网开设了“百万中小学生春节感恩行动留言板”，仅10天时间，在文明网留言达28688条。对十佳感言、优秀感言获得者和组织工作突出的部门和学校进行了表彰奖励。清明节期间开展了全市“百万中小学生清明节缅怀先辈行动”，引导广大中小学生慎终追远、缅怀先辈的过程中认知传统、尊重传统、继承传统。“六一”期间举办“传唱优秀童谣、做有道德的人”网上签名寄语活动。四是营造良好的社会文化环境。开展整治网吧、整治互联网低俗之风、净化荧屏声频、治理校园周边环境四个专项行动。共召开协调会3次，开展联合行动4次，在寒暑假等重点时段开展了“网吧护绿”专项行动，清理取缔黑网吧1214户，查处违规网吧470家次，处置低俗、淫秽信息5365条，查处涉嫌发布违法广告的网站22家，发现并责令改正386条不良广告，登记封存各类非法出版物14600余册（盘）。五是打造未成年人课外乐园。承接中央文明办关于“城市学校少年宫”建设的任务后，以27中、40中、43中为重点，充分利用学校现有资源，整合原有课外活动，课余时间免费供中小学生进行思想道德教育和开展文体科技活动。全年各学校共开展活动项目100多项，辅导老师辅导3000多次，参与活动的学生达70000余人次。同时，启动了首批“乡村少年宫”试点建设。

【未成年人思想道德建设评选活动】 年内，省文明办开展未成年人思想道德建设工作先进县（市）区、先进单位和先进工作者评选，石家庄市有3个县（市）区、12个单位、11名个人获先进称号，获奖单位及人数均在全省名列第一。3个先进县（市）区分别是：裕华区、桥西区、赵县。12个先进单位分别是：省会文明办教育处、第四十中学、第二十四中学、市公安局网络警察分局三大队、桥东区阜康街道办事处栗新社区、第二十七中、长安区文明办、长安区文体局、市工商局企业注册监督管理处、市新华书店、市少工委、新华区关工委。11个先进个人分别是：赵敏占、张惠、马宏伟、艾小毛、王胜利、孙福山、戴一新、宋艳芝、魏黎明、刘向红、陈桂清。

（王静　苏卉卉）

【见义勇为英雄刁朝峰】 2月7日22时许，解放军66010部队24岁战士刁朝峰在石家庄所辖新乐市邮电南街路遇李丽女士挎包遭抢劫，挺身而出与歹徒搏斗，从歹徒手中夺回挎包。与3名歹徒搏斗中，刁朝峰身中数刀，浑身是血，因体力不支晕倒。2月10日，刁朝峰被省会精神文明建设委员会授予“石家庄市文明公民标兵”荣誉称号，省会文明办主任薛建廷专程到医院看望，向其颁发证书及奖章。2月12日，为表彰刁朝峰当人民生命财产安全受到威胁时挺身而出、舍己为人的见义勇为精神，河北省省会精神文明建设委员会决定，从精神文明建设基金中，给予刁朝峰颁发慰问金1万元。同日，市长艾文礼到白求恩国际和平医院看望、慰问见义勇为英雄刁朝峰，为英雄送上鲜花和慰问金。年内刁朝峰先后被授予“石家庄市见义勇为模范”、“河北省优秀共青团员”，并荣获“中国青年五四奖章”。2011年1月5日，由省委宣传部和河北日报报业集团主办，河北中烟工业公司协办的“钻石杯”2010年河北十大新闻、年度十大新闻人物评选揭晓暨颁奖典礼在省会河北会堂举行。石家庄市新乐籍勇斗歹徒“热血战士”刁朝峰入选河北年度十大新闻人物。

（宋娇　范玉蕾　雷婷　冀宣）

【李桂杰荣获省见义勇为英雄称号】 7月10日下午，藁城市石井村农民闫某携女友在太平河湿地戏水游玩，不小心滑进深水坑，瞬间沉入水底。危急关头，不远处驻石某部军官李桂杰赶到，奋不顾身第一个跳入水中，与闻讯到来的游客康龙共同救出闫某，并抬到沙丘，随即进行人工呼吸，使水下窒息时间过长造成“颅内及体内严重损伤”的闫某赢得了宝贵的抢救诊治时间。2010年7月11日，《石家庄日报》在一版显著位置以《八分钟紧急救援》为题对此进行了报道。2011年1月20日，长安区政府举办仪式，授予李桂杰、康龙二人2010年度“长安区见义勇为先进分子”称号；2月18日，省政府授予李桂杰“河北省见义勇为英雄”荣誉称号。

（刘海涛）

【表彰第五批文明社区】 11月24日，省会文明委举行表彰大会，授予长安区亲亲小镇社区等30个社区为市第五批文明社区称号。石家庄市第五批文明社区创建活动从2009年10月启动，各社区按照创建文明社区工作标准，在社区工作的软件和硬件上创出新佳绩，社区居民文明素质大幅提升，生活质量明显改善，社区公共文明程度获得提高。此次第五批文明社区授牌后，石家庄市已有100个社区被评为文明社区，另有130个社区获得创建文明社区先进单位称号。

【举办“感动省城”十大人物颁奖典礼】 2011年1月8日，石家庄市2010年度“感动省城”十大人物颁奖典礼在市广电中心举行，2010年度“感动省城”十大人物现场揭晓。市委常委、宣传部长孙万勇参加典礼并会见十位“感动省城”人物。“感动省城”十大人物评选活动由市委宣传部、市广播电视台主办，2010年评选活动已是第六届。2010年度“感动省城”十大人物分别是：见义勇为好战士刁朝峰；“贴心片警”王春意；玉树孩子的“石家庄爸爸”王鹏；世博园里的“微笑使者”；世博服务者（群体）；“编外城管”李方功；英雄乘客周中强；无臂好男儿索鹏飞；石家庄历史文化传播者郭西昌；城市“绿肺”守护人靳广恩；“母亲河边的战斗堡垒”；滹沱河整治工程党员突击队（群体）。

省会精神文明建设办公室

主　任：薛建廷

副主任：沈学启

（刘素兰　王更）

举办2010年度感动省城十大人物颁奖盛典

六大基地建设

【概况】 2010年，石家庄市六大工业聚集区规划体系日趋完善，基础设施建设全面启动，项目建设成效明显，主要经济指标快速增长。全年完成投资124.5亿元，同比增长31.86%。其中，产业项目完成投资106亿元，同比增长24.46%；基础设施完成投资18.5亿元，同比增长100%。竣工项目43项，其中产业项目30个，基础设施项目8个。新开工项目78项，其中产业项目51个，基础设施项目27个。完成主营业务收入615.47亿元，实现工业增加值188.98亿元，实现利税109.99亿元，分别同比增长45.53%、39.61%和46.46%。

【循环经济化工示范基地】 年内完成投资21.12亿元。完成主营业务收入242.5亿元，同比增长39.69%；实现工业增加值42亿元，同比增加17.81%；实现利税40.6亿元，同比增长35.29%。产业项目完成投资20.2亿元，同比增长10.38%。威远生化整体搬迁改造升级、白龙化工搬迁改造优化升级等4个项目开工建设，石炼化油品质量升级及原油劣质化改造、八维30万吨离子膜烧碱等3个项目续建，20扩50万吨硫磺制酸、金石60万吨合成氨等2个项目竣工。基础设施项目完成投资0.92亿元。石炼路拓宽改造工程、中水管道工程等3个项目开工建设。

【国家生物产业基地】 年内完成投资45亿元。完成主营业务收入285.5亿元，同比增长50%；实现工业增加值123.2亿元，同比增长46.81%；实现利税58.36亿元，同比增长50.22%。产业项目完成投资36.32亿元，同比增长63.75%。石药工业园三期、以岭现代特色中药产业化等11个项目开工建设，现代中药制剂技改扩建、华药培养基白蛋白等11个项目续建，华药新型头孢、鸿锐集团深泽工业基地一期等11个项目竣工。基础设施项目完成投资8.68亿元。长江大道东延项目（秦岭大街－阿里山大街）、城南污水处理厂等5个项目开工建设，赵县生物产业园排水管网、塔东大街等3个项目竣工。 生物医药基地建设。2010年生物医药基地共建设生物制药类项目27个，总投资101亿元。其中新开工项目6个，总投资26亿元，当年计划投资7.8亿元；计划竣工项目9个，总投资17.7亿元，当年计划投资8.1亿元；续建项目12个，总投资58亿元，当年计划投资16.3亿元。

【装备制造基地】 年内完成投资19.09亿元。完成主营业务收入48.35亿元，同比增长37.79%；实现工业增加值12.89亿元，同比增长76.82%；实现利税3.13亿元，同比减少6.23%。产业项目完成投资15.29亿元，同比增长8.52%。矿山机械研发制造中心、工程机械研发中心等10个项目开工建设，航空产业制造基地、砼外加剂生产线等4个项目续建，搬迁扩建氨基乙酸配套工程、面包生产线等8个项目竣工。基础设施项目完成投资3.8亿元。垃圾转化热电站二期工程、南车路道路工程等5个项目开工建设，裕华热电电煤铁路专用线、地表水厂等4个项目续建。

【信息产业基地】 年内完成投资14.14亿元。完成主营业务收入18亿元，同比增长63.61%；实现工业增加值5.4亿元，同比增长20%；实现利税2亿元，同比增长66.67%。产业项目完成投资11.01亿元，同比增长34.6%。13所普兴8～12英寸硅单晶外延片产业化、河北华源电子科技频率源产品等11个项目开工建设，河北鑫兴仓储格力空调装配物流基地、河北天润电气天润电子等2个项目续建，54所天线产业化制造区、54所电子装配楼等7个项目竣工。基础设施项目完成投资3.13亿元。鹿华热电管网、国宾路等6个项目开工建设。石双剑路东延绿化、硬化、路灯、污水和雨水排放工程项目续建，基地集中供热供汽专线工程、希望饲料西侧南北规划道路工程等3个项目竣工。

【纺织服装基地】 年内完成投资6.32亿元。完成主营业务收入4.2亿元，实现工业增加值0.2亿元，实现利税0.15亿元。产业项目完成投资6.32亿元，同比增长5.33%。常山股份二期高档绿色环保服装面料、润泰纺织服饰整体改造及产业升级等3个项目开工建设，常山一期高档服装面料项目续建。

【南部工业区】 年内完成投资18.85亿元。完成主营业务收入16.92亿元，同比增长31.16%；实现工业增加值5.29亿元，同比增长32.25%；实现利税2.75亿元，同比增长37.5%。产业项目完成投资16.92亿元，同比增长33.86%。天山国际制造产业园、河北玻尔陶瓷等12个项目开工建设，高邑力马煤改燃气工程、河北冀河鑫塑料合金有限公司等13个项目续建，河北玻尔陶瓷有限公司、赞皇金隅水泥等7个项目竣工。基础设施项目完成投资1.93亿元。滨河大道道路工程、槐东污水处理厂等8个项目开工建设，元氏片区路网工程及污水管网工程等2个项目续建，建陶新区南北路及东西路等2个项目竣工。

（关昕悦）

公共管理和社会组织

公共管理和社会组织

中国共产党石家庄市委员会

【概况】 2010年，中共石家庄市委坚持以科学发展观为指导，以开展创先争优活动和深化干部作风建设为动力，坚决贯彻党中央、国务院和省委、省政府的一系列重大决策部署，团结和带领全市人民，紧紧围绕建设繁华舒适、现代一流省会城市的奋斗目标，开拓创新、拼搏进取，负重奋进、扎实工作，开创了全市经济平稳较快发展、城市建设加速推进、社会和谐稳定、人民安居乐业和党的建设不断加强的新局面。

巩固扩大学习实践活动成果，努力把省会发展转移到科学发展轨道上来。 按照中央和省委的统一部署，石家庄市委把开展深入学习实践科学发展观活动作为首要政治任务来抓，在认真抓好第二批活动整改落实的同时，着力组织开展好第三批学习实践活动。市委常委会加强组织领导和工作指导，要求各地把加强理论武装、推动中心工作、解决实际问题、转变干部作风、加强基层党建、完善长效机制贯穿始终，扎实深入地推进每个阶段和每个步骤的工作。鼓励各单位突出实践特色，创新活动载体，从具体工作做起，推动中央和省、市委一系列决策部署在基层的贯彻落实。各位市委常委多次深入联系点，开展调查研究，解决实际问题，发挥了较好的示范带动作用。经过各方面的努力，第三批学习实践活动取得了明显成效，基层干部和广大党员的思想认识不断提高，一大批制约省会科学发展的突出问题得到解决，为基层和群众办了不少好事实事，群众满意度达到了85%以上。通过深入学习和实践，特别是通过深入学习贯彻党的十七届五中全会和省委七届六次全会精神，在如何推进省会科学发展、率先发展这个重大问题上，进一步明确了工作思路：实施工业强市战略，着力改造提升传统产业、培育新兴产业，加大科技创新力度，加快转变发展方式，增强综合经济实力；优化区域经济布局，构建中东西部良性互动、功能协调配套、要素优化配置的发展新格局；加快城镇化步伐，以省会中心城市建设为龙头，统筹推进城乡协调发展；大力提升文化软实力，打造特色文化品牌，发展文化产业，努力建设文化强市；坚持把保障改善民生作为一切工作的出发点和落脚点，解决好群众最直接、最现实、最根本的利益问题，努力促进社会和谐，让人民群众得到更多实惠、生活得更加幸福美好；把发展环境作为经济社会发展的“命门之穴”，以更大的决心和力度抓干部作风建设，努力在提高行政效能、服务市场主体、促进工作落实上下功夫、见成效；全面加强党的建设，深入开展创先争优活动，不断增强各级领导班子的凝聚力、战斗力，提高广大党员干部贯彻落实科学发展观的执行力，把党的政治优势和组织优势转化为推动科学发展的强大力量，开创省会科学发展、率先发展的新局面。

加快转变发展方式，千方百计保持经济平稳较快发展。 积极推进经济发展方式转变，努力提高经济增长的质量和效益。坚持把加快产业调整振兴、上档升级作为转变发展方式的主攻方向，积极推进化工、建材、纺织服装等传统产业改造升级，加快培育壮大生物医药、电子信息、先进装备制造等新兴产业，一些新的经济增长点正在显现。坚持把园区建设作为转变发展方式的重要载体和平台，加大了各类园区和产业聚集区整合力度，提出并大力推进东部产业新城、南部工业园区、省级园区、县城周边产业聚集区和28个特色产业聚集区建设，园区建设步伐加快、建设管理水平提高，为生产力布局优化、产业聚集发展奠定了坚实基础。坚持把科技创新作为转变发展方式的重要支撑，积极推进以企业为主体的技术创新体系建设，组织实施了技术创新、技术改造“双百工程”，大力支持重点领域的科技创新，全社会研究与发展经费占 GDP 比例达到 1.8%，石家庄市被确定为国家创新型试点城市。坚持把节能减排作为转变发展方式的重要抓手，强化了目标考核和行政问责，突出抓了能效对标、减排对标，坚定有序地淘汰落后产能，促进了企业技术进步和产业优化升级。

坚持把项目建设摆在经济工作的突出位置来抓，大力倡导和强化“抓项目就是抓发展，抓大项目就是抓大发展，抓一批大项目就是抓跨越发展”的理念，研究出台了《重点项目建设考核办法》、《关于建立项目谋划和协调机制的意见》等保障机制。市委常委一班人亲自参与重大招商活动，下大力引进战略投资者。实行了市级领导分包重点项目制度，及时协调解决项目工作的突出问题和瓶颈制约，组织了全市重点项目观摩拉练活动，加大了项目建设考核力度，营造了抓投资、上项目的浓厚氛围。把扩大投资与产业升级结合起来，在加快基础设施建设的同时，组织实施了一批符合国家政策的重大产业项目，投资力度进一步加大，投资结构进一步优化，三产投资占比达到 56.6%。

加快发展现代服务业，大力推进省会服务业上档升级。充分发挥省会优势和区位优势，大力发展商贸物流业，研究制定了《关于加快商贸服务业发展的八条意见》，谋划启动了内陆港三期、万达广场等一批重点商贸和现代物流项目，积极推动南三条、新华集贸等传统大型商贸市场的升级改造，大力培育正定小商品市场等新兴市场，华北重要商埠的影响力更加凸显。大力发展新兴服务业，金融业、物业管理业等均保持了 20% 以上的增速。大力扶持和推动城市夜经济发展，打造了 13 条特色商业街区。高度重视发展便民利民的生活服务业，市区 60 个标准化菜市场建设年底前可全部完工。大力发展总部经济，加强了与知名企业总部和跨国企业集团的对接，一批有影响的金融、商贸、产业总部在石家庄市落户，成为省会经济发展的重要支撑。大力培育发展会展经济，举办了正定国际小商品博览会等一系列大型会展活动，品牌效应和经济效益逐步显现。

强力推进改革开放，增强经济发展活力。进一步深化国有企业改革，积极推进企业战略重组，宝石集团、东方热电等大型亏困企业重组迈出实质性步伐。扎实推进财政体制改革，确保了新增省直管县后财政体制的平稳过渡和顺利执行。积极推进投融资体制改革，将政府性融资平台与市场化融资平台区分开，成立了石家庄国控投资集团，进一步激发了市场化融资平台的活力。积极扩大对外开放，改进招商方式，开展专业化、小团队、一对一招商，加强了与国内外 500 强企业的联系与合作，成功举办了“石洽会”等商贸洽谈活动。

大力发展现代农业，进一步巩固农业的基础性地位。积极推动各项支农惠农政策的落实，加大了对农业基础设施建设的投入，综合生产能力进一步提升。大力调整优化农业区域布局和产业结构，出台了《石家庄市现代都市农业发展指导意见》，积极发展乡村休闲、都市观光等特色农业，石家庄市第一个现代农业观光园建成开园。按照工业化的理念抓农业，努力在改变传统的品种结构和生产方式上下功夫，加大了农产品安全监管力度，农业科技进步和标准化生产有了新进展，农业产业化和农产品质量安全水平有了新提高，省级重点龙头企业增量和总量均为全省第一，农业整体质量效益以及农民收入稳步提高。

强力实施三年大变样攻坚战，努力打造一流省会城市。市委常委会把全面完成三年大变样的既定任务目标摆在首要位置，对三年大变样工作进行了精心谋划，明确了工作重点，提出了工作标准，落实了工作责任，进行了全面发动，强力组织实施三年大变样攻坚战。突出抓了体现现代繁华舒适特色的标志性区域建设，街道景观、夜景景观提升，城中村、老旧小区改造和大型建筑建设，民生、环保、生态、拆迁四大攻坚以及城市管理五项机制建设。坚持定期不定期地听取三年大变样工作进展情况汇报，实行市级领导分包重点工程责任制，加强对重点工作的督导和协调，及时研究解决工作中遇到的困难和问题，保证了各项重点工作和重大工程的顺利推进。经过全市上下的艰苦努力，全面完成了省委、省政府确定的城镇面貌三年大变样五大项、八十个具体指标，为城镇建设向纵深发展奠定了良好基础。石家庄市在全省三年大变样考核中名列第一。

深化了对城镇化特别是省会城市建设的认识，努力在推动城市建设上水平、出品位、生财富、惠民生上做文章、下功夫。高度重视规划在城市建设中的引领和基础性作用，坚持高端设计、顶级规划，放开规划设计市场，让国内外一流的规划设计单位和建设队伍参与城市建设，努力提高规划设计水平，为建设繁华舒适、现代一流的省会城市奠定坚实基础。坚持认真学习先进城市的成功经验，组织开展了对标天津活动，从理念、标准、措施等方面与天津进行深度对标。全面启动了事关省会长远发展的正定新区、大西柏坡、环城水系、空港工业园区四项重大工程建设，积极克服各种困难和障碍，举全市之力强力予以推进，努力提升省会的品位和功能，打造省会建设发展新亮点。按照“干净、整洁、有序”的要求，推进城市精细化管理，使城市管理进一步科学高效、精细规范。统筹考虑城市改造建设、产业布局调整、繁荣城市经济和生态环境改善，加强对污染企业搬迁改造后土地的集中收储和整体规划，省会城市环境改善、形象提升、产业发展、就业增加的多赢局面正逐步显现。坚持将城市改造建设与维护群众利益相统一，高度关注、精心组织城中村和危旧小区改造、居住环境整治、便民市场建设等民生工程，及时解决城市建设给广大居民带来的暂时困难，群众的居住条件、生活环境和生活质量实现了较大幅度的改善。

坚持以城乡统筹的理念解决经济社会发展特别是工业化、城镇化进程中的突出矛盾和问题，明确了统筹城乡发展的思路、重点、保障措施，制定了相关配套政策，并强力予以推进。各级各部门紧紧抓住石家庄市作为全省统筹城乡发展试点市的机遇，突破思想观念和体制机制障碍，以统筹推进农村工业化、城镇化和农业现代化为载体，大力实施城乡规划、产业发展、基础设施、公共服务、劳动就业和社会保障、社会管理等“六个一体化”，推动重点工作、重点区域率先突破。坚持把县城和新民居建设作为统筹城乡发展的突破口，积极学习借鉴先进地区经验，着力实施了县城路网完善、绿化升级等“十大工程”，促进了县城功能的提升和形象的改善。2010 年确定的新民居示范村全部完成规划编制并开工建设，发挥了较好的示范作用。

加强和改进宣传思想工作，大力提升文化发展活力。市委常委会坚持牢牢把握意识形态领域的领导权和文化发展的主动权，按照“高举旗帜、围绕大局、服务人民、改革创新”的总要求，切实加强新时期宣传思想文化工作，扎实推进文化体制改革与文化事业产业发展，着力提升省会的文化软实力和城市竞争力，努力打造文化强市。

紧紧围绕建设学习型党组织重大战略任务，突出抓好各级党委（党组）中心组学习，促进党员干部学习制度化，深化拓展“理论面对面”下基层宣传活动，加强应用性理论研究，推出一批通俗读物，不断把理论武装工作引向深入。组织开展了一系列有影响、有深度的主题宣传报道活动，重点围绕转变发展方式、工业攻坚战、投资与重点项目建设、三年大变样、创先争优活动以及“十一五”发展成就等进行全面及时报道，营造了齐心协力促和谐、抓发展的良好氛围。围绕群众关注的热点问题，有针对性地做好思想政治工作，及时解疑释惑、疏导情绪、鼓舞士气，进一步凝聚了共识，促进了和谐。加大了对外宣传力度，组织了一批展示石家庄市经济社会发展成就的宣传报道在中央和省级媒体刊播，在省内外产生了良好反响。

着眼于增强文化发展活力，扎实推进文化体制改革和发展。市委常委会先后多次专题研究，明确责任时限，加强督导检查，有组织有计划地扎实推进。要求有关部门按照中央和省委的要求研究制定相关配套政策，更好地引导、规范和支持文化体制改革。经营性文化事业单位转企改制取得突破性进展，公益性文化单位内部机制改革不断深化。市、县两级综合执法改革以及各县（市）文化、新闻、广电三局整合全面完成。推进宣传经营分开，组建了市报业、广电、演艺三大文化企业。同时，高度关注经营性文化事业单位改制后的发展，要求相关部门加快制定支持政策，逐步建立符合市场经济要求的管理运行机制，使其尽快迸发出新的生机与活力。积极推进文化事业和文化产业发展，研究出台了《关于进一步加强省会文化建设的意见》。大力加强公共文化服务体系建设，进一步完善政府主导、多方共建、多元投入机制，深入实施文化惠民工程，加强基层文化设施和服务网络建设，组织开展“三下乡”、“燕赵讲坛”、“彩色周末”、高雅艺术演出等系列活动，丰富了群众文化生活。加强文化精品建设，河北梆子现代戏《女人九香》在中国第九届文化艺术节又获大奖，电视剧《家在南三条》完成拍摄和后期制作。大力培育发展现代传媒、印刷出版、动漫游戏、民俗文化、演艺娱乐等文化产业。石家庄美术馆落成开馆，民生路文化长廊、吃遍中国主题公园等一批重点文化产业项目开工建设，制作的52集原创动画片《豆丁的快乐日记》在央视播出，打造了“盛庄欢乐会”等大众综艺演出，成功举办了中国·石家庄第五届国际动漫博览交易会，影响力进一步增强，实现了经济和社会效益双丰收。

深入挖掘深厚文化资源，着力打造特色文化品牌。以正定古城、赵州桥等中外驰名的众多历史文化遗存保护、传承为重点，挖掘文化内涵，展现历史风韵，延伸石家庄的历史文脉。成功举办了中国石家庄·正定古城文化保护高峰论坛，《石家庄通史》古代卷正式出版，《璀璨时空－石家庄历史文化影像志》在中央电视台和石家庄广播电视台播出后反响强烈。以大西柏坡建设为龙头，大力弘扬红色文化，启动了第一批18处革命旧址修缮恢复工程，全力打造全国著名的爱国主义教育基地集群和全国一流的红色旅游文化胜地；组织举办了“西柏坡文化节”，积极组织大型电视连续剧《新中国从这里走来》的前期筹备工作，努力打造西柏坡红色文化品牌。

高度重视精神文明建设，大力提升市民文明素质和城市文明程度。以“六城同创”为抓手，组织开展了新一轮文明城市创建活动，积极争创全国文明城市。按照“城镇面貌大变样，市民素质大提高”的要求，深入推进市民文明素质提升工程，组织开展了百万市民文明素质大培训、文明社区和文明生态示范社区创建等活动，积极开展志愿者行动等形式多样的道德实践活动，树立和宣传了一批先进典型，有力促进了全市人民思想道德素质和社会文明程度的提升。

高度重视保障和改善民生，努力营造和谐稳定的社会环境。坚持把保障和改善民生作为发展的最终目的，切实解决关系民计民生的突出问题，努力提高人民群众的幸福指数。把就业作为民生之本，实行积极的就业政策，突出抓好高校毕业生、农民工、复转军人、城镇困难群众的就业工作。通过发展劳动密集型产业、鼓励全民创业、开展劳务输出、开发公益性岗位等多种形式，拓宽了就业渠道，稳定了就业形势。把社会保障作为和谐之基，加大公共财政投入，不断扩大保障范围，提高保障水平，覆盖城乡的社会保障体系进一步完善。新农合制度门诊统筹试点、重大疾病保障试点以及新农保的试点工作进展顺利。认真做好住房保障工作，着力构建以廉租住房为主，经济适用住房、公共租赁房等为辅的多层次住房保障体系，全市3.2万户低收入住房困难家庭有效改善了居住条件。把发展社会事业作为惠民之举，大力推进教育、科技、卫生、体育、人口计生等各项社会事业快速健康发展。认真落实教育惠民政策，义务教育均衡化深入推进，职业教育快速发展，中小学校舍安全工程取得积极进展，成功举办了以“教育发展战略与教育质量”为主题的石家庄论坛；科学普及力度不断加大，面向基层的科技服务水平明显提高，石家庄市获“全国科普工作先进集体”称号；基层医疗卫生服务体系进一步完善，在12个基层医药卫生体制综合改革试点县（市）区实施了国家基本药物制度，基本公共卫生服务均等化稳步推进；人口计生工作扎实推进，主要指标位居全省前列，并被国家人口计生委确定为全国人口和计划生育综合改革示范市。全民健身活动成效明显，石家庄市在第十三届省运会上获金牌、总分“双第一”。年初确定的为群众所办的38件实事基本完成。

坚持把维护社会和谐稳定作为重大的政治任务来抓，紧紧围绕打造全国最平安省会城市的目标，以高度的政治责任感和强烈的忧患意识，毫不放松地抓好维稳工作。坚持从解决影响稳定的源头性、根本性、基础性问题抓起，深入推进社会矛盾化解、社会管理创新、公正廉洁执法三项重点工作。进一步巩固和拓展“三位一体”大调解、“四位一体”大维稳等成功做法，大量排查化解社会矛盾，积极预防和妥善处置群体性突发事件。积极做好信访工作，创新领导体制、组织方式和工作流程，深化三级干部大接访机制，一些久拖不决的问题积案得到有效解决，群众到市以上信访总量持续下降。积极推进社会管理创新，实施管理重心下移，建立了信息网络建设管理平台，探索建立了流动人口管理新模式和对高危人群的大帮扶工作体系，进一步提高了对社会的管控能力。大力加强社会治安综合治理，组织开展了严打整治专项行动，有力地震慑了犯罪分子。以信息化建设为重点大力推进科技强警，公安信息化水平和民警素质有了大幅提升。进一步建立健全了食品药品安全监管机制，食品安全最放心城市建设扎实推进。高度重视并切实抓好安全生产工作，有效遏制了重特大事故的发生，全市安全生产形势平稳。

以改革创新精神加强党的建设，为推动省会科学发展、率先发展提供坚强保证。市委常委会坚持党要管党、从严治党，以执政能力建设和先进性建设为重点，以改革创新的精神深入推进党的建设各项工作。按照中央和省委的统一部署，从4月份开始，以“建堡垒夯实基础、学先进争当楷模、比奉献岗位立功、强省会科学发展”为主题，在全市深入开展了创建先进基层党组织、争当优秀共产党员活动。通过召开会议部署、深入基层联系点调研等形式加强指导。引导基层党组织找准活动结合点，以活动开展推动中心工作，以中心工作的成效检验活动效果。积极探索在重点项目建设施工队伍中成立临时党组织，有力地推进了重点项目建设。以选树先进典型、强化争创机制为抓手，广泛开展对标定位、夺旗争星行动，推进基层党组织建设。在农村，大力实施“领头雁工程”，选准配强了一批农村支部书记；大力推行“一定三有”工作机制，调动了农村干部的工作积极性。在街道社区，积极推行“楼院支部”建设活动，探索推行了“双轨制”党建模式，提高了社区党建工作水平。在其他各类基层党组织中，注重抓好制度化、规范化建设，努力扩大党组织的覆盖面和影响力。同时，坚持党群共建，以党内带党外、党员带群众，扩大了创先争优活动的覆盖面，形成了全社会参与创先争优活动的生动局面。村转社区“双轨制”模式经验和优秀党总支书记高能权同志先进事迹得到刘云山、李源潮等中央领导同志的肯定。

围绕建设繁华舒适、现代一流省会城市，加强领导班子和干部队伍建设。大力推进学习型领导班子建设，大兴读书学习、调查研究之风，提高运用科学发展观指导实践的能力。认真贯彻执行民主集中制，各级领导班子科学决策、民主决策水平进一步提升，凝聚力、战斗力进一步增强。围绕重点工作的推进和落实，科学调配干部资源和领导力量，新组建成立了正定新区、空港工业园、大西柏坡建设的领导机构，为重点工作顺利推进提供了组织保障。积极深化干部人事制度改革，加大竞争性选拔干部力度，在市县机关开展轮岗交流和竞争上岗。倡导和树立正确的用人导向，强调要注重从企业和专业人才中选拔一批干部充实到县（市）区和部门班子中，注重从基层一线选拔、锻炼和考验干部，给干事的人以舞台，给干成事的人以激励，给不干事的人以警示。启动了面向企业竞争性选拔副县（市）长工作。大力加强人才队伍建设，制定出台了《石家庄市中长期人才发展规划纲要》。全市引进人才的层次和数量较去年有了大幅提升。

发展环境是经济社会发展的“命门之穴”，而转变干部作风是优化发展环境的关键，必须常抓不懈。各位常委身体力行、率先垂范，带头执行制度，带头攻坚克难，带头深入群众，带头艰苦奋斗，并从改进文风、会风入手，努力为基层党员干部作出表率。坚持以工作带作风，大力倡导求真务实、真抓实干，要求各级干部重视学习、研究方法、注重实践、增长才干，着力提高抓落实的本领、解决实际问题的能力。坚持重结果不重过程，强调各项工作都要抓推进、抓落实，以工作落实的质量和效率检验作风建设的成效，并将之作为考察和使用干部的重要依据。坚持以制度建设促作风转变，制定了《关于深入推进干部作风建设的意见》，出台了《石家庄市机关工作人员损害发展环境行为责任追究暂行办法》等相关制度，对工作不尽责、不落实，不作为、乱作为，造成重大损失和恶劣影响的，坚决予以问责。加强了对干部的心理疏导和关怀，努力使干部队伍始终保持昂扬向上的精神状态。

坚持不懈地推进党风廉政建设。强化对中央和省、市委重大决策部署贯彻落实情况的监督检查，提高行政效能，确保政令畅通。扎实推进行政权力运行监控机制建设，深化政务公开。认真贯彻《廉政准则》，坚持把示范教育、警示教育和党纪政纪条规教育结合起来，党员领导干部廉洁自律和廉洁从政的意识进一步增强、行为进一步规范。深入开展“反腐倡廉制度建设年”活动，在教育、监督、预防和惩治等方面创新完善了相关制度，特别是对管理人财物、有审批权限的部门，制定更加严格的监督措施，把惩防体系这张“网”织得更加严密。加强了工程建设领域反腐倡廉工作，积极预防各类职务犯罪。下大力解决在教育、医疗、食品药品安全、环境保护等方面群众反映强烈的突出问题。继续保持惩治腐败的强劲势头，严肃查处了一批违纪违法案件。严格执行党风廉政建设责任制，督促各级领导干部认真落实“一岗双责”，推动了党风廉政建设和反腐败工作的深入开展。

根据大局和事业发展的需要，坚持德才兼备、以德为先的用人标准，认真负责地做好干部选拔任用工作。先后研究任免干部 161 人，其中，提拔 69 人，平职调整 92 人。另外，提任非领导职务 21 人，免职或免职保留相应职级 67 人，退休 126 人，市直文化系统体制改革涉及干部 42 人。在市管重要领导职位提名环节继续实行“两推一议”，定向推荐市直部门正职人选 9 名，非定向推荐市直部门和县（市）区正职人选 15 名；对 20 名正县级领导干部的任职进行了票决，对 14 名县（市）区党政正职和市直部门正职的任用以书面形式征求了市委委员和候补委员的评价意见。积极稳妥地推进干部人事制度改革。加大了竞争性选拔和交流干部工作力度，采取竞争性选拔的方式选派“三援”干部 15 人；对重点部门、关键岗位及长期在一个单位工作的领导干部，通过调任、转任等方式加大交流和轮岗力度。加强干部选拔任用工作的监督。对干部选拔任用工作实行了全程记实，对拟提拔的县（处）级领导干部，在原有公示内容的基础上，再增加个人住房、投资、配偶子女从业等三项内容。深入整治用人上不正之风。启动了违规用人举报快速反应机制，根据举报检查情况，先后对 14 名同志采取了函询、诫勉谈话。通过扎实有效的工作，在全市进一步营造了风清气正的选人用人环境。干部提名“两推一议”、常委会任用重要干部票决制、拟提拔干部“三项公示”等做法，省委组织部予以肯定，被国家级新闻媒体宣传推广。

在推进各项事业发展中，市委常委会注重发挥总揽全局、协调各方的领导核心作用，加强市级领导班子的统筹协调，支持人大、政府、政协各班子依照法律和章程积极主动、独立负责地开展工作。同时，充分发挥几大班子整体作用，对涉及经济建设、三年大变样、维护稳定等重大工作，实行市级领导分工负责制，形成了抓工作的强大合力。加强新形势下统一战线工作，对重大决策注意听取民主党派、工商联和无党派人士的意见，充分调动各方面的积极性，形成了凝心聚力、共谋发展的良好局面。认真落实党的民族宗教政策，民族团结进步、宗教和谐稳定的局面进一步巩固。注重发挥工会、共青团、妇联等人民团体的桥梁纽带作用，组织动员各界群众在推动省会科学发展、率先发展中建功立业。加强党管武装工作，国防后备力量建设进一步加强，驻石部队、武警官兵和民兵预备役人员支持省会建设取得新成效。

【中共石家庄市委及有关工作部门组成人员】

书　　记：车俊　(6月免)
孙瑞彬 (8月任)
副书记：艾文礼　刘云峰
市委常委：车俊　(6月免)
孙瑞彬 (8月任)
艾文礼
刘云峰
李国伦
杨志辉
栗进路
李文起 (11月免)
孙万勇
王大虎
张铁力
王俊钟
胡儒钗
张振县 (11月免)
秘书长：杨志辉
常务副秘书长:宋学恭 (4月任)
副秘书长：李乃毅 (4月免)
刘群　(11月免)
刘吉广
左建平 (4月免)
卢建新
李龙　(6月免)
王永军 (6月任)
崔大平 (6月任)
市委研究室主任兼副秘书长：
刘吉广
市信访局局长、党组书记兼副秘书长：魏晓流
市委信息中心主任兼副秘书长：霍国林 (12月免)

市纪律检查委员会

书　　记：李文起
副书记：张治春　王增飞
刘书平　徐将威
纪委常委：王文朝　梁建林
左素娥 (女)
尹新民
李惠英

市委办公厅

主　任:李乃毅(兼)(4月免)
副主任：唐克　李海峰
纪检监察员：杨福华

市委组织部

部　　长：王俊钟
常务副部长：张云雁
副部长：高新城　王冬梅
王冬梅　陈慧明

市委宣传部

部　　长：孙万勇
常务副部长：王惠周
副部长：耿震环　薛建廷
赵贵世(4月免)
王勋涛(12月免)

市委统战部

部　　长：胡儒钗
常务副部长：刘国栋
副部长：哈宝伏
白兰怀
冯喜英
王溪波(12月任)

市委政法委

书　　记：张铁力
常务副书记：安忠起
副书记：李文起
张树志
梁建斌(兼)
祁改　吕军英
刘志魁(4月任)

市直机关工委

书　　记：康瑞斌
副书记：范志斌
聂忠海 (兼纪工委书记)
胡国龙
杨宗波

市委农工委

书　　记：张树志
常务副书记：王武德
副书记：谢顺
王荣军
邸占欣

机构编制委员会

主　任：高新城 (3月免)
左建平 (4月任)
副主任：邓京生
董胜国
霍永平

台湾工作办公室

主　任：李风江
副主任：刘嫦嫦 (12月免)
彭彩欣
杨文江

信访局

局　长：魏晓流
副局长：平国强　苏清才
齐刚明　田志
张建平

研究室

主　任：刘吉广
副主任：王运章　郭宗海
谭运江

老干部局

局　长：王冬梅
副局长：兰永谦　宋成武

机关事务管理局

局　长：古临江
副局长：殷玉良
张连发
李长亭
李素英
卢首往

【中共石家庄市委常委会议】 1月5日，车俊主持召开八届市委常委会第110次会议。讨论并原则同意关于贯彻落实省委、省政府领导在调研“三年大变样”工作时重要讲话精神的意见；讨论并原则同意《关于进一步加强省会文化建设的意见(讨论稿)》；讨论并原则同意《石家庄市促进工业发展的若干政策措施(讨论稿)》；讨论并原则同意《关于进一步加快石家庄高新技术产业开发区发展的意见（讨论稿)》(市委常委会议纪要八届第110号)。

1月18日，车俊主持召开八届市委常委会第111次会议。讨论并原则同意《政府工作报告(讨论稿)》；原则同意市财政局关于2010年财政预算（草案）安排意见；原则同意市建设局关于2009年城建计划执行情况及2010年城建计划（草案）安排意见；听取了市政府办公厅关于2009年38件实事落实情况的汇报，原则同意2010年谋划继续为人民群众办好八方面38件实事的意见；听取了市委组织部关于中组部对贯彻执行《条例》检查反馈意见及深化干部人事制度改革意见的汇报（市委常委会议纪要八届第111号)。

2月5日，车俊主持召开八届市委常委会第112次会议。听取了市纪委关于省纪委七届六次全会主要精神的汇报，讨论并原则同意《市纪委八届五次全会工作报告（讨论稿)》、《关于召开第八届市纪委第五次全会的安排意见》；听取了市委组织部关于全省组织部长会议、深化干部人事制度改革座谈会和老干部工作会议主要精神及贯彻意见的汇报；听取了市委政法委关于全国、全省政法工作会议和省综治委（扩大）会议精神及贯彻落实意见的汇报；听取了市委农工委关于全省农村工作会议精神及贯彻落实意见的汇报；听取了市委统战部关于全省统战部长会议精神及贯彻落实意见的汇报；讨论并同意《关于建立基层党建专项述职承诺制的意见》；讨论并原则同意《关于拟提拔领导干部实行申报公示个人住房、投资、配偶子女从业等重大事项的规定（试行)》；研究了干部人事问题（市委常委会议纪要八届第112号)。

3月2日，车俊主持召开八届市委常委会第113次会议。讨论并原则同意市委、市政府《关于新区规划建设管理的若干意见（讨论稿)》；听取了市学习实践活动办公室关于全市开展深入学习实践科学发展观活动的情况汇报；听取了市干部作风建设年活动办公室关于全市干部作风建设年活动及群众评议市级机关作风情况的汇报；讨论并同意《石家庄市作风建设五项制度》；讨论并原则同意《石家庄市深入学习实践科学发展观活动暨干部作风建设年活动总结大会方案》；讨论并原则同意《关于在全市开展万名干部下基层“访群众、解难题、保稳定、促发展”活动的意见（讨论稿)》；听取了市纪委关于省惩治和预防腐败体系建设检查组对石家庄市的反馈意见及改进措施的汇报（市委常委会议纪要八届第113号)。

3月31日，车俊主持召开八届市委常委会第114次会议。研究了干部人事问题（市委常委会议纪要八届第114号)。

4月1日，车俊主持召开八届市委常委会第115次会议。讨论并同意市纪委关于共青团石家庄市委原副书记王亚丽采取弄虚作假等不正当手段谋取职务及有关人员违纪违法问题的处理意见（市委常委会议纪要八届第115号)。

4月16日，车俊主持召开八届市委常委会第116次会议。听取了市政府办公厅关于落实陈全国省长西柏坡调研议定事项安排意见的汇报；听取了市政府办公厅关于陈全国省长石家庄机场现场办公会后有关工作落实情况的汇报；听取了市发改委关于贯彻落实全省重点建设项目调度会议精神的汇报；听取了市统筹城乡发展工作领导小组办公室关于全省统筹城乡发展暨推进农村新民居建设工作会议精神和石家庄市工作安排意见的汇报；听取了市委组织部关于全省深入开展创先争优活动动员会议精神及贯彻意见的汇报；讨论并同意《中共石家庄市委常委会任用正县级领导干部投票表决办法（试行)》和《石家庄县(市）区委常委会任用正科级领导干部投票表决办法（试行)》；讨论并同意市委组织部《关于加强对侧重服务市级领导工作人员管理的有关规定》；讨论并原则同意市编办《关于设立“石家庄空港工业园管委会”的意见》；讨论并原则同意市编办《关于市审计局等部门机构编制领导职数有关事宜的意见》；研究了干部人事问题（市委常委会议纪要八届第116号)。

4月29日，车俊主持召开八届市委常委会第117次会议。听取了市政府办公厅关于陈全国省长到石家庄市就城市水系建设现场办公情况的汇报；听取了市劳模评选办公室关于石家庄市2007～2009年度劳动模范评选表彰有关情况的汇报；讨论并原则同意《中共石家庄市委常委会学习制度（讨论稿）》、《中共石家庄市委常委会委员廉洁从政准则（讨论稿）》和《中共石家庄市委常委会委员行为守则（讨论稿）》；听取了市人口和计划生育委关于全省人口计生工作电视电话会议精神和全市人口计生工作情况的汇报；讨论并原则同意《关于加强和改进政务接待宣传工作的意见》；讨论并原则同意市委宣传部《关于建立和完善党委系统新闻发言人制度的意见》（市委常委会议纪要八届第117号）。

6月7日，艾文礼主持召开八届市委常委会第118次会议。传达了陈全国省长在省会规划建设委员会第七次全体会议上讲话精神，研究了贯彻落实意见（市委常委会议纪要八届第118号）。

6月13日，艾文礼主持召开八届市委常委会第119次会议。研究了干部人事问题（市委常委会议纪要八届第119号）。

6月27日，艾文礼主持召开八届市委常委会第120次会议。通报了中央政治局常委、国务院副总理李克强同志来河北考察调研有关情况；讨论并同意市委《关于开展向高能权同志学习的决定（讨论稿）》；研究了干部人事问题（市委常委会议纪要八届第120号）。

7月12日，艾文礼主持召开八届市委常委会第121次会议。听取了市规划局关于滹沱新区起步区城市设计整合方案及近期建设规划的汇报、市滹沱新区建设领导小组办公室关于滹沱新区建设工作有关情况的汇报（市委常委会议纪要八届第121号）。

7月15日，艾文礼主持召开八届市委常委会第122次会议。听取市委督查室、市政府督察室关于全市领导干部会议精神贯彻落实情况的汇报；听取市法院党组关于最高人民法院王胜俊院长视察桥西区人民法院讲话精神及贯彻意见的汇报；研究了《关于切实加强乡镇纪委建设的若干意见（讨论稿）》；讨论并原则同意《省会城市建设“三年上水平”实施方案（讨论稿）》（市委常委会议纪要八届第122号）。

8月16日，艾文礼主持召开八届市委常委会第123次会议。讨论并原则同意《石家庄市政府本级和市政府领导班子成员廉政风险等级目录》；听取了市信访局关于今年上半年全市信访工作情况及下一步工作建议的汇报；听取了市食品安全委员会办公室关于开展问题乳粉集中清查专项行动情况的汇报；听取了市委政法委关于元氏“8．1”刑事案件及处置情况的汇报（市委常委会议纪要八届第123号）。

9月10日，孙瑞彬主持召开八届市委常委会第124次会议。讨论并同意市委、市政府《关于建设国家创新型城市的意见（讨论稿）》和《石家庄市建设国家创新型试点城市实施方案（讨论稿）》；听取了市委组织部关于全省人才工作会议和干部人事制度改革工作会议主要精神及贯彻意见的汇报；听取了市发改委关于全市节能降耗工作和市环保局关于全市污染减排工作的汇报；听取了市食品药品监督管理局关于全市开展乳制品药品安全专项治理情况的汇报；听取了市园林局关于环城水系工程建设情况的汇报；听取了市政府办公厅关于石家庄国际机场改扩建有关情况的汇报；听取了市政府办公厅关于西柏坡综合开发建设进展情况的汇报；听取了市政府办公厅关于石家庄集发现代农业产业观光园建设进展情况的汇报；研究了干部人事问题（市委常委会议纪要八届第124号）。

9月29日，孙瑞彬主持召开八届市委常委会第125次会议。讨论并原则同意《石家庄市统筹城乡发展试点工作实施方案（讨论稿）》和《石家庄市统筹城乡发展若干政策（讨论稿）》；讨论并同意《关于建立市委重要工作事项沟通协调机制的意见（修订稿）》；研究了干部人事问题（市委常委会议纪要八届第125号）。

10月15日，孙瑞彬主持召开八届市委常委会第126次会议。讨论并同意关于免去张庆华同志灵寿县公安局长职务的意见（市委常委会议纪要八届第126号）。

10月20日，孙瑞彬主持召开八届市委常委会第127次会议。传达学习了中共党的十七届五中全会精神；听取了市考核办关于县（市）区、市直部门领导班子和市管干部2009年度考核情况汇报；听取了市发改委关于全省推动“十二五”重大项目建设工作电视电话会议精神及贯彻落实意见的汇报；听取了石家庄经济文化参访团赴台经济文化交流考察情况的汇报；讨论并原则同意《石家庄市机关工作人员损害发展环境行为责任追究暂行办法（讨论稿）》；听取了市政府办公厅关于妥善处置部分出租车拒载和街面流量减少问题的汇报（市委常委会议纪要八届第127号）。

11月5日，孙瑞彬主持召开八届市委常委会第128次会议。传达学习了省委七届六次全会精神；讨论并原则同意市编办关于西柏坡管理局等副县级以上行政、事业单位机构设置、人员编制和领导职数设置的意见；听取了市纪委关于出租汽车停运事件调查情况及相关责任人处理意见的汇报；通报了石家庄市省委管理干部和县（市）区委书记、市属高校省委管理干部2009年度考核结果；研究了干部人事问题（市委常委会议纪要八届第128号）。

11月19日，孙瑞彬主持召开八届市委常委会第129次会议。研究了干部人事问题（市委常委会议纪要八届第129号）。

11月24日，孙瑞彬主持召开八届市委常委会第130次会议。听取了市政协党组关于庆祝河北省政协成立60周年大会暨中共河北省委政协工作会议主要精神及贯彻落实意见的汇报；听取了市工、青、妇工作汇报，讨论并同意市委《关于进一步加强和改进党对工会工作领导的意见（讨论稿）》；听取了市委组织部关于召开全市人才工作会议有关情况的汇报（市委常委会议纪要八届第130号）。

12月2日，孙瑞彬主持召开八届市委常委会第131次会议。传达学习了张云川书记在调研铁路枢纽改造工程及城市建设工作时重要讲话精神，研究了贯彻落实意见（市委常委会议纪要八届第131号）。

12月17日，孙瑞彬主持召开八届市委常委会第132次会议。讨论并原则同意《中共石家庄市第八届委员会第六次全体会议安排意见（讨论稿）》；听取了市人大常委会党组关于召开石家庄市第十二届人民代表大会第四次会议和市政协党组关于召开政协石家庄市第十一届委员会第四次会议有关事项的汇报，讨论并原则同意《中共石家庄市委政协工作会议安排意见（讨论稿）》；讨论并原则同意《关于支持东部平原县（市）工业经济实现跨越式发展的若干政策措施（讨论稿）》、《关于鼓励工业企业加速发展的十条意见（讨论稿）》和《关于加快商贸服务业发展的八条意见（讨论稿）》；讨论原则同意《关于进一步加强全市安全生产工作的意见（讨论稿）》；听取了市委党史研究室关于贯彻落实中发[2010]10号文件和中央、省委党史工作会议精神的汇报；听取了市委政法委关于中央、省三项重点工作部署及贯彻落实意见的汇报；讨论并同意市考核办《石家庄市县（市）区、市直部门领导班子和市管干部年度考核办法（试行）（讨论稿）》；讨论并同意市委组织部《石家庄市面向企业竞争性选拔副县（市）长人选的实施意见（讨论稿）》；讨论并同意市委组织部《石家庄市直部门党组（党委）任用正科级领导干部投票表决办法（试行）》；讨论并同意市委组织部《关于建立市住房公积金管理中心党组和市环境保护局直属单位党委的意见》；研究了干部人事问题（市委常委会议纪要八届第132号）。

【重要决策】 **中共石家庄市委2010年工作要点。**1月4日，中共石家庄市委制定下发《中共石家庄市委2010年工作要点》（石发［2010］1号），确定石家庄市委全年的工作要求和全市社会经济发展的主要预期目标。全年的工作要求是：坚持以邓小平理论、“三个代表”重要思想为指导，深入贯彻落实科学发展观，按照党的十七届四中全会、省委七届五次全会和中央、省经济工作会议部署和要求，以建设繁华舒适、现代一流省会城市为目标，以加快经济发展方式转变、保持经济平稳运行较快发展为首要任务，以工业化、城镇化“双轮驱动”为战略举措，以加强和改进新形式下党的建设为保障，进一步打开解放思想“总阀门”，创新发展模式，突破重点难题，全面加强经济建设、政治建设、文化建设、社会建设、生态文明建设和党的建设，不断提高省会工作首位度，奋力开创全市经济社会科学发展、率先发展新局面。全市经济社会发展主要预期目标是：地区生产总值增长11%；全部财政收入增长12%、，其中一般预算收入增长12%；城镇居民人均可支配收入增长10%，农民人均纯收入增长8%；万元生产总值耗能下降3%；城镇登记失业率控制在4.5%以内；努力增加市区环境空气质量优良天数。

开展统筹城乡发展试点工作。为积极探索城乡统筹发展路径，推动全市城乡一体化发展，根据河北省委、河北省人民政府《关于统筹城乡发展试点工作的指导意见》（冀发［2009］19号）要求，2月21日，石家庄市委、市政府制定下发《关于开展统筹城乡发展试点工作的意见》（石发［2010］3号）。总体要求是：全面贯彻落实党的十七届三中、四中全会和省委七届四次、五次、市委八届四次、五次全会精神，深入贯彻落实科学发展观，以加快形成城乡经济社会一体化发展新格局为根本要求，围绕促进农村发展、推进城乡公共服务均等化、搞好城乡基础设施延伸对接，探索发展路径，创新体制机制，完善政策体系，加快以工促农、以城带乡步伐，实现工业反哺农业、城市带动农村、公共资源共享，为推协全市统筹城乡一体化发展积累经验。试点范围：按照近郊、平原、山区和不同资源禀赋、不同经济基础等条件选择试点的原则，确定藁城市、辛集市、鹿泉市、栾城县、正定县、高邑县、矿区7个县（市）区为市级统筹城乡发展试点县（市）区。藁城市同时为省级统筹城乡发展试点县（市）。其他县（市）区与根据实际情况，选择1～2个基础条件较好的乡镇开展试点工作，探索和实践乡域内乡（镇）村一体化发展建设的途径。

进一步加强省会文化建设。为深入贯彻落实科学发展观，大力加强省会文化建设，推动社会主义文化大发展大繁荣，提升城市文化软实力和综合竞争力，努力实现建设文化强市目标。3月15日，石家庄市委、市政府制定下发《关于进一步加强省会文化建设的意见》（石发［2010］6号），并提出以下意见：一是加强文化建设的重要意义、指导思想、基本原则和发展目标，二是加强思想道德建设，全面提升市民文明素质，三是大力发展文化事业，健全公共文化服务体系，四是不断扩大文化产业，培育经济发展新支柱，五是深化文化体制改革，增强发展活力，六是加大政策支持力度，切实推进文化建设，七是切实加强领导，营造良好氛围。

政务公开暨权力公开透明运行工作方案。为推进行政权力公开透明运行工作，全面深化政务公开。市委、市政府制定《石家庄市2010年政务公开暨权力公开透明运行工作方案》（石发［2010］12号）。方案以邓小平理论和“三个代表”重要思想为指导，以科学发展观为统领，认真贯彻落实党的十七届四中全会以及中央和省、市纪委全会精神，按照“依法规范、深化成果，全面推进、重点突破，探索创新、提升水平”的总体思路，进一步解放思想，真抓实干，全面落实《河北省行政权力公开透明运行规定》，进一步提升政务公开暨权力公开透明运行工作质量和水平，着力打造服务政府、责任政府、法治政府和廉洁政府，为确保在全省率先实现“三年大变样”目标、促进省会经济社会又好又快发展提供有力保障。工作重点：一是着重抓好“保增长、保民生、保稳定”各项工作的公开、重点领域公开、行政决策公开、内部公开、基层公开、办事公开；二是切实加强规范行政自由裁量权；三是全面加强行政服务中心建设；四是突出抓好公开载体建设。

省会城市建设“三年上水平”。为在城镇面貌“三年大变样”的基础上进一步提升省会形象和品位，更快、更好地推进城市建设上水平、出品位、生财富，加速打造繁华舒适、现代一流的省会城市。8月26日，石家庄市委、市政府制定下发《关于省会城市建设“三年上水平”的意见》（石发［2010］10号）。总体思路是：以科学发展观为统领，紧紧围绕打造繁华舒适、现代一流的省会城市目标，更新发展观念，转变发展方式，放眼全国，对标先进，急步直追，加速赶超，通过实施新一轮大规模的城市建设开发改造，努力创造碧水蓝天的生态环境，着力营造宜居宜业的生活空间，倾力打造特色鲜明的城市形象，全面提升省会的知名度、美誉度、首位度，实现差距逐步缩小，位次明显前移，实力大幅增强，推动城市建设全面上水平、出品位、生财富、为省会长期又好又快发展奠定坚实基础。总体目标是：通过三年持续不断的努力，全面跻身国家环保模范城、国家生态园林城和全国文明城市行列，实现全国畅通工程一等管理水平，加快进入全国省会城市第一方阵，达到一流的城市环境质量、一流的城市承栽能力、一流的城市管理水平，促进省会建设和管理迈上新台阶。主要任务是：今后三年投入3062亿元，以“四大重点区”为引擎，倾力实施“七个十”工程，着力破解“三个瓶颈”全力推进城市建设上水平、生财富。

建设国家创新型城市。为全面落实科学发展观，认真贯彻党中央、国务院关于增强自主创新能力、建设创新型国家的战略部署，紧紧抓住国家开展创新型试点城市工作的机遇。9月25日，市委、市政府提出《关于建设国家创新型城市的意见》（石发［2010］11号）。指导思想是：以科学发展观为指导，将创新型城市建设作为城市发展战略，以实现创新驱动为导向，以转变发展方式为主线，加大创新能力培育力度，构建和完善新体系，努力把石家庄市建设成为创新特色鲜明的国家创新型城市。发展目标：2015年，全市自主创新能力明显增强，产业结构调整明显见效，创新体系日益完善，综合创新能力位居全国首位。财政科技拨款占财政支出的比重达到4%；全社会R&D经费支出占GDP的比重达到2.5%，企业R&D投入占企业销售收入的比重达到2.75%；规模以上企业中拥有研发机构的企业所占比重达到10%；增育5～8个具有自主知识产权的名牌产品；培育科技服务机构200家；百万人口发明专利授权数达到50件；拥有自主创新产品和国家级新产品数量达到80个；各级工程技术技术研究中心达到150家；吸引聚集国内外高层次创新人才，每万人口从事科技活动人员达到60人。到2020年，全市自主创新能力显著增强，产业竞争力大幅提升，R&D经费投入占GDP的比重达到3%，综合创新能力达到国内省会城市前列。

（夏清元）

组织工作

【概况】 2010年，全市组织工作在市委的正确领导和省委组织部的具体指导下，坚持以邓小平理论和“三个代表”重要思想为指导，深入贯彻落实科学发展观，以创先争优活动为主线，以深化干部人事制度改革、加强基层党建为重点，以提升知人善任、凝心聚力能力为支撑，紧紧围绕全市改革发展稳定大局选干部、配班子，建队伍、聚人才，抓基层、打基础，各项工作取得了新的进展。全年共有“两推一议”干部初始提名权改革、在重点工程建设中成立临时党组织开展创先争优、双轨制党建新模式、“四有一保”大学生村官管理等23项亮点工作被省以上领导批示肯定或在中央新闻媒体宣传推广。

【创先争优活动】 按照中央和省、市委的统一部署，以“建堡垒夯实基础、学先进争当楷模、比奉献岗位立功、强省会科学发展”为主题，从4月份开始，组织全市21500个基层党组织、59万余名党员扎实开展了活动。制定和完善了《县(市)区争先进位考核办法》和《项目建设考核办法》，把发展的任务目标，层层分解落实到全市各级党组织和广大共产党员，特别是针对“三年大变样”重点建设项目工期紧、任务重、要求高的形势，市委组织部牵头制发了《关于在全市重点工程队伍中成立临时党组织深入开展创先争优活动的通知》，在正定新区、大西柏坡、环城水系、空港工业园、石家庄新客站等44个工程建设项目成立临时党委，通过开展“三比一创”(比安全生产、比工程质量、比工程进度，力创精品工程)劳动竞赛、“百日会战”等活动，促进重点项目建设提质提速提效。在全市开展了“党员义务劳动和志愿服务”活动，组织480个志愿服务队、15000余名党员志愿服务者开展义务劳动，为群众办好事实事，全市各单位党组织均公开承诺并践行惠民利民举措，40个窗口部门普遍推行“一站式阳光服务”。以典型引领为动力深化活动。注重发挥典型的示范带动作用，先后总结选树了岗位奉献文明执法的新乐交警大队、推进党建创新的桥东区庄窠小区；以及“奉献五十年带领村民走上致富道路”的晋州市吕家庄村原党支部书记高能权、“在平凡岗位作出不平凡业绩”的市委宣传部常务副部长王惠周、“医术精湛视病人如亲人”的市第一医院急诊科主任王生池等2个先进基层党组织和4位优秀党员典型，召开全市创先争优活动先进事迹报告会，并组织到各县(市)区巡回报告，市委还作出向高能权、王惠周学习的决定，扩大了典型影响力。晋州市吕家庄村原党支部书记高能权，被中宣部确定为全国创先争优活动宣传典型，新华社、《人民日报》、中央电视台等中央媒体进行了集中宣传报道。以党群共建为抓手延伸活动。制定了开展党群共建创先争优活动的意见和实施方案，形成了党群共建同部署、同落实、同检查的“一带三”工作机制。全市工青妇组织开展了创建“五个好”先进集体和争当“五标兵”先进个人活动。石家庄市创先争优活动的经验和做法先后10次受到中央、省领导批示肯定，中央创先争优活动简报先后6次刊发石家庄市加强流动党员管理、新华区创建党建精品社区、赵县开展便民服务等经验做法，人民日报和中央电视台《新闻联播》先后5次对石家庄市创新载体、强化服务等做法进行报道。

【干部人事制度改革】 在落实已出台的竞争上岗、公开选拔、交流、轮岗、任期制等五个规范性文件的同时，坚持积极探索，多点突破，整体推进干部人事制度改革。一是不断完善“两推一议”干部初始提名权改革。规范了县（市）区党政正职和市直部门正职提名办法，每次干部选拔均按照三个步骤和程序进行：第一步，组织市委委员进行“海推”；第二步，根据“海推”推荐情况，按 1：2 的差额比例，由市级党政班子成员、人大政协正职进行“署名定向差额推荐”；第三步，根据推荐情况，经市委组织部与市委书记共同研究后，由市委书记、市长、副书记、纪委书记、组织部长 5 人小组进行“商议”，确定初始提名人选，再按有关规定履行任职程序，《光明日报》、《组织人事报》等多家媒体报道石家庄市做法。二是在市、县两级全部实行了任用重要干部票决制。全年市委常委会共票决县局级正职 30 名，各县（市）区共票决正科级干部 599 名。2010 年 12 月，市委常委会又研究通过了市直部门和单位任用正科级领导干部投票表决办法。三是围绕落实市委提出的实施“工业强市”战略，实现东部突破、大力发展工业的要求，积极开展面向企业竞争性选拔副县（市）长人选工作。在调研、学习考察、征求省委组织部和省、市国资委等企业主管部门意见的基层上，形成《石家庄市面向企业竞争性选拔副县（市）长人选的实施意见》，并经市委常委会研究通过。按照《实施意见》，及时成立领导小组及其办公室，在省、市新闻媒体发布竞选公告和答记者问，全面启动了竞选工作。四是会同市纪委联合出台《关于对拟提拔领导干部实行申报公示的规定（试行）》，对拟提拔的县（处）级领导干部，在原有公示内容的基础上，再增加个人住房、投资、配偶子女从业三项内容，对提拔的 87 名县处级领导干部全都进行了任前公示，《人民日报》报道了石家庄市的做法，新华网、人民网、中国共产党新闻网、搜狐、网易、环球等各大网站纷纷转载。

（石进楼）

【市县两级任用重要干部实行票决制】 2010 年上半年，市委常委会研究通过《中共石家庄市委常委会任用正县级领导干部投票表决办法（试行）》和《石家庄市县（市）区委常委会任用正科级领导干部投票表决办法（试行）》。新出台的两个票决（试行）办法突出以下内容。一是对回避事项作出具体规定：与会常委和列席人员与拟任用人选有夫妻关系、直系血亲关系、三代以内旁系血亲关系以及近姻亲关系的，讨论审议时本人必须回避。二是规定讨论审议中如发生意见分歧较大，有重大问题不清楚，或其它有可能影响民主、公正票决等情况的，对拟任用人选暂缓票决。三是规定常委会票决干部任用事项时，必须有三分之二以上的常委到会，并以同意票超过应到会常委人数的半数为通过；票决时设监票人和计票人，计票人在监票人监督下工作；计完票后，主持人当场宣布票决结果。

（王静）

【干部监督管理】 中央《党政领导干部选拔任用工作责任追究办法（试行）》等“四项监督制度”印发后，通过举办新任职干部培训班和中青年干部培训班，在《石家庄日报》开辟专栏刊发各级领导干部的学习体会文章，会同市纪委在全市干部中开展为期两个月的“学准则、讲规矩、重品行、作表率”主题教育活动，向全市 2000 多名市管干部发放《廉政准则》和四项监督制度自测题，在石家庄电视台举办“廉政准则及四项监督制度”专题知识竞赛，以及会同市纪委向全市组织系统印发《关于以周光全受贿卖官行为鉴坚决整治买官卖官行为的通知》，转发省委组织部《关于转发＜中共黑龙江省委组织部关于李维群在后备干部推荐中拉票问题的通报＞的通知》等，加大对组织制度贯彻执行情况的监督检查力度，在 2008、2009 年组织拉网式检查和集中抽查基础上，对个别信访举报较多的县（市）区进行了重点检查。针对发现的问题，下发了《关于在县（市）区机构改革中进一步严肃组织人事纪律的紧急通知》，对严禁自设机构、超职数配备干部、擅自提高职级待遇、认真解决历史遗留问题等提出明确要求，并畅通信访、电话、网络“三位一体”举报渠道，对受理干部选任方面的举报案件，全部按规定进行了处理。按照年初计划对 20 名党政正职领导干部进行了经济责任审计，对 12 个单位落实审计建议情况进行了回访。此外，为营造风清气正的市县乡党委换届环境，将中央和省、市委提出的换届纪律要求辑印10000多册，发放给全市市管干部和县（市）区科级干部；实行遵守换届纪律承诺制度，所有市管干部与市委签定承诺书，县（市）区所有科级干部与县（市）区委签定承诺书，承诺在换届期间严格遵守换届纪律，承诺履行情况将装入干部作风档案，作为换届人事安排和今后评价使用干部的重要依据之一。

【干部档案专项核查整治】 按照省委组织部统一部署，抽调1221名干部，对全市在职干部特别是副科级以上干部的“三龄两历一身份”全部进行了专项核查，共核查档案145417卷，其中科级以上干部档案16481卷。市委组织部对全市核查工作进行全面检查，对16481卷副科级以上干部档案全部检查，对一般干部档案进行抽查，共检查档案29041卷。对核查发现的各类问题，及时处理，认真整改。共投入专项经费300余万元，加强了干部档案的规范化管理。《人民日报》等媒体对石家庄市全面检查所有在职干部“三年龄两历一身份”的做法进行了报道。

【干部队伍建设】 先后举办了全市城建规划专题培训班、赴清华大学新闻发言人培训班、新任职干部培训班、中青年干部培训班、舆论引导与新兴媒体运用专题讲座等班次，共培训各级各类干部2572人次，其中县处级干部1456人次。指导各级干教机构有针对性地举办各类干部培训班，培训干部15.4万人次。坚持德才兼备、以德为先的用人的标准，认真做好领导班子调整补充工作；以“贯彻落实《党员领导干部廉洁从政若干准则》切实加强领导干部作风建设”为主题，指导各县（市）区召开了领导班子民主生活会；结合“组织部长下基层”活动，向全市2000多名市管干部寄发了《致市管干部的一封信》，并赠送《感恩的心》和《抱怨世界不如改变自己》两本书。坚持“公开、公正、竞争、择优”的原则加强干部队伍宏观管理，采取积分选岗办法妥善安置正团职军转干部43名，采取以总成绩排序选岗的办法，安排77名选调生到岗工作，采取差额推荐、差额考察等差额选拔的办法选派援藏、援疆、援坝干部，实现了好中择优。严把“人员身份关”、“编制类别关”、“进入渠道关”，认真做好公务员登记工作，组织了河北省公务员录用省市县乡四级联考，公务员管理工作进一步规范和加强。全面落实离退休干部政治、生活待遇，加大了全市离退休干部“3+2”机制运行督导检查力度，确保了离休干部“两费”及时足额发放，特困离退休干部帮扶机制和共享改革发展成果机制运行良好。

【推行基层党建专项述职承诺制】 制定出台《关于建立基层党建专项述职承诺制的意见》，在原来述职的基础上，增加承诺的内容，以责任状形式现场承诺本年度基层党建工作目标任务。召开了全市县（市）区和市直部门党委（党组）书记履行基层党建工作责任述职承诺会议，组织23位县（市）区委书记和55位市直部门党委（党组）书记就2010年履行基层党建责任情况进行了述职，就2011年基层党建目标作出承诺，并现场签订了责任书。同时，制定出台了市委《关于进一步加强农村基层党组织建设的若干意见》，提出了新形势下加强农村基层党组织建设的思路和措施。全面落实村干部“一定三有”（定权责和收入有保障、干好有希望、退后有所养）机制，市、县两级均将村干部基础职务补贴列入财政预算，落实村干部补贴资金7571.84万元，发放范围覆盖村“两委”班子全体成员，实现了“手中有卡、卡上有钱”的目标要求。制定出台了《关于在全市农村推行“四议两公开一监督”机制的意见》，在全市农村全面推行，促进了村级民主决策的规范化、制度化。认真总结藁城市大学生村官队伍建设经验，制发了《关于在全市推行“四有一保”机制的指导意见》，召开现场经验交流会，促进了大学生“村官”的规范管理和有序流动，《人民日报内参》刊登了石家庄市的做法，中组部部长李源潮作了肯定性批示。深化“千村帮扶”活动，打好治难转后攻坚战，排查出的448个村“两委”关系严重不协调、村党组织长期缺乏战斗力和凝聚力等六类后进村，全部实现转化。扎实推进第二轮村级组织活动场所建设，通过定期督导、明查暗访、及时通报、召开现场会等措施，全市纳入项目规划的738个村级组织活动场所，主体建设全部完工，547个已投入使用，占总数的74.1%。

【探索创新党组织设置模式】 探索推行村转社区“双轨制”党建新模式，促进了社区党建工作和企业党建工作的开展。大力推行“楼院支部”建设，延伸党组织管理触角，扩大党组织覆盖面，新华社、《人民日报》、中央电视台等7家中央新闻媒体做了集中报道，省、市主要领导作出重要批示，给予充分肯定。召开全市创先争优活动调度暨社区党建工作现场经验交流会，总结推广了楼院支部建设和村转社区“双轨制”党建工作经验，全市68个村转社区已有36个实行了“双轨制”党建模式。同时，全面落实“三有一化”（有人管事、有钱办事、有处议事和推进城市基层党建区域化建设）机制，面向社会公开招选612名专职干部充实社区，采取财政列支、党费补贴等办法筹措社区基础设施建设资金8000多万元，市内五区46个街道全部建成党员管理服务中心、社区综合服务中心和社区卫生服务中心“三个中心”。继续开展社区党组织星级创建工作，共评出五星级社区党组织32个，四星级社区党组织41个。

【党员发展教育、管理】 根据中央、省委有关要求，研究制定了《石家庄市2010～2013年党员教育培训工作规划》，提出了加强党员教育培训的总体思路和工作措施。在全市党员中深入开展了以党性教育和技能培育为主要内容的“双育工程”，召开全市发展党员工作经验交流会，推广了发展党员“三四三”（“三推”入党积极分子，即一户一票推荐优秀人才、召开党员和村民代表联席会推荐入党积极分子初步人选、召开党员大会推荐入党积极分子；“四制”即预审制、票决制、公示制、追究制；“三优先”即优先发展致富带富能力强、有一技之长的村民，优先发展返乡大中专毕业生、复退军人，优先发展35岁以下的优秀青年）工作机制，进一步完善了发展党员程序。认真做好“12371”党员咨询服务电话接听服务、党员教育管理三项检查和走访慰问老党员、生活困难党员工作。提请市委常委会研究成立了石家庄住房公积金管理中心党组和石家庄市环境保护局直属单位党委。同时，完善了远程教育教学管理平台，加强中心制度建设，加大教育教学课件制作和新闻报道等工作力度，全年共制作新闻、专题片和教学课件893部，全部被省远教平台采用，其中反映晋州市吕家庄村原党总支书记高能权先进事迹的专题片《誓言永恒》等9部被全国远教平台采用。

【人才工作】 组织召开全市人才工作会议，制定印发了石家庄市《中长期人才发展规划纲要（2011～2020年）》，出台了《关于石家庄市重点人才工程的实施意见》，明确了人才工作的目标任务、工作重点和推进措施。制定完善了加强市管拔尖人才队伍建设的意见，组织评选市管拔尖人才118名。在市县乡村四级均成立人才工作领导管理服务机构，形成覆盖全市的人才工作网络体系。启动了“百名专家扶百村”活动，组织100名专家利用三年时间对口扶持全市17个县（市）的100个农村。认真落实石家庄市《引进海外高层次人才意见》和《引进人才智力办法》，全年共引进各类人才64000多名，其中博士21名，具有副高职称以上人才606名。

【舆论宣传】 专门成立了网络和新闻宣传处，积极做好涉组涉干负面舆情的应对和处置工作。超前制定了舆情应对工作预案，成立了应对工作领导小组，建立了与公安、宣传等部门应急协调会议制度和信息沟通机制，制定并严格落实了市、县网宣员双重值班制度，实行网络舆情全天监控，较好做到了第一时间发现负面舆情，全年共编发《舆情专报》19期、《互联网舆情摘报》6期，为领导及时掌握网络舆情动态、有针对性采取处置措施提供了参考。将5、6月份和8、9月份确定为组织工作集中宣传月，集中时间、集中力量总结和宣传组织工作的成功经验和创新做法，全年共在市级以上新闻媒体刊（播）发稿件60余篇，其中中央级新闻媒体19篇，省级14篇，营造了良好的组织工作舆论氛围。

【开展倡响“三句话”主题实践活动】 制发《关于在全市组织系统开展“倡响‘三句话’、提升新水平”主题实践活动的实施方案》，从9月中旬开始，在全市组织系统集中开展了“我为组织工作奉献、我为组织工作负责、我为组织工作争光”主题实践活动。市委组织部组织机关干部到滹沱河沿岸6个村庄开展党员志愿服务；到桥东区委组织部、新乐市交警大队学习先进经验；征集体现组织工作特色的格言警句；在市电视台举办全市组织系统“倡响三句话、提升新水平”主题演讲比赛，各县（市）区委组织部、市直各部门（单位）组织人事处也开展了各具特色的活动，在全市组织系统营造了“奉献、负责、争光”的浓厚氛围。长安区委组织部创建“六个表率”部门的做法，受到省委常委、组织部长梁滨批示肯定。

【开展“开门评部、听取意见”活动】 按照上级组织部门领导要求，8月份在市、县两级组织部门集中开展了“开门评部、听取意见”活动。由市委组织部副县级领导干部带队，深入各县(市)区和市直各部门，宣讲全市组织工作进展情况，与基层党员干部谈心谈话，面对面征求意见，按照谁主管、谁负责的原则，制定整改方案，明确整改任务，落实整改责任，并据此建立了听取意见的长效机制，《河北日报内部参考》、《河北组工通讯》和《河北组工信息》刊登了该做法。

（石进楼）

宣传工作

【概况】 2010年，全市宣传思想文化工作以科学发展观为统领，按照高举旗帜、围绕大局、服务人民、改革创新的总要求，努力提高工作水平，不断强化工作实效，为加快转变经济发展方式、推进“三年大变样”工作、推动全市经济社会又好又快发展提供了强大的思想保证、精神动力、舆论支持和文化条件。

【理论武装工作】 加强学习型党组织建设，引导广大党员干部深入学习党的科学理论，增强贯彻科学发展观的自觉性、坚定性，提高战略思维、创新思维、辩证思维能力。研究出台了《关于推进全市学习型党组织建设的意见》，对全市学习型党组织建设工作进行安排部署。举办了建设学习型党组织座谈会、研讨会及系列报告会，邀请省内外知名专家做辅导，交流经验，指导学习。编发了“建设学习型党组织”动态简报和“学习型党组织建设专刊”，为各级中心组和党员干部学习提供参考。修订了市委常委会学习制度，增强了学习的现实针对性和制度的可操作性。印发了《全市党员干部理论学习重点和必读书目》，对各级党组织理论学习进行指导。加强理论宣传阵地建设，在桥东区建立了第二个省级理论宣讲工作站。深化“理论面对面”下基层宣讲活动，全年共开展宣讲活动70多场，受众2万余人次。“燕赵讲坛”坚持品牌化运作，精心选题选人，全年举办讲座200场，受众超过10万人次，影响力不断扩大。加强新闻媒体理论宣传，在《石家庄日报》和石家庄电台、电视台开设专栏，刊播介绍新观点新做法新成果，扩大了理论宣传的覆盖面。不断强化理论研究，组织开展了石家庄市第十二届社会科学优秀成果评奖活动，充分调动了社会科学工作者的积极性和创造性，促进了社会科学事业的繁荣。紧密结合市委、市政府中心工作，精选51项课题进行应用性对策研究，为市委、市政府科学决策提供了理论依据。大型电视纪录片《璀璨时空》坚持高起点运作、高层次联合，聘请一流专家、顶级编导、知名专业技术人员组成摄制团队，邀请权威专家担任历史顾问，为纪录片提供了坚实的艺术和学术支持，在中央电视台和石家庄电视台播出后广受好评。90万字的《石家庄通史》古代卷出版。

【新闻宣传】 紧紧围绕市委、市政府重大决策部署和重要活动，深入做好政策、精神解读，统筹做好主题宣传、成就宣传和典型宣传，及时有效地引导社会舆论，在全市上下形成了加快发展、科学发展的良好氛围。深入做好主题宣传，全面报道“三年大变样”工作的新进展、新成效，大力宣传广大市民拥护配合大变样工作的生动事例，形成了全民参与、共建美好家园的舆论声势。加大对调结构促转变、投资和项目建设、工业攻坚战、发展夜经济、建设文化强市及辉煌“十一五”等方面的专项宣传报道力度，发挥了舆论引导及推动作用。全方位、多角度、持续性地宣传报道全市在开展“创先争优”活动中涌现出的好做法、好经验和先进典型，《人民日报》以《创新载体促发展，强化服务惠民生》为题，对石家庄市开展创先争优活动情况进行了深入报道。不断加大对上报道力度，畅通稿件报送对接渠道，全年共在省以上媒体发稿3300余篇（条），其中在人民日报、新华社、中央电视台等中央主要媒体刊播稿件600余篇（条），发稿总量居全省第一。全年在中央级媒体刊发头版头条稿件20个，创历年之最，居全省首位。组织重大题材集中报道，不断扩大影响力，“高能权先进事迹”和“桥东区党建经验”分别得到中央领导的重要批示。对外宣传方面，策划组织了“三年大变样　旅游新景观”等大型外宣活动，挖掘推出了MTV音乐电视《飞翔石家庄》等形象宣传片，运用全新的载体、平民化的方式，推介“三年大变样”成就，展示城市风采。积极借助新华社、中央人民广播电台外宣平台，以及香港《文汇报》、《澳门日报》等媒体，广泛宣传石家庄市经济社会发展成就，提高知名度和美誉度。建立党委系统新闻发言人制度，对政府系统新闻发言人进行重新确认，全年举办18场新闻发布会，有效地引导了社会舆论。与市委组织部联合举办全市领导干部舆论引导能力培训班，提高了各级领导干部舆论引导和危机公关能力。进一步理顺互联网管理体制机制，加强互联网管理工作，创新网上宣传的方法手段，积极运用博客、微博客、社交网站等互联网新技术新应用，开展正面宣传，开展舆论引导。

【党委系统新闻发言人制度建立】 9月8日，市委举行新闻发布会，市委及市委系统9个部门的新闻发言人集体亮相，并与媒体进行了互动。2000年，石家庄市开始有政府新闻发布活动。2005年，市政府系统正式建立新闻发言人制度。石家庄市委高度重视党委系统新闻发言人制度建设，2010年4月29日，市委常委会专题研究了全市党委系统新闻发言人制度建设问题，对建立党委新闻发言人制度有关工作进行了明确。此次设立新闻发言人的共有市委及市纪委、组织部、宣传部、统战部、政法委、农工委、研究室、台湾工作办公室、党史研究室等9个部门，这些新闻发言人同时也是各单位的网络新闻发言人。各县(市)区参照市委的做法，也建立了党委系统新闻发言人制度。

（王更）

【《石家庄新闻史》出版】 2010年上半年，《石家庄新闻史》出版发行。该书由河北人民出版社出版、市委宣传部组织编写，是中国新闻书库中首本记录石家庄新闻发展的历史书籍。《石家庄新闻史》共13章节，25万字，记述了1925年石家庄议约建市至2007年底石家庄新闻事业的发展历史，内容包括党的新闻媒体的发展、新闻队伍的壮大、媒体运行机制和管理制度的沿革途径等。

（李云萍）

【《璀璨时空》和《石家庄手册》发放社区】 10月22日，大型电视纪录片《璀璨时空》光盘和市民工具性宝典《石家庄手册》开始赠送全市社区。《璀璨时空》是第一部全面系统反映石家庄历史文化的电视纪录片，该片用影像的方式全面反映了石家庄从远古到当代的发展过程；《石家庄手册》是为方便市民和来石办事、务工、旅游人员的生活和工作，组织编辑出版的一本工具性宝典，收录了政府机构、公共交通、公共服务等各种信息。年内，市委宣传部确定《璀璨时空》和《石家庄手册》纳入市民文明素质提升工程规划，作为提升市民素质的教材。

（李云萍　苏卉卉）

【思想道德建设】 为做大做强西柏坡红色品牌，先后召开了大西柏坡建设研讨会，启动了第一批18处中央部委旧址修复工程，举办了纪念中共中央移驻西柏坡62周年暨西柏坡精神高层论坛和“2010西柏坡文化节”，在全社会掀起了大力弘扬西柏坡精神的热潮。新命名了石家庄经济学院地球科学博物馆、长安区大晟堂古陶博物馆两个市级爱国主义教育基地，举行了陈庄歼灭战陈列馆奠基仪式，爱国主义教育基地建设不断推进。深入到社区居民、进城务工人员、大中专学生、企业职工等群体中，举办形势政策报告会，开展多种形式的思想政治工作，打牢团结奋斗的共同思想基础。春节期间在全市社区开展了“亲邻行动”，国庆期间开展了“五星红旗飘起来”活动。认真组织“党委书记讲党课”活动，在农村基层党组织和党员队伍中组织实施读书强基工程，党员教育取得成效。深化“三下乡”活动，协调市直成员单位赠送资金、物品，安排帮建项目，把好事办到了农民的心坎上。完成2项省级、17项市级思想政治工作课题研究，《石家庄政工论坛》办刊水平稳步提升。加强少年军校等国防教育阵地建设，深入开展第十个全民国防教育日宣传活动，增强全民国防意识。着力做好典型挖掘、培养和宣传工作，宣传推广了市委宣传部常务副部长王惠周的典型事迹，在广大干部群众中产生强烈反响。

举办了常德盛先进事迹报告会、青海玉树抗震救灾先进事迹报告会，激发了全市干部群众干事创业的信心和决心。

【文化建设】 积极引导宣传文化系统突破旧有体制束缚，全面推进文化体制改革。完成市县两级综合执法改革，组建了石家庄市文化市场行政执法大队，各县（市）区组建了行政执法队。完成文艺院团转企改制任务，成立了石家庄演艺集团有限公司及其下属的4个子公司，各县（市）文艺院团转企改制完成。完成广播影视改革，成立了石家庄广播电视台和广电传媒集团公司，市县两级影剧院也进行了转企改制。完成石家庄日报社改革，实现宣传经营两分开，组建了报业传媒集团公司。市县图书馆、文化馆等公益性文化事业单位推行聘用制度和岗位管理制度，有效激发了内部活力，提高了公共文化服务能力。快速推进文化产业发展，重点做大做强现代传媒、印刷出版、动漫游戏、民俗文化、文化市场、演艺娱乐六大产业板块，文化产业发展势头良好。按照合理布局、扶持原创、延伸产业链、注重实效的发展思路，大力推进动漫产业发展。依托大中专院校和企业，初步形成了信息工程学院动漫创业孵化园、东方美术学院动漫制作中心等8个中小型动漫园区。培育扶持品牌动漫企业，在文化部认定的全国首批100家动漫企业中，河北省通过认定的3家动漫企业均在石家庄市。提升动漫原创能力和制作水平，长篇原创动画片《豆丁的快乐日记》在央视播出，受到业界和群众的广泛赞誉。成功举办了第五届动漫博览交易会，来自11个国家和地区以及国内的319家知名动漫企业、院校的3000余名客商参展参会，签约项目15个，签约总额40.57亿元，比上届增长41%。藁城宫灯、井陉拉花等民俗文化及产品登上世博会大舞台，提升了知名度和影响力，扩大了国内市场，开辟了国外市场。成立了文化产业研究中心，为领导决策提供科学依据和智力支持。举办了石家庄市第五次文化项目招商活动，共有33个项目达成合作意向，签约额达到68.5亿元，招商规模和签约金额再创新高。吃遍中国主题公园、民生路文化长廊等一批重点文化产业项目建设取得新进展。深入挖掘石家庄市的历史、革命和文化资源，努力创作有价值、有分量的文艺精品力作。文艺作品全年荣获国家级奖项32个、省级奖项46个，河北梆子《女人九香》荣获中国第九届文化艺术节“文华优秀剧目奖”，评剧《红叶》荣获中国评剧艺术节剧目一等奖，河北梆子《审女婿》和快板《这事妈做主》荣获第十五届“群星奖”。大型电视连续剧《家在南三条》完成拍摄和后期制作。精心组织群众喜闻乐见的文化活动，举办了“千场电影进社区，万场电影进农村”、文化惠民赠书等大型公益活动，组织了第三届农民艺术节、第五届鼓王争霸赛暨中国北方鼓乐邀请赛等大型群众文化活动，丰富和活跃了人民群众的文化生活。“彩色周末”文化活动向城乡建设一线延伸，全年组织活动2500场次，已成为一项人民群众喜闻乐见的文化品牌。深入开展“扫黄打非”工作，成员单位全年共进行各类执法检查2千余次，查处违法违规经营300余家，收缴非法音像制品、出版物67000余册（张），确保了全市文化市场健康、安全、稳定。

【干部队伍建设】 紧密联系宣传思想文化工作实际，以“把握正确舆论导向，服务经济社会发展”为活动主题，扎实开展党性教育、岗位奉献、服务群众、亮牌示范、组织创新“五项活动”，党支部战斗堡垒作用进一步增强，党员干部的思想作风和素质能力进一步提升。积极适应形势需要，探索出台了《关于加强市直国有文化企业领导班子管理及考核的办法》，国有文化企业管理制度建设走在全省前列。按照“客观公正、注重实效、群众公认”的原则，对县级单位、干部进行了年度考核，确定了考核等次。建立了档案收集、鉴别归档等八项档案管理制度，对在职干部档案逐人、逐卷、逐项进行审核，推进了档案管理的制度化、规范化。开展了全市宣传文化系统市管拔尖人才选拔工作，将有真才实学的人选拔出来，为宣传文化建设提供了智力支持和人才保证。认真抓好舆情调研工作，根据全市重点工作和群众关心的问题，明确了16项重点课题，深入到基层单位、群众当中开展调研，策划推出了一批专题调研报告，为领导决策提供了重要参考。加强舆情信息员队伍建设，组织了全市舆情信息员集中培训，有效提升了舆情信息员业务水平。通过建立“舆心声”QQ群、舆情信息预约提示、舆情分析会等途径，增强了舆情工作的预见性和主动性。全年共编报《舆情信息》18期,编发《宣传信息》69期，上报舆情信息2676篇。做好石家庄宣传网的信息上传和维护，全年共采集上传各类信息381篇，总访问量突破26.2万人次，成为学习交流、展示形象的重要平台。

统战工作

【概况】 2010年，全市统战工作在思想政治引领、促进非公经济转型升级、关注民生、维护民族宗教领域和谐稳定、参政议政等5个方面取得进展和突破。港澳台海外统战工作取得新成绩，在全省统战部长会议上作经验交流，特别是对台交流成效显著。至年末，组织赴台团组23个，是石家庄市赴台批次、人数最多，对台交流、宣传效果最好的一年。年内，市委统战部被评为2010年度全省统战工作先进集体和全省统战调研优秀组织奖、宣传工作一等奖、信息工作特别贡献奖。

【思想政治引领】 全年共组织召开统一战线各界代表人士参加的座谈会、沟通会、报告会等20场次；举办情况通报会、经验交流会4次；组织统战成员撰写树立社会主义核心价值体系文章300余篇；利用各类媒体和杂志、简报等交流40多篇。制定下发了《中共石家庄市委统战部2010年教育培训工作方案》，向市财政申请专项培训经费60万元，启动实施了“千名党外人士、百名统战干部”培训工程，举办宗教干部、宗教界代表人士、民营企业家、中青年党外干部、统战部长等培训班9期，举办外出考察学习班11批，培训人员780人。各县(市)区共举办各类培训班34期，培训人员2600人。

【引导非公企业开展“转型升级加快发展”活动】 市委统战部、市工商联组织规模以上民营企业家和县级以上有政治安排的非公经济人士，利用不同形式会议进行动员，广泛宣传开展“学、比、促”活动的重要意义，规范活动内容，使全市“学、比、促”理念在广大企业家中深入人心，得到了广大非公经济人士积极响应。8月，市委统战部专门召开石家庄市民营企业“对标新奥促转型、百家民企当先锋”主题座谈会，选树了100家在“学、比、促”活动中做强做大的民营企业，筛选了10家在“学、比、促”活动中表现突出、有影响、叫得响的民营企业作为标杆，树立了学习和对标的典型。为进一步抓实活动载体，开展了“民营企业园区行”活动和“职能部门企业行”活动，全年共组织“园区行”活动32次，活动覆盖全市23个县(市)区、24家商会、390余家民营企业。市、县两级在“园区行”活动中，签订重点合作意向13个。在“职能部门企业行”活动中，市、县两级统战部门分别召开民营企业参加的座谈会、恳谈会、征求意见会57次，梳理问题、建议200 多条，组织职能部门走访企业230余家，为企业直接解决实际困难100多个，落实具体扶持政策16项。为解决民营企业融资难问题，经市委统战部协调，市金融办与工信局多次举办银企对接会，106家民营企业与银行达成了89.7亿元的融资意向。11月16日，经市委统战部、市工商联积极协调，组织召开了石家庄市加快民营经济发展座谈会。省委常委、市委书记孙瑞彬，市长艾文礼召集20个政府职能部门，认真听取民营企业家代表对民营经济发展的意见和建议，并当场为企业拍板解决了部分土地、融资、企业搬迁等具体问题，在社会上和民营企业家中反响良好。此外,市工商联、市侨联、市台办等有关统战部门积极组织参加了“正博会”、“石洽会”招商活动，共邀请了317家国内外客商前来考察洽谈，签约项目11个，涉及金额220多亿元。

【社会服务】 在民营企业中开展“帮百村扶千户”活动中，有81家企业与110个村签定帮扶项目137项，与1605个贫困户实现帮扶对接，意向帮扶资金2亿多元，安置2.1万名劳动力就业。在党派成员中开展了“双百活动”，不断拓宽服务民生的方式方法。年内，全市6个民主党派市委及基层支部在农村、社区、企业、学校等建立民生联系点131个，开展义诊、义教、捐资助学、公益讲座等近百次。组织市知联会各专委会开展了以“开展一次服务我市科学发展的调研、组织一次关注民生服务社会活动、帮助一个贫困学生、开展提一条建议活动、组织一次有意义的联谊活动”为内容的“五个一”活动。在结对帮扶活动中，共对口捐款5万元，帮扶了7个贫困乡村小学，受助学生200多人。市知联会在行唐、赵县分别组织了“牵手行唐、科技扶贫”、“牵手赵县、科技兴农”活动，受到了农民群众的欢迎。在宗教界代表人士中开展“关注民生、促进和谐”活动，引导做好扶危救困、理顺情绪、化解矛盾等工作。切实用好海外援助资金，继续与美国“手牵手”教育基金会合作，资助赞皇、灵寿、平山等3县贫困学生399人次，金额达13万余元。

【维护民族宗教领域和谐稳定】 巩固天主教综合治理成果。对全市56名爱国神甫普遍进行了一对一的引导谈话，教育引导他们坚定信心，爱国爱教；对150多个宗教场所实施全天候督导检查，把责任压给堂点负责人、村支部书记和乡镇党委书记；对地下主教和两面倾向严重的重点神甫加强了监督、教育和管控力度，发现苗头，及时纠正处理。民族宗教领域矛盾纠纷得到有效解决。切实抓好了“4.13”、“5.24”等敏感期和上海世博会期间的民族宗教工作，妥善处置清真东寺重建、桥西区真像寺、晋州武邱残婴院、赞皇东王俄基督教堂非法办班、“洛桑会议”等有关问题，保持了宗教领域的和谐与稳定。妥善处理宗教领域的两件敏感大事，蒋陶然主教和有明老和尚的葬礼两件事得到圆满处理。各类宗教活动得到进一步规范，建立健全了县、乡、村、堂点“四位一体”责任制，定任务、定岗位、定责任，加大了对宗教活动的规范化管理，对排查出来影响稳定的12件突出问题进行了妥善处理。

【参政议政】 以市委办公厅名义制定下发了《关于市直有关部门向全市各民主党派提供经济和社会发展等方面相关资料的意见》，为民主党派成员知情出力创造条件。组织全市3800多名党派成员，围绕经济发展、城市建设、改善民生等课题，开展人人搞调研、人人提建议活动，全年党外人士撰写提案、议案、调研、建言共计500多篇。创办了《党外人士建言》专刊，使党外人士建言在第一时间反映到决策层。2010年，党外人士有150多篇调研报告和建言受到省、市领导高度重视，68篇建言、提案受到市委、市政府主要领导批示，50多篇调研报告、建言被市委、市政府及相关部门决策采纳。

（常彦刚）

政法工作

【概况】 2010年，全市各级政法机关在市委、市政府的正确领导下，全面贯彻落实党的十七届四中、五中全会和全国全省政法工作会议精神，以维护群众利益为根本，以深入推进三项重点工作为主线，以创建全国最平安省会城市为目标，强力推进政法综治维稳各项措施的落实，有力维护了全市社会和谐稳定。全市政法队伍素质得到了进一步锻炼和提高，涌现了一大批先进典型。市公安局被全国妇联、全国维护妇女儿童权益暨平安家庭创建协调组授予“全国维护妇女儿童权益先进集体”，8个集体受到国家和省以上单位表彰；裕华区检察院被评为“全国模范检察院”；无极法院、藁城法院被评为“全省优秀法院”；市司法局被评为“全国人民调解工作先进单位”；新华公安分局赵陵铺派出所社区民警王春意被授予“全国公安机关爱民模范”和“2010年度感动省城十大人物”称号；桥东区人民法院政治处主任张静被授予了“全国优秀法官”称号。

【三项重点工作】 把深入推进社会矛盾化解、社会管理创新、公正廉洁执法三项重点工作作为全年政法综治工作的重心，扎扎实实谋开局、打基础、抓推进，初步形成了党委政府统揽、部门齐抓共管的工作格局。

着力化解社会矛盾。进一步深化“三位一体”大调解体系建设，强化大调解体系基础建设，积极推动调解组织向企业、医院、学校和“两新”组织延伸，调解工作覆盖面进一步扩大。全市共建立村（居）民调会5040个，行业性调委会166个，民调员人数达17万余人，初步形成了覆盖城乡、专群结合的调解工作网络。针对土地征用、城建拆迁、教育医疗、环境保护、涉法涉诉等方面存在的问题，大力开展矛盾纠纷排查调处，先后排查各类矛盾纠纷16380起，调解15413起，调解成功率达94.1%。进一步完善“四位一体”大维稳机制。以加强基层综治规范化建设为突破口，进一步整合社区、农村警务室和治保会、调委会、治安巡防队等基层力量，在乡镇（街道）依托综治办建立综治工作中心，统一规范了综治例会、信息报告、治安防控等各项工作制度，将维护稳定、社会治安、社会管理、服务群众职能集于一体，提升了全市维稳工作水平。进一步提高预防和妥善处置群体性突发事件能力。积极创新群体性事件预防和处置策略，建立重大社会决策、重大工程项目社会稳定风险评估机制，对省督办的32个重点项目，市131个重点项目进行了风险评估。加强情报信息和应急能力建设，强化群体性突发事件现场处置，先后妥善处置了棉一西区被拆迁户堵路事件、桥西区青年街市场被拆迁户上访事件、雅园房地产集资户上访、“10.18”出租车罢运事件等群体性事件702起。

积极创新社会管理。创新流动人口服务管理，探索建立了“以房管人、以证管人、以站管人、以业管人、以网管人、以人管人”的流动人口管理新模式。抓好流管队伍建设，组建专职队伍，第一批533名流管协管人员的招聘工作已落实。切实解决流动人口就业、居住、就医、子女就学等问题，全市流动人口服务管理水平进一步提高。改革社区警务运行机制，在每个社区警务室配备一名消防警、交警、刑警，每周一天下社区，配合社区民警开展工作，形成“片警为主、多警相辅”的合成警务机制。改革治安巡控模式，形成“市区两级巡控办，一所一队两部车，巡逻处警成一体，属地为主负总责”巡控模式。实现了巡控单元网格化、巡控资源最大化、巡控职能复合化和巡控责任属地化。加强虚拟社会管理，制定下发了《石家庄市处置互联网有害敏感信息工作预案》，加强网络信息研判和应对，提高了对虚拟社会的管理水平。充分运用信息网络等科技手段，不断强化社会管理服务功能。以全省政法网改造建设为契机，政法信息化水平得到明显提升，政法二级网全面开通，政法三级网在全省率先实现系统割接，政法接入网在全省进展最快，网络覆盖市县乡三级政法部门、网络带宽大幅拓宽、网络安全性能大幅提升。市委政法委致力于打造数字化政法委，在开通内网、外网的基础上，4月份又建成了高水平的视频会议系统，工作经验被中央政法委转发。各级政法部门强化信息化手段的应用，加强了重点地区、流动人口、重点人群、“两新组织”、互联网等社会管理要素的实时、动态管控。大力推行网上受理、网上审批、网上办公，为社会各界提供了方便、快捷、优质、高效的服务。

强化公正廉洁执法。加大对干警的教育、管理、监督力度，提高执法水平、执法公信力。结合争先创优活动，深化社会主义法治理念教育，开展“人民法官为人民”、“恪守检察职业道德、促进公正廉洁执法”、“反特权思想、反霸道作风”、“国安干警核心价值观”等教育活动，深化“执法规范化、公安信息化、和谐警民关系建设”，确保政法干警坚持“三个至上”、做到“四个在心中”。市公安局出台了《行政执法自由裁量权执行标准》、《接处警工作规范》等28项执法制度，制定了监督委员会联席会议等7项纪检制度，实现了每个执法要素有章可行循。以监督信息系统建设为抓手，在全市629个执法场所安装了2715个视频监控探头和546部电话录音终端，推动了执法规范化上水平。市中院改进考评指标体系，细化了审判质量、审判效率、审判效果三个方面26项指标，实现了考评由静态粗放型向动态精细型的转变。市检察院开展量刑建议规范化试点工作，取得了明显效果。

【推进平安建设】 紧紧围绕打造全国最平安省会城市工作目标，按照“打防结合、预防为主，专群结合、依靠群众”的方针，不断健全完善社会治安防控体系，提高了对社会治安大局的控制能力。大力开展严打整治斗争。先后组织开展了打击盗抢机动车和盗窃“三车”犯罪，打击发票、假币和银行卡犯罪专项行动以及“2010严打整治行动”。全市共破获各类刑事案件41410起，破获命案180起，破案率为96.3%，打掉犯罪团伙1032个，打击处理违法犯罪嫌疑人10805名。成功破获了省督“4.21黄金棋牌”网络赌博案等一系列大要案。大力开展社会治安重点地区排查整治，对城乡结合部、“城中村”等重点地区，中小旅馆、出租房屋等重点部位，交通运输、消防和食品药品等重点行业，歌舞娱乐、洗浴按摩等重点场所，批发市场、物流运输、建筑工程、征地拆迁、矿产开发等重点领域，以及中小学、幼儿园及其周边进行了全方位治安整治，省、市、县挂帐的301个治安乱点得到了有效整治，社会治安面貌持续好转。探索建立“三位一体”大帮扶工作体系。从整合帮扶力量、提高帮扶效果出发，制定出台了《关于构建“三位一体”大帮扶工作体系的实施意见》，将刑释解教人员安置帮教、社区服刑人员矫正和服刑在教人员未成年子女保护教育三项工作有机整合，统一管理，协调推进，构建了“三位一体”大帮扶体系，实现了“三提高一下降”的工作目标。全市新建立过渡性安置基地27个，安置“三无”刑释解教人员172人。注重帮教衔接机制建设，做好部门之间的衔接配合，全市在册的2593名社区服刑人员无一脱管漏管。大力加强技防网络建设。全面加强技防建设，近7000辆出租车全部安装了GPS LED监控系统，17个金融系统的1172个营业网点、171个危爆物品库、1100个重点要害部位、1800个公共复杂场所等治安重点区域全部安装了技防设施。积极推进以户户联防为主要形式的平安互助网建设，90%以上的村加入了“平安互助网”。市公安警用地理信息基础平台试点建设工作经验被中央政法委向全国推广。强化群防群治队伍建设。大力发展社区巡防队、职业保安、治安联防队员、社会治安志愿者等群防群治力量，广泛组织开展邻里守望、联户联防等多种形式的群防群治活动。全市社区巡防队员、保安队员、社会治安志愿者分别达到3468人、15000人、51000多人。深入铁路护路联防。年初组织铁路沿线县、乡、村及各有关单位层层签订了《铁路护路联防目标管理责任书》和《铁路护路联防责任承包书》，开展了平安铁路示范乡镇、示范社区、示范村居、示范单位、示范门店等示范创建活动。将全国“两会”、“五一”、“十一”、“春节”等重点时期铁路护路工作作为一项政治任务，摆上十分突出位置，精心组织，周密部署，保障了重要时期的绝对安全。

【涉法涉诉信访】 加强涉法涉诉联合接访服务中心建设，在市和24个县（市）区全部建立了涉法涉诉联合接访服务中心，积极推进市涉法涉诉联合接访服务中心规范化、信息化、社会化建设，加强对接访队伍的教育管理，中心的吸附作用和化解水平不断提升。市联合接访中心共接待群众来访3800多人次，涉及案件1300余起，办结案件1206起。全国涉法涉诉信访工作现场会与会人员专门到市联合接访中心视察观摩，全国有6个省 25个地级市政法机关先后到中心参观考察，并对此做法给予了高度评价。积极开展“清积行动”和案件评查工作。以“积案信息采录会战”为抓手，深入开展集中清理涉法涉诉信访积案行动，全市共清理涉法信访积案1794件，办结1645件，结案率91.69%。按照“分清是非、找准症结、解决问题、息诉罢访、规范执法”的方针，选聘200名政法机关业务骨干、熟悉法律专业知识或具有司法工作实践的人大代表、政协委员、资深律师组成“案件评查人才库”，组织对涉法涉诉信访案件进行评查。评查案件281起，结案率为80.3%。利用评查和听证手段化解信访积案的成功经验，受到中央政法委充分肯定，在全国涉法涉诉信访工作现场会上作典型发言。加大案件办理和责任追究力度。2010年，全市共化解各类涉法涉诉信访案件2780起。其中，省涉法涉诉联合接访服务中心到期交办案件668件，办结562件，办结率84.13%。进一步加大对非正常上访行为的打击力度，全市信访秩序进一步持续好转。加大责任追究力度，对问题严重的37起案件进行责任倒查，追究43人。强力推进执法瑕疵档案建设，全市各级政法机关层层建立干警执法瑕疵档案，107名干警因出现执法瑕疵被记入档案，促进了干警公正廉洁执法。

【提供法律保障】 严厉打击经济领域的违法犯罪活动。积极参与整顿和规范市场经济秩序工作，依法严惩危害经济安全和破坏市场经济秩序的犯罪活动。积极推动产业结构调整和优化，全市法院共受理因产业结构调整引发的企业兼并、破产案件113件，审结57件，处理债权债务530亿元；依法审理集资诈骗、合同诈骗、生产销售伪劣新产品、走私等案件235件。全市检察院依法严厉查处贪污受贿、徇私舞弊、滥用职权、玩忽职守等违法犯罪行为，全年共查办贪污贿赂犯罪案件167件240人，同比上升25%；查办渎职侵权犯罪案件37件104人，同比上升17%。积极办理各类民商事案件。紧紧围绕经济发展大局，依法审理企业兼并、产权转让、经济纠纷、征地拆迁、资源开发等各类民商事和行政案件，保护市场经济主体和人民群众合法权益，积极营造公平有序、诚实守信的市场经济环境。全市法院共审结各类一审民商事案件44226件，二审民商事案件5765件，同比分别多结10326件和744件；审结行政案件928件，同比多结286件。切实加强法律服务工作。检察机关围绕重点工程和腐败多发行业，以全市“十大工程”和滹沱新区重大工程建设为重点，深入开展预防职务犯罪工作，对79项重点工程进行了同步监督和预防。司法行政机关在80个社区挂牌成立了法律援助工作站，办理法援案件3444件，为6000个低保户等特殊群体提供了法律服务。同时，深入开展普法工作，举办各类普法培训班和法制讲座1800场，发放宣传材料20万余份，解答法律咨询4100人次，提高了群众法律素质。

【政法队伍建设】 大力加强政法机关党的建设。扎实开展“创先争优”活动，紧紧围绕“加强党组织和党员队伍建设，破解执法不公难题，提升维护稳定能力，推进三项重点工作，保障省会科学发展”的目标，大力营造活动氛围，在政法委综合信息网上开辟了活动专栏；紧密结合政法工作实际，创新活动载体，12月份召开了“对标新乐交警，深化三项重点工作”现场会，深入推进“全面对标”活动，促进了政法各项工作的开展。全面加强政法基层党组织建设，制定出台了《关于贯彻落实党的十七届四中全会精神，加强和改进新形势下政法机关党的建设的意见》（石政法〔2010〕2号），从建设学习型政法机关、加强政法领导班子建设、加强政法机关党组织建设、加强作风建设及反腐倡廉建设等五个方面强化了政法机关党建工作。同时，严格落实基层党建工作责任制，认真落实“三会一课”等制度，规范基层单位党员活动室建设，取得了明显效果。大力加强政法干部队伍管理。制定出台了《石家庄市政法系统干部管理有关工作若干规定（试行）》（石政法〔2010〕3号），对领导干部交流、市直政法部门科级以下公务员轮岗、市直政法部门中层职位公务员竞争上岗、领导干部职务任期、县级领导干部人选推荐选拔等五个方面做了规范。进一步深化干部人事制度改革，在政法机关逐步推行竞争上岗和任期管理制度，市公安局市区80个派出所长岗位全部完成了竞争上岗，有16人走上派出所长岗位，增加了基层工作活力。大力加强教育培训和政法宣传工作。2010年，全市各级共组织举办各类培训班370期，培训干警3万余人次。积极推进政法系统惩防体系建设和党风廉政建设工作，加强了对政法领导干部和政法干警廉洁从政的监督。坚持从严治警，严肃查处政法干警违法违纪行为，全市各级政法机关纪检监察部门共接受群众来信、来访、电话举报246件（次），初核各类案件138件，立案调查各类违法违纪案件59件，给予党政纪处分80人。探索实行网上动态考核。制定了《关于对县（市）区委政法委重点工作实行网上动态考核的实施办法（试行）》，在市政法综合信息网上建立了考核平台，每月对各县（市）区维稳工作、执法监督和纪检工作、队伍建设、综治工作等四项重点工作进行网上考核、排序和公布。实行末位问责制度，对全年综合考评名次排在后3位的，情况通报给当地党委、政府主要领导，限期改变落后面貌；发生重大问题的，给予一票否决警示；造成严重后果的，依规定给予一票否决，并取消当年评先资格。通过实行网上动态考核，实现了工作业绩数字化、考核方式便捷化、任务进度动态化、工作水平公开化，提高了基层工作积极性。

（刘志强　王尧）

机关工委工作

【概况】 2010年，市直工委坚持以邓小平理论和“三个代表”重要思想为指导，深入贯彻落实科学发展观，认真学习贯彻党的十七届四中、五中全会和省委七届六次全会、市委八届六次全会精神，紧紧围绕市委工作大局，按照“围绕中心，服务发展，创新工作，提升水平”的总体思路，以开展创先争优活动为着力点，狠抓市直机关党的思想、组织、作风制度和反腐倡廉建设，圆满完成了全年各项考核目标，市直机关党的建设取得了新成绩。

【创先争优活动】 按照中央、省、市委“创先争优”活动的整体安排和部署，市直工委认真谋划，精心组织，强力督导，扎实推进，制定了《关于在市直机关开展创先争优活动的实施意见》，成立了市直机关“创先争优”活动领导小组和办公室，建立了活动联系卡制度、情况报告制度、情况交流制度和信息考评制度。通过听取汇报、召开座谈会、经常性督查和随机抽查等方式，对 86 个市直单位开展活动的情况进行了督导检查。编辑出版了 40 期《市直机关创先争优活动简报》。围绕党性教育，深入开展了“六个一”活动；围绕岗位奉献、亮牌示范，扎实开展了“亮身份、明志愿、树形象”活动；围绕服务群众、积极开展了经常性的“党员义务劳动和志愿服务”、“千村帮扶”、“四进四助”和“承诺、践诺”活动；围绕组织创新，广泛开展了“全面对标、夺旗争星”和为“十二五”规划建言献策活动。同时，注重引导各单位紧密联系自身实际，认真谋划活动载体，突出单位特色，通过各种适合本单位特点的有效形式，使活动取得了实实在在的效果。

【思想建设】 努力建设学习型党组织，大力加强机关党的思想政治建设。继续坚持分层施教、分类指导的理论武装工作方法，以党组（党委）理论中心组学习为龙头，以党员科级干部培训为重点，以全体党员党日学习为主体的理论武装格局，深入抓好党员干部的理论学习和教育。以《关于加强市直单位党组（党委）理论中心组学习的实施意见》为依据，加强了对各单位理论中心组学习情况的检查和考评，及时总结经验，发现问题；以学习党的十七届四中、五中全会精神和《中国共产党党和国家机关基层组织工作条例》为主要内容，举办党员科级干部、入党积极分子培训班共 6 期，培训 750 人，提高了机关广大干部职工的理论素质和业务水平。大力开展精神文明创建活动，不断创新精神文明建设活动的内容形式、方法手段，有力地促进了市直机关精神文明建设。

【组织建设】 继续深入开展了争创“六好党支部”活动，加强了对基层党支部班子建设、思想建设、服务中心等方面情况的督导、检查和考核，充分发挥了基层党支部的战斗堡垒作用。狠抓基层党组织领导班子建设，针对全市机构改革、党组织隶属关系重新调整的实际，督促指导合并、新建、改建的 13 个市直单位及时理顺基层党组织关系，健全党组织领导班子。全年共对 26 个市直单位党组织进行了换届调整，调整书记、副书记 47 名，委员 59 名。积极慎重地做好发展党员工作，全年共培训积极分子 210 名，发展新党员 1250 名，预备党员转正 1160 名。加强制度建设，狠抓党组织和党员活动制度、党组织换届选举制度、发展党员工作制度、党费收缴使用制度的贯彻落实。树立典型，表彰先进，对在机关党建工作中做出突出成绩的 87 个先进基层党组织、364 名优秀共产党员、63 名优秀党务工作者和 42 名支持党建工作好领导进行了表彰。组织召开机关党建工作暨创先争优活动座谈会，并对机关党建工作研讨论文进行了评选和表彰。

【作风建设】 深入推进干部作风建设活动，制定了《2010 年深入推进干部作风建设实施方案》，成立了领导小组，建立完善了干部作风建设分析制度、明察暗访制度和公开举报制度。抓好廉政教育谈话和诫勉谈话等制度的落实。加强了对党员干部尤其是党员领导干部遵守党的纪律和各项法规制度的监督。认真贯彻落实市委《机关工作人员损害发展环境行为责任追究暂行办法》，成立了明查暗访小组，对机关作风情况进行巡回检查和暗访，及时发现和处理党员干部工作作风、生活作风方面的突出问题，促进了机关作风转变。

【党风廉政建设】 元旦春节前向市直各单位发放了 10000 份《廉政贺年卡》，温馨提示党员、干部要模范遵守廉洁自律有关规定；组织了学习贯彻《廉政准则》主题教育活动，对 4617 名副科级以上干部进行了《廉政准则》知识测试；组织市直单位党委书记、纪检组长 80 余人赴北京市监狱参观，进行警示教育。在廉政文化建设中，通过创作廉政歌曲、开展知识竞赛，普及党风廉政知识。市直纪工委代表队在市纪委组织的知识竞赛中获得赛区第一名，创作的廉政歌曲《咱们爱的是清官》，荣获省纪委廉政文艺作品一等奖。自办案件和信访工作有了新突破，全年共接到信访件 120 件，均按有关规定进行了分类处理。初核案件线索 16 起，立案 5 件，已结案 4 件，查结待处理 1 件。其中，给予党内警告处分 2 人、行政警告处分 2 人、诫勉谈话 2 人、免于处分 2 人。共挽回经济损失 11.77 万元，上缴国库 8.53 万元。

【文化建设】 以开展丰富多彩的文化体育活动为载体，不断促进机关文化建设大发展。年内，进行了以

"讴歌科学发展、共建美好家园"为主题的卡拉OK歌咏比赛活动，机关干部"鼓干劲、争一流、树形象、强体魄"春季登山活动和迎国庆的游泳比赛活动，市直机关干部职工羽毛球比赛活动等。为促进全民健身活动的广泛开展，市直工委、市体育局联合起草了《关于在市直机关开展全民健身活动的实施意见》，得到了市委领导的充分肯定，市委办公厅、市政府办公厅向各县（市）区和市直各部门转发了该《意见》。在体彩杯河北省第5届、石家庄市第41届元旦长跑活动暨市直机关开展全民健身活动启动仪式上，组织近千名市直机关干部进行广播体操表演。通过这些活动的开展，活跃了机关文体生活，增强了凝聚力和向心力，推动了各项工作的圆满完成。

（贾丽娟）

农业农村工作

【概况】 2010年，在国内外经济形势复杂多变、严重自然灾害频发和农产品价格异常波动等的严峻形势下，通过采取积极措施，全市农业、农村经济保持了稳步增长。全年农林牧渔业总产值651.6亿元，实现增加值369.6亿元，比上年增长2.7%；农民人均纯收入6577元，同比增长10.04%；全市粮食播种面积1158.9万亩，总产509.7万吨，粮食生产实现连续七年丰收，创历史新高。同时，棉花种植面积达到19.95万亩，单产70千克，总产1.4万吨；油料面积91.5万亩，单产233千克，总产21.3万吨，均高于上年。

【统筹城乡发展】 在年初的全市农村工作会上，市委主要领导就对统筹城乡发展工作进行了部署，成立了以艾文礼市长为组长、有关市领导为副组长、30个部门为成员的市统筹城乡暨新民居建设领导小组，起草制定了《石家庄市统筹城乡发展试点工作实施方案》和《石家庄市统筹城乡发展若干政策》经市委常委会研究通过并报省委、省政府农村工作领导小组审批。截止2010年底，市内区及18个农村县（市）区统筹城乡发展规划已全部完成，并通过专家评审。

（梁占位）

【出台《关于推进全市菜篮子工程建设实施意见》】 年内，石家庄市出台《关于推进全市菜篮子工程建设实施意见》(简称《意见》)。《意见》提出，到2012年全市瓜菜面积达到250万亩以上，总产达到1100万吨以上，其中设施蔬菜面积达到130万亩；肉、蛋、奶、果和水产品产量分别达到79万吨、103万吨、132万吨、240万吨和4万吨。《意见》提出，一是大力发展以日光温室为主的设施蔬菜生产，突出抓好京石、石德铁路沿线和省会城郊区域的"两沿一区"标准化设施蔬菜生产基地建设，积极创建蔬菜标准园区。涉及的藁城、高邑、无极、正定、新乐、鹿泉、辛集、栾城、晋州、深泽、灵寿、元氏等12个县（市）分别建设2～3个万亩蔬菜示范区、3～5个千亩设施蔬菜示范方，着力建成一批质量过硬、特色突出、有市场竞争力的蔬菜品种。二是积极开展标准果园创建和设施果园高效示范创建活动，大力培育发展特色果品专业乡、专业村，推动果品业向区域化、专业化、特色化方向发展。三是大力发展符合动物防疫条件及环境保护要求的规模化畜禽养殖场（小区），改造升级现有奶牛规模养殖场(小区)，加快推进猪、鸡标准化规模养殖，积极扶持生态养殖场区建设，全市每年新增标准化规模化养殖示范场区50个以上。四是加快发展"菜篮子"产品加工业，重点扶持发展分拣清洗、分等分级、整理包装、预冷处理、速冻保鲜等加工业，延伸"菜篮子"产品产业链条，提高产品利用率和附加值。五是市财政每年安排不少于1000万元专项资金，作为"菜篮子"工程发展基金，重点支持发展规模化标准化设施蔬菜生产和新品种新技术推广、"三品一标"（无公害农产品、绿色食品、有机农产品、地理标志产品）认证。各县（市）区要安排专项资金匹配使用。

（王静）

【农业基础设施建设】 积极推动各项支农惠农政策落实，加大对农业基础设施建设的投入，综合生产能力得到进一步提升。先后完成了27座水库除险加固，发展节水灌溉面积32万亩，新增、恢复灌溉面积122万亩，治理水土流失157平方千米，解决了20万人的饮水安全问题。滹沱河综合整治实现主城区10千米段全线通水，形成水面600万平方米，总蓄水量达700多万立方米。南水北调工程顺利实施，石家庄市向北京二次应急供水近一亿方。防汛、防火、防疫和防有害生物等农业保障体系不断健全，应急处置能力明显提高。

【农村改革】 村级财富积累机制不断深化，全市99.6%的行政村建立了村级集体经济组织，注册经济实体761个，完成项目投资8.1亿元，农业部农村“三资”管理工作现场会在石家庄市召开。农村土地承包经营权流转不断规范，流转面积达到60.2万亩，占家庭承包耕地的7.6%。集体林权制度改革扎实推进，林权明晰率达94.8%。农村其他各项改革有序推进，为农业农村经济发展注入了新的活力。

（梁占位）

【土地流转面积达到74.1万亩】 2010年底，全市土地流转面积已达74.1万亩，占到家庭承包耕地面积的9.35%，比2009年底增长5.1%。2010年，全市积极搭建市、县、乡三级土地流转管理服务平台，市财政专门拿出200万元专项资金用于土地流转网络平台的建设和土地流转大户的奖励，在18个农村县（市）区，统一安装了《农村土地承包经营权综合管理信息系统》软件。到2010年末，全市已建立县级流转服务机构17个，乡级流转服务中心189个。全市50亩以上流转大户达到419户，规模流转面积达13万亩，其中500亩以上大户81个，流转面积9万亩。土地经营权向种植大户和农业企业集聚，促进了各类农业示范园区建设和农民专业合作社发展。年末全市登记注册的农民专业合作社达到2600家，比2009年底增加554家，带动基地面积125万亩，养殖规模达3.5亿只（头），形成了覆盖90%乡镇、95%专业村的合作社体系。

（潘双清）

【新农村建设】 2010年农村新民居建设，是石家庄市有史以来，有计划推进农村民居建设力度最大的一年，也是开工建设规模最大的一年。按照“全面启动，整体推进，重点突破，丰富内涵，提升深化”和“三年任务两年完成”的总要求，386个新民居示范村开工建设，开工建设率达到91.7%，11183户改建完工，1051户迁入新居。新建开工户数15090户，改建完成9900户，投入建设资金达24.5亿元；其中联村社区示范点达到38个，涉及到140个村。西柏坡红色小镇建设，初步确定了建设地址，计划明年“七一”前基本建成。农村基础设施和公益事业建设不断加快，新建污水、垃圾无害化处理设施200个，农村户用沼气池3.77万个，建成标准化学校821所、村民中心1725个、村卫生室3186个，城乡环境显著改善，农村面貌明显改观。农田水利基本建设累计投入农建资金10.58亿元，新打机井4392眼，修旧井6454眼，新修维护小塘坝、水池水窖、坑塘等小型水源工程3544处，新增、恢复灌溉面积122万亩。完成造林绿化29.2万亩，新封山育林18.9万亩，全市森林覆盖率达到29.42%。

（梁占位）

机构编制

【概况】 2010年，市机构编制委员会办公室（简称市编办）根据省委办公厅、省政府办公厅《关于印发〈石家庄市人民政府机构改革方案〉的通知》精神，市机构编制委员会办公室单独设置，列入市委机构序列，是市委工作机构，也是市政府工作机构。8月10日，经市编委会审核并报市委、市政府批准，以市委办公厅、市政府办公厅名义印发市机构编制委员会办公室“三定”规定，明确市编办机关行政编制、领导职数、内设机构。市编办下设石家庄市事业单位登记管理局（挂石家庄市机构编制委员会办公室信息中心牌子）。

【市级政府机构改革】 2009年9月，省委、省政府批准并印发石家庄市政府机构改革方案后，市编办于2009年10月27日组织召开了市县政府机构改革工作动员大会，对市县政府机构改革工作进行了安排部署；从2009年11月中旬开始至2010年1月中旬，历经2个月左右时间，完成市政府43个部门以及机构改革涉及的编办、机关事务管理局、市社科院等三个部门“三定”规定正式文件的审核印发。市政府机构改革工作基本完成。此次改革，对市政府27个部门进行了重新组建和调整，其中不再保留部门15个，由其他机构调整为政府工作部门3个，由政府工作部门改为部门管理机构1个，新组建和调整部门8个；对政府各部门内设机构进行优化和综合设置，整合率为

90%；对人员编制实行总量控制，不突破上级核定的行政编制总额；同一层级内，根据职能调整，对人员编制实行动态管理，优化人员结构；严格按规定核定部门领导职数。改革后，市政府工作部门设置为38个，直属事业机构由7个减少为4个（精简率为40%），部门管理机构2个。通过改革，共取消、下放、转移以及明确加强的职能共242项（取消职责45项，下放职责16项，转移职责54项，明确和加强的职责127项），明确部门责任34项。

2010年年初，根据市政府机构改革工作部署，对部门落实“三定”规定情况进行跟踪了解，及时发现和纠正了“三定”规定实施中出现的问题，按照权责一致原则，就部分部门职能进行了调整。2月22日，市编办印发《关于调整城市供热燃气职责涉及机构编制划转事宜的通知》，调整了全市供热燃气管理体制，明确将市发改委能源办供热燃气管理处的职责及人员划入市建设局，按照“人随事走”、“带编划转”的原则，重新核定市发改委、市建设局机关行政编制和科级职数。5月13日，市编办印发《关于市发改委、市工信局、市招商局部分职责调整的函》明确：由市发改委负责煤、电、油、气及交通运输调度工作；负责全市电力行业管理和行政执法；负责电力年度供需平衡、资源配置和电力需求侧管理工作。此项工作由市发改委“经济运行调节处”负责并协调石家庄市电力办公室的工作。市工业和信息化局负责工业系统的煤、电、油、气、运等生产要素和电力管理协调工作。重大工业技改项目建设由市工业和信息化局组织并报市发改委按规定权限审批、核准、审核后，向省发改委上报；按规定权限不用上报省发改委的工业技改项目，由市工业和信息化局审批、核准、审核后，报市发改委备案。在市发改委石家庄市对口支援办公室（副县级）挂“经济技术协作处”牌子，负责对内经济技术协调工作，负责与省发改委对口处室的联系。市招商局对省发改委的业务请示，报市发改委后提交省发改委。重大外资项目、境外资源开发类和大额用汇投资项目，由市发改委按规定权限审批、核准、审核后，向省发改委上报；按规定权限不用上报省发改委的招商项目，由市招商局审批、核准、审核后，报市发改委备案。8月17日，为加强全市食品安全综合协调相关工作，市编办印发《关于市卫生局设置食品安全综合协调处的批复》，明确市卫生局设置食品安全综合协调处。

【县级政府机构体制改革】 根据市县政府机构改革工作要求，至2010年6月底，完成23个县（市）区政府机构改革方案印发工作。县级政府机构改革坚持带编调整，改革后，实现了中央和省规定的机构数额和人员编制“两个不突破”的目标要求；县级政府机构设置得到规范，各县平均更名机构3个（交通、住房和建设、人力资源和社会保障）、组建机构2个（工信、药监），撤销机构2个（档案、工促局），调整机构3个（粮食、文体、610办公室），直属事业机构由原来96个精简调整为57个，精简比例为40.6%，符合省要求的40%以上。根据深化文化体制改革有关要求，印发县（市、区）文化体制改革的意见，将县（市）、矿区现有文化、体育、广播影视、新闻出版（版权）机构合并，设立文化广电新闻出版局（下称文广新局），列政府直属事业机构，统一履行原文化、文物保护、体育、广播影视、新闻出版（版权）等部门的行政管理职能。县（市、区）整合现有的文化（文物）、广播影视、新闻出版（版权）等有关行政执法队伍，组建文化市场行政执法队。

【乡镇机构改革】 根据省委办公厅、省政府办公厅《关于全省乡镇机构改革的指导意见》精神，就深化全市乡镇机构改革工作进行安排部署。成立石家庄市乡镇机构改革领导小组，市委常委、市政府常务副市长粟进路为组长，市委常委、组织部部长王俊钟为副组长，市政府秘书长张业、市委常务副秘书长宋学恭、市委组织部常务副部长张云雁、市财政局局长李和平、市人社局局长高新城、市编办主任左建平为成员。11月，市编办分5个组，深入各县（市、区），召集各县（市、区）主管乡镇工作领导、编办主任、县直农口部门和1～2个乡镇主要负责同志，就相关工作进行座谈，了解各乡镇机构编制情况，摸清底数，有针对性地提出问题，寻找解决问题的途径和方法，为完成乡镇机构改革工作打下基础。

【机构编制设置与调整】 1月18日，市编办印发《关于市委外宣局增设网络管理处的批复》，明确市委对外宣传局加挂“市网络文化建设和管理办公室”牌子。3月28日，市编办印发《关于市委政法委增加编制和内设机构的批复》，明确将石家庄市矛盾纠纷排查调处工作办公室并入市维护稳定工作领导小组办公室。4月8日，县级食品药品监督管理机构由省垂直管理改为地方政府工作部门后，市编办印发《关于下达食品药品监督管理系统编制的通知》（石编办[2010]17号），为各县（市）下达了行政编制。5月24日，根据省编办、省公安厅《关于第二批中央企业公安机构移交地方后机构设置暨核增政法专项编制的通知》有关精神，市编办印发《关于落实冀机编办[2008]54号文件设置市公安局卫建分局、卫工分局的函》，明确将中国铁道建筑总公司中铁十七局集团有限公司铁道建筑公安局第十七公安处第三公安分处划归市公安局，名称为石家庄市公安局卫建分局；将中国铁路工程总公司中铁三局集团铁路工程公安局第三公安处第二公安分处、中国铁路工程总公司中铁六局集团铁路工程公安局直属第六公安分处第五派出所、中国铁路工程总公司中铁电气化集团第一工程公司铁路工程公安局第八公安处第一公安分处三所、中国铁路工程总公司中铁电气化集团第一工程公司铁路工程公安局第八公安处第一公安分处四所、中国铁路工程总公司中铁电气化集团第一工程公司铁路工程公安局第八公安处第一公安分处五所划归市公安局，名称为石家庄市公安局卫工分局。6月22日，市编办印发《关于调整市公安巡逻警察支队机构编制事宜的函》，明确将市公安巡逻警察支队的六个巡警大队连同编制调整到市内六个区的公安分局。9月6日，根据省编办《关于成立石家庄市文化市场综合执法大队的批复》精神，市编办印发《关于成立市文化市场行政执法大队的批复》，明确将原市文化局所属的市文化市场稽查队、原市新闻出版局所属的市出版物市场稽查队（市版权市场稽查队）进行整合，成立石家庄市文化市场行政执法大队。10月27日，市编办印发《关于调整市履行禁止化学武器公约事务办公室隶属关系的批复》，明确将市发改委所属的石家庄市履行禁止化学武器公约事务办公室划入市工业和信息化局管理。11月2日，市编办印发《关于市人大常委会专门委员会更名等事宜的批复》，明确将农村经济委员会更名为农业和农村委员会，城乡建设环境保护委员会更名为城乡建设和环境资源委员会。11月10日，根据省委、省政府有关规定，市编委印发《关于市委、市人大常委会、市政协正副秘书长设置的通知》，明确市委办公厅、市人大常委会办公厅、市政协办公厅不再设主任、副主任，同时明确市委、市人大常委会、市政协秘书长职数。11月24日，市编办印发《关于重新明确市行政效能监察投诉中心内设机构等事宜的批复》明确，市行政效能监察举报中心（市行政效能监察投诉中心、市发展环境投诉中心）由接受市委、市政府“四个中心领导小组办公室”领导调整为市纪检委管理。11月29日，市编办印发《关于调整乡镇行政编制充实县级纪检监察机关的通知》，经中央编办批准，同意辛集市、正定县、新华区等15个县（市）区，从乡镇调整部分行政编制充实到县级纪检监察机关。12月9日，市编办印发文件，明确新华区、矿区、藁城市、深泽县、栾城县、行唐县、元氏县、井陉县、灵寿县、赵县等10个县（市）区红十字会，由“卫生局代管”改由“政府领导联系”。12月17日，经市编委审核并报市委批准，市编委印发《关于印发〈石家庄市社会科学院机构编制方案〉的通知》。12月31日，市编办印发《关于市发改委社会发展处加挂市深化医药卫生体制改革领导小组办公室牌子的批复》明确，在市发改委“社会发展处”加挂“市深化医药卫生体制改革领导小组办公室”牌子。

【事业单位机构改革】 至年底，全市事业单位总数为7729个（全额拨款单位5509个、差额补贴单位591个、经费自理单位1504个、企业化管理125个），其中，市级事业单位548个（全额拨款单位306个、差额补贴单位71个、经费自理单位163个、企业化管理8个），县（市）区7181个（全额拨款单位5203个、差额补贴单位520个、经费自理单位1341个、企业化管理117个）。全市事业编制总数为206215名（全额拨款134532名、差额补贴31700

名、经费自理 35394 名、企业化管理 4589 名），其中，市级事业编制数为 44744 名（全额拨款 15513 名、差额补贴 15484 名、经费自理 12325 名、企业化管理 1422 名），县（市）区事业编制数为 161471 名（全额拨款 119019 名、差额补贴 16216 名、经费自理 23069 名、企业化管理 3167 名）。5 月，根据国务院关于公路养路费税费改革精神，撤销了市养路费稽征处，组建了市公路路政管理处，隶属于市交通运输局管理。主要负责贯彻执行有关公路路政管理的法律、法规和规章；负责市内国省干线及地方道路的产权维护，查处超限超载运输车辆。5 月，经市政府常务会议研究，将正定县滹沱河国有林场隶属关系由正定县管理调整为市林业局管理，调整后更名为石家庄市滹沱河城市森林公园。同年 10 月，又更名为市滹沱河城市森林公园管理处，主要负责滹沱河城市森林公园建设与管理等工作。11 月，根据经济发展需要，按照国家有关医院核定标准，重新为市属 10 所医院核定了编制。7 月和 11 月，根据省政府《基层医药卫生体制综合改革试点的实施意见》和省编委《关于印发〈河北省乡镇卫生院机构编制标准（试行）的通知〉的通知》以及省编办《关于乡镇卫生院人员编制的通知》，为全市 221 所乡镇卫生院（中心卫生院）重新核定下达事业编制。

【新派出机构组建】 10 月，经研究并报省编委批准，组建中共西柏坡管理局工作委员会和西柏坡管理局，分别为中共石家庄市委、石家庄市人民政府的派出机构，规格为副厅级；根据市委、市政府授权，对西柏坡红色景区及平山县的旅游业行使规划、建设、管理、监督、协调和服务职能。10 月，经研究并报省编委批准，组建中共石家庄正定新区工作委员会和石家庄正定新区管理委员会，分别为中共石家庄市委、石家庄市人民政府的派出机构，规格为正县级。10 月，经研究并报省编委批准，组建中共石家庄空港工业园工作委员会和石家庄空港工业园管理委员会，分别为中共石家庄市委、石家庄市人民政府的派出机构，规格为正县级。

（阮胜华）

台湾工作

【概况】 2010 年，在市委、市政府的正确领导下，在省台办的关怀指导下，全市对台干部认真学习贯彻胡锦涛总书记“12·31”重要讲话精神，深入开展学习创先争优、干部作风建设年活动，按照中央对台工作的战略部署和省台办、市委要求，紧紧围绕促进两岸关系和平发展和服务石家庄经济社会发展这两个大局，主动作为，开拓进取，争创一流，全市对台工作取得了新进展。

【经贸活动】 组织参加了“中国（正定）小商品博览会”、5·18 经济贸易洽谈会、中国·石家庄国际动漫节、“9·8”厦门投洽会、冀台经济洽谈会、“10·18”石洽会等多个大型招商会。通过各种形式和渠道，“以台引台，以台引外”，签订合作项目 12 个，资金 4.9 亿元人民币。加大了对现有台资企业的服务协调力度，把贯彻、落实《中华人民共和国台湾同胞投资保护法》及其《实施细则》当做一项重要工作来抓。扎实开展“下台企，送温暖”活动，由市台办主要领导带领班子成员深入到重点台资企业，了解情况，帮助企业排忧解难，解决实际问题。会同有关部门解决了国祥公司高压线移位问题；及时解决了统一饮品、统一食品公司反映的问题；加强了台企纠纷和台商投诉的调处工作。积极协助国祥公司做好在晋州郭家庄捐建的第十所希望小学的选址、招标等工作。协助国祥公司组织发放了前 10 所希望小学部分优秀教师、优秀学生的奖学金、助学金 50 万元。

【对台交流】 大力组织经贸、文化、教育、科技等团组赴台，主动邀请台湾政治上有影响、经济上有实力的人士来访，开展了各种形式、各种规模、各种层面的交流活动。以市长艾文礼、市委副书记刘云峰等市领导为代表的 23 批团组顺利赴台，签订了一批合作项目，提高了石家庄市在岛内的知名度，实现了石台两地经济交流合作的新突破。共接待了 3 个重点团组。举办了以“体验世界冠军甘苦，共享中华民族光荣”为主题的首届冀台青少年乒乓球暑期训练营，共有 60 余名台湾青少年来正定训练。6 月成功举办了旨在“弘扬中华民族文化、荟萃冀台民俗民生、促进经济和谐发展”

的首届冀台民俗美食文化博览会。

【宣传采访】 认真做好人岛宣传工作。11月组织了以市委常委、宣传部长孙万勇为团长的石家庄市第一个新闻交流采访团赴台交流。签订了2个新闻合作协议、3个动漫合作协议，播放石家庄宣传片，推介了石家庄，进一步提高了石家庄市在台湾的知名度。认真做好台湾记者来石采访工作。“中央社”、《中国时报》、《旺报》、东森电视台、中天电视台、TVBS电视台、年代电视台、三立电视台等8家台湾新闻媒体记者来石家庄市进行了“感受石家庄速度”的集约采访活动。台湾东森电视台记者来石家庄市，就城市建设“三年大变样”、农民工转型、育婴月嫂、台商发展及台资企业捐资助教等方面的情况进行了采访，并对艾文礼市长进行了专题采访。围绕全市重大活动搞好宣传，播发各类宣传稿件100余篇。

（曹森）

信访工作

【概况】 2010年，在市委、市政府的正确领导下，各级信访部门以“信访工作质量提升年”为载体，团结一致，顽强拼搏，开拓进取，扎实工作，解决了大量信访问题，化解了大批社会矛盾，全市信访形势继续保持了总体平稳、持续向好的局面，有力地维护了全市的社会和谐稳定。市级信访部门受理群众信访总量4029件次，同比下降4.1%。其中，接待来访2115件次，同比下降3.8%，办理来信1914件次，同比下降16.6%，接待处理集体访473批次、8067人次，同比分别下降5.2%、11.4%。市信访局办理省以上要结信访案件805件，结案804件，按期结案率99.1%，年终结案率99.9%，全市没有发生因信访问题处置不当引发的群体性事件和恶性事件。圆满实现了省委、省政府确定的年度考核目标。

【源头防控】 认真落实重大事项社会风险评估制度，提高科学决策和民主决策水平，努力从源头上减少矛盾纠纷的发生。市信访局制定下发了《关于建立和落实重大事项社会稳定风险评估责任制的实施办法》，细化目标考核，明确部门责任。各部门、单位在坚持“周排查、周报告”和特殊敏感时期“日排查、日报告”制度的基础上，在重大政治活动期间和重要敏感时段，先后组织开展了五次集中大排查活动，集中化解矛盾隐患问题。全市共排查出重大信访苗头和群体性事件隐患1817起，化解1698起，化解率达93.5%。

【开展大接访活动】 认真落实市委、市政府《关于建立和完善大接访长效机制的意见》，每个月的第一个周三在全市集中组织开展市县乡三级干部大接访活动，全年共开展12次三级干部集中大接访活动，接待群众来访2604批次、7561人次，解决信访事项2056件。坚持每周三安排两名市级党政领导到市信访接待中心接待群众来访，现场调度解决重点信访案件。全年市级党政领导共接访约访77人次，协调包案解决重点信访案件83件。5月份，在全市集中组织开展了一次大规模的市县两级党政机关干部下访活动，全市共有2176名机关干部参加下访活动，共接待和处理群众信访事项1802件。

（刘祺）

【三级干部集中接访约访】 3月1日8时30分，按照石家庄市市县乡三级干部大接访长效工作机制要求，全市市县乡三级干部集中接访约访活动正式开始。市县乡三级干部集中接访约访活动在全市各县（市）区、市直有关部门和乡（镇）、街道同时进行。市领导分别到各自接访联系点参加集中接访约访活动，各县（市）区领导和县（市）区直部门主要领导在本地确定地点接访约访；市直部门班子成员和中层干部在公布接访地点进行接访约访；各乡（镇）、街道办事处党政班子全体成员在本辖区内集中接访约访。全市全天共接待群众来访149批次、338人次，当场解决信访事项23件，落实领导包案101件。

（戴丽丽）

【万名干部下基层】 3月10～16日，石家庄市万名干部组成工作队，到各县（市）区、乡镇（街道）、农村、社区和企业、学校、重点项目等单位，广泛开展“下基层、访群众、解难题、促发展”活动。各工作队（组）吃住在基层、工作在基层，帮助基层解决实际问题，为群众办实事好事。3月9日、12日，市委下基层办公室召开巡回检查组长调度会对下基层活动提出具体要求：思想认识不能放松，精神状态不能懈怠，工作重点必须突出，时间安排有条不紊，确保下基层工作善始善终。截至 3 月 11 日，市直单位抽调人员 878 人，组成 290 个工作队（组），各县（市）区抽调 10135 人，组成 3371 个工作组全部到岗。活动期间，各工作组通过走访、调研、座谈等方式深入基层宣讲政策、倾听社情民意、解难题办实事、排查化解矛盾纠纷、维护社会稳定，活动取得明显成效。

（王静）

【处理大量信访问题】 围绕"事要解决"，在全市组织开展"三拖欠一救助"（拖欠农民工工资、拖欠工程款、拖欠职工工资和特殊困难群体生活救助）、解决信访积案和信访突出问题百日攻坚、赴省访集中治理等一系列活动。市联席办、信访局定期梳理信访积案和重点信访案件，明确县级包案领导，集中向责任地方和部门交办，实行挂账督办、跟踪督办，定期通报案件解决情况，促进问题及时妥善解决，全年共解决各类信访突出问题 3977 件。

【创新工作体制】 全面推行"四加二"（县以下基层四站式排查化解矛盾隐患和市县两级协调解决重点疑难问题）工作机制，乡村两级全部做到了有机构、有场所、有人员、有制度，形成覆盖基层、纵贯乡村和街道社区的工作网络，筑牢信访工作第一道防线，提高了基层排查化解矛盾纠纷的能力和水平。深入推进市、县信访接待中心建设，启动了市信访接待中心新机制，县（市）区信访接待中心取得重大进展，绝大部分县（市）区信访接待中心投入运行，群众信访问题终结站的作用得到充分发挥。完善了到市、赴省集体访和非正常进京访处置工作机制，健全了信访工作重点单位管理的制度和办法，全市信访工作质量和水平进一步提高。

（刘旗）

【信访接待中心新工作机制启动】 1 月 7 日，石家庄市信访接待中心新工作机制启动。按照新工作机制要求，市纪委、国资委、民政局、人力资源和社会保障局、城乡规划局、建设局、城管局、住房保障和管理局、交通运输局和工信局等 10 个市直部门，由县级干部带队，带领 2 名工作人员入驻信访接待中心，接待处理涉及本部门的信访事项，并在信访接待中心及时妥善予以解决。市信访接待中心已成为一个集接待受理、直接调处、协调指导、督查督办为一体的综合性办事机构，为群众搭建起一个"综合受理群众诉求、有权解决群众问题、快速化解矛盾纠纷"信访工作新平台。

（戴丽丽　高阳）

【督导检查】 根据不同时期的工作任务，明确工作重点，有针对性地开展重点督查活动。特别是在全国"两会"、上海世博会、十七届五中全会及广州亚运会等重大政治活动期间和特殊敏感时期，市信访局组成 8 个督导组深入基层开展不间断地巡回督导检查，发现问题督促责任地方和部门及时整改。市联席办对赴省、进京集体访和非正常进京访坚持实行日通报、月倒排，将有关情况直接通报给县（市）区和市直部门主要领导，提出工作要求，明确解决期限，督促落实工作责任。

【基层基础建设】 6 月下旬至 7 月上旬，由市信访局和市委党校联合举办信访工作专题培训班，分三期对各县（市）区主管信访工作的领导和信访局长，各乡（镇、街道）主管信访工作的副书记，市直有关部门主管信访工作的领导和信访办主任共计 356 人进行了一次普遍培训，切实提高了各级主管领导和信访干部的综合素质，增强了做好新时期信访工作的能力。按照国家和省的部署，在全市信访系统开展了"学习邯郸经验，创先争优、加强能力建设"活动，进一步提高信访队伍整体素质。根据国家和省信访局的通知精神，5 月份在全市开展了《信访条例》实施五周年宣传月活动，进一步规范了信访工作，维护了良好的信访秩序。

【信访调研和人民建议征集】 坚持围绕市委、市政府的中心工作开展信访工作调研，为领导决策发挥参谋助手作用，2010 年全市信访系统共在《河北信访》、省联席办《工作动态》等省级内刊发表经验做法和调研文章 50 篇，在全省信访系统名列第一。广泛开展人民建议征集工作，及时反映社情民意，调动市民群众参政议政的积极性，全年通过各种渠道征集人民群众合理化建议300余条，出刊《人民建议》内刊20期，市领导批示10篇，省《人民建议》内刊采用石家庄市稿件6篇，省领导批示3篇，产生了良好的经济和社会效益。市信访局被省委、省政府办公厅授予“2010年人民建议征集工作先进单位”称号。

（刘旗）

政策研究

【概况】 2010年，市委研究室紧紧围绕市委中心工作，完成了一批高质量、高水平的综合文稿和调研报告，制定了一批力度大、操作性强的政策意见，在当大参谋、出大主意、搞大服务方面取得了新提升、新突破。全年共完成各类文稿60余篇，其中调研报告8篇，市领导讲话8篇，市委、市政府文件6个，其它重要综合文稿18篇，编纂完成《解说石家庄》一书，编发《国际动态》、《国内动态》、《政研通讯》12期。大多数研究成果进入市委、市政府决策，多次受到市委、市政府各位领导表扬。

【决策服务】 市委研究室把为市委特别是主要领导提供高质量文稿作为当大参谋、出大主意、搞大服务的首要任务。尤其在市委主要领导调整后，主动适应、紧跟节拍，努力在贴近市委主要领导和市委中心工作上下功夫。在时间紧、任务重、要求高的情况下，与综合一处协同作战，高质量完成了市委《“十二五”规划建议》、《孙瑞彬书记在市委八届六次全会上的讲话》等全会文稿，保证了全会顺利进行和圆满成功，受到了与会同志们的好评。深入研究事关全市发展的重大问题，高质量完成了《孙瑞彬书记在全市领导干部会议上的讲话》起草任务。还起草了《孙瑞彬书记在全市人才工作会议上的讲话》、《2011年市委工作要点》等重要文稿。通过重大文稿的谋划和起草，市委研究室与市委主要领导、市委中心工作贴得更加紧密，服务中心、服务领导的作用进一步得到充分发挥，服务的质量和水平得到新的提升。

【调研成果】 针对石家庄市县城建设发展滞后的现状，研究室赴省内县城建设领先的八个县（市），深入挖掘总结经验，撰写的《石家庄市县城建设差距明显亟待奋力突破》报告，提出了县城建设关键在思想、在思路、在主要领导等新观点，在全市上下产生强烈反响。为进一步加强全市项目建设，促进工业经济发展，完成了《我市项目建设取得明显进步潜在差距应引起高度重视》调研报告。围绕大西柏坡开发，完成了《大力实施“西柏坡—省会”“两点一线”旅游、文化、经济综合开发战略的建议》调研报告。着眼于服务业发展，完成了《大力培育“夜经济”让省城“夜生活”火起来》调研报告。为打好“三年大变样”攻坚战完成了《城中村改造取得明显进展 任务依然艰巨仍需强力推进》调研报告。在对 河污染问题进行深入调研的基础上，完成的《加快实施 河综合整治打造市区南部水系生态景观文化长廊》报告。与此同时，还开展了加强京津冀一体化对接、加快现代物流业发展、促进农村新民居建设等专题研究；还对主城区企业搬迁进展缓慢，新建小区配套教育设施滞后等问题做了专题调研。这些调研报告，在服务市委谋划工作、推动落实、解决问题方面实现了突破，发挥出了市委研究室的“参谋部、智囊团”作用。

【制定重大政策文件】 紧紧围绕强化政策的推动作用，主动作为，加强了对综合性政策文件的制定和研究工作，统筹协调有关部门，制定了一些事关全市发展大局的政策措施。为深入贯彻人才强国战略，与市委组织部协作，完成了《石家庄市中长期人才发展规划纲要（2010～2020年）》，提出了今后十年把石家庄市打造成京津冀重要人才聚集区的战略目标。为全面提升创新能力，建设创新型城市，与市科技局等部门合作，制定了《关于建设国家创新型城市的意见》，就建立健全创新体系，增强科技创新能力，提升产业和企业核心竞争力，进行了全面规划和部署。为鼓励支持民营经济加快发展，与市委统战部联合，完成了《关于鼓励和支持民营经济加快发展的五十条政策措施》，在政策扶持、开放准入领域、实施税费减免等方面提出了有突破性、创新性政策措施，对促进全市非公有制经济实现快速发展提供了强大动力。

【综合文献资料编纂】 为深化各级干部对市情的认识和外地人对石家庄市的全面了解，扩大石家庄的影响力和知名度，研究室利用日常资料积累丰富和文字功底雄厚的优势条件，汇集大量历史资料，撰写各领域、各方面市情解说词，编纂完成了展示石家庄发展成就和城市形象的《解说石家庄》一书。全书20余万字，运用详实的资料、生动的语言及精美的图片，全面系统地介绍了石家庄市的历史沿革、自然禀赋、文化底蕴、革命历史和发展基础，展示了近年来各项事业取得的重大成就，描绘了未来发展的美好前景。全书文字篇幅之多、历史跨度之大、涉及领域之广、介绍内容之全，堪称石家庄之最，弥补了石家庄市权威性外宣读物的空白，得到全市上下广泛好评。不少县（市）区和部门要求把此书列入干部必读书目，该书成为石家庄市一些大型活动和展会的主要宣传资料，被盛赞为“石家庄百科全书”。

【《石家庄决策》质量提高】 充分利用《石家庄决策》这一重要载体，大力宣传市委重大决策部署，深入研究探讨改革发展的新思路、新举措，总结交流工作实践新经验、新成果，及时反映广大群众关注的新热点和各地发展新动向，为实现石家庄市科学发展、跨越发展提供了强有力的思想保证、舆论支持和精神动力。在发挥舆论导向上，加强“重要决策、领导论坛”栏目选稿，及时推出“贯彻市委八届五次、六次全会精神”栏目，保证各级党组织及时掌握市委重大决策部署。在增强政策指导上，关注工作落实中出现的新情况、新问题，深入探讨解决问题、推动工作的新办法、新对策，集中刊出涉及产业发展、项目建设、生态环境等调研文章，为各级党委科学决策提供有针对性、操作性的建议。在推广工作经验上，精心策划了“推进三年大变样、打好工业攻坚战、统筹城乡发展、深化干部作风建设”等专题专栏，大力宣传各领域工作“亮点”，把石家庄的新成就、新面貌向全国各省市推广宣传。《石家庄决策》再次被评为“全国城市十佳党刊”，进一步提升了石家庄市的知名度和美誉度。

（闫晓斌）

老干部工作

【概况】 2010年，是老干部工作落实年，老干部局在市委正确领导下，以服务为根本，以科学发展为理念，狠抓重点，突破难点，打造亮点，全市老干部工作呈现出“五多”特点：主要领导批示多、重点难点突破多、创先争优亮点多、文化活动项目多、各项比赛获奖多。截至2010年底，全市共有离退休干部83022人，其中离休干部6656人，退休干部76366人。在离休干部中有享受副省部长级医疗待遇的13人（含9名老红军），地市级待遇的219人，县级待遇的3981人，科以下2443人。离休干部平均年龄83.1岁。

【党委、政府重视老干部工作】 2010年，市领导多次听取老干部工作汇报，研究解决重大问题。特别是省委常委、市委书记孙瑞彬到任第二天，就对老干部工作作出重要批示，并先后对老干部工作做了6次重要指示。市委常委、组织部长王俊钟始终把老干部工作放在重要位置，统筹谋划，亲自协调，解决了建立帮扶机制、企业离休干部上收、三个干休所参照公务员管理等许多疑难问题。每逢重大节日，市委主要领导都亲自带队走访慰问老干部，王俊钟部长代表市委多次专程到外地看望慰问生病住院的老领导。市各级领导及老干部部门对八万多名老干部普遍走访了一至两次，对参加革命工作早、年龄高、生活有困难的老同志多次看望，并帮助解决了大量的实际困难。2010年初，中央和国家领导人回良玉、刘延东、顾秀莲分别对石家庄市加强未成年人心理健康教育和老科技工作者帮扶青年农民科技致富工作作出了重要批示，这在石家庄市乃至全省是史无前例的。6月，市关工委被中国关工委和中央社会精神文明办评为“全国关心下一代工作先进单位”。7月，在中国关工委成立二十周年成果展上，河北省11个市14块展牌石家庄市独占4块，市关工委成果展览和代表河北省派出的讲解员都受到一致好评。

【待遇实现新突破】 狠抓老干部政策落实，重点抓好了中组发〔2008〕10号文件和冀组通字〔2009〕39号文件的落实。老干部政治待遇八项制度进一步落实，先后2次组织市级老领导视察工农业生产和城市建设（5月28日组织40余名市级老领导到平山刘家会村和北马冢村参观考察工农业生产和新农村建设，10月21日组织50多名市级老干部参加正定新区建设规划、滹沱河综合治理和中华北大街外延等"三年大变样"建设工程项目）。成功举办石家庄市第十六届市直机关老干部运动会和第四届老干部艺术节，分别有3200多名老干部参加和1500多名老干部登台献艺。落实老干部生活待遇实现3个新突破：一是帮扶机制实现新突破，为404名生活困难的离退休干部发放帮扶资金45万元，是全省发放帮扶资金最多，帮扶力度最大，效果最好。二是改制破产企业离休干部上收管理实现新突破，11月13日，改制破产企业离休干部上收管理实施意见在市政府第45次常务会上得到通过，设立了40个公益岗位、财政支持200万，将800多名企业离休干部分别上收到主管部门和老干部局，多年来困扰企业离休干部管理的全国性难题得到突破。栾城、高邑、裕华、高新区、平山、辛集等县（市）区将企业离休干部公用经费和特需经费，以及遗属补贴纳入财政预算或社保统筹。三是解决自收自支和差额管理事业单位离休干部预发性工资实现新突破，在没有全国统一政策情况下，比照机关离休干部规范津贴补贴的时间和标准对自收自支和差额事业单位离休干部预发性工资进行了督促落实。

【开展教育和娱乐活动】 在广大老干部中组织开展了"创先争优"活动，在此基础上进一步开展了"创新五支队伍、拓展五大平台、争做十佳百星"活动，涌现出了一批老干部先进党支部和老干部优秀党员，有力的推动了老干部思想政治"两项建设"。"七．一"前夕，老干部局对全市98个先进离退休干部党支部和202个优秀老干部党员进行了通报表彰。同时，还选树了6个老干部党支部先进典型，向省委老干部局和中组部老干部局推荐，这6个老干部党支部分别被中组部老干部局与《中国老年报》主办的《红旗支部行》专栏作了专题报道。为推进老干部"四就近"工作，组织部分老干部局长和社区负责人，赴上海、青岛等地就学习考察，在新华区天苑社区、长安区华宸社区、裕华区富强电力社区选树典型，总结经验，加以推广。8月，市委组织部、老干部局、民政局、财政局等九部门联合下发了《利用社区资源做好离退休干部服务工作的意见》。12月下旬，召开了全市老干部"四就近"工作暨创先争优活动现场会，进行了大会典型交流和社区实地观摩，有力地推动了全市老干部"四就近"工作的深入开展。各县市区老年大学、老干部活动中心建设得到进一步加强。正定县委、县政府为正定老年大学建校20周年举办了隆重的校庆活动；鹿泉市投入200万元对活动中心进行了升级扩建；市老干部活动中心倾力打造"温馨服务"、老年大学全力打造"夕阳文化"品牌，由于活动项目多，内容新颖，场地宽阔，广大老干部参与热情空前高涨，2010年参加活动、学习人数达16万多人次。市老干部活动中心服饰艺术团在中国第二届老年艺术节服饰比赛中勇夺金奖，并荣获"夕阳秀——携手青春走进世博大型综艺活动"全国比赛最高奖——牡丹金奖和最佳舞台风采奖，市老年大学在中国第二届老年艺术节合唱比赛中获得金奖，12月28日在全省老年教育系统文艺汇演中荣获一等奖和特别组织奖。

【信息宣传】 2010年，市老干部局和赵县、平山、正定、藁城、矿区等老干部局被评为全省信息宣传工作先进单位。创新改版了《石家庄老干部工作》，并编发7期。市老干部工作稿件在电台、电视台、石家庄日报等刊播新闻200多条，在中组部老干部局工作简报上刊发1篇、《省老干部工作》20篇、省《老干部工作信息》4篇、《中国老年报》11篇，2篇调研文章被全省老年工作研讨会选为大会发言稿，并收录到全省老年工作优秀调研成果集。

【队伍建设】 深入开展了干部作风建设和"双争双建"活动，组织干部职工认真学习《石家庄市机关工作人员损害发展环境行为责任追究暂行办法》。举办了大规模的老干部政策业务知识竞赛，通过全市层层比赛选拔，在市电视台举办了全市老干部政策知识大赛，市公安局、正定县、市总工会、赞皇县、桥西区、高新区名列前茅。获得冠军的市公安局队代表石家庄市在河北电视台举办的全省大赛中以优异成绩勇夺全省第一名，荣获"河北省建投杯老干部政策业务知识竞赛"冠军。2010年，市老干部局积极向省委、市委争取，将一名年轻干部选送到承德市丰宁县委组织部任副部长。该做法在全省开了先例，拓宽了老干部工作系统干部培养、锻炼的渠道，得到了省委组织部副部长、老干部局局长张增良的高度赞扬。市委办公厅、政协办公厅、市教育局三个部门老干部处处长得到市委的提拔重用。三个干休所实行了参照公务员管理，极大地调动了干部职工的工作积极性。

（沈桥成）

党史工作

【概况】 2010 年，市委党史研究室按照市委八届五次全会和市委、市政府决策部署，紧密结合党史部门实际，始终抓住党史研究这个关键，积极谋划，科学发展，以《中国共产党石家庄历史》第二卷（1949.10 ~ 1978.12）资料征编编撰出版和重大课题研究为重点，全面展开对建国后资料的征集。为配合纪念建党 90 周年宣传教育活动，推出了部分研究成果。特别是中央召开全国党史工作会议后，全市党史系统以学习贯彻中发 [2010]10 号文件和中央党史工作会议为突破口，创造性地开展党史工作，党史工作取得了新成绩。

【党史研究】 2010 年，党史研究工作围绕中国特色社会主义这一主题，强化了社会主义时期的党史研究，以党史正本编撰出版和重大课题研究为重点，推动党史研究取得新进展。以《中国共产党石家庄历史》第二卷（1949.10 ~ 1978.12）资料征集为重点，严格按照实施方案和编写计划稳步推进，组织了 3 次资料征集和编写进度调度会，及时了解和掌握各处室工作进度以及遇到难点问题，及时解决，提高资料的征集质量。截至 10 月底，共查阅文献档案 221 卷，文献资料 397 件，领导讲话 56 件，报刊资料 440 份，其他参考书籍 65 册，复印资料 2267 份，745 万字。6 月份，完成了《中共石家庄地委、石家庄市委党的代表会议和党的代表大会主要文件汇编》（1950 年 ~ 2006 年）党史资料专集艺术的编辑、出版发行。全书约 65 万字。为配合中国共产党建党 90 周年和党史教育宣传工作的开展，组织 7 名业务骨干组成专门编写班子，于 10 月初开始，利用个多月的时间，完成了 13.2 万字的《中国共产党石家庄历史简明读本》（第一卷）编写任务，已送市委领导和专家审定通过，适时出版发行。充分利用《党史工作通讯》阵地，扩大党史影响力，编辑出刊《党史工作通讯》13 期。加强了对涉及各个历史时期重要党史资料的挖掘、抢救工作，征集党史重大事件、重要人物的口述资料、历史图片等有关资料 50 万字，图片 100 余幅。硬件设施建设得到进一步加强，对现有资料室投入专门经费，配备了复印机、扫描仪等设备，加强了硬件设施建设，改善了保管条件。革命遗址普查基本完成，已上报省委党史研究室。

【内部建设】 认真学习贯彻中发 [2010]10 号文件和中央党史工作会议精神，6 月份，中央下发了《中共中央关于加强和改进新形势下党史工作的意见》(中发 [2010]10 号)，7 月 21 日，中央又在北京人民大会堂举行了全国党史工作会议，省委党史研究室也下发关于认真学习贯彻中央文件的通知，党史研究室立即向市委领导做了专题汇报。7 月 2 日，市委领导艾文礼、杨志辉分别作出批示，要求迅速传达学习并提出贯彻落实意见。党史研究室迅速做出安排部署，制定了学习传达中央文件的贯彻落实意见，除组织机关全体人员学习讨论意外，起草了中共石家庄市委《关于加强和改进党史工作的意见》、市委党史研究室关于学习贯彻《中共中央关于加强和改进新形势下的意见》汇报提纲等，并以内部明电形式下发了关于认真学习中央文件的通知。4 月至 8 月，市委党史研究室组织专门调研小组对全市各县（市）区党史工作机构、人员编制、党史研究工作开展等基本情况进行了一次深入调查，形成了中共石家庄市委党史研究室《关于全市各县（市）区党史工作基本情况的调查报告》，并就此报告报请市委常委会专题研究原则通过。同时，还通过狠抓机关内部建设、创新党史工作发展思路，使全体人员精神面貌发生了根本变化，党史工作呈现出良好的发展势头。

中共石家庄市委党史研究室

主　任：张建国

副主任：王利利　柳泽启

（张献瑞）

党校工作

【概况】 2010年，在市委、市政府的正确领导下，中共石家庄市委党校以邓小平理论、“三个代表”重要思想和科学发展观为指导，认真学习贯彻党的十七届四中、五中全会精神，贯彻落实《党校工作条例》、《行政学院工作条例》、《社会主义学院工作暂行条例》（下称三个《条例》）和中央《2010～2020年干部教育培训改革纲要》要求，树立“为科学发展服务，为干部成长服务”理念，强力推进教学改革，着力加强科研咨政，不断加强人才队伍和基础设施建设，充分发挥主渠道主阵地作用，认真做好各类干部教育培训，全年共举办各类培训班42期，培训各类人员近4000余人；完成科研成果142项，其中国家级9项、核心期刊11项、省级45项、市级77项，圆满完成了市委、市政府交给的各项工作任务，为建设特点突出、特色鲜明一流省会城市党校上迈出了坚实步伐，开创了校院工作新局面。

【开展创先争优活动】 按照中央和省市委的要求部署，在巩固和深化学习实践科学发展观和“干部作风建设年”活动成果的基础上，5月6日召开全校教职工大会对开展创先争优活动进行安排部署，确立了“抓学习创新党建、树形象争当模范、比奉献岗位立功、促党校科学发展”的活动主题，以创建“学习型党校”、“讲党性、重品行、作表率”等活动为载体，深入开展“创先争优”活动。在学习型党校建设中，着力抓好了三个层次的学习。通过校委理论中心组学习政治理论和中央省市重大决策部署，加强班子自身建设和中层干部队伍建设。通过各支部开展上党课活动，增强党员的党性锻炼和党性修养，发挥党员先进性作用。通过素质大讲堂进行社会主义核心价值体系教育，提高全员素质。在“讲党性、重品行、作表率”活动中，紧紧围绕突出争创，争当模范这个主题，深入开展创建“五个好”先进基层党组织，争当“五个模范”优秀共产党员活动，认真做好“服务群众”、“亮牌示范”和“组织创新”活动，全面提升党建工作水平。各支部、党小组和全体党员认真开展“党性教育”活动，立足岗位讲奉献。组织开展了“优秀课件”“优秀教案”、“精品示范课”、“咨政一文”和“优秀公文”、“优质服务”、“岗位技术能手”、“节约状元”系列评比活动，涌现出了一批先进集体和先进个人。9月13日，市委副书记刘云峰、市委常委、组织部长王俊钟到党校视察创先争优活动，对创先争优活动的“五抓”做法给予了高度评价，市委创先争优活动办公室为此以专期《简报》形式向全市交流了党校的“五抓”典型做法。按照省市委关于“创先争优”活动要“经常有动作、阶段有中心、节点有高潮”的要求和市委领导有关指示精神，组织召开了全校深入推进创先争优活动动员大会，以开展“全面对标，夺旗争星”活动为抓手，进行再动员、再部署，通过设立各项“先锋旗”和“模范星”的评比，相继评选出“教学改革”、“科研创新”、“行政效能”、“服务保障”、“基层组织”等先锋旗和“教学改革”、“科研精品”、“爱岗敬业”、“党务工作”等模范星，涌现出一批业务精、技术高、服务好的先进典型，在全校上下形成了对标先进争一流，凝心聚力谋发展，逢旗必夺，遇星必争的浓厚氛围，形成了比学赶超的生动局面，有力推动了党校工作上台阶上水平，树立了党校良好形象。

【教学改革】 以“教学改革年”为抓手，大力推进教学改革，全面提升教学质量。大胆进行“教学项目组”教学改革，以关注民生、创新能力、应对媒体、应对突发事件等为主题，组建了7个教学项目组，先后在中青班和全市信访工作专题培训班等各类班次中推行，在学员中引起较大反响。大力实施以“经典著作解读”、“西柏坡精神”、“应急管理”和“服务型政府”等为主题的“精品课”工程，努力成为具有石家庄特点、体现校院特色的教学品牌。应急管理专题培训走在了全省前列，“西柏坡精神”专题培训在全国有了一定影响，先后吸引了省委统战部、省安全厅等省直单位和上海松江区、辽宁中航工业黎明集团、长沙市委党校、昆明市委党校等省外前来异地教学，影响力不断扩大。

【科研工作】 校院科研始终围绕市委、市政府中心工作，强化“为提高教学质量服务”和“为市委、市政府决策服务”的功能，科研实力不断增强，在深化理论研究、服务领导决策方面发挥了重要作用。全年课题立项18项，其中省社会发展委托课题1项、省委党校课题3项、省社科联课题2项、市级课题12项，同时完成省、市委委托课题4项。共完成科研成果142项，其中国家级9项、核心期刊11项、省级45项、市级77项。组织40余名教师，历时近一年，编写完成了《石家庄市情干部读本》，全面系统地反映石家庄经济社会发展基本情况。立足本市实际，围绕市委“十二五”规划建议，撰写了《立足市情，解读政策，推动我市经济社会又好又快发展》书稿。贯彻落实中央十七届五中全会精神，围绕全市中心工作，重点就转变经济发展方式、三年大变样、应对金融危机、建设文化强市、服务业集群发展和以创业带动就业等重大课题开展研究，通过《领导决策参阅》及时将有价值、有份量的科研成果呈报给市委、市政府，为领导决策提供服务。全年《领导决策参阅》共编发14期，其中12期被省、市主要领导批示或政府部门所采用。紧密结合理论热点和重大现实问题，相继举办了“学习贯彻党的十七届四中、五中全会精神”、“学习贯彻〈廉政准则〉和市委八届五次会精神”等一系列专题研讨会，较好地发挥了理论引导作用。

【人才队伍培养】 实施人才强校战略，大力引进高层次人才。现有行政管理人员103名，专业技术人员65名，其中，高级职称31名，中级职称24名。2010年根据校院学科建设专业需要，第一次面向全国“211”和“985”工程大学和省属重点高校，公开招聘了1名博士生和4名硕士生充实教学队伍，公开聘任了12名省内外著名专家学者和部分领导干部作为兼职教授，优化教学管理队伍结构，提升队伍整体素质。同时，充分发挥校内讲堂作用，实施课题竞标、竞争上讲台、教师跟班听课制度，广泛开展校内练兵活动。

【基础设施建设】 继续完善基础设施，争取财政专项资金10余万元对水电管网进行改造；投资10余万元改造建设了200平米的学员文体活动中心；在市园林局帮助下，投资30余万元，建设园林化校园；在市委领导关心和市财政的支持下，投资80余万元，在省内率先建设应急管理情景模拟专业教室和媒体压力实训室，为采取仿真模拟教学培训提供平台。同时，加强对后勤服务人员的培训，着力提高服务保障水平。

中共石家庄市委党校

校　　长：刘云峰

常务副校长：孙晋康

副 校 长：边雪城（11月免）
杜新　周建立
陈向勤　高建庄
尹洁　（11月任）

石家庄市人民代表大会

【概况】 2010年，石家庄市人大常委会坚持以邓小平理论和“三个代表”重要思想为指导，深入贯彻党的十七大和十七届五中全会精神，深入开展创先争优活动，紧紧围绕全市发展、民生、稳定大局和“三年大变样”等中心工作，认真贯彻依法治国、建设社会主义法治国家的基本方略，依法履行宪法和法律赋予的各项职权，各方面工作都取得了新的进展。特别是经过认真组织筹备，成功举行了市第十二届人民代表大会第三次会议，认真审议了市人大常委会、市政府、市法院、市检察院等七项工作报告，并作出了相应的决议。年内还先后举行了8次市人大常委会会议，审议议题61项，依法任免地方国家机关工作人员66人（次），审议通过地方性法规2部，修订地方性法规6部。召开了19次主任会议，研究和讨论了106项议题。组织开展了多次视察、检查和调研活动，针对存在问题提出了许多建设性的意见和建议。先后对全市经济适用住房和廉租房建设情况、旅游业发展情况等9项专项工作报告进行了满意度测评，有效推动了全市社会主义民主法制建设和全市经济平稳较快发展。

【石家庄市第十二届人大常委会组成人员及各部门负责人】

主　任：王增明

副主任：许昆峥　王中联（女）

傅世武　李屏东

郭领域　张石峰

秘书长：王志勇

委　员：于奕峰

马恩来（回族）

王云　（女）

王仕平（1 月任）

王印行　王立国

王彦英　王惠周

王增飞

叶克田（1 月免）

卢素强

白凤楼（女）

吕国朝　刘　贵

刘东才

刘国栋（1 月任）

刘国清

刘春艳（女）

安波

安忠起（1 月任）

许凤琴　杨凤虎

杨印胜　李　波

李乃毅

李伟坤（1 月免）

李兵为　步淑段

肖荣智　吴秀超

何金录

张云雁（1 月任）

张美林

陈潮　（女）

宗立荣

胡翎　（女）

胡儒钗（1 月免）

赵炳志　姜博卿

高书凯　康瑞斌

康德忠　韩国岐

彭少舫（女）

彭占良（1 月免）

葛瑞芳（女）

董晓航（10 月免）

副秘书长：李兵为（12 月免）

龚玉良（12 月免）

马军　（12 月免）

周全宁（12 月任）

陈彦良（12 月任）

王占峰（12 月任）

办公厅

主　任：李兵为（兼，12 月免）

副主任：赵海奎（12 月免）

周全宁（12 月免）

王占峰（12 月免）

研究室

主　任：马军　（12 月任）

副主任：陈彦良（12 月免）

徐习军

选举任免代表工作委员会

主　任：赵炳志

副主任：何秀珍（11 月免）

时洪斌

法制委员会

主　任：许凤琴

内务司法委员会

主　任：卢素强

副主任：杨传英

财政经济委员会

主　任：刘国清

副主任：张杰

农业和农村委员会

(2010 年 11 月由农村经济委员会更名)

主　任：何金录

城乡建设和环境资源委员会

(2010 年 11 月由城乡建设环境保护委员会更名)

主　任：康德忠

副主任：潘明文

教育科学文化卫生委员会

主　任：高书凯

副主任：倪华

民族侨务外事委员会

主　任：吴秀超

副主任：李爱华（11 月免）

信访办公室

主　任：刘春艳（女，12 月免）

赵海奎（12 月任）

副主任：刘凤志（11 月免）

【市第十二届人民代表大会第三次会议】　1 月 22 ～ 25 日在市人民会堂举行。会议选举 58 人的主席团主持会议，推选王增明、许昆峥、王中联（女）、傅世武、李屏东（女）、郭领域、张石峰、王志勇为主席团常务主席，542 名市人大代表出席会议。会议听取和审议了市人民政府市长艾文礼所作的政府工作报告，审议了市发展和改革委员会主任赵顺法所作的关于市国民经济和社会发展计划草案的报告，审议了市财政局局长李和平所作的石家庄市 2009 年市本级预算及市总预算执行情况和 2010 年市本级预算及市总预算草案的报告，审议了市人民政府关于石家庄市十五家重点企业节能减排目标向代表承诺的专题报告，听取和审议了市人大常委会主任王增明所作的市人大常委会工作报告，听取和审议了市中级人民法院院长许广为所作的市中级人民法院工作报告和市人民检察院检察长蔡春和所作的市人民检察院工作报告。审查和批准了石家庄市 2009 年国民经济和社会发展计划执行情况与2010年国民经济和社会发展计划，审查了石家庄市2009年市本级预算及市总预算执行情况的报告和2010年市本级预算及市总预算草案，批准了2009年市本级预算及市总预算执行情况的报告和2010年市本级预算，并通过了相应的决议。会议补选王仕平、刘国栋 、安忠起、张云雁四人为石家庄市第十二届人民代表大会常务委员会委员。会议共收到市人大代表10人以上联名提出的议案41件。根据《地方组织法》和《市人民代表大会议事规则》的规定，将岳双群等16名代表提出的“关于石津高速项目尽快立项启动并在无极设立出口”的议案交由市人大财政经济委员会审议并提出处理意见；将高国才等11名代表提出的“关于进一步加大城乡一体化试点市的支持力度”的议案交由市人大农村经济委员会审议并提出处理意见；将王玮玮等13名代表提出的“关于均衡教师待遇”的议案、将王玮玮等10名代表提出的“关于重视住宅小区配套教育设施建设，保障适龄儿童接受义务教育”的议案交由市人大教科文卫委员会审议并提出处理意见；尔后，提交市人大常委会审议决定。将其余37件议案转为代表建议、批评和意见，交有关机关研究办理并答复代表。

【市十二届人大常委会会议】 1月15日，市第十二届人大常委会第十七次会议在市人大常委会会议厅举行。市人大常委会主任王增明、副主任王中联分别主持会议。会议听取和审议了市人大常委会关于召开市十二届人大三次会议安排意见的报告，审议通过了市十二届人大三次会议议程草案和有关名单草案；审议通过了《石家庄市第十二届人民代表大会常务委员会代表资格审查委员会关于补选代表的代表资格的审查报告》；审议通过了市人大常委会关于接受4名委员辞去第十二届人大常委会委员职务请求的的决定；审议通过了市政府关于申请以银行贷款方式筹措高速铁路建设资金有关情况的报告及相应的决定；审议通过了关于许可对一名市十二届人大代表采取刑事措施的事项。

3月30日，市第十二届人大常委会第十八次会议在市人大常委会会议厅举行。市人大常委会主任王增明、副主任傅世武分别主持会议。会议听取了全国人大代表市第二中学校长邵喜珍关于十一届全国人大三次会议情况的报告。审议并通过了《石家庄市城市总体规划（2010～2020年）》；听取和审议了关于市体育工作情况的报告并进行了满意度测评；审议并通过了关于许可对一名市十二届人大代表采取强制措施的事项；审议并通过了人事任免事项。会议要求市政府及有关部门要强化总体规划的强制性、权威性和严肃性，做好各类专项规划的配套工作，完善城市基础设施建设，统筹城乡发展，发挥城市规划在城市发展中的龙头作用，确保调整后城市规划的依法、规范和有效实施。要进一步加大对体育工作的宣传力度、加大对体育事业的投入力度，提升竞技体育实力，加快体育产业发展，逐步推动体育事业发展的市场化经营机制。

4月28～29日，市第十二届人大常委会第十九次会议在市人大常委会会议厅举行。会议听取了中国政法大学法学院副院长、博士生导师、中国宪法学会副会长、北京市政府法律顾问焦洪昌教授所作的关于修改选举法的辅导报告。会议听取和审议了市政府关于全市安全生产情况的报告并进行了满意度测评；听取和审议了市政府关于经济适用住房和廉租房建设情况的报告并进行了满意度测评；听取和审议了市中级人民法院关于审理减刑假释案件情况的报告和市人民检察院关于开展监所检察工作情况的报告。会议审议并通过了《石家庄市出租汽车管理条例》；审议并通过了市人大常委会代表资格审查委员会关于终止一名石家庄市第十二届人民代表大会代表资格的报告；审议并通过了关于市十二届人大三次会议第12号、第37号、第39号代表议案审议结果的报告；审议并通过了人事任免事项。会议要求市政府及其有关部门，要加大对《安全生产法》等有关法律法规的宣传力度，提高各行各业和广大群众的安全生产意识，建立和完善安全生产的长效监督管理机制，加强安全生产执法队伍建设，切实提高执法人员的依法行政能力。要调动社会各方面参与廉租房等保障性住房建设的积极性，科学编制廉租房等保障性住房发展规划和年度计划，做好拆迁拆违家庭住房保障工作，完善保障性住房配套设施建设，确保全市保障性住房建设和管理依法有序开展。要进一步加大对减刑、假释案件相关法律法规的宣传，提高办案质量和效率，不断提高审判人员的办案能力和水平。要加大法律监督力度，继续完善预防和纠正的长效工作机制，加强与审判机关的沟通与协调，加强对干警队伍的教育和培训。

6月24～25日，市第十二届人大常委会第二十次会议在市人大常委会会议厅举行。市人大常委会主任王增明，副主任郭领域分别主持会议。会议听取和审议了关于实施《中华人民共和国人口与计划生育法》执法情况的报告；听取和审议了关于食品安全工作情况的报告；听取和审议了关于加强市区交通管理、保障道路畅通情况的报告；听取和审议了关于旅游业发展情况的报告并进行了满意度测评；听取和审议了关于畜牧水产工作情况的报告并进行了满意度测评；听取和审议了关于土地收储与出让工作情况的报告。会议对《石家庄市水资源管理条例（草案）》进行了初审。审议并通过了关于市十二届人大三次会议主席团交付市人大财政经济委员会审议的第11号代表议案审议结果的报告；审议并通过了代表资格审查委员会关于终止两名市第十二届人民代表资格的审查报告和关于个别调整市第十二届人大常委会代表资格审查委员会委员的说明。

8月25～26日，市第十二届人大常委会第二十一次会议在市人大常委会会议厅举行。市人大常委会主任王增明、副主任张石峰分别主持会议。会议听取和审议了关于石家庄市实施《中华人民共和国残疾人保障法》情况的报告；听取和审议了关于石家庄市2010年1～6月份国民经济和社会发展计划执行情况的报告；听取和审议了关于2010年1～6月全市及市本级预算执行情况的报告；听取和审议了关于2009年市本级预算执行和其他财政收支的审计工作报告；听取和审议了关于十五家重点企业节能减排工作情况的报告；听取和审议了关于文化设施建设情况的报告并进行满意度测评；听取和审议了关于养老事业发展情况的报告并进行满意度测评。审议通过了关于废止部分法规的决定和关于修改部分法规的决定，审议通过了关于批准2009年市本级决算的决议。

10月20～21日，市第十二届人大常委会第二十二次会议在市人大常委会会议厅举行。市人大常委会主任王增明、副主任许昆峥分别主持会议。会议听取和审议了关于石家庄市城镇面貌“三年大变样”工作情况的报告，听取和审议了关于办理市十二届人大三次会议代表建议、批评和意见情况的报告，听取和审议了关于石家庄高新技术产业开发区发展情况的报告，听取和审议了关于社会保障工作情况的报告并进行了满意度测评，听取和审议了关于政府性融资管理使用情况的报告，听取和审议了关于社区矫正工作情况的报告并进行了满意度测评。审议通过了《关于对市政府、市法院和市检察院进行专题询问的暂行办法》，审议通过了《石家庄市水资源管理条例》，审议通过了关于接受一名市人大常委会组成人员辞去市十二届人大常委会委员职务请求的决定；审议通过了有关人事任免事项。

11月18日，市第十二届人大常委会第二十三次会议在市人大常委会会议厅举行。市人大常委会主任王增明主持会议。会议按照《地方组织法》和《市人大常委会议事规则》、《市人大常委会人事任免和监督办法》有关规定，决定任命张小国为石家庄市人民政府副市长。

12月28～29日，第十二届人大常委会第二十四次会议在市人大常委会会议厅举行。市人大常委会主任王增明，副主任王中联分别主持会议。会议听取和审议了关于召开市十二届人大四次会议有关事项的报告；听取和审议了关于编制“十二五”规划纲要（草案）工作情况的报告；听取和审议了关于2009年审计工作报告中所列问题整改和处理情况的报告。会议审议通过了关于召开市十二届人大四次会议的决定、关于市十二届人大四次会议议程草案、关于市十二届人大四次会议列席人员名单、市人大常委会工作报告（稿）和市人大常委会2011年工作要点；审议通过了关于加强对政府性重点项目资金和财政预算专项资金使用情况监督的暂行办法；审议通过了有关人事任免事项。会议还补选了两名河北省第十一届人民代表大会代表。

【市人大常委会主任会议】 全年共召开19次主任会议，研究和讨论了106项议题，议定了市人大常委会及其机关一系列的重要日常工作，为市人民代表大会及其常委会认真履行宪法和法律赋予的各项职责发挥了重要作用。先后听取了关于《石家庄市城市总体规划（2010～2020年）》调整工作情况的汇报、关于广播电影电视工作情况的汇报、市台办关于台湾事务工作情况的汇报、关于工业倍增计划落实情况的汇报、关于市政府国有资产监督管理委员会工作情况的汇报、关于集体林权制度改革情况的汇报、市法院关于2010年信访工作情况的汇报。会议还研究确定了市人民代表大会、市人大常委会会议及其他会议的会务筹备和视察安排、地方立法、培训计划，工作部署、审查报告，决议决定和人事任免草案等重要日常工作。

【市十二届人大常委会主任与“三长”联席会议】 2月25日，市人大常委会召开市人大常委会主任与市政府市长、市中级人民法院院长、市人民检察院检察长联席会议。市人大常委会主任王增明，市长艾文礼，市人大常委会副主任许昆峥、王中联、傅世武、李屏东、郭领域、张石峰，市中级人民法院院长许广为，市人民检察院检察长蔡春和参加了会议。市人大常委会秘书长王志勇，市政府秘书长张业和市人大常委会办公厅、市法院和市检察院办公室负责同志列席会议。会议由市人大常委会主任王增明主持。会议商定了2010年市人大常委会听取和审议市“一府两院”专项工作报告并进行满意度测评与计划预算和审计工作报告、主任会议议题安排、立法工作安排和执法检查工作安排。

【市十二届人大常委会第三期人大代表学习培训班】 8月3～5日，市人大常委会举办了为期三天的市人大代表学习培训班。市人大常委会副主任许昆峥出席了人大代表培训班，120余名市人大代表参加了培训班。许昆峥要求，要深刻认识代表的性质、地位和作用，不断强化代表意识，充分发挥法律赋予代表的权利，进一步增强代表意识特别是履职意识，切实增强执行代表职务、发挥代表作用的使命感和自觉性，更加积极地履行代表职责、行使代表权利；要加强学习，不断提高自身素质和履职能力；要围绕代表履职搞好服务，把组织开展好闭会期间的代表活动，作为人大代表工作的重点；要注重探索和创新人大代表工作形式，促使代表更好的履行职责、发挥作用。

【县（市）区人大常委会主任座谈会】 7月13～15日，市人大常委会组织召开了全市各县（市）区人大常委会主任座谈会。市人大常委会主任王增明，副主任许昆峥、王中联、傅世武、李屏东、郭领域、张石峰，秘书长王志勇和各县（市）区人大常委会主任以及市人大常委会各副秘书长、各委办室主任、各县（市）区人大常委会办公室主任参加了座谈会。各县（市）区人大常委会主任围绕“如何以科学发展观为统领、进一步做好人大监督工作”进行了经验交流，并对市人大及其常委会的工作提出建议。市人大常委会主任王增明在座谈会上作了重要讲话，他要求全市各级人大常委会要进一步加大监督工作力度，推动各项重点工作顺利开展，形成群策群力干事业的良好氛围，保障和促进市委决策贯彻落实。要突出工作重点，围绕发展第一要务、改善民生和促进司法公正履行监督职责。要改进监督的方式方法，按照坚持原则敢于监督、讲究方式善于监督的要求，把工作监督与法律监督结合起来，把专项监督与综合监督结合起来，把听取专项工作报告与执法检查结合起来，努力提高监督效果。要进一步提高人大监督工作透明度，让群众了解人大监督工作的进展情况。要继续强化全市人大工作一盘棋的思想，进一步密切上下级人大之间工作联系，共同努力把全市人大工作做得更好。

【办理代表建议、批评和意见】 2010年，市人大代表在市人代会期间和闭会期间提出建议、批评和意见410件，其中18件重点建议由相关专门委员会重点督办。为提高办理质量，市人大代表专题视察了代表建议办理情况，审议了市政府有关专项工作报告，向承办部门提出了督导意见。市政府及有关部门积极采取措施，大力提高承办质量、办理时效和代表满意率，市人大代表和群众关注的一些热点、难点问题得到较好解决。其中加快公厕建设、重修植树路、加大部分危旧房改造力度等建议得到较好落实，社会反映良好。

【组织视察、检查和调研】 市人大常委会紧紧围绕全市经济发展、城市建设、社会稳定和社会生活中的突出问题以及法律、法规、决议、决定的贯彻落实情况和广大人民群众关心的热点问题，组织市人大常委会组成人员、专门委员会委员和人大代表进行多次视察、检查和调研。围绕落实计划生育基本国策、社会广泛关注的残疾人保障问题等，有计划的组织开展人口与计划生育法和省人口与计划生育条例、残疾人权益保障法等执法检查活动，分别听取和审议了相关法律法规执行情况的汇报，针对存在的问题，提出了改进工作意见。常委会把监督经济工作作为重中之重，积极支持全市经济转型升级。围绕实施工业强市战略，集中视察装备制造、生物医药、循环化工等工业园区建设情况，督促市政府深入开展企业对标行动，充分发挥工业园区集聚效应，力促全市工业经济提质增效。围绕促进重大项目开发，深入实地视察督导东部产业新城、华北航空城、大西柏坡等重点项目，要求强化抓项目就是抓发展的理念，以项目建设快速聚集先进生产要素，在全市上下形成大上项目的浓厚氛围。围绕调研初审市“十二五”规划纲要草案，强调坚持走新型工业化道路，积极稳妥加快城镇化步伐，大力实施“双轮”驱动，强力推动“两化”并进，支撑全市经济跨越发展。围绕加强生态文明建设，督促落实市人代会节能减排决议，先后5次对辖区内省“双三十”单位和市十五家重点企业节能减排情况进行专题视察，开展“燕赵环保世纪行在石家庄”活动，全市节能减排工作取得明显成效。着眼增强县域经济实力，视察多个县（市）城乡统筹发展和项目建设情况，支持农业现代化与工业化、城镇化互动发展，培育壮大县域特色主导产业。着眼推进农业产业化经营，视察农业开发、无公害蔬菜生产等情况，督促加快农业生产规模化、标准化，推动农业增产、农民增收。在城镇面貌“三年大变样”决胜之年，连续6次视察环城水系、铁路穿城入地、城中村改造和城市综合体等项目建设，常委会各位主任分包督导城建项目，协调解决实际问题，深入实地视察滹沱河综合整治工程，推动解决土地征收拆迁、项目资金等问题，建议同步实施河道治理和两岸景观建设，加强竣工项目后期管理，使工程景观发挥生态、休闲、旅游、防洪效益，推动城市绿化和管理上水平。常委会坚持以人为本、履职为民，加大对民生问题的监督力度，就教育事业发展、医药卫生体制改革、冬季供暖等问题，组织开展专题视察活动，提出了改进工作的意见和建议。发挥人大信访听民声、察民意、解民忧的“窗口”作用，深入开展“人大信访工作质量提升年”活动，视察信访案件办理情况，重点督办部分影响较大的信访案件，督促解决了一批疑难问题，切实维护安定团结和谐的社会局面。

【调研成果】 按照市人大常委会的统一安排，市人大常委会各部门和各县（市）区人大常委会，围绕市委重大决策部署和全市工作大局，围绕促进全市经济社会发展，充分发挥人大及其常委会的职能作用，深入开展调查研究活动。全年共形成调研文章33篇，评出优秀调研成果一等奖2个，二等奖5个，三等奖9个。市人大常委会对以上调研成果给予了通报表彰。

（韦国清）

石家庄市人民政府

【概况】 2010年，是全市经济社会发展取得显著成就的一年，也是“十一五”的最后一年。全市上下在市委、市政府的领导下，坚持以科学发展观为指导，坚决贯彻落实中央和省、市一系列决策部署，紧紧围绕打造繁华舒适、现代一流省会城市，以创先争优活动为动力，以加快转变经济发展方式为主线，以现代产业体系建设和“三年大变样”为重点，全力以赴抓推进、抓落实，圆满完成了今年和“十一五”各项目标任务，全市呈现出经济平稳较快发展、社会和谐稳定的良好局面。

整体经济实现新提升。全市地区生产总值完成3401.0亿元，增长12.2%。全部财政收入完成387.9亿元，其中地方一般预算收入163.6亿元，分别增长25.04%和29.91%；财政收入占GDP的比重达到11.3%。工业经济平稳增长，规模以上工业增加值、利润分别增长16.5%和32.9%。消费市场繁荣活跃，城市夜经济、商贸物流、旅游休闲等产业成为新的经济增长点，全市社会消费品零售总额完成1409.9亿元，增长18.4%。

发展方式转变实现新突破。重点产业调整振兴规划、工业倍增计划和对标行动取得显著成效，生物医药、装备制造、电子信息、纺织服装、石油化工等五大重点产业增加值占规模以上工业的比重达到54.5%，高新技术产业增加值占规模以上工业的比重达到14.3%。工业聚集区建设加速推进，24个重点工业聚集区入驻企业达1252家，主营业务收入占全市比重达到30%以上。国家创新型城市建设全面启动，全市新认定国家高新技术企业17家，取得国家领先科技成果157项，海鸥300飞机等一批高新技术产品相继问世并正逐步实现产业化。主城区49家重点排污企业完成搬迁改造，实施节能减排项目84个，淘汰落后产能设备2113台套，全面完成了“十一五”节能减排目标。

重点建设取得新成效。全社会固定资产投资完成2958.0亿元，增长21.4%。226个重点项目全部超额完成年度计划，华药新型头孢等34个项目竣工投产，旭新液晶玻璃基板等86个项目开工建设。940个中央投资项目全部开工建设，824个竣工。大西柏坡、空港工业园、现代农业产业观光园、河北航空城等重点工程强势推进，五大基地和南部工业新区建设取得新进展，“20+X”重点商贸项目建设迈出新步伐。

城市面貌实现大变样。以决战的姿态推进城市建设，圆满完成“三年大变样”各项目标任务。正定新区建设全面启动，综合商务中心等15个项目开工建设，省会进入跨河发展新时代。以大气和水环境治理为重点的“洗城净天”、“清流净水”大会战成效显著，大气环境质量全面达到国家二级标准，截至年底，市区二级以上天气达到317天，同比增加2天，市域5条主要河流水质达到省控标准。京石、石郑高铁、铁路枢纽改造和石家庄机场改扩建、西柏坡高速等重大工程加速推进。中华大街快速路、107国道北出市口拓宽改造等道路竣工通车，70条小街巷整修、13条特色商业街全部竣工，万象天成、万达广场等一批彰显时代特色的城市综合体和标志性区域相继建成和开工。滹沱河综合整治市区段通水，东南外环水系加紧建设，“一河两环”水系正在形成，新增绿化面积790万平方米。对重点区域1750栋楼宇实施整饰、亮化，裕华路、中山路、翠屏路等街道景观品位形象显著提升。城管体制改革基本理顺，四组团与主城区基本实现同城化管理。以“十大工程”为重点的县城建设进展顺利，县（市）城环境容貌实现大改观。

统筹城乡发展迈出新步伐。农业生产战胜严重自然灾害影响，粮食生产连续7年丰收，肉、蛋、奶产量分别增长4.88%、4.50%和6.74%。农业产业化加快发展，市级以上农业产业化龙头企业达到180家，农产品加工转化率达到71.5%。省城乡统筹发展试点工作全面启动，360个农村新民居示范村开工建设，其中联村建社区试点34个，建成了一批体现时代特色的示范区、示范村。农村基础设施条件明显改善，基本实现公路、广播、电视、电话村村通。

改革开放呈现新气象。国有企业改革扎实推进，剩余24家国企改制基本完成。宝石集团、东方热电、化肥集团等大型国企成功重组。投融资体制改革深入推进，政府性融资平台与市场化融资平台实现分开。恒信移动商务等4家企业实现上市融资。文化体制改革取得重大突破，市报业传媒集团、广电传媒集团、演艺集团挂牌成立。对外开放进一步扩大，香港利君、中航国际等一批国内外大企业落户石家庄市，实际利用外资6.4亿美元，引进市外资金275亿元，分别增长12.9%和34.1%；外贸进出口总值完成109.7亿美元，增长99.3%。

人民幸福指数得到新提高。城市居民人均可支配收入18290元，农民人均纯收入6577元，分别增长10.13%和10.04%。城镇新增就业9.6万人，城镇登记失业率控制在4%以内。养老、医疗、失业、工伤、生育保险覆盖面进一步扩大，新型农村养老保险试点扩大到3个县。筹集廉租住房9736套，新开工6976套，配建公共租赁房320套，解决了3.2万户低收入家庭住房困难。突出加强市场监管，全市物价保持基本稳定。社会事业加快发展，全市新建标准化学校48所，新改扩建县级医院9座，12个基层医药卫生体制综合改革试点县（市）区实行基本药物制度和零差率销售。第十三届省运会荣获金牌、总分双第一。社会管理创新工作取得新成绩，石家庄市城中村拆迁改造经验向全国推广。安全生产形势和社会治安环境持续好转，保持了社会和谐稳定的良好局面。与人民群众生活密切相关的38件实事全部完成。与此同时，扶贫开发、人口计生、档案管理等其他各项社会事业也都取得了新进展。

【石家庄市人民政府及其工作部门组成人员】

市　　长：艾文礼
常务副市长：栗进路
副 市 长：王大虎
张妹芝　张殿奎
刘晓军　刘明轩
张树志
张小国(11月任)
秘 书 长：张业
副秘书长：王建国（4月免）
杨智勇
刘占军（1月免）
王溪波　汤化敏
韩保来（4月免）
蒲国良
郑国良（4月免）
董玉辉（12月免）
常志卷　郎金国
高庆洲
宋国宏（12月任）
吴概球（12月任）

一、市政府工作部门

办公厅
主　任：(空)
副主任：赵志敏
赵景芳(12月免)

发展和改革委员会
主　任：赵顺法
副主任：张彦春　左力鸥
杨志乾(10月免)
张书田　戴宝进
唐志勤

教育局
局　长：韩保来（兼书记）
韩保来（4月任）
副书记：仵增刚　杜平等
副局长：马建国　马力
赵立芬　李立水

科学技术局
局　长：卢长锁
副局长：张英才　纪卫国
张志敏　陈玉
梁国发　郝金卓

工业和信息化局
局　长：吴飞
副局长：张庆绪　徐东
付庆文　李丰基
卢昌明　单元林
邢卫建

民族宗教事务局
局　长：刘书军
副局长：张贵民
贾琴英
王洪河

监察局
局　　长：张治春
副 局 长：王文朝
王顺通(1月免)
朝秀华　李小平
周顺达（1月任）

公安局
局　　长：张铁力
常务副局长：许振霞
副 局 长：王云才　程蔚青
武瑞琪　李新乐
田朝民　张宝池

民政局
局　长：刘月照
副局长：刘瑞山
李义春（12月免）
韩绍明　任跃民
甘国云

司法局
局　长：李锡海（3月免）
王建国（4月任）
副局长：解晓东（3月任）
任飞　（3月免）
吉志海（12月免）
任保山　张仲

财政局
局　长：李和平
副局长：彭占良
王秋旺(12月免)
刘生彦
高山　(1月任)
周巧娥（1月任）

人力资源和社会保障局
局　长：高新城
副局长：刘桂江　刘建国
石景辉　袁民杰
田集生　董风雷

国土资源局
局　长：师吉奎（2月免）
牛魁斌(2月任，10月免)
张兰格(10月任)
副局长：范振鹏　杜敏海
李少恒
李进禄（1月免）
梁伟

环境保护局
局　长：张炬
副局长：周同友　岳存义
宋春元　耿富顺
张智华

城乡规划局
局　长：王晓临

副局长：杨若威
吕军 （1月免）
李惠林
牛雄 （9月免）
张雅琳（10月任）
张晋 （10月任）

建设局

局　长：李文昌
副局长：王增喜　郭彦军
周兴旺　曹新杰
李智强（8月任）

城市管理局

局　长：崔金刚
副局长：王运泽　高乃善
周二焕（12月任）

住房保障和房产管理局

局　长：张富春（4月免）
李义增（4月任）
副局长：白彦德　韩东波
王文兴　黄拴喜

交通运输局

局　长：贾连海
副局长：孙宏普　葛新生
路喜柱　张国庆

水务局

局　长：张维德
副局长：陈金成
田振堂
周自强
宋国宏（12月免）

农业局

局　长：刘占军
副局长：周树方　李建军
谷英海　杨锁成
吴振见

林业局

局　长：杨建秋（1月任）
副局长：孙志强（12月免）
王兰记（12月免）
李西平　贾斌

畜牧水产局

局　长：孟胜林（4月免）
高玉柱（4月任）
副局长：贾建平　刘海生
王玉坤　刘芬玲

商务局

局　长：罗北中
副局长：张和平　刘平
王鸿瑞（12月免）
和健　　李铭

文化新闻出版局（2010年12月合并撤销）

局　长：李耀峰（12月免）
副局长：胡志国（12月免）
周卫中（12月免）
张文志（12月免）
孙世煦（12月免）
郭纯阳（12月免）
左春和（12月免）
张秀芳（12月免）

文化广电新闻出版局（2010年12月成立）

局　长：李耀峰（12月任）
副局长：赵树斌（12月任）
张秀芳（12月任）
张文志（12月任）
左春和（12月任）
葛金平（12月任）

体育局

局　长：唐青
副局长：贾建军
李进忠（1月免）
刘坤　黄增国
李辉　（1月任）

卫生局

局　长：闻宏海
副局长：解晓芒　周育华
李淑琴　甄继革
林慧芳
闫纯锴（4月免）

食品药品监督管理局

局　长：毕拉祥
副局长：张元礼
黄岩松
李俊
杜瑞行

人口和计划生育委员会

主　任：李志宏（女）
副主任：郝菊亭　李志
武常贵　张红梅（女）

审计局

局　长：齐惠明
副局长：曹书辰（12月免）
李景海　张家亮
李士宗

国有资产监督管理委员会

主　任：段致平
副主任：尚建斌　韦东
李建柱
宋夕元（1月任）

安全生产监督管理局

局　长：崔云申
副局长：崔同英　安全喜
潘广平（12月免）
马锁柱　张宝琪
杨玉珠

统计局

局　长：王俊林（4月免）
徐拥政（4月任）
副局长：徐拥政（4月免）
杨芬朝（12月免）
戴贻辉　刘建强

粮食局

局　长：翟力献，
副局长：刘振山
王顺平（1月免）
张伟

徐龙蛟（8月任）

旅游局

局　长：王玉国

副局长：黄健　王树生　米进立　刘庆卫　丰春雷

法制办公室

主　任：孙二喜（4月免）　郑国良（4月任）

副主任：张若丕　赵成英　赵士宾

外事办公室

主　任：杨秋贵

副主任：魏建涛（1月免）　樊为民　孟硕

人民防空办公室

主　任：马文刚（6月任）

副主任：吴书建（12月免）　苏力　胡月平　姜辉（1月任）

金融工作办公室

主　任：（空缺）

副主任：张新锋

二、市政府直属事业机构

地震局

局　长：高翠君

副局长：赵万里　杨卫东

园林局

局　长：李英波

副局长：马中林　曹梦林（12月免）　范建国（1月免）　赵同法（10月免）　郝建国　孙志强（12月任）　陈新卫（12月任）　赵好战（12月任）

广播电影电视局（2010年12月合并撤销）

局　长：王　智（12月免）

副局长：胡全栋（12月免）　商业南（12月免）　赵树斌（12月免）　王强（12月免）　葛金平（12月免）

档案局

局　长：王彦明

副局长：赵克胜　胡建敏　党福民　朱银刚

三、部门管理机构

物价局（由发展和改革委员会管理）

局　长：高玉柱（5月免）　霍国林（12月任）

副局长：杨惠萍　朱振堂（11月免）　卢金保　杜宪京　张旭

投资招商局（由商务局管理）

局　长：马千里

副局长：陈卫平　苗先国

【市第十二届人民政府第四次全体会议】　2月20日，市长艾文礼召开石家庄第十二届人民政府第四次全体会议，主要是动员全市上下认真贯彻落实市委全会和市“两会”精神，进一步巩固“干部作风建设年”活动成果，以饱满的工作热情，崭新的精神风貌，过硬的工作作风，凝心聚力谋发展，扑下身子抓落实，真正把市委、市政府的决策部署变为实际行动，确保今年各项工作开好局、起好步。并围绕抓落实讲了三点意见：一是凝神聚力、提质提速抓落实，要进一步解放思想，提振精神，严明责任，改进作风，坚持高标准，做到高效率，体现高水平，不断提升工作质量和水平。二是突出重点、扭紧扭死抓落实，努力在转变发展方式、推进项目建设、加快城镇化进程、扩大开放、发展民营经济、发展现代服务业、推进新农村建设、营造发展环境、改善民生上等九个方面实现新突破。三是收心归位、苦干实干抓落实，要把苦干实干体现在只争朝夕上，体现在拼搏攻坚上，现在创新巧干上，体现在领导带头上。

【市政府常务会】　1月5日，市长艾文礼主持召开市政府第三十六次常务会议，对当前做好降雪和强降温天气防范应对等项工作进行了研究部署。会议要求，当前，各级各有关部门，要本着对人民群众高度负责的精神，及早做好降雪和强降温天气应急准备工作，确保供暖、供气、供水、供电，确保安全生产，确保城乡困难群众以及流浪乞讨人员不受冻、不挨饿、不发生伤亡。市政府常务会议组成人员栗进路、王大虎、张妹芝、张殿奎、刘晓军、张树志、马玉文、陈启明、张业出席会议。市人大常委会副主任许昆峥，市政协副主席李天印应邀出席会议。

2月3日，市长艾文礼主持召开市政府第三十七次常务会议。会议部署了2010年热源热网项目建设，对今年全市安全生产、消防、环保等项工作进行了研究安排。会议原则通过了《进一步深化石家庄市户籍管理制度改革意见》、《关于丰富市民夜生活、繁荣省会夜经济的安排意见》等。市政府常务会议组成人员栗进路、张殿奎、刘晓军、刘明轩、张树志、陈启明、张业出席会议。市政协副主席李天印应邀出席会议。

3月16日，市长艾文礼主持召开市政府第三十八次常务会议。会议决定，2010年9月底前，在市区新建改造60个标准化菜市场，总面积27万平方米，总投资3亿元。标准化菜市场建成开业后，3年内免交所有由行政事业单位收取的行政事业和经营性收费。市政府常务会组成人员栗进路、王大虎、张殿奎、刘晓军、刘明轩、马玉文、陈启明、张业出席会议。市人大常委会副主任王中联，市政协副主席曹社会应邀出席会议。会上，市长艾文礼同与会人员一道集体学习了《中国共产党党员领导干部廉洁从政若干准则》，和省委、省政府《关于深入推进干部作风建设的意见》。

4月28日，市长艾文礼主持召开市政府第三十九次常务会议，研究并原则通过了2010年度立法计划（草案），关于进一步加强市直行政事业单位财务管理的意见，关于进一步加强和规范城建收费管理工作的意见，听取了关于市区房地产市场专项整治违法违规案件进展情况和关于二环路12座新建桥梁命名的汇报。市政府常务会组成人员栗进路、张妹芝、张殿奎、刘晓军、郝建国、陈启明、张业出席会议。常务会前，与会人员听取了河北新业律师事务所主任张宵云律师所作的《国有土地资源的配置与流转》专题讲座和土地新政辅导。

5月21日，市长艾文礼主持召开第四十次常务会议。会议就当前和下一步石家庄市强力抓重点工作的推进和落实进行了再部署。会议强调，抓重点工作的推进和落实，是一项长期的工作和要求，作为市政府及各部门一定要把工作的推进和落实牢牢抓在手上，抓重点，解难题，围绕“一个核心、两轮驱动”战略，围绕项目建设、新民居建设等重点工作，加大推进和落实的力度，确保各项工作做到位。会议讨论并研究通过了《关于加快推进城区基层文化设施建设的意见》、《关于在全市工业企业开展对标行动的实施意见》、《石家庄市水资源管理条例（草案）》、《关于进一步加快全市中小学幼儿园安全防范工作指导意见》等。会议听取了关于进一步加快石家庄市保障安居工程建设有关问题的汇报，讨论并原则通过了《石家庄市市区廉租住房配建实施意见》、《关于加快城区危陋住宅区改建的实施意见》等一系列相关配套政策。市政府常务会议组成人员栗进路、王大虎、张妹芝、刘晓军、刘明轩、张树志、马玉文、郝建国、张业出席会议。市政协副主席韩宪章应邀出席会议。

8月19日，市长艾文礼主持召开市政府第四十一次常务会议。会议研究并原则通过了《石家庄市现代都市农业发展指导意见》、《关于加快推进全市“菜篮子”工程建设的实施意见》、《石家庄市环境污染举报奖励暂行办法》、《关于进一步加强淘汰落后产能工作的实施意见》等。市政府常务会组成人员栗进路、王大虎、张妹芝、张殿奎、刘晓军、张树志、郝建国、陈启明、张业出席会议。市人大常委会副主任许昆峥，市政协副主席曹社会应邀出席会议。

9月2日，市长艾文礼主持召开市政府第四十二次常务会议，专题听取了全市节能降耗、污染减排工作汇报和全市乳制品药品安全专项治理工作情况汇报，研究确定下一阶段工作目标任务。艾文礼强调，全面贯彻省政府有关会议精神，痛定思痛、痛下决心、加大力度，坚决打好节能减排攻坚战，确保节能减排目标任务如期完成；动员全社会力量，加大督察力度，彻底清剿问题乳品，确保乳制品药品安全专项整治取得更大成效。市政府常务会组成人员栗进路、张妹芝、刘晓军、刘明轩、郝建国、陈启明、张业出席会议。市人大常委会副主任王中联，市政协副主席韩宪章应邀出席会议。

9月26日，市长艾文礼主持召开市政府第四十三次常务会议。会议听取了关于政府规章清理和规范性文件清理，土地收储、出让以及有偿使用情况和石家庄市“十二五”规划编制情况的汇报。市长艾文礼主持会议。栗进路、王大虎、张殿奎、刘明轩、马玉文、郝建国、陈启明、张业等市政府常务会议组成人员出席会议。市人大常委会副主任傅世武应邀列席会议。

11月15日，市长艾文礼主持召开市政府第四十四次常务会议。会议分别听取了石家庄市2010年度科学技术奖评审情况、关于节能减排工作情况的汇报，讨论并原则通过关于加快工商业发展的若干意见等。市政府常务会议组成人员栗进路、王大虎、刘晓军、刘明轩、张树志、马玉文、郝建国、陈启明、张业出席会议。市人大常委会副主任傅世武，市政协副主席曹社会应邀出席会议。

12 月 13 日，市长艾文礼主持召开市政府第四十五次常务会议。会议讨论并原则通过了《石家庄市 2011 年～2015 年养老服务业发展规划》、《进一步加强全市安全生产工作的意见》、《关于支持东部平原县（市）工业经济实现跨越式发展的若干政策措施》、《关于推进社会工作人才队伍建设的意见》、《关于全面推进和深化农村医药卫生体制改革的意见》等。听取了石家庄空港工业园规划建设有关事项的汇报。市政府常务会议组成人员栗进路、王大虎、张妹芝、张殿奎、张小国、刘晓军、张树志、马玉文、郝建国、陈启明、张业出席会议。市人大常委会副主任傅世武，市政协副主席朱增海应邀出席会议。

【为民办实事 37 件】 2010 年，市委、市政府确定为民办实事 38 件，除民心河二期工程因建设环城水系扩大容量需重新规划设计，调整为 2011 年完成外，其他 37 件为民办实事均已圆满完成。

【提案工作】 全年办理省、市人大代表建议、政协提案 1113 件。其中，省人大代表建议、政协提案 49 件，市人大代表建议 376 件，市政协提案 688 件。按时办结率和答复意见函规范化率均达到 100%，代表、委员所提问题得到解决和基本解决的比例达到 43%，走访率 94%，满意率 92%。编辑《提案追踪》6 期；向省政府办公厅报送工作信息 8 篇，省政府办公厅《承办工作通报》刊发 3 篇；起草文件、汇报材料、报告等大型文字

表 9 2010 年石家庄市确定为民办 38 件实事一览表

序号	任务目标	责任单位	完成情况
1	新建和改建 27 所乡镇中心卫生院；推进乡镇卫生院标准化、规范化建设，85% 以上的县（市）达到标准化、规范化乡镇卫生院示范县（市）标准，进一步改善群众就医环境。	市卫生局，有关县（市）人民政府	新建和改建的 27 所乡镇中心卫生院全部竣工；15 个县（市）达到标准化、规范化乡镇卫生院示范县（市）要求，达标率 88.23%，群众就医环境进一步改善。
2	在 70% 政府举办的城市社区卫生服务机构配备并使用基本药物，新布设 24 个过期失效药品回收点，保障群众用药安全，降低药品价格。	市卫生局、食品药品监督管理局	全市 69 家政府举办的社区卫生服务机构全部配备并使用基本药物，配备使用率达 100%。新布设过期药物回收点 36 个。
3	继续开展“医学专家大篷车”和“千名医师下乡村”义诊惠民活动，对口支援 50 所乡镇卫生院，开展诊治服务不少于 4 万人次。	市卫生局，有关县（市）人民政府	义诊惠民活动共组织 50 所二级以上医疗机构对 65 所乡镇卫生院进行了对口支援，诊治病人 4.1 万人次，实施各类手术 672 例，抢救危重病人 230 例。
4	实施“放心粮油工程”，创建 10 家放心粮油生产经营企业，40 家放心粮油示范销售店。	市粮食局，有关县（市）区人民政府	“放心粮油工程”共创建放心粮油示范加工企业 15 家，放心粮油示范销售店 43 家。
5	继续开展“食盐安全村”创建活动，食盐安全村覆盖率达到 100%，基本实现消除碘缺乏病的目标。	市供销社，各县（市）人民政府	新创建食盐安全村 436 个，食盐安全村覆盖率达到 100%，基本实现了消除碘缺乏病的目标。

（续表）

序号	任务目标	责任单位	完成情况
6	加强农贸市场规范化管理，推进公司＋基地＋市场无缝对接销售模式建设，在市区农贸市场新建60个农产品无缝对接销售网点。	市委农工委、商务局、工商局，市内五区人民政府、高新区管委会	60个农产品无缝对接销售网点已经完成。
7	通过省无公害蔬菜生产基地环评认定65个、90万亩，累计达到80个、110万亩；通过农业部无公害蔬菜品种认证20个，累计达到58个。通过省无公害牧渔产品产地认定单位20家，累计达到233家；通过农业部无公害牧渔产品认证3个，累计达到28个。	市农业局、畜牧水产局	通过省无公害蔬菜生产基地环评认定65个、92.2万亩，累计达到80个、112.2万亩；通过农业部无公害蔬菜品种认证59个，累计达到97个。向省申报无公害产地认定单位42家，已通过认定20家，累计达到了233家；另有5家单位通过了农业部无公害畜产品认证，累计达到了30个。
8	继续实施农村饮水安全工程，解决农村20万人饮水安全问题。	市水务局，有关县（市）区人民政府	通过实施农村饮水安全工程，解决了277个村、25万人饮水安全问题。
9	市区新增集中供热面积200万平方米。	市建设局 市国资委	市区共新增供热面积636万平方米。
10	新建廉租住房5100套（主体完工），对符合条件的低收入住房困难家庭发放廉租住房租赁补贴，实现应保尽保。	市住房保障和房产管理局、民政局、规划局，有关县（市）区人民政府	全市新开工廉租住房项目10个、5463套，在建廉租住房达到了7420套；其中，主体完工6103套。共为32383户低收入住房困难家庭提供了廉租住房保障，发放补贴4626万元；全市人均住房建筑面积15平方米以下的城市低收入家庭廉租住房保障率达到100%，实现了应保尽保。
11	对市区25个旧住宅小区进行环境整治改善，改善面积70万平方米。加强住宅小区物业管理，提升物业服务水平，市区227个已实行物业管理的小区90%以上达到标准化要求；对无人管理的158个住宅区推行物业管理、产权单位管理等多种管理模式，实现住宅区管理全覆盖。	市住房保障和房产管理局、规划局，市内五区人民政府、高新区管委会	对25个旧住宅小区进行了环境整治改善，改善面积125.88万平方米，受益居民1.5万户、5.3万人。市区227个已实行物业管理的小区达标221个，达标率97%。无人管理的158个住宅小区，通过实行物业公司管理的52个，产权单位管理的71个，居委会管理的22个，业主自治管理的13个，实现了住宅区管理全覆盖。
12	完成丰华路（建设大街—体育大街）等10条城中村改造路网建设，为回迁居民创造畅通便捷的出行环境。	市建设局	丰华路（建设大街—体育大街）等10条城中村改造路网建设已完工。
13	完成107国道北、红旗大街南等5个出市口道路改造。	市交通运输局	107国道北、红旗大街南、中华大街北、翠屏路、农业观光园路5个出市口改造已完成。
14	对破损严重的滨河街等50条小街巷进行整修。	市城管局，市内各区人民政府	50条小街巷整修工作已全部完工。
15	加强农村路网建设，整修120个行政村的农村公路。	市交通运输局，有关县（市）人民政府	120个行政村公路整修工作全面完成。

（续表）

序号	任务目标	责任单位	完成情况
16	市区新开辟5条以上公交线路，具备道路通行条件的居民小区全部通公交。强化出租车车容车貌管理，提升服务质量，星期座套使用率达到100%，为市民提供安全、舒适、整洁、文明的乘车环境。	市交通运输局	新开辟公交线路34条。全市1372个小区中已有1369个小区实现通公交，3个不具备条件的小区，待道路条件具备后通车。进一步完善了出租车保洁、座套更换、车内服务设施检查等制度，星期座套使用率达到了100%。
17	新建75个乡镇综合文化站，实现全市“乡乡有综合文化站”的目标。	市文化新闻出版局，有关县（市）人民政府	共新建乡镇综合文化站73个（桥西区留营乡、长安区高营镇2个项目因行政区划属性变更，国家发改委已核准撤销建设任务），基本实现了“全市222个乡镇乡乡建有综合文化站”的目标。
18	继续开展“千场电影进社区、万场电影进农村”活动，在城市社区免费放映电影不少于1千场，在农村放映不少于5万场。	市广播电影电视局，有关县（市）区人民政府	千场电影进社区工作免费放映1128场，5万场电影进农村工作免费在农村放映53784场。
19	新建400家农家书屋，进一步解决农民读书难问题。	市文化新闻出版局，有关县（市）人民政府	新建农家书屋1000家，并完成图书配送工作。
20	市美术馆建成并投入使用。	市文化新闻出版局	市美术馆已于12月18日向公众开放。
21	组织优秀剧目展演和送戏下乡活动，在市区演出不少于100场，在农村演出不少于700场。组织举办不少于1000场“彩色周末”文艺演出，活跃群众文化生活。	市文化新闻出版局	共组织优秀剧目展演和送戏下乡活动868场，其中在市区演出166场，农村演出702场。第十七届“彩色周末”共组织进社区演出2500场。
22	完成50所中小学标准化学校建设。	市教育局，有关县（市）区人民政府	50所项目学校已全部竣工，竣工建筑面积85212平方米。
23	做好科技知识普及和农业种植专项技能培训工作，培训农民50万人次；组织编印并向城市居民免费发放《石家庄市居民科普知识读本》3万册。	市科技局，有关县（市）区人民政府	共组织农民参加农业种植等技术培训60万人次；免费发放《石家庄市居民科普知识读本》5万册。
24	开发1000个公益岗位，安置就业困难人员就业。	市人力资源和社会保障局，市政府有关部门	共开发1000个公益岗位用于安置就困难人员就业。
25	建成藁城市、行唐县等7所民政事业服务中心，推行光荣院、社会福利中心、五保供养机构“三院合一”，提高资源利用率和社会化服务水平。	市民政局，有关县（市）区人民政府	建成民政事业服务中心7所，资源利用率和社会化服务水平进一步提高。
26	在市内五区建立30个为老服务站，为辖区居家养老的老年人提供社会化养老服务。	市民政局	共建成为老服务站30个，为辖区居家养老的老年人提供社会化养老服务。
27	加大扶贫开发力度，基本解决3.3万农村贫困人口脱贫问题。	市扶贫办，有关县人民政府	通过扶贫开发，基本解决了3.3万农村贫困人口脱贫问题。
28	继续推行计划生育独生子女家庭意外伤害保险，对10万户以上农村和城镇低保家庭独生子女投保进行补贴。	市计生协，各县（市）区人民政府	全市共为121228户独生子女家庭投保，落实补贴资金152万元。

（续表）

序号	任务目标	责任单位	完成情况
29	市区空气质量二级以上天数稳定在317天以上，空气质量达到国家二级标准。	市环保局，各县（市）区人民政府	市区优良天数达到319天，空气质量达到了国家二级标准。
30	民心河二期工程实现通水，新建、改建河道9.55千米，改善省会南部生态环境。	市园林局	因建设环城水系扩大容量，民心河二期工程需重新规划设计，调整为2011年通水。
31	扩建石太公园，在城区主干道两侧和重要节点部位增加25块街旁绿地。	市园林局	石太公园二期建成并开放，在城区主干道和重要节点部位增加街旁绿地34块。
32	加快实施垃圾处理工程，建成投用16个生活垃圾无害化处理（填埋）场。	市建设局，有关县（市）人民政府	共建成无害化处理（填埋）场14个（正定县垃圾处理场因新区规划、平山县因整个县域处于水源保护区，省政府已核销建设任务）。
33	完成滹沱河防洪综合整治一期水面工程，启动生态景观和防洪工程建设，改善省会生态环境。	市滹沱河综合整治指挥部办公室	滹沱河综合整治工程主城区段（10千米）全线通水，形成水面700万平方米，总蓄水量700多万立方米。建成4号水面800米长人工沙滩以及环湖路、木栈道、亲水平台等特色景观。启动了4号水面3千米景观工程和5千米滹沱河防洪大堤工程。
34	开展占道市场综合整治，规划建设22个便民市场，市区内占道市场实现退路进厅。	市规划局、城管局、商务局，市内五区人民政府、高新区管委会	共新建标准化菜市场60个，市区占道市场基本实现了退路进厅。
35	加快农村电网建设，新建、改造35千伏变电站15座，新建、改造线路100千米，新增变电容量50兆伏安。	市电业局，各县（市）人民政府	新建、改造35千伏变电站15座，新增变电容量50兆伏安，新建改造电力线路125.67千米。
36	在居民社区新设法律援助服务点80个，免费为弱势群体和农民工办理法律援助案件3000件，为6000个低保户、残疾人、未成年人家庭提供法律顾问和免费服务。	市司法局、市内五区人民政府	80个社区法律援助工作站全部挂牌成立。今年以来，各级法律援助机构已免费为弱势群体和农民工办理法律援助案件3538件。共为6007个低保户等特殊群体通过建立法律顾问联络卡，免费提供法律顾问和服务。
37	构建专业通信网络平台，在全市范围内开通手机短信报警服务，方便群众在不适合通过电话语音联系的情况下，可以通过短信向警方求助、报警。	市公安局	“12110”短信报警服务已开通。
38	继续实施生态家园富民工程，新增沼气用户3.7万户，全市沼气用户达到43万户。	市农业局，各县（市）人民政府	完成各类户用“三位一体”、“四位一体”沼气池37116个，全市沼气用户达到43万户。

材料10余篇；撰写及编撰调研文章及经验材料3篇，分别在市政府办公厅《政务情况交流》第15期、第35期和省政府办公厅《承办工作通报》第5期刊发。在省政府办公厅2010年度承办工作考核中，石家庄市继续被评为省政府系统优秀承办单位，排名全省第一。

【诚信管理】 坚持政府主导、部门互动、突出应用、试点先行、重点推进的原则，以开展政府关联事项信息公开和资信收集为切入点，积极探索、扎实推进诚信管理工作。全年诚信管理中心办理诚信档案接待企业人员1000余人次，收录各类信息64.38万条。其中，企业基本信息52.79万条、业绩信息0.58万条、良好信息0.23万条、提示和警示信息2.56万条，其它监管类信息6.84万条。更新信息4.06万条；政府关联事项信息3555条（50万元以上）；入库企业8.7万家。1050家企业开通建立诚信档案（包括外地企业），为110家参加土地竞买企业出具信用报告。网上开通信息公开、政策法规、指导文件、监管动态、企业许可、消费维权、企业信息查询等6个栏目，及时发布政府执法监管信息和行业机构信用信息、服务信息、披露信用、不良信息等。

【服务协调】 全年受理市民来电来信及网上投诉19.5万件（次），编发《市长公开电话日报》《重要情况快报》300多期；承办市领导批件226件，办结率100%；办理省直、驻军有关事项36件，满意率100%。

（王建峰）

人力资源和社会保障

【概况】 2010年，市人力资源和社会保障工作坚持以邓小平理论和“三个代表”重要思想为指导，深入贯彻落实科学发展观，紧紧围绕市委、市政府工作部署，结合单位实际，按照“围绕中心，服务发展，创新工作”的总体思路，将就业、社会保障和人才工作摆在经济社会发展更加突出的位置，面对复杂的经济形势，出台了一系列政策措施，强力推进，攻坚克难，奋力拼搏，圆满完成了各项目标任务。年内，市人力资源和社会保障局被评为全市普法工作先进集体。

【促进就业】 全年城镇新增就业10.2万人，其中下岗失业人员再就业4.4万人，城镇登记失业率为3.82%，控制在省下达的4.5%以内。实行积极的就业政策，为70家困难企业，免缴社会保险费1300余万元；支付岗位补贴和社会保险补贴1.58亿元，稳定职工7.9万余人；全市支出就业专项资金2.7亿元，发放贷款1.73亿元。组织开展就业服务系列专项活动，成功举办了“全国就业援助月”活动启动仪式和全省大型劳务输出洽谈会，先后开展了就业援助服务月、“春风行动”等系列活动，取得良好效果。进一步加强大中专毕业生就业指导工作，举行了高校毕业生就业供需对接会、系列招聘会和“夏季人才招聘月”活动，征集就业见习岗位近7000个，圆满完成了2010年“三支一扶”计划招募工作。积极创建国家级创业型城市，制定了《石家庄市创建创业型城市工作方案》；开办创业培训班324期，免费对6650名学员进行了创业培训；通过小额担保贷款，直接扶持5530人实现自主创业，间接带动1.1万多人实现就业再就业。开发了1000个公益岗位，用于安置就业困难人员。大力抓好农村劳动力转移就业工作，建立了农村劳动力资源库，加强农村劳动力转移与培训、用工需求和劳务品牌对接，全年实现农村劳动力转移就业33.6万人，其中，劳务输出10.2万人。

（林建春　张会年）

【全国就业援助月活动在石启动】 1月10日，国家人力资源和社会保障部与中国残疾人联合会在石家庄市隆重启动2010年全国就业援助月活动。全国就业援助月活动是国家人力资源和社会保障部在2010年五项全国性公共就业服务专项活动中的一项。活动以“就业援助进家入户，帮您解决就业困难”为主题，旨在帮助就业困难群体尽早实现就业和稳定。援助对象主要是未就业和未享受扶持政策的就业困难人员，重点是家庭困难的未就业高校毕业生和长期失业人员、零就业家庭、残疾登记失业人员，其中家庭贫困户和一户多残家庭中的残疾人为重点中的重点。活动在石家庄市启动后，在全国同步开展，一直持续到2月10日。启动仪式后，石家庄市现场进行了援助签约活动，包括公益性岗位提供单位与就业困难对象现场签订岗位协议；用人单位与高校毕业生、零就业家庭、残疾人签订劳动合同；向10名自主创业者发放小额担保贷款等。石家庄市高校毕业生就业援助供需对接当天共有257个单位提供就业、见习岗位9080个，全天进场应聘2万人次，达成就业初步意向3800人。

（李云萍）

【省市联合举办大型劳务洽谈活动】 3月30日，河北省2010年大型劳务洽谈活动在石家庄市人民会堂开幕,200家外省（市）用人单位、100多家石家庄市用人单位现场进行用工招聘。洽谈活动以石家庄为主会场，河北省其余10个设区市分别设立分会场。本次大型劳务洽谈活动由河北省及石家庄市人力资源和社会保障部门联合举办，主要内容包括：展示河北人力资源和劳务品牌，推动劳务输出；展示省内、省外用工情况和意向，促进劳务对接；展示培训、创业项目，开展创业服务扶持；提供政策咨询和维权服务。洽谈会专门邀请了北京、天津等10个省市人力资源和社会保障部门及其200家用人单位进行现场招聘，河北省部分市、县人力资源和社会保障部门及就业服务机构纷纷到会展示本地人力资源和输出基地建设，以及劳务品牌创建情况，部分职业技工院校在洽谈会上展示了本校强势专业和毕业生资源。石家庄市劳务洽谈活动主会场共为求职者提供岗位3.8万个，吸引求职者3万人，现场签订用工意向128份，达成用工意向2万多人，初步达成就业意向4508人。

（李云萍）

【社会保障体系建设】 完善各项社会保险制度，将城中村居民和“五七工”、“家属工”纳入基本养老保险统筹，进一步完善了城镇职工和居民基本医疗保险政策。全面完成社会保险扩面任务，全市企业基本养老保险参保人员达到132.1万人，机关事业单位养老保险参保人员达到18.6万人，城镇职工基本医疗保险参保人员达到127万人，城镇居民基本医疗保险参保人员达到91.58万人，生育保险参保人数达到115.1万人，工伤保险参保职工达到94.1万人（其中农民工21.98万人），失业保险参保职工达到89.6万人。稳步提高社会保险待遇，连续第六年提高企业退休人员基本养老金水平，全市企业退休人员，人均月增资133.08元；提高了城镇职工医保和居民医保住院费用报销比例，对3.16万名从事有毒有害岗位从业职工进行了职业健康检查。积极做好新农保试点工作，首批试点鹿泉市参保率达到97.58%，居全省首批18个试点县（市）之首。藁城市、正定县被列入第二批国家试点，年底前完成了保费收缴和养老金发放工作。加强了社保基金监督管理。

【人才队伍建设】 开展引才活动，会同市委组织部编制了石家庄市2010～2020年中长期人才发展规划纲要，全年引进各类人才20470名，其中高层次人才601人。不断加大专家队伍建设力度，向国家推荐的9名人选中有2人获得命名，向河北省推荐的19名省级有突出贡献的中青年专家人选中有9人获得命名，市政府新命名市级专家50名。积极推进高技能人才培养工作，新培养技师、高级技师1500名，完成燕赵金蓝领培训计划550人，职业技能鉴定7.2万人，全市技工院校招生10838人，开展了第二届优秀高技能人才评选工作，在参加省级、国家级技工院校技能大赛中取得优异成绩。人事考试工作步入了规范化轨道，圆满完成各项人事考试任务20项，总参考人数达76181人。积极引进国外智力，聘请21名外国专家来石家庄市进行技术指导，完成引智项目17个，国家境外培训项目2个，境内培训项目2个。

（林建春　张会年）

【交通行业国家职业技能鉴定站成立】 12月6日，石家庄交通行业国家职业技能鉴定站在石家庄市新华区揭牌。石家庄交通行业国家职业技能鉴定站是河北省唯一一家经人力资源和社会保障部、交通运输部联合批准的交通行业国家职业技能鉴定机构。其鉴定范围涉及汽车驾驶、汽车维修、汽车检验、汽车运输调度、公路筑路和养护等22个交通行业特有工种。主要职责是对行业中申请职业技能鉴定的人员进行资格审查、培训、组织实施职业技能鉴定，为学员发放准考证，实行统一教学、统一考试、统一鉴定和证书发放等工作。该站前身为河北省交通行业国家职业技能鉴定所，自成立后为石家庄市交通行业完成高技能人才职业技能鉴定16万人次以上，鉴定率达到99%，及格率达到98%。

（范玉蕾　高飞　底哲）

【人事制度改革】 强化公务员队伍管理，建立政府系统公务员和参照单位工作人员职务管理台账，在市直部门大力推行竞争上岗。坚持“凡进必考”制度，依法完成了人民警察录用和部分事业单位招录（聘）工作。组织实施了石家庄市2010年省、市、县、乡公务员四级联考工作。完成了全市政府系统科级及以下工作人员2009年度考核奖励审核备案及有关先进集体、先进个人评选推荐工作。举办了6期政府部门科级公务员任职和业务培训班，共培训465人。加大事业单位人事制度改革力度，完成了全市岗位设置审批工作和2010年事业单位公开招聘工作；加大事业单位全员聘用制的推进力度，已实行聘用的单位6310个，人员17.2万人，占事业单位总人数的94%；积极推进事业单位转企改制工作。认真做好职称管理工作，共申报高、中级、初级专业技术职务任职资格9081人，组织发放全国统考专业资格证书3.8万余册，换发新版资格证书7.9万余册。努力做好军转干部安置和解困稳定工作，2010年接收军转干部421人，随调随迁家属16名，全部得到妥善安置；符合任职条件的团职干部，选择了自己理想的岗位；有针对性地做好解困维稳工作，组织军转干部进行了全员适应性培训和专业培训。

【工资收入分配改革】 启动工资集体协商“百日行动”，工资集体协商建制企业达到12623家，建制率达到93%，80%以上的企业达到了中线以上，人均月增资170元。稳步推进事业单位绩效工资工作，义务教育学校实施绩效工资工作顺利完成，公共卫生和基层医疗卫生事业单位绩效工资全部兑现，其他事业单位绩效工资基本到位。强化机关事业增人计划和工资基金管理，规范了市直机关事业单位增人审批原则和办事程序。

（林建春　张会年）

【最低工资标准上调】 经省政府批准，河北省自2010年7月1日起调整全省最低工资标准。月标准各档次分别为900元、840元、760元、690元，对应小时标准分别为9元、8.4元、7.6元、6.9元。石家庄市市区调整后月标准为900元，对应小时标准为9元。本次调整最低工资标准从2010年7月1日起执行。月最低工资标准适用于全日制就业的劳动者。计入最低工资标准的工资报酬，包括按规定应由劳动者个人缴纳的养老保险金、失业保险金、医疗保险金和住房公积金；不包括支付给劳动者延长工作时间的加班加点工资报酬、中班、夜班、高温、低温、井下、有毒有害等特殊工作环境、条件下的津贴，以及法律、法规和国家规定的劳动者福利待遇等。

（李云萍）

【劳动关系总体保持和谐稳定】 加大劳动关系协调力度，全面启动劳动用工备案工作，为835家试点企业办理了劳动用工备案手续，为长安区和裕华区2265名农村失地人员人办理了用工备案手续，走到了全省前列。加大劳动监察执法力度，主动检查用人单位10146户，涉及劳动者36.21万人，补签劳动合同4.26万份，补缴社会保险费535.37万元；为2.5万名劳动者追发工资6645万元，深入大型厂矿、建筑工地举办了9场慰问农民工系列文艺演出活动。由于工作扎实到位，彻底扭转了“两节”期间,农民工集体、集中上访讨薪的局面。妥善处理劳动争议和信访案件，全年全市受理劳动争议案件2738件，处理结案2403件；共接待群众来访3282批次，受理和承办各类信访事项79件，维护了省和全国重大活动期间的社会稳定。

（林建春　张会年）

法制工作

【概况】 2010年，市政府法制工作坚持以邓小平理论和“三个代表”重要思想为指导，深入贯彻科学发展观，全面落实国家和省依法行政工作会议精神，紧紧围绕建设法治政府，进一步加大国务院《全面推进依法行政实施纲要》、《关于加强市县政府依法行政的决定》和《关于加强法治政府建设的意见》的实施力度，积极开展创先争优活动，努力提高工作效能，全市领导干部和行政机关工作人员依法行政意识和能力不断增强，制度建设质量不断提高，行政管理和行政执法行为不断规范，为建设繁华舒适、现代一流省城市提供了法治保障。

【发挥法律参谋助手作用】 召开全市依法行政工作电视电话会议，印发《2010年度依法行政工作要点》（石政发〔2010〕19号），明确了年度工作任务、具体措施、完成时限和责任主体，并对藁城市人民政府、市交通运输局等20个年度依法行政工作先进单位进行了通报表彰。进一步健全和完善重大行政决策规则，积极发挥政府及其部门领导在法律事务方面的参谋、助手作用，对涉及经济社会发展和人民群众切身利益的重大决策、重大事项进行合法性审查。2010年，市政府及办公厅制发的《城市低收入家庭廉租住房保障办法》、《正定新区征地补偿管理办法》等84件行政规范性文件和8件具体行政行为全部经过了法制机构的合法性审查和相关专家的合理性、可行性论证，部分重大决策还召开听证会，征求社会公众意见，确保了行政决策的科学化、民主化、法治化。认真执行市政府领导干部学法制度，邀请专家在市政府常务会上作了《土地法》知识专题讲座和《无线电管制规定》知识介绍；市政府领导还集体学习了《党员领导干部廉洁从政若干准则》、《关于领导干部报告个人有关事项的规定》、《关于对配偶子女均已移居国(境)外的国家工作人员加强管理的暂行规定》和省委、省政府《关于深入推进干部作风建设的意见》等政策法规，切实增强了领导干部依法行政、廉洁从政的意识和能力。

【提高制度建设质量】 紧紧围绕全市经济社会发展大局，努力把科学发展观的要求转化为制度规定，全年共向市人大常委会提交了《石家庄市水资源管理条例(草案)》和《石家庄市区生活饮用水地下水源保护区污染防治条例(修正草案)》地方性法规议案2件，修订了《石家庄市农村聚餐食品安全管理办法》、《石家庄市公共交通治安管理办法》等政府规章4件，为保护水资源，构建和谐、环保的生态环境，保障人民群众身体健康，加强公共交通治安管理提供了制度保障。按照国务院法制办、省政府法制办和市人大常委会的安排部署，坚持立、改、废相结合，先后对41件地方性法规和95件政府规章进行了清理，重点对与上位法相抵触、不一致和与全市经济社会发展不适应、不协调的地方性法规和政府规章进行了审查，向市人大常委会及时提出了废止《城镇企业职工社会保险基金监督管理条例》等3件地方性法规和修订《岗南、黄壁庄水库水源污染防治条例》等6件地方性法规的意见和建议，得到了市人大常委会的采纳；市政府第43次常务会上讨论通过了废止《机关团体企事业单位安全保卫工作实施办法》等政府规章12件、宣布失效《城市市政排水设施有偿使用管理办法》等政府规章3件、集中修改《城市市区供水管理办法》等政府规章9件、列入计划修改《房屋安全管理办法》等政府规章14件的决定，切实维护了法制统一。

【法制监督】 市依法行政领导小组办公室牵头，领导小组成员单位参加，并邀请市考核办、市人大、市政协参予共同组成考核组，通过听取汇报、现场查看以及进行法律知识测试和抽查行政执法案卷等方式，集中对全市24个县(市)、区政府和44个行政执法部门依法行政工作情况进行了全面考核，有力推动了全市依法行政工作的深入开展。认真执行《河北省行政执法证件和行政执法监督检查证件管理办法》，在各部门专业法律知识培训的基础上，分期对650名新进入行政执法岗位人员进行了以《行政处罚法》、《行政诉讼法》、《行政复议法》和依法行政知识等公共法律法规的集中培训，对全市已获得行政执法资格的执法人员进行了年检培训考试，进一步提高了行政执法人员的法律素质。严格落实行政处罚自由裁量基准制度和《重大行政处罚备案规定》，全年共计备案审查了56件重大行政处罚案件；以案卷评查为突破口，对市直51个行政执法部门1436份行政执法案卷进行了督导检查，其中一般处罚程序案件1374份，重大处罚程序案件62份，及时纠正了6件未按规定程序进行备案的重大行政处罚案件，较好地规范了行政处罚行为。加大对行政执法举报、投诉案件的查处力度，全年共受理行政执法举报案件9件，已办结9件；在查处行政执法举报案件的过程中，及时向相关部门制发规范行政执法意见书，切实纠正了不当的行政执法行为，维护了公民、法人和其他组织的合法权益。

【行政复议】 认真贯彻《行政复议法》及其实施条例，坚持“以人为本、复议为民”，按照“依法受理、公正裁决、创新形式、强化监督、整体推进”的思路，努力做到“定纷止争、案结事了”，市本级政府全年共收到行政复议申请362件，办结359件；在受理的126件行政复议案件中，维持原具体行政行为74件，撤销3件，终止21件，其它方式处理28件。坚持把调解、和解作为办理行政复议案件的首选方式，共有167件复议案件运用调解、和解方式结案，占办结案件的46.5%；坚持运用听证方式当面审理情况复杂、争议较大的案件，全年共举行行政复议听证6次；坚持书面审查和实地调查相结合的方式办理案件，全年共对23个行政复议案件进行了现场勘验，进一步提高了行政复议案件的办理质量。同时，市政府加强了对县级政府和市政府各部门行政复议工作的监督指导，首次组织相关专家对全市24个县（市）、区政府和41个市政府部门、单位2009年度的行政复议案卷进行了评查，促进了行政复议工作的深入开展。

【规范性文件管理】 按照《石家庄市行政规范性文件管理规定》的要求，进一步加大规范性文件前置审查、有效期和发布、备案等制度的落实，努力从源头上预防和减少了违法抽象行政行为的发生。全年共前置审查市政府部门规范性文件68件，对其中18件规范性文件提出了修改意见和建议；备案审查了县（市）区政府规范性文件183件。在对规范性文件进行常规备案审查的同时，进一步加强了对规范性文件的监督检查，全年共抽查县（市）、区政府和市政府部门规范性文件6207件，发现未按规定程序印发的规范性文件5件，并按相关要求进行了处理，确保了规范性文件的合法性。同时，以政府规章清理为契机，对全市566件行政规范性文件进行了集中清理，依法废止了82件，修订了17件，并将467件继续有效的规范性文件目录在市政府公报、网站及《石家庄日报》上进行了公布，进一步促进了全市规范性文件管理的科学化、法制化。

【行政应诉和行政调解】 认真落实《行政诉讼法》，积极做好行政应诉工作，进一步规范了行政应诉程序，建立了市政府行政应诉和复议答复台账，明确了法制机构和承办部门的应诉职责，从确定承办部门、组织应诉、材料审查、办理应诉手续等各个环节明确了行政应诉案件的办理流程和期限，提高了行政机关依法应诉的能力和水平，全年共办理应诉和复议答复案件44件，结案16件，胜诉15件。按照“三位一体”大调解的工作要求，积极开展行政调解工作，由市法制办牵头，制定并落实了行政调解案件月报制度，完善了年度行政调解工作联席会议制度、年度检查通报制度、不定期的工作运行分析制度和行政调解人员培训制度，全年除公安、司法部门外，政府各部门共受理行政调解案件4695件，调解成功4421件，成功率为94%，有效化解了行政争议，取得了良好的社会效果。

【削减行政许可项目】 深入贯彻落实《行政许可法》，深化行政审批制度改革，进一步转变政府职能，优化发展环境。2010年，由市行政审批制度改革领导小组办公室组织市监察局、市法制办等部门，按照依法、便民、高效和探索创新的原则，对市本级行政许可和非行政许可项目进行了集中清理。凡国务院和省政府决定下放或取消的，一律下放或取消；凡县级政府行政主管部门具备实施条件的，一律予以下放；凡石家庄市实际不存在实施对象和实施要求的要件已不存在的，一律取消；凡下放或取消后能够提高行政效能，方便当事人办事，有利于和谐发展的，也予以下放或取消；凡需要县（市、区）、市初审的行政许可项目，要求必须在收件后当日审核完毕；凡需要县（市、区）、市初审的非行政许可项目，一律只盖章、不审核。同时，参考省政府授权正定新区的做法，把能下放到县（市、区）的基本削减到位，坚决杜绝工程建设和商贸流通等领域审批事项的“体外循环”行为。通过清理论证，对现有的140项行政许可项目，作出了取消6项、下放51项、保留83项的决定，削减率为40.7%；对现有的265项非行政许可项目，作出了取消57项、下放106项、保留102项的决定，削减率为61.5%。

（刘军）

民族宗教

【概况】 2010年，石家庄市民族宗教工作坚持以科学发展观为统领，深入贯彻落实党的十七届四中全会、省委七届五次全会精神和市委、市政府一系列重大决策部署，全面落实党的民族宗教政策，按照“巩固成果、再上台阶、争创一流”的要求，民族工作围绕“抓宣传、促团结、强发展、育亮点”，宗教工作突出“抓管理、破难题、保稳定、促和谐”的目标，进一步解放思想、转变作风、开拓创新，提质提速，努力开创民族宗教工作的新局面，树立民族宗教工作的新形象。2010年，市民族宗教事务局被省民族宗教事务厅命名为“民族宗教工作先进集体”，被市委命名为“石家庄市文明单位”。

【民族团结宣传教育】 深入落实国务院第五次全国民族团结进步表彰大会精神，与省民宗厅联合主办了全省民族团结进步宣传月活动启动仪式，并组织各县（市）区先后开展了知识竞赛、座谈研讨等一系列活动，把民族进步宣传月活动推向深入。在全市中小学广泛开展民族团结教育进学校、进课堂、进教材、进头脑的“四进”活动，对承担民族团结教育任务的教师进行了岗前培训，提高了教师的思想素质和业务水平。进一步加强清真食品市场监管，特别是在春节、十一等重大节日和上海世博会期间，开展了拉网式的专项检查，进一步净化了市场环境，维护了广大穆斯林群众的合法权益，确保了清真食品市场的安全稳定。在河北省第六次民族团结进步表彰大会上，石家庄市5个模范集体和7名模范个人受到隆重表彰，《中国民族报》全版刊登了石家庄市民族团结进步工作的经验和做法，在全市形成了平等、团结、互助、和谐的民族团结新氛围。

【少数民族和民族地方经济发展】 积极探索民族示范村发展的新思路、新方法和新举措，先后多次组织人员开展了深入的调查研究，多方征求意见和建议，将民族工作示范村建设与“新民居建设”相结合，千方百计调动社会各方面力量，进一步加大扶持力度，形成工作合力，在九门村已经初步形成了奶牛养殖、屠宰加工、清真餐饮以及食用菌种植等特色产业。2010年，向省民宗厅争取少数民族发展项目11个，申请资金122万元，少数民族补助费33万元，并合理安排市本级少数民族专项资金60万元，为少数民族和民族地方经济发展提供了有力的资金支持。对“十一五”期间全市6家少数民族特需商品定点生产企业进行了全方位的摸底调查，初步筛选了5家新增企业，为“十二五”期间石家庄市民品企业的调整奠定了基础。

【民族团结和谐社区建设】 进一步完善新华区华泰家园民族团结和谐社区创建工作“五个一”（即：建立一个组织、完善一套制度、建立一个台账、开展一组活动、设立一批试点）的工作经验，2010年市内各区都增设了2～3个民族团结和谐社区示范点，并先后开展了小区环境整治、民族团结宣传、困难家庭走访、下岗职工安置、文明新风倡导等一系列活动，民族团结和谐社区创建工作取得了巨大进展。2010年10月12日，国家民委主任杨晶同志在河北工作调研和视察时，对华泰家园的典型经验给予了充分肯定和高度赞扬。

【少数民族事业】 圆满完成了石家庄市民族工作的多个统计任务，编印了《石家庄市少数民族基本情况统计资料》。积极开展长安区对藁城市、桥东区对辛集市“手拉手送教下乡活动”，组织市内优秀教师到民族中、小学义务授课；桥东区还为新城南街民族学校捐赠了价值11万元的语音设备。圆满完成了大厂实验中学“河北民族班”和中央民族大学附属中学在石家庄市的招生工作。精心组织参与了河北省第八届少数民族传统体育运动会，取得9金、9银、9铜的良好战绩，同时还荣获大会组委会颁发的“优秀组织奖”和“体育道德风尚奖”两个奖项，实现体育竞技和精神文明双丰收。对全市少数民族干部状况进行了摸底统计，先后筛选推荐10余人参加国家民委和省委统战部、省民宗厅举办的少数民族领导干部培训班，有力地提高了少数民族领导干部队伍的素质。在深入调查研究基础之上，进一步完善了民族成份变更审核工作的有关手续和流程。高度重视清真食品安全和少数民族稳定工作，多次深入有关重点县（市）区进行检查督导，与有关部门一道，妥善处理了无极县维吾尔族群众医患纠纷、长安区藏族群众城管占道纠纷、四川阿坝藏族群众与鹿泉市一家企业的经济纠纷等矛盾纠纷10余起，有力地维护了全市社会的稳定。

【重点宗教工作】 “和谐寺观教堂”创建活动扎实推进，研究编制了石家庄市都市区宗教设施十年规划，将宗教活动场所建设纳入城市总体建设规划。制定了《石家庄市关于创建“和谐寺观教堂”和评选“五好信教群众”活动考评办法》以及“和谐寺观教堂”创建工作五年规划，进一步明确了创建工作阶段性任务目标。加强对创建活动进行检查和督导，组织部分县区到创建活动相对较好的宗教活动场所和先进地区进行学习取经，和谐寺观教堂创建活动初见成效。全市绝大部分活动场所的管理水平和整体形象有了明显提升，部分场所成为“三年大变样”的亮点，柏林寺、福音堂等四个场所被中央统战部、国家宗教局命名为全国“和谐寺观教堂”创建活动先进集体。认真开展宗教教职人员认定备案和宗教活动场所财务监督管理“两个专项工作”，研究专门方案，提出具体目标任务和步骤措施，制定了宗教教职人员认定备案流程，确定了宗教活动场所财务监督管理试点。举办了全市宗教活动场所财务监管培训班，并分五个组重点对“两个专项工作”进展情况进行督导检查，有力地推动了工作的顺利开展。认定备案工作正在有序进行，财务监管上报省厅试点场所5个，确定市级试点场所10个，同时确定县级试点单位26个。

【依法实施宗教管理】 为巩固“三个没有”的天主教综合治理目标，再次加大工作力度，对非法神甫控制的堂点进行了清理整顿和规范，明确了场所登记和发证程序，强化场所管理。举办了两期政策法规培训班，对神职人员进行爱国爱教和坚持独立自主自办方针教育培训，同时到中共一大会址、湖南韶山等革命胜地进行参观学习，收到了良好效果。研究制定了《石家庄市关于集中开展抵御境外宗教渗透清查整治活动的实施意见》，并到各县（市）区对抵御境外宗教渗透集中清查整治工作进行专项督导，成功制止了非法活动10余起。专门召开依法治理基督教私设聚会点专项工作会议，印发了《实施方案》，指导赞皇、鹿泉、无极等县（市）依法取缔私设聚会点8处。建立健全矛盾排查机制，稳妥地处理多起民族宗教方面的不稳定因素和敏感性事件，维护了全市民族宗教领域的稳定，得到了省民宗厅和市委、市政府主要领导的充分肯定和表扬。

【引导宗教适应社会】 坚持宗教团体例会制度，定期对团体上层人士进行谈话沟通和培训。开展宗教基本情况统计，健全了五大宗教信息库。把培养爱国宗教人士作为一项战略任务，举办了多个不同层次的培训班，并组织有关宗教界人士到外地进行参观考察，进一步激发了宗教界人士的爱国热情。积极引导宗教与社会主义社会相适应，指导宗教界开展社会公益活动。积极支持市佛教协会在全市开展“百寺帮百村”活动，组织市佛教协会到元氏县苏村乡齐范村进行了扶贫济困捐助。组织天台寺到市民族宗教局“千村帮扶联系点”开展扶贫帮扶活动，为帮扶村送帮扶资金以及食用油、面粉、棉衣等慰问品。天主教开展了到山区慰问困难家庭活动，基督教两会开展了为孤寡老人送温暖活动。在青海玉树发生地震后，积极动员各个宗教团体开展了各种形式的捐助活动，受到社会各界的好评。

（张建营　徐焕力）

外事侨务

【概况】 2010年，市外侨办在市委、市政府正确领导下，认真贯彻中央总体外交路线和侨务政策，坚定实施“围绕经济、发挥优势、有所作为、发展外侨”的工作思路，以开展创先争优活动为动力，以实施友城拉动战略和打造“工作品牌”战略为抓手，外侨各项工作有效开展，圆满地完成了2010年各项目标任务。

【举办重大活动】 先后组织举办有关国际经济、教育、技术等交流合作信息报告会4场。利用邀请外国驻华使节来石参加“石洽会”的机会，举办了“外国驻华使节合作信息发布会”，波黑、埃塞俄比亚、蒙古、巴基斯坦等国驻华使节在会上发布了合作信息，各县（市）区企业、市直有关部门和企事业单位共200余人参加了会议。积极参与组织全市重大涉外经贸活动。重点参与组织了“2010中国·石家庄（正定）国际小商品博览会”、“2010中国·石家庄国际动漫博览交易会”、“2010’中国·石家庄国际投资贸易洽谈会暨第五届国际医药博览会”等重大涉外活动，完成了邀请外国驻华使节、外国地方政府经贸代表团、华商参会及大会翻译等各项工作任务。

【对外合作】 按照“精心筛选项目，境外推介宣传，促进交流合作”

的总体要求，直接组织陪同市级领导团组 9 批 11 人次出访了匈牙利、瑞士、日本、韩国和香港等国家和地区，推动了一批合作项目的进展。先后邀请来自乌克兰赫梅利尼茨基、韩国天安市、美国得梅因市、瑞典法尔肯贝里市、以色列卡梅市政府代表团等国家的 42 个政府或商务代表团 342 余人次来石考察访问、洽谈合作。积极促进对外贸易。市外侨办直接牵线搭桥的对外合作项目 15 个，拟利用外资折合人民币 10.3 亿元。加大了发展新友城的力度。以色列卡梅尔市政府友好代表团先后三次来石访问，与石家庄市建立了友好联络关系，开辟了在中东的对外交往新渠道。

【对外交往】 6 月份、10 月份先后派遣医疗代表团和文化代表团出访韩国天安市，推动了两市的医疗卫生和文化交流合作；7 月份，市政府常务副市长栗进路率团赴韩出席了天安市市长就职仪式；市三院与天安市牙科医院签署了牙科医疗合作协议；派遣 3 名语言研修生赴长野市研修；长野市第 24 次中学生访问团应邀来访，石家庄市中学生代表团出访长野市；日本长野市直富商事株式会到赞皇县访问捐款捐物并邀请赞皇县孤山村直富希望小学师生免费赴日本访问。加大了民间交往的力度。先后邀请接待了日本长野市中学生友好访华团等民间组织和友好人士来访。加大了与外国驻华使领馆交往力度。邀请接待了波黑、巴基斯坦、英国加、哥伦比亚、德国、加拿大等 30 多个国家的 61 名驻华使节来石考察访问、洽谈合作。

【外侨服务】 利用市外侨办创办成立的“石家庄市助侨就业技能培训基地”和“石家庄市助侨就业职业介绍所”这两个平台，拓展了侨务工作新领域。积极开展困难归侨侨眷帮扶救助工作。对 12 户就医、就学、下岗待业和生活困难的归侨侨眷家庭实施了实质性救助，发放救助金 1.7 万元。坚持侨务工作政务公开。3 月份，先后两次在《石家庄日报》公布了关于为“四侨考生”开具加分照顾证明的通知，先后为 74 人次办理了加分照顾证明，公开、公正、透明操作，受到社会的好评。充分利用重大节假日送温暖上门服务。先后深入到 9 个县（市）、区慰问了 51 户 130 名贫困归侨和 80 名侨界知名人士及 20 家侨资、侨属企业，先后接待来信来访 140 余人次。为归侨侨眷 8 人次出具了申请廉租房身份证明，帮助解决住房困难和涉侨经济纠纷及参加疗养活动。

【海外侨务】 邀请接待了香港 50 多名教育界人士组成的考察访问代表团和 11 个国外华人社团来访。石家庄市已与海外 69 个华侨华人社团建立了关系，海外联络员队伍扩大到 650 多人，其中重点联络员扩大到 310 人。加大了“侨法”宣传力度。 组织开展了多种形式的侨法宣传活动。2010 年又在长安区青园街办事处范村居委会开辟了全市第二个侨法宣传阵地，赠送了价值 1 万元的普法书籍。

【涉外管理】 实行了限时办结制，不断减少办理出国审批手续环节，使出国审批事项及护照签证和领事认证业务工作效率不断提高。加强来石采访外国记者管理服务。组织开展了“外国人在石家庄”系列活动，大力宣传推介石家庄，提升了石家庄市的国际知名度。先后接待了意大利、日本和香港等国家和地区的记者来石采访报道，邀请了澳大利亚华文传媒友好代表团来石考察访问。加强了驻石外国人的管理与服务。常年开通涉外服务热线电话；12 月 22 日组织举办了一年一度的“驻石外国友人圣诞联欢会”活动。

（宗建）

经济研究

【概况】 2010 年，在市委、市政府的正确领导下，市政府研究室坚持以深入开展“创先争优”活动为契机，紧紧围绕市委、市政府中心工作，进一步强化责任、转变作风、提升效率，按高质量地完成了领导交办和年初确定的各项目标任务。做好扶贫帮扶工作，为行唐县九口子乡石桥村小学一次性捐赠学生课桌椅 30 套；为元氏县黑水河乡乔家庄村“两室”建设支持资金 5300 元。完善制度建设，制定《党组会议制度》、《党员干部廉洁自律八项规定》、《民主生活会制度》、《干部学习制度》等 22 项规章制度，研究室整体工作步入规范化、制度化轨道。全年完成市领导交办重要文稿 9 篇；各类调研课题 23 项，批示转化率达到 82% 以上；

主办的市政府机关刊物《石家庄经济》被评为省会双十佳内部资料性出版物；连续荣获全省调研咨询系统先进单位、市级精神文明先进单位和普法先进单位称号。

【重要文稿起草】 坚持把提高服务决策能力和水平作为发挥职能作用，推进研究室整体工作再上新台阶的重中之重，主动适应全局性、综合性、创新性重要文稿多的新特点，按照“精心组织、力求创新、多出精品、以文辅政”的思路，充分发挥研究室全体人员的整体效能，高质量地完成了各项重要文稿的起草工作，而且在服务领导层次和水平上有了较大提升。针对市政府在2010年既要总结“十一五”所取得的重大成就及差距不足，又要谋划“十二五”全市经济社会发展的指导思想、发展目标、战略任务等，超前谋划，深入调研，精心构思，反复修改，完成了《关于石家庄市国民经济和社会发展第十二个五年规划纲要的报告（草案）》，并按要求顺利提交市十二届人大四次会议审议；按照市政府主要领导的要求，组织人员对石家庄市历史和发展现状进行了全面系统的研究分析，在此基础上完成的《开国第一城，活力石家庄——石家庄市情简介》；起草《艾文礼市长在全市旅游调研工作会议上的讲话》，明确了推进全市旅游业发展的思路、重点和举措；在深入调研的基础上完成《石家庄市2009年百强企业分析及加速我市工业经济发展的对策建议》，艾文礼市长给予高度评价；为打造经济硬实力与文化软实力相得益彰的现代省会城市，邀请市委宣传部、市社科院等有关部门领导，以及省会在文化学术研究方面有造诣的专家，深入研究石家庄历史文化脉络和发展趋势，反复征求社会各界人士对石家庄城市文化特色的意见和建议，完成《关于石家庄城市文化定位的专题研究报告》；根据市领导指示精神，组织市发改委、高新区、藁城经济开发区等单位和部门有关领导赴重庆两江新区，对其领导体制、运行机制等情况进行全面考察，在此基础上完成《关于整合资源、统筹推进，倾力打造省会东部产业新城的意见》，在全面分析面积达553平方千米东部产业新城现状的基础上，对其规划范围、发展定位、推进步骤、实现目标、实施举措等战略性问题进行系统研究，提出了较为系统并具有明显创新性的思路举措，为市委、市政府科学决策提供了充足依据。

【课题调研】 按照“围绕中心、贴近实际、服务发展、提升层次”的要求，进一步加大了调研工作力度，完成了一批较高质量的研究成果，为推进相关领域的工作发挥了应有作用。为适应国家和省加快旅游业发展的新要求，政府研究室组织市旅游局和新乐市政府有关领导，在广泛调研的基础上，完成了《关于把新乐伏羲台打造成“古”文化特色旅游龙头景区的调查与建议》，艾文礼市长和张殿奎副市长分别做出重要批示，要求有关部门和新乐市政府拿出具体实施方案，加快推进有关工作。针对高铁时代的来临及对石家庄市经济社会发展的影响，撰写了《高铁时代省会建设和发展的新机遇及对策建议》；针对正定新区建设即将大规模展开的实际情况，在充分借鉴其它城市新区建设经验的基础上，超前谋划，认真研究，完成了《关于低碳城市的对策建议》；针对如何使企业尽快走出困境，完成了《在低谷中艰难生存的机械行业》；针对正定新区农民永久性安置问题，向市政府上报了《关于对〈正定新区解决群众永久出路问题的报告〉的评估论证意见》；结合城市“三年大变样”，调研完成了《关于地名规划及“滨河新区”地名设计的十条建议》，《怎样为跨滹沱河大桥起个好名字》等建言建议；完成的《关于我市加快融入京津冀一体化形成合理的政策梯度差的综合分析研究及对策建议》、《石家庄统筹城乡发展的着力点探析》、《关于在文化创意产业发展中加强省市合作的建议》、《当前外地国家生物产业基地发展趋势及对我市的几点建议》等调研报告，均引起了市有关领导的重视，并批转有关部门参阅落实。

（谷鹏）

地方志工作

【概况】 2010年，市地方志办公室贯彻落实《地方志工作条例》和《河北省地方志工作规定》，以全面完成市、县两级志书编修工作为重点，全方位推进二轮修志、年鉴、地情文献和为地方现实服务等项工作。二轮修志。年内，石家庄市、县（区）两级党委、政府把地方志工作特别是二轮修志工作列入工作日程和经济社会发展规划，加强领导，并在人力、物力、财力方面给予大力支持，推动二轮修志工作扎扎实实向前发展，取得了阶段性成果。《石家庄市志（1991～2005）》基本完成总纂稿。县（市）、区志完成《行唐县志》、《正定县志》、《栾城县志》、《长安区志》编纂出版；《鹿泉市志》在运作出版中；《裕华区志》、《辛集市志》、《新乐市志》通过专家评审；《赞皇县志》、《赵县志》、《元氏县志》完成送审待组织专家评审；《藁城市志》、《晋州市志》、《灵寿县志》、《高邑县志》、《平山县志》、《桥东区志》、《新华区志》通过初审；《深泽县志》、《无极县志》、《桥西区志》正在有序编纂中。全年石家庄市各县（市）、区共编修部门志、乡镇村志7部。其中《井陉县财政志》、《元氏县财政志》、《高邑县财政志》、《藁城市贾村志》、《石家庄市财政志(1991～2007)》、《赞皇县工业志》完成出版发行；《元氏县三道坡村志》完成总纂；《元氏县技术监督志》正在编纂中。年鉴工作。《石家庄年鉴》按照强化省会意识、精品意识和科学发展意识的要求，进一步完善年鉴编纂质量保障体系。通过抓供稿质量、明确责任分工、加强业务培训等项措施，使《2010年卷石家庄年鉴》在上年改版基础上，文字信息和编纂质量又有新的提高。同时，通过贯彻落实国家和省地方志工作会议精神，进一步扩大年鉴覆盖面，全市地方综合年鉴编纂出版数量已增加到13家，分别是赵县、井陉、鹿泉、藁城、栾城、新乐、辛集、正定、灵寿、平山、桥东、晋州、市本级。全市各级地方志工作机构还围绕党委、政府的中心工作和当地经济社会发展需要，编纂出版了一些反映本地历史或现实经济、社会、文化发展的地情文献。在全国方志系统评选活动中，石家庄市再次获得“方志系统先进集体”荣誉称号。

【《赵县年鉴》(2010）出版】 2009年12月，赵县启动《赵县年鉴》编修工作，并召开工作调度会，对承编人员进行培训，到2010年9月正式出版。《赵县年鉴》(2010）共设特载、大事记、赵县概况、政治、社会团体、公检法司等27个类目，100多个分目，962个条目，全面客观地记载了赵县自然、政治、经济、文化、社会等方面一年来的巨大变化和历史进程。全书共73万字，刊载彩页36页。同时，书中还增加随文图表70幅，收录著述、碑记、散文、诗词、书法、绘画、剪纸等艺文类72篇。

【《栾城年鉴》(2009）荣获河北省县区级综合年鉴一等奖】 2010年10月，河北省地方志办公室、河北省年鉴学会邀请全国著名年鉴专家对全省参评的综合年鉴及专业年鉴进行评审。经过两个多月审读评议，最终按等级评出全省部分优秀年鉴。其中，石家庄市《栾城年鉴》(2009）获全省县区级综合年鉴一等奖，并下发文件进行了通报表彰。

【《正定县志》(1986～2005）出版】 2004年4月正定县第二轮修志工作启动，2006年10月志稿开始总纂，2009年5月通过石家庄市地方志办公室评审，10月通过河北省市县区志稿审查小组终审，2010年5月《正定县志》(1986～2005）由新华出版社出版，保定北方胶印有限公司印刷，16开本，1606千字。该部志书采用小编结构，设46章、241节。正定是国家级历史文化名城，历史积淀深厚，因此志书卷首以历史纪略、总述、大事记承上启下，自然、地理、政治、经济单元多有精彩记述，社会、文化、居民诸单元内容丰富，亮点频现，尤其是家庭暴力、离婚案件的专题调查、居民购物发票实录等内容很有新意。

【《行唐县志》(1991～2005）出版】 2010年5月，新编《行唐县志》(1991～2005）由河北人民出版社出版。该志体裁形式为章节体，采用中小编结构，秉承“事一类从，类为一志”的原则，首设概述，次为大事记，各专业事物按照自然环境、经济、政治、社会事业、人物为序排列，客观真实地辑录了“千年古县”行唐的风土人情、地域优势、特色产业、传统文化和社会生活的发展状况，集中展示了行唐人改革开放的光辉历程及取得辉煌业绩，共24编120章515节140余万字。该志书既是一部了解行唐、宣传行唐的县情“百科全书”，更是一部发展县域经济、构建和谐社会的“资政宝典”。

【《长安区志》(1991～2005）出版】

2010年9月，由长安区志编纂委员会编纂的《石家庄市长安区志》(1991～2005）由新华出版社出版发行。该志以长安区1991年至2005年所辖行政区域为记述范围，上限始于1991年，下限止于2005年，按照详近略远的原则，重点记述改革开放以来长安区自然、政治、经济、文化和社会发展变化的历史与现状。该志共设21篇，51章，总计100余万字，附图照数百幅。该志由长安区地方志共组人员周淑芬和王玉萍主编，全区近150人参与编修工作。

【《栾城县志》(1993～2005）出版】 2010年11月16日，栾城县委、县政府在栾城大酒店隆重举行首发式。该志由中央文献出版社公开出版发行。该志为小板块条目体结构，设39个板块，140万字。重点记述了栾城1993～2005年改革发展成果，彰显了栾城的地方特色，是全方位介绍栾城县情的权威著述。志书部分内容上限延伸到改革开放之初，下线延伸到搁笔。全书结构合理，脉络清晰，述而有作，全彩印刷，图文并重，使得整部志书精美、大方、准确、凝练。

【召开区志编修工作调度会】 为进一步加快区志编修进度，提高区志编修质量。2010年11月19日，石家庄市召开区志编修工作调度会。会议听取各区地方志工作特别是第二轮修志工作进展情况，并对下一步工作提出目标和要求。会议要求各区针对存在的问题，进一步提高认识，加强对区志编修工作的领导，特别是区委、区政府领导，要把修志工作当作一项重点工程对待。认真落实"一纳入五到位"，加强修志队伍建设，明确编纂人员任务职责，提出时间进度要求，提供相应的办公条件和工作经费，确保修志工作的顺利开展。已完成二轮修志工作的，要做好年鉴和地情资料编纂工作，以此推动地方志工作的深入健康发展。

【督导检查二轮修志工作】 为进一步贯彻落实国务院《地方志工作条例》(简称《条例》)和《河北省地方志工作规定》(简称《规定》)，根据河北省、石家庄市关于地方志工作的部署与要求，推动全市地方志工作特别是二轮修志工作的深入开展。2010年4月，市政府办公厅下发通知，决定由市政府督查室和市地方志办公室组成督导检查小组，并根据情况邀请有关领导参加，深入各县（市)、区进行督导检查。通过听取工作汇报、查看实物资料，了解工作进展情况、与被督导单位领导交换意见等形式，督促检查各县（市)、区学习贯彻落实《条例》、《规定》，落实"一纳入五到位"，全面了解各县（市)、区二轮修志工作的目标任务完成和工作进展情况。

【高邑县召开二轮修志工作调度会】 2010年初，高邑县召开全县地方志工作会议，对二轮修志工作进行再动员、再部署。各乡镇、县直各部门主管领导和具体撰稿人近100人参加了会议。会上，县地方志办公室主任对高邑县志资料搜集整理工作开展以来各部门工作进展情况进行了通报，对先进单位进行通报表彰，点名批评了落后部门。会议总结先进单位的经验和做法，剖析了工作中存在的问题，对下阶段工作作了安排部署。主管副县长对全县二轮修志工作提了要求，强调各部门、各乡镇必须密切配合，狠抓落实，圆满完成第二轮修志工作任务。

【《裕华区志》(2001～2005）稿通过专家评审】 2010年11月19日，《裕华区志》(2001～2005）稿专家评审会在省军区招待所召开。市、区地方志领导及部分专家出席会议，桥东、桥西、新华、长安、矿区方志办领导和部分编修人员列席会议。会议认为《裕华区志》(2001～2005）稿内容丰富，资料详实，体例完备，时代特点与地方特色比较突出，是一部具有较高质量的评审稿。与会专家就需要进一步补充修改完善的地方提出了意见和建议，一致同意通过评审验收。

【《新乐市志》(1993～2005）稿通过专家评审】 2010年11月29日至12月1日，《新乐市志》(1993～2005）稿在新乐市宾馆召开评审会，省、市及有关地方志专家应邀出席会议。《新乐市志》(1993～2005）评审稿，共29编120多万字，志稿较全面、系统地展示了1993～2005年新乐的发展变化，是新乐市改革发展、社会进步的缩影。与会专家对志稿进行了认真评审，认为该志稿观点正确、资料翔实，语言流畅，是一部基础较好，质量较高的评审志稿，与会专家对志稿中存在的缺憾和不足等提出了具体的修改完善意见和建议。会议确定同意该志稿通过评审。

【《石家庄市财政志》（1991～2007）出版】 2010年11月，《石家庄市财政志》（1991～2007）在6月份专家评审的基础上，经编修人员精心修改后出版发行。该志全面、客观、系统地记述了1991～2007年石家庄财政事业改革发展以及由计划财政向公共财政转变的历史轨迹和成就经验。全志设财政体制改革、财政收入、财政支出、财政管理、机构队伍、县（市）区财政共6篇51章128节，约60余万字。

【《井陉县财政志》（2004～2008）出版】 2010年2月，由井陉县财政志编纂委员会编纂的《井陉县财政志》（2004～2008），由河北人民出版社出版发行。该志为2005年出版的首部《井陉县财政志》之续志，记述了2004年1月1日至2008年12月31日五年间，井陉县财政事业改革与发展取得的巨大成绩和经验。全志共设12章61节，100余万字，图片400多幅。。全志篇目设置科学合理，内容丰实，资料详实，具有较强的资治存史价值。该志为D16开本，彩色印刷图文并茂，具有强烈的时代特征与地方特色。

【《元氏县财政志》出版】 2010年4月，由元氏县财政志编纂委员会组织编纂的首部《元氏县财政志》正式出版发行。该志上限始自史料文字记载始，下限止于2005年。采用大编形式，篇、章、节结构。全志设组织机构、财政收入、财政支出、财政管理4篇，共22章91节，61万字，志首设概述，大事记等。该志系统记述了元氏县财政由古至今的发展演变轨迹，以及不同朝代，不同时期，特别是新中国成立以来元氏县财政工作的性质、特点和作用，具有较强的资政、存史价值。

【《中国历史文化名山——封龙山》和《元氏历史文化概览》出版】 为传承元氏历史文化，弘扬元氏文明，扩大元氏知名度，促进招商引资，元氏县地方志办公室在做好二轮修志工作的同时，坚持长短线结合，组织力量，深入挖掘资料，整理出版了《中国历史文化名山——封龙山》和《元氏历史文化概览》。其中《中国历史文化名山——封龙山》包括封龙山简介、名胜古迹、历史年表、封龙山风景名胜区位图和景点分布图等9部分内容，全书近3万字，共收集图片102幅，其中汉碑4通、封龙山名胜古迹图照50幅、名家临摹题作40幅，收录古代诗词30余篇。《元氏历史文化概览》包括政区建置、自然环境、经济社会发展情况等8部分内容，全书近8万字，收集图片30幅。

【藁城《贾村志》出版】 为传承历史文化，记载农村发展变化，展示改革开放成果，藁城市兴安镇贾村在藁城市方志办的指导协助下，自2007年6月启动编修《贾村志》，经过两年多辛勤笔耕，于2010年2月出版发行。该志是继《北席村志》之后藁城市第二部正式出版的村级志书。该志根据有关资料尽量追溯到事物发端，下限至2009年。全书设12章22节，图片50余幅，约15万字。该志重点记述了改革开放30年来全村发生的巨大变化和主要业绩，志书语言朴实、简洁，图文并茂，古朴典雅，地方特色浓郁。

【连续6年荣获省方志系统先进单位】 2010年初，在河北省方志系统先进单位和先进个人评选中，市地方志办公室、井陉县史志办公室、正定县史志办公室、栾城县史志办公室、行唐县地方志办公室分别荣获“2009年河北省地方志系统设区市先进单位”和“2009年河北省地方志系统（市、区）先进单位综合奖”，受到省方志办通报表彰。至此，石家庄市地方志办公室已连续6年荣获河北省地方志系统先进单位。2010年2月，石家庄市地方志办公室还被省政府办公厅、省人事厅命名为“河北省地方志工作先进集体”称号。

石家庄市地方志办公室

主　任：王孟新

副主任：刘建洲　黄俊清

武光宇（8月任）

（王建峰）

机关事务管理

【概况】 2010年，石家庄市机关事务管理局在市委、市政府的坚强领导下，深入贯彻落实科学发展观，以“创先争优”活动为契机，深化干部作风建设，紧紧围绕市委、市政府中心工作，认真履行管理、保障、服务职责，为保障机关高效运转、降低行政成本、改善干部职工生活等方面发挥了重要作用，做出了积极贡献。

【组织建设】 2月4日，石家庄市机关事务管理局第一次党代会胜利召开，选举产生了中共石家庄市机关事务管理局第一届委员会。相继选举产生了石家庄市机关事务管理局工会、石家庄市机关事务管理局共青团委员会、石家庄市机关事务管理局妇委会等群团组织。

【机制建设】 2010年是管理局开元之年，也是理顺各种关系，统一各项标准，建立规章制度，确保各项工作科学、有序、高效运转的打基础之年。按照"建立集中统一、权责明确的管理体制，科学规范、系统完善的保障制度和市场导向、多元并存的服务机制"的要求，出台了一批科学管理、创新保障、精细服务等规章制度，初步建立合理顺畅的工作体制机制，推进了管理科学化、保障法制化、服务社会化的进程。

【安全保卫】 定期召开市委、市政府机关安全工作会议，分析机关大院安全保卫形势，通报相关情况，针对突出问题，及时进行整改。认真贯彻落实《市委、市政府机关大院安全防范工作规范》，通过内卫、公安、信访、消防和保安公司等部门协调联动，"人防、物防、技防"三位一体，维护机关大院安全稳定。全年共接待来访人员5万余人（次），协助相关部门处置集体上访事件130余起。

【车辆管理】 认真贯彻落实《河北省实施〈中华人民共和国道路交通安全法〉办法》、管理局《关于车辆及驾驶员管理的若干规定》和《关于加强油料管理的规定》，严格执行派车单和出差审批表及一车一卡、定点加油等制度，按照"四人联管，里程控制，奖节罚超，违规惩戒"的原则，有效地防止了"跑、冒、滴、漏"现象。一年来，保障机关公务用车19万余台（次），安全行驶400万余千米，节油8万余升。

【基础设施建设】 投资220余万元，对市委东院热交换系统，政府东院第一餐厅、第三餐厅、5号楼走廊，老化破损管道和漏水屋顶等部位进行装修改造，更换空调62台；拆除市委西院破旧低矮平房19间，筹措资金120余万元，改造市委西院机关大门，扩建停车场，装饰楼体，安装照明竖灯，硬化路面，栽植和摆放各种花木36000棵。

【房地产管理】 执行《服务承诺制》、《首问首办制》和《限时办结制》等规章制度，对13处辖区宿舍二次加压设施进行清洗消毒和水质监测，检修热交换站10个，排除各类供水、供电、供暖故障3540余起，上门服务300余户，应急抢修30余次。组织筹备正定新区市综合商务中心奠基仪式，摸清市直机关办公用房和办公人员底数，初步完成机关办公大楼设计方案。

【生活服务】 贯彻落实《食品卫生管理规定》和《食堂饮食安全管理暂行规定》，严格执行《餐饮业食品原料采购索证登记》和《消毒登记》等制度，确保食品安全。丰富花色品种，提高饭菜质量，积极改善就餐环境，稳定饭菜价格，通过"走出去、请进来"的方式和岗位练兵、业务技能竞赛，不断提高人员业务技能，服务保障水平明显提升。

【节能减排】 完成全市24个县（市）区和71个市直部门、单位公共机构能耗基础数据统计、汇总和上报工作，制定公共机构节能考核评价体系，举办石家庄市公共机构节能业务培训班，协助市发改委开展节能宣传周活动，发放《公共机构宣传册》1.4万册。在本级机关内部进行合同节能和技术改造，同比节水37052吨，节电135231度，节燃油64472升。

（陈怀志　王东旭）

城乡基层政权建设

【基层政权】 2010年，城乡基层政权建设以"难点村"治理为突破口，着力解决换届选举遗留问题，全市剩余3个难点村选举工作顺利完成；市、县、乡三级共举办村委会干部培训班120期，培训村委会干部15886名。开展"农村社区建设全覆盖创建活动"，重点推进村民服务站建设。以现有村民委员会为基础，按照"一村一社区"建设社区服务站。全年共建成社区服务站312个，其中赵县、桥西区被省民政厅上报至国家民政部参加全国农村社区建设全覆盖试验县评比。投入资金1352万元，推进城市和谐社区建设，新建、改建社区办公用房和服务设施27处，市区49个街道建成社区服务中心42个，341个居委会建成社区服务站284个。

（史文生）

中国人民政治协商会议石家庄市委员会

【概况】 2010年，市政协常委会在中共石家庄市委的领导下和省政协的指导下，坚持以邓小平理论和“三个代表”重要思想为指导，深入贯彻落实科学发展观，认真贯彻中共十七届四中、五中和市委八届五次全会精神，紧紧围绕市委、市政府一系列重大决策部署，突出团结和民主两大主题，着力在促进经济发展方式转变、保持经济平稳较快发展上发挥优势，在促进省会文化发展上扎实推进，在改善民生上高度关注，在维护社会和谐稳定上凝心聚力，在提高政协工作科学化水平上改革创新。期间，认真组织筹备并成功举行十一届三次全会，审议市政协常委会工作报告、提案工作报告，协商讨论市政府工作报告及其他报告，通过政治决议和提案审查报告；召开常委会议5次，审议和通过30项议题；召开主席会议5次，研究讨论32项议题；审查交办提案729件；组织大会发言63篇；编辑《社情民意》内刊52期，编发《政协工作动态》30期、《石家庄政协》7期；开展一系列调研、视察、考察、座谈、论坛活动并提出意见和建议，切实履行了政治协商、民主监督、参政议政职能，充分发挥了政协协调关系、汇聚力量、建言献策、服务大局的重要作用，为推进全市科学发展、率先发展做出了新的贡献。6月，经市编委批准，市政协机关办公厅设立宣传处。截至12月31日，政协石家庄市第十一届委员会共有委员650名（年内去世4名，辞去2名），常委会组成人员128名（年内去世2名，辞去1名）。

【石家庄市政协第十一届常委会组成人员及工作机构负责人】

主　席：王华清（女）

副主席：李天印

陈百成（满族，不驻会）

韩宪章　朱增海

曹社会

王长华（不驻会）

武义青（不驻会）

王宝山（不驻会）

范振增（不驻会）

秘书长：李增禄（1月免）

郜存悦（1月任）

常务委员：（按姓氏笔划排序）

于铁龙　王宣

王智　王文治

王文晔（女）

王艾华（女）

王冬梅（女）

王建国　王勋涛

王俊林　王俊奇

王智森　王镇元

仇银柱

邓小梅（女）

邓素雪（女）

龙建国（侗族）

申禧　叶少华

叶文祥

田玉卓（女）

田朝民　兰平信

冯书勤　冯润明

邢士林　曲仓坤

吕毅华（女）

乔茜（女）

任映光　任新社

刘凯

刘真（女）

刘小立　刘兴辉

刘运江　刘英光

闫凤利

祁改（女）

许立　许广明

许素更　孙朝辉

孙德惠（女）

苏丽（女）

李雯（女）

李潇　李小平

李凤江　李志峰

李树国

李俊秀（女）

李振符

李增禄（1月任）

杨士斌　杨云乐

杨玉珍（女）

杨作昌　杨英波

杨建华（女）

杨澜波 吴振见
闵晓进
张越 （女）
张力栓
张文武（满族）
张计刚 张书国
张玉辉（女）
张永健 张旭辉
张治春 张树清
张贵宾（8月免）
张素丽（女）
张祥建 张景学
张富春
陆淳 （女）
陈克俭 陈泉州
武共义 范玉龙
范焕文
林丹 （女）
林金泰
尚晏芝（女）
罗北中 周书献
周志斌
赵国三（女）
赵明芳 赵金代
胡爱民 段文
段坤 （女）
闻宏海（12月免）
耿云峰 夏玉颖
夏晓烨（女）
徐仁 （女）
高波
高茶芳（女）
高顺强 郭刚能
郭清常 黄超
曹伟
崔瑞芳（女）
康瑞峰（回族）
寇学臣（满族）
董文志 蒋陶然
韩利华（女）
焦保华 甄忠义
甄金钟
廖岩 （女）
潘卫东

副秘书长：杨建华（女）
程共英
卢亚利（女）
赵磊 （12月任）
乔茜 （女，不驻会）
崔瑞芳（女，不驻会）
姜博卿（10月任，不驻会）
李俊秀（女，不驻会）
程鹏起（不驻会）
王丽欣（女，不驻会）
徐石 （女，不驻会）

办公厅

主 任：杨建华（女，兼）
副主任：刘春峰（12月免）
王灵增

研究室

主 任：赵磊 （兼）
副主任：徐振声

提案委员会

主 任：陈克俭
副主任：盖和平
李献平（不驻会）
张炬 （不驻会）
周同友（不驻会）
唐克 （特聘，不驻会）
赵景芳（女，特聘，不驻会）

学宣文史资料委员会

主 任：段文
副主任：崔才
任新社（不驻会）
王勋涛（不驻会）
王智 （不驻会）
赵俊芳（不驻会）
梁勇 （不驻会）

财政经济委员会

主 任：周书献
副主任：焦永良（12月任）
陈福财（不驻会）
唐秀珍（女，不驻会）
刘凯 （不驻会）
李振章（不驻会）
赵顺法（不驻会）
王晓临（不驻会）
崔爱萍（女，不驻会）
王俊林（不驻会）

农业委员会

主 任：杨澜波
副主任：赵虹 （女，12月免）
赵国三（女，不驻会）
冯书勤（不驻会）
楚行宇（不驻会）
师吉奎（不驻会）
贾建平（不驻会）
李瑞进（不驻会）

教科文卫体委员会

主 任：李雯 （女，12月免）
副主任：郑志学（12月免）
张少华（女，12月任）
王文治（不驻会）
卢长锁（不驻会）
王英彬（不驻会）
闻宏海（不驻会，12月免）
唐青 （不驻会）
刘桂江（不驻会）
张毅 （不驻会）
仵增刚（不驻会）
肖建科（不驻会）
李耀峰（特聘，不驻会）

社会和法制委员会

主 任：武共义

副主任：郑英须（12 月免）
祁改　（女，不驻会）
赵金代（不驻会）
张玉辉（女，不驻会）
肖士杰（不驻会）
肖力　（女，不驻会）

民族和宗教委员会

主　任：武共义
副主任：郑英须（12 月免）
张贵民（不驻会）
蒋陶然（不驻会）
陈泉州（不驻会）
康瑞峰（不驻会）
马铭江（不驻会）
邓元富（不驻会）

港澳台侨和外事委员会

主　任：王镇元
副主任：石志玲（女）
杨秋贵（不驻会）
罗北中（不驻会）
刘嫱嫱（女，不驻会）
许立　（不驻会）

【市政协第十一届委员会第三次会议】 1 月 21 ～ 24 日，市政协十一届三次会议在人民会堂举行。会议听取并审议了王华清主席所作的政协石家庄市第十一届委员会常务委员会工作报告和曹社会副主席所作的政协石家庄市第十一届委员会常务委员会关于十一届二次会议以来提案工作情况的报告；列席了石家庄市第十二届人民代表大会第三次会议，协商讨论了市政府工作报告和其他相关报告；补选郜存悦同志为秘书长、李增禄同志为常务委员；通过了政协石家庄市第十一届委员会第三次会议政治决议；通过了政协石家庄市第十一届委员会提案委员关于十一届三次会议提案审查情况的报告；王华清主席在闭幕会上作了重要讲话。会议期间，共收到集体、委员个人及联名提案 668 件，经审查立案 609 件；36 名委员围绕建设繁华舒适现代一流的省会城市，从低碳经济、工业经济、三农、结构调整、高新技术、文化建设等多方面进行了大会发言，市委、市政府领导到会听取发言，并批示 19 篇交相关部门办理。

【市政协第十一届常委会会议】 1 月 6 日，市政协十一届九次常委会议在市政协机关五楼会议厅召开。王华清主席、李天印副主席分别主持会议。会议传达学习了中共石家庄市委八届五次全会精神及省委、省政府领导到石家庄市调研“三年大变样”工作时的重要讲话精神；审议通过了关于召开政协石家庄市第十一届委员会第三次会议的决定；审议通过了大会议程、日程、常务委员会工作报告及报告人名单、提案工作情况报告及报告人名单、委员分组办法及召集人名单、大会秘书处秘书长和副秘书长名单、列席人员（单位）名单；审议通过了有关人事事项，同意李增禄因年龄原因辞去政协石家庄市第十一届委员会秘书长职务，审议通过了郜存悦为政协石家庄市第十一届委员会代秘书长，同意张忠民因个人原因辞去政协石家庄市第十一届委员会委员；审议通过了常委会议授权主席会议对违纪违法政协委员及时作出处理的决定。

1 月 24 日，市政协十一届十次常委会议在市政协机关五楼会议厅召开。市政协主席王华清、副主席李天印主持会议。会议听取了关于各委员小组讨论市政协十一届委员会常务委员会工作报告和提案工作报告的情况汇报；听取了关于各委员小组讨论市政协十一届三次会议政治决议（草案）、提案审查情况报告（草案）情况的汇报，并原则通过该决议(草案)、报告(草案)，提请第四次大会正式通过；审议通过了政协石家庄市第十一届委员会第三次会议选举办法；审议了补选秘书长、常务委员候选人建议名单，并提请第三次大会进行选举；审议了总监票人、监票人建议名单，同意经各委员小组讨论后，提请第三次大会审议通过。

6 月 23 日，市政协十一届十一次常委会议在市政协机关五楼会议厅召开。王华清主席、李天印副主席分别主持会议。会议围绕全市调结构促转变中传统产业升级改造情况进行专题议政。刘明轩副市长应邀代表市政府通报了石家庄市产业结构调整中传统产业升级改造情况，并听取委员发言；27 位委员围绕“调结构促转变，大力推进我市医药、纺织、化工、机械制造等传统产业升级改造”主题，作了口头或书面发言，提出了加快工业化与信息化融合、推动产学研结合、促进中小企业技术创新、打造传统产业品牌等 150 多条意见建议，许多建议落实到各项工作措施中。市发改委、国资委、科技局、环保局、工信局等部门负责人列席会议。

9 月 26 日，市政协十一届十二次常委会议在市政协五楼会议厅召开。王华清主席、李天印副主席分别主持会议。副市长刘晓军应邀出席会议。会议听取并讨论了市政协十一届三次会议以来委员提案办理情况的通报；听取并讨论了市教育局关于石家庄市素质教育和义务教育均衡发展情况的通报。

12 月 29 日，市政协十一届十三次常委会议在市政协机关五楼会议厅召开。王华清主席、李天印副主席分别主持会议。会议审议通过了关于召开政协石家庄市第十一届委员会第四次会议的决定；审议通过了大会议程、日程、常务委员会工作报告及报告人名单、提案工作情况报告及报告人名单、委员分组办法及召集人名单、大会秘书处秘书长和副秘书长名单、列席人员（单位）名单；审议通过了有关人事事项，同意赵磊任市政协副秘书长（兼）、张少华任市政协教科文卫体委员会副主任、焦永良任市政协财政经济委员会副主任，同意李雯不再担任市政协教科文卫体委员会主任职务、郑英须不再担任市政协社会和法制委员会（民族和宗教委员会）副主任职务、刘春峰不再担任市政协办公厅副主任职务、郑志学不再担任市政协教科文卫体委员会副主任职务、赵虹不再担任市政协农业委员会副主任职务，同意闻宏海辞去市政协委员和常委职务，不再担任市政协教科文卫体委员会副主任（不驻会）职务。

【助推经济发展】 围绕促进产业结构调整、转变经济发展方式，组织委员就产业结构调整、发展低碳经济、推进节能减排、高新技术开发区建设、再生资源回收利用体系建设、正定国际小商品城发展等重点课题，进企业、入园区，深入开展视察调研活动，认真分析全市经济发展现状，探讨应对策略和措施，及时向市委、市政府提出意见、建议。充分发挥反映社情民意“直通车”作用，就正定国际物流园区建设、正定新区能源规划、对实施搬迁改造较早的优势企业给予优惠政策、将碳活塞项目列入全市扩大内需项目等提出建议，受到市委、市政府领导的重视。市委书记孙瑞彬等市领导作出重要批示，要求有关部门认真研究，积极落实。以“献策‘十二五’、倾力谋发展”为主题，动员各界委员为编制“十二五”规划建言献策；积极参加省政协编制“十二五”规划建言献策专题协商会和省、市组织的“我为‘十二五’献一策”活动，提出了做大做强传统产业，加强园区和产业基地建设，发展现代咨询中介机构、金融投资机构和会展业，培育扶持农业产业化龙头企业，加快县域交通发展等 300 多条意见建议，汇总后报市委、市政府，为科学编制“十二五”规划发挥了重要作用。组织委员对转变农业增长方式和农村新民居建设进行调研视察，形成了“关于促进节水农业发展”、“加快农村新民居建设”的调研报告，从加强政策支持、建立节水农业技术体系、科学制定建设规划等方面提出意见建议。针对新农村建设资金需求大、金融机构少的问题，提出了设立村镇银行的建议，市委书记孙瑞彬作出重要批示。深入辛集、晋州、藁城、深泽进行专题调研，向市政府提交了《关于调整财政收入结构，提高综合经济实力的研究报告》，市委、市政府领导给予充分肯定，所提建议被市政府有关部门采纳，制定了相关激励措施，促进了财政收入特别是地方收入的提高。市政协主席集体先后视察了城市总体规划调整情况、“八个十工程”进展情况、裕华区“三年大变样”工作、桥东区铁路工程建设，就打造民心河二期亮点工程、加快老旧生活小区改造步伐、完善城中村改造配套措施、缓解南焦客运站交通压力等问题，有针对性地提出意见建议，有力地助推了城镇面貌“三年大变样”实现完美收官。组织港澳台侨界委员参观城市规划展、视察“三年大变样”重点工程，充分利用香港《文汇报》，宣传石家庄城市面貌发生的巨大变化。

【促进文化建设】 3 月开始，举全会之力，经过半年时间的精心谋划和认真筹备，于 9 月 5 日至 6 日，在亚太大酒店举办了中国石家庄·正定古城文化保护高峰论坛。此次论坛是石家庄历史上围绕古城文化保护主题首次举办的专题论坛。论坛紧紧围绕着“保护、创新、融合、发展”主题，深入研讨了正定古城文化保护与发展，审议通过了《古城保护正定宣言》。全国政协副主席孙家正出席并发表重要讲话，全国政协文史和学习委员会副主席卞晋平，副秘书长林智敏，全国政协文史和学习委员会副主任毛福民、崔占福出席会议并讲话，省委、省政府、省政协领导陈全国、付志方、刘德旺、孙瑞彬、孙士彬、王玉梅出席论坛或讲话，国家文化部、住房和城乡建设部、国家旅游局、国家文物局的领导，部分国家驻华使节以及罗哲文、周干峙等国内20多位知名专家，就正定古城文物、考古、宗教、旅游、城市规划、世界遗产研究等方面做了研讨发言，提出了把正定古城放在石家庄大城区的范围内进行统筹考虑，改变就古城谈正定的战略性意见；提出了让古城文化资源转化为文化形象，转化为生产力，实现从正定文化到文化正定的新跨越等前瞻性意见；对建立正定历史名人景区、恢复古城原貌、古城内基础设施改造、加强古城水资源生态能源建设和古城美化等方面提出了一系列可操作性的措施意见，为古城文化的融合与发展提供了重要参考，为石家庄的总体规划和建设、文化发展提供了强力的战略性支撑。人民日报、新华社、人民政协报、光明日报、凤凰卫视等30多家新闻媒体进行了全程报道。

【关注和促进改善民生】 围绕群众普遍关注的义务教育均衡发展问题，组织委员广泛开展协商讨论，就均衡配置教学资源、加大教师队伍培训交流力度、发展职业教育、提高农村特别是贫困山区毛入学率、加大困难学生救助力度等提出了建议，得到市政府及有关部门的重视和采纳。组织委员深入乡村、社区、家庭，就劳动就业、社会保障、和谐社区建设等问题视察调研，先后向市委、市政府提出了提高社会保障能力、完善城乡困难群体救助体系、提高城市供热能量、加强社区监控设施建设、优先发展城市公交、保障残疾人合法权益等建议，促进了相关工作的开展。充分运用了解和反映社情民意这一最经常、最直接、最有效的议政形式，广泛倾听群众呼声，及时反映关系人民群众切身利益的问题，关于校舍安全、加大农产品价格调控力度、在学校和居民集聚区慎建无线通讯基站等信息，市委、市政府领导分别作出批示，有关部门认真研究落实，使群众关注的一些热点、难点问题及时得到解决。全年编发的52期《社情民意》内刊，被省政协采用18期，市领导批示15期。充分发挥政协委员的专业优势、岗位资源和经济实力，深入开展送医、送教、送科技“三下乡”活动，做好资助行唐县希望小学建设工作，参与全市扶贫帮扶和新农村建设工作，关爱流浪儿童，支持养老、助残事业，展示了政协委员“关爱百姓、回报社会”的良好形象，受到社会各界的好评。

【团结各界凝心聚力】 主动邀请各民主党派、工商联、无党派人士共同参与调研、座谈、视察活动，认真听取和反映他们的意见建议，联合开展民主监督活动。全年，各民主党派和无党派人士共提交提案134件，反映社情民意175条，在政协全会、常委会议上提交大会发言27篇，数量、质量比上年都有大幅提高，参政议政热情进一步高涨，较好地发挥了各民主党派和无党派人士在政协中的作用。组织文化交流参访团，赴台湾参观考察，宣传推介石家庄，扩大了石家庄在台湾的影响；深入侨资企业视察，了解企业经营情况，帮助企业解决实际困难；开展走访民族宗教界代表人士、走访港澳台侨人士、走访新的社会阶层“三走访”活动，召开各界人士迎中秋茶话会，努力把党委、政府的决策主张传达到各个层面，把各界人士的思想和行动统一到市委、市政府的决策部署上来。积极配合全国政协、省政协来石就强化矛盾排查、完善信访机制、促进社会和谐、供销合作社改革发展、人民法院庭审工作等进行调研视察，配合省政协做好《河北人文精神》丛书“劳模寻踪”、“西柏坡的故事”征编工作，积极参加京津冀晋蒙区域经济合作论坛。组织县（市）区政协主席外出学习考察，加强对外联系和交往，召开县（市）区政协主席座谈会，协调沟通工作，从而形成了上下齐心、团结协作、工作联动、成果共享、能力和水平共同提高的新局面。

【创新履职载体】 以“强素质、激活力、促履职”为主题，深入开展委员主体活力年活动。由48个委员小组和委办室牵头组织，在传统的视察、调研、座谈、联谊、三下乡、培训等活动基础上，采取异地视察、专题协商、民主评议、观摩交流、联组活动、慰问捐助、下社区、报告会、研讨会等多种创新形式，开展了228项主题鲜明、各具特色的活动，实现了委员、界别和小组活动全覆盖。市政协主席带队，围绕民营企业发展、和谐社区建设、城乡卫生医疗和提案办理落实情况，深入开展访民生、促和谐、促发展“一访两促”活动；共青团、青联、工会、妇女界委员积极开展促进就业创业活动；工商联界委员积极参与“民营企业园区行和帮百村扶千户”活动；文化、体育界委员积极开展文化产业研究、职业教育观摩和推动全民健身等活动；驻县（市）区的政协委员在当地政协的组织下，围绕节能减排、新农村建设、土地流转、项目建设等问题深入开展调研视察活动，提出许多高质量的意见建议。以“重质量、促办理、抓落实”为主题，深入开展提案工作质量提升年活动。通过组织委员学习、情况通报、加强选题引导、开通提案线索网络征集系统、严格审查立案、强化激励机制，提高提案质量；开辟提案传递“绿色通道”，开展领导、专委会、委员“三位一体”督办提案新机制，实行民主评议承办部门，提升提案办理实效；加强与新闻媒体合作，改版《提案追踪》栏目、开办委员提案专栏、举办优秀提案展示，提高提案工作影响力。提案工作质量年活动的开展，推动了提案征集由数量型向质量型转变，提案办理由提案委一家“独唱”向全员参与“大合唱”转变，提升了提案工作实效。全年共征集提案874件，经审查立案729件，已经落实346件。

【自身建设】 协助市委在全省率先制定出台了《关于推进人民政协履行职能制度化、规范化、程序化建设的意见》（石发〔2010〕9号），对政协履行职能的形式、内容、程序进行了细化和规范，对加强和改善党对政协工作的领导提出具体要求。为抓好《意见》精神的贯彻落实，积极协调市委、市政府办公厅印发了《关于市委、市政府有关部门向市政协通报情况的暂行办法》和《关于对我市财政资金使用情况进行民主监督的暂行办法》，为政协履行职能提供了制度保障，有力推进了政协履行职能“三化”建设。结合深化创先争优活动，完善了政协党组、机关党委和各党支部学习制度、民主生活会制度、学习考评制度，组织县（处）领导干部到西柏坡重温入党誓词，接受革命传统和勤政廉政教育，制定了《市政协机关共产党员守则》警示牌，开展了“亮牌示范”、“讲身边事迹、树身边典型、学身边楷模”和“为党旗添光彩、为党员添风采、为工作添新彩、为群众添精彩”等活动，进一步增强了党组织的凝聚力、战斗力，使广大党员的先锋模范作用在推进政协工作中得到充分发挥。举办政协知识、时事政治、低碳经济等辅导讲座，开展“政协工作大家谈”活动，健全履职考评制度，加强机关思想作风和文化建设，使机关工作效能得到进一步提升，机关干部的政治意识、大局意识、责任意识和服务意识进一步增强，政务性服务能力和统筹协调能力进一步提高。

（赵彦锋）

中共石家庄市纪律检查委员会

【概况】 2010年，全市各级纪检监察机关认真贯彻第十七届中央纪委第五次全会、第七届省纪委第六次全会和市委八届五次全会精神，坚持围绕中心，服务大局，以加快推进具有石家庄特色的惩防体系建设为主线，切实强化制度创新和实践创新，全市落实党风廉政建设责任制、反腐倡廉制度建设、行政权力运行监控机制建设、干部作风建设、廉政文化建设、工程建设领域突出问题专项治理、“小金库”专项治理、专项资金治理、治理商业贿赂、效能监察、信访案件办理、案件审理、下访、县级纪检监察机关建设、纪检监察干部素质建设工程等多项工作都取得了重大进展和明显成效，受到中央纪委、省纪委表扬。

【重要会议】 2月26日，市纪委在亚太大酒店召开第八届市纪委第五次全体会议，传达贯彻第十七届中央纪委第五次全会、第七届省纪委第六次全会和市委八届五次全会精神。会议全面总结了2009年全市党风廉政建设和反腐败工作，安排部署了2010年全市党风廉政建设和反腐败工作任务。市委常委、纪委书记李文起同志代表市纪委常委会作了题为《以加快推进惩防体系建设为重点，进一步加强全市党风廉政建设和反腐败工作》的工作报告。省委副书记、市委书记车俊作了重要讲话。

4月21日，召开全市农村党风廉政建设工作会议，市农村党风廉政建设联席会领导小组成员、联席会成员单位联系人、各县（市）区纪委书记、主管农村党风廉政建设工作的纪委副书记、委局机关相关室（处）负责人参加会议。

4月27日，召开全市纪检监察宣传教育工作会议，传达全省反腐倡廉制度建设暨纪检监察调研工作会议精神，安排部署2010年全市纪检监察宣传教育工作，市委常委、纪委书记李文起同志作了重要讲话。

4月30日，召开全市民主评议、机关效能建设暨政务公开工作会议，市委常委、纪委书记李文起同志作了重要讲话。

6月30日，市纪委组织在鹿泉市召开全市农村档案乡镇代管工作现场会。各县（市）区纪委主管农村党风廉政建设工作的副书记、下访工作队队长，各县（市）区档案局局长和业务科科长参加了会议。鹿泉市介绍了村档乡代管工作经验，与会人员参观了鹿泉市获鹿镇档案室。省纪委党风室副主任王刚同志、市纪委副书记刘书平同志、市档案局局长王彦明同志在会上分别做了重要讲话。

7月16日，召开全市纪检监察工作半年总结暨案件检查工作调度会议。市纪委、监察局领导班子全体成员，各县（市）区纪委书记、监察局长、主管案件检查工作的副书记，委局机关各室（处）主任、处长参加了会议，市委常委、纪委书记李文起同志作了重要讲话。

【重大决策部署】 建立完善了经常性监督检查机制，对节能减排、环境保护、土地招拍挂、工程招投标、国有资产管理、房地产市场调控、安全生产等重要决策部署和重点工作，认真开展执法监察，在督促整改的同时，严肃查处违规违纪案件和问题135件，给予党政纪处分162人。着眼提质增效，对全市“三年大变样”重大部署、重点项目实施了全程效能跟踪监察，对行政许可、非行政许可审批和行政监管事项办理情况开展监督检查316次，实施效能责任追究649人，给予党纪处分69人、政纪处分31人。

【惩防体系建设】 认真开展“反腐倡廉制度建设年”活动，扎实开展制度廉洁性评估工作，修订完善教育、监督、预防、惩治等方面的制度62项，新研究出台19项反腐倡廉制度，各县（市）区、市直部门也结合实际探索建立了一批创新性制度。全市行政机关和重点领域权力运行监控机制建设深入推进，重点加强了对“领导班子和领导干部权力、重点工程和民生项目权力、服务窗口和服务中心权力、有关制度的落实”4个方面的监控。全市47家市属监管企业、市属高校和15所市属中学全部推行了廉政风险管理。建立了工程项目信息技术监管、行政审批标准化管理、政府采购电子监管“三大平台”。严格落实市委惩防体系建设《实施细则》，62大项、239项具体任务按时间进程顺利推进，9个方面97项阶段性工作取得明显成效。

【干部作风建设】 认真组织“攻坚克难抓落实、公开承诺践诺”等系列活动。以解决发展环境不优、干部作风不佳等问题为切入点和突破口，切实强化教育、完善机制、严肃纪律，健全和落实了对干部作风进行监督评议、与群众和市场主体定期交流沟通等制度，进一步加强市本级行政审批事项的削减下放和管理工作，研究制定了《石家庄市机关工作人员损害发展环境行为责任追究暂行办法》，建立完善了监督检查、强化问责等一批配套保障措施，开展了专项督查、明查暗访等一系列活动，严肃查处损害发展环境的案件和问题720件，进一步加强了对各级干部的作风教育。

（王勇）

【出台《机关工作人员损害发展环境行为责任追究暂行办法》】 10月20日，市委召开常委会，研究通过《石家庄市机关工作人员损害发展环境行为责任追究暂行办法》（简称《责任追究办法》）。《责任追究办法》是根据市委、市政府要求，由市纪委、市委组织部、市监察局、市人力资源和社会保障局等部门在广泛征求意见基础上组织起草。《责任追究办法》共分7条。其中，用“十不准”对损害发展环境的行为作出了界定。“十不准”所列行为涉及机关作风建设、效能建设等方面存在的突出问题，有不作为、慢作为问题，也有乱作为问题，涉及到行政审批事项和执纪执法行为。《责任追究办法》对如何实施责任追究等进行了明确。主要有以下特点：

加大组织处理力度，强化对机关工作人员的约束；加大连带责任追究力度，强化各级领导抓班子、带队伍的责任；加大对干扰调查、打击报复、恶意告状等行为的处理力度，支持、鼓励举报损害发展环境的行为，防止发生恶意告状问题；对受到问责处理人员的学习教育问题作出规定，体现了教育与惩戒相结合的原则。《责任追究办法》规定的条款主要是针对市直各部门、各单位制定，同时要求各县（市）区结合各自实际制定具体规定。

（王静　席子杰）

【查办案件】 全市纪检监察机关始终把案件检查工作摆在突出位置来抓，在加强案件和案件线索统一管理，整合充实办案力量，强化办案手段的基础上，切实加强协调督导，严格定期调度，完善考核机制，创新完善案件审理方式方法，查办案件力度进一步加大，案件质量全面巩固提高。全市各级纪检监察机关初核案件2606件，立案调查1615件，立案涉及1694人，其中县（处）级干部14人，乡（科）级干部154人。审结案件1565件，给予党政纪处分1584人，收缴违规、违纪资金452.27万元。查结商业贿赂案件184件，涉案金额1013.96万元，给予党政纪处分6人，移送司法机关处理22人。认真开展党政纪案件质量、党政纪处分决定执行情况、回访教育3项检查，强化了政治、社会和法纪效果。

【王亚丽案件处理】 4月9日，河北省纪委通报查处石家庄团市委原副书记王亚丽造假骗官案件处理结果。省纪委与石家庄市委、市纪委及有关部门，对该案及部分违纪违法人员作出处理。经查，王亚丽档案中的姓名、出生日期、父母身份、入党等基本情况虚假，录干违反规定，恶意向组织隐瞒虚假情况，并采取弄虚作假等不正当手段谋取职务(2009年5月27日石家庄市委已决定免去王亚丽共青团石家庄市委副书记职务)。经研究决定，对王亚丽的党员身份不予承认，给予其开除公职处分，其涉嫌犯罪问题移送司法机关处理；给予时任石家庄市文化局人事处处长杨路群开除党籍、行政开除处分，给予时任石家庄市委宣传部副部长耿震环开除党籍、开除公职处分，杨路群、耿震环因涉嫌犯罪已被移送司法机关；给予时任西柏坡纪念馆馆长赵贵世留党察看二年处分；给予时任石家庄市委副书记张振江党内严重警告处分；给予时任鹿泉市委书记张国亮党内严重警告处分；给予时任石家庄市委宣传部部长栗建华、时任石家庄市委宣传部干部处处长柳泽启、时任鹿泉市委组织部长张志敏、时任鹿泉市委组织部干部科科长房建文、时任鹿泉市委组织部干部科干部付志勇党内警告处分。

【规范领导干部廉洁从政行为】 以学习贯彻《廉政准则》为重点，在全市党员干部中开展了《廉政准则》宣讲、知识竞赛、“学准则、讲规矩、重品行、作表率”主题教育等活动。认真落实《对拟提拔党员领导干部实行党纪政纪法规知识考试的办法》，对拟提拔重用的110名县（处）级干部和2000多名乡（科）级干部进行了考试。扎实开展了形式多样、内容丰富的廉政文化创建活动，廉政文化精品工程深入推进，廉政文化优秀作品展、“清风正气促勤廉”主题演讲比赛、廉政文艺节目调演等全市性活动取得良好社会反响。进一步完善以西柏坡纪念馆为龙头的“五大廉政教育基地”建设，西柏坡纪念馆被中央纪委命名为第一批全国廉政教育基地。认真解决领导干部廉洁从政方面的突出问题，制定并严格落实《关于对拟提拔领导干部实行申报公示个人住房、投资、配偶子女从业等重大事项的规定》。组织开展了公款出国（境）旅游、大操大办婚丧喜庆事宜和借机敛财、铺张浪费等专项治理工作。公务用车的配备使用管理进一步加强和规范。对提拔、调整的76名县（处）级领导干部进行了任前廉政谈话。充分发挥领导干部廉政档案作用，处理征求廉政情况函48件，涉及966个单位和部门、349名党员领导干部，9名干部和10个单位被取消了评先评优资格。实施函询提醒158件，涉及县（处）级干部51人，乡（科）级干部107人。

【维护群众利益】 先后对涉农惠农资金管理使用情况、涉农行政事业收费项目、涉企收费项目、减轻群众基本用药负担工作进行了一系列专项检查，严肃查处了损害群众利益的案件和问题。规范教育乱收费及办学行为、查处公路“三乱”等工作取得明显成效。积极创新民主评议方式方法，重点部门、重点岗位、基层站所民主评议政风行风工作进一步深化。协调组织11名市领导和24个县（市）区主要领导、重点市直部门“一把手”参加行风热线节目，帮助群众解决了一批实际困难和问题。切实加强工程建设领域突出问题专项治理，排查项目2806个，整改各类问题128项，查处工程建设领域违法违纪案件46件；探索建立了石家庄建设市场管理、工程建设招投标交易两个中心。组织全市656个社会团体，272个国有及国有控股企业开展了专项治理“小金库”工作，在全市党政机关和事业单位中开展了“小金库”专项治理“回头看”，建立完善了“小金库”治理长效机制。深入开展专项资金治理工作，督促整改2009年以来的问题资金2072.26万元，立案查处违纪违法案件64件，挽回经济损失1378.63万元。

【信访、下访工作】 相继开展了大规模矛盾纠纷隐患排查、“双重攻坚百日会战”等系列活动，解决了一批群众反映强烈的矛盾和问题，化解了一批申诉复查案件和问题。加强农村党风廉政建设，充分发挥农村党风廉政建设工作联席会议成员单位作用，严格落实各级各部门抓农村党风廉政建设的责任。进一步规范全市“村监会”建设，“村档乡代管”工作得到推广。以全市各级下访工作队为依托，以“四查三访两解促”活动为主要载体，调查核实案件线索125件，立案59件，结案31件，督办各类信访件137件，协调解决群众反映强烈的热点难点问题152件。

【落实党风廉政建设责任制】 制定下发《2010年党风廉政建设和反腐败工作任务的分工意见》，将全市反腐倡廉建设各项工作任务分解落实到各级领导班子、领导干部和相关职能部门。坚持每季度向县（市）区和市直部门主要领导通报纪检监察工作情况，相继组织了全市党风廉政建设责任制半年检查、党风廉政建设责任制和惩防体系建设年度专项考核工作，各级领导班子和领导干部“一岗双责”意识进一步增强，重视、支持、参与党风廉政建设和反腐败工作的氛围更加浓厚。通过建立党外人士情况通报会制度、认真受理提（议）案、定期沟通座谈等有效形式，进一步拓宽各民主党派、工商联和无党派人士参与反腐倡廉建设的渠道和途径，有效推进了反腐倡廉各项工作。

（王勇）

民主党派和工商联

【各民主党派和工商联领导成员】

民革石家庄市委员会

主　委：范振增

副主委：夏玉颖　陈潮（女）　胡永权　乔茜（女）

民盟石家庄市委员会

主　委：陈百成

副主委：方慈　郭斌　杨凤虎　尹兆旭　崔瑞芳

民建石家庄市委员会

主　委：武义青

副主委：曹志刚　马立峰　田荣凤（女）　李小平　姜博卿

民进石家庄市委员会

主　委：石汉文

副主委：李俊秀（女）　刘贵　李立水

农工党石家庄市委员会

主　委：王宝山

副主委：王彦英　张祥建　宗立荣　程鹏起

九三学社石家庄市委员会

主　委：王长华

副主委：王志国　于奕峰　邵新中　刘小立　王丽欣

工商联合会

主　　席：王中联（女）

常务副主席：韩国岐

副 主 席：徐石　（女）　闫志勇

党组书记：冯喜英（女）

中国国民党革命委员会石家庄市委员会

【概况】 2010年，民革石家庄市委在民革河北省委和中共石家庄市委的领导下，坚持以邓小平理论、“三个代表”重要思想为指导，深入贯彻落实科学发展观，坚持中国共产党领导的多党合作和政治协商制度，不断加强自身建设，认真履行参政议政、民主监督职能，积极开展社会服务和促进祖国和平统一工作，为建设繁华舒适、现代一流的省会城市做出了积极贡献。民革石家庄市委会被民革中央授予“学习践行社会主义核心价值体系先进组织”称号，市政协委员活动小组被市政协评为先进委员活动小组，市民革被市委统战部评为2010年度全市统战宣传工作先进单位三等奖和2010年度全市统战理论研究优秀组织奖，市民革被市委办公厅、市委研究室评为石家庄市2010年度调研工作先进单位。

【思想建设】 为贯彻落实民革中央在全党开展“学习和践行社会主义核心价值体系”活动的决定，市民革积极部署工作，采取多项措施，将全市“学习和践行社会主义核心价值体系”活动开展得有声有色。2月25日，市委会召开九届十一次委员（扩大）会议，及时传达了省民革《关于开展“学习和践行社会主义核心价值体系活动”的通知》，发放了《辅导读本》，对各支部的学习进行了部署；4月22日，市委会召开九届二十三次主委会议，以班子成员为主体，成立中心学习组，以讲政治的高度，系统学习了社会主义核心价值体系内容。会上通过了市委会《“学习和践行社会主义核心价值体系”活动方案》，并及时下发到各支部。5月12日，组织党员参加民革河北省委、石家庄市委会在石家庄联合举行学习践行社会主义核心价值体系专题报告会，聆听了全国政协常委、副秘书长，民革中央副主席、民革中央“学习和践行社会主义核心价值体系”活动领导小组关于学习践行社会主义核心价值体系的辅导报告，进一步深化了广大党员对社会主义核心价值体系的理解；7月26日－27日，市委会召开社会主义核心价值体系培训班暨九届十二次委员（扩大）会议，邀请省民革张大杰副主委作“社会主义核心价值体系”辅导报告，检查各支部上半年围绕“社会主义核心价值体系”开展活动情况，并布置半年的学习践行任务。市委会以倡导党员建立积极健康的生活方式为主旨，举办了石家庄民革第一届羽毛球比赛，还通过举办“三八”妇女节茶话会、植树节带领党员到小壁林场开展义务植树活动并参加“中山林”揭牌仪式等一系列学践活动的开展，使石家庄民革的面貌焕然一新。《团结报》报导了市委会和两个示范支部的学践活动情况。市民革被民革中央授予“学习践行社会主义核心价值体系”先进组织。

【组织建设】 严格按照“三个为主”的方针发展，注重政治素质，正确处理质量与数量、发展与巩固、重点与非重点的关系，把握好新的社会阶层代表人士和非公经济人士的入党工作，推行“新党员谈话制度”，把重点放在发展高素质人才和业务骨干上来，组织工作有计划地稳步发展。8月29日、30日市民革第十一期新党员培训班开班。全年发展党员27名，其中研究生学历6人，本科学历19人，高级职称8人，中级职称9人，民革特色27人，非公经济4人，女党员12人，平均年龄36.3岁，党员总数达到393人。搞好评先评优工作。评选先进支部和优秀党员的基本条件由市委会制定，采取民主集中制的方法进行评先创优工作。12月23日，召开“市民革表彰联欢会”对评出的5个先进支部、5个参政议政先进小组、19名参政议政先进个人、49名优秀党员进行表彰和奖励。支部活动丰富多彩。桥东二支部建立“以农业为龙头，以教育为辅线，突显人文，突出和谐”的活动模式，取得了积极效果。桥西支部通过赴河南南阳的远足活动，增强了支部的凝聚力。裕华一支部积极开展教育扶贫活动，连续多年资助平山的贫困学生。裕华二支部精心安排了参观地球科学博物馆活动，并与石家庄学院领导共同讨论了如何加强石家庄的文化建设及如何开展高等院校统战工作等议题。师大支部组织参观了爱国主义教育基地“中国人民银行成立旧址纪念馆和河北钱币博物馆”和民营企业以岭药业集团等。5月5日至12日，市民革由主委范振增带队，组织90余名党员赴台湾进行了为期一周的交流参访和考察活动。

【参政议政】 在市政协会上，市委会广泛收集党员意见、建议，整理撰写集体提案22件，个人提案33件，其中3篇被选为大会发言。市长艾文礼对《关于我市物业服务收费的问题与建议》、《关于改善城市细节提升城市形象的建议》两份提案作了重要批示。 4月14日，参加省民革组织的“促进优势产业聚集，大力发展园区经济”座谈会，为园区经济的发展提供了2篇调研报告，被省民革采纳。根据省委常委、市委书记孙瑞彬在走访各民主党派时，提出希望各民主党派、工商联紧紧围绕石家庄市“十二五”规划积极建言献策的指示，民革市委发动党员广泛开展调研，提出多条切实可行的建议，不少建议对促进政府管理方式的转变和满足人民群众个性化需求方面发挥积极的作用。为充分发挥民主党派成员人才荟萃、联系广泛的优势，市委会从党员中精选出各行各业的代表人士组成参政议政专委会的十个小组，紧紧围绕中共市委、市政府的中心工作和人民群众普遍关心的难点、焦点、热点问题进行选题，确定调研方向，提交高水平的调研报告22篇，其中4篇调研报告获市委统战部嘉奖。

【社会服务】 民革石家庄市委结合市委统战部“双百”活动安排，整合资源，为全市的经济社会和谐快速发展服务，稳步推进扶贫、义诊、“送温暖、献爱心”等社会服务工作。1～2月，市民革走访慰问了20多名80岁以上的老党员和机关离退休干部，并向老领导介绍过去一年来市委会工作运行情况，认真听取了他们对民革市委工作的意见和建议。10月13日，市民革组织60岁以上退休的老党员参观了石家庄景观建设并进行座谈。崔克谦筹资50万元在迁西县代各庄村建立一所希望小学，刘庆忠为平山、南方捐款3.2万元；陈清泉为南方捐款2.6万元；徐联合为南方捐款6000元；陈潞谦为身患绝症、生活困难的民革党员捐款2000元。市民革主委范振增多次带队赴保定市阜平县和衡水市安平县进行义诊，为当地的患者送去了周到细致的医疗服务。 11月25日，市民革在永泰中街社区信达花园举行“市民革进社区义诊咨询活动”，居民们在小区就享受到了10位大医院主任医师、律师、教育专家们的免费服务，解决了实际问题。12月10日，市民革机关驱车120多千米，为对口扶贫的灵寿县寨头乡枣园村送去少儿读物、畜牧养殖、农业技能等书籍200余册。

【调研成果】 长安一支部程彦培被评为2010年度先进调研工作者。长安二支金一力获得由人力资源和社会保障部以及中国就业促进会授予的2010年度“全国创业培训优秀讲师”称号，并当选中国就业促进会会员和中国创业专门委员会会员。裕华二支部周志平、崔梦楼、杜国生撰写的《关于省会城市强化小学本科师资培养基地建设的建议》，新华一支部王书波撰写的《推动文化资源向农村倾斜 满足农民日益增长的文化需求》，长安一支部王静撰写的《建设生态文明 推进和谐发展 着力打造生态环境城市》三篇文章被市委办公厅、市委研究室评为石家庄市2010年度石家庄市优秀调研成果奖。裕华二支部荆爱珍撰写的《优化文化创意产业发展环境，增强文化产业核心竞争力》，裕华二支部周志平、崔梦楼、杜国生撰写的《关于在省会城市强化小学本科师资培养基地建设的建议》，裕华二支部周志平撰写的《大西柏坡建设过程中强化红色文化资源保护与修复的建议》，桥西支部刘华撰写的《法院应严格遵照审理期限审理民事、经济案件》四篇文章被市委统战部评为2010年度优秀调研文章。桥东一支部崔建忠撰写的《学习践行社会主义核心价值体系心得（诗十三首）》获得民革中央学习践行社会主义核心价值体系征文三等奖。桥东二支部邢建辉撰写的《民革党员学习和践行社会主义核心价值体系的路径和载体》一文获2010年全市统战理论研究优秀成果一等奖。新华二支部焦蕾撰写的《民革党员如何践行社会主义核心价值体系》一文获2010年全市统战理论研究优秀成果优秀奖。长安一支部高宗强和长安二支部金一力被长安区政协评为2010年度长安区优秀政协委员，钢厂支部周兴伟和长安二支部方秋玲被评为反映社情民意优秀信息员。

（文雯　曲宁）

中国民主同盟会石家庄市委员会

【概况】 2010年，民盟石家庄市委认真学习中共十七届四中全会、五中全会和民盟十大精神，紧紧围绕科学发展这个主题，坚持用科学发展观统领政治协商、参政议政和民主监督工作，不断增强广大盟员接受中国共产党领导的自觉性，进一步巩固多党合作的思想政治基础。截至2010年底共有成员863人，新成立民盟石家庄铁道大学支部，基层组织达到36个。2010年，盟市委社情民意信息工作获盟省委二等奖、市政协一等奖、市委统战部一等奖，并被评为“2010年度反映社情民意信息工作先进单位”。

【思想建设】 加强政治学习，提高思想认识。1月5日，盟市委召开主委办公会议，传达学习中共市委八届五次全会精神，班子成员切实发挥模范引领作用，自觉加强政治理论学习和实践，着重提高政治把握能力和思想认识水平，推动科学发展观学习活动不断深入进行。中共十七届五中全会召开后，盟市委及时向基层支部下发《关于学习贯彻中共十七届五中全会精神的通知》，在广大盟员中掀起学习贯彻中共十七届五中全会精神的新高潮。2010年是民盟前主席费孝通先生100周年诞辰，为缅怀费老光辉的一生，盟市委积极配合盟中央做好征文工作，共征集《百年风雨百年情》、《行行重行行》等纪念文章3篇。盟市委积极开展以社会主义核心价值体系为主题的学习教育活动，专门购买了《社会主义核心价值体系学习读本》下发到每个支部。组织市委委员和骨干盟员到外地学习考察，接受优良传统教育。引导盟员参与“做社会主义核心价值观践行者”征文和知识竞答活动，先后两次组织骨干盟员参加了在省社会主义学院举办的社会主义核心价值体系专题培训班。根据《民盟中央关于加强思想建设的意见》精神，盟市委围绕思想建设实际进行了研究分析，进一步完善充实了思想建设的工作思路和工作计划。3月16日，召集部分骨干成员举行座谈会，就进一步提高盟讯质量和扩大对外宣传进行专题研究。5月12日，召开统战理论和宣传工作会议，部署统战理论和宣传工作。5月29～30日，举办了部分宣传骨干培训班。在市委统战部统战理论研究优秀成果评选中，盟市委2篇获一等奖，1篇获三等奖。

【参政议政】 围绕中心调查研究，促进参政成果转化。4～5月，盟市委组织专委会成员和政协委员先后到正定和鹿泉等县市，围绕加快经济发展方式转变、调整产业结构这一条主线进行调研考察。在十一届政协三次全会上，盟市委提交大会发言5篇，集体提案24件，个人提案40件。其中大会发言《关于对新民居建设的调查与建议》、《我市医药企业自主创新能力的调查与建议》得到市长艾文礼、市委副书记刘云峰的重要批示，4件集体提案被市电视台追踪报道。市委统战部《党外人士建言》刊登盟市委建言4篇，被评为优秀先进集体。9月14日，盟市委召开参政议政工作会议，就石家庄市“十二五”规划进行广泛探讨，提出《科技手段助推“节能减排”应当是“十二五”规划的重点》等多项建议。在中共石家庄市委优秀调研成果评选中，《关于保障我市食品安全的调查与建议》被评为石家庄市优秀调研成果特等奖。12月15日，中共市委就“十二五”规划建议召开党外人士征求意见座谈会，陈百成主委代表盟市委发言，提出的意见和建议得到中共市委主要领导的充分肯定。在中共市委举办的“建言十二五，共绘新蓝图，我为石家庄十二五规划献良策”征文活动中，盟市委4篇建言被评为优秀稿件或一等奖。为强化广大盟员参政议政意识，年初盟市委研究制定了《民盟石家庄市委反映社情民意信息工作管理办法（试行）》，对参政议政工作的有效开展起到了推动作用。4月9日，盟市委举办了2010年社情民意信息员培训班，进一步增强了盟员的参政议政意识和能力。盟市委上报的社情民意信息中，《正定新区能源规划中应提高可再生能源利用率》、《加快石家庄市南焦客运中心改造的建议》、《在学校和居民聚集区应慎建无线通讯基站》、《关于加大农产品价格调控力度的建议》等信息，先后得到省市领导批示。另外盟市委还进一步拓宽反映社情民意信息渠道，积极利用省政协新闻网站这一平台，扩大了民盟市委参政议政的影响力。

【组织建设】 深入基层支部进行调研，查找基层建设中存在的问题，制定了《基层组织工作手册》，编印了《石家庄市盟员通讯录》、《民盟河北省委基层组织建设经验交流材料汇编》等资料，督促指导基层组织开展活动，不断促进基层组织工作趋于制度化、规范化。2010年，盟市委新增加后备干部人才十余名。在市政协特邀委员推荐工作中，盟市委有两人位列其中。在基层支部班子人员调整之际，有5人进入基层领导行列。发展新盟员36人，举办了新盟员培训班，组织市委委员和盟内骨干到外地学习考察。按照民盟省委的工作部署和盟市委组织工作安排，11月11日，成立了民盟石家庄铁道大学支部，增强了盟组织在高校界别的组织力量，进一步推进了盟的基层组织建设。增强组织活力，开展“评先选优”活动。按照民盟省委和盟市委的工作安排，在基层组织中广泛开展了“评先选优”活动，评出省级先进支部4个、省级优秀盟员40名；市级先进支部8个、市级优秀盟员80名，并在年底的新年联欢会上进行了表彰。根据盟市委2010年工作计划要点，年初研究制定了《民盟石家庄市委2010年工作目标任务分解表》。为进一步丰富广大盟员的精神文化生活，3月5日，在党派机关大会议室举行了庆祝“三八”国际劳动妇女节100周年趣味联谊会；4月28日，组织盟市委离退休干部参加了市体育局举办的第16届运动会；教师节、中秋节、重阳节来临之际，盟机关组织广大盟员游览了抱犊寨，慰问了盟内老领导和机关退休干部，组织了全市离退休盟员在市人民广场的游园活动并发放了纪念品。

【社会服务】 5月19日，市民盟与市政协、市九中联合组织教师参加农村教育帮扶“烛光行动”，为赞皇县邢郭乡中学百余名初三学生进行中考前的辅导，并捐送了部分参考资料和上网费。10月21日，又到赞皇一中进行了支教活动。为响应市委统战部开展的“建百个服务民生示范联系点，开展百场次科技、教育、医疗卫生三下乡”的“双百”活动，4月17日，由市民盟四院支部与鹿泉市卫生局主办的“与河北医科大学第四医院医学专家面对面”义诊活动在鹿泉市人民医院举行，来自省四院的民盟专家共计23人参加此次活动，义诊人数达400余人，并为群众举办了癌症防与治知识讲座。5月31日，盟市委为石家庄市特教学校捐送床单枕套200套。

（龚蕊）

中国民主建国会石家庄市委员会

【概况】 2010年，民建石家庄市委在中共石家庄市委的领导下，在民建河北省委和中共石家庄市委统战部的指导下，认真贯彻落实中共中央十七届四中、五中全会精神和中共石家庄市委八届五次全会精神，坚持以科学发展观指导工作实践，紧紧围绕中共市委、市政府的中心工作，加强政治理论思想教育，积极履行参政党职能，不断强化和夯实自身建设的作用和基础，营造了风清气正良好氛围，各项工作取得新的成绩和进步。

【思想建设】 以践行社会主义核心价值体系为主线抓学习，在全会开展了学习活动。号召各支部主任及全体会员认真研读学习讨论《六个为什么》一书，真正弄明白：扛什么旗？走什么路？坚持什么？摒弃什么？真正懂得社会主义核心价值体系的内涵。年初在全会开展了以“践行社会主义核心价值体系”为主题和以电视剧《黄炎培》观后感为主题的征文活动，共收到征文20余篇，其中多篇文章被民建中央网站、民建河北省委网站刊用。转发并安排部署了《民建中央关于开展“弘扬民建优良传统、努力践行社会主义核心价值体系”系列活动方案》，提出了明确的活动要求。为配合学习活动，市会专门组织基层支部主任参观了爱国主义教育基地——直隶总督署、保定陆军军官学校旧址和云南陆军讲武堂。通过一系列活动，加深了对社会主义核心价值理论体系的认识和理解，坚定了全会成员坚定不移地走建设中国特色社会主义道路的信念，坚定了接受共产党领导的自觉性。以发挥正确舆论导向作用为前提抓宣传。及时将《民讯》、《河北民建》发放至基层支部，保证基层会员及时了解各级组织及各地民建组织的会务动态。充分发挥会刊《石家庄民建》的载体作用，鼓励会员建言献策，大力宣传支部活动，树立典型、凝聚力量。首次尝试将优秀会员做成封面人物加以宣传，收到了良好的效果。全年有120余篇宣传报道被《人民政协报》、《民讯》、《石家庄日报》、《河北民建》等刊物及相关网站刊登。成功举办民建石家庄市委成立五十五周年庆祝活动，组织开展了纪念民建石家庄市委成立五十五周年乒乓球比赛、象棋比赛、主题征文、摄影展、老会员座谈会等系列活动。并编辑出版了《风雨同舟携手共进》纪念画册，以图文并茂的形式生动记载了民建石家庄市委55年来的风雨历程及广大会员投身会务活动的历史剪影。按照民建中央、省委及中共石家庄市委统战部的有关要求，制定了《民建石家庄市委领导班子谈心会制度》，为更好的领导全会坚定信念、履行职能夯实了基础。

【组织建设】 围绕提高会的凝聚力抓会风。从机关工作规范管理入手，坚持机关例会制度，坚持请销假制度，机关各处室做到既分工明确又积极协作，日常会务工作做到了大小会议有记录，大小活动有规范，为会务工作的开展创造了一个文明、和谐、高效的工作环境。为了加强对骨干会员的管理，在会内试行了“骨干会员档案制度”，认真记录骨干会员参加培训，参与会务活动的情况，为后备干部培养和党外后备干部推荐提供参考依据。继续坚持改进会风、文风，并把改进会风、文风与会务工作结合起来，推行求真务实，踏实肯干的工作作风。在要求基层支部加强调研的同时，机关带头动手撰写调研报告，利用工作间隙，广泛收集资料，相继完成了《加强养老服务，减轻家庭养老负担，积极应对人口老龄化》、《加强文化产业建设促进城市经济增长》、《民营企业文化建设存在的问题及对策浅议》、《将打造旅游精品名片，提升我市旅游产业整体竞争力纳入十二五规划的建议》、《关于加快引进高端人才来我市投资创业的建议》数篇调研报告。为抓实抓好组织建设，在上年“会风建设年”取得较好成果的基础上，开展了“基层组织建设年”活动。3月份召开了基层支部主任座谈会，向支部主任广泛征询对机关会务及基层组织建设工作的意见，交流了基层支部工作思路，使基层支部主任的思想认识得到了统一，明确了“在支部活动中支部主任是第一责任人”的理念。同时，为巩固和提高骨干队伍素质，组织了骨干会员培训班，举办了“国际经济、2010年经济趋势专题报告会”、“国际国内政治、军事形势和台湾局势专题报告会”。在发展会员方面，议定出台了《民建石家庄市委员会组织发展意见》，为严把入口关，坚持标准，保证质量明确了依据。全年共发展会员56人，其中经济界人士48人，大专以上学历55人，新会员素质明显提高。为推动基层支部自身建设，调动大家发挥好职能作用的积极性。上半年，先后组织了支部主任与民建保定市委、民建昆明市委的基层组织建设交流活动，就基层组织建设的经验，以及在发挥党派优势、关注社会服务、为地方经济建设和社会和谐发展作贡献的一些经验和做法进行了交流。

【参政议政】 注重提高会员参政议政能力。 5月7日，举办了信息员培训班，针对信息员们日常遇到的问题进行了解答，就社情民意的报送及调查报告的写作进行了讲授。 5月6日 召开参政议政委员会二届二次会议，会议对全年的参政议政工作进行了部署，各位委员也结合自己的实际工作和自身优势，积极认领了调研课题。注意发挥优势，依托高校共建“省会经济研究中心”，参政议政水平不断提高，一批调研成果得到省市领导的批示。如市政协副主席、民建市委主委武义青撰写的《纳入低碳经济理念，把省会建设成低碳城市》的建议、民建市委宣传处处长王峻撰写的《关于加快引进高端人才来我市投资创业的建议》、市政协特聘委员蔡茜的建言《振兴省城老字号，促进经济大发展》，均得到中共石家庄市委常委、统战部长胡儒钗批示，《振兴省城老字号，促进经济大发展》还被《石家庄日报采用》。市政协副主席，民建市委主委武义青撰写的调研报告《在调整中振兴河北物流业》被评为石家庄市优秀调研成果特等奖、蔡茜撰写的《石家庄老字号的调查与思考》被评为石家庄市优秀调研成果二等奖。 调研报告《在调整中振兴河北物流业》、《加强自主创新，引导中小企业提高市场竞争力》被中共石家庄市委办公厅评为2009年度优秀调研成果特等奖和二等奖，宣传处被评为2009年度调研工作先进集体。截止到年底，全会共上报信息、社情民意140余篇，完成调研报告15篇，数量、质量均比往年有所提高。在2010年的政协大会上，共提交集体提案16件、大会发言3篇，其中市政协副主席、民建石家庄市委主委武义青在市政协十一届三次会议上的发言《以“三年大变样”为抓手谋划建设低碳城市》，得到了市长艾文礼的批示。在2009年《参政议政工作考核奖励办法（试行）》的基础上，2010年按数量和采用层次计分，年终考核评比，按分值兑现，加大了物质奖励，极大地调动了基层组织和会员们做好参政议政工作的积极性。围绕全市“十二五”规划的制定，民建石家庄市委积极协调组织展开调研，向市委、市政协及时提交了《将低碳经济理念纳入“十二五”规划，谋划建设低碳城市》及将《大力承接服务外包，推进我市低碳经济发展》、《加快推进人才强市战略，建设创新型城市》、《促进省会医药企业产业集群建立》、《提升我市企业品牌文化，打造品牌立市理念》、《加强文化产业建设，促进我市经济增长》、《实施食品药品安全放心工程》、《加强养老服务，减轻家庭养老负担，积极应对人口老龄化》、《实施蓝天碧水工程》等9篇调查报告，并建议市委、市政府将其纳入“十二五”规划。这些建议得到了市领导及有关部门的重视，有的已转化为决策信息上报市委、市政府领导，有的将转化为政协提案和政协大会发言，为全市“十二五规划”的科学制定提供了依据。

【社会服务】 当西南旱情持续蔓延、玉树地震造成了严重的人员伤亡和财产损失、特困职工家庭遇到困难的时候，各支部和会员纷纷响应，慷慨解囊，为灾区和特困职工家庭捐款244755元。5月17日，将3万元捐款送到了民建昆明市委，通过他们将这笔救灾款送到了昆明市禄劝县屏山镇六合村，缓解了1000余村民严重缺粮缺水之危。长安一支部会员李斌代表石家庄市负责四川平武县项目援建工作，克服种种困难，圆满完成了石家庄市援建平武县龙安镇的各项任务目标，赢得了平武县县委、县政府的充分肯定和平武人民的高度评价，在实干中树立了石家庄人的良好形象。新华二支部主任赵勇强发挥企业优势，为石家庄市福利院孩子组织了“手牵手送温暖公益活动”，并积极参与石家庄市委统战部“民营企业帮百村扶千户”活动并捐款3万元，为石家庄市见义勇为青年捐款2万元；桥东三支部当得知其扶贫村修建护村堤坝还差1.5万元，积极组织会员捐款，使护村堤坝及时在汛前修建完成。民建市委继续坚持智力扶贫，桥东四支部主任张磊积极协调联系，帮助筹措扶贫资金5万元并及时捐送到市民建，使5名贫困学生得到了及时救助。辛集二支部张小礼利用自身优势，为长安区谈村小学和河北师大幼儿园赠送了智力玩具200套价值6万元。市民建重点在变“输血为造血”上抓落实。2009年确定了贫困山区平山县蛟潭庄镇金瓜种植扶贫项目，并成立了公司，注册商标。2010年经过多方考察和协调，桥西一支部副主任、布衣坊酒楼总经理郭刚能又出资2万元，作为项目启动并购买了种子，在该镇4个村种植南瓜518亩，已取得初步成效，计划2011年继续扩大种植面积。辛集总支依托党派优势，主动为会员企业经营出谋划策，在会员企业面临传统皮革市场萧条及经营困难时，积极出主意，想办法，并多方奔走于企业及有关政府部门之间，争取政策支持与资金帮助，该公司建立了二十个蔬菜大棚，成立了合作社，注册了产品商标，并将该项目作为民建辛集总支重点支持项目；为响应党中央、国务院实施以生态环境建设为主导的退耕还林还草工程，民建机关支部会员司进辉在市会的帮助下，与平山县蛟潭庄乡签订了承包3000亩荒山的协议，计划在几年内开发出800亩荒山，解决50人的长期就业岗位，逐步建成绿化、采摘、观光为一体的农业生态园区；民建桥东三支部会员耿玉芝多年来热心社会公益事业，以“患者的满意是我们的最高追求”为目标，不断创新服务模式，让特困职工能享受到优质医疗服务，石家庄玉芝桥西口腔门诊部被市总工会授予“爱心口腔门诊部”，受到有关领导和市民好评。

（李建光）

中国民主促进会石家庄市委员会

【概况】 2010年，民进石家庄市委坚持以邓小平理论、“三个代表”重要思想为指导，学习贯彻科学发展观，树立和践行社会主义核心价值体系，巩固自身建设成果，提高参政议政能力，围绕市委、市政府的中心工作积极建言献策，为石家庄市经济社会又好又快发展，做出了新的贡献。11月份，在民进中央举办的全国先进地方组织、先进基层组织表彰大会上，民进石家庄市委被评为“民进全国先进地方组织”，民进河北省二院支部被评为“民进全国先进基层组织”。

【组织建设】 为加强领导班子建设，市委会建立《领导班子谈心制度》在领导干部之间开展谈心活动，以达到沟通思想、交流感情、指导工作、增强领导班子的凝聚力的目的；严格执行《民进石家庄市委工作规则》，形成了一个科学有效的管理体系，使各项工作有章可循，有序可行，提高了机关办公效率，增强了服务意识，得到了中共市委统战部和各党派机关的一致好评。2010年，民进中央在全会开展创建民进全国先进基层组织活动，创建活动进入第二阶段后，市委会召开基层支部主任会，根据实施方案制定了具体的实施细则，从思想建设、组织发展、参政议政、社会服务等各方面指导支部创建工作开展。并下发《关于深入开展创建先进基层组织的通知》，通过创建活动树立一批先进典型。通过支部主任投票，最终评选出10个市级先进支部上报民进省委，其中8个支部被评为省级先进基层组织，省二院支部被民进中央评为全国先进基层组织，市委会被评为全国先进地方组织，并作为河北民进的代表参加了在北京举办的民进全国先进地方、基层组织表彰大会。2010年，经过考察发展会员31名。在入会的半年考察期内，到单位党委考察，并要求入会的同志积极反映社情民意、参加活动，半年期满对该同志表现情况作出鉴定。入会后，举办新会员培训班，观看石家庄民进成立50周年会史纪录片《薪火相传五十载，肝胆相照谱华章》、学习会章，对新会员进行系统的信息培训，使新会员入会即掌握参政议政的基本技能。

【宣传工作】 为适应新形势下宣传工作的需要，市委会对《石家庄民进》进行了改版，调整栏目、增加图片、彩页等，使会讯可读性更强，专门开辟了社会主义核心价值体系学习交流专栏，刊登会员的学习心得和体会，激发会员学习的积极性。9月2日，石家庄民进网站正式开通，除承担在第一时间发布通知、报道市委会和基层组织各种会务活动等宣传功能外，网站还重点上传了社会主义核心体系的理论文章、领导讲话、七个怎么看等理论内容，各种学习体会等，便于广大会员随时查找学习、参考，为全体会员学习交流搭建了一个永远开通的课堂。通过校讯通，更加方便快捷的开展会务活动。建立详细的会员通讯数据库，用短信群发的功能，实现了市委会及时准确的与支部主任、市委委员、各专委会、支部班子成员之间进行联系。方便了市委会各项活动的开展，保证了各种通知工作的时效性。全年在国家级刊物、网站上刊登市民主促进会各类稿件13篇，在省政协、省委会等省级媒体上刊登63篇，在市级媒体上刊登31篇，在民进河北省委宣传思想工作会议上，市委会因工作成绩突出荣获了特等奖。

【建言献策】 在2010年市政协全会上，提交5个大会发言，《关于推进我市工业经济发展的建议》引起委员们的强烈反响，市长艾文礼当场做了批示，并在《石家庄日报》建言献策版进行了专题报道。民进界别共提交了74件提案，其中集体提案33件，数量列石家庄市各党派、工商联之首。在6月份召开的政协常委会上，还组织撰写大会发言《加强产学研结合建立和完善我市科技成果转化运行机制》，提交集体提案2件。在中共市委宣传部申报的课题《石家庄三年大变样卫星城建筑节能及太阳能开发利用的建议》顺利结项；调研报告《加强我市村卫生室建设的调查与建议》被中共市委《决策》采用。在中共市委研究室组织的全市调研报告评比中，民进会组织撰写的《关于推进我市工业经济发展的建议》获得一等奖；《关于石家庄市发展文化创意产业的调研报告》获得二等奖；《强化省会意识大规划细管理打造舒适、一流、和谐的新石家庄》获得优秀调研成果奖；会员李燕燕被评为先进调研工作者；市委会办公室被评为调研工作优胜单位。因信息工作成绩突出，被中共市委统战部授予“党派团体信息工作先进单位”。在民进省委召开的参政议政工作年会上，市委会荣获“参政议政工作一等奖”和“社情民意信息工作先进单位一等奖”。吉朝珑等7名会员被授予“参政议政工作先进个人荣誉称号”。

【社会服务】 1月29日，到定点帮扶单位赞皇县梁家湾村慰问。2010年春节前，市委会到定点扶贫村赞皇县梁家湾村慰问，再次为该村捐赠电脑5台，并为生活困难的村民带去了过节用的食用油、面粉等，为该村136户村民购置了对联。4月23日上午，组织会员为玉树地震灾区捐款，现场募集捐款13130元。5月5日，与青园街道办事处、恒辉物业在棉二小区共同举办“浓情五月，感恩母爱”进社区活动。现场对青园街道评选出的“十佳优秀母亲”进行了表彰，同时向社区居民发放环保购物袋，倡导低碳环保文明的生活方式。5月31日，6月2日市委会与中共市委宣传部、市文化新闻出版局共同主办《省会第十七届“彩色周末”文化活动“光荣的劳动者”——慰问农民工大型公益演出》，向农民工捐赠毛巾、洗衣粉等400套日用品，在活动现场市委会还向农民工发放了《维护城市形象，争做文明市民》宣传手册。8月4日，市委会应邀组织会内优秀教师为元氏一中200余名教师进行新课标培训。联合市教育局、省硬笔书法协会、市语言文字工作委员会在全市中小学开展“规范汉字书写百千万工程”，选择百所学校作为规范汉字书写实验学校。9月11日，石家庄市首届中小学生规范汉字书写艺术节开幕；10月，市委会与其他几家单位组织联合评估检查，对符合语言文字规范化要求，重视规范汉字书写教育的学校授予“河北省硬笔书法协会教学实验基地”。活动中共收到全市各学校选送作品近3万份，经过硬笔书协专家评选，评出获奖作者1000名，优秀指导教师121名，74所学校被命名“规范汉字书写教育实验学校”并获授牌。12月19日，在市第十八中学1000名“小小书法家”的千幅获奖作品同时展出。

（张伟）

中国农工民主党石家庄市委员会

【概况】 2010年是农工党石家庄市委成立80周年，也是“十一五”规划的最后一年，农工石家庄市委以邓小平理论和“三个代表”重要思想为指导，全面贯彻落实科学发展观，紧紧围绕中共石家庄市委、市政府中心工作，努力树立和践行社会主义核心价值体系，不断加强自身建设，积极履行参政党职能，建睿智之言，献务实之策，各项工作稳步推进，为建设繁华舒适、现代一流的新石家庄做出了应有的贡献。1月21～25日，农工党市委会在市政协全体会议上提交集体提案17份，代表、委员个人议案、提案40件。

【思想建设】 市委会始终把思想建设作为自身建设的首要任务来抓，不断深入学习马列主义、毛泽东思想和邓小平理论，学习“三个代表”重要思想、中国特色社会主义理论和新时期统战理论，特别加强了对社会主义核心价值体系的学习。市委会领导、机关干部和部分成员先后参加了由中央统战部在中央社院举办的民主党派干部培训班、农工党中央举办的宣传工作培训班以及市委统战部组织的全市中青年党外干部培训班。市委会组织政协委员参加了市政协举办的专题培训。各支部也都按计划组织了形式多样的学习活动。通过学习，在理论上加深了对中国特色社会主义的认识，进一步提高了接受中国共产党领导的自觉性和坚定性。以庆祝农工党成立80周年为主线，进一步加强思想建设。市委会紧紧围绕这一重大纪念活动，组织广大党员开展了一系列学习教育活动。市委会下发了《关于开展庆祝建党80周年知识竞赛及征文活动的通知》，将选出优秀征文21篇出版了纪念专刊，将153份知识竞赛答题上报农工党中央和农工党省委。组织成员开展了“为建设邓演达纪念馆募捐活动”，共捐款15000余元，位列全省第一。与农工党省委联合举办了庆祝建党80周年纪念大会和图片展，组织200余名党员出席会议。并在图片展中围绕自身建设、参政议政和社会服务三个方面，展示了市委会成立以来所取得的丰硕成果。扎实开展树立和践行社会主义核心价值体系学习活动。市委会在元氏县蟠龙湖召开的全委扩大会及支部负责人培训会上，对深入学习和践行社会主义核心价值体系活动进行了部署，并认真学习了中央统战部部长杜青林同志《加强思想建设，践行社会主义核心价值体系》的讲话精神；组织6名骨干成员参加了在省社会主义学院举办的社会主义核心价值体系培训班，进行了专题学习；在七届十二次全委会上，结合学习中共十七届五中全会精神，对于民主党派如何践行社会主义核心价值体系，进行了专题辅导学习；市委会班子成员与机关工作人员和部分支部主委共20余人参加了市委统战部组织的“石家庄市民主党派树立和践行社会主义核心价值体系报告会”和“树立和践行社会主义核心价值体系典型事迹报告会。认真做好宣传工作。2010年，市委会共向国家、省、市等各级组织和媒体投送各类宣传文章60余篇，图片类稿件20余份。其中，王宝山主委撰写的《坚持用科学发展观指导新时期党派工作》等三篇文章荣获统战理论研究三等奖。认真办好《石家庄农工》，出版了庆祝农工党成立80周年专刊，刊登各类宣传文章40余篇。有200余名成员获得市级以上各种奖励和荣誉称号。张祥建副主委获得河北省科技进步一等奖；陈志强同志获得中国中西医学会科学技术奖。辛明义、王丽等8名成员在“为建设邓演达纪念馆募捐活动”中，被农工党省委评为“先进个人”。霍习霞、王晓云2等名成员在参加农工党中央建党80周年知识竞赛中荣获三等奖。市委会被市委统战部评为2010年度宣传工作先进单位。

【组织建设】 按照注重质量、兼顾数量、保持特色、改善结构、组织发展与后备干部队伍建设相结合的工作思路，在坚持发展主体界别的同时，重点在经济、法律、文艺等界别发展新党员，进一步改善了组织结构。2月25日，农工党市委会机关支部成立，由原艺校支部和文教支部等部分成员组成，共计59人。2月27日，调整组建新的经济支部。将省委机关支部、文教支部与原经济支部部分成员合并组建了新的经济支部。从2月份开始至7月初，市委会完成了25个基层支部的换届工作。6月11日，召开七届十七次主委会，研究了下半年工作，发展了25名新党员。全年共发展新党员37名，其中，高级职称占27%，中级职称占46%。硕士以上学历4人。医卫界15人，文教科技界5人，其他17人。平均年龄38岁。为今后参政议政、社会服务工作开展注入了新生力量。扎实做好基层换届工作。领导班子成员和机关干部经常深入基层支部走访基层成员，加强与支部班子的联络，及时沟通情况，就调整基层组织，选好基层组织负责人，主动争取成员单位中共党委的支持。2月份召开全委扩大会，市委会专门下发了《基层组织换届意见》。7月份，25各基层支部圆满完成了换届任务，选举出110名基层组织负责人，平均年龄49.88岁，为市委会各项工作的开展打下良好基础。加大机关干部的学习培训，不断提高其综合素质。机关工作人员参加了农工党中央宣传部组织的全国宣传工作培训班和中共市委统战部组织的全市中青年党外干部培训班。7月4日，市委会组织30余名新党员，参加了在保定军校纪念馆举办的中国农工民主党党史教育基地的揭牌仪式。通过学习培训，提高了理论素质，学习和交流了工作经验。

【参政议政】 市委会充分发挥自身优势、强化参政党意识，积极建言献策，取得了良好的社会效果。围绕石家庄市的十二五规划，组织参政议政骨干，深入基层调研，在中共市委召开的“十二五规划刚要”征求意见会上，王宝山主委代表市委会提出了：建议把科学发展观作为十二五规划的主题、建议把发展会展经济纳入十二五规划、建议把做大做强服装产业纳入十二五规划和希望十二五规划是一个富民规划等五项建议，受到了中共市委领导的高度重视。围绕中共市委、市政府的中心工作，广泛开展了一系列参政议政活动。市委会提交的《进一步完善我市农村社会养老保障制度》，程鹏起副主委、申禧委员提交的《关于加快新建小区配套学校建设的建议》和《加快城市公交停车场站建设的建议》被市政协评为优秀提案。“两会”期间，市委会还召集人大代表、政协委员召开了座谈会，研究“两会”上所提交的重要提案议案。市委会提交的《大力发展农村中小学校教育》、《关于成立奚啸佰京剧团》、《新建小区学生入学难问题》的集体提案和个人提案被省电视台和市电视台《提案追踪》栏目做了专访。积极开展“委员主体活力年”活动。4月25日，市委会按照市政协的要求，下发了《中国农工民主党石家庄市委会关于开展“委员主体活力年”活动的实施方案》。围绕石家庄市开展的“调结构、促转变”活动，充分发挥政协委员的主体作用，鼓励和要求政协委员深入基层，了解民情民意，为“委员主体活力年”活动献计献策。由于成效显著，农工党组被市政协评为“委员主体活力年”活动先进小组。认真做好社情民意信息工作。全年共提交社情民意信息15篇，其中《亟待加强校园安全管理，保障学生人身安全》、《应重视农村中医药人才的培养》等多篇信息被农工党省委、省政协和市政协采用。市委会提出的《关于加强食品安全监管体制建设的建议》、《把石家庄的服装产业做大做强的建议》和《关于大力发展我市会展经济的建议》被市委统战部《统战专报》采用，受到了市领导的高度重视。市委会因此被市政协评为2010年度社情民意信息工作“三等奖”；被市委统战部评为信息工作先进单位。

【社会服务】 4月份，市委会积极组织全市成员为玉树地震灾区捐款11120元。4月16日，市委会联合农工党省委、省政协教科文卫体委员会、桥西区政协、桥西区卫生局，在红旗大街社区卫生服务站举办了“慢性病防治知识进社区”义诊、捐赠和宣传活动。农工党市委主委王宝山代表农工党省、市委，向红旗大街社区卫生服务站赠送一辆救护车，为提高社区医疗水平、居民自我防病意识发挥了重要作用。5月30日，王宝山主委带领省医院、省二院、省四院、市人民医院的12名专家，到正定县西平乐乡进行义诊。8月27日，市委会与市委机关支部的医疗专家一起到元氏县黑水河乡进行义诊。10月28日，市委会组织省儿童医院和市四院的6名农工党医疗专家，到农工党市委定点扶持卫生院赵县杨户乡卫生院，为该辖区50余名群众进行义诊服务。各基层支部也自行组织成员赴赞皇、平山、高邑、赵县等地开展义诊服务活动，受到了当地政府和人民群众的一致好评。由于省中医院支部工作成绩突出，被农工党中央评为社会服务工作先进基层组织。程鹏起副主委被农工党中央评为社会服务先进个人。

（马进旗）

九三学社
石家庄市委员会

【概况】 2010年，九三学社石家庄市委以科学发展观为指导，以树立和践行社会主义核心价值体系为主线，以创新思维突破难点，用扎实作风打造亮点，靠团结协作推动工作，在思想政治建设、组织建设、社会服务、及参政议政等方面取得了新进展、新突破。截至2010年底，九三学社石家庄市委员会成员总数544人，平均年龄52.4岁。其中高级职称446人，占成员总数的82.%，中级职称69人，占成员总数的13%；高等教育240人，占成员总数的42%；医卫界133人，占成员总数的25%；科技界109人，占成员总数的20%。

【思想建设】 社市委把“树立和践行社会主义核心价值体系”作为今年宣传工作的一项重要内容，作为深化坚持中国特色社会主义道路学习教育活动的重要举措，注重把树立践行社会主义核心价值体系落在具体实践中，在实践中处处彰显核心价值体系的精神动力。社市委精心拟定《树立和践行社会主义核心价值体系》活动实施方案，并向各基层组织下发了活动通知，要求各基层组织负责人对开展学习和践行活动进行动员，引导广大社员深刻认识践行社会主义核心价值体系的重大意义、主要内容、科学内涵和实践要求，增强建设核心价值体系的自觉性、坚定性，并将其列为全年工作考核的重要内容之一，确保此项工作广泛开展起来。在树立和践行社会主义核心价值体系学习实践活动中，组织委员、部分基层负责人集体学习，在全社兴起学习社会核心价值体系的热潮。各基层组织制定学习培训计划，采取个人自学、集中培训、专题辅导、集体研讨、学习交流等形式，组织广大社员认真学习中共中央十七大报告、社会主义核心价值体系辅导读本，召开主题生活会，开展学习讨论，交流心得体会，着力解决认识和认知问题。开展征文活动，组织骨干力量积极撰写理论文章，积极参加统战系统的征文评比，深化活动实效。向省委统战部“相知网”“统一战线成员谈社会主义核心价值体系”论坛投稿8篇。 组织“社会主义核心价值体系”专题讲座报告会，邀请全国模范教师、全国思想政治理论课优秀教师、河北省“两课”优秀教师、河北师范大学公共管理学院朱月龙教授主讲，使广大社员深切地感受到了树立践行社会主义核心价值体系的迫切性，必然性和现实意义。对市委会组织的爱国主义教育——市委委员、基层负责人赴台儿庄大战纪念馆、微山湖，及时进行宣传报道。以史为鉴，宣教活动与继承九三学社优良传统相结合。制作完成了《九三学社社史》电子课件。该课件真实、生动地回顾了九三学社60多年高举爱国主义旗帜、追求民主、科学、团结的发展史。教育并引导广大社员以史为鉴，结合社会主义核心价值体系的重大意义和时代特征，深入理解中国多党合作制度产生的历史必然性和在发扬社会主义民主、推进中国民主政治建设中的重要作用。

【参政议政】 社市委领导班子成员和各级人大代表、政协委员多次应邀参加党委和政府召开的情况通报会、协商会等，就重大问题提出意见和建议。在2010年市政协十一届三次全会中，九三学社提交的全会大会发言、提案共计52份，上年同比增长38.4%，其中大会发言7份，同比增长71.4%，有三份大会发言得到市领导的重要批示，同比增长66.7%；集体提案22份，同比增长63.6%。九三界别个人提案16份，同比增长12.5%。另有其它界别的委员提案7份。其中，《关于加快我市旅游业大发展的建议》的大会发言得到中共市委副书记、市长艾文礼。《我市中小企业发展存在的问题及对策》、个人提案《多方筹措资金，加快石家庄“三年大变样”建设步伐》等集体提案，被市政协评选为十一届二次会议以来的优秀提案；集体提案《关于改革审批流程，优化投资环境的建议》及个人提案《关于调结构应当首抓旅游业的提案》、《加强水资源管理，完善水质监督体系》、《关于我市滨河新区低碳城目标规划的建议》被市政协评选为十一届三次会议以来的优秀提案。在市政协开展的“委员主体活力年”活动中，九三学社组获得“先进委员活动小组”荣誉称号。九三学社侯俊宏、徐仁两名社员被市政协评为“2009年度优秀政协委员”。2010年，九三学社向市政协研究室《社情民意》专栏报送了72份材料。向市委统战部党派处《党外人士建言》专栏报送66份材料，刊发24期，5份被采用。九三学社市委获得2010年度市政协反映社情民意信息工作先进单位一、二等奖；市政协委员王利军、侯俊宏、王一兵被市政协办公厅评为“2010年度反映社情民意信息工作先进个人”。在2010年初举行的省、市、区三级人大、政协会上，有9篇大会发言人选，其中省级2篇、市级7篇；集体提案立案29项，其中省级5项、市级22项、区级2项；九三界别个人建议、提案68项，其中省级9项、市级23项、区级36项。各级材料总计106份。《石家庄日报》、《石家庄电视台—提案追踪》、《石家庄经济》、《燕赵都市报》、石家庄人民广播电台、省政协网站等媒体对九三学社的多篇提案做了相关报道。

【调研成果】 为加强对参政议政工作的组织领导，社市委多次召开专门委员会主题会议，通过座谈、考察等形式多样的活动，充分调动和发挥了专委会委员的积极性，各专委会委员和广大成员立足党派职能和条件，紧贴党委、政府的中心工作，有针对性的开展调研并取得实效，完成了多项有份量、有价值的调研报告。2010年初，社市委向中共石家庄市委研究室申报了5项优秀调研报告，其中《关于加快我市旅游业大发展的建议》获得2009年度全市优秀调研成果一等奖，《关于打造环省会休闲农业旅游圈的建议》获得二等奖；年末又向中共石家庄市委研究室申报了3项调研报告参评。其中，《关于村镇银行设立与运行的建议》获得2010年度全市优秀调研成果特等奖，《关于加强正定古建筑保护的思考》、《关于优化产业结构调整，推进石油化工产业的升级换代》获得二等奖。九三市委连续两年获得全市调研工作优胜单位。2011年3月，在中共石家庄市委研究室召开的“全市调研工作会议”上，九三学社市委作为全市各民主党派的唯一典型，进行了发言，总结交流调研工作经验。九三学社市委还向九三学社中央及九三论坛、省政协为编制“十二五”规划建言献策专题协商会、省委统战部“统一战线与河北现代产业体系”建设研讨会、九三学社河北省委、石家庄市政协十一届一次常委会、中共石家庄市委编制“十二五”规划建言献策活动等部门或会议提交13份调研报告。2010年11月，社市委专门召开研讨会，围绕中共石家庄市委、市政府的中心工作，各课题组对确定的调研课题进行了深入调研、反复论证、屡次修改，形成最终的大会发言。在2011年1月召开的市政协全会上，有5篇发言材料入选。九三学社市委及政协委员向全会提交并立案的集体提案20件，个人提案32件。

【社会服务】 积极开展义诊义教活动。5月14日，九三学社内科、外科、妇产科医学界专家一行7人赴井陉县医院义诊。专家们通过会诊、病房查房、门诊坐诊等形式指导基层医护人员，服务当地百姓。义诊当天，受益医护人员和群众百余人。6月5日上午，与法制专委会委员一行7人赴“旭城花园”开展“义务法律咨询进社区”活动。和平周期间，九三学社内、外、妇产、儿、耳鼻喉等多个科室的专家10余人，赴辛集市第一医院采取门诊坐诊、病房查房、手术示范等形式进行义诊。受益群众及基层医护人员达200余人,发放关于微创、股骨头坏死等内容的宣传手册共计110份。

(姚建强)

石家庄市工商业联合会

【概况】 2010年，市工商联积极发挥桥梁纽带和参谋助手作用，全力为“转变经济发展方式”服务，全力为“工业强市”战略助力，在促进全市非公经济健康发展，引导非公经济人士健康成长等方面做了大量工作，工商联的凝聚力、号召力和社会影响力进一步再提高。2010年全市实现地区生产总值3400亿元，实现财政收入387.9亿元。其中，全市非公有制经济完成增加值1943.6亿元，占全市经济总量的57.2%，民营经济实缴税金176.8亿元，占全市全部财政收入的45.6%。

【召开成立60周年庆祝大会】 2010年6月21日，市工商联成立60周年庆祝大会在市人民会堂隆重举行。省人大常委会副主任、省工商联主席黄荣，省工商联常务副主席范少明，市领导艾文礼、王增明、王华清、胡儒钗、武义青、王宝山以及石家庄警备区政治部主任王仕平出席大会。艾文礼代表市委、市政府对市工商联在省会改革开放和现代化建设中做出的贡献表示敬意和感谢。他要求，新形势下，各级党委、政府继续高度重视、大力支持工商联工作，为工商联创造更为有利的工作条件，为非公有制经济企业发展创造更为宽松的环境。各级工商联组织要切实履行好服务职能，当好非公有制经济人士的代言人，凝聚人心，汇集力量；发挥好桥梁助手作用，使工商联成为非公有制经济人士服务管理的办事处、排忧解难的工作处、传递建议意见的信息处、活动组织的联络处。广大工商联会员、工商业者和非公有制经济人士要争当省会科学发展、率先发展的排头兵。在调结构、促转变方面，紧紧抓住打造产出优质或高附加值产品能力这个核心，死死扭住提升产业和行业技术水平这个关键，注重节能减排，优化产业结构，推进自主创新。在保障和改善民生方面，要认真履行社会责任，依法保护职工合法权益，最大限度安置劳动就业，努力构建和谐劳动关系，积极参与社会事业、投身光彩事业和公益慈善事业，为促进社会和谐发挥应有作用。在提升自身素质方面，要以资本和品牌为纽带，整合生产要素，加快建立现代企业制度，完善公司治理结构，形成科学规范的经营管理模式，推动企业上市融资，努力把企业做大做强，实现跨越式发展。

【经济服务】 2010年“石洽会”上，邀请了十二个国家和地区的五十多名客商参会。“石洽会”期间，共有7个项目签约，总额达到220多亿元。在4月份举办的2010年“正博会”上，邀请了7国客商，近20家外企参展，促成会员企业好特厨业公司在正定科技工业园投资1.2亿元项目。艾文礼市长还亲自出席了工商联副主席企业高远集团在正定国际小商品二期的开业典礼，并到商业联合会君乐宝展区视察指导工作。全年共组织“民营企业园区行”7次，24家商会、210多家企业参与活动，共签订合作意向14个，意向投资金额200多亿元。全年开展“职能部门企业行”10次，组织相关职能部门走访企业200余家,梳理问题、建议100多条,为企业直接解决融资、用地、用电、拆迁等实际困难近百个,落实具体扶持政策16项，意向融资89.7亿元。

【组织建设】 2010年市工商联先后成立了餐饮具清洗消毒商会、潮汕商会、丽水商会、乌兰察布商会、中小企业商会、诸暨商会、家具经销业商会等7家商会，直属商会达35家。全年新吸纳直属会员30家，直属会员总数达131个。全市工商联会员总数达到27042个，其中企业会员12292家，团体会员182个，个人会员14568个。

(陈军委)

【餐饮具清洗消毒业商会成立】 8月7日，市工商联餐饮具清洗消毒业商会成立，并选出商会第一届理事。省工商联副主席孙增泰出席会议，市人大常委会副主任、市工商联主席王中联出席会议并讲话。近年来，全市餐饮具清洗消毒业存在良莠不齐的情况，严重影响行业形象，使正规消毒公司蒙受巨大的损失。市工商联餐饮具清洗消毒业商会成立，是顺应社会经济发展的实际需要，也是推动餐饮具清洗消毒业健康发展的需要。

（王更　苏卉卉）

【乌兰察布商会成立】 8月13日，市工商联乌兰察布商会举行成立大会，选举出首届商会组织机构。内蒙古乌兰察布市市委常委、统战部长李建平，副市长赵永华到会祝贺。省工商联常务副主席范少明，市人大常委会副主任、市工商联主席王中联出席会议并为商会揭牌。市工商联乌兰察布商会由40多家乌兰察布籍人士在石家庄创办的企业共同组成，承担联系石家庄和乌兰察布两地经济交往的桥梁和纽带作用。乌兰察布籍人士在石家庄创业，主要分布在房地产、商贸流通、服装服饰等多个领域。

【诸暨商会成立】 12月4日，市工商联诸暨商会举行成立大会，选举商会第一届理事会理事，召开第一届第一次理事会。市人大常委会副主任、市工商联主席王中联出席会议并讲话。市工商联诸暨商会是由在石家庄的浙江诸暨籍民营工商业者自愿组成的社团组织。至2010年底，该商会共吸收会员企业140余家，主要分布在装备制造、商贸流通、纺织服装等多个领域。

【家具经销商会成立】 12月18日，市工商联家具经销商会举行成立大会，选举产生商会第一届理事会及会长、副会长人选，通过了商会章程。市人大常委会副主任、工商联主席王中联出席大会并讲话。市工商联家具经销商会是由全市从事家具经销、贸易及相关企业单位联合自愿发起的社团组织。至2010年末，该商会共有会员企业108家。

（王更）

【参政议政】 年内，围绕加快民营经济发展、园区建设、全民创业等问题，积极建言献策。与市委统战部联合起草了《关于鼓励和支持民营经济加快发展的若干政策措施》（民营经济50条）。孙瑞彬书记和艾文礼市长、栗进路常务副市长先后做出批示，经市政府常务会和市委常委会研究通过后正式下发。在市政协十一届三次全会上，市工商联作了《关于加快我市工业园区建设的建议》的大会发言，就加大结构调整力度，狠抓投资和项目建设，以园区建设为载体，做大做强工业园区，提出了建议，引起了领导重视。市长艾文礼作出批示，要求有关部门，认真研究，逐条认真落实。针对中小企业融资难问题，市工商联提出了《扩大小额贷款试点的建议》和《关于强化“创业投资引导基金”引导作用的建议》两个政协提案，为多渠道解决中小企业融资难出谋划策。向市委报送了《关于我市融入京津冀一体化过程中进一步优化市场主体发展环境的对策和建议》，还就优化发展环境从七个方面提出了建议。撰写了《关于我市实施全民创业 创建国家级创业型城市的建议》，向市委提出了9条建议。

【光彩事业】 扎实开展“百企帮百村扶千户”活动，组织81家企业出资288.6万元，与110个村签订帮扶项目137项，与1605个贫困户实现帮扶对接，进一步激发了民营企业家勇担责任、服务社会的意识，引导民营企业家积极履行社会责任，为老区解决实际困难。全年累计捐款捐物760万元，受到社会各界的好评。成功申报了赵县天顺梨果基地为“光彩事业国土绿化贡献奖”，受到全国工商联、国家林业局、中国光彩会的隆重表彰。与市教育局联合下发了《关于印发开展企业家职教行系列活动的通知》（石教〔2010〕99号），开展了“企业家职教行”系列活动，为市教育局选聘10名优秀企业家作为职业学校特聘教授，使校企合作达到新水平、提高到新阶段，受到了学生的欢迎、学校的感谢、社会的肯定、教育部的表扬。

（市工商联办公室）

社会团体

【社会团体领导成员】

总工会

主　　席：傅世武（兼）

常务副主席：刘凯

副 主 席：尤振昌　王艳芳　郭乃杰

共青团石家庄市委员会

书　记：董晓航（3月免）

副书记：金福中（主持工作）　魏洪涛

妇女联合会

主　席：葛瑞芳

副主席：邵平　马玉玲　姜红　苏彦英

科学技术协会

主　席：王英彬

副主席：羊文庆　刘书槐
　　　　张双更　高娟
秘书长：高娟（兼）

文学艺术界联合会

主席、党组副书记：周喜俊
党组书记、副主席：郝建农
副　　主　　席：肖建科
党组成员、副主席：马荣川

归国华侨联合会

党组书记、主席：胡翎
党组副书记、副主席：许立
党组成员、副主席：陈小兵

社会科学界联合会（与市社会科学院、讲师团合并）

党组书记、院长：肖力
党组副书记、副院长：马建彬（2月任）
党组成员、副院长：赵国华
　　　　　　　　　赵惠娟
　　　　　　　　　李贞年

残疾人联合会

理 事 长：王金斗
副理事长：张爱艳　金玉惟

黄埔军校同学会

名誉会长：陈建中　孟昭夫
会　　长：张连枝
副 会 长：王敬之　徐丙生
秘 书 长：邱振贵　（兼）

台湾同胞联谊会

会　　长：廖海鹰
副 会 长：王爱鸽　陈瑛
秘 书 长：游艳红

消费者协会

名誉会长：张承禄　张殿奎
　　　　　赵长栓
会　　长：路国庆
副 会 长：李景祯　汤化敏
　　　　　卢金保　贾利民
　　　　　夏玉颖　栗绪楼
　　　　　王占云
秘 书 长：许毅敏
副秘书长：赵斌学（兼职）
　　　　　李永强（兼职）
　　　　　徐勇　（兼职）
　　　　　魏兰梅

计划生育协会（与人口和计划生育委员会合并）

主　　任：李志宏
副 会 长：郝菊亭　李志
　　　　　武常贵　张红梅

工业经济联合会

名誉会长：沈志峰　方秉钧
　　　　　陈启明
顾　　问：王同林　周世俊
　　　　　彭造岭
会　　长：白起林
副 会 长：程宝怀　王习文
　　　　　左喜书　张昌荣
　　　　　杨耀波　张鹏发
　　　　　王建良　马魁西
　　　　　杨成桂　于锡庆
　　　　　吴宝河　王炳熙
　　　　　张征　　李怀斌
　　　　　李振江　姚振春
　　　　　唐秀珍
秘 书 长：杨志远
副秘书长：谢艳华　高国欣

红十字会

会　　长：张妹芝（兼）
常务副会长：解晓芒
副 会 长：张玉安
秘 书 长：郝瑞起

石家庄市总工会

【概况】 2010年，石家庄市总工会团结带领全市各级工会组织和广大职工群众深入贯彻落实科学发展观，充分发挥职能作用，取得了新成绩、新突破。在全省首创工会经费稽查审计工作机制，被河北省总工会授予全省学习型经审组织荣誉称号；首创建立的乡镇（街道）劳动安全卫生“三方协商机制”得到了全总的高度肯定，连续第7年被中华全国总工会、国家安全生产监督管理总局授予全国“安康杯”竞赛优秀组织奖；工资集体协商工作在上年上半年召开的全国工资集体协商经验交流会和河北省行业工资集体协商现场会上，分别作了大会发言。1月20～22日，中共中央政治局委员、中华全国总工会主席王兆国在石家庄市视察工作期间，对石家庄市困难职工帮扶特别是“金秋助学，扶困育才”工作给予了高度评价，并在3月份全国工会保障工作会议上推广了石家庄市“金秋助学，扶困育才”全程帮扶的经验。

【职工素质培养】 2010年全市各级工会组织紧紧围绕全市经济工作重心，以争创“工人先锋号”为抓手，深化“四大劳动竞赛”（六大基地等重点项目建设竞赛、节能减排竞赛、城市建设三年上水平竞赛、争创省百强民营企业竞赛），广泛开展“六比六提”（比科技创新，提高企业创新能力；比岗位技能，提高职工技能素质；比产品质量，提高企业技术水平；比节能降耗，提高企业经济效益；比经营管理，提高企业综合竞争力；比服务质量，提高现代服务业品质）对标劳动竞赛，组织90余万劳动大军在形式多样的劳动竞赛中尽展风采，命名表彰了100

个工人先锋号。联合市人社局连续第6年在全市开展职工职业技能竞赛活动，有力促进了职工职业技能和企业核心竞争力的提升，一批操作能手、技术状元脱颖而出。在此基础上，评选表彰了首届石家庄市十大“金牌工人”、30名能工巧匠。在全省首批创建了10个职工创新工作室，其中2个被确立为省级模范创新工作室。圆满召开石家庄市第四届劳模协会会员代表大会，选举产生新一届理事会。评选表彰499名石家庄市劳动模范，其中16人被中央、国务院命名为全国劳动模范。通过多种形式对劳模事迹进行宣传报道，在全市掀起了学劳模、敬劳模、争先进热潮。

（潘赶年　武欣）

【劳动竞赛表彰】 12月29日，石家庄市2010年度劳动竞赛表彰暨工人先锋号、首届金牌工人、能工巧匠命名大会在人民会堂隆重举行。市委副书记、市劳动竞赛委员会主任刘云峰出席大会并讲话。省总工会副主席袁刚对石家庄市开展劳动竞赛和争创工人先锋号活动给予充分肯定。市人大常委会副主任、市总工会主席傅世武主持会议。副市长、劳动竞赛委员会副主任刘明轩宣读《石家庄市劳动竞赛委员会关于表彰2010年度石家庄市劳动竞赛先进单位和先进个人的决定》和《关于表彰首届“石家庄市金牌工人、能工巧匠”的决定》。会上表彰了2010年度全市各种劳动竞赛涌现出来的先进单位和个人，并命名100家石家庄市“工人先锋号”、首届石家庄市十大金牌工人和30名能工巧匠。市建设工会、滹沱河综合整治指挥部办公室，河北白沙烟草有限责任公司设备修理工卜建立分别介绍了开展、参加劳动竞赛和争创工人先锋号的做法和经验。各县（市）区、产业局、市直属基层工会主管主席，以及部分企业职工代表共计300人参加大会。

（王静　苏卉卉）

【基层组织建设】 2010年新发展会员92660人，新增基层工会组织1888个，基层工会建设得到进一步加强。集中开展“广普查、深组建、全覆盖”行动，突出抓中小型非公企业和商贸、餐饮、服务等第三产业以及劳务派遣企业建会工作，特别是积极探索行业工会组建的新路子，制定下发《关于加强行业工会联合会建设的意见》，以“条块”相结合的建会形式，在条件比较成熟的行业协会先后建立了饭店烹饪、汽车流通服务等6个行业工会联合会。在对全市调查摸底的基础上，指导劳务派遣公司以及劳务工用工单位发展劳务工会员1.5万人。建成一大批达标乡镇（街道）总工会和村（社区）工会。在省总企业工会工作会议上，华药和市油漆厂分别介绍了工作经验。加强对职业化社会化工会干部的规范化管理，建立健全职业化社会化工会干部招聘选用程序、工作职责、考核标准、责任追究、经济福利待遇、订立聘用合同等制度。在全总南京会议上，石家庄市被列为全总开展区域性、行业性基层工会联合会聘用专职工作人员工资分级负担试点工作单位。

（潘赶年　武欣）

【华北城市公交企业工会联委会成立】 上半年，华北城市公交企业工会联委会成立大会暨一届一次会议在石家庄市召开。来自华北地区19家公交企业52名代表参加会议。成立大会通过了《华北地区城市公交企业工会联席委员会章程》，表决产生了理事长和常务理事。石家庄市公共交通总公司工会主席杨惠君当选为理事长。

（丁振英　张萍伴）

【市区首个行业工会挂牌】 9月29日，石家庄市饭店烹饪行业工会联合会正式挂牌，这是石家庄市市区组建的首个行业工会。市人大常委会副主任、市总工会主席傅世武为市饭店烹饪行业工会联合会授牌。市饭店烹饪行业协会为1987年成立的社团组织。2010年7月，市饭店烹饪行业工会联合会成立筹备小组。9月29日，市饭店烹饪行业工会联合会举行第一届委员会第一次全委会议，杜海水当选首届工会主席。

（王静　席子杰）

【首家汽车销售企业工会组织成立】 年内全市有规模的汽车销售商家已有100多家，从业职工上万人，已成为影响全市经济社会生活不可忽视的重要力量。为搞好该行业企业规范管理，构建和谐稳定的劳动关系，促进汽车流通行业健康持续发展，市总工会发出关于在全市汽车流通服务行业依法开展工会组建工作的通知。11月6日，位于石家庄市汽车贸易园区的河北海悦汽车贸易有限公司工会成立，标志全市汽车流通服务行业规模组建工会组织工作开始启动。

（王静　苏卉卉）

【首家装饰行业工会联合会成立】 12月8日，市装饰行业工会联合会第一届会员代表大会召开，标志石家庄市装饰行业工会联合会正式成立。这是河北省装饰行业成立的第一家行业工会联合会。市人大常委会副主任、市总工会主席傅世武为市装饰行业工会联合会揭牌。本次代表大会通过了《石家庄市装饰行业工会联合会章程》，规定联合会的主要任务是：落实“组织起来、切实维权”的工作方针，维护行业工会和职工的合法权益；开展具有行业特色的联系和交流活动；协调劳动关系，促进企业和谐发展。至2010年底，市装饰行业工会联合会已建装饰企业工会93家，发展会员16000人。

（王静）

【健全维权机制】 积极推动市政府出台了《石家庄市推动工资集体协商工作三年计划》。全省首家启动了“工资集体协商百日行动”。发布了新版《工资集体合同（参考文本）》（首次将人工成本占总成本含量的概念引入文本中，作为协商确定平均工资和增长幅度的重要参考），联合市三方建立并坚持了工资集体协商工作报告、调度、督导、典型备案等四项工作制度，截止2010年全市建立工资集体协商制度企业12622家，建制率达到93%。制定出台《石家庄市劳动关系和谐单位创建活动工作细则》，以创建活动为载体的协调劳动关系长效机制初步形成并取得成效。命名表彰了2010年度28家市级劳动关系和谐单位。借鉴ISO9000基本原理编制企事业职代会管理体系，进一步规范了职工代表大会制度领导作用、过程控制、职工参与、持续改进等科学管理机制。充分发挥职工董事、职工监事工作指导委员会的指导、协调、监督作用，进一步完善了职工董事和职工监事工作制度。共有143家企业达到省级职代会标准，360家企业达到市级标准。建立改制企业职工知情度考核、改制方案联审、职代会监控等三项制度，有效地维护了改制企业职工的民主权利。

【困难职工帮扶救助】 深入开展“救助困难职工一日捐”活动，全市共募集“救助困难职工一日捐”资金2336万元,2010年为101人（次）需要救助的困难职工支付救助金22.92万元;深化“金秋助学”活动，全年共资助考上大学的特困职工子女126名，发放助学金25.24万元；大力实施促进就业援助行动，以各级困难职工援助中心为阵地，全年累计培训下岗失业人员9256人，举办SYB创业培训班9期，有56人通过培训实现了自主创业；继续深入开展“千企万岗进县区”活动，全年共组织举办农民工、下岗职工专场招聘会13场，帮助4200多人实现就业、再就业；发挥爱心医院、爱心药店的作用，定期为困难职工免费体检、发放药品；充分发挥农民工文化服务流动车的作用，深入开展“三进五送”活动，全年累计慰问农民工兄弟近万人，发放慰问品价值11万元。深入开展“农民工专项法律援助”行动，2010年职工法律援助团共为农民工提供法律咨询493件，代书48件，非诉调解及代理6件，为农民工挽回经济损失40余万元。广泛开展“情系职工、温暖万家”送温暖系列活动，全年共发放救助帮扶资金720万元，帮扶困难职工10018户。

【发挥“两个服务”作用】 发挥“两个服务”（服务大局、服务职工）作用，深入开展创先争优活动，坚持把创先争优活动与工会工作紧密结合，全会上下争一流的氛围更加浓厚。财务经审工作强化，整体水平提高，内部约束机制更加完备；女职工工作更加活跃、扎实、富有成效，市总工会女职工学校成为中华全国总工会首批选树的河北省第一家女职工培训示范学校；工会宣传工作力度不断加大，2010年市级以上媒体共宣传报道工会工作590篇（次），中央电视台、新华每日电讯、工人日报对市总工会工作进行了宣传报道，工会组织的知名度和影响力增强。工会资产管理工作得到规范和完善，在河北省工会资产管理经验交流会上作了典型发言。各县（市）区总工会、产业工会、市总直属基层工会、市总所属事业单位的工作在开拓创新中得到稳定发展和全面提高，实现了重点工作有新突破、整体工作有新提高的奋斗目标。

（潘赶年　武欣）

共青团石家庄市委员会

【概况】 2010年，石家庄市各级

团组织在市委和上级团组织的正确领导下，认真履行组织青年、引导青年、服务青年和维护青少年合法权益四项职能，推动了共青团事业创新发展。团市委荣获全国青年志愿者优秀组织奖、全国防灾减灾知识大赛先进单位等称号。

【青少年思想教育】 加强理想信念教育。通过举办业余党校、业余团校、学习座谈、专题报告、读书征文、知识竞赛等形式，加强青少年的中国特色社会主义理论体系教育。结合建党、建团、成人节、国庆节、六一等重要纪念日，广泛开展了“我与祖国共奋进、我与省会同发展”、“民族精神代代传”、“家乡文化大搜索”等国情、市情教育和实践活动，引导青少年自觉爱党爱国爱家乡。邀请王蒙等专家学者作客“新青年、新石家庄”青年论坛，为广大青年作了精彩报告。坚持分类教育引导。根据不同年龄段、不同群体进行分类教育引导，并设计不同的工作途径和方法，在少先队中开展了体验教育，在青年中开展了“永远跟党走”主题活动等。探索网络教育新路径。适应青少年普遍上网新形势，建立网络文化志愿者队伍，积极开展网络舆情分析、思想引导和文明上网教育。充分发挥网络、移动媒体、户外宣传、动漫等对青少年的影响力，把思想教育的目标、内容通过各种传媒有效渗透、传递给青少年。在全国共青团系统创建了首家手机网站，进一步延伸了教育引导青少年的手臂。发挥典型示范作用。选树了“青年五四奖章”、杰出青年志愿者、青年文明号等一大批可敬、可亲、可学的先进典型，并与青少年开展“共享成长”主题交流活动，在全市青少年中形成学习先进、崇尚先进、争当先进的良好氛围。

【发挥突击队作用】 在重点工程一线开展青年突击队竞赛和创建青年安全生产示范岗活动，组织团干部、青年企业家、青联委员为青年职工赠送防暑、防寒等生活用品，举办慰问演出。全年全市共青团系统共慰问一线职工 40 余次，赠送物资价值 20 余万元。扎实开展青工技能振兴、创新创效、争当青年岗位能手等活动，先后举办青工技术比武 20 多场，获得“五小”、“QC”成果 1600 多项，培养青年岗位能手 2400 余名。启动“青春建功新民居”活动，以全市 367 个新民居示范村为重点，积极引导广大青少年在改善农村居住环境，改变农村生产生活方式，塑造农村先进文化的新民居建设中，勇当先锋，建功立业。先后 5 次组织“青联委员县区行”活动，深入新乐、高邑、鹿泉、行唐等地，考察当地经济发展状况，合作建立青年创业基地，寻求合作共赢结合点，受到青联委员和当地政府的热烈欢迎。

【青少年文明创建】 深化志愿者行动。组织开展了广州亚运会志愿服务、服务大型会展、帮孤助残、维护交通、爱心送考、青少年心理辅导等特色志愿活动。至年末，全市共成立志愿者协会分会 24 个、社区志愿服务站 79 个、志愿服务队 1600 多支、志愿服务基地 3000 多个、注册志愿者达到 25 万余人。深化青年文明号创建。广泛开展青年文明号“对标定位、夺旗争星”活动、信用建设示范行动等，提升了对城市文明的贡献率。至年末，石家庄市共有国家级青年文明号 34 个、省级青年文明号 178 个、市级青年文明号 670 个。深化青年文明社区创建。全市共建立社区青年中心 55 个、道德实践小课堂 110 个、青少年活动室 30 个，促进了和谐社区建设。积极参与抗旱、抗震救灾。通过缴纳特殊团费、每人捐出一瓶水、现场劝募等形式，为青海玉树地震灾区等直接筹集捐款 71.8 万元。

【青少年合法权益维护】 开展青年创业就业行动。以失业青年、下岗青年、大中专毕业生、青年农民工四类群体为重点，以技能培训、提供就业见习岗位、小额贷款等为主要手段，帮助青年创业就业。2010 年，新建青年就业创业见习基地 145 家，提供见习岗位 3000 多个，举办青年人才招聘会 107 场，培训农村青年 3.6 万人。开展“共青团关爱农民工子女”系列活动。组织志愿者开展了学习辅导、亲情陪伴、感受城市、自护教育、爱心捐赠等活动，志愿者与农民工子女结对 1000 余对。开展了“关爱儿童健康成长校园行”，六一前夕协调相关单位向农民工子女赠送了价值 30 万元的课外读物和学习用具；暑期利用青少年宫等校外场所为近千名农民工子女免费进行了培训，并组织优秀学员到上海世博会参观。推进青少年维权工作。认真做好青少年维权、心理咨询、志愿服务、希望工程等工作，宣传普及法律法规，增强青少年法制观念和自护能力。截止年底，共调处4000余案例。积极开展了“人大代表、政协委员与新生代农民工面对面”活动。深化希望工程事业。实施了“圆梦行动”、“爱心传递”和“助学进城计划”等项目，2010年，团市委直接筹集资金265万元，援建4所希望小学，救助大、中、小贫困学生2000余名。

（胡必杰）

【首家河北省青少年心理健康志愿服务中心成立】 2010年，由团市委、市青少年维权协会、市志愿者协会联合建立的河北省首家青少年心理健康志愿服务中心在河北友爱医院揭牌。青少年心理健康志愿服务中心以服务青少年心理健康的基本需求为导向，通过专业的心理医生、心理维护志愿者等志愿群体的公益服务，教育引领青少年健康成长。

（李云萍）

【组织建设】 结合党团共建、创先争优活动，加强团的基层组织建设。在抓好农村、企业、学校等传统领域基层团建的同时，重点抓了非公有制经济组织和新社会组织团建、社区团建、乡镇团的工作委员会、网络团支部建设等，2010年共有557家非公有制经济组织和新社会组织建立了团组织。积极整合社会资源，筹资32万元向全市4419个村免费赠送了2011年全年《中国共青团》杂志。结合深化干部作风建设，在团干部中开展了“增强党性、改进作风、提高本领”教育实践活动。不断加强团员队伍建设，开展了“党团共建、创先争优”、“我为团旗添光彩”等活动。为石家庄玉树民族中学捐建了团员活动室。加强团的外围组织和阵地建设，完善青少年宫、志愿者服务站、青少年读书俱乐部等团属阵地建设，完善以石家庄青少年网站为龙头的市、县、乡三级青少年网络体系。全年在市委有关刊物刊发信息11篇，在团中央有关杂志网站刊发信息52篇，在团省委网站刊发信息299篇，编发《石家庄共青团》杂志6期。

（胡必杰）

石家庄市妇女联合会

【概况】 2010年，市妇联以科学发展观为指导，以开展创先争优活动为主线，以建设“坚强阵地”和“温暖之家”为目标，以“三八”国际劳动妇女节100周年为契机，围绕中心、服务大局，履行职能、开拓创新，各项工作取得了新成绩。《中国妇女报》、《河北日报》等多家媒体分别用5次头版头条、2次整版、160篇消息报道了石家庄市妇女创业就业、争创“三新”大行动、保护留守儿童等工作经验。

【促进女性创业】 积极推动解决制约妇女创业的资金难题，扎实抓好妇女小额担保贷款工作的贯彻落实，协调市财政局、市人力资源等部门起草制定了《石家庄市妇女小额担保贷款实施办法》，召开妇女小额担保贷款推进大会，共有3200名妇女申请到了贷款，总计7600多万元。大力开展实用技术和创业能力培训，大力加强“乡村（社区）女校”建设，已在全市农村（社区）全部建立“乡村（社区）女校”。在农村（社区）妇女中开展文明素养、实用技术、致富技能培训，灵寿县东兴绿色果品庄园被命名为全国“三八绿色工程”示范基地；制定“创业培训”实施方案，将创业培训与职业技能等级鉴定、颁发职业资格证书结合起来，举办分层次、有针对性的“定单式”和“储备式”培训。截至年底，全市共举办各类培训班50余场，培训妇女22000余人。加大妇女创业就业扶持力度。继续深化“女性创业促进行动——走进乡村（社区）”活动，将创业项目和就业岗位向全市城乡妇女进行推介，举办推介会6次，推介项目100余个，提供就业岗位1000余个。大力开发以家政服务为主体的“妇”字号项目，按照妇联牵头、市场运作、企业管理的方式，精心打造了享誉全省的“嫂子家园”家政服务品牌，山西、河南等地妇联纷纷参观学习，台湾东森电视台记者做了专题报道。3月，宋恩华副省长在“嫂子家园”调研时对石家庄市家政服务业发展给予了充分肯定。

【妇女手工编织协会成立】 7月8日，市妇女手工编织协会成立暨妇女小额担保贷款工作推进大会在市人民会堂举行。省妇联副主席、省总工会副主席郭俊芩，市委副书记刘云峰，市人大常委会副主任李屏东，副市长张妹芝，市政协副主席曹社会出席会议。手工编织是一个吸纳就业人数较多，资金设备投入较少，适合妇女就业的产业。由于缺乏有效组织和引导，缺少地方特色、专业队伍欠缺成为制约全市妇女编织行业发展的“短板”。在广泛调研基础上，市妇联确定以支持妇女手工编织业发展为突破口，通过成立妇女手工编织协会、扶持创办手工编织品公司、健全完善妇女小额担保贷款政策，按照“协会＋公司”、女企业家牵手编织女，产业化经营、品牌化运作的方法，推动全市手工编织行业快速发展，达到扶持农村妇女富余劳动力、城市下岗女工创业的目的。2010年，全市妇女手工编织主要作品有土布、服装、刺绣、剪纸、贴画、宫灯、布艺、网花、串珠等18类600余个品种。

（李云萍　苏卉卉）

【支持女性成才】 在全省率先成立石家庄妇女手工编织协会，吸纳会员280余名，探索建立了妇联＋协会＋公司、女企业家牵手编织女、产业化经营、品牌化运作的工作模式，扶持创办河北红庄手工编织品有限公司。全市首家女干部联谊会在高邑县成立；召开妇联团体会员工作座谈会，加强了对民营女企业家商会、女摄影家协会、女律师协会等女性团体的指导和服务，使该项工作由松散型管理步入了正规化建设轨道。“三八”期间，在市人大女代表、女政协委员、女专家、女校长、女律师等女性人才中开展“与三年大变样同行·省会新女性秀春天沙龙”活动，为女性人才共同发展搭建平台。

【开展“三新”活动】 结合新民居建设，从整治新家园入手，开展“新女性、新形象、新家园”活动，制定《美在我家家庭展示行活动方案》；积极协调市园林局为广大家庭提供花种、花苗，并组织专家打造“万户披绿·美在我家”示范街道、示范户，以点带面，激发广大家庭建设绿色生态新家园的热情，石家庄市争创“三新”工作在全省“三新”工作调度会上做了典型发言。继续开展百万妇女千场培训行动，聘请专家教授为广大妇女开办《内外兼修多魅力，家庭事业双丰收》讲座。启动“低碳家庭·时尚生活”主题活动，发放宣传书签折页、倡议书500余份，通过面向全市家庭征集低碳生活金点子、小发明，评选“低碳之星”活动，扩大创建低碳家庭社会影响力，形成“以环保节能为荣”的良好社会风尚。以“三八”国际劳动妇女节100周年为契机，大力宣传石家庄市妇女事业发展，隆重举行纪念“三八”国际劳动妇女节100周年纪念大会，评选表彰了百名“三八”红旗手、集体，城乡妇女岗位建功先进单位、个人，优秀妇委会，优秀妇联干部等先进集体和个人，激励广大妇女无私奉献、建功立业。举办“城市的力量，妇女的力量”诗歌朗诵会，颂扬百年历程中石家庄市各族各界妇女的“半边天”作用，展现时代女性的良好精神风貌。

【未成年人家庭教育】 加强家庭教育理论体系建设，不断提高家长科学育儿素质，聘请《知心姐姐》杂志社专家以“关注孩子心灵成长”为题举办家教讲座，受益群众3万余人。积极开展未成年人思想道德实践活动，评选表彰首届“十佳百优美德少年”，藁城市荣获全省未成年人思想道德建设先进县。“六一”期间，启动“万名儿童绘家园活动”，从儿童的视角凸显石家庄市“三年大变样”的成果；成功举办庆“六一”文艺晚会，协助省妇联举办河北省暨省会“六一”儿童节庆祝大会，让孩子们度过一个欢乐祥和的节日。6月1日上午，市委副书记、市长艾文礼及市四大班子领导带着节日礼物到裕华区第五幼儿园同孩子们一起过节，并对石家庄市儿童工作给予了肯定。

（夏宏伟）

【首届“十佳孝老敬亲好儿媳”评选】 9月29日～10月14日，市妇联在全市范围内开展首届“孝老敬亲好儿媳”评选活动。10月15日，十位用真情、真心孝敬老人的好儿媳被评为石家庄市首届“十佳孝老敬亲好儿媳”并受到表彰，市人大常委会副主任李屏东为“十佳孝老敬亲好儿媳”颁发证书。全市首届“十佳孝老敬亲好儿媳”分别是：行唐县龙州镇西关村人张建霞，鹿泉市铜冶镇南铜冶村李庙云家三个妯娌李文娟、闫瑞英、张素霞，井陉县小作镇胡雷村赵五妮，晋州市邵庄村杨引秀，桥西区振头二街温素芬，深泽县深泽镇中学教师张如芹，藁城市南孟镇南孟村王君花，井陉矿区红纬小区马文文，中电科技集团五十四所陈梅香，元氏县东张乡上张村张从贤。

（李云萍）

【妇女儿童权益保障】 开展以“关注服务妇女民生，促进社会稳定和谐”为主题的“三八”维护妇女权益宣传周活动，聘请女律师对信访典型案例进行分析、解读，以案说法，上半年共开展讲座6场，发放宣传资料5000余册（张）；积极协调中国网通，在县（市）区开通12338妇女维权热线，并大力宣传"拨打12338，妇女维权找娘家"，为广大妇女提供方便快捷的法律咨询服务。进一步加强基层维权站建设，截止2010年年底，全市287个乡镇（街道）100%建立了妇女维权站，5个县（市）区乡、村妇女维权站建设实现了"双百"，走在了全国前列，《石家庄日报》头版头条报道了此项工作。10月26日，全国副主席甄砚来石家庄市调研时指出"没想到石家庄市妇联在贯彻落实全国妇联精神方面行动得这么快；没想到石家庄市维权站建设工作亮点多，很扎实。"市妇联全年共接待来信、来访516余件（次），网上答疑43人（次），结案率达98%。

【两个《规划》达标】 一是及时调整充实妇女儿童工作委员会委员和联络员，制定目标责任分解书，推动相关部门对两个规划实施情况进行梳理。二是召开妇女儿童工作委员会全体委员（扩大）会议，总结回顾了终期评估以来石家庄市妇女儿童事业发展情况，对下一阶段妇女儿童工作进行研究部署，为终期达标打下良好的基础。三是与市发改委协调，将妇女儿童两个《规划》纳入石家庄市经济社会发展"十二五"规划专项规划，促进了妇女儿童事业与经济社会事业同步规划、同步实施。

【关爱困境妇女儿童】 依托项目，为困境儿童提供更加系统、专业、有效的服务。共举办儿童参与式培训9次，参加国家级研讨会4次，开展流动、留守儿童联谊活动7次。石家庄市"受人口流动影响的儿童保护"项目在联合国儿基会举办的年度工作会上作了经验介绍。积极支援玉树抗震救灾工作。以"心系地震灾区，携手奉献爱心"为主题，号召全市广大妇女积极行动起来，伸出援助之手，向灾区妇女儿童捐款捐物，募集款项万余元。加大贫困妇女儿童的救助力度。联合市卫生局开展"农村妇女'两癌'筛查乡下行"活动，为农村妇女提供免费筛查；启动"家电下乡·贫困母亲圆梦"行动，为全市2万余名贫困母亲提供优惠电冰箱；参加全市"三下乡"活动，为贫困妇女捐赠轮椅、助行器，捐赠法律、医疗、科技图书10000余册以及饮水机、电视机、微波炉等扶贫物资。至年末，共筹集爱心资金128万元，新建春蕾班5个，受益妇女儿童万余名。

【组织建设】 扎实开展党妇共建创先争优活动，以"强组织创先进、提素质争模范"为主题，以"妇联组织坚强有力、妇联干部充满活力、妇联工作科学发展"为目标，成立市妇联创先争优活动领导小组，制定下发了《在全市妇联组织和妇联干部中开展创先争优活动的实施方案》，通过开展党员志愿者服务、重温入党誓词、举办妇运知识竞赛等活动，举行市妇联创先争优推进暨工作研讨会，有效促进活动的顺利开展，主要做法在市委专题简报刊登。不断提升妇联基层组织"示范"创建水平，加大示范创建工作力度，命名市级示范县（市）区、乡（镇、街道）、村（社区）142个，其中有43个基层组织荣获首批全国妇联基层组织建设示范乡（镇、街）和示范村（社区）称号。推广了鹿泉市推进妇联基层组织规范化建设的作法，初步实现了组织覆盖、工作覆盖和服务覆盖的新格局。面向县、乡、村三级妇联干部举办了妇联章程及五个《条例》、一个《规定》的培训，并深入24个县（市）区对妇女素质提升、参政议政等方面进行了专题调研，理清了影响妇联工作和妇女发展的主要问题和关键环节，更好地指导和推动今后的工作。开展干部档案核查工作，抽调专人对干部"三龄二历一身份"档案进行了认真核查，该项工作受到市委组织部检查组的充分肯定。召开石家庄市女性社团工作座谈会，加强妇联团体会员的指导与服务，增进联系合作，使市妇联团体会员工作由松散型管理步入了正规化建设轨道。加强市直系统妇女工作委员会组织建设工作，向市国资委、市教育局、市农工委发函，年内市直农口妇委会成立。关注高校毕业生见习工作，积极协调申请见习岗位，接受高校毕业生24名，并做好日常管理工作，受到省、市就业部门好评，市就业局以《做见习大学生的贴心人》做了专题经验推广。

【中央妇委会旧址修复】 中央妇委会旧址修复建设工作主体工程完成，搜集到当时的办公用具、生活用品和图片等文物史料30多件，仿制文物近百件。全国妇联宋秀岩主席、甄砚主席分别到旧址进行考察，对前期完成的工作给予充分肯定，并表态将对中央妇委会旧址修复给予大力支持。

【宣传平台建设】 充分利用网络、报纸、电视等传媒，广泛搭建妇联工作的宣传平台，营造关心妇女儿童工作的良好氛围，共向全国、省上报信息1500余条，其中中国妇女网采用472条，河北妇女网采用158条，被国家级媒体刊发报道20篇（条），省级媒体66篇（条）。不断打造“网上妇联”建设，扩大妇联工作的影响力和渗透力，24个县（市）区妇女儿童网站运行良好。同时，认真总结了《充分发挥妇儿工委平台优势，为妇联工作和妇女事业发展提速助力》的工作经验，提出了“妇联+X”工作模式，在省妇联十二届三次常委会上作了经验交流，受到与会人员的高度赞誉。

（夏宏伟）

石家庄市科学技术协会

【概况】 石家庄市科学技术协会（简称石家庄市科协）是石家庄市科学技术工作者的群众组织，是中国共产党石家庄市委员会领导下的人民团体，是党和政府联系科学技术工作者的桥梁和纽带，是推动石家庄市科学技术事业发展的重要力量。石家庄市科协是河北省科协的地方组织，业务上接受河北省科协指导。石家庄市科协是政协石家庄市委员会的组成单位。到2010年底，市科协机关在职人员25人。下辖石家庄市科技干部进修学院和石家庄市科技咨询服务中心2个事业单位，工作人员27人。所属市级学会、协会、研究会51个，会员2.1万人；企（事）业科协、院校科协38个，会员4500余人；县（市）区科协23个，实有102人；乡镇、街道科协301个，工作人员9195人；农技协541个，工作人员72546余人。

【提高全民科学素质】 年初，按照国务院办公厅和省政府办公厅《关于对全民科学素质行动计划纲要落实情况进行督促检查的通知》要求，组织各县（市）区和市领导小组成员单位开展自查，对市财政局、教育局、人社局及组织部等四类重点人群牵头单位进行重点督促，制作展示石家庄《纲要》落实情况专题片。召开领导小组会议和领导小组扩大会议，印发《关于表彰2009年度全民科学素质工作先进集体和先进个人的决定》，表彰获“提高全民科学素质贡献奖”的8个县（市）区、10个先进单位和10名先进个人。省科协副主席李宗民、副市长张妹芝参加会议并作重要讲话，指出：石家庄市全民科学素质工作起步早、起点高、工作实，走在全省前列，为全省带好头。6月，省政府办公厅督查组对石家庄市《纲要》落实情况进行督促检查，副市长张妹芝作重点汇报，督查组组长唐树钰指出：石家庄《纲要》落实工作做得很好，走在全省的前列，有些工作甚至走在全国前列。9月，国务院办公厅督查组对石家庄市进行实地督促检查，督查组组长杨文志同志代表督查组对石家庄市的《纲要》落实情况给予高度评价：“石家庄市的全民科学素质工作在表彰奖励、督查制度、经费保障、组织机构、办公室人员配备等方面实现的五个突破和正在运行的协调联动、考核促动、载体带动、典型驱动、帮扶拉动、市场推动六项工作机制解决全民科学素质工作的动力问题、组织问题和机制问题，给全国科学素质工作重要启示，值得在全省推广，值得全国借鉴。”

【重点人群科学素质】 邀请“中国科学院老科学家科普演讲团”在新华区举办6场报告会，对机关干部、解放军官兵、学生以及社区群众4000多人开展科普讲座。市科技干部进修学院举办各种类型培训班33个（期），培训400多人（次）。学院与市总工会、市困难职工救助中心联合举办家政服务工程培训班，培训学员136名，为学员140多人办理家政服务、网络工程等《全国职业教育技术资格证书》。作为国家人力资源和社会保障部人才中心石家庄市的代理，积极开展创新能力培训，并为13名学员办理资格认证。通过开展各种形式的科普报告、培训班等，有力地提升重点人群的科学素质，省会市民的整体素质显著提高。

【科学普及】 举办大型科普系列活动。一是举办“全国科普日”活动。省会科普日活动紧紧围绕“节约能源资源，保护生态环境，保障安全健康”活动主题，重点突出服务群众、经济工作、服务大局的工作思路，开展科普报告、知识讲座、专家咨询、文艺演出等一系列科普宣传活动，500多名科普工作者、科普志愿者在现场进行科普活动。副省长龙庄伟、副市长张妹芝参加主会场启动式。平山县、行唐县等10多个县（市）区为分会场，也举办形式多样的科普宣传活动。二是开展“科技周”活动。以“携手建设创新型国家”为主题，围绕低碳经济、环境保护、健康低碳、减灾防灾等开展宣传活动。市科协印发《2010年科技宣传周实施方案》，组织20多个“科技周”项目。开幕式在鹿泉市海山公园举行，发放科普图书、宣传资料10000册（份），参观群众达3000人次。长安区、桥西区、新华区、裕华区、井陉县、平山县、行唐县等20多个县（市）区也举办丰富多彩的科技周活动。三是举办“科普之冬和第二十一届农村科普宣传周”活动。井陉县、辛集市、赵县、灵寿县等20多个县（市）区组织开展科普大集、科技大篷车下乡、举办实用技术培训班等多种活动几十场，免费发放《生活中的科学》、《种植实用信息》、《致富指南》、《小麦冬前管理技术》等科普资料上万册，让人民群众亲身体验科技成就，营造依靠科技创新发展现代农业的良好社会氛围。

【科普品牌活动】 为加快社会主义新农村建设服务。一是扩大科普工作的影响力。组织实施“科普惠农兴村计划”，藁城市果蔬冷藏协会、晋州梨果产业协会等5个协会和矿区昊源林果场科普示范基地等2个基地被评为中国科协、财政部“科普惠农兴村计划”先进单位。组织开展2011～2015年度全国科普示范县（市）区创建工作，元氏县、新乐市等11个县（市）区被确定为全国科普示范县（市）区创建单位。组织实施河北省第六批社会化科普资助项目，正定县科技馆等单位获得省奖补资金9万元。组团参加“2010年第十七届中国杨凌农业高新科技成果博览会”，9项参评“中国农技协优秀产品奖”。二是创建工作更加深入。开展“科普进社区”活动，创建“长安区建华一社区”等40个市级科普社区和“桥西区裕新社区居民科普学校”等40个社区科普学校。创建78个农村科普示范基地，为石家庄市农村科普工作注入新的活力。评选25个公民看得见、学得到的科学素质教育基地。开展的优秀科普作品评选活动，评选出优秀科普作品82项。表彰10个协会、10个基地、10名个人为市星级“农村专业技术协会”、“农村科普示范基地”和“农村科普带头人”，为服务“三农”推动农村产业化调整发挥积极作用。三是“科技下乡”活动富有成效。组织动员4341名科技工作者组成116个科技服务小分队，深入144个乡镇，开展科普活动186场（次），发放科普资料、明白纸75万份，普及实用技术26项，推广新品种、新技术19项，举办技术培训班1421班次，培训乡镇干部、农技协骨干、农村党员群众12万人次。通过先进典型带动更多的农民提高科学文化素养，掌握生产劳动技能，引导广大农民建立科学、文明、健康的生产生活方式。

【第二届学术年会】 第二届学术年会以“发展与责任”为主题，主会场举办“石家庄市发展低碳经济高层论坛”，市委副书记刘云峰、省科协副主席许顺斗、副市长张妹芝出席会议并讲话，中国能源研究会企业能源管理专业委员会副主任、能效与投资评估专业委员会副秘书长、国家开发银行能源与碳金融专家王建新，作题为《低碳经济和低碳技术的春天》的报告。4个分会场（市医学会、市纺织学会、市公路学会、市水利学会）围绕学科发展的前沿问题及石家庄市经济社会中的热点、难点、重点问题开展活动。本届年会有力地增强广大科技工作者为发展低碳经济作贡献的信心，为更好地掌握和使用低碳产业链与低碳技术打下坚实的基础。

【“老科技工作者之家”】 市委办公厅、市政府办公厅印发《关于做好发挥离退休专业技术人员作用工作的通知》（石办字[2010]110号文）。召开老科协三届四次代表大会，通过《协会章程》，选举产生新一届领导机构，省老科协常务副会长段怀慈和市政府副市长张妹芝出席会议并讲话。积极筹资5万元，改善市“老科协工作者之家”的办公环境。指导各县（市）区建立老科协组织，年内，井陉县、矿区建立老科协组织，全市老科协会员得到较大发展。新增“老科技工作者之家”3所，每一家都有固定的活动场地和基本的活动条件。老科技组织充分发挥科技优势、人脉优势，在建言献策、服务“三农”推广先进技术、深入企业开展技术创新服务等方面做大量工作。

【科技专家建言献策】 发挥专家咨询服务团作用，围绕节能减排、科技创新、产业调整等重点难点选定课题，组织专家深入调研，撰写有价值的调研报告，上报市委、市政府。做好《专家建议》的征集、编发工作，编发《大力治理白色污染进一步提升石家庄城乡环境》、《关于森林城市释义的宣传的建议》等3篇专家建议。开展优秀专家建议的评选工作，从2008～2009年专家建议中评选出5篇优秀建议。积极开展为“十二五”发展建言献策活动，先后两次组织省市专家和“专家服务团”成员为“十二五”发展建言献策召开座谈会，共收集、整理专家建议20多条，其中轨道交通建设和加强科技知识普及、提高公民科学素质2条专家建议被市委、市政府采纳，并写入“十二五”规划中。

【基层科技服务】 针对蔬菜和果树的冻害情况，邀请省农林科学院蔬菜专家董灵迪研究员、果树专家李勇研究员在辛集市进行科技讲座，为蔬菜和果树减小冻害的影响起到积极作用。针对在金融危机环境下纺织行业受到的影响，邀请石家庄常山纺织股份有限公司技术顾问、高级工程师郑文治分别到高邑县、赵县就如何提高纺织行业的产业升级、市场竞争力提出合理的建议，并针对调研所发现的问题进行解决。针对农民对果树科学规划和科学化管理意识淡薄的问题，邀请省林业科学院毛向红研究员到平山县小觉镇讲解核桃的规划及技术管理，有针对性的解决农民实际生产中的问题，对提高他们管理技术起到一定的作用，得到农民的积极响应。为促进辛集市蔬菜产业发展，提高农民蔬菜种植水平，邀请省市农科院蔬菜专家到辛集市的7个乡镇进行有针对性的蔬菜种植指导及培训，专家们与菜农面对面交流，详细解答，还深入到蔬菜大棚实地指导，受到菜农的热烈欢迎。

【企事业科技创新】 围绕企业“科技创新”开展科技推广。“讲、比”活动以低碳发展为主题，围绕增强企业自主创新能力，组织企业科技工作者开发和推广先进适用的低碳技术，在河北省“讲理想、比贡献”活动评比中石家庄市荣获先进集体1名，活动科技标兵1名，优秀组织者3名。同时石家庄油漆厂姚海龙获得全国“讲理想、比贡献”活动科技标兵；石家庄市科协企事业部部长张英涛获得全国“讲理想、比贡献”活动优秀组织者。“金桥工程”按照“项目前景好，搭桥跨度大，经济效益高”的原则，立项申报9项。在搭桥过程中，市科协注重搭建不仅能增加农民收益，而且还具有很大社会效益的农业金桥项目。栾城的脱毒马铃薯“早大黄”研发及普及推广项目，涉及栾城、赵县、元氏、正定、平山等地，亩均收入1万元以上，直接为农民创收720余万元。在深入企业科协调研的基础上，成立了4家企业科协组织。即：河北港口集团有限公司科协，国有企业冀能集团下属矿务局化工厂科协、新晶焦化厂科协、石家庄市工业泵厂科协。面向企业，组织科技专家到企业开展“科技兴企”系列讲座5场，有效地提高企业职工科学素质，加快科技成果转化。

【青少年科技教育】 精心组织形式多样的青少年科普活动。成立青少年天文观测基地，举办天文科普系列活动、青少年航空车模竞赛、青少年科普知识大赛等青少年科普活动。组织20余名师生参加省会城市庆六一活动，省委书记张云川、省长陈全国和石家庄市孩子们一起进行“自制再生纸”实验。组织参加“第25届河北省青少年科技创新大赛展示终评”活动，获得91个一等奖。组织参加全国组织的“游世博”科普网络游戏竞赛、第25届全国青少年科技创新大赛、第十九届中国儿童青少年威盛中国芯计算机表演赛、全国首届青少年科技影像节竞赛、2010年全国青少年电脑机器人大赛等全国大赛，并取得优异成绩。石家庄市一中高中组代表中国参加世界青少年机器人奥林匹克竞赛，并获世界一等奖，这是石家庄市、河北省及中国参加此项竞赛成绩最好一次。邀请中科院老科普讲师团的徐邦年教授作三场关于中国航空科技的科普报告。举办燕赵青少年科技创新宣讲辅导万里行，数千名学生和科技辅导员接受科普教育和科技创新辅导。

【组织建设】 深入开展干部作风建设活动。根据市委、市政府《关于深入开展推进干部作风建设的意见》，开展“攻坚克难抓落实”和“下基层、解难题、送温暖”活动；对藁城市南董村进行对口帮扶新民居建设；对平山县小觉镇铁沟村进行对口帮扶，制定帮扶计划，为帮扶村办利民实事4件；科协领导班子5名成员分别与铁沟村的5名贫困党员结成帮扶对子，不定期地走访慰问，帮助解决他们生产生活中的实际困难。围绕企业科技创新和基层科协组织建设，深入到河北冀川实业总公司蹲点调研，通过走访科技工作者、召开座谈会，形成《企业科技创新存在问题及对策》的调研报告，对今后更好地为企业科技创新服务、为基层科协组织建设服务提供一定的指导。科协班子成员还深入到藁城市、高邑县和平山县等地开展调研活动，形成有价值的调研报告3篇，有针对性的解决农民生产生活中遇到的突出问题，受到农民群众的热烈欢迎。

（杜文君）

石家庄市文学艺术界联合会

【概况】 市文联下设办公室、宣创部、通联部和编辑部四个部室；下辖作家协会、书法家协会、美术家协会、摄影家协会、民间文艺家协会、音乐家协会、舞蹈家协会、影视家协会、戏剧家协会、曲艺家协会。2010年，石家庄市文学艺术界联合会（以下简称文联）在市委市政府的正确领导下，深入学习实践科学发展观，充分发挥联络、协调、服务职能，把“创先争优”贯穿于各项活动之中，按照“精品生产抓高度，人才培养抓厚度，队伍建设抓宽度，文化活动抓广度”的发展理念，科学谋划、认真落实，圆满完成了年初制定的各项任务。据不完全统计，全年出版各类文艺书籍100余部，获各类文艺奖项800多个，举办各种文艺活动300多项，大报大刊发表作品53件，石家庄市文艺事业呈现出蓬勃发展的可喜局面。

【60周年纪念活动】 12月9日上午，石家庄市文联成立60周年纪念大会在石家庄人民会堂隆重举行。会上，市文联隆重表彰了31位“从艺60年”的文艺家和文艺工作者，为获奖代表颁发了荣誉证书。为把纪念活动搞得丰富多彩，市文联还精心谋划了体现文联工作理念的大型文艺演出《辉煌之路》；编辑出版了资料书《百花绽放60春》；拍摄了反映文联60年辉煌历程的专题片《时代先锋》；组织了大型书法美术摄影展。这一系列纪念活动主题鲜明，导向正确，反响强烈。《中国艺术报》、《河北日报》、人民网、《石家庄日报》等媒体都做了重点报道。

【换届工作】 按照市委宣传部的要求，市文联党组对换届工作提出了具体指导意见，破除文艺界小圈子观念，体现开门办协会的大思路，注重选拔各县（市）区、大专院校的优秀人才充实到各协会主席团，以发挥用好一个人，带动一大片的作用。由于领导得力、筹备认真，各协会顺利完成了换届任务。

【文艺精品创作】 2010年石家庄市文艺精品生产有重大突破，周喜俊的长篇小说《当家的男人》由百花文艺出版社作为重点图书出版，《石家庄日报》连载，省作协和市委宣传部联合召开了作品研讨会；出版了8卷本40万字的《周喜俊文集》；康志刚以正定塔元庄为生活基地，历时四年，完成了30万字长篇小说《柏树庄》；90后作家孟祥宁的长篇小说《像向日葵一样成长》公开出版；杨辉素的新故事《好婆婆——黄代小》参加了中央文明办、中国文联和教育部联合主办的“全国道德模范故事汇”在全国巡回演出；李亚的小说《闲话儿》在《大家》发表，《好大一棵树》在《芙蓉》发表；王梅芳的小说《祁美玉的忧伤》在《北京文学》发表后，被《中篇小说选刊》转载，《你看到张希兰了吗》在《黄河文学》发表后，被《小说选刊》转载并荣获河北省作协2010年度优秀作品奖；陈晔的小小说《舞蹈的矿灯》入选《2010年度中国小小说》一书，并获第13届全国小小说佳作奖；丁吉槐、程雪莉的作品荣获第4届全国冰心散文奖；安玉的中篇小说《神枪手肖五》在湖北省首届网络小说大赛中荣获一等奖；耿志刚的27集电视剧本《阳光洒满村庄》获得全国电视系列剧《大学生村官》剧本征集一等奖。此外，8位书法家协会作品入选全国篆书展，其中王墉获得三等奖，王利获得提名奖。

（陈广山）

【无极剪纸获首届中国剪纸艺术节银奖】 在由中国文联、中国民间文艺家协会、河北省文联等联合主办的“首届中国剪纸艺术节暨第十届山花奖·民间工艺美术奖（剪纸类）评奖”活动中，无极民间艺人赵陟的《鱼鸟图》获得银奖。无极剪纸历史悠久，风格独特，2006年被列入河北省非物质文化遗产名录，2010年6月在首届中国农民艺术节上又被评为优秀农业非物质文化遗产项目，曾在石家庄国际小商品博览会上获得金奖，在中国第一届花馍艺术节上获得银奖。在此次首届中国剪纸艺术节上，《鱼鸟图》以阴刻为主刀，采用阴阳刻相结合的手法，大胆采用蓝色为主色，把无极剪纸质朴、精美、大胆创新的特点表现得淋漓尽致，在众多作品中脱颖而出，摘得银奖。

（郝静　仝欢）

【文艺人才培养】 为实现文艺事业从娃娃抓起的工作理念，市文联和市委宣传部、省会文明办等单位联合举办了石家庄市新童谣创作评奖活动，共收到作品8000余件，评出一等奖20名，二等奖30名，三等奖50名；为培养一支不走的文艺队伍，组织了文艺讲座下基层，邀请著名词作家为五个一工程歌词创作研讨班学员授课；充分发挥《太行文学》平台作用，为培养文学新人搭建平台；充分利用文联网站，宣传名家名作、推出新人新作，扩大人才影响；参与了程雪莉大文化散文《故国中山》、康志良长篇小说《大爱无形》等作品研讨会，为宣传重点作家作品做出了应有的努力。

【第十一届文艺繁荣奖评奖】 石家庄文艺繁荣奖是石家庄市委市政府颁发的文艺最高奖。根据多出精品、多出人才、促进文艺事业发展繁荣的宗旨，2010年第11届文艺繁荣奖组委会对2008～2009年度公开发表、出版、播放、展览比赛的优秀作品进行了评审。经组委会认真评议并将评审结果向社会公示广泛听取群众意见后，以市委市政府名义授予《日头日头照着我》等8件作品文艺繁荣奖特别奖，《石家庄丝弦优秀剧作选》等24件作品文艺繁荣奖。

【文艺活动】 作协策划举办了天桂山采风创作系列活动，邀请省市专家参加天桂山旅游文化研讨会，并组织了征文评奖，文联主席兼作协主席周喜俊和《太行文学》副主编程雪莉参加了中国作家采风团走进红色岁月采风活动；音协和曲协共同策划举办了石家庄市首届原创歌曲、曲艺大赛，中国曲协主席刘兰芳出席了新闻发布会；摄协多次组织会员深入石家庄各景区和郊县进行创作；美协参加了中国文联、中国美协在西柏坡的创作采风活动；书协举办了首届楷书展、第三届篆刻展，联合省会书法家开展建设“社会主义新书香村”活动，并为青海玉树灾区人民赈灾义卖。

【文化“三下乡”活动】 2月2日，市文联组织书法家10余人赴井陉开展“文化三下乡”活动，现场书写、赠送春联600余幅；8月2日，省会书法家10余人到晋州市开展送文化下乡活动，书写春联500余幅。

（陈广山）

石家庄市归国华侨联合会

【概况】 2010年，石家庄市归国华侨联合会坚持以科学发展观为指导，深入扎实开展创先争优活动，认真落实省委、省政府《关于加强新形势下侨联工作的意见》精神，强化省会意识，发挥独特优势，为建设繁华舒适、现代一流省会城市发展做出了新贡献。市侨联再次获得市文明单位称号，被评为省侨联系统实绩突出单位，石家庄市归国华侨联合会基层组织建设经验在全国侨联系统进行经验交流，迈出了跨入全国先进行列后的坚实一步，实现了省会侨联事业的新发展。

【创先争优活动】 首先，把争创活动作为理思路、提能力、上水平，推进侨联事业科学发展重要机遇和抓手。在跨入全国侨联系统先进行列新的起点上，广泛开展“对标先进、赶超升位”主题活动，“对标先进、奋勇争先”竞赛活动，“让党员身份亮起来，争先创优做表率”实践活动。通过三个活动的开展，驻会机关唱响了“昂扬向上、奋发有为、追求卓越”的主旋律。其次，向侨界党员和基层侨联组织发出了“争当时代先锋，争做侨界楷模”的倡议，侨界党员和基层侨联组织积极响应侨联号召，争做服务科学发展模范，爱岗敬业奉献的模范，服务侨界群众的模范，凝聚了侨界力量、发挥了侨界优势、促进了侨界和谐。同时以侨联刊物、网站为平台，广泛进行宣传，积极营造争创氛围，掀起侨界创先争优活动热潮，充分发挥了侨联组织模范带头作用和引领示范作用。活动中，石家庄市归国华侨联合会对标发达地区侨联组织，赴上海进行学习调研，找差距、知不足、提标准，明确努力方向；深入到侨联委员、归侨侨眷、侨企、基层组织中，搞调研、解难题、办实事、践承诺。通过活动深入扎实开展，机关党员干部团结奋进，谋事干事的氛围日益浓厚。侨界党员、侨界群众，立足岗位争当时代先锋，争做侨界楷模，涌现出来一批侨界先进典型，2010年以来侨界先后有25人次受到市以上的通报表彰，有1人获“五一”劳动奖章，有2人获市级劳动模范；有18人获国家、省、市等各种荣誉称号；有18项研究、发明获省以上科技成果奖，在全社会树立了侨界良好形象，展现了侨联组织、广大归侨侨眷进取有为的精神风貌。

【服务经济建设】 牢固树立发展意识、机遇意识，把参与和服务省会重大经贸招商活动作为服务经济发展的主战场，以“石洽会”和“正博会”为大舞台，成功邀请到来自北美、欧洲及港台等十多个国家和地区的109名客商参会，对接、签约项目16项，涉及金额近30亿元。抢抓省会正定新区建设难得的发展机遇，充分发挥联系政府、沟通华商的桥梁作用。年内，石家庄市归国华侨联合会与香港冠都国际集团有限公司、中华文化促进会北京国投开元投资公司签约的“华侨大厦”综合项目，正式列入新区发展规划并立项，建筑设计基本完成并纳入春节后第一批开工项目。围绕北京康福外国语学校与河北新龙科技集团合作的国际学校等一批项目，为侨企签约的项目做好跟踪服务，使项目得到积极推进。充分发挥华商会的服务平台作用，河北云顶房地产开发有限公司总投资近2.5亿在宁晋县建设山水假日酒店项目开始营业，河北盛德利印铁制罐有限公司在正定总投资超1亿元的易拉罐项目即将全面竣工投产等，充分显示出侨资侨属企业越来越成为助推省会经济发展的重要力量。发挥侨界人才聚集优势，将海外人才工作作为新的增长点，为建设人才强市做出新努力。深入海外人才聚集的高校、科研院所、创业园区调研，撰写了《发挥海外人才优势　服务省会科学发展》的调研报告，为市委、市政府出台人才工作规划提供决策依据；编辑出版收录石家庄市80位海外人才先进事迹的《石家庄侨联海外人才风采录》，宣传先进典型，营造尊重知识、尊重人才、尊重创造的良好氛围；成立了“市侨联海外人才联谊会”，为进一步引导、鼓励和吸引更多的海外人才来石发展创新、创业奠定良好基础。

【拓展发展空间】 海外联络联谊工作呈现新的亮点。一是围绕中心，服务大局，以服务“石洽会”和“正博会”为载体和抓手，强化与海外侨社侨团、华商侨企的联络联谊。聘海外顾问156名。二是以庆祝河北省侨联成立50周年活动为契机，精心为180多名来访的华侨华人安排丰富的活动内容推介石家庄。三是利用“侨中有台、台中有侨”的特点，积极协调台湾著名人士王建煊先生创办的新华爱心教育基金会捐资在辛集中学和石家庄市第九中学设立两个“珍珠班”，为200贫困优秀学生完成学业提供保障。12月初，石家庄市归国华侨联合会随省侨联赴台进行文化交流考察，为进一步增进两岸侨联组织往来，了解与互信，建立正常交流机制，促进海外侨社的和谐发展积累了经验。侨务对台工作呈现出新的局面。通过主动走出去学习交流，内联工作得到加强和拓展。一是以“上海世博会”为契机，强化了与上海市侨联的联谊与合作，签署了合作协议。二是瞄准环渤海区域第三经济增长极的发展趋势，赴济南、青岛市侨联进行探讨，研究建立更广泛的侨务资源共享平台的新途径、新方法。三是借助“正博会”的举办，石家庄市华商会与通辽市华商会签署了友好商会协议。充分发挥《石家庄侨联》刊物、侨联网站、侨情专报、短信平台的宣联作用。《石家庄侨联》刊物继续被评为省会双十佳刊物。增设了侨情专报，实施重大事项专报制，2010年以来，共有省委常委、市委书记孙瑞彬等9位省、市领导和省侨联领导在侨情专报上做出重要批示。开通了侨联委员短信平台，密切了与委员的联系沟通。通过加入人民网通讯员等方式，密切与人民日报海外版、人民网等国内主流侨务宣传媒体和网络的联系，全年共在人民日报海外版、中新网等发稿75篇，扩大了宣传，强化了联络，展示了形象。

【侨界和谐建设】 以调研为基础，

以平台为抓手，以活动为载体，实现对侨界群众的普遍性和广泛性服务。一是深入到侨资侨属企业、老归侨侨眷、侨界人才中，开展有针对性服务，确保服务有的放矢。二是发挥华商会、法顾委、老年委等平台作用，把服务寓于活动中。三是以侨法颁布20周年为契机，大力开展法制宣传，引导侨界群众学法、知法、懂法、守法的意识，并通过“12·4”普法宣传日活动，普及侨法知识，努力在社会上营造知道侨、理解侨、爱护侨的浓厚氛围。2010年石家庄市归国华侨联合会共接待、受理各种来信来访32件，办理32件，做到事事有回音，实现严格政策、化解矛盾、凝聚力量的作用。突出重点，把握难点，以服务凝侨心，以服务促和谐，重视做好侨界重点人物、知名人士到石投资置业的海外侨商、华商的服务工作，对侨界困难家庭进行重点帮扶，积极开展“送温暖 献爱心”活动。全年石家庄市归国华侨联合会通过各种形式看望病、困归侨侨眷30户（人），送发慰问金及物品折合人民币近3万元。发挥基层侨联组织作用，延伸服务手臂，努力为归侨侨眷、海外侨胞办实事、解难事、做好事，共建归侨侨眷之家、海外侨胞之家。2010年，石家庄市基层侨联组织邀请、接待来石考察、访问、探亲港澳台和海外华侨华人80多批500多人次；共走访慰问生产生活遇到困难的归侨侨眷200多人次，为8名归侨侨眷办理了低保手续，解决涉侨问题120多件。

【参政议政】 引导侨界人大代表、政协委员加强学习，提高参政议政素质和水平，为代表、委员调研、建言搭建平台，畅通渠道。石家庄市归国华侨联合会组织侨界代表、委员到正定新区和国际小商品城进行视察、调研；围绕“三年大变样”做好城市交通管理，组织代表、政协深入到市交管局桥东交警大队，看望、慰问交通干警，并就省会当前道路交通管理形势及未来发展趋势等方面提出意见和建议。2010年“两会”期间石家庄市归国华侨联合会提交的《关于强化省会文化建设的建议》侨联界集体提案，以独特的视角、战略的思维和新颖的观点成为与会代表、委员关注的焦点，受到市政府主要领导的高度重视。此外，市人大代表李晓宇围绕优化城市管理，编写的《关于整顿停车收费问题的提案》等都受到有关部门的重视和媒体广泛关注。2010年石家庄市侨界各级人大代表、政协委员提交各类议案提案、批评建议、社情民意500余件（次），许多建议被政府有关部门采纳。

（杨全占）

石家庄市
社会科学界联合会

【概况】 2010年，是市社科院和市社科联机构合并后的第一年，全年共发表理论文章50多篇，完成专著2部（《中国共产党精神建设研究》和《石家庄通史古代卷》）。其中国家级9篇，省级18篇。《中国共产党精神建设》为全国社科规划课题，顺利通过专家评审鉴定，由光明日报出版社出版，是光明日报出版社向“中国共产党建党90周年”献礼的重要书目。《石家庄通史》古代卷已经出版。《燕赵讲坛文粹》2008年、2009年两册完成编校工作。全年举办讲课80多场，听众达2万余人次。配合形势政策，针对老百姓关注的热点问题，共策划、制作《理论之窗》节目25期。全年出版《石家庄社会科学》6期，《中心组学习参考》24期，《时事形势理论报告选》7期。2010年完成课题22项，立项课题14项。2010年度科研工作获奖成果有，《中华民族共有精神家园建设的理论意蕴与实践要求》获得省社科三等奖，与市委宣传部合作编撰图书《石家庄历史文化名人》获得石家庄市第十二届社科优秀成果市长特别奖，获得市社科优秀成果一等奖两项，二等奖四项，三等奖两项。获得河北省委宣传部“2009年度河北省思想政治工作研究成果”一等奖一项，河北省思想政治工作优秀调研成果二等奖一项。完成十七届五中全会全市宣讲工作。荣获2009～2010年度全国优秀社科院，2010年全国大中城市先进社科联，2009～2010年度市直文明单位，2010年普法先进单位，2010年度省讲师团先进单位等荣誉。

【社会科学知识普及活动】 2010年9月，以“开展低碳生活，建设生态家园”为主题，策划推出了讲座、咨询、知识竞赛、研讨、座谈、征文、展览等27项各具特色的社会科学普及宣传周活动，让社会科学走近广大基层群众，20多个学术团体、50多位专家学者参与科普活动。活动期间共展示展牌200余块,发放各类宣传材料2万余份,参与群众达3万多人次。

【开展理论下基层活动】 2010年,石家庄市社会科学院对重点扶持县赠送了电脑、办公家具、图书,对每个县(市)区的1至2个乡镇开展送理论下基层活动。上半年就党的十七届四中全会精神的学习深入到26个乡镇进行了辅导,共讲课30场。十七届五中全会精神的理论下基层活动正在开展中,编写全市宣讲提纲6000份,下发各县(市)区,市直各单位。肖力在全市宣讲启动仪式上进行了首场授课,并就宣讲工作提出了具体要求。宣讲团共10位成员利用一个月时间在全市27个县(市)、区、工委和市教育局进行了宣讲,培训干部达1万余人。宣讲效果好,影响大,对宣讲活动石家庄日报进行了专题报道。

【科学研究】 重点课题研究紧密关注石家庄市实际,推出了《石家庄市"零就业家庭"就业援助现状及完善建议》,《民企职工权益保障制度研究》等在省内外学术理论界有重要影响的优秀科研成果。年内,组织《石家庄通史》古代卷、现代卷专家论证会,邀请石仲泉、李孝聪、刘益涛等全国知名专家参加;组织石家庄市社科界党的十七届五中全会精神座谈会;与市政法委合作课题《社会管理创新》,并参加系列座谈会和调研活动等十几项。

【第十二届社会科学优秀成果评奖】 根据《石家庄市社会科学成果奖励办法》(石家庄市人民政府第153号令)规定,3月至11月,石家庄市组织开展了第十二届社会科学优秀成果评奖活动。评奖活动坚持公开、公平、公正原则,共评出市长特别奖1项、一等奖10项、二等奖20项、三等奖40项。

(刘卫红)

石家庄市残疾人联合会

【概况】 石家庄市残疾人联合会,是石家庄市委、市政府领导下的将残疾人自身代表组织、社会福利团体和事业管理机构融为一体的残疾人事业团体。2010年,市残联共为1.3万名残疾人提供高质量服务。其中,完成白内障复明手术4428例,为519名肢体残疾人安装假肢,为757名贫困精神残疾人免费提供药品,为4000名特殊困难肢残者提供辅助用具补贴;投入资金800余万元对有培训愿望的8475名残疾人进行了城镇技能和农村实用技术培训,80%以上参训人员掌握了一技之长,并在全省残疾人技能比赛中取得团体第一名好成绩。2010年,全市共直接安置城镇残疾人就业1633人,征收企业残疾人保障金4720万元。首次开发残疾人公益岗位48个,安置残疾人就业20人。发放扶助资金110万元,扶持220名残疾人创业。共扶持农村贫困残疾人1.5万余名,其中80%以上贫困状况得到明显改善;全市建成托养中心19个,集中托养残疾人800余名,居家托养残疾人1600余名,领先全省水平。筹措资金210余万元,为308户农村贫困户实施危房改造;省第七届残运会上石家庄市运动员获40枚金牌,折桂金牌榜。广州亚残运会勇夺8金4银,创历史新高;全系统全年共在各级各类报刊发稿件485条(件),其中省级以上287条(件);市区通过国家无障碍设施建设示范城市验收。市区及"三市两县"(辛集、藁城、鹿泉、元氏、正定)被评为全省无障碍设施建设示范城市。公、检、法在内等15部门联合出台《石家庄市残疾人法律救助工作实施办法》,与"十五分钟"维权圈、联合接访制度共同作用,全年共为残疾人提供法律咨询达1200多次,受理诉讼案件达730件,结案520件,减免法律服务费用526万元,挽回经济损失达2000多万元,解决信访案件352件,切实筑起了维护残疾人合法权益的新屏障,4月份,石家庄市残疾人维权做法被全省推广。2010年,市残联成功卫冕全省残疾人工作优胜单位,连续8年获全省优胜单位称号。

【成为首批"全国白内障无障碍市"】 2009年11月22日,长安区、井陉县被命名为全国白内障无障碍县(全康办[2009]30号)。2010年1月15日,石家庄市其他21个县(市)区被命名为全国白内障无障碍县(全康办[2010]2号)。值此,全市23个县(市)区均被授予全国白内障无障碍县荣誉称号,标志着石家庄市成功创建白内障无障碍市。2010年5月11日,全国残疾人康复工作办公室发文命名石家庄市为首批全国残疾人白内障无障碍市（全康办［2010］11 号）。

【发放贫困残疾人大学生资助金】 1 月 29 日，省市两级残联共为 95 名贫困残疾人大学生发放资助金 21.7 万元。其中本科生 27 人，每人 3000 元；大专生 68 人，每人 2000 元。

【举办残疾人教育就业扶贫数据库录入培训班】 3 月 18 日，石家庄市残疾人教育就业扶贫数据库录入培训班在铁苑宾馆 3 楼多媒体会议室开班，会议以会代训，教就部主任雷小缺对 23 个县（市）区残联负责教就扶贫业务及数据库录入人员约计 50 人进行了 2010 年市残联十项助残工程涉及的教就工作内容及完成时限、上报时间及内容一一进行了讲解，郑伟对《彩票公益金农村贫困残疾人危房改造管理系统》、《康复扶贫贷款项目管理系统》和《阳光家园计划项目》管理系统网上数据录入、传输进行了辅导，并上机进行了实际演示和操作。

【"威纳邦杯"2010 年全国残疾人乒乓球锦标赛】 5 月 8 日至 12 日，"威纳邦杯"2010 年全国残疾人乒乓球锦标赛在石家庄市举行。本次锦标赛由中国残联、国家体育总局、中国残奥委员会、中国聋人体育协会主办，河北省残疾人联合会、河北省体育局、河北省残疾人体育协会承办。来自 27 个省、市、自治区共 300 名运动员参加了比赛，为比赛提供服务的裁判员、志愿者和工作人员多达 200 多人。本次比赛设立了肢体、听力、视力残疾组，其中盲人乒乓球是首次设项。

【举办首届轮椅太极拳表演赛】 5 月 26 日，市残联在省博物馆广场举办了"石家庄市首届轮椅太极拳表演赛"。此次活动市内五区分别派出代表队共计 5 支代表队 98 名队员参加了比赛，省残联宣文部主任谭桂龙出席活动并致辞，市残联副理事长张爱艳出席活动致开幕词。经过激烈角逐，裕华区代表队获一等奖，长安区代表队获二等奖，新华区代表队、桥东队代表队、桥西区代表队分获三等奖。

【举办残疾人就业专场招聘会】 6 月 28 日，石家庄市残联在华兴科技工程学校举办了残疾人就业专场招聘会。参加招聘会企业 43 家，与会残疾人 453 名。电脑平面设计、电脑维修、家电维修、手机维修等专业成为此次招聘会的热门专业。这次招聘会，共有 160 名残疾人当场与企业签订了就业协议，180 名残疾人与企业达成就业意向，为历年来残疾人与企业达成就业意向最多、当场签订协议最多的一次残疾人就业专场招聘会。

【2010 年公益岗位首批招录残疾人专职委员 48 名】 市人力资源和社会保障局在 2010 年首批公开招用公益性岗位人员中，明确招用残疾人专职委员 48 名，首开河北省和石家庄市公益岗位招录基层残疾人专职委员之先河。新招用的残疾人专职委员与用人单位签订就业援助协议，就业援助协议一年一签，协议期限最长 3 年。协议期内公益岗位残疾人专职委员享受岗位补贴及社会保险补贴。其中，岗位补贴每人每月 900 元，由市就业专项资金全额负担；社会保险补贴按照上年度社会平均工资最低缴费基数执行，用人单位应缴部分由市就业专项资金负担，个人部分由个人负担。7 月 22 日、7 月 23 日有从事残疾人专职委员工作意向的人员在市残疾人劳动就业服务中心报名，经过初审、复审后，7 月 30 日在网上公示报名合格人员，再由社会保障局统一考试，合格者公示 7 日后无异议者录用。10 月 14 日，市残联举办了为期两天的 2010 年公益性岗位残疾人专职委员岗前培训班。

【《残疾人保障法》执法检查】 7 月 29 日上午和 30 日上午，以石家庄市人大常委会张石峰副主任为组长的市人大执法检查组，对全市贯彻实施《残疾人保障法》情况进行了执法检查。检查组走访了新华区滨湖新村社区残协、滨湖社区康复站、联盟街道文苑小区、区福利企业华福机械配件厂、新华区残疾人康复中心、石家庄威纳邦日化有限公司、廉州镇系井村残疾人养牛厂等单位，并听取了藁城、晋州、赵县、无极、灵寿 5 个县市政府贯彻实施《保障法》的情况汇报。检查组要求各级政府要像关注经济指标一样来关注残疾人工作、支持残疾人工作，各级残联要以残疾人为本，学习和借鉴外省市先进经验，高标准创新工作，使全市残疾人工作早日跻身全国先进行列。

【农村贫困盲人保健按摩培训班结业】 8月25日上午，在中国红十字基金会光明天使基金资助下，为期3个月的农村贫困盲人免费按摩培训班圆满结束。中国盲协滕伟民副主席、省残联郭彦副理事长、省残联王志恒副理事长、爱心志愿者杨柳女士、省盲协常东亮主席、市残联张爱艳副理事长、市京海科技学校刘根岁校长等参加了结业仪式。经过培训，30名学员全部拿到中级保健按摩师资格证书，培训班结束后学员全部实现就业。

【举办残疾人书法绘画工艺品展览】 8月2日，河北省首届残疾人文化活动周在石家庄市博物馆交接班开帷幕。当天，市残联在市博物馆举办了残疾人书法绘画工艺品展览。参展作品80余幅（件），有书法、绘画、串珠、钩织、编织、十字绣、中国结艺、内画、烙画等残疾人作品。这次书法绘画工艺品的展览，是石家庄市残疾人开展文化活动周的一个开始，市残联将以省残疾人文化活动周为契机，在全市残联系统开展丰富多彩的残疾人文化活动，鼓励残疾人走出家门，积极参与公共文化生活，共享社会文明建设成果。

【举行首届“肢残人活动日”】 8月11日是首届全国“肢残人活动日”。市残联、市肢残协会在省博物馆文化广场，举办了主题为“消除障碍，快乐畅行”活动。市内五区的100多名肢残人代表参加此次活动。为让残疾人近距离的接触残疾人专用车，博物馆广场用一百多个隔离墩隔出一个试乘试驾区。一名坐着轮椅、刚刚从试驾车上下来的残疾人高兴的说，这次活动让他们再次对生活充满了希望，感受到了社会对重视和关爱，在今后的生活中，他们会努力生活、努力工作，用实际行动来回报社会。河北乡音食品公司和河北华鹏食品有限公司现场招聘残疾人就业，两家爱心企业用他们的实际行动诠释了“授人以鱼，不如授人以渔”的深刻涵义。

【举办康复协调员师资培训班】 9月17～19日，市残联举办了市县级社区（村）康复协调员师资培训班。23个县（市）区主管理事长、康复部主任、县（市）区康复指导中心技术人员及县（区）市级相关康复机构技术人员近160人参加了培训。培训班聘请了省残联康复部、康复中心、辅助器具中心、市康复医院、市精神病专科医院的康复专家授课，分别就社区康复基本知识、偏瘫、截瘫、骨关节疾患康复训练、脑瘫康复训练、智力康复训练、聋儿听力康复训练、精神病防治康复、孤独症儿童康复、低视力康复训练、盲人定向行走训练服务以及残疾人辅助器具基本知识等内容进行了详细讲解。培训结束后，市残联统一组织了考试，并将学时、学分记入残联系统康复人员培训学分登记册，建立了石家庄市社区康复师资人才资源数据库。

【召开第二届盲人按摩学术研讨会】 11月21日，市残联举办了第二届盲人按摩学术研讨会。21名盲人按摩工作者、市盲人按摩职称评审委员会专家、市残联教就部工作人员参加了会议。研讨会每人限时8分钟，由论文作者阐述撰写论文目的、意义、工作方法、结果。专家提问2分钟。7个评委现场打分，根据平均分高低，评选出一等奖1名，二等奖2名，三等奖3名，优秀奖10名。21名盲人朋友经过激烈角逐，同济按摩院高级按摩师石云峰《按摩为主配合中药外敷治疗腰椎间盘突出症87例体会》获一等奖，魏红格《手法按摩配合走罐、针刺拔罐治疗肩关节周围炎》、宋凌宵《简易按摩治伤食浅论》分获二等奖，牛聚田《按摩治疗小儿食积之我见》、张仑《推拿加足疗治疗失眠》、张晓利《头部按摩配合足部按摩治失眠》分获三等奖。

（王兆惠）

石家庄市黄埔军校同学会

【概况】 2010年，市黄埔军校同学会以对台工作为指针，秉承“发扬黄埔精神，联络同学感情，促进祖国统一，致力振兴中华”宗旨，围绕全市工作大局，发挥优势特色，开拓了工作新局面。举办黄埔军校86周年校庆活动，回顾国共两党合作的抗战历程。《石家庄日报》连载4版刊登李善勋、孟昭复等4名黄埔同学撰写的抗日战争记事文章。

【关爱慰问】 元旦、春节、十一、中秋等节假日对黄埔高龄老人进行走访慰问，到各县（市）区访问和慰问黄埔老人达30余次，排忧解难事60余件。通过问寒问暖，体现对市黄埔军校同学会黄埔老人的深切关怀和深情厚爱，也掌握了市黄埔军校同学会黄埔老人的家庭生活、身体健康和思想政治等实际情况。在抗战65周年之际，市统战部针对黄埔同学生活困难状况，协调市红十字会落实补助金10万元；市黄埔同学安挺壁因搬迁房屋遇到困难，市黄埔同学会秘书长邱振贵多次协调开发商和长安区拆迁办公室，为安挺壁解决搬迁费和房屋补助费5万元。

【召开促进祖国统一座谈会】 先后召开"迎双节促统一座谈会"、"七七卢沟桥事变　纪念抗日战争座谈会"、"65周年庆国庆　迎中秋座谈会"、"两岸黄埔同学　九九重阳节座谈会"等各类大小座谈会12次。座谈会活跃了黄埔同学的政治气氛，增进了促进祖国统一的爱国情感，通过缅怀和借鉴历史，重温历史经验和教训，告诫和警醒后人，祖国不容分裂，"前事不忘后事之师"。

【交往交流】 年内，市黄埔军校同学会会长、副会长、理事等5人参加了省黄埔军校同学会理事座谈会；市黄埔同学会秘书长邱振贵参加了在沈阳举办的东北片会，并在会上进行了经验交流；市黄埔军校同学会赴台湾进行实地考察交流，向海外黄埔同学宣传祖国的繁荣，介绍石家庄的跨越发展。回石家庄后，向黄埔同学全体汇报了台湾当前政治经济和生活状况，受到黄埔同学的赞扬。

（邱振贵）

石家庄市
台湾同胞联谊会

【概况】 2010年是两岸关系取得突破性进展、进入和平发展阶段的第三年，石家庄市台湾同胞联谊会在市委统战部的正确领导下、省台联的悉心指导下，认真贯彻中央对台工作的方针、政策，以科学发展观统领台联工作，做好联谊、服务、发展三篇大文章，基本完成了年度工作任务。

【走访慰问老台胞】 1月20日，市台湾同胞联谊会领导走访看望石家庄市老台胞和部分台胞遗孀，廖海鹰会长代表市委统战部的领导向老台胞们祝贺新春佳节，并送去慰问品。省台联副会长王耀冀、秘书长游俊英，市委统战部联络处处长田民，石家庄市台湾同胞联谊会会长廖海鹰、秘书长游艳红等一行8人，驱车100多千米来到辛集农村，走访慰问了困难台胞黄文玲一家，送上了困难慰问金和慰问品。

【两岸交往交流活动】 3月30日至4月6日，市台湾同胞联谊会会长廖海鹰率河北省65岁以上老台胞11人赴台湾探亲谒祖，市台胞陈倩荣、徐仁光随团赴台探亲，期间拜会了高雄市两岸关系研究学会、义守大学中国问题与两岸关系研究中心、高雄市宝石矿务研究学会、台湾省金银珠宝商业同业公会联合会等团体，受到热情款待。4月2日，市台湾同胞联谊会接待了来河北举办画展的台湾著名画家李奇茂夫妇并组织部分台胞出席了画展的开幕式，这是台湾画家首次在河北举办的画展，也是李奇茂先生大陆巡回画展的第一站。

【接待香港豪德集团董事局主席王再兴】 5月6日，市台湾同胞联谊会接待了全国政协委员、中国光彩事业促进会副会长、中华全国工商业联合会常委、香港豪德集团董事局主席王再兴考察团一行10人，并陪同考察了河北新宇宙电动车有限公司、正定国际小商品批发市场；浏览了正定隆兴寺。香港豪德集团有限公司是一家以商贸物流为主营，集房地产、商贸、金融、金属制品、旅游、公路、桥梁为一体的多元化的现代大型企业集团。豪德集团作为物流行业的龙头企业，在业内具有一定影响力。王再兴主席一行详细了解正定国际小商品批发市场的发展情况，特别对发展商贸物流十分感兴趣；电动车属低碳、经济、节能，表示发展中小型电动车的市场更独特、应用更广阔，希望今后能够进一步沟通交流。

【召开三届二次会长办公会议】 6月16日下午，市台湾同胞联谊会利用端午假期，召开三届二次会长办公会议。会议主要听取了上半年台联工作汇报，讨论和通过了第三季度工作计划，研究和讨论了《市台联工作制度(草案)》及其它事项。会议强调：要把台联办成学习型组织，提高台联参政议政能力和服务台胞的能力。牢牢把握两岸关系和平发展的主题，开展新形势下的台联工作，在联谊、服务台湾同胞方面争取新的突破；要深化联谊，深化服务，牢牢把握两岸关系和平发展的主题，来谋划、落实台联的工作，切实提高服务台湾乡亲的能力和水平，充分发挥“台胞之家”的作用，关心小台胞、加大中青年台胞的培养工作、尊敬照顾好老台胞，充分发挥台联乡情、亲情的优势，发挥台联不可替代的作用；要勇于突破，勇于创新，大力促进两岸民众的交流交往，让台湾乡亲多来看看，让两岸的老百姓互相交流。

【接待“两岸作家河北采风活动”台湾作家团】 8月2日，市台湾同胞联谊会与市委统战部在银河宾馆接待宴请“两岸作家河北采风活动”台湾作家团宋东文等。该活动是由省台联与全国台联、台湾夏潮基金会联合组织，夏潮基金会致力于促进海峡两岸之文化、体育、学术、大专院校青年学生、教师及杰出经贸人士之互访交流活动。此活动对于台湾作家，乃至台湾人民对祖国大陆、对石家庄的了解和认识，增强对中华文化和对祖国的认同感具有积极意义。

【开展“感恩文化月”活动】 9月初，市台湾同胞联谊会与中国感恩文化研究中心、国际文化交流协会、市秘书协会等单位联合向全社会发出倡议，共同开展“感恩文化月”活动。此活动旨在弘扬中国感恩文化，传承中华民族美德，延伸精神文明建设，促进和谐社会发展。这项活动包括在9月12日教师节日与市美华美术高级职业中学的师生庆祝教师节、共同承办《石家庄市首届中国石家庄感恩文化宣传月暨河北省会第八届科学普及周》等系列活动。名誉会长徐胜美和部分台胞参加了此活动。9月16日，市台湾同胞联谊会举办台胞“感恩祖国共话团圆”迎中秋茶话会，大家欢聚一堂，畅叙乡情，共谋发展，共话未来。

【组织“石家庄农业考察团”赴台交流】 10月26日至11月2日，由石家庄市台湾同胞联谊会组织的“石家庄农业考察团”一行11人赴台交流参访，考察团在台湾期间，拜会了中华两岸新世纪农业经贸交流协会、中华两岸文化经贸交流协会等团体，考察了中华行政院长国军退除役官兵辅导委员会清境农场、嘉义县梅山乡原生种茶园、茶叶产销班，并与当地农会干事、产销班长、“神农奖”获得者、村长、企业老板和上市公司董事等进行了座谈，得到了台湾农业界、企业界、商会等多方人士及高层的热情接待，并就加强石台农业合作进行了交流和洽谈。这是石家庄市台湾同胞联谊会首次自主组织的赴台交流考察活动，在全省市级台联中也属首次。为今后石家庄市台湾同胞联谊会组团赴台参访打下了良好的基础。

【召开三届二次理事会】 12月10日，市台湾同胞联谊会三届二次理事会召开，会议讨论并通过市台湾同胞联谊会第三届理事会2010年工作报告和2011年工作要点。会议号召，广大在石台胞在新形势下深入贯彻党的十七届五中全会精神，以邓小平理论和“三个代表”重要思想为指导，深入贯彻科学发展观，坚决贯彻胡锦涛总书记对台工作重要讲话精神，牢牢把握两岸关系和平发展的主题，不断开拓争取台湾民心工作新局面，充分发挥台联自身优势和特点，努力扩大两岸人员往来和经贸文体交流，为推动两岸关系和平发展贡献力量。

（游艳红）

石家庄市消费者协会

【概况】 2010年，市消费者协会（简称市消协）在市工商局党组和省消费者协会的正确领导下，坚持以科学发展观为指导，紧紧围绕年主题，解放思想，开拓创新，充分发挥消协职能，积极宣传消费维权知识，引导消费者科学消费和理性消费，强化社会监督，加大对商品与服务的社会监督力度，认真受理消费者投诉，为消费者排忧解难，取得了显著成绩，有力地维护了消费者的合法权益。被省消协授予消费教育和消费指导工作先进单位；被市政府保护办授予2009年度全市保护消费者合法权益工作先进单位。

【3·15国际消费者权益日活动】 为深入开展纪念3·15国际消费者权益日，切实做好保护消费者合法权益工作，3月5日上午，市消协组织召开石家庄市2010年纪念3·15新闻发布会，发布了石家庄市消费者协会2009年度消费者投诉热点分析，市工商局、市卫生局、市质监局、市物价局、市药监局通过省会新闻媒体向社会公布一

批典型案例，同时启动了2010年石家庄市“消费与服务”年主题活动。3月15日上午，市政府保护办、市工商局、市消协在保龙仓超市中华南大街店举行了2010年石家庄市“消费与服务”年主题启动仪式，在启动仪式上表彰了一批2009度保护消费者权益工作先进单位和先进工作者，石家庄市工商行政管理局等56家单位被市政府保护办授予了“2009年度石家庄市保护消费者合法权益先进单位”荣誉称号，戎海群等64位同志被授予“2009年度石家庄市保护消费者合法权益先进工作者”荣誉称号。启动仪式结束后，市消协组织工商、卫生、质监、物价、药监、消协以及部分企业在现场开展大型宣传咨询服务活动，发放年主题和《消法》等有关法律法规宣传材料，现场受理消费者的投诉和咨询。

【受理咨询投诉】 2010年，市消协系统工作人员尽职尽责，认真做好受理消费者投诉工作，对消费者反映的问题，及时进行认真分析，发布消费提示、消费警示，提示消费者谨慎消费，避免上当受骗，依法维权。2010年，全市消协系统共受理消费者投诉3582件，解决3529件，解决率为99%，使消费者免受经济损失392.43万元，提供案件后行政机关处罚的41件，罚没金额达16.12万元，接待来访、接受咨询15116人次，收到表扬信21件。本年度消费投诉呈现六大问题：一是电视、电话购物成为投诉新热点。二是房屋及装修建材类投诉是难点。三是物流、快递服务难称满意。四是不法分子冒充正规厂家的售后服务，欺骗消费者。五是汽车投诉持续增多。六是垄断性服务行业的服务质量亟待提高。

【监督检查】 2010年市消协加大对服务行业的消费评议和消费体察活动，推动服务行业改进相关服务质量和水平，提升消协社会公信力。6～8月份，组织市内六区和行唐、赵县、赞皇三县开展了对邮政营业窗口服务情况专项体察活动；8～10月份，开展了全市旅游服务质量消费者评议活动。市消协经常性地深入消费前线进行明察暗访，开展消费体察活动，发现问题及时分析，并通过市消协网站及新闻媒体发布消费警示和消费提示，避免广大消费者上当受骗。

【宣传教育】 6月份，市消协成立新闻宣传教育部，加大新闻宣传和消费教育工作力度。一是以科学发展观为指导，以“营造良好消费舆论环境”为目标，紧紧围绕“消费与服务”年主题和消协工作重点开展宣传、报道，通过曝光消费侵权案件，报道消费投诉情况、消协工作动态，发布消费提示、消费警示，宣传消协自身建设情况，树立了消协组织在社会上的良好形象，在省、市级媒体发布信息48篇。二是以新闻传媒为载体，开展消费教育和消费引导。为普及消费知识，倡导理性、责任、文明的消费观，市消协积极借助石家庄电视台公布侵害消费者合法权益的典型案例，披露假冒伪劣违法行为和欺诈行为；同《河北青年报》合作设消费维权专栏，每月向读者介绍如何识别假冒伪劣商品知识等系列栏目；同《燕赵晚报》合作，在3·15期间推出3·15特别报道，不定期发布消费警示和消费维权案例，每季末发布投诉分析。三是采取多种形式，积极推进消费教育进社区、街道、进学校。通过进学校、下农村、讲案例、印发宣传材料等一系列的宣传教育活动，普及安全消费知识，增强了自我防护意识。四是开展出国留学知识讲座，为广大准留学生提供出国留学消费知识咨询，普及出国留学相关知识，宣传出国留学相关法规，引导出国留学正确消费，培养出国留学消费者的维权能力，引导石家庄市的合法留学中介诚信经营，切实保护出国留学消费者的合法权益。

【推行消费维权新模式】 发挥“一会两站”优势，开展送知识、送农资、送服务“三下乡”活动。4月20日，市消协在晋州市新世纪广场举办了“送知识、送农资、送服务”服务“三农”“三下乡”活动启动仪式。现场设立咨询服务台、维权知识宣传台、假冒伪劣商品辨别台、优质农资商品展示台、农林技术讲解台、农机具免费维修台。全年活动共发放宣传材料3.5万余份，参与群众多达5万余人次，现场为消费者解决问题220件，挽回经济损失29万余元。8月25日，在全市“一会两站”工作调度会议上，晋州市“一会两站”建设领导小组提出了把消费者协会、个体劳动者协会、私营企业协会、维修行业协会的职能，进行整合划一，丰富和扩大“一会两站”的内涵和外延，增强和提升全市“一会两站”的综合维权服务功能，加大对三农和新农村建设的扶持力度，形成了“四会合一”消费维权的新模式，并于11月23日，在各乡镇正式挂牌。建立“诉前调解”工作机制，创新消费维权工作新思路。2010年7月，市消协在无极县试点推行“诉前调解”的调解新办法，无极县消协与县人民法院联合处理群体及复杂消费纠纷，将消费纠纷化解在初级阶段，减少诉讼，促进了社会和谐稳定发展，收到了良好的社会效果，并在全省予以推广。

（李哲）

石家庄市工业经济联合会

【概况】 石家庄市工业经济联合会是石家庄市人民政府领导和河北省工业经济联合会（河北省经济团体联合会）指导下的群众团体，是全市经济类行业协会的联合组织，由市发展和改革委员会联系和指导。2010年，市工经联（经团联）在市委、市政府的正确领导下，在省工经联（经团联）、市发改委指导和有关部门的帮助支持下，坚持以邓小平理论、“三个代表”重要思想和科学发展观为指导，紧紧围绕市委、市政府的总体工作部署，认真履行职责，服务发展大局，在行业协会建设与规范、指导县（市）工经联（经团联）提升服务能力、加强调查研究、推进作风建设以及组织各行各业开展创先争优活动和对标行动等方面，取得明显成效；较好地完成了年度工作计划目标，开创了事业发展新局面。

【行业协会建设】 为加快推进石家庄市行业协会布局结构调整，完善经济社会发展服务支撑体系，下大力推进医药、化工、纺织等重点行业协会建设，其中化工协会于年底前成立，医药经营协会筹备工作基本完成，将择机召开成立大会。与此同时，指导成立了市旅行社协会、市可再生能源建筑应用行业协会；批准纺织、老龄产业、金属流通、园林绿化等行业协会进行筹备，使行业协会布局结构不断优化，覆盖面不断扩大。

（高国欣　吴文娟）

【可再生能源建筑应用协会成立】 9月27日，石家庄市可再生能源建筑应用协会成立。闫书章当选为首任会长。市人大常委会副主任傅世武、李屏东到会祝贺。至2010年底，全市从事可再生能源建筑应用的企业有200余家，从业人员达5000多人。成立可再生能源建筑应用协会，就是通过研究产业政策，积极应对宏观调控，争取更多的政策扶持。并结合石家庄市实际科学分析产业发展状况，适时提出相关意见和建议，帮助会员企业理清发展思路，科学包装项目，拓宽合作渠道，提升产业发展的竞争力，推动可再生能源产业快速健康发展。

（王静　席子杰）

【化工行业协会成立】 12月24日，市化工行业协会在市人民会堂举行成立大会暨第一届第一次理事会。至年末，该协会已申报单位会员49家，个人会员4名。市化工行业协会是经市政府批准，由全市化工生产、经营企业、科研单位、大专院校等组成的非营业性行业组织社会团体。2010年底，石家庄市共有化学工业企业300余家。在化工行业协会成立大会上，通过选举产生了行业协会第一届理事会及会长、副会长、秘书长，通过了《石家庄市化工行业协会章程》。

（雷婷　杨彩明）

【争取政策支持】 进一步推进《河北省人民政府关于进一步加强全省行业协会建设若干意见的通知》文件落实，邀请市财政局、民政局领导来石家庄市台湾同胞联谊会调研，就政府资助重点协会发展和购买服务等课题进行深入沟通。经过努力，市企业家协会、市现代物流协会、市统计调查业协会、市食品加工协会等，已经开始政府购买服务试点。

【开展行业性活动】 组织石家庄市行业企业参与“河北百强企业“排序活动。按照省工经联（经团联）部署，组织石家庄市行业企业积极参加2010年“河北百强企业”排序（第十届）活动。经石家庄市台湾同胞联谊会推荐，有22家企业入围“河北百强企业”，30家企业入围“行业排头兵”，12家企业入围“河北制造业百强企业”，13家企业入围“河北服务业五十强”，石家庄市企业入围数量在全省各市独占鳌头。

【搭建银企对接平台】 扶持中小企

业发展。为帮助石家庄市中小企业解决融资难问题，2010年11月25会同市金融办组织召开银企对接会，华夏银行、农业银行、民生银行、建设银行、中信银行及市企业联合会、市建筑协会、市商业联合会等，就扶持中小企业发展、帮助解决融资问题进行研讨，在市工经联（经团联）倡议下，民生行业等金融企业，计划选择部分行业协会开展同业互助担保和信誉担保业务试点，以更好地服务石家庄市中小企业发展。

【“正博会”招商引资】 根据市政府部署，市工经联（经团联）作为招商单位之一，先后组织召开3次有关行业协会负责人会议，安排部署招商工作。在本次活动中，市工经联（经团联）组织行业协会招展位477个。期间，还举办“2010石家庄·正定家装下乡博览会和汽车行业博览会”。市商业联合会、市汽车流通协会、市食品生产加工协会、市装饰协会、市美容美发行业协会等，请国内外客商参加，加大汽车用品、绿色食品等招商力度，共招广东、浙江、北京等地客商300余家，在石家庄市重大经贸活动中发挥了积极作用。

【县（市）工经联（经团联）建设】 县（市）工经联（经团联）组织体系建设基本完成后，重点指导其规范组织运行、提升服务能力。于2010年3月10日，组织召开全市工经联（经团联）秘书长工作会议，就进一步加强县（市）工经联（经团联）组织建设、规范组织设立和人员编制，以及更好地服务县域经济发展等课题进行研讨；交流和推广了辛集市、深泽县等工经联（经团联）组织，在培育发展区域性行业协会、招商引资、调查研究等方面的工作经验。2010年7月，秦皇岛、廊坊市工经联（经团联）来石家庄市台湾同胞联谊会进行了对口交流，同时到赵县、辛集市，就石家庄市县（市）工经联（经团联）组织发展情况进行考察与交流。

【调查研究】 先后组织市工经联（经团联）有关会长和行业协会会长、秘书长等，深入元氏县物流园区、正定国际物流园区、可再生能源建筑应用行业及石家庄市重点医药经营行业等开展调研，并总结石家庄市有关物流企业和可再生能源建筑应用行业的经验进行推广。机关领导班子深入石家庄市汽车配件行业进行调研，协助行业龙头企业向长安区政府提出《关于规划建设汽车物流园区的报告》。围绕石家庄市产业结构调整和区域经济发展等课题，深入石家庄煤矿机械有限公司进行调研，撰写了《抓创新促发展，调结构提效益》的调研报告，在市委《决策》杂志刊发和《石家庄经济》、《河北经济日报》刊发。深入无极县郭庄镇就发展木业产业情况进行调研，撰写了《实施工业强镇战略，培育发展特色产业》的调研报告，在市委《决策》杂志刊发。为促进石家庄市经济类行业协会健康发展，深入行业协会和有关县（市）开展调研并广泛征求意见，完成了《石家庄市行业协会发展规划纲要（2011～2015)》编制工作，并呈报市政府领导审阅。市工经联（经团联）调研工作得到上级肯定，市委办公厅（石办字【2010】54号）文件，授予市工业经济联合会调研信息部为“2009年度调研工作先进单位”；《关于市建筑协会服务行业发展的调查》获得年度调研成果一等奖，关于保龙仓商业连锁有限公司《奋力开拓实现跨越式发展》的调研报告获得年度优秀调研成果奖。

（高国欣　吴文娟）

石家庄市红十字会

【概况】 石家庄市红十字会于1956年12月9日成立，1986年恢复建会，挂靠石家庄市医学会，1996年经市编办批准，转由石家庄市卫生局代管，2005年12月，经市编办批准，石家庄市红十字会由“市卫生局代管”改由“市政府领导联系”，规格由原来的科级调整为副县级，设会长一名（兼），专职副会长一名（副县级），科级职数2名，内设办公室、业务工作部两个机构，事业编制5名，工勤人员编制1名，人员参照公务员制度管理。

【组织建设】 12月3日经河北省编制委员会批准，石家庄市深泽县、矿区、灵寿县、栾城县、元氏县、行唐县、藁城市、井陉县、新华区、赵县等10个县（市）区理顺红十字会管理体制，由原来的卫生行政部门代管，改由县（市）、区政府领导直接联系，成为独立建制的社会团体，为基层红十字事业的发展提供了重要的组织保障。12 月 23 日，全市红十字系统在深泽县召开了理顺县级红十字会管理体制大会。市红十字会为每个理顺管理体制的县级红十字会配备价值 10 万元的车辆、文件柜、计算机、照相机、传真复印一体机等办公用品。年内，发展红十字会员单位 18 个，冠名单位 7 个，红十字会会员 3200 名，收缴会费 25 万元，其中市第一医院上交会费 10 万元，成为石家庄市第一个永久性会员单位。

【市学校红十字工作委员会成立】 按照《中国红十字会总会、教育部、卫生部、共青团中央关于加强学校红十字会工作的指导意见》和河北省红十字会的具体要求，联合市教育局、卫生局、共青团市委共同成立了石家庄市学校红十字工作委员会。10 月 19 日在石家庄市玉树民族中学举行了石家庄市中小学生校外综合实践活动基地红十字会成立授旗仪式，发展红十字青少年 286 名，仪式现场进行了红十字急救四项技术演练。

【两个志愿服务大队成立】 年内，在全省率先组建了“石家庄市无偿献血志愿服务大队”，发展志愿者 560 名，在全省起到了引领作用；组建了“红十字健康医疗咨询志愿服务大队”，自愿加入服务大队的志愿者达到 700 多名，在社区开展健康咨询服务，免费接送求助病人到医院诊治，促进和谐社会建设方面发挥了良好作用。

【无偿献血和造血干细胞、遗体、角膜捐献】 在无偿献血和捐献造血干细胞方面，积极拓展招募志愿者渠道，提高服务水平，加强规范化管理。市红十字会、市卫生局联合出台了《石家庄市县（市）无偿献血表彰奖励办法》，鼓励和调动无偿献血人员的积极性，全年无偿献血人数达到 125495 人次，献血量近 45 吨，比上年同期增长 13.2%，确保了省会临床医疗用血和医疗安全；全年完成捐献造血干细胞入库资料登记人数突破 4000 例，累计近 20000 例，完成初筛 477 人，是 2009 年的 2 倍，实现捐献 2 例，累计 11 例，继续保持全省领先地位。红十字人道关爱工作。广泛开展艾滋病防控知识宣传活动，举办艾滋病预防同伴教育培训班 2 期，培训 24 人；积极开展遗体（角膜）捐献的宣传动员工作，市红十字会遗体捐献志愿者工作站累计登记捐献遗体 878 人，实现捐献47 例；累计登记捐献角膜 187 人，实现捐献 9 例。

【宣传报道】 精心组织了“5·8 博爱周”、“5·12 防灾减灾日”、“世界献血者日”、“世界急救日”等宣传活动，集中主题、集中时间、集中力量，宣传红十字精神和红十字会工作。以“5·8”博爱周、南方五省旱灾、玉树地震、舟曲特大泥石流募捐等重大活动为契机，成功组织了一系列大型公益宣传活动，省会 20 多家医疗单位参与活动，发放宣传资料 16000 余份，义诊群众 2000 余人。投资 5 万元购置照相机、外出移动桌、椅等宣传设施，制作宣传展板 20 块、印制《红十字法律、法规汇编》1000 册、2010 红十字会工作画报 200 册、2006 至 2010 年募捐救助纪实汇编 500 册。8 月 9 日至 10 日，石家庄市台湾同胞联谊会卫生救护培训中心梁大伟、曹岭楠作为石家庄市代表队成员参加了由民政局、教育局、共青团石家庄市委、市红十字会、人保公司共同组织的“防灾减灾知识竞赛”中，以优异成绩摘得桂冠，并代表河北省参加了 9 月下旬在北京举办的“中国人保——全国防灾减灾知识大赛”央视总决赛，荣获亚军的好成绩。市红十字会荣获省“突出贡献奖”，解晓芒、郝瑞起获“突出贡献先进个人”，参赛两人获“代表队先进个人”称号。积极与各新闻媒体合作，大力营造舆论氛围。充分利用红十字会特色工作、特色项目、大型有特色的活动进行媒体报道宣传，利用媒体为全国道德模范张建霞募集手术费 10.14 万元，为定州特困农民韩建新双胞胎聋儿募集医疗费 4.93 万元。

【博爱送万家】 1 月 14 日，石家庄市 2010 年“红十字博爱送万家”活动启动，中国红十字会总会和省红十字会支援石家庄市 28 万元送温暖物资，市红十字会又购买了价值 10 万元的食品，通过各县(市区)红十字会对全市 2000 户贫困家庭进行慰问。3 月 11 日，市政府召开全市红十字工作会议，部署了“博爱一日捐”活动。各级领导、各部门高度重视，经过积极努力，全市完成募捐款 442.64 万元，为历年最高。截止 10 月底定向、非定向捐款达到 1131 万元。

【助学济困】 1月17日，与石家庄斯柯达车友会在行唐县上闫庄乡明德小学举行了蓝丝带在行动扶贫献爱心捐赠仪式。此次活动石家庄斯柯达车友会集体捐资购买了价值10000元的学习用具、棉被、衣服、粮油米面等日用品，现场为40名贫困学生进行了发放；7月初，北京航天海盛科技发展有限公司为深泽县立邦铁杆希望小学捐赠20000元，救助20名贫困学生每名500元和电脑、教学、体育器材及图书等；年近八旬的谷山老人为救济困难群众献爱心立下“生命不熄、捐款不止”的誓言，退休老教师杭淑荣两年捐款4800元资助3名贫困高中学生完成学业；“80后”李科除了遇灾必捐外，每月捐出微薄收入的一二百元，成为他的生活习惯等等。

【筹资援建项目】 年内，利用华电国际电力股份有限公司捐赠40万元，为全市16个县（市）区200名贫困白内障患者实施复明手术。筹措善款4万元，为每位患者发放200元公交、食宿补贴，解决实施手术患者的实际困难。争取中国红十字会总会善款200万元，为青海玉树灾区来石就读的298名学生设立教学、生活、学习补助金，投资开发食品加工项目，使每名学生每天能够喝上一杯牛奶和一杯豆浆。与市中医院共同开展百万元救助贫困脉管疾病患者项目，进展顺利，全年共有20名患者分别获得5000元的救助。协调河北友爱医院出资40万元，为省会1560名出租车司机免费体检。争取中国红十字基金项目资金86万元，其中20万元为平山县下槐镇修建了第二座“红十字博爱卫生院”，同时，救助白血病患儿21名，每名白血病患儿家庭分别得到救助金3万元。

【卫生救护培训】 普及卫生救护知识是红十字会的一项传统工作。石家庄市台湾同胞联谊会自2010年4月1日正式接收管理石家庄市红十字卫生救护培训中心工作以来，完成了中心搬迁、人员重组培训、教学设施的更新购置等工作，一切从零开始，经过9个月的运行，开展机动车驾驶、列车乘务员、武警消防等高危行业人员救护培训，在青少年中普及自救互救知识，面向城市、学校、农村、社区群众和学生开展应急救护培训，共安排培训793场（次），6344个学时培训中小学生351人，普及培训228146人次。同时组建了石家庄市第一支红十字应急救援队，配备急救箱、担架、包扎、固定等急救器材，利用“5·12”国家防灾减灾日、“9·9”红十字急救日，在省文化广场进行了现场观摩演练。通过平时的训练和实地演练，进一步提高红十字会应急快速反应能力和现场救护水平。

【对外交流】 积极参与国际间的合作救助项目，石家庄市友好城市乌克兰赫梅利茨基市遭受“甲流”灾害袭击，石家庄市台湾同胞联谊会得到救援信息后迅速购买了价值63万余元的抗“甲流”药品通过航空送达灾区，增进了与乌克兰人民的友谊，实现国际间合作零的突破。支援江西上饶洪涝灾害、丹东市洪涝灾害各一万元，11月份接待上饶市红十字会领导来访，建立了密切友好合作关系。分别组织机关人员到邯郸市红十字会和沧州市红十字会对标学习，通过学习交流，学到了经验、增进了感情，促进了石家庄市红十字事业的发展。

（郝瑞起　翟璘）

政 法

政法

公安

【概况】 2010年，全市各级公安机关在市委、市政府和上级公安机关坚强领导下，深入贯彻落实中央、省、市三级政法工作会议精神和全国公安厅局长座谈会精神、全省公安局长座谈会精神，主动服务第一要务，自觉履行第一责任，以争创“三个全国一流”、创建全国最平安省会城市为总目标，以省委常委、政法委书记、公安厅厅长张越同志提出的“老老实实做好自己的功课，勤勤恳恳办好群众的事情，兢兢业业尽好维稳的职责”三句话为总要求，以“三项建设”和“三项重点工作”为主线，全神贯注，凝心聚力，有力地维护了“十一五”收官之年社会和谐稳定，公安工作和队伍建设均取得了历史性的发展和进步。由于成绩突出，市公安局被全国妇联、全国维护妇女儿童权益暨平安家庭创建协调组授予“全国维护妇女儿童权益先进集体”，被省委、省政府评为“省级文明单位”，被市安委会评为“全市安全生产监督管理先进集体”。特警支队被公安部荣记集体一等功。市警校被公安部评为“全国公安教育训练工作先进集体”。出入境管理处被公安部等8部委评为“全国巾帼文明岗”。国保支队被省委防范办评为“河北省防范处理邪教工作先进集体”。网监支队被公安部评为“全国公安机关集中整治网络赌博违法犯罪活动专项行动成绩突出集体”。第二看守所被公安部评为“全国公安监管部门信息技术应用先进单位”。市拘留所被省公安厅评为全省“教育被拘留人员工作先进单位”。户证处被省总工会授予“河北省工人先锋号”荣誉称号。法制处被市委评为“全市普法工作先进集体”。

【安全保卫】 积极推进社会矛盾化解，大力实施应急处突响应工程，在全省率先组建完成了市、县、乡三级专业应急队伍，妥善处置了一大批影响稳定的事件；积极加强虚拟社会稳控，网上重点人员管控平台建设经验被省厅推广；全力开展清积评查行动，有效解决了一大批涉法涉诉信访疑难问题；大力开展情报信息工作，成功处置了一系列影响社会稳定的事件。

【刑事侦察】 不断强化科技支撑，深入推进刑侦工作信息化、刑事执法规范化、刑侦队伍专业化，积极构建整体打击犯罪工作格局，打击犯罪更加精准。先后部署开展了打击盗抢机动车和盗窃“三车”犯罪，打击发票、假币和银行卡犯罪专项行动以及“2010严打整治专项行动”。工作中注重“跨区域办案协作平台”等信息化手段的应用，实现了侦查破案的低成本、高效率。

【治安防控】 强力推进城乡一体化治安巡控体系建设，市区巡控机制改革和县、乡、村巡控队伍建设成效明显。大力整治“黄赌毒”违法犯罪，开展了“荡涤”系列行动。创新体制机制，治安防范更加严密。顺利完成了市区巡警警务运行机制改革，基本形成了“市区两级巡控办，一所一队两部车，巡逻处警成一体，属地为主负总责”的巡控格局，实现了巡控单元网格化、巡控资源最大化、巡控职能复合化和巡控责任属地化。集中开展了治安重点区域整治，采取领导分包、挂账督办等多种有效措施进行整治，年内，重点区域的治安秩序得到明显改善。持续开展了娱乐场所专项整治行动，先后组织了5次“荡涤”系列行动，检查场所2.3万家次，查获涉“黄、赌、毒”人员506名，取缔各类违法违规经营场所167家，有效净化了社会治安环境。危险物品管理方面，以“不流失、不炸响，零事故、零案件”为目标，深入推进治爆缉枪专项行动，有效剔除了治安隐患。

（李玉峰）

【110划归市内6个公安分局】 3月2日，省会110迎两会保平安社会面巡控新机制启动仪式在省会文化广场举行。新型警务机制启动后，省会110巡警下属6个大队被划归市内6个公安分局，110巡警拥有了派出所民警的执法权力。改革前，省会110巡警主要负责市区各条街道巡逻，执行动态接处警任务。伴随石家庄市社会治安形势和刑事发案特点变化，以往巡警警务运行机制已不能适应新的形势。围绕创建全国最平安省会城市目标，市公安局根据全市巡逻防控工作实际，经过深入调研和广泛征求意见，决定对巡警警务运行机制进行改革。改革后，保留巡警支队及内设机构不变，负责对全市公安机关巡逻防控工作组织、指导、督导、检查和考核。巡警支队下属6个大队划归市内6个公安分局，在分局设立巡警大队。市内各派出所设立巡警中队，配备两辆110警务车。全市72个派出所，110警务车达到144辆，比改革前的50辆大大增加，提高了路面见警率。此次改革借鉴北京、天津等城市经验，将改革前巡警接到报警第一时间赶到现场后，治安案件移交派出所处理，刑事案件移交刑警中队的处案方式，转变为巡警到派出所后，可行使派出所民警执法权力，一手抓巡逻防控，一手抓接处警，整合了警力资源。

（胡雁冰）

【交通管理】 紧紧围绕“降事故、保安全、保畅通”这条工作主线，在加强道路安全管理、服务人民群众和夯实基层基础建设等方面取得了丰硕成果，交通管理信息化、执法规范化、和谐警民关系有了新的进展，出色完成各项工作任务。完成市区364处道路监控、236个路口电子警察和45处卡口系统的建设任务；全面启动市区交警摩托化警务模式，持续开展路面交通秩序集中整治活动，形成对各类严重交通违法行为的严管严控氛围，全市道路交通秩序得到进一步的改善。通过实施勤务制度改革、优化交通组织方案和应急疏导预案、强化对道路施工现场的巡查监管力度、加强交通信号系统的科学高效管理等系统措施，使道路交通始终处于可控和可承受状态。严重交通违法行为得到有效治理。通过不间断地开展交通违法行为专项整治，市区主要道路行人乱穿马路、非机动车闯红灯的现象明显减少；主要交通集散区域“三车”交通违法行为得到有效遏制。同时，机动车乱停乱放、报废车上路行驶、酒后驾驶、农用车违法载人等交通违法行为得到控制。执法管理手段不断优化，执法管理效率显著提升。推出计时计效考核等先进管理措施、探索实行逐级抓落实的工作机制、建立24小时不失控的摩托化勤务模式，科学优化警力资源，逐步实现了道路管控科学化、治安防控一体化。推出一大批便民、利民新举措。18个县（市）、区（矿区）全部达到能办理车辆业务和驾驶员业务，做到能在网上选号、能检车、能就地取牌。出台了《路况警情引领网格警务管理机制》，交通秩序管理、简易程序交通事故处理、交通安全宣传等凡是与交通管理工作有关的各项任务进一步细化、量化。交通宣传工作与时俱进。借助新闻媒体及LED显示屏及时提供道路交通流量、道路通行状况、天气交通影响、出行线路选择等信息，为群众出行方便。

（李玉峰）

【交通事故预防】 1～12月份，全市共发生一般程序道路交通事故578起，造成286人死亡，486受伤；直接财产损失2092282元。事故起数比上年减少166起，同比下降22.31%；死亡人数比上年减少7人，同比下降2.39%；受伤人数比上年减少263人，同比下降35.11%；直接财产损失比上年减少341671元，同比下降14.04%。2010年，市交管局连续5年被全国总工会和安监总局联合评为“安康杯竞赛活动”优胜单位，这是全国政法系统唯一获此殊荣的基层单位。

【交通安全宣传】 与石家庄电视台合作开办“天天说交通”电视栏目，作为“交警品牌”，一直在石家庄电视台保持高收视率。在市电视台开办“每日路况信息播报专栏”，接受市民监督，拉近与市民的距离。发挥交管局指挥中心《交管直播室》作用，提高宣教工作的主动性和舆论引领能力，及时向社会播发交通管制信息、路况信息、交通安全信息和气象信息。在市广播电台开辟《交警热线》栏目，参加河北电视台《阳光访谈》特别节目，与听众互动交流，解答群众疑惑，接受社会各界代表对疏堵保畅工作评判打分，与群众建立起零距离沟通桥梁。2010年，新乐交警大队作为河北省唯一参评单位，通过国务院六部委组织的"国家级平安畅通县区"验收；在路面执法、事故处理等工作上连续3年实现零投诉、零诉讼、零复议；中央"创先争优"活动领导小组负责人实地考察了新乐市交警大队，并以"河北省新乐市交警大队以创先争优促文明执法"为题，向全国推广新乐交警的做法和经验。

（市交管局办公室）

【消防救援】 坚持以防、灭火和抢险救援工作为中心，瞄准全省一流、全国站位的工作目标，全面实施筑牢"防火墙"和打造消防铁军工程，着力提升消防信息化、执法规范化和部队正规化建设水平，确保了火灾形势和部队建设的"双稳定"，实现整体工作新跨跃。市政府挂账的重大火灾隐患全部整改销案。消防基础设施和消防装备建设得到了加强。建立消防调度指挥平台，为基层统一配置信息终端设备、LED显示屏，在全省信息化建设验收中总成绩名列第一。配齐配强了灭火救援攻坚组的器材装备。增配A类泡沫车、细水雾消防车等执勤车辆17部，各种特勤装备2500套件。定购了强臂破拆车、气垫船、101米举高消防车等一大批高精尖装备。按照"政府主导、部门联动、全民参与、单位落实"的工作原则和"抓点带面、示范创建、整体推进、常抓常新"的总体思路，在全市范围内推动实施了社会单位"四个能力"建设。通过综合运用教育培训、隐患整治、典型示范、分级督导、严格验收等五项措施，打造出10类全国性示范单位，总结出重点单位八大亮点，一般单位"一懂三会"等先进模式，使全市1880家重点单位和1438家派出所监管单位全部达到了"四个能力"建设标准。新建469座市政消火栓，14座消防水鹤，结束了省会二环路无市政消防水源的历史；实现了乡镇、街道抓"面"、农村、社区抓"片"、行业、系统抓"线"、派出所、保安队抓"点"的消防网格化管理，全市100%社区达到了"六有"标准，80%的农村完成了"八有"建设，186个乡镇建设了"四有"消防队伍，进一步巩固了社区、农村的"四个基础"。开展了"消防安全教育示范学校"创建活动；在省、市主流媒体开辟了《省会119》、"消防直通车"等消防宣传专栏；在市内6600辆出租车LED屏和2000余辆公交车移动电视循环播发消防宣传片；组织开展了声势浩大的消防电视大赛和"119"消防宣传日活动。完善了《石家庄市消防监督执法工作制度》，推出了公安派出所"四明确，两提升"消防监督执法模式，建立了96119便民服务24小时专线。实行"三个必停、四个必封、五个必拘"的刚性措施，集中开展了6次专项整治行动，实现了执法质量和执法数量的"两提升"。队伍建设实行了"531"训练机制，保证了训练科目、时间和质量的"三落实"。成立了全市应急救援指挥中心，组建了市、县两级应急救援队伍，开展了15次大型灭火救援联合演习，圆满完成了北京军区"联动－10"军地联合演习。成功举行了全省大跨度、大空间建筑灭火救援准备实战性测试现场会，形成了"全面训练、突出专业、注重实战，社会联动"的专业化练兵体系，构建起了一体化思维、区域化指挥、立体化作战的灭火救援格局。

（李玉峰）

【消防指挥中心建成启用】 7月2日，新建成的石家庄市消防指挥中心正式启用。新启用的石家庄市消防指挥中心位于建华大街与北二环路口西行200米路北。该指挥中心集受理火警、指挥调度、部队管理、行政执法、宣传教育为一体，承担着全市消防保卫、应急救援的调度指挥任务。消防指挥中心大厅总建筑面积300平方米，是集数字化、信息化、智能化于一体的现代灭火作战和抢险救援指挥中心，技术已达到国内同等城市先进水平。

【综合应急救援支队成立】 7月2日，石家庄市综合应急救援支队在新落成的市消防指挥中心挂牌成立。省有关部门负责人，市领导李国伦、张铁力、张树志等参加了应急救援支队成立暨消防指挥中心揭牌仪式。石家庄市综合应急救援支队依托市公安消防支队组建，在保持原有管理体制不变前提下，将医疗、交通、气象、环境、森林、防汛、矿山、通信等专业应急救援队伍和应急志愿者队伍纳入应急救援体系和社会动员体系，并建立联动机制，由市政府统一领导、统一调度、统一指挥，一旦有突发事件发生，可立即展开救援工作。该支队伍抢险救援的范围主要包括地震等地质灾害和重大自然灾害，危险化学品事故、建筑施工事故等生产安全事故，道路交通事故、空难事故、爆炸及恐怖袭击事件、群众遇险事件等。同时，协助气象、环保、森林、卫生等部门处置其它突发事件。

（胡雁冰）

【基础建设】 全市各级公安机关按照硬件做硬、软件做强、基础做实、整体做优的思路，扎实推进公安信息化建设、执法规范化建设、和谐警民关系建设和社区农村警务建设，圆满完成了既定目标。以“三大平台”建设为牵引，推动信息化建设上水平。顺利建成大情报平台，实现“三级联动”，推出20余项技战法；全面启动警综平台，各类业务数据进行安全切割和对接，人员、场所等管控工作稳步开展；完成警用地理信息基础平台PGIS1.5软件升级，实现10个应用项目上线运行，顺利通过公安部专家组评审阶段性验收，并两次被公安部向全国推广。123辆110巡逻车实现了GPS定位；信息中心建设规模和水平位居全省第一。顺利完成监督信息中心建设，在全市629个窗口单位、基层所队、监管场所、交警队等执法场所安装了2715个视频监控探头和546部（接警、投诉）电话录音终端，全市各类执法场所、服务场所和“窗口”单位监控设施安装率、一线执法民警同步录音录像设备配备率全部达到了100%。汇编《执法规范化建设丛书》，开通“网上法律学校”，举办37期个案点评视频讲座。建立大走访长效工作机制，将“帮一连三”拓展为“帮一联五”。拓宽警民联系交流平台，充实了门户网站《石家庄公安网》内容，研发集预警、互动为一体的“警讯通”信息系统和110接处警短信评议系统，开通公安微博，推行交管业务警务室试点办理模式。编创《石家庄警民和谐歌》，集中开展“警民相约警务室”、“市民进警营”、“警民恳谈”等系列活动，在所有警务室通过3G移动通讯技术接通了公安网，在市区342个警务室和县（市）城区11个警务室接入了互联网，建立了网上警务室和警民“QQ”群、“片警在线”、“短信速递”等板块，开设了“列车时刻”、“生活常识”等便民服务专栏。创建启动了“片警为主，多警为辅”社区（农村）合成警务机制，在全市897个警务室中，配置了1117名社区和驻村民警，将警务室建成了打防犯罪的前沿阵地、化解矛盾纠纷、维护社会稳定的源头防线。

【队伍管理】 全市公安机关以争创“全国一流的公安队伍”为目标，以打造“忠诚可靠、爱民为民、公平正义、威武强劲”的“四型之师”为载体，深入开展“创先争优”活动，坚定不移地走规范化、精细化、现代化的管理之路。始终坚持政治建警方针，以创先争优活动为载体，深入开展了“爱岗敬业履职尽责”、“学模范、履职责、爱民为民”，“党建带队建、警民建和谐”、“五民主题实践”、“万名民警进万家”、“打造四师公安队伍”、“服务为本宗旨教育”、“纪律为纲职业教育”、“学习贯彻四个条令”、“学习贯彻十七届五中全会精神”等主题教育活动，组织全市民警学唱了《警民和谐之歌》，全面推动实施民生警务，举办了素质提升培训班，筑牢广大民警“立警为公、执法为民”的思想基础。编发了25期学习要点和关键词，编印了一万册《政治理论学习资料汇编》和一万册《四个条令汇编》。全面推进权力运行监控机制建设，建立行政权力廉政风险评估管理机制。出台了《石家庄市公安局派出所所长任期管理办法（试行）》。推行了市区警务督察派驻制度。举办了5期省会公安民警讲坛，组织开展了25场“和谐警民情”公安文艺进社区活动，组织完成了数字电影《片警妈妈》的拍摄和后期制作工作，开展“迎国庆警民同唱和谐歌”大型合唱比赛，精心组织了“图拍警察”摄影大赛，组织了6场“十大亲民警察”先进事迹巡回报告会。

【户政服务】 以回应群众新期待、满足群众新要求为出发点和落脚点，积极创新便民利民举措，进一步加强和改进公安行政管理工作。户政管理工作，继续深化户籍制度改革，全力做好户口整顿和居民身份证号码纠错工作。完善了实有人口管理在地理信息平台上的建设内容和实现方法，使该系统具备了以房找人、以人找房、以人找人、统计查询、民族状况统计、居住轨迹查询等六项功能。开展了基础数据纠错会战和信息采集会战。换发二代证的周期由原来的60天缩短为30天，户口迁入审批由原来的25个工作日缩短为15个工作日。研究制定了《关于进一步深化石家庄市户籍管理制度改革的意见》，出台了《石家庄市新建小区落户管理办法》；编纂了《户政管理工作规范》。出入境管理方面，在全国率先实行了周六周日全天办证业务。开通了11185公安出入境咨询热线。推出了港澳游自助签注业务。在市局出入境管理处互联网服务网站上开通了市区出国（境）证件发证信息查询业务。17个县(市)和矿区全部开通了收费取证业务。为境外人员签证工作建立“上门服务”机制。推出了外签工作“上门服务”便民新举措。开辟邮政特快EMS港澳游再次签注代办业务。研发公民出国（境）证件网上申请、办证进度网上查询系统。推行县、市级出入境证件受理申请材料网上扫描传输、市级数字化审批。信访接待方面，建成了视频接访系统，实现了传统工作模式向信息化管理模式的转变，有效解决了“访累”、“访序”、“访效”和“访责”问题。

（李玉峰）

检 察

【概况】 2010年，全市检察机关在市委和上级院的正确领导下，坚持以党的十七届四、五中全会精神和各级政法会议、检察长会议精神为指导，深入推进三项重点工作，扎实开展恪守检察职业道德主题实践活动和“创先争优”活动，不断强化法律监督，强化自身监督，强化检察队伍建设，以提高省会各项工作首位度为目标，各项检察工作都取得了新成绩。全市共有249个单位和个人受到表彰奖励，市检察院获得全国基层检察院建设组织奖和“全国检察机关纪检监察工作先进集体”荣誉称号，市检察院和裕华、桥东、赞皇3个基层院被评为省级文明单位，新华区院被评为全国先进检察院，裕华区院被评为全国模范检察院和河北省人民满意的公务员集体。

【维护社会稳定】 严厉打击刑事犯罪，努力维护社会和谐稳定。全年共批准和决定逮捕各类犯罪嫌疑人6571人，提起公诉9428人。办理了王云娜等21人、王涛等60人组织领导黑社会组织犯罪，谷利峰等36人、何旭军等23人、袁辉等20人涉黑案等一系列重特大案件，维护了社会稳定。同时，各办案环节都从维护和谐稳定出发，创新办案机制，积极推行量刑检察建议、轻微刑事案件快速办理、被告人认罪案件简化审理等工作，依法不批捕566人，不起诉340人。以裕华区院为试点进行刑事和解探索，和解刑事案件103件，收到了良好的法律效果和社会效果，受到高检院和全国刑诉法界的高度重视。加大涉检访工作力度，深入推进社会矛盾化解。牢固树立调解意识、和谐观念，将化解社会矛盾贯穿于执法办案始终。批捕、起诉案件实行信访风险评估，注重做好释法说理、化解矛盾、服判息诉等工作。进一步坚持完善检察长接待、领导干部接访、首办责任制，突出抓好重点、疑难案件的办理，依法妥善处理人民群众的诉求，共接待来信来访1256件，受理举报581件。开展清理信访积案攻坚行动，上级交办案件27件，办结25件。努力探索化解涉检访长效机制，制定了信访风险评估办法、评审办法等制度。高邑县院探索建立的“一案三卡案件信访风险评估机制”，被中央办公厅、省委办公厅转发。

【惩处和预防职务犯罪】 认真落实上级反腐败工作部署，突出查办重点领域犯罪案件、贿赂犯罪案件和涉农职务犯罪案件。全年共查办贪污贿赂犯罪案件167件237人，同比上升25%，其中大要案125人，处级以上干部19人，科级干部52人，国家机关工作人员64人。查办渎职侵权犯罪案件37件104人，同比上升17%。充分发挥侦查一体化工作机制作用，通过督办、参办、领办等形式，系统抓、抓系统，深挖窝案串案，查办了一批有影响、有震动的大要案。同时，进一步加强职务犯罪预防工作，撰写案例分析95篇，开展法律咨询1214次，警示教育713次，受教育达3万8千余人。与省院联合承办全国检察机关惩治和预防渎职侵权犯罪展览（河北巡展），省、市、县行政执法人员和各届群众1万8千余人参观，社会反响强烈。

【诉讼监督】 一是加强立案监督和侦查监督。与纪检、监察、行政执法单位协作，建立涉嫌犯罪案件线索移送制度，与公安机关建立信息通报制度，形成了多渠道、多层次的立案监督网络。加强对侦查机关应当立案而不立案的监督，监督立案508件，法院作出有罪判决232人；强化对侦查机关不应当立案而立案的监督，监督撤案25件；加强侦查活动监督，纠正漏捕653人，追诉漏犯601人，书面纠正侦查活动违法254件次；开展捕后变更强制措施专项监督活动，进一步规范侦查机关的侦查活动。二是加强审判监督。加强对刑事审判的监督，制定了《抗诉案件质量标准》，实行抗诉案件请示制度，提高了抗诉质量，提出抗诉78件，法院改判和重审39件；开展量刑建议规范化工作，以桥西区检察院为试点，向法院提出量刑建议543件，法院采纳率为99%。强化对涉农、民生等民事行政案件的法律监督，提出抗诉70件，提请省院抗诉40件，法院改判或调解50件；提出再审检察建议145件，法院采纳158件（含积案）；针对国有、集体财产受到侵害的案件，支持、督促起诉110件。三是加强刑罚执行和监管活动监督。加强工作机构建设，积极做好派出监所检察分院报批工作，市区三个基层院增设了监所检察科。加强对减刑、假释、暂予监外执行的监督，审查9408人次；书面纠正刑罚执行、监管活动违法130件次。积极探索社区矫正监督工作机制，对2653名社区矫正人员进行了监督，并以井陉县院为试点，开发了社区矫正电子动态监督系统，提高了监督效率和效果。

【"三项重点工作"】 把深入推进"三项重点工作"作为一把手工程，坚持以点带面，注重抓好结合，规范机制建设。工作落实中，注重找好切入点，将"三项重点工作"分解为3方面、8项具体内容，由市院11个处室与24个基层院分工负责，共同研究，集中总结。从中筛选出了刑事和解、量刑建议、社区矫正、民事执行监督等八个方面的典型经验，总结梳理出了137个典型案例。同时，重点选择了5个工作基础较好的基层院先行试点，从多方面进行有益探索，进一步规范了六项工作机制。上年9月，召开了深入推进"三项重点工作"经验交流会，裕华、长安、桥西等院分别就刑事和解、量刑建议、社区矫正、民事执行监督等方面介绍了经验做法。全国最高人民检察院和省检察院领导对市检察院的做法给予肯定，并在全省检察长座谈会上做了"三项重点工作"发言。鹿泉市院作为全国技术工作办案典型被高检院推广。立足检察职能，积极参与社会管理创新。一是积极开展检察建议工作。充分发挥检察建议在社会管理中的预防监督作用，向有关部门和发案单位提出建章立制、预防犯罪的检察建议603件。二是积极开展未成年人犯罪检察工作。探索完善未成年人犯罪案件办案方式，主动协调教育、团委等部门，积极开展未成年人教育挽救工作，探索建立轻微犯罪青少年社区矫正工作新机制，取得了较好成效。三是积极参加社会治安综合治理。与公安、城管、文化等有关部门密切配合，依法整治净化校园周边环境秩序，严惩扰乱学校教学秩序、危害师生安全的各种犯罪。继续开展创建优秀"青少年维权岗"活动，举办法制讲座167场，受教育师生达10万余人。

【社会服务】 依法维护市场经济秩序。积极参加整顿和规范市场经济秩序工作，开展打击制假售假、侵犯知识产权、治理商业贿赂等专项工作，依法批捕严重破坏市场经济秩序犯罪147件237人；妥善办理涉嫌集资诈骗、非法吸收公众存款等涉众型犯罪案件19件65人，努力帮助受害群众挽回损失；加大打击侵犯知识产权犯罪力度，批捕商标侵权和侵犯商业秘密犯罪案件7件12人。开展服务企业活动，定期走访调研，主动提供法律服务，帮助企业解决发展难题。在办理涉及企业的案件时，慎用查封、扣押、冻结等强制措施，注意办案方式方法，维护企业正常生产经营秩序，维护企业信誉和形象。深入开展涉农检察工作。一是不断完善涉农检察工作机制。认真落实高检院关于延伸法律触角、促进检力下沉的各项要求，积极探索加强涉农检察工作的新举措。实行基层院领导分乡（镇）包村制度，加强和规范派出检察室建设，健全完善农村法制建设指导员工作，不断拓宽涉农检察工作网络。二是加强法制宣传、化解社会矛盾。积极开展送法下乡活动，利用乡村集日，开展法制宣传、提供法律咨询、调解矛盾纠纷。三是依法查办涉农犯罪案件。对影响农村稳定、危害农民利益的坑农害农案件，提前介入，快捕快诉，办理涉农刑事案件591件722人，查办贪污、挪用支农惠农专款职务犯罪129人，有效化解和减少了影响农村社会稳定的不利因素。四是加强对涉农资金的监督。重点对支农惠农资金和工程占地款进行检查，建立了全市涉农资金信息库和监管制度。积极服务重大项目建设。在南水北调、正定新区建设、京武客运专线、石家庄机场改造等325项重大项目建设中开展了预防职务犯罪工作，努力保证政府投资安全。实行重大项目预防工作责任制，10亿元以上的项目由市院负责，30亿元以上项目由市院党组成员分包，实行主办责任制、检察院进驻制和巡视制，增强了预防工作效果。与市监察局、建设局联合下发了《关于加强国有资产工程项目招投标监管工作的通知》，与市招标办和各项目主管单位沟通协调，将宣读行贿档案查询结果作为开标的必经程序，努力从源头上预防国有资产招投标项目中行贿、受贿等问题的发生。组织召开了全市工程建设领域预防工作座谈会和援疆工作联席会，研究部署建筑领域和援疆项目预防工作，高检院领导对该院的做法予以肯定。关注民生，服务群众。一是实行“民生检务”。把社会反映强烈、与人民群众切身利益相关的土地出让、工程建设、医药购销等重点领域和行业作为监督重点，查办商业贿赂犯罪52人，查处工程建设领域犯罪43人；开展农机补贴专项检查，查处12人。二是积极服务城中村建设。坚持打防并举、综合治理，坚决打击侵害村民利益的侵财性、暴力性犯罪，依法查办村干部职务犯罪19人。针对城中村改造中村干部职务犯罪突出的问题，在市委党校举办的城中村“两委”正职培训班上进行了专题警示教育。在深入调查研究的基础上，形成专题报告供市委决策参考，省委常委、市委书记孙瑞彬，市长艾文礼等六位市委常委分别作出重要批示。三是注重完善和落实便民利民措施。开通12309检察服务热线，受理举报，提供法律咨询；深入基层、服务群众，检察官进农村、进社区、进企业、进学校，开展助老、助学、助残、助孤活动，帮助人民群众解决实际困难。

【队伍建设】 按照上级院和市委的统一部署，扎实开展了“创先争优”活动、“恪守检察职业道德、促进公正廉洁执法”主题实践活动和“反特权思想、反霸道作风”专项教育活动。在班子建设上，院党组始终把加强内部团结，提高自身素质，强化责任意识作为班子建设的一个重要抓手，根据上级要求，分别召开了以“贯彻落实《廉政准则》，切实加强领导干部作风建设”为主题和以“恪守检察职业道德，促进公正廉洁执法”为主题的专题民主生活会；在广泛开展征求意见建议和民主测评的基础上，形成了《整改落实方案》和《加强班子队伍建设的具体措施》；在开展“创先争优”活动、主题实践活动和“两反”专项教育活动中，班子成员带头学习，带头办案，靠前指挥，主动深入基层，主动分包重大项目建设，主动分包化解信访案件，有力推进了三项重点工作的深入开展和各项检察工作的全面发展；在干警队伍建设上，始终把开展“争先创优”活动、提高广大干警的能力素质和加强教育管理作为重要内容来抓，特别是结合年终考核，建立实施了基层检察长和市院机关中层正职述职述廉制度，广泛开展业务培训和技能练兵，把培训合格作为上岗、任职、晋升和续职的必要依据，极大地调动了干警的积极性，队伍的业务素质和工作能力有了明显提高；在基层建设上，通过建立市院领导联系基层院制度和开展向全国“十佳”先进基层院长安区院、裕华区院和“全国先进检察院”行唐县院学习活动等，有力推动了基层院建设水平的全面提升。年内，全市检察系统有5个基层院被评为省级先进检察院，有7个基层院被评为市级先进检察院，裕华区院被授予全国模范检察院，新华区院被评为全国先进检察院。

石家庄市检察院

检 察 长：蔡春和

副检察长：傅君佳　曹爱国

孙仁申　李彦平

（康同泽　孙英）

审 判

【概况】 2010年，全市法院紧紧围绕“加快经济发展方式转变、促进经济平稳较快发展”核心任务和深入推进“社会矛盾化解、社会管理创新、公正廉洁执法”三项重点工作，充分发挥审判职能作用，为建设繁华舒适、现代一流省会城市提供了有力的司法保障和服务。全年市法院审结建设规划、建筑拆迁、土地征用、道路施工、企业搬迁等纠纷案件154件，参与了全市重大项目的前期调研、法律咨询和后期思想疏导工作，有效解决了拆迁和建设中一些难点问题。完善了审判质量监督评查、司法档案、瑕疵档案和责任追究等审判管理制度，促进了审判质量和效率提高，市法院和基层法院的案件发还改判率比上年分别下降了8.47和2.6个百分点。至年末，全市法院共受理各类案件88234件，同比增加11865件，审执结84504件，同比多结22699件。其中，市中级人民法院受理17167件，同比增加3302件，审执结15096件，同比多结4025件。

【刑事案件】 全年审结一审刑事案件5551件、二审案件635件，判处犯罪分子7472人。积极参与严打整治专项斗争，依法严惩严重暴力犯罪以及盗窃、抢夺等多发性危害人民群众生命财产安全的犯罪。依法从快从严审理了王涛等59人、陆建民等39人、谷利峰等36人黑社会性质组织案，张琪等31人、安云峰等12人杀人、抢劫、伤害案，刘国等38人盗窃机动车案，段会棠等16人拐卖儿童案等一批大案要案，维护了社会稳定。依法审理了集资诈骗、合同诈骗、生产销售伪劣产品、走私等235件破坏市场经济秩序的犯罪案件。贯彻“宽严相济”的刑事政策和两个“证据规定”，推行量刑规范化改革和刑事附带民事案件“先民后刑”审判方式改革，通过调解达到被告人认罪伏法，并与亲属共同赔偿，使被害人一方最大限度地得到经济补偿和精神抚慰。

【经济案件】 全市法院落实《为全省加快经济发展方式转变提供司法保障和服务的实施意见》和《为县域经济发展提供司法保障和服务的实施意见》，广泛开展了“入基层、访企业”活动，市中院班子带头深入石钢集团、神威药业、金源化工等企业调查研究，确保审判工作始终与经济发展大局相适应。全面落实《保障企业发展的九项措施》，深化与企业联络员制度，积极帮助市场主体解决法律疑难，防范经营风险。全年审结调结构、扩内需中发生的商事一审案件18835件、二审案件3325件，同比分别多结3405件和421件，为数千余家企业挽回经济损失30.69亿元。其中，妥善审理了河北粮油集团、河北金谷大厦、石家庄东风塑料厂等57家企业破产改制案件。在审理公司解散案件时，注重办案社会效果，不单纯地宣布解散，而是采用积极能动司法，将需要股东自行清算或另行起诉的清算问题一并调解解决，努力扶植新企业快速上道，减少了企业诉累，促进了产业结构尽快调整。全市法院围绕石家庄市作为国家创新型试点城市建设契机，积极服务传统优势产业的改造提升和新兴产业的培育，妥善审结了侵犯市油漆厂商业秘密系列案，依法认定市油漆厂“金鱼”商标、石家庄五羊电器公司“五羊”商标为驰名商标，为企业发展增添了新生机。

【民生案件】 开展民生审务，把司法过程转化为爱民、为民、护民的具体实践。全年审结一审民事案件25391件、二审案件2440件，同比分别多结6921件和323件。其中，审结婚姻家庭、抚育抚养、遗产继承、相邻关系等案件13601件。审结交通事故、医疗事故、工伤事故等导致的人身损害赔偿案件6238件，同比多结2506件。审结劳动争议案件2735件，同比多结368件。审结房屋买卖、物业服务等案件588件。审结涉农案件491件，保证了土地承包权稳定、合理，流转更加规范。民生案件审理加大运用情、理、法相结合的方法，增强了调解力度。

【行政案件】 坚持把“保护公民、法人和其他组织的合法权益，支持行政机关依法行使职权”作为行政审判的基本要求，创新审判和协调机制。全年审结一审行政案件645件、二审案件243件，执结非诉行政案件2830件。对审判中发现的问题，提出司法建议260余条。对存在适用法律不当、文书不规范等问题的有关部门，邀请派员旁听庭审，避免了行政审判类似问题的反复发生。还采取送法上门、专题讲座、座谈交流等多种形式，及时为社会各界提供法律服务。

【调解纠纷】 按照“调解优先、调判结合”的原则，坚持把“事了”作为“案结”标准。加强诉内横向到边、纵向到底的全方位、全程、全员调解机制建设，建立专业化调解机制。在矛盾纠纷相对集中的公安、交通管理、卫生等部门设立专业巡回调解法庭，拓宽诉外调解领域，有效整合了社会化解矛盾的综合力量。年内，桥西法院速裁调解中心受到全国最高法院院长王胜俊的肯定。行唐县成立以法院为主力的“三位一体”（党委牵头、政府支持、法院主导、社会各界积极参与，融人民调解、行政调解、司法调解于一体）大调解中心，全年化解矛盾纠纷3245件，法院受理案件数量与中心成立前相比减少12%，法院信访案件数量下降53%，省法院在全省进行了推广。无极、藁城、赵县、赞皇、深泽、高邑等法院采取特邀诉讼调解员、企业工会、行业协会等进行调解，提高了调解质量和效率。全年市法院一审民事案件调撤率达到56.46%，刑事自诉案件调撤率达到78.62%，行政案件协调撤诉率达到29.76%，执行和解率达到26.14%，有效地避免和减少了矛盾激化。

【涉诉信访】 坚持“有理推定、带着感情、穷尽一切手段”的信访工作理念，深化领导接访包案、带案下访、公开听证、释法明理、再审纠错、经济救助等措施，打造依法有序表达诉求、及时有效解决问题的社会环境。深入开展清理信访积案和信访案件评查专项活动，办理信访积案1036件。按照省市政法委和省法院评查工作要求，省市两级法院对全部信访案件进行了全面自查，共评查案件1400件。对诉求不合理的信访人，坚持思想疏导到位；对确有困难的信访人，与有关部门配合救助到位。至年底，全市法院共接待答复群众来信来访9228件次，办结信访案件1293件，确有错误改判45件，一批案件调解解决，1543人案结事了，涉诉信访形势得到好转。

【建立执行快速反应机制】 全市各级法院成立了执行指挥中心，及时指挥执行行动；完善执行联动威慑机制，积极争取地方党委、人大、政府等支持，紧密联系银行、税务、工商、新闻等部门，动员社会力量合力化解执行难题；开展“信用联社集中执行”和“委托案件集中执行”等专项活动，采取提级执行、指定执行等方式和悬赏举报、强制审计等方法，加大清理力度，取得明显成果。全年执结各类案件21026件，同比多结8421件，执结标的额77.65亿元，其中鹿泉农村信用联社申请执行北方药业公司3000多万元、华北建设集团及民工申请执行1150万元等一批大案、群体性案件全部和解、执行到位，极大地维护了申请人的合法权益。

【参与社会治安综合治理】 全市法院以多种形式广泛开展法制宣传，积极参加创建全国文明城市活动，举办了走进社区、学校等以案说法百余场次，促进公民法治意识的提高。会同有关部门对非监禁罪犯开展社区矫正，促其回归社会。依法办理减刑、假释案件5386件，有效促进犯罪分子的改造自新。所属蓝天职业培训中心自2003年成立起，免费对620名刑释解教人员进行了法治教育、再就业技能培训和就业指导，多年无一人重新犯罪，对社会稳定发挥了积极作用。2010年，蓝天职业培训中心共培训刑释解教人员102人。

【审判改革】 在桥西法院作为全国法院刑事量刑规范化改革试点取得成功经验基础上，全市法院推广了规范法官裁量权，对《刑法》各罪量刑情节予以细化，将量刑纳入庭审辩论内容，规范了裁量权的行使，较好地解决了不同法院、不同法官在量刑上的不统一问题，审判质量明显提高。至年底，全市法院一审刑事案件上诉、抗诉同比下降6.54%。还开展了民事案件、行政案件裁判规范化探索工作，深化了案例指导制度，统一了案件裁判标准。

【为民服务】 利用互联网、法官下访、发放监督卡等多种渠道和形式，拓宽民意收集途径，及时了解民生需求。完善简易案件速裁机制，推广巡回审判，提高审判效率。推进立案信访大厅窗口建设，两级法院均开通了立案大厅“诉讼引导、立案审查、立案调解、救助服务、查询咨询、材料收转、判后答疑、信访接待”八项“一站式”窗口服务，受到全国最高法院的肯定。开展司法救助，为困难当事人减、缓、免交诉讼费1404.61万元，为31名生活确有困难的刑事被害人及亲属提供司法救济57.5万元。

【队伍建设】 以司法能力建设为重点，组织干警参加各种业务培训2600余人次；搭建网络学习平台，编发办案指导丛书13卷3万余本；广泛开展岗位练兵，提高法官认识和把握大局、认识和把握社会矛盾、认识和把握社情民意、认识和把握法律精神、认识和把握新情况解决新问题五个能力。全年市法院共有28个集体和65名个人受到市级以上表彰，1人被最高法院授予一等功；处理违法违纪干警23人。

石家庄市中级人民法院

院　　长：许广为

副 院 长：尹新民　刘士军

张保江　张瑞明

李增益　王荣菊

苏风雷

纪检组长：李耀江

执行局局长：李惊涛

（市中级人民法院）

司法行政

【概况】 2010年全市司法行政工作在市委、市政府的坚强领导下，坚持以“围绕中心，服务大局，科学发展，统筹推进，突出重点，创先争优”为总体思路，充分发挥法制宣传、法律服务、法律保障作用，圆满完成了既定任务目标，多项工作争先创优。市司法局被司法部评为“全国人民调解宣传工作先进单位”，荣获“市级文明单位”、“依法行政先进单位”，市劳教所继续保持“部级现代化文明劳教所”荣誉，少保中心被确定为“中国关工委石家庄少年儿童保护教育基地”。司法部、省厅和市领导，先后多次到该局视察指导工作给予了充分肯定。

【人民调解】 一是拓展人民调解工作领域。针对人民内部矛盾凸显时期的形势和任务，进一步拓展调解工作领域，建立、完善行业性调解组织，化解社会难点热点问题。按照铁力书记要求，积极筹建医患纠纷、交通事故纠纷和物业纠纷三大行业调委会。全市建立完善村（居）人民调解委员会5040个，乡镇人民调解委员会290个，县级疑难纠纷调解中心23个，新建行业性调解委员会166个，努力实现人民调解工作全覆盖。二是开展专项排查化解活动。根据不同时期矛盾纠纷的特点，组织开展了“春节、两会期间民间纠纷集中排查化解活动”，“家庭矛盾纠纷专项排查化解活动”，“化解民间矛盾纠纷专项攻坚活动”、“维护校园及周边地区安全稳定活动”、“重点人和群体性事件集中排查月”活动。排查化解工作实行市、县、乡、村四级联动，司法行政干警和全市6万名民调员共同参与。对排查中发现的重大疑难矛盾纠纷，由各县（市）区疑难纠纷调解中心集中会诊，提级化解。确保矛盾不上交。三是进一步完善“三位一体”大调解体系建设。主动介入信访案件调解，治安案件调解，矛盾纠纷多发领域行政部门的调解，实现与行政调解衔接互动。积极介入诉前调解，大力配合做好诉中调解，协助做好诉后调解，总结推广了桥东区把人民调解室设在法院，元氏县聘请13名人民调解员作为县法院人民陪审员的经验做法，实现与司法调解的衔接互动。全面启动“民调进所”工作，与市综治办、市公安局联合下发《关于实行乡镇（街道）人民调解委员会选聘人民调解员入驻公安派出所进行联合调解的实施意见（试行）》。并召开“民调入所”工作推进会，在各乡镇（街道）人民调解委员会选聘人民调解员派驻公安派出所成立“联合调解室”。四是加强人民调解队伍建设。探索建立人民调解专家人才库，研究各类疑难民间纠纷的有效调解方法。与河北省电视台合作，组建全国首家“巡回人民调解委员会”，以喜闻乐见的媒体形式，与省电视台联合组织举办了“最帅帮大哥、最美帮大姐”金牌人民调解员选拔赛，扩大了人民调解影响。努力筑牢维护社会稳定“第一道防线”。

【信访接待】 组织全市律师协助党委政府和有关部门处理信访问题和群体性事件，全程参加县市区领导干部接访工作，提出信访案件办理的法律建议。选派律师进驻石家庄市涉法涉诉联合接访服务中心，解疑释惑，参加涉法涉诉信访案件评查，受到当事人的一致好评；积极开展诉前调解，通过组织律师审查法律文书，出具法律意见书，提出法律建议等形式，引导当事人通过调解方式，和解结案，案结事了；积极开展公证业务。通过组织公证机构开展现场监督、证据保全等业务，减少诉讼。同时做好司法行政系统信访积案清积评查工作，召开了全系统涉法涉诉案件评查工作会议，进一步建立完善了涉法涉诉案件定期通报制度和责任追究制度，组织资深律师参与了案件清积评查，涉法涉诉案件严格按照“谁主管、谁负责”的原则，实行了领导包案，对重点疑难案件，司法局主要领导亲自参与评查解决。

【社区矫正】 按照“两院两部”《关于在全国试行社区矫正工作的意见》要求，在总结试点县（市）区工作经验的基础上，加大推动力度，全市社区矫正工作实现了在23个县（市）区全面试行。印发了《石家庄市全面试行社区矫正工作实施方案》、《石家庄市社区矫正工作有关规定》和《石家庄市社区矫正工作的任务、目标、完成时限及责任制分解一览表》。对各县（市）区350名社区矫正主管人员进行了刑法、刑事诉讼法和社区矫正工作实务培训。市司法局依据市政府办公厅《关于印发石家庄市司法局主要职责内设机构和人员编制规定的通知》规定，依托基层处加挂了社区矫正工作处的牌子，设6名工作人员。23个县（市）区中有11个司法局单独设立社区矫正工作科，各科配备了6名专职工作人员，12个司法局矫正工作科与基层科合署办公。全市288个司法所均设立了社区矫正工作站。健全完善了社区矫正日常管理和监督考核机制，其中包括《石家庄市社区矫正对象分等级分阶段管理教育办法》、《石家庄市社区矫正对象异地委托管理办法》、《石家庄市社区矫正衔接工作办法》、《石家庄市社区矫正对象参加公益劳动的若干管理规定》、《石家庄市社区矫正工作定期分析和报告制度》、《石家庄市社区矫正对象等级管理测定办法》、《石家庄市社区矫正工作考核办法》、《石家庄市社区矫正社会工作者考核奖惩办法》、《石家庄市中办社区矫正对象减刑办法》等，进一步规范了社区矫正监督管理、教育矫正、帮困扶助各个环节，提高了矫正质量。全市实行社区矫正对象统计网络化管理。对矫正对象实施分类管理，确保不发生重新违法犯罪；落实“社区矫正帮教协议书”制度，防止脱管失控；定期组织学习教育和公益劳动，改变思想观念，矫正其不良行为；正确实施解除矫正、转入安置帮教管理范围，实现社区矫正和安置帮教的无缝衔接。2010年3月，司法部副部长郝赤勇同志到石家庄市视察社区矫正工作，对石家庄市的工作给予充分肯定。司法部社区矫正工作简报，先后于2010年7、8、9月三期刊登了全市及鹿泉市、高邑县的经验做法，在全国予以宣传推介。

【刑释解教人员安置帮教】 贯彻落实中共中央办公厅、国务院办公厅转发的《关于进一步加强刑满释放解除劳动教养人员安置帮教工作的若干意见》(2010年中办发5号)，对安置帮教工作任务、工作原则、工作制度、部门职责、奖惩办法等内容做了进一步明确规定；重新修订《安置帮教工作十项制度》，探讨制定了对主观故意犯罪情节轻微和年龄大、行动不便的释解人员提前解除帮教的有关规定；设计制发了16种安置帮教制度配套表格，实现全市统一。抓衔接机制建设，防止脱管漏管。主动与北郊监狱、女子监狱、鹿泉监狱和市劳教所建立了联系制度，签订接茬帮教协议书，开展超前衔接帮教；利用四个月时间，组织优秀律师、基层法律工作者和有关专家组成市、县两级10个帮教团，深入监所开展法律援助和帮教活动，期间，会见服刑在教人员3000余人，帮助解决实际问题100多件，赠送法律、科普书籍3000余册。同时，做好部门之间衔接和跨县、区衔接。本市辖区内户籍地和居住地分离的刑释解教人员，统一由户籍地向居住地安置帮教办移交；对于到外省市打工的释解人员，统一由市安置帮教办公室负责联系。由于接茬工作责任明确，刑释解教人员脱管现象由过去的2.1%下降到现在的0.76%。抓安置机制建设，提高就业能力。

充分发挥“蓝天职业培训中心”作用，中心开设了汽车驾驶、机械维修、电气焊、家电维修等20多个培训项目，共举办培训班25期，培训刑释解教人员550人，全部实现了就业，无一人重新犯罪；深泽等县建立了“刑释解教人员温馨家园”，真诚地为刑释解教人员解决低保、技能、就业、婚姻等实际问题，被刑释解教人员称为自己的“娘家”。截至10月底，全市帮教对象共有6815人，其中，帮教6714人，帮教率为98.5%；安置6559人，安置率为96.2%。

【法制宣传】 依托市民法制学校、农村普法阵地和集市、学校校讯通等，在全市开展了宪法以及同经济发展、社会稳定、群众生产生活密切相关法律法规的宣传活动；继续开展“法律八进”，推行“订单式”普法，开展普法骨干和农村“两委班子”培训，在全社会树立依法办事观念，提高法律素质，引导群众依法有序表达利益诉求。全市新建农村普法阵地130多个，开展普法宣传活动1800场次，发放《市民法律知识读本》等普法宣传资料书籍20万份；同群众面对面解答法律咨询4100人次。8月下旬，省“五五”普法工作检查验收组，对石家庄市的工作进行了检查验收。检查验收组对石家庄市“五五”普法工作的总体评价是：对普法工作高度重视，工作思路清晰，重点突出，措施有力，工作方法灵活，形式多样，效果明显，为全市经济社会发展营造了良好的法制环境。

【法律服务】 一是围绕党委、政府中心工作提供优质服务。进一步整合资源，组织3000名律师、公证员、普法骨干、法律援助工作者、人民调解员，为“三年大变样”工作服务。二是积极为重点项目建设提供优质服务。市司法局选派优秀律师担任工业企业法律顾问，对企业进行“法律体检”，使企业避免法律风险；在城中村改造、拆迁动员、拆迁补偿、妥善安置等工作中，律师积极发挥法律宣传、法律服务和矛盾调解作用，保证了项目的顺利进行。三是积极开展公证服务。组织全市22个公证处100名公证员免费担当企业、园区法律顾问，与重点工业企业开展了“法律服务结队子”活动，有针对性制定了公证法律服务方案和保障措施。全市律师办理非诉讼业务10758件，公证机构办理公证31298件，法援机构办理援助案件1789件，全市律师、公证员担当政府、企业法律顾问1400多家。

【法律援助】 一是圆满完成为民办实事任务。在80个社区挂牌成立了法律援助工作站，各分包的律师事务所律师及法律服务所工作人员按时定期在每月学法日（18日）上站为社区居民进行服务。免费为弱势群体及农民工办理法律援助案件3000件。全市各级法律援助机构办理法律援助案件3444件。对6000个低保户等特殊群体进行了摸底调查，提供法律顾问和免费服务，努力实现“有求必应，应援尽援”，维护弱势群体利益。二是降低援助门槛，方便人民群众。放宽了老年人、残疾人援助条件，进一步简化手续，缩短了审批时限，实行与群众的“零距离”法律服务。三是加大了宣传力度。通过多种方式，开展法律援助条例的宣传，进一步提高了群众知晓率，县级办案量大幅上升，绝大部分县（市）区增幅达到25%以上。四是开展了为农民工讨要工资专项活动。各级农民工法律援助机构共办理专项法律援助案件878件，免收诉讼费250多万元，确认、追回工资和工伤赔偿款373余万元。2010年以来，全市各级法律援助机构共接待来访9212人次，通过12348法律服务专线电话累计提供法律咨询11181人次，办理法律援助案件3170件，为当事人挽回经济损失900余万元。

【司法考试】 严格按照“组织严密、程序严谨、标准严格、纪律严明”的要求，倾全局之力，使考试工作做到了工作人员到位、技术装备到位、工作措施到位、保密规则到位，圆满完成石家庄市考区司法考试工作，受到司法部、省司法厅的高度评价。石家庄考区共有4407人报名，实际参考3872人，参考率为87.86%。石家庄市考区达到合格分数的考生共681人，完成了535名考生的法律职业资格申请初审工作。为99名2010年应届本科毕业生申报了法律职业资格申请。

【服刑在教人员未成年子女保护教育】 认真落实《中央综治委关于进一步加强社会治安综合治理基层基础建设的若干意见》（国办发14号文件）精神和《未成年人保护法》，

全面实施服刑在教人员未成年子女保护教育工程。一是及时救助，避免发生流浪。市局组织力量，深入到各县（市）区和市内各监狱，调查摸底，将处于准流浪状态的服刑在教人员未成年子女和需要帮教的刑释解教人员、社区服刑人员未成年子女接到少保中心保护教育，给这些孩子一个快乐生活和健康成长的家。二是开展“亲情呼唤促新生”活动，促进服刑在教人员自觉改造。组织服刑在教人员未成年子女与父母一月一通信，一季一探监，一年一联欢活动，让服刑人员直接感受自己孩子健康成长，用党和政府的关怀和亲情感召，促进服刑人员的自觉改造。至年末，共有26名少保中心儿童的服刑父母获得减刑奖励。8月24日，组织举办了深化“亲情呼唤促新生”活动研讨会，来自省内的专家及省司法厅、省监狱管理局的领导同志和工作者30多人参加了研讨会。从社会、法律、政府、伦理、心理、教育等多个层面对“亲情呼唤促新生”加以论证和探讨，进一步推动了“亲情呼唤促新生”活动的深入开展。自中心成立以来，累计对709名儿童实施了保护性教育。

【劳教管理】 围绕贯彻落实《河北省劳教系统基层建设纲要(试行)》，始终把场所安全稳定作为首要责任，把教育改造作为首要任务。大力开展“劳教所管理建设年”活动，规范完善了场所安全工作责任制、所政管理制度落实情况督导检查制度、劳教人员思想动态研判制度和所、大、中队隐患排查制度。在劳教人民警察队伍中开展了“执法大培训、岗位大练兵”活动，通过培训，提高了一线劳教干警把握运用法律政策能力、群众工作能力、信息化实战应用能力、突发事件处置等各方面能力。坚持把维护场所安全稳定作为“首要任务”，开展“劳教所管理建设年”活动，构建人防、物防、技防、联防“四防一体化”防控管理工作体系；坚持把教育人、改造人、挽救人作为“首要标准”，强化教育改造和心理矫治工作，健全完善教育改造质量评估体系，教育改造质量不断提高；坚持把落实监管制度作为“关键环节”。加强对干警责任意识、风险意识和公正廉洁执法教育，确保实现“单位零事故、执法零过错、干警零违纪”目标；通过所长信箱、预约谈话信箱、纪检书记信箱等方式，强化执法监督。

【队伍建设】 继续深化和巩固学习实践科学发展观和“干部作风建设年”活动成果，以深入开展创先争优活动和加强干部作风建设为载体，全面提高班子队伍建设和基层党组织建设水平。一是积极开展学习型机关建设。以创建学习型机关、提高干部队伍政治理论水平和履行岗位职责能力为目标，在全系统深入开展“大学习、大培训、大练兵、大比武”活动，针对司法行政干警、劳教人民警察和法律服务工作者三支队伍的不同特点，开展政治理论教育和专业知识培训。根据省、市有关通知精神，为加强作风纪律，组织开展了“讲党性、树正气、转作风、促发展”主题教育活动。在全系统组织开展了“百师百课百案”教育培训讲座，讲授社会主义法治理念，科学发展观，人民调解、社区矫正、“三位一体”大调解，信访案件办理，提高群众工作的能力等内容。二是全面加强基层党组织建设和党风廉政建设。成立了中共石家庄律师协会委员会。通过有效工作，使支部组建率达到了100%，党员关系转接率达到了99%，无党员所全部派驻了党建工作联络员。省委组织部和市委组织部对石家庄市律师党建工作给予了充分肯定。深入学习贯彻执行《党员领导干部廉洁从政若干准则》，落实党风廉政建设责任制和党风廉政建设“一岗双责”。大力推进行政权力运行监控机制、风险评估防范机制、运行程序公开透明机制，绩效考核和责任追究机制建设，促进党风廉政建设的深入开展。认真落实市委、市政府关于《石家庄市直机关科级以下公务员轮岗实施意见（试行）》等文件精神，进一步完善人员岗位交流、工作考核奖惩等，坚持德才兼德，以德为先的标准，对部分干部进行了任免和轮岗交流。三是深入推进干部作风建设和“创先争优”活动的开展。在巩固“干部作风建设年”活动成果基础上，制定并下发了石家庄市司法局党组《关于在基层党组织和党员中开展创先争优活动的实施方案》和《全市司法行政系统深入推进干部作风建设活动实施方案》，从建立制度、完善机制、加强督导检查等方面加大了干部作风建设力度，向社会作出了公开承诺。认真贯彻落实市委《关于石家庄市机关工作人员损害发展环境行为责任追究暂行办法》。把“固本强基筑堡垒、创先争优做表率、科学发展求突破、服务大局比奉献”确定为创先争优活动的主题，在活动中坚持把服务大局、深化学习、选树典型、吸引群众参与贯彻始终。四是加强机关内部管理。制定出台了《石家庄市司法局紧急情况重大事件报告制度》，重新修订了《市司法局机关管理规定》、《市司法局机关工作人员行为规范》、《市司法局关于进一步加强新闻宣传工作的意见》、《会议管理制度》、《重大活动组织制度》、《收文处理补充规定》和《市司法局车辆管理办法》。同时，对局长办公会、党组（扩大）会、专题会议纪要进行了规范管理，提高了机关工作规范化、精细化标准。五是按照以人为本的原则，提高从优待警水平。坚持从严治警和从优待警两手抓，工作上高标准，政治上多关心，生活上多体恤，落实从优待警措施，努力为干警职工营造良好的工作和生活环境。对机关食堂进行了改建，对微机、打印机等办公用品进行了更新，成功举办了“纪念石家庄市司法局成立30周年座谈会”，通过从优待警制度落实，干警精神风貌焕然一新，干事创业氛围浓厚，工作效能显著提高。

（闫长润　张雪敏）

石家庄年鉴 Military Affairs

军 事

军　事

石家庄警备区

【概况】 2010年，警备区在省军区党委和市委、市政府的正确领导下，紧紧围绕年度工作部署，根据党委年度工作部署，按照“基础工作有发展、重点工作有突破、特色工作有亮点、全面建设有进步”的目标，开拓创新，真抓实干，圆满完成了各项工作任务。北京军区副司令员黄汉标中将、北京军区副政委杨建亭中将先后莅临石家庄市视察指导，对石家庄市国防后备力量建设给予充分肯定。成立军事设施保护办公室，促进军事设施保护工作。推进计划生育“一通三”工程建设，北京军区协调军地媒体在石家庄市召开“一通三”新闻发布会。军事志编纂工作在全省保持领先，首家完成出版任务。年内，石家庄警备区被表彰为“全国方志系统先进集体”，被北京军区表彰为“‘十一五’期间人口和计划生育工作先进单位”；桥东区人武部被省人口计生委、省军区政治部表彰为“军民共建人口和计划生育工作先进单位”。

【思想政治建设】 大力加强学习型党组织建设，广泛开展“创建学习型党委机关”活动。严格落实党委中心组和干部理论学习培训制度，积极推广“每日一题、每周一考、每月一评”抓理论学习的方法路子，学习质量不断提高。深化当代革命军人核心价值观培育成果，扎实开展“崇尚学习强素质、爱军精武立新功”主题教育活动，采取编印教育资料汇编、制作辅导光盘、组织参观见学等形式，促进了教育落实。警备区政治部在北京军区组织的当代革命军人核心价值观主题教育动漫作品创作展中获“三等奖”。警备区被评为《中国国防报》“读报用报先进单位”、《中国民兵》“刊授教育先进单位”，被省军区表彰为“新闻宣传先进单位”。

【战备训练】 以体系作战能力建设为核心，以应急机制建设为重点，积极拓展和深化军事斗争准备。优化编兵布局结构，加大作战、勤务保障和专业救援等重点民兵分队建设力度，民兵遂行任务的组织基础得到巩固。强化按纲施训，狠抓教学责任制落实，加强基础训练和针对性演练。组织首长机关参加华北战区防卫作战战役集训和“铸盾－2010”联合指挥演练，年度训练任务顺利完成。上半年，倾全区之力大抓非战争军事行动能力建设，组织12个县（市）区18支应急专业力量1200多人，参加全省组织的军地联合实兵演练和静态展示活动，取得了一些认识成果、制度成果和实践成果，受到军委、总部、北京军区首长和河北省军地领导充分肯定。警备区被评为“全军军事设施保护工作先进单位”，裕华区、灵寿县人武部被省军区表彰为“军事训练先进单位”。

【党委班子和干部队伍建设】 围绕“建设坚强有力、奋发有为的领导班子”这个主题，逐级召开党委民主生活会，各级贯彻落实科学发展观要求更加自觉，解决影响发展的重难点问题更加有力。平山县、赵县人武部党委被省军区表彰为“先进团级党委”。在团以上党委机关扎实开展“崇尚学习、增强党性”主题教育活动，坚持把教育与组织生活、干部考核、典型激励有机结合起来，确保了教育质量和效果。通过完善《党委议事规则》、规范党委民主生活会、严格组织生活制度、举办团级党委书记集训等举措，促进了各级党委班子建设。严格干部选拔配备，严抓干部教育管理，狠抓制度规定落实，干部队伍整体素质得到提高。先后有10名机关干部充实到基层工作，9名市区单位干部调整到偏远单位任职，11

名新调入干部分配到了缺编单位，干部此超彼缺问题得到有效缓解。

【干休所管理】 各干休所紧紧围绕“六个老有”要求，贯彻“精细服务、优质服务、全面服务”思想，努力加强干休所全面建设。落实警备区干休所三年帮建规划，完成了对第三干休所首批帮建任务，警备区在该所召开了干休所帮建工作现场观摩会，推广了第三干休所的经验做法。第二干休所被北京军区表彰为“先进干休所”，第一、第三干休所被省军区表彰为“先进干休所”，第五干休所被警备区评为“先进干休所”，第二干休所卫生所被警备区记集体三等功一次。

【基层建设】 积极探索实践军民融合式发展的新领域新途径，警备区与市政府联合出台了《关于推进军民融合式发展的意见》，制定下发了石家庄市民兵基层建设《三年规划》，石家庄市加强军地联合应急指挥机制建设的经验，在“全省推进军民融合式发展现场会”上作了大会交流发言。在全区基层党组织广泛开展创先争优活动，掀起学先进、比先进、争当先进的热潮。在兵员征集难度较大的情况下，各人武部积极主动作为，加大宣传发动力度，出台优惠政策，激发调动应征青年的参军热情，征兵任务顺利完成。平山县人武部被省军区记集体三等功一次，晋州、正定、行唐、长安、新华人武部被省军区表彰为“先进人武部”，辛集、藁城、栾城、井陉、灵寿、赵县、深泽、元氏、高邑、桥东人武部被警备区评为“先进人武部”。

【后勤综合保障】 以非战争军事行动能力建设试点为牵引，认真修订完善后勤各类保障预案，加强应急保障针对性训练，推动了后勤应急保障能力建设。严格落实经费预决算和使用审批规定，加大资金安全监管力度，认真落实离任主官经济责任审计，经费管理效益不断提高。巩固深化生活保障社会化成果，深入推动军人保障卡常态化运行取得新成效。加强营区综合治理，积极推进干休所住房改造工作，加快警备区家属区旧房改建步伐，官兵和老干部住房条件不断改善。平安大街 42 号院住宅楼按期竣工、交付使用。第二干休所被北京军区表彰为“社会化保障工作先进单位”。

【安全稳定工作】 各级牢固树立安全发展理念，认真落实安全管理责任制，“四个秩序”进一步规范。深入开展“十项治理”、保密清理整治等活动，深入开展安全隐患排查治理，及时消除事故隐患。坚持开展经常性道德法纪教育，认真做好一人一事的思想工作，确保了官兵政治坚定、思想稳定。投入 400 多万元，完成了民兵武器装备仓库安全设施升级改造和修械所迁建。严密组织报废弹药销毁工作，共拆卸炮弹3249发，销毁引信49834枚，任务完成圆满、安全。警备区被北京军区表彰为“预防犯罪综合治理先进单位”、“报废弹药销毁工作先进单位”，第二干休所被省军区表彰为“安全管理先进单位”。

【双拥共建】 以争创“全国双拥模范城”七连冠为契机，协调驻军和组织民兵预备役人员，以扶贫帮困、维护社会稳定、支持和参加“三年大变样”建设为重点，积极参加驻地经济社会建设。协调军地深入开展全民国防教育活动，通过组织“企业家进军营”、大力宣扬见义勇为战士习朝峰先进事迹、召开驻军支持地方扶贫开发工作会议，以及组织市人大解放军代表、政协委员和驻军领导，参观省会重点工程建设、慰问一线工人等活动，进一步密切了军政军民关系。协调地方加大拥军优属力度，妥善解决优抚安置和随军家属就业等问题。北京军区“全国双拥模范城”考察组来石家庄市调研时，给予高度评价。警备区被表彰为“全军信访工作先进单位”，桥西区人武部被省委、省政府表彰为“支持三年大变样工作先进单位”。

（马贵涛　南为民）

军事院校

石家庄陆军指挥学院

【看望慰问困难群众】 1月20日，学院王金义副政委率机关各部有关人员与省扶贫办哈增友副主任，冒着严寒到赞皇县许亭乡尖山村，代表学院党委、机关和全院官兵看望慰问了该村困难群众，并向红星希望小学捐赠了两万元慰问款。在尖山村，学院首长与县、乡、村领导进行了座谈，并深入特困户、低保户和孤寡老人家中进行了走访慰问。期间，王副政委与省、市、县三级扶贫部门以现场办公会的形式，确定了未来三年对该村的帮扶计划，争取早日帮助该村脱贫致富。

【参加义务植树活动】 3月20日上午，学院王副政委在政治部田副主任的陪同下，与省、市四大班子领导、驻石部队首长一起在省会义务植树基地参加了义务植树活动。学院组织为玉树地震灾区捐款活动。4月21日下午，学院在1号办公楼前举行为玉树地震灾区捐款仪式，院部领导战玉、杨保明、郭新元、韩都芳、吴清丽和机关各部党员干部集体列队，为灾区遇难同胞默哀一分钟，并自发为灾区捐款，以实际行动表达对灾区各族群众的关心关爱。在外出差学习的姜援朝政委、杨隶鲁副院长、王金义副政委以及第二批团以上领导干部理论培训班成员等，分别采取委托代捐等方式进行了捐款。韩都芳主任主持了捐款仪式。同一时间，各系、大队、干休所和教学勤务保障大队，也相应组织了悼念和捐款活动。

【地方政府到学院走访慰问】 7月28日，石家庄市委刘云峰副书记一行到院走访慰问，学院杨保明副院长等院部领导及有关人员一同参加了会见。军地双方领导进行了亲切友好的会谈。姜政委带队到学院扶贫点赞皇县尖山村进行慰问。12月3日，姜政委在政治部田副主任等有关人员的陪同下代表学院党委和全院官兵到学院扶贫点——赞皇县许亭乡尖山村进行慰问，姜政委首先看望了该村困难群众，送去了慰问品和慰问金，并向学院援建的红星希望小学捐赠了液晶电视、DVD播放机、爱国影视光盘和图书。随后，出席了学院向尖山村捐助10万元的扶贫协议签字仪式，政治部田副主任代表学院与尖山村村委会签订了扶贫协议。河北省扶贫办徐阔廷副主任、赞皇县宋存汉县长、赵永利副县长等地方领导陪同参加了慰问活动。

（魏明）

军械工程学院

【概况】 2010年，学院党委深入贯彻落实科学发展观，认真学习贯彻胡主席关于国防和军队建设重要论述，按照年初院党委工作部署，不断深化中国特色社会主义理论体系武装，大力开展创先争优活动，思想政治建设富有成效；加强发展战略研究，构建信息化教学体系，进一步加强学科建设，教育训练改革扎实推进；高度重视科研立项工作，高质量完成重点科研任务，科研整体水平再上新的台阶；深入开展条令学习季活动，突出抓好新条令学习贯彻，正规化管理和基层建设取得新的进步；圆满完成了以人才培养为中心的各项任务，学院建设继续保持了良好发展态势。

【教学改革和发展研讨】 为全面查找影响学院人才培养质量和长远发展的问题，军械工程学院在全院范围内广泛开展“新型军事人才培养研讨”系列活动。学院采取多种形式，广泛开展调查研究。组成多个调研组，分赴4个战区、8个集团军、6个省军区和部分分流院校就军械干部需求、毕业学员岗位任职等情况进行调研。同时，充分利用办学资源，召开系列座谈会，广泛听取部队领导同志对学院办学和人才培养的意见、建议。在此基础上，围绕“办什么样的院校、培养什么样的人才”，确定了人才培养战略研究、信息化教学改革研究、学员综合素质培养研究和教学管理研究等四个方向，并以立项课题的形式下达各单位开展研究。

【科研学术】 2010年，学院共有44项成果获国家和军队科技进步奖，其中1项成果获国家科技进步二等奖，43项成果获军队科技进步一、二等奖；申报专利知识产权70余项，8个项目获国家自然科学基金资助；举办“装备前沿讲坛”等学术活动100余场，出版著作18部，发表学术论文1100余篇，被国际三大检索收录400余篇，其中SCI收录30余篇。

【刘丽国画《毽舞飞扬》获得大奖】 军械工程学院文职人员刘丽创作的国画作品《毽舞飞扬》荣获“第16届亚运会‘激情盛会 翰墨流芳’中国画展”最高奖。该展览由广州亚组委和中国美术家协会主办，以“激情盛会，翰墨流芳”为主题，由艺术大师郭怡孮、刘健等担任评委，中国美术家协会主席刘大为对刘丽的作品给予了高度评价。

【张淑琴获得全国第四届基础力学青年教师讲课比赛一等奖】 学院基础部力学教研室教员张淑琴在全国第四届基础力学青年教师讲课比赛中获得一等奖。全国基础力学青年教师讲课比赛是由教育部高等学校力学基础课程教学指导委员会主办，每两年举办一届，共有来自清华大学、上海交通大学等五十多所院校的基础力学教员参加。张淑琴教员也是全军唯一获得一等奖的军队院校教员。

【“调幅式安全锯”获得第四届全国大学生机械设计大赛国家一等奖】 10月24日，军械工程学院选送的学员参赛作品“调幅式安全锯”运用双滑块和可动式六杆机构原理，成功实现了运动转换和幅度调节，用于对地震等自然灾害发生后被坍塌物压住的人员进行快速安全的救援，解决了现有救灾活动中无法将安全性与时效性相结合的问题，最终在第四届全国大学生机械创新设计大赛荣获国家一等奖。

【扶贫帮困】 2010年，学院继续坚持“输血”与“造血”相结合，认真开展扶贫帮困工作。7月份，组织开展扶贫送温暖系列活动，为上桃村送去文件柜、办公桌椅、黑板、电视机、乒乓球桌等价值2万元的器材物资，进一步改善了村委会办公条件和小学办公教学娱乐条件；送去米、面、油等生活必需品看望慰问32个贫困家庭；组织门诊部7名医生携带医疗器械到扶贫点开展义诊活动，并为村民发放价值2000余元的药品。10月份，为扶贫点送去电视机20台，发放到贫困户家中。11月份，送去优质煤6吨，解决了小学的冬季取暖问题。

（张国光）

武警石家庄市支队

【概况】 2010年，在总队党委和石家庄市委市政府的正确领导下，武警石家庄市支队党委认真贯彻党的十七大和十七届四中、五中全会精神，以建设现代化武警为动力，以总部“强班子、抓基层、谋发展、保稳定”的总体工作思路为目标，扎实打基础，科学谋发展，支队全面建设继续保持全面发展、稳步上升的势头。

【思想政治建设】 抓好创新理论对官兵的持续武装。第三批学习实践活动结束后，支队充分运用集中学习教育取得成功经验，把持续用创新理论武装官兵头脑的基点放在推动学习实践活动向部队的深度延伸、广度拓展上。坚持以党委机关这个“重点”，带动基层部队这个“大头”，以领导干部学习的深入带动广大官兵的学习深化的学习理念，在学习内容的安排上，让广大官兵力求在了解科学理论的系统脉络上进一步去求深化；领会理解科学发展的最新成果上去求深化；结合工作实践，掌握科学理论的“武警篇”中去求深化；锤炼思维方式，在领悟科学理论的世界观、方法论中去求深化。学习方法的运用上，采取系统灌输、领学原著、名篇熟记、推荐通俗读物诠释、讨论交流辨析、政治环境熏陶、带入工作实践感悟等行之有效的方法。抓好主题教育。支队把培育当代革命军人核心价值观作为思想政治建设的基础性、常态化工程，按照总队部署，扎实开展四个专题教育。教育中，着眼担负任务的实际，把激发大家“执好勤、站好岗”的光荣感、使命感、责任感作为教育的重要内容，编发教育材料，刻制教育光盘，统一宣传橱窗，举办知识竞赛、歌咏比赛，开展读英模书活动，借助网络，开辟大讨论专栏。同时，充分发挥西柏坡、华北烈士陵园等丰富的政治教育资源，使广大官兵既受到良好系统教育，又从根本上激发大家爱岗敬业、无私奉献，争做忠诚卫士的极大热情，部队涌现出一批先进典型。从完成急难险重任务来说，在机场国际救援物资装机和河北“联动－10”军地联演、扑灭市区南三条大火等任务中，广大官兵表现突出，受到地方党委、政府和驻地人民群众的高度赞扬；就处置突发事件来讲，2010年，四中队成功处置上访人员自焚、自杀事件4起，地方人员驾车冲撞警卫目标事件1起，无极县中队有效制止看守所犯人翻墙逃跑事件1起，正定县中队成功处置犯人劫持干警企图越监事件1起，广大官兵用实际行动践行着当代革命军人核心价值观。高度重视经常性思想工作。针对官兵心理疾患增多，日常工作压力增大的实际，注重心理疏导，建立三级疏导帮教责任制。针对新兵“第二适应期”易发生打骂体罚等问题，总结实行“三帮一带”(帮思想进步、帮军事技能提高、帮心理健康;带，就是用行动去引导、传承）工作法，使跑兵等问题得到有效杜绝。针对官兵家庭存在的涉法问题，常年聘请律师，网上开通法律咨询热线。针对“涉日维稳”及时加强对战士的行为引导，严格管控部队，在几次大的行动中圆满完成任务。

【党委班子建设】 抓学习。2010年，支队按照建设学习型党委班子的要求，紧紧抓住党委中心组学习这个环节，认真组织，严格落实每季度总部、总队组织安排的季度学习周。为增强学习效果，平时坚持抓好自学与集中学相结合，每月都要规定出必读书目，半年搞一次笔记展评。集中学习时，都要提前拟发通知，列出要点，指定理论水平相对较高的常委进行备课，串讲辅导，相互交流，有效地提高班子成员理论素养。抓团结。支队党委正副书记始终把双方谦虚退让作为团结的大境界去严于律己。一方面，坚持团结上给大家做出样子，工作上、权力中从来不争你高我低，荣誉上不争你有我无，利益上不争你多我少。另一方面，靠民主集中制制度的有效落实去保证党委正副书记和班子间的团结，坚持做到凡重大问题集体研究决定，凡重要工作都要会上讨论，即使遇到紧急情况，也要碰个头，通个气，打个电话，互相说一下。由于支队党委在民主集中制落实中，始终坚持遵循依据，严格程序，把握内容，用好形式，因此，凡是集体决定的事情均没有大的失误。抓风气。风气建设关乎官兵的人心向背，关乎部队兴衰成败。为此，支队坚持抓住风气建设不撒手、不放松，“一班人”自觉做到对党纪法规、上级制度规定坚决落实，不打折扣，从不用单位的利益去打“擦边球”、“闯红灯”。一方面，严格落实支队制定的党委决策议事、分工负责、经费开支等17个规范性文件，强化制度约束力，明确蹲点调研一律吃住中队。另一方面，对部队的敏感、热点问题，坚持公开、公平、公正处理。在干部的晋升上，党委把干部的德、能、勤、绩，概括、综合为7个方面的考核内容，继续实行“当场考核、现场排序、依次提升”的办法，激发提拔者的工作动力，给未提者明确努力方向。此外，在士官选改、党员发展、官兵困难补助金发放、提干推荐、学兵名额确定上，实行公开考试、网上公示，敏感问题公开公平公正的处理，极大地调动广大官兵建功立业的积极性、自觉性。同时，坚持做到营建招标，施工不干预。抓作风。支队始终把工作重心放在基层，坚持面向官兵、服务基层。严格总部蹲点、调研、帮建工作规定落实，实行领导包片、季度轮换责任制，倡导每次下部队都要重实情、抓问题，回来后要形成对部队建设有情况、有分析、有对策的调查报告。至年底，部门副职以上领导人均蹲点60天以上，解决基层难以解决的一些问题。

【训练执勤】 下力抓好执勤工作的经常性教育和各项勤务制度的落实。支队组织全部队学习《人民武装警察法》，学习总部中心工作网上集训精神，严格规范广大官兵依法执勤的思想和行为，以历年部队发生的执勤事故为教材，不间断对官兵进行忧患意识教育，全部队开展“六查六看”勤务教育活动，组织人员就执勤中经常遇到的需要依法有效把握和必须处理好的一些问题进行认真研究，撰写执勤百题问答，制发“口袋书”，坚持全委会“议中心”制度，实行三个部门每周轮流实地查勤，周一交班会上讲评制度。

强力推进“四防一体化”建设。按照总队要求，严格落实省委、政府“两办”通知精神，主动靠上去做工作，市县成立政府主要领导参加的领导小组，建立工作机制，组织人员对目标情况进行一次全面普查，制定整改方案，明确工作时限和相关责任人。协调召开省“四大班子”办公厅主管领导参加的警卫目标建设座谈会，讲评工作进展情况，形成省“四大班子”要带头、要当样板的共识。加强对临时勤务的管控。针对形势任务要求，着眼长、短途押运、押解勤务的特点规律，支队总结制定《临时勤务组织指挥七步法》、《临时勤务训练把握的三个要点》，坚持一名副参谋长专司临时勤务的组织指挥。实行长途押运勤务出发前主管领导现场把关，押运、押解途中随时联系与掌控，完成任务归队后总结报告讲评制度；协调市局，把原来各看守所不定时押解勤务，改为每月集中两天时间组织实施，增大安全系数。狠抓部队训练。支队始终把训练作为提高部队执勤能力的基础性工作认真抓好落实。在完成训练大纲规定课目的基础上，重点抓专勤专训。一大队，重点以石家庄市重要设施、目标和各条道路情况为基础，设想可能发生的问题，采取情况诱导、班排对抗，加强对一招制敌、应用射击、抗击排暴等内容的技、战术训练和心理素质训练；警卫勤务，针对上访人员增多的实际，开展依法处置训练，特别是在防袭击上展开多种情况应对的训练；看守勤务，着重以犯人上墙、上房、门口接应，开展追逃、设卡等训练；首长机关则以室内作业、一线指挥、战术推演、指挥协同为想定，熟悉方案，严格训练。根据需要，着眼实战训练，激发官兵训练热情，提高部队执勤能力，为完成任务奠定素质基础。

【基层建设】 抓《纲要》学习，培养基层建设的明白人、带头者。抓住新《纲要》修订颁发的时机，通过集中领读、专题讲座、领导宣讲、经验介绍、下发函授作业等方法和途径，使全部队都从思想上掌握《纲要》的精髓，为按《纲要》指导基层，按《纲要》建设基层培养明白人，打下基础。针对干部中存在的学用脱节、思路不清、工作随意性大，凭经验办事等现象和问题，采取一月集中几个问题，网上对话；一周选择几个中队，派工作组集中蹲住、具体指导，引导部队上下学《纲要》、用《纲要》。抓支部建设，努力提高基层的自建能力。首先，坚持把锻炼、培养、配强干部作为抓基层的根本。一方面，县市中队、不同勤务类别中队主官、干部间实行交叉任职，对毕业学员有意识地将其选入支委，参与支部建设；另一方面，明确县市中队主官缺位，必须由大中队副职满两年以上的优秀干部中选任。其次，按照“三治”的要求，一个季度搞一次帮扶计划，结合按纲建队考核，对后进层中队实施由常委带队的工作组重点帮扶。抓住难点问题，下力进行破解。2010年，支队开阔思路，大胆探索，对5个执勤点实施管理改革，即在不突破编制的前提下，把执勤点与原中队分离出来，实行执勤点按建制中队建设的办法，提升执勤点部队建设质量，为实现“两个确保”奠定坚实地基础。

【从严治警】 抓好条令条例、各种法规的学习教育。新条令颁发后，支队采取新旧对照、知识竞赛、原文学习，官兵行为举止检查、一日生活制度规范演示等，使部队掌握、熟知修订的内容，主动对照去做。总部、总队依法从严治警会议后，支队又认真抓会议精神的学习贯彻落实。严格对干部的管理。支队从干部思想教育入手，下力激发干部自我管理的自觉性。在完成正常教育任务同时，坚持不懈地在全部队开展知恩图报教育；珍惜缘分、珍惜岗位、珍惜生活的“三个珍惜”教育；知恩、知足、知责教育；上下倡导想问题、做事情要多思考，一定要做到上对得起组织，下对得起部属，中对得起父母、妻子、儿女包括岳父母，使常怀感恩之心，常思感恩之德，常做感恩之事，成为大家的自觉行动。狠抓重点问题的整治。认真落实总部《安全隐患排查治理办法》，持续组织“五个过一遍”，深入开展“深知兵、真爱兵”活动，突出领导机关、干部管理，抓好车辆派遣、晚6时归场和节假日用车制度的落实。针对2010年自然灾害频发，确立大安全观，对营区进行安全评估，对处于雷区的10个中队，泄洪区的14个中队，山区的6个中队都有具体的防范措施，杜绝季节性事故发生。国庆期间、国家重要时段、重大节假日，派出由部门副职以上领导带队的工作组蹲住警卫部队，确保重要目标的绝对安全。

【后勤保障】 抓好规范化管理。严格“四类经费”管理，坚持“标准经费不超支，易超难管经费要控死，地方资助经费不乱花”的原则，强化预算外经费管理，每季度实行全委会对经费开支管理分析制度，加强基层地方资助经费收支两条线、开支请示报告制度的落实力度，对主官离任实行审计监督。加强后勤应急保障力量建设。修订后勤保障方案，组织14台车、40人的应急保障分队；根据可能出现的情况，先后组织3次拉动，参与总队1次集结拉动。从实战出发，加强对后勤人员战、技术训练，一定程度上提高部队应急保障能力。

【二大队四中队荣立集体二等功】 2011年1月15日，二大队四中队被总队批准荣立集体二等功。主要事迹：2010年以来，四中队严格按照纲要加强全面建设，以“抓规范、树形象，抓精细、上质量，抓安全、保中心”为工作思路，以争创标兵中队，维护“河北第一哨”的荣誉为目标，坚持科学发展、安全发展、和谐发展，狠抓三项经常性工作落实，圆满完成省里组织的烈士陵园献花圈、国庆燕赵广场升旗、机关事务管理局及市委升旗、新条令条例演示等任务。中队曾先后8年被总队评为“基层建设标兵单位”；4次被总队评为先进党支部；9次荣立集体三等功。2010年共成功处置上访事件564起，出动兵力17641人次，确保中心任务的圆满完成，多次受到领导的好评。

【李宁荣立个人二等功】 2011年1月15日，司令部机要科科长李宁因在2010年总部机要业务比武夺得第二名被总队批准荣立个人二等功。2010年5月份，李宁被抽调到总队参加总部机要专业比武竞赛集训，集训期间，根据总部比武竞赛实施方案要求，对机要专业比武竞赛的内容进行系统的再学习和训练。他充分发挥自身工作经验丰富的特点，对比武竞赛的每项内容进行认真分析，细化操作流程，科学总结和规划出比武竞赛各科目的操作步骤，并以身作则积极带领其他参赛队员刻苦训练。在密码电报网络构建技术科目训练中，2个月内就用坏3把网线钳，做成10000多个水晶头，用完600多米网线，最终做一根网线由平时2分多钟，减少到40多秒，全部完成密码电报网络构建技术科目用时比原来缩短50%以上；在基础和专业知识训练中，克服困难，在时间紧任务重的情况下，仅用半个月的时间就将题库1300多道题全部牢记于心；在电报输入技术训练中，为提高输入速度，每天坚持打字10小时以上，由于长时间作业手腕肿痛，手上贴着膏药、吃着药，坚持训练；在发报校对训练中，眼睛需要长时间快速盯着计算机屏幕，每天眼睛都肿涨、酸痛，训练到最后视力下降很多。10月31日至11月7日，李宁代表河北总队在密码电报网络构建技术科目与其它兄弟单位进行激烈的争夺，取得第三名的好成绩。

（刘霖）

人民防空

【概况】 2010年，在市委、市政府、警备区和上级部门的正确领导下，按照河北省人防办下达的目标任务，以建设战时能力强、平时作为大的现代人民防空体系为目标，以创先争优活动为主线，以深化干部作风建设为契机，以“三对”活动为抓手，紧紧围绕城市建设“三年大变样”战略部署，团结务实、开拓创新、强化管理、狠抓落实，克服各种困难，圆满完成了年度目标任务。各项工作均名列全省前列。在第六次全国人民防空会议上，石家庄市被国家国防动员委员会评为“全国人防先进城市”。

【指挥和信息系统建设】 组织指挥加快推进。协调市编办完成市本级和辛集、藁城、鹿泉、平山、正定5个省定人防重点城市人防指挥信息保障中心的组建体制、编制的报批。开展人防专业队年度整组和训练工作，共整组市属常备队5000人、应急队180人、直属队32人、志愿者队4650人。通信警报日臻完善。制定上报了《石家庄市2009－2012年防空警报建设规划》。全市共安装、更新防空警报器440台，并成功组织实施了第八次防空警报试鸣活动，主城区防空警报音响覆盖面达到了

98%。信息化建设得到加强。完成了机动指挥通信系统验收工作。进一步完善了指挥信息化数据库。对指挥信息化系统进行日常维护，保障了指挥信息化系统正常运行。完成"511 工程"指挥信息系统建设评审工作，正在紧张施工。

【防护工程】 指挥所工程建设进展顺利。"511 工程"从项目中心接管后，进行了审计。为加快工程建设进度，抽调人员，增加力量。克服了资金短缺的困难。协调有关部门，积极进行各种手续的跑办，完成工程外围施工。沿街综合楼内部装修正在紧张进行。正定新区人防预备指挥所（"1129 工程"），该工程位于正定新区园博园内，经国家人防办批准，开始开工建设。接管了长安区行唐县牛王寨和桥东区赞皇县百草坪两个后方基地，成为市本级的后方基地。"结建"工作。严格项目审批，落实"结建"政策，市本级共办理结建审批项目 69 项，建筑面积 37.2 万平方米，核定防空地下室易地建设费 8035 万元，实际到帐 5200 万元。加强工程质量监督与验收。竣工验收防空地下室 143 个，建筑面积 31.07 万平方米。对 416 个 146 万平方米的"结建"工程进行了全面质量监督检查。按照"三对"要求，对执行"先缴后退"政策修建的防空地下室进行了拉网式检查，共检查建设项目 265 个，建筑面积 99.74 万平方米。人防工程维护管理进一步加强。对早期人防工程普查。按照市防汛办要求，下发《关于做好 2010 年人防工程防汛工作的通知》，召开了全市人防工程防汛工作会议，安排部署了 2010 年人防工程防汛任务。对各区、各单位防汛准备工作进行了逐一检查，没有发生坍塌、倒灌等问题。工程消防安全。下发了《关于加强 2010 年度人防工程消防安全工作的通知》，与各区、各工程使用单位签订了消防安全责任状，明确了人防工程消防安全责任。人防工程完好率保持在 90% 以上。

【行政执法】 年内，对在拉网式检查中查出的 14 个未按审批图纸修建防空地下室的单位下达了整改或补缴易地建设费通知书。依法查处擅自拆除、破坏人防工程或未按要求修建防空地下室的 24 个单位下达了责令停工、限期整改通知书 31 份。在执法中宣传人防有关法律法规，让开发商熟悉人防法律法规，提高执行人防法律法规的自觉性。

【宣传教育】 一是开展了"人防建设宣传教育年"活动，制定活动方案，成立领导机构，召开动员大会。二是开展新中国人民防空创建 60 周年纪念活动，开展"五个一、十个百活动"。在正定县子龙广场举行了"百场电影"进社区启动仪式。9 月 27 日至 30 日，在市内 5 区和平山西柏坡举行了"人防在我心中"万人签名活动。市委常委、常务副市长王大虎、市委常委、警备区政委李国伦、司令员王亚光高度重视，带头签名。特别邀请了原河北省军区副政治委员、首届感动省城人物、希望将军赵渭忠同志以一个普通居民身份参加了启动仪式。机关干部、在校学生、社区居民、企业职工共计 1.2 万余人参加了签名活动。启动仪式在长安区第十二中学操场举行。三是结合"防空警报试鸣"、"防灾减灾日"、"12.4 法制宣传日"等重大时机，采取文艺演出、设立咨询台、发放资料、组织学生演练等方法，广泛开展人防宣传活动，共发放各种宣传资料 100 余万册。四是在鹿泉山前大道协助省办举行了"人防杯"自行车挑战赛。五是在桥东区铁道大学、长安区亲亲小镇组织在校大学生和社区居民进行了应急疏散演练。

【人防工程建设及地下空间开发】 深入贯彻落实《河北省人民政府关于进一步深化人防工程建设和管理改革的意见》（冀政［2009］192 号）、《河北省城市地下空间开发利用兼顾人民防空要求暂行技术规定》（冀人防字［2010］28 号），主动将人防工程建设融入城市建设中。在新火车站建设中，地铁换乘站兼顾面积达 3 万余平方米，石家庄客运站及东西广场兼顾面积约 10 万平方米。新胜利大街地下空间开发项目兼顾人防要求面积 6.4 万平方米。积极协调规划等部门，采取合作的方式，完成近 5000 平方米八亩地平战结合工程的建设任务。地下停车场管理处利用停车场周边空闲场地进行租赁，增加了经营收益。

（刘有福）

石家庄年鉴 Agriculture

农　业

农　业

概　述

2010年，全市农林牧渔业总产值651.6亿元，比上年增长3.1%，其中农业产值358.8亿元，增长1.4%，畜牧业产值259.7亿元，增长5.0%。农林牧渔业增加值369.6亿元，比上年增长2.7%。小麦播种面积569.7万亩，较上年增加2.92%；因受雪灾、春季气温低等不良气候条件的影响，小麦总产235.3万吨，较上年减少5.06%。秋粮生产扭转多年徘徊局面，获得丰收，玉米种植面积513.15万亩，较上年增加2.47%；总产249.3万吨，增长9.83%；亩产486千克，亩产、总产均超历史水平。棉花种植面积19.95万亩，单产70千克，总产1.4万吨。油料种植面积91.5万亩，单产233千克，总产21.3万吨，均高于上年。全年粮食播种面积1158.9万亩，比上年增加2.14%，粮食总产量507.9万吨，较上年增加2.01%，连续七年取得丰收。蔬菜种植面积230.4万亩，总产1200.2万吨。蔬菜播种面积超过10万亩的县（市）达到8个，其蔬菜播种面积占全市总面积的69.4%。设施蔬菜面积达72.8万亩，占蔬菜种植总面积的31.7%。年内，赵县、藁城市、平山县获全国粮食生产先进县称号，另赵县获全国粮食生产先进县标兵称号，藁城市被评为全省蔬菜先进示范县。

农业综合开发跨入大市行列。年内，5个县（市）先后被国家批准为国家新增农业综合开发县，至年末，全市18个农业县（市），农业综合开发县（市）占到15个，占全市总数的83.3%，一跃跨入河北省农业开发大市行列。全年全市争取农业综合开发各级财政资金9096万元，较上年增加1028万元。其中，土地治理项目7206万元，改造中低产田5.85万亩，生态建设2.11万亩，高标准农田1.6万亩。

农业产业化经营水平提升。实施农业产业化项目建设“115行动计划”，规划项目192个，总投资215亿元，争取财政资金1890万元，扶持项目24个，其中贴息项目14个，补助项目10个，全年完成投资近40亿元。发展市级产业技术创新联盟2家（河北中兽药产业技术创新联盟、石家庄饲料产业技术创新联盟）。评审认定农业科技型企业16家，涉及养殖业、奶业、兽药、饲料、林业、机械、肥业、种业、食品等多个行业。培育各级各类农业科技园区近40余家，其中，被认定为省级农业科技园区的有3家（藁城市农业高科技园区、辛集市农业科技园区、平山县西柏坡农业科技园区）。登记注册农民专业合作社达2600家，比上年增加554家，在全省排第一。辐射带动农户达105余万户，带动基地面积125万亩，逐步形成了覆盖90%乡镇、95%专业村的合作社体系，开展农超对接的农民专业合作社达到100家。新认定固定资产1000万元以上、销售收入2000万元以上的市级重点龙头企业180家，新增和调整省级重点龙头企业10家，新增国家级重点龙头企业1家，国家级、省级、市级重点龙头企业总数分别达到3家、38家、180家，增量居全省第一位。全市有48家龙头企业销售收入过亿元，3家超过10亿元。农业产业化经营率达到62%。

农业科技和物质保障能力增强。年内，建成乡级区域站129个，建立科技试验示范基地60个，培育科技示范户6000个，农业手机短信平台用户发展到11万余户，农村大喇叭在8个县（市）420个村开播，初步形成了集电视、电脑、电话、短信、广播为一体的多形式、全方位农业科技服务体系，6个县（市）被列为全国基层农技推广改革与建设示范县，12 项具有自主知识产权的农业科研项目通过鉴（审）定，围绕优质小麦、优质玉米和无公害蔬菜三大主导产业，主推品种 46 个，主推技术 20 项，农民实用技术培训达 102 万人次，试点运行了农资配送连锁经营模式和合作化运作模式。

新农村科技示范试点建设成效显著。2010 年，投入 400 万元支持了 20 个示范村开展新农村建设技术集成与示范，共建设施蔬菜、优质林果、水产养殖、畜禽养殖等 60 个农业科技示范园区和生产基地，带动农户 18959 户，订单农户 8360 户，创建农业合作社 50 个，参加合作社农户 16516 户，创中国、河北省、石家庄市产品品牌 29 个，特色产业产值达到 60 多亿元。

农业生产条件不断完善、提高。全年完成投资 56070 万元，建设农村公路 1151.9 千米。其中县道路基完成 49.4 千米，路面完成 49.1 千米，完成投资 8280 万元；乡道路基完成 99.9 千米，路面完成 99.9 千米，完成投资 5307 万元；村道路基完成 1002.9 千米，路面完成 1002.9 千米，完成投资 37914 万元；省补农村公路桥梁改造项目 16 项，1227 延米，完成投资 4569 万元。全年完成水库除险加固 10 座，27 座病险水库摘掉“病险帽”，整治河道堤防 22.5 千米，治理水土流失面积 157 平方千米，解决农村 27 万人的饮水安全问题，新增节水灌溉面积 32 万亩，农灌水有效利用系数达到 0.73，水资源的利用效率和效益进一步提高。年末全市农用机械总动力为 1959.73 万千瓦，同比增长 1.43%。农用运输车 47.67 万辆，增长 3.24%；大中型拖拉机 2.53 万台，增长 7.83%。当年机耕面积 53.45 万公顷，增长 1.38%；机播面积 66.45 万公顷，增长 1.13%；机收面积 46.86 万公顷，增长 11.79%。农村用电量 71.35 亿千瓦时，增长 10.12%。农用化肥施用量（折纯）48.35 万吨，增长 0.99%。农田水利基本建设 2009 ~ 2010 累计投入农建资金 10.58 亿元，新打机井 4392 眼，修旧井 6454 眼，新修和维护小塘坝、水池水窖、坑塘等小型水源工程 3544 处，新增、恢复灌溉面积 122 万亩。全年完成造林绿化 28 万亩，新封山育林 15.8 万亩，“四旁”植树 1589 万株，花卉种植面积 3.4 万亩。

种植业

【概况】 2010 年，全市种植业坚持“稳定面积、优化结构、突出科技、主攻单产”的指导思想，在农业生产特别是粮食生产遭遇特大暴雪、严重冻害等极端异常气候危害的情况下，全市上下主动出击，迅速行动，紧急应对，认真贯彻落实中央、省市各项决策部署和扶持政策，深入扎实开展粮食高产创建活动，一招不失、环环紧扣强管理、抓落实，全力开展小麦生产“百日会战”和秋粮生产攻坚战，夏粮在大灾之年取得了较好收成。小麦种植面积 569.7 万亩，较上年增加 2.92%，亩产 413 千克，较上年减少 35 千克，总产 235.3 万吨，较上年减少 5.06%。秋粮生产扭转多年徘徊局面，获得丰收，尤其玉米生产实现新突破，种植面积 513.15 万亩，较上年增加 2.47%，亩产 486 千克，总产 249.3 万吨，亩产、总产均超

田间小麦

历史水平。棉花种植面积19.95万亩，单产70千克，总产1.4万吨。油料种植面积91.5万亩，单产233千克，总产21.3万吨，均高于上年。全年粮食播种面积达到1158.9万亩，较上年增加2.14%，总产达到507.9万吨，较上年增加2.01%，连续七年取得丰收。年内，赵县、藁城市、平山县获全国粮食生产先进县称号，另赵县并获全国粮食生产先进县标兵称号。

【标准粮田项目建设】 全年全市标准良田项目县7个，累计投资5700万元，项目建设面积13.3万亩。测产显示，项目区小麦平均亩产501千克，较项目实施前三年平均单产增加26千克；玉米平均亩产550千克，较项目实施前三年平均单产增加35千克；生育期间实现减少浇水1～2次，节肥8～12%，省工20～30%，亩均节本增效132.8元，节地1～3‰，总节本增效2430万元，取得良好经济、社会和生态效益。

【蔬菜生产】 年内，按照规模化、设施化、标准化、品牌化要求，以京石、石德沿线和城郊区域“两沿一区”为重点区域，以发展设施蔬菜为重点，加大政策支持力度，加强推进落实，蔬菜生产呈现出良好的发展势头。全市蔬菜种植面积230.4万亩，总产1200.2万吨。蔬菜播种面积超过10万亩的县（市）达到8个，其蔬菜播种面积占全市总面积的69.4%。特别是设施蔬菜发展迅速，全市设施蔬菜面积达72.8万亩，占蔬菜种植总面积的31.7%。藁城市被评为全省蔬菜先进示范县。

【病虫害专业化统防统治】 2010年，鹿泉、晋州、深泽、正定和赵县被农业部列为专业化统防统治万亩示范区县。4月7日，石家庄市在鹿泉召开现场会，主推企业龙头带动型、合作社型和农药经营大户创办型三种模式，采取树立典型，以点带面的方式，推动全市病虫草害专业化防治工作的开展。截至年底，全市共有专业化防治服务组织316个，约2360余人，拥有大型施药机械54台，机动喷雾器3256台，手动喷雾器15584台。全年专业化统防统治面积达100多万亩，较常规防治减少用药1～2次，工作效率提高8～10倍，防治效果提高10～20%，每亩减少成本2元。10月28日，河北省麦田杂草秋季统防统治现场观摩会在石家庄市栾城县召开，栾城县、石家庄市就麦田杂草的发生与专业化统防统治情况作了典型发言。

【农作物高产创建活动】 全年承担农业部小麦、玉米、棉花、花生4种作物高产创建示范片35个，其中小麦示范片22个、玉米示范片11个、棉花和花生示范片各1个。未列入农业部高产创建示范区的县（市）区各抓了1～2个3000～5000亩的示范方，各县（市）区建立了2～3个千亩高产展示田、1～2个百亩高产攻关田。“百千万”工程引导示范带动作用显著增加，有力地推动了全市粮食生产整体水平的提高。33个粮食高产创建万亩示范片实际落实面积399213亩，较上年增加157676亩；22个小麦万亩示范片亩产达到543.6千克，较全市平均水平高出130千克；11个玉米万亩高产示范方亩产706.2千克，较全市平均水平高出247.8千克。

【都市农业发展】 制定出台《石家庄市现代都市农业发展指导意见》，按照市区和周边县（市）重点发展现代都市农业，平原县（市）着力推进优势集群农业，山区县集中打造高效生态农业的总体思路，以项

葵花绽放

目为牵引，强力推进以打造省会西北部现代生态农业、东北部现代园区农业、东南部现代设施农业三大板块为重点的现代都市农业发展。年内，藁城农业科技园、栾城现代农业示范园等一批都市农业重点项目相继实施，至年末，全市规划在建的集生产、休闲、观光等功能于一体的现代城郊农业园区达到20多个，都市农业发展规模初步显现。

【农产品质量安全监管】 加强生产源头管理。深入实施“百村千户无公害蔬菜标准示范工程”，全面强化各项监管措施规范的落实，选择规模较大标准生产基地30个，全面实行“五统一”(供种、用肥、用药、生产标准、技术指导)、“十有”(有规程、有档案、有检测、有质量监管员、有微机联网等）管理规范，加强农业生产环节产品质量控制，带动全市生产基地整体监管水平提升。开展无公害蔬菜生产基地复审和无公害蔬菜品种认证，促进农产品生产质量安全主体责任的落实。年内，通过省无公害蔬菜生产基地环评认定65个、92.2万亩，累计达到80个、112.2万亩；通过农业部无公害蔬菜品种认证59个，累计达到97个。强化市场检测监管。省内率先建立“市农产品质量安全监管指挥中心”，构建起覆盖各县（市）区农业主管部门、30个规模生产基地、市内三大批发市场和26个大型农贸市场的监测监管网络平台，各级检测机构对蔬菜生产基地、四类市场实行全天候、全覆盖质量监测。全年市检测中心完成定量抽检5053个样品、定性检测21012个，各县(市)区完成检测样品188458个。强化投入品监管。全面实行农资管理“两图一卡”，集中开展农资整治行动，加强农资市场监管，全年全市出动执法人员9200余人次，检查农资网点8880余家次，立案查处违法案件443起，涉案违法农资97万千克，没收违法农资3.21万千克。

（王凤楼　许瑞忠）

【2个国家级农业标准化示范区通过专家组验收】 年内，第六批国家农业标准化示范区赵县雪花梨和赞皇大枣顺利通过国家专家组验收，这标志着全市农业标准化工作迈上一个新台阶。2008年，赵县雪花梨标准化示范区被国家标准委员会批准列为国家第六批二类农业标准化示范项目；2010年，赞皇大枣被列为国家第六批一类农业标准化示范项目。经过三年的标准化管理，赞皇大枣标准化生产示范面积已达667公顷（1万亩），示范区比非示范区产量增加12.3%，亩均增收326元，累计增收525.5万元。2010年，赵县雪花梨建立示范区面积19.29万亩，年总产量41357万千克，总产值96450万元，较非示范区亩增产优质梨果400千克，年增产优质梨果7716万千克，亩增收1320元，年合计增收25463万元。

（刘宝芝　焦强）

【河北建投石家庄（藁城）现代农业观光园开园】 石家庄（藁城）现代农业观光园位于藁城市岗上镇，紧邻307国道、新赵线和石黄高速，距石家庄市区10千米，是石家庄市规划占地40平方千米的省会东部休闲度假区中的重要项目。该项目规划占地约8500亩，总投资概算5亿元，是集现代农业生产示范、生态农业旅游观光、农业科普教育和推广、农产品展示展销、生态休闲度假等功能于一体的现代农业综合示范工程。为推进园区建设，打造河北农业企业精品，省建投、秦皇岛集发集团和石家庄藁城岗上镇合作

农业观光园

成立“河北建投农业开发有限公司”，其中，集发集团以“集发”商标使用权入股。观光园起步区占地220亩，总投资6000多万元，主要包括2万平方米的四季花园、四季果园、四季菜园、四季瓜园和占地1万平方米的生态餐厅。11月1日，观光园起步区建设初战告捷，并正式开园，11月1日上午，河北建投石家庄（藁城）现代农业观光园开园仪式在园区中心广场隆重举行。省委常委、石家庄市委书记孙瑞彬宣布开园，副省长张和出席开园仪式。此外，新赵线、I号路两条道路全线通车，新民居建设前期工作已准备就绪。核心区占地1500亩，主要包括综合服务区、农业科技展示区、体验农业区、休闲农业区等，计划2011年10月1日开园营业。拓展区（除已建成的滨河生态园）占地5000亩，主要包括现代农业生产示范区、农业科研物流区、园林景观服务区等，计划2012年初开工建设。

（杨威力 王峻峰）

【赵县再次荣膺全国粮食生产先进县标兵称号】 12月21～22日，在全国农业工作会议上，赵县荣获“全国粮食生产先进县标兵”称号，这是继2006年和2008年该县第3次获此殊荣，也是2010年石家庄市唯一获此次殊荣的县。赵县是粮食生产大县，是农业部在河北省唯一的整县制粮食高产创建推进县，国家级优质小麦和优质商品粮生产基地县，粮食常年播种面积100万亩以上，年产粮食50万吨。该县自2008年始连续三年组织实施了小麦、玉米高产创建活动，以“3369”工程统揽高产创建，即在全县建设3个万亩示范片，在示范片建3个千亩示范区，6个乡镇区域站建6个千亩示范村，县万亩片，乡示范村共建9个百亩攻关方。2010年，该县推广农业种植技术160万亩，全县优质良种覆盖率连续三年达到100%。

（温婕 赵志勇 徐哲普）

【土壤有机质提升工程】 2010年，全市共投资180万元，确立项目补贴县3个（晋州、鹿泉、灵寿），建立项目示范方15000亩（5000亩/补贴县）。示范方秋季取土测试结果显示，耕地地力提升明显：有机质较对照提升0.42g/kg，有效磷提升1.4mg/kg，速效钾提升15mg/kg，土壤容重降低0.04g/cm^{3}测产显示，示范方较对照亩穗数增加1.2万，千粒重增加0.1克，亩产增加11.6千克。

【农业综合执法建设】 加强法制宣传教育，年内，组织开展了省市县三级联合法律宣传活动和“2010年放心农资下乡进村宣传周”活动，市县共开展较大规模的送法下乡活动202次，发放各类技术明白纸、法制宣传材料16.8万份。组建农业执法骨干培训班，培训人员7400余人，参训率100%。开展农业综合执法规范化示范单位创建活动，进一步提升执法保障能力，年内，藁城、元氏两县获批成为全国农业综合执法规范化建设示范单位，至此，全市共有全国农业综合执法规范化建设示范单位4家（市执法支队、鹿泉、藁城、元氏）。2010年，全市获省农业厅优秀案卷占全省近三分之一，案卷制作水平在全省位列第一，石家庄市农业法制网站成为全国农业法制网站点击率最高的网站。元氏县在全省率先成立农业执法派出所，全省综合执法建设现场观摩会在元氏召开。推出的县（市）区农业局长谈执法活动得到省农业厅领导的充分肯定。开展诚信守法经营和规范执法活动，全市签订各类责任状1400余份。集中开展春夏秋农业综合执法整治行动，打击假冒伪劣农资经营行为，进一步净化农资市场环境。全年全市出动执法人员9200余人次，检查农资网点8880余家次，立案查处违法案件443起，涉案违法农资97万千克，没收违法农资3.21万千克。

【农村土地承包经营权流转】 按照依法、自愿、有偿原则，大力加强农村土地承包经营权流转制度化、规范化建设。18个农村县（市）区全部建立县级土地流转交易中心，其中10个县建立农村土地承包经营纠纷仲裁机构和仲裁庭，乡级流转服务中心达199个。全市农村土地承包经营权流转面积达到74.1万亩，占家庭承包耕地总面积的9.35%，较上年底增长5.1个百分点。据调查，全市50亩以上的流转大户共419户，规模流转面积达12.9万亩，其中500亩以上的大户共81个，流转面积9万亩。

【农民专业合作社发展】 大力发展专业合作社组织，努力提高其运行质量，实现由数量扩张向质量提高转变。截至年底，全市登记注册农民专业合作社达到2600家，比上年增加554家，位居全省第一。辐射带动农户105余万户，带动基地面积125万亩，养殖规模达到3.5亿（只）头，逐步形成覆盖90%乡镇、95%专业村的合作社体系，实现农超对接的农民专业合作社达到100家。

【农民负担监测管理】 认真抓好各项制度的落实，完善农民负担监管机制，开展农民负担专项考核，组织涉农负担专题检查，着实减轻农民的负担。年内，建立部级监测县1个、市级监测县5个，设立监测村60个、监测户600个。

【生态家园富民工程】 扎实推进沼气建设又好又快发展。在沼气项目上实行行政“一把手”负责制，在沼气建设上实行技术人员包建设质量责任制，在沼气工程上实行项目法人责任制、项目政策公示制、农户自愿申请制、技工持证上岗制、工程质量监督制、物资招标采购制、资金使用审计制等一系列项目管理制度。制定下发《石家庄市农村沼气安全管理办法》（试行），明确各级人员安全责任，实现安全管理常态化、制度化，确保全市沼气池安全运行。全年新建污水、垃圾无害化处理设施200个，新建农村户用沼气池37716个，超额完成建设任务。

（王风楼　许瑞忠）

畜牧·水产业

【概况】 2010年，以创建“全国食品安全最放心城市”为目标，全市畜牧水产系统围绕“三项重点”“七个方面”（三项重点：牧渔产品质量安全监管、重大动物疫病防控、做大做强牧渔业；七个方面：加快推进畜牧业生产方式转变、抓好重大动物疫病防控、强化畜产品质量安全监管、不断提高奶站管理水平、深化动物卫生监督、强化养殖投入品管理、加快发展特色渔业），加强产业发展与管理。至年末，全市牧渔业生产发展势头平稳，重点工作取得突破性进展；肉、蛋、奶产量分别达到74.8万吨、103.9万吨，113.7万吨，同比增长4.88%、4.50%、6.74%；牧业产值259.7亿元，同比增长5.0%；水产品产量达到3.4万吨，与上年基本持平；渔业产值3.8亿元，同比减少0.5%。市畜牧水产局先后荣获石家庄市人民政府农作物秸秆禁烧工作先进单位，河北省农业厅畜牧业生产先进单位、重大动物疫病防控工作先进单位、农业法制工作先进单位、渔业管理工作先进单位，河北省畜牧兽医局“全省畜禽规模养殖冠军杯”优胜单位、“全省动物防疫冠军杯”优胜单位、“全省畜产品质量安全杯”优胜单位、“全省饲料质量安全保障杯”优胜单位、“全省奶站整治优胜杯”优胜单位。三项全国性迎检工作受到农业部检查组的高度评价（全国奶站拉网式检查、“瘦肉精”拉网式检查和《畜牧法》执法检查），生鲜乳和“瘦肉精”类违禁品六个检测项目540个样品检测全部合格；在农业部对全国31个省（区、市）的88个城市开展的四次畜产品质量安全例行监测中，全市监测合格率100%；水产品市场准入检测率100%，实现批批检测，阳性产品追溯查处率100%。

【牧渔产业发展】 龙头企业不断发展壮大。石家庄双鸽食品有限责任公司被命名为农业产业化国家重点龙头企业，是石家庄市继华牧牧业有限公司后第二家畜牧类国家级产业化龙头企业；市级农业产业化重点龙头企业中，畜禽养殖、畜产品加工和饲料企业发展到80家。标准化规模养殖不断推进。年内，55家猪场、13个奶牛场（小区）争取到2010年度国家生猪和奶牛标准化规模养殖场（小区）建设项目资金1860万元；54家单位申报省级新建扩建奶牛养殖场（小区）项目。全市建成标准化养殖场（区）105个，20个通过省级无公害畜产地认定，5个通过部级无公害畜产品认证。渔业方面，建成现代化渔业园区10个，面积3.5万亩，其中部级健康养殖示范区6个，省级标准化示范区2个，省级健康养殖示范区2个；28家通过省无公害产地认定，面积达9.7万亩；12个品种通过国家无公害产品认证，8个产品通过有机水产品认证。截至年底，全市规模场（小区）备案1649家，同比增加369家；14家规模养殖场（小区）被确定为国家级典型示范场，49 家被确定为省级典型示范场，64 家被确定为市级典型示范场。

【黄喉拟水龟落户石家庄】 黄喉拟水龟（学名：Mauremys mutica）为龟科拟水龟属的爬行动物，甲长大约 15 ~ 20cm，头小，头顶平滑，橄榄绿色，上喙正中凹陷，鼓膜清晰，头侧有两条黄色线纹穿过眼部，喉部淡黄色。背甲扁平，棕黄绿色或棕黑色，具三条脊棱，中央的一条较明显，后缘略呈锯齿状。腹甲黄色，每一块盾片外侧有大墨渍斑。四肢较扁，外侧棕灰色，内侧黄色，前肢五指，后肢四趾，指趾间有蹼，尾细短。民间素有“古石龟”之称。主要分布于东亚、南亚近热带及亚热带、温带的部份低海拔地区，有很强的环境适应能力，是生命力极顽强的龟种之一。黄喉拟水龟栖息于丘陵地带，半山区的山涧盆地和河流水域中，野外生活于河流、稻田及湖泊中，也常到附近的灌木及草丛中活动，白天多在水中戏游、觅食，晴天喜在陆地上，有时爬在岸边晒太阳。夜间出来活动、觅食。食性杂，取食范围广，喜食鱼虾、贝类、蜗牛、水草等食物，

表 10　2010 年石家庄市荣获农业部畜禽标准化示范场一览表

类别	数量	企业名称	获批时间
生猪	2	河北兆江养殖有限公司	2010 年 10 月 27 日
		井陉县恒泰种猪场	2010 年 12 月 10 日
蛋鸡	3	辛集市新绿科技发展有限公司	2010 年 10 月 27 日
		石家庄修远牧业有限公司	2010 年 10 月 27 日
		无极县隆盛养鸡场	2010 年 12 月 10 日
奶牛	9	石家庄市恒达牧业有限公司	2010 年 10 月 27 日
		深泽县金玉良种奶牛繁育中心	2010 年 10 月 27 日
		辛集市润翔乳业有限公司	2010 年 10 月 27 日
		河北冀丰动物营养科技有限公司奶牛场	2010 年 10 月 27 日
		石家庄天泉良种奶牛有限公司	2010 年 10 月 27 日
		鹿泉市天成奶牛场	2010 年 10 月 27 日
		正定县宏发良种奶牛养殖基地	2010 年 12 月 10 日
		周家庄农牧有限公司	2010 年 12 月 10 日
		正定县金河生态养殖基地	2010 年 12 月 10 日

人工饲养一般投喂鱼、虾、肉或家禽的内脏。每年 4 月底至 9 月底活动量大，最适环境温度为 20℃ ~ 30℃，15℃左右是龟由活动状态转入冬眠状态的过渡阶段，10℃左右龟进入冬眠。3 月底，温度 15℃左右时龟虽苏醒，但只爬动，不吃食，到 4 月份，温度升至 20℃左右才吃食，冬眠后的龟，体重大约减轻 50 ~ 100 克左右。2000 年 8 月 1 日，该物种被列入《国家保护的有益的或者有重要经济、科学研究价值的陆生野生动物名录》。2010 年 1 月，由石家庄金汉生物科技有限公司投资 6 万元从广西引进黄喉拟水龟 46 只成龟，进行人工驯养、培育，开展人工繁殖、苗种培育等方面的研究，并将其用于癌症病人手术后体质恢复，提高白血球，消除化疗的抗逆反映，试用五个月，取得明显效果。9 月，金汉生物科技有限公司再次投资 38 万元，引进稚龟 400 只，亲龟 6 组（18 只），观赏龟 12 只。试养成功后，将在石家庄市各县市进行推广。截至年末，试养成活率达到 95% 以上，生长发育良好。这是继白斑狗鱼、青海

湖裸鲤、江鳕之后，石家庄市引进的又一新品种。

【肉羊高效养殖示范技术获省山区创业三等奖】 1月20日，河北省科技工作会议在石家庄市召开。会上对2009年度河北省山区创业奖进行了颁奖，由市畜牧水产局赵洪明研究员主持、畜牧兽医技术开发中心承担的“节粮型畜牧业生产技术示范与推广——肉羊高效养殖技术示范与推广”项目荣获省山区创业三等奖。该项目于2005年在石家庄市科技局立项。项目采用添加包被尿素、益生素的羔羊预混料、颗粒料及育肥羊专用预混料等科研产品，节粮技术达国内领先水平。使用该技术，羊的饲料报酬率提高12.79%，出栏率大幅增长。本项目通过技术示范、龙头企业带动，建立了比较完整、科学的肉羊生产技术体系；项目对羊舍建筑、繁殖育种、杂交改良、饲养管理和羊病防治等肉羊生产新型实用技术进行了组装配套与创新，实现了肉羊生产综合配套技术一体化，制定了《肉羊养殖小区建设规范》及各阶段的标准化饲养管理技术规程。经过在全市推广，年纯增收达0.928亿元。肉羊生产组装配套技术居国内领先水平。该项目的推广对减轻畜牧业民展对粮食需求的压力，对调整农业结构，促进农民增收，以及全市畜牧业科技水平提高起到示范样板及推动作用。

【生猪良繁体系建设暨首届种猪拍卖会】 11月16～18日，由河北省畜牧兽医局主办，石家庄市畜牧水产局协办，河北省种畜禽质量监测站、河北养猪协会承办的河北省生猪良繁体系建设暨首届种猪拍卖会，在石家庄灵寿县河北省种猪质量监督检验测试中心举行。农业部畜牧业司王俊勋副司长，全国畜牧总站郑友民副站长、牧业发展处王志刚处长，河北省畜牧兽医局张钰局长、刘肇清副局长，省发改委有关处室领导、灵寿县委政府主要负责人，省、市、县畜牧主管部门有关人员，省内农业院校及科研院所养猪学专家学者，全省规模养猪企业以及来自全国养猪业相关饲料、兽药、添加剂、器械等生产场家约3000人次参加大会。11月16～17日，大会组织了技术讲座，省畜牧兽医局刘肇清副局长出席并做了动员讲话，省种畜禽质量监测站杜勇站长介绍了监测站建设及本届种猪质量测定、拍卖有关情况。讲座共有12位国家级教授、专家从猪的营养和饲料、疫病流行和防控、规模化猪场的管理和环境控制、猪的育种和标准化养殖、猪的基因工程与废弃物的开发利用等诸多方面进行了耐心讲解。11月18日，河北省首届种猪拍卖会在灵寿县举行，会议由省畜牧兽医局刘肇清副局长主持，农业厅副厅长、省畜牧兽医局局长张钰致欢迎辞，农业部畜牧业司副司长兼奶办主任王俊勋讲话，灵寿县县长参加会议并致辞。本届拍卖会对在全省首批开展的种猪生产性能测定中性能优异的21头种猪公开拍卖，价格最高种猪达3万元，其中以2万元以上成交的有5头。同时，对69头测定成绩在80分以上的种猪以投标的形式出售。种猪生产性能测定及种猪拍卖是为了提升全省养猪业生产水平、最大限度发挥优秀种猪遗传性能，推动全省联合育种工作的重要举措，是实施农业部“全国生猪遗传改良计划（2009～2020）”的重要工作内容。按照此计划，到2015年全省种公猪站饲养的种公猪必须经过性能测定。根据省畜牧兽医发展规划，种猪生产性能测定及拍卖工作将实行制度化，省畜牧兽医局每年4月28日、10月16日分别举办2次种猪拍卖会。此次拍卖会上，石家庄企业积极参与，石家庄双鸽食品有限公司3头种公猪分别以1.2万元、2.2万元、2.25万元的价格成交；石家庄飞龙种猪商贸有限公司分别以2.25万元、1.2万元拍得评估组排名第一的杜洛克和生长性能指数排名第二的大约克各一头。其中以2.25万元拍得的杜洛克，是杜洛克、长白、大白三大品种中的最高价，被毛白色，将彻底解决石家庄市杜长大（杜大长）三元杂交猪生产中由于母本不纯导致后代出现花猪、养猪户收益降低的问题，将有力地促进全市生猪品种改良工作。

【双鸽美丹生态养殖基地种猪繁育】 石家庄双鸽食品有限责任公司是集良种繁育、养殖、饲料加工、畜牧科技研发、屠宰、预冷分割、熟肉制品深加工、冷冻冷藏、连锁销售为一体的国家级农业产业化重点龙头企业，全国养猪行业百强优秀企业。河北省养猪行业协会副会长单位，石家庄市养猪行业协会会长单位。2008年12月，该公司一次性从英国引进新英系原种长白、大白、白杜洛克优良原种猪525头，投资1亿元建成集原种猪引进、纯种繁育、二元扩繁、畜牧科技研发、饲料加工、污水与沼气工程为一体的现代化生态养殖园——美丹生态养殖基地，形成核心育种场、原种扩繁场、二元母猪生产场三级繁育体系。此次引进是国内单次引种量较大的场家之一，是新英系种猪唯一一家引种公司。该公司生产的新英系种猪是大体型母系种猪，同时具备父系猪良好的生长性能，具有产仔数高、泌乳力强、肢体强健、饲料转化率强、瘦肉率高、生长速度快等特点。长白种猪还克服了大白种猪难于饲养的劣势，尤其是八对乳头的独优基因领先世界30年。经过两年的繁育，到2010年底，基础母猪总存栏量达5000余头，年可向社会提供优良原种猪3万头，二元种猪4万头。同时，双鸽美丹生态养殖基地通过无公害农产品产地认证，成为全国猪联合育种协作组成员单位，其生产的白杜洛克种猪在2010年河北省首届种猪拍卖会上荣获种猪拍卖会冠军、生产性能测定冠军。

双鸽美丹生态养殖基地猪舍

【渔业“四百工程战略”项目建设】 2010年，河北省启动渔业“四百工程战略”，在全省实施以贝藻类生态环保型增养殖为主体，争取到2015年修复稳定100万公顷水生生物资源养护水面，营造规模化休渔湿地、“水下林场”、人工鱼礁群和贝藻类生态清污区100处，年生产100万吨名优无公害水产品，年创造100亿元渔业增加值，带动产业调整升级。为保证落实全省“四百工程战略”，全市启动或建成水产项目多个。其中，有三个项目进入尾声：一是中华鳖深加工项目进入设备调试阶段。该项目由鹿泉河北省康态中华鳖良种有限公司投资建设，投资1348万元，车间面积2400平方米，年加工能力2000吨，产值1亿元，年底前通过验收，2011年3月正式投产。二是现代化冷水鱼孵化车间项目进入试运行阶段。该项目由井陉县鱼泉冷水鱼养殖有限公司投资建设，投资380万元，占地6亩，车间面积2000平方米，投产后每年可孵化各种冷水鱼苗5000万尾，是河北省最大的冷水鱼繁育车间。三是鹿泉休闲渔庄贯通公路建成。该项目是鹿泉市委、市政府为发展休闲渔业，保证100个休闲渔庄建设在2011年全面启动，拨出专款350万元，养护期结束即可通车。

【白斑狗鱼全人工繁育技术通过省级鉴定】 白斑狗鱼属鲑形目，狗鱼亚目，狗鱼科，狗鱼属，英文名Pike。分布于亚洲、欧洲和北美，在中国仅产于新疆北部额尔齐斯河流域。白斑狗鱼生活于寒冷地区水域，为冷水性鱼类，适温范围0℃～30℃，最适生长温度22℃～26℃。幼苗阶段以轮虫、小型枝角类、桡足类等浮游动物为食，稍大即捕食其他鱼类。饵料不足时会自相残食，为大型凶猛肉食性鱼类。在天然水体中，最大个体体重可达40千克。幼鱼集群活动，成鱼分散觅食，行动迅速敏捷，常活动于水草丛中。因为这种鱼生长速度快、肉质坚韧少刺、味道鲜美，且观赏性强，一直被中亚各国视为鱼中“软黄金”，2001年前，白斑狗鱼一直处于野生状态，年年的捕捞，使白斑狗鱼的数量急剧减少，当地一部分人尝试着养殖，可都没有成功，2001年，上海水产大学与新疆额尔齐斯河特种鱼类繁育场联合攻关，率先在国内实现了白斑狗鱼的人工繁殖和苗种培育。2007年，石家庄引进白斑狗鱼开展规模化全人工繁育技术研究，项目由河北省水产研究所和石家庄市水产管理处共同承担。2010年2月1日，“白斑狗鱼规模化全人工繁育技术研究与应用”项目通过鉴定，专家组认为项目总体技术达到国际先进水平，首次实现了在非原产地利用人工养殖的白斑狗鱼进行规模化人工繁殖、育苗和成鱼养殖，解决了白斑狗鱼这一名优品种苗种供应的难题，奠定了白斑狗鱼产业化养殖的基础。

【鱼苗增殖放流】 12月10日，市畜牧水产局在黄壁庄水库投放花白鲢、白鲢和草鱼7万余千克，价值50万元。此次增殖放流，由石家庄市畜牧水产局组织。至年末，石家庄市在黄壁庄水库组织开展渔业资源增殖放流已连续进行6次，对提高水库渔业资源，维护库区生态平衡，保障市区居民用水安全，增加渔民收入发挥了积极作用。

【10项市级畜牧地方标准通过审定】 1月29日，2009年度市级畜牧地方标准审定会在西山宾馆召开。评审委员会由省、市畜牧兽医专家组成，审定局系统2009年度制定的市级地方标准5个（生鲜牛乳收购站建设与管理规范、鸡定点屠宰检疫规范、马属动物屠宰检疫技术规程、改良型野猪饲养管理技术规程、规模养殖场动物防疫监督规范）。12月27日，市畜牧水产局组织召开2010年度市级畜牧地方标准审定会，对市动物疫病预防控制中心、市养猪行业协会、市牧工商开发总公司、栾城县畜牧局、行唐县畜牧局5家单位制定的重大动物疫病流行病学调查技术规范、生猪产品质量溯源管理技术规范、羊附红细胞体病防治技术规范、非种用乳公牛育肥生产技术规程五项市级地方标准进行评审。标准审定委员会认为五项标准立足石家庄市畜牧业生产实际，选题准确，针对性较强，标准内容充实，全部通过审定。十项标准修改后报市质量技术监督局备案并发布实施。

【重大动物疫病防控】 加强基层动物防疫体系建设，强化兽医医政药政管理，提高动物疫病防控能力。开展兽药经营企业GSP试点建设，加大兽药抽样监测和打假力度，保证兽药质量安全；实行动物诊疗机构重新审核发证和乡村兽医县级登记备案，实现机构管理制度化、规范化；推行兽医执业资格认定，成功组织全国首次执业兽医资格石家庄考点考试，全市866名考生参加考试，165名取得执业兽医师资格，通过率达19%，超过全国平均水平6个百分点；全年全市新建规模养殖场标准化兽医室268个，村级标准化兽医室100个，基层动物防疫体系建设得到进一步延伸；7个县市兽医实验室通过考核验收，数量居全省首位，平山县兽医实验室首家通过省级考核验收，正定县国家级疫情测报站首家（省内）通过农业部考核验收，县级兽医实验室建设水平大幅提高。全面开展奶牛布病和结核病监测，核发《奶牛布病、结核病监测合格证》，着力推进“两病”净化，从源头保障生鲜乳质量。建立健全人畜共患病联防联控机制，与市卫生局联合建立定期例会、疫情处置、联合督导、专家协作、资源信息共享等制度，并对平山、井陉等布病高发县开展联合督导。创新动物卫生监督方式，推行产地检疫五项管理制度，生猪屠宰实行456检疫模式，生鸡屠宰实行335检疫

2010年10月26日，举办石家庄市动物疫病及畜产品质量监测实时监控系统培训会

模式，开展迎世博、迎亚运保安全活动，保障上市肉品质量安全。围绕“力争不发生，确保不蔓延”的防控目标，圆满完成春、秋两季重大动物疫病防控任务。在秋防期间，采取飞行监测、定点监测、测报站监测和县级自检相结合等多种方式，确保实现监测防控无缝隙。5月份、11月份，省局检查组对石家庄市的防控工作给予了充分肯定。

【198台动物标识识读器注册完成】 按照省可追溯体系建设部署要求，石家庄市将可追溯体系建设工作列为动物防疫工作重点之一，并纳入年度考核内容，截至7月20日，全市198台动物标识及可追溯体系识读器注册任务全部完成，全年全市向中央数据库上传数据3261条。

【牧渔产品质量安全监管】 推进生猪质量追溯体系建设。开启肉品质量安全全程追溯试点，至年末，畜产品质量监测联网、动物疫病检测联网基本安装调试完成，并投入试运行；奶站视频监控联网系统建设启动，8月20日，市畜牧水产局与中国联通石家庄市分公司联合举行启动仪式，市畜牧水产局局长高玉柱与联通分公司总经理雷云共同签署框架协议；试点单位发展到33个生猪养殖场、河北凯隆达食品有限公司屠宰厂和省会超市。开展生猪质量安全专项整治。6～8月份，全市开展以“瘦肉精”类违禁品监督抽检和违法案件查处为重点，以“生猪出栏及宰前批批抽检”、“强化飞行监督抽检”和“阳性样品调查处理”为主要内容的生猪质量安全专项整治行动，取得阶段性成效。9月1～3日，农业部检查组对石家庄市藁城市、正定县的生猪养殖场（户）进行“瘦肉精”类违禁药物拉网式检查，现场抽取141个养猪场的423批次猪尿，检测盐酸克仑特罗、莱克多巴胺和沙丁胺醇全部为阴性。加大牧渔产品检测力度。到年底，市本级共完成畜产品及投入品检测2.2万批次，监测合格率100%；累计检测水产品1.5万批次，查处问题水产品20批次。

【渔业互保开局良好】 河北省渔业互保协会石家庄市办事处隶属河北省渔业互保协会，人员组成、工作开展依托石家庄市水产管理处。该办事处于2010年4月正式开展工作。2010年，石家庄市共有渔业捕捞渔船317艘，以每对船最低3人作业为入保基础，按每人入保10份，为485人办理了渔民人身平安保险，共收保费14.55万元。同时，市水产管理处筹资4.4万元，争取到省级财政20%配套补贴资金，为办事处配套30%的补贴，有效减轻了渔民的负担。为全市渔业互保工作开了个好头，同时也为今后内陆渔业互保发展进行了有益的探索。

【奶站标准化建设与规范化管理】 2010年，在全面实现散养入区、挤奶进厅、站企挂钩、全程监控的基础上，进一步强化奶站标准化建设和规范化管理，有效保障生鲜乳质量安全。加强奶站整治联查，督促落实“八项要求、十项管理制度、一项技术操作规范”，推进奶站和小区一体化建设。年内，共组织奶站整治活动4次，查处各类违规案件9起；403家奶站取得《生鲜乳收购许可证》，发证率达到100%；各项管理制度执行情况良好，所有奶站全部达到《条例》规定的“五有一符合”的要求；奶牛饲养规模不断扩大，奶站数量由年初的387家发展到年底的403家，实际存栏300头以下的奶牛小区（场）由年初的64家减少到22家。建立合同变更制度，定期召开价格协调会议，开展收购秩序集中整治，推进合同化管理与价格协调，维护正常的市场秩序。年内，每季度组织召开生鲜乳价格协调会议，确定生鲜乳最高限价、最低保护价；在季度参考价格范围内，每月调整生鲜乳参考价格；定期通过媒体公示参考价格和乳品企业实际结算价格；全市403家奶站全部与乳品企业签订“生鲜乳购销合同示范文本”，并在县局备案，在《北方牧业》期刊和石家庄市畜牧水产信息网上进行了公示。推进奶站视频联网，转变监管模式。2009年，全市所有奶站挤奶大厅、储奶间和装车处都安装电子监控设备，实行电子监控。2010年，大力推进奶站视频监控网络系统建设，实现奶站视频监控网络系统在市、县级畜牧部门、乳品企业和所有奶站之间互联互通，乳品安全监管由企业派驻模式逐渐转变为科技监管模式。截至年末，381家奶站线路已开通，开通率达到94.5%。11月9日～13日，农业部检查组对全市所有奶站进行拉网式检查，100%的生鲜乳进行三聚氰胺检测，20%的样品进行碱类物质检测，10%的样品进行黄曲霉毒素M1检测，所有检测结果全部合格，受到检查组的高度评价。

（王荣申　黄滨　陈素梅
李跃　戴建卫　尚琪
尹华丁　李亚敏）

【奶站联网监控项目启动】 8月20日，市畜牧水产局与中国联通石家庄市分公司签署框架合作协议，在全市正式启动奶站联网监控项目。按照项目实施方案，到2010年底，全市实现市、县畜牧部门和乳品企业以及所有奶站之间通过视频监控网络系统的互联互通，对各奶站生鲜乳生产、收购全程进行视频监控。该项目一期主要对全市406个奶站、19个县（市）区畜牧水产局机关、11家乳品企业，共计436个单位进行4～10M光纤接入和监控平台建设。通过该项目统一管理平台，相关管理机关可以对全市各个奶站生鲜乳生产、收购全程进行实时远程视频监控，并可随时调取任一奶站视频录像进行抽查，有效提高了主管机关对奶站的监管力度。

（潘双清）

【3家奶牛场通过国家GAP认证】 GAP即良好农业操作规范，他能够有效提升农业生产的标准化水平和农产品的内在品质及安全水平，有利于增强生产者安全意识、环保意识和自然界的生态平衡及农业的可持续性发展。奶牛场GAP认证是专门针对奶牛养殖所进行的良好农业规范认证，其宗旨是通过对饲料来源、奶牛饲养、动物福利、疫病防治、鲜奶贮运和环境保护等环节的改进和规范，最终确保牧场能够生产出安全、健康、优质的原料奶。2010年8月，原奶中心组织为河北三元公司供应原料奶的三家牧场通过国家GAP认证。这三家牧场分别是辛集市润翔乳业有限公司奶牛场、晋州市周家庄农副产品有限公司奶牛场和河北金柱奶牛养殖有限公司奶牛场。至年末，加上原有的两家养殖企业（灵寿县天一农牧奶牛养殖专业合作社、河北冀丰动物营养公司奶牛场），全市共有五家牧场通过GAP认证。

【病死畜禽及其产品非法交易冬季百日会战】 自11月22日始，全市集中开展冬季百日会战行动，打击病死畜禽及其产品非法交易行为，确保“双节期间”全市人民吃上放心肉。一是各县（市）区政府高度重视，专门召开动员调度会，进行安排部署；二是与公安、质检、工商、卫生、交警等部门密切配合，齐抓共管，形成合力，严厉打击病死畜禽及其产品违法行为；三是加强宣传教育，积极营造舆论氛围，充分发挥舆论监督作用；四是全方位摸底排查，搞好动物疫情普查，做到早发现，早处置；五是开展肉品市场专项整治，加大对重点区域及经纪人的监管力度。截止12月29日，共发放宣传材料58334份，粉刷标语1234条；开展专题培训4次，参训人员200余人；检查饲养场3244场次、屠宰厂142厂次、市场368场次、冷库173次，查处案件27起。

（王荣申　黄滨　陈素梅
李跃　戴建卫　尚琪
尹华丁　李亚敏）

【11吨假劣兽药饲料被集中销毁】 为切实维护消费者的合法权益，保障畜产品质量安全，推动全市畜牧业健康发展，市畜牧水产局组织开展了一系列专项活动。2009年12月1日至2010年3月10日，市畜牧水产局开展了以查处“瘦肉精”、莱克多巴胺、沙丁胺醇、β－内酰胺酶、硫氰酸钠和制售假劣兽药、饲料及饲料添加剂等违法行为为重点的“畜牧投入品百日专项整治活动”，进一步强化养殖投入品监管，规范兽药饲料生产经营秩序。2009年10月至2010年3月10日，畜牧水产系统共出动执法人员6000多人次，监督检查饲料兽药生产和经营单位1000多家，立案查处16起，取缔无证生产经营单位6家，罚款6.7万元，查获假劣兽药饲料11吨。对一批案值较大、性质恶劣的典型案件给予了严厉查处，3月14日，“3·15国际消费者权益日”到来之际，11吨假劣兽药饲料在位于栾城县东客村的石家庄龙腾环保服务有限公司集中进行了销毁。

（温婕）

【畜禽产品质量安全专项整治】 8月至12月，全市开展畜禽产品质量安全专项整治行动，严厉打击私屠滥宰、生产注水肉、病害肉等违法违规行为，积极探索构建畜禽产品质量安全长效监管机制，从根本上提高畜禽产品质量安全水平，保证人民群众吃上“放心肉”。8月6日，石家庄市召开畜禽产品质量安全专项整治工作会。副市长张殿奎出席会议并讲话。此次专项整治共有八项任务，即扎实开展病死畜禽非法交易整治，严格开展屠宰检疫，监督做好病死畜禽无害化处理，严厉打击屠宰病死畜禽的非法行为；积极开展“瘦肉精”等禁用物质整治，加强屠宰环节的抽检工作；深入开展注水肉整治，加强对定点屠宰厂（场）肉品水分含量的监督检查，严厉查处屠宰注水或注入其他物质的行为；持续开展私屠滥宰整治，严惩不法分子；大力开展定点屠宰企业集中清理，坚决淘汰不达标企业，严把市场准入关；认真开展屠宰企业畜禽产品质量整治，确保其出厂畜禽产品质量安全；切实开展加工流通餐饮等环节畜禽产品质量整治，落实市场开办者和场内经营者责任，严把畜禽产品质量市场准入关；加大刑事打击力度，严厉惩处犯罪分子。

【高邑生态养猪场奠基】 大王庄村万头猪场建设项目是由河北德富生物牧业集团与高邑县政府、高邑镇政府、大王庄村委会联合策划、开发的一个绿色生物牧业项目。项目总投资1亿元，占地400亩。其中一期占地100亩，重点开展万头规模猪场基建项目，二期为饲料加工厂及养猪场的配属建设项目，三期为屠宰、肉类精加工、绿色食品及生物菌肥研究生产基地项目。该项目把自身独有的多项国家、国际生物及环保专项科研成果直接应用于一线畜牧养殖，猪场不再有臭味，粪便可循环利用，并结合生态农业建设、环保零排放等先进理念，推进畜牧业增长方式转变。4月10日，项目正式奠基开建。

（潘双清）

【辛集牧润养猪合作社成立】 5月21日，辛集市牧润养猪合作社在前营乡东范庄村吕　权养猪场正式揭牌成立。市畜牧水产局总畜牧师魏春儒和辛集市人大副主任井端阳出席典礼。该合作社是在6个市级标准化规模养猪场的基础上自愿联合成立的，由31名股东组成，总资产560万元，设有饲料、兽药技术服务部，办公地点设在前营乡东范庄村吕珅权养猪场。合作社内部实行“五个统一”的运作模式，即：统一购料、统一购药、统一销售、统一供种、统一疫病防治，辐射带动本乡27个村和旧城镇、和睦井乡、南智邱镇、深州市魏桥乡等乡镇共计265户散养户，形成合作社＋龙头大户＋养殖户的生产网络体系。

【中国现代化蛋鸡发展高峰论坛在石举办】 10月16～17日，中国现代化蛋鸡发展高峰论坛在石家庄市举办。论坛由石家庄市畜牧水产局、石家庄市畜牧兽医学会与国家蛋鸡产业技术体系合作主办，石家庄华牧牧业有限公司承办。其目的就是针对当前畜禽疾病防控的重点和难点，通过研究探讨，寻求综合有效的破解办法，促进全市畜禽养殖业科学、合理、健康发展。各县（市、区）畜牧技术推广机构、畜牧兽医学会、省内外蛋鸡养殖户代表、市局有关单位等210余人参会。此次论坛，邀请到中科院院士吴常信教授、北方学院资深养禽专家朱元照教授、中国农业大学陈福勇教授做专题讲座。会后参观考察了华牧新基地——中国华牧海兰蛋鸡产业化基地。

【平山县兽医实验室通过省级验收】 2010年，平山县兽医实验室投入15万元专项资金购置生物安全柜、酶标仪等监测设备，规范各项制度，集中开展人员培训，对照标准大力加强达标改造。11月17～18日，省局专家验收组一行四人对平山县动物疫病预防控制中心兽医实验室进行了考核验收。经综合评定，平山县动物疫病预防控制中心达到了农业部制定的县级兽医实验室建设标准，成为全省第一家通过考核验收的县级兽医实验室。

【正定动物疫情测报站部级考核达标】 12月15～16日，农业部专家考核验收组对农业部兼河北省正定动物疫情测报站进行为期两天的现场考核。按照农业部《兽医系统实验室考核管理办法》和《兽医系统实验室考核工作实施方案》的规定，专家考核组首先听取了正定县的工作汇报，尔后采取现场检查实验室、查阅相关档案资料、理论考试、现场操作等形式，对实验室设施、仪器设备、工作人员、实验室管理、检测工作、档案管理、理论考试和检验项目实际操作等八个方面进行现场考核。经综合评定，农业部兼河北省正定动物疫情测报站达到了《兽医系统实验室考核管理办法》规定的建设标准，验收合格，成为河北省首家通过考核验收的国家级动物疫情测报站。

（王荣申　黄滨　陈素梅　李跃　戴建卫　尚琪　尹华丁　李亚敏）

林 业

【概况】 2010年，全市林业系统以创建“国家森林城市”为核心，着力实施西山绿化、石环路绿化、万树进村、五河绿化、太行山绿化、退耕还林、封山育林七大生态绿化工程，突出森林防火、突发性林业有害生物防治、食品（果品）安全三项应急管理体系建设，大力发展以核桃为主的特色优质果品、花（苗）木、速丰林、森林和休闲旅游等产业，强化森林和野生动植物保护管理，创新科学发展机制，各项工作取得成效。全年累计投入林业建设资金3.4亿元，比上年增长6%。其中，中央财政投资1.1亿元，省级财政资金2069万元，市级财政资金6176万元（含事业费），县级财政资金7320万元；按用途分：生态建设资金1.65亿元（退耕还林8383亿元、太行山绿化1852万元），森林防火688万元，林业有害生物防治398万元，生态效益补助902万元，科技教育148万元，国有林场棚户区改造及扶贫165万元，林业工作站建设53万元，其他1.5亿元。完成造林绿化28万亩，“四旁”植树1589万株，花卉种植面积3.4万亩，果品产量214万吨，木材产量2.7万立方米，人造板产量105万立方米，森林和林业休闲旅游145万人次。林业产业总值（含林产品加工和服务业）73亿元，比上年提高5.5%，初步形成产、加、销、售后服务等系列化产业链条。其中，第一产业产值55.8亿元，第二产业产值13.7亿元，第三产业产值3.5亿元；按行业分：林木培育种植43282万元，木材采伐1841万元，果品种植461465万元，花卉种植22355万元，野生动植物驯养繁殖1424万元，果品加工24722万元，人造板85912万元，木质家具和木制品11178万元，木材加工818万元，森林旅游与休闲产业10439万元，林业生态服务（城市林业）19019万元。

【造林绿化】 全年完成人工造林12.1万亩，新封山育林15.8万亩，“四旁”和零星植树1589万株。营造（封育）生态林19.1万亩，用材及生态兼用林4.6万亩，经济及生态兼用林4.3万亩。太行山绿化工程完成人工造林6.15万亩，封山育林新封6.5万亩，年末封山育林达到34.5万亩。其中中央基建投资项目完成人工造林4万亩，封山育林新封4.5万亩；中央农发项目完成人工造林0.4万亩；省财政投资完成人工造林1.75万亩，封山育林2万亩；退耕还林工程完成荒山荒地造林1.3万亩，新封山育林6.9万亩，年末封山育林达到53.8万亩，当年兑现粮食补助资金4382万元，兑现生活补助847万元，巩固成果资金2249万元，有12.6万户农民在退耕还林工程中受益。石环公路绿化工程完成造林3402亩，植树19万株。西山生态林区绿化工程植树11.6万株，绿化面积1566亩。“五河”绿化造林2万亩，农田林网建设228.7千米，折合造林0.52万亩。万树进村绿化工程累计植树2075.29万株。百万亩封山育林示范工程继续以“封山”、“禁牧”为主题，以200万亩市级封山育林示范工程为带动，使全市850万亩山场全部封禁。完成平原绿化防沙治沙示范区建设0.5万亩。大力推广容器育苗造林，完成903万株，容器苗造林使用率达80%以上。加强造林苗木质量监督检查，严格执行林木种子生产经营许可制度，打击违法生产经营活动，全市造林用苗合格率达到95%以上。

【果树生产】 全年新发展以核桃为主的名优果树4.3万亩，全市干鲜果及其他经济林面积329.1万亩。“节本增效，简约生产”，推广配方施肥、增施有机肥、果园覆盖、网架栽培、篱壁整形、双矮种植等果树标准化生产技术、无公害化生产技术，建立元氏县西岭底核桃示范园、行唐县上王庄大枣品种实验园、东安台庄苹果矮化密植示范园区、平山恶石桃示范园，加强果树生产，全市标准化技术推广面积210万亩，无公害产地认定面积160万亩，检测果品产地、销售摊点580多个，合格率达98%。深泽、晋州、无极、鹿泉大力发展设施葡萄，面积达到3000多亩，矿区、辛集、行唐建成苹果矮化密植示范园3000多亩，正定大力建设黄桃示范基地。受上年冬季特大暴雪影响，全市果品产量略有下降，干鲜果品产量达 214 万吨，比上年减少 5.3%，元氏县石榴受冻害影响全部绝收，赞皇县大枣产量较上年减少 36%，赞皇县板栗产量较上年下降 50%。

【花卉生产】 全市花卉和观赏苗木种植面积 3.4 万亩，较上年增加 3%，年产鲜切花 49 万只、盆花 910 万盆、观赏苗木 1174 万株，草坪 123 万平方米。建立花卉市场 58 个，花卉从业人员 12719 人，花卉产业总值 29494 万元。1 月 23 日，“第十二届迎春花展暨仙客来展销交易会”在西三教花卉市场举行，展出品种包括仙客来、秋菊，一品红、蝴蝶兰、红掌等一批传统优势产品，深受广大市民和省会周边花农及参展商的喜爱，观展采购市民超过数万人。

【全民义务植树活动】 3 月 12 日植树节，市四大机关的领导、机关干部，省市林业局的干部职工，驻石部队官兵及栾城县机关干部共 2500 人，参加了位于省会石环南路的石环公路防护林带的植树活动；市内各区机关干部、青年学生等各界人士约 15000 人参加小壁林区和滹沱河林场义务植树。植树节当天，市内各区党政机关、驻军及各界干部群众约 3 万人直接参加了植树活动。各县（市）区也分别在其他 65 个植树点上开展了义务植树活动。全市城乡 60 余万人参加了植树节义务植树活动，栽植各类树木 200 万株。3 月 20 日，全国“两会”后的第一个双休日，省、市党政军领导及省市四大办公厅机关干部、鹿泉市机关干部、部队官兵共计 2000 多人，在位于鹿泉市山前大道“省会义务植树基地”参加义务植树活动，省领导张云川、陈全国、车俊、刘德旺、杨崇勇、臧胜业、张彦欣、刘永瑞、柳宝全、宋长瑞、侯志奎、王增力、马兰翠、黄荣、宋恩华、张和、龙庄伟、高喜同、王玉梅、田向利、段惠军、孔小均、王刚、高勇、景春华等；市领导艾文礼、王增明、王华清、李国伦、栗进路、王大虎、许昆峥、郭领域、张石峰、张妹芝、刘明轩、张树志、曹社会、王长华、武义青、王宝山等；驻石部队领导，以及 66267 部队、军械工程学院、石家庄机械化步兵学院、石家庄警备区等驻石部队官兵参加了义务植树。至年底，全市参加义务植树活动 476 万人次，尽责率 86.3%，完成义务植树 1545 万株，建立义务植树基地 168 处，面积 20500 亩。

开展植树造林活动

【集体林权制度改革】 围绕三方面突出问题，加强集体林权制度改革。一是继续解决林地纠纷、明晰林业产权；二是把一村一证或一组一证的大证换成一户一证的小证；三是搞好林权制度配套改革调研。至年底，全市集体林改主体改革完成，赞皇、平山、灵寿、井陉四县成立森林资源流转服务中心。全市明晰林业产权面积 600.58 万亩，产权明晰率 94.83%，发放林权证 49925 本，发证面积 561.77 万亩，发证率 88.7%。

【林业生态建设规划】 3 月份，市委、市政府制定出台《关于进一步加强林业发展改革的意见》，确定要加大林业生态建设的力度，改善省会生态环境。争取到 2013 年，全市建成生态功能较强的城乡生态防护体系，达到“国家森林城市”的标准。到 2015 年，每年增加造林面积 16 万亩以上，森林覆盖率净增 0.75 个百分点，全市森林覆盖率达到 32% 以上，生态状况明显改善，林业结构趋于合理；到2020年，全市森林覆盖率达到并稳定在36%以上，初步形成比较完善的森林生态系统。

【森林资源管理】 1月份，林业行政审批事项入驻市行政服务大厅，申请登记、受理、审核审批，全部实行网上运行；6月份，陆生野生动物疫源疫病监测网络全部投入使用；全年林木采伐量17000立方米，占年度采伐限额23%；救护大青蛇、环颈雉、猫头鹰等野生动物50余只；查处倒卖野鸭、野鹰，非法经营大雁菜肴等案件；开展“野生动物保护宣传月”、“爱鸟周”、“12.4”全国法制宣传日等普法宣传活动；开展以打击破坏森林资源违法犯罪活动为主要内容的“春季行动”、“禁猎和冬季严打活动”、“野外违法用火专项行动”、“百日破案竞赛”等活动，重点打击盗伐、滥伐林木，非法收购、运输木材，放火或失火烧毁林木，非法征占用林地等行为，年内刊发媒体宣传报道22条，接到群众举报线索54条，清查非法木材经营加工场所251处，清查征占用林地场点103处，行政处罚112人，罚款共计660170元。

【森林防火管理】 3月10日，全市森林防火工作现场会在平山县举行。市委副书记刘云峰、副市长张树志等对防火工作进行了督导检查，对春季森林防火工作进行了安排部署；4月1日，张树志副市长调度全市森林防火工作，并对清明节森林防火工作进行安排部署；10月19日，市政府召开2011年度全市森林防火布置会议，张树志副市长代表市委、市政府对今冬明春森林防火工作进行具体的安排部署，并与各县（市）区签订防火责任状；年内，市、县、乡、村各级政府采取电视台循环广播防火宣传公益广告、出动宣传车、发放“明白纸”、刷写宣传标语、制作宣传牌、群发防火短信等形式强化防火宣传教育；广泛开展以清坟头、清地边、清林边、清矿边、清隔离带内可燃物的“五清”行动，消除火险隐患；从市武警支队、消防支队、公安特警抽调350人，重新组建石家庄市森林火灾扑救应急大队。10月26日，市政府森林防火指挥部下发《关于实行森林火灾预防和扑救联防制度的（试行）意见》，在山区8县（市）区实行森林火灾预防和扑救联防机制。这是一项新的防火制度，全市8个山区县（市）区，以本县（市）区为中心，吸纳相邻县（市）区，分别建立8个县级森林防火联防组织，每个联防组织由牵头县负责协调组织联防区域的各项森林火灾预防管理措施，联防区内无论哪里发生火灾，都要在第一时间内报告各自指挥机关和联防单位，共同组织扑救，协同作战。通过防火和联防机制，可以及时调动相邻县专业扑火队伍力量过来支持，可以使火灾在最早的时间及时扑灭，不至于形成大的火灾和经济损失。截至年底，山区8个县（市）区分别组建70～200人县级专业扑火队，各乡镇分别组建20～40人半专业扑火队，设立乡村级防火检查站550多个，安排巡逻队160多个，设置专兼职护林员6900余名，加大对野外火源监控和巡查力度，确保山林安全。

（乔建勇）

【果品安全监管】 加强机构建设，筑牢果品安全监管基石。2003年，市果花产品质量监督检验站成立，并指导赵县、辛集、平山3个果品大县和桥东区佳农果品批发市场、桥西区桥西果品批发市场成立了果品质量监督检验站；2009年，成立果品质量安全工作领导小组，局党组书记、局长任组长，推进全市果品安全监管。2010年7月，市果花产品质量监督检验站通过省质检局资质认定，成为全省首家具有省级资质认定的市级果花产品质量监督检验站。截至年底，全市拥有果花产品质量监督检验站6个，其中市级站1个，县级站3个、市场站2个，市果花产品质量监督检验站设有4间检测实验室，拥有气相色谱仪、农残速测仪、原子荧光分光光度计、精密天平等多台农药残留定量、定性仪器设备，全市所有果品（本土生产和外地流入）农药残留检测实现全覆盖、无缝隙。加强制度建设，形成监管机制。市林业局先后出台果品监管责任人制度、追溯制度、监测制度、果品安全问责制度等多项果品安全监管制度，对全市所有果品生产基地、流通（加工）企业、果品市场实行监管；先后制订下发《果品质量安全工作实施意见》、《果品质量安全突发事件应急预案》、《果品生产投入品使用制度》等一系列文件和《果品安全生产手册》等多种宣传材料，指导、督促开展果品安全监管工作，形成常态机制。2010年4月24日，石家庄市召开全市果品安全监管工作会，按照属地管理的原则，市林业局与各县（市）区林业部门签订目标责任状，对规模果品生产企业，建立全程电子档案，规范生产源头管理，实施果品安全查询，保持果品安全监管高压态势。强化用药监管，以果园生产为重点，依法加强果品基地建设、生产投入品和生产过程的监管，大力推广灭蛾器、粘虫胶等无公害防治技术和设备，减少用药次数，降低果品农药残留。在果园用药高峰期，加大对农药使用情况的巡查力度。全市设立多个监测点，对果品龙头企业、农民专业合作组织、重点果品生产基地、产地批发市场等开展果品质量安全定点、定期监测，并实施果品质量追溯制度，通过建立生产管理台账，记录施用农药次数、农药种类、肥料种类等信息，大大降低问题果品流入市场的可能性。加强流通管理，把好市场准入关。按照《石家庄市市场准入实施方案》，依据果品上市的不同时间，石家庄市林业局及时督导各大果品批发市场建立健全自检机制，对入市果品实行批批检测、次次抽检、逢入必检。在果品生产(经营)主体自检、各县(市、区)抽检的基础上，市林业局还组织人员分赴市区内的各类市场进行定点不定期、定期不定点的督导、抽检，实施多方位、全覆盖监管。8月10日～11月20日，石家庄市林业局组织开展全市果品质量安全“百日会战”行动，对本地生产、外地流入的所有果品进行抽检，以确保市民吃上安全、健康、放心的果品。2010年国庆、中秋“双节”来临前，全市共组织抽检各类果品样品9332批次，涉及20余种果品，抽检合格率达99%。

（赵靖）

【林业有害生物防治】 2010年，美国白蛾疫情呈现出上升趋势，除正定、新乐、行唐、灵寿、深泽5个原有疫情县外，平山、无极、藁城、辛集、新华、桥西、桥东、长安、裕华9个县（市）区相继发现美国白蛾疫情，共涉及45个乡镇、办事处。新发疫情分布范围广、多为零散发生、为害程度较轻，主要为害道路景观绿化树种，法桐占80%，其次白蜡、椿树、杨树等。尤其是首次在市区、县级城区以及国道、省道发现美国白蛾疫情，对全市生态形象带来严重威胁。杨扇舟蛾、杨小舟蛾等杨树食叶害虫也呈现偏重发生的态势，个别地块暴发成灾，出现杨树叶片被食光现象，其他林业有害生物种类发生较往年平稳。全年主要病虫害发生面积92.9万亩，其中，虫害发生90.14万亩，病害发生2.76万亩。美国白蛾疫情发生后，市政府召开了防治美国白蛾专题会，与美国白蛾疫情发生县签订了目标责任书。省委常委、市委书记孙瑞彬，市长艾文礼，副市长张树志等领导多次过问美国白蛾防控工作，先后八次做出重要批示，市政府及各县（市）区相应启动了美国白蛾防控的紧急预案，通过地面药物防治等有效措施，减少发生规模，严防疫情蔓延，对国道、高速路等林木密集的地段确定为重点检测区域，实行定人、定点、定期进行检测和普查。针对杨树食叶害虫发生现状，石家庄市政府办公厅发出《关于全力做好杨树食叶害虫防控工作的紧急通知》，制定《石家庄市林业有害生物灾害处置应急预案》，组建林木病虫害防治专业队，对京深等高速公路两侧绿化林带和滹沱河防护林带实施了飞机防治作业，引进病毒和“生物导弹”高新技术在新乐市开展防治杨树食叶害虫试验。年内全市重点开展了以美国白蛾、杨树食叶害虫为主的突发性林业有害生物防治，共投入防治资金928万元，其中市级财政投入120万元，有效防治面积107.53万亩，防治率100%，监测面积1851.61万亩，监测覆盖率达96%，成灾面积0.01万亩，成灾率为0.023‰，种苗产地检疫率98.2%。

【释放周氏啮小蜂2亿头】 6月23～25日，石家庄市林业局购进周氏啮小蜂2亿头，释放在正定、新乐、行唐、灵寿、深泽5个县市疫区，用以防治美国白蛾。至此，石家庄已连续4年采用此法防治美国白蛾。周氏啮小蜂是美国白蛾的天敌，此法效果明显，且可以减少环境污染。

【林业飞防作业】 6月25日～7月5日，石家庄市林业利用飞机防治病虫害。6月28日清晨，两架满载农药的轻型农用飞机从正定临时机场腾空而起，开始林业病虫害防治作业。2010年，全市飞防作业重点区域是京珠、石黄、石太高速公路两侧及滹沱河防护林带，防治对象主要是美国白蛾、杨扇舟蛾等爆发性食叶害虫。此次飞防共出动飞机 50 架次，作业面积 3 万亩。

【滹沱河森林城市公园建设】 年初，石家庄市林业局制定《石家庄市城市森林公园规划设计方案》，市委书记孙瑞斌、市长艾文礼、副书记刘云峰分别听取汇报并作出重要批示；2 月 10 日，市政府召开专题调度会，栗进路副市长主持会议，会上听取了石家庄市林业局制定的《石家庄市城市森林公园规划设计方案》，确定将正定县滹沱河国有林场收回，划归石家庄市林业局管理，调整后更名为石家庄市滹沱河城市森林公园管理处，依托滹沱河国有林场在滹沱河沿岸建设城市森林公园。并研究制定了具体的操作意见；3 月 16 日，石家庄市政府召开第 38 次常务会议，讨论石家庄市林业局提交的《关于收回正定县滹沱河国有林场的实施方案》，会议确定：1. 同意收回正定县国有林场，具体操作按 2 月 10 日进路、树志市长协调议定的意见办理。2. 林场收回后涉及到的机构设置问题提交编委会研究。3. 滹沱河森林公园建设规划设计方案提交市规委会研究。4. 林场收回和所需建设资金会后专题研究；4 月 7 日，张树志副市长主持召开收回调度会，成立滹沱河林场接收工作领导小组，张树志副市长任领导小组组长，明确市人社局、财政局、正定县政府等单位负责做好人员安置、土地回收，资产、债权债务清理，维护稳定等项工作；12 月 17 日，石家庄市政府在市政府办公厅 318 会议室举行交接仪式，签订《移交协议》，主要涉及人员、土地、资产、债权债务等问题。移交协议的签订，标志着移交工作进入实质性交接阶段。依据规划要求，滹沱河城市森林公园，初步规划设计面积 1.5 万亩，工期三年，投资 1.5 亿元，按照不同特色营造森林生态园农耕文化园、河岸风情游览园等。滹沱河城市森林公园建成后，将是中国北方城市最大的城市森林公园，对提升石家庄市文化品位、改善石家庄市城区生态和景观环境，提高石家庄市整体美誉度具有十分重大意义。

【滹沱河城市森林公园管理处成立】 滹沱河国有林场位于石家庄市北部城区与正定县城之间的滹沱河两岸，属城市生态型防护性林场，地理位置重要。林场西起灵寿县界，东至藁城市界，面积约 2 万多亩。2010 年，依据《关于调整正定县滹沱河国有林场隶属关系的通知》（石编办 [2010]37 号）和《关于组建市滹沱河城市森林公园管理处的批复》（石编办 [2010]123 号）文件精神，原正定县滹沱河国有林场划归石家庄市林业局管理，更名为石家庄市滹沱河森林公园管理处，正科级事业单位，编制 50 名。主要职责负责滹沱河森林公园建设与管理工作。

【森林公安局成立】 10 月 27 日，石家庄市森林公安局森林警察支队（简称石家庄市森林公安局）举行成立大会暨揭牌仪式。河北省林业局局长武国堂，石家庄市委常委、政法委书记、市公安局局长张铁力，石家庄市人民政府副市长张树志等有关领导出席揭幕仪式。石家庄市森林公安局，为市林业局直属机构，纳入地方公安序列，编制 8 人，实行市林业局、市公安局双重领导。正定、栾城、小壁林区 3 个派出所改为石家庄市森林公安局直属派出所。至年底，山区 8 个县分别成立森林公安局，共核定政法专项编制 55 名。

【石环公路绿化工程竣工】 石环公路绿化工程是 2010 年环省会绿化重点工程之一，涉及长安、桥东、桥西、新华、高新五区及栾城、鹿泉、藁城等 8 个县（市）区，采取招标施工，在石环辅路两侧各建绿化林带 50 米。3 月 12 日举行启动仪式，年底全部完工，共植树 181738 株，绿化面积 3403.37 亩。种植树种主要有桧柏、河南桧、毛白杨、栾树、火炬、红叶李、花石榴、木槿、山桃等。

【核查认定生态公益林 103.38 万亩】 年内，依据国家林业局、财政部有关要求，市林业局对国家级公益林进行了重新核查认定，确定全市国家级公益林 93.38 万亩，占全市林地面积的 12.25%。按权属分：国有 40.64 万亩，集体 37.49 万亩。按地类分：有林地 81.39 万亩，疏林地 11.99 万亩。经省林业局批准，实地勘察界定，省级公益林 10 万亩。全市国家和省级公益林面积达到 103.38 万亩。

【国有林场旧房改造】 依据国家林业局总体规划，石家庄市平山县前大地、灵寿县漫山、井陉县南寺掌、井陉县仙台山、井陉县辛庄、赞皇县虎寨口等6个国有林场危旧房改造项目列入规划范围，涉及职工225户，计划改造建筑面积21550公顷。2010年，灵寿县漫山、井陉县辛庄、赞皇县虎寨口三个国有林场旧房改造项目获批建设，涉及职工197户，其中灵寿漫山林场153户，井陉县辛庄林场16户，赞皇县虎寨口林场28户。至年底，中央财政已到位资金195万元，项目已开工建设。

【市果花产品质量监督检验站通过省资质认定】 2003年，市果花产品质量监督检验站成立，并指导赵县、辛集、平山3个果品大县和桥东区佳农果品批发市场、桥西区桥西果品批发市场成立果品质量监督检验站，负责全市果花产品质量监督检验工作。2009年12月，制定质量体系建设总体规划，确定检验站的质量和目标，编写质量体系文件，改造实验室，完善检测设备，规范档案资料管理，强化人员培训，检验站资质认定正式启动。2010年7月，市果花产品质量监督检验站通过省质检局资质认定，成为全省首家具有省级资质认定的市级果花产品质量监督检验站。市果花产品质量监督检验站设有4间检测实验室，拥有气相色谱仪、农残速测仪、原子荧光分光光度计、精密天平等多台农药残留定量、定性仪器设备。此后，该检验站实验室将以政府委派、市场抽查，生产委托三种方式，定量检测果品及食用花卉生产中用到的27种农药残留和5种重金属残留，从果品、花卉生产源头抓好质量检测监督。

【高邑县绿化苗木培育】 2010年，高邑县采取“林粮间作”模式，大力发展绿化大苗，建成绿化苗木基地1.2万亩，培育树种涉及白蜡、法桐、栾树、金叶榆、七叶树等20多个。

（乔建勇）

【平山县种苗管理获全国先进】 面对全县林业快速发展的形势，平山县种苗管理站严把林木种苗执法关，加强基地建设，引进新品种与推广容器育苗新技术相结合，推行种苗“两证一签”制度，并通过举办培训班、发放宣传单、印发简报等形式，加大对《种子法》、林木种子生产、经营许可证等法律法规的宣传力度，在全县形成依法制种、用种的良好氛围。同时，种苗站还加强基地硬件设施建设，不断引进新品种。先后引进辽系、香玲、绿玲、清香核桃等30个优良林木品种，极大优化平山林木结构。“订单苗圃”成为平山一项富民产业。该县种苗管理站根据每年造林任务需求苗木品种和数量，提前与农户签订购销合同，13名技术人员常年深入田间进行技术指导和培训，并帮助农户将剩余苗木销往县外。在北冶乡古道村，村民范永生的苗圃发展到150亩，每年销售苗木130万株，成为远近闻名的育苗大户。据了解，平山县有200多户山区群众发展苗圃1600余亩，每年育苗达1000万株，亩均增收近2000元。2010年10月29日，国家林业局下发《关于表彰全国林木种苗先进单位和先进工作者的决定》（林场发〔2010〕246号），授予平山县种苗管理站“全国生态建设突出贡献奖——林木种苗先进单位”荣誉称号。这是石家庄市唯一获此殊荣的林木种苗先进单位。

【平山成为全国绿色核桃生产基地】 核桃是平山县倾力培育的“第一特色富民产业”。近两年，平山县出台“栽树给树苗，树多水配套，打坑给补助，管理发补贴”等扶持政策，向“人均一亩核桃树”目标迈进，全县核桃栽植面积由8.5万亩增至24.2万亩，跃居全省首位。2009年，平山被中国经济林协会命名为“中国核桃之乡”，在第二届中国核桃大会上，平山绵核桃荣获金奖。到2009年底，该县绿色食品、有机食品认证数量达到19个，绿色食品生产基地29.45万亩，龙头企业20家，绿色食品产值达到7.49亿元，绿色食品产业在全省处于领先地位。为挖掘绿色食品产业潜力、让农民得到更多实惠，平山县把种植面积大、市场前景好、效益高的核桃，作为标准化基地创建目标，共覆盖境内23个乡镇326个行政村1.7万农户。农业部绿色食品办公室派出技术专家对该县10万亩核桃标准化生产基地的空气、水质、土壤等进行检测，平山县绿色食品办公室制定《绿色食品（核桃）标准化生产技术手册》近2万册下发到每个农户，并派出技术人员多渠道培训基地农民，充分利用“三电一厅”农业信息服务平台，向农户传授生产技术和绿色食品知识。在标准化基地创建过程中，平山县按照集中连片、规模发展的原则，推行优良品种、生产规程、田间管理和收获等“四统一”的生产管理模式，建立生产管理档案和质量可追溯制度。为保护核桃原料生产基地环境，该县做出了“不得在基地方圆5千米和上风20千米范围内新建有污染源的工矿企业”、无害化处理基地内的畜禽粪水等规定。2010年3月，平山县被农业部绿色食品办公室和中国绿色食品发展中心共同命名为“全国绿色食品原料（核桃）标准化生产基地”，成为河北省唯一一个国家级绿色食品原料核桃标准化生产基地，也是全省第一个同时拥有两个国家级绿色原料标准化生产基地的县（市）：2008年创建11万亩全国绿色原料（玉米）标准化生产基地，2010年建成10万亩全国绿色原料（核桃）标准化生产基地。

（史雷　马利强）

【辛集绿色果品追溯系统试运行】 6月底，绿色果品封闭供应链追溯系统开始在辛集市翠王果品有限公司试运行，该系统由辛集市同河北省农业科学研究院联合研发制定。系统通过对果品生产者、收购加工企业、物流、销售整个生产销售链条各个管理环节进行登记记录，给每个果品编码，建立电子档案。消费者可依据果品标签条形码进入绿色果品封闭供应链追溯系统，查询果品出产地、生产者、农药化肥的使用情况以及果品加工、贮藏、运输等环节信息，详细了解果品安全状况。

【“赞皇大枣”获国家地理标志证明商标】 赞皇大枣是全国枣品种中唯一自然三倍体，以个大色优、皮薄肉厚、核小无仁、含糖量高等特点闻名全国，受到众多消费者的青睐。全县种植面积45万亩，年产大枣1.2亿千克，产值突破2亿元，是赞皇农村经济支柱产业。2009年12月，经国家工商行政管理总局商标局核准，“赞皇大枣”获地理标志证明商标（赞皇县大枣协会申请），注册号／申请号6980362。

【晋州鸭梨获批国家地理标志产品保护】 7月13日，国家质量监督检验检疫总局第71号公告，批准对晋州鸭梨等实施地理标志产品保护。“晋州鸭梨”是此次公告中河北省唯一地理标志保护产品。“晋州鸭梨”地理标志产品保护范围为晋州市东卓宿镇、周家庄乡、东里庄乡、总十庄镇、马于镇、营里镇、循环经济园区、桃园镇等8个乡镇。晋州市梨果栽培有上千年历史，是“河北鸭梨”的原产地，是国家命名的“中国鸭梨之乡”和“全国梨产业十强县（市）”，梨果种植面积21.3万亩，产量50.14万吨，产值6.63亿元，梨果无公害基地认定面积20万亩。晋州鸭梨，色泽金黄，皮薄光滑，果肉细嫩，清白如玉，酸甜可口，清香多汁，素有“落地酥碎，嚼后无渣”之美誉。产品远销东南亚及美、加、澳、新、西欧、拉美等40多个国家和地区。

【“赵州桥”牌雪花梨获“中华名果”称号】 赵县雪花梨，历史悠久，又名“象牙梨”。梨果肉质洁白无瑕，似霜如雪，有“大如拳、甜如蜜、脆如菱”之说。赵县雪花梨，其栽培历史可上溯至2000多年以前，在秦汉时代就被历朝历代选作贡品进贡朝廷。赵县雪花梨对肝炎、肝硬化、高血压、冠心病等疾病具有辅助治疗功效，被誉为“中华名果”、“天下第一梨”。赵县梨果种植面积25万亩，年产量5亿千克。2009年10月，“赵县雪花梨”国家地理标志证明商标正式获得初审公告。2010年12月，在亚洲规模最大、最权威的国际性专业贸易展——2010年中国（广州）国际果蔬、加工技术及物流展览会上，“赵州桥”牌雪花梨被评为“中华名果”，赵县也被评为“中国优质雪花梨生产基地县”。

【行唐县被评为中国红枣无公害十强县】 2010年上半年，所辖行唐县被中国果蔬专家委员会评为“中国红枣无公害十强县”，行唐大枣被中国果蔬专业品牌论坛组委会评为“中国十大名枣”。行唐大枣，主要品种为婆枣，以其个大、核小、皮薄、肉厚等优良品质享誉国内外，富含天门氨酸、甘氨酸等18种人体所必需的氨基酸，钾、铁、锌、硒等24种人体有益的微量元素，含环磷酸腺苷、芦丁等多种对人体有益的物质。全县红枣种植面积60万亩，常年产量8000万千克，已全部进行无公害生产基地认证，其中甲壳素红枣基地、绿丰园基地等还进行了国家绿色有机生产基地认证。全县拥有大枣烘干房1000余间，蜜枣厂、枣酒厂、枣汁厂等各类大枣加工企业600多家，枣加工产品主要有纯净枣、蜜枣、枣片、枣酒、枣醋、枣汁等6大系列20多个品种，产品主要销往上海、广州、香港、澳门等国内外20多个国家和地区。

【“乾和牌”黄冠梨、“翠王牌”鸭梨获国家绿色食品A级证书】 在辛集市林业局的指导下，龙华、翠王两公司分别建立绿色梨果生产基地，按照国家绿色食品A级管理标准，采用清理果园、黑光灯、粘虫胶等物理方法为主的技术防控病虫害，打造辛集梨果的绿色品牌。2010年1月，经中国绿色食品发展中心审核，河北龙华果业有限公司“乾和牌”黄冠梨和辛集市翠王果品有限公司“翠王牌”鸭梨达到绿色食品A级标准，获得中国绿色食品发展中心颁发的绿色食品A级产品认证证书，这标志辛集市绿色果品生产实现从无到有的突破。

（乔建勇）

水 务

【概况】 2010年，全市水务系统紧紧围绕推动科学发展、促进人水和谐这一目标，深入开展“水务工作落实年”活动，逐步深化水务改革，加快水务建设步伐，强化预算和财务管理，开展专项整治，加大水利工程建设领域问题相处力度，加强行风政风建设，服务省会城市“三年大变样”和新农村建设这一大局，着力构建保障有力的水安全、配置优化的水资源、和谐优美的水环境和现代化的水管理四大体系，全面完成年度建设任务。全年完成水库除险加固10座，整治河道堤防22.5千米，治理水土流失面积157平方千米，解决农村27万人的饮水安全问题，新增节水灌溉面积32万亩。全年全市用水31.74亿立方米，其中农田灌溉用水21.33亿立方米，占用水总量的67.2%；工业用水3.01亿立方米，占用水总量的9.5%；居民生活用水2.83亿立方米，占用水总量的8.9%；林牧渔畜用水2.49亿立方米，占用水总量的7.8%；城镇公共用水0.91亿立方米，占用水总量的2.9%；生态用水1.6亿立方米，占用水总量的3.7%。2010年市水务局被评为省级文明单位、省防汛抗旱先进单位、省三年大变样工作先进集体，农田水利基本建设受到省政府表彰；滹沱河综合整治工程共产党员突击队获“感动省城十大人物”称号；滹沱河指挥部办公室被授予工人先锋号；节水型社会建设、水务一体化改革等多项工作走在全省前列，得到各级领导的充分肯定和社会各界的广泛赞誉。

【农田水利建设】 大力开展农村饮水安全、节水灌溉、灌区工程、水土保持、小型农田水利、防洪保安与抗旱水源等工程建设，累计投入农建资金10.58亿元，新打机井4392眼，修旧井6454眼，新修维护小塘坝、水池水窖、坑塘等小型水源工程3544处，新增、恢复灌溉面积122万亩。冶河、绵河2006、2007年度大型灌区续建配套与节水改造项目通过验收，全市灌区完成引水3.7亿立方米，浇地167万亩次。编制完成全市大中型灌区“十二五”规划及各县县级《农田水利建设“十二五”规划》。

【节水型社会建设】 完成《石家庄循环化工经济示范基地水资源综合利用研究》、《城市雨洪资源利用研究》和滹沱河地下水库等课题研究。对石家庄钢铁集团等7家高耗水企业进行节水技术改造，完成8家企业的水平衡测试工作，打造化工基地节水示范区，全市工业万元增加值取水量降到45立方米。积极开展生活节水工作，建成南岭小区中水回用试点，完成石家庄学院等6家单位雨水、中水回用工程建设。大力推广农业节水新技术、新工艺，发展节水灌溉面积32万亩，农灌水有效利用系数达到0.73，水资源的利用效率和效益进一步提高。

【防汛抗旱】 立足于防大汛、抗大旱，大力推行“两个转变”，实现防汛保平安、抗旱保丰收。积极备汛。认真落实各项防汛责任制，修订完善各类防洪预案，举办防汛知识培训班和抢险救灾、避险转移演练，防汛准备扎实有效。主动抗旱。发布旱情信息和灌溉预报，指导群众适时灌溉、科学灌溉。采取蓄、引、提、调等措施，强化水源统一调度和配置，浇地215万亩次。科学调度。认真分析研究汛情、水情、雨情，科学利用雨洪资源，在确保安全的前提下，尽量多蓄水，储备抗旱水源，汛期拦蓄雨洪水1.3亿立方米。

【水库移民】 加大移民后期扶持力度，组织召开全市移民新民居和产业发展观摩现场会，认真接待移民来访，确保全市移民和谐稳定。张河湾水库移民安置工作取得新进展，石门新村已全部完成搬迁，南蒿村移民新村土地征迁工作全面展开。

（刘鹏）

【南水北调】 以人为本，和谐征迁。石家庄市南水北调工程中线市区以南段全长约65.8千米，涉及高邑、赞皇、元氏、鹿泉、桥西、新华6个县（市）区，永久征地1.59万亩，临时占地1.63万亩，需搬迁单位、企业31家，副业116家，拆迁房屋10.18万平方米，拆迁电力、通信等专项设施259处。截至2月底，1.59万亩永久征地清表任务全部完成，兑付征迁资金6.9亿元，拆除面积7万平方米，清除树木55万棵，全线具备进场施工条件，有力地保障了国家重点工程建设顺利进行。加强安全保卫，保障应急供水。组织人员24小时上堤巡查，岗南和黄壁庄两座水库向北京安全输水1.1亿立方米，圆满完成向北京二次应急供水工作。

（赵石星　刘鹏）

【世界水日中国水周活动】 2010年3月22日是第十八届“世界水日”，同时3月22日所在一周为第二十三届中国水周。3月21日，市供水集团节约用水管理办公室和河北科技大学在世纪公园联合开展节约用水宣传活动。这次活动围绕“严格水资源管理、保障可持续发展”、“提高全民节水意识、树立人水和谐的节水理念”的主题，倡导市民关注水资源、树立节水意识。本次节水宣传活动形式丰富多样：现场悬挂横幅、摆放展牌、播放由节水办等多个单位联合录制的《惜水 爱水 节水 从我做起》宣传片；发放节水宣传彩页3000余份，内容包括：世界水日、中国水周由来，市供水集团水质监测工作，关停自备井、打击偷盗水等工作的介绍，宣传节约用水生活方式，弘扬“崇尚节约、科学用水、依法用水”的社会风尚，向市民介绍节约用水的方针、政策、法规和节约用水常识。

（温婕）

【东南环水系开始动迁】 5月16日，东南环水系正式动迁，该工程属省会环城水系工程四部分之一，西起西北水利防洪生态工程最南端，沿南石环北侧东延，穿京珠高速向东、北方向延伸，与石津干渠相接，全长25千米，河道平均宽度50米，绿化宽度150米，估算总投资51亿元，竣工后可形成水面194公顷，绿地539公顷。石家庄环城水系主要包括西北部水利生态防洪工程（含太平河）、石津干渠段、西北部南水北调段和东南环水系四部分，全长约102千米，计划建成水面8.2平方千米、绿地24.5平方千米，总投资106亿元。西北部水利生态防洪工程于2008年年底实现通水，形成全长35.6千米、水面250公顷、绿地230公顷的滨水景观；石津干渠段26.5千米，正在申办；西北部南水北调段15千米，河北省正在启动。环城水系建成后，可实现“五通”。河道用水在充分利用中水基础上，综合利用雨水收集系统和南水北调水源供给，实现“水通”；沿线新建桥梁34座、橡胶坝3座、船闸2座、换乘码头4处，实现“船通”；沿河建设总长30千米、宽3米的彩色景区路，在主要部位设置多处停车场，游客可骑自行车或步行随意入内，实现“路通”；在水系流经的107国道、体育大街、天山大街、环山湖等重要节点部位高标准打造7处湿地公园，实现“景通”；沿线大面积种植国槐、杨树、柳树等乡土树种，形成自然野趣的城市林带景观，实现“林带通”。工程竣工后，不仅将在城区外围构筑起城河相伴、水绿交融、人水和谐、独具魅力的滨水生态景观，进一步提升省会形象品位，还将构建起新的休闲观光旅游带，促进旅游业大发展，拉动省会经济大繁荣。

（张跃彬）

【27座病险水库摘掉“病险帽”】 2010年，石家庄市有水库228座，其中大型4座，中型8座，小型216座，这些水库大都建于上世纪五六十年代，年久失修，存在病险，先后有27座病险水库列入国家病险水库专项投资规划（其中大型2座，小一型25座）。为保障项目顺

利实施，按期完成任务，先后投入资金1.78亿元，确保加固一个，消号一座。至年末，27座病险水库除险加固工程全部完工，经省市专家实地查看，查阅资料，综合考评，2座大型水库完成下闸蓄水验收，25座小型水库已有21座完成竣工验收，4座完成投入使用验收，标志着横山岭等27座病险水库"康复上岗"。

（潘双清　李辉明）

【水保生态和环境建设】 滹沱河综合整治工程建设进展顺利，7月1日主城区段（10千米）全线通水，形成水面600万平方米，总蓄水量达700多万立方米；建成800米长人工沙滩、3座沙洲及环湖路、木栈道、亲水平台、亲水台阶等特色景观。实施太行山国家水土保持重点建设工程和岗黄水库耕地坡改梯综合治理试点工程，治理水土流失面积157平方千米。开展水电农村电气化县建设，栾城县土贤庄等7座水电站建设工程有序推进，全市小水电站发电5500万千瓦时。

【水务管理】 加强水资源管理。《石家庄市水资源管理条例》通过省人大批准，即将颁布实施；建成覆盖全市范围的水资源政务办公网络系统，加强岗南、黄壁庄水库等饮用水水源地水质监测；关停自备井105眼，水表出户2.1万户。加强河道管理。开展河道采砂专项整治，严厉打击河道内非法采砂、乱倒垃圾等行为，审查市级涉河项目15项；成立水务治安办公室，加大执法力度，维护良好水事秩序。加强水保监督管理。开展水保建设项目突出问题专项治理活动，落实水保方案"三同时"制度，审批水保方案54项，验收水保设施27处，有效控制人为水土流失。不断深化水利投融资体制改革。以滹沱河综合整治开发有限公司作为融资平台，利用银行贷款修建水利工程，收储的部分土地作为还本付息资金来源，滹沱河综合整治一期工程贷款规模达12亿元。

（刘鹏）

农业机械

【概况】 2010年，农机系统以农民增收和新农村建设为中心，大力推广农机新技术、新机具，着力开拓农机作业市场，开展农机社会化服务，保证小麦收获作业的顺利完成，继续抓好小麦联合收获机统调和跨区作业，提高农机综合经济效益。落实中央、省、市三级农机购置补贴10353.8万元，补贴各类农机1.4万台（套），受益农户（农机服务组织）7918个，拉动农民投资3亿多元。到年底，全市拥有农业机械总动力1959.73万千瓦，增长1.43%。农用运输车47.67万辆，增长3.24%；大中型拖拉机2.53万台，增长7.83%；联合收获机械1.94万台，增长6.12%，其中玉米联合收获机0.23万台，增长2.7%。机耕面积53.45万公顷，增长1.38%；机播面积66.46万公顷，增长1.13%；机收面积46.86万公顷，增长11.79%。主要农作物耕种收机械化水平达到77%。小麦保护性耕作面积达48.05万亩，较上年增加3.04万亩，占小麦种植面积的8.4%。玉米联合收获面

小麦收割

积172万亩，较上年增加41.3万亩，玉米机收率33.3%，增长8.2个百分点。青贮玉米秸秆309万吨，较上年增加19万吨，玉米秸秆饲料利用率达46.3%，较上年提高1.3个百分点。

【农机服务】 “三夏”前检修小麦联合收割机1.7万台，占总保有量的88%，检修拖拉机、切抛机、铁茬播种机等机具18万台；检修大中拖1.5万台，占总保有量的59%；检修玉米联合收割机0.21万台，秸秆切碎机1.7万台，旋耕机1.5万台，小麦播种机2.1万台（其中小麦免耕播种机1500台），其他机具12万余台。以小麦联合收获、玉米免耕播种、玉米联合收获、秸秆还田、小麦播种等技术为培训重点，开展农机技术培训，共培训8万人次。成立农机作业指挥中心，开通服务热线，24小时值班，加强作业机具调度管理、组建农机服务队，深入田间地头，开展巡回服务，着力推广小麦播后镇轧，新购置的小麦播种机装上单体镇轧装置，原有播种机要改装镇轧装置，没有能力改装或没有时间改装的开展播后擦耙，提高播种质量。

（李君强）

【新机具推广】 全年落实中央、省、市三级农机购置补贴资金1.04亿元，补贴各类农机1.4万台（套），受益农户（农机服务组织）7918个，拉动农民投资3亿多元。玉米联合收获机、大马力拖拉机等实用型农机成为农民购买的热点。全市农机新机具推广呈现以下特点：玉米联合收获机成为当年农机推广的重点，农户购机热情高涨，全市共新增玉米联合收割机700台，保有量达到2800台；手扶拖拉机及配套机具的推广成为促进山区农业机械化水平提高的新亮点，三年来新增手扶拖拉机占动力机械新增数量的一半左右，成为农机化发展新的增长点；农机化结构进一步优化，年内补贴90马力以上大型拖拉机1328台，占大中型拖拉机新增数量的43.5%，同时拉动了与之配套的大型机具的增加，保证了作业质量和机具效率。全市农机化发展重点正向大功率、高性能、低油耗、高效环保、复合式多功能配套的现代化装备结构以及适宜区域经济发展方向稳步推进。

（潘双清）

【新技术应用】 开展农机科技下乡活动，发放明白纸，加大对农机新技术宣传和骨干培训的力度，开展报纸、电视、电台宣传报道45次，组织市、县农机具演示暨观摩会31次，举办培训班28期，印发宣传材料4.5万份，培训县、乡、村主管领导和农机站长、技术人员559人次，培训农民机手7.88万人次。搞好服务工作。组织科技人员进村入户，帮助农民搞好机具调试，掌握操作要领，提高广大机手使用和维修技术水平，提升作业效率和经营效益。发挥农机购置补贴政策调控导向作用，优先满足新机具购置需求，提高玉米收获机械、小麦免耕播种机等新机具购置补贴力度，新增玉米收获机532台，保有量达到2647台，玉米联合收获面积172万亩，较上年增加41.3万亩，玉米机收率33.3%，增长8.2个百分点。推广小麦免耕播种机40台，保有量达1643台，完成作业面积48.05万亩，保护性耕作小麦比常规播种亩均增产22.56千克，共增产1015万千克，亩均节本50.85元，节本增收共计2200多万元，取得了良好经济、社会和生态效益。

【跨区作业】 成立跨区作业领导小组，加强协调监管。开展实地考察，对作业地的小麦生长情况、作业价格、当地收割机保有量等作业环境进行深入调查，签订作业合同。建立健全汇报和信息反馈制度，全面掌握整体情况，及时调整作业区域和地点。全年跨区作业地单机作业面积达800亩，参与机具总数4000台（套），作业总面积320万亩，农民增收1.28亿元。

【秸秆综合利用】 加强舆论宣传，强化技术推广，提高机具装备水平，消除秸秆焚烧隐患，全市农作物秸秆全部得到有效利用。年内新增80马力以上拖拉机1356台，青贮饲料收获机28台，捡拾压捆机36台，还田机1222台，饲草料加工机械639台。完成农作物机械化还田874万亩，其中：小麦秸秆还田473万亩，较上年减少16.9万亩；玉米秸秆还田401万亩（较上年增加56万亩），玉米秸秆青贮、微贮309万吨，较上年增加19万吨，玉米秸秆饲料利用率达46.3%，较上年提高1.3个百分点。秸秆综合利用，因地制宜，方便生产，变废为宝，减少污染，促进农民增收。小麦秸秆以机械还田、机械打捆收集为主，在适宜还田作业的地区，联合收获机械全部安装切抛装置，小麦收获和秸秆粉碎还田一次性完成，提高作业效率。玉米秸秆以机械还田、机械青贮和秸秆压块为主，在养殖业发展较快，奶牛存栏数量较多的地区，重点推广大、中型青饲料收获机，提高玉米秸秆饲料利用率。同时，大力推广玉米联合收获机械，实现玉米收获和秸秆还田作业一次性完成，提高整体农机化水平。在山区，农作物秸秆采用生物沤制，生产有机肥，扩大食用菌种植，消化秸秆。

【农机安全管理】 按照《河北省安全生产责任目标管理实施意见》，与各县农机安全监理站签订农机安全生产责任书，严防农机生产事故的发生。开展“农机安全宣传月”活动，提高人民群众的安全生产意识，共出动监理人员1300人次，发放明白纸25万份，开展农机安全教育18500人次。开展农机执法岗位培训，提高依法行政能力，加强监督检查。开展“平安农机”创建示范活动，排查安全隐患950起，实施整改893起，整改率94%，年内未发生重特大农机生产事故。全年完成拖拉机注册登记1105台，拖拉机年检1849台，联合收割机注册登记694台，联合收割机年检1107台，核发拖拉机、联合收割机驾驶证789个，开展安全教育23571人次。

石家庄市农业机械化管理处

处　长：康彦军

书　记：徐峰

副处长：鲍明年（2月免）　李伯男　李新平

（李君强）

农业综合开发

【概况】 2010年，全市农业综合开发按照市委、市政府“对标先进，创先争优”的要求，紧紧抓住国家农业综合开发政策调整的有利时机，积极运作，主动跑办，加紧与省农发办沟通协调。经过不懈的努力，新乐、赵县、栾城、元氏、深泽五个粮食主产县（市）相继被国家农发办批准为新增农业综合开发县，全市开发县（市）由上年底的10个扩大到15个，一跃跨入全省农业开发大市行列。以项目建设为载体，立足改善农业生产基础条件，着力打造高标准农田和粮食生产核心区，提高农业综合生产能力，投资7206万元财政资金（约占总投资的80%），较上年增长17.5%，改造中低产田5.85万亩，生态建设2.11万亩，高标准农田1.6万亩。同时，立足于“扩畜、稳粮、优果蔬”的建设思路，投资1890万元财政资金（约占总投资的20%），较上年减少2.4%，集中扶持24个农业产业化经营项目，涉及种植业、养殖业、农产品加工业和储藏保鲜四类产业，促进农民增收，推进农业产业化进程。其中，贴息项目14个，补助项目10个。并通过抓项目管理和机制创新，培育典型，树立样板，推动了全局工作，为财政投资规模的增长提供了有力保障。

【跨入农业综合开发大市】 3月

表11　2010年石家庄市农业综合开发产业化经营中央财政贴息项目表

单位：万元

序号	项目名称	项目单位名称	涉及的贷款和贴息额				中央财政贴息合计
			固定资产贷款		流动资金贷款		
			贷款额	贴息额	贷款额	贴息额	
1	石家庄市正定县年产10000吨八宝粥生产线1300万元固定资产贷款500万元流动资金贷款	河北天天乳业集团	1300	17	500	11	28

（续表）

序号	项目名称	项目单位名称	涉及的贷款和贴息额				
			固定资产贷款		流动资金贷款		中央财政贴息合计
			贷款额	贴息额	贷款额	贴息额	
2	石家庄市正定县玉米收购2810万元流动资金贷款	石家庄市先锋饲料有限公司			2810	40	40
3	石家庄市栾城县种猪场建设1047.9万元固定资产贷款	石家庄市皇威牧业有限公司	1047.9	53			53
4	石家庄市栾城县冷库建设800万元固定资产贷款	河北凯隆达食品	800	24			24
5	石家庄市栾城县奶牛小区建设1500万元固定资产贷款	有限公司	1500	74			74
6	石家庄市栾城县种猪场建设1230万元固定资产贷款	栾城县恒源乳品	1230	57			57
7	石家庄市桥东区粮库建设600万元固定资产贷款	专业合作社	600	31			31
8	石家庄市藁城市棉籽收购5300万元流动资金贷款	栾城县鸣珠养殖			5300	92	92
9	石家庄市藁城市杂粮收购800万元流动资金贷款	有限公司			800	16	16
10	石家庄市行唐县购祖代鸡及玉米收购4200万元流动资金贷款	中央储备粮石家庄直属库			4200	136	136
11	石家庄市晋州市玉米收购800万元流动资金贷款	河北常安油脂			800	27	27
12	石家庄市高邑县玉米收购2500万元流动资金贷款贴息	有限公司			2500	74	74
13	石家庄市辛集市玉米收购2500万元流动资金贷款	石家庄今客食品			2500	80	80
14	石家庄市高邑县花卉苗木种植590万元流动资金贷款	有限公司			590	15	15
合　　计			6477.9	256	20000	491	747

表12　2010年石家庄市农业综合开发产业化经营财政补助项目表

单位：万元

序号	项目名称	项目单位名称	建设地点	龙头企业认证级别	项目总投资					
					合计	财政资金				自筹资金
						小计	中央财政投资	地方财政配套		
								小计	其中：省级	
1	晋州市3000吨果品气调库扩建	河北省晋州市长城经贸有限公司	马于镇开发区	国家	1050	201	134	67	54	849
2	正定县年产4600吨蔬菜深加工产品扩建	石家庄市惠康食品有限公司	新城铺镇	省级	660	159	106	53	42	501

（续表）

序号	项目名称	项目单位名称	建设地点	龙头企业认证级别	项目总投资					
					合计	财政资金				自筹资金
						小计	中央财政投资	地方财政配套		
								小计	其中：省级	
3	鹿泉市3万吨无菌砖及灭菌奶扩建	石家庄君乐宝乳业有限公司	铜冶镇	省级	1608	150	100	50	40	1458
4	鹿泉市550万套父母代种鸡孵化场扩建	河北飞龙家禽育种有限公司	城关镇	省级	686	150	100	50	40	536
5	无极县3800头生猪养殖扩建	石家庄极源养猪有限公司	七汲镇		540	144	96	48	38	396
6	赞皇县5000吨大枣冷库扩建	河北绿康枣业有限责任公司	清河乡	省级	736	111	74	37	30	625
7	辛集市200头奶牛养殖场标准化改扩建	辛集市仁强奶牛养殖专业合作社	田庄乡		300	57	38	19	15	243
8	藁城市500吨冷库蔬菜保鲜改建	藁城市双联蔬菜专业合作社	廉州镇		125	57	38	19	15	68
9	鹿泉市120吨设施葡萄种植基地扩建	鹿泉市紫藤葡萄专业合作社	李村、宜安镇		180	57	38	19	15	123
10	高邑县120吨设施蔬菜示范基地建设	高邑县恒信农业新技术推广专业合作社	大营镇河北村		120	57	38	19	15	63
合计					6005	1143	762	381	304	4862

份，新乐市被国家批准为新增农业综合开发县；11月份，栾城、赵县、元氏、深泽四个粮食主产县被国家批准为国家新增农业综合开发县。至年末，除灵寿、井陉、矿区外，全市共有农业综合开发县（市）15个，占全市农业县（市）总数的83.3%，一跃跨入全省农业综合开发大市行列。

【项目建设达标】 2009年，全市争取农业综合开发各级财政资金8068万元，其中土地治理项目6132万元，改造中低产田7.59万亩，生态建设1.5万亩，高标准农田示范项目1万亩；产业化经营项目争取财政资金1936万元，扶持农业产业化项目21个（贴息项目10个829万元、补贴项目11个1107万元）。2010年，市、县两级农发办创新工作思路，完善项目建设标准，认真谋划和实施各类项目建设，至4月底，各项工程完成项目计划的100%。5月上旬，市农发办组织开展自验，查找项目建设问题，提高项目建设质量。6月17日，省办验收组采取抽验的方式，抽查了高邑县、无极县土地治理项目，抽验项目受到验收组的好评。9月底，省办产业化项目验收组抽查正定县200头奶牛养殖小区扩建项目和晋州3000吨果品气调库保鲜扩建项目，各个项目均通过验收。

石家庄市农业综合开发办公室
主　任：彭占良
副主任：石文更　戚忠奎　韩文波
（张喜娟）

农业科技

【概况】 2010年，全市农村科技工作按照“新思路、新举措、新发展、新突破”的创新发展理念，以农业增效、农民增收为重点，以农业科技创新、转化和农村科技服务为主线，以城乡统筹、发展现代农业和社会主义新农村建设为目标，积极推进县（市）区科技工作，真正把科教兴国战略落实到基层，大力开展科技富民强县专项行动，扎实推进新农村科技示范村（试点）建设，提高典型示范建设示范效应，改善农村农民生活环境，加强科技创新和转化平台建设，开展农业科技型企业和农业产业科技示范基地申报认定工作，加快技术创新和科技改进步伐，为全市农村经济社会又好又快发展提供强有力的技术支撑。截至年底，全市安排实施各级科技项目90项，落实经费2187万元；实施各级富民强县专项7项，落实国家经费174万元，引进新技术68项，推广面积5.6万亩，新建技术平台3个，引进人才23人；建立科技创联盟2个，认定农业科技创新企业16家；建立科技示范基地60个，培训农民102万人次，培育科技示范户6000个。市农业局被评为全省科教工作先进单位。

【农村科技研究与开发】 主动对接国家科技部和河北省科技厅农业科技发展战略，积极融入河北省农业科技创新体系，面向石家庄市现代农业、新兴产业以及城乡统筹发展的重大科技需求，优化科技资源配置，组织实施了一批国家、省和市重大科技项目，着力解决农村经济社会发展重大科技问题。年内，组织实施“抗旱高产小麦新品种选育”、“水果型黄瓜优异种质资源的引进与选育”、“甜椒系列品种选育及配套技术研究示范”、“高淀粉含量玉米品系培育”、“高等强筋冬小麦新品种选育”、“大葱雄性不育系选育应用及机理研究”、“高繁殖力美丹猪新品系的引入和选育”等14个农产品培育项目，共选育农业新品种（系）58个；参加各类区域性试验和生产性试验43个，其中通过国家审定2个，通过省级审定2个；实施畜产品安全专项2个（中兽药、饲料），从共性技术、关键技术集成和产业化示范三个层次开展研究，获得重要的阶段性成果。全年安排实施市级科技计划项目70项，落实经费999万元，争取省以上项目20项，落实经费1188万元。

（殷宗良　郝建卫）

【新农村建设科技示范村（试点）】 2008年，石家庄市正式启动实施“新农村建设科技示范（试点）专项计划”，计划利用3年时间投入1200万元，支持52个新农村建设科技示范村（试点）、10个示范乡镇、5个示范县工作。52个新农村建设科技示范村（试点）将根据因地制宜原则，分别建设即统一标准又各具特色的企业拉动型、生态家园型、休闲观光型、规模经营型、清洁生产型和循环经济型等6种类型的示范村（试点），从而使其真正起到引导、示范、发展、壮大的作用。当年，投入400万元支持了20个示范村（试点）开展新农村建设技术集成与示范，共建设施蔬菜、优质林果、水产养殖、畜禽养殖等60个农业科技示范园区和生产基地。2009年6月9日，河北省科技厅与石家庄市政府联合召开“河北省新农村建设科技示范工程暨石家庄示范市启动会议”，石家庄市被认定为首个河北省新农村建设科技示范工程示范市。全年安排资金160万元，主要围绕产业发展和民生科技进行技术集成与示范，重点支持14个科技示范村的建设，打造科技示范村建设示范模式9种，在全省及至全国树立了科技示范村建设样板。2010年，石家庄市不断加大实施力度，宏观抓新农村建设科技示范（试点），微观抓产业及民生科技项目，实行标准化推进、综合式跟踪服务，突破和转化了一批核心技术，培养了一大批有文化、懂技术、会经营的农民技术骨干，为新农村建设树立了典型与样板。经过扎实的工作，新农村科技示范村建设取得了较好效果，科技示范带动作用显著。截至年底，全市新农村科技示范村特色产业带动农户18959户，订单农户

8360户，创建农业合作社50个，参加合作社农户16516户，创中国、河北省、石家庄市产品品牌29个，特色产业产值达到60多亿元。农业科技成果转化能力增强，全年新建科技示范基地77个，引进新技术162项，推广新品种170个。农民生活环境明显改善，生活质量明显提高。生活垃圾和农作物秸秆得到有效利用，清洁能源得到推广应用，至年末，太阳能热水器用户达12652户，节能灶用户3768户，沼气用户9224户。

（雷汉发 殷宗良 郝建卫）

【科技创新和转化载体建设】 深入推进产业联盟，大力实施品牌战略，不断提升创新能力，至年末，全市拥有市级产业技术创新联盟2个（河北中兽药产业技术创新联盟、石家庄饲料产业技术创新联盟）。开展农业科技型企业评审认定工作，推动企业加快技术改造和科技创新步伐，大力培育农业科技型企业，全年共评审认定农业科技型企业16家，涉及养殖业、奶业、兽药、饲料、林业、机械、肥业、种业、食品等多个行业。加强现代农业科技示范基地建设，开展现代农业科技示范基地认定申报工作，培育一批符合农业产业化发展规划、区域特色鲜明、技术水平先进、示范带动效应明显，产业链条长的现代农业科技示范基地，至年末，全市共有各级各类农业科技园区近40余家，其中，被认定为省级农业科技园区的有3家（藁城市农业高科技园区、辛集农业科技园区、平山西柏坡农业科技园区被省科技厅）。

（殷宗良 郝建卫 王荣申）

【农业科技推广】 建立完善农业科技推广体系，全市基层农业科技推广体系县级机构得到全部落实，建成乡级区域站129个。6个县（市）被列为全国基层农技推广改革与建设示范县，6个县（市）被列为省级基层农技推广体系改革建设试点县。建立科技试验示范基地60个，培育科技示范户6000个。农业手机短信平台用户发展到11万余户，农村大喇叭在8个县（市）420个村开播，初步形成集电视、电脑、电话、短信、广播为一体的多形式、全方位农业科技服务模式。探索了以鹿泉市为试点的农资配送连锁经营模式和以藁城、赵县为试点的合作化运作模式。农民实用技术培训达102万人次。农业局被评为全省科教工作先进单位。

表13 2010年石家庄市农业科技型企业认定情况一览表

类别	企业名称
畜牧类和畜牧产品加工类(8)	石家庄双鸽食品有限公司
	石家庄华牧牧业有限责任公司
	石家庄天泉良种奶牛有限公司
	石家庄君乐宝乳业有限公司
	河北远征药业有限公司
	河北科星药业有限公司
	河北广威农牧有限公司
	河北永丰饲料有限公司
畜牧相关类(3)	石家庄金太阳生物有机肥有限公司（鸡粪加工生产有机肥）
	石家庄惠康食品有限公司（其中有肉食品加工）
	井陉县天山绿色食品有限公司（其中有柴鸡养殖和柴鸡蛋生产）
种 子 类(1)	河北极峰农业开发有限公司
农副产品加工类(1)	石家庄市丸京干果有限公司
农业机械机具类(2)	河北农哈哈机械集团有限公司
	河北省农业机械化研究有限公司
林 业 类(1)	河北新星林业科技开发有限责任公司

【农业科研成果】 2010年，由市农科院等单位完成的“冬小麦节水高产新品种选育方法及育成品种”项目，通过由李振声、程顺和院士等全国知名专家组成的专家组鉴定，总体研究达同类研究的国际领先水平；“抗吸浆虫冬小麦新品种石麦12号”获石家庄市科技进步一等奖和河北省科技进步三等奖；“高产、稳产、优质杂交抗虫棉新品种冀创棉1选育及应用”获石家庄市科技进步二等奖和河北省科技进步三等奖；“马铃薯小型化脱毒种薯生产关键技术研究应用”获河北省科技进步三等奖；“糯玉米新品种石彩糯1号选育及应用”获石家庄市科技进步一等奖；“高山杜鹃的栽培驯化”项目在中国第八届杜鹃花展中荣获栽培驯化金奖；大豆高油品系“高油、高产夏播大豆品种石豆1号”通过黄淮海中片国家大豆品种审定；大白菜新品种“石育秋宝”通过国家品种审定委员会鉴定；小麦高产品种“石麦19”通过河北省审定；节水抗旱型品种“石麦15”通过河北省北部审定。

【测土配方施肥技术推广】 按照乡级建站，村级设点的原则，开展“一村一站、一户一卡”服务模式，即建立测土配方施肥科技进村服务站，并为每户农民发放电子查询卡，农民通过刷卡即可查询到自家地块的养分含量，根据专家推荐的施肥配方，施肥方法购买或配置配方肥。2010年，全市17个项目县（市）和1个合并组织区共完成土样测试28200份，建立测土配方施肥服务站102个，推广测土配方施肥970万亩，配方肥施用面积495万亩，推广配方肥16万多吨。市土肥站被评为农业部测土配方施肥工作先进单位。

（王风楼　许瑞忠）

【蔬菜无土栽培在高邑试点】 高效（生态）无土栽培科技园，是由华前农业科技发展有限公司投资，以绿色食品为标准，通过采用槽式无土栽培，实现生产过程高效环保和绿色安全。该公司一期工程拟投资1000万元，占地200亩，建设高标准日光温室130栋。计划三年内建成高标准蔬菜大棚330栋、7315型日光温室800栋，总占地1800亩，总投资达1亿元。该园区建成后可解决当地1500余人就业问题，有效带动运输、饮食服务等第三产业的发展，社会效益巨大。4月19日，华前农业科技发展有限公司高效（生态）无土栽培科技园在高邑县大营镇东邱村隆重举行奠基仪式。石家庄市人大、市委、市政府、省农业厅、市农业局的有关领导以及高邑县四大班子的主要领导出席了奠基仪式。高邑县各乡镇书记、乡镇长，部分村支部书记和种植大户以及县直各单位一把手参加了奠基仪式。无土栽培科技园的开工建设填补了石家庄市无土栽培规模生产的空白，也必将带动高邑乃至石家庄市蔬菜产业向着园区化、标准化、产业化发展。

（狄政敏）

【省农科院在高邑举办设施蔬菜水肥高效利用推广会】 11月18日，河北省农林科学院资环所在高邑县后哨营示范区举办了“设施蔬菜优质高效安全施肥技术体系研究”现场观摩会。观摩会示范了肥水科学管理技术，围绕如何提高日光温室黄瓜、番茄水肥利用率，开展了优化灌溉施肥、生物有机肥——无机肥配施、有机——无机基质栽培技术应用三项核心技术示范。这些技术主要是针对设施蔬菜生产中农民灌溉频繁，过量投入有机肥和化肥，造成水肥利用效率低、土壤养分积累和次生盐渍化，解决了蔬菜减产、品质差、效益下降等问题。结果表明，采用设施黄瓜优化水肥管理技术示范棚较传统水肥管理减少有机肥和化肥用量30%～50%，减少农药投入30%～50%，节水20%～30%，增产10%～25%；采用有机——无机基质栽培技术棚较温室土壤栽培棚化肥和农药施用量少50%左右，节水50%～60%，增产30%左右，节本、增收、增效显著。尤其是采用有机——无机基质栽培技术温室黄瓜一个季度可增收5000元以上，并且瓜条顺直，商品性和口感好。

（焦莉莉）

【全国基层农技推广示范项目落户赵县】 2010年，全国基层农技推广体系改革与建设示范县项目落户赵县，该项目的主导产业既包括小麦、玉米等常规农作物，也包括在该县日益发展的食用菌种植产业。为实施好该项目，自11月中旬始，赵县农牧局对小麦、玉米主导产业进行物化补贴，同时结合农业产业发展实际、农民科技需求及种植节令情况，认真组织全县20名技术指导员深入田间向每个科技示范户印发主推品种及技术明白纸，引导他们辐射带动周边农户的农业科技使用水平。通过物资发放，调动了示范户与技术指导员积极性，科技示范户的辐射带动作用增强，确保了主推品种和主推技术的入户率和到位率，增强了示范户增收致富的决心和信心；极大提高了示范户参与项目建设的积极性，有效提高了示范户的种植水平。同时，该县通过政策引导、项目扶持、技术宣传、新品种推广等有效措施，食用菌产业得到快速发展，品种由原来单一平菇转变为双孢菇、草菇、杏鲍菇、白灵菇及冷库错季金针菇、鸡腿菇等多品种发展格局。现全县食用菌栽培总面积达到300万平方米，年总产鲜菇2万吨，年产值1.8亿元以上，成为赵县继梨果之后的又一个新兴特色产业。

（温婕）

【华牧蛋鸡养殖技术成果通过专家论证】 石家庄华牧牧业有限责任公司探索形成的“科学布局、分散饲养、适度规模、全进全出”的产业发展模式，集成一些先进技术，并在全国推广取得较好的应用效果。8月8日，受河北省科技厅委托，市科技局组织并主持，邀请同行业专家组成论证委员会，对该公司承担的《蛋鸡规模化健康养殖关键技术集成与示范》项目过程中形成的《华北地区标准化蛋鸡舍建设规范》、《商品蛋鸡饲养管理规范》、《商品蛋鸡饲料营养规范》、《商品蛋鸡场兽医卫生技术规范》、《鸡蛋质量追溯体系》等5项阶段性成果进行论证。论证委员会听取了课题组的工作报告，审查了相关资料，通过质疑、答辩，经充分讨论一致认为，该成果资料齐全，数据可靠，设计合理，试验方法和技术路线正确，达到了课题的设计要求。

（潘双清）

【市动物卫生监督所两项科研课题通过验收鉴定】 12月26日，由石家庄市科技局组织并主持，邀请中国农业大学、河北农业大学教授及省内知名畜牧兽医专家组成鉴定委员会，对市动物卫生监督所承担的石家庄市科学技术研究与发展计划课题“石家庄市奶牛疫病流行病学调查及综合防制技术研究”和“石家庄市奶牛养殖动物卫生长效管理机制研究”进行了鉴定和验收。鉴定委员会认为研究项目选题准确，试验设计合理，研究数据翔实可靠，资料完整齐全，经过推广应用取得了显著的经济和社会效益，达到了同类研究的国内领先水平，具有广阔的应用前景，两项课题顺利通过了鉴定委员会的验收、鉴定。

【牧渔产业科普评选活动】 年内，为进一步调动全市畜牧水产系统学科技、用科技、推广科技成果的积极性，提高畜牧水产业整体科技水平，推进畜牧水产业的快速发展，石家庄市畜牧水产局组织开展了石家庄市牧渔丰收奖、优秀科技工作者、优秀科普工作者、优秀论文评选活动。此次活动共收到科技工作者推荐人选16名，优秀科普工作者推荐人选37名，收到科技论文57篇、科技项目12项。10月20日，组织召开专家评审会。经审核，10人获评科技工作者，20人获评科普工作者；5篇论文荣获优秀科技论文一等奖，10篇荣获二等奖，15篇荣获三等奖；10项科技项目分获石家庄市牧渔丰收奖的一等奖、二等奖、三等奖。

（王荣申）

【国家粮食丰产科技工程】 2010年，全市小麦遭遇百年一遇的暴雪、冬前气温骤降、春季寒流和低温寡照等极端天气的影响，苗情普遍较差。为保证小麦稳产增收，全市及时调整技术实施方案，根据不同的春季苗情，因地制宜采取一系列行之有效的措施，狠抓春季管理，促进小麦苗情转化。同时，加强中后期管理，争粒数，促粒重，弥补因长期低温造成的分蘖少、穗数不足的状况。经测产，小麦超高产攻关田建设取得突破。受灾较严重的藁城市核心区60亩超高产攻关田，亩穗数45.3万穗，较常年50万穗下降近4.7万穗，穗粒数41.4粒，较常年32粒增加约9.4粒，亩产达到605.8千克，实现了同一地块连续6年亩产600千克以上；辛集示范区高产攻关田亩产达609.43千克，核心区亩产526.68千克，示范区产量490.04千克；赵县高产攻关田预测亩产600.24千克，核心区平均亩产571.45千克，示范区平均亩产521.38千克。

【科技富民强县专项行动】 正定县“奶业产业化技术集成、转化与推广”列入2010年国家富民强县专项计划，落实国家经费174万元；

鹿泉市“奶业规模化生产技术集成与产业化示范”列入2010年省富民强县专项计划，落实经费30万元。截至年末，正在实施的国家富民强县专项3项，省级富民强县专项4项。通过专项的实施，一是极大的促进了区域产业技术升级和产业化经营，年内共引进新技术68项，推广面积达5.6万亩，新建技术平台3个，引进人才23人，并建立了与产业发展相适应的技术体系和产业科技服务体系，为产业发展提供了可靠的技术和智力支撑；二是大幅增加农民收入，2010年，富民强县示范区农民人均增收490元，新增就业7000人，特色产业总产值达1.9亿元；三是壮大了基层科技工作实力，增强了基层科技条件和手段，提升了基层科技创新能力和服务产业水平，引领和支撑了县域经济社会的发展。

（殷宗良　郝建卫）

石家庄年鉴 Industry

工　业

工　业

概　述

2010年，石家庄市工业系统努力克服后金融危机带来的影响，以及煤、电、运、气、热等生产要素的制约，积极进取，扎实工作，使全市工业保持了良好的发展态势。全年工业生产平稳增长，增加值增速达到全省平均水平，主要效益指标增速超过全省平均水平，工业利税、利润总额超过唐山市，两项工业效益标志性指标重新登上全省第一的位置。全年工业实现增加值1543.75亿元，约占全市GDP的45.4%。全市规模以上工业企业总产值5655.3亿元，同比增长26.7%；完成增加值1340.1亿元，增长16.5%；实现利税634.9亿元，增长32.9%；实现利润413.0亿元，增长40.7%。亏损企业129个，同比减少32个；亏损企业亏损额17.05亿元，同比减亏52.43%；亏损面为5.08%。工业品销售率98.01%,同比增长0.12个百分点;新产品产值88.74亿元，增长46.2%；出口交货值214.3亿元，增长22.3%；工业企业用电量278.4亿千瓦时，增长11.07%，同比提高8.76个百分点；工业投入1010.06亿元，增长11.5%。和“十五”末比，全市规模以上工业增加值、销售收入、利税、利润分别增长115.9%、197.4%、210.3%和244.7%，5年间年平均增长16.6 %、24.4%、25.4%和28.1%。

规模以上工业主要指标同全省比较。2010年，石家庄市工业增加值增速和全省持平，利税、利润增速分别高于全省0.95和2.81个百分点，三项指标分别居全省第7位、第6位和第6位；经济效益综合指数349.6，同比提高43.2，高于全省64.3，居全省第2位。

工业企业结构及资产。到2010年底，全市规模以上工业企业2537家（与市统计局统计口径不同），其中，大型企业24家（全市占0.95%）、中型企业174家（占6.86%）、小型企业2339家（占92.2%）。国有企业65家（占2.56%），集体企业104家（占4.1%），私营企业1790家（占70.56%），外商及港澳台资投资企业138家（占5.44%），有限责任公司309家（占12.18%），股份有限公司113家（占4.45%），股份合作企业16家，联营企业2家。从业人员年平均人数60.32万人，同比增长5.96%；总资产为2817.03亿元，同比增长22.33%；资产负债率为53.11%，同比下降3.83个百分点；国有及国有控股企业121户，从业人员平均人数13.64万人，总资产为1076.01亿元。

“十一五”期间高耗能行业比重。2010年，黑色金属冶炼及压延加工业、石油加工和炼焦业、化学原料及化学制品制造业、非金属矿物制品业、有色金属冶炼及压延加工业、电力热力的生产和供应业六大高耗能行业完成工业增加值419.34亿元，占全市规模以上工业的31.29%,比“十五末”降低7.07个百分点。经济发展方式正在逐步得到转变。

工业50强企业完成情况。2010年度工业50强企业经济运行总体态势良好，生产稳定增长，效益较快提升，各项指标比上年大幅提高。全市工业50强企业2010年度完成工业总产值1592亿元，同比增长30%；主营业务收入1574亿元，同比增长28.15%；实现利税189亿元，同比增长32.07%；实现利润86亿元，同比增长69.02%。与“十五”末相比，销售收入、利税、利润分别增长92.7%、122.6%和116.1%，重点工业企业盈利水平明显上升，强力支撑了全市工业的高效发展。

利税大户及综合实力。在中国企业联合会、中国企业家协会公布的2010年中国企业500强名单中，敬业集团（排218位）进入中国企业500强综合排名；敬业集团（排107位）、石药集团（排294位）进入中国制造业企业500强。2010年，全市年销售收入5亿元以上企业共174家，占全市规模以上工业企业总数的6.86%，共实现销售收入12921.63亿元，占全市规模以上工业的55.02%。

县域工业和中东西部地区规模。2010年，17个县（市）和高新区、矿区（属地统计）共完成工业总产值4962.04亿元，占全市的83.55%，增长34.17%，高于全市1.29个百分点。实现利税549.25亿元，占全市的83.24%，增长32.9%；实现利润392.04亿元，占全市的91.8%，增长38.1%。中、东、西部地区完成工业增加值分别为607.4亿元、508.8亿元和223.9亿元，占全市的45.3%、38.0%和16.7%，增长15.6%、19.0%和13.9%；实现利税总额分别为334.6亿元、252.9亿元和72.3亿元，占全市的50.7%、38.3%和11.0%，增长40.4%、35.5%和28.7%；实现利润总额分别为193.1亿元、186.1亿元和47.9亿元，增长53.7%、38.1%和37.9%。东部区域的增加值增速明显高于全市，中部和西部低于全市；中部区域的利润增速高于全市，东部和西部低于全市。

主要产品情况。全市工业产品达3600余种，创出了一批在国内外具有较高市场占有率和较强竞争力的名牌优势产品。现拥有8个中国名牌、22个中国驰名商标，均位居全省第一。青霉素、维生素C和土霉素年产量分别占全国总产量的40%、55%、60%，占世界总产量的30%、40%和50%左右。全市143个工业产品(大品种)中，99种产品产量实现增长，占69.23%（比上年同期高7.63个百分点），其中51种产品产量增长超过20%。

行业（产业）结构情况。2010年，全市规模以上轻重工业比重为48.6:51.4。按照大行业划分(国家无此划分标准，结合石家庄市实际，对全市37个工业门类，按相近原则进行归类、整合、划分，以便进行对照分析)，全市11个大工业行业主要指标及比重情况见附表。

表14

2010年石家庄市规模以上工业行业比重

行业	工业增加值		主营业务收入			工业利润		
	完成额（千元）	占全市比重（%）	完成额（千元）	同比（±%）	占全市比重（%）	完成额（千元）	同比（±%）	占全市比重（%）
合计	134009135		582113501	33.30		42708319	44.74	
1. 医药	10437282	7.79	39380083	36.81	6.77	4193933	15.27	9.82
2. 纺织	11179642	8.34	55813126	39.32	9.59	3882563	30.97	9.09
3. 石油化工	16347774	12.20	83779645	33.14	14.39	4741395	80.05	11.10
4. 装备制造	19755602	14.74	86578525	33.91	14.87	7525775	44.63	17.62
5. 电子	1198269	0.89	5150374	40.17	0.88	411894	75.37	0.96
6. 食品	15165461	11.32	61973009	25.07	10.65	4427255	20.08	10.37
7. 轻工	26912410	20.08	97762274	34.91	16.79	9386717	38.99	21.98
8. 热电气水	5040933	3.76	31843797	19.58	5.47	−115568	91.98	−0.27
9. 冶金	12653826	9.44	52631688	26.04	9.04	1863476	32.65	4.36
10. 建材	10034451	7.49	42609713	26.37	7.32	5006371	40.75	11.72
11. 采掘业	5283486	3.94	24591267	97.15	4.22	1384508	58.93	3.24

（王惠茹）

医药工业

【概况】 2010年，石家庄市医药行业累计完成工业增加值104.4亿元，同比增长18.0%，实现主营业务收入393.8亿元，同比增36.81%，实现利润41.93亿元，同比增长15.27%，实现利税总额55.38亿元，同比增长16.35%。全市医药行业保持较快增长的态势，主要产品产量稳步增长，市场供求总体稳定,运行质量逐步提高。全市主要制药企业密切关注市场变化，加大产品调整力度，优化产业链，通过增加化学药品制剂产品的生产和扩大高毛利、高附加值产品的产销量来赢得利润。中成药完成14140.7吨，增2.1%，基本持平。原料药行业竞争加剧，全市原料药生产企业已经开始从生产粗放型的低端产品向精细型的高端产品转变,不断向下游供应链延伸和转移，深加工能力也在逐步增强。各主要制药企业统筹调整内部资源，严把原材料采购关，通过集中采购降低采购成本，制定切实可行的营销策略，扩大产品的销售。通过采用新工艺、新设备，扩大产能提高技术经济指标，降低成本来提升企业盈利空间。国家新农合和社区城镇医疗保险制度的推行，提高了全民医疗保障水平，医药市场扩容，给制药企业的发展提供了机遇，客观上对医药行业产生拉动作用。2010年出口交货值增速回落，因下半年人民币兑美元汇率升值，基本逼近企业盈利可承受的临界点，使医药出口企业不敢接单。此外，欧盟市场受债务危机等影响，医药市场整体呈现滞涨的态势，制约了医药出口的增长。

表15　2010年石家庄市主要医药企业主营收入、利润、利税统计表

企　业	主营业务收入（亿元）	同比增减（±%）	利润（亿元）	同比增减（±%）	利税（亿元）	同比增减（±%）
华药集团	114.62	98.56	7.24	5.5	9.98	15.01
石药集团	128.14	21.73	13.24	0.30	10.19	10.39
神威药业	25.75	27.28	8.72	24.36	11.13	22.93
以岭药业	16.06	−0.31	3.84	35.64	5.92	24.33
四药公司	13.17	24.59	1.83	17.58	2.41	18.86

（冯江平）

【与国药集团签署合作协议】 1月8日，市政府与中国医药集团总公司签署战略合作框架协议，双方将在医药生产、研发、物流、会展等方面开展全方位、宽领域的合作。中国医药集团总公司（以下简称国药集团）是全国最大的医药企业集团，以医药物流、生产、科研及服务贸易为核心业务，承担着全国防病治病、康复保健、灾情疫情、抢险急救、军需战备、麻药特药疫苗等医药物资和医疗器械的储备、供应任务，拥有生产企业、科研设计院所、药材种植基地和覆盖全国的营销网络。此次签署战略合作框架协议,国药集团将加强与华北制药、石药集团等石家庄市域范围内著名医药工业企业的战略合作，扩大和完善其药品在国内外市场分销与物流配送；适时推动该集团所属企业或联合世界500强在华制药企业与石家庄市开展多种形式的合作，积极参与石家庄市医药企业战略重组，共同推进石家庄市医药产业扩大规模，提高技术水平；双方以石家庄市为中心，致力于构建覆盖河北各地的药品供应保障服务体系；

开展务实合作，共同加快国药集团河北物流中心建设，“十二五”期间，该集团在石家庄市投资1.5亿元，建设现代化医药物流配送中心，支持“中国药都”建设。此外，双方还计划在石家庄共同发展国际性、全国性医药健康展览和相关会议项目，壮大石家庄会展经济并带动相关产业发展，打造国内领先、国际知名的石家庄医药会展品牌等。

（范玉蕾）

【石药华药获批企业国家重点实验室】 1月份，科技部公布56家通过评审的第二批企业国家重点实验室建设计划名单，河北省5家企业位列其中，石家庄市石药集团的“药物制剂及释药技术国家重点实验室”、华药集团的“抗体药物研制国家重点实验室”榜上有名。石药集团的药物制剂及释药技术国家重点实验室，围绕中国药物制剂产业发展重大需求，确定以脂质体技术为基础的靶向释药技术、以微丸及渗透泵技术为基础的口服缓控释药技术、生物大分子释药技术及新型药用辅料研究技术四个最具代表性的释药制剂技术为研究方向，开展应用基础、关键技术和共性技术研究。华药集团的抗体药物研制国家重点实验室，旨在建立国际水平的抗体药物开发基地，开发具有自主知识产权的抗体药物及其生产工艺，解决抗体药物研究开发过程中产品表达的源头及瓶颈问题，大幅度提高重组抗体药物产量和质量，降低抗体研发和制备成本。研究内容包括，通用抗体大规模生产关键工艺技术研究及创新抗体药物开发。实验室建成后总面积达6000平方米，每年依托单位经费年投入1500万元以上，可开展10个以上抗体类产品研究，5个以上抗体类产品中试规模GMP制备，年制备蛋白质产品3至5千克，形成独具特色的生产成本低廉的动物细胞大规模培养技术，研制成功一批具有自主知识产权的治疗性抗体和重组蛋白药物并推向市场。

（焦莉莉）

【河北奥星原料药有限公司成立】 5月12日，河北奥星集团药业有限公司与英国庄信万丰麦克法兰有限公司合资成立河北奥星原料药有限公司，并举行合资成立签字仪式。河北奥星原料药有限公司在新乐市工业园区内建设研制生产纳洛酮原料药及申请研制麻醉药原料药，该项目占地50亩，投资1500万美元，投产后年销售收入1亿美元，利税4000万美元，产品30%出口，2010年8月建设，2011年5月投产。河北奥星集团药业有限公司于2000年成立，2006年与石家庄乐仁堂制药厂合并，是一家主要研制生产麻醉止痛药、中成药、化学合成及制剂的综合制药企业。公司2006年在美国OTC.BB板上市，2010年转板到纽约交易所挂牌交易。与美国AOBO公司、美国凤凰公司、澳大利亚QRX公司、英国庄信万丰麦克法兰公司4家国外制药公司分别合资合作研制生产最新的止痛药、透皮贴口腔膜剂。英国庄信万丰麦克法兰有限公司是一家主要生产麻醉药原料药、贵重金属、化工产品的世界500强企业。新成立的河北奥星原料药有限公司中，河北奥星集团药业有限公司持51%股份，英国庄信万丰有限公司持49%股份，以技术和现金投入。河北奥星药业集团与英国庄信万丰的合资合作将为河北奥星药业集团解决原料药供应问题并加快企业的发展，也将为石家庄建设药都增添新的亮点。

（范玉蕾）

【中欧生物医药联合实验室落户】 2010年上半年，石家庄科技中心和爱尔兰百美达公司签署《中欧生物医药联合实验室合作协议书》。实验室主要从事医药成品与新剂型技术的检测、研发、推广等工作，引进、嫁接国外先进医药技术与产品，为医药企业提供医药技术创新和管理创新服务。实验室占地面积1500平方米，研发人员主要来自爱尔兰百美达公司。爱尔兰百美达公司是一家跨国药物及保健品生产企业，生产基地和销售网络均已实现全球化。

（焦莉莉）

【举办河北医疗器械展览会】 3月2日，2010第十六届河北国际医疗器械展览会在石家庄国际博览中心展出三天。本届展会吸引了世界500强企业荷兰飞利浦公司、日本阿洛卡、日立公司参展，并带来了前沿的医疗器械和产品。来自全国各地18个省市的400多家厂商参展。参展的展品主要有医用电子设备、医学影像设备、口腔医疗设备、诊断及治疗设备、康复理疗设备、耗材及消毒设备、医院信息管理系统等。展会期间还召开了“口腔医学新进展的学术论坛”和“放射学术春季高层论坛”，以及新产品推广等活动。6月2日，2010河北医疗器械展览会在石家庄国际博览中心开幕。本届展览会由省卫生行业对外技术交流协会、市医疗器械行业协会、河北医科大学共同举办。展览会展出面积8000多平方米，设标准展位近300个，参展企业200多家，汇集了国内外影像、超声、放射、监护、生化检验、康复理疗等各学科、门类的高新技术成果应用设备。美国通用电气、荷兰飞利浦、日本东芝等世界著名医疗器械生产商和国内多家知名公司参展。展会期间还将召开多场高端学术研讨会和新产品、新技术推介会。

（刘宝芝　王丽强）

【高新区建设高端医药产业园】 2010年，省发改委出台《关于加快河北省（石家庄）高端医药产业园建设的意见》，决定成立河北省（石家庄）高端医药产业园建设领导小组，领导小组办公室设在市政府。并明确提出了政策支持措施。河北省（石家庄）高端医药产业园，位于石家庄城市东部产业功能新区，国家高新技术产业开发区南部，核心区规划总面积约19.39平方千米。规划基期为2009年，启动建设期为2010～2012年，产业扩张期为2013～2015年，提升完善期为2016～2020年。高端医药产业园区定位是：全国最具影响和竞争力的高端医药产业增长极，国家生物产业基地核心区，国家级高端医药技术引进、孵化、创新示范区，河北省高端医药技术及产业发展引领区，石家庄国家高新技术开发区标志性园区；高端医药产业园区的产业功能是：国家级高端制剂技术和产业增长极；国内知名的现代中药技术及产业高地；国家级抗体药物技术研发及产业化基地；国家级营养保健品制备技术及产业基地；区域性医疗器械制造技术及产业化基地；根据园区建设条件、项目工作基础和招商引资意向，确定安排74个限额以上有影响和带动力的重点建设项目，总投资479亿元。其中，高端医药产业骨干建设项目34个，投资296.65亿元，占总投资61.92%；基础设施建设项目7个，投资100.91亿元，占总投资21.07%；公共服务建设项目29个，投资59.43亿元，占总投资12.41%；生态建设和环境保护项目4个，投资22亿元，占总投资4.59%。高端医药产业园功能区域布局。综合服务中心区：位于高新区中部，昆仑大街（南延）－学苑南路－太行大街（直延线）－仓丰路合围的区域，占地面积约2.37平方千米。规划将综合服务中心区建设成为河北省医药总部经济区和文化展示区，河北省（石家庄）高端医药产业园形象标志区，河北省国际医药信息和会展活动中心区，高端医药产业园和城市产业新区新的综合配套服务中心区；创新创业区：位于高端医药产业园区西北部。建成河北省具有国际影响力和竞争力的医药科技企业孵化基地，医药高端人才培训和创业基地，医药关键和共性技术研发基地，医药科技成果中试基地，医药研发服务外包（CRO）基地，医药信息、科技、人才、资金、创新合作服务平台；化学制药区：本区位于高端医药产业园的南部。规划期内将本区建设成为国家重大化学创新药物技术产业化基地，国家化学制药清洁生产示范区，跨国集团对华转移化工制药项目承接区；生物制药区：位于高端医药产业园的东北部。规划期内将本区建设成为国家重大生物创新药物技术产业化基地，国家生物制药清洁生产示范区，国家生物制药规模和能力标志区等；现代中药区：位于高端医药产业园的西部。规划期内将本区建设成为国家新的现代中药产业增长点，中药产业清洁生产示范区，中药标准提取物产业化基地，河北省中药现代化发展引领区，中药走向国际化的先行区；营养保健品区：位于高端医药产业园的东部；医疗器械区：位于高端医药产业园的东南部。规划将本区建设成为河北省（石家庄）高端医药产业园的重要组成部分，河北省医疗器械产业增长点和发展引领区，石家庄市承接国内外医疗器械企业转移与合作基地；医药物流区：位于高端医药产业园区西南部。规划将本区建设成为中国重要的医药物流节点，华北地区医药产品物流中心，河北省医药产品仓储配送中心，跨区域大型医药贸易公司和医药物流企业聚集区。

【5家医药企业跻身全国制药工业百强】 年内，国家食品药品监督管理局南方医药经济研究所发布“2009年中国制药工业百强企业”排名榜，石家庄市5家企业榜上有

名，具体排名为：石药集团第2位，华药集团第8位，以岭药业第48位，神威药业第51位，利君制药第54位。“中国制药工业百强榜”是由国家食品药品监督管理局南方医药经济研究所于2006年发起，该评选活动是根据南方医药经济研究所“中国医药经济运行分析系统”，通过对全年企业经营数据全程跟踪，采用企业网上直报形式、企业年报统计核实、企业咨询核实等多种核查方式展开的独立评选。2009年榜单评选突出核心竞争力评比，共在全国4700多家制药企业筛选出中国制药百强企业。

（焦莉莉）

【常山生化公司新项目开工奠基】 7月3日，河北常山生化药业股份有限公司（简称常山生化公司）肝素、透明质酸钠多糖产业化项目在正定开工奠基。国家高科技开发投资公司总经理邓华、市人大常委会主任王增明、副市长张妹芝、市政协副主席韩宪章出席奠基仪式。常山生化药业股份有限公司是省政府认定的高新技术企业，该公司的肝素系列产品生产技术处于世界领先水平，是省重点建设项目，也是国家发改委、财政部首家创投试点项目，已列入国家“十二五”规划“重大新药创制”项目。此次开工建设的肝素、透明质酸钠粘多糖产业化项目位于正定县城东，总投资10亿元，其中一期投资3亿元，建设原料车间4个、注射剂和口服剂车间各1个，生产规模为肝素钠原料产量5万亿国际单位。

（温婕）

【石药集团】 2010年，石药集团的维生素C、维生素C钠原料药和口服固体制剂车间，以“零缺陷”优异成绩通过美国FDA认证，是中国第一家在线生产通过FDA认证的制剂生产企业，药品可以直接摆上美国医院柜台；生产的咖啡因、维生素C、阿莫西林等11个原料药产品取得欧盟COS认证；在美国和非洲加纳成功设立子公司，与美国Mckesson等10余家跨国药企就国际市场开发达成合作意向；注射用奥拉西坦、固邦肠溶片、丁苯酞注射液、比阿培南等产品成功上市，左亚叶酸钙、伊班膦酸钠等抗肿瘤系列产品首度上市，第一个抗肿瘤生物一类新药——PEG化重组人粒细胞集落刺激因子生产获得批准。5月31日，石药工业园3个项目在藁城经济开发区举行签约仪式，签约的3个项目是：特色原料药生产中心项目、制剂国际化生产中心项目和石药工业园配套服务中心项目，项目总投资约15亿元。7月18日，石家庄高新区管委会与石药集团签署入驻合作协议。副市长、高新区工委书记刘晓军出席签约仪式。此次签约，石药集团计划投资50亿元建设新型药物制剂产业化、河北省医药财富中心等项目。其中，新型药物制剂产业化项目年综合生产能力达300亿片粒袋支，项目计划2010年动工，2013年建成投产；河北医药财富中心项目，主要目标是为医药生产企业、医药分销商、医药终端用户，搭建河北省最大规模的医药信息、物流和营销基地，项目计划2010年动工，2013年全部建成运营。石药集团“恩必普”注射液上市。年内，石药集团用于治疗缺血性脑卒中的高端制剂——丁苯酞氯化钠注射液（商品名：恩必普注射液），经过国家食品药品监督管理局认证中心的全面检查、综合评估、严格验收，顺利通过GMP认证。丁苯酞软胶囊是中国历史上第三个自主开发的国家一类新药，也是国际上首个作用于急性缺血性脑卒中多个病理环节的创新药物，获国家科技进步二等奖。全国核心城市神经科领域专家普遍认为：丁苯酞氯化钠注射液相对于软胶囊从剂型上更适合于急性缺血性脑卒中患者早期使用，对于急性缺血性脑卒中患者可以不受溶栓治疗窗的限制，可改善缺血区脑灌注，改善神经功能缺损程度，挽救半暗带脑细胞，能使患者更大获益，早日康复。至年底，石药集团共有商标454件，其中中国驰名商标2件，河北省著名商标12件，国内注册商标318 件，国际注册商标122件；实现销售收入130亿元（不含税），同比增长23%；利税16亿元，上缴各类税金7.3亿元；直接出口创汇5.5亿美元，同比增长22%，继续位居国内医药行业首位。年内石药集团还被中国化学制药工业协会评价为“AAA”级制药企业。

（范玉蕾　王玲
康新明　焦莉莉）

【华药集团】 7月份，华药集团获得针对狂犬病毒的国内第一个全人源基因工程抗体的临床研究批文，具有良好市场前景的重组人血白蛋白研发工作大部分已完成。9月29

日，华药集团新头孢项目投产、新制剂项目开工奠基。出席仪式的有省委副书记、省长陈全国，省委常委、市委书记孙瑞彬，副省长张杰辉，省政协副主席王玉梅，省长助理、省政府秘书长尹亚力，市委副书记、市长艾文礼，市人大常委会主任王增明，市政协主席王华清，以及省直各厅局领导等。市委常委、常务副市长栗进路主持仪式。陈全国宣布华北制药新型头孢项目投产开工，并与其他省市领导共同为新型头孢项目投产剪彩。新型头孢项目为全国规模最大、工艺设备最先进、生产效率最高、产品质量最优的新型头孢项目，全部投产后可实现年销售收入80亿元、利税13亿元，相当于再造一个新华药集团。新制剂项目优选聚集了一批市场潜力大、发展前景好、盈利能力强、经济附加值高的优势品种，建成后可全面提升华药集团的综合实力，从根本上扩大产品集群，优化产品结构，延伸产业链条，促进产业升级。华药集团新型头孢项目建成后，3～5年时间在国内头孢行业占据领先地位，实现了产品结构的根本调整。年内，华药集团整合头孢资源，将与头孢相关业务全部从其它子公司剥离，成立专注于头孢行业的华民药业公司，并成立独立的研发业务部和营销业务部。重组后，华药集团有4个基因工程药物实现产业化生产，拥有了国内规模最大、品种最全的免疫抑制剂品种。新制剂项目总投资40亿元，全部建成投产后可实现年销售收入130亿元、利税30亿元。无菌粉针制剂体系获IDA基金会认可。10月份，华北制药股份公司北元分厂获得IDA基金会正式认可，开始为其提供注射用苄星青霉素等无菌粉针制剂产品。IDA基金会成立于1972年，为非盈利性组织，主要向全球100多个国家和地区提供超过3000种不同的药品和医疗产品。2010年5月，IDA基金会认证专家到华北制药股份公司北元分厂进行现场和质量体系审计，认真审核了北元分厂制剂产品主要证明性材料，接受了相关产品质量控制要求以及控制水平，最终于10月份做出对北元分厂无菌粉针制剂的认可。

（范玉蕾　王欣明）

【以岭药业】 以岭药业院士工作站成立。10月份，石家庄高新区以岭药业院士工作站正式成立。市长艾文礼出席成立仪式并为工作站揭牌。石家庄高新区以岭药业院士工作站是由中国工程院院士杨胜利提议，吴以岭院士组织，唐希灿、侯惠民、赵铠等十余名院士共同发起成立的。院士工作站将对以岭药业现有国家、省、市级创新平台、实验室和基地进行整合，以适应医药企业需求和提高企业竞争力为目标，搭建起更高层次的生物医药科技创新平台，充分发挥院士专家在重大项目开发、高层次人才培育、科技合作交流等方面的作用，加快高端人才培养，加快成果转换，逐步建立起贯穿创新药物研发全过程及关键技术环节的综合性成套研发体系，提高生物医药产业技术创新能力和综合生产能力，为促进医药产业快速发展提供更好的战略支撑。2011～2013年石家庄以岭药业股份有限公司计划继续投入2.3亿元，用于院士工作站的建设，在河北（石家庄）高端医药产业园B区新建3万余平方米研发大楼，按照国际标准设计建造药理化实验室、化学合成室、植物化学室、制剂研究室、烘干室、加速稳定性研究室等实验室，引进飞行质谱、核磁共振光谱仪等大型高技术科研仪器设备。同时，将新建项目与已经承担的国家认定企业技术中心等创新平台、实验室和基地进行有机整合，形成更具完整性、系统性、成熟性、先进性的创新药物综合研发体系，更好地发挥科技创新平台的作用，提高科技创新水平和效率。以岭药业获中药企业现代品牌十强。11月25日，在四川成都举行的“2010年中国中药行业品牌峰会”上，以岭药业荣获“中药企业现代品牌十强”，所生产的通心络胶囊同时荣获“中药产品品牌十强”。此次峰会由中国中药协会、中国医药商业协会等主办。峰会推出了“中药企业传统品牌十强、中药企业现代品牌十强、中药产品品牌十强、中药饮品企业品牌十强、中药企业品牌十强”等评选项目。

（张明星　房晓丹
焦莉莉　杨叁平）

【神威药业】 神威药业并购张家口长城药业。4月份，神威药业有限公司斥资5000余万元收购张家口长城药业有限责任公司全部股权，实现对张家口长城药业有限责任公司的并购。收购后企业更名为神威药业（张家口）有限公司。并购前，长城药业主要业务为制造及买卖中药产品。并购后，长城药业生产的产品品种增补了神威药业的产品线，神威药业先进的管理理念，专业的技术力量和广阔的销售渠道，破解了长城药业的资金瓶颈，实现了优势互补。神威药业入选中国最具竞争力医药上市公司20强。7月27日，第二届中国最具竞争力医药上市公司20强评选在上海揭晓，神威药业入选最具竞争力医药上市公司20强。本项评选由中国医药企业协会主办，从2010年2月启动，历时5个月共对138家在上海、深圳、香港、纽约等地上市的年销售额超过1亿元人民币的中国医药企业进行分析，以公司上年销售增长、利润增长、净资产收益率、资产负债率和流动比率以及销售额、利润、总市值8项指标作为基础数据，构成评选总分的68%，其余32%由专家、证券分析师等问卷打分，从产业、管理、资本、资源、企业家等5个角度考察企业的竞争力。神威药业综合得分在全部参评上市公司中列第7位。

（范玉蕾）

【石家庄四药有限公司】 2010年，石家庄四药有限公司（简称四药公司）再次被认定为省高新技术企业。科技创新是四药快速发展的助推剂，围绕输液和口服制剂两大产品，统筹兼顾输液和口服制剂产品的结合，每年将销售收入的5%作为企业创新基金。四药公司凭借国内输液生产领域强大的技术实力，被国家科技部确定为国家“十一五”科技支撑计划重点项目——课题药品与包装材料相溶性安全研究唯一承担的生产企业。总部搬迁升级改造项目落户高新区。11月3日，石家庄高新区与香港利君国际医药（控股）有限公司所属石家庄四药有限公司总部搬迁升级改造项目举行入区签约仪式。项目总投资1.2亿美元，其中固定资产投资1.07亿美元。项目建设周期为3年，达产后，可实现年销售收入30亿元，利税5亿元，税收1.8亿元。年内，利君国际医药（控股）有限公司借助子公司石家庄四药有限公司技术、品牌优势，投入资金9000万元人民币收购吉林通化东宝大输液业务60%的股权，合资成立吉林利君东宝制药有限公司。到年末，四药公司共有氨基酸注射液、甲硝唑注射液、乳酸钠林格注射液、甘露醇注射液等20多种玻璃瓶、PP塑料瓶、非PVC软袋以及盐酸阿比多尔胶囊等30多个口服制剂产品，出口包括亚洲、美洲、欧洲、澳洲、非洲的40多个国家和地区。2010年实现外贸出口额近1亿元，登上国内输液生产企业出口“头把交椅”，连续5年实现出口增长20%。

（范玉蕾　房晓丹　史建会）

纺织工业

【概况】 2010年，全市共有351家规模以上纺织企业，其中纺织业257家，服装鞋帽制造业79家，化学纤维制造业15家。入统企业实现工业增加值111.79亿元，同比增长15.7%；实现主营业务收入558.13亿元，同比增39.42%；利润38.82亿元，同比增30.97%；利税55.05亿元。同比增30.26%。亏损企业15家，亏损额2058.8万元，同比下降40.52%；从业人员平均人数8.43万人，同比增加3.34%。主要产品产量：纱产量49.2万吨，同比增36.78%；布产量35.5亿米，同比增长35.57%；服装产量1.5亿件，同比增长29.84%；化学纤维用浆粕产量8.24万吨，同比增长0.4%；化学纤维产量2.93万吨，同比增1.8%。2010年，全市纺织业延续回升态势，3月份开始企业订单明显增加，开工率普遍上升，产量和效益同比增幅较大。主要特点：一是棉价一直在高位运行。全年国内棉花现货价格持续上涨，中国棉花价格指数（CCIndex328）2月份为15000元／吨，7月底为18230元／吨，9月份达到创历史的30000元／吨。二是产品价格同比涨幅增大。随着棉花价格的快速上升，棉纱、棉布销售情况明显好转，产品价格也随之上升。三是市场需求回升，企业订单增加。随市场需求回升，企业销售情况明显好转。

（冯江平）

【常山股份获国家 AAA 级信用企业授信】 2010 年，中国纺织工业协会在北京发布首批纺织服装行业“企业信用等级评价 AAA 级信用企业”名单，石家庄常山纺织股份有限公司等 31 家纺织服装企业获 AAA 级信用企业授信。上市十年来，石家庄常山纺织股份有限公司始终坚持重视人才队伍建设。在吸引人才、使用人才、分配制度等方面做了大量的实践与探索。内部拔尖人才管理办法、内部技师考评制度等激励机制，使有真才实学的员工脱颖而出，不断为公司创新创效。到 2010 年末，常山股份公司从事研发的技术人员数占员工人数的比重达到近 10%。2010 年，常山股份超额完成了全年经营目标，该公司上市十年，资产总额、净资产分别增长了 3.3 倍和 5 倍，累计实现利税 26 亿多元。经济效益一直位居全国同行业前列。

（范玉蕾　邵光毅）

【常山股份参与制定行业标准】 2010 年，国家工业和信息化部公布了 2010 年首批工业和通信业行业标准制定修订计划，中国工业行业排头兵企业——石家庄常山纺织股份有限公司被确定为纺织行业《棉粘混纺本色布》项目标准制定的主要单位之一。作为中国棉纺织行业首家国家级企业技术中心，近年来，常山股份在现代管理、技术创新、新品研发等方面，不断与行业优势企业对标，上水平、提档次、创品牌，取得了实实在在的效果。中国名牌产品“翠竹”纱和各种功能型特色坯布新品是国内外高端纺织服装企业的指定产品，公司技术中心拥有通过中国合格评定国家认可委员会认可的国家级实验室，研发的新品 8 次成功入围中国流行面料，54 项专利获得国家知识产权局专利局颁发的证书，享有全行业企业信用评价 AAA 级信用企业殊荣等。对标促发展，制标夺得“话语权”。常山股份还积极参与国家标准、行业标准的制订，抢占行业制高点，在技术标准的研制和运用上走在了同行业的前列。公司先后组织和参与行业标准的制定 2 项，参与国家标准和行业标准的审定 10 项。《纺织纤维鉴别试验方法第 3 部分显微镜法》、《纺织品纱线条干不匀试验方法光电法》和《普通初级防护服》等标准已被业内广泛应用。

（安东利）

【举办第三届纺织服装博览会】 4 月 30 日～5 月 3 日，“魅力新华”第三届纺织服装博览会在河北石家庄新华集贸中心市场圆满落幕。本次博览会由石家庄市政府、河北省服装行业协会、河北省纺织行业协会主办，新华区政府承办。主会场设在装修一新、靓丽时尚的品汇广场，高标准、高档次的购物环境使人备感优雅清新，极大地提升了新华集贸中心市场的品位和档次。博览会共设 12 个分会场，分布在天成商港、中兴中高档服装广场、金亿城服装广场、旭冉商城、新尚元服装商城、银泰休闲服装城、服装大世界、金泊联国际童装城、湾里庙贸易中心、福兴阁、鑫源广场、新华布匹城等地，分为品牌服装展区、运动休闲展区、大众服装展区、精品服装展区、童装展区、窗帘布艺和布匹面料展区，共计 9848 个展位，展览面积达 13.93 万平方米。共有 2.5 万余家纺织服装品牌经销商参展，吸引了来自河南、山东、山西、辽宁、河南、陕西、内蒙和河北省内周边县市的 1.5 万余名下游经销商前来洽谈订货。展会期间还举行了服饰文化展演、时装秀、品牌推介、购物优惠等活动，吸引了大量市民参与，市场日客流量比平常增加 50% 左右。

（王巍　赵勇超）

【晋州市被认定为省纺织服装出口基地】 9 月 27 日，晋州市被河北省商务厅、财政厅、石家庄海关、省出入境检验检疫局授牌认定为“河北省纺织服装（晋州）出口基地”，成为石家庄市辖区内唯一被认定为省级出口基地县（市）。至 2010 年底，晋州市有纺织服装企业 1200 多家，从业人员 6 万余人，拥有纱锭 220 万枚，织机 2.7 万台，产品涉及棉纱、白坯布、漂染色布、帽子、毛巾、服装等 6 大系列 50 多个品种，年产棉纱 18 万吨，白布 5 亿米，帽子 1 亿顶，服装 650 万件套，毛巾 2 亿条，印染布 2.3 亿米，被确定为河北省中小企业重点产业集群。成为省纺织服装出口基地后，晋州市可获得河北省政策支持。按照权力“打捆”下放、政策“组合”倾斜原则，实行“五个优先”：优先下放外贸经营者备案登记和出口许可证打印权限；优先赋予重要商品进出口配额和经营资质；优先使用国家和省级各项贸易促进资金；优先安排广交会和华交会等重点展会展位；优先支持开展网上国际贸易。

【石家庄纺织机械有限公司】 石家庄纺织机械有限公司原为石家庄纺织机械厂，1958年成立建厂。是专业研发、生产和销售特种织机、棉纺织机产品的省级高新技术企业。公司原为纺织部定点生产企业，现为国家重点骨干纺织机械企业、石家庄市企业技术中心、石家庄市工程技术中心。公司总部位于石家庄市国家高新技术开发区（西区）新石北路421号。公司始终坚持“科技创新”是企业发展的永恒动力，建立起近200人的科研队伍，设有产品开发部、机械设计研究所、电控设计研究所、信息情报中心，并与国内知名科研机构建立了紧密的合作关系，实现了产学研的有机结合。公司拥有特种织机、棉纺织机和棉纺后整理设备三大类100多个品种的产品系列，产品广泛用于织网行业和棉纺织行业。先后承担了十几个国家、省、市级重点项目。其中，“CXW宽重型织机（特种织机）项目”、“GA727带芯织机项目”、“SGA211型喷气织机项目等六个项目被列入“国家重点新产品计划”、“国家科技支撑计划（国家攻关计划）”、“石家庄市重大科技项目”等，达到了国内领先水平。特种织机和棉纺织机的系列产品还连续获得了河北省科学技术发明奖、石家庄市技术进步奖和河北省优秀发明奖。

（李宗广　张军霞）

石油化工业

【概况】 2010年，石家庄市石油化学工业共有规模以上企业368家，从业人员近7.5万人，总资产377.3亿元。全年完成销售收入837.7亿元，工业增加值163.4亿元，实现利税 107.2亿元，实现利润总额47.4亿元，比上年同期分别增长为33.1 %、10.7%、53.2%和80.5%，占全市比重分别是14.4 %、12.2%、16.7%和11.1%。其中11家进入市工业50强，3家进入30家后备企业。主要产品大类有石油化学品、基本化学原料、有机化学品、化学肥料、化学农药及生物农药、橡胶制品等。2010年主要产品产量：原油加工量420万吨（同比上升18.2%），精甲醇21.78万吨（同比上升45.7%），合成氨129.26万吨（同比下降3.4%），农用氮、磷、钾化学肥料总计（折纯）72.73万吨（同比下降2%），化学农用原药（折有效成分100%）3399吨，（同比下降27.5%）。年销售收入过百亿的企业有石炼化（231.4亿元）。过20亿的企业有河北诚信（27.2亿元）、过10亿的企业有正元化工（15.3亿元）、双联化工（12.3亿元）。利税过30亿元的企业是石炼化（46.7亿元），利税超过5亿元的企业是河北诚信（6.15亿元）、利税过亿元的企业是正元化工（1.04亿元）。

（于鹏程）

【合佳化学品有限公司新项目投产】 石家庄合佳化学品有限公司“三乙烯二胺”项目投产，该项目位于藁城市良村开发区。新产品是新一代人工合成高分子材料——聚氨酯（polyurethane）在生产反应中的一种化学催化剂。1998年，石家庄合佳化学品有限公司开始与河北科技大学、大连理工大学、中科院材料所等合作，对“三乙烯二胺”生产技术进行了数次技术创新和技术改造，其生产技术、产品质量、生产成本、利润率等均处于世界领先地位，而且拥有自主知识产权。2005年，经省政府批准，该项目确定为河北省重大技术创新专项计划项目。创新成果经河北省科技厅鉴定认为节能降耗效果显著，生产能力大幅度提高，解决了污染物排放问题，具有显著的经济效益和良好的社会效益。

（康新明）

【金鱼集团“高原机车漆”研发成功】 北京开往拉萨的T27列车外壳涂装了石家庄市金鱼涂料集团自主研发的“金鱼高原机车漆”。由于青藏高原具有独特的高原气候特征，夜间温度低，白天紫外线照射强，温差大，风沙强。特殊的气候对机车漆也提出了较高的技术和质量要求。为打破发达国家在高原机车漆这一领域的垄断地位，早在2001年，金鱼涂料集团便与铁道部有关部门开始联合研发高原机车漆，在攻破无数技术难关的基础上，终于生产出了高原机车漆，通过多年模拟和实地试运行，高原机车漆所有性能不仅完全符合要求，而且达到了国外发达国家的先进水平。

（焦莉莉）

【河北鸿泽塑胶科技有限公司开工投产】 4月份，河北鸿泽塑胶科技有限公司开工投产仪式在深泽县工业园区举行。该公司总投资5.6亿元，年产值可达68000万元，创税收4995万元，不仅为深泽经济长足发展提供了有力支撑，同时也为周边县区的劳动就业、激活市场、做大经济、做大贸易，走共同富裕之路奠定了坚实的基础。

（张龙）

【克尔化工新项目投产】 10月份，位于石家庄市赵县工业园区生物医药产业园内的河北克尔化工西林钠项目全部投产。该企业成立于2005年，经过不断地科技创新，调整产业结构，现已发展成为一家以医药、农药中间体为主的新型现代化民营化工企业，年产1500吨西林钠、年产1万吨二嗪、1500吨2-氯-5-氯甲基吡啶、1000吨N-氰基乙亚胺酸乙酯等系列项目，不仅是石家庄市重点建设项目，还被列为省重点建设项目。该企业2005年从印度引进技术时，西林钠的生产反应步骤多达17项，企业经过近几年的自主研发，以及与国外大型医药企业的协作攻关，取得了多项自有技术，现在企业生产西林钠的反应步骤仅需11项，比原来的印度企业还少两项，产品收率更稳定在99.2%以上，不但填补了国内空白，更具有了强劲的国际竞争力。据了解，企业订单已排到3年后，其中不乏德国拜耳一类的国际大型医药企业。系列项目完全建成后，企业年可实现销售后入7亿元，利税过亿元。

【石炼化油品质量升级项目开工】 5月29日，中国石化石家庄炼化800万吨/年油品质量升级项目开工，项目占地70公顷，总投资63.71亿元，拟新建炼油装置10套，改造装置1套，淘汰工艺相对落后、产能规模较小的半再生重整等装置3套，配套实施污水处理场改造、城市中水回用等多项环保措施、辅助设施及配套公用工程。该项目采用环境友好的全加氢工艺路线，把装置结构调整、产品质量升级和低碳环保等有机结合，即采用加氢处理催化原料，去除重油二次原料的硫、氮杂质，降低加工过程排放，并配合成品加氢工艺，保证出油品含硫量大幅降低。项目计划2012年年底建成，届时石炼化原油综合加工能力从现阶段500万吨/年提高到800万吨/年。

（范玉蕾 雷婷）

【“河北海晶”处理废旧家电正式投产】 河北海晶再生资源开发公司是河北省盐业专营集团公司全资子公司，成立于2010年4月，主要经营废旧电器的拆解处理、回收和再生资源的技术开发。项目一期投资700万元，建设电视电脑拆解流水线、冰箱整体破碎处理线、线路板破碎处理等四套完整的拆解处理流水线，设计年处理能力50万台，二期投资500万元，形成年处理废旧家电100万台。处理、拆解流水设备购自仁新设备制造（四川）有限公司，于7月底安装调试到位，实现正式投产。该公司是石家庄首家废旧家电拆解、回收公司，也是省内第二家。

【生物质全降解环保塑料项目扩建开工】 11月份，河北华丹完全生物降解塑料有限公司年产15万吨完全生物降解塑料产业化项目举行开工仪式。该公司是河北省唯一一家集研发、生产全降解原料及制品的生产企业，是河北省重点建设生物材料项目。新建厂区占地105亩，建筑面积6.6万平方米，建成后将成为国内第一家生物质全降解材料片材生产线。扩建项目总投资4亿元人民币，项目扩建后年创销售收入26亿元人民币，利税6亿元人民币。其产品涵盖了日常生活的包装袋、购物袋、垃圾袋、农膜、地膜、一次性餐饮器皿、杯、盘、拖、盒、一次性医疗用品、工业包装等多个领域。产品上市后，将在省市乃至全国的低碳、环保生物材料上带来循环产业链的发展，填补省市生物质全降解环保塑料产业项目的空白。

（刘宝芝）

【金石化工投资集团综合实力提升】 2010年，晋煤金石化工投资集团有限公司在老区停产搬迁的情况下，强化各子分公司管理，主要经济指标和综合实力稳步提升，在石家庄百强企业排名中由2008年的第15为上升到第13位。公司总资产83.3亿元，同比增加24.4亿元，增长41.43%。全年完成总氨155.7万吨，同比增加38.7万吨，增长33.08%。全年实现生产经营总额41亿元，同比增加12.6亿元，增长44.37%。在公司本部停产搬迁因素减利1.57亿元的情况下，全年实现利润817万元，同比减少1.65亿元；全年上缴税费1.2亿元，同比减少2000万元，下降14.29%。晋煤金石按照石家庄市“三年大变样”战略部署，老厂区生产装置实现“安全经济稳定”停产。2月28日，老厂区生产系统实现全线停车，随后开展拆除和搬迁工作。到2010年年底，老厂区所有生产装置全部拆除完毕，利旧设备全部拆运至新乐新厂区，其他搬迁剩余物资已基本处理完毕，部分土地已交付地产市场待“招拍挂”。石家庄化工循环经济化工示范基地建设的60万吨／年合成氨项目，和在新乐工业园区建设的30万吨合成氨异地搬迁改造项目均有序推进。截至年底，60万吨／年合成氨项目一期工程的硝酸硝铵装置以及配套公用工程安装完毕，具备试车条件；一期工程其他项目土建大部分完工，开始进行设备安装；累计完成投资17.8亿元。30万吨合成氨项目土建基本完工，设备安装接近尾声；累计完成投资7.3亿元。

晋煤金石化工集团60万吨合成氨项目新建厂区

（卢建生）

【投资10亿元建设全国最大日化生产基地】 2010年，深泽县大力实施“质量兴县、名牌兴企”战略，坚持以“转方式、调结构”为主攻方向，进一步带动县域经济运行质量提高和发展水平提升。使洗涤、纺织、机械制造、内燃机配件等支柱产业的特色产品质量实现提档升级。该县在狠抓节能减排的同时，建立了县级领导和职能部门联系重点企业制度，开展了骨干企业上台阶活动和以创名牌、创名企、创名企业家为主题的“三创”活动，组织各企业对标行业高端，积极淘汰落后产能，引进新技术、新工艺、新装备。同时，着眼于整合优势资源，打造知名品牌，提升传统产业的市场竞争力，坚持主导产业抓培育、传统产业抓延伸，以生物医药为主体，以日化、纺织、机械制造为重点，通过宣传引导、政策扶持、融资支持，构建起“1+3”产业格局。年内，以纳利鑫公司、新玉公司、洁玉公司等企业为龙头的20多家日化企业，拥有生产线47条，年生产能力可达到22万吨，并与广西两面针、奥奇丽、山东豪客、上海白猫等10余家企业建立了长期合作关系，以整合资源、组建集团为发展方向，计划一期投资10亿元，全力打造全国最大的日化生产基地。

（刘炯　张龙）

装备制造业

【概况】 2010年，全市装备制造业规模以上企业525家，总资产370.22亿元，从业人员11.31万人，全年完成工业增加值197.56亿元，主营业务收入865.79亿元，实现利税103.61亿元，分别增长20.24%、33.91%和39.48%，分别高出全市平均水平3.7、0.6和2.3个百分点，工业增加值占全市比重为14.74%。装备制造6个分行业中，通用设备、专用设备制造等行业工业增加值增幅较大，拉动作用明显。金属制品、电气机械等行业因产品结构调整增速放缓。重点行业产值增长、产量增加，少数企业产值缩水。金属工具、柴油机、通用飞机、大型矿山专用设备、纺织机械、农业机械及电机制造工业增加值增长20%以上。交流电动机、大型农机、制冷设备用压缩机产量分别增长48.6%、26.7%和20.7%，搪瓷制品、阀门等产量降幅近20%。东兴搪瓷厂、双环汽车、三环阀门全年产值分别下降66.86%、33.78%和11.12%。工业效益增长较快，部分企业效益下滑。年末全市装备工业规模以上工业企业主营业务收入同比增长33.91%，增幅略高于全市平均水平。国祥运输设备、冀凯金刚石制品、河北电机、石飞工业、苹乐面粉机械、科一重工等企业利润均实现接近或超过50%的增长。亏损企业数量比上年同期减少16家，亏损额持续下降，同比下降37.46%。三环阀门、双环汽车、东兴搪瓷主营业务收入分别下降6.8%、7.69%和67.43%，三环阀门、东兴搪瓷利润分别下降48.19%和78.74%。汽车、阀门和搪瓷制品等制造企业经济效益指标下降表明部分行业产品进入结构调整期，市场份额减少，利润下滑。

（苏志炜）

【装备制造基地项目建设】 2010年，石家庄装备制造基地初步完成总体规划，并通过市规划委员会审批，其中控制性详细性规划和道路、给水、污水、雨水、供热、燃气、电力、电信八个专项规划通过专家评审。特别是控制性详细规划的完成，为加快基地基础设施建设、招商引资打下坚实的基础。年内，总投资23亿元的石飞通用航空产业基地正在进行10个厂房共计13万平方米的工程施工，飞机跑道正在加紧建设，计划2011形成集研发、生产、试飞、飞行员培训等综合能力。超冶阀门、鱼鹰电动门等续建项目已完成主体厂房建设。4月份起，世界500强富士康公司、广汽集团、全球最大的混凝土机械制造商三一集团等企业先后到基地考察选址。6月份，河北顺邦物流等3个省市重点项目开工建设。京都汽车滤清器项目、微风激光打印机项目正在组卷。到年末，装备制造基地新谋划项目达到19个，包括南车集团轨道交通项目、广本汽车工业园项目、河北智人纳米项目、石家庄青山能源动力型锂电池生产线项目等，总投资达238.2亿元。

（范玉蕾　冀永辉）

【河北快速制造中心在科技大学揭牌】 4月份，“快速制造国家工程研究中心河北省示范中心”揭牌仪式在河北科技大学举行。中国工程院院士、快速制造国家工程研究中心主任卢秉恒，副市长张妹芝，河北科技大学校长李强出席揭牌仪式。该中心由石家庄市生产力促进中心与河北科技大学共同组建。中心建于河北科技大学校内，建筑面积4000多平方米，拥有20多台先进快速制造加工设备，将向省会乃至全省推广数字化制造、快速原型、快速模具、大型复杂零件反求与再设计技术等相关先进制造技术，为制造业企业提供产品创新设计、产品快速开发的技术创新平台，增强制造业企业可持续发展能力，提高制造业企业对市场的快速应变及产品市场竞争能力，培养先进的快速制造业实用型专业技术人才。揭牌仪式结束后，与会领导及专家参观了石家庄快速制造工程技术中心。

（焦莉莉）

【首批电动汽车充电桩亮相】 电动汽车充电桩形状类似银行柜员机，前面装有电子显示屏、电卡插口、打印凭条口和急停按钮，左侧为充电电缆插口。据该处营销部张琰介绍，此次引进的充电桩分为“一桩一充”和“壁挂式”两种类型，专为具有车载充电机的电动汽车提升交流电能。10台充电桩将在6月初在省会剑桥春雨居民小区投入使用，6至8小时即可充满一辆电动汽车。充电桩具有智能人机操作界面，操作十分方便，同时具有输出电压、欠压和过负荷保护功能，遇有紧急故障能自动切断所有电源。客户在遇有需要紧急停止充电时，可以通过急停按钮中断充电。据了解，石家庄市第一座电动汽车充电站6月底投入使用，年内共计建成近300个充电桩。

（王巍）

【中国首架海鸥300轻型两栖飞机首飞成功】 海鸥300水陆两栖飞机是国内首款具有自主知识产权的轻型多用途水陆两栖飞机，也是中国航空工业集团公司（简称中航工业）成立后首个飞机型号研制任务。海鸥300轻型水陆两栖飞机是为满足国内外市场需要，填补中国水陆两栖飞机的空白而进行研制。海鸥300飞机选装高性能大功率发动机，配置综合显示仪、雷达和大气数据计算机等先进航空电子设备。2008年9月18日，中航工业石飞公司与中航工业特飞所签订合作框架协议，海鸥300飞机研制工作全面启动。为完成好型号研制任务，中航工业石飞公司与中航工业特飞所联合制定了严格的网络计划。研制工作在石飞公司全面展开后，该公司将其作为首要任务，认真谋划、精心组织，合理调配资源，攻坚克难，经过广大参研人员的共同努力，2010年8月4日，海鸥300飞机在中航工业石飞公司总装下线，这是中国首架具有完全自主知识产权的轻型水陆两栖飞机。标志海鸥300飞机研制由设计制造转入试验试飞阶段。2010年11月10日，中航工业集团公司生产的国内首款具有自主知识产权的轻型多用途水陆两栖飞机——“海鸥300”在石家庄首飞成功。“海鸥300”由中航工业特飞所设计、中航工业石家庄飞机公司制造。“海鸥300”从设计发图到成功首飞，用时12个月，创造了国内同类型飞机研制的新纪录。“海鸥300”最大起飞重量1680千克，飞机总长8.9米，翼展12.46米，巡航速度231千米/小时，升限6000米，最大航程1300千米，水面起降抗浪高度0.4米。该机型具有独特的机身船体、浮筒和可收放起落架，可在陆地机场和简易跑道或在江河湖泊等水域起降，也可在海拔3500米以下的高原地区起降。“海鸥300”属于可载4～6人的客运型飞机，其综合性能达到国外同类机型的先进水平，可用于公务飞行、旅游娱乐、海岸巡逻、搜索与救护、环境监测、森林巡防等。

（范玉蕾　吴奇勇　郑国田）

【金刚集团生产乘用车零部件】 作为中国机械500强，企业始建于1958年3月，2007年11月整体搬迁至位于石家庄市经济技术开发区的金刚科技工业园。公司占地面积28.9（约435亩）万平方米，现有员工2300人。主要生产的“金刚”牌缸套、活塞、活塞环、活塞销、进排气门、轴瓦六大系列产品，是汽车、农机、工程机械、船舶的内燃机关键基础件，年产能力为4150万件。部分产品出口欧美、东南亚、中东、非洲等20多个国家和地区。第一条乘用车活塞生产线2009年4月份开始投入生产，2010年4月份又上了第二条生产线．到年末，金刚集团的新产品已先后成功打入海南马自达、华晨、比亚迪、长城、华泰、上汽荣威等乘用车市场。该集团所产缸套、活塞、活塞销、气门、轴瓦五大产品14个新机型零部件，成功为华泰汽车股份有限公司旗下的欧意得发动机公司批量配套。全年年乘用车零部件销售收入实现近3000万元，更多品牌乘用车将纳入金刚集团的配套序列，有力地提升了该企业的竞争力和影响力。

【安瑞科项目落户装备制造基地】 2010年，栾城县人民政府与石家庄安瑞科气体机械有限公司就“年产能源气体关键设备5000台”项目签约。石家庄安瑞科气体机械有限公司，前身是石家庄化工机械厂，具有四十年压力容器生产历史，是集设计、制造、销售、服务为一体的经济实体，是中国最大的能源和新装备制造商、燃气成套技术集成商之一。2007年通过资源整合，正式加盟中国国际海运集装箱（集团）股份有限公司，成为中集集团罐式装备领域的重点企业。2008年、2009年连续两年经营收入突破10亿元，2010年突破13亿元。此次签约项目分三期建设，计划总投资不少于10亿元。其中，一期项目将建设

9条生产线，2011年3月开工建设。

（范玉蕾　冀永辉）

【石家庄煤矿机械有限责任公司】 2010年，冀中能源石家庄煤矿机械有限责任公司（简称石煤机公司）拿出117.08万元表彰和奖励在2009年为公司新产品开发做出重大贡献的产品研发人员。该公司已发展成为一个专业从事煤矿采掘运及支护设备、工程钻探设备、随车起重运输设备研发、生产和销售的大型机电装备制造企业，尤其是煤矿专用产品，小到手持的邦锚杆钻机、大到重达125吨的岩石掘进机，共有50多个产品，广泛应用在煤矿采煤、掘进、支护、运输等方面，形成了煤机装备配套生产线。2010年上半年，该公司研制成功一台具有远程可视化遥控功能的“千里眼”掘进机。“千里眼”掘进机上分别安装了工作参数记录系统和七套图像采集系统，掘进机工作参数和从不同角度采集到的掘进机截割、装运、行走等动作视频信号，通过总线方式传输到远程监控台上，掘进机遥控器具有近程和远程自动切换功能，监视屏可同时显示实际工况视频信号和数据模拟信号，具有边界指示功能和自动报警功能，操作人员能直观、便捷地在远程监控掘进机，首次实现了煤矿掘进作业时工人远离工作面，可有效躲避透水、瓦斯突出、冒顶等灾害事故。自主研发的直流矿用蓄电池驱动运输车获得国家实用新型专利证书。该矿用运输车最大创新点是可实现行走无级调速，双向驾驶，是一种安全、环保、便捷的新型井下辅助运输设备，非常适用于矿山井下狭窄巷道的物料运输。6月份，国内首台集掘进、钻孔、装运于一身的掘钻机在石煤机公司研制成功。石煤机公司推出的该款掘钻机主要适用地质条件为半煤岩巷和全岩巷道。该机在巷道掘进过程中，当遇到坚硬的岩石时，用机身顶部的两台液压凿岩钻机对工作面、顶、帮等部位的岩石进行钻孔爆破，然后利用掘进机装运系统运送矸石并可用掘进机截割功能为巷道进行成形修整，实现了掘、钻、运一体化。该掘钻机结构紧凑、动作灵活，最大凿岩硬度可达f13，适用于煤矿、化工、铁路、水电等行业的隧道工程使用。煤矿专用设备首次出口国外。8月25日，石煤机公司生产的EBZ75型掘进机装车发运越南，这是该公司生产的大型煤矿专用设备首次出口国外。此次发往越南的EBZ75型掘进机，机重24吨，为悬臂式纵轴掘进机，是石煤机公司掘进机系列中的“加强型”，它集截割装运和行走于一体，采用电机和液压混合传动，机身矮，破岩过断层能力强，装运效果好。大坡度CMZY2—150/20型钻装机下线。10月29日，CMZY2—150/20型钻装机在冀中能源石煤机公司成功下线。该型钻装机为石煤机公司与四川煤业集团联合开发研制，是一台集凿岩与装载出矸于一体的煤矿用钻装机，整机结构紧凑，爬坡能力强，适应巷道最大坡度为20度，可在岩石硬度高、巷道狭窄的煤矿井下进行高效掘进，也可用于隧道施工中掘进作业。深层岩芯钻机问世。年内，冀中能源石家庄煤矿机械有限责任公司研制成功DZL—9/90型岩芯钻机，钻孔深度达2500米。为适应深部找矿工作需要，石煤机公司加速钻探设备研发力度，将自主研发、具有专利知识产权的主动钻进液压卡盘及可调式水刹车两种技术应用于DZL—9/90型岩芯钻机，使该钻机进行深层岩芯钻探取样时，具备了钻进能力大、功率消耗少、钻进稳定性好等特点。矿用绳牵引行车电控装置发明填补行业空白。2010年，冀中能源石家庄煤矿机械有限责任公司（简称石煤机公司）发明的一种自行发电的矿用绳牵引行车电控装置，经国家知识产权局依照专利法审查，被授予专利权。该装置具有独特的自行发电系统、超速保护系统、无线可视系统和语音报警系统，为煤矿井下绳牵引辅助运输设备的安全运行提供了有力的技术支撑，填补了中国辅助运输行业电控制动的一项空白。绳牵引行车作为矿用辅助运输系统的主要设备，能实现井下材料及大型设备的长距离上下坡和拐弯运输。该装置的技术进步和创新点在于：本装置安装在绳牵引行车上，依靠摩擦轮与轨道摩擦，将摩擦产生的能量通过变速机构传递给发电机，带动发电机产生电能，向蓄电池提供能量。年内，石煤机公司自主研发的新型260千瓦岩石掘进机取得国家煤矿矿用产品安全标志证书，可进入煤矿巷道以及铁路、公路、水利等隧道进行安全施工；研制的EBH300(A)岩石掘进机、异型轨轨道运输成套装备两项新产品科研成果通过专家鉴定。年末石煤机公司被认定为河北省高新技术企业。

（范玉蕾　杨颖敏　李昕泉　陈晔　李东升）

食品工业

【概况】 2010年，石家庄市食品行业主营业务收入619.73亿元，同比增长25.07%；利润完成44.27亿元，同比增长20.08%；利税完成83.47亿元，同比增长22.71%；增加值完成151.65亿元，同比增长11.17%。农副食品加工经济效益稳步增长。主营业务收入完成436.39亿元，实现利润28.13亿元，实现利税38.11亿元，分别增长27.98%、19.05%、23.32%。石家庄双鸽集团公司、石家庄洛杉奇食品有限公司等企业继续保持良好发展势头。淀粉行业由于市场形势企稳回升，市场对淀粉的需求量增加，行情看好，特别是淀粉糖价格上升，促进了淀粉行业的发展。液态奶生产52.22万吨，同比增长40%。乳粉生产2377吨，同比下降53.4%。乳品业因原奶、白糖等原辅材料价格上涨，效益比同期下降近50%。食品制造业经济效益提高较快。主营业务收入完成86.93亿元，实现利润5.21亿元、实现利税8.14亿元，分别增长12.67%、25.55%，21.19%。饮料制造业主营业务收入完成54.32亿元、实现利润5.21亿元，实现利税8.11亿元，分别增长30.21%、26.84%、27.40%。烟草制品业完成主营业务收入42.07亿元、实现利润5.72亿元、实现利税29.99亿元，分别增长18.05%、14.85%、21.10%。

（冯江平）

【食用油生产】 市油脂公司是驻石部队用油主要供应企业之一，秉承“视产品质量为生命，以企业诚信为根本”的经营理念。2010年，市油脂公司邀请部队官兵对油品生产过程进行监督。5月份，驻石部队代表对油脂公司的粮油生产及储备工艺、设备进行了实地参观。市油脂公司成立于1951年，承担着国家、省、市三级储备油的任务。1995年，市油脂公司正式申请注册“佳益”商标，随后组建了自己的产品检测机构，对每批出厂油脂都进行严格的抽样化验，特别是对油脂的酸价、色泽等与人们身体健康息息相关的指标进行重点检验。2007年，市油脂公司组织考察团对全国较大的十多家油脂企业进行考察和比较，重新投资400多万元改进了企业加工设备，并按照国内先进标准定建成精炼、压榨车间。新生产设备上马后，原料出油率同比提高50%左右，产品质量更加稳定。2009年12月，市油脂公司被省、市粮食局评为放心粮油进社区示范工程“放心粮油示范加工企业”；2010年3月，市油脂公司被国家粮食局和中国农业发展银行授予重点支持的粮油产业化龙头企业称号。至年末，该公司的中包装食用油在全市食品加工行业市场上占有50%左右的份额，实现产品销售额7000余万元。

（王巍）

【正先肉鸡食品项目一期竣工】 4月29日，河北正先食品建设项目一期工程在正定竣工开业，集肉鸡孵化、养殖、屠宰、冷冻、加工于一体，总投资3.94亿元。河北正先食品有限公司大型肉鸡屠宰加工项目于2009年正博会签约启动建设，年出栏肉鸡3000万只，年屠宰加工肉鸡6000万只，年销售收入16亿元。一期工程占地56亩，包括肉鸡屠宰加工、冷藏保鲜和污水处理工程，完成投资6800万元。每天可屠宰肉鸡4万只，单班速冻鸡肉60吨，冷藏2000吨。

（温婕）

【双鸽被评为农业产业化重点企业】 2010年，石家庄双鸽食品有限责任公司被评为“农业产业化国家重点龙头企业”，是石家庄市唯一一个被授牌的食品企业。双鸽是河北省最大的集生猪良种繁育、养殖、饲料加工、畜牧科技研发、屠宰、预冷分割、熟肉制品深加工、冷冻冷藏、连锁销售为一体的现代化农产品加工企业。作为全省生猪养殖、肉食品加工龙头企业，近年来，双鸽从发展示范养猪、生猪屠宰、肉食品加工以及连锁销售产业化链式经营入手，建立从源头到餐桌的食品安全屏障。占地1000亩的双鸽原种猪场总投资1亿元，于2008年开工建设。存栏550头的核心群原种猪场、存栏1500头的祖代猪扩繁一场均已完工并投入使用，存栏1500头的祖代猪扩繁二场硬件建设也已完成，正在进行设备安装。整个项目完成达产后，年可向社会提供绿色生猪40万头，并带动全省生猪品种改良和无公害生猪规模生产。总面积7500平方米的熟食加工车间土建已经完工，正在进行内部装修。总面积12000平方米的屠宰预冷车间也已封顶。10月5日，石家庄双鸽食品有限责任公司肉食品冷链物流中心开工建设，该项目依托大规模综合性冷库形成辐射河北省乃至全国的肉食类水产品物流中心后，年交易量可达到20万吨，年交易额实现40亿元。双鸽肉品加工基地搬迁改造项目总投资2.1亿元，建成达产后年可实现销售收入24.1亿元。

（潘双清　尹亚芳）

【洛杉奇开建大型食品及冷链物流项目】 10月19日，在鹿泉市铜冶镇，洛杉奇食品及冷链物流项目正式奠基。洛杉奇食品及冷链物流项目总投资2.5亿元，占地180亩，主要建设肉类加工园区、4万吨大型冷库和500个摊位的大型肉类水产批发交易市场，是一个集肉类加工、冷链物流及配送、检疫检测、电子结算、信息服务为一体的大型农产品加工和物流配送中心。

（刘宝芝）

【蒙牛收购君乐宝51%股权】 11月22日，蒙牛乳业集团和君乐宝乳业在北京签署战略合作协议，标志中国乳业第一品牌与酸奶市场第四品牌开始合作。按照协议，蒙牛投资4.692亿元持有君乐宝乳业51%股权，成为君乐宝的最大股东。石家庄君乐宝乳业成立于1995年，已发展成为华北地区最大的酸牛奶生产基地，其中投资1.8亿元的国内单体车间规模最大、设备最先进的高档酸牛奶项目于2010年6月投产。君乐宝低温活性乳酸菌饮料市场占有率居全国第一位、系列酸牛奶市场占有率居全国第四位。根据框架协议，君乐宝股权价值最终评估为9.2亿元，蒙牛收购其51%的股权，价格为4.692亿元。合作后的君乐宝经营层维持不变，“君乐宝”作为独立品牌进行运作。君乐宝将借助蒙牛的奶源管理经验，通过实施奶源基地规模化、标准化，夯实奶源基础，提升奶源安全和产品品质；借助蒙牛亚洲最大的高科技乳品研究院等技术平台，提升君乐宝产品的科技含量和市场竞争力；借鉴蒙牛的经营理念和管理经验，提升君乐宝的综合竞争实力，把君乐宝打造成全国知名品牌。

（范玉蕾）

轻　工　业

【概况】 2010年，全市轻工业拥有规模以上企业444家（其中皮革毛皮179家、塑料制品92家、造纸55家、木材加工47家，与市统计局统计口径不同），实现工业增加值269.12亿元，增长20.40%；实现主营业务销售收入977.62亿元，同比增34.91%；实现利润93.86亿元，同比增长38.99%；实现利税121.37亿元，同比增长32.22%。多数产品产量保持增长。全年皮革产量1.92亿平方米，同比增长10.4%；人造板产量630万立方米，同比增22.6%；塑料制品69.09万吨，同比增28.5%；纸制品82.96万吨，同比增85.2%；啤酒15368万升，同比下降17.3%。企业效益增速加快。全年轻工行业积极开展节能降耗、提质增效和行业对标活动，实现了产销增长、效益提高。特色产业拉动作用明显。其中，皮革业主营收入完成507.28亿元，增长38.33亿元；塑料制品主营收入完成135.97亿元，增长28.16%，木材加工主营收入完成130.93亿元，增长36.3%，造纸行业主营收入完成89.01亿元，增长33.72%。产量和效益都保持保保持较快增长。特色产品的拉动作用显著。

（冯江平）

【华泰集团成功收购诺斯克河北纸业公司】 1月份，石家庄市赵县轻纺产业园的河北华泰纸业公司正式揭牌。河北华泰纸业公司前身诺斯克河北纸业公司，项目总投资24亿元，设计生产能力33万吨。2005年7月投产以来，由于受到市场等因素影响，生产经营不正常。经积极协调，2009年9月24日，诺斯克河北纸业公司与山东华泰纸业股份公司协商签订股权转让协议，华泰纸业股份公司收购诺斯克河北纸业公司全部股权。为加快推进华泰集团收购诺斯克河北纸业公司股权，妥善安置职工，确保实现平稳过渡，赵县成立了发改、人劳、工会等部门为成员的工作组进驻企业，及时协调企业转股过程中涉及的有关问题，做好政策解释和职工思想工作。经过积极运作，2009 年 10 月 23 日，省商务厅正式批复诺斯克河北纸业公司股权转让，12 月 5 日，企业正式更名为河北华泰纸业公司。

（温婕）

【奥克废旧纸业循环利用有限公司挂牌】 3 月份，石家庄市奥克废旧纸业循环利用有限公司挂牌成立，是河北省第一家集回收、分拣、加工、处理废旧纸张专营公司。奥克废旧纸业循环利用有限公司是石家庄市物资回收总公司直属企业之一。该公司位于裕华区方村镇，紧邻 308 国道，占地 20 亩，拥有各类专业技术人才 30 余名。公司按照“现代化、规模化、专业化、工厂化、无害化”的要求，投资 700 多万元，购置了打包机、运输车、叉车、夹抱机等大型机械设备 10 余台（套），主要承担着全市废旧纸张的回收、分类、加工和循环利用的任务。废纸的经销量计划在第一年完成 1 万吨，第二年完成 2.5 万吨，第三年达到 5 万吨。根了解，平均每利用 1 吨废纸，可以造纸 0.8 吨，还可以节约木材 3 立方米，电 600 千瓦，标煤 1.2 吨，水 100 立方米，减少污染 35%。奥克废旧纸业循环利用有限公司揭牌成立，将极大促进石家庄市循环经济建设与生态环境优化。

（王巍）

【东明家具网络商城正式上线】 5 月份，石家庄东明家具网络商城正式上线，在网页上就可以浏览预订特价品牌家具，也可以看到最新的商品展示，为消费者省去在家具市场之间来回奔波。该网络商城依托东明家具实体店开设，以销售特价家具、推介新品和实景展示为主，定位与实体店相同，主要服务的是省会周边县市的消费者。网络商城销售的都是东明家具商城几家店内商户经销的商品，东明家具公司负责售后服务和维修，有着不同于其他网上商城的品牌优势和实体优势。只要输入英文域名 ww.dmjjshop.com，或者输入中文域名——东明家具购物网，就可以进入网页。每年家具商场都要装修，更新展示的家具新品，有很多过季商品只能放到库里，无法正常销售。这些家具，将进入奥特莱斯特价区，在网上以成本价或者低于成本价展销。2010 年东明家具新增实体店 2 家。到年底，已发展成河北省最具规模的集家具连锁沟通、家具制造、家具研究院、家具展览会，家具文化传播为一体的大型家具专营集团公司，现拥有石家庄建华店、西二环店、槐安店、东二环店，廊坊市霸州店，邢台市邢台店六大家具连锁品牌商场，总营业面积 25 万多平方米，连锁店数量为全省第一。

石家庄市东二环东明国际家具博览中心

（刘宝芝）

【河北印刷行业职业技能比赛启动】 8 月 1 日，“天雁杯”河北省印刷行业职业技能比赛暨石家庄第七届印刷技能比赛在石家庄信息工程职业学院开幕。来自全省 11 个设区市的 161 名选手参加了本次比赛。省新闻出版局副局长刘金凯，省印刷协会理事长郑振卿，副市长张妹芝等出席了开幕式。本次比赛是按照新闻出版总署、人力资源和社会保障部通知精神，在河北省开展的分赛区选拔赛。比赛设置平版印刷工、平版制版工两个竞赛工种，平版印刷工职工组、平版制版工职工组和平版制版工学生组三个组别。最终获奖选手将由河北省人力资源和社会保障厅授予“河北省技术能手”称号，晋升相应等级职业资格，并由比赛组委会颁发荣誉证书。开展本次印刷行业职业技能比赛目的是为了培养和选拔优秀技术人才，带动和促进全省印刷产业持续、健康发展。

（岳金宏）

【青岛啤酒（石家庄）项目奠基】 8月5日，青岛啤酒（石家庄）有限公司年产40万千升啤酒项目在藁城经济开发区开工建设。市长艾文礼出席奠基仪式并宣布项目开工。副市长张殿奎代表市政府致辞。青岛啤酒（石家庄）有限公司年产40万千升啤酒项目是省、市重点项目。该项目规划用地300亩。一期工程生产能力20万千升／年，投资3.5亿元，计划2011年5月竣工投产。该项目主要生产青岛啤酒和崂山啤酒。

（范玉蕾　边利伟）

【东明集团控股金利来家具城】 9月1日，金利来家具城和东明家具集团签约，按照协议，东明家具在金利来家具城控股60%，经营商户和售后服务等都不受影响。金利来家具城是石家庄市专业化、多功能的现代化家具连锁商场，是省会以经营中高档家具为主的商场之一，经营面积40000平方米，有来自国内近百个厂商入驻，数千种家居产品在店内展销。控股的金利来家具城，将成为东明家具在石家庄的第五家大型家具卖场。而东明家具的目标是，在1～2年内，市区的东明家具卖场达到8～10家，从而创造更大的规模优势，满足省会市民多方位的需求，致力做好石家庄人自己的家具产业品牌。

【16家细木工板企业抽查全部合格】 在2010年第三季度国家监督抽查中，石家庄市被抽检的新乐市红日细木工板厂、新乐市平华胶板厂等16家细木工板加工企业，所抽产品经检验全部合格。在国家监督抽查的河北省4类233家企业的233批次建材产品中，217家企业的217批次产品合格，平均抽样合格率为93.1%，比上年同期提高19.6个百分点。其中，细木工板产品合格率为92.1%。其中，河北平安家具有限公司、石家庄市裕华区华翔家具厂生产的床头柜（家用型）产品木工要求、力学性能不合格。

（刘宝芝）

【辛集制革污水治理100%达标】 年内，辛集市制革基地污水达到100%收纳、100%处理、100%达标，出境断面水质长期稳定达到国家排放标准，受到国家环保部的肯定。为彻底解决制革业污染问题，该市制革工业区实施“统一规划、统一治污、统一供水、统一电热、统一管理”的运行模式，排出的废水先在企业进行沉淀等物理法初步治理，经专用管道排到园区污水处理厂进行专业治理，最后进入城市污水处理厂综合治理。三级污水治理模式有效解决了单个企业治污成本高、效果难以控制的难题。到2010年末，该市制革工业区拥有一座10万吨城市污水处理厂，5座制革污水处理厂，总投资达2亿元。在加大污水治理的同时，在制革源头控制污染物排放和循环利用研究方面不断有新成就。无铬鞣制革生产工艺、铬液碱液循环利用、无灰膨胀及节水转鼓等新技术、新设备，使制革耗水比过去节约三分之一以上，制革污泥减少80%，铬液、碱液排放量减少70%。10家制革企业已使用节水转鼓新技术，节水率达到60%，无铬鞣制革皮占到全市皮革生产总量的85%以上。

（温婕　马健）

电力工业

【概况】 2010年，石家庄市共有发电企业42家，装机总容量779.1万千瓦。其中，省以上企业8家，装机容量为728.2万千瓦；地方企业34家，装机容量为51.43万千瓦，其中热电企业14家，装机容量37.78万千瓦；自备电厂20家，装机容量13.65万千瓦。石家庄电网共有110KV及以上变电站181座，变压器371台，总容量26994.5兆伏安。其中，500KV变电站3座，变压器6台，总容量5000兆伏安；220kV变电站31座，变压器67台，总容量9833兆伏安；110kV变电站147座，变压器298台，总容量12161.5兆伏安。220kV输电线路84条，总长度1804.97千米；110kV输电线路216条，总长度2913.4千米。全年全社会累计用电量383.54亿千瓦时，比上年同期增加43.06亿千瓦时，增长12.64%；年售电量325.73亿千瓦时，同比增长13.5%。全网最大负荷586.9万千瓦（出现在7月份），比上年增长17%。石家庄电业局加快电网建设，强化服务质量，全力保障电网安全运行和电力可靠供应。全年累计完成完成110千伏及以上电网建设投资12.34亿元，新增变电容量106.3万千伏安，线路309.16千米。完成售电量325.73亿千瓦时，同比增长13.5%，实现连续安全生产1872天。年末拥有35千伏及以上变电站355座，其中220千伏变电站29座，110千伏变电站118座，35千伏变电站208座，主变容量2271.295万千伏安，输电线路7171.095千米，电网结构进一步优化，供电能力显著增强。2010年，石家庄电网城市综合供电电压合格率达99.650%，供电可靠率99.913%，均有较大幅度增长，客户满意率始终保持在100%。业绩考核继续保持省公司第一名，同业对标跨入省公司标杆行列。公司团委荣获国家电网公司“五四”红旗团委荣誉称号。公司先后荣获全国文明单位、国网公司先进集体等项荣誉。并连续22年保持河北省文明单位称号，民主评议行风连年取得第一名。

（汪永山）

高压供电线路

【平山大型沼气发电站正式发电】 1月11日，平山县东回舍镇北水村外的金鑫乳业奶牛养殖小区一座以牛粪为原料的大型沼气发电站已正式运行投产。该项目把养殖场的冲洗废水和破碎后的牛粪经集污池、泡粪池、调节池加工成浆，进入反应罐厌氧发酵，产生的沼气再经气水分离器、脱硫塔、阻火器脱水、脱硫后进入发电机发电。项目总投资318万元，设计年发电能力127.4万千瓦时，年产沼液12万吨、沼气136.5万立方米，每天可处理牛粪22.5吨、尿13.5吨、废水19.2吨，是全市第一个完工的养殖场大型沼气发电项目。

（潘双清　马利强　史雷）

【西柏坡电力通过环保部污染减排核检】 为确保省会和老区空气质量，西柏坡电力三期5、6号机组扩建工程按照环保设施与主体工程同设计、同施工、同投产的“三同时”原则，实现了烟气脱硫投产。同时，“以新带老”，随着三期扩建工程完成了对1、2号机组烟气脱硫的技术改造，于2006年底投入运行。2008年西柏坡电力又启动了3、4机组烟气脱硫技术改造工程，并分别于2009年8月26日和10月16日完成168小时连续运行。至此，西柏坡电力6台机组已经全部实现了烟气脱硫运行。2009年，西柏坡电力脱硫机组燃煤438.34万吨，脱硫平均效率94.48%，实现减排二氧化硫37700吨。2010年初，西柏坡电力公司通过国家环保部2009年污染减排核检。

（毕利成）

【良村热电二期扩建工程初步可行性研究报告审查会召开】 2010年，受省发改委委托，华北电网公司组织召开了石家庄良村热电二期扩建工程初步可行性研究报告审查会。计划于2014年度投产运行，2015年达到供热规模。省市发改、国土、水利、环保、规划、电力、铁路等31个部门和单位参加了会议。石家庄良村热电项目位于省会东部石家庄经济技术开发区，规划建设总装机容量为120MW。一期2×300MW机组已经开工建设，

2010年底投产运行。二期项目向东侧扩建，规划占地191亩，建设2×300MW机组，年发电量33亿度，可形成每小时400吨工业用热和800万平方米民用采暖能力，总投资27亿元。该项目具有节能、环保、技术先进的特点和优势，是省会东部实现节能减排、低碳发展、绿色增长的重要支撑。生产用水采用深度处理的城市中水，并重复利用实现“零”排放。工程同期配建电除尘、烟气脱硫、脱硝等设施，脱硫率达99.9%，灰渣全部综合利用。该项目投产后，将取代区域内大量分散小锅炉，减少烟尘和二氧化硫排放，提高城市大气环境质量。审查会就该项目的厂址、工程设想、水源、环保、工程利用中水地质及投资分析等方面展开了充分讨论和认真审查。与会专家充分肯定了良村二期项目选址的合理性、利用中水的节约型和项目单位所做的大量工作，并提出了建设性意见。该项目建成后，对缓解河北南部电网负荷压力，满足开发区工业和居民用热将发挥重要作用。

（张跃彬　杨彩明）

电力线路改造

【电网建设】 全年完成110千伏及以上电网建设投资12.34亿元，新增变电容量106.3万千伏安，线路309.16千米，顺利投产了220千伏长召等10项输变电工程，超额完成年度计划任务。编制完成“十二五”电网发展规划，都市区电力专项规划正式纳入城市发展总体规划。电网建设工程实现设计、设备、施工、调试和管理五个“零缺陷”投运。认真落实中央关于“上大压小”的政策，圆满完成良村热电220千伏送出等重点工程。针对赞皇山前工业区、五马山等重点区域建设，抢时间、赶进度，提前投运配套电力建设工程。在河北南网率先与政府签订智能电网建设战略合作协议，建成位同电动汽车充电站、河北南网首座装配式变电站—110千伏矿区贾庄变电站。

【电力保障】 加强电网调度管理，优化电网运行方式，深入开展过负荷治理，全力保证电网安全可靠供电，最大限度满足省会发展和群众用电需求。一是2010年迎峰度夏期间，电力负荷9次刷新历史记录，全社会最大负荷突破600万千瓦，网供日电量13次创历史新高，最大日电量达到1.19亿千瓦时。在强化电网运行管理的同时，科学预测负荷形势，及时发布电力供需形势和预警信息，积极引导全社会科学用电，电网经受住了大负荷的考验。二是在上海世博会等重要时期，广大电力职工在各主要场所全天候值班监护，严防死守。实施全过程电力设施保护，创新技防措施监控线路走廊，依靠政府查处各类损害电力设施的违法行为，电网人为外力破坏事件同比下降22.2%。三是配合政府对重要客户的用电安全进行监督检查和隐患排查，编制高危及重要客户管理手册和供电应急预案，成功举行了全省电力突发公共事件应急联合演练、河北南网首次黑启动试验。

【农村电网改造】 一是围绕城乡统筹发展和新民居建设，加大农村电网建设改造力度，全年累计完成1个县、5个乡和158个村新农村电气化建设任务。二是加快农网建设步伐，全年累计完成建设投资2.5亿元，新建改造35千伏变电站15座、线路17.8千米、10千伏线路488千米、配变2127台，完成低电压治理7万户，有效解决了农网过负荷问题。三是针对严重旱情，投资7400万元开展“抗旱供电保春灌”，开通排灌用电报装绿色通道，成立200余支小分队昼夜值班，对4000余个行政村、2400千米线路、2万台配变进行现场检查，处理缺陷700处，为夺取夏粮丰收提供了电力保障。

供电服务

【供电服务】 大力推进“塑文化、强队伍、铸品质”优质服务提升工程，深化“1322”优质服务常态机制（供电服务质量保障体系，供电服务质量“三级评价”，业扩报装“两个查询”、“两次回访”）。一是强化专业管理，理顺业务流程，进一步加快业扩报装速度，有效缩短平均接电时间。二是丰富电费缴纳渠道，打造“10分钟购电圈”，依托36524连锁超市、银行及邮政储蓄网点开展电费代收业务，全市代收网点累计达到459家。三是开展“零点工程”，将停电检修工作安排到深夜，把对用户供电的影响降到最低。四是扎实开展“领导接待日”、“电力开放日”等活动，积极参加“阳光热线”、“行风热线”，主动接受社会监督，得到广大群众的肯定和认可。石家庄电业局再次获得市民主评议行风公共服务组第一名。

（马伟强）

冶金工业

【概况】 2010年，石家庄市冶金行业共有规模以上企业43家，从业人员3.02万余人，总资产242.9亿元。2010年完成销售收入526.31亿元，完成工业增加值126.54亿元，分别比上年同期增长为26.04%、14.12%，实现利润18.63亿元，实现利税28.27亿元，分别比上年同期增长为32.65%和23.24%。以上四项分别占全市比重为9.04%、9.45%、4.36%和5.09%。其中有4家进入市工业50强，1家进入市工业后备30强企业。主要产品大类有生铁、粗钢、钢材、铁合金、焦炭、黄金等。2010年主要产量为：生铁747.01万吨，同比降低8.7%；粗钢908.95万吨，同比增长14%；钢材863.21万吨，同比增长21.4%；铁合金3.99万吨，同比增长21.8%；焦炭285.09万吨，同比增长29%；黄金393千克，同比降低7.7%。河北敬业集团工业总产值401.4亿元、比上年同期增长46.73%；石家庄钢铁有限责任公司工业总产值81.4亿元，比上年同期增长为24.58%；辛集市澳森有限责任公司工业总产值61.45亿元，比上年同期增长为16.51%；河冶科技有限公司工业总产值7.93亿元，比上年同期增长为64.66%；河北鑫跃焦化责任公司13.37亿元，比上年同期增长为16.9%。

（林永军）

【河北省最大铸锻厂在平山投产】 3月18日10时，石家庄三环阀门搬迁扩建项目铸造车间一次点火成功，设备运转正常，标志河北省最大铸锻厂投产。石家庄三环阀门股份有限公司5万吨铸件及冶金装备搬迁扩建项目，是河北省重点工程项目，2007年选址平山县西柏坡工业园区，总投资8亿元，分两期建设。该项目通过扩展重型数控机床、新型起重设备、钢结构等技术、设施，成为河北省最大铸锻厂、唯一重型装备制造厂，填补了河北省重型数控机床、大型铸件和大型锻件三项空白。同时，应用水循环利用、热能集中收集、TRT压差发电等先进技术，实现了水、煤气、热能、废渣综合利用。

（闫鹏飞）

【石家庄钢铁集团实现利润 2.2亿元】 3月19日，河北钢铁集团与中信泰富在石家庄签署意向性协议，出资19亿元收购石家庄钢铁公司80%股权。河北钢铁集团产品以优质建材、精品板材、钒钛制品为主，粗钢产量居全球前列。石家庄钢铁集团是一家以生产汽车专用钢为主的特钢企业，2005年，中信泰富以14.78亿元收购石钢65%的股权。至年末，石家庄钢铁集团共生产焦炭62万吨、生铁176万吨、钢191万吨、钢材180万吨，除焦炭和生铁有所降低外，钢、钢材同比分别增长3.8%和2.6%；实现销售收入82亿元，利润 2.2亿元，分别比上年增长23%和7%；完成钢材出口24.5万吨，创汇1.7亿美元，同比分别增长75%和100%。

（范玉蕾 刘振海 赵海燕）

【敬业集团提升循环经济效益】 4月底，河北敬业集团新建的蒸汽余热回收发电项目建成投产，年可产生经济效益1.2亿元。敬业集团近年投资建设了2座50MW煤气发电机组，又投资3亿元建设了6座煤气柜，有效解决了高炉、焦炉、转炉煤气放散的问题。7座高炉采用TRT系统后，煤气不再由减压阀组放散，环境噪声污染大大降低，环境质量得到明显改善。并大幅提高了能源的利用率。2009年，该集团年煤气发电为66078万度，TRT发电11965万度，热电发电5072万度，共计8.3亿度，占企业总用电量的41.12%，总发电产值4.94亿元。合计发电吨钢冲减成本29.18元，煤气回收吨钢冲减成本59.6元，合计冲减成本88.78元。开源同时节流，通过加大节电技术推广，敬业集团完成了炼钢除尘风机的变频改造，日可节电5000度，节电率达37%。为进一步降低电耗，减少用电总量，还准备将炼钢除尘风机、炼铁高炉除尘风机、水泵等电机全部改为变频节能控制，计划可节电20%以上，年节电量可达0.8亿度，节能量相当于9000吨标准煤。 通过转炉煤气回收、余热和水资源回收利用等多项废物综合利用工程，实现了经济效益、社会效益和环保效益的共赢。

（范玉蕾 雷婷）

【淘汰落后产能任务完成】 关停淘汰落后的生产能力，抑制产能过剩行业盲目扩张和重复建设，是推动工业结构调整，转变经济增长方式的重要举措。石家庄市淘汰计划共涉及钢铁、造纸、制革、印染四个行业9家企业。2010年初，国务院印发《关于进一步加强淘汰落后产能工作的通知》后，石家庄市立即开展全市落后产能调查摸底工作。各县（市）区逐乡逐村进行深入细致的调查摸底，到5月24日，全面完成了摸底工作，经梳理汇总，共涉及15个县（市）区的146家企业的2062台（套）设备。并印发《石家庄市关于进一步加强淘汰落后产能工作的实施方案》，明确了全市的淘汰目标任务，建立工作责任制，制定保障措施，圆满完成了河北省下达石家庄市的淘汰计划，共涉及钢铁、造纸、制革、印染四个行业9家企业。其中，钢铁行业是辛集澳森钢铁有限公司淘汰300立方米高炉2座、33吨转炉3座；造纸行业是淘汰晋州市塔上造纸厂现有的全部草浆生产装置和晋州市诚谊纸业有限公司现有的全部废纸浆生产线；制革行业是淘汰金炬皮革制品（石家庄）有限公司转鼓50台、石家庄市同泰皮革工业有限公司转鼓91台、河北东明实业集团有限公司（羊皮）转鼓50台；印染行业是淘汰石家庄服装衬布总厂38台套、明石染厂有限公司18台套、石家庄润泰纺织服饰有限公司30台套印染设备。

（范玉蕾）

【三环锰硅公司投资千万实施节能降耗技改】 三环锰硅科技有限公司是河北省唯一一家低磷低碳锰铁冶炼企业，年产低磷低碳锰铁近7万吨，年产值达8亿元，利税3000多万元。三环锰硅作为耗能大户的冶炼企业，积极配合国家“十一五”节能减排任务，投入了大量的人力物力进行节能降耗技术改造，一批高耗能、高污染的落后工艺、技术和设备，使企业步入了良性发展轨道。该公司投资50多万元新建的水循环冷却系统，由取水泵、软化冷却池、矿热炉冷却水泵、电弧炉冷却水循环泵、输水管道、炉前集水箱和晾水塔等七部分组成，比以前的矿渣冷却工艺。新的水循环冷却系统将冶炼炉出来的热水经过降温后，再次加入循环系统，使废水被再次利用，实现了真正的零排放，仅此一项每年可为企业节水4.5万吨。近几年，三环锰硅科技有限公司相继实施了烟尘排放和污水处理技改项目，累计投入达1000多万元。除了水循环冷却系统以外，企业还投资850万元新建了4台“干式布袋除尘器”，每小时可减少烟尘排放量80万立方米，投资40多万元的出口铁改造项目也正在加紧施工中，计划建成后每年烟尘回收量可达200多万立方米。节能降耗技改为三环锰硅节省了资源、创造了效益。2010年，石家庄环保联合会授予石家庄三环锰硅科技有限公司“2010年度先进会员单位”荣誉称号，以表彰该企业为保护和改善全市生态环境，实现省会经济的可持续发展做出的贡献。

（雷婷）

建材工业

【概况】 2010年，石家庄市建材行业共有规模以上企业271家，从业人员4.8万余人，总资产223.48亿元。2010年完成销售收入426.09亿元，完成工业增加值100.3亿元，实现利税65.13亿元，实现利润 50.06亿元，分别比上年同期增长为26.37%、12%、39.13%和40.75%。占全市比重分别是7.32%、7.49%、9.87%、11.72%。其中有2家进入市工业50强，有1家进入30家后备企业。主要产品产量：水泥熟料1403万吨，同比增长2.7%，水泥4798.9万吨，同比增长28.8%，石膏板2779万平米，同比增长8%，陶质砖9597万平方米，同比增长34.2%，天然大理石建筑板材265.5万平方米，同比增长47%，天然花岗石建筑板材4.6万平方米，同比增长4.9%。年销售收入过50亿的企业有河北曲寨集团有限公司（51.1亿元）。过20亿的企业有鹿泉东方鼎鑫水泥有限公司（21.7亿元）。利税超过5亿元的企业有鹿泉东方鼎鑫水泥有限公司（6.26亿元）、河北曲寨集团有限公司（6.22亿元）。

（王海涛）

【金隅水泥100万吨生产线投产】 2010年初，金隅水泥有限公司年产100万吨高标号水泥生产线在赞皇县五马山工业园区正式投产。赞皇金隅水泥有限公司是该县建材行业的大型骨干企业，自入驻工业区以来，该公司加强企业管理，推进技术进步，坚持走新型工业道路，取得了良好的经济效益和社会效益，促进了社会就业，增加了赞皇县的财政收入。自百万吨水泥生产线开工建设以来，该公司克服困难、抢抓工期、加快建设，确保了项目的如期竣工。百万吨水泥粉磨站建成投产，对壮大该县园区经济，推动建材产业结构调整，带动其他相关产业发展，扩张经济总量具有十分重要的意义。

（傅彦芳　贾奉忱）

【举办首届低碳家装高峰论坛】 4月20日，石家庄市举办了首届低碳家装高峰论坛暨首届石家庄装饰协会家装艺术节新闻发布会，倡导新型家装文化，让“低碳”真正应用到家装领域，用健康的家装理念引领省会人民生活方式新时尚。本次低碳家装论坛中，省会各相关职能部门领导、知名家居企业负责人和首席家装设计师等一同出席，分别从不同层次，不同方面对“低碳”在家庭装修中的运用发表了独特见解。具体到家庭装修全过程，不少业内精英还从设计服务、装修选材、现场施工、装后服务等方面探讨了低碳家装的具体做法，并纷纷表示将“低碳”贯穿于家庭装修全过程。会上，由市装协发起《家装企业“低碳宣言”》，各与会企业纷纷响应。同时，各界领导对各家装企业让利惠民的具体措施和方法标准也做了进一步探讨。为让更多市民了解低碳家居，4月24～25日，石家庄市装饰协会在省博物馆文化广场召开低碳家居博览会。为鼓励低碳装修，凡在展会现场签单的都有机会参与市装协接下来进行的“低碳样板间”评比，并在装修中得到全程监管。

（张跃彬）

【华莹玻璃进入沃尔玛超市销售】 位于平山县的石家庄华莹玻璃制品有限公司始建于1996年5月，是河北省重点民营企业，全国扶贫龙头企业。该公司以生产销售玻璃工艺制品为主，现有员工2600余人，总资产2.9亿元。年内拥有6座电熔炉，3座园炉和与之相配套的模具厂、新工艺厂、纸箱厂等，所生产的6大系列4000余个品种的玻璃工艺制品主要销往欧美、中东等40多个国家和地区以及国内30多个省市自治区。作为中国日用玻璃行业十强企业，华莹公司的综合实力在国内同行业中排名第三位，压制规模位居榜首。作为一家正在成长中的玻璃工艺制品制造企业，华莹公司无论是在压制规模、产品品质还是核心技术方面，在国内钠钙压制玻璃行业都拥有极大的优势，但与德国、日本等世界一流企业相比还存在一定差距。为此，华莹公司始终坚持把对标挖潜当作提高企业综合竞争力的重要手段，通过到国内知名企业安徽德力、广东宗宗、承德华富和世界一流企业日本Soga、德国韦特公司等进行交流和参观学习，主动对比找差距，消化吸收挖潜，再针对性地制定一系列技术、工艺、管理等方面的改进和提高措施，使华莹各项经济技术指标大幅提高，进一步提高了企业竞争力。2010年该公司实现销售收入近4亿元，上缴税金3000万元。成功通过沃尔玛、塔开、Glassco等10多家国际知名大公司的评估认可，并建立起良好的合作关系。

（范玉蕾）

中小企业

【概况】 2010年，全市民营经济单位个数达272184个，同比增长1.67%，其中民营企业40011个，个体工商户232173个。民营经济从业人员2840687人。完成增加值2427.4亿元，同比增长18.08%，占全市GDP（3401亿元）的71.37%；实现营业收入9307.6亿元，同比增长15.8%；实缴税金157.4亿元，同比增长15.2%，占全市全部财政收入（387.9亿元）的40.58%；完成固定资产投资额724.5亿元，同比增长18.05%；完成出口产品交货值233.3亿元。产业集群规模扩大，创业辅导基地快速发展。2010年，全市年营业收入5亿元以上产业集群39个，实现营业收入2083.6亿元，同比增长35.24%，占全部民营总量的22.39%；完成增加值559.2亿元，同比增长38.75%，占全部民营总量的23.04%；上缴税金47.4亿元，同比增长17.8%，占全部民营总量的30.12%。集群的高位运行有力拉动了地方经济的发展。2010年，全市共建创业辅导基地23家。其中，部级中小企业创业辅导示范基地2家，省级中小企业创业辅导示范基地10家，市级创业辅导基地15家。全市创业辅导基地累计投资31.7亿元（新增5.7亿元），其中，政府投资1．8亿元，企业投资25.4亿元，其它投资4.5亿元，建设规模72.4万平方米，入驻企业776家，孵化企业402家，新增就业岗位3086个，政务代理1406次，法律专项服务628次，受服企业667家，为小微企业发展和增加就业，保持社会稳定做出了贡献。

【融资担保规范发展】 年内，石家庄市共成立中小企业担保机构55家，注册资本金22.39亿元，全年新增注册资本金7.1亿元，形成120亿元的担保能力。共为316家企业提供担保，担保金额8.9亿元，累计增加就业11973人；增加销售收入19.6亿元；增加税收1.83亿元，有效的解决了中小企业融资难问题。全市共推荐融资性担保机构75家，对基本符合条件的67家担保公司提出了初审意见，并已上报省中小企业局。全年河北省共有63家融资性担保机构获得行政许可证，其中石家庄市共有36家。

（刘新英）

【备战“新三板”市场】 2010年，高新区启动申报“新三板”市场的试点工作，这不仅是培育石家庄市多层次资本市场的有益尝试，还为更多的高科技企业上市带来了契机。“新三板”市场是中国证监会、科技部为国家级高新园区内企业打造的“专有”代办股份转让平台，自2006年起已在中关村试行了4

年时间。2010年6月份，“新三板”市场面向全国高新区扩容，拟增加20个试点园区。作为主板、中小板、创业板的补充，新三板市场相应对上市企业的准入门槛要低，避免了一些企业自身有融资、重组的强烈愿望，但因为主板要求过高，不能上市的尴尬。科技部将之喻为“企业上市孵化器”。为积极促进石家庄市高新区的试点申办工作，座谈会邀请省、市金融办及省证监局负责人解读了支持企业上市的有关政策，并对企业改制、改制过程中遇到的问题、创业板与“新三板”上市分析等问题进行讲解。通过座谈会，大批企业经营者初步掌握了上市及资本市场的基本知识和操作程序，提高了对资本市场认识，明确了目标，增强了上市信心。为鼓励区内企业积极到“新三板”市场挂牌融资，高新区管委会拟对第一批在该区“新三板”市场挂牌的企业给予100万元奖励，分2期兑现，完成改制后给予50万元，完成申报材料再给50万元。

（焦莉莉）

【专项资金争取创下历年之最】 全年市工信局致力改善中小企业融资环境，积极完善公共服务平台建设，多渠道争取国家及省中小企业专项资金支持，有效缓解了中小企业资金困难。全年中小企业共有15个项目获得国家、省中小企业专项资金1414万元，创历年之最。其中，争取工业和信息化部、财政部中小企业发展专项资金780万元。其中石家庄新宇三阳实业有限公司110万元、石家庄天人化工设备集团有限公司70万元、石家庄市振西实业总公司110万元、石家庄安达汽车配件有限公司70万元、石家庄乐盈食品有限公司150万元、河北东润担保有限公司160万元、石家庄中煤装备制造有限公司110万元；争取工业和信息化部、发展和改革委员会工业中小企业技术改造项目专项资金570万元。其中石家庄洛杉奇食品有限公司110万元、河北铁科车辆工业有限公司110万元、河北小蜜蜂工具集团有限公司120万元、河北高工工具有限公司130万元、河北金环钢结构工程有限公司120万元；争取河北省中小企业发展专项资金64万元。其中石家庄市分子诊断工程技术研究中心22万元、晋州市纺织研发中心22万元、井陉县中小企业钙镁创业辅导基地20万元。

（范玉蕾）

【成为首批国家中小企业知识产权战略推进工程实施单位】 2010年下半年，国家知识产权局、工业和信息化部共同发布中小企业知识产权战略推进工程首批32家实施单位名单，河北省两座城市名列其中，分别是石家庄市和唐山市。国家知识产权局、工业和信息化部于2010年年初共同启动了中小企业知识产权战略推进工程，计划用5年时间，以城市中小企业集聚区（特色产业区）为工程实施主要对象，在全国培育形成百个具有自主知识产权优势的中小企业集聚区，培育形成万家具有自主知识产权优势的中小企业。纳入工程重点培育的中小企业，国家将对其实施专利技术产业化项目、参与行业标准制定、申报省部级以上新产品、申请国内外专利等发生的费用，同等条件下优先予以必要的支持。

（焦莉莉）

石家庄年鉴 Urban—Rural Construction and Environmental Protection

城乡建设与环境保护

城乡建设与环境保护

概　述

2010年是石家庄市贯彻落实"三年大变样"决策部署的第三年，全市城乡规划建设部门以科学发展观为指导，紧紧围绕打造繁华舒适、现代一流省会城市的目标的要求，坚持吸引资金、聚集产业，建管结合、综合治理，突出抓好对城市发展、民生改善和城乡统筹具有重要促进作用的重点工作，全面拓展延伸"石家庄速度"，城市规划、建设和管理的整体水平得到不断提高，城市面貌得到显著改善。

城市建设取得明显成效。全年重点编制了正定新区、大西柏坡、空港工业园区等重点区域的规划和重要节点的城市规划设计，为城市的发展提供了强有力的规划支撑。积极协调市、县有关部门，完成栾城、藁城、正定、鹿泉4县（市）规划分局机构及118名工作人员的整体划转、接收工作，为实现同城化管理奠定了基础。全年共拆除违法建筑75.1万平方米，较好地完成了年初确定的"零违工程"拆违任务。道路等基础设施重点项目快速推进，完成城建投资172亿元，24条城市道路建成通车。年末城市道路总长度1475.2千米，比上年增加159千米；道路面积4146.8万平方米，比上年增加334万平方米；排水管道长度达2074千米，比上年增加213千米。全市有水厂9座，日产水能力67.6万立方米，全年供水量2.76亿立方米。

城市公用事业快速发展。到2010年末全市人均道路面积达到16.68平方米，排水管网密度达到10.39千米／平方千米，中水回用率达到26.2%，集中供热普及率达到84.64%，燃气普及率达到100%。同时，城中村拆迁、供热计量改革和建筑市场管理3项工作经验在全国得到推广。年内天然气新增用户19.95万户，总用户达61.3万户。供热管道总长度858千米，比上年增加148千米，城市集中供热面积达8031万平方米，比上年增加1283万平方米。组织燃气企业改造旧管线和超期服役管线26.7千米，更换超期服役仪表6.8万余块，加强燃气许可审批和燃气市场监管，保障燃气运行安全。城市公共汽车营运线路达166条，比上年增加31条；营运车辆3160辆，比上年增加151辆；年客运总量5.13亿人次，比上年增长21.38%。

环境质量取得新突破。市区集中饮用水源地水质达标率在96%以上。区域环境噪声平均值控制在52分贝以内，交通干线噪声平均值控制在67分贝以内，达到市区功能区噪声控制标准。年末全市正式投入运行的污水处理厂已达25座，形成处理能力187万吨／日，污水处理率达到95.3%。生活垃圾

日暮中的南环大桥

无害化处理率100%。全市全年征收排污费1.1454亿元。全年共监督检查建设项目917个，查处违法建设项目5个，审批项目181个、验收项目61个、否决项目45个。市区优良天气达319天，比上年增加2天。年末全市有环境监测站24个，城市水环境功能区水质达标率达到100%，全市工业二氧化硫排放达标率99.3%，全市工业烟尘排放达标率100%，全市工业企业废水排放达标率99.3%，全市工业固体废物处置利用率97.7%。

城市市容市貌继续改善。组织开展城市容貌综合整治活动，拆除整治门店牌匾11万多平方米，清洗楼宇98万平方米，设置379个机动车停车场，144处非机动车存放处，增设果皮箱1万余个。裕华路、中山路、中华大街、文化广场、人民广场等重要节点130余栋楼宇完成夜景亮化，更新改造30条小街巷照明设施。对5条主干道、20条次干道、10条小街巷、4个出入市口、6个广场范围内1332栋建筑物进行整饰。突击整治对裕华路、中山路、翠屏路，硬化便道14万平方米，省会城市面貌更加整洁有序。年末城市公园41个，公园面积1112公顷；城市园林绿地面积8862公顷，绿化覆盖面积9762公顷，分别比上年增加635公顷和842公顷；人均公共绿地面积14.4平方米，比上年增加2.9平方米。

住房保障能力明显增强。新建公共租赁住房320套，为32383户低收入住房困难家庭提供廉租住房保障，启动危陋住宅区改建项目7个，完成拆迁34.04万平方米。全年共计发放廉租住房租赁补贴4626万元。建设项目投资完成2158.8亿元，比上年增长16.4%；新增固定资产1555.1亿元，增长11.9%；施工项目个数7443个，其中新开工项目6246个。办理各类房屋交易手续35797件、38086套、成交面积376万平方米，成交金额达到147亿元。完成各类房屋权属登记2678万平方米，发证近11万个。市区商品住房上市405万平方米，合同备案400万平方米。房地产开发完成投资538.0亿元，比上年增长43.9%，施工面积4252万平方米，增长81.3%；竣工面积551万平方米，增长89.1%。年末全市拥有资质等级以上建筑企业271个，完成建筑业总产值558.6亿元，比上年增长22.0%，其中建筑业竣工工程产值273.3亿元，增长12.7%。

城乡规划

【概况】 2010年，市城乡规划局紧紧围绕建设繁华舒适、现代一流省会城市的目标，以创先争优活动为载体，千方百计抓落实。全年重点编制了正定新区、大西柏坡、空港工业园区等重点区域的规划和重要节点的城市规划设计，为城市的发展提供了强有力的规划支撑。市规划审批委员会召开8次会议，共有116个项目通过市规委会议审议。积极协调市、县有关部门，完成栾城、藁城、正定、鹿泉4县（市）规划分局机构及118名工作人员的整体划转、接收工作，为实现同城化管理奠定了基础。全年共拆除违法建筑75.1万平方米（其中计划外拆除违法建筑面积29.7万平方米，超期临建1.98万平方米），较好地完成了年初确定的“零违工程”拆违任务。编制完成全市首批367个新民居建设示范村及280个省级新民居示范村。全年受理人大代表建议、政协委员提案共130件，实现了答复率、规范率、走访率、满意率四个100%。石家庄规划馆成功接待国家及部委领导人、台湾同胞、海外代表团、兄弟省市党政代表团等团体263个，接待参观人员3.5万人次。完善了一批法规体系，完成《城乡规划条例》初稿，继续完善了《建设工程批后巡查管理规定》、《规划监查工作规程》、《信息报送考核办法》等多个管理制度。进一步强化党员领导干部廉洁从政意识，制定《2010年深入推进行政权力运行监控机制建设实施方案》，对照工作性质查找出廉政风险点120个，有针对性地制定防范措施。年末，市城乡规划局被评为省级文明单位、“三年大变样”模范集体和省级“援川”先进集体。

【编制重点项目规划】 2010年，石家庄市城乡规划部门重点编制正定新区、大西柏坡、空港工业园区等重点区域的规划和重要节点的城市规划设计。正定新区规划邀请美国 HOK 和 SOM、清华大学和深圳蕾奥公司等国内外 14 家知名设计团队和研究机构，围绕“生态、低碳、智慧”理念，编制完成正定新区概念规划、总体规划、专项规划、控制性详细规划、城市设计等 17 项规划设计和生态、低碳、智慧等 5 项专题研究，并完成总规报批。会同相关部门，邀请同济大学、上海市政院等高水平设计单位进行综合交通规划、水系统综合规划、地下空间利用规划以及电力、燃气、热力、通信等基础设施规划，确保新区按时开工建设；大西柏坡规划紧紧围绕做大做强“西柏坡”品牌，明确“一抹红、带七彩”的发展思路，通过“梳理、整合、控制、提升”，实现“大西柏坡”在“空间地域”、“规划层次”两个方面的突破，构建“大景区、大产业、大协作、大交通、大服务”的格局；空港工业园区规划按照年旅客吞吐量 2000 万人次以上的要求，打造“首都第二机场”和“区域性枢纽城市”的战略目标，在《正定机场周边区域规划》的基础上，加大区域资源整合力度，与机场发展规划和临空产业规划紧密对接，邀请上海同济城市规划研究院完成 124 平方千米的《石家庄空港工业园区规划》。环城水系规划编制了石家庄市水系概念规划及环境综合设计，按照“水通、船通、路通、景通、林带通”的建设原则，邀请清华大学规划院胡洁教授编制《环城水系文化、旅游概念规划》，明确沿线景观旅游的内涵，为外环水系工程建设提供了保障。同时，完善新客站区域城市规划设计，确保了全市重点建设项目的顺利实施。

【城乡统筹规划】 市城乡规划局按照“突出重点、以点带面”的工作思路，以经济实力最雄厚、城镇化水平最高、城乡统筹需求最迫切、条件最成熟的都市区（中心城区和正定县、栾城县、藁城市、鹿泉市）为突破口，以都市区和各县（市）域范围为单元，编制城乡统筹规划，推进城乡统筹进程。同时，注重积累经验、总结提高，将城乡统筹规划编制工作在全市推广，指导、督导各县（市）城乡统筹规划、新民居规划和镇村体系规划编制工作。年内，由南京大学承担的市域城乡统筹规划，已编制完成并通过专家评审；都市区城乡统筹规划及各县（市）区城乡统筹规划已全部编制完成并通过专家评审；全市首批 367 个新民居建设示范村及 280 个省级新民居示范村的规划已全部编制完成；各县（市）、矿区镇村体系规划均已编制完成，并通过专家评审；全市 197 个乡镇有 151 个完成乡镇总体规划；迁并后全市 4335 个行政村形成约 1612 个村庄和社区，已有 727 个村庄和聚居点完成规划编制。

（刘智国）

【城市总体规划调整】 3 月 30 日，石家庄市第十二届人大常委会第十八次会议审议通过《石家庄市城市总体规划（2010 ~ 2020 年）》。该规划将石家庄市城市性质调整为：河北省省会，京津冀第三极，全国重要的现代服务业、生物产业基地之一。《石家庄市城市总体规划（2006 ~ 2020 年）》于 2006 年 12 月由省政府呈报国务院。总体规划待批期间，国家宏观经济政策发生重大调整、区域发展格局发生重大变化。在新形势下，市委、市政府积极组织编制新一轮石家庄市空间发展战略规划研究和 2030 年 500 万人口远景城市总体规划，已经市规划委员会讨论通过。为实现城市总体规划与空间发展战略规划紧密衔接，2010 年 3 月，市政府组织完成对上报待批城市总体规划的完善。《石家庄市城市总体规划(2010 ~ 2020 年》主要调整变化为：一是调整规划期限。上报总体规划基础年为 2005 年，规划期限为 2006 ~ 2020 年，按照住房和城乡建设部要求，规划基础年调整为 2009 年，规划期限为 2010 ~ 2020 年。二是调整城市性质。即将上报规划城市性质“河北省省会、华北地区重要中心城市、全国医药工业基地之 ”调整为“河北省省会，京津冀第三极，全国重要的现代服务业、生物产业基地之一”。此次城市性质调整包括两方面：1. 区域定位更加明晰。京津冀区域正成为引领中国经济新一轮发展的增长极，也是代表国家参与全球竞争的核心地区，京津冀都市圈发展纳入到国家发展战略，石家庄作为京津冀都市圈中的省会城市，应当承担起“第三极”的作用，引领河北省整体崛起。2. 产业定位更加科学。现代服务业发达程度是衡量一个城市或者区域综合竞争力和现代化水平的重要标志。石家庄按照“河北省省会、京津冀第三极”定位，突出现代服务业定位，将其作为城市发展主导产业，并有选择地承接京津服务业的转移，找到引领现代本地服务业发展的关键业态，推进其业态升级，增强城市核心竞争力。2005年，石家庄被确定为全国首批国家生物产业基地之一，生物产业已经成为中国高技术产业发展的重点领域和重要内容，医药工业基地的产业定位内容狭窄，不符合产业发展趋势，将“医药工业基地”调整为“生物产业基地”符合石家庄市实际情况，又代表产业发展方向，有利于促进全市产业结构调整和升级。三是完善都市区规划。保持上报规划中“1+4”都市区结构不变，重点强化都市区一体化建设，突出都市区产业协调。正定组团重点发展现代服务业和旅游业，全面恢复正定古城传统风貌，提升品质，将正定古城打造为“古建艺术宝库”、“佛教文化博物馆”和“世界级旅游胜地”。同时，在京珠高速公路东侧建设滹沱新区，疏解古城产业和人口，并承担部分省会文化、体育、发展等高端服务业功能，为远期建设城市副中心奠定基础。鹿泉、栾城、藁城三组团重点建设中心城区转移的第二产业，分别建设信息产业、装备制造业、中医药产业、生物产业和循环化工产业基地。四是调整中心城区发展方向及用地布局。中心城区“规模不变、发展方向与用地布局调整”，即规划期末人口300万，建设用地287平方千米保持不变，与国务院批复的《河北省土地利用规划（2006～2020)》中确定的城市用地规模一致；城市方向结合“北跨”战略，主要向北发展；依据行政管理界限，市区行政区外的良村开发区、石化区等建设用地分别纳入藁城、栾城组团城市规划，其用地指标按照新的发展方向，安排在滹沱河南侧区域，重点发展休闲娱乐、高档住区和高新技术企业配套服务设施等。

（王静）

【滹沱河景观规划方案】 2月4日，市规划审批委员会第十三次会议研究并原则通过滹沱河市区东段滨河绿地景观规划设计方案等。滹沱河市区东段滨河绿地景观规划范围为：西起子龙大桥，东至市区段东界，共3千米，南北宽1100至1600米，总面积391公顷，规划共分三轴七区，三轴为人文轴、水文轴和生态轴。其中，人文轴：为人文历史轴线，突出地域文化为第一位，兼顾绿地的使用功能以及生态改善效益；水文轴：为滹沱河水轴线，保证水利功能为第一位，同时兼顾临水景观与沙洲生态作用；生态轴：为自然生态轴线：强化生态改善为第一位，兼顾自然科普和参与功能。七区为：水岸景观区、河堤景观区、沙洲景观区、古城秀韵区、都市新貌区、自然体验区、生态涵养区。七个景观区规划建设目标：打造丰富多元人性化滨水空间，创造地域最佳石家庄文化载体，塑造省会城市崭新景观品牌，营造绿地系统中新生态高地。

（许跃彬　杨彩明）

滹沱河畔冀之光塔夜景

【一河两环水系概念规划】 4月24日，市规划审批委员会召开第十五次会议，审议并原则通过石家庄市水系概念规划等。石家庄市水系概念规划确定“一河两环”三大体系，形成185千米水系，17平方千米水面，76平方千米绿地。一河：即滹沱河整体以保护及培育自然生态环境为主导，规划蓄水河道长25千米，形成6.5平方千米水面，44.2平方千米绿地。两环即外环：包括石津北干渠、太平河、西北生态防洪、南水北调中线工程、东南水系，以生态环境恢复、滨水游憩空间营造为主，规划全长约101千米，形成8.6平方千米水面，30.1平方千米绿地。内环：包括民心河、南茵河等，以功能拓展、人文活动植入为主，规划全长59.2千米，形成1.6平方千米水面，6.1平方千米绿地。

（刘娴）

【规划审批】 2010年，市规划审批委员会召开8次会议，共有116个项目通过市规委会审议。全年受理报建项目2998件次，核发许可证529个。受理用地项目报建987件次，办理《建设用地规划许可证》90个，用地面积2258.7公顷，其中，居住用地315.3公顷，商业办公用地33.6公顷，道路、绿地和水域用地1712.3公顷，教育、市政、文化娱乐、行政办公等其它用地共197.5公顷。办理建设用地规划拆迁证23个，出具规划条件180个；受理建筑项目规划报建899件次，审查方案212项，审查施工图纸283项，核发《建设工程规划许可证》260个；受理市政工程报建项目996件次，核发《建设工程规划许可证》179个，批准道路工程46条，79.8千米，桥梁6座，各类管线497.5千米；受理竣工验收项目116件次，核发竣工验收函110个。项目报建按时办结率达100%。

【规划服务】 市城乡规划局以服务经济发展为目的，在优化发展环境上下气力、出实招，采取主动上门服务等形式，积极推进正定新区、新客站及其周边地区、环城水系、机场、省行政中心等全市重点工程建设。为了加快重点区域建设，向正定新区、空港工业园等全市重点区域派出专门人员，负责项目的规划协调办理工作。围绕民生改善，进一步改善路网结构。把城中村改造等重点区域配套道路、打通断头路、完善支路网、破损道路和小街巷大修以及雨污分流、雨水畅通等工程作为工作重点，提前谋划，保证规划服务工作及时到位。积极推动旧城改造项目，加快推进城中村改造、污染企业搬迁和危旧住宅改造工作，按照程序办理了棉一西区、东风小区、谈固小区大板楼等一大批项目规划手续；配合有关部门，核定30余个旧城改造地块的用地范围。

【规划批后管理】 规划部门结合实际，制定了《建设工程竣工验收管理规定》、《市政工程批后管理管理规定》，明确规范了规划放线与验线、竣工后规划核实的内容。对违法建设的处理、竣工验收，坚持做到分局会、处务会、联席会集体讨论决定，同时按规定制成PPT，每次会议的集体讨论情况都形成记录，签字后存入档案，既直观又有利于资料保存，实现了数字化、规范化管理。依据《石家庄市制止违法建设管理办法》，积极尝试制止违法建设新办法，对重点违法建设项目进行督导，抓好落实。如有线电视台基坑回填，藁城开发区恒大绿洲项目等，做到了集中力量共同查处。为了落实《河北省建设厅城乡规划年活动实施方案》，制定石家庄市“零违工程”行动实施方案，对全市建成区违法建设进行全面摸底，逐一登记造册，明确了目标任务和完成时限，积极配合各区政府开展工作，全年共拆除违法建筑75.1万平方米（其中计划外拆除违法建筑面积29.7万平方米，超期临建1.98万平方米），较好地完成了年初确定的“零违工程”拆违任务。2010年，在建批后管理项目406件（其中，2009年以前的项目82件，2009年项目166件），建筑面积2884.6万平方米，经核查与审批一致的项目362件，占89.2%；受理群众信访216件，其中，接待群众来访164件，占75.9%，来信来电访52件，占24%，已解决各类信访208件，化解率达到96.36%；办理各级信访转办件125件。其中，办理省级信访转办件42件，市级信访转办件83件，已全部按要求办结；建立诚信档案32份，建立违法建设企业档案16份，组织大接访活动11次。

【数字化建设】 市城乡规划局积极落实河北省建设厅的要求，重点加强以数据库建设和应用系统整合为重点的数字规划工程建设，搭建了“1125”数字规划框架体系，实现了规划管理全过程的数字化，达到数据种类齐全、技术先进、应用系统实用高效，基础地形图信息化应用方面在国内处于领先水平，数字规划体系具备先进性和实用性，可操作性强。该项目于8月17日通过河北省建设厅的验收。2010年，市城乡规划局还完成正定新区89.4平方千米1：1000地形图、石家庄数字城管修测、40千米的环城水系征地定线、30余项正定新区征地定线测绘任务，以及正定新区、太行大街等项目总进尺40000余米的地质勘察任务。

（刘智国）

城乡建设

【概况】 2010年，市城市建设系统认真贯彻落实市委、市政府决策部署，紧紧围绕实现三年大变样总的目标要求，狠抓工程项目推进、建设行政管理和廉洁勤政建设，圆满完成了各项工作任务。道路等基础设施重点项目快速推进，列入建设的道路工程83条，其中24条建成通车，11项在建工程进展顺利，48项正进行征地拆迁前期准备。加快亮点工程建设项目进度，全面加快沿街大型单体建筑施工进度，完善跟踪指导服务措施，重点监控727个主要道路沿线项目，500个单体建筑项目主体封顶并完成外装，提升了城市整体形象。完成广场区域拆迁摸底和居民回迁楼建设方案，共拆迁建筑1.1万平方米，新胜利大街地下商业街项目竣工3条过街通道。继续加大城中村改造力度，53个城中村全部启动开发改造，累计拆迁旧村766万平方米，回迁村民1.8万户。全年共计完成城建投资172亿元，到2010年末全市人均道路面积达到16.68平方米，排水管网密度达到10.39千米／平方千米，中水回用率达到26.2%，集中供热普及率达到84.64%，燃气普及率达到100%。同时，城中村拆迁、供热计量改革和建筑市场管理3项工作经验在全国得到推广。

（王吉利）

城市交通设施巨变

塔吊林立成为省会一景

【制定《省会城市建设三年上水平实施方案》】 为了在城镇面貌“三年大变样”成效基础上更快、更好地推进省会建设，对标国内一线城市，对未来三年工作进行了研究和谋划，制定了《省会城市建设三年上水平实施方案》，计划通过再抓三年，力促省会建设全面上水平。《方案》提出以老城区、正定新区、空港工业园和大西柏坡“四大重点区”为引擎，倾力实施“七个十”工程，全面跻身国家环保模范城、国家生态园林城和全国文明城市行列，加快进入全国省会城市第一方阵的目标，并计划未来三年投入城市建设资金3062亿元。“七个十”工程分别是，十大生态环境提升：主要是提升环城水系景观、提升环城绿化水平、提升滹沱河湿地生态景观、提升公园特色、提升城区绿化水平、提升燃煤污染治理水平、提升扬尘污染防治能力、提升机动车尾气治理能力、提升饮用水源保护和污水治理能力以及提升垃圾处理能力。十大基础设施建设：主要是实施航空工程建设、高速铁路建设、高速公路建设、干线公路建设、运输场站建设、快速公交建设、轨道交通建设、快速交通建设和公用设施建设等。十大功能设施建筑（群）：主要是实施省行政中心、体育中心、会展中心、市民服务中心、文化中心、演艺中心、文化旅游中心、历史博览中心、工业创展中心和职教中心。十大繁华地标片区：主要是实施新客站地区、中山西路繁华片区、中山东路繁华片区、南茵河娱乐片区、槐安西路商业商务综合区、胜利大街沿线区域、东北商业综合区、和平西路综合商务片区、省军招区域改造和祥云国际片区十大商业商务片区。十大民生改善项目：主要是实施以城中村改造、危陋住宅区改造、旧住宅区改造、廉租房建设、公共租赁房建设、小街巷整治、天然气普及、公厕建设、便民设施配套和雨污分流改造为主要内容的民生保障十大工程。十大精细管理攻坚：主要是实施市政设施攻坚、停车管理攻坚、线缆入地攻坚、环卫保洁攻坚、夜景亮化攻坚、景观整治攻坚、绿化管护攻坚、物业管理攻坚、环境监测和交通管理攻坚。十大城乡统筹推进：主要是推进城乡规划编制、推进城乡产业发展、推进新民居建设、推进城乡基础设施对接、推进城乡污染治理、推进城乡环境整治、推进城乡公共服务、推进城乡劳动就业、推进城乡社会保障和推进城乡一体化管理，推动城乡建设上水平、出形象。

（王静）

【正定新区被列为生态示范城】 10月13日，河北省政府与国家住房和城乡建设部签署《关于推进河北省生态示范城市建设促进城镇化健康发展合作备忘录》。按照该备忘录内容要求，河北省政府与国家住房和城乡建设部将共同推进生态示范城市建设，将河北省唐山市唐山湾新城、石家庄市正定新区、秦皇岛市北戴河新区、沧州市黄骅新城列为生态示范城市。国家住房和城乡建设部支持河北省探索不同生态资源禀赋下城市建设的新模式，特别是在生态城市土地使用与布局、资源利用、绿色交通、绿色市政、绿色建筑、生态社区和规划管理体制机制等方面开展全方位合作。国家住房和城乡建设部支持唐山市唐山湾新城、沧州市黄骅新城探索资源约束条件下，利用沿海滩涂、荒地和未利用地开发建设生态城市；支持唐山市、沧州市利用国外政府或财团的支持，建设生态新城；支持石家庄市正定新区依托主城区，结合正定历史文化名城保护与提升，通过滹沱河综合整治，以湿地、水面景观构建生态廊道，打造自然与人文有机交融、历史与现代交相辉映、独具魅力的滨河生态新区；支持秦皇岛市北戴河新区探索既有城市生态化改造，在保护优质沙滩、海洋和滨海林带等自然生态环境资源的基础上，改善生态环境，发展生态产业，培育生态文化，建设生态型新城区。同时，国家住房和城乡建设部将支持和指导河北省在生态城市建设方面的基础理论、生态城市指标体系等方面的研究，将国家最新低碳生态的政策技术标准优先在四个示范区试验，引导绿色交通、绿色市政、绿色建筑、可再生能源等专项示范项目优先在四个示范区建设。

（朱峰）

【红旗大街南延二期工程开工】 3月，省会城市建设“三年大变样”20项重点工作之一的红旗大街南延二期工程正式开工建设。红旗大街南延二期工程总预算投资2.28亿元，全长26千米，由三部分组成：一是赵赞连接线至高邑工业区段，建设里程11.8千米，预算投资1.22亿元；二是高邑工业区至邢台界段，建设里程2.8千米，估算投资0.38亿元；三是红旗大街与石环公路交叉口至殷村段旧路大修工程，建设里程11.4千米，估算投资0.68亿元。作为市委、市政府2010年省会城市建设“三年大变样”20项重点工作之一，红旗大街南延二期工程是石家庄地区公路网的重要组成部分。该工程的实施，将直接连通石家庄市区及元氏、高邑、赞皇三县规划的工业园区，可有效缓解市区交通压力，同时分流107国道的交通压力，对于促进省会南部区域经济发展、消除制约生产要素合理流动的障碍具有积极的推动作用。

（范玉蕾）

【中华大街通车】 8月7日，中华大街大修工程（和平路－槐安路）竣工并实现全线通车。中华大街大修工程，是2010年全市实施的一项重点工程，大修范围从和平路到槐安路，全长3.6千米，机动车道全部建成双向八车道。其中，和平路至兴凯路段、裕华路至槐安路段中间3米隔离带被破除，改建为路面。非机动车道由3米拓宽为5米。

（张跃彬）

【长江大道全线通车】 9月27日，石家庄市高新区长江大道（裕华路）东延工程全线通车。通车仪式在高新区长江大道与秦岭大街交会口广场举行。市长艾文礼宣布高新区长江大道全线通车，市委副书记刘云峰致辞。市领导王增明、王华清、刘晓军以及市直有关部门领导出席通车仪式。高新区长江大道（裕华路）东延工程于2010年5月8日开工，全长6100米，双向六车道，建设总投资12.31亿元，涉及拆迁居民1031户、企业和单位101家。该条道路前期建成3550米，其中京珠高速至秦岭大街2550米、恒山街至泰山街1000米，完成通车的长2550米的高新区长江大道（裕华路）东延工程为秦岭大街至恒山街1050米、泰山街至阿里山大街1500米。

（张跃彬 房晓丹）

【城中村改造】 年内，列入三年大变样考核目标的53个城中村全部启动开发改造，其中42个城中村完成拆迁工作，累计拆迁旧村766万平方米，腾地1042万平方米。有33个村、429栋、812万平方米的回迁楼开工建设，其中140栋完成主体工程，202栋竣工或交付使用，共回迁村民1.8万户。河北省考核目标外有29个城中村启动拆迁，共拆迁建筑面积113万平方米，腾地134万平方米，拆迁居民4939户、1.8万人。投资2.13亿元用于省会城中村改造配套道路建设，共配建城中村改造及经济适用房配套市政道路18条。建设内容包括道路、排水、照明、绿化等工程。其中有北宋路（谈固东街－谈固西街）：长1.1千米，概算1930万元，其中拆迁费1100万元，工程费830万元，2010年安排1760万元；金马大街（中山路－跃进路）：长0.7千米，工程费概算740万元，2010年安排590万元；谈固北大街（中山路－跃进路）：长0.7千米，概算4070万元，其中拆迁费1800万元，工程费2270万元，2010年安排3600万元；友谊南大街（南二环－汇丰路）：长1千米，工程费概算1450万元，2010年安排1160万元；泰华街（北二环－北三环辅路）：长1.6千米，工程费概算2400万元，2010年安排1900万元；赵一街规划路（中华北大街－泰华街）：长1.2千米，工程费概算1340万元，2010年安排1070万元；植物园路北延（植物园路－北三环辅路）：长1.9千米，工程费概算2450万元，2010年安排1960万元；航空路（西三庄街－西二环）：长1.1千米，工程费概算1360万元，2010年安排1100万元；中央大街（联盟路－北二环）：长0.8千米，工程费概算1030万元，2010年安排820万元；谈固西街（槐安路－东岗路）：长0.7千米，工程费概算930万元，2010年安排740万元；槐北路（谈固东街－村规划路）：长1.5千米，

新建居民小区

工程费概算1965万元，2010年安排1570万元；槐中路（东二环－村规划路）：长1千米，工程费概算1370万元，2010年安排1100万元；外贸街（丰华路－现状路）：长0.5千米，工程费概算570万元，2010年安排450万元；丰华路（建设大街－体育大街）：长1.7千米，工程费概算1850万元，2010年安排1480万元；体育东街（建华东路－规划路）：长0.3千米，工程费概算352万元，2010年安排300万元；东岗头南北向规划路（槐安路－规划路）：长0.4千米，工程费概算340万元，2010年安排270万元；东岗头东西向规划路（建设大街－青园街）：长0.5千米，工程费概算740万元，2010年安排590万元；赵一街规划路（泰华街－中华大街）：长1.3千米，工程费概算1140万元，2010年安排900万元。

（张跃彬）

【援建四川平武灾区项目全面竣工】 9月24日，石家庄市援建四川平武县文体中心举行竣工仪式。至此，石家庄市援建平武县灾区项目全面竣工。2008年10月，石家庄市成立援建灾区工作领导小组，工作组成员由市发改委、市规划局、市建设局、市卫生局、团市委等有关单位人员组成。2008年11月，进驻四川省平武县开展援建工作。2009年3月，执行交钥匙援建任务。至2010年9月，完成平武县医院、中医院、妇幼保健院、平武县中学、职业中学、教师进修学校、龙安幼儿园、东桥、南桥、新老城区基础设施、防洪河堤、新农村建设和通村公路等民生、社会、生态、市政类项目19个，总投资约6.41亿元。

（雷婷）

【出台《石家庄市环城水系工程征地拆迁工作实施办法》】 5月16日，《石家庄市环城水系工程征地拆迁工作实施办法》出台。《石家庄市环城水系工程征地拆迁工作实施办法》规定具体补偿安置政策为：收回国有土地，按照其所属区域基准地价予以补偿（属于划拨性质的按照区域基准价的60%补偿）；国有土地上建筑物拆除，依照《石家庄市城市房屋拆迁管理实施办法》相关规定执行；集体土地补偿标准，根据《河北省人民政府关于实行征地区片价的通知》（冀政〔2008〕132号），征用集体土地补偿标准按照环城水系工程沿线区片价执行。对在集体土地上依法批建的居民住宅，给予拆迁补偿安置。具有合法经营手续、符合产业政策，依法批建的生产经营性用房给予拆迁补偿。补偿标准按照《石家庄市征收市区集体土地青苗和地上建筑物附着物补偿标准》（石政办函〔2007〕27号）执行。拆迁经营性用房，经评估按重置价结合成新给予补偿，对设备搬迁、停产停业期间职工工资给予补偿，土地按征用集体土地标准给予补偿。房屋被拆除后，原则上不再安置。企业停业期间职工工资补偿，按照最近连续三个月缴纳养老保险的实有职工人数和全市上年度人均工资标准（含社会保险费／住房公积金）核定，计发期限6个月。没有缴纳养老保险的，视为临时性用工，根据工商部门提供的从业人数，每人计发一次性补助1000元。搬家费补偿10元／平方米。拆迁居民搬迁过渡费按房屋拆迁面积每平方米每月补助15元，计发期限6个月。房屋拆除及垃圾清运费按照25元／平方米补偿（含拆迁劳务费）。对违法建筑和超期临时建筑，无条件拆除，不予补偿。对经城乡规划行政主管部门批准建设、使用时间未超过规定期限的临时建筑，按其重置价的10%～50%予以补偿；装修部分按重置价结合成新给予补偿。

（张跃彬）

【与中国中铁签署战略合作框架协议】 2010年，石家庄市与中国中铁股份有限公司在北京中国中铁总部签署战略合作协议。中国中铁是在沪港两地上市的国际化公众公司，世界双500强企业，是全球第二、亚洲最大的建筑集团，是集基建、勘察设计与咨询服务、工程设备和零部件制造、投资开发、建设管理等业务于一体的多功能、特大型企业集团。双方在过去充分发挥各自优势，已经开展了较为成功的合作，特别是在中铁商务广场、工业产品制造、高速铁路建设等领域的合作取得了显著成效。根据协议，中国中铁将石家庄市作为重点投资的战略合作伙伴城市，通过多种方式积极支持石家庄市的快速发展。石家庄市政府将全力支持中国中铁在房地产开发和城市改造、大型基础设施建设、技术研发和科技创新、工程机械和工业产品制造等方面的投资建设并提供具有吸引力和竞争力的政策、措施，为项目的具体运作和实施提供高效的政务服务。

（张明星）

【供热管网建设】 按照“原有供热区域要保证完善，新增供热面积要全面覆盖”的要求，把供热管理作为保障民生的重要工作，积极承接新职能、适应新形势，抽调部分干部，组成专门督导组，驻区进场督导热费清欠、热源建设和供热保障工作，不但实现了管理职能的平稳过渡，而且各项工作得到新的提升，全年新增供热面积636万平方米，集中供热普及率达到84.6%。为推动供热工作的长效化管理，按照“政府主导、市场运作、精心组织、积极推进”的思路，利用市财政1亿元改造配套资金，以节能技术服务公司为主体，深入开展供热计量改革工作，全年完成29个小区，460万平方米的既有居住建筑供热计量及节能改造，改造总面积达到660万平方米，超额完成省政府下达的300万平方米供热计量节能改造任务。

【燃气市场监管】 围绕建立规范、有序、安全的燃气市场，建设系统积极开展燃气普查，实行一月一次安全检查，一季一次安全专项抽查制度，共实施拉网式安全生产检查4次，抽查4次，检查出安全隐患21处，下发停业整改通知书3份，开展大型饭店及公福用户燃气使用安全专项检查，共检查饭店280家，查处非法供气及黑站点42个，清理不合格液化气钢瓶1450个，有效防止了燃气安全事故的发生。同时，组织指导燃气企业进行事故演练，增强了燃气企业应急反应能力。针对市区燃气管道及仪表老化、燃气安全存在隐患的实际情况，组织燃气企业对旧管线和超期服役管线进行改造，共计改造管道26.7千米，更换超期服役仪表6.8万余块，制止或拆除座压燃气管线建筑28处。进一步加强燃气许可审批和燃气市场监管，对不符合燃气总体规划的9家企业给予劝退，有效规范了燃气市场，保障了燃气运行安全。

【城镇建设】 围绕推进县城面貌三年大变样，市城市建设部门加大指导力度，起草《关于切实抓好十大工程确保实现县（市）城镇面貌三年大变样工作的实施意见》等一系列方案或标准，组织观摩和督导检查活动，推动县城面貌大变快变、变靓变美。全年18个县（市）和矿区投入355亿元（计划投资175亿元），重点实施了垃圾处理、污水处理“两厂（场）建设”、绿化升级等“十大工程”共569个子项目。列入省考核目标的12个污水处理和14个垃圾处理项目全部完成；18个县（市、区）“两费”全部实现达标征收；2008年以来各县（市）完成拆违拆迁1115万平方米，新改建道路790千米，改造城中村26个，建成1万平方米以上的公园广场87座，新增绿地面积647万平方米，县城面貌得到明显改观。加大对省级重点镇、省级重点培育镇和文化特色村庄基础设施以及公建设施建设的扶持力度，积极争取扶持资金300万元，增建了村庄硬化、排水系统及文化中心。大力推进新民居建设，制定《村镇建设工程质量安全管理办法》，编写《新民居建设导则》，组织建设法规知识培训，开展新民居质量安全专项检查，推动新民居项目的顺利实施。360个试点村已经全部开工，竣工面积达到370万平方米。积极推进农村危房改造，3600户农村危改户全部完成建设或修缮。

（王吉利）

城市管理

【概况】 2010年，全市城管系统围绕打造繁华舒适、现代一流省会城市的总体目标，以“创先争优”活动为动力，对标先进，在城市容貌环境整治、城市管理服务水平提升以及市政基础设施完善上都取得了显著成绩。全年完成桥西污水处理厂二期扩建、医疗垃圾废弃物处置中心、融雪池等重点项目建设，建成融雪池6座，能容纳积雪4500立方米。组织开展城市容貌综合整治活动，重点治理建筑垃圾私倾乱倒、沿途遗撒以及占道经营、露天烧烤等城市“顽症”。拆除整治门店牌匾11万多平方米，清洗楼宇98万平方米，设置379个机动车停车场，144处非机动车存放处，增设果皮箱1万余个，协调

279家商场、单位将厕所向社会免费开放。裕华路、中山路、中华大街、文化广场、人民广场等重要节点130余栋楼宇完成夜景亮化，更新改造30条小街巷照明设施。对5条主干道、20条次干道、10条小街巷、4个出入市口、6个广场范围内1332栋建筑物进行整饰。突击整治对裕华路、中山路、翠屏路，硬化便道14万平方米，对3座地下通道、4座过街天桥进行清洗和装饰，使省会城市面貌变得更加整洁有序。将正定县、鹿泉市、藁城市、栾城县市容管理考评工作纳入全市考核范围，大力完善数字城管监督考评体系，规范数字城管网络维护。全年受理群众反映问题87万多件，结案率达到99.31%。

【重点项目建设】 2010年，由城管局承建的重点工程项目有桥西污水处理厂二期扩建、医疗垃圾废弃物处置中心建设、融雪池建设。为确保工程的快速推进，城市管理部门实行“一个项目、一位领导、一套班子、一抓到底”的“四个一”推进机制，并抽调精干力量全力攻坚。桥西污水处理厂二期工程，仅3个月就完成全部工程。医疗废物处置中心项目从立项到施工历时两年，面对选址难等困难，6个月完成全部建设任务并正式运营，是河北省规模最大、技术最先进、自动化程度最高的医疗废物处置中心。全年建成2000立方米融雪池1座，500立方米融雪池5座。完成20个雨水闸门的清淤改造，清掏淤泥7万方，疏通管道115千米。并将1200多千米管网、6万多个井盖、26座泵站全部输入微机，使排水管网维护工作迈入数字化时代。此外，城市管理部门还将道路清扫保洁、建筑垃圾处置管理、环卫设施设备管理等纳入一体化管理，实行考核得分和环卫作业经费相挂钩的激励机制，大大促进了环境卫生管理水平的提高。

（张伟义）

【13个城建项目集中开工】 3月25日，石家庄市精心谋划总投资55.7亿元的太行大街南延北展、裕华路东延等13项城市建设“三年大变样”工程举行开工仪式。其中，道路工程11项，分别为太行大街南延北展工程、裕华路东延工程、京赞公路工程、新赵公路工程、张石高速公路行唐灵寿接连线工程、泰华街打通工程、金马大街大修工程、丰华路工程、谈固大街工程、支农路维修工程、青园街维修工程，投资55.6亿元，建设里程148.6千米，园林绿化工程2项，为石铜路道路绿化工程、307国道出市口道路绿化工程，投资877万元，绿化面积6.75万平方米。太行大街南延北展工程南接栾城衡井公路，北接正定正无公路，长27.4千米，按城市主干路设计，双向八车道，红线宽60米，设计时速60千米，计划2010年12月31日竣工。概算投资27.5亿元。裕华路东延工程长2550米（其中秦岭大街至恒山街1050米、泰山街至阿里山大街1500米），红线宽100米，断面为四幅路、双向六车道，中央分隔带宽25米，机动车道宽12.25米，机非隔离带宽3米，非机动车道宽7米，人行道宽15.25米，概算投资12.31亿元。京赞公路工程井元公路至院头段，为二级公路，长49.4千米，路基宽12米，双车道，概算投资4.02亿元。新赵公路工程无繁线至北桥寨段及307国道至308国道段，为二级公路，长35.6千米，路基宽12米，双车道，概算投资2.99亿元。张石高速公路行唐灵寿连接线工程，为一级公路，长32.8千米，路基宽26米，四车道，概算投资8.24亿元。泰华街打通工程（北二环至北三环辅路）长1600米，红线宽25米，为一块板形式，概算投资1300万元。金马大街大修工程（中山路至跃进路）长650米，红线宽25米，为一块板形式，概算投资430万元。丰华路工程（体育大街至电厂街）长600米，红线宽20米，断面为一块板，概算投资300万元。谈固大街工程（中山路至跃进路）长677米，红线宽40～60米，断面为三块板，双向六车道，概算投资900万元。支农路维修工程（维明街至槐安路）长951米，宽8米，改造内容包括翻修道路、铺装便道、改造排水，概算投资700万元。青园街维修工程（中山路至民心河）长3159米，快车道宽9米，慢车道宽3.5米，改造内容包括翻修道路、铺装便道、安装路灯，概算投资2000万元。石铜路道路绿化工程（南二环至南三环）长2.5千米，绿化面积3万平方米，概算投资390万元。307国道出市口道路绿化工程（位于长安区南五女村段）长1.5千米，绿化面积3.75万平方米，概算投资

487.5万元。

（张跃彬）

【城市景观亮化】 2010年，城管系统按照“提升档次、打造亮点、建设精品”的思路，对裕华路、中山路、中华大街、文化广场、人民广场等重要节点、重要区域130余栋楼宇进行亮化，对30条小街巷路灯进行更新改造，打造流光溢彩、璀璨夺目、美轮美奂的城市夜景，为省会夜晚增添动感和魅力。对5条主干道、20条次干道、10条小街巷、4个出入市口、6个广场范围内1332栋建筑物进行整饰。同时，对裕华路、中山路、翠屏路3条道路景观进行突击整治。硬化便道14万平方米，亮化夜景80余处，对3座地下通道、4座过街天桥进行清洗和装饰，使省会城市面貌变得更加整洁有序。

石家庄电视塔夜景

【裕华路中山路翠屏路景观整治提升工程启动】 11月9日，河北省召开省会裕华路中山路翠屏路景观整治提升动员大会，省委常委、常务副省长赵勇，副省长宋恩华出席会议并讲话；省委常委、市委书记孙瑞彬主持会议；市委副书记、市长艾文礼，省政府副秘书长、省直机关事务管理局局长李冠，市人大常委会主任王增明，市政协主席王华清，市委常委、副市长王大虎出席会议。会议决定，利用50天时间，集中开展省会裕华路、中山路和翠屏路景观整治活动，总结经验后向全省推广。按照河北省制定下发的《省会裕华路中山路翠屏路景观整治提升实施方案》要求，空地、重要节点、市政设施为整治的重点。景观整治活动于12月30日前完成任务。

【裕华区环卫车辆全部装上GPS】 年内，随着“三年大变样”工作的开展，机械化清扫已渐成规模。裕华区环卫部门针对这一新生事物，制定了目标量化标准，并采取定车、定人、定时间、定路段的方法，实行包段责任制。针对路段实际，以及严重污染和遇有重大任务作业时的情况，采取机械作业与人工作业相结合，确保在最短时间内把路面清扫干净。同时，通过安装GPS等新型装备，完善管理手段，不断

石家庄火车站夜景

提高机械化清扫效率，及时调控车辆作业，确保路面干净，不留死角。实行机械化清扫的同时，裕华区卫生队着力加强街道容貌管理，对全区大街小巷实行从凌晨3时到21:30的全天候、全覆盖、无空当保洁。同时，他们还与全区16条主要街道的3600个门店，全部签订门前市容环境卫生管理责任书，为裕华路、槐安路、体育大街和青园街等四条重要路段沿街门店，发放门前垃圾容器1200个。

（靳晓磊）

【市政设施管护】 全年投资1.5亿元对50条小街巷进行了整修改造，畅通了省会道路的“毛细血管”，提高了道路微循环系统的通行能力。对和平路以南11个区域的雨水管道实施污水截流，大大提高了城区防汛排涝能力。实施中山路、裕华路、和平路等5座地道桥引道和泵站建设，为铁路入地工程的顺利实施提供了有力保障。道桥管理处狠抓桥梁设施检测维护，巡视检查桥梁3万余次，普查桥梁386座，保洁桥梁1575次，保证了全市桥梁的安全运营。二环路管理处实行公司承包、定人专向负责、机关业务处室巡视的三维一体管理制度，加强设施维护和绿化管护，大力度的开展环境综合整治，使二环路两侧环境发生明显改观。

【照明设施管理】 为进一步提升老城区照明设施管理水平，市夜景照明管理部门在对全市夜景照明设施拉网式普查的基础上，按照突出重点、突击整治，注重质量、全面提升的原则，对照明设施存在的问题进行了全面整治。整治活动中，对陈旧的柱式配电箱进行更换；对辖区内的照明箱式变电站、柱式变压器、落地式配电箱等，建立完善的维修台账，并逐一进行维护保养、除尘；检查变压器油，排除安全隐患。对设施锈蚀严重的街道灯杆进行刷漆，对全市主次街道灯杆全面保洁一次。保洁灯杆1400余根，具体路段有正东路、阜康路（胜利北街－平安大街）、体育大街（和平路－槐安路）、富强大街（裕华路－槐中路）、建胜路（元南路－平安大街）、站前街（中山路－裕华路）等。并对市区107条道路1400余套照度低、耗电高、寿命短的路灯进行了改造，切实改善市民百姓“家门口”的出行环境。

（靳晓磊）

【主城区容貌环境综合治理】 全市组织开展了“城区建筑垃圾整治攻坚”、“占道摊贩、露天烧烤专项整治”等城市容貌综合整治活动，重拳治理建筑垃圾私倾乱倒、沿途遗撒以及占道经营、露天烧烤等城市“顽症”。从环卫处、城管支队抽调精干力量，分片分段严格管理，加大处罚力度，严格落实机械化清扫保洁和洒水作业规范。围绕“干净、整洁、有序”整治标准，拆除整治门店牌匾11万多平方米，修复霓虹灯缺笔少划2千多处，清洗楼宇98万平方米。科学设置379个机动车停车场，144处非机动车存放处，增设果皮箱1万余个，协调279家商场、单位将厕所向社会免费开放。在全省“三年大变样”验收考核中，占据总分数将近40%的城市管理工作取得了一项不漏、一分不扣的优异成绩。裕华区城管局在全市市容管理工作中保持领先优势，城管系统6个现场会有5个在该区召开。在道路清扫保洁中推出了“三级徒步检查法”等办法，在渣土管理中与公安、交警联合执法，全程跟踪管理。通过精细管理，

整修一新的小街巷

巩固了市容管理优势。

【组团县（市）城区管理】 为了落实市委、市政府组团县（市）与主城区同城化发展的指示精神，按照“统一标准、先易后难、重点突出、逐步推进”的思路，将正定县、鹿泉市、藁城市、栾城县市容管理考评工作纳入全市考核范围，采取建立考核办法、增加检查内容、开展精品创建活动等措施，强化市容考核。考评办大力完善数字城管监督考评体系，规范数字城管网络维护，健全管理制度，全年受理群众反映问题 87 万多件，结案率达到 99.31%，使数字城管作用得到了充分发挥。正定县城管局以“迎正博”为契机，大力整治城市容貌环境。按照“互惠互利、便民利民”原则，引进社会资金投资果皮箱建设，弥补了财政投入不足状况；完成了历史文化街户外广告规范设置，成为展示古城文化的一道靓丽风景。藁城市城管局围绕建设“宜居组团市、靓丽东大门、产业集聚区、和谐新藁城”的目标，大力加强容貌管理，清理摊贩 1.6 万余次，规范升级牌匾 430 多块，清理垃圾 10 余万方，辖区环境卫生有了很大改观。栾城县城管局以建设“整洁美丽、和谐有序”的新栾城为平台，完善机构，强化考评，建立制度，城乡容貌整治工作实现了由乡镇政府所在地、国省主要干道向示范段、示范村的延伸和扩展。

（张伟义）

【上庄污水处理厂投入运营】 2010 年 1 月，新建上庄污水处理厂（一期）通过竣工验收，正式投入运营。上庄污水处理厂项目位于鹿泉市上庄镇大宋楼村东南，占地 182.12 亩，总投资 2 亿多元，是河北省和石家庄市的重点项目。一期总投资 1.25 亿元，日处理污水 5 万吨；二期设计日处理污水 10 万吨，污水排放标准为一级 A 标准。污水处理采用悬链曝气污水处理工艺，处理后的水质可达到城镇污水处理厂污染物排放一级 A 标准，主要对西部山前生态新区、铜冶火炬产业园和山尹村绿岛产业园约 115.2 平方千米范围内污水进行处理。

（高致国　史永刚）

【滹沱河污水处理厂试运行】 5 月，日处理能力 4.67 万吨的滹沱河污水处理厂进入试运行。滹沱河污水处理厂于 2008 年 3 月开工建设，位于石家庄市高营大街以东、北外环路以南，占地 150 亩，总投资约 1.3 亿元。该污水厂由中国华电工程（集团）有限公司投资建设管理，采取 BOT（建设－经营－转让）形式建设，设计日处理污水能力 4.67 万吨，远期 7 万吨，采用改进型三沟式氧化沟处理工艺。处理后污水（再生水）全部实现回用，主要作为观赏性景观用水，补充民心河水量，部分作为城市杂用水回用城区，包括道路浇洒、城市绿化、卫生冲洗等方面。滹沱河污水处理厂收水面积为 20.15 平方千米，收水范围包括滹沱河生态开发整治区域内所有污水，以及石津北干渠北至石太高速公路南之间南高营、北高营、东古城、西古城、柳辛庄、柳董庄和肖家营等村庄 8 平方千米范围内全部排水。

【出台《城区融雪清雪工作应急预案》】 11 月 10 日，市政府出台《城区融雪清雪工作应急预案》。《预案》根据市气象台灾害性降雪预报确定雪情预警，由低到高分为 IV 级（小雪）、III 级（中雪）、II 级（大雪）、I 级（暴雪）四个预警级别，并以此采用蓝色、黄色、橙色、红色加以表示。蓝色预警：小雪天气（降雪厚度在 1 厘米，或降水量在 1 毫米以下），城区主要道路交通稍受影响；黄色预警：中雪天气（降雪厚度在 1 ～ 5 厘米，或降水量在 1 ～ 5 毫米），城区主要道路交通受较大影响；橙色预警：大雪天气（降雪厚度在 5 ～ 10 厘米，或降水量在 5 ～ 10 毫米），城区主要道路交通受到严重影响；红色预警：暴雪天气（降雪厚度在 10 厘米以上，或降水量在 10 毫米以上），城区主要道路交通不能正常通行。城区出现降雪天气后，根据降雪的影响范围、灾害程度，由市城区融雪清雪指挥部适时实行四级应急响应。IV 级响应：各融雪清雪指挥部领导带班，人员到岗，24 小时值班，确保通信畅通；各成员单位进入临战状态，人员、车辆全部到位。III 级响应：在 IV 级响应的基础上，全部融雪车辆 2 小时内加装融雪剂、融雪液完毕，其他人员在指定位置待命；市环卫部门加强道路的清扫，道桥、排水各级单位加强检查巡视；雪停后，各级指挥部按清雪方案组织融雪清雪。II 级响应：在 III 级响应的基础上，专业融雪成员 1 小时内到达规定路段，开始融雪；市城区融雪清雪指挥部各成员单位，立即组织人员、机械开展清雪工作。I级响应：在II级响应的基础上，各级政府、各级清雪指挥部、各单位及驻石部队，组织各方面力量投入清雪工作；市城区融雪清雪指挥部办公室调动成员单位所有人力、物力，实施道路清雪。融雪时，首先保障中山路、裕华路、和平路、槐安路、友谊大街、维明大街、中华大街、平安大街、建设大街、青园街、体育大街、建华大街的融雪工作。融雪清雪完成时限：雪停后，大雪48小时内主干道的快车道积雪清理完毕；72小时内次干道积雪清理完毕；中雪主干道24小时、次干道48小时内快车道积雪清理完毕；4天内主次干道、慢车道积雪清理完毕。雪后1小时，立即动员市内各单位、沿街门店、办事处、居委会，对本辖区道路实施清雪，4小时内保证辖区道路快车道畅通，4天内积雪清理完毕。小街小巷、生活小区按照管理责任，由办事处、物业部门和产权单位负责组织清雪，中小雪2天内积雪清理完毕，大雪4天内积雪清理完毕。

（靳晓磊）

城市园林绿化

【概况】 2010年，全市园林系统围绕省会城市建设“三年大变样”工作开展大规模园林绿化建设和绿化美化提升，倾心铸造园林精品，全面积60多公顷。园林部门始终坚持以重点工程建设推动全市园林绿化工作快速发展，全年完成新增绿化670万平方米，建成区绿地率达

欧韵公园

市园林绿化事业继续保持了蓬勃发展的良好局面。环城水系建设顺利进行，至年末31千米河道完成开挖22千米，桥梁桩基完成70%。该项目竣工后可形成水面242公顷、绿地595.7公顷。实施二环和主要出入市口景观提升工程，共新增绿化到了40.94%，绿化覆盖率达到了46.83%，人均公园绿地达到14.39平方米，比上年增加2.9平方米。年末城市拥有公园41个，公园面积1112公顷；城市园林绿地面积8862公顷，园林绿化覆盖面积9762公顷，分别增加635公顷和842公顷。在省级园林城市（县城）创建工作中，鹿泉市、高邑县、井陉县被评为省级园林城市（县城）。在全省“三年大变样”验收考核中，石家庄市园林绿化项目全部获得满分。年内顺利通过国家园林城市复查。

【“石家庄园”获中国国际园博会金奖】 5月11日，石家庄市展园“石家庄园”在第七届中国（济南）国际园林花卉博览会上荣获综合金奖，并获设计优秀奖、施工大奖和建筑小品大奖。本届园博会于2009年9月22日开幕，以“文化传承、科学发展”为主题，吸引了23个国家和地区的91个城市（机构）参加展览，室外展园数量达到108个，创造了“展园全国覆盖，五洲都有参展”的新纪录。园博园的国内展区分为传统园林展区和都市·现代园林展区。石家庄市参展的“石家庄园”位于传统园林展区，总占地约4000平方米。“石家庄园”依托宋代封龙书院（全国四大书院之一）而建。封龙书院是全国唯一的有别于儒教而以理

科著称的书院，被称为古代的“清华大学”。展园设计是根据文献记载和遗址，再现封龙书院昔日风貌。展园入口由门前广场和仪门两部分组成。展园在展示书院文化的同时，还展示了易水古砚文化，以及曲阳石雕文化。在植物配置上，绿化树种以太行山的柿树、五角枫为主，入口两侧的银杏林昭示书院“十年树木，百年树人”的治学理念。

（靳晓磊）

【两环水系建设】 环城水系工程是省重点建设项目，是市委、市政府适应现代城市发展规律精心谋划实施的重大基础设施建设工程。该项目西起西北水利防洪生态工程最南端，沿南石环北侧两千米东延，穿京珠高速向东北方向延伸，至南二环东沿与太行大街交口沿太行大街东侧北延，至307国道沿太行大街西线北延，与滹沱河相接，全长31千米，河道平均宽80米，水深2米，两侧绿化带宽150米，建设节点主题公园7座，工程总投资66.6亿元，竣工后可形成水面242公顷、绿地595.7公顷，桥梁49座，橡胶坝2个，钢坝（带船闸）2个。该项目将统筹兼顾防洪排涝、生态景观、地域文化、休闲游览、产业集聚等多种功能，以科学的规划、精心的设计、高标准的建设，最终实现“水通、船通、路通、景通、林带通”五通的目标要求，环城水系工程7月3日开工建设，至年底已完成东南水系规划设计、勘察放线、征地拆迁等前期工作，工程建设取得突破性进展，全长31千米河道已开挖22千米，景观绿化地形堆砌初具规模，桥梁根基浇筑完成70%。太平河、西北水利防洪生态二期工程通航提升完成方案设计。西北防洪污水处理厂主体已竣工，潜流管网工程正在实施，桥西明渠基本完成隧道、污水管道及暗涵施工，南栗明渠完成了雨水方沟、污水管道及4座桥梁建设，明渠整治已推进2.1千米。

【道路绿化】 抓住创建国家生态园林城市的有利时机，加速道路绿化全面提质。实施二环路绿化提升改造工程，精心打造了内侧30米、外侧50米、总面积141公顷的二环路景观绿环。结合年内新建道路工程，快速实施道路绿化建设，对体育大街（和平路至北二环）、和平路（育才街至华药东街）、中华大街（和平路至北外环）3段移交道路进行绿化改造。在北二环至子龙大桥段两侧建成各宽30米的景观绿带，新增绿地25.8公顷。高标准打造高速两侧景观线，完善307国道东段、308国道南段等11条出市口道路绿化和高速公路断带绿化，新增绿地31.6公顷。同时，在主干道、二环路沿线重要节点部位建成街旁游园28块，道路绿化景观和形象得到明显提升。

【公园广场建设】 2010年，市园林部门完成河北省第一届园林博览会筹备工作，制定总体承办和招展方案，实施规划放线、园区设计、拆迁评估等前期工作，并组织召开参展工作会议。全年新建改造了部分公园、广场，其中包括时光公园、石太公园二期和植物园广场。石太公园二期继续以改善生态为主题，占地6.8万平方米，与一期工程大致相当，于10月底竣工开放；时光公园占地约5.6公顷，于11月份开始征地拆迁；植物园广场完成评估评审及拆迁工作。对建成较早的水上公园、槐北公园实施了升级改造，园区道路、地下管网等基础设施更加完善，园内部分绿化、水系、园林小品进行了重新设计，面貌焕然一新。组织开展了东垣遗址公园、

新建成的裕西公园

毗卢寺公园、太平河公园的立项、规划方案编制等前期工作。

（王锡江　左晗伟）

【植物园长安公园入选河北省首批十佳公园】 年末，省住房和城乡建设厅经评选并报省政府同意，公布河北省首批十佳公园、十佳建筑节能示范小区和十佳公共建筑。其中，石家庄市植物园、长安公园入选河北省首批十佳公园。河北省首批十佳公园分别为：石家庄市植物园、石家庄市长安公园、秦皇岛市奥林匹克公园、邯郸市丛台公园、邯郸市赵苑公园、唐山市南湖城市中央生态公园、唐山市凤凰山公园、廊坊市文化公园、张家口市人民公园、沧州市人民公园。

（张跃彬）

【“十佳”公园评选】 2010年年底，市园林局邀请省、市园林专家和市人大代表、市政协委员组成专家组，对各县（市）区、市区各单位申报的17个公园广场、26条街道（段）和25个居住小区进行评选。经专家组严格评选、量化打分，三个“十佳”名单确定。十佳公园：石家庄市动物园、鹿泉市海山公园、石家庄市世纪公园、石家庄市裕西公园、新华区石太公园、栾城县人民公园、藁城市水上公园、井陉矿区清凉湾公园、晋州市魏征公园、井陉县韩信公园。十佳绿化样板街道：府前路（高邑县）、石清路（新华区）、裕华东路（体育大街－东二环立交桥）、北斗路（鹿泉市）、海山大街（鹿泉市）、新城大街（高邑县）、植物园路（新华区）、裕翔街（体育大街－308国道）、长江大道路(高开区)、红旗大街（裕华路－南二环、桥西区）。十佳绿色小区：5721工厂海山社区(鹿泉市)、荣景园（桥东区）、富强电力小区（裕华区）、卓达星辰花园（高新区）、亚龙花园（长安区）、万信城市花园（新华区）、华丽综合服务处深泽北区(深泽县)、联邦名都(桥西区)、天山水榭花都（栾城县）、郁馨苑（藁城市）。

（靳晓磊）

【节日摆花、花展及外展活动】 承办了“燕赵风情”城市雕塑大赛，通过创意规划编制、作品征集评奖、小样制作等环节，征集国内外作品512件，评选优秀作品96件，在城市重点部位建成大型主题雕塑14个，大大提升了城市文化品味。在道路节点、公园广场等重点部位组织开展花卉种植及立交桥绿化美化活动，栽植各类时令花卉1000余万株。为提升城市品位，“五一”、“十一”节日及正博会期间，在全市主要街道广场，举办了第九届月季花展和金秋菊展，共展出月季800个品种、20万盆，展出菊花1200个品种、30万盆，陪衬花卉20万盆，布置景点近80余处。赴常州参加了第四届全国月季展，精心布置了“柏坡春色”大型景点，荣获金奖一项、银奖两项、铜奖三项，更好地宣传展示了石家庄园林风采。

【园林绿化管护】 组织市内五区、高新区园林绿化主管部门和直属有关单位全方位开展春季树木修剪、夏季抗旱，及时清除因冻害枯死的树木和绿篱。10月份抓住秋季绿化的有利时机，对缺株死株、缺苗断垄、黄土裸露进行了统一补植，共补植乔木4496株，灌木9956株，绿篱1469341株，地被67035株，草坪7424平方米。进一步加大管护考核力度，制定了《石家庄市园林绿化管理考核办法》，加强对主城区、四组团县（市）的检查考核力度，通过采取明察、复查、联查、媒体公示等方式，使考核工作步入科学化、制度化、规范化轨道，促进了全市园林绿化管护水平的显著提升。园林绿化数字化管理成效显著，截至年底累计接案2.44万例，办结2.27万例，办结率达到94.5%。太平河景区加大了对游览、交通、经营秩序的整治力度，景区环境状况明显好转。民心广场、文化广场移交广场管理处后，公共秩序和管护水平显著提升。配合省会文明办开展了迎接全国公共文明指数测评活动，绿化管理进一步加强，公园广场秩序进一步规范。组织太平河管理处、动物园等单位开展了应急队伍演练活动，提升了应对自然灾害、突发事件的处置能力。

（王锡江　左晗伟）

【命名河北省园林式单位、小区、街道名单】 2010年，省住房和城乡建设厅组织开展创建省级园林式单位、园林式小区和园林式街道活动。经考核验收，命名省内155家单位为河北省园林式单位，115个小区为河北省园林式小区，76条街道为河北省园林式街道。石家庄市15家单位命名为河北省园林式单位：中国石油化工股份有限公司河北石油分公司、中国人民解放军石家庄陆军指挥学院军事行政区、中国人民解放军 66395 部队、辛集市广播电视局、河北东明制衣有限公司、辛集市林业局、河北省石黄高速公路管理处藁城东收费站、石家庄国大御温泉度假村有限公司、鹿泉市建设局、鹿泉市供电局、苏东坡祖籍纪念馆、石家庄东方美术职业学校、新乐市公安交警大队、晋州市魏征路小学、晋州市光荣院。14 个小区命名为河北省园林式小区：桃园社区、国富华庭、大郭新村、东方观邸、新天地自然康城、中国人民解放军石家庄陆军指挥学院生活区、辛集市芳华小区、辛集市绿洲小区、辛集市宝石花园、新乐市元亨小区、晋州市滨河花园小区、晋州市朝阳小区、正定县达诺现代城、正定县江南新城。2 条街道命名为河北省园林式街道：平山县电厂路、高邑县千秋路东段。

（靳晓磊）

【县级城镇绿化净增量考核结果公布】 9 月 28 日，市绿化办公布 2010 年全市 18 个县级城镇绿化净增量考核结果。高邑县排名第一，正定县排名最后。8 月 23 日至 9 月 4 日，石家庄市组织由市人大常委会副主任傅世武、郭领域，市政协副主席李天印、韩宪章带队，由部分市人大、政协常委，人大代表、政协委员及部分园林、林业专家组成的考核组，采用实地察看、听取汇报、查验有关资料等办法分别对 18 个县级城镇 2010 年度新增绿化覆盖率进行考核。按照考核要求对照县级城镇绿化净增量考核标准逐县进行了综合评比打分，排出名次。按分值高低考核排名依次为：高邑县、鹿泉市、辛集市、灵寿县、栾城县、矿区、藁城市、晋州市、新乐市、无极县、井陉县、平山县、赵县、元氏县、行唐县、赞皇县、深泽县、正定县。

（潘双清）

【命名市级园林式单位、居住小区、园林绿化样板街道】 2010 年，市园林部门组织开展创建园林式单位、园林式居住小区、园林绿化样板街道活动。在专家现场验收基础上，经市政府批准，命名 56 个“市级园林式单位”、26 个“市级园林式居住小区”和 10 条“市级园林绿化样板街道”。56 个市级园林式单位为：石家庄市肖家营小学、辛集市广播电视局、辛集市河北申科电子股份有限公司、辛集市第二实验中学、辛集市河北东明制衣有限公司、辛集市林业局、辛集市中国银行辛集支行、辛集市河北黑马农村粮油服务有限公司、藁城市石家庄国大御温泉度假村有限公司、藁城市南营镇人民政府、藁城市岗上村村委会、晋州市光荣院、晋州市魏征路小学、晋州市河北沃尔旺食品饮料有限公司、新乐市河北富格药业有限公司、新乐市河北高明电线电缆公司、新乐市燕赵文学艺术馆、新乐市人民法院、鹿泉市财政局、鹿泉市公安局、鹿泉市水务局、鹿泉市河北储备物资局一三三处、正定县人民医院、正定县石家庄鑫洋木业有限公司、正定县石家庄鑫诚电器有限公司、正定县正定镇民生街村民委员会、正定县石家庄外事职业学院、井陉县职业技术教育中心、井陉县石家庄化工化纤有限公司、井陉县际华三五一四制革制鞋有限公司、井陉县际华三五零二职业装有限公司、井陉县河北储备物资管理局一五处、井陉县人民检察院、井陉县石家庄市第八医院分院、井陉县中国人民解放军 66296 部队教导队、井陉县林业局、中共井陉县委党校、井陉县中心敬老院、行唐县公路管理站、灵寿县工商管理局、灵寿县污水处理厂、灵寿县卫生局、平山县西柏坡技工学校、平山县石家庄燕恒服装有限公司、中国联合网络通信有限公司平山县分公司、平山县建设局、平山乡村优教园、平山县供电局、平山县人民政府招待所、中国人民武装警察部队平山县中队、河北省平山县国家税务局、元氏县供电局、高邑县凤城污水处理厂、高邑县第一中学、赞皇县高砂陶瓷材料有限公司、赞皇县皇明污水处理厂。26 个市级园林式居住小区为：桥东区桃园社区、桥东区古运码头、桥东区花香维也纳、桥西区海龙花园、新华区鑫城小区、裕华区东方官邸、裕华区新天地自然康城、辛集市东明城市花园、辛集市芳华小区、辛集市绿洲小区、辛集市宝石花园、辛集市广电小区、晋州市滨河花园小区、晋州市朝阳小区、正定县万佳丽都、正定县达诺现代城、栾城县现代阳光园、井陉县邮电小区、井陉县府南小区、井陉县南苑小区、平山县龙城花园、平山县敬业花园、平山县清华园、高邑县凤凰嘉园、高邑县现代城东区、高邑县香榭丽舍。10 条市级园林绿化样板街为：长安区光华路、长安区东大街、桥西区育新街、鹿泉市龙泉东路、栾城县西南外环、行唐县迎宾 1 号路、灵寿县正南大街北段、灵寿县北环路、平山县电厂路、高邑县千秋路东段。

（靳晓磊）

【社会绿化活动】 通过在全市开展创建园林式单位、小区和街道活动，动员全社会力量对各自生活、工作的居住小区和单位庭院进行绿化改造提升，全年创建省级园林式单位15个、园林式小区14个、园林式街道2条；市级园林式单位56个、园林式小区26个、园林式街道10条。以城区主干道为重点，组织沿街48个庭院居住区进行围栏立体绿化，共绿化围栏8232延米，栽植藤本植物近3万余株，街道美化景观显著提升。植树节期间，组织党政机关、企事业单位、大专院校等在小壁林区开展了义务植树活动，累计植树近20万株。

【园林绿化行业管理】 成立专门负责审批窗口工作的综合服务处，在审批中牢固树立高效服务意识，打破坐等申请的常规模式，实行提前介入、主动服务、超前指导，提高审批效率，优化发展环境。全年办理审批42项，参加施工图联合审查44次、联合验收23次，无超时办结或退件现象发生。进一步加强园林建设市场管理，完成163家驻石企业的监督检查及资质换证，完成25家新申报绿化资质申请企业的资料审核报批，完成124家外地企业入石备案工作，颁发施工许可证155个，办理企业诚信审查51项、竣工验收备案161项，为企业出具建设行政相对人守法证明153份。

（王锡江　左晗伟）

环境保护

【概况】 2010年，石家庄市环保工作围绕省会三年大变样工作部署，以污染减排为主线，以大气和水污染治理为重点，着力实施以"洗城净天"和"清流净水"为主要内容的"碧水蓝天"行动计划，转变思想观念，创新监管机制，加大执法力度，实施重点攻坚，打造生态亮点。全市整体环境质量进一步改善，全年优良天气达到319天，比2009年增加2天，三项主要污染物PM10、SO_2、NO_2的日均浓度实现有监测数据以来首次达到国家二级标准。主要河流水质超标反弹现象得到控制，河、滹沱河、汪洋沟、邵村排干渠出境断面COD浓度从10月份开始连续3个月达到省考指标要求并实现生态补偿金零扣缴。岗南水库、黄壁庄水库主要水质指标保持在国家地表水Ⅱ类水质标准，市区集中饮用水源地水质达标率在96%以上。区域环境噪声平均值控制在52分贝以内，交通干线噪声平均值控制在67分贝以内，达到市区功能区噪声控制标准。环境基础设施建设实现新突破。到2010年底，全市正式投入运行的污水处理厂已达25座，形成处理能力187万吨／日，污水处理率达到95.3%。生活垃圾无害化处理率100%。全市全年征收排污费1.1454亿元。完成国家自身建设项目申报组织工作，共上报省环保厅7个项目，两批共上报省环保厅15个项目，全年争取中央资金3081万元，省级资金3455万元，共计6536万元。

加大环境监督检查力度。工业危险废物和医疗废物得到安全处置，2010年石家庄市工业固体废物产生总量为1567.62万吨，处置利用率为97.72%。市区全年产生生活垃圾96.7万吨，无害化处理率为87.3%。市区全年处置医疗垃圾1700吨，无害化处理100%。通过大气和水环境质量攻坚，有效地解决了一批影响城市发展的环境问题，全年共监督检查建设项目917个，查处违法建设项目5个，审批项目181个、验收项目61个、否决项目45个。2010年全年行政处罚案件立案81起，结案81起，结案金额419.78万元，个案均值9.18万元。进一步加大环保专项行动工作力度，先后开展了以"洗城净天"和"清流净水"为主要内容的"碧水蓝天"行动计划等一系列环保专项行动，累计出动环境执法人员12790余人（次），检查企业6519家，立案查处违法排污企业201家，罚款672万元，7家违法企业法人代表被行政拘留，限期治理企业265家，关停企业354家，环保专项行动工作取得了积极成效。省会环境质量得到实质性改善，全市空气质量、水环境质量、废物处置、污染物排放物4大类中10项指标控制任务全部完成。年底市环保局被河北省委、省政府授予

“河北省城镇面貌三年大变样工作模范集体”称号。

“十一五”污染减排任务圆满完成。2010年化学需氧量排放总量目标控制在11.73万吨，在2005年的基础上削减2.57万吨，削减18%；二氧化硫排放总量目标控制在17.65万吨，在2005年的基础上削减3.35万吨，削减15.5%。截止2009年末，经国家环保部认定石家庄市主要污染物化学需氧量已净削减1.73万吨、完成“十一五”任务目标的67.3%，二氧化硫已净削减3.03万吨、完成“十一五”任务目标的90.4%。经环保部、省环保厅核查确认，到2010年末，化学需氧量排放总量控制在11.72万吨以内、二氧化硫排放总量控制在17.65万吨以内，分别完成“十一五”减排任务的100.4%和100%。2010年度，石家庄市被河北省人民政府首次授予“环境保护目标管理优秀市”称号，同时，市辖的鹿泉市、灵寿县、辛集市和石家庄市裕华区被河北省人民政府授予“河北省环境保护目标管理优秀县（市、区）”称号。

【城市环境质量】 石家庄市区环境空气仍以“煤烟型”污染为主，呈现由“煤烟型”污染向“复合型”污染转化的趋势，降尘和可吸入颗粒物为主要污染物。城市环境空气为轻度污染水平，环境空气质量较2009年略有改善；市域内地表水体总体呈“有机污染型”，各地表河流受沿途工业污染源污染较重，城市（镇）下游河段水质多超过地表水功能区划标准，出境断面控制指标多难以达标，污染等级为中度污染以上；全市地下水环境质量不容乐观，总硬度超标较重，浓度值呈现由西北向东南逐渐增加的分布特征，其它污染物受地面污染物垂直渗透影响，呈现“点状”或“片状”分布特征；地下水采补失衡，水位降落漏斗面积逐年增大，向西、向北逐年扩展。地下水质量总体变化不大；城市饮用水源地水质状况良好。岗南水库、黄壁庄水库中除总磷、总氮、化学需氧量、氨氮外，其余指标均符合《地表水环境质量标准》II类标准；城市声环境以交通噪声和生活噪声为主要噪声源，城市功能区噪声昼间基本达到国家标准要求，夜间仍存在超标现象。区域环境噪声平均等效声级值为50.2分贝，同比2009年下降0.2分贝。道路交通噪声平均等效声级为平均等效声级为65.6分贝，同比上升0.2分贝。

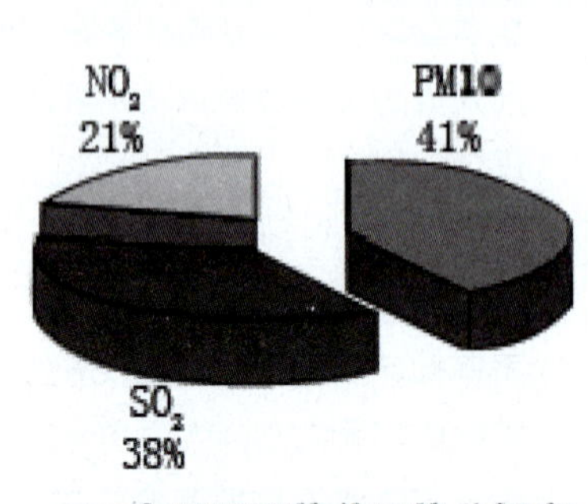

2010年三项污染物污染分担率

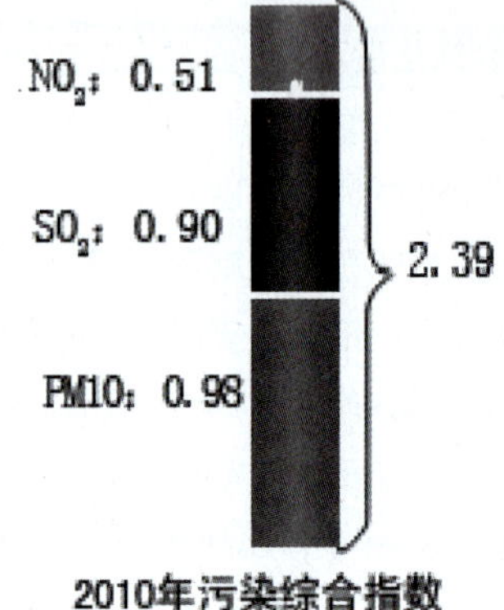

2010年污染综合指数

一、环境空气质量　2010年市区总体环境空气质量状况较2009年有所改善，污染等级为清洁，主要大气污染物浓度时空分布特征显著。城区环境空气呈现“煤烟型”污染特征，城区环境空气综合污染指数为0.54，污染等级为清洁，主要污染物为降尘和可吸入颗粒物。可吸入颗粒物、二氧化硫和二氧化氮的年日均值为0.098毫克／标立方米、0.054毫克／标立方米、0.041毫克／标立方米，同比上年可吸入颗粒物下降5.8%，二氧化硫和二氧化氮分别上升7.4%和17.1%。全年环境空气质量处于II级及优于II级的天数为319天，占总天数的87.4%，其中一级天数为34天，占总天数的9.3%，二级天数为285天，占总

表16　2010年石家庄大气污染物监测数据统计表

浓度单位：毫克／标立方米

项　目	浓度值范围	年均浓度	超标率(%)	二级标准
可吸入颗粒物	0.024—0.415	0.098	12.3	0.10
二氧化硫	0.010—0.234	0.054	2.2	0.06

（续表）

项　目	浓度值范围	年均浓度	超标率(%)	二级标准
二氧化氮	0.012—0.038	0.041	0.3	0.08
降　　尘	5.34—29.37	15.84	26.2	19.00
硫酸盐化速率	0.262—2.829	1.018	/	/
一氧化碳	0.001—6.824	1.211	4.5	4.00
臭　　氧	0.001—0.208	0.028	0.2	0.20

＊降尘浓度单位：吨／平方千米　30天，硫酸盐化速率浓度单位：毫克S03/100平方厘米碱片　日，臭氧为小时均值。

天数的78.1%，三级天数为44天，占总天数的12.1%，四级天数为2天，占总天数的0.5%。优良天数同比2009年增加2天，其中Ⅰ级减少9天，Ⅱ级增加11天。

2010年石家庄市区空气污染指数为2.39，其中可吸入颗粒物、二氧化硫污染指数分别达0.98、0.90，两者的污染负荷分别占41.0%、37.7%，可吸入颗粒物所占污染负荷最高。

石家庄市区大气污染物浓度呈现“晨峰午谷”及“冬重夏轻”的污染变化规律。一天中，污染物小时浓度值的最高值常出现于清晨，最低浓度多出现在午后；污染最严重的月份为12月，污染最轻的月份为8月；全年四个季度中，四季度污染最重，三季度污染最轻。

环境空气污染状况　2010年石家庄市环境监测中心对城区空气中的可吸入颗粒物、二氧化硫、二氧化氮、硫酸盐化速率、降尘、一氧化碳、臭氧和降水等指标进行了例行监测。结果表明，2010年城区环境空气中可吸入颗粒物年均浓度值为0.098毫克／标立方米、二氧化硫年均浓度值为0.054毫克／标立方米、二氧化氮的年均浓度值分别为0.041毫克／标立方米、均达到国家二级标准。

2010年，石家庄市城区环境空气中各项主要污染物污染状况为：可吸入颗粒。2010年石家庄市城区环境空气中可吸入颗粒物年日均值为0.098毫克／标立方米，达到国家二级标，全年日均值超标率为12.3%，年日均浓度与上年相比下降5.8%。全年城区可吸入颗粒物污染程度由高到低的排序为：四季度＞二季度＞一季度＞三季度。

二氧化硫。2010年石家庄城区环境空气中二氧化硫年平均值为0.054毫克／标立方米，低于国家

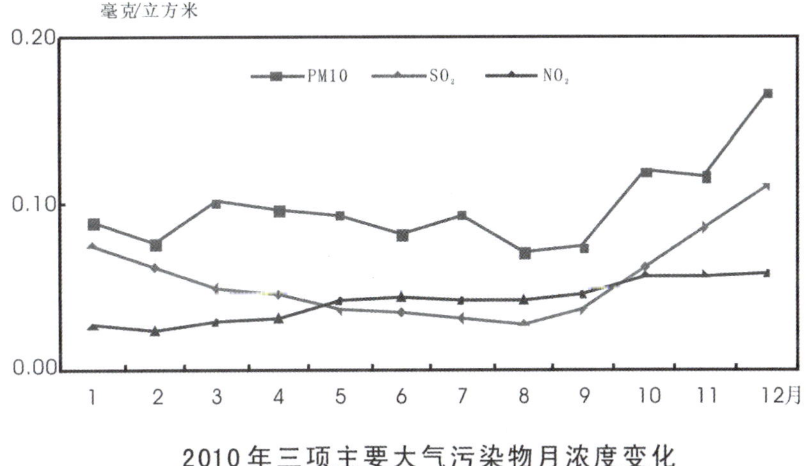

2010年三项主要大气污染物月浓度变化

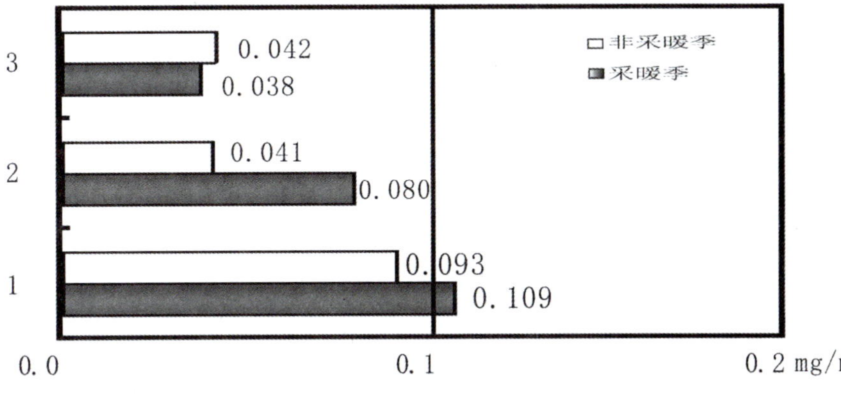

2010年采暖期与非采暖期大气污染物浓度变化

二级标准0.006毫克／立方米，全年日均值超标率为2.2%，年日均浓度与上年相比上升17.4%。全年城区二氧化硫污染程度由高到低的季节排序为：四季度＞一季度＞二季度＞三季度。

二氧化氮。2010年石家庄城区环境空气中二氧化氮年日均值为0.041毫克／标立方米，全年日均值超标率为0.3%，年日均浓度与上年相比上升17.1%。全年城区二氧化氮污染程度由高到低的季度排序为：四季度＞三季度＞二季度＞一季度。

降尘。2010年石家庄城区降尘年月均值为15.84吨／平方千米·30天，与2009年相比下降46.6%。月均值最大值出现在居民区，监测值为29.37吨／平方千米·30天。各功能区污染程度由高到低的排序为：交通区＞工业区＞居民区＞商业区；全年四个季度降尘量由高到低的排序为：二季度＞四季度＞一季度＞三季度。

硫酸盐化速率。2010年石家庄城区硫酸盐化速率月均值为1.018毫克SO_3/100平方厘米碱片·日，与2009年相比下降了7.5%；月均值最大值出现在居民区，监测值为2.829吨／平方千米·30天，各功能区污染程度由高到低的排序为：文化区＞工业区＞居民区＞交通区＞商业区。全年四个季度污染程度排序为：一季度＞四季度＞二季度＞三季度。

一氧化碳。2010年石家庄市城区一氧化碳年均值为1.211毫克／标立方米，与2009年相比下降了19.5%。全年四个季度一氧化碳污染程度排序为：一季度＞三季度＞四季度＞二季度。

臭氧。2010年石家庄城区臭氧年均小时值为0.028毫克／标立方米，与2009年相比下降了26.3%。全年四个季度臭氧浓度由高到低的排序为：三季度＞四季度＞二季度＞一季度。

污染物时空变化 污染物时空变化。大气污染物时间变化分析。石家庄市城区主要大气污染物的浓度变化具有明显的季节特征，总体上呈现“采暖期重于非采暖期”和“冬重夏轻”的污染特征。受采暖期燃煤量增大影响，采暖期空气中可吸入颗粒物、二氧化硫及二氧化氮浓度均大于非采暖期。可吸入颗粒物采暖期浓度(0.135毫克／标立方米)为非采暖期的1.28倍，二氧化硫采暖期浓度(0.080毫克／标立方米)为非采暖期的2.78倍，而二氧化氮采暖期浓度(0.042毫克／标立方米)为非采暖期的1.63倍。受气候变化和气象因素的影响，春、冬季尘污染严重，空气中可吸入颗粒物明显增高。春冬季(11～3月)与夏秋季(6～10月)相比，可吸入颗粒物、二氧化硫两项污染物分别高0.25倍、1.01倍和0.90倍、二氧化氮低15%。秋季是一年中空气污染最轻的季节，污染物降低幅度明显。市区大气污染物浓度日变化呈现“晨峰午谷”的污染规律。一天中污染物小时浓度值最高值常出现于清晨，最低浓度多出现在午后。

大气污染物的空间分布特征。污染物的空间分布与污染源的分布情况、城市气象条件、城市建筑结构、城市布局及污染物的迁移扩散特征有密切关系。二氧化硫和二氧化氮的空间分布，受工业污染源和生活污染源的局部影响很大。可吸入颗粒物的污染程度分布为西南高教＞西北水源＞监测中心＞平安电站＞职工医院＞化工学校＞高新区；二氧化硫污染程度分布为：平安电站＞西南高教＞高新区＞职工医院＞监测中心＞化工学校＞西北水源；二氧化氮的污染程度分布为：西南高教＞化工学校＞高新区＞平安电站＞监测中心＞西北水源＞职工医院。

2010年各县(市)、区环境空气综合污染指数最大的为井陉县，可吸入颗粒物污染最重的为井陉县，二氧化硫污染最重的为井陉县，二氧化氮污染最重的为井陉县。

降水 2010年石家庄市共获取降水样品69个，酸雨样品为3个，酸雨频率为4.35%，降水pH最小值为4.50。

二、水环境质量 石家庄市地下水总硬度超标较重，污染物呈“点状”、“片状”污染分布特征；石家庄市饮用水源地黄壁庄水库、岗南水库主要污染物为总磷、总氮，水质较上年变化不大；全市地表河流受城市工业废水和生活污水大量排放的影响，各水体均受到不同程度的污染，以石油类、化学需氧量、生化需氧量、氨氮、挥发酚等为主要污染物。水体受沿线工业企业污水排放影响， 河、滹沱河、汪洋沟水体水质属劣V类。

地下水环境质量 2010年市环境监测中心对市区16眼地下水井25项指标进行监测，结果表明，总硬度、硫酸盐、氟化物、氨氮、氯化物、硝酸盐、亚硝酸盐、溶解性总固体等指标均有检出，详见下表。

表 17　　2010 年地下水监测结果统计表

单位：毫克／升 (pH 除外) 总汞：微克／升

项　　目	统计量(个)	最大值	最小值	平均值	检出井次	超标井次	检出率(%)	超标率(%)
浊度	96	2	2	2	0	0	0	0
水温	94	19	1	13.52	94	0	100	0
pH	96	8.05	7.11	7.54	96	0	100	0
总硬度	96	784	233	513	96	73	100	76.04
硫酸盐	96	294	64.6	129	96	2	100	2.08
氟化物	96	0.48	0.13	0.3	96	0	100	0
挥发酚	96	0.0002	0.0002	0.0002	0	0	0	0
高锰酸盐指数	96	1.47	0.25	0.67	86	0	89.58	0
硝酸盐氮	96	23.4	1.05	10.76	96	7	100	7.29
亚硝酸盐氮	96	0.017	0.004	0.0043	3	0	3.13	0.00
氨氮	96	0.186	0.012	0.044	70	0	72.92	0
氰化物	96	0.002	0.002	0.002	0	0	0	0
总砷	96	0.00004	0.00004	0.00004	0	0	0	0
六价铬	96	0.042	0.002	0.0048	26	0	27.08	0
氯化物	96	248	24.8	108.83	96	0	100	0
总大肠菌群	96	2	2	2	0	0	0	0
溶解性总固体	96	1980	352	818	96	18	100	18.75
阴离子洗涤剂	96	0.025	0.025	0.025	0	0	0	0
铁	96	0.02	0.02	0.02	0	0	0	0
锰	96	0.005	0.005	0.005	0	0	0	0
铅	96	0.0005	0.0005	0.0005	0	0	0	0
镉	96	0.00005	0.00005	0.00005	0	0	0	0
汞	96	0.00004	0.00004	0.00004	0	0	0	0
镁	96	150.5	17.7	38.59	96		100	
石油类	96	0.02	0.02	0.02	0		0	

地下水质中超标较重的指标为总硬度(76.04%)，溶解性总固体(18.75%)，其余指标超标率低于 10%。采用《地下水环境质量标准》(GB/T14848－93)中推荐的综合污染指数法，并参照污染等级划分标准对石家庄市区地下水质进行评价及污染程度分级。在获得监测数据的 16 眼井中没有水质量优良的井，地下水质量良好的井数为 2 眼，占 13%；地下水质量较好井数为 1 眼，占 6%；地下水质量较差井数为 9 眼，占 56%，地下水质量极差井数为 4 眼，占 25%。

地下水污染特征与污染趋势。石家庄市地下水质超标指标基本上为常规性理化指标总硬度、溶解性总固体、硝酸盐氮以及硫酸盐，超标区域主要分别在市区西南部和中南部，超标井位分布呈“片状”和“点状”特征，地下水中总硬度和溶解性总固体浓度值较高，并呈“带状”分布特征，超标井位主要位于市区的西南部。石家庄市地下水质量无明显变化趋势。

城市饮用水源地水环境质量　2010 年，岗南水库和黄壁庄水库除总磷、总氮、化学需氧量外，其余评价指标都达标。黄壁庄、岗南两水库均以总氮为首要污染物。

岗南水库。受总氮、石油类两项监测指标的影响，2010 年度岗南水库全年水质类别为劣Ⅴ类。

岗南水库进水区、中心区污染相对较重，出水区污染相对较轻。若不考虑总氮，岗南水库出水区水质类别为Ⅱ类。

黄壁庄水库。受总氮、石油类两项监测指标的影响，2010年度黄壁庄水库全年水质类别为劣Ⅴ类。黄壁庄水库进水区污染相对较重，出水区污染相对较轻。若不考虑总氮，黄壁庄水库出水区水质类别为Ⅱ类。

河流水环境质量 绵-冶河。2010年度绵-冶河水体水质属Ⅴ类，水体综合污染指数为11.03，绵-冶河各断面污染程度排序为地都>岩峰>平山桥。首要污染断面为地都断面，其污染分担率占到40.81%，其次为岩峰断面，其污染负荷为37.67%；平山桥断面污染较轻，污染负荷为21.52%。2010年度绵-冶河水体主要污染物及其污染分担率分别为石油类51.38%、氨氮13.75%、生化需氧量8.62%等。

石津渠。2010年石津渠水体水质为Ⅳ类，水体综合污染指数2.37。石津渠市区段上游的监控断面的污染程度变化不大，而市区下游的污染程度较上游略重。石津渠各断面污染程度排序为南张村>运河桥>兆通>杜北>黄壁庄桥。首要污染断面南张村断面，污染负荷为23.89%，其次为运河桥断面，污染负荷为23.23%。2010年度石津渠主要污染物为石油类、生化需氧量、氟化物、化学需氧量等，其污染分担率分别为27.29%、17.21%、11.98%、10.96%。

河。 河全程污染严重，水质为劣Ⅴ类，水体综合污染指数为51.37。 河各断面污染程度排序为石板桥>大石桥>总退水渠口。首要污染断面为石板桥，污染负荷为35.41%；其次为大石桥断面，污染负荷为33.46%；总退水口断面污染负荷为31.12%。2010年度 河水体主要污染物依次为氨氮、生化需氧量、化学需氧量、高锰酸盐指数、挥发酚，其污染分担率分别为52.03%、20.36%、11.02%、7.94%、3.53%。主要考核断面～大石桥的化学需氧量年均值为238毫克／升，较2009年均值（181毫克／升）有所上升，但能满足考核指标（250毫克／升）要求。

滹沱河。2010年度滹沱河水体水质为劣Ⅴ类，水体综合污染指数为23.67。水体主要污染物依次为氨氮、生化需氧量、化学需氧量、高锰酸盐指数、石油类、氟化物，其污染分担率分别为40.99%、20.08%、10.72%、10.15%、6.98%、5.04%。2010年度滹沱河主要考核断面～枣营的化学需氧量年均值为154毫克／升，较2009年均值（176毫克／升）有所降低，能满足考核指标（250毫克／升）要求。

汪洋沟。2010年度汪洋沟水体水质为劣Ⅴ类，水体综合污染指数为27.89。水体中主要污染物为氨氮、生化需氧量、化学需氧量、高锰酸盐指数、石油类，污染分担率分别占56.70%、18.21%、10.54%、7.27%、2.12%。2010年度汪洋沟主要考核断面～高庄的化学需氧量年均值为118毫克／升，较2009年均值（143毫克／升）有所降低，能满足考核指标（250毫克／升）要求。

三、声环境质量 2010年石家庄市道路交通噪声平均等效声级为平均等效声级为65.6分贝，同比2009年上升0.2分贝。道路交通噪声声级值集中分布于66.0～70.0分贝之间，超过70分贝的路段（超标路段）长度占总路段长度的16.25%。城市区域环境噪声平均等效声级值为50.2分贝，同比2009年下降0.2分贝。影响城市声环境质量的因素仍然是交通噪声和生活噪声。

功能区噪声 按照石家庄市区不同区域的功能特点，将噪声功能区划为四类。

表18　　2010年功能区噪声监测数据统计表

单位：dB(A)

分区 季度	1类区			2类区			3类区			4类区		
	Ld	Ln	Ldn	Ld	Ln	Ldn	Ld	Ln	Ldn	Ld	Ln	Ldn
一季度	52.4	43.0	52.6	57.9	49.2	58.4	64.4	55.2	64.7	69.9	56.1	69.0

（续表）

分区 季度	1类区			2类区			3类区			4类区		
	Ld	Ln	Ldn	Ld	Ln	Ldn	Ld	Ln	Ldn	Ld	Ln	Ldn
二季度	52.6	44.3	53.3	56.8	48.3	57.4	62.8	55.2	63.8	69.5	55.1	68.5
三季度	52.8	42.8	52.8	57.6	48.0	57.8	61.2	53.2	62.0	66.4	55.5	66.2
四季度	52.0	42.3	51.1	57.4	47.9	57.6	62.0	54.0	62.8	68.2	54.9	67.3
全年	52.5	43.7	52.9	57.6	48.7	58.0	63.8	54.9	64.2	69.4	55.6	68.5
标准值	55.0	45.0		60.0	50.0		65.0	55.0		70.0	55.0	
测点数	3			3			2			4		

监测结果表明，1类区昼间、夜间噪声平均等效声级值各季度均达标；2类区昼间、夜间噪声平均等效声级值各季度均达标；3类区昼间噪声平均等效声级值均达标，夜间噪声平均等效声级值1、2季度超标；4类区昼间噪声平均等效声级值均达标，夜间噪声平均等效声级值1、2、3季度超标。各测点年平均昼间等效声级值的最大值为69.4分贝，夜间平均等效声级值的最小值为43.7分贝。

表19　功能区噪声年均值比较统计表

单位：dB(A)

时间	年份	1类区	2类区	3类区	4类区	全市	
昼间	2009	50.3	57.9	62.4	66.8	66.2	比较2010年和2009年功能区噪声年均值，2008年市区平均等效声级值较2007年有所上升，其中昼间等效声级值上升2.6分贝，夜间等效声级值下降2.0分贝，昼夜等效声级值上升1.0分贝。
	2010	52.5	57.6	63.8	69.4	68.8	
夜间	2009	43.5	49.7	55.3	57.7	57.1	
	2010	43.7	48.7	54.9	55.6	55.1	
昼夜	2009	52	58.8	63.9	67.5	66.9	
	2010	52.9	58.0	64.2	68.5	67.9	

道路交通噪声　2010年石家庄市环境监测中心在市区8条主干线，23 条次干线，37条支路，其他道路129条，合计197个路段，总长387.675千米的道路上共布设了368个道路交通噪声监测点位，测试结果显示，测试结果显示，市区的道路交通噪声值为54.1～72.7分贝，平均等效声级为65.6分贝。同比2009年上升0.2分贝。经统计，2010年度市区道路平均车流量为1678辆/小时。道路交通流量较2009年有所上升。

表20　2010年暴露在不同等效声级下路段分布情况统计表

声级范围dB(A)	55以下	56～60	61～65	66～70	71～75	76～80	81以上	超过70分贝的干线
路段长度（千米）	3.15	42.425	127.355	170.8	44.30	/	/	62.985
占交通干线总长度的%	0.81	10.94	32.85	44.06	11.43	/	/	16.25

2010年与2009年相比，超过70分贝的干线长度上升由16.74%下降为16.25%，但低噪声声级值段65分贝以下所占路段百分比较2009年也有所上升。

区域环境噪声 经统计，2010年度区域环境噪声值变化范围为40.6～60.3分贝，平均等效声级为50.2分贝，同比2009年下降0.2分贝。

表 21 2010年区域环境噪声数据统计表

网格大小（米×米）	网格（测点）总数	网格覆盖人口数（人）	Leq		L10		L50		L90	
			平均	σ	平均	σ	平均	σ	平均	σ
500×500	400	2377300	50.2	3.81	52.2	3.87	49.8	3.80	47.5	3.89

表 22 2010年暴露在不同等效声级下的面积和人口分布状况统计表

声级范围 dB(A)	36～40	41～45	46～50	51～55	56～60	61～65	66～70	71～75	76～80	81～85
声级覆盖面积（km^2）	/	12.5	36.25	43.75	7.5	/	/	/	/	/
占总网格面积的%	/	12.5	36.25	43.75	7.5	/	/	/		/
声级覆盖人口（万人）	/	/	/	/	/	/	/	/	/	/
占总网格人口的%	/	/	/	/	/	/	/	/	/	/

区域环境噪声值集中分布于46～55dB(A)声级值段，66分贝以上声级覆盖区域没有出现，暴露在不同等效声级下的面积和人口分布状况比例较上年变化不大。

2010年城市内的声源构成为交通运输、建筑施工、日常生活及其它噪声，以交通噪声和生活噪声为主，各种声源所占比例较上年持平。

表 23 2010年石家庄市区域环境噪声源构成统计表

噪声源分类		交通	工业	施工	生活	其它
影响的测点数		276	47	18	53	6
噪声源构成比%		69.17	11.78	4.51	13.28	1.50
L10	平 均	51.5	54.0	55.2	53.1	53.1
	σ	3.91	2.86	3.20	3.42	4.92
L50	平 均	49.2	51.7	52.6	50.4	50.5
	σ	3.84	2.80	3.32	3.45	4.60
L90	平 均	46.9	49.4	50.2	48.1	48.1
	σ	3.92	3.05	3.53	3.63	3.88
Leq	平 均	49.6	52.1	53.1	50.7	51.0
	σ	3.81	2.82	3.20	3.70	4.57

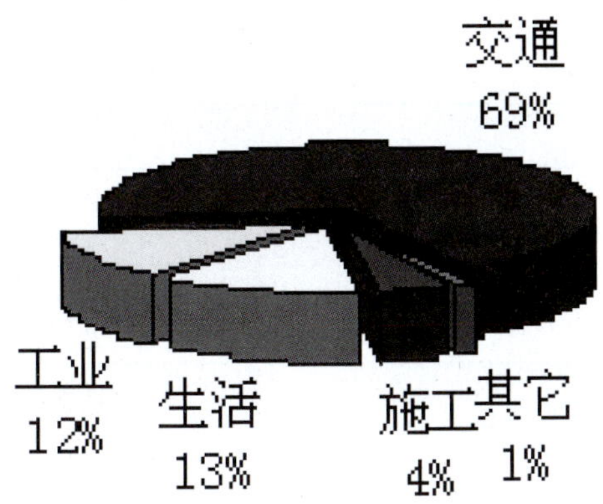

四、重点污染源监督监测 2010年第四季度石家庄市国控、省控重点污染源共142家。国控重点污染源包括：单纯废水污染源76家；单纯废气污染源25家；废水、废气污染源5家；城镇污水处理厂19家。省控重点污染源包括：单纯废水污染源12家，单纯废气污染源4家；废水、废气污染源1家。

表24 2010年重点污染源统计表

分类	国控污染源	省控污染源
废水	76	12
废气	25	4
废水＋废气	5	1
污水处理厂	19	0
合计	142	

废水污染源监督监测 国控和省控重点污染源监测项目依照有关排放标准的规定，同时参照《地表水和污水监测技术规范》(HJ/T91－2002）的规定进行监督性监测。按照污染源监督监测技术规范要求，每季度至少对各污染源监督监测一次。根据企业实际生产运行情况，监测频次：每季度至少监测一次。每次监测时，每个测点监测一天，废水监测4到6次，获得各监测项目的日均浓度和日累计废水排放量。

表25 2010年废水污染企业水质达标率统计表

行业	企业数量	达标率(%)
全部	79	96
农副食品加工业	2	100
纺织业	5	100
纺织服装、鞋、帽制造业	1	50
皮革、毛皮、羽毛(绒)及其制品业	5	93
造纸及纸制品业	8	94
石油加工、炼焦及核燃料加工业	3	100
化学原料及化学制品制造业	19	100
医药制造业	30	98
化学纤维制造业	1	100
通用设备制造业	2	38
通信设备、计算机及其他电子设备制造业	1	100
水的生产和供应业	2	100

表 26 2010 年废水污染企业污染物达标统计表

项目	企业数量	达标率 (%)
pH	60	100
生化需氧量	56	97
化学需氧量	79	96
氨氮	65	97
悬浮物	61	100
石油类	45	100
挥发酚	40	100
氰化物（总氰化合物）	13	100

城镇污水处理厂除河北西柏坡第二发电公司平山县污水处理厂不具备监测条件以外，其余 18 家都进行监督性监测。

废气污染源监督监测 废气污染源中，河北西柏坡发电有限责任公司、华能国际电力股份有限公司上安分公司、河北华电石家庄热电有限公司等 6 家企业属于 30 万兆瓦机组以上的企业，由省环境监测中心站负责监测，其余废气污染源由市环保局负责监督监测。按照本年度各企业时间生产运行情况，市环境监测中心开展监督监测，监测频次为每季度至少监测一次。每个排放口监测 3 次，获得各监测项目的小时平均浓度和小时废气排放量。

表 27 2010 年污水处理厂达标率统计表

企业类别	企业数量	达标率 (%)
污水处理厂	18	72

表 28 2010 年污水处理厂单项污染物达标率统计表

项目	企业数量	达标率 (%)
PH	18	100
生化需氧量	18	82
化学需氧量	18	92
氨氮	18	89
石油类	18	100
悬浮物	18	99
色度	18	89
总铬	18	98
六价铬	18	100

表 29　　2010 年废气污染源达标率统计表

行业	企业数量	达标率(%)
全部	28	80
电力、热力的生产和供应业	11	70
非金属矿物制品业	7	79
石油加工、炼焦及核燃料加工业	3	83
黑色金属冶炼及压延加工业	3	92
化学原料及化学制品制造业	2	100
纺织业	1	100
医药制造业	1	100

表 30　　2010 年废气污染源达标率统计表

项目	企业数量	达标率(%)
烟尘	22	78
颗粒物	6	100
二氧化硫	24	80
氮氧化物	15	88

根据本年度重点污染源监督监测结果。废水污染源为通用设备制造业、纺织服装、鞋、帽制造业、皮革、毛皮、羽毛(绒)及其制品业、造纸及纸制品业及污水处理厂达标率较低;单项污染物中生化需氧量、化学需氧量、氨氮达标率较低。

废气污染源为电力、热力的生产和供应业、纺织业、石油加工、炼焦及核燃料加工业、化学原料及化学制品制造业和黑色金属冶炼及压延加工业达标率较低；单项污染物中烟尘、二氧化硫和氮氧化物达标率较低。

【环保创建和生态保护】 全市 18 个县（市）、区均已完成生态建设规划。平山、灵寿、新乐、正定、栾城等 5 个县（市）被环保部命名为国家级生态示范区，数量位居全省第一。全市共创建国家级环境优美乡镇 4 个，省级环境优美乡镇 3 个。国家级生态村 3 个，3 个省级生态镇待省环保厅验收。平山驼梁申请升级国家级自然保护区工作已完成公示，等待国家审批。井陉南寺掌申请省级自然保护区工作已报请省政府审批。全市自然保护区达到 3 个。2010 年石家庄市森林覆盖率为 46.83 %，人均绿地面积 14.39 平方米。

【实施饮用水安全工程】 重新核定城市饮用水水源保护区，制订保护规划。按照石家庄市政府工作部署，市环保局根据市水务局提供的《石家庄市城市集中式饮用水水源地调整方案》，组织相关技术单位对石家庄市滹沱河地下水水源地饮用水水源保护区重新进行划分，2010 年 2 月 11 日，形成《石家庄市滹沱河地下水源地调整后饮用水水源保护区划分方案》。经多次协调调度，定期跟踪报批进度，组织专家论证，历时 10 个月，省环保厅经省政府同意于 2010 年 12 月 28 日下发《关于石家庄市滹沱河地下水源地调整后饮用水水源保护区划分方案的复函》（冀环防函 [2010]880 号），对石家庄市滹沱河地下水水源保护区调整方案进行批复。按照国家环境保护部 2009 年 10 月下发《关于开展全国环境保护重点城市地表水饮用水水源环境状况的通知》（环办 [2009] 128 号）要求，完成环境保护重点城市地表水饮用水水源环境状况评估进行自查，形成《石家庄市地表饮用水水源环境状况评估自查报告》，经石家庄市政府审核同意后，已上报国家环保部。做好南水北调中线京石段应急供水水质保障协调工作。按照省政府工作要求和省环保厅部署，为切实做好岗黄水库和南水北调干渠沿线的水质保护工作，制定了供水环境管理和应急方案，并认真分析市监测中心水质周报，及时提出工作建议，消除环境安全隐患。

（严健）

【市区污水处理率达到100%】 截至2010年年底，全市建成污水处理厂28座，其中市区建成6座，日处理污水能力达到106万吨，市区污水处理率达到100%。全市18个县（市）、矿区建成污水处理厂22座，日处理能力101万吨，污水处理率达到90%以上，实现了每个县（市）区建成1座污水处理厂的建设任务（其中藁城市、鹿泉市、栾城县建设2座）。

（张跃彬）

【大气环境综合整治】 2010年，将600万吨优质低硫煤推广任务分解落实到24个县（市）区及重点用煤企业，并与责任单位签订责任状。并加强对优质低硫煤炭推广使用工作的考核，全年完成推广低硫煤600万吨的任务。2010年，全市共拆除分散燃煤锅炉125台，砖烟囱29座，涉及到74家单位，削减燃煤15.9万吨，削减烟尘2060吨，削减二氧化硫3670吨。拆除城中村民用采暖用一吨以下小锅炉3919台，削减燃煤约2万吨。削减烟尘280吨，削减二氧化硫320吨。大力加强建材行业粉尘污染治理工作力度，多次召开调度会，对粉磨企业综合治理、混凝土搅拌企业综合治理和重点监管区域综合整治工作进行调度、协调。到2010年3月底，全市16个县（市）、区的110家水泥粉磨企业完成综合治理任务，11家停产，3家转产。110家粉磨企业共投资12538万元进行治理，其中投资7139万元建设物料棚186553平方米，将所有物料及时入棚；投资4599万元在有组织排放口安装了353台高效布袋除尘器；新增厂区内硬化面积126658平方米，加大了对道路的清扫和洒水频次，确保道路不起尘；办公区与生产区进行了隔离，新增绿化面积61106平方米，对生产设备、办公楼等主要建筑进行了美化、靓化。年可减少粉尘排放2876吨。市区内29家混凝土搅拌企业完成综合治理任务，5家拆除或停产。共投资7795万元进行综合治理，新建防风抑尘墙及料棚84000平方米，更换仓上滤芯除尘器170余台，厂区地面硬化360000平方米。

【环境质量常规监测】 2010年，市环保部门对国、省控重点源，市（县）区污水厂进行了定期监督性监测；对工业企业排污许可证的换发进行了现场监测，并及时按照要求进行数据汇总和上报。全年共报送的各类常规监测数据共计552337个，其中空气质量常规数据388299个，水质量常规数据63426个，噪声、辐射等质量常规数据68602个，重点污染源监测数据7732个，省考、县考水质断面监测数据2880个，所辖县市区各类环境质量常规数据24278个。针对全年重点环保工作，注重提升环境综合分析能力。每季、每月、每周对石家庄市环境空气质量进行对比分析，并在原有环境空气质量分析报告的基础上，增加了每月的重点流域、出市断面、县考断面、集中式饮用水源地的水质分析报告。2010年共发出环境质量综合性析报告130份。全市18个县（市）、区已全部开始上报环境空气质量周报。其中，辛集、晋州、正定、鹿泉、平山、井陉、矿区、栾城、赵县、藁城、无极、灵寿、赞皇等13个县（市）、区已建成了环境空气质量自动监测系统，并实现了与石家庄市环境监测中心的联网。不同类型的监测报告不仅翔实客观的记录了全市环境质量状况，同时还为石家庄市的环境管理和环境决策提供了数据支持和科学依据。

【放射性污染防治】 年初下发《关于加强放射源管理和收贮工作的通知》，加大了对闲置、废弃放射源的收缴力度，对闲置和废弃的放射源限期收贮，共收缴闲置、废弃放射源58枚，对闲置多年的Ⅰ类放射源进行清理，省农林科学院辐照中心、省卫生监督局辐照中心、几万居里的Ⅰ类高危险放射源安全送往国家废物库储存。另外，在省厅辐射处、辐射站监督指导下，石家庄中核石辐20万居里的放射源已安全转移到保定核力源辐照中心，准备进行退役。全市放射源合法地得到了收贮。消除了事故隐患，创造了良好的辐射环境。到年末石家庄市放射源工作单位92家，共有放射源722枚。其中Ⅰ类放射源19枚，Ⅱ类放射源33枚，Ⅲ类放射源2枚，Ⅳ类放射源399枚，Ⅴ类放射源269枚。射线工作单位316家，射线装置570台。65家放射源单位有辐射安全许可证。28家射线装置单位有许可证。

（严健）

【医疗废物处置中心投用】 11月28日，石家庄市医疗废物处置中心建成投用，全市医疗废弃物实现了完全、无害化处理。这也是全省规模最大、技术最先进、自动化程度最高和最环保的医疗废物处置中心。该中心建设是石家庄市环保重点项目，位于元氏县南因镇褚固村西北，北距南二环约32千米，占地面积35.3亩。2010年6月开工建设。其焚烧技术采用国内先进的15吨／日焚烧处理系统。该系统可实现“加料－焚烧－出渣”全过程的自动控制，所采用的尾气处理技术，通过脱酸、收尘、活性炭吸附等工序后，使焚烧产生的废气实现了完全无害化处理，尾气排放达到欧盟标准。

（靳晓磊）

【河北灵达公司二期项目融资签约】 8月19日，邮政储蓄银行栾城县支行与河北灵达环保能源有限责任公司（简称河北灵达公司）就该公司垃圾转化热电站二期项目举行签约仪式，共融资2.3亿元。河北灵达公司是石家庄市唯一投产运行的城市生活垃圾焚烧厂，已实现发电6.67亿度，供热165万吉焦，处理生活垃圾88万吨。河北灵达公司垃圾转化热电站二期项目是市重点项目，总投资约3.33亿元，计划于2011年底完成机组试运工作。

（范玉蕾　冀永辉　王剑波）

【农村环境综合整治】 2010年，石家庄市高度重视农村环保工作，以城镇面貌三年上水平为契机，重点加强农村水源地保护，深入推进生态乡镇建设工作。同时，建立农村环境综合整治目标责任制，加强领导协调和督查工作，着力解决危害群众身体健康、威胁城乡居民食品安全、影响农村可持续发展的突出环境问题。加强生活污水、垃圾治理，全市正式投入运行的污水处理厂25座，形成处理能力200万吨／日以上；正在试运行污水处理厂1座，形成处理能力20万吨／日。各县市区建成投用16个生活垃圾无害化处理（填埋）场。选择31个村庄开展污水处理设施建设及生活垃圾处理试点工作，垃圾集中收集处理试点覆盖到1000个村庄，占全市村庄总数的30%，乡镇生活污水处理率达到30%。通过测土配方施肥技术进村入户，农村亩增加经济效益169.5元；总增加经济效益52429万元。2010年，全市共规划新民居示范村367个。筹措资金170万元，专项用于新民居建设绿化补助。通过抓好房前屋后庭院绿化、村内公共绿地、环村林带建设，实现新建农村新民居示范村绿化覆盖率达到30%以上。抓好畜禽养殖污染防治，坚持发展生态环保畜牧业，因地制宜推广绿色环保发酵床生态养猪技术，全市建成发酵床面积达9.5万平方米。2008～2010年，石家庄市农村环境综合整治工作资金投入9830万元。争取国家、省农村环境整治资金1350万元，完成30个农村环境综合整治示范村建设，带动资金3691万元，其中村民自筹资金1861万元，地方政府安排资金1830万元，有效解决了部分村庄的污染问题。

【秸秆禁烧与综合利用】 按照“措施到人、行动到户、守土有责、严明纪律”的要求，环保部门完成春季541万亩小麦秸秆和秋季532万亩玉米秸秆禁烧任务，实现不着一把火、不冒一股烟。全年共出动各种综合利用机具43414台（套），其中拖拉机18310台，秸秆还田机17483台，切抛机13600台，打捆机404台，青贮机95台，压块机66台，铡草机7640台。秸秆还田面积916.4万亩，小麦秸秆收集打捆33.6万亩，青贮254万吨，氨化、微贮55万吨。

（严健）

建 筑 业

【概况】 2010年，石家庄市认真贯彻执行建筑行业管理的有关规定，紧紧围绕建立运行规范、监管有力、竞争有序的建筑市场，不断加大房屋拆迁、招标投标、勘察设计、施工质量、安全生产、文明施工、竣工验收等环节的监管力度，推动建筑业快速、健康、协调发展。年末全市建筑业企业达到1290家。完成建筑业总产值788.3亿元，同比增长67.8%；房屋施工面积6917万平方米，同比增长59.8%（其中新开工房屋施工面积3619万平方米，同比增长51.4%；住宅施工面积5289万平方米，同比增长132.1%；住宅新开工面积2644万平方米，同比增长90.8%）；房屋建筑竣工面积1538万平方米，同比降低24.1%（其中住宅竣工面积1018万平方米，同比降低12.3%；市区住宅竣工面积756万平方米，同比增长103.2%）；从业人数达到23万人，同比增长10.5%；劳动生产率35.7万元／人，同比增长51.85%，建筑业的支柱产业作用进一步增强。

【城市房屋拆迁管理】 全年共审核办理拆迁许可证18个，涉及被拆迁居民1万户，搬迁公产单位288家，拆迁建筑222万平方米，腾地6977亩，共组织召开各类听证会13次，协调拆迁纠纷84件，下达行政裁决书3份。

【安全质量管理】 实行施工现场闭合管理，建立健全工程建设企业信用体系，开展打击非法建筑施工、工地抑尘、建设工程质量、建设工程安全生产大检查以及安全生产月等一系列专项整治活动，共检查施工现场8600余次，单位工程476个，下达《责令整改通知书》1052份、《停工指令书》234份，对安全生产、文明施工问题严重的3个建设项目，施工现场整改措施不到位、造成扬尘污染的16家施工单位，违法施工的4个单位和安全生产存在问题的5家单位给与了处罚，共处罚金258万元。强力开展“瘦身筋”专项整治活动，对市区在建工程进行拉网式排查，并配合市质量技术监督局等部门对150个疑似钢筋加工点的库房进行检查，共检查企业50家，取缔钢筋加工窝点1个，异地封存不合格钢筋8吨，“瘦身筋”问题得到有效遏制。同时，开展建筑施工企业、监理企业和特种作业人员培训活动，共培训施工企业安全管理人员7885人、监理人员2618人、特殊工种人员921名，从业人员的业务技能得到明显提高。

【勘察设计】 强化施工图审查监督管理，制定《施工图审查机构考核办法（草案）》，严格控制质量、时限和服务，各机构共完成审图281项，建筑面积971.2万平方米，总投资161.2亿元，纠正违反强制性标准问题1732条，确保了勘察设计质量。按照“快中保好、服务上门、突击审查”的要求，协调审图机构完成中华大街等75个市政工程的审查，保证了重点市政项目的顺利建设。开展“有计划创优”活动，全年创市优秀勘察设计67项，有45项获省优秀勘察设计奖，其中获二等奖以上34项；在全省保障性住房方案设计竞赛中，石家庄市获省二等奖以上15项。石家庄机场改扩建工程航站楼、石家庄东方银座广场（万象天成）被评为河北省“十佳精品公共建筑”。开展监督检查，对7家审图机构、190家勘察设计企业和105家造价企业资质及质量进行抽查，对21家企业进行限期整改。积极开展行业内外交流，举办“建筑名家讲堂”活动，邀请建筑学家天津大学荆其敏、结构设计大师任庆英、岩土勘察专家同济大学高大钊和上海世博园总建筑师沈迪等名家来石讲座，组织建筑师、结构师、岩土师沙龙、论坛，促进行业技术水平不断提升。

【科技攻关及建筑节能管理】 全年共完成建设科技项目17项，其中“石岗大街跨铁路高架桥混凝土——钢结构叠合箱梁综合施工技术研究与应用”等7个项目居国内领先水平，“太阳能与地源热泵复合系统研究与应用”等10个项目居国内先进水平。组织申报省建设科技项目10项。组织申报并已列入省建筑业新技术应用示范工程

17项。全市建设行业荣获河北省建设科技进步奖共16项，获奖项目总数居全省各市之首。同时，进一步强化建筑节能工作监督管理，严格执行建筑节能标准，建筑节能设计标准执行率达到100%。为推动可再生能源的规模化应用，积极推进国家可再生能源建筑应用示范城市申报工作，制定《可再生能源建筑应用发展规划》等申报必备要件，通过国家两部委组织的专家评审，石家庄市被列为全国20多个入围城市之一。

【劳务和档案管理】 开展“情暖省会”慰问农民工暨“三年大变样”重点工程一线人员和为农民工送电影专项行动等一系列活动。组织河北省建设职业技能大赛石家庄选拔赛，精选出6名选手代表石家庄市参加河北省建设职业技能大赛，取得2个一等奖、1个二等奖和1个三等奖。全力以赴做好清理拖欠工程款和农民工工资工作，共召开协调会38次，协调解决“两拖”上访案件12起，解决拖欠工程款5380万元，由温家宝总理关注、国家信访局督办的赵庆刚等藁城籍农民工工资被拖欠等一批难点案件得到圆满解决。着力加强建设项目档案管理，对槐安路、裕华路、二环路等道路改造的24个标段进行业务指导，对其它项目档案整理及时进行现场指导，共现场指导80余次，业务指导建设工程项目103项，验收档案84项，出具城建档案验收认可意见书81份，接收各类档案5195卷，提供查询800余人次。

【交易市场管理】 瞄准建设国内一流、省内最大、最强最优建设工程交易中心的目标，不断完善制度措施，改善交易环境，扩大管理范围。市政、园林、水利、交通以及政府采购项目实现全部进场交易，成为石家庄市真正意义上统一管理的工程建设有形市场。全年进场交易总量达到1978项，总投资达256.8亿元，交易数量是2009年的3.15倍。着力加强招投标管理，全面实行电子投标、网上办公和招标代理机构比选制度，全年共完成招投标1514 项，进入建筑市场交易的应招标工程招标率和应公开招标工程公开招标率均达到100%。

【依法行政】 围绕加强制度和法制建设，完成1个地方性法规和6个政府规章的清理，制定《行政处罚自由裁量权实施办法》等6个规范性文件，为严格执法程序、规范执法行为奠定了坚实基础。围绕提高依法行政能力和素质，开展一系列普法学习、宣传培训和考试教育活动，并顺利通过“五五”普法验收，得到省住建厅检查验收组的高度评价。围绕规范行政审批和政务公开，组建建设行政服务中心，梳理并完善工作流程和工作措施，将4项行政许可和12项非行政许可纳入市行政服务中心依法运行，全年共办结各类事项6443项，得到了服务对象的好评。围绕加强行政执法和执法监督，修订印发《行政执法责任制》，建立了行政执法考核等9项制度，清理行政监管事项46项，开展河北三江家具集团有限公司违法建设正定家具城项目的调查处理工作，审理行政处罚一般程序案件127起，做到了“零复议，零诉讼”。

（王吉利）

【采用太阳能建筑项目出台奖励意见】 2010年6月，石家庄市出台《关于推进可再生能源建筑规模化应用的实施意见》，规定全市可再生能源应用面积将确保占到当年新建建筑面积的25%以上，2011达到30%以上，2012年达到35%以上。该意见指出对具备利用太阳能热水系统条件的十二层以上民用建筑，建设单位应当采用太阳能热水系统。国家机关和政府投资的民用建筑，应带头采用太阳能热水系统。对应采用而不采用太阳能热水系统的民用建筑，施工图审查机构不得出具施工图审查合作书，建设行政主管部门不得颁发建筑工程施工许可证、不得办理竣工备案手续。对未设置太阳能热水系统的既有民用建筑，鼓励产权单位或物业公司在确保建筑质量和安全，不影响环境景观的前提下，统一组织配置太阳能热水系统。既有居住建筑节能改造时，宜统一安装太阳能热水系统。《意见》规定，从2010年1月1日起，在市规划区范围内，采用太阳能光热、光电技术的项目，给予总投资额30%的奖励；采用土壤源、污水源、工业余热进行供热制冷的项目，给予每平方米50元的奖励；采用地表水源和其他可再生能源供热制冷的项目，给予每平方米35元的奖励。每个项目奖励资金最高不超过150万元。

（戴丽丽）

【建筑节能标准执行率达到 100%】 2010 年，石家庄市建设领域节能减排工作推进顺利，其中新建居住建筑和公共建筑设计、施工阶段节能标准执行率均为 100%。石家庄市坚持对新建工程项目实行墙体与建筑节能备案管理，已形成了从“建筑设计——图纸审查——节能备案——建筑施工、监理——建筑节能稽查、质监——建筑节能专项验收——建筑工程竣工备案”的闭合管理模式，建设施工单位任何一关不符合规定都不予办理相关手续，无法进行下一步工程，从而保证了建筑节能政策法规和技术标准的贯彻落实。2010 年，石家庄市积极组织开展既有居住建筑供热计量及节能改造工作，制定了《石家庄市既有建筑供热计量及节能改造工作实施方案》，采取“政府主导、市场运作、精心组织、积极推进”的原则，认真安排、合理使用市政府财政 1 亿元改造配套资金，以节能技术服务公司为主体组成项目改造实施联合体，承担项目改造过程中节能诊断、技术服务、方案设计、安装、设备造型、调试、运行等，实行全过程服务。全市共完成 29 个项目（小区）460 万平方米既有建筑供热计量改造任务，加上近两年实施的 200 多万平方米改造试点，全市“十一五”期间共完成 660 万平方米既有建筑供热计量及节能改造任务，超额完成了省政府下达“十一五”期间 300 万平方米的改造任务

（张跃彬）

住房保障和房地产业

【概况】 2010 年，市住房保障和房产管理系统按照“干事业、创家业、谋福祉”的总体工作目标，紧紧围绕保障性安居工程建设、房地产市场监管、经营开发三大任务，科学谋划，协调推进，圆满完成了市委、市政府赋予的工作任务。为加快推进住房保障工作，先后出台 5 个关于住房保障文件。新建公共租赁住房 320 套，为 32383 户低收入住房困难家庭提供廉租住房保障，启动危陋住宅区改建项目 7 个，完成拆迁 34.04 万平方米。全年共计发放廉租住房租赁补贴 4626 万元。特别是住房保障户数、廉租住房累计建设和新开工数量均为全省领先，廉租住房工程施工管理、质量和安全，先后得到市委、市政府和国家住建部检查组的肯定。7 月新华社《内部参考》61 期以《石家庄市构建以廉租住房为主住房保障体系》报道了石家庄市保障性安居工程建设。启动物业标准化服务，对全市有物业服务企业的家住房 227 个小区进行检查考核，对检查不达标的 11 家物业企业记入企业诚信档案，限制其承揽新项目。全年共批准商品房预售项目 65 个、104 件、607.6 万平方米，办理各类房屋交易手续 35797 件、38086 套、成交面积 376 万平方米，成交金额达到 147 亿元。完成各类房屋权属登记 2678 万平方米，发证近 11 万个。市区商品住房上市 405 万平方米，合同备案 400 万平方米，供求基本平衡。市区商品房成交均价为 5057 元 / 平方米，同比增长 24.35%。保障和房产管理局先后荣获全国集中清理执行积案活动先进集体、全省城镇面貌三年大变样工作先进集体等集体荣誉。

【住房保障】 为加快推进住房保障工作，2010 年 6 月市政府出台《石家庄市住房保障和管理办法》、《石家庄市城市低收入家庭认定办法》、《石家庄市人民政府关于加快城区危陋住宅区改建的实施意见》、《城市棚户区（危陋住宅区）改建规划 2010 年—2012 年》和《石家庄市市区廉租住房配建实施意见》，为住房保障工作的顺利实施提供了政策保障。全市成功构建起以廉租住房为主，经济适用住房、危陋住宅改建、公共租赁房等为辅的多渠道、多层次住房保障体系。全市各县（市）和矿区的低收入家庭收入认定标准全部统一到当地上年度人均可支配收入的 0.8 倍标准，将市区低收入住房困难家庭收入线标准由家庭人均月收入 1004 元提高到 1107 元。进一步扩大保障范围，为 32383 户低收入住房困难家庭提供廉租住房保障，其中市区 29076 户，复核通过家庭 16118 户，新申请家庭 6095 户，年度复

核取消家庭6863户，到年末享受保障的家庭为22213户，全年共计发放廉租住房租赁补贴4626万元；县（市）区共为3307户低收入住房困难家庭提供廉租住房保障。截止年底，累计筹集廉租住房9736套，完成任务目标的106%；全市新开工廉租住房6092套，完成目标任务的119%，其中5977套已申请中央投资补助；通过在建华家园廉租住房项目配建的形式，新建公共租赁住房320套，完成目标任务的107%。通过水泵厂第四宿舍、市第一中学宿舍、天同生活区等4个危陋住宅改建项目，解决经济适用住房3000户，共搬迁居民3228户，其中低收入住房困难家庭3001户，占任务目标100%。2010年共启动危陋住宅区改建项目7个,完成拆迁34.04万平方米，其中住宅29.98万平方米，搬迁居民5012户，通过补偿安置解决低收入住房困难家庭2767户，超额完成下达危陋住宅拆迁25万平方米，为2500户低收入家庭解决住房困难。

【规范房地产市场秩序】 积极贯彻落实国家房产市场宏观调控政策，制定出台了《商品房预售资金监管办法》，进一步规范商品房预售资金的监督管理，全年共批准商品房预售项目65个、104件、607.6万平方米，办理各类房屋交易手续35797件、38086套、成交面积376万 ，成交金额147亿元。完成各类房屋权属登记2678万平方米，发证近11万个。2010年全年市区商品住房上市405万平方米，合同备案400万平方米，供求基本平衡。全年市区商品住房均价为5061元／平方米，房价呈现稳中上升现象，个别月份上涨幅度较大。按照市政府统一部署，由市住房保障和房产管理局牵头组织12个相关部门，从5月20日起，对市区房地产开发企业的经营行为进行了全面检查，共检查在建、在售项目133个，对38个项目进行了处理，对12个项目进行了处罚，对影响恶劣的两起违法销售典型案件，向社会公开曝光。9月15日起，市住房保障和房产管理局又集中对市区229家房产经纪机构开展了为期两个月的专项检查整顿活动，对存在严重违法违规问题的19家房产经纪机构进行立案调查，促进了石家庄市房地产市场的健康平稳发展。

【旧住宅小区改善和物业管理标准化】 2010年石家庄市计划投入5000万元对25个旧住宅小区进行改善。全年实际完成25个旧住宅小区，改善面积126万平方米，受益居民达到1.59万户，5.32万人，是历年投入资金最多、改善标准最高、施工进度最快的一次。同时，为完成市区227个已实行物业管理的小区90%以上达到标准化要求的任务目标，市住房保障和房产管理局组织各区住房保障局成立了11个物业标准化考评组，对“企业行为、制度建立、物业服务、人员行为”四个方面标准进行全面考核检查，216个企业和项目全部达标，对检查不达标的11家物业企业记入企业诚信档案，限制其承揽新项目，并采取降低资质或取消资质的方式，予以警示和清理。

【完善房地产市场信息系统】 2010年，石家庄市住房保障部门按照国家住建部《房地产市场信息系统技术规范》要求，继续完善统计分析与信息发布等七项项目管理子系统，使石家庄市房地产市场信息系统基本达到了“技术规范标准”；数字房产系统改造升级基本完成，实现了桥东桥西两个房产交易登记大厅自动备份和同城异地容灾功能。2010年新建诚信档案149家，累计建立1029家，完成各县（市）区新建企业诚信档案41家，县市区累计建立204家，截至2010年底，全市总计建立诚信档案1233家，录入信息20多万条。年末城市数字房产地理信息系统获得全国各省市房管行业“数字房产地理信息系统”唯一科技进步奖。“数字房产”系统是在房产地理信息系统技术（GIS）基础上建立的综合性房产管理信息系统。数字房产系统已形成除具有全市已登记房产的全部电子信息外，还与全市所有银行、律师事务所、公证处、地税等十余个行业管理子系统融为一体的庞大的信息系统网络，有效防止了骗租、骗保、骗贷、假公证、漏税等问题的发生。为更大限度方便群众，住宅房屋维修资金管理也被纳入了“数字房产”，改变了以产权人为主建立维修资金账户的传统管理模式，将维修资金账户建立在房屋楼盘表上，按户计算每套房屋的维修资金，账户不随房屋产权转移而变化。同时，住房局产权中心还不断拓展信息系统功能，使房产登记程序不断简化，时限大大缩短，办证时限由原来的20个工作日缩短为1个工作日。

（张跃彬）

【房地产市场运行平稳】 年初，市政府研究印发《关于促进全市房地产市场平稳健康发展的实施意见》，进一步加强全市房地产市场宏观调控，遏制房价过快上涨。全年共批准商品房预售项目65个、104件、607.6万平方米，办理各类房屋交易手续35797件、38086套、成交面积376万平方米，成交金额达到147亿元。完成各类房屋权属登记2678万平方米，发证近11万个。全年市区商品住房上市405万平方米，合同备案400万平方米，供求基本平衡。2010年1～12月，市区商品房成交均价为5057元/平方米，同比增长24.35%；商品住房均价为4716元/平方米，同比增长21.02%，房价呈现稳中上升现象。

【行政执法】 完成《石家庄市房屋登记条例》等法规的起草论证工作，对涉及市住房保障和房产管理局职能的66件规范性文件进行了清理，其中继续有效43件，废止16件，建议废止3件，修订2件，建议修订2件；强化行政审批工作，对行政许可事项和非行政许可事项，纳入市级服务中心和该局分中心窗口受理，实行网上审批；大力推进市住房保障和房产管理局系统“五五”普法工作，全年发放法律宣传材料10000余份，制作法律宣传板报60多块，顺利通过省住建厅和市普法领导小组“五五”普法检查验收；全年立案查处房产市场违规案件44起，结案15起，罚款45.2万元。

（楚臣）

住房公积金管理

【概况】 2010年，石家庄住房公积金管理中心以规范住房公积金管理为核心，以扩大住房公积金覆盖面为主线，重点开展职工个人住房贷款业务。截至年末，全市住房公积金存款利率为2.25%；个人住房贷款利率5年期以下为3.75%，5年期以上为4.3%。全市新建单位226个，新增职工20737人，补缴住房公积金2.6亿元，分别比上年增长14%、354%和298%。归集住房公积金25.83亿元，提取10.78亿元，发放公积金贷款30.12亿元，分别比上年增长34.95%、9.66%和50.83%，贷款总额首次超过全市商业银行。住房公积金覆盖率88%、个贷率74.8%。截至年末，全市累计归集住房公积金133.97亿元，累计提取55.36亿元，累计发放贷款39986户、77.31亿元，归集余额78.61亿元，贷款余额58.8亿元。2010年12月17日，石家庄市委组织部印发《关于石家庄住房公积金管理中心关于成立党组的请示的批复》（石组通字【2010】61号），同意建立中共石家庄住房公积金管理中心党组。年底中心被评为全市文明单位，中心业务大厅先后被评为全省建设系统文明行业示范点、市级青年文明号和全省住房公积金管理优秀单位。

【落实政策和制度】 提高住房公积金缴存比例，将单位住房公积金缴存比例由11%提高至15%，职工个人住房公积金缴存比例由7%提高至10%，使广大干部职工得到更多实惠。印发《石家庄市住房公积金管理行政执法暂行规定》、《石家庄市住房公积金行政处罚自由裁量管理办法》，进一步明确执法主体、处罚标准和有效期限，为住房公积金行政执法提供了制度保障。全市新建单位226个，新增职工20737人，补缴住房公积金2.6亿元，分别比上年增长14%、354%和298%。同时，建立协调联动机制，维护职工权益。与市技术监督局联合印发《关于在住房公积金管理中使用组织机构代码的通知》，把建立住房公积金制度情况，作为组织机构代码证年检的前提，督促单位为职工缴存住房公积金。积极发挥工会在住房公积金制度中的重要作用，把住房公积金建制情况，作为实行政务公开、厂务公开、加强职工民主管理的一项重要内容，规范住房公积金缴存行为；加强与市国资委的沟通联系，将住房公积金管理中心列为全市国企改革领导小组成员，及时了解、参与国企改制、破产工作。

【贷款总量增长】 积极开拓市场，主动走出去找项目，从国有土地的出让、规划部门的审批、开发商入场施工、建筑工程进度及房管部门预售许可证的发放等各个环节进行跟踪调查，及时掌握楼盘的立项、开工、销售等情况，全年新增合作开发企业13家，新增合作项目28个，贷款发放量创历史新高，首次超过各商业银行，居全市首位。同时，不断加大逾期贷款催收力度，与放款银行一起成立专门的催贷小组，电话催收500余人次，上门催收120人次，有效遏制了贷款风险，贷款逾期率由2009年底的0.14%下降到2010年底的0.04%。

（刘庆水）

【缴存比例提高】 10月25日，全市召开住房公积金管理工作会议。会议通报，按照市政府《关于提高住房公积金缴存比例的通知》，经省政府同意，石家庄市和省直、铁路系统财政供给人员及自收自支事业单位，自2010年1月1日起，单位住房公积金缴存比例由11%提高至15%，职工个人住房公积金缴存比例由7%提高至10%，企业可根据实际情况参照执行。各县（市）、矿区在严格落实单位、个人住房公积金缴存比例均不低于5%的基础上，逐步提高缴存比例，力争达到全市统一标准。

（张跃彬　杨彩明）

【规范内部管理】 坚持把规范管理，确保资金安全列为首要任务。严格执行管委会决策，先后两次召开住房公积金管委会会议，对住房公积金重要事项进行民主、科学决策。中心严格执行管委会决策，把管委会议定的事项列为重点工作，明确专人和完成时限，确保管委会议定事项的落实。扎实开展权力运行监控机制建设。在2009年排查廉政风险点的基础上，以“制度＋科技”为手段，完善风险防范措施，进一步规范管理，确保资金安全。中心作为典型单位在全市大会上介绍经验做法。加强内部检查。对各业务科室、20个管理部业务管理情况进行专项检查，针对检查出的问题，提出整改方案，提高中心业务管理水平。加强对缴存单位的管理。严格执行“控高保低”相关规定，开展缴存基数年审工作，共审核单位1814个，职工42万人，其中1014个单位为近30万职工上调了缴存基数，月缴存额上涨近2000万元。

【信息化建设】 加强中心信息化建设，借鉴其他城市的先进经验，结合自身实际，对住房公积金管理软件进行修改、完善，共完善业务系统11处，新增软件功能6处，提升了管理水平。研究开发了住房公积金分析决策系统，对归集、提取、贷款等各项业务进行专题分析，全面跟踪发展变化情况，提供决策参考。设置了预警辅助模块，对于大额资金变动、账务不实以及可能违反监管指标的数据情况进行监测预警，做到及早发现问题，及时预警纠正。

【政策宣传】 积极利用多种渠道，多角度、全方位宣传住房公积金政策。与燕赵晚报联合举办了“住房公积金有奖知识竞赛”活动，广大市民积极参与，共收到答题卡3万余份，取得了良好的宣传效果；拍摄了住房公积金专题宣传片，展示中心良好形象。开展集中宣传活动，分2期对全市缴存单位专管员进行了集中培训，多次深入企业、社区上门宣传，使更多的群众了解、认识、熟悉了住房公积金。同时，不断加强中心门户网站建设工作，及时更新网站内容，提高网站关注度，2010年，解答群众网上咨询信息200余条，网站累计访问量达到130万人次，在全市市直各单位门户网站中排名靠前。

【县（市）管理部业务】 2010年度，各县（市）公积金管理业务部门主要业务指标大幅增长，共归集住房公积金5.48亿元，发放贷款4812户、8.59亿元，分别比上年增长32.69%、115.78%和150.44%。规范缴存比例和基数。各县（市）和矿区缴存比例均达到国家规定的不低于5%的标准。井陉、矿区、平山提高缴存基数至工资总额；藁城市从2010年起，缴存比例每年提高两个百分点，用5年时间达到单位15%、个人10%，建立了提高比例的长效机制。扩大住房公积金缴存覆盖面。各县（市）财政供养人员按时足额缴存，大部分县（市）乡镇、文教、交通等系统单位建立了制度。藁城新增缴存单位187个、职工8221人。县（市）覆盖面由09年的53.16%提高到70.56%；鹿泉、井陉、栾城住房公积金覆盖率分别达到93.87%、89.66%、82.26%。

【发布住房公积金2009年度公告】 6月1日，石家庄住房公积金管理中心发布全市2009年度住房公积金归集、使用等情况公告。1.2009年度共归集住房公积金19.14亿元，完成计划的119.6%，比上年增长32.5%。截至2009年12月底，累计归集住房公积金108.13亿元。2.2009年度提取住房公积金9.83亿元。年度为6.98万人次提取住房公积金。截至2009年12月底，累计提取住房公积金44.58亿元，住房公积金归集余额63.55亿元。3.2009年度发放住房公积金个人贷款9998户、19.97亿元，完成计划的153.6%，比上年增长195.4%。截至2009年12月底，累计发放公积金个人贷款27287户、47.18亿元，公积金个人贷款余额为34.24亿元。当年未购买国家债券，国家债券余额0.07亿元。4.2009年度实现业务收入2.34亿元。其中：存款利息收入1.39亿元；委托贷款利息收入0.91亿元；国家债券利息收入0.04亿元。2009年度业务支出1.47亿元。其中：支付职工个人住房公积金利息1.43亿元，委托贷款手续费支出0.04亿元。2009年度实现可供分配的增值收益7631万元。按财政部颁布的《住房公积金会计核算办法》进行了分配，提取贷款风险准备金1600万元，上缴财政6031万元。

石家庄市住房公积金管理中心

主　任：王树欣（4月任）

副主任：王根恒　王书刚　曹元华　耿占合　杜琳琳

（刘庆水）

区划地名

【概况】 民政部门围绕全市重点工作和“三年大变样”的总体要求，扎实推进地名公共服务工程建设，组织开展了地名规范化管理机制的建立，对新建居住区、公园、桥梁和新开辟的街路等大型建筑物按程序命名，按照省政府统一部署，对市县城区各类不规范地名及标志清理整顿。市民政局和桥西、桥东、裕华、井陉、栾城、晋州三区三县（市）人民政府被省地名委员会授予先进单位，7人被评为先进个人。

【规范地名命名】 鉴于全市房地产大规模开发，新生地名日愈增多的趋势，根据全市实际情况，为了更好地规范地名命名程序，区划地名办公室编制了各类地名申报审批制度，并经民政局和市地名委员会批准，印发全市各县（市）区和建设开发单位。按照立项沟通、填表登记、现场勘验、逐级申报、政府审批的居住区命名程序和公开征名、专家评议、政府审批的公共建筑命名程序，本年度审批并向社会公告新建79个标准地名。其中，居住区命名35个、更名2个；大型建筑物命名22个、更名1个；公共建筑类命名公园17个、广场3个。

【清理违规地名】 根据省、市政府的统一部署，市区划地名办公室以市主城区为重点，认真组织开展了清理整顿地名及标志工作，各区以民政为主，城管、公安、街道协调联动，采取清查登记、宣传到点，现场办公等办法，对随意命名现象予以治理，对“花香维也纳、阿乐卡迪亚、丽迪亚、西美第五大道、万隆国际、卡玛国际、维多利亚”等7个洋地名和“红人公馆、亲亲小镇”等63处不规范地名进行清理，拆除违规地名广告牌，对违规地名按程序予以重新命名。同时结合三年大变样拆建进展适时补充设立新街路标志456块，沿各大小街道补设门牌8320块。

【规范区划调整与边界管理】 按照省政府区划调整有关条款，对深泽县赵八乡改镇的申报工作进行一线实地调研。与石家庄市周边衡水、邢台、保定及西部平定、阳泉等市、县签订了“平安边界协议书”；高邑、元氏、赞皇、灵寿、行唐因边界引起纠纷，按照区划界线管理条例，进行了原界线的维护和再确认，确保了界线纠纷双方保持稳定。

（刘平刚　周连颖　张岩）

交通运输

交通运输

概　述

2010年，石家庄市围绕“建设繁华舒适现代一流省会城市”目标，强力推进铁路穿城入地工程，认真组织开展公交“三通”（通正定、藁城、鹿泉、栾城4组团县市，通基地，通小区）工程，全面启动石家庄机场改扩建工程，加快推进现代物流园区规范化建设，着力构建交通运输行业立体发展蓝图。全市铁路合计营业里程达328.72千米，共有车站27个。11月1日，石家庄货运南站成立，与石家庄站实行客货分管，石家庄站成为以客运为主的特等站（所辖石家庄北站为二等站），石家庄南站为货运一等站，担负京广、石德、石太四个方向货物运输组织工作；12月6日，石家庄货运南站新编组站建成运行。全年铁路发送旅客2019.23万人，较上年提高168.83万人，发送货物1314.80万吨，较上年增加212.7万吨。全市公路建设里程完成1171.88千米，公路通车总量程达到15409千米，较上年增加12千米，路网密度达到105千米/百平方千米，与上年持平。全年公路建设共完成投资48.09亿元，其中，干线公路完成投资39.45亿元，主要完成了张石北出口支行、翠屏路、107国道北出口，机场路封闭改造、农业观光园道路等一批重点项目。农村公路共完成投资5.61亿元，建设里程1151.9千米。国省干线大中修共完成投资3.04亿元，完成里程186.13千米。公路绿化美化完成赵赞连接线、新赵线、正南线的新、补植任务，全年共栽植各类树木25.3万株，干线公路适宜路段996千米全部实行路基标准化和绿色覆盖，新植成活率达96%以上。现代物流服务业发展迅速，年内石家庄内陆港先后引进冀运集团、冀中能源峰峰集团，两次增资扩股，加快基础设施建设步伐，完善园区服务功能，至年末，基础建设初具规模，设施功能更加完善，拥有海关联检综合办公大楼9585平米，仓储总面积19322平米，堆场、道路总面积94744平米，铁路堆场35000平米，具备口岸功能、物流功能、多式联运功能、电子信息功能、生活服务功能。2010年，内陆港完成集装箱吞吐量6万标箱，同比增长127.6%；铁路运输共发运散货431车，货运量达2.49万吨；铁路集装箱试运营16节车32标箱；营业收入完成5.73亿元；利润总额达到164万元，比上年增

2010年1月25日，省长陈全国（前排右二）等省市领导10余人到石家庄站视察和指导工作

盈591万元，实现扭亏为盈。石家庄机场航空运输事业快速发展，年内先后引进航空运输公司8家，机场运营航空公司达到20多家，新开国内航线13条、台北地区航线1条和韩国济州国际航线1条，通航城市最多达到41个，航班加密城市15个，航线最高达到44条，初步形成了“沟通南北、通达东西、延伸海外”的航线网络。河北机场集团旅客吞吐量实现翻番，年旅客吞吐量达308.38万人次，同比增长110.6%，货邮吞吐量达2.62万吨，同比增长38.6%。其中，石家庄机场272.36万人次，同比增长106.3%，货邮吞吐量2.57万吨，同比增长37.7%，每周往返航班最高938班，同比增长141%，旅客吞吐量和航班量双翻番。全年机场集团保障飞机起降5.48万架次，同比增长63.7%，担负国际救援物资运输2次，7架次，运输救援物资210吨，实现机场集团第7个和河北民航机场第26个安全年。城市公共交通调整优化发展，年内购置天然气公交车302辆，营运车辆达到3160辆（折合4017标台），其中天然气公交车达2000辆，占公交总数的63.3%；开辟营运线路34条，合并线路1条，调整优化线路35条，营运线路达到166条；在四组团县市区域规划公交线路99条，累计开通42条；1369个小区实现公交通达，小区通达率99.8%；公交车平均运速20.73千米／小时，万人拥有公交车达到17.3标台，出行分担率达20%；年营运总里程14964.89万千米，运送乘客5.13亿人次，每天平均运客140余万人次，年总收入4.72亿元。

重大节假日旅客运输保障能力大幅提升。春节期间（2月13～19日），石家庄火车站共发送旅客24.7万人次，同比增长12%，创下春节假日发送旅客历史最好记录；省会公交部门共安排营运车辆1.4万辆次，安全运送乘客503万人次，同比增长3%；石家庄正定国际机场保障客运航班起降371架次，同比增长41%，完成旅客吞吐量2.87万人次，同比增长53%，两项主要指标均保持两位数的增长速度，创机场历年春运运输新高；石家庄长途客运运输管理部门共投入车数17860辆，班次45651次，共运输旅客65.34万人次，同比增长8.99%。中秋小长假期间（9月22～24日），市公交部门结合中秋节假日短、市民旅游、购物和商业网点延时促销的特点，采取增加主干线路配车、开通大站快车和直达车等方式，科学合理安排车辆，满足市民出行乘车需求，安全运送乘客490万人次。“十一”黄金周期间（9月28日～10月7日），石家庄火车站旅客发送量突破历史最高记录。其中，10月1日该站单日旅客发送人数达10.3万人，为历年黄金周期间单日旅客发送量之最。黄金周共发送旅客66.4万人，比上年增加5.6万人，增幅达9.2%。

铁　路

【概况】 石家庄市域内现有京广、石太、石德、石太客运专线四条铁路干线和新井、凤山两条支线，分别起止京广铁路207.9千米（寨西店承安铺间）至321.3千米（高邑鸭鸽营间），石太铁路石家庄至70.1千米（南峪娘子关间），石德铁路石家庄至85.25千米（東新王家井间），石太客运专线石家庄北站至59.97千米（井陉北阳泉北间）；两支线总长18.1千米，合计营业里程328.72千米。共设车站27个。2010年末，北京铁路局在石家庄的派出机构有石家庄铁路办事处，驻石家庄的主要运输单位有石家庄站、石家庄南站、石家庄客运段、石家庄电力机务段、石家庄工务段、石家庄供电段、石家庄电务段。非生产单位有石家庄职工培训基地、石家庄工程项目管理部、石家庄铁路疾病预防控制所、石家庄铁路公安处、石家庄铁路运输检察院、石家庄铁路运输法院、石家庄铁路招待所以及河北冀铁集团公司、河北铁建工程有限公司。11月1日，石家庄南站成立，与石家庄站实行客货分管。石家庄站成为以客运为主的特等站（所辖石家庄北站为二等站）。石家庄站总建筑面积25131平方米，旅客候车室6个，座席4054个，售票处1所，出站厅1处，行包托运处1处，旅客地道4个，行包、邮政地道2个，站台3个（其中二、三站台为高站台），雨棚3个，到发线5条。石家庄北站总建筑面积2021平方米，旅客候车室3个，座席1150个，售票处1所，旅客地道1个，行包、邮政地道1个，站台4个（均为高站台），雨棚4个，到发线7条。运转设施有：行车楼5个，客技站1个，配属专用调车机2台。主要担当京广、石德、石太、石太客专线旅客列车到发及客运、行包、车底解编任务。石家庄客站日均接发旅客列车96对（办理业务85对），其中始发、终到列车各18对；石家庄北站日均接发旅客列车33对（办理业务32对），其中始发、终到列车各12对。年末固定资产原值8440.49万元。石家庄南站为货运一等站，担负京广、石德、石太四个方向货物到、发和运输组织工作。管辖一等站1个（石家庄南编组站，技术等级为区段站，站场设置为纵列式二级四场）、二等站2个（石家庄西站、正定站）、三等站1个（获鹿站）、四等站2个（平南、柳辛庄站）。主要行车设施有驼峰两座，其中石家庄南编组站上、下行共用一个自动化驼峰，峰高3.5米。工业站设简易驼峰一座，峰高1.66米；全站设专用调车机14台，石家庄南编组站5台、工业站4台、西站2台、平南2台、正定1台；全站设调度综合大厅1个，行车楼8个、线路所1个。主要货运设施有货场6个，货物仓库8个9631平方米，货物站台18座；大小装卸机械43台，最大起重能力36吨；专用铁道3户，地方铁路1户，专用线40户。年内完成运输收入61041.40万元。货物发送量385万吨；日均装车170.0车，日均卸车520.2车。石家庄客运段担负着石家庄至广州、至上海、至北京西、至秦皇岛、至哈尔滨、至承德、至张家口，至杭州、至太原、至安阳、至烟台、至邯郸、至临西、至德州、至高碑店、至阳泉、北京西至重庆等32对旅客列车客运乘务和图定110对客运列车的运转乘务任务。石家庄电力机务段配属支配机车392台，主要担当石家庄至太原北、至济南西、至唐山、至阜阳、至南仓，太原至上海，邯郸至济南西、至长治北间共计282对客货列车和32对小运转、2对行包列车的牵引任务。石家庄工务段主要担负石家庄枢纽，京广线上、下行64.5千米至280千米，石太线上行3.265千米至117千米、石太线下行–2.06千米至117千米，石太三、四线3.357千米至34.8千米，石太客运专线上、下行34.8千米至222.4千米，石德线上行3.794千米至5.8千米、石德线下行–1.277千米至5.8千米，西环线上下行0千米至42.5千米线路、桥梁、隧道等设备的大、中、维修及保养任务。线路总延长2299.052千米。石家庄供电段担负石太客运专线0千米至222.4千米、京广线64.5千米至485.8千米、京九线24.426千米至372.776千米、津霸线1.796千米至73.673千米、石德线0千米至176.500千米、石太线0千米至117.000千米电气化铁路供电和生产生活供水、供电任务，以及邯长线0千米至215.500千米、沙午线0千米至69.000千米、马磁线0千米至46.225千米的供水、供电及设备更新、改造、大修、维修养护任务。石家庄电务段担负着京广线66.150至485.837千米、京九线74.500至372.777千米、石德线0千米至176.500千米、石太线

2010年2月22日，铁道部副部长王志国（前排左三）到石家庄站视察指导春运工作

0千米至117.000千米、邯长线0千米至215.491千米、石太客运专线18.217千米至224.290千米和石家庄西环线、沙午、马磁等12条支（矿）线共计1550.976千米的信号设备的维修维护任务。2010年，石家庄市域内的各单位在石家庄枢纽改造等施工影响大的形势下，认真贯彻铁道部、北京铁路局运输安全工作会议精神，落实各项行车技术安全规定，落实现场作业标准，科学组织运输，合理编开长途直达列车，确保了运输安全生产和各项指标的完成。全年发送货物1314.80万吨，比上年增加212.7万吨；发送旅客2019.23万人，比上年增加168.83万人。10月1日发送旅客10.3万人，创车站单日旅客发送量历史新高。12月8日，石家庄铁路枢纽货迁工程(西环线)经北京铁路局和中铁六局万余名建设者586个日夜奋战顺利开通，此举使铁路货运列车穿行市区的景象成为历史，为石家庄市实现铁路“穿城入地、客进货出”战略性目标奠定了坚实基础。

表31　2010年石家庄市铁路运输情况表

站名＼指标	旅客发送人（人）	货物发送吨（吨）	货物到达量（吨）	装车数（日车）	卸车数（日车）
合　计	20192261	13147952	23398884	579.7	1101.2
石家庄	15179100				
石家庄南		3850000	10326600	170.0	520.2
承安铺	（不办业务）				
新　乐	22370	146268	163290	6.5	7.0
新安村	（不办业务）				
正　定		385000	834000	17.4	38.1
辛　集	759513	236876	781974	10.6	34.7
晋　州	313409	122968	245948	5.6	11.0
藁　城	65949	155168	441843	7.2	19.6
良　村	2813	2172786	260635	101.9	12.6
石家庄北	3415800				
石家庄西		950000	4997000	42.5	222.8
获　鹿		10000	174000	0.5	7.9
头　泉		122333	18293	5.5	1.0
下　安	（不办业务）				
上　安	5029	4330	4150278	0.2	182.6
岩　峰		148928	20135	6.2	0.8
翟家庄	（不办业务）				
井　陉	172072	1623744	78948	68.2	3.3
新　井		1084152	368717	45.9	14.7
南张村	4841	622624	90747	26.3	4.6
凤　山		305177	44734	12.8	2.0
井　南	71671	196620	3309	8.3	0.2
南　峪	38525	361203	3847	15.2	0.2
平　南		98000	51000	4.4	2.3
窦　妪	（不办业务）				
元　氏	37145	393972	258208	17.5	11.6
高　邑	104024	157803	85378	7.0	4.0
柳辛庄	（不办业务）				

（注：下安、翟家庄为乘降所）

【铁路枢纽改造工程】 2009年4月15日，石家庄铁路枢纽改造工程开工建设，计划总投资86.26亿元。年内六线隧道、新客站、站场改造等关键工程完成过半。1. 石家庄六线隧道工程：隧道全长4980m，隧道下穿石太直通线段采用暗挖法，穿越和平路、中山路、裕华路采取盖挖法，其余地段均采用明挖法施工。基坑开挖宽度30～52m，深度8.5～22m。至年底，土方开挖完成360.76万方，完成95%；锚索完成90%；底板完成4330延米，完成87%；边墙完成4031延米，完成81%；拱顶完成3755延米，完成75%。暗挖段京石侧洞全部贯通，京广侧1～12段全部贯通，13段完成67延米。京石主体底板完成42延米。2. 石家庄新客站工程：新石家庄站中心里程为DK285+080，分普（通）速（度）场、京广客专场、太（原）青（岛）客专场三场横列布置，规模为13站台，30线。总建筑面积107059平方米其中：地上76814平方米；地下30245平方米；无站台柱雨棚总面积86100平方米。西站房区于5月10日开工，7月1日西站房基础桩开始施工，10月4日2168根基础桩施工完毕。11月10日西站房40万立方米土方开挖全部完成。至年底，完成西站房雨棚桩，正在施作地下一、二层结构。西站房钢筋绑扎已完成15380吨，占设计工程量的73%；混凝土浇筑已完成64850吨，占设计工程量的50%；雨棚钢网壳已完成42榀，占设计工程量的62%。3. 站场改造工程：新客站站场工程范围包括新建京石客专、石青客专、石太客专直通线及相关联络线、动车线；改建京广线、石太联络线，以及新建动车运用所、客车机车折返段、客车整备所等相关配套工程。截止年底，为六线隧道清除障碍的过渡工程、客运设施补强、提前拆除Ⅲ场引起的运输调整和施工过渡工程均已完成。路基土方工程完成111.66万方，完成54.5%。京石正线CFG桩完成9158根，完成设计总量的96%。预应力管桩完成1079根，完成设计的17%。石太直通线灰土挤密桩完成3995根，完成设计的20%。正线铺轨4.7千米；站线铺轨6.77千米。CRTS Ⅱ型轨道板进场3351块。动车所候班综合楼完成三层主体砌砖2/3；动车组外皮洗刷库1～13轴安装框架梁模板。动车组临修库及不落轮璇库已全部完成。红外线轴温探测站主体、电照完成。动车所轮对踏面诊断控制室及遮光棚，完成总进度的65%。客（车）整（备）所综合楼，基础钢筋绑扎、基础浇筑完成。基础中心回填土完成4/5。客整所临修库及边跨，完成支垫层模板。客整所修配间完成支垫层模板。

（张力）

【货运南站新编组站投用】 12月6日，石家庄铁路枢纽改造工程核心的货运列车石家庄南站新编组站正式投用。至此，货运列车不再进入市区。石家庄铁路枢纽改造工程由国家发改委批准立项，是铁道部确定的2009年重点建设工程项目之一，2009年4月开工。该工程包括三部分：石家庄枢纽货运迁建工程、京石客运专线石家庄隧道工程、石家庄新客站建设工程。货运迁建工程把石家庄原有的货运系统迁至永壁，设在永壁的石家庄南编组场，为货迁工程重点和难点。货迁编组站全线长112.77千米，共65股道，外加两条军供线、四股正线，车场最大宽度370米，纵深5400米，占地约2751亩。车场为单向二级四场站型，全线桥梁19座，占线路总长的34.7%。车站技术级别为区段站，规模为一等站。站场设置为二级四场，一场为峰前到达场，办理解体列车的到达作业，并引入石太线下行方向、石家庄西环线上、下行方向发车；设1～22道，其中正线4条、到发线12条、机待线2条、牵出线1条。二场为下行直通场，负责办理石家庄西环线下行发车作业；设1～18道，其中正线2条、到发线10条、机车走行线1条、机待线4条、牵出线1条。三场为调车场，负责办理列车编组作业；设1～39道，其中调车线26条，编发线6条（1～6道向石家庄西环线下行发车）、迂回线2条、禁溜线2条、牵出线3条。四场为上行直通场，办理石家庄西环线上行、石太引入下行及西环线上行反方向（经一场）发车作业；设1～16道，其中正线2条、到发线10条、军供线2条、安全线1条、货物线1条，1～3道具备石家庄西环线下行反方向发车条件。一场南侧设置机务段，三场峰尾牵出线南侧设置车辆段检修和运用车间，二场西侧设置供电抢修基地。货运迁建工程是京广货运铁路左右线自正定站引出后客货分离，石家庄货迁工程包括京广货运改线正定站（京广 K251+166）至平南站（京广 K277+588），全长 44.729 正线千米（右线），石太引入线西起石家庄西Ⅰ场，东至石家庄南站编组站。工程范围内的京广货线、石太引入线、石德联络线等均位于石家庄市境内。货运改线工程自京广铁路正定站引出后，南行跨滹沱河、太平河后折向西南，与石太高速公路并行向西引入石家庄南站，最后与现京广铁路并行后引入平南站，线路全长 44.7 千米。横跨或下穿滹沱河、太平河、石太铁路、石太高速公路、307 国道、南水北调干渠、和平路、中山路、槐安路等大批基础设施工程，整个绕城线路桥梁立交密集。全线桥梁 19 座，主导梁型为 32 米 T 梁，共 1231 孔，折合单线 42.74 千米，占线路总长的 34.7%，铺渣 88.7 万立方米，铺道岔 286 组。

（张力　雷婷）

【石济铁路总部落户高新区】 11 月 25 日，石家庄高新技术产业开发区与石济铁路客运专线有限公司筹备组就建设总部项目举行签约仪式。标志石济铁路客运专线项目正式进入实质性运作阶段。市长艾文礼，副市长、高新区工委书记刘晓军，北京铁路局常务副局长朱惠刚等出席签约仪式。刘晓军主持签约仪式。石济铁路客运专线有限公司由河北省、山东省和铁道部共同出资成立，在石家庄市注册，注册资金 221 亿元，计划在高新区建设总部办公大楼、高铁检修维护及新技术研发培训基地等。石济铁路客运专线是国家中长期铁路网规划中太青客运专线的中间部分，是国家重点建设项目。线路途经石家庄、衡水、沧州、德州、济南等主要城市，线路全长319千米，共设车站11个，设计时速 250 千米以上，项目总投资 441.6 亿元，计划建设工期 3 年。

（范玉蕾　房晓丹）

【石德铁路 2 条临时线通车运行】 原有的石德铁路线工人街段占据未来石济客专线路的位置，根据铁路入地施工方案，在其南侧需修建两条 1.2 千米长的石德铁路临时铁路线，分别是石德铁路正线和石德铁路联络线。6 月 26 日零时开始，这两条临时铁路线开始施工。经过 1 个多月的建设，石德铁路正线临时线于 8 月 10 日凌晨正式通车运行。8 月 23 日凌晨 1 时 45 分，石德铁路联络线临时线正式开通运行。至此，为给铁路入地隧道工程让路修建的石德铁路 2 条临时线全部通车运行，原有石德铁路正线已废弃不用。

（张跃彬）

【至秦皇岛动车开行】 4 月 27 日，石家庄至秦皇岛 D4536 次动车在石家庄火车站正式首发，自此省会石家庄至旅游胜地秦皇岛间动车开行。本次列车采用 CRH Ⅱ型高速列车，编组 8 节，共 622 个坐席。列车全程运行 4 小时 30 分，中间停站保定、北京南、北戴河。列车二等座票价为 180 元，与普通列车硬卧车票基本相当。首发当日售出车票达 562 张，上座率达 90.4%。4 月 27 日至 8 月 3 日，这趟动车“百日”安全运行 17.64 万多千米，运送旅客 43 万人次，为旅客做好事 417 件，收锦旗 21 面，拾金不昧 15 起，折合人民币 91 万多元。全年日均超员在 10% 左右。列车服务由石家庄客运段担当，列车员均具有大专以上文化水平，并在北京铁路局接受过三个月的专业培训，经考试合格持证上岗。

（张力　雷婷
张明　吕景川）

【生产力布局调整及机构变化】 1 月 6 日，石家庄房产维修段，将部分生产办公、住宅、供暖、单身宿舍等房建设备维修及运行工作划归车务段、直属站多经。3 月 16 日，石家庄房产维修段与石家庄铁路华泰实业公司实行一个机构两块牌子，正式划入多元经营系统管理。3 月 21 日，撤销石家庄通信段、石家庄高速通信段，两段整建制并入北京通信段。11 月 1 日，成立石家庄南站，与石家庄站实行客货分管。12 月 8 日，华泰实业公司和河北铁建工程有限公司重组整合，与河北铁建按“一个机构两块牌子”模式运作，按一级一类公司进行管理。

【“十一”石家庄站日发旅客 10.3 万人】 石家庄站黄金周期间，采取将售票大厅的 27 个窗口全部开放，并及时开放 12 个临时售票窗口和延长售票时间的方法确保旅客购票。积极利用复用、公用票额和向路局申请加开临客、对图定列车扩编运行等措施扩充运能。并组织机关干部和休班职工300余人次到售票、进站、检票、站台等重点部位盯控作业，同时组织青年团员及志愿者在候车室为旅客提供候车引导、出行信息咨询等义务服务，确保旅客高峰期的安全与顺畅。“十一”黄金周期间，石家庄火车站旅客发送量突破历史最高记录，共发送旅客66.4万人，比上年增加5.6万人，增幅为9.2%。其中10月1日单日发送旅客10.3万人。

(张力)

公　路

【概况】 2010年，全市公路通车总里程达到15409千米，路网密度达到105千米／百平方千米。其中高速公路4条（石黄高速公路、青银高速公路、京昆高速公路、京港澳高速公路）400.64千米，国道4条（107国道、207国道、307国道、308国道）418.92千米，省道30条1410.05千米，县道48条1601.61千米，乡道4913.17千米，专用公路218.98千米，村道6446.39千米。桥梁3361座165049.35延米（2010年桥梁数据包括省管高速公路）。全年公路建设里程完成1171.88千米，全市通车里程比上年增加11.795千米。全年共完成投资48.09亿元。其中，干线公路共完成投资39.45亿元，主要用于张石北出口支线、翠屏路、107国道北出口、机场路封闭改造及农业观光园道路建设等一批重大项目；农村公路共完成投资5.6亿元，建设里程1151.9千米；国省干线大中修共完成投资3.04亿元，完成里程186.13千米。公路绿化完成赵赞连接线、新赵线、正南线的新、补植任务，共栽植乔木1.3万株、灌木24万株，干线公路适宜路段996千米全部实行路基标准化和绿色覆盖，新植成活率达96%以上。

表32　2010年石家庄市国省干线公路情况一览表

2010—12—31　　单位：千米

名称	编号	长度	走　向
京深线	G107	115.5	保定—新乐—正定—桥东区—裕华区—鹿泉—栾城—元氏—高邑—邢台（南北走向）
锡海线	G207	104.4	保定—灵寿—平山—山西（东北—西南走向）
歧银线	G307	154.5	衡水—辛集—晋州—藁城—裕华区—桥东区—长安区—桥西区—鹿泉—井陉—山西（东西走向）
青石线	G308	45.1	邢台—赵县—栾城—裕华区（东南走向）
赵赞连接线	S033	36.4	赵县—元氏—赞皇（东西走向）
吴家瑙连接线	S037	19	山西阳泉—井陉贾家庄（东西走向）
西兆通连接线	S038	4.2	长安区307线—石港高速（南北走向）
晋州连接线	S039	20.4	晋州—深泽（西南—东北走向）
石家庄环城路	S101	54.2	藁城—长安区—新华区—鹿泉（东西走向转南北走向）
正南线	S201	140	正定—灵寿—平山—山西（东南—西北走向）
平涉线	S202	154	平山—井陉—井陉矿区—井陉—赞皇—邢台（南北走向）
无繁线	S203	103	无极—新乐—行唐—保定（东南—西北走向）
新赵线	S204	62	新乐—藁城—栾城—赵县（南北走向）
宜微线	S205	32.8	鹿泉—平山—井陉（南北走向）

（续表）

名称	编号	长度	走　向
京赞线	S232	152.5	保定－行唐－灵寿－鹿泉－元氏－赞皇（南北走向）
安新线	S233	69	保定－深泽－辛集－邢台（南北走向）
定魏线	S234	64.8	保定－无极－藁城－赵县－邢台（南北走向）
宝平线	S241	68.7	保定－行唐－灵寿－平山孟耳庄（南北走向）
石闫线	S301	112.8	新华区－鹿泉－平山－山西（西北走向）
正港线	S302	77	正定－藁城－无极－深泽－衡水（东西走向）
机场路	S303	13.4	正定107线－藁城新赵线（东西走向）
装院路	S304	3.8	鹿泉石环路－铜冶（西南走向）
衡井线	S392	133	衡水－辛集－晋州－藁城－栾城－鹿泉－井陉（东西走向）
邢昔线	S393	69.2	邢台－高邑－赞皇－山西昔阳（东西走向）

【乡村公路发展】 全年全市完成农村公路建设1151.9千米，完成投资56070万元。其中县道路基完成49.4千米，路面完成49.1千米，完成投资8280万元；乡道路基完成99.9千米，路面完成99.9千米，完成投资5307万元；村道路基完成1002.9千米，路面完成1002.9千米，完成投资37914万元；省补农村公路桥梁改造项目16项，1227延米，完成投资4569万元。

【公路养护管理】 公路养护：加大养护资金投入，加强预防性养护，采取分级管理措施，稳步提升养护质量，干线公路技术状况指数优良率达85.1%。养护工程：全年完成大修工程共6项81.72千米，投资21162万元；中修工程共5项104.37千米，投资8266万元；桥梁维修加固工程共18项1745.6延米，投资1031万元；完成石闫线冶河桥、107线一沙河和三沙河桥3座桥梁的突发应急加固工程；修复水毁损失321.9万元；工程验收优良率均达100%。6月28日，107北出市口改造工程实现快车道通车，完成投资2.3亿元。公路绿化：年内，完成赵赞连接线、新赵线、正南线的新、补植任务，共栽植乔木1.3万株、灌木24万株，干线公路适宜路段996千米全部实现路基标准化和绿色覆盖，新植成活率达96%以上。示范工程：开展“养护示范工程”建设5项（柏坡路、石闫线、定魏线、青银连接线、赵赞连接线），投资5169万元（自筹资金2030万元），完成中修罩面257千平方米，水泥路面和沥青路面挖补42千平方米，改性微表处6千米165千平方米，施划标线35千平方米。其他日常维修、绿化管护、粉刷清洗等有序推进。

【内陆港建设】 2010年，石家庄内陆港有限公司紧紧围绕港口建设规划，积极筹措资金，加快基础设施建设步伐，完善园区服务功能，先后两次增资扩股，分别引进冀运集团、冀中能源峰峰集团两大股东。2月5日，冀运集团股份有限公司与石家庄公路主枢纽组织管理中心、石家庄运输总公司达成增资扩股协议，由冀运集团控股石家庄内陆港有限公司。2月10日，石家庄内陆港有限公司召开股东会暨董事会五届一次会议，表决通过了冀运集团为石家庄内陆港有限公司新的控股股东，并选举产生新一届董事会和监事会。同年，冀中能源峰峰集团进入石家庄内陆港，成功进行战略合作重组。重组后的内陆港由冀中能源峰峰集团有限公司、石家庄公路主枢纽组织管理中心、冀运集团有限公司、石家庄运输总公司4家股东单位组成，冀中能源峰峰集团有限公司控股经营。6月24日，石家庄内陆港有限公司召开了增资扩股后的第一次股东会暨第六届董事会、监事会第一次会议。受冀中能源峰峰集团委派，总经济师李建忠主持了公司本届股东会和董事会。2010年，内陆港基础设施建设速度加快，技术装备水平得到提高。全年共计投资4553.8万元，其中，投资428.6万元，征收土地38亩；投资1100万元，完成6号仓库建设，增加仓储面积6419平米；投资1664.8万元，完成铁路堆场面积35000平方米、二期堆场和作业面积25592平方米、硬化路面2100平方米，以及堆场、铁路高杆灯设施建设，保证铁路集装箱和散货的装卸与堆存；投资902.7万元，购置吊装、叉车等设备，提高技术装备能力；投资82万元，购置信息设备，完善电子信息功能；投资38万元，维修场区路面700平方米，修善部分办公设施，生产区域和办公环境得到改善；其他项目投资98.5万元；银行贷款利息239.2万元。内陆港国际保税物流园区已进入前期准备阶段，完成项目简介、可研报告、项目备案、环评报告、项目选址、土地预审等要件，被列为市重点项目，省重点项目申请待批。至年末，内陆港基础建设初具规模，设施功能更加完善，拥有海关联检综合办公大楼9585平方米，仓储总面积19322平方米，堆场、道路总面积94744平方米，铁路堆场35000平方米，具备口岸功能、物流功能、多式联运功能、电子信息功能、生活服务功能。2010年，内陆港业务不断拓展，经营规模不断壮大。利用内陆港优越的地理环境，依托石家庄钢铁、医药、纺织、粮油、机械等产业优势，主动出击、开发货源、服务客户、抢占市场。尤其是铁路专用线开通后，为充分发挥铁路运输、货物堆存和物流配送等基础优势，积极寻找货源，开展货代业务，走访市内及周边县市客户100余家，与河山工贸、五矿钢铁、华泰纸业等企业签订业务协议；与安通船业、信联物流、河北凯特、怀特装饰城多家企业达成合作意向。河北冀津国际物流公司通过整合货代资源，实现重箱来、重箱走，内陆港“直通关”业务达到持续增长。铁路运输业务开始运营。9月25日，内陆港铁路散货业务开通运营，取得较好经营成果；同时，经铁道部批准，内陆港获得了铁路集装箱业务办理资质，与天津港、青岛港就运价优惠、货源组织、货物交接等事宜进行商谈与沟通，铁路集装箱完成试运营，班列即可开通。汽车运输业务共承揽运输大型罐体25个，风电设备40套，倒短运输2.49万吨，实现运输产值130万元。第三方物流快速发展，成为内陆港经济新的增长点。年内，内陆港为避免企业经营出现亏损，向冀中能源借贷2亿元，依托四诚贸易公司机构平台，开展冶金、煤炭等第三方物流业务，上年后两个月，实现营业收入5.67亿元，创利658万元。全年完成集装箱吞吐量6万标箱，同比增长127.6%；铁路运输共发运散货431车，货运量达2.49万吨；铁路集装箱试运营16节车32标箱；营业收入完成5.73亿元；利润总额达到164万元，比上年增盈591万元，实现扭亏为盈。

（苌伟博）

【聚和港物流园开工】 9月10日，已被列入省政府2010年第二批重点项目的石家庄聚和港物流园举行奠基仪式。市领导王中联、张殿奎等为聚和港物流园奠基。石家庄聚和港物流园区位于桥东区柳辛庄华北鞋城西侧，地处石太高速和京广铁路交会处，是交通运输部《国家公路运输枢纽总体规划》的重点物流项目。项目于2009年10月18日在石家庄国际投资贸易洽谈会上成功签约，由市交通运输局与石家庄聚和物流园区有限公司负责筹建。项目总规划占地2000亩，总投资约24.23亿元，计划2013年全面完工。项目全面建成后，设计年吞吐量1500万吨，日车流量一万辆，可入驻约1500家物流运营商，整合社会车辆50万辆，可提供30万平方米的仓储能力，3000个静态停车位，约5000个就业岗位，能降低周边企业物流成本40%。

（范玉蕾）

【西柏坡高速公路举行奠基仪式】 西柏坡高速公路是国家规划的京昆高速石太北线的重要组成部分，建成后可实现西柏坡与石市区的快速直达，增强省会辐射和带动作用，推进“大西柏坡”发展战略，推动“红色旅游”产业发展。西柏坡高速公路（高庄至北沟段）起自石家庄市绕城高速与石太高速公路交叉处的高庄互通，止于西柏坡一级公路与石闫公路交叉处的北沟互通，包括主线和平山连接线。主线全长42.71千米，其中，起点高庄互通至霍寨互通段利用京昆高速公路5.11千米，实际新建里程37.6千米。根据需要，新建路段分别按6车道和4车道建设，设计时速分别为120千米和100千米。平山连接线分两段，其中，平山县城段连接线由平山互通，向北上跨宜微公路经宋家峪、东义羊，终于平山县城，采用双向四车道一级公路标准建设，路基宽23米，建设里程7.566千米；鼎鑫水泥厂段连接线由东焦互通向东经东焦村，终于鼎鑫水泥厂路，采用二级公路标准建设，路基宽度12米，建设里程3.391千米。西柏坡高速公路（高庄至北沟段）项目概算总投资40.904亿元，计划2011年年底建成通车。4月26日上午，西柏坡高速公路（高庄至北沟段）开工典礼在其与京昆高速相交处举行。省委书记张云川，省长陈全国，副省长宋恩华，省委秘书长景春华，省长助理、省政府秘书长尹亚力，省交通运输厅厅长焦彦龙，市长艾文礼等出席开工典礼并为工程奠基。

【翠屏路改造】 翠屏路（国宾馆路）改造工程是石家庄市“三年大变样”20项重点工程之一，东起中山西路、西至翠屏山国宾馆，全长6.74千米，建设标准为城市主干道，包括道路、桥梁、排水、管线、绿化、照明等，设计时速50千米。中山西路至获铜路段，长2.87千米，由市交通运输局负责建设，其中中山西路向北至动物园桥0.83千米，路基宽24米，双向四车道，动物园桥向西至京赞路2.04千米，路基宽50米，双向六车道；获铜路至省接待中心段，长3.87千米，由鹿泉市交通运输局负责建设。2月12日，建设开工；4月30日，全线通车。

【国道107北出市口拓宽】 国道107北出市口改造工程是省会“三年大变样”的重点工程，也是石家庄市委、市政府确定路网改造重点项目。107北出口改造工程起点位于正港公路（正定南环路）与107国道交叉处，跨越滹沱河流域，穿过太平河景区，与学府路交叉，至石环辅道到达终点，整体呈南北走向，全长4.485千米。石家庄市公路管理处承建，4月16正式开工，6月28日快车道全线通车，双向四车道拓宽为双向八车道，新增慢车道和人行道，完善了路灯、排水、绿化，形成景观大道64米。

【张石高速公路北出市口支线建成通车】 张石高速公路石家庄北出口支线是石家庄机场快速路的主要组成部分，也是张石高速石家庄段的必要补充，被列为省会“三年大变样”重点项目。工程南起中华大街与石太高速公路交叉处以北400米，向北经南高基村、河北经贸大学，跨滹沱河、南水北调倒虹吸工程，经大孙村、刁桥、南岗至上水屯到达工程终点，与张石高速支线相交，全长11.8千米，高速公路建设标准，增加绿化、照明等城市道路功能，主线双向6车道，辅道双向4车道，主辅道之间10米绿化带，包括月牙路、学府路、张

张石高速公路石家庄北出口支线通车

翠屏路建设改造完工

石支线等4座互通立交和2578米滹沱河特大桥一座，工程概算投资16.4亿元。2009年6月，建设开工，2010年9月30日，正式通车，成为省会第二条迎宾大道。省交通运输厅副厅长潘晓东，市领导刘云峰、王大虎、傅世武、范振增、卢建新，以及相关单位代表共计600余人参加了通车典礼。

【机场路封闭改造工程竣工】 正定机场路封闭改建工程（机场路）是省会“三年大变样”重点工程，起自京石高速公路，终于石家庄机场互通收费站，全长1.64千米；设跨线桥两座，分离式立交桥一座；总投资1.08亿元，一级公路标准；快车道为双向四车道，设计时速60千米；两侧设慢车道，设计时速40千米。7月初管理和施工单位进场，10月上旬完成全部建设内容，7月28日，正式竣工通车。封闭改造后，实现快慢车分离，提高了京港澳（京石）高速至石家庄机场的通行速度和安全性。同时，工程还增设了绿化、照明等设施，突出了迎宾大道特色，成为河北省对外第一窗口。

【农业观光园连接线开通】 藁城农业观光园连接线工程（农业观光园路）由省道新赵公路改建段和农业观光园道路两段组成，是省会“三年大变样”重点工程，工程全长5.8千米，总投资1.3亿元。其中，新赵线改建为一级公路3千米，双向六车道，设石津灌区中桥一座，设计时速80千米；园区道路2.8千米，二级公路标准，设计时速60千米。10月28日，正式通车。该连接线是通往石家庄市现代农业综合示范工程——石家庄（藁城）现代农业产业观光园的主干道，将对进一步完善农业发展基础设施，调整优化产业结构、推进城镇化建设进程起到重大的推动作用。

（苌伟博）

石家庄现代农业产业观光园连接线通车

运输市场管理

【概况】 2010年，全市道路运输共完成旅客运量11029万人、周转量557015万人千米，同比增长25%和22%；货物运量18286万吨、周转量5505699万吨千米，同比增长33%和34%。源头治超平稳推进，工作成绩得到省厅肯定，经验做法在全省推广；《出租汽车管理条例》经市人常委会二审通过，省人大常委会批准，2011年1月1日正式实施；规范旅游车市场管理，增加运力119辆；治理整顿出租车营运市场，查处各类违章车辆4531辆次，客运站周边客运市场秩序得到有效治理；推进城乡客运一体化建设，建立公交档案，理顺管理体制，新开通城乡公交线路8条；优化完善道路运输网络，提升运管部门社会服务能力；深入开展运输行业文明创建活动，年内，市运输管理处荣获河北省先进集体荣誉称号，被交通运输部评为“交通运输文明执法示范窗口”。

【出租汽车行业管理】 制定实施《石家庄市出租汽车管理条例》。2010年4月29日，石家庄市第十二届人大常委会第十九次会议第二次全体会议通过《石家庄市出租汽车管理条例》；2010年9月29日，河北省第十一届人民代表大会常务委员会第十九次会议决定，批准《石家庄市出租汽车管理条例》，由石家庄市人民代表大会常务委员会公布实施；2011年1月1日，《石家庄市出租汽车管理条例》正式施行。加强县区出租汽车行业发展指导。许可出租汽车公司2家，新增运力389辆，维护县区出租汽车市场供需平衡，为广大群众出行提供了便利。全面推行出租汽车GPS系统应用，有效提高管理效率和行业掌控力。年内，市区出租汽车行业实现GPS系统全面应用，县（市）区出租汽车行业GPS系统安装工作准备就绪，藁城、晋州、栾城、矿区、正定等县市已安装使用。

【道路运输市场管理】 4～6月，开展“打击黑客车规范站内外客运车辆秩序”专项治理活动，为期三个月。与平山县联手打击平山方向“黑面包”61辆次，该线路“黑面包”扰市行为基本消失；南焦客运站站外客车秩序混乱得到明显改观；运河桥站周边的重点车辆也得到有效治理。加强火车南北两站出租汽车管理。采取早晚突击检查，对重点部位实行24小时录像监控，北站附近出租汽车秩序混乱、出租车经营极不规范的局面得到明显改观。开展跨区营运车辆专项治理。先后召开3次县区运管站、公司经理会议，明确管理职责；出台《关于加强县区出租汽车跨区经营管理的通知》，将日常违章与培训整顿、车辆发展结合起来；运用出租车GPS卫星定位系统功能，有效打击跨区经营车辆。加强投诉案件处理，明确违章处理方式和标准，规范车辆调查处理程序。全年共接待投诉处理4052件，教育、调解、培训司机1525件次，投诉类案件的回访满意率达98%。

【货物运输源头治超】 健全组织机构，明确责任主体，确定各部门一把手为第一责任人；规范源头治超管理，制定相关文件5个、制度8项、统计报表10个；完成货运源头单位公示971家，成为全省第一个全面进行公示的市级单位；开展源头治超巡查，全辖区除58家停业整顿和正在搬迁的两家单位外，全部巡查到位，检查出场（厂）车辆3348辆次；源头治超做法在全省“治超百日会战”总结会上作了典型发言。

（苌伟博）

【道路运输信息网开通】 石家庄交通运输信息网站（简称石家庄交运网）由石家庄交通运输局所属的石家庄公路主枢纽组织管理中心负责开发，经国家工信部批准，旨在加快物流业的发展，促进全市经济建设。石家庄交运网的最大特点是集客运信息、货运信息、国内物流、国际物流为一体，涵盖了公路、航空、铁路、水运多种运输方式的综合信息网站，是河北省乃至全国客货运输信息功能较为齐全的综合运输信息服务平台。4月9日，石家庄市道路运输信息网（www.sjzky56.com）通过验收，正式开通运行。网站共设有行业概况、运政动态、行业管理、办事指南、法律法规和行政许可等10类一级栏目和58个二级栏目。至年末，已经具备网上客、货运信息查询及客货运输方面的政策法规等行业动态信息，其中，客运信息，可使旅客在家中上网查询客运班次、网上购票，办理小件快递业务；货运信息，可为物流企业以及车主、货主提供方便、快捷的运输、仓储、配送等信息。网站全部功能完善后，可提供客运信息、客车快递、货运信息、WAP服务、GPS服务、行业资讯等六项服务功能。今后，随着网站功能的逐步完善，在大力发展网站信息会员的同时，积极开展电信增值业务，逐步实现客货运信息手机短信查询、定制及异地售票等功能。石家庄市道路运输信息网的开通运行，提升了运管部门的社会服务能力，拓展了与社会公众沟通的渠道，为构建现代运管、和谐运管奠定了坚实基础。

（范玉蕾　苌伟博）

【水运监管】 2010年，石家庄市海事系统深入开展文明创建活动，落实执法责任制，加强海事标准化建设，加强安全监管。年内，组织船员法律知识、业务技能考试2次；举办船员适任培训班1期，培训船员33人；市船检机构通过交通部海事局资质认定。全年水上交通安全无事故，市局达到部级文明达标单位标准，七个县（市）地方海事处达到省级文明达标单位标准，元氏地方海事处荣获“全国海事系统文明执法示范窗口”荣誉称号，达标率实现百分之百。完善各项制度，规范工作流程，扩大业务范围，加强船检管理，提高验船质量。年内，完成机动船舶检验38艘，并签发船舶检验证书。加强水上遇险义务救助队建设，完善其组成、职责、制度，规范救助标识、通信设备、技能培训，深入推进水上搜救体系建设，构建政府统一领导，海事具体组织实施，各相关单位共同参与的水上救助工作机制，提高遇险救助能力。截至年底，石家庄有市级地方海事机构1个，县级地方海事机构8个；有通航条件的水库9座，自然河流4条，人工河2条，公园1个，其中：有营运船舶的水库5座；有水路运输企业14个，其中：经营船舶旅客运输企业9家、经营内河漂流企业5家；有水路运输服务企业1个；有营运机动船舶41艘，普通客船3艘、游艇38艘。

（苌伟博）

民用航空

【概况】 2010年，河北省委、省政府从科学发展、富民强省的战略高度，作出做大做优做强石家庄机场，实现河北民航跨越式发展的战略决策，并出台一系列支持民航发展的优惠政策和措施。6月份，省政府与中国民航局签署《关于加快推进河北民航发展的会谈纪要》，石家庄机场成为国内首个航空大众化试点。10月份，民航华北地区管理局在石家庄机场组织召开机场容量评估启动会，对石家庄机场开展容量评估。借此机遇，河北机场管理集团按照“保安全、保增长、抓改革、增效益”管理要求，大力实施精细化、低成本、服务型一体化战略，着力打造“从家飞”、“低成本机场经停枢纽”和国际货运直达三大品牌，深入开展“安全体系建设年”活动，严格落实安全生产责任制，深入推进季度安全生产绩效考核，致力于实现成华北地区航空枢纽机场和首都“第二机场”的目标，大幅引进航空运力，创新航空服务品牌，组建青年突击队和石家庄地区宣传促销小组，分赴石家庄周围县（市）及保定、邢台、邯郸、衡水等地开展航空市场宣传，加大市场开发力度，扩大市场覆盖范围，提升石家庄机场的知名度及美誉度，实现航空运输快速、持续、健康发展，圆满完成全年旅客吞吐量翻番的工作目标，创造了中国民航历史新纪录，有力推动了全省航空运输跨越式大发展，得到了省委、省政府的充分肯定，受到社会各界的普遍赞誉。全年机场集团保障飞机起降5.48万架次，同比增长63.7%，确保了飞行安全、航空地面安全和空防安全，实现机场集团第7个安全年和河北民航机场第26个安全年。年内，民航河北机场公安局被民航局评为“民航世博、亚运安保先进集体”；河北机场集团航空护卫部安检分部被民航总工会授予“工人先锋号”荣誉称号；河北机场集团客货代理公司物流运营部获得全国民航“工人先锋号”荣誉称号；河北机场集团地面运输公司荣获“华北地区航班延误专项整治先进集体”荣誉称号；12月21日，河北省政府召开表彰大会，表彰奖励石家庄机场实现旅客吞吐量翻番。

（荣素宾　刘佳）

【机场运输生产】 大幅引进航空运力，逐步完善航线网络，自4月份始，石家庄机场先后新增8家航空公司（1月份引进山东航空公司，5月份引进华夏航空公司，6月份引进河北航空、河南航空、西部航空、韩国航空，7月份引进天津航空和吉祥航空公司），机场运营航空公司达到20多家，新开银川、合肥、兰州、贵阳、青岛、烟台、南昌、桂林、库尔勒、唐山、宁波、温州、天津13条国内航线、台北1条地区航线和韩国济州1条国际航线（3月份，开通青岛－石家庄－银川、石家庄－合肥－桂林、石家庄－兰州航线；5月份，开通贵阳－石家庄－沈阳航线；6月份，开通重庆－石家庄－烟台、石家庄－南昌－桂林、石家庄－韩国济州航线；7月份，开通石家庄－唐山、石家庄－台北航线；8月份，开通石家庄－西安－库尔勒航线；10月份，开通石家庄－温州－三亚航线；12月份，开通石家庄－宁波－海口、天津－石家庄－银川航线），通航城市最多达到41个，航班加密城市15个，航线最高达到44条，初步形成了“沟通南北、通达东西、延伸海外”的航线网络。出台一系列以惠民、便民为主题的航空产品，推出平均每天8～11班的石沪、石秦“空中快巴”，石家庄至秦皇岛、烟台、大连、郑州、西安五个城市的“体验飞”。推出“一票到底”旅客中转业务，向旅客提供航班无缝隙中转服务。积极引进低成本航空公司，开通10多条3折左右的廉价航线，打造“价格洼地”吸引省内及京津客流，不仅实现了与京津机场的错位发展，而且真正将民航发展的成果惠及百姓，服务民生。全年石家庄机场机票价格水平同比下降20%，惠及旅客44.3万人次，节约社会成本5.4亿元。按照“无缝隙连接”和“零距离换乘”的目标，进一步完善空地衔接网络。与冀运集团签署长期战略合作框架协议，开通了至保定、邯郸、邢台、衡水等地的旅客直通车。9月份，市区旅客直通车实施公交化运营模式，在市区设立6站。另外，京石高速公路石家庄机场连接线封闭改造工程于“十一”竣工通车，绿化、美化、亮化的机场连接路成为了石家庄机场一道亮丽的风景。为确保年底完成264万人次的旅客吞吐量任务，机场集团在3月30日召开誓师大会。7月6日～10月13日，机场集团开展“百日百万”安全生产竞赛，日均旅客吞吐量均在1万人次以上。10月5日，石家庄机场旅客吞吐量突破200万人次。从10月8日开始，机场集团开展“264攻坚大会战”，全力以赴冲刺264目标。12月20日，提前11天圆满完成省委、省政府下达的任务指标，实现了省会百万人次机场一年翻番的壮举，开创了中国民航发展新纪录。截至年底，河北机场集团旅客吞吐量达308.38万人次，同比增长110.6%，货邮吞吐量达2.62万吨，同比增长38.6%。其中，石家庄机场旅客吞量272.36万人次，同比增长106.3%，货邮吞吐量2.57万吨，同比增长37.7%，每周往返航班最高938班，同比增长141%，旅客吞吐量和航班量双翻番。

（范玉蕾　张毓
荣素宾　刘佳）

【河北航空投资集团和河北航空公司成立】 6月29日，河北航空投资集团有限公司、河北航空有限公司正式挂牌成立。省委书记、省人大常委会主任张云川，中国民航局副局长夏兴华为河北航空投资集团揭牌；省委副书记、省长陈全国，四川省副省长李成云为河北航空公司揭牌。省政协主席刘德旺，省委常委、常务副省长付志方，省委常委、宣传部长聂辰席，解放军总参作战部空管局副局长孙宏伟，北京军区空军副参谋长李锁林，省人大常委会常务副主任柳宝全出席揭牌仪式，副省长宋恩华主持仪式，副省长孙瑞彬宣读了省政府关于同意组建河北航空投资集团和河北航空公司的批复。副市长张殿奎以及省市有关部门负责人出席挂牌仪式。河北航空投资集团有限公司由冀中能源集团单独出资组建，属省政府国资委监管的国有大型企业集团。集团总部设在石家庄，中文简称河北航空集团，英文简称Hebei Aviation Group，注册资本5亿元。该集团的成立，对加快河北省航空物流业、航空加工业、高新技术产业、旅游业和现代服务业的发展步伐，促进全省产业结构调整，拉动投资和消费增长具有重要意义。河北航空有限公司是河北航空集团的核心企业，中文简称河北航空，英文简称Hebei Airlines，是经国家民航局批准，由河北航空集团控股、四川航空集团公司和沈阳中瑞公司参股的现代化航空公司。主要运营基地为石家庄正定国际机场，主营航空客、货、邮运输业务，兼营通用航空业务、以及与航空运输相关业务。按照规划，该公司成立初期，主要以省内和周边地区1～2小时航程内的支线航空运输为主，梯次构建省内枢纽式、区域网状式、北京次枢纽式及“环渤海快线”4个航线网络。之后，不断扩大干线航班，开发国际航线，逐步完善航线网络布局，发展成为干、支线航空运输相结合的综合性航空企业。到“十二五”末，河北航空机队规模力争达到20架，具备年输送旅客300万人次以上的能力。

【河北航空城基地开工】 9月18日，河北航空城基地项目在石家庄市举行开工奠基仪式。省市领导孙瑞彬、王增力、宋恩华、赵文鹤、王华清、杨志辉、栗进路、王大虎、张石峰出席奠基仪式。中国民航华北管理局局长刘雪松、省国资委主任周杰在仪式上致辞祝贺。河北航空城基地项目位于石家庄市新华区内，友谊大街以东，石津灌渠以北，泰华街以西，规划路以南区域，是河北省重点项目。项目总投资约120亿元，总占地上千亩，总建筑面积约220万平方米，是集办公、酒店、服务、公寓、后勤生活及航空产业链延伸功能区等为一体的大型建设项目。

（范玉蕾）

【石家庄机场改扩建工程启动】 10月29日，石家庄国际机场举行改扩建奠基仪式，省委副书记、省长陈全国出席仪式并宣布工程开工，省委常委、常务副省长赵勇，省委常委、市委书记孙瑞彬，省人大常委会副主任马兰翠，副省长宋恩华，省政协副主席赵文鹤，省长助理、省政府秘书长尹亚力，省政府副秘书长曹汝涛，市委副书记、市长艾文礼，市政协主席王华清，市委常委、副市长王大虎、市人大常委会副主任王中联等出席仪式。1995年2月，石家庄国际机场正式开航；2006年，石家庄国际机场进行第一次改扩建；2010年6月底，河北航空公司成立，客流量迅猛增长，石家庄机场吞吐量严重不足。此次改扩建工程按照航站区满足新增年旅客吞吐能力1500万人次、加上现有航站楼达到1800～2000万人次的目标，飞行区等级指标达到4E级标准，并新建航站楼、停机坪及配套设施。工程按照一次规划、分期实施的原则组织实施，主要建设项目为：1. 航站区工程，新建约13万平方米航站楼及其工艺设备和服务设施，配套建设航站区高架桥、停车场、道路及绿化工程。2. 飞行区工程，规划新建客货机坪及助航灯光系统；新建围界、巡场路等附属工程。3. 货运区工程，按照满足年货运吞吐量25万吨目标，新建国际国内货库，包括危险品库、活体和冷藏库。4. 配套水电及暖通工程，扩容改造现有35KV电站，更新部分旧站设备，敷设场内供电管线；新建供水排水工程，对原有工程进行升级改造；新建适应规划建设规模的冷暖供应设施；对原有污水处理站进行扩容改造。5. 机场生产辅助工程，新建机组旅客过夜用房，特种车库，消防车库等建筑物。工程将于2012年9月1日竣工投用，建成后总吞吐量将达到2000万人次，货运能力25万吨。至年底，地源热泵和水源热泵供热、制冷系统建成，增强了污水深度处理能力，污水全部实现中水转化，用于机场绿化、人工湖和喷泉用水，拆除了机场最后一根烟囱，彻底告别了“燃煤时代”，实现了零排放、无污染的目标。

（范玉蕾　荣素宾　刘佳）

【机场旅客班车在市内增设6个站点】 从9月1日起，石家庄国际机场市区旅客班车开始仿照“公交化”模式运行，在市内延长运行线路，增设省儿童医院、河北大戏院、火车站等6个站点，实行市区和机场间一票制循环运行。石家庄机场旅客班车具体运行路线为石家庄国际机场—京石高速—裕华路—站前街—中山路—黄河大道—珠峰大街—长江大道—京石高速—石家庄国际机场。旅客班车市内停靠站点为：京石高速裕华路口、省儿童医院（河北电视台）、河北大戏院、站前街（火车站）、民航大酒店、白佛客运站。每天早5时早班车、晚8时末班车均从省儿童医院发车，单向循环，每半小时一班，从始发站到机场运行时间大约需1小时40分钟。

（范玉蕾　张毓）

【“世博号”航班启程】 年内，石家庄机场围绕世博主题，全力完善保障方案，优化服务流程，方便省会旅客观摩世博会。4月20日16时40分，一架机身涂有“2010EXPO”世博字样的空客321客机，在巨大的轰鸣声中腾空而起，飞往上海，这是“世博号”航班首次从石家庄机场启程，标志石家庄机场世博会航空运输保障工作正式启动。乘坐本次航班的旅客共有148人。

（范玉蕾　雷婷　杨兰军）

【救援物资运输】 2010年，石家庄机场共担负国际救援物资运输2次，7架次，运输救援物资210吨。2月1日，由中国商务部组织的援助蒙古紧急人道主义救灾物资从石家庄机场启运，飞往乌兰巴托，旨在帮助该国遭受极端寒冷天气和冰雪灾害而受灾的牧民。该批救灾物资约180吨，包括1600包棉被、400箱发电机、450箱牛肉罐头、2500箱方便面、4300箱压缩食品等当地急需的物品，分两批次运送。首批物资于2月1日早晨7时从石家庄机场起飞直飞蒙古国首都乌兰巴托，卸载后返回石家庄机场，承运余下的物资。8月4日凌晨5时，一架伊尔－76运输机载着30吨人道主义救灾物资从石家庄国际机场紧急启运，飞往巴基斯坦首都伊斯兰堡，旨在帮助该国西北部开伯尔—普什图省遭遇81年来最大强度的降雨而受灾的灾民。该批救灾物资是8月3日从北京紧急运往石家庄机场的，包括药品、净水消毒设备等，共计900多件，约30吨。

（杨兰军　张红昱
荣素宾　刘佳）

【国际货运业务】 4月24日，世界最大的全货机——安225运输机再次降落石家庄国际机场，此次运输任务为从石家庄机场运送首批自北京首都国际机场报关，出口西班牙的120吨货物。这是石家庄机场首次运送北京首都国际机场转关货物，实现石家庄国际机场与北京首都国际机场国际货运业务成功对接，初步打通京津地区国际货物由石家庄机场转关的运输途径。全年安-225空降石家庄国际机场2次，并将石家庄机场作为国内直通欧洲的国际货运基地，标志着石家庄机场的国际货运开发工作迈出了重要一步。5月26日，石家庄海关驻机场办事处与首都机场海关签署《进出口空陆联程货物监管联系配合办法》。由此，河北省进出口企业可在石家庄机场享受“本地报关、异地出境”的便捷服务，报关时间缩短一半以上。此后，石家庄机场会同海关陆续推出陆空联运、空运转关等新模式，引进林德国际物流公司进驻机场，开通石家庄机场至欧洲的定期货运航班和经香港中转至全球60个城市的国际航空货运业务，实现国际货物“一单到底”，直达目的地。

【机场安全管理】 深入开展“安全体系建设年”活动，严格落实安全生产责任制，与重点运行保障单位签订航空安全责任书，实施季度安全绩效考核，提高各级人员的安全责任意识，逐级落实安全责任，确保飞行安全、航空地面安全和空防安全。全年机场集团保障飞机起降5.48万架次，同比增长63.7%，机场集团实现第7个安全年，河北民航机场持续安全运行26年。

【至台北直航航线开通】 7月29日，石家庄-台北（桃园）航线直航首航仪式在石家庄国际机场隆重举行。该航线由东航河北分公司执飞，机型为波音737，航班号为MU5096/5，每周四执飞一班。具体时刻安排为：14时10分由石家庄正定国际机场起飞，17时20分到达台北桃园国际机场；18时10分从台北桃园国际机场起飞，21时30分到达石家庄正定国际机场。河北省作为第二批开放赴台旅游的省份，2009年3月正式全面开放居民赴台旅游，2010年5月21日两岸航空业协会协商确定，新增石家庄国际机场为两岸空运直航航点。石家庄航空口岸自1996年开放以来，先后开通了石家庄至韩国青州、仁川、首尔、济州及日本、泰国和香港等地的国际和地区航线。自开航以来，石家庄机场共保障国际和地区航班、包机1.23万架次，积累了较为丰富的国际和地区航班保障经验，联检单位机构、人员以及设施设备完善，通关协作流程明确、渠道畅通，2007年圆满完成台湾包机首次直航河北医疗救助人道包机的保障任务。

（荣素宾　刘佳）

【石家庄-韩国济州旅游包机开通】 6月11日，石家庄机场首次开通直飞韩国济州岛的国际旅游包机，这也是河北省首次开通由外国航空公司执飞的定期包机，意味着外国航空公司首次进军河北航空市场。时间：6月11日至9月27日；航班：每周一、五执行两班，共32个往返航班；机型：波音737-800，每班共186个座位；服务：主要服务旅行团游客，兼向普通旅客售票。此次济州旅游包机是石家庄机场开通定期国际航班的一次有益尝试。中韩国际旅游包机既能促进河北及周边省市与韩国的经济文化交流，又可为河北省航空开拓国际航线积累经验、搭建平台。该旅游包机航线一旦成熟，未来有望成为石家庄通达韩国的国际定期航线。

（何昳　杨兰军
荣素宾　刘佳）

【新增西安乌鲁木齐航班】 7月19日，石家庄机场新开石家庄-西安-乌鲁木齐航线，石家庄至西安航线增至一天2班，石家庄至乌鲁木齐航线增至一天2班。该航线由东航河北分公司执飞，机型为737客机，每天1班，航班号为MU2389/90，具体时刻为，11时30分从石家庄起飞，12时45分飞抵西安，13时35分从西安起飞，17时10分飞抵乌鲁木齐，18时10分从乌鲁木齐起飞，21时5分飞抵西安，22时从西安起飞，23

时10分抵达石家庄。

【重庆—石家庄—大连、成都—石家庄—沈阳两条航线开通】 8月18日，石家庄机场增开重庆—石家庄—大连、成都—石家庄—沈阳两条航线。石家庄至重庆航线达到每天5～6班，石家庄至大连每天达到3～5班，石家庄至成都每天达到4班，石家庄至沈阳达到每天3班。重庆—石家庄—大连航线由深圳航空公司执飞，机型为A320客机，每天1班，航班号为ZH9161/62。成都—石家庄—沈阳航线由春秋航空公司执飞，机型为A320客机，每天1班，航班号为9C8985/86。8月20日，石家庄开通至库尔勒航班，由东航河北分公司执飞，机型为737客机，每周二、五两班，航班号为MU2365/66。

（范玉蕾　张毓）

【石家庄—西安—库尔勒航线开通】 8月20日，石家庄至新疆库尔勒航线首航仪式在石家庄机场隆重举行，河北省援疆办、省国资委、省交通运输厅、河北机场管理集团、东航河北分公司领导参加了首航仪式。石家庄—库尔勒航线是河北省继乌鲁木齐之后开通的第二条至新疆航线，也是新疆巴州地区通往疆外的首条国内干线。该航线的开通，是河北全面落实对口援疆工作的一项重要举措，也是河北加大新一轮援疆工作力度的具体行动，为河北援疆工作以及冀新两地的经贸、旅游与文化合作交流搭建起了更加便捷的平台。

（荣素宾　刘佳）

【石津航线开通】 12月21日，石家庄机场天津－石家庄－银川航线成功首航。至此，石家庄机场1小时航空圈的辐射范围达到秦皇岛、大连、烟台、郑州、青岛、唐山、鄂尔多斯、呼和浩特、天津9个城市。天津－石家庄－银川航线由天津航空公司执飞，每天一班，航班号为GS6607 / 08。

【首条赴港航线开通】 12月23日，石家庄至香港航线正式开通，这是石家庄机场开通华北地区飞往香港的首条航线。在首航仪式上，副省长宋恩华宣布春秋航空公司石家庄－香港航线首航，省政府副秘书长于万魁等出席首航仪式。石家庄至香港的航班号为 9C8571/2，每周一、四、日往返6班。

（范玉蕾　张毓）

【世界最大空客－A380飞抵石家庄机场】 11月18日，世界最大客机—空客公司A380型飞机至石家庄机场进行飞行展示，这架拥有A380多项技术专利、可载客525人的“空中航母”给现场观摩人员带来了新奇震撼的体验。空中客车中国有限公司认为，石家庄机场导航、跑道等硬件设施以及地面保障能力、组织能力等方面得到了随机测试人员的充分肯定，认为石家庄机场综合保障能力完全能够满足A380型飞机保障要求。

【旅客直通车服务】 2010年，河北机场集团精心打造“从家飞”服务品牌，与冀运集团通力合作，完善了机场地面交通网络，努力实现空地运输“无缝隙衔接”。年内相继开通石家庄机场至保定、邢台、邯郸、衡水的旅客直通车，同时，实现了石家庄市内班车“公交化”运行。全年共运行旅客直通车7575班次，运送四地市旅客6.89万人次，为旅客提供了安全、便捷、周到、温馨的服务。

（荣素宾　刘佳）

城市公共交通

【概况】 2010年，石家庄市公共交通总公司围绕“形象更靓丽、服务更全面、管理更科学、发展更迅速”的工作目标，大力加强“三通”建设，推进公交一体化，积极开辟营运线路，优化线网结构布局，加强场站亭建设，提高司乘服务质量，较好完成各项任务。总公司先后被中国城市公交协会与住建部科技委授予“中国绿色公交优秀贡献企业”称号、被省委、省政府授予“文明单位”称号。截至年末，总公司拥有公交车辆3160辆，营运线路166条；下辖营运公司10个、保修公司1个和直属单位5个；在职员工 9129 人(正式职工 6951 人、外聘职工 2178 人)；全年全公司营运行驶里程 14964.89 万千米；运送乘客 5.13 亿人次，平均每天运客 140 多万人次；年总收入 4.72 亿元。

【公交“三通”工程】 公交通社区：全市共有 1372 个小区（村），至年底，1369 个小区通公交，尚有 3 个小区因断头路和道路严重破损暂未通公交；公交通组团：根据市政府关于正定、藁城、栾城、鹿泉四组团公交全覆盖的要求，在四组团县市区域规划公交线路 99 条，到年底，累计开通 42 条，其中：正定 3 条，栾城 4 条，藁城 6 条，鹿泉 29 条；公交通基地：五大基地规划公交线路 7 条，全部开通。

【49 条“三通”线路一览】 正定 3 条:“火车站”至“正定小商品市场”的 31 路；“火车站”至“正定小商品市场”的快 31 路；“南焦客运站”至“正定南门”的快 77 路。栾城 4 条：“南焦客运站”至“栾城汽车站”202 路；“南焦客运站”至“娄底”的 261 路；“豪鹏纺织”至“世纪公园”的 281 路；“郄马敬老院”至“医大一院”的 290 路。藁城 6 条:“谈固”至“藁城朱家庄”的 530 路、“西宽亭”至“梅花客运站”的 501 路、“西宽亭”至“马庄”的 505 路；“北乐乡”至“谈固”572 路；“信息学院”至“石炼”的 574 路；“谈固”至“炼油厂”的 580 路。鹿泉 29 条：“公交驾校”至“高迁”的 302 路;“官家庄”至“南平同”的 303 路;“龙泉寺”至“西王”的 304 路；“动物园”至“上吕”的 305 路；“西龙贵”至“公交驾校”的 306 路；“铜冶镇”至“高迁”的 307 路；“铜冶镇”至“南寨”的 308 路；“动物园”至“黄壁庄”的 309 路;“高迁”至“银山花园”的公交线路 310 路；“铜冶镇”至“火车站”的 311 路;“火车站”至“东郭庄”312 路;“铜冶镇”至“彪村”的 313 路;“瑞泰澜亭”至“石家庄解放纪念碑”的 314 路；“平南”至“金亿城”的 315 路；“动物园”至“水峪”的 316 路；“永壁”至“石家庄解放纪念碑”的 317 路；“铜冶镇”至“银山花园”的 318 路;“宜安”至“动物园”的 321 路；“理工职业学院”至“新百广场”的 325 路；“大众驾校”至“火车站”的 344 路；“公交驾校”至“寺家庄”的 347 路；“小宋楼”至“小谈村”的 357 路;“西良厢”至“火车站”的 368 路;“封龙山”至“火车站”的旅游 2 路；“抱犊寨”至“新百广场”的旅游 5 路;“动物园”至“运河桥客运站”的旅游 6 路；“龙泉寺”至“火车站”的旅游 7 路;“西王客运站”至“矿区汽车站”的 203 路；常河班线。信息产业基地：“幼师学校”至“北站”的 301 路。医药基地:“谈固”至“石药工业园”的 553 路；“信息学院”至“杜村”的 502 路。化工基地:“西宽亭(化工基地)”至“省博物馆”的 518 路。装备制造基地：“装备制造基地”分别至“南焦客运站”的 206 路和“润德五金城”的 205 路。纺织基地:“纺织基地”至“省博物馆”的 130 路。

【线路开辟优化】 全年开通线路 34 条：82 路、91 路、92 路、93 路、94 路、95 路、96 路、97 路、98 路、110 路、快 13 路、快 31 路、快 35 路、快 50 路、快 118 路、130 路、205 路、206 路、307 路、308 路、309 路、310 路、312 路、316 路、318 路、321 路、501 路、505 路、518 路、530 路、一环 1 路、一环 2 路、夜观光 1 路、夜观光 2 路，再创公交历史之最；合并线路 1 条：80 路与 105 路合并为 580 路；调整优化线路 35 条，方便了市区和组团四县（市）居民的出行和换乘。尤其是一环 1 路、一环 2 路环线公交的开通，与二环环线公交服务功能相互补充，有效发挥公共交通网络作用。夜观光 1 路、2 路的开通，对促进省会夜经济发展起到积极的推动作用。

（苌伟博）

【新增 302 辆天然气公交车】 7 月 20 日，石家庄市在省会文化广场举行新车投运启动仪式，由市政府投资 1.23 亿元新购的 302 辆天然气公交车，正式服务市民。市委常委、副市长王大虎出席了新车启动仪式。新车投运后，全市天然气公交车达到 2000 辆，占公交车总数的 64%；公交车总数达到 3136 辆；万人拥有公交车达到 14.5 标台。新车全部为欧Ⅲ排放的天然气大载体车型，分为三种车型，包括 13.7 米车 32 辆、12 米车 149 辆、10 米车 121 辆，车辆主色调为红色和银灰色。其中，12 米和 13.7 米公交车全车电气设备采用数字化控制，发动机舱配有灭火弹。三种车型车厢内饰采用优质阻燃材料，可有效杜绝车辆自燃事故；车门内外和驾驶区增设应急开关，车内装备安全锤；下客门采用三柱扶手，全车扶手杆装有橡胶防寒套。302辆新车分别投入到13路、14路、22路、26路、快31路、旅游1路、一环、二环线路等26条线路运营。

【24条公交线路延时】 为了更好地方便市民生产生活，丰富人民群众夜间文化娱乐活动，拉动夜经济发展，9月15日公交公司调整市区24条公交线路运营时间，平均延时36分钟。其中76路延时90分钟，18路、29路分别延时60分钟，23路延时45分钟，7路等20条线路分别延时30分钟。同时实行冬、夏季首末车时间运营模式，夏季时间段5月1日至10月31日，冬季运营时间段11月1日至次年4月30日，并在站牌标注冬、夏季运营时间段和首末车到达本站时间信息。线路的延时扩大了公交运营空间，最大限度满足了不同层次乘客乘车需求，市民出行更加方便。

表33 24条线路首末车时间调整方案

线路名称		起始站名	终点站名	季节	起点站首车	起点站末车	延长时间（分钟）
7	调整前	塔谈	沿东小区		5:30	21:30	30
	调整后			夏季	5:30	22:00	
				冬季	5:30	21:30	
16	调整前	位同	新百广场		5:45	21:00	30
	调整后			夏季	5:45	21:30	
				冬季	5:45	21:00	
18	调整前	赵二街	省图书馆		6:00	21:00	60
	调整后			夏季	6:00	22:00	
				冬季	6:00	21:00	
20	调整前	北站	火车站		5:30	21:30	30
	调整后			夏季	5:30	22:00	
				冬季	5:30	21:30	
23	调整前	火车站	铁道学院		5:45	21:30	45
	调整后			夏季	5:30	22:00	
				冬季	5:45	21:30	
27	调整前	医大一院	火车站		6:00	21:00	30
	调整后			夏季	6:00	21:30	
				冬季	6:00	21:00	
29	调整前	北苑小区	省博物馆		6:00	21:00	60
	调整后			夏季	6:00	22:00	
				冬季	6:00	21:00	
31	调整前	火车站	正定小商品市场		5:30	21:00	30
	调整后			夏季	5:30	21:30	
				冬季	5:30	21:00	
35	调整前	南焦客运站	火车站		6:00	21:00	30
	调整后			夏季	6:00	21:30	
				冬季	6:00	21:00	
36	调整前	鼎新管业公司	省博物馆		6:00	21:00	30
	调整后			夏季	6:00	21:30	
				冬季	6:00	21:00	

（续表）

线路名称		起始站名	终点站名	季节	起点站首车	起点站末车	延长时间（分钟）
41	调整前	谈固	柏林南区		5:30	21:30	30
	调整后			夏季	5:30	22:00	
				冬季	5:30	21:30	
43	调整前	位同	国信投资		6:00	21:00	30
	调整后			夏季	6:00	21:30	
				冬季	6:00	21:00	
45	调整前	土贤庄	火车站		5:40	21:30	30
	调整后			夏季	5:40	22:00	
				冬季	5:40	21:30	
49	调整前	医大一院	火车站		6:00	21:00	30
	调整后			夏季	6:00	21:30	
				冬季	6:00	21:00	
60	调整前	位同	人民广场		6:00	20:30	30
	调整后			夏季	6:00	21:00	
				冬季	6:00	20:30	
75	调整前	南焦客运站	北站		6:00	20:30	30
	调整后			夏季	6:00	21:00	
				冬季	6:00	20:30	
76	调整前	冀联中专	火车站		6:00	20:00	30
	调整后			夏季	6:00	21:30	
				冬季	6:00	20:00	
93	调整前	河北女子学院	新百广场		6:30	20:00	90
	调整后			夏季	6:30	20:30	
				冬季	6:30	20:00	
106	调整前	南焦客运站	省四院		6:00	21:30	30
	调整后			夏季	6:00	22:00	
				冬季	6:00	21:30	
107	调整前	宫家庄	火车站		5:30	21:30	30
	调整后			夏季	5:30	22:00	
				冬季	5:30	21:30	
108	调整前	前杜北	火车站		6:00	20:00	30
	调整后			夏季	6:00	20:30	
				冬季	6:00	20:00	
113	调整前	外经贸学院	金柏林		6:30	19:30	30
	调整后			夏季	6:30	20:00	
				冬季	6:30	19:30	
2环1路	调整前	南焦客运站	南焦客运站		6:00	20:00	30
	调整后			夏季	6:00	20:30	
				冬季	6:00	20:00	
2环2路	调整前	南焦客运站	南焦客运站		6:00	20:00	30
	调整后			夏季	6:00	20:30	
				冬季	6:00	20:00	

【南位公交停车场开工】 为破解市区南部缺少公交场站，公交线网南延遭遇“瓶颈”的问题，南位公交停车场位于107国道以东、南位村以西，占地113亩（约7.5公顷）。工程包括办公楼、保修车间、加油加气站等。此外，该工程还将配套建设场区地坪、绿化工程及综合管网等市政工程。工程完工后，将具备330标台公交车的停放和保养能力，配套的加油加气站、水泵房、洗车间等附属设施建设标准和服务水平，将位居全省同行业第一。8月16日，南位公交停车场开工建设，投资8665万元，计划工期一年，到年底，完成综合楼和保修车间主体工程。

（靳晓磊）

【场站、站亭建设】 8月16日，南位公交停车场开工，加强市区南部公交场站建设，破解公交线网南延瓶颈；安装新式石材站杆280个，改善偏远道路设施；结合道路改造，新建站亭163座，灯箱361块，安装站架184个。

（苌伟博）

石家庄年鉴 Information Industry

信息产业

信息产业

概　述

2010年,围绕“两化融合”(工业化、信息化融合)和社会信息化两大重点，加大对重点骨干企业信息技术深度应用调研指导力度，以点带面，逐步深入，信息化建设水平得到了进一步提升，“两化融合”工作取得了阶段性成效。石家庄市首次跻身中国城市信息化50强行列，基于GIS的数字房产共享平台应用达到国内领先水平，荣获国家测绘总局和中国地理信息协会科技进步三等奖（省部级)。全市2个农村综合信息服务站即藁城市廉州镇系井村农业科技信息服务站、邱头镇徐村“快易通”综合服务站，3名农村信息员分别荣获工业和信息化部等5部委联合授予的全国先进农村综合信息服务站和全国优秀农村综合信息服务站信息员称号。全市32家企业列为省级百家两化融合重点企业。冀凯集团、博深工具、石煤机、威远股份、神威药业、华泰纸业、强大泵业等一批重点骨干企业实施两化融合，建成了集生产、销售、管理等于一体的各类应用系统，给企业经营管理带来巨大效益。企业生产和运营成本平均降低8%左右，原材料消耗平均降低4%左右，能源消耗平均降低6%左右，新产品设计周期平均缩短16%左右，生产周期和作业时间平均缩短11%左右，按期交货能力平均提高21%左右，产品销售收入平均扩大10%左右，流动资金周转率平均提高14%左右，生产效率平均提高11%左右，财务决算时间平均缩短5天，增强了企业的核心竞争力。全年电子信息产业完成主营业务收入163.2亿元，同比增长49.27%。完成利税总额29.4亿元，同比增长135.4%；利润总额23.8亿元，同比增长24.3%;完成工业增加值39.7亿元，同比增长48.2%。

（段晓伟）

城市信息化建设

【概况】　2010年，石家庄市电子信息产业完成主营业务收入163.2亿元，同比增长49.27%。完成利税总额29.4亿元，同比增长135.4%；利润总额23.8亿元，同比增长24.3%；完成工业增加值39.7亿元，同比增长48.2%。其中：电子信息产品制造业，完成主营业务收入124.3亿元，同比增长73.9%；完成利税总额24.2亿元，同比增长221.9%；实现利润总额19.8亿元，同比增长31%；完成工业增加值31.1亿元，同比增长75.76%。软件及信息服务业，完成主营业务收入38.9亿元，同比增长10.2%；完成利税总额5.2亿元，同比增长7.5%；实现利润总额4亿元，同比增长8.8%；完成工业增加值8.6亿元，同比增长9.7%。项目建设有新突破。认真抓好电子信息产业调整和振兴规划和工业倍增计划重点建设项目跟踪服务，河北四方通信设备有限公司光纤活动连接器产业化项目等25个项目建设完成；多渠道争取国家资金支持，共为6家单位、7个项目，争取国家资金支持3226万元；认真组织完成省、市技改项目申报，共推荐申报项目24个，总投资25.3亿元；积极争取重大信息产业项目列入省“十二五”信息产业规划，共15个项目，总投资140亿元。双软认定、系统集成认证工作取得新突破。2010年，石家庄市新认定软件企业24家，占全省新认定企业的57%；新登记软件产品126个，占全省新登记软件产品的42.9%；新认证计算机信息系统集成企业3家，占全省新认证企业的50%。圆满完成2010河北国际信息产业周承办任务，74家信息产业企业参展参会，展会期间共发布项目20个，宣传和展示企业产品和企业形象，共达成13项合作意向（含合同），合作意向金额达3亿元。

（钱锐）

【信息化服务】 数字化城市管理指挥系统发现各类问题120万余件，结案率达到98%。城市道路智能交通监控系统成熟运行。数字石家庄地理空间框架建设全面启动。市公安局市、县、所队三级联网的公安视频接访系统为上访群众提供了反映诉求和解决问题的“快速通道”，局长手机短信投诉平台正式开通。卫生医疗系统在市第一医院正式启动全市医院和社区卫生服务机构双向转诊网络平台、短信预约和网络预约应用，方便了省会居民就医诊疗。食品药品安全监管部门加速推进药品电子监管信息系统建设，对生物制品、血液制品、高风险的注射剂和涉及基本药物生产的38家企业、200多个品种规格实行电子监管码管理，有力的保障了省会居民的用药安全。民政系统积极推进“一键通”居家养老呼叫服务网络建设，尝试破解居家老年人养老安全的难题。科技资源平台和数据库建设极大地方便了社会公众科技数据检索的需求。市工商局在全市推广“食品安全电子台账管理系统”，既督促企业对食品保质期进行自律管理，提高了监管效率。“数字环保”依托网络中心和指挥中心，建成环境应急指挥系统、环境地理信息系统、污染源管理系统、12365热线举报系统、执法车辆GPS调度指挥系统等几大应用系统，在环境监管、监察、监测和统计等领域广泛应用。金审工程在全市强力推进，有务支撑审计核心业务开展。统计网上直报系统实现市、县、乡三级统计数据的集中统一管理，缩短了发布时间，提高了效率。以市防汛办为中心，18个县（市、区）和10座大中型水库为终端，集视频会商、数据传输、语音通信、水库远程监视、雨水情自动测报五位一体的的石家庄防汛抗旱指挥调度系统初具雏形。构建起人防组织指挥信息化平台，可满足战时和平时应急需要。

（段晓伟）

【家政服务网络中心成立】 1月7日，市家政服务网络中心开通，是河北省首家成立的家政服务网络中心。市家政服务中心是囊括全市权威家政服务公司的公益性网络平台，由市商务局、财政局、民政局联手建设。通过对全市2000多家家政公司进行资源整合，可提供家庭服务、维修服务、医疗服务、养老服务等20个大类，200多个小项的家政服务，涵盖居民生活各方面需求，形成比较健全的家政服务体系，切实解决居民生活中的难题，并无偿为市民、企业提供供需对接。中心主要通过三种方式接受信息，一是拨打24小时服务热线88908890；二是登录http://sjz.hb88908890.com网站；三是通过手机上网和短信向中心发出需求信息。接到市民的需求信息后，中心会根据居民需求精准匹配到最近、最优质的服务商，并为用户预订服务和跟踪整个服务流程，使用户得到满意的家政服务。家政服务中心服务项目非常广泛，提供服务包括家庭教师、家庭保姆、装修装饰、搬家服务、换房服务、液化气站、鲜花礼仪、清洗保洁、家庭－医院陪护、养老托幼、各类雇工、代购代买物品、学生接送等；房屋、家电、交通工具、通讯维修、供电供水供气设备、日用品等维修服务；自动抄表、电子巡更、车库管理、管理费用收缴、社区给排水、区域照明、交配电等物业管理；房屋租售等服务；敬老、养老、托老、医护、康复等养老服务；在线寻医、专家咨询、医药咨询、网上医院、专家在线、网上药店、医疗常识等医疗服务；商品热销、二手市场、商场一览、打折速递，市场行情、在线交易等社区导购；律师事务所介绍、专业法律咨询服务、法律常识；交通信息、教育咨询、健康养生、装饰天地、票务信息、天气预报、婚姻服务、殡葬服务、出国须知、政策法规的宣传与咨询等。

（刘宝芝）

【无线城市门户网站开通】 2月5日，石家庄市政府主办、石家庄工信局和石家庄移动公司共同承办的“石家庄无线城市”徽标揭晓，并正式开通石家庄无线城市门户网站(www.tdsjz.com)。“无线城市”门户网站为“无线城市”项目对外展示和推介平台。网站由“无线政务、无线生活、无线产业”三大板块组成，目标是实现城市管理、市政交通、治安管理等方面无线信息化需求；满足商务人士移动办公、移动查询及行业信息化需求；满足市民对随时随地接入无线宽带网络需求。

（范玉雷）

【国家通信导航设备质检中心揭牌】 12月16日，国家通信导航设备质量监督检验中心及中电科第54所认证中心在高新区创业园区揭牌。这是国内首家开展卫星导航产品的认证机构，对保障国家地理信息安全，提高卫星导航领域产品、服务质量和管理水平有积极影响，提升了高新区及全市电子信息产业的整体实力。副市长、高新区工委书记刘晓军出席揭牌仪式。国家通信导航设备质量监督检验中心于1990年在中电科技集团第54研究所成立，主要从事通信、导航、广播电视等产品的检验与试验，所出具的检验报告被四十多个国家和地区认可。2009年，54所被国家认监委授权，成为唯一开展卫星导航产品认证业务的机构。

（焦莉莉　房晓丹）

【统筹城乡信息一体化】 2010年，共建设“数字石家庄”信息亭96台，信息终端160台。数字石家庄”信息亭每天的信息查询量约1.6万余人次，每月代收费1000万元左右，交易笔数25万笔，为群众提供了政治、经济、生活等公共网络信息服务，方便了群众的生活。按照工业和信息化部先进农村综合信息服务站、优秀信息员标准开展了争创活动，石家庄市藁城市廉州镇系井村农业科技信息服务站、邱头镇徐村“快易通”综合服务站荣获“全国先进农村综合信息服务站”称号，李存良等3名信息员荣获“全国农村综合信息服务站优秀信息员”称号。

【“一卡通”应用范围扩大】 石家庄“一卡通”的应用范围不断扩大，到年末已在出租车、家政、社区医疗、体检、超市、商店、便利店、餐饮、休闲娱乐等领域运行，形成了良好的发展基础。供水、供电、高速公路不停车电子收费、公园景点收费等其他行业正在进行前期准备工作，并将逐步与北京、天津等城市一卡通系统实现跨城市互联互通应用。全年发卡量进一步增大，加速了省会货币电子化进程，为市民提供了现代化支付手段，带动了相关产业链发展，进一步改善了投资软环境。到2010年底，已发卡20万余张，超额完成15万张的预定目标。

（段晓伟）

【举办2010河北国际信息产业周】 9月3日，由中国国际贸易促进委员会河北省分会、河北省工业和信息化厅、石家庄市人民政府联合主办，石家庄市工业和信息化局、石家庄世界贸易中心、河北省信息产业与信息化协会共同承办的2010河北国际信息产业周在石家庄国际博览中心隆重开幕。省、市、行业协会领导以及来自美国、日本、韩国、斯洛伐克、台湾、香港等国家和地区的客商，和来自广东、北京、沈阳、大连等多个省市的IT业界代表约800余人出席开幕式。本届信息产业周以“发展新型战略产业，体验绿色低碳生活”为主题，旨在全面贯彻国家“电子信息产业调整和振兴规划”，并抓住中国首次举办世博会的契机，积极应对全球金融危机带来的挑战，促进河北省信息产业对内、对外合作。本届信息产业周集中展示了IT企业自主创新的新技术、新产品，展示了河北省信息产业基地、园区发展的新形象，特别是LED半导体照明应用领域和成果，光电显示器件、太阳能光伏等新型电子材料的元器件和应用；通信运营与3G业务、软件与信息服务,以及广播电视设备等；网上世博会河北馆设专题展区供参会代表体验互动，贴近民众生活的IT教育培训与网游互动也得到展示。本届信息产业周为期3天。主会场设在石家庄国际博览中心，同时在太和电子城开设数码产品及消费电子产品分会场，推出了“体验多彩电子商务、畅享绿色低碳生活”主题系列活动。信息产业周期间，在主会场陆续举办河北省信息产业重点项目发布与签约暨投资经贸洽谈会、政府部门互联网安全应用高峰论坛、出口信用保险政策专题解读会、“走进政府采购”大型现场说明会等专项会议。石家庄市共有74家IT企业参展参会，展会期间发布项目20个,达成合作意向（含合同）13项，合作意向金额达3亿元。其中在河北省信息产业重点招商项目发布与签约暨投资经贸洽谈会上,石家庄市有3个项目签约，签约项目含石家庄市与华胜天成科技公司合作的信息化推进与信息技术应用项目，京华电子实业公司与美国、香港公司合作的电子信息产品产业化项目，项目总投资2.1亿元人民币。

（段晓伟　范玉蕾）

【农村综合信息服务站和信息员受到国家五部委联合表彰】 为提高农业农村信息服务水平，9月15日国家工业和信息化部、科学技术部、农业部、商务部、文化部等5部门，联合召开了全国先进农村综合信息服务站和优秀信息员考核评估工作会议。会上，石家庄藁城市廉州镇系井村农业科技信息服务站和藁城市邱头镇徐村“快易通”综合服务站荣获“全国先进农村综合信息服务站”称号，藁城市贾市庄镇落生村农业信息员李存良、藁城市系井村农业科技信息服务站专职管理员贾景景和新乐市东杨家庄村信息服务站李利荣获“全国农村综合信息服务站优秀信息员”称号，李存良同志代表全国农村综合信息服务站优秀信息员做了典型发言。中国电子报9月14日刊发了藁城市系井村农业科技信息服务站等先进事迹。被表彰数量分别占全省的25%和37%，总数位居全省第一。

【确定12家工业信息化运行形势分析定点联系企业】 为进一步加快推进石家庄市两化融合工作步伐，落实国家工业和信息化部和河北省工业和信息化厅关于加强工业信息化运行形势监测分析工作的部署，石家庄市工业和信息化局结合企业信息化现状，在初步筛选的19家国家工业信息化运行形势重点监测企业范围内，进一步征求企业意见，最终确定河北冀凯实业集团有限公司、石家庄煤矿机械有限责任公司、华北制药集团有限责任公司、石药集团有限公司、石家庄常山纺织股份有限公司、际华3502职业装有限公司、鹿泉东方鼎鑫水泥有限公司、石家庄双联化工有限责任公司、河北四方通信设备有限公司、河北顺邦电子商务有限公司、河北银河人才资讯服务有限公司、河北万方中天科技有限公司12家企业为国家工信部工业信息化运行形势监测分析定点联系企业，其中工业生产类企业9家（其中石油化工行业1家、机械行业2家、医药行业2家、纺织行业2家、建材行业1家、电子信息行业1家）；交易服务平台类企业1家；信息服务平台类企业2家。工业生产类定点联系企业将按季度上报信息化建设投入情况（包括：信息系统支出、IT设施投入、网络建设投入等）、网上采购、网上销售额情况及下季度预测；交易服务平台类定点联系企业将按季度上报注册用户数量、活跃用户数量、交易量、交易总额、交易笔数及下季度预测等情况；信息服务平台类定点联系企业将按季度上报注册用户数量、付费类用户数量、信息服务收入及下季度预测等情况。

【启动推进企业信息化主题巡回培训活动】 5月11日，由省工业和信息化厅与省联通公司共同主办，市工业和信息化局、市联通分公司共同承办的“加快信息服务业发展，推进企业信息化建设”主题巡回培训活动启动仪式在石家庄市亚太大酒店成功举行。标志着石家庄市“加快信息服务业发展，推进企业信息化建设”主题巡回培训活动正式拉开序幕。“加快信息服务业发展，推进企业信息化”主题巡回培训活动，是落实省、市政府加快信息服务业发展，推进信息技术应用和企业信息化建设的要求，发挥基础运营商在技术、网络、服务体系和人力资源等方面的优势，通过培训进一步加快企业公共信息服务平台建设，降低信息技术应用成本，扩大信息技术应用覆盖范围，推动中小企业信息化发展，提高企业综合竞争实力。工信部信息化推进司范世涛处长、省中小企业局郝莉笑副局长，以及来自北京、上海、天津、江苏、浙江、广东、山东等15个省、市工信部门、联通公司的有关领导以及全市六大产业聚集区管委会的有关领导和110余家企业负责人，约200余人共同参加了启动仪式。国内企业信息化专家、清华大学付长冬博士从信息化应用提升企业竞争力、企业信息化对企业经营管理的作用、典型企业信息化案例分析等方面做了深入浅出的讲解；国家中小企业信息化认证师、省联通公司商务客户部许卫岳总经理着重从企业信息化解决方案、河北联通为中小企业信息化提供的解决方案等方面向参会代表做了介绍。通过培训，使与会代表了解了国内企业信息化开展的水平、进度，明确了企业信息化的方向和路径以及建设的必要性和紧迫性。

（段晓伟）

电子政务

【概况】 2010年，中国·石家庄门户网站升级改版后管理和应用水平进一步提升，有力地带动了市属县(市)、区政府网站和市直部门网站建设和应用。93%的市直部门建立了部门网站，所属县（市）、区政府网站、市直部门网站栏目设置更趋合理，信息内容日誉丰富，与群众互动交流功能大大增强，平均每天更新信息200余条，确保了政府门户网站的及时性和有效性。办事指南、表格下载、在线查询等网上办事功能进一步增强，在线咨询数量明显增多。市政府政务办公系统大大提升了政府机关办公效率。市直部门建立了132业务数据库，有力的支撑了部门核心业务的开展。首批18个政府部门间信息共享和业务协同工作逐步深入。市行政服务中心启动网上审批电子监察系统建设，“网上审批”将成为全市电子政务的又一亮点。继续推进工程建设领域信息公开和诚信体系建设工作成为河北省试点城市。此外，市信息中心对电子政务网络租用的线路进行公开招标。招标项目完成后，互联网出口带宽扩大了一倍。提升了性能，使网络可靠性和稳定性更高、安全性和保密性更强，开放性和可扩展性更好。积极推进网上应用服务，设置专题栏目，加强政府部门和群众间的联系。2010年互动应用工作荣获国家电子政务理事会组织的2010年度“精品栏目奖”。

【政府门户网站改版】 2010年，市信息中心对政府门户网站栏目制定作了科学规划，共设置了20个与社会公众和企业密切相关的服务栏目，基本上做到科学合理，详尽实用，争取改版后，把门户网站打造成为全市综合公共服务平台。认真做好网站系统升级相关工作。与系统承建单位反复讨论研究，确保系统功能强大，符合需求，完善易用。做好信息资源的组织和导入工作。对照新改版的网站栏目，导入旧版网站信息。大力组织新栏目信息资源，确保改版后网站所有栏目都具有基础信息。同时，召开新网站培训工作会议。对新网站后台应用系统进行全面系统培训，确保了新网站上线后的系统维护和应用。

【网上应用服务】 指导政府部门认真做好网上办事工作，确保网上办事信息的时效性和全面性。组织具有行政审批职能的部门，召开网上办事应用方面的协调调度会议，督促有关部门认真做好网上办事信息资源的组织和发布工作，年内各部门网上办事表格、办事指南、在线查询、在线申请数量明显增多。加强政府门户网站互动交流栏目的管理。对政府网站互动交流栏目回复情况经常进行检查，对回复不及时或回复内容不清楚、不具体等问题，及时进行督促，确保网站互动交流栏目回复质量。认真做好网民回复工作。全年共接收公众留言10000多条，回复和处理有效留言3000多条。积极开展互动交流应用。设置“石家庄市政府门户网站升级改版问卷调查”、“石家庄市公交总公司向广大市民征求线路优化意见”、“中共石家庄市委办公厅、石家庄市人民政府办公厅关于向社会公开征集2011年为民办实事项目建议”等主题听政内容，共接收社会公众的意见建议2000多条，为相关工作的开展提供了科学决策依据。互动应用工作荣获国家电子政务理事会组织的2010年度“精品栏目奖”。

【完善移动办公系统】 到2010年末，政府网上办公系统已具备包括请示报告、公文处理、通知管理、专送传阅、日程安排、信息处理、通讯录、系统设置等9个功能。实现了紧急事项的报告处理，政府领导与部门之间不论何时何地都能方便、快捷、准确、安全的接收、查阅和处理公务信息，批示有关文件，进一步提高了工作效率。此外，信息中心还加强了信息公开平台的维护，印发《进一步做好政府信息公开工作和加强社会公众信息资源组织工作的通知》，促进政府信息公开平台维护工作的有效开展。召开经验交流会，总结政府信息公开平台维护情况，促进了信息公开平台维护工作的开展。

【网络安全管理】 2010年，市信息中心对电子政务网络租用的线路进行公开招标。招标项目完成后，扩展了资源，互联网出口带宽扩大了一倍。提升了性能，使网络可靠性和稳定性更高、安全性和保密性更强，开放性和可扩展性更好，并大幅节约了财政资金。加强日常网络设备的检修维护和巡查，对网络中断或接到故障申报尽最大可能及时处理解决，定期审查交换机、路由器、防火墙、安全监控设备的安全策略，防止网络攻击事件发生，确保了网络的安全畅通。

石家庄市信息中心
主　　任：范宪林
副 主 任：安才良　黄德伟
总工程师：于惠

（韩勇）

无线电管理

【概况】 2010年，河北省石家庄无线电管理局认真贯彻执行省无线电管理局党组和市政府办公厅直属单位党委的工作部署，紧紧围绕管好频率、管好台站和维护好空中电波秩序三项中心工作，着力提高无线电管理水平，依法行政。全年收取频占费119万元，涉及用户185家。共办理14家用户的设台审批手续，指配频率22个，审批台站2530部。换发执照3150份，年检执照1532份，验收新设通信台网17个，录入台站数据资料6564份。截止2010年底，全市拥有各类无线电台13472部，移动电话873万部，位居全省首位。

【开展清理违法使用对讲机专项执法活动】 根据《河北省无线电管理局关于转发工信部<关于开展清理违法使用对讲机专项行政执法活动的通知>的通知》(冀无〔2009〕24号)精神，5～12月份，在全市出租车、建筑工地、文化娱乐、商业和小区物业等行业中，认真开展清理违法使用对讲机专项行政执法活动。专项活动期间，石家庄无线电管理局与市委宣传部，市公安局、交通局、建设局、商务局、工商局、文化局以及住房保障和房产管理局等9家成员单位共出动执法人员320余人次，车辆90余台次，开展执法检查行动26次，检查单位1225家，下达《责令改正通知书》152份，立案查处17宗，没收违章设备110部，有41家单位，共计2166部设备办理了设台手续，纳入管理的对讲机数量净增加9%。市政府和各成员单位分别召开工作协调会议11次，举办各类培训32次，发放执法宣传单10000余份，通过电视、广播、报纸等媒体，在全市发布通告4次。通过专项活动，彻底解决了出租车和建筑行业违法使用对讲机问题，规范了其他行业使用对讲机的行为，违法使用对讲机干扰合法用户的案件下降近90%。

【监督管理】 2010年，共完成公务员、研究生、司法、高考和各类职称考试保障18次，查处作弊案件6起，抓获作弊人员36人，阻断作弊信号7个。完成设备检测292部，全年监测总时间为8917小时。开展执法检查26次，立案处罚11起，查处设备119部，没收25部，行政警告处罚2起，罚款5700元，出动人员156人次，车辆66台次。通过对违章设台的查处，净化了电磁环境，维护了电波秩序，保护了广大合法设台用户的权益。

石家庄无线电管理局
局　长：李长征
副局长：常锡文　刘兰萍（女）

（王勇）

邮　政

【概况】 2010年，全市邮政系统干部职工紧紧围绕新时期“3+2”战略的总体目标，在“项目兴邮”发展战略的引导下，取得了较好的业绩。转变经营方式，全力迎合市场需求，加快全局业务调整步伐，充分利用多种资源，及时制定出台业务发展详细方案，实现了邮务类、速递物流类、金融类三大板块业务齐头并进的良好发展态势。与省世博办联系开发的“上海世博会河北馆”邮品成为河北馆开馆庆典等活动的馈赠礼品。大力推进“邮政便民站”建设工作，将邮政相关业务平台、邮政电子商务平台等优势资源进行对接和整合，充分利用社会资源,满足社会对邮政服务的需求。电子商务大力发展“缴费一站通”，打造邮政一站式收费平台，全年共发展“缴费一站通”网点2333个，农村网点行政村覆盖率达53.46%。创新发展大客户，全年新增客户631个，客户总数达2915家。放射路邮电局工会被中华全国总工会评为“全国模范职工小家”。石家庄市邮政局社会满意度达94.8分，继续保持全省领先。

【拓展业务种类】 在“项目兴邮”战略的指导下，专业局、县局密切配合、通力协作，打造了一批具有石家庄特色的新项目。函件专业转变发展战略，大力做好项目营销，邮政编码牌进社区项目、中国人寿幸运刮刮卡、移动充幸运充值卡项目、《燕赵风》、《世博典藏》及赵州柏林禅寺“祈福幸运封”等项目成效显著。与省世博办联系开发的“上海世博会河北馆”邮品，成为河北馆开馆庆典等活动的馈赠礼品。电子商务专业与政府部门合作大力发展“缴费一站通”，打造邮政一站式收费平台。全年共发展“缴费一站通”网点2333个，农村网点行政村覆盖率达53.46%。分销专业发挥农村支局和“农邮乐”三农服务站渠道作用，重点抓好春、夏、秋三季化肥营销。全国中邮连锁经营体系建设推进会代表到赞皇、正定局调研指导邮政三农服务工作。同时，将邮政酒水发展为当地婚丧嫁娶的主流产品。代理速递物流类业务发展迅速，市局与市速递物流公司联合开展速递重点业务劳动竞赛。金融类业务立足“保促调”，相继开展“百日会战”和“余额突击月”活动，并将“百日会战”延续到了年底，全年储蓄净增余额列全省首位。

（王健　魏晓明）

【邮政速递开通“网上营业厅”】 9月16日，石家庄市邮政速递物流公司“网上营业厅”正式启动。石家庄市邮政速递物流“网上营业厅”，主要功能包括：邮件查询、业务咨询、业务受理、速递商城、鲜花礼仪、代理业务等网上服务项目。只需按提示输入个人信息、交寄物品或信件的相关信息，提交成功后，邮政速递工作人员半小时内就能上门服务。同时，还可以实时查询特快专递邮件的寄出、到达、投递、签收情况等信息。

【方北少年邮局挂牌】 10月9日，河北省第一家少年邮局——石家庄市方北少年邮局挂牌成立。2006年起，方北小学首创石家庄市唯一一个以“少先队集邮”为品牌的特色教育，多次请省市集邮协会领导、成员到学校进行集邮讲座，向队员普及集邮知识，组织队员参加邮展、设计邮票，并在石家庄市邮展中获奖。方北少年邮局由石家庄市邮政局命名并列入建制档案、方北小学在校学生管理，有邮政部门制发的正式邮政日戳，用于盖销寄发邮件，主要义务是为青少年集邮服务，由石家庄市集邮协会负责领导、管理。石家庄市方北少年邮局的成立填补了河北省没有少年邮局的空白，为学生开辟了社会实践的平台，让大家在课余实践活动中了解邮政工作，掌握基本技能，并通过集邮活动，建立与全国各地小同学的联系与友谊。

（张跃彬）

【上海世博会河北馆邮品开发】 河北省600平方米的实体馆在举世瞩

2010年4月，市邮政局成功开发出上海世博会河北馆邮品

目的“中国2010年上海世博会”上亮相。集邮公司成功开发了2010年上海世博会河北馆系列邮品，首次开发数量为个性化邮票1170版、邮折1000枚、纪念封2000枚，业务收入近10万元。2010年上海世博会河北馆个性化邮票、邮折和纪念封的成功开发，填补了河北省世博会邮品开发的空白，利用国家名片展示了“京畿之地，沿海大省，魅力河北，美好家园”的主题。

【基础设施建设】 2010年，邮政渠道建设取得新突破，通过加盟等方式，市区“邮政便民站”建设已全面铺开；县区“农邮乐”三农服务站建设加速，正定、赞皇两个县农村直营店建设被确定为全省试点，并在全省和全国的渠道建设推进会上进行了推广。全年累计建设三农服务网点1365个，网点覆盖率达到34%。邮政设施建设取得新进展，结合石家庄“三条路”整治，邮政报刊亭建设先行到位；规范新建小区通邮流程，信报箱建设快速发展，2008年以后新建小区已安装信报箱楼房174栋，占总数的53.2%。营销体系建设取得新成效，出台了《项目经理管理办法》和《石家庄市邮政局客户经理交叉营销管理办法》，开展年度营销“创百优”活动；全局现有专职营销人员362人（不含速递、金融人员）。全局新增客户631个，客户总数达2915家，通过创新大客户管理和维护手段，大客户综合满意度达96.5分。

【经营管理】 在全局大力发展生产经营工作的同时，各管理部门围绕经营的中心任务，提高工作效率，坚持向管理要效益。人力资源管理降本增效，扎实推进“双定”（劳动定额、编制定员）工作，将“双定”工作与优化生产流程和作业组织相结合，对营业、投递、内部处理、营销四个岗位开展“双定”标准测算和实施工作；推广“社区投递”“早报专报”“区域投递”等方法，转变生产方式，解决投递人员缺员现状；组织、安排中秋文化知识、内训师管理、专职营销员培训等123次；推进职业技能鉴定工作，563人取得职业资格证书。财务管理完善创新，首次在平山县召开了2010年预算恳谈会；深化专业化经营核算体制改革，对除函件、集邮、报刊、分销四个专业外的其他专业实行市县一体化经营核算；根据集团公司、省公司关于开展网点损益核算的要求，用网点核算结果指导基层单位开展经营工作；完成了房屋土地普查，做好速递股改土地办证与邮储银行占邮政房产的办证工作；配合地方审计部门完成对2009年财务收支审计工作。石家庄市邮政局荣获2010年全国第二次经济普查先进单位及市统计部门颁发的先进单位荣誉称号。网运管理常规高效，调整邮件全程时限，增加了25个局所一频出口作业计划，调整了三频出口作业交接方式；根据业务发展情况对全局网点进行调整，科学规划，增加网点覆盖率；做好乡镇及行政村村邮站建设工作，建立了村邮站档案；加强名址库质量管理，名址库维护及时率为100%。安全管理保障严密，全年开展消防安全培训、金融行业网点安全防范培训等28场次，并录制金融营业网点安全防范DVD宣传教育片；加强安全检查，对全区的物防、技防设施进行资金投入和改造；开展以“安全发展、预防为主”为主题的安全生产月活动，对市区60个网点进行安全检查，对120个部位提出整改意见并进行整改，下发安全隐患整改通知书15份。此外，行业管理严厉打击违规违法销售邮票行为，共出动执法人员478 人次、检查市场4个、商店店铺591个。

【提高服务水平】 2010年，石家庄市邮政局社会满意度达94.8分，继续保持全省领先。普遍服务水平进一步提高，在全局营投窗口深入开展以“做好五心服务、营造五佳环境、增强五度意识”为主题的优质服务专项整治活动，（五心服务即：服务细心、服务精心、服务耐心、服务诚心、服务热心。五佳环境即：营造最佳办事环境、最佳用邮环境、最佳服务环境、最佳诚信环境和最佳文明环境。）在集团公司、省公司的考核中全年实现“零”投诉；全年共组织专兼职检查员293人次，对全局79个局所网点、19个投递站点进行了4次全方位、拉网式的检查，特别在世博会、亚运会召开期间，加大检查力度和频次，确保收寄的安全；完善社会监督员体系建设，参加“行风热线”，组织社会监督员明查暗访局所、投递公司2次计50人次，寄发检查表600套，发放用户意见征询函6000份。民主评议获81.83分，在公益经营单位中位列第三名。同时，信息技术和后勤保障的完善，对进一步提高普遍服务水平发挥了全方位的支撑保障作用。

石家庄市邮政局

党委书记、局长：李陕川

副局长：张彦石（兼纪委书记）

赵斌　（兼工会主席）

（王健　魏晓明）

电　信

【概况】 2010 年，石家庄电信系统按照河北省电信部门的决策部署，狠抓经营管理、网络基础设施建设和服务质量，固定电话、宽带和移动电话各项业务稳定快速发展。中国移动石家庄分公司全面贯彻落实“行业领先、智慧经营、提质增效、健康发展”的核心经营策略，以管理提升年为契机，积极应对市场竞争，在广大员工的共同努力下，较好地完成了全年各项任务，网上通话客户达到 612 万户。中国联通石家庄市分公司坚持“一个中心、两个坚持、三个敢于、四个抓好、五个提升”工作思路，不断提升全业务经营能力，大幅提高网络支撑能力和服务水平，积极开展机制体制改革，企业和谐氛围不断浓厚，企业整体运营形势良好。全年 3G、宽带业务发展再创新高，固网用户规模保持稳定，增值业务总体收入同比增长 15%；“数字城市”建设取得新进展，各类信息化应用项目得到社会广泛认可，并在 30 多个重点行业得以有效推广。年末公司被国家安监局、中华全国总工会评为“全国安康杯竞赛五连胜”先进单位、2010 年度“全省安全生产先进单位”。到年末，公司营业厅中有国家级“青年文明号”3 个，省级“青年文明号”4 个。

中国移动通信石家庄分公司

【内部管理】 石家庄移动以“管理提升年”为契机，有计划、分步骤的开展管理提升活动，营造了人人讲管理、学管理、懂管理的氛围。在各单位上报的 186 项提升项目中，提炼出 7 个亮点项目，并以项目管理的方式在全公司推广。在节能降耗、工作效率提升、员工素质提升等方面取得了成效。树立全面预算管理理念，以强化费用归口、分类管理为重点，实行成本标杆化管理；加强采购流程的梳理、跟踪和监控，采购时限平均缩短 2.2 个工作日。坚持公开公平公正的原则，将人才测评技术引入干部选拔机制，下发三级经理领导人员岗位问责制度。建立了围绕业务发展、前后台部门绩效联动、符合各专业特点的绩效考核体系；发挥薪酬的导向作用，推行量化考核，提高一线员工工作积极性。创新培训模式，推广菜单式培训，课件开发能力大大提升，全年共举行各类培训 495 次，参加人数 15352 人次；加强领导干部和关键岗位员工思想、作风建设，提高廉洁自律意识；落实党风廉政建设、一岗双责制度，与相关人员签订了《党风廉政建设责任状》、《廉洁从业承诺书》。开展深入、彻底的“小金库”专项治理工作。落实五条禁令，做好信息安全防范。提升安全工作规范，编发《安全工作规章制度汇编》，完善管理制度，提升安全意识；组织各单位一把手和安全主管参加了省安监局举办的安全生产培训，并颁发了培训合格证。

【业务发展】 面对复杂多变的竞争态势，石家庄移动公司上下一心，智慧经营，主动营销。开展存费赠礼、“巅峰回馈”活动，服务中高端客户。面向农村市场、校园市场、集团客户市场开展特色营销，受到普遍欢迎。创新推出集团手机报业务，推出“12580 快乐商圈”项目，整合联盟商家 200 余户，为百姓生活提供方便。大力推进信息化业务，与河北师大合作开展 ICT 项目，与政府合作开展太行国宾馆信息化项目，与市公安局合作建设警用 PGIS－GPS 平台，开发警讯通系统等，信息化触角延伸至多个行业，为城市数字化进程起到了积极的作用。此外，石家庄移动加快渠道建设速度，合理布局营业厅，全年自办厅新立项 93 个。加强服务站优化，对全区自助终端合理调配，设备利用率由不到 70% 提升到 80% 以上。加强与铁通公司的合作，积极发挥资源整合优势，发展宽带用户 1300 余户。

【网络建设】 2010 年，石家庄移动在网络工作中实施项目化管理，明确了“项目管理、责任到人”的工作思路。GSM 网管接通率、TD 网管接通率、GSM 网管掉话率、TD 网管掉话率、现场测试 TD 网掉话率均达到优秀。完成 GSM

15.1 期工程，推进 GSM16.1 期工程、TD 四期、超级基站建设。实施核心网、无线、传输、电源配套、接入等 23 项工程，实现市区 TD 网络全覆盖，同时满足县区重点区域覆盖需求。完成 WLAN 第一批热点区域覆盖。启动“2010 年网络质量提升大会战”，消灭网络短板；实施“三高”专项优化，高校区域投诉量占比由 3 月份的 26.8% 下降到 10 月份的 18%，数据流量上升 25%。完成槐安路、和平路、二环路高架桥共计 13 个重要覆盖站点优化，接通率从 97.50% 提高到 100.00%，掉话从优化前的 2.50% 降为零掉话率。实施核心网优化，集中整治了严重影响指标和客户正常使用的回拨卡、广告卡等问题。提升传输网络稳定性，实施微改光 144 跳，实现基站站点及数据客户光缆接入业务承载保护应用，极大提升了传输网的运行维护质量。创新站址管理，成立站址办公室，实现站址管理转型。

【客户服务】 按照“以客户为导向、以满意度提升为目标、持续扩大服务领先优势”的思路，石家庄移动有计划、有步骤的开展服务提升工作。实施“一对一”管理计划、客户等候关怀等措施，营业厅等候时长问题得以改善。开辟网络类投诉绿色通道，加强部门间横向沟通与协作，提高前台需求的响应速度和客户投诉处理效率，市区网络投诉同比下降幅度接近 30%；研发了客户投诉行为分析的数学模型和话单核算软件，提高投诉处理的针对性、科学性和专业性。利用标杆管理法，创新服务管理，启动“我有我的样”营业厅特色服务标杆活动，建立了 20 个服务标杆厅、4 个特色服务明星示范厅，打造了一批亮点范例。重新调整了离网客户挽留流程，加入二次外呼挽留环节，重点加大对中高端客户的离网挽留；开展客户离网原因分析，加强防范，降低离网率；做好各项营销活动服务预案，明确各个节点责任人；开展顾问式外呼营销，提高营销活动的预约率。

中国移动通信集团
河北有限公司石家庄分公司
总　经　理：丁占武（3 月免）
　　　　　　贾东启（3 月任）
副总经理：吉雨顺　张燎原
　　　　　李文宇
党委副书记：柴晓冰
顾　　问：鲁聚平

（韩容）

中国联合网络通信有限公司石家庄市分公司

【与河北出版传媒集团签约】 2010 年，河北出版传媒集团有限责任公司与中国联通河北省分公司等单位的 9 大战略合作项目签约仪式在河北会堂举行，项目涉及资金 56 亿元。国家新闻出版总署副署长孙寿山，省委常委、宣传部长聂辰席等出席签约仪式。据了解，河北出版传媒集团与交通银行河北省分行主要就 15 亿元的综合授信服务签订合作协议；与中国联通的合作，主要是借助其信息服务功能平台发展数字出版产品；与北青传媒股份有限公司将在共同投资成立股份公司、发展新兴业务等方面展开合作；与新天域资本公司主要就组建股份有限公司，推动公司上市及资本运作等领域进行合作。

（岳金宏）

【业务发展提速】 石家庄联通公司按照“在发展中调整结构，在创新中增强活力，全面提升综合竞争实力”工作思路，经营发展积极向好，全业务经营取得显著成绩。宽带业务实现跨越式发展，宽带用户总规模已超百万户。通过丰富“3G”套餐、开展“3G”体验式营销等措施，全年 3G/2G 移动电话用户净增快速，Iphone 合约计划、上网卡、上网本、3G 定制终端累计销售量均取得全省排名第一的好成绩。手机上网、手机音乐组织开展“欢乐家庭，快乐共享”融合业务推广活动，全力推动融合业务发展，有效稳定了固网用户，语音业务下滑得到遏制。

【客户群营销】 面向集团客户，聚力拓展行业应用等重大项目实施，以“三元进销存管理项目”、“省工商局、省药监局的移动执法项目”、“省电力公司无线抄表项目”等行业信息化一揽子解决方案，与 50 多家集团客户签订平台类或组网类项目。面向商务客户，深化“名单制＋网格化＋行业化”的一体化销售组织体系，以餐饮娱乐、运输物流等行业为突破口，积极推广一揽子解决方案。面向公众客户，加快融合业务和家庭、个人信息化发展。统一宽带 10010 受理渠道，增强客户感知度；开通自助缴费终端106台，覆盖石家庄所有县市以及40个乡镇。落实集团公司十百千万工程，结合民政居家养老服务平台开展老人机促销。在农村地区与综治办联合推广平安互助新农村，全年发展平安互助村3200多个。面向校园客户群，组织实施校园会战、歌手大赛、增值业务拉动等活动，新生市场占有率较上年增长65%。

【产品创新】 积极推进重点行业的综合信息业务平台应用，其中以“市政法委综治维稳系统”为代表的5个综信平台试用项目、“农村经济信息村村通运营管理中心”等5个项目，均进入快速实施阶段；校园信息化应用中，“家校通”已覆盖32所学校，“平安校园”覆盖两个区约67所学校，位居全省第一；建设食品行业生产环境监控项目，建设监控点433个；结合地方党委政府信息化规划，积极推动“数字栾城”、“数字开发区”、“数字正定新区”等城市信息化项目。

【服务质量提升】 在全市落实“宽带一日通”等六项便捷服务措施，客户服务水平明显提升。宽带修障满意度、2GVIP客户保有率两项指标均列全省第一；宽带、固话修机及时率修机及时率均同比上升；宽带障碍申告率、移动业务投诉率同比下降。网上营业厅功能日趋完善，实现了全业务支撑，网上缴费全省排名第一，并荣获“河北联通便捷服务先进单位”称号。网络支撑能力显著增强，宽带网络能力进一步提升，年底石家庄市至省网出口带宽达到200G。全力打造3G/2G移动精品网络，至年底已实现市区、县城2G/3G网络良好覆盖，其中，2G网络实现了全市交通干线全覆盖、90%以上室内覆盖、县以下90%覆盖，网络质量已明显优于行业，客户感知进一步增强。紧跟技术发展趋势和客户需求，加快实施光纤到户项目。

启动116114健康专家热线业务

【内部管理】 统筹合理安排生产经营和工程建设资金，确保资金使用效益最大化。先后在9个县分公司试点开展农村营业部承包责任制实施工作，试点单位在基础管理、重点业务发展、降本增效等方面初见成效。紧紧围绕中心工作和重大决策，建立综合督导、专项督导、随机督导三级督导机制，强化工作执行效果和效率。深入开展以“三重一大”集体决策制度落实情况、营销成本管理、电费管理为主要内容的效能监察，有效规避企业风险。完善电子化流程体系，形成运行实例7.5万个。强化安全生产管理，组织多种形式的安全生产教育、培训、演练等；有效开展电缆防盗活动，打掉犯罪团伙12个，抓获犯罪嫌疑人45名。坚持向贡献倾斜、向效益倾斜，不断强化绩效考核激励作用；征集员工合理化建议95件，形成爱企业、献良策、做贡献、谋发展的良好氛围。

中国联合网络通信有限公司
石家庄市分公司

总经理、党委书记：雷云

副总经理、党委副书记：
陈小东（2月免）
武文柱（2月任）

副总经理：郝琳　（2月任）
李虹　慈志勇
李霞　张诗杰
李爽　（2月免）
郭振江（2月免）
何伟

（宋朝霞）

石家庄年鉴 Internal Trade & Tourism

国内外贸易·旅游

国内外贸易·旅游

商贸流通

【概况】 2010年，全市商贸流通业快速发展，社会消费品市场增长迅速。全年完成社会消费品零售总额1409.9亿元，同比增长18.4%，比年初市政府下达的17%目标任务高1.6个百分点，总量和增幅居全省首位，比“十五”末(2005年底)606.2亿元增长1.3倍。商贸服务业基础设施建设步伐加快。城区“20+X”重点商贸服务业项目达到32个，总投资735亿元，年完成投资65亿元，其中中铁广场、东明家具基地、万象天成、南三条胜北国际商城4个项目建成开业。县域5个商贸项目和8个市场建设、改造项目竣工并投入使用。便民商业服务设施进一步完善。石家庄市投资2.53亿元在主城区建设的60个标准化菜市场，面积12.9万平方米。18家社区被评为“河北省商业示范社区”，其中2家达到国家标准。夜经济发展富有成效。13条夜经济特色街区、夜市全部建成营业，总投资达14亿元，其中落实夜经济特色街区、夜市奖励资金1300万元，商贸服务企业电费补贴资金200万元。家电下乡和家电、汽车以旧换新工作成效显著。全市累计完成家电下乡销售24.28亿元，销售产品106.75万台，补贴额2.93亿元；回收旧家电12万台，兑付补贴1824万元；受理以旧换新车辆8491辆，发放补贴资金1.13亿元。进一步完善市场监测和应急管理体系。监测系统样本企业达到242家，应急商品重点联系企业达到14家，被国家商务部评为全国15个市场运行监测工作先进单位之一。成功举办了正定小商品博览会、石洽会暨第五届医药博览会、国际医疗器械展览会和国际皮革裘皮博览会等一系列大型展会活动。全市连续两年荣获中国十佳会展城市称号。

（陈佩君）

【60个标准化菜市场全部建成】 2010年，市委、市政府承诺为民所办38件实事之一，60个标准化菜市场全部建成。以服务范围2平方千米为标准，总建筑面积14万平方米，总投资3亿元。

表34　2010年石家庄市区60个标准化菜市场竣工情况表

新华区

序号	市场名称	市场地址
1	景源菜市场	田家庄村西、景源路东侧
2	小安舍菜市场	小安舍村东、警安路南、民心河以西
3	北站菜市场	市庄路南、西邻省外贸包装公司宿舍、南邻省外贸纺织品公司宿舍
4	红星街菜市场	红星街与北二环交叉口西南角
5	中储菜市场	中华北大街203号（中华北大街东、市庄路北）
6	朝阳路菜市场	朝阳路与电大街交叉口西北角
7	维明北大街菜市场	永泰街以北、维明大街以东、铁路32宿舍11号楼南侧

（续表）

序号	市场名称	市场地址
8	联盟东路菜市场	联盟东路以北、柏林北区以东、柏林怡园以西、都市驾校练车场以南
9	高东街菜市场	高东街以东、市消防支队以西、市消防支队以北、市城建开发公司以南
10	英华菜市场	西三庄大街以东三元厂东侧、钟旺路南
11	新苑小区菜市场	赵陵铺路南、新苑小区15号楼以北、19号楼以东

裕华区

序号	市场名称	市场地址
1	二十里铺菜市场	东二环东、槐安路北
2	安苑菜市场	东至安苑小区、南至安苑小区、西至谈固大街、北至宋村社区
3	南二环菜市场	东至谈固大街、南至宋村社区、西至宋村耕地、北至南二环
4	嘉嘉菜市场	翟营南大街东、方兴路北
5	裕丰菜市场	建华南大街西、方兴路南
6	塔北路菜市场	谈固南大街西、塔北路北
7	雅清社区菜市场	塔南路北、谈固南大街东
8	孙村菜市场	建通街西、石栾路北
9	方北菜市场	槐北路北、民心河西
10	玉马菜市场	槐安路北，民心河东
11	槐南路菜市场	育才街东、槐岭路南

桥东区

序号	市场名称	市场地址
1	普金利菜市场	红星街石津灌区北侧
2	陈章菜市场	赵佗路80号
3	华夏菜市场	东风路中段北侧
4	华新路菜市场	华新路15号省茶叶公司院内
5	栗康街菜市场	栗康街98号（大运院内）
6	神州嘉园菜市场	胜利北街178号（花香维也纳西侧）
7	北城菜市场	107国道东、汊河南150米
8	塔谈菜市场	塔谈南大街21号（第二生活区院内）
9	东平路菜市场	东平路中段北侧
10	富康菜市场	自由港南侧

长安区

序号	市场名称	市场地址
1	白佛菜市场	跃进路与东二环西北角

（续表）

序号	市场名称	市场地址
2	丰华路菜市场	丰华路与建设大街交叉口东北角
3	花园菜市场	花园村内
4	西城菜市场	北方大厦以东，四水厂路
5	建明菜市场	建明小区内
6	秋景怡园菜市场	土贤庄村内
7	尚乘园菜市场	建设北大街与石德铁路东北角
8	南高营菜市场	南高营村内
9	农家超菜市场	煤机街 71 号
10	秀水苑菜市场	华清街 16 号

桥西区

序号	市场名称	市场地址
1	南小街菜市场	南小街西，永安街北
2	西里菜市场	友谊南大街东，自强路南
3	汇明菜市场	汇宁街东，汇明路南
4	工农路菜市场	草场街东，工农路北
5	石铁家园菜市场	南长街东，槐安路南
6	三简路菜市场	三简路南，简东街东
7	振二街菜市场	友谊南大街东，新石中路北
8	育新菜市场	西二环东，育新路南
9	汇丰菜市场	友谊南大街西、汇丰路南
10	振岗路菜市场	石太铁路东，槐安路南
11	石铜路菜市场	石铜路西，南二环南
12	时丰菜市场	工农路北、时光街东
13	西简良菜市场	长兴街西，西简良村南
14	支农路菜市场	槐安路北，民心河东
15	吉庆菜市场	中山路东、长兴街东

高新区

序号	市场名称	市场地址
1	黄山菜市场	湘江大道黄山大街交口西南角
2	秦岭街菜市场	湘江大道秦岭街交口西南角
3	岗当菜市场	学苑路以东，祁连街以北

（刘宝芝）

【完善农村流通网络体系】 全年新建“万村千乡市场工程”农家店160家，到年末全市建成农家店累计总数达到3551家，行政村覆盖率达到81.7%。6个项目被列入国家商务部推进农产品现代流通试点，新建农产品冷链、仓储等设施38.57万平方米，改扩建大型农产品批发市场12.15万平方米，升级改造县域农贸市场2.57万平方米，保龙仓超市、北国超市2家企业的“农超对接”门店发展到23家。

【整顿市场秩序】 在完成市级12312商务举报投诉服务平台建设的基础上，8个基础较好的县（市）率先开通12312专线。完成了肉类蔬菜流通追溯体系建设国家试点城市的前期申报工作。全市共出动畜禽执法人员6320人次，端掉私宰窝点3个，出动酒类执法人员25560多人次，查处酒类违法违规案件2579件，端掉制假售假窝点7个，选树“放心酒示范店”150家，为确保市民消费安全发挥了重要作用。

【商贸企业改革】 第二批7家破产企业职工全部得到妥善安置，企业的工商、税务、银行账户等证照注销手续已基本办理完毕，资产处置正在加快进行。第三批8家破产企业的破产裁定已全部下达，并进入法定破产程序。积极协调有关部门，妥善解决石家庄市工业品进出口公司、市工业品贸易中心等企业在破产清算过程中出现的各种矛盾和纠纷，确保了企业职工队伍的稳定。加强企业安全生产保卫工作，认真贯彻执行《安全生产法》、《消防法》等法规和各项安全生产制度，有效杜绝了火灾、盗抢、工伤等安全生产事故的发生。

（陈佩君）

【家乐福保龙仓组建合资公司】 7月16日，家乐福与保龙仓联手召开新闻发布会，双方宣布通过股权合作形式组建合资公司——河北保龙仓家乐福商业有限公司，家乐福和保龙仓分别持股51%和49%，保龙仓现有11家门店由新成立的合资公司进行统一经营管理。法国零售巨头家乐福，通过此次新的合作模式，正式敲开石家庄市零售业市场的大门。新合资公司成立后，保龙仓所有供应商和在河北的采购中心都全部保留并纳入家乐福体系。

【规划商业布局】 在省会“三年大变样”的攻坚年里，一批商贸项目将继续全面打造。广安中心商业街的规划，让广安大街真正变身为集“餐饮娱乐商务休闲”为一体的新服务业商圈；而一批新加入的商贸项目，也让石家庄的城市面貌更加华丽，百姓生活更加便利。广安中心商业街发展总规划正在着手制定，以广安大街为主轴线，由东西两个区域组成。规划范围东起育才街，西至青园街，南起范西路，北至和平路，总规划面积约为150公顷。商业中心构成包括广安大街地下商业街，石门不夜城，名门华都大型商务广场。广安大街地下商业街，南北长1100米，东西宽25米，层高5米，分五大商业街区；石门不夜城即省博物馆地下商业城建设，分两期开发，总建筑面积5.1万平方米，分四大商业街区；名门华都大型商务广场，规划占地44亩，总建筑面积18万平方米，该商业城将与广安大街地下商业城贯通为一体。广安中心商业街是以现代服务业、文化产业为主题，以省博物馆，石家庄会展中心，石家庄日报社等为载体形成有省会特色的文化产业；以先天下广场、世贸皇冠大酒店、汇景国际、时代方舟、名门华都等为载体，形成以商业购物，餐饮娱乐、金融服务、商务办公等为一体的现代服务业。在这一区域，将以多样性商业业态为基础，大力发展金融服务、总部经济、国际贸易、文化传媒等行业，逐步形成省会的商业中心、金融中心、人才中心、经济中心。在桥东区的中山东路中轴线上，有勒泰中心、燕赵财富中心、新源国际财富中心等项目正在建设；在北部区域，滨河现代商务“新高地”正在打造；在铁路新客站区域，医药物流园、润德商贸城等项目也将建设；在裕华路沿线，谋划推进河北剧场区域和银河商务中心片区开发，在这儿将形成新的总部经济隆起带。桥西区万象天成已建成，金世界、南花园步行街二期、祥云国际已经开建。裕华区围绕建设省会商业副中心定位，谋划建设了一批投资规模大，辐射带动能力强的大型商贸项目。石家庄商业开始向外发散。这两年，由于一批新的商业项目成功落地，石家庄商业被注入新的活力。

【特色商街夜市营业】 按照省委、省政府“扩大夜消费，做旺夜经济”的部署和要求，为进一步推动省会夜经济发展，市委、市政府紧紧围绕“丰富夜生活、繁荣夜经济、打造不夜城”这一主题，结合全市居民生活消费习惯、地理气候等实际情况，参照先进地区成功经验，石家庄市推出了建设特色商街和夜市的方案。经过周密细致地考察选址、规划设计，除了广安不夜街和怀特国际商城休闲街方案还未完全确定外，其他特色商业街区、夜市规划方案出炉并开工建设。这些风格各异、特色突出的商街夜市，都有独特的区域特点和业态定位，分布在市内五区和高新技术开发区。新华区的北大街海鲜特色街和绿荫广场夜市实行统一招标、统一管理、规范化经营，彻底解决普通“夜市”脏、乱、差的通病；长安区滨河休闲夜市将统一配备篷车一体的餐饮车，全部采用不锈钢制作，各车配备无烟无尘绿色环保灶具，统一配备餐桌、餐凳、垃圾桶；东风路华夏餐饮服装街、民生路文化长廊、怀特国际商场休闲街等都有统一的规划设计，并具体到绿化、夜景照明、招商特色等各个方面。夜市都实行统一管理，售货车统一制作，统一时间经营，在带旺省会夜经济的同时，不给市民带来不便和困扰。13条特色商业街区、夜市6月底全部完成建设施工，7月初陆续开始营业。

（刘宝芝）

【东方明珠国际名品商业街开业】 2月3日，石家庄东方明珠国际名品商业街盛装开业，为市民又增添一个购物、休闲的新场所。该商业街由联邦地产与天元名品联手推出，为省会20+X服务业重点项目（2008年石家庄市谋划确定20个重点服务业项目，2009年对重点商贸项目进行补充，对投资5亿元人民币以上、3000万美元以上的服务业项目，继续纳入重点服务业项目，统称为“20+X”工程。），总建筑面积5.3万平方米，入驻商户400余家，商城的整体环境以欧美为主题，荟萃了国外名酒、名表、箱包、服饰、艺术品、户外用品等国际名品，集“景观、购物、休闲、娱乐”为一体，是省会规模最大的地下商业街。

（刘宝芝　杨彩明）

【广安地下商业街开业】 6月27日，石家庄市“三年大变样”重点工程——中心线广安地下商业街正式开街迎客。该商业街是河北省首条韩国主题商业街，总经营面积2.7万平方米，设有国际名品廊、韩国时尚馆、儿童欢乐城等800余家经营店铺，为集休闲购物、餐饮娱乐于一体的大型多功能地下商业街区。

【怀特富强商业街开街】 10月24日，石家庄市夜经济特色商业街区——怀特富强商业街正式开街。该商业街沿富强大街两侧，北起槐中路，南至槐安路，全长400多米，汇集了花鸟鱼虫、古玩字画、服装服饰等多种经营类型商户300余家，是一条集餐饮娱乐、休闲购物、文化交流为一体的综合性商业街区。

（张震）

【举办第三届华北旅游交易会】 3月份，石家庄市举办了省会“中国世博旅游年”启动仪式和第三届华北（石家庄）旅游交易会，国内80多个旅游城市前来参展。华北（石家庄）旅游交易会已举办了两届。本届交易会吸引了北京、天津、安徽、浙江、广东、广西等近20个省份和地区的旅游局和旅游企业，韩国首尔产业通商振兴院、香港特别行政区北京办事处、缅甸旅游商品开发商等境外旅游客商也前来参展。展会期间除了对旅行社专业人员开放，广大市民也可以免费参观并了解旅游信息。

（刘宝芝）

【举办2010中国·石家庄（正定）小商品博览会】 4月26日，2010中国·石家庄（正定）小商品博览会开幕。埃塞俄比亚、孟加拉国、贝宁、也门、喀麦隆、土耳其、阿富汗、乌克兰、斯洛伐克等9个国家驻华使节；乌干达、老挝、乍得、伊拉克、巴巴多斯等5个国家外交官员；中国商业联合会、中国百货协会等国家行业协会领导，内蒙古自治区、吉林省、北京市、上海市、天津市等省（市）、自治区行业协会、侨联和商会领导；美国、英国、韩国、日本、法国、德国、比利时、意大利、加拿大、澳大利亚、荷兰、瑞典、香港、台湾等国家和地区有关商会、协会代表；美国得梅因市、以色列卡梅尔市、瑞典法尔肯贝里市、乌克兰赫梅利尼茨基市、韩国天安市等国际友好城市代表；湖北省十堰市、黑龙江省黑河市、齐齐哈尔市、江西省南昌市、山东省淄博市、河北省各设区市等兄弟城市代表应邀参加。美国财富集团、美国二零国际贸易、英国通澳财团、英国特易购、英国瑞杰传媒集团、德国斯图加特稻花村集团、瑞典阿尔夫、乌克兰波斯塔谱、澳大利亚维科绿色建材、澳大利亚国际 LPG、台湾福力高科、台湾中华资通国际、香港海星集团，以及光大集团、北京超市发、上海世纪联华、易初莲花、华润万家、天津劝华集团、唐百大集团、陕西正丰家居、济南福能达、呼和浩特金宇集团、大连盛大贸易等国内外知名企业代表出席开幕式。2010 中国·石家庄（正定）小商品博览会由河北省人民政府、中国商业联合会主办，石家庄市人民政府、河北省商务厅承办，以“融合商机、彰显魅力、协作发展、互动共赢”为主题，以商品展示展销、经贸洽谈、小商品城推介为重点，共设 3 大展区，1200 个国际标准展位，展示展销 11 大类商品。至 4 月 28 日 2010 中国 · 石家庄（正定）小商品博览会闭幕，共吸引境内外参展企业 894 家，专业采购商 5646 家，三天客流量 25 万人次，实现综合经济效益 18.35 亿元，同比增长 38.4%，现场交易额 6700 余万元，同比增长 19.64%，对接洽谈签署合同或协议 19 个，总金额 17.68 亿元，同比增长 44.5%。

（靳晓磊　杨彩明　王巍　王伟　于立）

【举办正定家装博览会】 4 月 26 日，2010 石家庄 · 正定家装下乡博览会、汽车行业博览会开幕式暨华北家居建材城开业庆典在正定举行。华北家居建材城是正定国际小商品城的重要组成部分，以家居建材为主，集交易、服务、展示及实景体验于一体，在建设规模、配套设施、管理服务等方面，在华北地区位于前列。举办家装下乡、汽车行业博览会，对促进家居装饰新技术、新产品的推广应用，带动相关汽车用品产业的发展，将起到极大推动作用。正定家装博览会上，占地 2000 亩、投资 6 亿元的北方国际家具园区与正定南楼乡政府签约，成为正博会当天涉及金额最大的签约项目。拟建的中国（正定）北方国际家具园区由滹沱新区内天昊、华宇、隆泰、欧曼迪、顺昌等家具知名企业以股份制形式投资组建，借新区建设、企业外迁之机，联合滹沱新区内 200 余家家具企业，共同打造北方家具行业的“航空母舰”。该家具园区位于正定县南楼乡东里双村，总投资约 6 亿元，总占地 2000 亩，分三期建设，一期工程正在协调占地手续。新园区计划 2013 年建成，是集家具生产销售于一体、汇聚国内外知名家具品牌的北方地区最大家具园区。

（靳晓磊）

【润德五金机电获评“中国四星级品牌市场”】 5 月份，石家庄润德国际五金机电城被评为“中国四星级品牌市场”，中国商业联合会会长何济海为润德国际五金机电城授牌。中国商业联合会市场专家评审组通过实际考察，在 5 月 9 日召开的评审会上，评审组专家一致认为：石家庄润德国际五金机电城整合交易、仓储、物流、博览完善产业链，通过积极实施“品牌战略”，品牌商品已达 8490 个，占商品总数的 85%；通过创新经营方式，使入驻市场的公司企业达到 414 个，占整个经营者比例的 23%。中国商业联合会市场专业委员会决定以后每年定期在石家庄润德国际五金机电城举办展销会、订货会，积极扶植星级品牌市场，促进石家庄五金市场的发展。

【北人集团异地筹建高端商场】 8 月 31 日，北人集团正式签约入驻阳泉滨河世纪城二期项目——滨河新天地，晋冀两地企业联手共同打造滨河新天地城市综合体。这是北人集团迈出的又一个拓展步伐，继保定、邢台、唐山等地开设商店后，北人集团门店数量从 88 家增长到 100 家。北人集团与阳泉滨河世纪城的跨省合作，代表了中国未来经济和零售业的发展趋势。进一步拓展领域，整合商业结构，优化产业模式，提升品牌形象，不断丰富业态模式，给消费者带来全新的购物理念和消费体验，给运营商带来更多的商机和发展前景。在硬件上，北人集团除了打造优雅舒适的商场环境之外，聘请国内外顶级设计团队，根据时尚潮流和市场需求进行打造与设计，给阳泉消费者耳目一新的感觉。在软件方面，北人集团将发挥组合业态的规模优势，百货、家电、超市、珠宝四个业态齐头并进，将石家庄拥有的国际国内高端品牌引进阳泉北国，把商城做成阳泉当地最高端的商场，为广大消费者提供品质更优的消费环境。

（刘宝芝）

【2010中国·北方茶博览会开幕】 9月3日，为期3天的“2010中国·北方茶博览会”在中国（正定）北方茶城隆重举行。市委常委、常务副市长栗进路致辞并宣布茶博会开幕，市领导王中联、李天印参加开幕仪式。本届茶博会以“弘扬中国茶文化,推进北方茶贸易”为宗旨，以企业为主体、市场为主导，诚邀全国知名茶商，交流合作、共谋发展。本次茶博会共设置标准展位200个，其中特装展位20个，包括安溪铁观音集团、北京老舍茶馆、浙江嵊州龙井等知名品牌在内的全国十多个省市近三百多家生产经营企业带来了最好的茶供广大市民品尝、消费。会上囊括绿茶、白茶、黑茶、红茶、青茶、黄茶六大茶系，同时展出相关茶制品、精品紫砂陶瓷茶具、茶文化艺术品、茶包装等百余种产品。

（温婕）

【第18届中国辛集皮革博览会举行】 9月28日，第18届中国（辛集）皮革博览会开幕。开幕式在新落成的辛集国际皮革城举行，全国人大常委会副委员长周铁农宣布开幕。全国政协常委、中国轻工业联合会副会长潘蓓蕾，省委常委、市委书记孙瑞彬，省人大常委会副主任黄荣，国务院稽查特派员、中国企业国际发展协会会长刘吉，国务院参事、中国企业国际发展协会常务副会长任玉岭，原国家人事部常务副部长舒惠国，中共中央直属机关工委原副书记贾祥，市委副书记、市长艾文礼，市人大常委会主任王增明，市委常委、秘书长杨志辉等领导和嘉宾出席开幕式。中国皮革协会理事长张淑华主持开幕式。潘蓓蕾、孙瑞彬、黄荣、刘吉、任玉岭、艾文礼、王增明、杨志辉为开幕式剪彩。中国（辛集）皮革博览会，由河北省人民政府、中国轻工业联合会、中国皮革协会主办，石家庄市人民政府、辛集市人民政府承办，已连续成功举办17届。本届皮博会展出皮革、皮具、皮革化料、皮衣辅料等300多个品种，还与中央电视台合作举办了“星光耀皮都”大型文艺演出，入驻企业品牌发布会,国际皮革城形象代言人、旅游购物签约仪式，皮革业转变发展方式高层论坛，以及俄罗斯民族风情演出、皮装模特表演等多项活动,是历届皮博会规模最大的一届。

（温婕）

【双鸽肉食品冷链物流中心开工】 10月5日，石家庄双鸽食品有限责任公司肉食品冷链物流中心开工建设。根据石家庄市总体规划，双鸽食品有限责任公司现有加工基地规划建设为市肉食水产物流园，主要依托该公司生猪屠宰分割、熟肉制品加工及万吨冷库优势，形成石家庄市及周边地区专业肉食水产冷链物流中心。该公司现有3万吨冷库，扩建5万吨冷库后，与原有冷库形成8万吨冷藏库容，加上交易场所（主要包括猪肉交易、冷冻肉品交易、清真及干鲜品交易、水产品交易）改造，可形成辐射河北省乃至全国的肉食类水产品物流中心，年交易量达到20万吨，年交易额达到40亿元。

（潘双清　尹亚芳）

【乐仁堂现代物流中心落成】 10月18日，位于正定国际物流园的乐仁堂医药集团现代物流中心项目竣工。省委常委、副省长杨崇勇宣布“乐仁堂医药集团现代物流中心”项目竣工。市长艾文礼代表市委、市政府致辞祝贺，市人大常委会副主任王中联，副市长张殿奎出席竣工仪式。乐仁堂医药集团现代物流中心一期工程于2009年10月开工，总投资2亿元，占地150亩，总建筑面积3万平方米，年吞吐量达200亿元，存储量为35万箱以上，是现阶段国内规模最大、设备最先进的医药物流之一。该物流中心采用国际一流物流设备，药品分拣速度每小时高达5000箱，在国内医药行业率先使用了电子称重效验技术和语音拣选技术，出入库商品快捷、准确。同时，拥有冷库10000立方米，充分满足了冷链商品的储存。

（范玉蕾）

【举办石洽会暨第五届药博会】 10月18～20日，2010’中国·石家庄国际投资贸易洽谈会暨第五届中国·石家庄国际医药博览会在石家庄举行。省委常委、副省长杨崇勇，省委常委、石家庄市委书记孙瑞彬，中国商业联合会会长张志刚共同启动开幕装置。省食品药品监督管理局局长刘岩山，省卫生厅副厅长李建国，省贸促会副会长罗强，市委副书记、市长艾文礼，市委副书记刘云峰，市人大常委会主任王增明等出席开幕式。应邀出席开幕式的驻华使节有:波黑驻华大使阿梅尔、埃塞俄比亚驻华公使科布德·毕耶尼以及蒙古、巴基斯坦、斯里兰卡等国家的驻华使节。中国商业联合会、中国战略与管理研究会、中国药学会、中国医药商业协会、中国医药工业科研开发促进会、河北省医药行业协会等国家、省行业协会和中华宋庆龄基金会的代表，以及澳大利亚联邦自贸机构、瑞典华商会、香港中国商会等，以及来自部分国际知名商务机构的代表也应邀出席了开幕式。出席开幕式的还有：中国科学院、中国工程院部分院士，以及清华大学、南开大学等大专院校、科研院所的代表；哈尔滨市、成都市等友好城市，以及河北省各设区市的代表；美国联合国际、沃尔玛、法国家乐福、香港万名国际、台湾富士康、中铁置业、三一重工等世界500强、跨国公司、国际知名企业的代表。开幕式由市委常委、常务副市长栗进路主持。2010’中国·石家庄国际投资贸易洽谈会(简称石洽会)共有134个项目成功签约。签约外资项目27个，拟引进外资17.8亿美元；在27个外资项目中，协议外资5000万美元以上项目5项，主要集中在商贸流通、医药化工、机械制造、技术研发和服务业等领域。国内经济技术合作项目107个，总投资1566.9亿元人民币，拟引进市外资金1474.9亿元人民币。在107个国内经济技术合作项目中，总投资100亿元以上项目4个，主要分布在商贸服务、城市综合体和新能源等行业和领域。本届石洽会呈现出以下亮点：内外资签约项目数量、引资额、带动性创历史最好水平；参会客商多、规格高、投资意向明确，刷新了“石洽会”纪录；专业化的专题活动多，客商和企业参会踊跃。第五届中国·石家庄国际医药博览会吸引省内外300余家医药企业参展，来自国内医疗机构及医药经销、批发企业的采购商近2000多家，专业人员近万人到会参观、洽谈，达成药品贸易合同意向2.8亿元，较上届增长27%。

（刘宝芝　杨彩明）

【首届日化博览会在深泽县举行】 10月份，深泽县第一届日化产品博览会在省博物馆东广场举行。该博览会是石洽会的重要组成部分，旨在推介、宣传和提高深泽日化产业的影响力和知名度，进一步促进深泽日化行业更好更快发展。博览会展区占地1000余平方米，设置企业展厅10个，以产品展览和贸易洽谈为主要内容。日化产业是深泽县传统产业之一，到2010年末已有相关企业40余家，拥有先进生产线43条，形成了产业集群化的发展模式。主要产品有香皂、洗衣粉、透明皂、洗洁精四大类，年产能力达到30万吨以上，产品销售遍布全国并远销亚非欧等地。

（潘双清　刘炯）

【第二届中国（石家庄）国际皮革裘皮博览会开幕】 11月18～20日，2010第二届中国（石家庄）国际皮革裘皮博览会在国际科技博览中心举行。本届博览会由中国食品土畜进出口商会主办，石家庄市人民政府、河北省商务厅承办。市长艾文礼在开幕式上致辞。商务部外贸司副司长江帆，中国食品土畜进出口商会副会长杨胜军，省商务厅厅长王志欣，市人大常委会主任王增明，市政协主席王华清出席开幕式。副市长张殿奎主持开幕式。中国纺织进出口商会秘书长张锡安、英国国际皮革协会中国首席代表李明霞、美国传奇副总裁戴尔·雷森等到现场参观。本届博览会共有国内外近400家皮革、裘皮制品生产和贸易企业参展，主要包括皮革服装、裘皮服装、皮革、毛皮、PU及PVC合成材料、箱包、皮具、皮件、皮革化工及皮革五金制品等，展出面积10000平方米。河北省沧州肃宁、衡水枣强、保定蠡县、邢台南宫和石家庄市辛集、无极等皮革裘皮产业集聚区的参展企业组团参展。展览汇集了“梦特娇”、“轩尼蒂奥”、“東兰”、“东明”、“依鹿奇”等国际、国内知名品牌。展会期间，来自美国、英国、俄罗斯、意大利、丹麦等国家的专业贸易商及采购商、国内贸易商和销售经营企业代表等5000多人到会洽谈、采购，石家庄市及周边地区参观群众达2.1万人。本届博览会共签订贸易合同及合同意向2.5亿元。

【最大便民市场开业】 12月12日，普金利菜市场开业，附近3万余居民“菜篮子”问题得到解决。普金利菜市场位于红星北街路东、石津灌渠以北，总占地面积6000平方米，建筑面积2000平方米，市场总投资468万元，内设商铺40间及摊位共200余个，涵盖菜市场经营的全部品种，即蔬菜类、水果类、生肉类、禽蛋类、熟食类、水产类、粮油副食类等。该市场是全市兴建规模建筑面积最大、占地面积最大，具备批零兼顾的大型综合菜市场。

（刘宝芝　杨彩明）

【家电以旧换新规定】 7月15日，河北省家电以旧换新销售项目和回收项目开标，40家销售企业和40家回收企业中标。7月29日，河北省家电以旧换新启动仪式在石家庄市北国商城门前举行。省委常委、副省长杨崇勇，省商务厅厅长王志欣，副市长张殿奎等参加启动仪式。河北省家电以旧换新工作从2010年6月1日起至2011年12月31日结束。按照家电以旧换新规定，凡在石家庄市注册登记或具有石家庄市户籍的单位和个人交售旧家电并购买新家电均可享受家电补贴政策。政策实施期内，个人购买新家电的，总量不超过5台；单位购买新家电的，总量不超过50台。购买新家电不受交售旧家电品种对应限制，已享受“家电下乡”补贴政策的新家电不得重复享受以旧换新补贴。以旧换新家电范围包括电视机、电冰箱（含冰柜）、洗衣机、空调、电脑。补贴按新家电最终销售价格的10%给予补贴，补贴上限为：电视机400元／台，冰箱（含冰柜）300元／台，洗衣机250元／台,空调350元／台，电脑400元／台。

（刘宝芝）

【22家企业获评无假冒专利示范单位】 年内，在河北省确定的“无假冒专利示范单位”100家企业名单中，石家庄市22家商贸流通企业入列，数量居全省第一。2010年是河北省商品流通企业开展创建“无假冒专利示范单位”专题执法保护项目第一年。石家庄市于2009年年底启动此项工作，并多次组织对企业进行专题培训，讲解规范流通企业专利商品的重要性和必要性，演示专利网上查询、法律状态查询等技术性问题，受到企业欢迎。石家庄市被授予全省“无假冒专利示范单位”称号的商贸流通企业主要有石家庄东方城市广场有限公司、石家庄人民商场股份有限公司、石家庄建华百货大楼有限公司、石家庄乐仁堂医药连锁有限公司乐仁堂店、河北北国先天下广场有限责任公司、北国商城股份有限公司等22家企业。

（焦莉莉）

对外贸易

【概况】 2010年，全市对外贸易进出口实现了新的突破，跨过百亿大关，外贸进出口总值完成109.7亿美元，同比增长99.3%，总量和增幅均居全省第一位，大幅度超额完成了省市确定的目标任务，比“十五”末（2005年末）44.25亿美元增长147.9%。其中，机电产品出口10.8亿美元，同比增长29.7%，占出口总值的18.6%；高科技产品出口2.03亿美元，同比增长38.7%。出口主体规模不断壮大，全年为738家企业办理了对外贸易经营备案登记，全市拥有进出口经营权企业总数达4680家，有出口实绩的企业达到2109家，比“十五”末分别增加2526家和929家。其中，出口超千万美元的企业达到92家。应对国际贸易摩擦能力不断提高，通过完善产业安全预警体系，加强信息搜集和反馈，及时为企业提供产业预警信息并跟踪案件进展情况。积极落实有关优惠政策，指导石家庄炼化分公司所属石家庄化纤有限责任公司等企业应对国际贸易摩擦，有效开展贸易救济，切实维护了企业的合法权益。全年新增境外投资企业13家，项目总投资5460万美元，同比增长47.6%，其中中方投资4593万美元，同比增长29.8%；共签订对外承包工程及外派劳务合同额865万美元，完成营业额463万美元；新外派各类劳务人员427人，期末在外总人数1022人次。

【商品结构优化】 组织指导出口企业调整产品结构、实现提档升级，对纺织、服装、医药、PVC手套等骨干出口商品，根据市场需求不断改进生产工艺，提高产品质量、档次，开发生产适销对路的产品。加快科技兴贸创新基地建设，认真抓好一批公共服务平台项目，实施重点服务，组织高新区、鹿泉经济开发区以及华药、石药等成功申报省级新材料、信息技术、生物医药类出口基地。特别是充分发挥国家政策的导向作用，鼓励企业加大自主创新和技术改造力度，扩大了机电、高新技术产品出口。全年机电产品出口 10.8 亿美元，同比增长 29.7%，占出口总值的 18.6%。高科技产品出口 2.03 亿美元，同比增长 38.7%。

【市场多元化】 积极组织引导和鼓励企业参加 107 届和 108 届广交会、上海华东商品交易会、天津投资贸易洽谈会、南非国际贸易博览会等国内外展会，同时充分运用好“中小企业开拓国际市场专项资金”等政策，使欧美、日韩等传统市场得到进一步巩固，南亚、南美、中东等新兴市场不断扩大。2010 年末石家庄市已与世界 192 个国家和地区建立了贸易关系，前五大出口市场分别为欧盟、美国、东盟、俄罗斯和印度。

（陈佩君）

【与澳大利亚地产矿业合作项目签约】 9 月 24 日，石家庄市与澳大利亚新南威尔士州赫斯特维尔市举行合作项目签字仪式。赫斯特维尔市市长菲利普·森信、议员黄纪严和石家庄市副市长张殿奎出席签字仪式。赫斯特维尔位于澳大利亚新南威尔士州，悉尼市 CBD 以南 17 千米，占地 23 平方千米，包括 165 个社区公园、保护区和景点，属于大悉尼区 8 个区域中心之一。该市共有 11 个地区，数个居住、购物和商业中心，住宅约 2.6 万户，人口 77237 人。此次菲利普·森信市长到石家庄市访问，主要是双方达成在澳大利亚赫斯特维尔市商业中心一地产项目联合开发协议，由该市市政府提供土地，中方投资建设。同时，石家庄市提出在澳洲合作矿业的意向也得到该市认可。在签字仪式上，石家庄宏骏地产公司与澳方签订了地产合作协议，河北中科实业公司与澳方签订了矿业合作意向。

（王巍）

【境外投资企业 92 家】 截至 2010 年年底，全市累计兴办境外投资企业 92 家，其中生产型企业 62 家，贸易类企业 30 家，总投资额 19595.87 万美元，同比增长 38.62%；中方投资额 11948.15 万美元，同比增长 38.02%。石家庄境外投资企业主要分布在世界 30 多个国家和地区。2010 年，全市申办境外企业 13 家，总投资额 5460 万美元，同比增长 47.59%；中方投资额 4593 万美元，同比增长 29.76%，在全省 11 个市中位居前列。

（刘宝芝　刘振华）

招商引资

【概况】 2010 年，石家庄市在全市组织开展以“提升城市形象、谋划重点项目、引进战略投资者、推进园区发展”为重点的招商引资工作，引资规模大幅增长，引资质量明显提高，开放型经济的综合实力和带动力持续提升，全市招商引资工作进展顺利。实际利用外资创下历年实际利用外资的最高记录。全年全市实际利用外资完成 6.4 亿美元，同比增长 12.9%，完成全年目标的 107.5%。实际利用外资总量居全省第二（唐山市居第一位）。国内经济技术合作实现新跨越。全市实际利用市外资金 327.32 亿元，同比增长 59.67%，完成全年目标 220 亿元的 148.78%，其中省外资金 299.18 亿元，同比增长 54.46%，完成全年目标 215 亿元的 139.15%。全年引进省外技术 639 项，引进省外各类人才 8395 人。实际利用国内资金居全省首位。招商引资活动丰富有效。市领导分别赴格力集团、赛格集团、康佳集团、清华同方及大连万达、中冶置业、联想集团、富丽华集团、中国航天工业集团公司等大型企业和中国中铁、华润集团、嘉里集团、力宝集团、北控集团、富士康集团等世界 500 强公司考察、访问，就与石家庄市在家电、电子信息行业及商贸流通、新区建设、基础设施方面的重大合作项目进行高层沟通和促进，为项目签约和落实奠定了坚实基础。全年参加了“河北省（香港）投资贸易洽谈会”、“廊坊经贸洽谈会”、“河北世博日”、“中国·厦门国际投资贸易洽谈会”，组织举办了“香港－石家庄经贸合作促进日”活动、“服务外包发展与合作论坛”、“粤港 CEO 代表团与石家庄市合作交流活动”、

"意大利—石家庄合作洽谈会"和"中国·石家庄国际投资贸易洽谈会"，促进了一批国际国内合作项目签约。

【项目招商】 组织赴北美、欧洲、印尼、韩国、日本、香港、台湾等国家和地区开展小团组招商活动，针对重点项目进行对接洽谈，30个境外团组到石家庄市考察访问。通过"走出去"、"请进来"开展项目对接，以项目落地为责任目标开展全面服务，一批对全市发展和产业结构具有重要带动作用的重点项目取得实质性进展，华润集团投资城市综合体项目、力宝集团建设国际会展中心项目、德国ERP公司投资应用技术产业园项目、德国沙尔平投资咨询公司投资德国工业园项目、中国中铁投资工程机械项目、三一集团投资建筑工程设备项目、广汽集团投资建设综合性汽车城项目、北控集团投资水务项目、台湾太平洋广场项目都已进入洽谈的重要阶段;石药集团、创联贸易、勒泰中心、明旺乳业等一批重点项目实现增资，四药、诺特通信、天山集团等公司实现境外上市或增资配股。

（马千里）

【特易购进驻省会】 2月2日，世界三大零售商(英国TESCO集团、美国沃尔玛、法国家乐福）之一的英国TESCO（特易购）集团与二十里铺金明基业集团达成战略合作并举行签约仪式。位于省会东南二十里铺本着"大招商、大投入、大项目、大发展"思路，经过两年考察谈判，与英国TESCO集团最终达成大型商业项目合作。合作项目占地面积30余亩，拟建设商业面积近6万平方米，以超市零售业为主要经营范围。

（许跃彬）

【参加河北省（香港）投资贸易洽谈会】 3月22～25日，以市长艾文礼为团长的石家庄市经贸代表团参加了2010年河北省（香港）投资贸易洽谈会。在港期间，市代表团成功举办"京津冀第三极——河北省省会石家庄投资与发展推介会"，向参会嘉宾和客商重点推介石家庄市"三年大变样"、现代产业体系构建、新区规划建设等方面的发展成就、发展潜力和综合优势，推介新都市建设、制造业优势产业、现代服务业、县域特色经济四个投资板块的合作新商机，突出石家庄建设繁华、舒适、一流省会城市的高端战略，营造了"深具投资价值的城市"总体形象。本次洽谈会，石家庄市以主导产业为重点，以开发区园区为载体，谋划推出160多个招商项目，重点推动了维生素、抗生素、现代中药、特效新药等四大医药产品链和微电子通讯、半导体照明、卫星导航、太阳能电池等电子信息业创新产品链的招商。与华润集团就城市综合体、生物医药、县域燃气、西柏坡希望小镇和新民居建设等项目合作进行全面对接；与北控集团就石家庄市水务项目、融资平台项目达成合作意向;与力保集团就国际会展中心、滹沱新区起步区重点基础建设和服务功能项目合作达成共识；与嘉里集团就城市综合体合作项目进行进一步洽谈；与人和商业控股有限公司就城市地下工程和地下商业服务设施项目进行深入沟通；与新世界策略投资有限公司就生物医药、循环化工等项目合作进行广泛探讨。2010年河北省（香港）投资贸易洽谈会，石家庄市共有22个外资项目签署合作协议，总投资9.17亿美元，协议利用外资7.95亿美元，其中协议外资1000万美元以上项目12项，协议外资额占全部项目比例达98%，其中沃尔玛（中国）投资有限公司在新华区投资建立大型超市项目、香港利君国际医药控股有限公司在高新区投资建立高科技制剂产业化基地项目、石家庄顺兴物流有限公司与香港海星投资发展有限公司在桥西区合资建立综合物流中心项目参加了省重点项目签字仪式。

（刘宝芝）

【裕华万达广场开工建设】 4月8日，大连万达集团在石家庄市投资建设的第一个商业综合体项目——石家庄裕华万达广场奠基。大连万达集团创立于1988年，已形成商业地产、高级酒店、文化产业、连锁百货四大支柱产业，企业资产达到1000亿元。石家庄是万达集团进驻全国第29个城市，石家庄裕华万达广场是该集团开发的第35个城市综合体，项目占地40公顷，总投资80亿元，建筑面积达183万平方米。

（张跃彬）

【青岛啤酒落户藁城经济开发区】 4月16日，青岛啤酒石家庄项目签约仪式在省会举行。根据协议，青岛啤酒将在石家庄市藁城经济开发区建设年产量40万千升的现代化啤酒生产厂，项目总投资6亿元。项目建设突出“低碳、环保”理念，并配套建设工业旅游项目。青岛啤酒项目规划用地300亩，计划2010年7月开工建设，2011年5月竣工试产；一期工程生产能力20万千升，计划投资4亿元；项目建成达产后，主要生产青岛啤酒和崂山啤酒，年可实现销售收入6亿元，新增利税1.5亿元。青岛啤酒股份有限公司始建于1903年，是中国最为悠久的啤酒制造厂商。

（范玉蕾　赵国锋）

【世博会河北活动周签约5个项目】 上海世博会河北活动周于2010年5月14～18日举行，借世博会河北活动周平台，石家庄市签署合作项目协议5个，总投资68.3亿元。其中，由上海仲盛集团河北冀盛房地产公司与裕华区政府合作建设的石家庄市南茵河社区城中村改造项目一期投资50亿元参加了省重点项目签约仪式。浙江省台州金融投资有限公司与石家庄鼎坚五金机电市场有限公司投资10亿元合作建设石家庄鼎坚物流中心项目、上海欣泰通信技术有限公司与河北科达科技开发有限公司投资5亿元建立河北科达科技开发有限公司生产研发基地项目、上海电气集团有限公司与晋州市人民政府投资2亿元合作建设晋州市体育中心项目、浙江永康邦捷厨房设备有限公司在正定县科技工业园投资1.3亿元建设河北豪特厨业股份有限公司项目在石家庄市恳谈会上签约。

（刘宝芝）

【与北京控股有限公司签订合作备忘录】 5月17日，市政府与北京控股有限公司签订合作备忘录，计划在有效配置资源、做强优势产业、提高发展质量、开展多赢合作、建立石家庄市国际投融资平台等多个领域进行交流与合作。北京控股集团有限公司是北京市最大的国有企业之一，实现利润总额名列北京市属国有企业首位，入选“中国最大500家企业集团”、“中国企业500强”，主要业务为城市基础设施和公用事业投资、运营和管理，是北京市最大的海外上市企业，拥有北京燃气集团、首都机场高速路、北京第九水厂和燕京啤酒等众多优质企业。

（张明星）

【参加2010中国·廊坊国际经济贸易洽谈会】 5月17日～19日，石家庄市参加2010中国·廊坊国际经济贸易洽谈会，有10个项目签约，总投资84.26亿元，涉及建筑材料、生物饲料、碳业新材料、城市综合体、生物农药、啤酒生产等行业。其中参加河北省签约仪式项目3项：台湾德安集团有限公司与石家庄市滹沱新区建设领导小组办公室签订10亿元人民币定向融资协议；山西阳泉煤业集团有限公司在无极县北苏工业园区中冀正元公司规划区域内，建设合成氨循环化工示范园项目，项目总投资15.5亿元，合同引资10.3亿元；广东省佛山市金之盛工贸有限公司在行唐县建设微晶粉高密度地板砖项目，总投资（合同引资）13亿元，建设2条生产线，年产高档微晶粉高密度地板砖800万平方米，一期投资5.9亿元；另外7个项目为：中国广厦控股创业投资有限公司在新华区建设北焦村城中村改造项目，总投资45亿元；上海广核建筑科技有限公司在藁城市建设防火涂料项目，总投资0.5亿元；北京翱翔蓝天生物饲料有限公司在藁城市建设生物饲料项目，总投资0.5亿元；青岛啤酒股份有限公司在藁城市建设青岛啤酒石家庄项目，总投资5亿元；天津裕川干粉沙浆有限公司在正定县建设干粉沙浆生产项目，总投资2亿元；上海碳素制品有限公司在无极县建设碳业新材料项目，总投资0.76亿元；北京东方圣邦生物科技有限公司在赵县生物产业园建设系列生物农药项目，总投资2亿元。洽谈会期间，石家庄市还参加了先进制造业展览，实现先进制造业商品贸易协议成交总额2800万元，其中石家庄强大泵业集团有限公司与中电投贵州金元集团股份有限公司签订合同成交额1500万元；河北神通光电科技有限公司与鹿泉市交通局签订LED路灯交易额510万元。同时，达成意向成交总额5200万元，其中：石飞公司与通用飞机公司签订意向交易额4500万元，石家庄工大化工设备有限公司与河北省化学工业研究院意向交易额92万元。

（刘宝芝）

【台湾统一企业落户高新区】 7月4日，石家庄高新区管委会与台湾统一企业签署进区协议，又一台资企业落户石家庄市。市委副书记刘云峰，市委常委、统战部长胡儒钗，副市长、高新区工委书记刘晓军出席签约仪式。台湾统一企业是一个多元化经营的综合生活生产集团，是一家实力雄厚的国际化集团公司。该企业1967年成立于台湾台南市。该公司主要饮料产品为果汁饮料与即饮茶，为中国果汁饮料和即饮茶第二大制造商。该公司还生产及销售奶茶、咖啡、矿物质水及酸奶产品等饮料。速食面方面，该公司生产包括碗面、袋装面及干脆面等逾260个品种。此次台湾统一企业在高新区项目，投资总额7000万美元，其中，项目一期投资5000万美元，建设1条无菌冷灌装生产线，1条PET热灌装饮料生产线和1条制瓶生产线。二期投资2000万美元，依照石家庄市场需求及公司规划选择适当的项目投入，其中，外资（美元）投入额度不低于1000万美元。

（范玉蕾　房晓丹）

【举办服务外包产业发展与合作高层论坛】 8月25日，国内外服务外包领域的多位专家到石家庄参加市政府主办的服务外包产业发展与合作高层论坛。市长艾文礼发表主旨演讲，副市长张殿奎参加论坛。中国战略管理研究会主任王树鑫应邀出席论坛，国家发改委宏观经济研究院专家、商务部服务外包十二五规划课题组组长王晓红，中国国际投资促进会副秘书长张曦，世界500强、韩国三大企业集团之一的SK集团代表李明在，石药集团药物研究院院长张宏武，经济学专家葛羿等发表演讲。本次论坛会议认为，石家庄发展服务外包产业具有明显的比较优势。一是区域优势。石家庄是全国铁路、高速公路、国道交会程度最高的中心城市，已开设内陆港和40多条国内外航线，加快融入六省（市）省际城市“1小时交通圈”。二是成本优势。石家庄在京津冀都市经济圈中，具有成本低廉的近岸优势，在服务外包产业整合、联动中具有举足轻重的作用，可以有效吸引低能级的功能型分支，集聚中下游产业链的服务外包业务。三是人才优势。石家庄已跨入“国家级科技创新示范城市”行列，在生物医药、半导体、卫星通信、测控技术、农业现代化研发领域居国内先进水平，拥有市以上科研机构84个，大中专院校70多所，各类专业技术人才52万人，发展服务外包业务具备坚实的人才智力基础。四是产业优势。石家庄市立足转变经济发展方式、推进产业结构调整，加快发展生物医药、循环化工、装备制造、电子信息等主导产业，打造了园区化、基地化的优势产业。

【中国·石家庄总部经济论坛开幕】 8月27日，由河北省工业经济联合会主办，桥东区人民政府承办的2010中国·石家庄总部经济高峰论坛开幕。在此次高峰论坛上，有4家企业总部宣布落户石家庄桥东区，其中零售业巨头家乐福入驻勒泰中心，台湾大洋百货集团入驻滨江商务中心。省人大常委会副主任王增力，省政协副主席赵文鹤，原副省长、省工商经济联合会会长郭世昌，市领导王增明、胡儒钗、王中联、张殿奎、李天印等出席论坛。原河北省委书记叶连松为论坛发来贺信。中国·石家庄总部经济论坛从2009年开始举办，2010年是第二届。本次论坛以“总部经济发展”为主题，围绕总部经济、环渤海区域经济合作、楼宇经济发展，从产业结构升级、城市功能提升和促进经济方式转变等角度，从理论和实践两个方面进行交流和探讨。中央政策研究室经济局局长李连仲，中国总部经济研究中心主任、北京市社会科学院经济研究所所长赵弘等国内知名经济专家，应邀就如何发展省会总部经济进行了主题演讲。中国移动、中铁置业、中国石油、国家开发银行、家乐福、大润发集团、冀中能源、苏宁电器等30余家知名企业及金融机构主管及经济专家、学者就如何加快发展总部经济，打造省会最具特色总部经济聚集地建言献策。

（刘宝芝）

【参加第三届河北省城博会签约15个项目】 9月4日，在第三届河北省城市规划建设博览会上举行了河北省城乡规划建设合作项目签约仪式，石家庄市河北航空城基地项目、北焦村改造项目（广厦新城）等5个项目会上签约、总投资224.1亿元。副省长宋恩华、省住房和城乡建设厅厅长朱正举、副市长王大虎出席签约仪式。在签约的5个项目中，投资最大的是超百亿的河北航空城基地项目，该项目位于新华区区内，友谊大街以东，石津灌区以北，泰华街延伸线以西，规划路以南。兴建河北航空大厦等办公、酒店、服务、公寓、后勤生活及航空产业链延伸功能区。该项目为省重点项目，也是石家庄市三年大变样城中村改造项目。项目总占地约1000亩，建设面积260万平方米。北焦村城中村改造项目，总投资80亿元，总建筑面积约为125万平方米，其中商业与办公约为42万平方米，住宅约83万平方米。北翟营旧村改造项目，东至翟营大街，西至建华北大街，南至石德铁路，北至丰收路。项目占地443亩，涉及居民共1933户。东垣故城遗址公园项目位于长安区东古城、西古城村一带，东至南高营小区，西至东古城村东，南至亲亲小镇，北至体育大街与建华大街交汇处，含体育北大街和建华北大街道路，总面积2816.1亩。高新区长江大道东延工程回迁楼及基础设施建设项目，为石家庄市“三年大变样”十大工程之一。该项目对促进石家庄高新区和市内其他区的资源整合、提升全市市政形象，改善高新区的投资环境及促进经济发展意义重大。另有深泽县商贸文化中心及向阳街整体改造项目、行唐县城基础设施升级改造项目、赵县新城区整体开发建设项目等10个项目于会后签约，总投资58亿元。

（雷婷）

【参加厦门投资贸易洽谈会】 9月5～9日，第十四届中国投资贸易洽谈会在厦门举行。参加厦门投洽会石家庄市代表团由副市长刘晓军率领，市有关部门、部分县（市）区和高新区等组成。投洽会期间，市代表团参加了大会举办的“第十四届中国投资贸易洽谈会开幕式”、“招商项目对接专题会”及“两岸经贸合作与发展论坛”、“海外华商投资中国交流会”、“境外国家投资环境说明会”等活动，参观了大会展览。参加了河北省举办的“冀台经贸合作交流会暨河北省项目签约仪式”和“园区规划展”等。与台湾宝通集团、上海新生源集团、上海润基集团、厦门宝龙集团、恒泰房地产有限公司、厦门河北商会等客户进行了洽谈交流。市代表团还拜访了美国、德国、芬兰、瑞典、日本、韩国、伊朗等国家和地区参会的投资促进机构，介绍了石家庄市的投资环境和招商项目。厦门投洽会，石家庄市共有14个项目签约，总投资2.9亿美元，协议利用外资1.4亿美元，涉及商业、轻工、医药、机械等行业和领域。

（刘宝芝）

【经济文化参访团赴台交流考察】 10月9～16日，市长艾文礼率领市经济文化交流参访团赴台湾进行交流考察。在台期间，艾文礼拜会了中国国民党荣誉主席连战、亲民党主席宋楚瑜等台湾人士，考察了台湾台北、高雄等大都市的城市规划建设管理、文化产业和现代服务业，并达成一批合作意向，与台湾国祥冷冻机械股份有限公司签订了在石家庄市国祥运输设备有限公司增资协议，与蓝天电脑公司达成投资8亿元百脑汇（石家庄）数码广场及国际IT企业总部项目意向，与中华友好城市交流协会签订城市建设发展交流合作协议，签约项目5个，涉及投资金额32亿元。市委常委、统战部长胡儒钗，市政府秘书长张业，以及省台办、市政府相关部门、有关县（市）区负责同志一同赴台进行交流考察。在台期间，艾文礼一行拜访了中华建筑金石奖活动委员会、中华友好城市交流协会和台北市河北同乡会等单位，参观考察了台湾国祥冷冻机械股份有限公司、旺旺集团、统一集团、汉旭公司、蓝天电脑公司、新竹科学园区和晶元光电公司。参访团在台北市举行了石家庄市城市建设发展说明会，艾文礼向台湾各界朋友全面介绍了石家庄市的历史文化、地理环境、经济建设和城市建设成就，特别是“三年大变样”带来的巨大变化，并详细介绍了全市农业、生物制药、电子、化工、纺织、机械制造、旅游等领域的合作优势，进一步提高了石家庄市在台湾的知名度。

（刘娴）

【沃尔玛签约金正海悦天地】 10月18～20日，在2010’中国·石家庄国际投资贸易洽谈会暨第五届中国·石家庄国际医药博览会期间，世界最大连锁零售商、世界500强之首沃尔玛公司与石家庄金正房地产开发有限公司签约，标志石家庄首家沃尔玛购物广场正式登陆。沃尔玛于1996年进入中国，截至至2010年8月19日，已在中国20个省的100余个城市开设了190多家商场。金正海悦天地由石家庄金正房地产开发有限公司斥资16亿元打造，33万平方米的金正海悦天地功能齐全，是新型的游乐购物综合体。

（张跃彬）

【新天地“天幕—太平洋国际广场”落户裕华区】 10月18～20日，在2010’中国·石家庄国际投资贸易洽谈会暨第五届中国·石家庄国际医药博览会上，裕华区签订一笔百亿元投资——新天地“天幕—太平洋国际广场”项目。新天地“天幕—太平洋国际广场”项目总投资超百亿元，建筑面积110万平方米，是一个集五星级酒店、5A级写字楼、高级公寓、商务会所、连锁超市、金融服务为一体的大型商业综合广场。建成后，可形成200～300千米商业辐射范围，带动人流、物流、信息流、资金流全面汇集，创造就业上千人次以上。

（刘宝芝　庞云静）

【参加第十二届中国国际高新技术产品交易会】 11月16～21日，石家庄市代表团赴深圳参加第十二届中国国际高新技术产品交易会，签订高新技术产品利用外资和技术贸易合作合同7项，总投资7100万美元；高新技术产品进出口贸易合同5项，总金额5800万美元。交易会期间，石家庄市成功举办了石家庄高新技术重点项目推介会和国家科技兴贸创新基地成果展，介绍了高新技术产业和生物医药发展现状，宣传了投资和政策环境。重点发布和推介了生物医药、精细化工、电子信息、光机电一体化、新能源和节能技术等96个项目，涉及合资合作、联合开发、技术引进等方面。石家庄市35家高新技术企业与来自美国、俄罗斯、德国、香港的客商，进行了针对性洽谈和对接，其中华药集团、以岭药业、常山生化、河北金通医药化工、华曙制药、永生华清液晶等企业签订了合资合作、技术贸易协议。市代表团还组织相关企业参加了中国机电产品进出口商会主办的“企业资本运营研讨会”和“中国机电产业转型升级与再制造产业发展研讨会”，以及第十二届“高交会”专业论坛、技术创新与合作、高新技术企业配对洽谈会等论坛活动，与国内外高新技术企业、贸易机构和投资促进机构进行了广泛接触。

【212家企业到广州交易博览会参展】 下半年，石家庄市212家企业到广州交易博览会参展，其中新参展企业63家，展位共计508个，比上届增加7个；全市出口成交总额3.48亿美元，占全省总成交额的38.12%。展出高端及品牌产品成交较好，市品牌展区成交额为1.4亿美元，约占全市出口成交总额的40%。受成本价格上涨和人民币升值等因素影响，参展企业对中长单签约比较谨慎，短单占比过半，成交额比上届略低；受汇率、劳动力成本、原材料成本、贸易摩擦的影响，客商报价难、企业接单难的局面更加明显，特别是人民币汇率增长速度和变化幅度快速，企业决策难以规避快速变动带来的损失，大部分参展企业呼吁保持人民币汇率稳定。参展企业反映，设计新颖、有自主品牌、绿色环保、技术含量高的产品，因雷同产品少，竞争力强、价格利润空间大，成交较好。市部分参展商参加广交会是为了展示自我、结识新客户，或者把广交会当成与老客户叙旧的平台。

（刘宝芝）

【园区建设】 以高新区、省级开发区、产业聚集区为重点，从发展规划、产业定位、基础建设、产业导入等方面加强对开发区、园区发展的促进，认真进行临港工业园的谋划，积极进行列入省级开发区的申办、落实，结合正定新区的发展规划，积极推进起步区重点项目招商引资，研究和谋划服务外包园区的投资、运营方案、政策，启动物联网、半导体照明、新能源汽车、国医国药等产业招商整体工作，强化培育和造就新兴战略优势产业的发展基础。

【重大外资项目】 石药集团有限公司，主要业务是化学药品及生物药品生产及销售，年内到位外资23173万美元；河北创联融资租赁有限公司，主要业务是融资租赁业务、租赁业务、向国内外购买租赁财产、租赁交易咨询，年内到位外资6373万美元；石家庄四药上市项目，主要业务是大容量注射剂、硬胶囊剂，年内到位外资5800万美元；河北诺特通信上市项目，主要业务是通信技术研发及咨询服务，年内到位外资5195万美元；石家庄勒泰房地产开发有限公司，主要业务是房地产开发与经营，年内到位外资5030万美元；石药集团维生药业（石家庄）有限公司，生产、销售维生素 C 原料药及其制剂，年内到位外资 4665 万美元；河北天山集团成功上市，主要业务是城市房地产开发与经营，年内到位外资 4487 万美元。

【重大国内经济技术合作项目】 中国华能投资鹿华热电一期，主要业务是发电和供气，年内到位资金 21 亿元；大连万达集团投资石家庄万达广场，主要业务是建设城市综合体，年内到位资金 14 亿元；金隅集团投资鹿泉市金隅鼎鑫水泥厂，主要业务是年产 120 万吨水泥，年内到位资金 9.2 亿元；恒大集团投资恒大城，主要业务是建设住宅和公寓，年内到位资金 7.2 亿元；安泰科技有限公司投资河冶科技有限公司，主要业务是年产 2000 吨粉末高速钢，年内到位资金 6.3 亿元；苏宁置业有限公司投资苏宁电器广场，主要业务是家电卖场和建设公寓，年内到位资金 2.65 亿元；深圳华强集团投资华强广场，主要业务是家电卖场和建设办公楼，年内到位资金 1.8 亿元；青岛啤酒投资青岛啤酒（石家庄）有限公司，主要业务是年产 40 万升啤酒，年内到位资金 1.26 亿元。

（马千里）

供销合作商业

【概况】 2010 年，市供销社积极实施项目和网络“双轮驱动”战略，努力打好网络立社、项目强社、富农兴社、机制活社、品牌亮社“五大攻坚战”，各项工作取得了阶段性进展。全系统商品总购进完成 51.355 亿元，同比增长 14.07%；商品总销售完成 57.645 亿元，同比增长 15.52%；实现利润 2736 万元，同比增长 9.27%；农资销售额 7.86 亿元，同比增长 6.9%；农副产品购进 11.64 亿元，同比增长 16.9%；消费品零售额 19.69 亿元，同比增长 8.15%；完成碘盐购进 4.57 万吨，完成计划的 117.18%。全年共谋划和建设项目 62 个，其中 1000 万元以上的项目 27 个，上亿元的项目 10 个，列入国家、省、市重点项目 5 个。累计完成投资 9.03 亿元，25 个项目开工建设，14 个项目建成投产。国务院副总理回良玉、省委书记张云川和省长陈全国等领导就无极县供销社为农服务的经验和做法先后做出重要批示，并给予了充分肯定。市供销社被评为全国总社系统改革先锋社、河北省文明单位、河北省供销社系统综合经济效益特等奖。

【项目建设】 供销社系统坚持以项目强社作为优化经营结构、推进城乡统筹发展的重要举措。通过招商引资，成功与印尼力宝集团、南京雨润集团、保龙仓等战略合作伙伴合作。全系统共谋划和建设项目 62 个，其中 1000 万元以上的项目 27 个，上亿元的项目 10 个，列入国家、省、市重点项目 5 个。累计完成投资 9.03 亿元，25 个项目开工建设，14 个项目建成投产。一些重点项目取得突破性进展，正定国际物流园项目一期已实现试营业；再生资源科技工业示范基地项目申报“国家城市矿产基地”试点工作进展顺利；北方

2010 年 3 月 12 日，省供销社党组书记、理事会主任张彦惠（前排右二）等到正定国际物流园视察

农产品物流中心项目一期工程开工建设；北方农资物流配送中心项目一期100亩土地指标已落实；国际会展中心项目确定项目中标方案和红线图。华北物流配送信息中心项目，备案证和环评报告已办理完毕；石家庄市食盐储备物流中心项目取得“建设工程规划许可证”，场地清理完毕；石家庄小商品加工制造产业园项目，259亩土地指标已经落实。县级社项目建设势头良好。赞皇原村土布专业社土布生产车间扩建项目、赞皇酸枣仁专业社野生酸枣仁交易市场及生产与加工项目、正定县社无公害万亩蔬菜园项目、辛集盛拓精粉厂设备更新改造等项目陆续完工并投入使用。随着一批支柱项目的陆续建成投入运营，供销社的产业带和企业群初具规模。

2010年3月15日，举行石家庄市供销社农资大篷车下乡为农服务活动启动仪式

【新网工程】 以实施“新网工程”和“万村千乡市场工程”为契机，把超市、连锁店、便民店向下延伸，形成了遍布城乡的连锁经营网络。截至2010年，全系统共组建配送中心60个，建设大中型超市25家，兴办村级农资综合服务站2425家，农副产品收购网点504个，再生资源绿色回收站（亭）1500个，创建食盐安全村达到4460个，六大骨干商品经营网络覆盖全市85%的行政村，为农民提供质优价廉商品34.8亿元，推销农产品14.7亿元。一是农资流通网络抓质量。2010年，供应化肥75万吨，市场占有率达到70%，确保了经营质量，有效解决了伪劣农资坑农害农问题；二是日用品网络抓规范。按照“小超市、大连锁”和“小网点、大网络”发展战略，采取组织区域合作，强化连锁配送等措施，大力推进日用消费品经营网络建设，培育了中山日化、红满楼等骨干龙头企业，全系统日用品网络建设进入全面启动、快速推进的新阶段；三是农副产品购销网络抓销售。大力组织“农超对接”，逐步形成农产品购销县域网、市域网和区域网，赵县外贸罐头厂、辛集盛拓精粉厂、佳农茶叶市场等农产品龙头企业已成为帮助农民销售农产品、走向大市场的重要平台；四是再生资源回收利用网络抓体系。累计投入8000多万元，建设了1500个绿色社区回收站、18个再生资源集散市场、4个再生资源分拣处理中心、2个旧货市场、1个综合市场和1个再生资源信息调控服务中心，初步形成了集收购—集散—加工为一体的网络体系。

【市、县供销社荣获3项荣誉】 2009年，石家庄市供销社系统紧紧围绕社会主义新农村建设和项目带动两大主体战略，全力实施“网络立社、项目强社、富农兴社、机制活社、名牌亮社”的“五大攻坚战”，取得了显著的社会效益和经济效益，创造了以“石家庄速度”打造“全新供销社”。全市供销社完成投资3.4亿元。在2010年由全国供销合作总社等单位联合举办的“影响中国供销合作社60年60人·60年60事·60年60社”评选活动中，石家庄市供销合作总社被授予“影响中国供销合作社改革先锋社”荣誉称号。此次评选活动候选人物和单位均经过全国各省级供销社推荐，并由全国供销社系统数十万干部职工参与投票推选，具有广泛的系统代表性和群众认可度。在基层社评选中，石家庄市无极县供销社和正定县供销社脱颖而出，分别荣获“影响中国供销合作社服务旗舰社”和

“影响中国供销合作社行业领军社”荣誉称号。

【确立合作经济新框架】 2010年，石家庄市下发《关于进一步加快供销合作社改革发展的实施意见》，要求力争用3年时间，基本确立供销社适应市场经济要求和“三农”需要的合作经济发展新框架，使供销社在发展现代农业、建设社会主义新农村中发挥更大的作用。为加快供销社改革步伐，市政府将从组织领导、财税政策、用地政策、优化改制环境等四个方面对其给予政策扶持。加大对“新网工程”建设的扶持力度，相应配套资金列入市级年度财政预算，给予连续三年每年500万元的专项资金支持。对农产品进市，工业品下乡所需的经营性资金给予贴息或费用补贴。对供销社龙头企业列入国家财政资金支持的项目，各级财政给予相应的配套资金支持。将供销社创办的专业合作社纳入专项资金扶持范围。支持供销合作社利用现有设施，承担化肥、农药等重要物资的国家商业储备、救灾物资储备任务。在加强用地政策支持方面，加强对再生资源回收工作的管理,并在各县（市）区全部成立再生资源管理办公室。县级供销合作社机关实行事业编制，所需经费列入县（市）、区财政预算。同时,不断优化改制环境，对生产经营困难的供销社企业，按照有关政策减免房产税和土地使用税，社属企业使用的原国有划拨建设用地，采取出让、租赁方式处置，优先用于供销合作社破产和改制企业职工安置费用和改善农村流通基础设施。《实施意见》明确指出，任何部门和单位不得随意侵占、平调各级供销合作社的财产，不得随意改变供销合作社及其所属企事业单位的隶属关系，保持供销合作社组织体系的完整性。

（王巍）

【农民合作经济组织】 充分发挥农合联对专业社的组织、引导作用，促进了农业增效、农民增收。全系统共领办各类专业社752家，各类行业协会143家，入社农户达到11.5万户，辐射带动24.1万户，助农增收1.2亿元。一是制定标准引导发展。34家专业合作社被纳入全国总社“千社千品富农工程”，培育注册商标25个，通过无公害农产品、绿色食品、有机农产品认证24项。行唐几丁质红枣专业合作社的“太康”牌甲壳素大红枣，已打入了北国超市、沃尔玛等大型超市，构建了遍布全国的销售网络。二是产销对接拉动发展。全系统200家专业合作社实现了与“新网工程”的对接，10家实现了农超对接，开辟了专业社产品进超市、进社区菜市场和批发市场的便捷通道。正定益农蔬菜种植专业合作社建立了正定县陈家疃蔬菜批发市场，年交易量近10万吨，辐射带动30多个村，1000多农户，蔬菜远销内蒙、北京等地。三是产业升级带动发展。辛集、无极、井陉等县供销社依托当地优势资源，通过创办多种形式的专业合作社，实现与龙头企业对接。辛集民祥粮棉种植专业社的做法在全省推广。

【统筹城乡发展】 围绕全市新农村建设总体部署，结合新民居建设规划，充分发挥供销社网络、人才、技术、信息等优势，积极打造农民生产生活服务平台、农村金融服务平台和信息服务平台。一是建设农村社区综合服务中心。以基层社、村级综合服务站为依托，创建农村社区综合服务中心。为农民提供商品购销、科技信息等一体化服务。全系统共建设145家农村社区综合服务中心，辐射1200个村庄，受益农民约130万人，较好地满足了

2010年3月17日，市长艾文礼（左一）、省供销社党组书记、理事会主任张彦惠（右一）为石家庄新合作担保有限公司揭牌

农民群众的生产生活需求，促进了农村社会的和谐发展。二是搭建农村金融服务平台。积极探索农业保险、金融担保公司、村镇银行“三位一体”的新型农村金融保险服务体系。今年，农业保险覆盖全市14个县（市）的22个农民专业合作社，为农提供风险保障470.54万元，收到了“农民得实惠、企业得市场、政府得民心”的效果。三是打造信息服务平台。全系统共开办了20多家综合或专业信息网站，全年通过网络免费为农民发布市场信息6000余条。

（李玉民　王彦生　刘辰生　马朝信　贡丽凯）

【第二批放心粮油示范店挂牌】 10月28日，市粮食行业协会为全市第二批放心粮油进农村进社区示范单位进行授牌。全市第二批放心粮油进农村进社区示范单位共评审出示范销售店37个、示范加工企业4个、示范主食厨房1个。这些企业均能够正常生产经营，并依法取得营业执照和食品生产许可证（或食品流通许可证），工艺合理，设备先进，设施完善，制度健全，长时间没有发生过质量安全问题或损害消费者合法权益等违法、违规问题。经放心粮油工程领导小组指定的检测机构按规定程序抽检，各项指标100%合格。

【首家蔬菜类联合社成立】 12月9日，藁城市蔬菜合作社联合社成立。这是石家庄市首家成立的蔬菜类联合社。省供销社主任张彦惠为藁城市蔬菜合作社联合社揭牌。藁城市蔬菜合作社联合社由11个团体组织发起建立，拥有农民社员1万多人，种植基地3万余亩，总资产3亿多元，是集服务、经营为一体的专业联合经济组织。该联合社以提升蔬菜产业组织化程度、服务菜农，组织引导农民走合作化经营道路，使菜农有组织地直接面向终端消费市场，抑制中间环节随意加价，让农民和市民从地头到餐桌均能得到实惠为宗旨。藁城市蔬菜合作社联合社成立后，将实现农资统一采购供应、蔬菜统一品牌销售，土地向合作社流转，技术标准向无公害、绿色蔬菜统一。同时，抓住蔬菜生产最薄弱的育苗环节，示范推广工厂化育苗，探索从供苗、质量监控、加工配送到批发市场一体化经营模式。

（王巍）

【改革改制】 2010年，石家庄市进一步深化县级供销社综合改革，加快推进基层社和社属企业改革，进一步激发了系统发展活力。加快农合联实体化步伐。市农合联分别与赞皇原村土布专业社、赵县顺达生产资料公司、藁城神喻王果蔬有限公司签订入股协议，农合联实体化迈出实质性的一步，“农合联”的作用和功能得到充分发挥，全年发展乡级“农合联”办事机构3个，总数达到155个，对农民的带动力和影响力进一步增强。县级社综合改革不断深化。不断强化县级社的服务功能，优化资产结构，各县（市）区社谋划建立了资产管理公司，进一步加强对社有资产的管理和监督，确保社有资产的保值增值。基层社改造加速推进。根据区域发展和新民居建设规划，按照“投资主体多元化、改造形式多样化、经营业态现代化”的思路，加快推进基层社重组改造。全系统共新建改造标准化基层社70家。社属企业竞争力不断增强。全系统70%的社属企业实行多种形式的改革。全年直属企业有9家完成改制，11家企业正在进行资产审计评估。

【实施“名牌亮社”战略】 按照“名牌亮社”战略，以“建名企、树名店、创名牌”为主要内容，大力推进“三名”工程。培育壮大龙头企业，做强产业化经营，先后培育了河北中山日化、润华国际物流、红楼超市、正定瑞天大厦、辛集供销商城、井陉明珠商厦等一批龙头企业。河北中山日化在全省发展连锁网络终端1200多家，成为全国六大日化经营企业之一，在全国总社百强企业评选中，中山日化榜上有名。按照“五统一”的要求，规范建设农家店、农资综合服务站、日用消费品零售店等基层网点，打造了中山日化青年路店、正定县瑞天府西店、红满楼西里店等一批名店。城区供销社发展高标准的“红满楼”连锁超市115家，成为供销社诚信经营的形象代表。同时，通过引领农民组建各类专业合作社，培育特色生产基地，推进农业标准化和规模化，引导专业社注册商标，争创名牌。树立了“原村”土布、“甲壳素”大枣、万鸿塬蔬菜、灵洁食用菌、“芙润仕”梨果等一批具有地域、产业特色的名牌产品。赞皇县原村土布合作社的手工老粗布产品被授予“中国具有影响力合作社产品品牌”称号。

石家庄市供销合作总社

党委书记、理事会主任：毕凤鸣
党委副书记、理事会副主任：
李银杰（10 月免）
李清慧（10 月任）
监事会主任：谢建中
理事会副主任：刘占海　任素江
李玉民
监事会副主任：敦建伟　赵义存

个体私营商业

【概况】 2010 年，全市个体私营商业（单指从事批发、零售、和餐饮业的个体户和私营企业）在国家加大投资力度，扩大内需的一系列政策引导下，继续保持稳定发展。至年末，全市登记、纳入管理的个体、私营商业总数为 19.51 万户，比上年增加 1.53 万户，同比增加 8.5%；从业人员（包括投资人雇工）总数为 49.62 万人，比上年减少 8.97 万人，同比减少 15.3%；注册资本金 484.01 亿元，比上年增加 131.01 亿元，同比增长 37.11%。

【个体商业】 2010 年，各级工商行政管理机关继续对个体商业加强管理扶持，着力发挥个体劳动者、私营企业协会的作用，组织下岗失业人员参加再就业技能培训，建立下岗失业人员与个体商业业主的双向选择渠道，积极为再就业牵线搭桥。同时改进年检的方式方法，千方百计为个体商业经营者提供方便。至年末，全市经工商行政机关登记并纳入管理的个体商业（单指从事批发、零售、和餐饮业的个体户）总户数中从事批发和零售业的有 15.9 万户，从业人员 35.23 万人，注册资金 71.44 亿元；其中城镇有 10.47 万户，从业人员 22.77 万人，注册资金 48.58 亿元。从事住宿和餐饮业有 9098 户，从业人员 4.7 万人，注册资金 8.4 亿元；其中城镇有 6712 户，从业人员 4.01 万人，注册资金 5.8 亿元。

【私营商业】 私营商业借助国家拉动内需政策，抢抓机遇，企业实力进一步壮大。年末，全市私营商业企业中从事批发、零售、住宿和餐饮业的私营企业在工商行政管理机关登记注册累计有 2.69 万户，从业人员 9.6 万人，注册资金 404.03 亿元，营业性收入 1197.04 亿元，社会消费品零售额 48.99 亿元；另外在私人独资商业企业中从事批发零售业有 1616 户，从业人员 7295 人，出资额 3.96 亿元；从事住宿和餐饮业有 90 户（其中分支机构 6 户），从业人员 1938 人，出资额达 3003 万元，总体实力得到加强。

（李志英）

粮油购销

【概况】 2010 年，全系统干部职工以科学发展观统揽粮食工作全局，以贯彻落实《粮食流通管理条例》为重点，进一步深化改革，加强粮食宏观调控，认真贯彻落实国家粮食政策，各项工作取得了显著成效。利用代收、代储、联合经营等多种形式开展商品粮收购，全年国有粮食企业共收购商品粮 36.8 万吨，其中小麦 14.4 万吨，玉米 22.4 万吨，商品粮收购量比上年增加 5.6 万吨。积极推进粮油示范工程，重视粮油食品生产安全，全年分二批共评审出放心粮油示范店 43 家，放心粮油生产企业 14 家，小麦示范种植基地 1 个，示范主食厨房 1 家。积极推进粮食流通产业化工作，加大重点项目建设力度，年内完成 5 万吨粮食仓储库建设，投资 320 多万元完成仓储改造维修。重新修订《石家庄市粮食应急预案》，研究制定粮食应急调运方案，落实粮食应急加工、供应、储运网点 80 余个。超额完成省局下达的年度军粮供应计划，实际供应占计划的 108%，军粮质量合格率达 100%，全年完成销售收入 3000 万元，实现利润 350 万元。加强粮食加工企业监管，为 696 家企业颁发粮食收购许可证。查处打击各类违法违规行为，全年查处192例，责令改正88例，罚没2.87万元。全年粮食企业完成营业总收入85349万元；实现利润275万元，同比增加利润2716万元。其中粮食监督检查工作、军粮供应工作、粮食统计执法工作、粮食行业协会工作被评为国家级先进；依法行政工作、安全生产工作、普法工作被评为市级先进单位，市粮食局被市委、市政府命名为市级文明单位。

【落实政策】 积极做好粮食收购工作。在夏秋粮食收购前，做到早安排、早协调、早开秤。市县两级粮食局积极指导国有粮食购销企业千方百计筹措资金，利用代收、代储、联合经营等多种形式开展商品粮收购。全年国有粮食企业共收购商品粮36.8万吨，其中小麦14.4万吨，玉米22.4万吨，商品粮收购量比上年增加5.6万吨，最大限度地保护了农民利益。积极推进放心粮油示范工程。把放心粮油进农村、进社区示范工程作为2010年重点工作来抓，全年分二批共评审出放心粮油示范店43家，放心粮油生产企业14家，小麦示范种植基地1个，示范主食厨房1家。在学“黑马”发展农村粮油连锁店活动中，各县（市）结合实际情况，依托龙头企业尝试农村粮油连锁经营，新增农村粮油连锁店68家，达到418家，在为农户提供方便的同时也收到了较好的经济效益。

【流通产业化】 基本完成国储库新库区仓库建设一期工程。一期工程规划投资1.5亿元，新建仓房2.5万吨。认真实施“退市进县”战略，经多方论证拟建设石家庄粮食产业园区，盘活市区粮食企业优质存量资产。石家庄粮食产业园建设完成总体规划设计，并在元氏县发改委备案，进入省重点建设项目库。注重加强项目建设。2010年，在石家庄国家粮食储备有限公司实施搬迁的同时，晋州金谷公司、无极直属粮库也实施搬迁工程，总投资1.75亿元，设计仓容总量17万吨，年内已完工仓容5万吨。全年争取财政补助仓房建设及网点改造、维修资金1728万元。其中国家发改委预算内投资计划500万元，新增农资综合补贴资金898万元，仓房维修改造资金285万元，网点改造资金45万元。

【宏观调控】 加强储备粮体系建设，下达县级储备粮计划10.1万吨。有8个县（市）建立县级储备4.66万吨，其余县（市）将于2011年底全部完成；存储27500吨省级储备粮，完成了12500吨市级储备粮库存点的调整以及入库验收和测量检测工作。进一步做好粮食应急保障工作。重新修订《石家庄市粮食应急预案》，研究制定粮食应急调运方案，落实粮食应急加工、供应、储运网点80余个，对已经建立的网点进行重新梳理，对因企业改制、经营不良不适宜作应急网点的进行了调整。根据省粮食局要求完成641家企业最高库存量的核定监管工作。做好政策性粮食供应工作。超额完成省局下达的年度军粮供应计划，实际供应占计划的108%，军粮质量合格率达100%。10家军粮特供加盟店，全年完成销售收入3000万元，实现利润350万元。建立粮油质量监督体系。加强对粮食收购、储存、运输过程中的粮食质量和原粮卫生的监督检查，并且对全市的粮食质量管理实现网络化、全覆盖监测，设立基本监测点177个。全年对收获小麦、玉米两个种类，469个样品进行了监测，卫生指标全部合格，质量指标全部符合国家标准。

【规范流通秩序】 一是依法审批。共为696家企业颁发粮食收购许可证，市场主体多元化格局已基本形成。二是实施粮食执法规范化管理。做到执法标示、执法日志、执法车辆和胸牌、执法宣传册“四统一”，落实专项执法经费105.1万元，覆盖面达到了100%。三是组织开展对粮食收购政策执行情况、政策性粮食销售出库、全社会粮食流通统计和粮食收购资格核查等执法检查。四是依法查处和打击了各类扰乱粮食流通秩序的违法违规行为。全年查办行政执法案件192例，其中责令改正88例，警告38例，罚款55例，罚款金额2.87万元，取消粮食收购资格3例，移交其他部门处理8例，有效地维护了粮食流通秩序。五是创新监管方式，积极探索联合执法。主动与工商、质监、卫生等部门建立合作关系，取得配合支持，形成执法合力，开展了多种形式的检查活动。特别是在重大节日期间积极配合相关部门加强对粮食市场巡查和突击检查，严防不合格粮食流入口粮市场。

（李绪芳）

【提高企业效益】 进一步重组整合国有粮食企业，形成骨干龙头企业，全市国有企业重组为70家，精减企业24家。其中，辛集、晋州等12个县（市）提前两年完成整合任务。推行公司化管理，建立现代企业制度。市军粮供应有限公司成立军粮面业有限责任公司和民安军粮购销有限公司等两家子公司，市家家惠粮油食品服务中心设立家家惠粮油食品有限公司，为加强现代企业管理起到了示范引领作用。加大创收力度，企业效益进一步提高。全市全年完成营业总收入85349万元；实现利润275万元，同比增加利润2716万元。其中正定、晋州和藁城分别实现利润105万元、63万元和57万元。市直属国有粮食企业实现利润129万元，实现了企业改制后连续三年盈利的目标。

【提升服务水平】 开展公开承诺活动，全年共向社会公开承诺事项八条，已全部完成。入驻市行政服务中心大厅，简化办事程序，《粮食收购许可证》办结时间从15个工作日减为7个工作日。加强对粮食基础性工作的服务和指导，加强购销、仓储、会计报表、统计等基础性工作的指导力度。石家庄、平山、藁城、正定4个省级粮食储备库顺利通过规范化管理达标验收。为减少农户储粮损失，推广农村科学储粮装具6000套。加大对非公有制粮食企业的服务和指导力度。积极培育和鼓励多种市场主体参与粮食购销，活跃农村粮食购销市场，促进公平竞争，进一步搞活粮食流通。推进电子政务建设。进一步强化网上服务和政务公开工作，方便群众和粮食经营者办事。

（李绪芳）

第二批粮油示范店挂牌

表35　　37家示范销售店

序号	示范销售店名称
1	石家庄宏起商贸有限公司建明分公司（店）
2	石家庄市桥西区如鑫便利（军粮特供）店
3	石家庄市宝丰粮油经营部（金龙鱼便利店）
4	河北省粮食产业集团有限公司裕华分公司（军粮特供店）
5	石家庄市槐南路市场永青粮油店
6	石家庄市裕华区兴茂和超市
7	新华区革新街绿康粮油食品商店
8	新华区（中储市场）宁东粮油店
9	河北省石家庄省级粮食储备库粮油贸易经营部
10	鹿泉市军粮供应有限责任公司向阳大街军粮特供店
11	鹿泉市军粮供应有限责任公司龙泉路军粮特供店
12	井陉县昌丰粮油购销有限责任公司（军粮特供店）
13	栾城县丰辉粮油购销有限责任公司（军粮特供店）
14	藁城市军粮供应有限公司（军粮特供店）
15	平山县金诺军粮供应有限责任公司（军粮特供店）
16	平山县万利福超级市场
17	石家庄市矿区吉昌粮油店
18	元氏县槐阳军粮供应有限公司（军供超市）
19	元氏县万家福购物中心
20	无极县绿鑫土特产礼品经营部
21	无极县宏源粮油店
22	河北黑马农村粮油服务有限公司第一门市部
23	河北黑马农村粮油服务有限公司第二门市部
24	河北黑马农村粮油服务有限公司第三门市部
25	河北黑马农村粮油服务有限公司张董牛分店

（续表）

序号	示范销售店名称
26	河北黑马农村粮油服务有限公司双柳树分店
27	河北黑马农村粮油服务有限公司旧寨分店
28	河北黑马农村粮油服务有限公司马吕分店
29	新乐市粮食局军粮供应站
30	行唐县放心粮油店
31	高邑县佳众粮油水产门市部
32	高邑县国庆粮油经营部
33	正定县金龙粮油经营部
34	正定县麦德福粮油食品配送部
35	灵寿县栓玉粮油店
36	灵寿县直属粮库粮油门市
37	深泽县鑫鑫粮油店

表 36　4 家示范加工企业

序号	示范加工企业名称
1	益海（石家庄）粮油工业有限公司
2	河北巧厨食品有限公司
3	河北渤海油脂有限责任公司
4	石家庄市家家惠粮油食品服务中心速冻食品厂

表 37　1 个示范主食厨房

序号	示范主食厨房名称
1	石家庄市家家惠粮油食品服务中心大众厨房

（王巍）

成品油供应

【概况】 2010 年，中石化河北石家庄石油分公司面对国内成品油价格震荡起伏和经营环境较为复杂的形势，以“强化经营管理年”为契机，重点夯实管理基础，圆满完成各项目标任务，取得良好的经营业绩。坚持以客户需求为导向，加大客户开发维护力度，把经营重心定位在市区、县城维护开发单位客户，提高汽油销量。进一步净化成品油市场，积极推动地方职能部门开展成品油市场整治活动，依法开展打假维权工作，共拆除非法售油点 17 个，清理非法储油罐 121 个。全年新增加油站点项目 19 座，其中完成 4 座、在建 3 座，待建 12 座。以深入开展安全生产主题活动，共组织季度和重大节日安全检查 6 次，发现各类问题隐患 193 个，全部进行整改。全年成品油销售累计完成 94.39 万吨，实现考核利润 1.11 亿元。

【经营业务】 全年新增项目 19 座，其中完成 4 座、在建 3 座，待建 12 座；落实资产化项目 4 座，其中完成 2 座，在办征地手续 2 座；落实改造 13 座，其中完成 8 座、待开工 5 座；完成 9 座精品店、40 座样板店装修。面对诸多不确定的市场和价格因素，公司在经营上始终执行“日监控分析”、“周调度”和“月总结”制度，及时分析经营情况，研究应对方案，积极抢抓资源落实，做好资源保障。优化二次物流，保障零售直销批发市场供应。加大对承运商的监管力度，加强配送车辆的安全数质量管理，有效遏制了偷盗油事件的发生。坚持以客户需求为导向，加大客户开发维护力度，把经营重心定位在“市区、县城维护开发单位客户，提高汽油销量；村镇开发四轴以上大型运输车，提高柴油销量；以提高进站率和加满率为目标，持续提高高速服务区站柴油销量”三个方面。大力推行加油站“三化”管理，强化员工责任意识，提升加油站管理水平，开展全员劳动竞赛，调动一线员工扩销增效的积极性。成功开发年需求量500吨以上客户3个，锁定忠诚客户2个，次忠诚客户23个，区外客户2个，为直销批发量的不断提高增添了后劲。同时，提升加油站站长和专职店员两个群体的专业技能，抓住营销关键，夯实基础工作，切实将非油品业务向规范、快速稳步发展的轨道推进，取得了显著成效。

【取缔87家无证无照加油站点】 年内，全市工商系统开展整顿和规范成品油市场专项行动取得阶段性成果，共取缔无证无照加油站点87家，查扣加油机63台、油罐41个，查封柴油58吨。到年末，石家庄市共有成品油经营单位1199家，其中中石化254家，中石油138家，社会加油站607家，加油网点234家。在此次专项行动中，全市工商机关以进一步整顿和规范成品油市场经营秩序为目标，重点查处了成品油市场上存在的无照经营、证照不符、超范围经营、假冒知名企业品牌、转租营业执照、掺杂使假等6种违法经营行为。

（王巍）

【内部管理】 一是财务资产管理日益精细。加强预算控制，提高预算执行力，做到“事前有预算、事中有控制、事后有分析、期末有考核”。全方位多角度加大资金监管力度。建立三级资金监督体系，强化企业内部以收定支管理，使用TMS资金预算系统，实现资金支付的归口办理与内部结算封闭运行，资金监管由事前审核、事后反映和监督向事前计划、实时监督、分析与调控转变，全面提升资金管理的水平。二是进一步加强安全和质量管理。围绕的HSE（“四零四百一无两控”）工作目标，以深入开展“我要安全”主题活动为重点，层层签订《HSE责任书》、《质量计量责任书》、全员签订《安全承诺书》，每月对履责情况进行兑现奖惩，强化了HSE责任和制度的落实。加强HSE检查监督，全年组织季度和重大节日HSE检查6次，发现各类问题隐患193个，全部进行了整改。持续抓好应急预案演练，全年组织防火防爆、防抢防盗、防油品泄漏等预案演练13次。进一步做好设备管理和检维修工作，提高设备完好率。强化数质量管理，践行“每一滴油都是承诺”的理念。继续采取监控方式加大出入库油品质检流程的全程监控，严把油品出入口关。不定期开展质量抽检，强化计量器具管理，严格接卸操作和库存损溢管理。三是劳资管理更加严谨。继续坚持规范用工、合理用工的理念，依法规范员工入职、在职、离职环节的手续管理，规避用工风险，使用工管理步入科学化、规范化的轨道。四是扎实推进创先争优活动。广泛开展宣传发动，强化考核，全程激励，树立典型，发挥标杆带动作用，累计产生先进（进步）红旗片区20个，润滑油先进（进步）红旗片区21个，IC卡充值先进（进步）红旗片区20个，零售量先进红旗加油站203座，非油品营业额及毛利先进红旗片区29个，非油品营业额及毛利先进红旗门店143座，累计评选加油站优秀员工387人次，促进了企业经营管理水平的整体提升。

中国石油化工股份有限公司
河北石家庄石油分公司

经理：王树伟

党委书记兼纪委书记、工会主席：尹保民

副经理：王旭东　王晓茹

（张路萍）

商业集团

【石家庄北国人百集团有限责任公司】 石家庄北国人百集团有限责任公司（简称北人集团）是经石家庄市人民政府批准，于2000年由石家庄北国商城和石家庄人百集团有限责任公司合并成立的国有独资商贸企业。2008年3月北人集团完成国有企业改制，公司注册资本金45147.88万元。2009年北人集团实施企业改制后的首次增资，使注册资本增加到61967.69万元，其中国有股占51%。北人集团旗下有北国商城股份有限公司、河北北国先天下广场有限公司、石家庄国际博览中心、石家庄华都大厦、北人集团针纺织品分公司、北人集团华远商贸分公司等6家下属企业，主要涉及百货连锁、超市连锁、家电连锁、珠宝连锁、房地产开发与销售、租赁会展、仓储运输、批发配送、餐饮娱乐等行业，经营网点遍布河北、山东、河南、内蒙、北京、天津六省（市）16座城市，从业人员3万余人，是河北省大型商贸流通企业。截至2010年底，北人集团已由组建之初的2家单一百货卖场，发展成为拥有105家（百货12家、超市18家、电器29家、珠宝46家）各类门店的大型商贸企业；营业面积由不足10万平米，发展到现在的65万平米；年销售额由10亿元，发展到现在的超百亿元。2010年，北人集团继续保持强劲的发展势头，总资产64.86亿元，同比增长16.07%；净资产12亿元，同比增长20.12%；年实现销售161.92亿元，同比增长38.69%；实现利税4.77亿元，同比增长54.37%，其中实现利润2.68亿万元，同比增长98.25%。

石家庄北国人百集团有限责任公司所属主要企业情况。

1. 石家庄北国商城

石家庄北国商城成立于1996年1月26日，地处河北省省会石家庄市CBD商业中心。年末建筑面积为10.5万余平米，经营面积为7.5万余平米，是石家庄北国人百集团旗下最大的主干企业，主营化妆、国际名品、珠宝、穿着类及钟表等大类商品。北国商城自开业起，一直以优秀业绩雄踞省会商业龙头之位，是国内颇具影响力的大型零售企业，每年销售额均以30%左右的比例高速递增。2010年，北国商城实现销售35亿元，其中百货类实现销售20亿元，同比上升25%。北国商城注重品牌经营，以高档次的商品、高质量的服务、高水准的购物体验誉满华北；众多国际顶级品牌相继入驻并带来品牌文化，引领石家庄市走入新时尚。年内，北国商城的DIOR、LANCOME、周大福、周生生、北国金殿、谢瑞麟、六福、尊福翠轩、劳力士、雅诗兰黛、白领、杰斯蒂尼、滕氏、梦特娇、鄂尔多斯、耐克、阿迪达斯等品牌销售均超千万元。年末，北国商城被授予石家庄市保护消费者合法权益工作先进单位。

2. 超市事业部

通过稳健扩张，巩固北国超市区域龙头地位和企业优势，北国超市呈现出良好的发展态势，到2010年末市内拥有17家连锁门店，外埠1家门店，总营业面积22万平方米，从业人员达到万余人。遍布石家庄东西南北中，覆盖省会480多个小区，市场占有率达到65%以上。加大卖场改造力度，提高企业核心竞争力。2010年，超市事业部面对严酷的市场竞争，从商品、环境、服务、人员、营销、管理等方面全方位进行提升，增强自身素质，提高竞争实力。确定了社区大卖场样板店（天河店）和高端店样板店（北国店），为不同定位的超市营运工作设立了标杆。全年共投入资金860万元，对市区16家超市整体环境、导视系统、设施设备等进行改造。为提高核心竞争力，在果蔬类农超对接、基地建设和产地直采方面进行探索，成立了“北国超市果蔬配送中心”，已签约基地6家。2010年，超市事业部所属17家门店实现销售32亿元，同比增幅24%，完成全年销售计划的110%。

3. 河北北国先天下广场有限责任公司

河北北国先天下广场有限责任公司隶属于石家庄北国人百集团，2006年5月1日先天下广场试营业。该公司营业面积12万平方米，地上六层、地下两层。拥有600余个国际和国内知名服装、服饰、生活用品、家用电器品牌，1个现代生活超级市场，30余个餐饮、美体美发、电子娱乐、电影院等专业服务休闲项目，拥有1300辆停车位的地下综合停车场。现有员工3650余人。2010年先天下广场实现销售13.4亿，实现利税4510万元。年内先天下广场重点优化品类组合，增加品牌密度，通过举办欧洲名品之旅活动、秋冬国际时装周、高端VIP专享活动，销售业绩、平销水平大幅提升。完善内部管理制度，实施划区域管理，加强人力资源管理，完善激励机制，发挥人员能效最大化，加强员工服务质量管理，不断提升顾客满意度。2010年获得河北省“质量安全保真诚信示范单位”、石家庄市保护消费者合法权益工作先进单位、“环保十进”工程示范单位、河北省商品流通企业无假冒专利示范单位等项荣誉。

4. 石家庄人民商场股份有限公司（新百广场）

石家庄人民商场股份有限公司的前身为石家庄市人民商场，

始建于1947年12月7日，1994年6月30日经省政府批准改制为股份有限公司，2000年7月4日与北国商城联合成立北国人百集团，2003年更名为新百广场。截至2010年底，新百广场经营面积10余万平方米（近60000平方米百货、10000平方米超市、40000平方米家电），从业人员达4500多人，实现销售10.81亿元，实现利税4325万元。该公司地处繁华的商业街中山路上，是河北省成立最早的商业零售企业之一。自八十年代开始多次荣获市文明单位、河北省商贸流通服务业先进单位、省市消费者信得过单位、市守合同重信用企业，2000年以来被中国商业联合会、中华全国商业信息中心连续评为全国重点大商场百强企业。2009年1月被中华人民共和国商务部评为“达标百货店”。2009年，被中国商业联合会授予2008年度百货店百强企业；被商务部授予08年度达标百货店。2010年被河北省知识产权局，授予河北省商品流通企业无假冒专利示范单位。

（北人集团有限责任公司）

【石家庄东方城市广场有限公司】 石家庄东方城市广场有限公司是集购物、餐饮、娱乐、休闲、物业管理为一体的大型综合性商业企业。2010年，该公司以“在融入接轨特殊时期，以努力保持两个稳定”为工作目标，实施并加快对接步伐，建立可持续发展机制，不断提升企业核心竞争力。通过深入全省主要城市全面考察，成功签约保定、张家口两个项目。积极配合制定东购经营调整方案，为东购未来的提档升级调整有效地成功实施奠定了基础。凭借不断创新营销和调整策略，针对性地策划推出特色多样的营销、会员活动，实现了销售稳定增长。继续施行精细化管理，坚持求真务实的工作作风，进一步深化对标学习，促进公司整体企业素质不断提高。企业持续稳定高速发展创造了良好的经济效益，全年实现销售12.09亿元。在保持效益的同时，东购还荣获了2009年度“百城万店无假货”省级示范店称号，成为省会唯一一家获此荣誉称号的商品零售企业，2010年度百货店百强企业、2010～2011年度重质量守信誉单位、“知识产权先进集体”、河北省“无假冒专利商品管理先进单位”等殊荣，进一步树立了良好的社会形象。

（叶秉燕）

【石家庄天元发展有限责任公司】 石家庄天元发展有限责任公司的前身是成立于1960年代初期的石家庄市蔬菜副食品总公司。在计划经济时代，蔬菜公司承担着全市人民的“菜篮子”工程。随着改革开放的不断深入，蔬菜副食品总公司经过不断探索与学习，石家庄天元发展有限责任公司已经发展成为以超市和便利店连锁经营、时尚服饰市场、商务酒店为主业，兼营商业地产开发、物业管理、餐饮、食品代理等多业态并举的集团化公司。集团下设天元超市（便利店）连锁分公司、河北天元名品物业管理有限责任公司、石家庄天元酒店经营管理有限公司、石家庄天元兴达物业服务有限责任公司、石家庄天元圣达食品经销有限责任公司、河北天元博隆房地产开发有限责任公司和天荟商贸公司，另有参股企业石家庄天元名品投资管理有限责任公司和石家庄市海城房地产公司。2010年，石家庄天元发展有限责任公司以“创新思路,提高核心竞争能力”为主线，积极主动、真抓实干，使各项工作稳中求进，实现了又好又快发展。截至年底，集团公司在岗员工有580人，内退员工200人，退休职工2100人。超市公司有建大、平安、北新、棉六等超市及便利店近60家。集团整体营业面积5万多平方米。全年实现营业收入1.11亿元，上缴税金1395万元。年底集团公司荣获河北省“诚信企业”，石家庄市“最具社会责任企业”。天元名品荣获“中国企业信用评价AAA级信用企业”。

（康蕙英）

【石家庄饮食集团公司】 2010年，是石家庄饮食集团公司改制平稳过渡年，企业经营和精神文明建设成绩明显，较好地完成了国资委考核指标，经受了改制和拆迁等重大事件的考验。截至年底，集团公司所属企业共有30家，其中营业的企业15家，停业的企业15家。截止到12月31日，集团公司在册员工1992人，其中在岗职工1249人，内退待岗休息等职工743人。离退休人员2578人，其中离休职工35人，退休职工2543人。集团公司经营平稳发展，总体效益与上年同期基本持平。完成营业收入11926万元，占年考核指标10000万元的

119.3%，较上年同期12056万元减少绝对额130万元，剔除网点拆迁影响收入475万元，实际绝对额增加345万元，增长2.98%。净利润为-619万元，较国资委下达利润考核指标减亏11万元。所属正常经营企业收入增长的有5家（燕风楼、釜洋斋、中和轩、富豪、石家庄照相），收入持平5家（福满楼、新山东、同和、石家庄饭店、学校），正常经营企业收入下降的有4家（御膳阁、中华分店、二分店、金威）。集团公司改制挂牌转让，改制停滞，职工心态不稳；越秀、天辰、旅店公司、河北摄影四家企业上年六月份拆迁停业，2010年家家净休门店和晨光照相2家网点被拆除停业，影响收入475万元；蔬菜副食品价格和柴油燃气能源价格等高位运行，影响毛利率一个百分点。2010年，集团公司认真落实国资委经营业绩考核责任制，结合企业实际制定了企业全年发展目标，并对指标层层分解，与所属正常经营的15家企业经理分别签署聘用合同。调整经营结构，引进创新经营品种。对经营门类和企业进行整合，采取“走出去，请进来”的形式，燕风楼烤鸭店、中和轩、富豪大酒店、石家庄饭店、釜洋斋总店、新山东等企业技术骨干到北京、南京、上海以及临沂等地参观学习，引进创新品种，开拓视野，集团公司所属餐饮企业全年经营品种调整1000个以上。深化集团公司产权制度改革，集团公司一手抓经营，一手抓改制，健全组织，实行一把手责任制，积极做好职工思想工作，维护职工的合法权益，杜绝重大不稳定因素发生，较好保持了企业稳定发展。

（姚玉民）

【石家庄国大集团有限责任公司】 2010年，集团公司面对复杂多变的市场环境，积极克服诸多不利因素的影响，按照“拓市场、扩规模、提收入、增效益”的宫缩思路，以主业经营为中心，以品牌增值为重点，集中精力全力提升企业成长速度和发展质量，较好地完成了国资委全年考核指标。实现利润922.7万元，同比增加453.8万元，比国资委预算指标480万元增加442.7万元。国大连锁公司进一步彰显36524品牌影响力。公司以“城市便利店和社区型便利店”的双驱动发展模式，谋求门店的经营变革和创新。通过优化作业流程，降低了门店库存，加快商品周转，调整商品结构，提升店铺来客数和销售，使门店的赢利能力得到了大幅提升。国大酒店公司进一步提升驿家365品牌影响力。加大直营店投资、拓展特许加盟店业务、承接委托管理业务，进一步提高扩大品牌辐射力，完善公司产品结构，酒店数量由2009年的8家增至2010年的18家，均保持良好经营状态。洛杉奇公司全年新增肉食专卖店20家、面食专卖店3家、超市面包房3家。销售收入与利润水平显著增长。抓创新成长，强化自主创新，充分发掘和整合集团系统内部创新创业人才的优势资源，加强产业、市场、业态创新。国大连锁公司在原鲜食味便民服务项目的基础上，引进电费、燃气费缴费、拉卡啦等民生服务，增设煎饼、咖啡、拉面和炒菜盒饭等新的服务项目，促进了店铺来客数和销售收入的增加。完善管理机制，注重资本运营。修订完善《关于对参控股公司进一步完善治理结构分工与职责的指导意见》，对涉及影响公司可持续发展的重大投资、融资事项，按程序做好可行性论证、项目评估、风险防范及资金平衡等工作。进一步优化调整存量资产配置，全力以赴支持365驿家酒店、金凤工业园等重点项目的稳步推进。全力推进国际大厦酒店回购进程，积极向各级政府和相关部门认真汇报赢得支持，组织有律师参与的工作小组，通过司法仲裁启动了法律程序维护公司权益，为下一步实现回购奠定了基础。年内国大36524品牌被评为“中国河北城市名片”，并入选中国连锁特许经营百强企业，公司被评为石家庄市最具社会责任企业称号。

（胡振菊）

旅 游

【概况】 2010年，全市旅游业继续保持平稳发展的良好势头。全年接待海内外游客2360万人次，旅游业总收入突破130亿元，同比增长20%以上。在建、续建旅游项目67个，完成投资37.3亿元。全面启动大西柏坡发展战略，《大西柏坡红色旅游开发总体规划》通过评审，以西柏坡为中心的周边景区改造升级、配套旅游服务设施建设等15个重点项目建设正在储备、规划，第一批共18处旧址修复工程全面启动。石家庄现代农业观光园项目一期、藁城国大御温泉度假村、白鹿温泉二期水上乐园加勒比海滩项目开放营业；鹿泉抱犊寨水景系列工程完工，天山海世界扩建项目封顶，蟠龙湖国际游乐中心项目正在紧张建设中，平山黑山关景区按照4A级高标准开发建设，被评为省级风景名胜区；驼梁—五岳寨整合项目建设进展顺利，年内完成投资5452万元，完成步游路建设32000余米、观光车道拓宽硬化2000余米，1800平方米备用停车场整修，配套服务设施及瀑布、水潭等多个水景设施建设；总投资12.3亿元的12条特色突出、风格各异的特色街区均已建成开业。石家庄现代农业观光园、高邑金世纪林果科技园、平山县拦道石农业观光园、栾城县味道府酒厂等七单位成功步入全省工农业旅游示范点行列。在第五届河北省旅游商品大赛中，辛集市文丽皮贴画“八仙”获银奖，新乐旅游局烙画“福祥胡同”获铜奖，新乐东方美术学院面塑“关公”、晋州市旅游局紫铜浮雕“赵州桥”、平山县白鹿温泉玻璃“梅兰竹菊”酒杯获优秀奖。市旅游局连续四年被大会评为最佳组织奖。积极开展A级景区复核和申报创建工作，对21家A级景区进行复核，取消2家A级景区（水上公园3A、龙凤湖2A）；藁城国大御温泉、赞皇棋盘山、灵寿水泉溪、平山拦道石红色生态风景区被批准为4A级景区，井陉仙台山、平山紫云山被批准为3A级景区；西柏坡创建5A级景区通过国家旅游局资源审查。截至年底，全市共有A级景区24家，其中4A级19家，3A级3家，2A级2家。

黑山关

【旅游产品宣传】 市旅游部门通过加大市场调研力度，认真谋划旅游宣传方案，积极与央视、人民日报、中国旅游报、首都机场及周边客源市场电视台联系洽谈，投放石家庄市旅游宣传广告，旅游广告宣传投入实现历史性突破，有力推动了全市旅游的大发展。拍摄制作28分钟石家庄旅游宣传片和10分钟石家庄旅游风光片，并在中国环球数字旅游频道播放；投入260万元在央视1套《朝闻天下》栏目播放石家庄市5秒旅游广告片；按省政府统一部署，筹集资金1000余万元，制作15秒钟石家庄旅游广告片，自6月中旬至年底在央视1套《新闻联播》、2套《经济半小时》、

4套《走遍中国》等6个重点频道和15个热点栏目播放，实现石家庄旅游形象在央视的强势传播和精彩亮相。投入20万元，在石家庄－哈尔滨等5条线路5趟列车车箱内投放石家庄旅游宣传广告。联合太原、阳泉、临汾、运城、渭南、咸阳以及三门峡市旅游局共同推出晋、冀、陕、豫四省八市百家景区“一证游”活动，强化区域合作，形成资源共享、客源互换、互利共赢的发展格局。充分利用中国国内旅游交易会、中国国际旅游交易会、中国北方旅游交易会、北京国际旅游交易会以及环渤海“16+4”旅游推介活动大力推介石家庄市城市品牌和旅游产品。

【主题活动策划】 全年先后组织20余家景区开展“旅游惠民大拜年”活动，推出以第三届正定大庙会为代表的“新春祈福添欢乐”系列活动，各景区对游客实行大幅度价格优惠；举办“第十一届正定千年古韵历史文化旅游节”以及首届西柏坡旅游文化节、赵县梨花节等十多个民俗、健身、温泉、采摘特色旅游节庆活动，满足了游客的出游需求；组织举办以“东部养生温泉，旅游度假藁城”为主题的首届中国石家庄（藁城）温泉旅游节，推出国大御温泉度假小镇，填补了石家庄市东部温泉旅游空白；围绕“共庆祖国华诞，共享中秋佳节”主线，推出“金秋三大主题游”及“三项服务放心游”的旅游活动；成功举办“第五届清凉山冰雪文化旅游节”，使滑雪温泉民俗游产品继续烘托出石家庄市冬季旅游“热”点。借助2010上海世博会契机，大力宣传展示石家庄市旅游资源，举办“2010省会‘中国世博旅游年’启动仪式暨第三届华北（石家庄）旅游交易会”；接待国家旅游局组织的“2010世博旅游大篷车，走进老区西柏坡”暨“2010走进世博－旅游大篷车”石家庄段启动仪式及世博旅游大篷车省会文化广场宣传推介活动。开展面向全国征集石家庄旅游形象宣传主题口号活动，评选出10条代表石家庄历史文化以及旅游特色，具有感染力和广告宣传效果的石家庄旅游形象宣传主题口号。成功举办“省会2008～2010三年大变样旅游新景观（市区）”评选活动，滹沱河水系旅游景观带、裕华路迎宾大道等6大类26个景观成功入选，扩大了石家庄市城市形象和旅游品牌的知名度及影响力。

（刘伟东）

【2010西柏坡文化旅游节开幕】 省、市提出“建设大西柏坡”战略目标后，平山县乘势而上，把文化、旅游、产业建设作为重中之重，精心策划推出了“2010西柏坡文化旅游节”。该文化节以红色革命文化为主调，共分为春、夏、秋、冬四个板块，每个板块突出一个主题，举办了温泉桃花浴、西柏坡牡丹旅游文化节，平山生态消夏文化旅游节，西柏坡红色文化旅游节，平山冬之旅等系列活动，挖掘整合平山的山水生态、历史古迹、温泉汤治、特色民俗等各类旅游文化资源，集中打造一批具有全国影响力的品牌文化活动，塑造并叫响“大西柏坡”文化品牌，提高河北省、石家庄市及平山县的知名度、美誉度和竞争力。5月6日，西柏坡牡丹旅游文化节开幕，为期15天。西柏坡牡丹园是西柏坡万亩森林公园的亮点，面积300多亩，由“国色天香”牡丹园等三个小园和十二生肖园、科苑、鹅池和平台、绿色长廊等十多处景点组成。园内牡丹均引自河南洛阳和山东菏泽的优良品种，分为黄、红、黑、紫红、粉蓝等10个色系、110多个品种，共3万多株，其名品有姚黄、豆绿、玉楼点翠、青龙卧墨池等，品种之多、规模之大，在北方地区实属独有。

（潘双清　马利强）

【行业管理】 严格实行旅游安全一票否决制度，旅游安全目标责任书签订率保持100%，专门开展专项安全大检查，及时发现排查安全隐患，全年未发生重大旅游安全责任事故。严格执行旅行社审核、审批制度，全面规范旅行社门市部设立，完成全市198家旅行社2009年度旅行社业务年检网上填报工作，年内新批旅行社9家，服务网点45家，全市共有出境社14家，国内社200家；加强对旅行社的审核和管理，对全市所有旅行社质量保证金进行转存，及时换发经营许可证；认真推行旅行社责任保险制度，共有189家旅行社参加了旅行社责任险统保；落实贯彻国家旅游局和国家工商总局联合下发的新版《团队旅游合同》，坚决查处扰乱旅游市场秩序的违法、违规行为，大力净化旅游市场。组织开展2009年度石家庄市诚信旅行社评比，共评出113家诚信旅行社。对28家星级饭店开展星级复核（复评），23家饭店通过年度复核（复评），取消5家酒店星级资格。至年底，石家庄市共有星级酒店60家（五星级3家，四星级21家，三星级24家，二星级12家）。创新旅游管理培训机制，成立石家庄旅行社协会，成功举办以“旅游业态发展与服务质量提升”为主题的第五届燕赵旅游论坛。制定《2010年全市旅游行业教育培训计划和实施方案》，年审培训导游人数达到3426人。

【旅行社协会成立】 2月2日，石家庄市旅行社协会成立。省会旅行社由于缺乏统一行业管理，在市场把握、运营方式、竞争模式方面存在欠缺，各自为战、形不成合力，影响了旅游业整体做大做强。为维护市场秩序和游客合法权益，石家庄市旅游局牵头成立了石家庄市旅行社协会。

【旅行社参保责任险】 2月份，由国家旅游局牵头的旅行社责任险全国统保项目在石家庄正式启动实施，游客和旅行社权益将得到更有力的保障。新的旅责险统保项目中，明确将游客食物中毒、旅游交通事故、游客精神损害等纳入赔偿范畴；团队游客在旅游行程中发生的财产损失也在保险范围之列。旅行社责任保险全国统保同时还提供了5种附加险，如紧急救援费用险、旅程延误险、旅行取消险等等，供旅行社自由选择。此后，因自然灾害、传染病、航空管制等原因，导致旅程延误；或因自然灾害、战争、公共卫生事件和政府行为等原因导致旅行取消的，都有望向保险公司索赔。和过去相比，新旅责险不仅保障范围有所扩大，而且赔偿金额提高了，责任划分也更加细致、明确。为解决“理赔难”，旅责险统保成立了全国调解处理中心，建立了“先赔后追”的理赔机制，即一旦发生交通事故、食物中毒等责任难定的事件，都可直接找组团社进行理赔，然后再由组团社通过保险经纪划定责任，根据侵权或违约向保险公司进行索赔，解决了游客和旅行社的后顾之忧。保障高是旅责险统保的另一亮点。据介绍，根据规定，每人赔偿保额从此前的最低9万元提高为最低20万元、最高80万元，旅行社可选择四个额度进行投保。石家庄市208家旅行社到2月底全部完成了新版旅行社责任险的投保。

（刘宝芝）

【“原村”土布成为红色旅游纪念品】 年内，赞皇县原村土布专业合作社生产的土布产品被确定为石家庄市红色旅游纪念商品。赞皇县农村妇女纺棉花织布有着悠久的历史，2007年，该县上百户棉农、纺织户自发联合起来，成立了赞皇县原村土布专业合作社。经过三年发展，合作社会员已达到1300多户，涵盖了3个乡、10个村，直接参与彩棉种植和土布纺织加工的农民达到3000多人，实现了产业化，成为当地农民脱贫致富的重要支撑。另外，当地农民还选择自然条件好，日照充足，土质不板结的3000亩土地，建起了高标准的彩棉种植区，从种子的选购开始，到棉花采摘交货，均实行了标准化管理。原村土布专业合作社现已形成“原村”牌天然服饰、床上用品和工艺品三大类主导产品，共50多个品种，产品具有环保、舒适、绿色无公害等特点，非常符合现代消费理念。

（王巍）

【“温泉小镇”填补省会东部旅游空白】 年内，备受关注的省会“20+X”重点服务业项目国御温泉假日酒店一期落成，首期开放的温泉汤池47个，吸引了众多喜欢温泉旅游的市民。中国地质科学院水文地质环境地质研究所地热研究中心主任、研究员王贵玲，高级工程师李增水，国土资源部地下水矿泉水及环境检测中心主任赵国兴等地热专家，莅临国御温泉假日酒店，对省会东部地热温泉水质检测报告进行了权威发布。报告显示，该温泉水质经地矿部水质检测中心等国家权威部门检验检查，PH值为6.7，属中性高温水。水质类型为氯化钠型水。命名为硅、偏硼酸、锶、锂、氟复合型热矿水。专家认为，该水质在华北地区很有代表性，具有较高的医疗保健价值。国御温泉假日酒店按照4A级旅游景区和五星级度假酒店开发建设，被列入省会“20+X”重点服务业项目。小镇占地500亩，其中酒店占地163亩，一期建筑面积近5万平方米，打造集温泉沐浴、养生保健、膳宿会务、休闲娱乐于一体的温泉度假酒店。国御温泉假日酒店二期除了一些休闲娱乐配套设施之外，还设计有一条展示河北乡土文化的风情街，诸如藁城宫灯、宫面、邯郸磁州窑、衡水鼻烟壶、张家口剪纸等在这里再现制作场景，让游客感受到燕赵丰富悠久的文化传承。该项目作为石家庄市首个进行地热综合开发利用项目，有利于打造省会全新的地热休闲度假产业，填补了省会东部旅游空白。

【华北首家现代化水上主题公园开业】 10月份，白鹿温泉加勒比海滩开业，成为华北首家现代化大型水上主题公园。省委常委、统战部部长刘永瑞、市领导胡儒钗等出席开业典礼。加勒比海滩是白鹿温泉第二期项目，拥有多项国际顶级水上休闲游乐项目，投资达9000多万元，是集惊险、刺激、动感、娱乐、休闲于一体的华北第一家现代化园艺式大型水上主题公园。拥有13000多平方米的空中海滩、浪高达3米的疯狂海啸、超级大喇叭滑道、山体组合滑道、互动水屋、水上拓展、音乐喷泉、露天民族风情表演等多种刺激而安全的水上游乐项目。同时配有特色美食广场、风味小吃、烧烤吧等设施，提供各种菜肴和别具地方特色的田园风味小吃，在中式风格水吧休闲区还可以提供各式饮品和时令果蔬。同时该温泉的三、四期项目也在规划之中，包括大型康体中心、高尔夫球场、巴厘岛风情会所和农业旅游观光项目等。

（刘宝芝）

【驼梁首家星级宾馆挂牌】 7月份，位于驼梁景区的天颐宾馆正式挂牌"中国二星级旅游宾馆"，成为驼梁景区首家星级宾馆，这也标志着平山县的旅游接待水平又迈上了一个新的台阶。驼梁是国家级自然保护区、国家级森林公园。驼梁因雨量充沛，植被丰郁，溪涧小流水量充足，山体落差较大，形成了千姿百态的瀑布群落；驼梁植被茂密，覆盖率达90%以上，每年都吸引着大量游客。

（贾保卫　曹永刚）

【驼梁国家森林公园总体规划通过省级评审】 8月份，《驼梁国家森林公园总体规划》（简称《规划》）通过河北省森林风景资源评价委员专家组的论证评审，并获得省林业厅正式批复。专家组认为，该《规划》定位准确，特色突出，整体结构布局合理，体例完备，规划内容完整齐全，符合国家《森林公园总体设计规范》和有关技术规范要求，同意实施。该《规划》编制历时一年，分近中期和中期2个阶段，公园预算投资2.6亿元，总体布局分为驼梁旅游区、常峪红色旅游区、卸甲河景观区和生态保育区4个部分，由景点与游览路线规划、植物景观规划、保护工程规划、旅游服务设施规划和基础设计规划等主要建设内容组成。

（曹永刚　张平良）

驼梁国家森林公园

【嶂石岩国家地质公园挂牌】 下半年，嶂石岩风景区举行了嶂石岩国家地质公园揭碑开园仪式，标志着石家庄市第一座国家地质公园正式挂牌。嶂石岩国家地质公园位于赞皇县境内，总面积43.5平方千米，经过亿万年的地质演变和多期构造运动，形成了优美奇特的地质自然景观。嶂石岩国家地质公园分地质地貌、科普科考、生态自然、生态人文4个景域和8个景区，共有122个主要地貌、地质遗迹景观。其中一等国际性的有四处，即：天下第一回音壁、森严壁垒、层峦叠嶂、重门锁翠。2003年被评为河北省地质公园，2004年经第四次国家地质公园领导小组审定为国家地质公园。景区还建有地质博物馆，建筑面积800平方米，博物馆系统、生动地介绍了嶂石岩地区地质、地貌和发展演变的历史。

（雷婷　张光辉）

【首家特色旅游商品经营中心开业】 9月16日，石家庄首家具有河北特色的“旅游商品经营中心”开业。该中心位于石家庄电视塔一楼大厅，经营内容以河北名、优、特工艺品及土特产为主，如唐山骨质瓷、衡水内画、邯郸黑陶、保定纬编、易水石古砚、紫铜浮雕、蔚县剪纸、藁城宫灯以及大枣、核桃、板栗等10大类200多种商品。

（李建华）

【评选“石家庄最美新景观”】 6月10日至9月30日，石家庄市人民政府主办，市旅游局具体承办“石家庄最美新景观”评选活动。评选活动举办期间，省会主流媒体登载了《石家庄最美新景观评选活动公告》。10月26日上午，市旅游局组织省会旅游、决策咨询、园林、规划、水利、新闻等方面的专家组成评审委员会，对省会2008～2010“三年大变样旅游新景观”（市区）初选结果进行评审。与会专家针对评审原则及程序进行了反复讨论，结合公众海选结果，通过专家投票，评选出6大类26个省会2008～2010“三年大变样 旅游新景观”（市区）

【旅游事故调解机构成立】 10月29日，石家庄旅游事故调节处理中心和事故鉴定委员会挂牌成立。该机构的成立，标志着石家庄市旅行社责任保险统保示范项目人身伤亡事故理赔驻地服务的开始。调解中心的常设机构是事故鉴定委员会，设有7个席位，分别由市旅游局、旅行社协会的旅游专家、市旅游局常年法律顾问和河北信联律师

表38　2010年石家庄市26处入选新景观一览表

序号	类　别	名　　称
1	特色街区类	裕华路迎宾大道（裕华路高速口——民心广场）
		中山路繁华大道（体育大街——中华大街）
2	景区景点类	滹沱河水系旅游景观带
		子龙大桥
		民生路历史文化长廊
		联邦明珠空中花园
		石家庄规划馆
		中国人民银行旧址
3	休闲购物类	万象天成
		联邦明珠商业街
		中心线　广安大街地下商业街
		东风路　华夏服装街
		南小街　酒吧街
		北大街　海鲜特色街
		闽江道　休闲餐饮风情街
		威尼斯水世界
		石门1925特色商业街

（续表）

序号	类别	名称
4	广场公园类	裕西公园
		人民广场
		民心广场
		秀水公园
		星辰广场
5	酒店类	中茂海悦酒店
		瑶晨丽都大酒店
6	演艺及其它	盛庄欢乐汇
		卡西诺演艺广场

事务所法律专家、石家庄市第三人民医院的骨科和综合科医疗专家、江泰保险经纪股份有限公司石家庄分公司和中国人保河北分公司人员组成。事故鉴定委员会在案件处理部常设办公室，负责对旅游者的人身伤亡事故进行鉴定和理赔，不仅大大增加了旅行社的话语权，而且防止保险公司“一言堂”，从保险专业角度维护了旅行社的保险权益，改变了传统保险理赔难的工作状况，同时维护游客和旅行社的合法权益。同时，石家庄旅游事故调节处理中心根据自己的权限规范，成功启动涉旅重大人伤案件的预付、垫付机制，维护旅行社和游客的保险权益。

【五景区进入“A 级”】 年内，全市有 5 家景区通过国家和省旅游景区质量等级委员会 A 级评定。根据全国旅游景区质量等级评定委员会公告，石家庄国大御温泉度假村、石家庄市赞皇县棋盘山景区、石家庄市平山县拦道石红色生态风景区等 3 景区被批准为 4A 级旅游景区。根据河北省旅游景区质量等级评定委员会公告，井陉县仙台山景区、平山县紫云山景区被批准为 3A 级旅游景区。至年底，全市共有 A 级景区 23 家，其中 4A 级 18 家，3A 级 3 家，2A 级 2 家。

（刘宝芝）

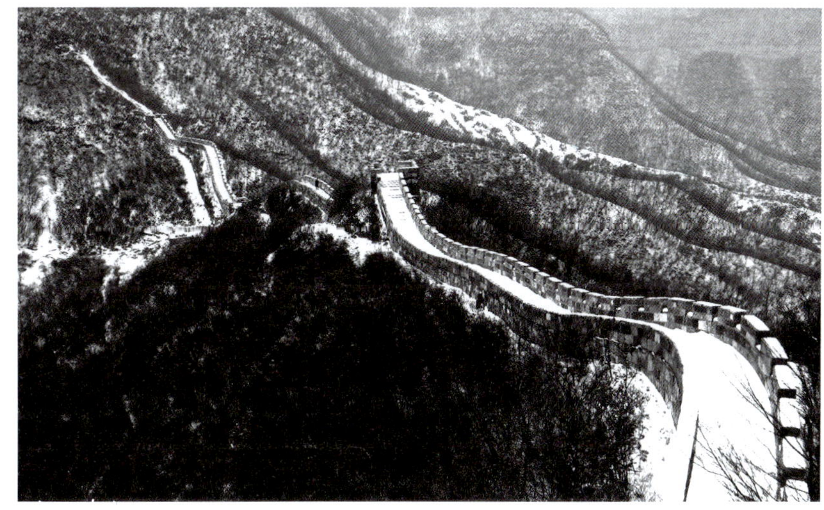

棋盘山春雪

金　融

金 融

概 述

2010年，面对国际国内复杂多变的经济环境，狠抓国家宏观调控政策的落实，加大政策法规引导扶持力度，着力发挥政府桥梁纽带作用，兑现落实金融支持奖励办法，不断加强信用体系建设，进一步优化金融生态环境，积极引进壮大市场主体，做大做强省会金融产业，推进资本市场直接融资，创新融资方式，拓宽融资渠道，破解企业发展融资难题，引导各类保险公司向县域、农村拓展服务领域，加快发展多形式、多渠道的农业保险，增强保险机构的服务功能，全年全市各类金融产业实现了持续健康发展。首先，金融机构信贷规模不断扩大。截至年末，全市金融机构人民币各项贷款余额达到3272.1亿元，同比增长13.36%，比年初增加385.53亿元，若不考虑票据融资因素，加上外域流入250亿元，全年贷款资金投放总量为728.75亿元；各项存款余额达到6115.5亿元，同比增长18.45%，比年初增加954.39亿元；12月末，人民币存量存贷比53.51%，同比下降2.4个百分点，增量存贷比40.4%。其次，金融机构引进来走出去取得新的成绩。2010年，新入驻银行业金融机构4家，新设石家庄村镇银行1家，银行业金融机构达到23家，营业网点1200余个；新入驻保险公司省级分公司8家（其中1家已计入上年度），保险公司省级分公司达到47家。批准新设小额贷款公司3家，累计达到25家。河北银行新建异地分行3家，异地分行总数达到6家；发起新建村镇银行1家（平山西柏坡冀银村镇银行），填补了石家庄地区村镇银行空白；河北银行唐山分行和天津分行新建下属支行3家，同时，河北银行青岛分行也获批筹建，城市银行发展呈现出“跑马圈地”的局面。三是企业融资渠道进一步拓宽，融资规模进一步扩大。2010年，恒信移动、天山发展控股、先河环保、新天绿色能源4家企业成功上市，直接融资49亿元。其中，恒信移动成为河北省第一家在创业板上市的企业。此外，奥星药业转入纽约交易所挂牌，以岭药业、常山药业上市申请报送中国证监会，四方通信香港上市正在聆讯，河北众诚已申报到香港联交所，全市列入培育名单的后备上市企业达到100家。抓住国家推进多层次资本市场建设的机遇，积极跑办石家庄高新区非上市公司股份报价转让系统（简称“新三板”）试点工作，对石家庄高新区83家符合条件的企业进行培训，签订挂牌辅导协议10家。大力支持企业债券融资，全年全市短期融资券和中期票据共

2010年12月28日，邯郸银行石家庄分行举行开业庆典仪式

计发行147亿元，河北银行发行次级债券8亿元，城投集团10亿元企业债券已获批、40亿元中期票据上报待审。积极引导各商业银行开发出应收账款、动产融资、保理、知识产权质押、供应链融资等多种适用于中小企业的金融产品，大力推广以行业协会为组织基础的中小企业联保贷款，中小企业融资状况出现了积极持续的变化，中小企业贷款满足率不断上升。截至年底，全市小企业贷款余额579.23亿元，同比增长41.88%，高于全部贷款平均增速28.5个百分点。鼓励开发信贷替代产品，全年累计利用信用证融资530亿、保函融资303亿元、票据贴现融资292亿元。发展小额贷款公司,年内批准新建3家，累计达到25家，至年末，25家小额贷款公司贷款余额达18.4亿元，全年累计投放28亿元。加强政府融资平台建设，积极开展政、银、企合作。年内，组织召开全市信贷投放分析调度会4次，协调解决项目资金筹措问题；组织全市重点项目银企对接会1次，涉及重点项目226个；组织召开专题对接会2次，涉及350个企业380亿元。全年累计向12364户企业投放贷款1485.6亿元，有力地支持了石家庄市经济社会发展。

银行业金融机构。2010年，石家庄市新入驻银行4家（5月6日，廊坊银行石家庄分行正式挂牌营业；12月7日，招商银行石家庄分行开业庆典在省会河北会堂举行；12月10日，张家口银行石家庄分行正式揭牌营业；12月28日，邯郸银行石家庄分行正式开业），新设石家庄村镇银行1家（12月28日，平山西柏坡冀银村镇银行正式开业），截至年底，全市共有银行业金融机构23家，营业网点1200余个。其中，法人银行业机构4家：包括城市商业银行1家（河北银行），农村信用联社1家（石家庄市农村信用合作社联合社），农村合作银行1家（石家庄汇融农村合作银行），村镇银行1家（平山西柏坡冀银村镇银行）；一级分行19家：包括政策性银行分行1家（中国农业发展银行），中资全国性商业银行分行14家（国家开发银行、工商银行、农业银行、中国银行、建设银行、交通银行、中信银行、光大银行、华夏银行、民生银行、邮储银行、浦发银行、兴业银行、招商银行），外资银行分行1家(东亚银行，2009年6月份获批筹建，2010年3月31日正式开业)，城市商业银行分行3家（廊坊银行、邯郸银行、张家口银行）。至年底，全市银行业资产总额达到7174.44亿元，同比增长16.4%，比年初增加1011.99亿元;实现净利润81亿元，同比增长25.1%。

保险业金融机构。2010年，石家庄市新入驻保险公司省级分公司8家（其中1家已计入上年度）。截至年底，石家庄拥有保险公司省级分公司47家，其中财险公司22家，寿险公司25家，全市保费规模居全省第一位，保险业呈现出高速发展的良好态势。全年实现原保险保费收入132.31亿元，同比增长24.2%，占全省保费收入的1/6。其中，财险保费收入35.67亿元，同比增长61.4%，人身险保费收入96.64亿元，同比增长14.5%。

证券期货业金融机构。2010年，全市共有证券法人公司1家，证券分公司2家，证券营业部42家；期货法人公司1家，期货营业部9家。2010年，随着券商融资融券、股指期货等一系列创新举措的出台，国内资本市场整体呈现平稳发展逐步上行的趋势。但基于2009年底和2010年初开始的国内宏观经济调控，以及国内资本市场流动性的充裕程度下降，股指震荡下跌，影响了股民的投资热情。据市地税部门统计,截至12月13日，全市证券业入库地方税收5200万元，同比下降25.4%。

其他金融机构。2010年，全市拥有非银行业金融机构4家（信托投资、金融租赁、企业财务公司、产权交易中心），国有金融资产管理公司分支机构4家，农村资金互助社1家，小额贷款公司25家。全年全市金融从业人员达到7万余人，实现增加值143亿元，同比增长25.9%，占全市生产总值的4.2%。

（张宁　靳晓磊）

银 行

2010年，国家货币政策调控呈现逐步收紧态势。年内，上调存款准备金率6次，上调存贷款基准利率2次，灵活开展公开市场操作，引导金融机构合理把握信贷投放总量和节奏，支持经济发展方式转变和结构调整。从石家庄的情况看，票据融资全年走低；存款增势逐步放缓，增量仍然可观；贷款规模整体回落，大幅投放的势头明显放缓，与以往年份相比，虽然信贷增量依然偏高，但基本实现调控预期。年末全市金融机构人民币各项存款余额6170.31亿元，比年初增加972.86亿元，增长18.84%，同比少增82.47亿元。其中，储蓄存款余额2934.48亿元，比年初增加351.32亿元，增长13.68%，同比少增37.58亿元；企业存款余额1770.43亿元，新增231.12亿元，增长14.59%，同比少增274.86亿元。年末全市金融机构人民币各项贷款余额3288.15亿元，比年初增加391.38亿元，增长13.56%，同比少增417.90亿元。其中，中长期贷款余额1828.36亿元，新增318.76亿元，同比少增207.65亿元；短期贷款余额1324.93亿元，新增145.97亿元，同比少增145.47亿元；票据融资贷款103.06亿元，减少93.22亿元，同比多减81.53亿元。信贷增长主要特点：信贷支持弱势领域力度增强。中小企业支持增多，全部企业贷款余额中，大型企业贷款占44.8%，中小型企业贷款占55.2%，较上年同期提高2.1个百分点；县域经济支持力度加大，在全部贷款余额中，县及县以下贷款占38.8%，较上年同期提高1.4个百分点，市区贷款占61.2%，较上年同期下降1.4个百分点；新增贷款主要投向国计民生行业：制造业、批发和零售业，交通运输、仓储和邮政业，水利、环境和公共设施管理业，建筑业；房地产信贷在两次房地产调控后均呈下滑态势，楼市调控政策效果显现。

（樊秀华）

人民银行

【概况】 2010年，人民银行石家庄中心支行贯彻落实总行、天津分行各项工作部署，坚持“从严管理、突出创新、和谐高效、科学发展”的总体要求，内抓管理保安全，外抓服务树形象，严格执行各项宏观调控政策，加强内控管理机制建设，着力推进外汇管理、金融服务、安全稳定等方面工作，较好地履行了中央银行职责，支持了石家庄市经济社会的平稳发展。落实宏观调控政策。认真执行适度宽松的货币政策和“有扶有控”的信贷政策，着力提高政策执行的针对性和灵活性，结合石家庄实际合理测算年度贷款增量，引导金融机构把握好信贷投放力度和节奏，做到落实宏观调控政策、保障地方经济发展、提高经营水平和防范信贷风险有机结合，推动全市经济社会平稳较快发展。完善沟通协调机制。发挥货币信贷政策、商业汇票、房地产金融、环保金融、工商金融等协调平台作用，建立重大政策调整信息快速反馈机制，积极促进产业政策、财政政策和信贷政策的协调配合；配合政府相关部门开展多层次、多形式、高密度的项目对接、产品推介活动，在支持重点产业发展、扩大直接融资等方面发挥了重要作用；大力推动节能环保事业健康发展，全国首推绿色信贷政策效果评价，有效贯彻落实货币信贷政策，实现信贷增量节奏平稳、总量适度的宏观调控目标。优化信贷资产结构。加大窗口指导和政策引导力度，区别对待，有保有控，不断加大对民生工程、基础设施建设、三农、中小企业、残疾人、妇女、大学生村官等重点领域和薄弱环节的投放力度。先后出台《河北省金融支持新农村建设指导意见》、《关于支持新型农村金融组织的指导意见》等金融政策措施，并积极运用支农再贷款和再贴现等政策工具，支持农村新型金融组织发展，促进农村金融产品和服务方式创新，有效推动了金融支持新农村建设工作。规范金融市场业务。充实中小企业和优质企业储备库，并强化金融机构和发债企业的协作配合，力促企业债务融资业务发展。开辟地方法人金融机构充实资本金新渠道，河北银行成功发行次级债券，填补了石家庄市发行次级债券融资的空白。简化票据业务办理流程，促进票据交易信息网络共享，推动了石家庄市商业汇票信托业务发展。

【风险防范】 完善稳定报告体系和评估体系，建立具有区域特色的金融稳定监测评估指标体系，多视角、全方位、全过程开展风险监测评估工作，增强了对全市金融风险的预测、掌控能力。加强对金融机构的服务和管理，切实防范金融风险、维护金融安全稳定。

【外汇管理】 加强外汇管理和服务，促进贸易投资便利化。强化国际收支申报数据与结售汇统计数据、直接投资数据、外债数据等的对比验证，确保了国际收支申报数据质量。研发外汇业务综合统计分析系统，为异常资金流动监管、国际收支监测分析等提供支持。实施进出口收付汇差额核销管理，保障企业及时办理出口退税，帮助企业挽回经济损失3亿元。按照“统一登记、统一结汇、统一购汇”模式，积极实施国际金融组织转贷款项目外汇管理方式改革。积极推进外商直接投资和境外投资外汇无纸化年检改革，企业参检率分别为97.85%、96.69%。切实加强外汇检查监督和案件查处工作，查处外汇违规案件67起，收缴罚没款378万元。

【金融服务】 以“金融统计准确无误、经济调查真实有效、货币监测敏锐及时、宏观分析全面深入”为目标，积极推进金融统计标准化管理。开展各项数据统计和专项调查，不断创新分析方法和手段，提高经济金融形势分析的针对性和有效性；深入开展重点课题研究和特色研究工作，积极营造“大研究”的良好氛围；积极做好《河北金融》编发和各类年鉴组稿工作。深入推进支付体系建设。开展农村支付服务环境示范基地创建活动，拓宽农民工银行卡特色服务范围，进一步扩大支付系统覆盖范围，农村地区支付服务环境得到明显改善；顺利实现电子商业汇票系统上线运行；推动全市集中收付业务发展；加强和改进银行结算账户管理，推进落实账户实名制；与公安部门联合开展打击银行卡犯罪专项活动，侦破涉卡犯罪案件199起；落实会计核算制度，保障会计核算安全；加强系统管理与维护，确保支付清算安全高效运行；认真完成各项票据结算任务。加强货币发行管理。加强发行基金调拨和券别调剂，满足地方经济发展合理需求，现金净投放508亿元；加大残损人民币回收销毁力度，提高流通币质质量，共销毁残损人民币127亿元；深入开展反假货币宣传活动，严厉打击制贩假币犯罪行为，共收缴假人民币1325万元；建设完成全自动封包系统，人民币清分自动化水平提升。不断提高国库服务水平。深入推进财税库银横向联网系统建设，积极构建涉农资金补贴“国库直通车”，粮食直补、退耕还林、家电下乡资金等直达收款人账户，得到总行和省政府领导充分肯定；加强国库会计核算和监督检查，保证各级财政预算顺利实施；加强国债发行和兑付管理，共发行各类国债46.2亿元。深入推进社会信用体系建设。制定《河北省社会信用体系建设实施方案》，稳步推进中小企业和农村信用体系建设，3188户中小企业获得贷款，贷款余额达363亿元。反洗钱工作取得新的突破。制定《〈中国2008～2012年反洗钱战略〉河北实施纲要》，加强反洗钱工作监督检查，全年共调查、协查案件32起，协助破获案件8起、涉案金额1.23亿元。

【内控管理】 加强会计核算及同城票据交换管理，积极开展个人经济行为和岗位风险排查，认真落实重要岗位定期轮岗制度。做好领导干部履职绩效审计、离任审计和基建管理、反洗钱业务管理等专项审计工作，规范业务操作行为，消除各类安全隐患。制定《石家庄辖区财务开支事后监督规程》，加强事后监督管理。强化预算约束和财务监督。狠抓安全保卫和应急管理。加强发行库区和交接款区安全管理，积极推进技防设施升级改造，有针对性地采取特殊安全管制措施，做好发行库区守卫和货币押运安全工作。加强应急沟通平台建设，组织开展应急演练，提高演练的实战性、规范性。

表 39　2010年石家庄地区全部金融机构人民币信贷收支情况一览表

2010—12—31　单位：万元

来源项目名称	本月	运用项目名称	本月
一、各项存款	61136965	一、各项贷款	32717573
1. 企业存款	17332122	(一)境内贷款	32717573
(1)活期存款	13904811	1. 短期贷款	13146306
(2)定期存款	3427311	(1)个人贷款及透支	1543179
2. 财政存款	923151	其中：个人消费贷款	274603
3. 机关团体存款	6923100	(2)单位贷款及透支	10905367
4. 储蓄存款	29196552	其中：经营贷款	10600452
(1)活期储蓄	9056098	固定资产贷款	297258
(2)定期储蓄	20140454	(3)普通并购贷款	
5. 农业存款	35028	(4)银团贷款	133950
6. 信托存款		(5)贸易融资	563811
7. 委托存款	616479	2. 中长期贷款	18279370
8. 其他存款	6110532	(1)个人贷款	3840635
二、金融债券	79422	其中：个人消费贷款	3310272
三、应付及暂收款	848797	(2)单位贷款	13082017
其中：应付利息	495996	其中：经营贷款	3986691
四、同业往来（来源方）	1167741	固定资产贷款	9095326
其中：境外同业往来		(3)普通并购贷款	
五、行内资金往来（来源方）		(4)银团贷款	1356719
六、各项准备	796500	(5)贸易融资	
其中：贷款损失准备	752802	3. 信托贷款	
七、所有者权益	1560430	4. 融资租赁	
其中：实收资本	707926	5. 委托贷款	227825
八、其他	−2364369	6. 票据融资	1030591
		其中：贴现	1030591
		7. 各项垫款	33480
		(二)境外贷款	
		二、有价证券及投资	3192133
		三、应收及预付款	241831
		其中：应收利息	84270
		四、同业往来（运用方）	153966
		其中：境外同业往来	

(续表)

栏目 来源项目名称	本 月	栏目 运用项目名称	本 月
		五、行内资金往来(运用方)	26043137
		六、金银占款	
		七、外汇占款	5068
		八、固定资产	523462
		九、库存现金	348317
		十、投资性房地产	
资金来源总计	63225486	资金运用总计	63225486

表 40 2010 年石家庄地区全部金融机构本外币信贷收支情况一览表

2010—12—31 单位：万元

栏目 来源项目名称	本 月	栏目 运用项目名称	本 月
一、各项存款	61685062	一、各项贷款	32877028
1. 企事业单位存款	17693812	1. 短期贷款	13249250
(1)活期存款	14265168	2. 中长期贷款	18280240
(2)定期存款	3428645	3. 信托贷款	
2. 储蓄存款	29337351	4. 委托贷款	227825
(1)活期储蓄	9098738	5. 其他贷款	55643
(2)定期储蓄	20238613	6. 票据融资	1030591
3. 信托存款		7. 各项垫款	33480
4. 委托存款	619598	二、有价证券及投资	3192133
5. 其他存款	14034302		
二、所有者权益	1567810		
其中：实收资本	707926		
三、其他	−27183712		
资金来源总计	36069161	资金运用总计	36069161

中国人民银行石家庄中心支行

行　　长：张文汇（兼国家外汇管理局河北省分局局长）（6 月任）

副 行 长：张文汇（主持工作）（6 月免） 邵延进 刘通午（8 月免） 李小秋（兼国家外汇管理局河北省分局副局长） 贾广军 光兰明

纪委书记：任德智

（樊秀华）

农业发展银行

【概况】 2010年，农发行河北省分行营业部（以下简称营业部）以稳健经营、强力发展为主线，加强制度建设，创新管理机制，提高管理水平；深入开展创先争优活动，推进“四好班子”（政治素质好、经营业绩好、团结协作好、作风形象好）建设；反腐倡廉，从严治行；突出重点，加大信贷支农力度；增收节支，全面提升经营绩效。截至年末，各项贷款余额81.19亿元，较年初增加12.46亿元；各项贷款利息收入3.56亿元，同比增加7940万元；各项存款（含同业）余额39.2亿元，较年初增加9.71亿元，同比多增4.02亿元；累计发放贷款44.95亿元，同比增加11.11亿元；实现利润1.69亿元，同比增加3578万元，完成省分行下达利润计划的127.89%；日均头寸占用4153万元，同比下降689万元，资金运用率达到99.3%；清收不良贷款950万元，不良贷款余额较年初净下降151万元；消除没有押品或押品不足风险企业5家，适时退出贷款风险较大企业3家；8月底，石家庄蟠龙面业有限公司龙头加工企业2000万元粮食收购逾期贷款全部收回。年内营业部财会工作道德风险和操作风险防范化解做法得到省分行的肯定，其经验做法以正式文件转发形式在全系统得到推广；先后被市委市政府评为“劳动关系和谐单位”、“2008～2009年度市级文明单位”；被河北省人力资源和社会保障厅、河北省总工会、河北省企业家协会联合授予“河北省劳动关系和谐企业”荣誉称号；1人荣获总行“青年岗位能手”称号，10余人荣获系统内和地方政府各种荣誉称号。

【粮棉油主体业务】 支持粮油储备体系建设，巩固发展主体业务，累计发放地储粮油储备和轮换贷款4.54亿元，增储及轮换粮油1.71亿千克；在小麦最低收购价执行预案未启动的情况下，认真分析市场形势，鼎力支持中储粮直属库轮换经营，并依据当地实际情况，重点支持优质企业开展优质麦收购，累放优质麦贷款3.5亿元，收购优质麦1.35亿千克，为历年支持优质麦收购最多的一年；在秋季粮棉和跨年度收购中，坚持“两保”原则（保收购、保优质企业），重点支持优质客户做大做强，年内为德瑞淀粉、常山生化等9家优质客户增加贷款额度1.68亿元。全年累计发放粮棉油准政策性贷款13.74亿元，收购粮油8.25亿千克，调入皮棉3.07万担。

【中长期政策性信贷业务】 2010年，在中央1号文件中，农业开发和农村基础设施建设贷款业务作为拓展农发行支农领域的一项重要内容，被明确界定为中长期政策性信贷业务。同年，农发行农业开发和农村基础设施建设中长期贷款被国家纳入政策性信贷业务。年内农发行石家庄分行营业部以此为契机，将农村土地整理开发、新民居建设等优质项目作为重点，大力开展营销工作，成功招揽正定新区建设、滹沱河朱河段综合整治等项目贷款。至年末，共营销政策性中长期贷款项目22个，涉贷金额122亿元，其中发放正定新区土地收储贷款9亿元。全年累计发放政策性中长期贷款12.28亿元，余额达到20.65亿元，较年初增加12.13亿元。

【县域公众存款业务】 年内，在同业存款日均余额较上年下降14.45亿元，新同业存款营销受挫的情况下。为此，营业部及时转变存款工作重点，强力争揽财政支农资金和企事业存款，对政府、县域内涉农大项目及财政、国土、拆迁等机构客户三方面进行重点攻关，努力吸收稳定的低成本存款。至年末，县域公众存款余额达到13.87亿元，较年初增加11.03亿元，增长388.4%。

【中间业务】 在保险代理费收入同比下降，国际业务增长乏力的情况下，积极开办咨询顾问业务，拓宽中间业务收入渠道。年内共有12家支行开通此项业务，实现咨询顾问收入87.2万元。至年末，共实现中间业务收入315.53万元，完成省分行下达任务的111.5%。

【不良贷款“双降”】 摸清底数，逐企业制定清收处置预案，推行领导包县重点清收的办法，综合运用清贷挂钩、依靠政府、法律执行、以资抵债、减免表外欠息等清收手段，强力清收。全年现金清收不良贷款950万元，不良贷款余额较年初净下降151万元，保持“双降”目标。同时，积极推进呆账贷款核销工作，最大限度地消化历史经营包袱。

中国农业发展银行
河北省分行营业部

总 经 理：徐凯得（7月免）
康宗琪（7月任，12月免）

副总经理：张国君、张惠仙（女）、
王建民

（白江丰）

工商银行

【概况】 2010年，中国工商银行河北省分行营业部立足长远发展，制定三年规划，夯实管理基础，强化四种意识（争先、创新、精细、效益），加强机制建设，实现业务转型，促进全面发展。制定《营业部2010年行务公开工作意见》，建立员工利益诉求表达机制，稳步推进行务公开，成功召开一届二次员工代表大会，加快企业和谐建设。开展企业文化先进单位创建活动，省分行营业部、桥西支行、长安支行、胜利支行、开发支行、和平支行等6单位被评为石家庄市文明单位。开展全辖客户经理、大堂经理等形式多样的培训，有效提升员工业务素质。规范运营程序，完成授权业务集中，全辖配送会计凭证，推进金库标准化建设，改革完成运营监控，管理水平有效提升。强化约束激励机制，完善细化督察方案，组织"无差错无违规"专项检查，做好重点业务领域的合规性检查和离任审计、离岗审计工作，开展不良贷款责任认定，健全反洗钱工作机制，有效防范案件事故的发生。对不良贷款客户明确清收处置责任人，密切关注其经营和资金周转情况，采取多种方式，加大清转力度，有效提高资产质量。截至年底，清转不良贷款4.47亿元，不良率同比下降0.99个百分点。实现拨备前利润14.33亿元，提取拨备-1547万元，实现拨备后利润14.48亿元，同比增加4.31亿元，增长42.38%。实现中间业务收入3.92亿元，同比增加4558万元，增长13.17%。各项存款余额824亿元，新增38亿元，其中：储蓄存款余额442亿元，新增41亿元；对公存款余额382.22亿元，下降2.92亿元。各项贷款余额422亿元，新增54亿元，剔除票据和资产转让，实际新增75亿元。

（蔡海骥）

【电子银行中心投入运营】 7月30日，中国工商银行电子银行中心（石家庄）正式投入运营。副省长孙瑞彬，省长助理江波，省政府副秘书长于万魁，市长艾文礼出席开业仪式。此次投入运营的电子银行中心（石家庄）可提供700余人的人工坐席服务，并承担河北、辽宁、青海、吉林、宁夏等5家分行的电话银行服务。

（靳晓磊　杨彩明）

【存款业务】 开展营销增储活动，完善管理考核机制，抓住业务发展重心，扩大客户规模，深挖客户潜能，全力抢抓储蓄存款；拓展合作领域，转变经营方式，对重点客户开展"一对一"直营，促进对公存款增长。年内，研究确定增储重点营销对象三个：代发工资、三方存管、重点项目；先后开展营销活动三项："财智今春"、"财智今秋"、"秋季风暴"；全省率先成立工银商友俱乐部，扩大中高端个人客户群；优化网点布局，加强功能建设，提高服务质量；依托财富中心平台，广泛开展公益讲座、理财沙龙等活动，提高客户信誉度；成功与省、市社保局分别签订《基本养老和工伤保险合作意向书》、《关于使用工行社保综合业务系统的协议》。至年末，储蓄存款余额达442亿元，新增41亿元；对公存款余额382.22亿元，下降2.92亿元。

【信贷业务】 开发大项目，挖潜增效，支撑拉动，成功争揽河北钢铁集团开户，发放流动资金贷款10亿元，突破钢铁行业贷款历史规模；先后发放北国先天下、石家庄名都房地产等项目固融贷款8:86亿元，居系统首位；发放河北世捷国内保理3亿元，创全省系统企业单户国内贸易融资最大额；营销储备优质开发贷款项目，全年累放房地产贷款43.86亿元；先后办理全省第一笔卡贷通业务、存贷通业务和个人委托贷款业务；率先实行经营权质押+产权方担保模式，成为全省业务创新一大亮点，首家服务对象天成商港项目；年末，个人经营性贷款余额达3.64亿元，实现历史性突破，增量占比系统内排名第一。

【中间业务】 以市场为导向，开展捆绑营销、综合营销，推动业务转型发展，16项中间业务收入中，有9项居全省同业首位；大力推进投行业务，调整贷款结构，提高议价能力，提高资产类收入支撑力度；加大营销力度，快速拓展信用卡市场，同时，大力发展国际业务，提高基础类收入水平；转移营销重心，大力营销高收益理财产品，提升理财类业务贡献度；把握黄金市场商机，加快发展贵金属业务，打造中间业务收入新亮点。截至年末，中间业务实现收入3.92亿元，同比增加4558万元，增长13.17%。

中国工商银行河北省分行营业部

总 经 理：李金辉（1月任）

副总经理：侯建敏　朱守臻

李黎

刘斌　（2月任）

张顺元（9月任）

鲍振香（9月兼任）

郭会科（9月兼任）

纪检书记：程春明

工委主任：冯建中

总经理助理：董军（9月免）

侯惠鹏（9月任）

（蔡海骥）

农业银行

【概况】 2010年，中国农业银行股份有限公司河北省分行营业部紧紧围绕年度工作目标要求，不断开拓创新，转变经营方式，加强内部管理，加强风险防控，提高全行经营管理水平。开展业务培训，加强队伍建设，举办"营业部大讲堂"9期，分别讲授"绩效考核机理与业务均衡发展"、"当前信贷政策与客户营销"、"全额资金管理体制对业务经营的影响"等专题。开展约谈巡视，拓宽监督渠道，加强班子建设，增强廉洁从业、廉洁自律意识。开展岗位练兵和技术比赛活动，创优评先树典型，营造赶超先进、争当标兵、积极向上的良好氛围。年内，5个单位被省分行评为"全省农行先进单位"，14人被省分行授予"全省农行系统2009年度岗位标兵"，16人被省分行评为先进个人。加强信用风险管理，提升资产质量。把好信贷准入关，选择符合国家产业政策、市场前景看好的优势行业和优质企业，全年新增贷款均为城市基础建设、交通、能源等优质客户，降低了信用风险和市场风险；同时，发挥驻地行风险经理和贷后管理C3系统的支撑作用，及时对各种风险信息进行预警；集中优质管理资源，开展信贷帮扶，提高信贷整体实力；开展"三农"业务风险自查，实现贷后管理有人抓、抓到位。加强运营系统风险防控。发挥会计主管、滞后复核、处置中心的监督作用，确保临柜业务操作合规；按月召开主管行长调度会，督导全行运营条线的问题纠改、制度落实和风险控制；组织对公账户清理，撤消一批效益低下、对账单收不回、未经年检的对公账户；加强开户、支付、验印、重空、抵押品等五个重点环节的风险防范；大力推广支付密码器、电子验印，增强支付环节控制；加强空白票据管理，实行逐份领用，消除保管使用环节上的风险隐患；加强信息系统的维护与管理，保证前后台业务正常运行。加强合规监督。先后开展《合规文化倡议书》签名活动、合规警示教育宣传月、客户经理"学、守、做"专项教育等活动，全辖648名客户经理通过考试验收，平均成绩92分；开设视频系列讲座，参加普法教育1500人次；完成各类检查34次，发现问题346个，业务涉及1768笔，整改率100%。开展"三防"(防抢劫、防盗窃、防诈骗）教育，推进人防、物防、技防建设，加强安全保卫和消防，全年未发生任何经济和刑事案件。截至年末，各项存款达704亿元，比年初增加86亿元，居全省农行系统第二位。其中对公存款比年初增加33.3亿元，完成年任务95.5%，同比多增3.7亿元，系统内增量占比第二；储蓄存款比年初增加52.8亿元。各项贷款余额达263亿元，比年初增加30.8亿元，增速13.3%。贴现贷款余额比年初增加10.9亿元。个人贷款较年初增加9.9亿元，其中个人住房贷款累计发放10.66亿元，比上年多放8.2亿元，年末余额增长6.7亿元。全年清收自营不良贷款6856万元，清收委托不良资产14443万元，完成年任务133%，全行五级分类不良贷款减少1.3亿元，不良率1.43%，较年初下降0.75个百分点，实现了既定的控制目标。中间业务实现收入2.59亿元，同比增加3734万元，增速17%，其中，个人结算收入6427万元，同比增加237万元；代理保险收入3907万元，同比增加635万元；电子银行收入7101万元，同比增加2617万元；信用卡收入1687万元，同比增加774万元；投行业务收入2744万元，同比增加611万元；国际业务收入1495万元，同比增加275万元。

【对公业务】 上下联手，深度跟进，制定高质量的服务方案，赢得客户信任；以信贷为依托，加强业务合作，强力吸蓄；以交通、能源、城市基础建设和省市重点企业为主要目标，大力营销，抓贴现、抓项目、抓个贷。年末对公存款增加33.3亿元，同比多增3.7亿元，市场份额由第四位提升到第三位；成功招揽钢铁、住房、热电、电建、铁路、房地产、二环路建设等项目，新增投放30亿元。

【对私业务】 以理财产品为依托，加大销售力度；开展春天行动擂台赛，举办大型贵宾联谊会，创造声势影响；推广表彰先进典型，引导推动储蓄业发展；率先建立省内首家个贷业务集中经营中心，推动住房按揭、汽车消费等个贷业务发展。至年末，储蓄存款余额494亿元，较年初增加52.78亿元，增量居系统内第二，同比提高2.09个百分点；个贷业务实现增量9.9亿元。

【中间业务】 以"四抓"为突破口，全面拓展中间业务。抓客户，提高存量客户渗透率；抓商户，一户一策，提高招揽率和带动效果；抓产品，推行"捆绑营销"，提高产品普适度;抓机具，提高设备利用率。同时，大力开展营销活动，一季度"春天行动"，二、三季度"中间业务推进"，促进中间业务有效发展。到12月末，新增个人电子银行注册客户72.2万户；新增企业电子银行注册客户0.29万户；累计布放转账电话28960台，较年初增加7729台；开通运行ATM400台，当年上线128台，电子银行渠道交易占比52.19%，较上年末提高6.95个百分点。

【"三农"业务】 开展客户经理培训，熟悉网上审批流程，加强贷后管理，提升服务技能；印发《农户小额贷款使用友情提示》，对授信农户进行业务提示，不断强化农户信用意识；针对县域经济特点，选择具备条件的村镇，积极推进"两卡一户"。年内，惠农信用卡，惠农卡发卡、授信及小额贷款等业务有序推进。全年新增惠农卡12.1万张，完成年任务87%，激活率99%；新增授信1.4万户，完成年任务的135%；农户小额贷款新增1.5亿元，完成年任务74%；新增惠农信用卡1.1万张，完成年计划128%；农户贷款到期收回率达99.8%，实现"三农"业务风险控制目标；县域贷款比年初增加20.7亿元，实现中间业务收入1.07亿元，实现拨备前利润3.71亿元。

【网点建设】 整合网点资源，对现有网点数量、面积、业务发展、网点行政区域分布、网点同业情况等因素进行详细分析，制定营业网点建设三年规划。全年完成改造网点46个；达到总行新VI标准的有58个，占全部网点37.4%；更换门楣LOGO的有108个；安装LOGO发光字体的有21个；更换室内标识的有118个。提升网点服务质量，聘请欧顾得专业服务咨询公司，开展县域网点文明标准服务导入；集中开展两个月的"网点服务规范月"活动，不断规范网点服务，提升柜员服务水平。年内，完成营销技能提升导入财富网点4个、精品网点11个。

中国农业银行股份有限公司
河北省分行营业部

总 经 理：王占水

副总经理：高建芳（8月免）
唐国辉
张万钧（4月任）
崔金涛（8月任）

2010年3月，石家庄市首家农业银行MIS收单系统在怀特商城开通成功

陈肯（8月任）

纪委书记：刘斌

（薛建华）

中国银行

【概况】 2010年，中国银行石家庄地区管辖支行围绕总行、省行的总体战略部署，牢固树立“三个观念”（发展是解决问题的唯一渠道，改革是发展的不竭动力，创新是改革发展的基本源泉），创新工作思路，突出工作重点，制定科学发展目标和管理措施。坚持走内涵式发展道路，既围绕中心突出重点，又全面发展整体推进，摒弃旧思想旧体制弊端，加快转变经营机制和增长方式。加强内控管理，提升服务质量，增强企业竞争力，努力打造极具市场竞争力的现代商业银行。积极扩展资产与负债业务，强力营销代发工资和三方托管业务，争揽热点存款，加快中间业务发展。截至年底，全辖各项存款481.42亿元，比年初增加123亿元，各项贷款168.10亿元，比年初减少12.78亿元。

【裕华支行】 围绕业务发展上规模和经营管理上水平两项中心工作，确立“扩规模、增客户、调结构、作品牌、强内控、带队伍”基本工作思路，加强基层机构自身日常管理，全面落实管理达标，着力实现“网点转型、终端决胜”五型支行建设目标，坚持“市场导向、差异制胜”发展策略，成功完成IT蓝图2.0版投产切换，并顺利实施综合柜员制。截至年末，裕华管辖支行本外币各项存款达99.55亿元，较年初增加16.93亿元，各项贷款余额为37.16亿元，较年初减少9.97亿元。

【裕东支行】 围绕经营发展目标，强力营销，夯实客户基础，增强发展支撑力度，成功招揽滹沱新区公司存款2亿多元、河北航空集团资本金1.5亿元、机场改扩建工程2亿元。大力发展中小企业授信，广开存款和中间业务渠道。全年累计发放中小企业贷款15笔，累计发放金额6300万元。同业存出业务可观，存出金额累计50亿元人民币、1000万欧元。其中存放浦发银行40亿元创下河北省单笔存放最高记录。率先成立省域第一家出国金融中心，经过半年多的扎实推进，至年末，出国中心维护的客户达到1550户，中间业务同比提高150%，出国金融客户向中高端客户转化率达35%，出国金融中心一举成为全省标杆，受到省行领导及个金部的高度评价，多家二级分行参观学习，也引起总行条线管理部门高度关注，获得非常高的评价：“裕东中心在实践中探索出的运营模式与总行行领导的经营理念非常吻合”。成立专门电话POS营销中心，大力发展电话POS业务，改善客户结构。至年末，拓展商户1257，吸收存款7000万元，为全省电话POS的发展树立一面旗帜，客户结构得到有效改善。截至年末，裕东管辖行各项存款余额达到98.68亿元，较年初增长23.24亿元，各项贷款余额为21.79亿，较年初减少4.24亿元。

【中山支行】 从战略谋划入手，注重核心业务拓展，加强内控管理，加强干部队伍建设，全力推动各项业务发展。依据客户总数少、大客户数量多的特点，全力做好大客户的开发、维护和挖潜工作。年内省交通厅、高速公路、中国移动等主要客户存款得到有效稳定，省移动公司增加存款3亿元，冀星高速增加存款2亿元，铁路公积金增加存款1.4亿元，新开发中电财务公司、国控担保公司、省水务集团、市水务局、冀兴房地产、通信建设集团等75个大客户，新开立行政事业单位存款客户11个。中间业务收入持续稳定增长。全省率先开展同业代付业务，促成票据质押同业存出业务，做好金融机构同业存出和贸易融资等重点业务，夯实支行中间业务基础。年内同业存出94.64亿元，实现中间业务收入793.47万元（已做业务后面可收益的还有2013.43万元），贸易融资实现188.82万元（已做业务后面可收益的还有约200万元），上门收款获利300多万，这三项收入合计占到支行中间业务收入1/3以上。开展开门红专项活动，截至一季度末，全辖人民币核心存款较年初增加21.15亿元，完成省行下达全年计划的90%。其中，公司存款较年初增加16.51亿元，完成省行下达全年计划的138%；人民币储蓄存款新增额4.64亿元，完成省行下达全年计划的41%。金融机构存款较年初增长1.68亿元，完成省行下达全年计划的56%，获省行一季度绩效考核第二名，年内被省行授予“优胜单位”，受到省行通报表彰。截至年末，中山管辖支行人民币核心存款余额103.9亿元，突破百亿元大关，较年初新增29.1亿元，增幅达38.9%；其中公司存款余额57.15亿，较年初新增22.86亿元；储蓄存款余额46.6亿元，较年初新增6.18亿元；各项贷款余额为47.68亿元，较年初增0.77亿元。全年实现本外币中间业务收入4633万元，同比增长1570万元，增幅达51.26%；实现净利润1.47亿元，同比增幅为12.5%；20万元以上个人中高端客户新增1820户，达到7371户；零售贷款不良资产减少1000多万元，其中，伴纵商厦不良贷款清收取得实质性进展，收回600万元。

【机场路支行】 围绕实现全年经营管理目标，进一步加强内控管理，适应外部监管和新线要求。实施网点规范化服务，提高服务质量。开展首季开门红活动。争抢客户，扩大负债规模。以重点产品为突破口，大力发展中间业务，成功开办信用卡大额专项分期业务。调结构，重质量，积极发展优质资产业务。积极探索产品计价考核模式，加强绩效管理。做好核心银行系统3.0上线准备工作。主动营销拓展，各业务条线稳健经营。公司业务条线。全辖累计完成国际结算业务揽收量11.41亿美元（11月末数据），揽收量居四个管辖行列之首，占四个管辖行总量48%，累计实现公司条线中间业务收入2329.02万元；大力拓展同业存出业务，与浦发银行、中信银行、工商银行、平安银行、民生银行等累计继做同业存出业务9笔，金额78亿元，实现中间业务收入740.35万元；累计买入票据89笔，交易量1.35亿元，实现收益241.05万元；中小企业信贷提案累计获批5个，授信总量3150万元，实际投放621万元，实现中间业务收入8.83万元；企业网银客户数量累计达652户，较年初增长375户，完成省行年计划117.19%，办理供应链贸易融资业务3.09亿元，实现中间业务收入258.13万元，通过工商验资E线通办理验资业务77户，注资金额1.99亿元。个人金融业务条线。至12月末，新增零售贷款5.3亿元，贷款余额18.9亿元，贷款新增额居全省第四，石家庄地区系统内排名第一；新增发卡9288张，完成省行年任务158.77%，完成率居全省第四，石家庄地区系统内排名第一；分期付款业务实现交易额4147.20万元，完成年计划391.25%，计划完成率居全省第一；新开个人网银20831户，完成年计划126.25%；新增第三方存管客户10014户，完成省行年计划556.33%，新增量和完成率在系统内排名第一。中间业务条线。至年末，中间业务收入6990万元（含分润），同比增加951万元，涨幅13.61%。截至年末，全辖人民币各项存款余额为179.29亿元，较年初新增53.73亿元。其中，人民币公司存款余额为103.69亿元，较年初新增41.09亿元，人民币储蓄存款余额为60.6亿元，较年初新增7.65亿元，人民币金融机构存款余额为15.01亿元，较年初新增4.99亿元。各项贷款余额为61.47亿元，较年初新增0.66亿元。本外币资产余额216.93亿元，负债余额213.86亿元，分别比年初增长38.68%和38.56%。全辖实现本外币净收入3.6亿元，实现拨备前营业利润2.3亿元，税后净利润1.5亿元。资产利润率为0.76%。

中国银行股份有限公司
石家庄市机场路管辖支行

行　长：柴英豪
副行长：解法林　秦战朝
　　　　王锦田（6月任）

中国银行股份有限公司
石家庄市中山支行

行　长：于松
副行长：于大为　常广利
　　　　张杰　（2月任）

中国银行股份有限公司
石家庄市裕华支行

行　长：赵会彬
副行长：赵永军　张世江（10月免）
　　　　张辉　（2月任）

中国银行股份有限公司
石家庄市裕东支行

行　长：张德林（3月免）
　　　　张秋奎（3月任）
副行长：张秋奎（3月免）
　　　　张新良
　　　　廖志刚（2月任）
　　　　韩蔚　（6月任）

（刘志辉　翟炜霞）

建设银行

【概况】 2010年，建设银行河北省分行营业部认真贯彻落实上级行各项工作部署，按照“保平安、增份额、提质量”的要求，转变发展方式，调整优化结构，提高综合竞争力。截至年底，全口径存款余额776.22亿元，系统内排名第一，其中：对公存款新增24.02亿元，个人存款新增25.92亿元，同业存款减少59.16亿元；各项贷款余额323亿元，比年初新增58亿元，其中：对公非贴现贷款新增52.73亿元，个人类贷款新增15.24亿元，贴现减少9.97亿；不良贷款额比年初减少19066万元，不良贷款率比年初下降0.97个百分点。全年实现中间业务收入39516万元，市场占比第一。实现税前利润11.55亿元，效益指标再创历史新高。年内，举办各类培训项目97期，培训人员7546人次，连续八年未发生重大责任事故和案件，先后获得石家庄市行风评议金融系统第一名，市公安局安全评估验收金融机构总评第一名，“河北省劳动关系和谐企业AAA级”荣誉称号，“省级文明单位”荣誉称号。

【综合改革】 借鉴人才素质测评手段，打破干部选拔常规，选调县支行或升格型支行行长助理11名；不断探索绩效考核有效途径，引入“计划荷载系数”、“效率人数”，完善考核方案；稳步推进网点二代转型，逐步向VIP客户固定服务流程转化，全行有39个机构验收达标，网点营销服务能力明显提升；理顺支行和经营中心的关系，在营销市场和服务客户方面，逐步形成合力，提升对公业务整体竞争力，实现对公业务转型，全年对公非贴现贷款新增52.73亿元，同业和系统内均排名第一；配合省分行做好前后台分离项目试点工作，对公42个网点分六批全部上线，在中后台集约化进程中又迈进了一大步。

【风险防范】 严格落实“贷后管理年”活动要求，加强资产质量管理，全年共处置对公不良贷款25769万元，其中现金收回不良贷款18778万元，压缩个人不良贷款3659万元。全面开展贷款自查（固定资产贷款、项目融资、流动资金贷款和个人类贷款），加强日常监控预警。开展屡查屡犯专项整治活动，按月明确整治重点，加大奖惩力度，防范操作风险，屡查屡犯问题得到有效遏制。筹建营业部监控中心，实行网点非现场检查。全年共组织各类检查38次，累计检查机构474个次，下发整改通知书150份；处理责任人18人次，积分274分，积分机构69个，被积分个人1134人次。

【业务发展】 编制客户清单，核定目标任务，开展客户（基本、中型、个人高端）拓展竞赛，扩大客户规模，改善客户结构，夯实业务基础。全年新增5万元以上基本公司机构类客户3430户；AUM20万元以上个人高端客户为47614户，其中1000万元以上的有53户。制定联动营销实施方案，理顺作业流程，并将交叉营销、业务联动开展情况纳入目标考核，中间业务合作实现突破，产品覆盖度稳步提升。至年末，个人客户产品覆盖度较年初提高0.12个百分点；对公客户产品覆盖度逆势而行，在普遍下降的背景下，明显优于全省水平，系统内排名第二。资产业务拓展成效明显，累计投放非贴现对公贷款133亿元，并成功投放大中型优质客户贷款多个。房开贷款力图早发放早受益，全年新增3.75亿元。小企业业务坚持实施“一行一策”，积极开展科技型小企业对接会、中小企业融资推介会等活动，有效提升小企业品牌知名度和影响力，累计发放小企业贷款19.7亿元，系统内排名第一。推进辛集个人助业贷款分中心建设，以个人助业贷款为重点突破产品，带动个人消费类贷款，从8月份开始实现正增长，成功扭转持续三年的负增长，全年个人贷款新增15.24亿元，余额占比和新增占比均位居同业第一，个人消费贷款新增3265万元。对公存款稳步增长，实现新增24.02亿元。个人存款通过抓重点机构和重点渠道，大力拓展优质代工业务，持续抓好股市回流资金和理财产品到期兑付，实现新增25.92亿元。中间业务坚持按月分析调度，保持完成进度与时间进度相匹配，全年实现中间业务收入39516万元，市场占比第一，其中：对公条线实现收入19492万元，增幅23.3%；个人条线实现收入20024万元，牢牢占据半壁江山，收入总量及网均收入均居全省系统第一，借记卡、保险、基金三项重点产品收入位居系统第一。

中国建设银行河北省分行营业部
总 经 理：李春生（12月免）
尹全振（12月任）
副总经理：赵昱辉 王旭涛
彭文英（女）
纪委书记：吴辛位（10月免）
商凤群（10月任）
（吕彦华）

中信银行

【概况】 2010年，中信银行石家庄分行定位为“优化调整年”，将“突出业务发展、强化结构调整，彰显市场活力”作为总体工作思路，完善百分制考核办法，调整优化考核体系，强化考核结果效用，实施考核激励约束，推行积分激励机制，健全效能薪酬体系，考核激励长效机制持续改进。加强内控制度建设，完善风险防控体系，开展“内控和案防制度执行年”活动，加强合规教育，加大问责力度，内控管理水平进一步提升。年内，累计开展各项检查577次，包括同城支行18家、异地分行1家、部门机构14个，排查1132人次，检查业务101568笔，开展合规问责10项。严把信贷准入关，严控“两高一剩”企业授信，坚决退出高风险客户，注重企业净现金流与负债的匹配，依托“双优双主”策略，重点推进中型客户授信；健全风险责任追究制，开展贷后检查5025笔，涉及表内外客户597个；定期排查授信风险，对重点客户实行名单式管理，强化风险预警监控，累计对141个客户发出114份风险提示函；坚持政府融资平台管理“一户一策”、“有保有压、区别对待”的原则，严格控制平台贷款增量，优化平台贷款存量，累计压缩退出政府平台贷款28.56亿，其中退出31户、23.46亿，压缩13户、5.1亿，平台贷款余额大幅回落，也未发生逾期问题；认真落实“三个办法一个指引”文件精神，创新管理方法和管理模式，风险防范能力大幅提升。会计条线设立“二部四中心”，理顺组织架构关系，明确部门岗位职责；制定下发《会计报表审核规范》、《存单质押模式下银行承兑汇票到期解付操作规范》等8期会计操作规范指引；适时出台《中信银行石家庄分行家电下乡履约保证金业务会计操作流程》，稳步提高会计管理水平。严把利率定价关口，提高定价水平。截至年末，分行人民币自营存款平均利率1.16%，比上年下降0.22个百分点；新增人民币对公贷款利率平均上浮2.67%，比上年提高2.11个百分点，拉动利息收入增加700万。开展案防教育，加强技防演练，提高安全防范能力。4月～7月22日，全辖开展安全评估，各项安全设施全部达到公安部门要求，在省银监部门和市公安部门组织的联合验收中，分行平均成绩99分，首次跨入优秀等级行列。制定下发《党风廉政建设工作制度》和《党风廉政建设考核暂行办法》，签订《党风廉政建设承诺书》、《案件防范责任书》，组织参观“一行三会”联合举办“金融系统反腐倡廉建设展”，到河北省第四监狱开展警示教育，实施员工家访工作制，多措并举，着力构建案件防范长效机制。调整经营战略，加强产品创新，强力营销推动，调整优化结构，促进全面发展。截至年底，分行拥有同城营业网点19家，二级分行1家，离行式自助银行51个，从业人员621人；本外币各项存款余额323.82亿元，比年初增加54.72亿元，增幅20%；自营存款时点余额320.49亿元，较年初增加63.55亿元，增幅24.73%；本外币一般性贷款余额248.16亿元，比年初增加43.14亿元，增幅21.04%；不良贷款余额2.11亿元，比年初减少0.48亿元，不良贷款率0.80%，比年初下降0.32个百分点；总资产达到337.59亿元，增长19.16%；实现税后净利润4.9亿元，同比增加2.51亿元，增幅105.02%。自营存款余额、对公存款以及储蓄存款位居石家庄当地中小股份制银行领先地位；一般性贷款余额在中小股份制银行中占比达26.94%，其增量及同业占比均居中小银行的首位。2010年，中信银行石家庄分行荣获河北省“金融贡献奖”。

【公司业务】 加大业务创新力度，做好供应链金融服务。2010年初，分行制定《供应链金融业务营销指导意见》，建立专业操作团队，形成了包括存货质押、先票后货、应收账款质押、国内保理、组合融资、订单融资、河钢供应商融资7大产品的供应链金融产品体系。发挥投行优势，支持业务发展。2010年6月，中信银行作为牵头行成功筹组了30.67亿元的西柏坡高速公路银团贷款项目；9月下旬，分行作为主承销商成功承销开滦（集团）有限责任公司14亿元的中期票据，为客户节约了大量融资成本；12月下旬，分行成功承销石家庄常山纺织股份有限公司9亿元短期融资券项目，为上市优质企业建立一条低成本融资的重要渠道。成立小企业金融专营机构，积极扶持优质小企业发展。至年底，分行小企业贷款余额24.31亿元，较上年增长5.33亿元，增幅28.08%，比各项贷款增速高出14.4个百分点，为河北省中小企业的快速发展贡献了力量。截至年末，各项对公存款达220.83亿元，比年初增加41.94亿元，增幅23.44%；各项对公贷款达216.31亿元，比年初增加26.08亿元，增幅13.71%。

【零售业务】 一是重新构建理财产品销售体系，逐步形成规范化销售流程（宣传、预约、留存、存款、销售）。二是加强与基金、保险等机构的合作，开展阶段性产品激励竞赛，全力营销理财产品，有效提升销售体系产能。三是采取理财销售、交叉营销、贵宾活动、定期关怀等措施，加强对贵宾客户的经营维护，有效提升贵宾客户数量和质量。累计提升贵宾客户766余人，带动负债新增近11亿元。四是大力推动银行卡收单业务，积极开展三方存管营销，加大对按揭贷款、个人经营贷款、出国留学贷款以及汽车消费贷款客户的交叉营销力度。五是抓住中小企业贷款快速发展的机会，发挥中信资产业务优势，开发优质中小企业质押贷款，带动负债业务有效增长。截至12月末，分行实现理财销售21亿元，同比新增约16.5亿元，同比增长400%，有效带动储蓄负债新增超6亿元，理财产品平均拉新率达50%，始终居于全行领先水平；管理资产余额突破百亿，达到100.02亿元，新增18.32亿；储蓄存款时点余额87.25亿元，新增16.54亿元；储蓄存款日均余额77.8亿元，新增13.66亿元。

【国际业务】 紧紧围绕产品创新主线，设计推出“汇证达”、“融贷通”、“先证后货”、“出口信用保险下应收账款买断”、“未来货权质押”、“进口代付”等产品，有力推动业务发展。截至年末，分行国际业务实现中间业务收入2038万元，同比增长55%，在石家庄当地市场排名第四，在中小股份制商业银行中稳居第一。

【资金资本业务】 由远期结售汇单一产品扩展至外汇买卖、本外币对公理财、债券分销、人民币债券结算代理等多个领域。截至年底，分行资金资本市场业务预算指标综合完成率达到154%，系统内排名第7位，较上年同期上升18位。其中，实现资金产品利润831万元，计划完成率143%，实现即/远期结售汇交易量12.3亿美元，计划完成率171%。

【融代通业务开通】 “融代通”业务是针对开证申请人（买方）远期付款以及受益人（卖方）即期收款的愿望量身定做的一种新型组合产品，即：开证行开立假远期国内信用证，待收到受益人提交的符合信用证条款的单据后，由他行代为即期支付给受益人相应款项，申请人到期后将本息支付给开立行，开立行归还代付行本息的一项业务组合。此项产品的开通，开立行除收取正常开证、议付手续费用外，还可获得一笔可观的融资顾问收入。2月初，中信石家庄分行国际业务部依据建北支行客户融资需求，设计推出“假远期国内证”与“他行代付”的组合型产品——“融代通”，破解融资规模限制瓶颈。次日，为该客户办理了第一笔1亿元人民币的“融代通”业务，完成了从开证、议付、他行代付等全流程的办理。截至年底，共受理融代通业务6笔，共计3.32亿元。

【河北钢铁集团银企直联项目上线】 银企直联作为现金管理服务的渠道，和其他银行系统不同的是，他是一种隐形服务，企业无需专门登录银行系统，就可以利用自身系统自主享受到银行提供的各种业务和服务。该系统需要公司本部在集团内部建立自己的资金管理系统，通过数据接口将内部资金管理系统与合作银行核心系统、网银或者现金管理平台实现联接。通过银企直联系统企业可实现实时账户信息查询、明细查询、自动转账、交易查询等功能，且交易的实时性和方便性得到大幅提高。“银企直联”的应用特点是连接手段不限，公网、专线均可；一点介入、集团所有成员单位都可使用。3月26日，中信石家庄分行与河北钢铁集团有限公司银企直联项目成功上线，实现银企直联项目零的突破。同其他银行相比，中信银企直联项目具有自己的特色功能：可实现账户名称校验、交易状态查询、支付联行信息查询、代理收款、其他代付等。

【中标开滦集团中期票据项目】 5月21日，中信石家庄分行成功中标开滦集团中期票据项目，成为开滦集团中期票据发行主承销商，填补了分行中期票据承销业务的空白，获得中间业务收入逾2000万元，同时也带来相当大的存款沉淀，标志着银企合作提升到了一个新的水平。9月27日，开滦集团中期票据成功发行，发行总额14亿，期限5年，发行利率4.36%。

【首笔参团申购业务】 参团申购业务是指分销商在企业发行短期融资券或中期票据的分销期内，主动争取分销额度，赚取债券价差收入和分销手续费的业务。业务特点是：在不占用自身资本的情况下，利用总行债券做市商的身份进行参团申购，为分行赚取可观的中间业务收入。2月26日，分行成功办理西部矿业股份有限公司参团申购业务，赚取中间业务收入31万元，实现该业务零的突破，标志着资金资本市场业务迈上了一个新的台阶。

【信托贷款实现零的突破】 6月份，分行与邯郸钢铁集团有限责任公司签署10亿元信托贷款合同。6月28日，第一笔信托贷款成功发放，金额5亿元；7月7日，第二笔信托贷款成功募集并顺利发放，信托贷款总额度达到10亿元，信托融资业务实现零的突破。该产品的成功发行，分行不仅获得了一定的中间业务收入和对公存款，扩大了托管资产规模，更以总分支三级高效的专业化运作跑赢了其他商业银行，为客户寻找到了低成本资金，节约了大量的财务费用，赢得了客户的赞誉和尊敬，开启了银企合作的新篇章。

【家电下乡履约保证金监管】 为保证中标企业遵守家电下乡相关协议，履行社会责任，省财政厅、商务厅、工业信息与产业厅成立河北省家电下乡工作领导小组办公室，并在河北省指定一家银行对中标企业保证金进行监管。中信银行凭借良好的服务及较高的工作效率，赢得了此次家电下乡履约保证金唯一监管银行资格。6月29日，中信银行获得家电下乡工作领导小组办公室授权书。7月16日，河北省家电下乡领导工作小组办公室向中信银行石家庄分行寄送了感谢信，对该行为家电下乡工作提供的专业金融服务表示感谢。在此次合作中，以旧换新项目涉及中标企业53家，监管金额达800万元，监管期限不低于一年半；家电下乡项目涉及中标企业46家，监管金额达460万，监管期限为三年。

【网点建设】 2010年，石家庄分行机构网点快速发展，中山东路支行、平安北大街支行、红旗大街支行、谈固南大街支行4家同城支行先后开业，异地机构保定分行顺利开业，邯郸分行处在筹建之中。机构网点的快速铺设，优化了中信银行在石家庄的战略布局，提高了客户服务半径，为分行业务持续快速发展奠定了坚实基础。截至年末，中信银行石家庄分行拥有19家支行，1家异地分行，离行式自助银行51个。

中信银行石家庄分行

行　长：韩光聚

2010年6月26日，中信银行石家庄分行平安北大街支行举行开业庆典

副行长：林向阳

（吴红梅）

华夏银行

【概况】 2010年，面对复杂多变的经济金融环境，华夏银行石家庄分行按照“调结构、控风险、创效益、促发展”的工作思路，着力优化业务结构，转变发展方式，促进各项业务全面发展。大力引进专业人才，调整人员配置，优化人员结构，开展岗位培训，完善绩效考核管理办法，建立公平、公正、合理、有效的激励约束机制，不断加强人员队伍建设。深入开展创先争优活动，争创“四强”党组织，争做“四优”共产党员，扎实推进党建工作。认真贯彻“三个办法一个指引”文件精神，全面落实监管新要求；坚持“一岗双责”，成立案件防控领导小组，制定案件防控工作方案，构建案件防控责任体系；开展“内控和案防制度执行年”系列活动，大力开展合规教育，全面排查异常行为，实现安全管理“零案件”目标。年内，石家庄分行被国家外汇管理局评为2010年度国际收支统计之星；被中国人民银行石家庄中心支行评为2010年度河北省支付清算系统优胜单位。在“提升服务争创千佳”活动中，全国20余万家、全省近万家单位参评，新华路支行脱颖而出，被评为2010年度中国银行业文明规范服务千佳示范单位；红旗支行、建设南大街支行、槐安路支行表现优秀，被评为河北省文明规范服务示范单位。此外，红旗支行被市政府评为石家庄市2008～2009年度文明单位。截止年末，全行一般性存款余额238.5亿元，较年初增长70.1亿元，增幅为41.6%；各项贷款余额169.6亿元，较年初增加25.7亿元。全年实现利润3.63亿元，较上年增加2.92亿元，累计清收各类问题贷款15394.6万元，不良贷款率1.71%，同比下降0.25个百分点，不良五项指标及其新增指标全部控制在总行计划之内。

【业务发展】 积极开展市场调研，大力研发新产品；开展营销竞赛和新产品推介活动，创造业务发展新极点；开展“迎世博金融服务”、“提升服务争创千佳”、“质量月”和“2010年银行业公众教育服务日”等系列活动，提高服务质量；加强异地支行建设，升级改造同城机构服务平台；加强渠道建设，完善服务功能；加强网银产品应用，提高网银柜台替代率；成立中小企业信贷部石家庄分部，搭建业务发展新平台，提高中小企业客户服务能力；启动财富管理中心建设，打造高端客户服务平台，促进各项业务全面发展。年内，融资供应链、现金新干线、投行及理财、环球智赢等新产品相继问世；无贷户营销取得新进展，财政性存款实现突破；分行信用卡等产品推广和营销组织活动在系统内排名靠前，并荣获“信用卡营销先进分行”荣誉称号，成为华夏财富精英成员；保定分行营业部先后荣获“华夏信用卡全国百强营业网点”、“华夏财富五星级理财支行”、“2010年度‘百千万工程’优秀支行网点”等多个荣誉称号；建华支行、中山支行分别获得总行“做优个贷先进支行”奖。截至年末，全行一般性存款余额238.5亿元，较年初增长70.1亿元，增幅为41.6%；储蓄存款余额42.3亿元，较年初增长7.5亿元，增幅为21.6%；国际结算量实现9.86亿美元，比上年增长3.4亿美元，增幅53%；净增公司业务有效客户290户，完成总行计划的208.6%；国际结算有效客户141户，完成总行计划的117.5%；各项贷款余额169.6亿元，较年初增加25.7亿元。

【盈利能力提高】 2010年，分行面临贷款规模受到限制，经营计划缺口巨大的不利形势，为此，分行适时调整发展战略，积极研究应对措施，积极调整营销策略，有效调控信贷资源，将有限的资源优先用于综合回报高的客户；对综合回报低的客户采取利率上浮、额度压缩等措施，提高资产收益率；对全年信贷额，做到用足、用好，实现早投放早收益；积极向总行申请信贷额度，同时，利用时间差，采取调控信贷规模、资产转让、竞购风险资产等措施，实现信贷规模利用效率最大化。至年末，通过合理调控信贷规模，增加收益2500多万元。全年实现利润3.63亿元，较上年增加2.92亿元；实现中间业务收入5330万元，较上年增长1470万元。

【网点建设】 年内筹建完成异地分行3家。4月份，保定分行建成开业；8月份，唐山分行开业；9月份，沧州分行筹建准备，年底基本具备开业条件。装点改造支行3家，硬件配套升级全面完成，整体形象有效提升。全年新增特约商户232户，POS机具223台，TPOS机具504台，新增自助银行8家，自助设备20台，网银替代率进一步提高。

华夏银行股份有限公司石家庄分行
行　长：王宏杰
副行长：赵巍　苏彦民
　　　　王庆华

（刘文华）

民生银行

【概况】 2010年，中国民生银行石家庄分行着力实现可持续发展，加强异地分行建设，开发创新业务品种，加强员工队伍建设，加强分行合规建设，实现各项业务安全、高效运营，达到管理“四无”目标（无各类经济案件、无职工违法犯罪、无治安、火灾事故），共有4家支行（胜利北大街支行、友谊北大街支行、和平西路支行、中山东路支行）获得“平安支行”称号，12月24日，总行、省公安厅、省银监局联合进行机构授牌。员工素质建设卓有成效，在全市金融系统职工职业技能大赛上，分行取得8个单项奖（3个第一、2个第二、2个第五、1个第六）和2个集体奖，成为整个比赛中得奖最多的金融机构。年内，新建异地二级分行3家；开发适合中小企业融资特点的产品8个；创立商贷通微小企业贷款新品种；银行投资业务取得突破性进展，9月份成功招揽第一笔投行业务。至12月末，分行各项存款435.22亿元，较年初增加116.36亿元。其中对公存款316.78亿元，较年初增加84.64亿元；储蓄存款118.44亿元，较年初增加31.72亿元。一般性贷款285.12亿元，较年初增加85.81亿元。资产规模达到512.09亿元，较年初增加136.48亿元。邯郸分行累计发放贷款164.74亿元，沧州分行累计发放贷款142.6亿元，衡水分行累发放贷款9.27亿元，秦皇岛分行累计发放贷款27.65亿元，有力支持了当地经济建设。

【大公司业务】 重点围绕交通、煤炭、城市建设等涉及国计民生的基础产业和优势行业，大力拓展对公业务发展，同时合理利用产品政策，在表内业务规模受限的情况下，大力推动表外业务发展。全年累计发放一般性对公贷款197.7亿元；表外业务累计发放贷款320.4亿元，其中签发银行承兑汇票319.73亿元，签开保函6683.44万元。

【中小企业业务】 建立专业的经营体系，针对中小企业融资特点，开发“循环贷”、“联保贷”、“组合贷”等8大产品，中小企业金融服务实现整体谋划、团队营销和流水化经营，在业内树立了中小企业金融服务“财富罗盘”的品牌形象。至12月末，中小企业授信客户新增348户，授信额度44.6亿元，发放各类贷款29.5亿元，居系统内第三批获得专营资格分行领先地位。此外，中小企业银承、贴现、动产融资等资产业务发展良好，特别是动产融资业务，得到广大客户尤其是中小企业客户的广泛认可。年内，动产融资户达到110个，授信总额超过100亿元，累计交易量近200亿元。

【小微企业业务】 针对小微企业客户，成功开发商户授信新产品——商贷通，目标客户主要是商品交易市场、商业街区商户、超市（商场、购物中心、卖场、百货店）供应商和具有地方特色的产业集群。该产品可有效使用联保、互保、承租权质押等多种担保方式，扶持小微企业的发展。2010年，产品主要投放在该行已经设立分支机构的石家庄、沧州、邯郸、秦皇岛、衡水等地区。随着分支机构的陆续开建，该行商贷通业务将覆盖全省范围，为小微企业的发展提供金融支持。至年底，该行投放小微企业贷款27.91亿元，涉及小微企业近4400户。

【成功组织黄骅港银团贷款项目】 8月份，依据市场需求，在大量市场调研和可行性分析的基础上，分行成功牵头组织了黄骅港综合大港航道基础设施建设银团贷款项目。该项目授信总额36亿元，为黄骅港建设提供了可靠的资金保障。

（白亮）

【签订宝德担保公司5亿元担保合作协议】 2009年，民生银行成立中小企业业务专营机构，加大对中小企业的支持力度。2010年上半年，石家庄分行累计投放13亿元，支持了百余家中小企业的发展。8月27日，民生银行石家庄分行与石家庄市宝德中小企业担保服务有限公司，签订5亿元担保额度合作

2010年8月27日，中国民生银行石家庄分行与石家庄市宝德中小企业担保服务有限公司签订合作协议

协议，支持省会中小企业发展。副市长刘明轩出席签约仪式。

（新晓磊）

【网点建设】 2010年，民生银行石家庄分行着重加快开设异地分行，完善网点布局，提升服务能力。年内，新建异地二级分行3家（衡水分行、秦皇岛分行、唐山分行）。8月，衡水分行开业；9月，秦皇岛分行开业；12月21日，唐山分行试营业。截至年末，民生银行石家庄分行拥有22家分支机构。其中，同城支行（营业部）17家，异地二级分行5家。22家分支机构分别是：分行营业部、中山东路支行、维明支行、和西支行、红旗大街支行、中华南大街支行、槐南支行、新华西路支行、裕东支行、翟南支行、广安支行、建北支行、胜利北大街支行、友谊北大街支行、西二环北路支行、槐北支行、平安南大街支行、邯郸分行、沧州分行、衡水分行、秦皇岛分行、唐山分行。

2010年11月23日，中国民生银行衡水分行举办开业庆典

2010年12月24日，中国民生银行石家庄分行平安支行揭牌成立

中国民生银行石家庄分行

行　　长：王家智

副 行 长：杨德　胡国荣

行长助理：宋立新

（白亮）

交通银行

【概况】 交通银行河北省分行是交通银行设在河北省省会石家庄的省级机构，下辖唐山分行、秦皇岛分行、邯郸分行、保定分行和沧州支行，在石家庄地区没有单独设立管辖机构，交行石家庄地区机构由省分行统一直接管理。近几年来，石家庄市委市政府注重改善全市金融发展环境，推动地区经济健康快速发展，强化省会在冀中南经济区的主导地位和全省领先地位，力争打造京津冀第三级。省会石家庄经济蓬勃发展，全市经济增长速度和效益明显高于全省平均水平。作为国有五大银行之一，交通银行河北省分行以支持省会经济发展为己任，不断加大资金投入，转变经营思路，拓宽服务渠道，实现地方经济与自身发展互惠共赢。2010年，面对错综复杂的经营环境，交通银行河北省分行本部在总行党委的正确领导下，按照“跑赢大市、争先进位”的总体要求，认真贯彻“三个办法一个指引”文件精神，适时调整经营策略，合理调控发展节奏，健全授信审查定期通报制度，开展

贷后管理达标评比，夯实风险防范基础，开展个金条线营销一体化试点，设立大客户两个部（一部、二部），提升集团客户服务水平，促进各项业务全面发展。创立开发园区、供应链等集群化服务，健全小企业专营机构网络，加强对中小企业、居民消费的金融支持；电子仪表、机械制造等主要行业以及风电、光伏等新能源行业投放适度增长；钢铁、水泥、融资平台贷款增长得到控制，信贷结构进一步优化。加强客户分层服务体系建设，着力发展壮大中高端客户群体；组织中高端客户笔会、高尔夫试打体验、海南休闲旅游等活动，大力推广沃德财富等中高端品牌，私人银行、沃德财富、交银理财客户等中高端客户数量迅速增长，客户结构进一步优化。建立健全抓存揽存长效机制，新户拓展、产品带动、贷款结算、IPO存管、离在岸联动以及财政资金营销等工作成效显著，本外币存款实现稳步增长。至年末，本部人民币各项存款余额266.7亿元，较年初增加42.6亿元，其中：对公存款较年初增加37亿元，储蓄存款较年初增加5.6亿元；人民币各项贷款余额229.6亿元，较年初增加28.5亿元，其中小企业和个贷增量12亿元。

2010年6月18日，交通银行河北省分行营业办公大楼奠基

【公司业务】 加大客户信息搜集整理力度，及时获取客户名单，开展针对性营销，努力拓展新户，客户基础得到夯实。投行业务品牌影响力持续扩大，重点产品推广成效显著，蕴通账户、供应链、缴税通、银期转账、企业年金等7项指标全部完成任务。产品创新实现突破，办理了系统内首笔“A+H”特定客户理财资金托管业务，银团贷款、电子票据等新业务推广成效显著。截至年末，对公存款余额达191.03亿元，同比增长24.02%，占比71.63%；对公贷款余额达201.79亿元，同比增长16.2%，占比87.99%。

【个金业务】 个金业务个人财富管理特色进鲜明。以海蓝系列产品为抓手，瞄准行外客户进行营销；稳步推进代理保险销售常态化机制建设，增强日常销售意识；抢抓市场机遇，举办推广活动多次，强力营销世博贵金属；加大基金推介力度，加强个人财富管理。截至年末，人民币储蓄存款余额达75.68亿元，同比增长7.89%；个人贷款余额达27.85亿元，同比增长50.38%。

【国际业务】 围绕客户国际业务需求，结合外汇市场形势，加大新产品开发和存量产品优化整合力度，推出预付款项下贸易融资、利率掉期、省内异地资本金开户、第三方承兑等新型产品和服务；针对钢铁行业、进出口企业、集团型企业等群体性客户，推出专业性服务方案；加强同境外行联动，成功为客户办理内保外贷、四方协议等业务。全年实现国际业务结算20.3亿美元，同比增长61.53%。

【网点渠道建设】 2010年，按照最新CI标准，装修改造服务网点4家（石家庄友谊南支行、友谊北支行、水源街支行、工农路支行），设立省内首家私人银行服务中心(9月开始筹建，年底试营业)，延伸服务网络，网点布局进一步完善，网点形象和服务能力有力提升。截至年底，省分行本部共有29个人工网点（含鹿泉县域支行），27个在行式自助银行服务区，2个离行式自助银行服务区。开发上线代收电费系统、3G无线接入技术、财政非税系统等多个实用项目，全行IT应用水平不断提升。加快自助设备更新与投放，不断改善客户用卡环境；推出手机银行网银落地交易功能、一卡通缴费系统等特色产品，推动电子银行产品创新；围绕业务拓展指标，强化电子产品培训和电银业务营销，适时开展手机银行百日万户必胜赛、网银代发专项营销等活动，电银渠道进一步拓宽，电子分流率、网银动户数、网银覆盖率、手机银行、电子银行业务收入等指标任务全面完成。

交通银行河北省分行
行　长：吴春节
副行长：刘彦涛　刘凤杰　王国成
李文方（9月任）

（李军）

光大银行

【概况】 2010年，中国光大银行股份有限公司石家庄分行（简称中国光大银行石家庄分行）秉承“更有内涵的发展”理念，全方位多层次开展员工培训，加强合规文化建设，坚决落实银监会“三个办法一个指引”文件精神，加大督导检查力度，推进“四位一体”内控监管体系建设，夯实管理基础，实现全面健康发展。年内，制定完善各类制度17项，清理规章制度136项，修订9项，废止27项，继续使用101项，各部门公示业务流程40余项；组织开展各类检查7项（柜台经理履职情况检查、存款滚动风险检查、票据业务检查、财务专项检查、贷款真实性检查、经营性物业检查、授权情况检查）；开展“金融系统反腐倡廉建设巡展”警示教育300余人次，合规意识、风险意识、服务意识大幅提升。至年末，分行零售专职客户经理80人，网均7人，取得AFP、CFP资格7人，获得理财资格证书48人，获得个贷资格27人，获得保险从业资格40人，获得基金从业资格69人。柜台人均业务量9000余笔，同比增长25%，单笔业务操作时间同比减少20%，业务差错率万分之1.47。康乐街支行荣获全国“银行业文明规范服务千佳示范网点”荣誉称号，广安大街支行、友谊北大街支行、建华北大街支行、中华大街支行四家支行荣获省级“银行业文明规范服务百佳示范网点”荣誉称号。截至年末，一般存款时点余额达159.9亿元，同比增加48.2亿元，增幅43.15%，日均余额128亿元，同比增加37亿元，增幅28.9%。一般贷款时点（不含贴现）172亿元，同比新增35亿元，增幅25%，日均168.23亿元，同比增加53.55亿元，增幅46.7%。银行承兑汇票余额129.49亿元，同比新增58.06亿元，增幅81.28%。全年实现利润3.86亿元，同比增加2.11亿元，增幅119.71%。中间业务收入11015万元，同比增加4499万元，增幅69.06%。不良贷款额1464.93万元，较上年减少13.65万元，不良贷款率0.085%，较上年下降0.003个百分点。

【业务发展】 推行阳光服务“十项做法”，提升网点服务质量；加强机构建设，优化网点布局；积极研发新产品，大力开展产品推介和客户回馈活动；支持发展标准贸易融资等业务，支持围绕核心客户发展供应链融资业务；推行模式化经营，促进各项业务稳步发展。年内，细化网点服务设施50余项，分区改造亮化机构1家（营业部），成功推出1+N保理模式，建立钢铁、汽车等行业新模式，钢铁金色链及全程通业务持续保持优势。截至年末，对公贷款时点142.40亿元，同比增加22.02亿元，增幅为18.30%，日均为144.24亿元，较年初增加41.74亿元，增幅为40.72%；对私存款时点29.37亿元，同比增加13.91亿元，增幅90.04%，日均余额为20.45亿元，同比增加6.8亿元，增幅49.80%；对私贷款时点29.76亿元，同比增加12.79亿元，增幅75.33%，日均余额为24亿元，较年初增加11.8亿元，增幅为96.3%；新增信用卡客户43002户，累积达到102823户。贷款结构调整成果显著。至年末，对私贷款占比17.3%，较上年提高4.94个百分点；贸易融资时点余额27.66亿元，同比增加12.3亿元，增幅80.3%，贷款占比16.08%，较上年增加4.9个百分点；中小企业融资余额20.98亿元，较年初新增14.22亿元，增幅210.36%。

【网点建设】 5月26日，唐山分行开业；3月15日，友谊北大街支行建成开业；6月23日，中山路支行获批筹建，10月25日，中山路支行正式开业。至年末，分行拥有分支机构11家，其中，包括

2010年5月26日，中国光大银行唐山分行举行开业庆典

分行营业部、同城支行9家、异地分行1家。在建异地分行2家（邯郸分行、廊坊分行），4月28日，邯郸分行获批筹建，至年底，邯郸分行网点完成装修并通过安全消防验收，营运资金已拨付到位，营业设备全部配套完成，各项准备工作就绪；12月30日，廊坊分行获银监会批准筹建。

中国光大银行股份有限公司
石家庄分行
行　长：阚华
副行长：武贯群

（孙效燕　康虞）

表41　2010年中国光大银行石家庄分行营业网点布局情况一览表

序号	机构名称	详细地址
1	光大银行石家庄分行营业部	石家庄市中山东路118号
2	光大银行石家庄建华北大街支行	石家庄市跃进路79号
3	光大银行石家庄康乐街支行	石家庄市桥西区康乐街8号
4	光大银行石家庄中华大街支行	石家庄市中华南大街323号
5	光大银行石家庄富强大街支行	石家庄市东岗路18号
6	光大银行石家庄新华路支行	石家庄市新华路167号
7	光大银行石家庄广安大街支行	石家庄市广安大街10号副1号
8	光大银行石家庄槐安东路支行	石家庄市槐安东路166号
9	光大银行石家庄友谊北大街支行	石家庄市友谊北大街368号
10	光大银行石家庄中山路支行	中山西路142号
11	光大银行唐山分行	唐山路北区北新道87号

邮政储蓄银行

【概况】 2010年，邮政储蓄银行找准市场定位，服务城乡大众，支持“三农”，支持中小企业发展，加强风险防范，夯实管理基础，加快业务转型，发挥邮政金融网络优势，促进各项业务健康发展，初步走上一条专业化、规范化的良性发展道路。服务领域不断拓展，基本形成包括负债业务、中间业务、资产业务在内的金融服务框架，主要包括：个人储蓄业务、银行卡业务、汇兑业务、理财业务、各种代收代付业务以及小额贷款业务、小企业贷款业务、银团贷款业务、公司业务、票据业务、同业拆借业务等30多个业务品种。截至年末，分行拥有一级支行22家，二级支行55家，邮政金融网点204个，基本覆盖全市所有较大农村乡镇，形成了连通城乡覆盖面较广的个人金融服务网络。至年末，实现收入3.18亿元，同比增长61.43%，其中储蓄业务、信贷业务、公司业务收入分别占收入总额的38.06%、23.97%、21.90%，实现利润1.23亿元，同比增长123.19%。

【个人业务】 加强市场调研，创新业务品牌，强力吸纳存款。开展银保合作，开发简易人身险、农村财产险、种植业和自然灾害险等诸多适宜险种，发展保险代理业务，服务广大城乡居民，实现保费代理4.16亿元。同时，设立基金、理财业务品种，年累计销售15856.6万元。截至年底，个人储蓄余额净增9.1亿元。

【公司业务】 依托网络优势、结算优势，找准市场，开展项目营销。年内，POS商户资金归集、新农保、新农合、非税代收、国库集中支付、村委会、交通、教育、城建、一日捐、专项融资、福彩代收等项目均取得突破性进展，逐步建立以财政、社保、烟草为行业支撑，以网络型客户资金归集为服务重点，多元化、多层次的客户结构。截至年底，公司业务存款余额42.05亿元，净增21.83亿元，增幅达108%。其中，市区实现10.56亿元，县区实现31.49亿元。

【信贷业务】 着力从三个方面入手，促进信贷业务发展。成立小企业信贷中心，提高业务办理效率，满足小企业客户“短频快”资金需求；开发固定资产抵押、存货质押和应收账款融资等新方式，解决小企业客户担保难的问题；提高信贷额度，由500万元提高到1000万元，增强服务小企业的能力。截至年底，小企业贷款结余放款119笔，金额2.48亿元，不良率零。个人贷款业务结余15674笔，金额14.78亿元，较年初净增8.52亿元。其中，小额贷款结余11907笔，金额6.48亿元，较年初净增2.48亿元，不良率0.63%；个人商务贷款结余1573笔，金额3.69亿元，较年初净增2.27亿元，不良率零；个人房屋按揭贷款结余2194笔，金额4.60亿元，较年初净增3.77亿元，不良率零。

【邮储票据中心成立】 2月份，邮储银行石家庄市分行票据中心正式成立。4月份，票据转贴现业务正式运营，共办理票据买入业务34笔，票据1969张，金额75.2亿元；票据卖出业务12笔，票据864张，金额29.3亿元。11月10日，票据直贴现业务正式运营，至年底，共办理票据直贴买入86张，金额4.6亿元；票据系统内卖出23张，金额1.6亿元。

中国邮政储蓄银行石家庄分行
行　长：时国校
副行长：赵蒙林　张国平　米荣杰
（孙吉硕）

河北银行

【概况】 2010年，河北银行制定实施五年发展战略规划，上规模、保增长，调结构、促转型，抓管理、控风险，创收入、增效益，开拓创新，打造“环渤海区域领先的公众银行”。开展“能力提升年”活动，着力提高八种能力。全行员工学习专业知识、钻研业务技能、提高岗位能力的积极性、自觉性、主动性大为提高；总行各部门走出去、请进来，开展对标学习，在风险管控、产品创新、市场营销、精细化管理、选人用人、职业技术、执行能力及自律能力等方面，较以往有很大改善；各分支机构则以年度任务为目标，抓岗位培训、抓市场营销、抓风险控制，活动丰富多彩。贯彻落实“三个办法一个指引”文件精神，实施风险管理改革，出台风险管理制度10余项，完善风险管理制度体系；建立双人会签审查、有权分层审批新机制，简化审批流程，提高审批效率；编撰首部《信贷政策手册》，培养信贷人才，指导信贷营销，规范授信审批，防范信贷风险，提高资产质量；建立配套内控管理制度，保证新核心业务上线平稳运营；加强贷后管理，先后开展大检查2次，边检查、边整改、边落实，化解潜在风险，全面提高风险防范能力。截至2010年12月末，全行各项贷款总额328.49亿元，较年初增加64.83亿元，增长24.59%；各项存款总额675.59亿元，较年初增加170.51亿元，增长33.76%；资产总额758.08亿元，较年初增加209.62亿元，增长38.22%；资产收益率0.87%，较同期增长0.19%；资本充足率

13.15%；拨备覆盖率 314.76%，同比增长 162.70%；不良贷款率 0.67%，较年初下降 0.35%。全年实现净利润 5.66 亿元，同比增长 74.78%。2010 年，河北银行被评为“最具社会责任奖　河北十大企业”荣誉称号；河北银行董事长乔志强荣获“最具社会责任奖　河北十大企业家”称号。

【业务发展】 年内，零售客户结构得到初步调整，初步形成以个人贵宾客户为代表的中高端客户群。牵头组织银团贷款 2 笔，金额达 6 亿元；参与银团贷款 2 笔，发放贷款 1.45 亿元。理财业务实现历史性突破，全年共发售理财产品 88 期，同比增长 175%，其中：自主研发 81 期，占比 92.05%；销售金额同比增长 474%；手续费收入同比增长 9.44%。国际业务稳步增长，全年外汇结算量同比增长 152%，外汇中间业务收入同比增长 149%，外汇利润同比增长 102%。信用卡业务初具特色，交易笔数同比增长 980%，交易金额同比 541%。短期资金运作实现收入同比增长 106%，能力大幅提高。采取债权拍卖、强制执行、与资产公司合作处置等多项措施，收回受托清收不良资产 1.56 亿元，集中清理诉讼案件 104 笔。电子服务渠道建设取得重大突破，企业网银新增有效户数 2838 户，个人网银新增有效户数 8587 户，网上银行转账综合替代率达到 25.7%。

【业务系统开发】 新一代核心业务系统是河北银行最基础、最重要业务系统，也是 2010 年全行重点工作之一。2008 年，河北银行开始研发新核心业务系统，2010 年 6 月 17 日，该业务系统成功上线，成为自河北银行有史以来研发时间最长，涉及系统最多，业务覆盖最广，任务最繁重的一项系统工程，为全行提高服务效率、增强操作风险防范能力、提高经营管理水平提供了可靠的技术支撑。2010 年 7 月，河北银行着手研发新一代信贷风险管理系统，到 2010 年末，基本完成需求确认，开发工作顺利起步，计划 2011 年 3 月底前实现上线运行。2010 年 5 月，数据平台建设启动，到 2010 年末，初步完成相关业务系统的数据及信息的整合，系统一期工程正式上线运行。

（杜立辉）

【推出银企联名信用卡】 6 月 1 日，河北银行与石药集团签订银企战略合作协议，共同推出河北银行石药联名信用卡。按照合作协议，河北银行在授信业务、结算业务、外汇业务、电子银行业务及中间业务等多项业务方面，与石药集团全面合作，双方通过建立全方位、多层次合作体系，充分利用在各自领域的竞争优势，促进双方业务实现又好又快发展。河北银行石药联名信用卡，是河北银行首次与国内知名生产企业共同推出的信用卡产品。该信用卡除具有河北银行信用卡所有金融功能外，还可为持卡人提供石药集团客户专属的各项优惠和服务。推出河北银行石药联名信用卡，是河北银行在全新领域的一次尝试，可通过发挥双方各自在品牌及用户上的优势资源，为客户提供更优质的全方位服务提供操作平台。

（靳晓磊）

【网点建设】 2010 年，环渤海区域性银行战略布局顺利推进，“总－分－支”三级银行组织体系进一步完善。新建异地分行 3 家，异地分行总数达到 6 家。10 月 15 日，河北银行廊坊分行开业；12 月 16 日，河北银行沧州分行开业；12 月 24 日，河北银行发展研究中心（北京）揭牌成立；12 月 28 日，

2010 年 7 月 8 日，河北银行举行“光彩信用卡”首发仪式

2010年10月15日，河北银行廊坊分行举行开业庆典

平山西柏坡冀银村镇银行开业；12月29日，河北银行保定分行开业。获批筹建异地分行1家（青岛分行）。唐山分行和天津分行新建下属支行3家。

（杜立辉）

【西柏坡冀银村镇银行成立】 平山西柏坡冀银村镇银行有限责任公司是由河北银行股份有限公司作为主发起人，经中国银监会河北监管局批准成立的石家庄地区首家村镇银行，填补了石家庄地区村镇银行空白，同时也为平山县当地金融领域注入了新的血液，2010年12月28日正式开业。注册资本5000万元，股本结构为：河北银行股份有限公司出资2550万元，占比51%；石家庄三环锰硅科技有限公司出资400万元，占比8%；平山县敬业焦酸有限公司出资400万元，占比8%；河北圣源纺织有限公司出资400万元，占比8%；石家庄华莹玻璃制品有限公司出资400万元，占比8%；河北冀凯实业集团有限公司出资400万元，占比8%；河北鸿雁速递有限公司出资400万元，占比8%；赵蜀军出资17万元，占比0.34%；王文忠出资12万元，占比0.24%；韩树平出资12万元，出资比例0.24%；孙恪出资3万元，占比0.06%；张蔚出资3万元，占比0.06%；张西渝出资3万元，占比0.06%。根据股东会决议，报经河北银监局核准，聘任赵蜀军同志为平山西柏坡冀银村镇银行有限责任公司执行董事兼行长，聘任王文忠同志、韩树平同志为副行长。该村镇银行依托河北银行的技术，管理、产品等平台，承办企事业单位、个人等各类公众存款和国内结算，代理发行，代理兑付，承销政府债券，发放短期、中期和长期贷款，办理银行承兑汇票贴现等信贷业务，立足平山城乡，服务“三农”，支持县域经济。截至年末，有员工17人，资本金5000万元，存款余额134万元。

（孙恪）

【河北银行股份有限公司大学成立】 为适应市场竞争需要，整合全行培训资源，加强培训工作力度，满足建设环渤海区域领先的公众银行的战略需要，河北银行成立企业大学。名称为河北银行股份有限公司大学，简称河北银行大学。河北银行大学是河北银行总行内设培训机构，服务于全行员工，并根据发展需要为业务合作伙伴及重要客户

2010年5月20日，河北银行大学成立

提供相关培训服务，不面向社会，不在政府教育主管部门注册登记。河北银行大学的目标定位：以积极、敏锐和不断创新的精神，全方位提升河北银行人力资本价值，推动全行向学习型组织转变，实现企业发展与员工个人发展的双赢，成为企业长期发展的助推剂。河北银行大学机构设置为校长、顾问委员、教务处、领导力教研室、信贷业务能力教研室、营销业务能力教研室、理财业务能力教研室、结算业务能力教研室、其他专业技能教研室、新员工基本业务能力教研室。河北银行大学培训体系为“三横六纵”的总体培训框架，从适用人群划分为中高层管理人员、工作1年以上员工、工作1年以内新员工三个横向层级，从能力条线划分为领导能力、信贷业务能力、营销业务能力、理财业务能力、结算业务能力、其他专业技能等六个纵向能力条线。各教研室在培训需求分析的基础上，依据总体培训框架，根据不同岗位员工能力素质模型要求，分别设计具有针对性和操作性的培训课程，并根据发展需要定期完善更新。各教研室依据总体培训框架，根据不同岗位员工的能力要求，建立该条线员工的岗位资格认证制度。大学暂不设置专职培训师，讲师队伍由内部兼职讲师及外聘讲师构成。内部兼职讲师的选聘需要经过报名、筛选、考核、评定，经试用期考核合格后办理正式聘任手续。外聘讲师的范围为同业专家、知名教授、政府职能部门专家或其他专业人士。培训的组织方式包括但不限于内部培训、公开课、外聘内训等。培训组织方式的选择主要依据学习内容、学员特点、参加人数、时间等确定。培训教学方法包括但不限于以下形式：(1)以传授知识为目的的直接教学方法：讲授法、专题讲座法、研讨法、网络教学、自学等；(2)以提高能力为目的的实践性教学方法：行动学习法、工作轮换法、特别任务法、个别指导法、案例研究法、模拟训练法等；(3)以改变态度为目的的调整性教学形式：角色扮演法、行为模拟法、拓展训练法等。培训教学方法的选择主要依据培训目的、学习内容、学员特点、时间要求、环境限制等确定。2010年5月14日，河北银行大学挂牌成立。截至年末，河北银行大学分层分级组织开展了领导力培训、专业能力培训、新员工培训等系列培训活动，其中中层管理人员人均培训13.4天，员工人均培训10.5天。此外，通过校园招聘、社会公开招聘等形式，引进了各层次优秀金融人才216人，其中引进总行中层管理人员6名、业务骨干6人，优秀毕业生86人，客户经理10人，为分支行引进各类人才108人，全行员工队伍不断壮大，结构不断优化。

河北银行股份有限公司

董事长：乔志强

行　长：姚浩俊

监事长：盛俊龙

副行长：张荣斌　张肃建

　　　　李艳霞　杨书林

总会计师：王振宇

董事会秘书：赵清辉

（杜立辉）

农村信用合作社联合社

【概况】 2010年，石家庄市农村信用合作社联合社紧紧围绕打造区域现代品牌银行，加强员工素质培养，深入推进绩效薪酬改革，全面实施“541”工程（五大战略：业务创新、信息科技、风险管理、人力资本、品牌文化；四大核心能力：强势品牌力、高效执行力、持续创新力、风险控制力；一个发展蓝图：3～5年发展战略规划），加强股

新建农村信用社营业大厅

权改造，清理资格股，消灭存款化股金，提高优质法人股占比和单一机构持股比例，不断优化股权结构，加快现代化商业银行迈进步伐。年内，平山培训中心成立，可容纳800余人，全年开办培训班44班次，共培训4144人次，培训面达到65%；出台了《石家庄市县级联社（合行）职级工资管理办法》等系列文件，在赵县联社开展试点，完成岗位薪酬改革，将原有岗位分为4个序列、19个职级，每个职级5个薪档，实行宽带薪酬、矩阵管理，全年淘汰中层干部35人，一线员工4人；确定了战略定位和战略目标，在正定联社试点成功的基础上，"一社一策、因地制宜"，各联社战略规划全面完成；股权结构不断优化，正定、井陉、晋州3家联社基本取消资格股，全年全市农信社法人股占比26.69%，同比增加20个百分点，增扩股金10.68亿元，资本充足率达到5.92%，较年初提高4.64个百分点。截至年底，石家庄市联社辖18家县级联社，1家农村合作银行，拥有营业网点563个（360个信用社、151个信用分社、52个储蓄所），员工6766名；资产总额达到967.28亿元，较年初增加148.36亿元；负债总额917.96亿元，较年初增加128.62亿元；所有者权益49.33亿元，较年初增加19.74亿元；拨备前利润11.31亿元，同比增加3.58亿元；各项存款余额达到690.53亿元，较年初增长89.36亿元；各项贷款余额448.64亿元，较年初增长71.75亿元，存贷比例64.97%；不良贷款余额为72.41亿元，较年初下降14.2亿元，不良贷款占比16.14%，较年初下降2.72个百分点，资产质量进一步好转；实现总收入40.26亿元，同比增加7.72亿元，其中，中间业务收入0.82亿元，同比增加0.29亿元，利息收入25.89亿元，同比增加4.14亿元，实现账面利润11.31亿元。

【存款业务】 完善营销体系，健全激励机制，科学分解指标，实行全员营销。积极争揽政府财政性存款，吸收重点企业存款，做大对公存款。改善服务流程，丰富服务品种，提升服务品质，拓展服务领域。至年末，各项存款余额690.53亿元，同比增长11.9%，较年初增长89.36亿元。

【信贷业务】 坚持"立足三农、面向县域（社区）、服务中小企业"的市场定位，从六个方面着手，缓解农村信用社服务功能退化的困局，提高小额贷款质量，优化农村信用环境，提升农信社支农服务水平，促进信贷业务发展。一是自主研发小额贷款信息化系统并在成功上线，开辟农户和农村微小企业资金需求新渠道；二是开发"三农速贷通"系列产品，一次授信，循环使用，自助贷款，方便快捷；三是创立"一站式"服务模式，解决贷款手续复杂，传递繁琐，审批滞后等问题；四是开展批量评级授信，有效防范操作风险和信用风险；五是以省市县三级示范村农户或示范村新民居开发企业为重点，大力支持新民居建设；六是开设省内首家农民自助服务终端，实现金融机构空白乡镇全覆盖，提升农村金融服务水平。至年末，各项贷款余额达448.64亿元，同比增长19.04%，其中，新民居贷款余额7605万元，较年初增加5965万元。全年全市共对910个行政村进行了批量评级授信，农户小额贷款新增授信17480笔，金额11.11亿元；用信14597笔，金额9.18亿元；累计发卡19123张。

【资金营运业务】 将县级联社上存市联社资金的利率，由不定期调整改为按上海银行间同业拆借利率日调整，发挥价格信号作用，促进资金合理流动，增强市场化意识，进一步推动全市农信社资金营运市场化。同时，加强对县级联社的监控，严格控制备付金比例，降低低息资金占用。对外存资金采取备案管理，防止低效资金占用；严格执行对县级联社债券的咨询，控制投资风险。年内，资金营运平台建设成效显著，成为助推全市农信社改革发展的重要引擎。截至年底，非信贷资金收益67.8亿元，较上年增加11.3亿元，同比增长20%，资金收益水平大幅提升。

【电子银行业务】 加强布放ATM、农民自助服务终端、POS等机具，改善农户用卡环境，提高发卡量。同时，采取短信通知、电话银行、网上银行等方式，为客户提供更方便、快捷的服务。全年共布放ATM机7台，农民自助服务终端8台，POS机610台；4.34万户签约短信业务，2.38万户开通电话银行，发行信通卡36万张，卡内存款余额 22 亿元。

【农信进万家活动】 4 月份，全市开展“农信进万家”活动，准确把握市场定位，采取“四进”“三送”（进农户、进社区、进企业、进基地；送信用、送产品、送服务）的方式，增强服务“三农”的主动性和创造性，解决客户贷款难问题；通过恳谈会、银企对接会等方式，深入了解企业的生产经营状况与资金需求，协助相关部门和地方政府，帮助企业解决实际困难；提供业务咨询和服务，摸清现有各类客户和潜在客户的实际金融服务需求；细分客户市场，探索担保新方式，有针对性地开发产品，不断满足市场资金需求；推行农户自助终端服务，开设省内首家金融服务网点，在实现金融机构空白乡镇全覆盖的基础上，向经济活跃、人口较多的区域延伸，为农户提供便捷的金融服务，提升农信社整体服务水平。全年涉农贷款发放额增加 88.09 亿元，增量同比增加 23.49 亿元；涉农贷款增速达 31.69%，较上年提高 1.42 个百分点。至年末，全市农信社涉农贷款余额 366.09 亿元，占全部贷款总额的 81.58%，较上年提高 7.82 个百分点。

石家庄市农村信用合作社联合社
理事长：陈树松
主　任：王文娟（女）
监事长：刘宏峰
副主任：刘合芳

（杨智皓）

证　券

【概况】 2003 年，石家庄市成立金融证券工作领导小组办公室，挂靠在市政府办公厅。2009 年，根据《石家庄市人民政府关于市政府机构设置的通知》（石政发 [2009]40 号），设立石家庄市金融工作办公室，为市政府金融工作部门。2009 年 12 月 2 日，市政府办公厅下发《关于印发石家庄市金融工作办公室主要职责内设机构和人员编制规定的通知》（石政办发 [2009]72 号），对其主要职责、内设机构和人员编制情况进行了明确。主要职责：贯彻执行国家金融工作方针政策和法律法规，做好金融业与地方经济社会发展的衔接；协调解决金融运行中涉及地方相关问题；指导地方金融生态环境和社会信用体系建设，推动金融服务地方经济社会发展；加强地方金融机构建设，负责全市小额贷款公司的监督管理；推动全市企业上市工作开展，提高经济运行质量；协调推动地方投融资平台建设，不断完善地方投融资体系；配合金融监管机构依法加强金融监管，整顿和规范金融市场秩序，维护金融稳定；承办市政府交办的其他事项。内设机构：市金融办内设综合、银行保险和证券融资三个处室。综合处主要负责拟定全市金融产业发展规划、年度计划草案，起草各种文件和材料，对外协调联络、其他日常事务等。银行保险处主要负责联系银行业、保险业金融机构，负责小额贷款公司市场准入和监督管理，做好非法集资等金融案件处置工作。证券融资处主要负责协调证券、期货、基金等金融机构，配合证券监管部门加强监管，推进企业上市融资，负责市级投融资体系建设的综合协调，指导县（区）投融资平台工作开展。人员编制：市金融办设机关行政编制 13 名（含纪检监察人员编制 1 名），其中，主任 1 名，副主任 2 名，纪检组长 1 名，科级领导职数 6 名。机关工勤人员编制 2 名。2010 年，市金融工作办公室围绕全市经济社会发展主线，不断优化金融发展环境，努力扩大社会融资规模，增多做强金融市场主体，切实防范金融运行风险，全市金融业保持了持续健康发展。全年全市金融从业人员达到 7 万余人，实现增加值 143 亿元，同比增长 25.9%，占全市生产总值的 4.2%。

【上市公司】 2010 年，石家庄有 4 家企业实现新上市，融资金额达 49 亿元：5 月，河北恒信移动商务股份有限公司在深交所创业板挂牌上市，股票代码 300081，募集资金 6.59 亿元，成为河北省第一家在创业板上市的企业；7 月，天山发展控股有限公司在港交所挂牌上市，股票代码 02118.hk，募集资金3.5亿港币；10月，新天绿色能源股份有限公司在港交所挂牌上市，股票代码00956.hk，首发融资28.65亿港币，11月增发融资4.29亿港币，共募集资金32.94亿港币；11月，河北先河环保科技股份有限公司在深交所创业板挂牌上市，股票代码300137，募集资金6.6亿元。转场挂牌上市1家：4月，河北奥星集团药业有限公司，从美国OTCBB市场转入纽约证券交易所挂牌，成为石家庄市登陆纽约交易所的第一家企业。迁址注册1家：11月23日，宝诚投资公告，注册地址变更为“北京市西城区阜外大街7号国投大厦1107室”。截至年底，石家庄企业累计上市21家，退市1家，迁离1家，存量19家，20只股票，共从资本市场募集资金176余亿元，一大批企业借力资本市场实现跨越式发展。其中，上交所挂牌2家：威远生化、华北制药；深交所挂牌7家：常山股份、宝石电子、建投能源、东方热电、博深工具、恒信移动、先河环保；港交所挂牌7家：神威药业、中国制药、中国全通、利君国际、中集安瑞科、天山发展、新天绿色能源；美国纽约证券交易所挂牌1家：奥星药业；美国纳斯达克交易所挂牌1家：开元汽车；英国伦敦交易所挂牌1家：中亚玻璃。

表42　　2010年石家庄市境内上市公司基本情况一览表

2010—12—31　　单位：万股、亿元

公司简称	企业主营业务/注册地址	股票简称/股票代码	上市交易所/总股本	上市时间/首发融资	配股时间/配股融资	总资产/净资产	总收入/净利润
威远生化	生物制药	威远生化	上交所	1994.01	1999.12	8.47	7.03
	和平东路393号	600803	23644	1	0.85	3.43	0.04
华北制药	制药	华北制药	上交所	1994.01	1995.07 ①	91.20	102.87
	和平东路388号	600812	102858	2.75	1.3	10.18	2.42
常山股份	棉纺制品	常山股份	深交所	2000.07	2003.08 ②	47.42	37.01
	和平东路183号	000158	71886	6.18	1.41	23.72	0.55
宝石电子	电子玻璃制品	宝石A/B	深交所	1996.07	—	3.75	0.78
	黄河大道9号	000413/200413	38300	3.54	—	2.21	0.015
建投能源	能源发电	建投能源	深交所	1996.06	1997.08 ③	121.27	54.10
	裕华西路9号	000600	91366	0.74	1.01	28.83	0.10
东方热电	热电联产	东方热电	深交所	1999.12	2002.06	15.45	13.27
	建华南大街161号	000958	29948.5	2.56	5.7	−4.09	0.28
博深工具	金刚石、合金工具	博深工具	深交所	2009.08	—	8.65	4.10
	海河道10号	002282	17340	4.99	—	7.89	0.67
恒信移动	移动通讯	恒信移动	深交所	2010.05	—	9.30	10.29
	天山大街副69号	300081	6700	6.59	—	7.92	0.23
先河环保	环保设备	先河环保	深交所	2010.11	—	8.95	1.72
	湘江道251号	300137	12000	6.60	—	8.29	0.47
备　注	① 1995.07配股融资1.3亿元；1997.08配股融资5.3亿元；1999.02配股融资15.04亿元。 ② 2003.08配股融资1.52亿元；2008.01定向增发融资6.07亿元；2010.10债券融资4亿元。 ③ 1997.08配股融资0.99亿元；2007.02定向增发融资22.37亿元；2009.04债券融资5亿元；2010.06债券融投资5亿元；2010.12债券融资5亿元。						

保 险

中国人寿保险

【概况】 2010年，中国人寿保险股份有限公司石家庄分公司认真贯彻落实总公司、省公司决策部署，进一步解放思想，改革创新，转变方式，加快发展，圆满完成年度各项工作任务，公司改革发展建设取得新的显著成效。基础管理更加扎实。契约、承保、理赔、保全等业务精细化、规范化管理水平不断提升。强化业务质量及费用预算管控，厉行节约，严格控制行政办公类开支，经营效益显著提高。全年创费同比增长34.9%，其中，长险创费同比增长25.1%，短险创费同比增长141.2%。加强薪酬福利改革，进一步向基层倾斜，基层员工薪酬同比增长13.9%。推进档案省级集中管理，完成集团业务档案及2009年以前股份业务档案清理工作。启动个人代理人信用评价系统，深入开展“诚信我为先”主题教育活动，继续推进反洗钱工作，严格执行集中采购制度，加强“小金库”风险防范，狠抓岗位制度落实，开展自查自纠与问题整改，内控管理成效显著，各项工作得到总公司党委的充分肯定。加强赔案调查审核，严防理赔风险，拒付赔案109件，涉及金额258万元。积极开展“创先争优”、“四强四优”、营销党员“亮身份树形象”活动。积极开展“职工小书屋”创建达标工作，平山、辛集支公司达市级标准，高邑支公司获省公司“先进职工书屋”称号。着力推进行风建设，公司荣获石家庄市精神文明建设“市级文明单位”、“石家庄市保护消费者合法权益工作先进单位”等称号。全年实现保费收入32.29亿元，同比增长19.28%，占市场份额34.16%，继续保持行业主导领先地位。其中,个险、银保、团险三支渠道市场份额分别为38.25%、33.43%、38.77%，均居同业之首。

【业务发展】 业务健康快速发展。至年末，实现总保费32.29亿元，同比增长19.28%，高于全市寿险行业平均增幅4.65个百分点。其中，长险首年保费20.17亿元，同比增长16.45%；长险首年期交保费6.09亿元，同比增长87.64%；长险续期保费11.33亿元，同比增长26.61%；短期险保费7978万元，同比增长2.66%，其中短期意外险保费6165.48万元，同比增长23.86%。渠道销售能力进一步增强。个险渠道实现保费收入14.17亿元，占总保费43.87%，同比增长26.86%；团险渠道实现保费收入1.42亿元，占总保费4.41%；银保渠道实现保费收入16.70亿元，占比总保费51.72%，同比增长23.71%。业务结构持续优化。首年期交保费占首年保费的30.22%，同比提高11.5个百分点。其中，个险首年期交保费占个险首年保费的98.9%，与上年基本持平；银保首年期交保费占银保首年保费的15.4%，同比提高11.2个百分点。续期保费11.33亿元，占总保费的35.09%，同比提高1.95个百分点，拉动作用进一步增强。短期意外险保费占短期险保费78.3%，同比提高14.2个百分点。公司可持续发展后劲不断增强。加强队伍建设，全年实施制式、非制式培训59期，培训14881人次；建立兼职讲师队伍，年末销售队伍达到6487人。与800多个银邮代理机构签订合作协议，服务渠道进一步拓宽。

2010年4月22日，市民政局、市老龄委办公室、中国人寿石家庄分公司联合召开“助老健康御险”活动新闻发布会，正式启动老年人意外险业务

表 43 2010 年中国人寿保险石家庄分公司保费收入情况一览表

项目		保费收入（万元）	占比 (%)	同比 (%)
险种	长险	314969.68	97.53	17.01
	其中：首年保费	201660.84	62.44	16.45
	续期保费	113308.84	35.09	26.61
	短险	7977.66	2.47	2.66
渠道	个险	141663.77	43.87	26.86
	团险	14241.15	4.41	—
	银邮	167042.42	51.72	23.71
总保费		322947.34	100	19.28

【客户服务与赔付】 服务领域不断拓宽，品质不断提升。关注社会低保及弱势群体，积极推动老年人、独生子女等社会群体人身保险，年内承保石家庄市老年人意外伤害保险，承保人数达 24.9 万人，支付赔款近 60 万元；城镇职工、城镇居民补充医疗保险分别覆盖 79.04 万人、52.66 万人，赔付 4979.73 万元；小额保险承保 5.3 万人，赔付 34.6 万元。全年赔给付合计 2.66 亿元，其中赔款支出、年金给付和死伤给付 1.28 亿元，为社会和谐稳定做出了积极贡献。大力推进国寿 1+N 服务，积极开展"牵手国寿，精彩生活"、"国寿客户节"等主题客户服务活动；开拓特约商家服务，签订 105 家，较上年增加 48 家；发放国寿鹤卡 17.3 万张。加强外部形象建设，建成省会寿险第一家客户服务中心旗舰店，为客户提供舒适、完善、优质的服务环境。

2010 年 12 月 1 日，中国人寿客户服务旗舰店举行开业典礼

中国人寿保险股份有限公司
石家庄分公司

总 经 理：崔绍臣（2009.12 免）
刘彦军（2009.12 任）
副总经理：孙聚良（2009.12 免）
刘一军（2009.12 免）
谢素立（2009.12 免）
张国杰 韩松
何献敏（3 月任）
贾美荣（3 月任）
邱军 （3 月任）

（阎媛敏）

中国人民财产保险

【概况】 2010 年，中国人民财产保险股份有限公司石家庄市分公司紧紧围绕"促发展、增效益、防风险"工作目标，积极应对形势变化，努力克服各种困难，牢牢抓住发展机遇，切实转变发展方式，各项工作取得可喜成绩。全年实收保费 14.34 亿元，完成年计划 139.3%，增量市场份额占 48.2%，存量市场份额占 45.15%，同比上升 1.68 个百分点。司部间的发展差距逐步缩小。全辖 33 个经营单位中，大部分司部保费收入实现高速增长。其中，第三营销服务部、赞皇、和

平支公司增速均超过 100%；长安、行唐、桥西支公司增速达到 80% 以上；元氏、国际保险部、营业三部、鹿泉、裕华、灵寿、高邑支公司增速超过全辖平均水平。有 32 个司部超额完成实收保费年计划，第三营销服务部、和平、长安、桥西、赞皇、鹿泉、灵寿、元氏、平山、国际保险部、营业三部、裕华、新乐、高邑等 14 个司部完成年计划比例超全辖平均水平。裕华、正定、和平支公司先后跨入“亿元支公司”行列；桥东支公司保费规模达到 9860 万元，国际保险部、营业三部、辛集、元氏、晋州支公司保费收入突破 5000 万元，桥西、藁城支公司保费规模达到 4000 万元以上。经营基础更加牢固，发展品质进一步提升。全年经营活动现金净流入 4.21 亿元，同比增长 50.3%；百元保费收入现金净流量为 29.2 元，超过全省系统平均水平 0.4 元。全年累计平均费率为 5.386‰，同比上升 1.477 个千分点；车险费率折扣率 12.95%，同比下降 3.91 个百分点。至年底，应收保费余额为 1779 万元，应收保费率 1.23%，低于全国系统平均水平 2.18 个百分点。全年综合赔付率为 64.37%，同比下降 0.4 个百分点。提取未决赔款准备金净额 4.74 亿元，较上年增提 1.89 亿元，分别占已赚净保费和自留保费的 42% 和 34.2%。经济效益稳步增长，盈利格局多元化。全年实现报表利润 9296.4 万元，同比增长 63.4%；考核利润完成省公司下达年计划的 115.8%。综合成本率为 92.34%，同比降低 0.36 个百分点，低于全省系统平均水平 1.82 个百分点。从产品线情况看，除工程险外，其他所有险种均实现考核口径盈利，企财险、家财险、意外险、责任险、农险和机动车险超额完成年度利润计划。从各司部情况看，全辖 33 个经营单位全部实现盈利，创历史新记录。营业一部、井陉、裕华、无极、桥西、业务营销部、深泽、新乐、新华、栾城、建华等 11 个单位保费利润率达到 10% 以上，超额完成全年利润计划；裕华、正定、桥东支公司分别实现利润 1727 万元、808 万元和 717 万元，桥西、国际保险部、和平、营业三部、辛集、营业一部、新华、井陉、晋州、藁城、元氏、建华、新乐、栾城等 14 个司部实现利润在 300 万元以上。

【业务发展】 制定《客户服务标准化推广实施细则》，全辖开展服务标准推广活动，全面推进客户服务标准化建设，客户服务规范、统一、优质。制定《职场环境考评方案》，统一窗口服务人员着装，规范服务礼仪，更新查勘车辆和理赔设备，扩建改造营业场所，规范标识，增设便民设施，美化亮化办公环境，加强职场建设，提升对外形象，全力打造“河北保险服务金字品牌”，促进全面建设。全年实现保费收入 14.45 亿元，较上年净增 5.45 亿元，同比增长 60.6%。除农险外，其他所有险种均实现正增长。其中，工程险、机动车险增幅分别达到 131% 和 69.9%；意外险、机动车险、货运险、工程险和企财险分别完成年计划的 180.2%、151%、118.2%、108.5% 和 100.1%。电话车险保费收入 1120 万元，增幅高达 5.6 倍。

表 44　　2010 年中国人保财保石家庄市分公司保费收入情况一览表

险　种	签单数（件）	签单保费（千元）	保险金额（亿元）	计划完成(%)
机动车险	473462	1281507	871	151.00
财产险	6482	81010	806	100.63
农业险	658	25152	7	55.40
责任信用险	4248	31539	805	108.75
意外健康险	23284	14196	89	88.73
船货险	21562	11231	105	118.22
合　计	529696	1444635	2682	140.38

【理赔服务】 采取周例会、典型案例剖析等多种形式，加强人员职业道德教育，不断提升理赔服务水平，理赔队伍“风清气正”。严格实行《小额案件快速处理考核办法》，加大考核奖罚力度；增设岗位，充实人员，优化流程；采取“1小时通知赔付”、“一张纸”理赔、小额案件限时处理等系列措施，深入开展理赔提速活动，加快案件处理速度，取得良好的社会反响。依据《理赔效率竞赛考核办法》，强化理赔效率考核，奖优罚劣，充分调动理赔人员的工作积极性。全年案件处理率达100.3%，同比提高5.42个百分点，车险理赔周期23.3天，位居全省第一。

表45 2010年中国人保财保石家庄市分公司赔付情况一览表

险种	决赔件数(件)	已赔款(千元)	未决赔款(千元)	金额结案率(%)
机动车险	105137	451575	342592	81.35
财产险	2029	60071	38182	6.26
农业险	2250	2659	343	97.28
责任信用险	686	7332	17932	44.98
意外健康险	724	3525	2805	66.36
船货险	101	1209	6431	42.62
合　计	110927	526370	408285	80.69

中国人民财产保险股份有限公司石家庄市分公司

总 经 理：李成全（4月免） 丁萍（女，4月任）

副总经理：丁萍（女，4月免） 张彦春 段荣平 梁学军（4月任） 石炳英（4月任）

（张剑）

太平洋人寿保险

【概况】 2010年，中国太平洋人寿保险股份有限公司石家庄中心支公司（简称石家庄中心支公司）大力弘扬“诚信天下、稳健一生、追求卓越”的企业核心价值观，认真贯彻落实各项监管法规和总公司的工作部署，建立健全合规与风险管理体系，执行全面预算管理制度，规范会计核算和财务管理，转变发展方式，提升销售能力，实现可持续价值增长。石家庄中心支公司独立运营第一年，业务内涵价值不断提升，综合实力不断增强，经营效益稳步提高。全年累计实现规模保费收入62667万元，同比增长21.25%，核心业务保费收入14582万元，同比增长26.52%，综合经营管理等级保持AAA级。年内，荣获石家庄市消协“保护消费者权益工作先进单位”荣誉称号，公司党委被上级党委授予先进党组织。

【业务发展】 年内，石家庄中心支公司以推进内部变革为抓手，激发团队活力，着手实施中心城市发展策略，努力做大做强省会城市。个险渠道注重充实组训队伍，调整优化四级机构及部室负责人，拉动机构健康成长和管理水平的提升，营销人力平台达到历史最高点；续期渠道持续夯实基础管理，完善考核机制，提升各项指标，确保了13/25月继续率指标在分公司的领先位置；团险渠道在维护传统优势渠道的同时，大力开拓新的业务增长点，进一步密切与民航、康辉、中联、信用社等单位的合作关系，采取提高承保费率、联合督导、组织会议等方式，挖掘现有网点潜力；银保渠道积极应对日趋激烈的竞争形势，稳步推进渠道维护、系统督导、团队建设、培训训练等方面的工作，迅速提升期缴业务平台，加快业务结构优化步伐，规模和期缴市场份额实现双提升。截至年末，累计实现规模保费收入 62667 万元，同比增长 21.25%，其中：个险渠道实现新单保费收入 5439 万元，同比增长 53.12%；银邮渠道实现新单保费收入 33361 万元，同比减少 2.28%；直销新保保费收入 2441 万元，同比增长 70.78%。核心业务累计完成保费收入 14582 万元，同比增长 26.52%，其中：期缴保费收入 13162 万元，同比增长 26.06%；意外险保费收入 1419 万元，同比增长 29.26%。

表 46　　2010 年太平洋人寿石家庄中心支公司保费收入情况一览表

类别	金额（万元）	增加额（万元）	同比(%)	计划完成(%)
	2009 年	2010 年		
个险渠道	13239	17314	4075	30.78
其中：新单	3552.1	5439	1886.9	53.12
银邮渠道	36644	42603	5959	16.26
其中：新单	34140.7	33361	−779.7	−2.28
直销渠道	1429.3	2441	1011.7	70.78
总保费	51685.4	62667	10981.6	21.25

【赔款与给付】 年内，以新《保险法》实施为契机，打造服务品牌，转变服务理念，采取主动式理赔、短信提醒、调查与探望相结合等多种形式，提高理赔服务质量。8 月 24 日伊春空难发生后，公司成立专项小组，开通理赔服务绿色通道，提供快速理赔服务，赢得客户高度赞扬。全年累计处理理赔案件 1161 余件，赔款金额 1201.14 万元，同比增长 36.18%；全年满期给付金额 12880.4 万元，同比减少 0.65%。

中国太平洋人寿保险股份有限公司
石家庄中心支公司
总 经 理：郝连山（11 月免）
董仕海（12 月任）
副总经理：王刚　范艳萍（女）
梁永东

（田江芸）

太平洋财产保险

【概况】 2010 年，中国太平洋财产保险股份有限公司石家庄中心支公司（简称石家庄中心支公司）严格遵守《保险法》的各项规定，在发展大项目的同时，细化车险市场，实施精细化管理，促进经营水平整体提高。加强渠道建设，大力营销推动，转变增长模式，提升发展速度。深挖市场潜力，整合销售资源，做好 E 化营销渠道的上线准备，逐步规范操作流程，促进各项业务可持续发展。认真执行《车险小额赔案快捷理赔处理办法实施细则》，全面推广“小额赔案快捷理赔”应用系统，加快理赔流程速度，为客户提供诚信、专业、快速、安心、满意的理赔服务。截至年底，实现保费收入 30051 万元，同比增长 59.3%，综合赔付率 34.28%，同比下降 16.03 个百分点。

【业务发展】 2010 年，石家庄中心支公司细化车险市场，追求有效车险业务，改善承保质量，提升整体经营水平。推动建立同业公司定期沟通机制，维护稳定的市场秩序。实施集约化理赔，加强车险成本控制，把好承保、理赔两大关口，提高车险盈利水平。以大项目为抓手，大力提升非车险业务规模。开展专项培训与重点督导，推动交叉销售业务的快速发展。年内，成功招揽京石客运专线石家庄隧道工程、河北省高速公路管理局大广高速、承秦高速、邢汾高速建工一切险等大项目，承保河北白沙烟草有限责任公司财产一切险、中石化河北石油分公司雇员忠诚险、沧州市高速公路建设管理局建筑工程一切险等，续保校园方责任险。至年末，完成保费收入30051万元，同比增长59.3%，其中：车险完成保费收入24017.94万元，同比增长78.6%，完成计划的160.1%；非车险完成保费收入6033.08万元，同比增长11.4%，完成计划的91.1%。

【赔款与给付】 健全各项理赔规章，严格监控日报制度，加强分析预测，强化目标管理，提高服务时效，缩短结案周期；开展车险理赔服务竞赛活动，以“5S理赔服务”为主题，提高理赔服务质量；增设专职法务协理人员，认真落实《诉讼案件管理办法》，加强理赔诉讼管理，将诉讼案件水分降至最低；加大非车险理赔投入，实行专人负责制，全面梳理未决赔案，提高结案率。截至年末，车险赔款支出7888万元，同比下降21.34%；非车险赔款支出2412万元，同比增长9.48%；综合赔付率34.28%，同比减少16.03个百分点。

中国太平洋财产保险股份有限公司
石家庄中心支公司
总 经 理：蔡瑞　（1月免）
　　　　　刘云超（1月任）
副总经理：郦海建（4月免）

（李世彤）

平安人寿保险

【概况】 2010年，中国平安人寿河北分公司以管理促发展，以服务促效益，依托“人才梦工厂”，大力培育合格代理人，全面推广E化行销，依托MIT移动模式，提高签单率。加强银保渠道建设，转变经营模式。全面推广BCP计划（业务持续计划），积极应对突发事件。开展常规稽核、专项稽核、离任稽核、制度审计和审计平台指标检查，推动稽核问题整改，有效规范内部管理。转变纠纷化解方式，由事后处理转化为事前防范，把安全隐患化解在萌芽状态；在纠纷处理过程中，法务人员提前介入，妥善协调处理争议，减少诉讼风险；在诉讼处理中，在据理力争的同时，注重做好诉讼调解与和解工作，避免矛盾激化，推动平安建设深入开展。年内，银保驻点经营转化为巡点经营，创新品牌2项（个险逸享人生养老金保险（万能型）、银保金富贵A）；10月，分公司完成BCP演习，7月～10月，各三级机构相继完成BCP演习，效果良好；针对管理薄弱环节，提出建议书10份，被管理层采纳9份；各分支机构稽核检查任务全面完成，三级机构稽核覆盖率达100%，稽核问题整改实现100%。全年，调解或协商解决保险合同纠纷诉讼案件超过一半，维护了社会和谐与稳定。截至年末，个人业务累计实现保费收入585950万元，同比增长16.8%，保费规模全系统排名第八（数据来源于公司内部统计，截至时间2010年12月31日）。按险种分类，人寿保险同比增长较快，增长19.1%；按渠道分类，个人代理同比增长较快，增长27.5%；从同比增加绝对值来看，个人代理业务成效显著，其保费同比增加104788万元，占全年保费收入增加额124.3%。全年退保支出50746万元，较上年增加21756万元，同比增长75.0%；佣金支出63209万元，较上年增加12502万元，同比增长24.7%；手续费支出3920万元，较上年减少742万元，同比减少15.9%；营业费支出29571万元，较上年增加7039万元，同比增长31.2%。手续费支出同比下降较多：一是银保规模保费较上年同期负增长17.1%；二是手续费基础系数调整所致。

表47　　2010年平安人寿河北分公司保费收入情况一览表

类　别		金额（万元）	增加额（万元）	同比(%)	计划完成(%)
		2009年	2010年		
险种	人寿保险	445452	530511	85060	19.1
	意外保险	2488	1543	-946	-38.0
	健康保险	53740	53896	156	0.3

（续表）

类　　别		金额（万元）	增加额（万元）	同比(%)	计划完成(%)
		2009 年	2010 年		
渠道	个人代理	381509	486297	104788	27.5
	银邮代理	120171	99653	−20518	−17.1
总　保　费	501680	585950	84270	16.8	

【业务发展】 大力发展人力，推广 E 化行销，转变经营模式，创新业务品牌，以智盈人生、世纪赢家、金裕人生、逸享人生、吉星送宝和“三鑫”系列为主打产品，推动各项业务健康发展。截至 2010 年底，累计实现长险新单保费收入 255551 万元，同比增长 9.7%，其中，趸缴保费收入 107245 万元，同比减少 19.8%；期缴保费收 148306 万元，同比增长 49.5%。从同比增加绝对数来看，长险续期占比较重，其保费收入同比增加 64337 万元，占全年总保费收入增加额 73.6%；新单期缴业务发展势头较好，其保费收入同比增加 49072 万元，占全年总保费收入增加额 58.2%。

表 48　　2010 年平安人寿河北分公司个险保费收入情况一览表

类　别	金额（万元）		增加额（万元）	同比(%)
	2009 年	2010 年		
长险新单	232928	255551	22623	9.7
其中：趸缴	133695	107245	−26450	−19.8
期缴	99234	148306	49072	49.5
长险续期	259665	324002	64337	24.8
短　险	9087	6397	−2690	−29.6
总　保　费	501680	585950	84270	16.8

新产品经营业绩喜人。个险主力分红险、投连险、万能险实现保费收入 518844 万元，占总保费的 88.5%，个人代理渠道的平安智盈人生终身寿险（万能型）和银行代理渠道的平安金彩人生两全保险（万能型）保费收入分别为 135908 万元和 47686 万元，占个人业务总保费的 23.2% 和 8.1%。

表 49　　2010 年平安人寿河北分公司个险主力保费收入情况一览表

类别		金额（万元）		增加额（万元）	占比(%)	同比(%)
		2009 年	2010 年			
险种	分红险	162267	192020	29752	32.8	18.3
	投连险	6619	6602	−17	1.1	−0.3
	万能险	263254	320222	56969	54.7	21.6
合　计	432140	518844	86704	88.5	20.1	

【赔款与给付】 严格执行P－STAR服务标准，规范日常投诉处理。认真落实《人身保险业务基本服务规定》，为客户寻找理赔理由，遵循拒付审慎原则。提升理赔服务时效，对一般理赔案件，力争三个工作日结案，截至11月，十个工作日内结案率达97%，客户满意度达93%。全年累计赔款支出3001万元，较上年增加183万元，同比增长6.5%；给付合计支出34948万元，较上年减少3073万元，同比减少8.1%，其中，年金给付增长较快，同比增长25.9%；累计退保50746万元，较上年增加21756万元，同比增长75.0%。

表50　　2010年平安人寿河北分公司赔退付情况一览表

名　称		金额（万元）		增加额（万元）	增长(%)
		2009年	2010年		
赔　款		2818	3001	183	6.5
给付	满期	21874	15278	−6595	−30.1
	年金	5552	6987	1436	25.9
	死伤医疗	10596	12682	2086	19.7
给付合计		38021	34948	−3073	−8.1

中国平安人寿河北分公司

总 经 理：吴越

副总经理：赵津　徐磊（5月免）　耿剑　王泽根　苏海超　樊兆昌（5月任）　张树新（7月任）

（杜景会）

平安财产保险

【概况】 2010年，中国平安财产保险股份有限公司石家庄中心支公司秉承“健康、超越”的经营理念，坚持“诚信守法、简单务实、团结进取、迎难而上”的服务宗旨，公示内部管理制度，规范业务操作流程，加强财务管理，严格内部经营和成本管控，建立监察稽核制度，加强风险防控，夯实业务发展基础。积极投入玉树抗震救灾活动，回馈社会，为社会发展稳定贡献力量。开展全方位、多层次培训活动，提升员工综合素质，建设“专业、高效、团结”的管理团队，公司内勤管理人员全部达到大学本科以上学历；两核人员全部通过初级资格考试及资格评定。以“聪明经营、精细管理”为指导思想，加强渠道建设改革，将原有渠道分为：直销渠道、综合开拓渠道、车行渠道、县域渠道、新渠道五大类，有效提升渠道、团队及四级机构综合竞争力，形成局部竞争优势，其机动车辆保险、企业财产险、工程险、短期意外险等保险产品有效保障了各行业人群风险保障需求。截至年底，实现保费收入42496.25万元，比上年同期增长79.94%。

【业务发展】 年内，公司以渠道建设为重点，明晰旧渠道层次，加强新渠道拓展，合理搭配新旧渠道，大力提升渠道产能，渠道、团队及四级机构综合竞争力有效提升。全年实现保费收入42496.25万元，比上年同期增长79.94%。其中，车险保费收入30764.91万元，同比增长72.34%；财产险保费收入10540.35万元，同比增长116.64%；意健险保费达成1190.99万元，同比增长32.31%。

【理赔服务】 遵循“不惜赔、不滥赔”原则，本着专业、快捷的核赔理念，提出“万元以下，手续齐全，一天赔付”的服务承诺，着力为广大客户提供高品质的服务。年内，依托集团公司强大的IT平台与E化办公系统，真正实现一站式理赔服务；专业风险控制岗位职能得到充分发挥，承保、理赔效率及品质不断提升。全年已决赔案42082笔，赔案金额15537.43万元。其中：车险已决赔案39817笔，赔款11010.39万元；财产险已决赔案764笔，赔款4092.66万元；意健险已决赔案1501笔，赔款434.38万元。

中国平安财产保险股份有限公司
石家庄中心支公司
总 经 理：柴惠艳（女，10月免）
孙烨 （女，11月任）
副总经理：刘晓明（10月免）

（潘洋）

新华人寿保险

【概况】 2010年，新华人寿河北分公司创新经营理念，转变经营模式，加强队伍建设，夯实基础管理，坚持合规经营，加大品牌宣传力度，提升客户服务品质，积极参与社会公益活动，树立公司良好公众形象，促进各项事业全面发展。年内，制定印发单证、财务、印章、机构、营销员等管理制度20多项，有效避免经营风险，全年未发生违规经营事件。截至年底，该公司拥有内外勤员工1万多人，6家中心支公司，3家地市级营销服务部，60多家县（市）级营销服务部，业务覆盖石家庄、秦皇岛、唐山、廊坊、保定、衡水、沧州、邯郸、邢台等9个地市，形成了以个人、银代、团体、续收四大业务销售作业体系，全省有效客户数突破65万人，累计实现规模保费37.39亿元，同比增长15.98%，保费规模创历史新高，累计赔款金额1303万元，同比增长67.77%。

【业务发展】 年内，新华人寿以经营管理为中心，大力推进四大业务均衡发展。加强对各层级人员培训，严格各层级会制管理，加强出勤管理，加强绩效考核。加强机构建设，加强督导追踪，及时发现和帮助解决机构在经营中出现的问题，并树立优秀典范，影响带动其他机构。加强机构考核，调动经营积极性，实现保费平台大幅度提升。至年末，全省有效客户数突破65万人，同比增加10万人。四大核心业务（个人、银代、法人、续期）发展迅速。个人业务实现标准保费3.01亿元，同比增长41.47%；银代业务实现规模保费17.83亿元；法人业务实现短险保费4413.22万元，同比增长69.12%；续期业务实现保费14.22亿元，同比增长118.43%，其中：个人续期业务实现保费5.44亿元，同比增长63.36%，银代续期业务实现保费8.78亿元，同比增长186.93%。

【赔款与给付】 年内，大力加强柜面建设，全省完成标准化建设46家（9家中支，37家四级机构），标准化柜面覆盖率70%；全面推行综合柜员制，初、中级参考柜员100%通过认证，成绩名列系统前茅；积极开展第十届客户服务节活动，成功举办客户联谊会、捐资助教、客户健康知识讲座和少儿书画大赛等多项活动，树立良好社会形象；秉承“更快、更易、更关怀”的理赔服务理念，提高理赔时效，维护客户的合法权益。全年累计赔款1303万元，同比增加526.32万元，同比增长67.77%。

【公益事业】 2010年4月，青海玉树发生强烈地震后，新华保险河北分公司和所属各机构积极开展捐助灾区活动，累计捐款13万多元。在第26个“教师节”来临之际，分公司向平山县会口小学捐赠新电脑10台、课外书籍600余册、文体用品600余套，并组织公司的高端客户成立“爱心校外辅导员”团队，现场与当地的特困学生结对帮扶。4月8日，邯郸中支员工向邱县因火灾造成一死三伤的杨芳家捐款15600多元。4月16日，唐山中支向唐山市受到表彰的22名见义勇为模范每人赠送了总保额491万元的保险。9月17日，保定中支向易县白马乡小学捐赠了价值一万多元的书籍、文具及体育用品。邢台营销服务部向邢台县崔路小学和路家庄小学两所贫困小学捐献课外书籍1000余册，文体用品500余套，向35位贫困儿童捐赠助学金7000元，还在学校建起了“新华保险爱心图书室”，丰富了孩子们的课余生活。

新华人寿河北分公司
总 经 理：王立群（5月免）
张运旭（12月任）
副总经理：宋国盛（6月免）
张战

（王占义）

生命人寿保险

【概况】 2010年，生命人寿河北分公司紧紧围绕“变革、超越”这一主题，狠抓合规管理基础，完善内控制度体系，加大风险隐患排查力度，提升内控管理能力。按照“四快、四高、四确保”的方针，加强机构建设，快速提高网点覆盖率。个险渠道主推长期保障型产品；银代渠道主推分红险，定期开设期缴训练营，并开设SFP业务渠道销售长期保障型产品；团险渠道主推短期意外险业务，优化产品结构，提升业务品质。优化外勤团队，强化绩效考核，各项业务实现跨越式发展。年内，内控管理自评取得93.07分，较上年提高7.77分；银保新契约期缴保费收入为6118万元，同比增长143.98%，市场份额位居省内保险市场第五位；公司主渠道业务13个月继续率全线高升，其中：个险13个月继续率达到65.10%，同比增长13.77%，银行险13个月继续率达到85.60%，同比增长11.36%，经代渠道13个月继续率达到71.40%，同比增长7.85%。公司期末人力达5564人，较期初增加4730人，同比增长567.1%;全年人均产能7123元，较上年增加3621.1元，同比增长103.4%。外勤业务团队整体能力大幅提高，全年实现人均0.73件，较上年增加0.39件，基本实现人人开单。机构发展势头向好，2/3的分支机构月均平台分布在25～100万之间，1/4的分支机构月均平台在50万以上，个险机构产能呈现橄榄型分布，基础结构良性发展。先后荣获“河北省保险业服务质量达标先进单位”、“河北省服务质量优秀单位”、“河北省诚信示范单位”和“2010年全省质量月质量提升倡议单位”等荣誉称号。

【业务发展】 年内，银保业务以生命金惠两全、红上红、超越两全等为主打产品，品种多样，结构合理，竞争力量强，实现保费收入71938.4万元，同比增长60%，占比达79.94%，居主要地位。银保趸缴业务实现保费收入6.58亿元，同比增长54.8%，增长较快，对公司规模保费贡献度最大；期缴保费收入6118万元，同比增长143.98%，占市场份额2.19%，同比增加1个百分点。个险主售产品为吉祥三宝，其比重基本与市场均值持平，内涵价值较高，发展势头迅猛，成为年内该公司发展的亮点；全年新契约保费总量8663万元，较上年增加7534万元，同比增长667.2%，增长率超出所有同业公司，显现出寿险市场罕见的高成长性；市场占有率达1.26%，同比增加1.05个百分点；市场排名上升至第9位，同比晋升5个位次。全年累计实现规模保费89990万元，同比增长85.36%，同河北寿险市场19.63%的增长均值相比，表现出强劲的增长趋势，增幅居领先地位。

表51 2010年生命人寿河北分公司保费收入情况一览表

类别	名 称	保费收入（万元）	增加额（万元）	增长（%）	占比（%）
险种	人寿保险	87946	40405	85	97.7
	健康保险	1090	679	165	1.2
	意外保险	954	358	60	1.1

（续表）

类别	名　称	保费收入（万元）	增加额（万元）	增长（%）	占比（%）
渠道	个人代理	8663	7534	667.2	9.62
	银行代理	71938.4	26916	60	79.94
	团险渠道（标保）	1053	415	65	1.17
	经代渠道	4155.2	3412	458.85	4.62
	续期渠道	4180.4	3632	662.61	4.65
总保费		89990	41442	85.36	100

【赔款与给付】 秉承客户利益至上的原则，在获得良好经济效益的同时，更多地回馈社会，保持业务增速发展与成本增加之间的动态平衡，实现经济效益与社会效益双赢。截至年底，赔付支出644万元，同比增长201%；赔款支出193万元，同比增长141%；给付支出451万元，其中：满期给付155万元，同比增长204%，死伤医疗给付296万元，同比增长257%。

表52　2010年生命人寿河北分公司赔付情况一览表

类别		金额（万元）	增加额（万元）	同比增长（%）
赔　款		193	113	141
给付	满期	155	104	204
	死伤医疗	296	213	257
合　计		644	430	201

【网点建设】 按照“四快、四高、四确保”（快突破、快发展、快成长、快提高，高起点、高标准、高要求、高绩效，确保队伍稳定、确保风险可控、确保突破发展、确保合规经营）的方针，加强机构建设，提升网点覆盖率。至年末，拥有中心支公司7家，营销服务部7家，县（市）级支公司29家。与上年相比，新增中心支公司3家，县（市）级支公司29家，经营网点增长290%。业务覆盖石家庄、唐山、保定、邯郸、邢台、衡水、秦皇岛和沧州8个地市，10余家新设机构首月承保标保过百万。

【客户服务】 坚持“诚信为本、客户至上”服务理念，开展客服专业培训，全面对新《保险法》、《保全新规则》、《人身保险业务基本服务规定》及理赔方面的业务知识，同时，组织柜台服务礼仪培训与实践，开启微笑服务和专业服务。公示理赔服务程序。开通1234特色理赔服务：500元以下的理赔案件，1个工作日内内给付理赔款；及时报案的住院客户，2个工作日内100%探视；资料齐全的理赔案件，3个工作日内给付理赔款；享受预付赔款的客户，4个工作日内预付款送到家。建立理赔报案后回访制度和理赔未结案件每周沟通机制，加大对中支理赔案件的时效和质量管控，提高理赔时效和客户满意度。全年立案511件，结案511件，未决赔案件为0，结案率100%。

【第四届客户服务节】 9月6日，生命人寿河北分公司举行第四届客户服务节启动会，主题是“心手相牵，生命有爱”。在开幕会上，举行了首次捐助活动，以资助身患癌症、无固定经济来源、家庭遭遇重大变故的特困客户王女士（化名），共募集捐款5300元；9月8日，在河北分公司银代渠道特别夕会上，银代条线再次举办捐助活动；两次活动共为王女士募集捐款15845元。

生命人寿保险股份有限公司

河北分公司

总 经 理：邓明远

副总经理：李高真（2009年11月免）

张峰松　张玉然（4月任）

崔会利（7月任）

（冯丹）

综合经济管理

综合经济管理

计　划

【概况】 2010年，石家庄市围绕打造繁华舒适、现代一流省会城市的目标，以加快经济发展方式转变、保持经济平稳较快增长为核心，全力以赴抓推进、抓落实，全市经济社会保持了平稳较快发展。全年地区生产总值完成3401亿元，增长12.2%。其中，第一产业增加值完成369.6亿元，增长2.7%；第二产业增加值完成1653.8亿元，增长13.1%；第三产业增加值完成1377.6亿元，增长13.1%。经济运行基础巩固。农业生产再获丰收。夏粮产量235.3万吨，粮食总产507.9万吨，超额完成全年目标任务。畜产品稳定增长，农林牧渔业总产值完成651.6亿元，增长3.1%。工业经济稳定增长。规模以上工业增加值完成1340.1亿元，增长16.5%；规模以上工业利税完成634.9亿元，增长32.9%；规模以上工业利润完成413.0亿元，增长40.7%。服务业快速发展。社会消费品零售总额完成1409.9亿元，增长18.4%。投资结构趋于优化。全社会固定资产投资完成2958亿元，增长21.4%；城镇固定资产投资完成2696.8亿元，增长21%。民间投资开始激活，民营经济投资完成1348.4亿元，增长45%，增速高于国有经济42.5个百分点。中央投资项目进展顺利，2010年中央投资项目下达383项，争取资金6.39亿元，已开工266项，竣工21项。重点建设顺利推进。2010年安排市重点项目226项，总投资2038.97亿元，年度计划投资264.86亿元，完成投资440.73亿元，占年度计划的159.72%。其中，列入省重点项目144项，总投资2042.17亿元，年度计划投资175.97亿元，完成投资281.39亿元，占年度计划的159.91%。1～12月全市审批各类项目1511个，项目总投资4070.8亿元，项目单体平均投资规模为2.7亿元。项目库储备亿元以上项目1043个，初步实现了省政府对石家庄市储备亿元以上项目1000个的要求。财政金融运行平稳。全部财政收入完成387.9亿元，增长25.04%；其中一般预算收入完成163.6亿元，增长29.91%。2010年，一般预算收入占全部财政收入的比重达到42.2%，高于2009年1.6个百分点，全部财政收入占生产总值比重达到11.4%，高于2009年1.44个百分点，财政收入质量进一步提高。金融机构人民币各项贷款余额3272.1亿元，存款余额6115.5亿元，存贷比为53.5%，金融运行总体情况较好。改革开放逐步深化。改革方面。国有企业改制完成24家，全市国有中小企业改制基本完成；市属集体企业有24家进入筹备改制程序。经营性事业单位2家完成改制，5家进入筹备改制程序。城中村集体经济组织改制完成18个，累计完成66个。报业集团、演艺集团、广电传媒集团挂牌运营。66家乡镇卫生院和30家社区卫生机构全面推行了基本药物制度和零差价销售。开放方面。“以外引外”工作取得突破，与德国ERP公司签订了“中国石家庄德国应用技术研发基地科技园区”合作协议，与美国洛克菲勒、纳斯达克OMX公司等世界跨国公司达成初步合作意向，德国工业园、美国工业园项目正在积极洽谈。成功组织参加“石洽会”、香港、廊坊、厦门等投洽会，签约一批规模大、质量高的内外资项目。实际利用外资6.4亿美元。进出口总值完成109.7亿美元，增长99.3%，其中出口完成57.9亿美元，增长34.6%。人民生活持续改善。农村居民人均纯收入6577元，增长10.04%。城市居民人均可支配收入18290元，增长10.13%。居民消费价格指数为

103.2%。城镇新增就业9.6万人，城镇登记失业率为4%。共筹集廉租住房9736套，新开工6976套，解决了3.2万户低收入家庭住房困难。新建改建标准化学校48所、县级医院9座。解决了农村25万人的饮水安全问题。完成了与人民群众密切相关的37件实事。经济社会和谐发展。教育、科技、文化、体育、卫生各项事业全面进步，社会管理创新工作取得新成绩，安全生产形势和社会治安环境持续好转，约束性指标全部完成。每万元生产总值能耗下降3%，每万元工业增加值取水量下降10%，耕地保有量保持在57.75万公顷，化学需氧量排放量和二氧化硫排放量分别控制在11.73万吨和17.65万吨以内，森林覆盖率达到29.42%，城镇参加基本养老保险人数达到150万人，新型农村合作医疗参合率为96.1%，人口自然增长率为6.48‰。

【工业聚集区建设加快】 根据河北省政府《关于加快工业聚集区发展的若干意见》（冀政〔2010〕90号文件）精神，结合石家庄市工业发展现状和工业聚集区建设的进展情况，筛选确定了重点推进的24个工业聚集区。其中，市周边6个，县周边18个。经过强力推进，有10个工业聚集区通过了省直相关部门的联审，已上报省政府。其中，市周边3个（石家庄循环经济化工示范基地、河北省（石家庄）高端医药产业园、石家庄装备制造基地工业聚集区），规划面积73.7平方千米，建成区面积17.3平方千米，2010年实现主营业务收入513.9亿元，同比增长35%；县周边7个（辛集市清洁化工园区、赵县工业聚集区、晋州纺织工业园区、鹿泉市绿岛火炬开发区、藁城工业新区、新乐工业新区、深泽县工业园区），规划面积155.6平方千米，建成区面积32.1平方千米，2010年实现主营业务收入582.3亿元，同比增长36%。工业聚集区对企业集中布局、产业集群发展、资源集约利用、功能集合构建起到了重要作用。经过近几年的发展，石家庄市工业聚集区建设取得了一定成效，已成为全市转变发展方式、调整经济结构的重要平台。

【高技术产业创新能力提升】 年内，1家企业技术中心通过国家认定，8家企业技术中心通过省认定，占全省认定总量的25.8%。至年末，全市共有省级以上企业技术中心48家，占全省总量的18.8%，同比提高2个百分点。其中，生物医药类8家，电子信息类5家，合计占比27%。工程实验室建设实现新的突破，11家企业的工程实验室获得省批复，占全省批复总量的61%。其中，生物医药类9家，单项占比达75%。这些企业创新平台的建设，为推动经济发展方式从资源依赖型和投资驱动型向创新驱动型转变，强化全市主导产业创新能力奠定了坚实的基础。2010年，全市规模以上高技术产业增加值完成210亿元，增速达到31%，比年初计划高出13个百分点，比规模以上工业增加值增速高14.7个百分点，在规模以上工业增加值中所占比重达到14%，较上年提高1个百分点。

【经济体制改革】 年内先后出台《关于2010年深化重点领域改革工作的指导意见》（石政发〔2010〕20号）、《关于进一步推进和规范国有企业改革工作的意见》（石政发〔2010〕27号）、《关于支持文化体制改革和转企改制若干规定》、《关于加快推进全市企事业单位改革工作的实施意见》（石政办发〔2010〕30号）、《关于进一步深化投融资平台改革和建设的意见》（石政发〔2010〕26号）等文件，积极稳妥推进经济体制改革。加强行政许可项目衔接，对照2010年国务院公布的第五批取消和下放项目，对全市140项行政许可项目和265项非行政许可审批事项，进行集中清理论证。削减行政许可类57项，削减率40.71%；削减非行政许可类163项，削减率61.5%。24家国有企业改制（其中14家破产）工作基本完成。完成经营性事业单位改制2家（市政府招待处、市政设计研究院）。完成市属集体企业改制1家（大型物资运输二公司）。完成城中村集体经济组织改制18个。完成省下达的2010年度医药卫生体制改革五项重点工作。实现国家基本药物配备和使用，并且全部实行药品零差率销售。健全完善农村三级医疗卫生服务体系。文化体制改革取得阶段性进展：完成日报社、广播影视改革和文艺院团转企改制，组建报业传媒集团公司，成立石家庄广播电视台和广电传媒集团公司。新上市企业4家(恒信移动、天山发展控股、新天绿色能源、先河环保），融资金额达49亿元。农村综合改革取得突破性进展：完成明晰林地产权609万亩，占全市列入林改范围的96.2%；发放林权证54515个，面积568.8万亩，发证率89.9%。同时启动森林资源流转平台建设，实现林权流转20.8万亩，流转金额2096.7万元。全市18个农业县（市）全部建立县级土地流转交易中心，199个乡级建立土地流转服务中心，占应建总数的88.8%，实现土地承包经营权流转84.5万亩，占家庭承包耕地总面积的10.7%。启动村镇银行试点建设，2010年12月28日平山村镇银行建成开业。启动鹿泉市新农保试点，参保农民达16.81万人，参保率达到97.58%，居全省首批18个试点县（市）之首。

【医药卫生体制改革】 根据机构改革、人员变动等情况，重新调整市深化医药卫生体制改革领导小组，增设市商务局为成员单位。先后召开全市基层医药卫生体制综合改革试点工作调度会议、全市深化医药卫生体制改革工作会议，出台《石家庄市基层医药卫生体制综合改革试点工作安排的通知》（石医改〔2010〕2号）、《石家庄市医药卫生体制改革五项重点改革2010年度主要工作安排》（石政办函〔2010〕74号）等文件，市医改领导小组与各县（市）区医改领导小组签订年度医改主要任务责任书，强力推进医药卫生体制改革。首批列入基层医药卫生体制综合改革试点的有：市内六区政府举办的社区卫生服务机构30个、试点县（市）区6个。年内，试点机构全部实现国家基本药物配备和使用，并于4月30日前按规定实行了药品零差率销售。

【重点项目建设】 全年有省级重点建设项目144个，总投资2042.17亿元，完成投资281.39亿元，占年度计划投资的159.91%。其中，续建项目59项，完成投资196.57亿元，占年度计划投资的143.76%，竣工投产27个（行唐县玉晶玻璃有限公司超白压延玻璃、鹿泉市54所电子装配楼、平山县新能源钢结构等）；计划新开工项目57个，实际新开工46个（辛集市辛晋粮贸粮食储备库、鹿泉市华氏达药品展销中心等）；谋划前期项目28个，总投资1033.76亿元，提前开工7个（藁城市四药自动化物流中心、井陉县聚能管业尼龙管和高新区旭新光电玻璃基板等），完成投资31.64亿元。市级重点建设项目226个，总投资2038.97亿元，完成投资440.73亿元，占年度计划投资的159.72%。其中，续建项目101个，完成投资295.05亿元，占年度计划的142.77%，竣工投产56个（辛集市阿木森滤纸生产线、高邑县力马建陶地板砖生产线和赞皇县玻尔陶瓷高档墙地砖、河北辛集腾跃实业有限公司建设铁路电气化配套产品生产线和石家庄鸿泰橡胶有限公司丁腈胶二期项目等）；计划新开工项目86个，实际新开工81个（辛集市皓美玻璃器皿生产线、藁城市石药特色原料生产中心、河北盛驰汽车零部件有限公司气门及曲轴生产项目等）；谋划前期项目39个，提前开工12个（鹿泉市华北国际汽车物流中心、新华区柏林商贸广场、祥云国际等），完成投资40.33亿元。

（吕静）

【175个重点项目集中开工】 4月2日，全市2010年转变发展方式重点项目集中开工，共有175个工业、服务业和其它类项目，总投资471.9亿元，单体平均投资规模2.7亿元。集中开工项目个数、投资规模，为石家庄经济发展史上首次。此次集中开工项目，总投资5000万元以上项目共108个，其中，50亿元以上项目2个，总投资174亿元，分别是冀晋北方物流中心和油品质量升级改造工程。冀晋北方物流中心总投资103亿元，位于井陉县秀林高速路口处，建成后主要销售装载机械和进行煤炭交易；石家庄炼油厂油品质量升级改造工程总投资71亿元，位于化工基地，主要生产汽油、柴油。10亿～50亿元项目4个，总投资82.8亿元，分别是金正缔景城A区威尼斯城（总投资18亿元，位于维明街以东、工农路以北、裕华路以南、中华大街以西，主要是大型商务商贸区，建设面积31.6万平方米）、河北以岭医药集团有限公司现代特色中药产业化项目（总投资18亿元，位于高新区东区，项目完成后，年处理中药材3万吨、年产中药制剂100亿粒、西药200亿粒）、常山股份有限公司搬迁改造项目和15万锭纱厂项目（总投资14亿元，位于正定纺织基地），以

及石家庄煤矿机械有限责任公司建设的矿山机械研发制造基地（总投资 32.8 亿元，位于装备制造基地，建成后年产 9468 台随车起重机系列产品）。5000 万元～1 亿元项目 26 个，总投资 17.1 亿元；1 亿～5 亿元项目 71 个，总投资 152.8 亿元；5 亿～10 亿元项目 5 个，总投资 28.3 亿元。175 个集中开工项目，工业项目 119 个，占项目总数的 68%，总投资 267.4 亿元；服务业项目 28 个，占项目总数的 16%，总投资 163.9 亿元；其他项目 28 个，占项目总数的 16%，总投资 40.7 亿元。

（刘娴）

【第二批 37 个重点项目集中开工】 6 月 28 日，石家庄市 2010 年转变发展方式第二批重点项目集中开工。全国人大常委会副委员长桑国卫，省委副书记、省长陈全国，省委常委、常务副省长付志方，省人大常委会副主任马兰翠，省政协副主席段惠军，市领导艾文礼、王增明、王华清、栗进路、王大虎、刘明轩和省市有关部门领导出席开工仪式。桑国卫宣布项目开工，付志方和艾文礼分别致辞，栗进路主持开工仪式。第二批重点项目涉及 15 个县（市）区的 37 个工业服务业项目，总投资 170 亿元，单体平均投资规模 4.6 亿元。开工仪式设石药集团三期项目主会场和赞皇河北金益城项目分会场。此次集中开工的 37 个项目中，有对经济发展具有支撑作用的产业项目，有对发展方式转变具有明显推动作用的创新型、环保型项目，这些项目的开工建设，将为石家庄市经济的平稳较快发展打下坚实的基础。在主会场出席开工仪式的领导为石药工业园三期项目进行了开工奠基。石药集团此次投资 30 亿元，按照美国 FDA、欧盟 COS 国际先进标准，建设国内最大的国际化制剂生产基地，该项目计划 2012 年全部竣工投产，可实现新增销售收入 50 亿元、利税 10 亿元。

（范玉蕾）

【农业农村经济发展】 全市争取中央、省预算内资金 4.5 亿元用于支持农业农村经济发展。在水利方面，安排 2.36 亿元，重点支持两个大型灌区续建配套和节水改造项目建设、解决农村 27.1 万人饮水安全、4 个污水处理项目续建等。在农业方面，安排 1.25 亿元，重点支持产粮大县（市）的田间工程及农技服务体系建设、有关县（市）农村沼气及服务网点建设以及农产品质量安全检测体系、乡镇农技推广服务体系、乡镇兽医站基础设施建设及设备购置等。在畜牧业方面，安排 0.19 亿元，重点支持畜牧养殖大县（市）生猪、奶牛标准化养殖区（小区、场）建设。在林业方面，安排 0.47 亿元，支持太行山绿化工程、有关县（市）区荒山荒地造林、巩固退耕还林成果专项规划的实施以及部分林场棚户区（危旧房）改造工程。在以工代赈方面，安排 0.24 亿元，支持国家级贫困县公路、小流域、水利、田间工程、土地整理等项目建设。

【节能降耗工程】 签订企业节能减排目标责任书，制度《石家庄市 2010 年节能减排工作督导方案》，设立督导组 6 个，加强监管，分类指导，确保节能减排任务的全面完成。“十一五”期间，累计签订节能减排目标责任书 110 份。9 月 6 日，市政府召开全市节能减排攻坚战大会，印发《石家庄市 2010 年会战九月份决战四季度节能工作方案》，强化目标进度倒逼机制，将淘汰落后产能和设备、节能重点项目建设、高耗能企业限停、高耗能项目推迟投产等重点任务分解下达到各县（市）区，明确责任单位、责任人和完成时限。加强重点节能项目建设，合理安排企业限停节奏，确保全市用电量达到省政府要求的合理区间。年内，7 个省重点节能项目全部按时间节点竣工投运。9 月 27 日晚，青龙满族自治县燕山冶金铸造有限公司违规建设小冶炼被《焦点访谈》曝光。河北省委、省政府高度重视，省委书记张云川、省长陈全国迅速作出批示，要求各级各部门要以此为戒，举一反三，迅速采取有力措施整顿到位，落后产能立即停产，坚决杜绝此类事件再度发生。按照省政府要求，石家庄市大力加强节能减排各项政策措施的落实，对全市炼铁、炼钢、焦化、水泥、平板玻璃、造纸、制革、印染、铜冶炼、酒精等行业落后产能、违规建设的“两高”项目开展全覆盖、拉网式排查，共发现并取缔“十五小”企业 303 家。2010 年，全市共安排节能技改项目 75 个，截至 11 月底，竣工投产 51 个，折合节约标准煤 39 万吨；全市万元

GDP能耗同比降低3.3%，超额完成年度降低3%的节能目标任务；“十一五”期间，全市万元GDP能耗降低率累计完成20.68%，超额完成降低20%的目标任务。

【陕京三线石家庄段贯通】 陕京三线联络着西气东输一线、二线管道，陕京一线、二线管道，冀宁线和永唐秦管道，是实现国家骨干管网之间天然气调配的重要通道。陕京三线全长896千米，西起陕西榆林首站，东至北京良乡分输站，途经陕西省、山西省、河北省与北京市，穿越太行山、吕梁山、黄河、汾河等山川河流，穿越高速公路11次、铁路13次。管道管径1016毫米，设计压力10兆帕，设计年输量150亿立方米。2009年5月26日，陕京三线工程动工建设。2010年12月10日，来自长庆油田的天然气通过陕京三线管道，经过600多千米的跋涉，到达河北安平输气站，榆林—安平段一次投产成功；12月20日，安平—永清段建成投产，标志着陕京三线与西气东输二线成功衔接，进入全国天然气管网联网输气。该工程在石家庄市境内全长142千米，途径井陉、平山、鹿泉、正定、藁城、无极、深泽七个县（市）。2010年11月，陕京三线石家庄段贯通。

【扶贫专项规划编制】 编制完成《石家庄市以工代赈建设“十二五”规划（2011～2015)》，与市扶贫办联合编制完成《石家庄市易地扶贫搬迁“十二五”规划（2011～2015)》。按照《石家庄市以工代赈建设十二五规划》，2011～2015年石家庄市平山、灵寿、赞皇三个国家级贫困县以工代赈建设目标及任务：①基本农田建设：改造中低产田2.65万亩，新建优质特色农产品基地0.2万亩。②小微型水利工程：新建小型农田水利工程286处，改造小型自流灌渠道120千米，改造小型扬水站135座，打机井、大口井232眼，建设塘坝及其它工程82处，新增和改善农田灌溉面积5.3万亩。③乡村道路建设：新建和改造县乡公路219千米，独立桥涵460延米。④小流域综合治理：重点治理水土流失面积28.57平方千米，改善项目区生态环境和居住条件。⑤片区综合治理：完成片区综合治理工程1.35万亩。按照《石家庄市易地扶贫搬迁“十二五”规划》，以“搬得出、稳得住、能致富”为目标，坚持开发式扶贫方针，以生活在缺乏基本生存条件和发展环境地区的农村贫困人口为对象，以集中连片特殊类型贫困地区为重点实施区域，统筹规划，整合资源，集中力量，稳步推进；坚持以人为本，因地制宜，完善措施，注重实效，帮助搬迁对象实现脱贫致富，促进全市经济、社会和环境协调发展。2011～2015年，全市将扶贫移民搬迁3171户、10568人。其中，实施新建安置点集中安置1513户，4941人；插花分散搬迁688户，2315人；依托城镇安置的745户，2589人；其他方式安置225户，678人。

【援疆工程项目建设】 3月29～30日，全国对口支援新疆工作会议在北京召开。这次会议是党中央、国务院决定召开的一次重要会议。按照国家和省援疆工作部署，石家庄市对口支援新疆巴州库尔勒市和新疆建设兵团农二师31团。2010年，河北省安排试点项目4个，其中，库尔勒市2个：库尔勒市河北医院项目，总投资1.76亿元，总建筑面积5万平方米，设床位500张；库尔勒市河北社会福利院项目，总投资2900万元，总建筑面积1.1万平方米，服务人口200人。2010年8月，两个项目开工。2010年11月底，福利院项目基本竣工，2011年开春复工后，又重新对地面墙面进行修整完善，力争2011年5月底交工；2010年11月底，医院项目主体完工，2011年开春复工后，开始进行内砌墙，管网、外装修等工程，力争2011年8月底完工。除项目援建外，为促进双方在经济技术方面的合作，双方政府、企业人员进行了多次互访，在棉花加工、大枣种植、果品加工达成多项合作意向。

【社会事业基础设施建设】 全年争取中央预算内资金2.84亿元。其中：完善农村医疗卫生服务体系，争取中央预算内资金1.74亿元，用于9个县医院、13个乡镇卫生院和112个村卫生室基础设施建设；改善城乡办学条件，争取中央预算内资金9900万元，用于10个县级特殊教育学校、3个农村初中校舍改造、5个农村边远地区学校教师周转宿舍、10个中小学校舍安全工程和1个职教中心项目；加强计划生育工作，争取中央预算内资金49万元，用于3个乡镇计划生育服务站建设；加快文化事业发展，争取中央预算内资金876万元，用于73个乡镇综合文化站建设；推进农村就业和社会保障服务设施建设，争取中央预算内资金186万元，用于支持1个县级就业和社会保障设施建设。

【现代服务业体系建设规划】 编制完成“十二五”期间《全市现代服务业体系规划》和《全市现代物流体系规划》，明确了服务业和物流业发展的总体目标、体系建设、重点行业发展和政策措施等。落实服务业发展专项引导资金1000万元，并按照物流政策要求，70%安排扶持现代物流业、30%安排扶持现代服务业。全市共有14个重点项目得到资金支持，分别是：正定国际小商品物流中心、装备制造基地白营物流中心、肉食品冷链物流配送中心、禽肉类产品屠宰深加工配送、石家庄四药物流中心、河北石药乐仁堂医药物流中心、石家庄红满楼城乡物流配送、管理信息系统和电子商务平台、二手车交易市场升级改造示范工程、新龙软件研发与服务外包、汉康科技创业孵化器、石家庄科技创业中试基地、石家庄市城市公众信息平台及公共事业缴费通和再生资源回收体系建设。至年末，项目建设进展顺利，资金全部到位。申报中央资金支持项目14个，获得资金支持3个：正定国际小商品物流中心200万元、河北快运集团250万元、高邑蔬菜批发市场140万元。争取省服务业发展“十二五”规划项目：15个项目列入省重大项目，6个县确定为服务业发展特色县，9个企业成为服务业发展龙头企业。2010年，全市服务业增加值完成1377.2亿元，增幅达到13.1%，增速高于全市GDP增速0.9个百分点；服务业占全市GDP比重达到40.5%，较上年提高0.3个百分点，再创历史新高；服务业城镇固定资产投资完成1618.7亿元左右，同比增长60%。

【商贸流通项目谋划】 谋划一批商贸后续支撑项目。全年备案商贸流通项目50个，总投资226.8亿元，单体平均投资4.5亿元。超前谋划投资过亿项目22个（祥云国际、华北国际商贸城、石家庄内陆港保税物流园区等），投资千万以上项目19个（华发大厦、河北博大汽车城等）。加快推进32个“20＋X”商贸项目总体进度，总投资735亿元。其中，项目竣工4个（东明家具基地、中铁广场、万象天成、南三条胜北国际商城）；项目开工4个（平山温塘度假村、石家庄万达广场、苏宁广场、祥云国际）；续建项目13个（东方　曼哈顿城市广场、新源国际财富中心、中银广场、勒泰中心等），完成年度投资计划；前期项目11个，正抓紧落实建设条件。北方药博园项目，收储国有土地1218亩，集体土地463亩，分别占应收总量的78%和27%。平安健康中心项目建设启动，总投资8亿元，完成投入3000多万元，约占总投资额3.8%。名谷科贸中心项目，总投资7.5亿元，完成规划、设计等前期准备工作。

【粮棉政策落实】 及时转发并督导落实国家发改委等部门《关于做好2010年春耕化肥供应工作的通知》、《关于做好粳米市场供应和价格稳定工作的通知》等文件精神，加强农资和粮食市场调控，保证市场供应。为11家企业争取棉花、粮食进口关税配额：进口棉花8家，共计1.77万吨；进口粮食3家，共计1.5万吨。制定县级粮食储备计划，优化市级粮食储备布局，调整小麦储备1.05万吨。全面落实粮棉种植补贴政策，全市发放粮食直补和农资综合补贴资金合计67687万元。

【企业融资渠道建设】 创新企业融资方式，加强融资渠道建设，争取国债资金支持，开展银企对接，发行企业债券，多措并举，破解企业融资难题。年内，石家庄国家粮食储备库争取到中央预算内资金500万元；石药集团与浦发银行合作，获得5年期中期票据额度12亿元；石家庄城建投资公司完成企业债券10亿元发行准备，并上报国家发改委。

【外资利用】 2009年10月17日，副市长张殿奎与国家发改委国际合作中心主任张小冲共同签署合作框架协议，正式建立合作关系。此后，石家庄市依托该平台，加大了与国外政府和企业的联系沟通。2010年5月，石家庄市与德国柏林市政府签署合作备忘录；德国沙尔平战略咨询公司、德国ERP公司先后到石家庄市实地考察，并就建设德国工业园、德国应用技术研发科技园区与石家庄市进行洽谈。美国ARC公司与石家庄市就建设美国工业园进行了商讨。三个园区的建设均达成初步合作意向，并签署合作协议或合作备忘录。美国罗德曼投资银行来到石家庄市,就有关的政府与企业,企业与企业间合作模式进行了推介和探讨，并与中唐医药集团等其他成长性企业在可能的合作领域进行了探讨和交流。以色列英菲尼迪基金与石家庄市生物产业基地正式合作，注册成立了公司。美国ARC基金与石家庄市发展投资公司建立合作关系，正在办理公司注册登记等工作。石家庄市与美国普凯律师事务所、美国纳斯达克OMX集团、美国罗德曼银行等签署合作备忘录。2010年，全市实际利用外资6.36亿美元，同比增长12.9%。全市共批准外商投资项目32项，合同金额6.37亿美元，合同外资2.41亿美元。至年末，资金到位500万美元以上的项目有14个。相继筹办香港、厦门和石家庄等投资贸易洽谈会，签约项目63个，协议外资27.25亿元。

【内资利用】 上海世博会河北活动周期间（5月14～18日），签约项目5个,总投资68.3亿元。其中,上海仲盛集团河北冀盛房地产公司与裕华区政府投资50亿元合作建设的石家庄市南茵河区域综合开发一期项目，参加了省重点项目签约仪式。2010中国　廊坊国际经济贸易洽谈会（简称："5　18"洽谈会)期间(5月18日至5月21日),签约项目9个，总投资84.26亿元。其中，山西阳泉煤业集团有限公司在无极县北苏工业园区中冀正元公司规划区域内，建设合成氨循环化工示范园项目，该项目总投资15.5亿元，合同引资10.3亿元。广东省佛山市金之盛工贸有限公司在行唐县建设微晶粉高密度地板砖项目,总投资(合同引资)13亿元,建设生产线2条，年产高档微晶粉高密度地板砖800万平方米，一期投资5.9亿元，参加了省重点项目签约仪式。青岛啤酒在藁城经济开发区建设年产量40万千升的现代化啤酒生产厂项目,总投资6亿元,用地300亩。2010年7月，项目开工建设。至年末，办公楼、包装车间、动力车间、发酵车间主体建好。计划2011年7月竣工试产。一期工程生产能力20万千升，计划投资4亿元，建成达产后，年可实现销售收入6亿元,新增利税1.5亿元。2010年，石家庄市引进市外资金327.32亿元，完成年计划的148.8%，同比增长59.7%。引进省外资金299.18亿元，完成年计划的139.2%，同比增长54.5%。引进省外技术639项，完成年计划的106.5%，同比增长2.3%。引进省外人才8395人，完成年计划的109.7%，同比增长11.9%。利用内资项目在规模、质量等多方面呈现出良好态势，各项指标都远超于上年同期。

（吕静）

财　政

【概况】 2010年，市财政部门围绕"保增长、调结构、促改革、惠民生"目标要求，认真贯彻落实积极的财政政策，制定增收考核激励办法，完善税源监控体系，全面推行综合治税，堵漏洞促增收，调结构增实力，重点对餐饮、洗浴、娱乐业、建筑服务业等行业开展税收专项清理，全力抓好税收征管。21个县（市）区完成综合治税信息化系统建设并投入运行，治税管理由粗放向精细化迈进。财税定期沟通，互相支持，紧密配合，实现应收尽收。截至年末，全市全部财政收入完成387.91亿元，占年初预算的111.63%，同比增长25.03%，其中，一般预算收入完成163.63亿元，占年初预算的115.97%，同比增长29.9%。全部财政收入增幅在全省11个设区市中位居第3位。

【支持经济发展】 发挥财政政策和资金的引导作用，以支持财源项目建设为重点，以构建现代产业体系为核心，推动全市经济合理有序发展。设立产业发展专项资金，三年安排30亿元，其中15亿元用于市级六大产业园基础设施建设，加快构建现代产业体系，年内落实资金6亿元支持工业园区和空港园区建设。积极争取上级资金支持，保障重点建设项目需要，年内争取上级基本建设资金25.4亿元。支持科技创新和节能减排，通过补助、贴息、以奖代补等多种方式，支持高新技术产业创新发展和科技成果转化，促进产业升级和经济发展方式转变，全市科技和环境保护支出13亿元。支持中小企业发展，设立中小企业发展专项资金10亿元，其中，7亿元为中小企业担保机构增加资本金，3亿元设立风险投资基金，用于中小企业创业平台建设，有效缓解中小企业融资难问题。深入推进国企改革，出台《市属企业国有资本收益管理暂行办法》和《市属企业国有资本经营预算编报暂行办法》，规范国有资本收益的收缴和使用；落实企业搬迁扶持政策和资金，支持主城区工业企业搬迁改造和产业技术升级，拨付政策资金6亿元，支持9家企业搬迁改造。落实家电下乡补贴政策，销售家电产品106万台（件）、汽车摩托车7.8万辆，兑付财政补贴4.78亿元，拉动消费超过43亿元。

【支持“三年大变样”】 2010年是石家庄市“三年大变样”城市建设决胜之年，面对城市建设巨大的资金需求和金融机构加强监管的双重压力，财政筹融资工作以改革投融资体制为抓手，以促进政府投融资工作健康发展为目标，整合投融资平台，理顺政府债务管理体制，对政府性债务实行统一管理，扭转“多头举债、分散使用、财政兜底”的被动局面，建立借、用、还、管相统一，责、权、利相结合的融资管理新机制，将财茂、发投、宝德、联创等四个投融资平台进行整合，通过增加资本金，剥离债务，组建石家庄国控投资集团公司，政府投融资能力进一步增强。城建支出完成157.98亿元，较好地保障了“三年大变样”资金需要。新客站拆迁、正定新区建设、铁路穿城入地、西柏坡高速、小街巷整修、街道景观整治和滹沱河生态整治等重点项目建设顺利推进。同时，完善政府投资预决算评审机制，政府投资项目全部实行预决算评审，并由审计部门进行审计监督，千方百计确保财政资金安全高效运行。全年共评审基本建设项目1892个，审核资金253亿元，审减率达到18%。

【社会事业发展支出】 全年全市教育支出70亿元。落实农村义务教育保障机制和城市义务教育免杂费政策，市本级拨付资金3092万元；推进中小学校舍安全工程建设，安排维修专项资金6300万元；落实职业教育财政投入政策，促进城乡教育均衡发展，共安排资金2.9亿元。支持发展文化、体育、卫生事业。安排市级资金71.5万元，支持农村文化事业；拨付资金100万元，支持县级图书馆、文化馆建设；委托专业机构，审计改制资产16家，推进文化体制改革；安排资金162万元，扶持乡村文化演出队伍建设；申报省级文化产业发展项目14个，涉及资金1243万元；拨付专项经费320万元，支持体育事业发展；下达专项经费340.43万元，落实计划生育财政政策。加大公共安全保障支出。全市公共安全支出21.7亿元，比上年增长24.99%，其中市级落实7.87亿元，比上年增长21%，支持装备更新和政法网建设，保障政法部门维护社会稳定和处置突发事件。

【民生事业发展支出】 提高最低工资水平、养老金的缴费基数、低收入人群的救助标准，出台低收入人群的物价补贴，支出社会救助资金4000多万元，养老金待遇标准平均增长10%。新增新型农村养老保险试点2个，16.5万名农村60岁以上老人领取中央基础性养老金，97%农民参加了新型农村养老保险。支持公共卫生基础设施建设，人均公共卫生服务费由15元提高到18元，投入1.7亿元用于城乡居民健康档案、强制免疫的疫苗注射等基本公共卫生项目支出，同时投入1.6亿元用于妇女两癌筛查等项目。完善医疗保障体系，全市有570万农民和91万城市居民参加了基本医疗保险，新农合报销比例和最高报销金额有所提高；全市12个县（市）区66家乡镇卫生院和社区卫生机构实行基本药物制度，并全部取消药品加成。支持保障性住房建设，财政投入廉租住房保障资金4.3亿元，累计建设廉租住房14047套，其中完工7414套。支持供热计量改造，列支1亿元供热计量专项经费用于热计量表的安装，改造项目29个，改造面积460万平方米。支持就业再就业，补贴企业69家，补贴资金1.6亿元，稳定就业人口7.6万人；开发毕业生见习岗位2900个，发放生活补贴1000万元；发放小额担保贷款1.6亿元，贴息资金963万元，带动1.3万名失业人员自主创业和再就业；培训农民工和农村劳动力6000人，补贴资金1740万元。

【城乡统筹专项支出】 整合市级农

业、教育、文化、卫生、民政、城建、交通等社会事业发展资金，设立城乡统筹发展专项资金，今起三年内，市级财政每年安排资金2.5亿元，用于支持城乡一体化发展和新民居建设。发放粮补1.02亿元，农资补贴5.75亿元，补贴面积744.9万亩，受益农户164.87万户653.63万人，亩均补贴90.9元，户均受益410.7元。拨付良种补贴资金1.45亿元，补贴总面积1446.6万亩。落实省级以上农机购置补贴资金1.04亿元，补贴农机具8500台（套）。下达农户科学储粮资金168万元，争取上级标准良田、粮食仓储项目资金859万元。拨付市级储备粮油轮换费用、补贴费用、粮食财务挂账利息1836万元。落实产粮（油）大县奖励和生猪调出大县奖励资金1.78亿元。拨付2009年下半年成品油价格改革补贴资金8464万元。

（刘铭严）

【兑现计划生育奖励金2.38亿元】 兑现国家和省规定的各项计划生育奖励政策，奖励金发放总额超过2.38亿元。全市共为5.32万名退休独生子女父母兑现3000元一次性奖励金1.57亿元，落实率同比提高15%。落实农村独生子女父母奖金1757.53万元，落实率达100%。落实城镇独生子女父母奖金3980.5万元，落实率达98.7%。农村计划生育奖励扶助和特别扶助对象首次超过3万人，发放扶助金2332.8万元。

【新农合补偿7.98亿元】 1～12月份，全市共补偿参合农民10796311人次，补偿金额7.98亿元。其中，住院补偿424233人次，补偿金额71457.7万元；门诊补偿10326939人次，补偿金额6339.4万元；正常分娩补偿26026人次，补偿金额259.6万元；慢性病补偿19113人次，补偿金额1711.6万元。

（王丽强）

【发放小麦管理补助金286万元】 按照省政府要求，市财政部门共安排调度资金286.86万元（省补助143.43万元，市配套143.43万元），对全市遭受冻害严重、长势较差的三类苗，按每亩10元的标准给予一次性追肥补助，不足资金由县级筹措落实。在补助资金落实工作中，市财政部门专款专用、及早到位；补助资金全部通过“一卡通”或“一折通”足额发放；以村为单位，张榜公示，公开举报电话，接受监督，保证资金使用的公开、公正、透明。

（王再奇　程进升）

【石家庄国控投资集团有限责任公司揭牌】 6月29日，石家庄国控投资集团有限责任公司揭牌。石家庄国控投资集团有限责任公司是一家由市政府批准设立的大型国有投资集团公司，注册资金106.49亿元。该集团公司由石家庄市财贸投资开发有限责任公司、石家庄发展投资有限责任公司、石家庄宝德中小企业担保服务有限公司和石家庄联创担保有限责任公司等4个子公司组建而成，其母公司为石家庄国控投资有限责任公司。该集团公司成立后，将作为政府出资人代表，统一负责政府投资项目的投融资工作；统一管理财政注入的各类资本金和融资资金；统一承接国债资金及国家投资的基础设施和产业类资金；从事授权范围内资产经营和资本运作；对各县（市）区融资平台实施业务指导；承担市政府及有关部门委托的其他工作等。

（靳晓磊）

【财政体制改革】 落实省直管县财政体制，保证新增地区平稳过渡，在充分考虑有关县（市）区利益的基础上，完成高新区、裕华区和栾城县税收征管、财政体制基数划转工作，理顺了高新区扩区托管财政管理体制。扩大绩效评价试点范围，着力深化预算管理改革，评价项目增加到节能减排、企业扶持及一般转移支付等十类专项资金，在一般预算、政府性基金预算的基础上，试编社会保险预算，健全市级政府预算体系。扎实推进国库管理改革，初步建立国库单一账户管理体系，市级一般预算资金、政府性基金和预算外财政专户资金全部纳入国库集中支付改革范围。完善政府招标代理机构选用机制，扩大政府采购规模和范围，全年全市完成政府采购88.6亿元，节约资金6.6亿元。加强行政事业单位国有资产管理，实现资产收益6045万元，占年初计划的109.9%。

【财政资金监督】 强化财政监督与管理，对全市住房公积金、中小学校舍安全工程、中央扩内需投资项目等六大类专项资金开展综合治理，确保专项资金安全有效运行。

制定会计信息质量检查工作方案，实施会计信息质量和执业质量监督检查，共检查行政企事业单位165个、会计师事务所1家，查出违规问题资金3.7亿元，行政处罚相关单位36家。召开全市“小金库”治理工作会议，制定了石家庄市关于加强“小金库”治理长效机制建设的意见，全市自查自纠共查出小金库21个。继续扩大财政监察员委派范围，新增派驻项目7个，新派驻财政监察员4名，派驻项目总数共计22个，派驻财政监察员达15人。开展《会计法》执行情况检查工作，共检查单位275户，涉及违纪资金518万元。

【“小金库”治理】 年内，在开展“回头看”巩固治理成果同时，“小金库”治理范围进一步扩大，由党政机关、事业单位扩展到社会团体、国有及国有控股企业。“回头看”治理，通过自查和重点检查，原四个“双零”县区（高邑、行唐、矿区、高新区），消减3个（高邑、行唐、矿区），“双零”县区只剩下1个（高新区）。社会团体、国有及国有控股企业“小金库”治理，全市自查自纠的单位928户，其中，社会团体656户，国有及国有控股企业272户，自查面100%；全市列入重点检查范围的单位391户，其中，国有及控股企业127户，社会团体264户；市本级列入重点检查范围的单位105户，其中，国有及国有控股企业45户，社会团体60户；各县市区按照不低于20%的标准进行了检查，7个县（市）区检查面达到100%；对重要领域、重点环节和易发生问题的部门单位全部进行了重点检查。通过检查，全市自查自纠共查出小金库21个，其中市直16个，金额136.73万元，县（市）区5个，金额8.57万元；全市重点检查中共查出“小金库”5个，涉及金额5.03万元，其中，社团“小金库”1个，涉及金额1.35万元，国企“小金库”4个，涉及金额3.68万元。

【公物仓管理】 全年公物仓回收资产150余台件，价值600余万元，调剂资产200余台件，价值600余万元。截至年底，公物仓共有资产1750余件，价值1500余万。张家港市等10余家单位到访取经，取得良好经济和社会效益。

表53 　2010年度石家庄市一般预算收支决算总表一

单位：万元

预算科目	调整预算数	决 算 数	预算科目	调整预算数	决 算 数
一、税收收入	1286006	1415307	一、一般公共服务	361131	355122
增值税	162060	159962	二、外交		
营业税	530010	570422	三、国防	177	177
企业所得税	122707	125462	四、公共安全	222702	217322
企业所得税退税			五、教育	717058	700086
个人所得税	67511	71113	六、科学技术	45976	45021
资源税	2761	4048	七、文化体育与传媒	37899	37411
固定资产投资方向调节税			八、社会保障和就业	234663	230813
城市维护建设税	101216	106456	九、医疗卫生	290410	275925
房产税	47776	47263	十、环境保护	91371	86846
印花税	31215	31943	十一、城乡社区事务	232304	230965
城镇土地使用税	51496	49308	十二、农林水事务	258033	246619
土地增值税	39165	48697	十三、交通运输	166247	158904
车船税	28149	30891	十四、资源勘探电力信息等事务	79264	76305
耕地占用税	25650	27569	十五、商业服务业等事务	70580	57861

（续表）

预算科目	调整预算数	决 算 数	预算科目	调整预算数	决 算 数
契税	74391	141874	十六、金融监管等事务支出	3311	3311
烟叶税	299	299	十七、地震灾后恢复重建支出		
其他税收收入	1600		十八、国土资源气象等事务	23356	22360
二、非税收入	217192	220996	十九、住房保障支出	32785	32296
专项收入	86036	74722	二十、粮油物资储备管理事务	6903	6344
行政事业性收费收入	44478	51719	二十一、预备费		
罚没收入	62864	72270	二十二、国债还本付息支出	4833	4833
国有资本经营收入	7932	5264	二十三、其他支出	302696	263126
国有资源（资产）有偿使用收入	10011	13447			
其他收入	5871	3574			
本年收入合计	1503198	1636303	本 年 支 出 合 计	3181699	3051647

表 54　　2010 年度石家庄市一般预算收支决算总表二

单位：万元

预算科目	决 算 数	预算科目	决 算 数
本年收入合计	1636303	本年支出合计	3051647
上级补助收入	1482429	上解上级支出	94338
返还性收入	212191	一般性转移支付	57416
增值税和消费税税收返还收入	124565	体制上解支出	52187
所得税基数返还收入	57103	出口退税专项上解支出	5229
成品油价格和税费改革税收返还收入	30523	成品油价格和税费改革专项上解支出	
其他税收返还收入		专项转移支付	36922
一般性转移支付收入	619073	专项上解支出	36922
体制补助收入		计划单列市上解省支出	
均衡性转移支付补助收入	85037		
民族地区转移支付补助收入	18		
调整工资转移支付补助收入	151825		
农村税费改革补助收入	64875		
县级基本财力保障机制奖补资金收入	33231		
结算补助收入	159439		
化解债务补助收入			
资源枯竭型城市转移支付补助收入			
企事业单位预算划转补助收入	10816		
成品油价格和税费改革转移支付补助收入	25775		

（续表）

预算科目	决 算 数	预算科目	决 算 数
工商部门停征两费转移支付收入			
一般公共服务转移支付收入	2311		
公共安全转移支付收入	30		
教育转移支付收入	51292		
社会保障和就业转移支付收入	4643		
医疗卫生转移支付收入			
农林水转移支付收入	10，356		
其他一般性转移支付收入	19425		
专项转移支付收入	651165		
地震灾后恢复重建补助收入			
省补助计划单列市收入			
财政部代理发行地方政府债券收入		财政部代理发行地方政府债券还本	
转贷财政部代理发行地方政府债券收入	33102	转贷财政部代理发行地方政府债券支出	
		增设预算周转金	2000
国债转贷收入		拨付国债转贷资金数	
国债转贷资金上年结余	1758	国债转贷资金结余	1758
国债转贷转补助			
上年结余	134951		
调入预算稳定调节基金		安排预算稳定调节基金	3200
调入资金	12190	调出资金	7211
1．政府性基金调入	12190	年终结余	140579
2．国有资本经营预算调入		其中：本级	
3．预算外调入		减：结转下年的支出	111066
4．其他调入		其中：本级	
地震灾后恢复重建调入资金		净结余	29513
预算稳定调节基金调入		其中：本级	
预算外资金调入			
收入总计	3300733	支出总计	3300733

（刘铭严）

税 务

国家税务

【概况】 2010年，市国税系统面对严峻的经济税收形势，坚持以科学发展观为统领，坚定地落实市委、市政府和省局的决策部署，着力实现“三强化、三提高”：强化大局意识，努力实现整体工作质量有新提高；强化规范意识，努力实现核心业务水平有新提高；强化进取意识，努力实现干部队伍素质有新提高。大力加强班子队伍建设，进一步优化纳税服务，加强税收分析预测，强化重点税源监控，科学调度收入计划，攻坚克难，多措并举，挖潜增收，全年组织税收收入222.81亿元，同比增收39.04亿元，增长21.2%。

【依法治税深入推进】 认真开展税收规范性文件审查、清理和法后评估，共审查65件，清理26件；评估42件，废止22件。对4个县（市）区局进行税务行政审批专项检查，促进了规范执法。认真落实执法责任制，严格执法过错追究，共追究执法过错799人次，经济追究2.51万元。认真落实各项结构性减税和税收优惠政策，共办理免抵调32.3亿元，为517户企业减免税额3.6亿元。加大稽查力度，组织对房地产、药品经销、电力生产和煤炭、铁精粉、钢材经销、汽车经销修理行业以及三年未查重点税源企业、上市公司、出口退税、非居民纳税情况等专项检查；开展打击发票违法专项活动，市稽查局被总局授予“打击发票违法犯罪活动先进集体”称号。全系统共检查纳税人3822户，查补总额4.02亿元，入库3.43亿元，超额完成省局下达的3.02亿元任务。

【核心业务水平提高】 纳税服务不断优化。规范办税服务厅建设，为市内区局配置自动办税终端机，实现24小时自行认证抄税，极大地方便了纳税人。征管质量稳步提高。强化增值税管理，重点对煤炭、铁精粉、钢材经销等8个高危行业进行整治，有效堵塞税收漏洞，经评估共补交增值税3543万元，调减留抵928万元，调减亏损额888万元；积极推进所得税分类管理和核定征收，制定《石家庄市国家税务局企业所得税分类管理指导意见》，在全市十个县（市）区推行，收到较好效果。加强核定征收工作，全市所得税核定征收面达25.7%。深化纳税评估，全系统共评估补税1.08亿元，调减留抵3012万元，弥补亏损9679万元，滞纳金411万元，罚款9万元。加强车购税管理，实现车购税8.81亿元，同比增长41.8%。强化征管质量考核，编制征管质量查询脚本，形成市局、县局、分局三级监控预警体系，对全系统120个税务分局征管指标进行监控考核，促进征管质量提高。加强户籍管理，对工商登记信息进行10次比对，共清理漏管户4251户。在年终全市财税工作会议上，栗进路常务副市长对加强征管、开展清理漏征漏管等工作给予肯定。

【信息化建设】 年内购置计算机1100余台，配备基层征管一线，信息化水平进一步提升。从CTAIS系统中抽取、整理数据4700万条，为税收分析、评估分析、风险分析提供依据。完成网上开具缴款书凭证推行工作，3.57万户网上申报纳税人，实现足不出户完成纳税义务。税务与组织机构代码共享管理信息系统上线运行，新办企业31项基础信息自动获取，办理税务登记由25分钟缩短到8分钟。同时，利用共享系统筛选核查数据5.97万条，较好地发挥了信息化手段对加强征管的支撑作用。

【税务服务实现“同城通办”】 年内，市内五区及高新区国税服务实现“同城通办”，这是该局继上年推行“一窗式”服务后，针对纳税服务推行的又一新举措。“同城通办”覆盖国税所有税种，所有纳税人和除审批、一般处罚类以外的所有涉税事项以及市区所有行政区域。内容涉及七项：即税务登记的“通受通办”，各税种申报缴纳的“通报通缴”，专用发票的“通抄通认”，各种发票的“通验通售通开”，简易处罚的“通标通办”，税收证明的“通查通开”，税务咨询的“通问通答”。纳税人在办理有关涉税事项时，可以不受主管税务机关的限制，就近办理，实现对纳税人“管理分区域，服务不分区”的纳税服务新格局。为保障“同城通办”推行工作的有效开展，市局成立由梁传刚局长任组长的领导小组，多次召开会议研究制定各项方案；投资100余万元，购置办税服务厅自助办税设备，完成办税服务厅“自助办税区”的硬件配置；编印《“同城通办”办税指南》，共计六类18万份，并在各个办税场所、纳税人较为集中的市场张贴《“同城通办”通告》，详细说明“同城通办”各项业务办理流程、受理标准以及受理范围，帮助纳税人熟悉了解“同城通办”业务；5月份，派出两个学习小组前往福建、深圳等地考察学习；6月1日，召开动员会，公布各项业务方案，统一工作流程和业务标准，随即逐区开展防伪税控设备升级，涉及市内六区一般纳税人12288户；同时，组织开展不同形式不同层次的业务培训，以保障大厅工作人员的业务衔接和熟练操作。7月1日，市内五区及高新区“同城通办”业务正式上线运行，共涉及纳税人58552户，其中一般纳税人12288户，小规模企业17953户，个体工商户28311户。省局李亚民局长专门作出批示，表示祝贺和感谢。市政府常务副市长栗进路亲临一线慰问调研。“同城通办”业务的上线运行，使国税纳税服务水平明显提升。截至年底，实现异地办税登记142户，销售专用发票19.98万份，异地申报601户，异地纳税52.13万元。

2010年6月8日，桥东区国税局“同城通办”防伪税控升级现场

【普通发票换版成功】 为进一步加强和规范普通发票管理，适应税收信息化管理需要，依据《河北省国家税务局关于印发普通发票简并票种统一式样工作实施方案》，按照“简并票种、统一式样、建立平台、网络开具”的总体要求，进一步简并普通发票的票种和规格，大力推行机打发票，压缩手工发票，并实现数字防伪，建立起集发票开具、信息采集、真伪查询和分析比对等功能于一体的普通发票监控管理系统，逐步实现税务机关“以票控税”向“信息管税”的转变。新版发票具有涉税信息采集、数字防伪、电子验旧、真伪查询、监控分析等功能，能够有效解决防伪难和利用假发票、“大头小尾票”、“阴阳票”逃税等现象。2011年1月1日起，新版普通发票全面启用，旧版普通发票（含企业衔头发票）停止使用。

表55 7种新版普通发票类别及适用范围情况一览表

发票名称	票面尺寸	打印方式	联次	适用范围
河北省国家税务局通用机打发票(A)	76mm×127mm	卷式	二联	商业、工业、加工修配
河北省国家税务局通用机打发票(B)	190mm×101.6mm	平推	二联	商业、工业、加工修配
河北省国家税务局通用机打发票(C)	210mm×139.7mm	平推	二联	税务机关代开、收购业
河北省国家税务局通用机打发票(D)	210mm×297mm	平推	二联	出口行业、商业、工业
河北省国家税务局通用手工发票(E)	190mm×105mm	百元手工	三联	不具备电脑条件纳税人
机动车销售统一发票（暂保留票种）	241mm×177.8mm	平推	六联	机动车零售业务
二手车销售统一发票（暂保留票种）	241mm×177.8mm	平推	五联	二手车交易、经销、拍卖

【财税库银联网】 为提高税款征缴工作效率，实现对税款的实时有效监控，节省纳税人的办税时间，省局建立起统一外部信息采集与交换

综合服务平台。市国税系统借助这个平台，在全市范围内实施财税库银横向联网电子缴税方式，并逐步把“银联”引入办税服务厅，进行划卡缴税。按照联网缴税要求，纳税人在自愿平等的基础上与国税、银行签订三方协议，自由选取联网缴税方式。网上申报企业全部实行横向联网电子缴税，实时缴纳税款；实行简易申报的个体定额工商户，采取批量处理方式缴纳税款；到税务机关上门申报的纳税人，在办税服务厅联网缴税。截至年底，全市纳税人1205952户，签订三方协议的有83539户，占比6.93%。市局财税库银横向联网推行工作得到财政部、国家税务总局的肯定。4月22日，财政部国库司娄洪副主任，国家税务总局收入核算司王道树副司长及总局财务司、征管与科技发展司有关人员到市局办税服务厅、桥西区国税局服务厅进行专题观摩调研。

【摧毁一跨省特大发票犯罪团伙】 7月份，公安部经侦局统一协调调度，河北、山东、河南等地税、警统一行动，石家庄国税局稽查分局积极参与，成功摧毁一跨省特大发票犯罪团伙，端掉大型假发票印制窝点1个、储藏窝点4个，缴获印刷机1台、打孔机1台、晾晒机1台、大量PS版及各类假发票123万余份，抓获犯罪嫌疑人10名。

【机构设置调整】 按照省局统一部署，市局对机关内设机构和直属单位进行了调整。撤销流转税处、教育处、国际税务管理处；设立货物和劳务税处、所得税处、纳税服务处、大企业和国际税务管理处、票证中心；设立石家庄市国家税务局第一稽查局、第二稽查局、第三稽查局，市区范围内实行一级稽查模式；撤销石家庄市国家税务局办税服务厅（负责市区车辆购置税征收业务），设立车辆购置税分局。

【干部队伍建设】 实行科级干部竞争上岗，交流轮岗、科级干部离任、非领导职务管理等工作，加强干部队伍建设，提拔科级干部146名，交流74名。开展文明创建活动，加强思想政治建设，全系统7个单位被评为省级文明单位、4个集体获省级青年文明号，市局被评为五五普法市级先进单位、2010年度依法行政先进单位。

石家庄市国家税务局
局　长：梁传刚
副局长：陈福财　袁西军
　　　　岳平子
纪检组长：张博
总会计师：王建中
总经济师：李成聚

（吴树存　董美福）

地方税务

【概况】 2010年，市地税系统积极应对宏观经济运行状况不稳定的不利影响，进一步完善工作措施，大力实施科学化、专业化管理，切实加强税源监控，规范分行业、分税种管理，大力清缴欠税，强化以票控税，大力开展稽查行动，圆满完成各项税收任务，为全市经济发展做出了积极贡献。全年全市地税系统共完成各项税费收入211.49亿元，同比增收49.67亿元，增长30.69%。各项税费完成情况是：税收收入（不含契、耕两税）完成136.35亿元，同比增收28.72亿元，增长26.68%（含契、耕两税收入完成146.7亿元，同比增收39.06亿元，增长36.29%）。社保费完成53.64亿元，同比增收7.35亿元，增长15.88%；教育费附加完成5.95亿元，同比增收1.31亿元，增长28.33%；地方教育附加、文化事业建设费等其它收入完成5.2亿元，同比增收1.94亿元，增长59.3%。年内，12366纳税服务热线被全国妇联授予“国家巾帼文明示范岗”荣誉称号。

【税收征管】 建立重点企业分户统计台账和动态监控档案，同时，将年纳税50万元及100万元以上的企业纳入市、县两级重点监控范围，加强税源监控。年内监控100万元以上重点税源1752户，实现税收108.9亿，占税收收入的80%左右。制定《税源分类管理实施方案》，实现税源管理科学化、精细化、专业化。规范分行业、分税种管理，认真落实新的《饮食业征管办法》，制定关于加强发票管理、规范饮食业征收方式认定等10项管理措施。累计实现税收2.82亿，同比增收2751万元，增长10.8%。强化对房地产业的管理，全市房地产行业共入库税收29.61亿元，同比增收13.03亿元，增长78.59%。认真做好12万元以上纳税人自行申报工作，个人所得税实现入库23.42亿元，同比增收4.93亿元，增长26.66%。进一步完善“车船税采集、传递、查询系统”，累计入库车船税3.09亿元，同比增收1.2亿元，增长63.63%。严格土地增值税预征和清算办法，土地增值税实现入库4.87亿元，同比增收2.11亿元，增长76.12%。建立城建税数据对比分析制度，城建税实现入库12.01亿元，同比增收2.65亿元，增长28.17%。加强印花税管理，实现入库3.19亿元，同比增收8103万元，增长33.99%。大力清缴欠税，先后三次在《石家庄日报》及该局外网网站，对欠税200万元以上的纳税人进行公告。进一步强化欠税约谈工作，严格按照法律规定采取税收保全、税收强制执行等相应措施，年内共清缴入库欠税2.23亿元。

（颜丰　陈旭光）

【新增契税耕地占用税征管】 契税是在土地房屋权属发生转移变动时，向土地房屋权属承受的单位和个人征收的一个税种。征收契税，是为了调控房地产市场的健康发展和增加地方财力的需要。耕地占用税是对占用耕地建房或者从事非农业生产建设的单位或个人，依据其用地面积，按照国家规定的标准一次性计算征收的税种。征收耕地占用税，是运用法律和经济手段保护农用土地资源的需要。从2010年3月1日起，石家庄市契税和耕地占用税的征管职能从财政部门划转到地税部门，所有涉税事项转由地税部门办理。此举有利于加强税收的统一管理，有利于落实“收支两条线”的原则，更有利于实现税收的应征尽征。契税和耕地占用税分别是在土地房屋权属转移和耕地占用环节征收的税种，将“两税”征管职能划到地税局，有利于全面管理好与房地产业有关的所有税种。

【代管全省电话咨询】 3月1日，“河北地税12366纳税服务热线”整合集中运行开通仪式在市地税局举办，原市级12366纳税服务热线统一集中升级为“河北地税12366纳税服务热线”，由石家庄市局代管。此次12366纳税服务热线整合集中运行，是在原12366纳税服务热线的基础上整合升级为“河北省12366纳税服务热线”，这是全国税务系统向社会提供无偿服务的公益电话，能够发挥计算机语音通讯技术和数据集中的优势，实现地税机关与纳税人“一对一”的交流，最大限度为纳税人提供方便、快捷、高效、规范的优质服务。集中后，热线依托通信网络和计算机技术，以五种方式为纳税人提供服务，一是简捷的“自动语音方式”，即纳税人拨通12366后，通过自动语音的导航和引导查询服务信息；二是更加人性化的“人工坐席方式”，即纳税人拨通12366按0键转接到人工坐席，由坐席人员为纳税人提供咨询服务；三是不受12366工作时间限制，更为方便的“网上留言方式”，即纳税人通过互联网络可向12366热线留言，由坐席人员通过网络或邮箱方式回复；四是便捷的“语音留言方式”，即纳税人拨打人工服务遇到话务忙时，可以根据自动语音提示，选择留言功能咨询问题，坐席人员收听后立即回复；除此之外，还有发送手机短信方式，为纳税人提供税收政策、办税提醒等服务。热线服务主要包括以下六项，分别为：纳税咨询服务，办税指南与便民服务，受理和传递举报、投诉监督服务，受理和传递社会各界对税收工作的建议，提供划款不成功提醒、征期结束前未申报纳税人提醒、逾期未申报提醒服务，为纳税人提供全省发票真伪查询服务。

【税收宣传月活动】 4月份是全国第19个税收宣传月，税收宣传月活动的主题是：“税收　发展　民生”。为了进一步做好税收宣传工作，为纳税人提供更加贴心的服务，市地税部门选择百姓最容易出入的场所作为媒介，开展税法宣传，创新税法宣传月活动形式。3月31日开通12366纳税服务热线与税收宣传“直通车”；同时，自4月1日起，设置社区“税收服务站”30多个，向社区居民提供税法、税收政策咨询，答疑解惑，宣传税收政策和法律；发放千张企业调查问卷，了解企业的要求和需要；举办大型税收宣传活动2次：4月13日，举办“税收政策宣讲”活动；4月16日，在裕华区地税局开展“税务开放日”活动。

（许跃彬　马一川）

【税收执法服务】 按照建设“法治型、服务型”政府的要求，牢固树立“三个服务”意识，不断提高执法服务水平。积极落实税收优惠政策。大力扶持工业50强和民营企业发展，深入开展“送税法进企业”活动，先后深入以岭药业有限公司、常山纺织集团有限公司等15户重点企业，赠送新税法书籍230多册。切实做好税收优惠事项备案、审批工作。全市企业所得税优惠减免备案531户，减免（抵扣）企业税所得税2.14亿元。努力规范税收执法行为。进一步深化“双百”活动，坚持实行“月分析、季通报”制度，对全市筛选出的9个“百日无过错税务分局”和60名“全年无过错征管员”进行了通报表彰。对24个基层单位税收执法情况进行了推磨互查，对13个单位实施了重点执法检查，严格责任追究和经济处罚。全系统累计责任追究处理9319人次，15个基层分局实现了“零过错”，税收执法水平明显提高。

【规范税收秩序】 创新检查工作方法，努力保证案件查处的针对性和准确性。把审计检查与重点检查相结合，对房地产、城中村、医疗机构等六个行业各10个代表性企业进行“审计式”检查，系统掌握企业的生产流程、成本构成和营销特点，全面总结各重点行业的纳税薄弱环节，形成行业检查指南，提出征管建议，共入库税款3500余万元，形成征管建议40余条。把专项检查与解剖检查相结合，开展建安、房地产、药品经销、交通运输和涉外企业等8个专项检查，选定典型企业总结行业涉税违法规律和检查技巧，保证了专项检查工作效果。共对1166户企业进行了专项检查，实现“四环节”查补收入5735万元，其中在房地产、建安行业专项检查，实现收入4967万元。突出大案要案查处，设立大要案专项奖，及时兑现办案补贴，实施重大案件和重点案件进度督导、结果通报制度，保证案件查处质量，增强执法刚性，全市共查处30万以上大案要案58件，同比增加15件，其中依法对8户企业采取税收强制执行措施，入库稽查收入415万元。积极做好举报案件的查处和反馈，公布涉税举报电话，共受理各类举报案件58件，实现查补收入2036万元。对查结的案件及时向举报人反馈，并依法向符合条件的举报人兑现了奖金，进一步调动了广大群众协税护税的积极性。改进选案方式，下达“上选下查”计划1680户，查结“上选下查”企业813户，实现收入1.35亿元。规范服务制度，制定《石家庄市地税局“查前告知”工作暂行办法》，进一步规范“查前告知”服务的范围、程序和方法。年内共对1477户企业进行了“查前告知”，实现收入2.33亿元。加大发票管理力度，提高税收征管质量，抽调30名发票业务骨干在全市范围内对省局通报数据、货运发票管理、建安房地产发票使用情况进行了重点检查。共抽查128户，填写《检查底稿》1430余张，清查发票1660份，入库税款18万元，罚款16000元。

【完善服务措施】 研究制定《纳税服务工作规范（试行）》，明确服务标准、工作流程、服务内容、办结时限、考核监督机制。在全系统积极建设“纳税人之家”，实行“一窗统办”服务模式，投资156万元为基层配备排号机，设置154个工作评价器，并在办税服务厅配置270台“POS”机等，得到纳税人一致认可。完善有奖体系，实行“积票有奖”活动，年内全市“积票有奖”活动共收回发票68417张，涉及金额5776186元，兑付彩票18047张，彩票金额74952元，在“积票有奖”活动中面值2元的彩票中出大奖1.5万元。通过此项活动的开展，发票用量比上年同期增长87004万元，比上年同期增长21.64%。拓展12366服务职能，整合全省12366纳税服务热线，通过广播、电视、报刊、出租车等载体，对河北地税12366热线整合工作进行广泛宣传。对原有政策法规库进行核对整理，聘请省电台播音员重新录音，更新系统自动语音提示；对12366系统模块进行逐一测试，完善修改功能40余项。提高硬件配置。投入专项资金，为坐席人员增配笔记本电脑，提高发票查询速度，有效减少纳税人的排队等候时间。做好培训工作，使每一位热线工作人员都熟悉全省各市征管概况，了解每个市的个性化政策，掌握新的工作流程。在河北工人报－地税周刊设立《12366为您解答》专栏，每周将受理的热点问题进行整理刊登，在《石家庄地税》开辟《12366受理热点问题辑录》专栏，便于税务干部掌握纳税人关心的热点问题。年内共受理纳税咨询372339件次，其中，自动语音309171件次，人工受理63168件次，发送各类提醒短信2752263条，有效减少纳税人的违规风险。

【信息化建设】 做好办公网站升级改版工作，多次征集各处室工作需求，设计新网站资源架构方案，进行数据备份，实施新旧网站数据平移，新网站于2010年底上线，2011年1月1日正式运行。做好契税、耕地占用税软件、票证管理系统、建安房地产软件推广工作，并积极做好新软件问题的收集、汇总、解答和上报。积极探索数据处理和利用的新方法、新途径，以涉税信息采集、分析、利用为主线，进一步规范税收分析、税源监控、纳税评估、税务稽查各环节职能和协作机制。研究下发《四位一体管理办法》、《信息管税实施办法》等文件，强化信息管税效能管理，对信息的采集、管理、分析、应用和工作考评问责等事项做出了明确规定。全面推广财税库银联网，实现税收征缴入库电子化、无纸化和实时化，有效提升税收信息化进程。全市共实现财税库银横向联网纳税人102745户，占全部可推广户数的91.26%。在全系统开展数字证书（CA认证）网上报税推广工作，减轻纳税人负担，提高工作效率，信息化建设支撑能力进一步加强，办理CA认证企业达到31750户，实现网上申报纳税人80%以上的工作目标。

石家庄市地方税务局

局　　长：马提福

副 局 长：张志平　宗翠莹（女）

　　　　　徐国民　宋泽军

　　　　　李亚（10月任）

纪检组长：刘健

（颜丰　陈旭光）

统　计

【概况】 2010年，全市统计系统紧紧围绕统计服务需求，加强统计基层机构建设，增强统计信息支撑能力，提高统计服务能力。完善各项业务操作规范，加强对行业和县域经济的深入分析，加大数据质量审核和评估力度，对专业数据之间、专业数据与部门数据之间的匹配进行评估，加强对数据质量的检查，提高统计数据质量。年内，先后建立《统计工作规范》、《统计执法检查制度》、《石家庄市乡镇和街道办事处统计业务工作规范化评定实施方案和操作细则》、《统计决策咨询报告管理制度》和《统计资料管理制度》等30余项业务工作制度，规范了各个环节业务流程；县及县以下统计机构业务工作规范化评定工作顺利完成。市统计局先后荣获全省2010年统计制度方法改革论文评比组织奖、第二次经济普查后续工作评比一等奖、信息化暨信息产业工作先进集体和民营经济发展服务优胜奖；先后被评为市级文明单位、市级普法先进单位、三年大变样工作优秀单位、节能降耗工作先进单位。

【统计服务】 年内，市统计服务主要围绕六个方面，针对不同要求，采取不同保障措施，多措并举，为全市经济建设服务。一是加强各项经济指标监测，及时满足党政领导把握复杂经济形势的需求。二是加强节能降耗完成情况预测，满足市委市政府重点工作监测的需求。三是围绕产业聚集区、高新技术产业以及现代物流业等热点领域，建立了工业和投资产业聚集区统计制度、高新技术产业月度统计制度，制定了物流业统计调查方案，开展了正定小商品博览会情况调查，为全市热点和新的经济增长点提供统计服务。四是召开上半年全市经济形势新闻发布会，与石家庄日报社建立了统计信息发布的平台，拓宽服务渠道，定期集中发布统计信息，满足社会公众对统计信息的需求。五是积极参与“中国名牌”和“河北省名牌”企业资格审核工作，先后为多家企业申报品牌企业、诚信企业、免检产品、质量效益型企业等工作提供统计服务。六是建立主要数据网上发布制度，将全市及分县（市）区主要经济指标、省内城市主要经济指标、全国省会城市主要经济指标网上发布，把过去等其他处室来要数变为主动提供数据，实现内部信息共享。全年共完成决策咨询报告147篇，其中29篇被省委常委、市委书记孙瑞彬和市长艾文礼等市领导批示。市领导对统计信息批示数量再创历史新高。共有4篇分析获省评比奖项。

（张伟）

【第六次全国人口普查】 2010年，石家庄市第六次全国人口普查工作全面展开。人口普查对象是普查标准时点在中华人民共和国境内的自然人以及在中华人民共和国境外但未定居的中国公民，不包括在中华人民共和国境内短期停留的境外人员。普查的目的是查清2000年以来全市人口数量、结构、分布和居住环境等方面的变化情况，为科学制定国民经济和社会发展规划，统筹安排人民的物质和文化生活，实现可持续发展战略，构建社会主义和谐社会，提供真实准确、完整及时的人口统计信息支持。普查登记的主要内容包括：姓名、性别、年龄、民族、国籍、受教育程度、行业、职业、迁移流动、社会保障、婚姻、生育、死亡、住房情况等。普查的标准时点是2010年11月1日零时。普查采用按现住地登记的原则，以户为单位进行登记。2010年8月底，普查的前期准备工作全部完成，包括户口整顿、普查小区划分等内容。2010年10月底，摸底工作全部完成。2010年11月1日人口普查的登记工作开始，11月10日结束。2010年11月15日，复查工作完成。从2010年12月始，进入数据处理阶段。石家庄市的普查登记质量得到国务院第六次全国人口普查事后质量抽查组的充分肯定。2011年5月13日，石家庄市统计局公布部分普查主要数据：全市常住人口为10163788人，同第五次全国人口普查相比，十年共增加818365人，增长8.76%，年平均增长率为0.84%。全市常住人口中共有家庭户2720331户，家庭户人口为9443736人，平均每个家庭户的人口为3.47人，比2000年第五次全国人口普查的3.7人减少0.23人。全市常住人口中，男性人口为5087913人，占50.06%；女性人口为5075875人，占49.94%。总人口性别比（以女性为100，男性对女性的比例）由2000年第五次全国人口普查的103.1下降为100.24。全市常住人口中，0～14岁人口为1548125人，占15.23%；15～64岁人口为7789753人，占76.64%；65岁及以上人口为825910人，占8.13%。同2000年第五次全国人口普查相比，0～14岁人口的比重下降7.72个百分点，15～64岁人口的比重上升6.25个百分点，65岁及以上人口的比重上升1.48个百分点。全市常住人口中，具有大学（指大专以上）程度的人口为1291792人；具有高中（含中专）程度的人口为1737261人；具有初中程度的人口为4149843人；具有小学程度的人口为1986887人（以上各种受教育程度的人包括各类学校的毕业生、肄业生和在校生）。同2000年第五次全国人口普查相比，每10万人中具有大学程度的由5013人上升为12710人；具有高中程度的由13964人上升为17093人；具有初中程度的由38388人上升为40830人；具有小学程度的由30165人下降为19549人。全市常住人口中，文盲人口（15岁及以上不识字的人）为237024人，同2000年第五次全国人口普查相比，文盲人口减少286381人，文盲率由5.66%下降为2.33%，下降3.33个百分点。全市人口地区分布，长安区479801人，桥东区410116人，桥西区596164人，新华区625119人，裕华区493730人，高新区161684人，矿区95170人，井陉县309882人，正定县466807人，栾城县328933人，行唐县406353人，灵寿县333558人，高邑县186478人，深泽县250264人，赞皇县244799人，无极县502662人，平山县433429人，元氏县418466人，赵县571077人，辛集市615919人，藁城市775110人，晋州市537679人，新乐市487652人，鹿泉市432936人。

（石家庄统计信息公报　张伟）

【第二次全国R&D资源清查】
R&D，即研究与试验发展，指在科学技术领域，为增加知识总量、以及运用这些知识去创造新的应用而进行的系统的、创造性的活动，包括基础研究、应用研究、试验发展三类活动。基础研究：指为了获得关于现象和可观察事实的基本原理的新知识（揭示客观事物的本质、运动规律，获得新发展、新学说）而进行的实验性或理论性研究，它不以任何专门或特定的应用或使用为目的。应用研究：也指为获得新知识而进行的创造性研究，主要针对某一特定的目的或目标。应用研究是为了确定基础研究成果可能的用途，或是为达到预定的目标探索应采取的新方法（原理性）或新途径。试验发展：指利用从基础研究、应用研究和实际经验所获得的现有知识，为产生新的产品、材料和装置，建立新的工艺、系统和服务，以及对已产生和建立的上述各项作实质性的改进而进行的系统性工作。石家庄市第二次全国R&D资源清查工作于2009年12月31日正式启动。此次普查的主要目的是全面调查调查域内科学研究与试验发展（以下简称R&D）活动情况，更好地适应新形势下宏观管理的需求。此次清查的时期资料为2009年度。清查的对象是国民经济中R&D活动相对密集行业的法人单位。涉及的行业范围包括：农、林、牧、渔业，采矿业，制造业，电力、燃气及水的生产和供应业，建筑业，交通运输、仓储和邮政业，信息传输、计算机服务和软件业，金融业，租赁和商务服务业，科学研究、技术服务和地质勘查业，水利、环境和公共设施管理业，教育，卫生、社会保障和社会福利业，文化、体育和娱乐业等。清查的主要内容包括R&D活动人员数量、素质及其工作量情况；R&D经费支出总量、用途及来源情况；研发用仪器和设备等固定资产拥有情况；各类研发机构的基本情况；R&D项目(课题)的研究类型、组织方式及社会经济目标等情况；专利等自主知识产权的拥有及使用情况等。2011年2月23日，石家庄市R&D资源清查工作在市R&D资源清查领导小组统一领导下，在各县（市）区清查机构及有关部门的通力合作下，经过广大统计人员的艰苦努力，全面完成单位调查、数据采集、质量核查、汇总及评估工作。2011年4月11日，石家庄市统计局、石家庄市科技局、石家庄市发改委、石家庄市财政局联合发布第二次石家庄市R&D资源清查主要数据公报。

（石家庄统计信息公报）

表 56

2009年分行业R&D投入情况一览表

项目 / 行业分类	R&D人员全时当量		R&D经费	
	总量(人年)	比重(%)	总量(万元)	比重(%)
农、林、牧、渔业	30	0.15	301.3	0.08
采矿业	14	0.07	156.4	0.04
制造业	10238	52.22	126165.7	34.22
电力、燃气及水的生产和供应业	5	0.03	191.6	0.05
建筑业	534	2.72	3588.5	0.97
交通运输、仓储和邮政业	0	0.00	0	0.00
信息传输、计算机服务和软件业	82	0.42	1060.6	0.29
金融业	0	0.00	0	0.00
租赁和商务服务业	11	0.06	374.5	0.10
科学研究、技术服务和地质勘查业	4727	24.11	189924.5	51.51
水利、环境和公共设施管理业	42	0.21	611.2	0.17
教育	2380	12.14	36581.5	9.92
卫生、社会保障和社会福利业	1532	7.81	9702.3	2.63
文化、体育和娱乐业	11	0.06	62	0.02
总计	19606	100.00	368720.1	100.00

表 57

2009年各县（市）区R&D投入情况一览表

项目 / 地区	R&D人员全时当量(人年)	R&D经费(万元)	R&D经费与GDP之比(%)	R&D经费占全市比重(%)
全市	19606	368720.1	1.23	100.00
市区	17211	326190.1	3.01	88.47
长安区	5071	49238.1	3.28	13.35
桥东区	767	25278	2.80	6.86
桥西区	4294	177205	9.85	48.06
新华区	3006	32158.6	3.03	8. 72
矿区	28	233.7	0.09	0.06
裕华区	1261	8860.7	0.82	2.40
高新区	2251	24129	—	6.54
井陉县	15	1170.5	0.12	0.32
正定县	319	9560	0.68	2.59
栾城县	159	2263.4	0.20	0.61

（续表）

地区 \ 项目	R&D人员全时当量（人年）	R&D经费（万元）	R&D经费与GDP之比(%)	R&D经费占全市比重(%)
行唐县	0	0	0.00	0.00
灵寿县	30	180	0.03	0.05
高邑县	5	155.9	0.04	0.04
深泽县	0	0	0.00	0.00
赞皇县	5	286.4	0.06	0.08
无极县	0	0	0.00	0.00
平山县	121	2672	0.19	0.72
元氏县	15	449	0.05	0.12
赵 县	1	3	0.00	0.00
辛集市	261	3395.7	0.16	0.92
藁城市	467	14086.2	0.54	3.82
晋州市	10	80	0.01	0.02
新乐市	20	691.5	0.06	0.19
鹿泉市	967	7536.4	0.39	2.04

【世界统计日活动】 6月3日，第六十四届联合国大会第九十次会议通过决议，确定10月20日为“世界统计日”，主题为“庆祝官方统计的众多成就”，以体现官方统计服务、诚信、专业的核心价值。中国作为世界上人口最多的国家，为迎接世界统计日的到来，把9月20日确定为“中国统计开放日”。从9月20日到10月20日，河北省统计系统围绕“统计和您在一起”、“走向公开透明的中国统计”主题，开展了一系列纪念和宣传活动。2010年10月20日，河北省统计局与石家庄市统计局在省会文化广场进行了“世界统计日”宣传活动。省统计局局长郭洪波、市政府副秘书长蒲国良、市统计局局长徐拥政出席了宣传活动，统计专家也现身广场，就市民普遍关心的“人口普查”、“房价是怎么统计的”、“CPI的由来”、“统计部门公布的工资水平为何与自己感受的不一样”等问题进行现场答疑，并向市民分发《统计知识科普读物》等宣传资料。

（任国省）

【普查调查活动】 发布《石家庄市第二次经济普查主要数据公报》，完成全市第二次全国经济普查文件资料汇编。根据据第二次全国农业普查数据，完成1996年至2005年农业核算数据修订。圆满完成R&D资源清查、全省组织工作满意度调查、文化产业调查、月度劳动力调查、工业企业成本费用调查以及其他各项常规调查。

【统计执法】 扎实开展“五五”普法，加强统计普法教育，量化统计执法目标，明确统计执法重点，把贯彻执行统计法规落实到统计工作的各个方面和各个环节。根据《河北省统计局、河北省监察厅、河北省司法厅、国家统计局河北调查总队关于联合开展统计法和统计违法违纪行为处分规定贯彻执行情况大检查的通知》精神，扎实开展统计执法大检查，以法治规范统计行为，保障统计工作环境。全市共检查单位4500余家，立案144件。针对统计中存在的基础薄弱、统计不规范等问题，市县两级认真进行了整改，有力促进了各项统计工作能力的提高。2010年5月，省统计局组织巡查，石家庄统计系统各项指标均达到合格标准。

【基层基础建设】 开展县、乡两级统计现场实地评定，加强“双基”（基层基础）规范化建设，顺利完成县及县以下统计机构业务规范化评定，平山县统计局、井陉县统计局被评为2009年度省级规范化优秀县（市）区统计局。加强网络硬软件建设，不断提升数据采集、加工、整理、存储、应用、开发水平，圆满完成省市统计信息广域网线路扩容工作，信息支撑能力不断提高。2010年6月，全省设区市辖区双基建设现场观摩交流会在石召开，向市辖区推广石家庄市裕华区的经验做法。

（张伟）

审 计

【概况】 2010年，全市审计系统紧紧围绕市委、市政府中心工作，不断加强内部建设，创新审计模式，提高审计质量。加大对重点领域、重点部门、重点资金以及社会普遍关注的热点、难点问题的审计力度，规范资金用途，推动全市经济社会健康稳定发展。全年共审计单位557个，查出违规资金26.66亿元，查出管理不规范资金160.1亿元；应上缴财政8.76亿元，已上缴财政5.52亿元，核减固定资产投资额3.07亿元；向纪检、司法机关移送案件线索9起，批捕5人；提出审计建议967条，被采纳811条；提交审计专题综合性报告和信息822篇，被批示采用574篇。审计工作主要指标再创历史新高，审计报告和审计结果报告多次得到市委、市政府主要领导的批示。年内，市审计局先后被评为依法行政先进单位、“五五”普法先进单位、先进基层党组织、市文明单位、全省审计信息化建设先进单位和信息宣传工作先进单位，连续四次被省委、省政府命名为河北省文明单位。

【财政审计】 积极探索构建财政审计大格局，以预算执行审计为主线，打破市县、业务处（室）界限，形成各专业审计共同参与，既明确分工、又相互配合的“一体化”审计模式，进一步增强财政审计的时效性、宏观性和建设性。全年共完成预算执行审计项目76个，财政决算审计项目48个，查出违规金额17.6亿元，管理不规范金额26.14亿元。市审计局代表市政府向市人大常委会所作的预算执行审计工作报告和审计整改工作报告，获得与会代表的好评。

【经济责任审计】 全年共对147名经济责任人进行了审计，查出违规资金9.3亿元，管理不规范资金14.57亿元，移交案件线索5起。审计结果报告得到市委、市政府领导的重视，多次作出批示，提出明确要求。在开展问题清查的同时，市审计局还对近十年来的审计资料信息进行了汇总，建立起经济责任审计资料库，在全省范围内首次实现了信息资源共享。开展审计回访，与市委组织部组成联合回访工作组，对2009年度接受经济责任审计的14个单位，进行审计回访，纠正违纪资金1238万元，促缴财政资金115万元。

【固定投资审计】 深入贯彻落实《石家庄市国家建设项目投资审计条例》和《石家庄市政府关于国家建设项目资金审计监督和运行管理的有关意见》，进一步加大对中央扩内需新增投资项目和重点建设工程审计力度，共完成投资审计项目83个，审计查出主要问题资金8.5亿元，核减投资额1.78亿元。派专人常驻四川省平武县，全过程跟踪石家庄市对口支援灾后重建19个工程项目，送审金额7.48亿元，审减1.29亿元，确保了援建资金合规、安全、节约、有效地使用。

【专项资金审计】 集中开展对6类重点专项资金的审计（住房公积金、退耕还林资金、中央扩内需新增投资和“三年大变样”政府投资等）。全市抽调156名审计人员，组成43个审计小组，分别走访了439个单位、企业和乡村，深入1436户村民，审计专项资金总额252亿元，查出挪用资金、改变资金用途、少缴或不交住房公积金、财政资金拨付不及时等问题资金48亿元，并督促相关单位及时纠正，规范了全市专项资金管理。

【政府融资平台审计】 年内，审计政府融资平台5家（石家庄市财茂投资开发有限责任公司（石家庄市政府投资管理办公室）、石家庄发展投资有限公司、石家庄市城市建设投资控股集团有限公司、石家庄市建设投资集团有限责任公司、石家庄市地产集团有限公司（石家庄市土地储备中心）），抽查政府性融投资建设项目5个（槐安路高架桥、民心广场、裕华路改造、百年广场、小谈村改造），延伸审计使用政府性融资的单位和企业9个（金刚集团、旅游装饰（集团）公司、河北常山生化药业有限公司、河北克尔化工有限公司、河北华润药业有限公司、石家庄柏奇化工有限公司、石家庄高新区蓝狐投资有限公司、河北迈尔斯通电子材料有限公司、新华区财政局)。对审计中发现的问题(改变银行贷款用途、工程转包、委托贷款有潜在风险等),及时向市政府提交了审计报告,发出预警信号,促使有关单位规范融资行为。

【其他审计】 督办审计署关于全市土地资源专项资金审计的整改情况,对全市锁定政府还贷二级公路债务情况进行专项审计,开展三鹿管理人财务收支审计、焦化集团改制、市能源投资发展中心及相关供热企业资产和资金往来情况审计、市21家拟奖励工业50强企业报表审计、5家破产企业资金核实等。配合省审计厅完成河北省世行、亚行贷款结核病控制项目,农业综合开发项目、林业四期、污水治理等项目审计。对市供水集团审计,引起艾文礼市长和栗进路常务副市长重视,要求有关部门积极采纳审计建议,并决定以此为契机,在全市开展"财务管理规范年"活动,以保证全市国有资产的完整性和效益性。12月1日,《中国审计报》头版头条介绍这次审计,扩大了石家庄市审计工作的影响。

【审计质量法制建设】 开展"审计法规学习年活动",把《审计法》及其实施条例、审计准则和《石家庄国家建设项目投资审计条例》作为学习重点,认真研读,真学实用,推动全市审计机关法制化进程。4月29日,石家庄市审计局和市内五区审计局在省会文化广场,举办了《中华人民共和国审计法实施条例》和《石家庄市国家建设项目审计条例》大型宣传活动。省审计厅、市人大、普法办、法制办、市直机关工委等部门相关领导应邀参加了这次活动。此活动采取发放宣传资料、现场解答问题和接受群众投诉、举报等形式进行,共计发放各种宣传资料5000余份(本)。结合新条例的学习,不断修订完善审计管理和质量控制操作细则,积极开展审计质量大检查和优秀审计项目评选活动,促进审计整体质量和审计执法水平的提升。

【审计信息化建设】 依托审计管理系统(OA),大力推进审计实施系统(AO)的应用,全面实现机关办公无纸化,大大提升了工作效能。在全省审计机关(AO)应用实例评比中,共有9篇获得省级优秀奖,16篇获得省级应用奖,获奖的数量和质量均位居全省审计系统榜首。11月20日,审计署石爱中副审计长在省审计厅葛梦彬厅长陪同下到石家庄市审计局调研信息化工作,对石家庄市审计局大力加强信息化建设、强力推行无纸化办公给予充分肯定。

(张剑玺)

2010年4月29日,市审计局在省文化广场举办《中华人民共和国审计法实施条例》和《石家庄市国家建设项目审计条例》大型宣传活动

质量技术监督

【概况】 2010年，市质量技术监督部门紧密围绕"监管是首要职责、服务是根本宗旨、发展是第一要务"的目标要求，以建设"五型质监"为抓手，推进科学监管，强化优质服务，严格依法行政，加强全面建设，努力提升全市产品质量总体水平，保障人民群众生命财产安全。年内，全市17个单位开展科级干部交流轮岗、竞争上岗，任免科级干部53名。在岗自学、岗位练兵活动卓有成效，在全省质监系统技术比武活动中，全市63名优秀队员组成11支代表队，取得人事知识比武和执法打假知识竞赛两项第一名，取得特种设备业务知识比武第二名，取得计量专业知识比武、电子汽车衡检定技术比武和植物油检验技术比武三项第三名；在国家质检总局组织的执法打假大比武中，行唐县质监局卢莉同志获得个人成绩优秀奖，受到国家总局的表彰；在全省在职人员考试中，全市质监系统1322人参加考试，通过率100%，优秀率95.92%，位列全省第一。至年末，全市获得省名牌产品63项，服务名牌11项，省优质产品42项，省质量效益型先进企业25家，省服务质量奖10家，省政府质量奖组织奖8家，个人奖2人。2010年，市质量技术监督局先后被评为全国质检系统政务信息工作先进单位，省级安全生产监督管理先进单位、安全生产目标管理优秀单位、保护消费者权益先进单位、消防安全工作先进单位，并在全省质量管理年终考核中，名列第一。

表58　2010年石家庄市获得河北省名牌产品一览表

序号	编号	注册商标	产品名称	生产企业
1	HBMP2010-001	3502	衬衫	际华三五零二职业装有限公司
2	HBMP2010-004	鸣鹿	衬衫	河北鸣鹿服装集团公司
3	HBMP2010-012	XIMAN 西曼	裘皮服装	河北西曼实业集团有限公司
4	HBMP2010-015	劳奴诗	裘皮服装	辛集市慧丰皮革有限公司
5	HBMP2010-019	DongMing	皮革	河北东明实业集团有限公司
6	HBMP2010-020	佰立特	皮革	河北佰立特皮业有限公司
7	HBMP2010-021	宏四海	皮革	辛集市宏四海皮革有限公司
8	HBMP2010-029	元宵	工艺纸雕宫灯	藁城宫灯研制开发中心有限公司
9	HBMP2010-030	三奇帝	浮雕	石家庄东方紫铜浮雕工艺品有限公司
10	HBMP2010-034	奥白琦	洗衣粉	河北纳利鑫洗化有限公司
11	HBMP2010-035	芳顿	洗衣皂	石家庄市洁友日用化学品有限公司
12	HBMP2010-044	神行太保	安全鞋	际华三五一四制革制鞋有限公司
13	HBMP2010-065	味道府	白酒	河北味道府酒业有限责任公司
14	HBMP2010-071	嘉禾	啤酒	嘉禾啤酒有限公司
15	HBMP2010-080	三康	核桃	石家庄丸京干果有限公司
16	HBMP2010-084	蕊源	蜂蜜	石家庄赞皇县蕊源蜂业有限公司
17	HBMP2010-087	君乐宝	液体奶	石家庄君乐宝乳业有限公司
18	HBMP2010-091	君乐宝	含乳饮料	石家庄君乐宝乳业有限公司
19	HBMP2010-098	巧厨	挂面	河北巧厨食品有限公司
20	HBMP2010-103	川奇	蜜饯	石家庄川奇工贸有限公司
21	HBMP2010-112	华泉	罐头	河北华泉食品有限公司
22	HBMP2010-115	魏征	罐头	晋州鹏达食品有限公司
23	HBMP2010-117	国仁	焙炒坚果制品	石家庄泰丰金果商贸有限公司
24	HBMP2010-131	正元	农用尿素	河北阳煤正元化工集团有限公司
25	HBMP2010-135	双联	复混肥料	石家庄双联复合肥有限责任公司

（续表）

序号	编号	注册商标	产品名称	生产企业
26	HBMP2010—137	嘉化	复混肥料	石家庄市中嘉化肥有限公司
27	HBMP2010—138	地欣	复混肥料	石家庄金太阳生物有机肥有限公司
28	HBMP2010—139	大功臣	复混肥料	河北大地肥业有限公司
29	HBMP2010—142	宏兴	复混肥料	河北省复混肥厂
30	HBMP2010—148	东华舰	工业氨基乙酸	石家庄东华金龙化工有限公司
31	HBMP2010—151	VEYONG	甲氨基阿维菌素	河北威远生物化工股份有限公司
32	HBMP2010—152	凯钻	甲氨基阿维菌素	石家庄市三农化工有限公司
33	HBMP2010—162	石煤	钻机	石家庄煤矿机械有限责任公司
34	HBMP2010—166	KINGDA	脱硫泵	石家庄强大泵业集团有限责任公司
35	HBMP2010—169	金刚	内燃机配件	石家庄金刚内燃机零部件集团有限公司
36	HBMP2010—174	石煤	掘进机	石家庄煤矿机械有限责任公司
37	HBMP2010—177		锥柄麻花钻	河北飞达工具制造有限公司
38	HBMP2010—191	神工	饲料粉碎机	石家庄三和神工饲料机械有限公司
39	HBMP2010—203	太行	精梳机	河北太行机械工业有限公司
40	HBMP2010—209	BOWEI	微封装集成压控振荡器	河北博威集成电路有限公司
41	HBMP2010—210	旭辉电气	自动跟踪消弧补偿装置	河北旭辉电气股份有限公司
42	HBMP2010—211		光纤连接装置	河北四方通信设备有限公司
43	HBMP2010—243	中美豪特	钢铁铸件	河北豪特耐磨材料有限公司
44	HBMP2010—262	ZHONGYI	玻璃钢管道容器	昊华中意玻璃钢有限公司
45	HBMP2010—267	久强	高效减水剂	河北久强建材有限公司
46	HBMP2010—268	文生	防火门	石家庄市文生门业装饰有限公司
47	HBMP2010—279	华北	注射用青霉素钠	华北制药股份有限公司
48	HBMP2010—280	CSPC	维生素 C	石药集团维生药业（石家庄）有限公司
49	HBMP2010—281	华北	维生素 C	河北维尔康制药有限公司
50	HBMP2010—282	CSPC	维生素 B12	河北华荣制药有限公司
51	HBMP2010—283	华北	维生素 B12	华北制药威可达有限公司
52	HBMP2010—284	华北	环孢素软胶囊	华北制药股份有限公司
53	HBMP2010—293	老区人	杂粮	河北老区人食品有限公司
54	HBMP2010—294	圣地明珠	杂粮	平山县圣地柏坡有机食品开发有限公司
55	HBMP2010—316	腾飞	细木工板	河北腾飞木业有限公司
56	HBMP2010—317	華杰	细木工板	石家庄华杰木业有限公司
57	HBMP2010—325	福来氏	生鲜冷却分割肉（猪肉）	河北凯隆达食品有限公司
58	HBMP2010—326	奥开	生鲜冷却分割肉（猪肉）	石家庄双鸽食品有限责任公司
59	HBMP2010—332	华牧	无公害鸡蛋	石家庄华牧牧业有限责任公司
60	HBMP2010—338	康钛益	无公害鸡蛋	辛集市新绿科技发展有限公司
61	HBMP2010—339	红旅	无公害鸡蛋	河北西柏坡红旅食品有限公司
62	HBMP2010—341	小山庄	无公害鸡蛋	赞皇县天然农产品开发有限公司
63	HBMP2010—347	凯兴	蛋白饲料	石家庄凯兴牧业有限公司

表 59　2010 年石家庄市获得河北省服务品牌一览表

序号	编号	服务品牌	单位名称
1	HBMP2010—F02	北国商城	北国商城股份有限公司
2	HBMP2010—F03	东购 DONGGOU	石家庄东方城市广场有限公司
3	HBMP2010—F07	东明家具	河北东明国际家具博览有限公司

（续表）

序号	编号	服务品牌	单位名称
4	HBMP2010—F10	康明眼镜	河北康明视光科技发展有限公司
5	HBMP2010—F15	燕山大酒店	燕山大酒店
6	HBMP2010—F19	抱犊寨	鹿泉市文化旅游公司
7	HBMP2010—F20	赵州桥	赵县赵州桥景区开发有限公司
8	HBMP2010—F23	燕风楼	石家庄市燕风楼烤鸭店
9	HBMP2010—F38	PICC	中国人民财产保险股份有限公司河北省分公司
10	HBMP2010—F39	中国人寿保险股份有限公司 河北省分公司 China Life Insurance Company Limited Hebei Branch	中国人寿保险股份有限公司河北省分公司
11	HBMP2010—F40	中国平安 PINGAN 保险·银行·投资	中国平安财产保险股份有限公司河北分公司

【计量器具管理】 组织开展“节能减排服务企业百日行动”，重点耗能企业能源计量器具配备率达到98%以上。全市60家工业企业获得河北省计量保证能力合格确认证书。检定全市18个县（市）区共251个乡镇卫生院、3389个村级诊所强检计量器具，共完成5770余台件医疗机构强检计量器具的检定工作，其中免费检定4724台件。为60家集贸市场（包括市政府确定的投入使用的标准化菜市场）在用计量器具9500余台件进行了免费检定，检定率达到95%以上。免费检定农资市场在用计量器具731台件。

举办集贸市场“整治缺斤少两诚信计量惠民”专项行动启动仪式

【生产标准化建设】 围绕石家庄市“三年大变样”的要求，制订《石家庄市推进物流标准化体系实施方案》，申报立项2010年重点类河北省地方标准制修订计划4项。围绕市政府“菜篮子工程”，申报无极农业标准化示范区项目。申报国家标准、行业标准制修订7项。申报河北省地方标准制修订21项；制修订石家庄市农业地方标准11项，为企业办理采标27项。采标标志20项，办理列入省政府《2010年高技术产业发展投资计划》重点采标项目2项。赵县雪花梨和赞皇大枣两个农业标准化示范区的通过考核验收。3家单位被省局列为省级服务标准化试点单位，4家被列为2010年省级标准化良好行为企业试点项目，名列全省第一。

【食品质量监管】 以创建“食品安全最放心城市”为目标，强化区域监管责任机制，扎实开展生产加工环节食品安全整顿，突出监管重点，落实企业主体责任，全面提升食品生产企业质量安全水平，严格食品生产许可，不断完善长效监管机制，促进食品产业持续健康发展，食品生产环节未发生重大质量安全事故，有效保障了人民群众健康安全。开展生产加工明胶和食用香精香料规范整顿行动，取缔无营业执照加工点44家。加大对小麦粉、糕点和饮料等生产企业使用防腐剂、增白剂、色素以及甜味剂情况的监督检查力度，依法处理违规企业13家。依据《乳制品质量安全监督管理条例》和国家质检总局《乳制品生产企业落实质量安全主体责任监督检查规定》规定，全市19家乳制品企业（其中8家开工生产）落实了自查整改。强化原料采购和企业出厂检验，乳品企业全部具备三聚氰胺、内酰胺酶解抗剂等项目的检测能力。认真落实《乳制品质量安全监督管理条例》，严格乳制品企业生产许可，加强新办和换证企业生产许可管理，乳制品企业法人全部签订质量承诺书，乳制品企业产品监督抽查合格率100%。严厉打击违法提炼“地沟油”加工窝点，依法查处无证生产、加工食用油和无照回收、加工废弃油脂的违法行为。对有资质提炼工业用油的企业、小作坊，严查产品流向；以小作坊、小食品加工厂为重点，对食品生产加工企业的食用油质量和进货渠道进行监督检查，严把原料油进货关。召开乳制品企业法人代表座谈会，制定问题乳粉清查实施方案，张贴省政府三个公报，大力清查2008年问题乳粉。严格落实驻厂监管责任制，监督企业落实原料乳粉进厂和产品出厂批批检验制度，共派出监管人员104名，驻厂监管乳制品及含乳制品生产企业46家。截至2010年底，全市食品获证企业1229家，共取得食品生产许可证1377张；食品相关产品获证企业109家，共取得生产许可证109张；监督检查食品生产企业1346家次，抽取送检样品174个批次，检验合格率100%。

【特种设备安全监管】 制订《石家庄市车用压缩天然气气瓶安全监督管理办法》，协调开展安装监督检测，加强车用气瓶安装管理。推进车用气瓶IC卡充装管理，杜绝无证改装现象。召开工作推广现场会，强化安全监管责任，提高使用单位法人意识，落实安全工作规范。制定《石家庄市特种设备安全生产年实施方案》、《石家庄市特种设备安全承诺工作方案》、《石家庄市特种设备非法制造违法行为百日专项行动实施方案》等措施，积极组织特种设备现场安全检查，认真开展两会期间、节日期间、化肥化工行业、大型游乐设施、冬季采暖设备等专项检查活动，下发安全监察指令书1347份，促进特种设备的安全使用。截至年底，全市登记注册特种设备39584台，注册车用气瓶20060只。

【产品质量建设】 制定《2010年区域性产品质量提升工作实施意见及工作方案》，明确职责分工及完成时限。从主动汇报、从严打击、着力规范、深入帮扶、加强督导、积极宣传六方面加大工作力度，对36家无证防水卷材企业采取了断电措施，下发断电通知36份，封存防水卷材生产设备36台（套），封存违法产品140卷、包装纸400张，关停无证生产防水卷材生产企业36家。查处违法案件42起，涉案违法产品货值34.5万元。开展质量提升整治试点，召开质量提升现场会，开展质量对标行动，签订质量安全承诺书，建立由原材料进厂到出厂检验全过程质量控制和产品质量可追溯制度。年内列入质量提升试点的有10个县（市）8类产品，其中无极县和栾城县化肥产品被国家质监总局列为2010年国家重点跟踪区域产品。至年末，10个重点县（市）全部完成质量提升整治试点任务，无极县、栾城县化肥产品于当年9月份通过全国重点区域省际交叉检查组的检查验收。

（陈玉）

【“质量月”活动启动】 9月1日，河北省“质量月”活动启动仪式在市东方购物广场举行，石家庄市质量提升活动也同期开始。仪式结束后，市质监局组织开展了质量安全知识普及、名优产品介绍、假冒产品识别等现场宣传咨询活动。“质量月”活动是由国家质量管理主管部门牵头，每年9月份组织开展，为期一个月，旨在提高全民族质量意识和质量水平的全国范围内的质量专题活动。2010年“质量月”的活动主题是“抓质量水平提升，促发展方式转变”。2010年“质量月”全市整治重点锁定与人民群众生命安全息息相关的各类产品质量，主要包括食品、儿童玩具、絮用纤维制品、涉农产品、危险化学品和特种设备等。

【63项产品获评省名牌】 在2010年河北省产品质量奖评比中，全市有63项产品荣获河北省名牌产品称号，是石家庄市入选产品最多的一次。63项产品主要涉及服装类、食品类、酒类、复混肥料类等。2010年，全市有3家企业递交省质量管理奖有关材料，26家企业递交省效益型先进企业有关材料，74项产品申报省名牌产品，44项产品申报省优质产品，申报企业之多为历史之最。至2010年末，全市共有中国名牌产品

8项，省名牌产品159项，省优质产品94项，省质量效益型先进企业53家，省服务质量奖54家，省政府质量奖组织奖8家，个人奖2人。

（刘宝芝　焦强）

【采标项目实现产值达18.9亿元】 所谓采标，即采用国际标准和国外先进标准，这是中国一项重大技术经济决策，是在经济全球化形势下打破和减少技术性贸易壁垒的基本举措。2010年，市质监部门办理企业采标34项，采标标志26项；办理列入省政府《2010年高技术产业发展投资计划》的重点采标项目2项；办理企业产品标准备案462项，并对全市49家重点工业企业产品执行标准情况进行了登记造册。截至年末，全市采标项目实现产值18.9亿元，其中，水泥、电缆、玻璃等建材行业采标产值贡献突出。

（刘宝芝　郑丽娟）

【品牌示范工程】 开展质量兴镇工作，促进发展方式转变。年内，确立省级示范单位2个(平山县平山镇、高邑县富村镇)；确定市级示范单位6个（鹿泉经济开发区管理委员会、深泽县耿庄办事处、辛集皮革制衣工业区管理委员会、晋州市周家庄乡、栾城县栾城镇、正定县新城铺镇)。7月21日，“晋州鸭梨”被国家质检总局批准为地理标志保护产品。“晋州鸭梨”地理标志产品保护范围为河北省晋州市东卓宿镇、周家庄乡、东里庄乡、总十庄镇、马于镇、营里镇、循环经济园区、桃园镇等8个乡镇区域。

【执法打假】 以查处假冒伪劣复混肥、磷肥为重点，严厉打击农资违法行为。全年查处生产假冒伪劣农药企业4家，生产假冒劣质复混肥企业7家，净化了全市农资市场环境，维护了名优企业及农村消费者的合法权益。开展工程建设用假冒伪劣螺纹钢、防水材料、水泥等建材为重点的专项检查，聘请省质检院专家开展培训指导，积极帮助企业协调解决办证事宜。对拒不申证或在规定期限内不能取证的企业，坚决取缔。全年共查处生产、销售假冒伪劣产品、无证生产企业18家，确保了全市工程建设安全。深入开展以假冒伪劣电热毯、人造板、电线电缆为重点的专项执法检查活动，查处假冒伪劣电热毯企业5家、电线电缆企业13家，规范人造板生产企业159家，产品质量保证能力进一步提高。围绕日常生活用品产品质量安全，开展食品、特种设备、液化石油气等专项执法行动，查处假冒饮料等产品10000余件，取缔制售假冒产品窝点3个；对全市范围内的液化石油气站进行了抽样检查，第一阶段检查20家，处罚19家。加大对举报案件的督察、督办力度，至年底，省质监局批办的举报投诉案件150起，市质监局接到的举报案件183起，回复率为100%，处置率为100%，错案率为0%，执行率为100%，案卷组卷率为100%，罚没物品入库率100%，督办事项办复率达100%。

副省长孙士彬（左一）、市质量技术监督局局长侯洪彬（中）对科技打假工作进行调研

【技术检测能力建设】 一是开展业务交流和对口帮扶活动，加强试验室规范化管理试点建设。二是开展实验室能力验证和量值对比活动，提高全市检测机构的整体水平。三是开展实验室开放活动，提高认证认可公众认知度。6月9日，“世界认可日”，石家庄市开放纤维检验所实验室，进一步扩大认证认可社会影响。四是整合食品检测机构资源，提高基层检测能力。年内，筹集预算资金200万，扶持县级重点食品检验中心6个，重点补助技改项目20个。五是投资100多万元，完成河北省皮革制品质检站升级改造，国家皮革裘皮质检中心申报资料更

加完善。

石家庄市质量技术监督局
局　　长：侯洪彬
副局长：曹长随　夏玉颖
　　　　王风彦（6月免）
　　　　吴保成　刘占
　　　　韩秀娟（女）
　　　　焦书建（8月任）
纪检组长：柯旭

（陈玉）

物价监督管理

【概况】　2010年，全市各级物价部门紧紧围绕保持物价基本稳定、实现“三年大变样”、促进经济发展方式转变、保障和改善民生等重点工作，充分发挥价格调控、价格监管、价格改革和价格服务的职能作用，圆满完成了各项物价工作任务。稳定市场物价、天然气价格改革、环保收费管理等重点工作得到了市委、市政府领导表扬。市物价局先后被国家发改委、中国价格协会联合授予“全国价格宣传先进集体”（2010年12月）；被国家发改委授予“收费统计工作先进集体”（2010年10月）；价格监测工作获得国家发改委（2011年1月）、省物价局通报表彰；被市政府评为“依法行政先进单位”（2010年3月）；被省物价局评为“全省‘五五’普法先进单位”（2011年1月）；《深化价格改革　助推和谐发展——解析“新奥燃气”天然气经营情况及价格改革初探》被市委评为石家庄市2010年度优秀调研成果一等奖（2011年3月）。经统计，1～12月份，全市居民消费价格总指数为103.2，同比上涨3.2%。全年共查处价格违法案件396件，查处价格违法金额2226万元，经济制裁金额2070万元，其中：退还用户金额671万元，没收金额1247万元，罚款金额152万元，上缴财政金额1399万元（其中市检查分局400万元），切实维护了群众利益，取得了良好的社会效果。

2010年3月19日，全市物价工作会议在燕春饭店会议厅举行

【居民生活必需品价格管理】　2010年的物价形势复杂多变，市场价格异常波动，通货膨胀预期不断加大，特别是2010年四季度，以农副产品为主的居民生活必需品价格出现较大幅度上涨，加大了城乡居民特别是中低收入群体的生活压力。11月22日，全省率先启动价格应急监测预警机制，对“米袋子”、“菜篮子”等事关民生的重要商品价格，实行每日监测，坚持“一日一报”。突出抓好市场价格监管，从11月23日起，全市价格监督检查系统的检查人员，全天候开展市场价格巡查工作。分22个检查小组，盯住94个超市、农贸市场和3个高速路口的绿色通道，重点对蔬菜和粮、油、肉、蛋、奶等商品价格进行检查，对高速路口落实鲜活农副产品绿色通道免费政策情况进行检查。召开提醒告诫会，倡议商家守法经营、诚信经营。建议征收价格调节基金，得到领导的支持，以市长办公会形式确定征收。同时，在系统研究相

关法律法规、借鉴外地经验的基础上，呈报《石家庄市物价局关于征收使用价格调节基金有关具体问题的意见》，起草《石家庄市价格调节基金征收使用管理办法》，规范价格调节基金的管理。会同市民政、财政、统计部门联合下发《关于对城乡困难群众和优抚对象发放临时价格补贴的通知》，保障全市城乡困难群众和享受抚恤补助的优抚对象基本生活。2010年，市区CPI涨幅为3.0%，完成了市政府调控目标。

【物价改革】 调整市区民用、非居民和车用天然气价格。9月份，市区民用天然气价格由每立方米2.20元调整为2.40元，非居民天然气价格由2.45元调整为2.95元，车用天然气价格由每立方米3.00元调整为3.30元。加快实行水价重新分类并轨，11个县（市）完成水价并轨改革。深化液化气价格改革，根据市场变化，先后3次调整民用液化气价格，1升2降，最后定格为89元（灌装13千克）。疏导部分旅游景点价格矛盾，封龙山景区门票价格平均上调5元，年收费额100.4万元，年增收25万元；棋盘山景点门票价格平均上调10元，年收费额50.8万元，年增收12.7万元；嶂石岩景区缆车价格平均上调15元，年增收额18.3万元；植物园门票价格，每张由20元／人，调整为旺季30元／人、淡季20元／人，年增收额240万元。制定经适住房项目销售基准价6个（其中单位自建经适住房项目5个，房地产经营开发公司开发项目1个），最高4887元／平方米，最低1272元／平方米，地上住宅总建筑面积10.14万平方米，地下室总作价面积9000多平方米，价格总额4亿多元。加强普通住宅区物业服务费备案管理，5个小区办理了备案手续，共计总建筑面积37.7万平方米，年收费额232.2万元。规范公交票价，涉及线路11条,其中:一票制线路5条，分段计费制线路6条。调整高中阶段非财政资金建设的学生宿舍和民办学校的收费标准，年内重新核定此类收费项目的学校有28所，其中,高中学校4所,民办学校24所。加强医疗机构自制药物制剂管理，4家医疗单位的自制药物制剂得到重新审批或明确。调整医疗机构新建、改造病房楼床位收费标准，按照上一级医疗服务收费标准执行，同时，完成新增医疗项目《收费许可证》变更164项。加强试点基层医疗卫生机构药品和医疗服务价格管理，自4月30日起，第一批试点基层医疗机构全部实行药品价格零差率销售。同时，根据省物价局7月28日重新公布的3069个规格品种（直接挂网部分）和8月17日公布的3406个规格品种（公开招标部分）的国家基本药物最高零售价格，经二次议标议价，396种药品（含规格）价格比省公示的价格降低20%左右，参保新农合的患者，日住院费用下降20元左右，减轻了患者负担，产生了很好的社会效应。

【天然气价格管理】 6月2日，省发改委下发《关于调整天然气价格的通知》。6月11日，石家庄市召开深化天然气价格改革工作会议，传达国家和省有关天然气价格改革的政策精神，部署县（市）天然气价格改革工作，各县（市）物部门和天然气公司领导参加了会议。9月，在调查研究的基础上对新奥燃气公司完成了成本审核；8月6日至9日，召开工商企业用气大户座谈会和车用出租车司机代表及相关部门座谈会，广泛听取大家对调价方案的意见；8月31日，依法召开了民用天然气价格听证会，听取各方面意见。10月，调整完成市区民用、非居民和车用天然气价格：民用天然气价格由每立方米2.20元调整为2.40元，非居民天然气价格由2.45元调整为2.95元，车用天然气价格由每立方米3.00元调整为3.30元。同时,6个县（市）调整了民用天然气价格，3个县调整了非居民天然气价格，1个县调整了车用天然气价格。天然气价格改革方案出台后，社会反应平稳，省物价局和市政府领导给予充分肯定。

【收费管理】 清理不当收费。年内，取消公路运输管理费、养路费等收费项目12项，年取消收费额12亿多元；停止建设档案管理费、技术服务费等收费项目9项，年停收额2800万元；降低渣土处理费、施工图审查表费等收费项目5项，年降低额1900万元。加强收费许可证年审，对已撤销收费项目的单位收费员、物价员证件进行清理回收。应审收费单位3706个，实审3612个，年审验率97.46%。治理违规收费。组织召开告诫会，纠正和通报违规收费行为，规范了幼儿园早教收费标准。督办不达标收费。限期达标，全程指导，至10月底，所辖18个县（市）污水处理费和垃圾处理费标准全部达到规定要求：城市污水处理费达到每立方米0.80元以上；城市垃圾处理费居民每户每月要达到3元，非居民要达到每人每月2元。整顿乱收费。制定下发《关于旧机动车交易市场服务收费标准的通知》，明确旧机动车交易市场服务内容，具体制定了市场交易服务费、车位费、旧机动车保管费和寄售服务费收取办法和收费标准，改变了旧机动车市场收费混乱且无章可循的状况，为全市旧机动车交易市场健康有序发展提供了政策支持。

【价格监管】 开展专项检查，打击乱收费行为。年内，全市先后开展各类专项检查8项：涉农价格与收费政策落实情况检查、行业协会收费检查、涉企收费检查、质量监督检验检疫系统收费检查、教育收费检查、市场价格检查、停车场收费检查、节能减排电力价格检查，有力地打击、遏制了乱收费行为。全年，共查处价格违法案件396件，查处价格违法金额2226万元，经济制裁金额2070万元，其中：退还用户金额671万元，没收金额1247万元，罚款金额152万元，上缴财政金额1399万元（其中市检查分局400万元）。组织开展3.15国际消费者权益保护日活动，通过电视媒体曝光价格违法典型案例7起，有力地震慑了价格违法行为。深入开展"价格（收费）诚信单位"评比活动，石家庄东方城市购物中心、石家庄乐仁堂总店、石家庄北国超市天河店、河北华润万家生活超市友谊北大街店等4家单位被评为省级"价格（收费）诚信单位"。认真办理价格投诉和举报事件，全年共受理价格咨询、举报5688件，立案查处143件，办结139件，办结率97.20%，回复率100%，实行经济制裁2.35万元。

【价格服务进农户活动】 制定《关于在全市开展"价格服务进农户"活动的实施方案》，组建活动领导小组，深入开展价格服务进农户活动。6月15日，全市物价系统一行35人到大厂县参观学习，吸收先进经验。建立以市局为中心，以农村价费服务站（点）为网点，物价局、联络员、监督员三位一体便民服务网络，制定明确各类人员岗位职责，建立健全各项规章制度，形成农村价费服务长效机制。加强宣传教育，服务基层民生，树立物价部门的良好形象。多方筹措资金，制作涉农收费公示牌4750块，悬挂于各乡（镇）、村显著位置；辛集电视台录制"价格服务进农户"专题片，在石家庄市电视台新闻节目中进行播放；石家庄市电视台新闻综合频道对上栏目组也录制了进农户专题节目，报送省、中央新闻电台。

【价格调查监测】 2010年，作为全国36个大中城市之一，石家庄担负着国家发改委价格监测中心、价格司、省物价局20多种报表的监测填报任务，涉及食品、药品、能源、服务价格、汽车、房地产、生产资料、日用工业品等8大类，528种监测品种。月均接收数据5000多个，经审核、汇总后，形成各类监测报表1600余期，上报监测数据3万多个，撰写监测分析136篇，多篇分析材料被上级部门采用。同时，为深入掌握有关情况为价格决策服务，重点开展了粮油、肉蛋批发价格预期调查，农村生产和消费情况调查，生猪市场生产和

春节前夕，市场价格执法人员在北国超市检查商品价格

价格情况问卷调查，粮食市场调查，中药材价格监测等专项调查。

【价格认证】 优化工作环境，拓展工作平台，全年全市共受理业务总量3108件，标的值1.2亿元。其中，市价格认证中心受理1532件，标的值2011万元。

【成本监审】 全年对河北霖瀑肉食品有限公司牛代宰加工生产成本、大唐微水发电厂热水炉供热成本预测、珍集小区经济适用房、封龙山景区门票、棋盘山景区门票、北华中专学费、华北中专学费、石家庄新奥燃气有限公司天然气、石家庄车用燃气价格、石家庄市动物园职工住宅楼、石家庄市植物园门票等27个单位进行了成本监审，监审标的金额合计53.77亿元，减轻企业和消费者负担5.97亿元，保证了各项调（定）价项目的顺利进行。

【收费员物价员培训】 2010年，收费员和物价员培训换证任务繁重，针对这一情况，年初就制定出了详细计划，年中进行检查督导，全年全市共培训物价员、收费员3700余人，其中市局本级培训1200余人，更换审验物价（收费）员证2000余个。

【价格宣传】 加强与省市主要新闻媒体的联系，利用媒体对民用天然气价格听证会、农副产品市场价格监督检查等重大事件进行广泛的宣传报道，取得良好效果。全年在媒体上发布新闻稿件20余篇，在市物价局网站上发布工作动态95篇。

【价格法制建设】 起草完成《价格调节基金征收使用管理办法（草案）》，编制完成《石家庄市物价局行政规范性文件目录》，审查备案规范性文件6件。召开审价委员会12次，审议定调价项目30余项。6月，市物价局“五五”普法工作通过市“五五”普法考核验收组的考核验收。

（孙玲　董杰辉）

工商行政管理

【概况】 2010年，石家庄市工商行政管理系统坚持“抓队伍塑形象、抓监管树权威、抓服务提地位”的工作思路，全面规范执法行为，转变监管方式，优化政务环境，强化管理职能，集中开展“红盾护农”、“红盾网吧断黑”等专项整治行动，清理整顿无照经营行为，加强重点环节和重点领域职能监管，严厉打击商标广告违法行为，维护公平交易的市场秩序。简化审批程序，减少审批环节，提速登记注册速度，下放审批权限，规范审批行为，提高服务管理水平，营造良好投资环境。开展品牌创建活动，推进品牌建设，提高产品竞争力。落实创业优惠政策，加强就业再就业服务。创新企业融资方式，拓宽融资渠道，破解融资难题，推动企业改革发展。截至年底，全市登记注册内资企业新增466户，吊销805户，吊销后注销81户，累计达到18084户，注册资本金9837233.0万元；个体工商户新增41604户，注销4291户，累计达到228098户，资金数额1360528万元；私营企业新增12735户，注销1316户，累计达到62762户，注册资本金14634966万元；全年全市共查处各类经济违法违章案件22439件，罚没款入库6528万元。长安区局、桥西区局、交通分局在查处大要案件上成效明显，新华区局开创查办侵犯商业秘密案件的先河。

【市场主体监管】 制定《关于进一步优化发展环境服务经济发展的实施意见》，从放宽市场准入条件、优化政务服务环境和营造良好市场秩序三个方面，参与制定《加快服务业发展实施办法》、《振兴工业纲要》等多个政策性文件，具体实施支持市场主体发展的政策措施23项，促进市场主体发展。加强窗口建设，服务市场主体。设立市行政服务中心工商注册分中心，建立五项工作机制，提高服务时效和质量。开展“服务窗口亮起来”活动，转变服务方式。将年检工作作为帮扶平台，开展“走千家、访万户”、“为企业解难题、为群众送服务”和“一帮一”活动，为各类市场主体提供上门年检、政策咨询，帮助解决发展难题。支持项目建设，助推市场主体。围绕项目建设、对外开放和招商引资工作，完成了循环经济化工示范基地、国家生物产业基地等七大基地开发公司，石家庄城建投资集团公司、河北盈润再生资源利用、珍极集团等重点项目的主体资格登记。组团到广东、福建、张家口等地进行招商和项目考察，组织企业参加5.18经贸洽谈会、正博会、韩国贸易协会等活动。全年共落实投资项目16个，总投资17.29亿元。截至年末，全市新登记内资公有制企业365家，私营企业7869家，个体工商户4.66万户，外资法人企业15家，分公司71家，市场主体数量稳步增长。

【推进新农村建设】 落实《关于推进农村改革发展的实施意见》，促进农业增效、农民增收和农村和谐。积极引导广大农民成立专业合作组织，提高市场竞争能力，全年新登记农民专业合作社556户，发展到2241户。积极培育和发展农村经纪人，有效缓解农副产品卖难的问题，全市农村经纪人发展到7280户，1.8万人，全年经纪业务额达70.1亿元。加强行政指导，促进订单农业发展，全年共签订农业订单3891份，合同金额2.1亿元。组织开展“抗旱保丰收”、“三夏”维修服务到田间活动，搭建“维修服务一点通”网上服务平台，建立河北农哈哈农机技术培训基地，缓解广大农民维修难题。“春耕”和“三夏”期间，共为农民挽回经济损失和减免维修费用28.6万元。

【就业再就业服务】 认真落实国家有关优惠政策和省局《促进全民创业的意见》，会同有关部门组织举办用工招聘会，鼓励个体户、私营企业吸纳下岗失业人员再就业；支持下岗失业人员、高校毕业生、退役军人等群体自主创业。全年全系统共为4020名下岗失业人员和2233名大中专毕业生、复转军人办理了个体营业执照。

【食品安全监管】 制定《关于创建食品安全最放心城市工作实施意见》，成立三级领导和组织机构，明确4项工作任务，9项刚性目标，6个实施步骤和15项工作措施，构筑食品流通安全防线。创新信息化监管系统，完善食品进销货二联单制度，全面实施网格化管理，大力提升监管效能。集中开展食品安全大清查行动，“县不漏乡、乡不漏村、村不漏店”，共出动执法人员4.49万人次，检查食品经营户13.77万户次，检查各类食品市场1778个次，捣毁制假窝点45个，取缔无照经营1081户，查处案件293件，查获假冒伪劣食品240吨，并对问题食品进行了无公害化销毁。

【推动银企合作】 召开银企对接洽谈会，开展股权出质登记、动产抵押登记，推广商标专用权质权登记，拓宽融资渠道，破解企业融资难题。至年末，共帮助企业融资119.29亿元。其中，组织银企对接洽谈会38场，为949家企业落实贷款9.52亿元；办理企业股权出质登记75起，融资12.2亿元；办理动产抵押登记1701起，被担保主债权金额97.57亿元。

（李志英）

【实施商标专用权质押贷款】 4月1日，市工商局召开“发挥工商职能支持企业融资研讨会”，开拓企业融资新渠道，促进企业发展。会议确定在全市实施商标专用权质押贷款。商标专用权质押，是指商标注册人以出质人所拥有，并依法可以转让的商标专用权作为债权的担保，当债务人不履行债务时，债权人有权依照法律规定，以该商标专用权折价或以拍卖、变卖该商标专用权的价款优先受偿。商标专用权质押贷款是指为生产经营需要，企业或企业主以其拥有的商标专用权为质押，从银行业金融机构取得贷款，并按约定的利率和期限偿还贷款本息的一种融资方式。商标专用权企业办理商标质押贷款必须符合以下条件，即注册商标专用权人必须是质押商标的合法所有人；一件商标有两个或者两个以上共同所有人的，借款人应为该注册商标的全体所有人；借款人必须以其在同一种或者类似商品上，注册的相同或者近似商标的专用权一并作为抵押，以保证质押商标的可流转性。商标专用权质押登记申请由质权人和出质人共同提出、共同办理。依法可以转让的商标专用权出质的，出质人与质权人应当订立书面合同，并向其管理部门及国家工商总局商标局办理出质登记。当事人可以直接向商标局申请，也可以委托具备商标代理资格的组织代理。商标局自登记之日起5个工作日内向双方当事人发放《商标专用权质权登记证》。待质权人收到商标局发放的商标专用权质权登记证后，出质人便可从质权人处获得贷款。

【首家中外合伙企业成立】 3月1

日，国务院正式颁布并实施《外国企业或者个人在中国境内设立合伙企业管理办法》。中外合伙企业是以合伙的形式引进外资，降低了注册门槛，扩大了对外开放的程度，并实现了外国企业或者自然人能与中国自然人、法人或其他组织设立合伙企业的突破。同时，合伙企业不需要验资，也没有注册资金的限额．在设立、变更等方面也无需商务部门归口审批，由企业直接向登记机关申请登记，这些规定都减少了审批环节、简化了办事程序。8月，由美国人史蒂文与中国人王某合伙开办的石家庄市某商务咨询服务中心在市工商局正式领取工商营业执照，成为石家庄市首家中外合伙企业。这标标志着省会引进外资又多了一个新的融资渠道，外商投资合伙企业作为一种全新的企业类型，正式成为省会市场主体之一。

（王巍）

【2 件商标获中国驰名商标】 10 月 8 日，国家工商总局商标局认定驰名商标 217 件，石家庄市有 2 件商标榜上有名，分别是“华莹及图”商标、“同福 TongFu”商标。“华莹及图”商标属于石家庄华莹玻璃制品有限公司所有，该商标主要使用于日用玻璃器皿。石家庄华莹玻璃制品有限公司成立于 1996 年，是专业从事玻璃工艺制品生产与销售的企业。公司综合实力在中国玻璃行业排名第三位，压制规模位居中国玻璃行业榜首，多年来企业出口在全国同行业中名列前茅。河北同福食品有限公司位于藁城经济开发区，其前身是河北王子食品有限公司。2006 年 3 月注册河北同福食品有限公司，2007 年 2 月在安徽繁昌扩建并注册安徽同福食品有限公司。此次认定的“同福”驰名商标为安徽、河北两公司共同享有。截至年末，全市拥有注册商标 27447 件，其中拥有中国驰名商标 23 件，河北著名商标 236 件。市局被国家工商总局评为“奥标保护工作”和“商标管理工作”先进单位。

表 60　　2010 年石家庄市获得中国驰名商标一览表

序号	商标	注册人／使用人	类别及使用商品／服务
1	华莹及图	石家庄华莹玻璃制品有限公司	第 21 类：日用玻璃器皿
2	同福 TongFu	安徽同福食品有限责任公司	第 30 类：粥

（王巍　雷婷　范玉雷　李志英）

【4 支劳务成为省知名劳务品牌】 2009 年 9 月 30 日，河北省人力资源和社会保障厅下发《关于认定“河北省知名劳务品牌”的通知》（冀人社办[2009]169 号），大力推选优秀劳务品牌，进一步提高劳务输出质量，发挥品牌示范效应。认定标准：1. 申报的劳务品牌具有独立的品牌名称、鲜明的地方劳务特色、较高的市场占有率和良好的信誉。2. 每年通过劳务品牌输出的务工人员在 500 人以上，稳定就业率达到 90% 以上。3. 围绕劳务品牌，开展针对性的技能培训，培训内容、期限及要求符合国家有关规定，培训后就业率达到 90% 以上。4. 推广品牌输出，以品牌输出带动有组织的劳务输出，使当地劳务输出的组织化程度逐年提高。与省内外大中型企业或用人单位建立相对稳定的劳务关系，使吸纳务工人员的单位逐年增多。2009 年 12 月 8 日，经过县级申报、市级推荐、省级评定，石家庄市“赞皇嫁接工”、“靓嫂采摘队”、“西柏坡服务员”和“石家庄月嫂”四支劳务被省人力资源和社会保障厅确定为省知名劳务品牌。

（魏国英）

【“赵县雪花梨”国家地理标志商标亮相】 赵县是著名的“中国雪花梨之乡”，2009 年 10 月 13 日，“赵县雪花梨”地理标志证明商标正式获得初审公告，使该县雪花梨走出了“有品名无品牌”时代。2010 年 8 月 13 日，“赵县雪花梨”地理标志图案商标正式亮相。该商标由文字和图形共同组成，文字为“赵县雪花梨”中英文两种字体，图案的设计理念采用雪花梨作为设计主体，将抽象的赵州桥贯穿两梨之间。有了“赵县雪花梨”地理标志证明商标这块金字招牌，市场竞争将直接表现为品牌竞争。该地理标志商标将有效地保护赵县雪花梨的品牌、质量，极大提升赵县雪花梨的知名度，增强赵县特色产品的市场竞争力。

（温婕）

【清理无照经营集中执法】 年内，突出以煤矿、金属非金属矿山、尾矿库、冶金有色、建材、石油天然气开采、危险化学品、烟花爆竹等行业企业；道路交通、港口、铁路、民航等行业企业；建筑施工、城市燃气、民爆器材、电力等行业企业；水利、农机、渔业等行业企业；大型商场（超市）、学校、医院、宾馆、网吧等人员密集场所为重点，开展清理集中执法行动，大力查处取缔无照经营，进一步净化市场环境。同时，建立查处取缔无证无照经营行政建议函告制度。对发现属于相关许可部门职能的无证无照经营，以公函的形式及时函告对方；对无证无照经营进行查处时，发现涉及其他职能部门监管职责范围的违法行为，及时将涉嫌违法行为函告相关职能部门；对相关许可部门因许可证或批准文件失效而要求吊销营业执照的，依法及时办理。通过建立信息互通、资源共享的信息抄告机制，形成了对无证无照经营清理整治的合力。在查处取缔无证无照经营工作中，工商系统共向前置审批部门发放行政建议书8695份，其中，向食药监局发放关于查处取缔餐饮无证无照经营行政建议函2705份，向卫生局发放行政建议函2886份，向环保局发放行政建议函1870份。截至12月22日，全市工商系统出动执法人员9924人次，取缔危化行业无证无照经营78户，责令停业4户；取缔非煤矿山无证无照经营10户；取缔人员密集场所即商场、超市、公共娱乐场所、集贸市场无证无照经营14户，责令改正29户。

（王巍　徐晨霞）

【内资企业全面推行网上年检】 2010年，省工商局在全省工商系统推行网上年检，市工商局被确定为试点单位。“网上年检”是登记机关与企业之间基于工商局网站“年检窗口”，在线互动完成企业年检材料填报、预审的新型年检方式。在网上年检过程中，企业登录“河北省工商行政管理局信息网”的“内资年检”页面，通过网上填表、提交审核。工商部门完成对企业的年检审核后，再通过互联网对企业进行回复。为做好“网上年检”申报审核工作，市工商局充分发挥各级工商的门户网站、政府网站、短信平台、咨询电话作用等，大力做好宣传工作，并对所有工作人员进行了全员培训。同时，各单位一站式注册大厅、各基层工商分局（所）均设立1～2个窗口，至少配备一台性能优良的计算机，派专职服务人员，对来年检的企业人员网上年检申报咨询、指导、培训、服务。3月1日～6月30日，市工商系统全面推行企业“网上年检”。网上年检工作的全面推行，成为该市企业注册监管工作的一项重大改革。在以往传统的年检方式，企业常常因领表、交表或初审中材料不全、数据不对等原因而需要往返多次；而实行“网上年检”后，企业如自行上网申报，都可通过“工商网站”在线办理，企业只须在最后复核时跑登记机关一次，使企业少跑路、避免排队等候。同时，实行“网上年检”，既方便企业查询、了解、掌握年检法律法规及年检办理进度等信息，又规范了年检审查行为，便于社会对年检机关工作人员的监督。

（王巍　刘曼　张蕾蕾）

【“红盾网吧断黑”治理】 2010年，市工商局把“红盾网吧断黑”专项行动纳入全年考核目标，严格实行责任制和责任追究制，同时，向联通、电信、铁通三大网络运营商发出《行政指导建议书》，使其主动参与“断黑”行动和提供用户数据。为严厉查处黑网吧，在掌握城市2M、农村1M以上，且平均日流量在50%以上的用户名单数据的基础上，对网络运营商提供的数据进行筛查，从疑似“黑网吧”中确定“黑网吧”，登记造册，为断网奠定基础。各单位发挥网格式监管优势，集中人力物力结合网络运营商提供的数据，进行拉网式检查，加大对城乡接合部、中小学校周边200米居民楼（院）内的巡查，重点对家庭、农村、偏僻农村庭院进行深入的“零点”夜查、突击检查。对查实的“黑网吧”，向网络运营商下发《责令改正通知书》并附“黑网吧”名单，责令网络运营商3日内全部切线断网；同时，对为从事经营“黑网吧”提供场所的出租屋主下发《责令改正通知书》，责令3日内停止违法行为，逾期未纠正的，依法查处。从两个源头进行治理，达到了净化网络经营环境的目的。针对“黑网吧”具有隐蔽性、反弹性大的特点，石家庄市工商局严格落实网格化管理，分片责任到人，防止“黑网吧”死灰复燃。同时加强监管，对网络运营商为无《文化经营许可证》《营业执照》或证照不齐全的网吧提供互联网接入服务的，坚决查处。全年共取缔黑网吧877户，没收电脑789台。

（王炳美　杨守勇　李志英）

【“红盾护农”专项整治】 年内，围绕落实责任、提高效能、重拳打击、长效监管四个环节，对种子、化肥、农药、农膜和农机具等重点品种，开展集中整治行动。同时，认真落实“两账两票一卡一书”、质量承诺、退市、追溯、种子留样备查、农资企业信用评级等制度，强化行业自律，促进诚信经营，提高监管效能。全年共查处违法违章案件746起，抽检化肥农药867个批次，发布市场预警8次，为农民避免经济损失370余万元。

【内资企业登记管理】 全市新登记注册的国有、集体、联营、股份合作及公司等内资企业466户，注册资本金1053434.0万元，吊销805户，吊销后注销81户，国有企业改制为公司3029户，国有企业改制为其他企业728户，集体企业改制为公司767户。至年末，内资企业累计达到18084户，企业法人7820人，注册资本金9837233.0万元。其中，国有企业2654户，企业法人1048人，注册资本金656771.0万元；集体企业4865户，企业法人2367人，注册资本金433925.0万元；股份合作企业694户，企业法人177人，注册资本金269821.0万元；公司4184户，企业法人4184人，注册资本金8459974.0万元；其他企业5687户，企业法人44人，注册资本金16742.0万元。

表61　2010年石家庄市内资企业基本情况表

行业分类	企业个数（个）	企业法人数（人）	注册资金（万元）
农、林、牧、渔业	279	168	51961
采矿业	58	41	28944
制造业	2073	1725	2243774
电力、燃气及水的生产和供应业	170	111	463614
建筑业	911	376	482951
交通运输、仓储和邮政业	767	220	171515
信息传输、计算机服务和软件业	480	106	29046
批发和零售业	6964	2472	1314598
住宿和餐饮业	347	173	90648
金融业	2061	89	518213
房地产业	1008	525	781304
租赁和商务服务业	1735	989	2960352
广告业	222	146	24582
科学研究、技术服务和地质勘查业	484	355	520480
水利、环境和公共设施管理业	118	105	99163
居民服务和其他服务业	468	266	41262
教育	15	9	629
卫生、社会保障和社会福利业	41	15	8374
文化、体育和娱乐业	101	72	30372
其　他	4	3	33
合　计	18084	7820	9837233

表62　2006～2010年石家庄市国有企业基本情况表

行业分类	企业个数（个）				
	2006年	2007年	2008年	2009年	2010年
农林牧渔业	106	106	71	62	49

（续表）

采矿业	39	39	33	22	8
制造业	597	597	406	333	213
电力、煤气及水的生产和供应业	54	54	57	59	65
建筑业	197	197	129	116	125
交通运输、仓储及邮政业	668	668	361	333	364
信息传输、计算机服务和软件业	128	128	149	107	127
批发和零售业	1676	1687	1179	981	928
住宿和餐饮业	207	207	133	127	126
金融业	441	441	283	234	52
房地产业	81	81	66	63	61
租赁和商业服务业	212	212	149	128	279
广告业	—	—	27	26	32
科学研究、技术服务和地质勘查业	64	64	55	50	87
水利环境和公共设施管理业	37	37	35	37	40
居民服务和其他服务业	152	152	147	117	91
教　　育	9	9	7	8	6
卫生、社会保障和社会福利业	10	10	7	7	4
文化、体育和娱乐业	36	36	32	28	29
其　　他	32	32	32	32	—
合　　计	4746	4757	3358	2844	2654

【个体私营经济登记管理】 年内，市工商行政管理部门认真履行职能，简化审批程序，减少审批环节，提速登记注册速度，下放审批权限，规范审批行为，提高服务管理水平，营造良好投资环境，推动全市个体工商户和私营企业等非公有制经济快速发展。全年个体工商户新增41604家，注销4291家，累计达到228098家，注册资本金达1360528.0万元，从业人员579307人；私营企业新增12735家，注销1316家，累计达62762家，注册资本金达14634966万元，从业人员266545人（投资者人数215人，雇工人数132330人）。截至年底，登记在册的个体工商户和私营企业达到29万户（个），与上年基本持平；从业人员约85万人，较上年下降34.4%；注册资本金1599.55亿元，较上年增长34.6%。实有私营企业集团10户；实有注册资本100～500万元私营企业9459户，500～1000万元2477户；1000万～1亿元1356户；1亿元以上49户。从产业结构分类来看，第一产业有个体私营企业3989个，占个体私营企业总数的1.4%；第二产业有个体私营企业33561个，占个体私营企业总数的11.5%；第三产业有个体私营企业255734个，占个体私营企业总数的87.1%。

表63　　2010年石家庄市个体工商业情况一览表

行业分类	户数（个）	从业人员（人）	资金数额（万元）
农、林、牧、渔业	2998	9100	123737
采矿业	177	842	3791
制造业	17809	76364	155247
电力、燃气及水的生产和供应业	29	91	258
建筑业	913	4586	7928
交通运输、仓储和邮政业	12509	20555	134110
信息传输、计算机服务和软件业	1073	2362	6068
批发和零售业	159034	352967	714401
住宿和餐饮业	9098	46941	84398
金融业	5	8	8

（续表）

行业分类	户数（个）	从业人员（人）	资金数额（万元）
房地产业	363	917	1334
租赁和商务服务业	1747	5672	10497
广告业	212	595	669
科学研究、技术服务和地质勘查业	92	287	385
水利、环境和公共设施管理业	57	269	399
居民服务和其他服务业	20676	52108	104156
教育	30	105	628
卫生、社会保障和社会福利业	950	2792	4855
文化、体育和娱乐业	538	3341	8328
合　计	228098	579307	1360528

表 64　　2010 年石家庄市私营企业基本情况表

行业分类	企业个数（个）	投资人数（人）	雇 工 数（人）	注册资金（万元）
农林牧渔业	991	2077	2291	175641
采矿业	140	402	587	51440
制造业	10370	24573	33458	2504406
电力、煤气及水的生产和供应业	98	258	216	104711
建筑业	4025	9211	13588	1578848
交通、仓储及邮政业	1514	3077	2045	193151
信息传输、计算机服务和软件业	3130	5717	7003	324040
批发和零售业	26525	55087	37545	3964915
住宿和餐饮业	411	760	2857	76363
金融业	362	693	1145	706517
房地产业	4123	8533	12337	2327983
租赁和商业服务业	6834	14355	9838	1860527
广告业	2212	4552	3176	210311
科学研究、技术服务和地勘查业	2245	5616	5234	479671
水利、环境和公共设施管理业	318	763	809	166232
居民服务和其它服务业	1329	2457	1823	77159
教　　育	50	98	488	5232
卫生、社会保障和社会福利业	93	186	558	9843
文化、体育和娱乐业	198	342	482	27384
其　　他	6	10	26	903
合　　计	62762	134215	132330	14634966

【维护公平交易秩序】 一是开展商品质量流通整治。对违法添加非食用物质和食品添加剂行为、夏季饮品、“家电下乡”商品等开展集中整治，共查处案件 427 件，捣毁制售假冒窝点 60 个；实施商品质量流通监测，共监测商品 1089 个批次。二是加大传销打击力度。完善“政府领导、部门配合，基层防控，严格考核、强化责任”的工作格局，积极开展打传集中行动，共捣毁传销窝点 210 个，移交公安机关处理 118 人，教育遣返传销人员 3047 人。三是加强商标广告违法治理。以查处商标侵权案为重点，严厉打击商标侵权行为，共查处案件 317 件；强化广告监管制度，严查发布违法广告行为，共查处案件 50 件。四是强化重点领域和重点环节职能监管，全年共查处各类经济违法违章案件 22439 件，罚没款入库 6528 万元。长安区局、桥西区局、交通分局在查处大要案件上成效明显，新华区局开创查办侵犯商业秘密案件的先河。

【消费者权益保护】 大力推行

《12315申诉举报工作绩效考核办法》，进一步调动全系统抓规范、提效能的积极性，消费者申诉举报信息自录率、办结率、立案率、信息上报率有了大幅度提高。加大社会监督力度，对保险服务行业开展了消费评议活动，收集突出问题6个，督促被评企业及时进行了整改。市局12315指挥中心共受理申诉1.4万件，为消费者挽回损失280万元，被团省委评为“优秀青少年维权岗”。各级消协共受理投诉7533件，为消费者挽回损失810万元。

【全面规范执法行为】 明确规定各级内设职能机构、直属经检机构和基层工商分局办案，非职能机构不办案的执法办案工作体制，形成以市局公交处为中枢，市局经检支队为中坚，县（市）区经检大队为各翼的执法办案新机制，避免交叉办案。推广应用网上执法软件，加强硬件设施保障，组成督导小组，28次深入基层分别指导、现场答疑，全力推进网上办案和信息化应用。修订《行政处罚自由裁量权实施办法》（试行），清理部分商业贿赂、不正当竞争案件，组织开展法制培训，进一步规范执法行为。年内，参训公务员2850名、事业编执法人员800余名。转变行政执法理论，把行政指导和行政执法有机结合，增强执法的亲和力，逐步增强经营者建章立制、守法经营的意识。五是推进诚信体系建设。制定《数据质量建设与管理暂行办法》，严格遵守数据备份制度，集中开展数据质量清查，提高市场主体信用数据质量，推进企业信用分类监管。

石家庄市工商行政管理局

局　　长：曹新华

副 局 长：齐志刚（1月免）

　　　　　孙桂莲（女）

　　　　　尹兵辉

纪检组长：张俊和

（李志英）

食品药品监督管理

【概况】 2010年，根据政府机构改革安排，市食品药品监督管理局由省以下垂直管理下划由市政府管理，列为市政府38个工作部门之一。9月1日，按照市政府决定，正式将食品安全综合协调职能移交市卫生局，开始承担食品卫生许可，餐饮业、食堂等消费环节食品安全监管和保健食品、化妆品卫生监督管理职能。内设14个职能处室，新组建市餐饮化保执法大队、市食品药品检验所和药品不良反应监测中心三个直属事业单位，有干部职工184人，肩负着对全市95家药品生产企业、39家药包材企业、141家药品批发企业、2522家药品零售企业、24家医疗机构制剂室、91家医疗器械生产企业、902家医疗器械经营企业、6231家医疗机构、8499家餐饮服务单位、4家化妆品生产企业、4095家化妆品经营企业、1341家化妆品使用单位、14家保健食品生产企业、1843家保健食品经营企业的监管任务。

2010年3月10日，市药监局查封一批假劣药品

2010年，全市食品药品监管系统以保障食品药品安全为中心，全力抓好食品药品监管体制改革，创新监管方式，完善监管机制，加强诚信体系建设，加大执法检查力度，深入开展“食品安全最放心城市”建设和“药械安全专项整治年”活动，集中清查问题乳粉及含乳食品，加大过期失效药品回收清理力度，加强餐饮化保监管，保障人民群众食品与用药安全。年内，组织开展违法添加非食用物质和滥用食品添加剂专项整治等14项专项行动，检查食品企业167946家（次），查处各类违法案件5409起，取缔无证生产经营户2876个；组织开展餐饮、化保5项整治行动，共检查生产经营单位709家次，保健食品、化妆品150种，下达监督意见书230份，立案查处案件152起。全市食品药品市场环境得到了进一步净化，食品药品生产经营行为得到有效规范。市食品药品监督管理局先后被省食品药品监督管理局授予“全省食品药品监管系统先进单位”，被石家庄市委、市政府授予“两个文明单位”和“普法工作先进单位”等荣誉称号。

【监管体制改革】 1月份，市政府批准《石家庄市食品药品监督管理局主要职责内设机构和人员编制规定》（石政办发〔2009〕113号）文件，食品药品监管理局划归石家庄市政府管理，核定编制96名（行政编制89名、工勤人员编制7名），局长1名、副局长4名、纪检组长1名、科级领导职数34名。取消原有食品安全协调处、食品安全监察处，设置办公室、人事教育处、财务装备处、政策法规处、药品注册处、医疗器械监管处、药品安全监管处、药品市场监管处、药品稽查处、食品监管处和化妆品保健食品监管处、机关党委、纪检（监察）室13个处室。下设石家庄市井陉矿区食品药品监督分局，为石家庄市食药监局派出机构，人员编制9名，其中行政编制8名，工勤人员编制1名。2010年4月，按照石家庄市机构编制委员会办公室《关于下达食品药品监督管理系统编制的通知》（石编办〔2010〕17号）规定，向石家庄市辖区17个县（市）地方政府移交行政编制241名、工勤编制17名，实际共向各县（市）移交217名行政人员、17名工勤人员、20名退休人员。2010年5月，根据《石家庄市机构编制委员会办公室关于组建石家庄市食品药品检验所的批复》（石编办〔2010〕34号），组建市食品药品检验所，为食药监局直属正科级事业单位，主要负责开展食品药品检验等相关工作，经费形式为财政性资金基本保证，核定编制45名。2010年10月，根据《石家庄市机构编制委员会办公室关于组建市药品不良反应监测中心和市食品药品检验所增加编制的批复》（石编办〔2010〕115号），组建石家庄市食品药品检验所，在河北省药品检验所下划的45名编制基础上，新核增编制25名，同时加挂市药品不良反应中心的牌子，编制总数70名，为正科级财政拨付事业单位，主要负责辖区内的食品、药品、保健品、化妆品的检验及药品不良反应的监测等相关工作（尚未开展工作）。年内，高邑、晋州、栾城、无极、赵县、深泽、灵寿、新乐、赞皇、正定、鹿泉、藁城、行唐等13个县（市）相继成立药品不良反应监测中心，全市药品不良反应监测体系建设取得突破性进展，名列全省前茅。2010年8月，根据《石家庄市机构编制委员会关于成立市餐饮化保执法大队及调整相关事宜的批复》（石编办〔2010〕11号），将市卫生监督局45名编制划入食药监局，实际划转人员49名，成立市餐饮化保执法大队，为食药监局直属正科级事业单位，主要负责餐饮业、食堂等消费环节食品安全监管和保健食品、化妆品卫生监督管理工作。2010年9月，按照市政府决定，将食药监局承担的综合协调食品安全、组织查处食品安全重大事故的职责划转给市卫生局，同时将食品安全委员会办公室、创建食品安全最放心城市办公室的职责及相关文字材料一并移交给市卫生局；市卫生局将其原承担的食品卫生许可，餐饮业、食堂等消费环节食品安全监管和保健食品、化妆品卫生监督管理职责划转给食药监局。2010年12月，石家庄市和所辖的高邑、晋州、平山、栾城、无极、赵县、深泽、灵寿、矿区、辛集、元氏等11个县（市）区的食品监管职能划转工作相继完成。

【市食品安全监管协调领导小组成立】 2005年12月，石家庄市成立市食品安全委员会，吴显国市长任主任，下设办公室，设在市食药监局，负责组织开展全市食品安全专项执法活动，协调有关部门做好食品安全监督工作。2010年9月，根据《关于成立石家庄市食品安全监管协调领导小组的通知》（石政办函〔2010〕90号），石家庄市成立了市食品安全监管协调领导小组，副市长张妹芝担任组长，协调领导小组办公室设在市卫生局，由其承担起全市综合协调食品安全、组织查处食品安全重大事故的职责。

（李建　宋绍龙）

【创建“食品安全最放心城市”】 建立长效机制。组织协调制定《石家庄市食品安全举报奖励办法》、《石家庄市食品安全监管责任管理办法》等制度，建立完善食品安全全程监管机制、食品安全风险预警机制、食品生产经营者自律机制、食品安全社会监督机制、食品安全应急处置机制和食品安全责任追究机制等六项机制，全市食品安全监管逐步走上规范化、制度化轨道。加强协调督导。实行“月例会”、“季督导”、“年度考核”制度，先后组织召开相关会议21次，及时研究解决创建工作中存在的问题，督查各级各部门的工作进展情况，保证创建工作的顺利开展并取得显著成效。创新监管方式。以裕华区和辛集市为试点，积极推行食品安全网格化管理模式，建立四级监管网格，全面落实“分区网格有人管，格内监管有人干”的工作机制。开展专项治理。组织协调开展违法添加非食用物质和滥用食品添加剂专项整治等14项专项行动，检查食品企业167946家（次），查处各类违法案件5409起，取缔无证生产经营户2876个。通过专项整治，有力地打击了制售假劣食品的违法违规行为，有效地促进了全市食品安全形势的进一步好转，年内全市未发生重大食品安全事件。截至8月底，市食药监局在履行食品安全综合协调职能期间，创建工作的63项指标中，完成55项，其余8项进展顺利。

【集中清查问题乳粉及含乳食品】 7月份，青海、甘肃、吉林等地相继发现问题乳粉，其中青海省破获的民和县东垣乳品厂三聚氰胺严重超标问题乳粉案件中，有38吨原料乳粉来自河北省张家口市张北县和承德市围场满族蒙古族自治县御泉乳业公司，在整治督导检查后仍有10几家问题乳粉销往北京等地，同时，还发现承德、衡水两家乳制品企业提供的原料乳粉三聚氰胺超标。青海民和县东垣乳品厂问题乳粉案件发生后，党中央、国务院领导高度重视，7月9日至17日，国务院办公厅和食品整顿办接连下发三个通知，要求各地区、各有关部门在8月15日之前对辖区内所有乳制品和含乳食品生产经营企业和餐饮服务单位进行集中全面清查。石家庄市食药监局在市委、市政府的领导下，制定印发65个相关文件，召开35次专题会议，组成8个督导组对24个县（市）区问题乳粉进行督查，确保人民群众身体健康和生命安全。协调有关部门查处了赵县裕康乳业公司案件、山西太谷县营养保健品公司生产的三聚氰胺超标的“白塔牌”奶粉在石家庄市销售案、阳泉市金福来乳品公司向正定县销售问题乳粉案，指导行唐县调查处置圣水洼农场偷挖私存问题乳粉事件，圆满完成市政府交办的工作任务，得到市委、市政府的充分肯定和高度评价。11月4日，根据市政府要求，市食药监局将负责的乳制品专项治理工作正式移交市食品安全综合协调领导小组。

【餐饮保健食品化妆品监管】 组织开展5项整治行动，保证人民群众饮食安全。2010年9月13日～10月22日，“一滴香”添加剂专项整治；2010年9月20日～10月15日，中秋国庆“双节”期间餐饮环节专项整治；2010年10月9、10日，“一次性塑料餐盒”专项整治；2011年2月23～3月21日，学校食堂专项检查；2011年2月28日～3月27日，开展“餐饮、保健食品和化妆品安全整治月”活动，共检查生产经营单位709家次，保健食品、化妆品150种，下达监督意见书230份，立案查处案件152起。9月1日，启动保健食品经营企业审核工作，受理新办、变更保健食品经营企业申请材料164份，审核136个，进一步规范了保健食品市场秩序。采取有力措施，加强重大活动的餐饮保障工作，圆满完成“2010环中国国际公路自行车赛”、“2010中国石家庄第五届国际动漫节”等20次大型活动、会议的餐饮保障任务。

【药械安全专项整治】 组织开展接受境外委托加工生产药品、医疗机构在用分子筛制氧设备专项检查等集中行动14次，出动执法人员7357人（次），执法车辆2729车（次），检查各类药械企业3694家（次），依法收回GMP证书4个。查出58家企业涉嫌非药品冒充药品242个品规，均依法予以暂停销售并移交相关部门处理。立案154起，移交公安机关2起，销毁假劣药品10万余盒（瓶），价值80余万元。重点查处了石家庄格瑞药业有限公司出租出借《药品生产许可证》案、河北永丰药业有限公司生产劣药阿胶案，有力震慑了不法分子，进一步净化了市场环境，规范了生产经营行为。

【药品安全监管方式创新】 创新监管方式，促进科学监管。开展“数字、视频、文字”三位一体非现场监控体系试点，设立6家药品生产试点企业（大安生物、欧意、四药、中诺、新诺威、金坦等）；推行电子监管码，实现对基本药物的“监控、追溯、查询”，25家基本药物生产企业实行电子监管码（河北奥星集团药业有限公司、河北常山生化药业股份有限公司、河北九派制药有限公司、河北三九爱德福药业有限公司、河北神兴集团沙棘药业有限公司、河北医科大学制药厂、河北永丰药业有限公司、华北制药股份有限公司、华北制药河北华民药业有限责任公司、华北制药金坦生物技术股份有限公司、华北制药康欣有限公司、神威药业有限公司、石家庄康贺威药业有限公司、石家庄康力药业有限公司、石家庄科迪药业有限公司、石家庄鹏海制药有限公司、石家庄市宏昌药业有限公司、石家庄市华新药业有限公司、石家庄市协和药业有限公司、石家庄四药有限公司、石家庄以岭药业股份有限公司、石药集团恩必普药业有限公司、石药集团欧意药业有限公司、石药集团中诺药业石家庄有限公司、河北龙海药业有限公司等）；推行质量授权人制度，确定医疗器械生产质量授权人57名；试行电子监控系统，设立3家试行医疗器械生产经营企业（石家庄亿生堂医用品有限公司、河北鑫乐科技有限公司、乐仁堂医疗器械有限公司）；推广使用医疗器械计算机管理系统，28家医疗机构先后使用医疗器械计算机管理系统（河北省人民医院、河北省儿童医院、河北省胸科医院、河北省中医院、河北省优抚医院、石家庄市第四医院、石家庄市第五医院、石家庄市中医院、石家庄市职业病防治院、石家庄市蓝天医院、河北以岭医院、石家庄燕赵医院、石家庄肾病医院、河北中医肝病医院、河北红十字会博爱医院、河北医药大学第三医院、河北医药大学第四医院、石家庄市第一医院、石家庄市第二医院、石家庄市第三医院、石家庄市中心医院、石家庄市妇幼保健院、石家庄市第八医院、石家庄市平安医院）。

表65　2010年石家庄市医疗器械生产质量授权人情况一览表

序号	姓　名	序号	姓　名	序号	姓　名
1	刘宗彬	20	窦爱国	39	房明超
2	曾宪星	21	曹　凤	40	王义娜
3	何　龙	22	张利军	41	王丽红
4	郭亚利	23	杨万杰	42	田建勋
5	闫永红	24	秦瑞军	43	吉亮亮
6	刘会娜	25	刘传生	44	李经君
7	耿会强	26	孟立克	45	米军力
8	赵彦梅	27	焦建平	46	程藏印
9	时青玲	28	栗兴超	47	李　峰
10	郭彦其	29	张　晗	48	催德财
11	韩瑞宏	30	徐丽丽	49	张志英
12	于孟见	31	冯新宇	50	张雅平

（续表）

序号	姓　名	序号	姓　名	序号	姓　名
13	周云涛	32	王　漫	51	葛站恒
14	杨焕兰	33	田会平	52	李军巧
15	李　勇	34	赵敬全	53	焦文燕
16	魏立新	35	刘宏刚	54	张荣梅
17	李世勇	36	马群路	55	吴永峰
18	刘　琴	37	赵桂枝	56	李中秋
19	崔尚品	38	孙以宁	57	李　昭

（李　建　宋绍龙）

【农家书屋健康工程在西柏坡启动】 6月28日，国家食品药品监督管理局、新闻出版总署联合主办的“安全用药 关注农村”农家书屋健康工程启动仪式在西柏坡纪念馆广场举行。全国人大常委会副委员长、中国药学会理事长桑国卫，国家食品药品监督管理局副局长李继平，新闻出版总署副署长阎晓宏及省、市领导马兰翠、段惠军、王增明等出席启动仪式。桑国卫在启动仪式上指出，药品安全是中国的民生问题，是关系到人民生命安危的大事，是全社会共同关注、共同努力、共同参与的一项系统工程；希望社会各界积极参与，继续深入安全合理用药科普宣传，通过群众喜闻乐见的方式，切实把科学、合理有价值的知识和理念带给广大人民群众，促进社会和谐和进步。此次赠送图书是30本一套的常见病合理用药系列丛书，共计66900多本。这些图书是由中国药学工作者组成的药学科普图书推荐委员会精心挑选出来，语言通俗，内容符合农村基层医药服务实际，便于基层医务人员和农民群众阅读和参考应用，其中部分图书已经入选科技部科技支撑课题的药学科普图书推荐目录。赠书仪式后，国家食品药品监督管理局有关领导和药学专家在西柏坡村农家书屋开展了药学科普讲座，并与农民群众沟通和交流了药学科普的需求和关注重点等。

（范玉蕾　杨彩明）

【药械质量安全诚信体系建设】 9月2日，石家庄市召开动员部署大会，全面启动药品医疗器械质量安全诚信体系建设。会议宣读了《石家庄市药品医疗器械生产经营和使用单位诚信体系建设实施方案》（简称《实施方案》），张妹芝副市长出席会议并讲话。按照《实施方案》要求，诚信等级分为“诚信、基本诚信、失信、严重失信”四级。按照药械质量安全诚信等级划分，逐级依法制定监管措施，实行诚信等级动态分类监管，褒奖守信企业，惩戒失信企业。到2012年底，全部完成诚信体系建设主要任务，基本完成药品医疗器械安全信用环境明显改善、药品医疗器械质量安全保障有力、药械市场经营秩序稳定良好、企业诚信档案完整规范、诚信考评科学合理的目标。对评为“诚信”的单位，除规定的专项检查、日常监管和举报检查外，在法律法则允许的范围内，优先办理行政审批、审核手续，由食药监部门授予诚信牌匾。对评为“基本诚信”的单位，加强日常监督检查，促其尽快提升诚信等级。对评为“失信”的单位，依法查处并予以警示，实施重点监管，对不良行为记录项的整改情况进行事后回查，增加日常监管和抽验频次，扩大检查范围。对评为“严重失信”的单位，依法查处并公开曝光，立即实施特别监管，增加监管频次，扩大检查范围，督促其短时间解决失信突出问题，消除安全隐患。对不能及时整改到位的，依法从重查处，直至取缔。年内建立诚信档案的生产企业109家、药品经营企业921家、医疗器械企业962家，基本完成基础信息建设。对此，省食药监局给予了充分肯定，其经验做法在全系统得到推广。

（范玉蕾　张光辉
李建　宋绍龙）

【食品安全宣传周活动】 9月10～16日，市食品药品监督管理局在全市范围内开展餐饮服务食品安全宣传周活动。活动的主题为“安全饮食、健康生活”。活动中，采取举办知识讲座、发放宣传品等形式，向市民普及食品安全知识。

（张震）

【便民服务】 组织开展“药品安全维权日”、“科学合理用药，情系百姓健康”安全用药进社区等便民活动，接受群众咨询2000余人次，发放宣传资料3200余份。增设过期失效药品回收点36个，回收点总数达60家，覆盖全市主要社区。开展“市民代表药企一日行”、“下基层、解难题、送温暖”和“千村帮扶、千企解困、万户送暖”等活动，及时帮助企业和群众解决热点、难点问题，树立了食药监部门良好的社会形象，被市委、市政府评为“双文明单位”。

【“药品生产企业一日行”活动】 9月3日，邀请省、市、区人大代表、政协委员、监督员、医药公司及药店经理、居委会工作人员、记者等35名市民代表到神威药业开展“药品生产企业一日行”活动。活动的目的在于通过邀请消费者代表参加对药品生产企业的检查活动，进一步督促药品生产企业落实药品安全主体责任，用心打造消费者信得过的放心工厂、透明工厂。同时，通过近距离观摩检查，搭建社会各界、生产企业和监管部门之间的交流与沟通平台，使社会各界加深对药品生产现状的了解。

（李建 宋绍龙）

【“药品安全维权日”活动】 3月14日，市食品药品监督管理局在省会青园小区举办药品安全维权

2010年5月28日，市药监局开展“科学合理用药，情系百姓健康”过期药品回收进社区活动

日活动，活动的主题是“保护消费者权益——倡导安全用药、合理用药”，活动的目的是为了保障市民安全用药用械，提高市民依法维权能力，助力消费者“知性”消费、理性维权。活动中，在接受群众投诉和咨询的同时，开展安全用药“五要”常识教育：一要进对门定好位找对人，即到合法的医疗机构、药店购买药品；二要留好证，即一定要注意索要、保存购药票据；三要会查询，当怀疑所购药械有问题，可以登录国家食品药品监督管理局网站或标示生产地药监部门网站进行查询；四要遵医嘱看说明看有效期，不要随意用药停药、加减量用药、使用过期药；五要先举报，怀疑所购药械有问题的，首选向药监部门举报投诉。市食药监局的举报投诉电话是86031566。

（范玉蕾）

【增设过期失效药品回收点36家】 大力开展“药监便民服务年”活

2010年3月14日，市药监局组织开展“药品安全维权日”活动

动，净化药械市场，保障市民用药安全，新设36家过期失效药品回收点，回收点总数达60家，覆盖全市主要社区，为市民及时妥善处置过期失效药品提供便利条件。年内，回收过期失效药品6.3万余瓶(盒)，价值35.5万元。3月15日，市食品药品监督管理局在位于栾城县内的龙腾环保公司全部进行了集中销毁。这是市食药监局继2009年9月集中销毁假劣药械之后的又一次公开行动。

表66　　36家过期失效药品回收点情况一览表

序号	单位名称	地　　址
1	乐仁堂医药连锁有限责任公司平安路药房	石家庄市平安南大街20号
2	乐仁堂医药连锁有限责任公司师范街药房	石家庄市桥西区中华南大街505号
3	乐仁堂医药连锁有限责任公司盛康药房	石家庄市谈固南大街15号建明小区西门
4	乐仁堂医药连锁有限责任公司机场路药房	石家庄市和平西路435号
5	乐仁堂医药连锁有限责任公司桃园药房	石家庄市众鑫家园北二环东路3号1号楼2单元102
6	乐仁堂医药连锁有限责任公司友谊药房	石家庄市中山西路485号东侧
7	乐仁堂医药连锁有限责任公司红旗大街药房	石家庄市红旗大街259号
8	乐仁堂医药连锁有限责任公司大兴药房	石家庄市裕华东路27号（棉七对过）
9	乐仁堂医药连锁有限责任公司新药商场	石家庄市合作路108号商贸学校临街门脸
10	乐仁堂医药连锁有限责任公司市庄路药房	石家庄市红旗大街515号
11	乐仁堂医药连锁有限责任公司胜利路药房	石家庄市北杜村东君晓小区1—2—101
12	乐仁堂医药连锁有限责任公司广安药房	石家庄市裕华区槐中路豪景丽园第4、5号第一层商铺(石府小区)
13	乐仁堂医药连锁有限责任公司翟营大街药房	中山东路658号汇瑞商贸底商（白佛村口）
14	乐仁堂医药连锁有限责任公司中华北大街药房	石家庄市中华北大街261号一楼门脸（柏林一区西门）
15	乐仁堂医药连锁有限责任公司建设北大街药房	石家庄市建设北大街261号新浩城商铺B10、B11号
16	乐仁堂医药连锁有限责任公司益民药房	建设北大街2号
17	石家庄宏鑫大药房有限公司	石家庄市新华区红军大街38号
18	石家庄市西环大药房有限公司	石家庄市西环南路10号
19	石家庄市中京大药房有限公司	石家庄市新华区西三庄街26号副1号
20	桥西区元兴大药房	石家庄市中山西路845号北国超市西兴店内西北角
21	河北长寿大药房有限公司	石家庄市桥东区东风路40—1号
22	河北圣诺新特药连锁有限公司第九医药商场	石家庄市翟营南大街与塔北路交叉口神兴大厦第一层东侧一层18号
23	河北圣诺新特药连锁有限公司第二医药商场	石家庄市自强路127号
24	河北圣诺新特药连锁有限公司第六医药商场	石家庄市槐安路与西二环交叉口西行500米路北君晓小区11号楼
25	河北神威大药房连锁有限公司槐北连锁店	石家庄市槐北路378号
26	河北神威大药房连锁有限公司新华连锁店	石家庄市中华北大街188号
27	河北神威大药房连锁有限公司西兴连锁店	石家庄市中山西路772号
28	石家庄新兴药房连锁有限公司省四院店	石家庄市开发区湘江大道36号苹果城8—102、104
29	石家庄新兴药房连锁有限公司第四店	石家庄市建华南大街103号
30	石家庄新兴药房连锁有限公司新世隆店	石家庄市建设南大街109—(7—10)号
31	石家庄新兴药房连锁有限公司福源堂店	石家庄市裕华东路108号副1—2号
32	石家庄新兴药房连锁有限公司天客隆店	石家庄市长安区体育南大街1号
33	石家庄新兴药房连锁有限公司平安店	石家庄市平安北大街31号

（续表）

序号	单位名称	地 址
34	石家庄新兴药房连锁有限公司中华店	石家庄市中华北大街236号
35	石家庄新兴药房连锁有限公司新华店	石家庄市新华路196号
36	石家庄新兴药房连锁有限公司丰收店	石家庄市建设北大街325号

（范玉蕾　赵俊华　李建　宋绍龙）

【自宰自食生猪纳入定点屠宰范围】 2010年，全市范围内共有生猪定点屠宰场21个。农民有杀猪过年的风俗和习惯，因县域不同，石家庄市一般县农民春节的自宰自食量在一万至三万头之间。生猪屠宰时，仍然是大锅烧水，手工作坊式屠宰，屠宰质量差，安全没保障，而且收费较高。为保证年肉市场的食品安全，12月8日，做好年肉市场服务现场会在深泽县召开。会议要求，全市各县都要将村民自宰自食生猪纳入定点屠宰的监管范围，让村民都吃上放心肉。深泽县从整顿年肉市场入手，率先将农民自宰自食猪纳入定点屠宰范围，严厉打击非法屠宰，保证肉品质量。同时，用品牌连锁经营方式，并实现乡镇冷鲜肉全覆盖，其经验做法在会上得到推广。

（刘宝芝）

【行风建设】 加强效能建设，修订完善限时办结制、追究问责制等52项制度，进一步规范机关行政行为，形成靠制度管人、按制度办事的工作机制。推进行政审批制度改革，行政许可事项全部进驻石家庄市行政服务中心，实行网上受理审批，提高服务质量和工作效率。加强作风建设，认真落实《石家庄市机关工作人员损害发展环境行为责任追究暂行办法》，大力整顿干部作风不够扎实，责任意识、大局意识不强等不良倾向和突出问题，促进干部作风转变。2010年，市食药监局的行风建设扎实有效，民评工作在全市14个执法参评单位中位列第三，行唐、井陉、赵县、深泽等县（市）食药监局进入当地民评工作前6名，全系统民评综合成绩排名第7，得到省食药监局的充分肯定和高度评价。

（李建　宋绍龙）

国有资产监督管理

【概况】 2010年，市国资委入统企业26户，其中正常生产经营企业16户，处于停产、半停产企业8户。入统监管企业职工人数为55528人，资产总额368.68亿元，负债合计244.49亿元，所有者权益104亿元，实现利税5.56亿元，各项经济指标呈企稳回升态势。全年接待市以上群体访38批，个体访225批，群众来信及信访部门交办信件24件，处理突发事件11起，协调化解历史积案14件。

【国有企业改革】 按照“重点企业精心谋划，全力实施，实现做大做强；一般企业规范运作，全面退出；破产企业把握节奏，量力而行”三个梯次，全力推进企业改革工作。至年底，24家国有企业改制破产任务基本完成，其中，改制10家（河北华鑫集团公司、石家庄中博科技发展有限公司、石家庄运输总公司、河北省汽车修配厂、石家庄建材工业供销公司、石家庄股权证托管中心、石家庄市制酒厂、天同集团轻型汽车公司、天同集团汽车制造公司、石家庄市华侨友谊供应公司），破产14家（石家庄铝业有限责任公司、石家庄冀都炭素制品有限公司、石家庄冀都铝业有限责任公司、石家庄铝业散热器公司、石家庄冀都兴达工贸有限公司、石家庄市纺织器材一厂、石家庄市第二经编厂、全国电子产品订货展销有限公司、中京大酒店有限公司、石家庄蓝波环宇制冷设备有限公司、石家庄蓝环电器机械有限公司、河北环宇进出口公司、石家庄宝石电子集团公司塑胶制品厂、石家庄市第一五交化公司)。"十一五"期间,全市计划实施破产的国有企业有55家,实施关闭的有2家,完成"十五"破产扫尾9家。具体完成情况如下:完成"十五"破产扫尾9家,安置职工7841名,其中在职4791人,离退休3050人。进入破产程序的企业有55家(含4家子公司),其中,实施政策性破产的企业13家(含4家子公司),实施依法破产的企业42家,涉及职工26256名(在职13933名、离退休12323名)。截至年底,32家企业完成破产清算和职工安置工作,安置职工15673名(在职6953名、离退休8720名),其余23家企业破产清算和职工安置工作正有序推进。关闭企业2家(石家庄第十棉纺织厂、河北环宇进出口公司),并妥善安置全部职工。

【企业债务重组及非经营性资产管理】 开展企业债务重组,帮助企业减轻债务负担。一是帮助北人集团所属的人百股份成功回购对外担保2.3亿元的连带责任,为企业上市扫清了障碍;二是积极协调,将中博公司通过划转并入石家庄铁路运输学院,既解决了中博的生存和发展问题,又为学院提供了教学实验基地,取得双赢效果。针对国有企业改制后非经营性资产管理主体不明确的问题,国资委对市属主要企业改革后剥离的非经营性资产情况进行了调查、摸底,在此基础上提出成立非经营性资产管理服务机构的建议,同时起草《石家庄市改制破产企业非经营性资产移交管理办法(试行)》提交上级领导研究。

【项目建设】 围绕改革、发展两条工作主线,在确保国有绝对控股地位的前提下,积极引进战略投资者,推进重点企业重组和结构调整。年内,北人集团完成战略投资者的引进工作,注册资本由1.35亿元增至6.2亿元,企业总资产达到66.6亿元,较集团成立之初增长7.55倍,年销售额由10亿元起步,连续以年超35%的速度增长,2010年销售收入完成163亿元,2010年9月成功入围中国企业500强。宝石集团引进河北东旭集团,完成了企业重组,全面启动光电产业园一期建设项目,积极推进超白玻璃、太阳能电池等新项目的前期工作。东方热电引进中电投集团,依托中电投集团资金、管理优势推动项目建设,投资37亿元的东方热良村2×300MW热电机组项目建设进展顺利。金石化肥化工园区60万吨合成氨项目建设进展顺利。常山股份公司整体搬迁一期工程的600台织机全部运行投产,第二阶段的纱厂和布厂土建施工基本完成,2011年初棉纺三、四厂具备搬迁条件。

【投融资业务】 市建投投融资平台,多措融资、多元化发展,取得良好经济效益。至年末,注册资金由7.1亿元增加到27亿元,资产规模由17.2亿元增加到63亿元,实现收入2883.5万元,利润总额959.59万元,创历史同期最好水平。宝德担保公司发展成效显著,公司步入快速健康发展轨道,正谋划上市之路。年内,宝德公司规范法人治理结构,新增注资资金5亿元,开始收购非国有股份,先后与十余家金融机构签订合作协议。至年底,国有资产完成担保总额14亿元,委托贷款业务1.2亿元,为全市中小企业发展和重点项目建设提供了有力的金融支持。

【资产监管】 调整领导分工,完善国资监管体系。起草制订《进一步加强企业国有资产监督管理的实施意见》、《监管企业财务预算及财务管理和监督暂行办法》、《国有资本经营预算试行办法》、《国有企业重大事项及预警事项管理暂行规定》等规范性文件,奠定依法监管和有效监管的政策基础。同时,就驻重点企业监事会联系机制、重要情况报告、审计监督、问题整改落实等工作做了制度性规定。全面摸清企业家底,夯实管理基础,至年末,监管企业重新清产核资工作基本完成。考察借鉴外地成功经验,创新企业薪酬管理模式,改进经营业绩考核办法,初步拟定完善指标、分类考核、任期考核、结果复查的考核新思路和薪酬"五挂钩"和管理模式,国资监管逐步走向规范化、制度化、正规化道路。

【信息公开】 制定下发《石家庄市人民政府国资委关于进一步做好政府信息公开工作的通知》(市国资〔2010〕197号)和《石家庄市人民政府国资委关于进一步加强信息报送工作的通知》(市国资〔2010〕198号),完善国资委网站信息发布审批制度和信息主动公开制度、依申请公开制度和保密审查制度,规范信息发布运行程序,拓宽信息来源和报送渠道，加大政府信息公开力度。2010年，国资委信息简报、网络安全和信息化工作，取得显著的成绩。《回眸2009国资委各项工作取得新成绩》系列报道（6期），被省国资委网站持续置顶报道。新增报送单位7家（市纪委、市委组织部、市委宣传部、市委统战部、市委政法委、市中级人民法院、市人民检察院）。至年底，共编发简报102期，采集信息138条；通过石家庄政府信息公开平台发布信息183条，河北省国资网站发布信息87条；被省国资委简报采用信息37条，被市委、市政府办公厅“要情”“快报”采用信息多条。

（封祖长）

安全生产监督管理

【概况】 2010年，全市安全生产工作围绕经济社会又好又快发展、省会城市建设“三年大变样”这个大局，坚持“安全第一、预防为主、综合治理”的方针和“以人为本、安全发展”的理念，以“杜绝重大事故、遏制较大事故、减少一般事故”为目标，以安全生产隐患排查和专项整治为重点，积极强化政府与企业两个主体责任的落实，深化和落实安全生产“三项行动”、“三项建设”及综合治理等各项工作措施，着力加强乡镇（街道）安全生产建设、城镇全国安全社区创建和企业安全标准化工作，持续开展安全生产宣传教育，认真组织第九个“安全生产月”活动。认真贯彻落实国务院《关于进一步加强企业安全生产工作的通知》精神，深化“安全生产年”活动和企业法人代表安全生产承诺制度建设，深入开展打击非法生产经营建设行为“百日执法”专项行动，狠抓安全生产集中执法监察，圆满完成省政府下达给石家庄市的安全生产控制目标，以及市委、市政府确定的事故起数、死亡人数“双下降”的目标，保持了全市安全生产形势的总体平稳。2010年全市共发生各类事故1029起，同比减少146起，下降12.4%；死亡335人，同比减少8人，下降2.3%。其中：工矿商贸企业事故37起，同比减少7起，下降15.9%；死亡46人，同比减少2人，下降4.2%。道路交通事故578起，同比减少166起，下降22.3%；死亡286人，同比减少7人，下降2.4%；死亡19人，同比持平。火灾事故414起，同比增加27起，上升7%；死亡3人，同比增加1人。2010年与2005年相比，各类事故起数下降59.9%，死亡人数下降39.1%。其中：工矿商贸企业事故起数下降47.1%，死亡人数下降43.2%；道路交通事故起数下降56.4%，死亡人数下降36.3%；火灾事故起数下降64.6%，死亡人数下降85%。坚持政府信息公开，网上公开文件96个。受理行政许可事项335个，全部按期办结。7月份，市安监局被评为河北省“两

市人大常委会副主任王中联（前排右三）、市安监局局长崔云申（前排左二）在企业视察，检查安全生产工作

个文明”单位，成为全省安监系统首家省级文明单位。市安监局连续5年被市政府评为依法行政先进单位、安全生产监管先进单位、安全生产目标管理优秀（先进）单位。

【安全生产监管】 认真贯彻全国、全省安全生产工作会议精神，狠抓安全生产工作部署、督导检查与基层建设。2月5日，市长艾文礼主持召开全市安全生产工作会议，安排部署深化“安全生产年”工作，并与23个县（市）区政府、高新区管委会和16个市直部门签订《2010年度安全生产目标管理责任书》；3月1日，安排部署全国“两会”期间安全生产；4月12日，组织分析全市一季度安全生产情况，安排部署全市安全生产大检查；6月23日，动员落实法人代表安全生产承诺制度，并对做好暑期汛期安全生产工作提出了要求，规模以上生产经营单位作出安全生产承诺并签订安全生产承诺书的有8529家，9月7日，安排部署打击非法违法生产经营建设行为“百日执法”专项行动；12月10日，就扎实推进全市安全生产承诺制建设，继续深入开展打击非法违法生产经营建设行为专项行动进行再动员再深化，确保冬季生产安全。年内，组织召开防范重特大安全事故例会5次，研究部署全市安全生产重点工作；鹿泉金隅鼎鑫水泥有限公司、河北天宁化工有限公司、民航石家庄机场、中石油石家庄销售分公司等4家单位被评为全省“法人代表安全生产承诺制度示范单位建设”先进单位。

（寇军波）

【7单位荣获全国安全生产竞赛先进集体】 8月19日，石家庄市举行荣获全国“安康杯”安全生产竞赛先进集体授牌仪式。市邮政局、河北白沙烟草有限责任公司、石家庄电业局、中国电子系统工程第四建设有限公司、中国联合网络通信有限公司石家庄市分公司、市动力机械厂、市公安交通管理局等7个单位荣获全国“安康杯”安全生产竞赛先进集体。市人大常委会副主任、市总工会主席傅世武参加授牌仪式并讲话。

（王静）

【4家安全生产承诺制示范单位通过省验收】 安全生产承诺工作是石家庄市贯彻落实全国全省安全生产工作会议精神、深入开展“安全生产年”活动的一项重点工作，也是全省年度安全生产监管中的一项重要工作。在全省、全市2008年开展“法人代表安全生产承诺落实年”活动和2009年深化法人代表安全生产承诺制度建设基础上，2010年的主要任务是做好安全生产承诺制建设“回头看”工作，落实《国务院关于进一步加强企业安全生产工作的通知》精神，进一步扩展承诺范围和内容。安全生产承诺制示范单位建设及经验推广活动是在企业内部健全和完善安全生产管理制度、责任制度和操作规程等“三项制度”，使其覆盖企业每个岗位、每个员工，真正使企业管理层和员工有章可循，有效减少“三违现象”，进一步推动生产经营单位主体责任落实，有效防范各类事故，有效保证国家财产和人民生命财产安全。石家庄市承担全省非煤矿山、石油天然气、危险化学品（民爆）及民航等四个行业的、以“三项制度”建设为核心内容的企业法人安全生产承诺制示范点建设。通过市安监局及相关企业的共同努力，10月11日，鹿泉金隅鼎鑫水泥有限公司、河北天宁化工有限公司、中石油天然气股份有限公司河北石家庄销售分公司、河北机场管理集团有限公司四家单位，在省安委办对全省11个设区市深化承诺制建设示范点验收中，全部一次性通过考评组验收。

（雷婷 寇军波）

【28辆安全执法监察车“上岗”】 为进一步加大安全执法力度，根据国务院关于加强安全生产执法及装备建设的有关要求，结合全市安全生产执法工作实际，市政府投入174万元，采取统一购置、统一标识、统一配发的方式为全市24个县（市）、区安监系统统一配发执法监察车辆28台。9月14日，市政府举行车辆发放仪式，副市长刘明轩出席并讲话。

（雷婷 张光辉 寇军波）

【设立铅中毒监测哨点】 职业病监测是指对接触重点职业病危害因素的人群，收集健康状况改变及其相关信息，为分析重点职业病发病特点、规律和趋势，评价重点职业病预防控制效果提供依据。根据当前职业病发病情况，河北省新设立3个重点职业病监测哨点：唐山市遵化市设尘肺病监测哨点、廊坊市香河县设苯及其苯系物中毒监测哨点、石家庄市藁城市设铅中毒监测哨点，对重点职业病进行监测。

（王丽强）

【30 个单位 63 位个人荣获省先进】 2 月 23 日，2011 年河北省安全生产工作会议在石家庄亚太大酒店召开。为树立典型，推动全省安全生产工作再上新台阶，省安委会办公室隆重表彰先进单位和个人，石家庄市 30 个单位和 63 位个人受到表彰。河北北国先天下广场有限责任公司被授予“全省安全生产管理明星企业”称号；石家庄市安全生产监督管理局安全科学技术中心、河北西柏坡发电有限责任公司、石家庄市东华金龙化工有限公司、石家庄市油漆厂、石家庄玉晶玻璃有限公司、石家庄市特种油墨油漆厂、石家庄高新技术产业开发区供水排水公司、东方久乐汽车安全气囊有限公司等 8 个单位被授予“全省安全生产管理先进单位”称号；鹿泉市人民政府、裕华区人民政府荣获“全省安全生产工作先进单位”称号；市安监局、市公安交管局事故处理大队、市交通运输局安全监管处、市建设工程安监站、长安区安监局、桥东区安监局、正定县安监局、高邑县安监局、井陉县安监局、栾城县安监局、元氏县安监局等 11 个单位喜获“全省安全生产监管先进单位”称号。石家庄市安全生产监察支队、石家庄市安全生产监察支队二大队、石家庄市桥东区安全生产监察大队、栾城县安全生产监察大队、井陉县安全生产监察大队、高邑县安全生产监察大队、鹿泉市安全生产监察大队、正定县安全生产监察大队等 8 个单位被评为“全省安全生产执法监察先进单位”。

表 67　　2010 年石家庄安全生产获得省级表彰先进个人一览表

类别	姓名	所在单位
全省安全生产执法监察先进个人（25 人）	付卫东	石家庄市安全生产监察支队一大队
	耿海龙	石家庄市安全生产监察支队三大队
	王　超	石家庄市安全生产监察支队一大队
	李素萍	石家庄市长安区安全生产监察大队
	冯二龙	石家庄市桥东区安全生产监察大队
	张建伟	石家庄市桥西区安全生产监察大队
	郭　飞	石家庄市新华区安全生产监督管理局
	王建英	石家庄市裕华区安全生产监督管理局
	梁香敏	石家庄市高新区安全生产监督管理局
	杜考廷	石家庄市井陉矿区安全生产监督管理局
	刘双海	辛集市安全生产监督管理局
	张晓磊	赵县安全生产监督管理局
	张　韬	灵寿县安全生产监察大队
	孙胜利	元氏县安全生产监察大队
	张颖川	晋州市安全生产监督管理局
	邱文亮	新乐市安全生产监督管理局
	霍路峰	平山县安全生产监督管理局
	崔胜利	高邑县安全生产监督管理局
	柳瑞辰	正定县安全生产监察大队
	王　鹏	行唐县安全生产监督管理局执法大队
	纪锁军	深泽县安全生产监督管理局
	梁路平	井陉县安全生产监察大队
	张明浩	鹿泉市安全生产监察大队
	李秀杰	栾城县安全生产监察大队
	袁志孝	赞皇县安全生产监督管理局

（续表）

类别	姓名	所在单位
全省安全生产管理先进个人（19人）	张士杰	石家庄市安全生产监督管理局安全科学技术中心主任
	刘　静	石家庄市安全生产监督管理局重大危险源监控中心主任
	张美英	石家庄市安全生产监督管理局检测检验中心副主任
	郭建强	石家庄市农业局办公室主任
	王　静	石家庄市供销合作总社安全保卫处处长
	赵　彤	石家庄市旅游局监督管理处处长
	鲁玉芳	石家庄新奥燃气有限公司总经理
	王国强	鹿泉市国辉烟花爆竹有限公司董事长
	陈月强	晋州市运输管理站站长
	苏吉春	石家庄市新星化炭有限公司
	王广军	河北东华舰化工有限公司安全副总
	李宇飞	深泽县留村乡人民政府乡长
	宋香哲	河北诚信有限责任公司副总经理
	李爱良	石家庄大明气体制造有限公司总经理
	魏炳波	石家庄科一重工有限公司安全主管
	李秋振	赞皇县供电公司安全总监
	胡学汇	石家庄正元化肥有限公司副总经理
	赵建明	石家庄平山县供销合作社日杂公司副经理
	刘建国	石家庄市和合化工化肥有限公司副总经理
全省安全生产监管先进个人（19人）	崔同英	石家庄市安全生产监督管理局副局长
	安全喜	石家庄市安全生产监督管理局副局长
	米少杰	石家庄市安全生产监督管理局办公室主任
	殷四新	石家庄市安全生产监督管理局政策法规处处长
	扈传森	石家庄市安全生产监督管理局协调处处长
	田丽娟	石家庄市安全生产监督管理局监察室主任
	石永生	石家庄市质量技术监督局特种设备处副主任科员
	王富田	鹿泉市安全生产监督管理局局长
	陈建奎	藁城市安全生产监督管理局局长
	张海军	晋州市安全生产监督管理局局长
	王建英	石家庄市裕华区安全生产监督管理局局长
	李加仲	石家庄市新华区安全生产监督管理局局长
	王云波	石家庄市桥西区安全生产监督管理局局长
	齐海琴	赞皇县安全生产监督管理局局长
	张彦林	赵县安全生产监督管理局局长
	牛彦文	平山县安全生产监督管理局局长
	刘明堂	灵寿县安全生产监督管理局局长
	戈志军	无极县安全生产监督管理局局长
	纪锁军	深泽县安全生产监督管理局局长

【43个安全生产优秀乡镇受表彰】

从2005年开始至2008年，经过四年的创建，石家庄市乡镇（街道）全部达到安全生产示范乡镇标准，生产安全事故在一定程度上得到有效遏制。2010年，全市组织开展“安全生产优秀乡镇（街道）”创建活动，推动乡镇（街道）安全生产工作再上一个新台阶。年内，各县（市）区积极开展创建活动，按照“具备与本辖区安全生产工作相适应的监督管理机构，配备3人以上能够满足乡镇安全工作的专（兼）职管理人员，有独立的办公场所和必要的安全投入，落实安全生产责任制”等相关要求，在机构建设、制度建设、落实安全生产责任制、深化安全生产专项整治、宣传教育等方面取得良好效果。为表彰典型、弘扬先进，继续深入推进创建工作，2011年3月4日，市安委会对栾城县栾城镇、冶河镇、窦妪镇，井陉县威州镇、孙庄乡，正定县新城铺镇、城关镇，高邑县富村镇、高邑镇，灵寿县三圣院乡，平山县温塘镇，赞皇县南邢郭乡，赵县前大章乡、沙河店镇，无极县七汲镇，元氏县南佐镇、槐阳镇，鹿泉市城关镇、铜冶镇、宜安镇，辛集市辛集镇、新垒头镇，藁城市廉州镇、岗上镇，新乐市马头铺镇，晋州市晋州镇，矿区贾庄镇，新华区北苑街道办、天苑街道办、杜北乡，裕华区裕兴街道办、裕强街道办、方村镇，桥东区汇通街道办、桃源镇，桥西区东里街道办、留营街道办，长安区谈固街道办、高营镇、西兆通镇、南村镇，高新区宋营镇、留村乡等进行了通报表彰。

（雷婷　寇军波）

【安全生产“双基”建设】 开展安全生产强基工程，加强城镇社区安监队伍建设，2007年至2010年，市内五区及高新区招录配备社区安监员413名；组织开展全市优秀乡镇（办事处）创建活动，此活动是在2004年启动安全生产示范乡镇建设基础上，对全市286个乡镇（办事处）加强安全生产基层基础建设的进一步深化，43个乡镇（办事处）被评为2010年安全生产优秀乡镇（办事处）；加大“全国安全社区”创建活动的指导帮扶力度，15个街道办事处申报“全国安全社区”。

【安全生产法制建设】 为贯彻国发〔2010〕23号通知和省办发〔2010〕30号意见，市委办公厅、市政府办公厅印发《关于进一步加强全市安全生产工作的意见》（石办发〔2010〕14号），从企业、部门和政府三个层面，进一步规范安全生产责任和措施；为建立安全生产长效管理机制，市政府印发《关于健全完善安全生产长效机制 推动安全生产形势稳定好转的意见》（石政发〔2010〕3号）；为推动企业安全生产主体责任的落实，市政府办公厅印发《石家庄市安全生产黑名单管理制度》（石政办函〔2010〕37号），对连续发生事故或重大事故的单位实行公示和媒体曝光。“十一五”期间，石家庄市人民政府先后出台《关于贯彻落实河北省落实生产经营单位安全生产主体责任暂行规定的意见》（石政发〔2006〕37号）、《关于印发安全生产行政管理职责及较大安全事故行政责任追究实施办法的通知》（石政发〔2009〕29号）、石家庄市人民政府办公厅《关于加强重大危险源监督管理工作的意见》（石政发〔2010〕21号）等规范性文件，有力推动和巩固了全市安全生产形势的稳定。

2010年11月11日，国家安监总局局长骆琳（前排左三）在石家庄裕华区观摩建通街道安全建设

【危化品安全生产管理】 加强危化品安全生产许可管理，审批危化品生产企业安全生产许可证（甲种）25个，注销3个，新审批19个；审批加油站危化品经营许可证（甲种）143个，审批加气站危化品经营许可证（甲种）17个；审批危化品经营许可证（乙种）170个，注销16个；配合有关部门开展成品油市场秩序专项整治，取缔非法经营点；开展易制毒化学品、羟亚胺生产及化工企业涉及的原材料、真空反应釜等设备清查活动；开展专项整治活动，加强燃气管道施工安全管理，理顺燃气供应经营安全管理，保护液氨长输管道安全运行；对列入省政府搬迁企业名单的企业以及许可证首次延期时存在防护距离不足的企业，认真组织许可变更，强化安全监管。

【烟花爆竹安全生产】 严格企业

安全生产资质管理，加强隐患排查治理，推进企业升级改造，年内组织专家查看烟花爆竹储存仓库3座，对其安全设计进行了审查验收。2009年11月1日至2010年3月20日，全市开展烟花爆竹制售储运专项整治行动，重点加强春节期间烟花爆竹零售管理，强化零售人员岗前培训，严把安全条件关口，严格控制布数量，依法查处打击非法制售储运行为，共检查重点区域、部位5000余处，依法取缔违规零售网点3个，依法处理相关人员48人，收缴非法制炮工具5套，生产原材料1610千克，各类非法烟花爆竹产品8900余万头。

（寇军波）

2010年6月9日，举行危险化学品事故灾难应急救援演习

【春节期间燃放烟花爆竹伤亡84人】 春节期间（2月13日至2月19日），全市因燃放烟花爆竹操作不当引发83起事故，伤亡84人，其中一人死亡。因燃放烟花爆竹引发的83起事故中，燃放操作不当伤及自身的有80起，操作不当伤及他人的3起。事故导致死亡1人，手伤34人，其他伤49人，未发生重伤事件。因燃放烟花爆竹引发火灾1起。2月18日20时19分，正定南门仿古门楼因燃放烟花爆竹引发火灾。造成燃放伤亡事故的主要原因是燃放者操作不当，造成伤害的主要品种是双响、铁桶炮、高空礼炮、礼花弹。7天长假期间，全市共查处违规燃放行为66起，行政处罚71人。

（胡雁冰）

【金属非金属矿山（尾矿库）安全治理】 积极开展地下矿山水害治理，组织地下矿山企业与水文地质勘察单位签订合作协议，建立完善地下矿山数据库；加大管理投入，推进地下矿山紧急避险“六大系统”建设（监测监控系统、井下人员定位系统、紧急避险系统、压风自救系统、供水施救系统和通信联络系统）。加强对山区重点县金属非金属矿山的安全整治，全年检查非煤矿山212家，查出各类隐患2122处；督促企业落实非煤矿山隐患整改资金1205万余元，尾矿库隐患整改资金766万元。督导金属非金属矿山企业加强安全基础技术管理，全市地下矿山和基建矿山企业全部配备或聘用专业技术人员或技术服务单位；主要露天矿山企业与安全技术服务单位或专业技术人员签订安全技术服务协议；全市142家露天矿山企业采用中深孔爆破、机械化采装、液压锤二次破碎先进技术，138家采用非电引爆系统；15家地下矿山企业全部采用机械通风技术。

【冶金建材行业安全整治】 年内，先后开展冶金建材行业安全专项检查3次，共排查整改各类隐患962项，其中，冶金企业煤气安全专项检查，排查整改隐患178项；冶金行业安全专项整治，排查整改隐患784项；建材企业压力容器专项执法检查，检查企业56家，下达整改指令书24份。

【煤矿安全生产】 开展各类煤矿专项整治行动，检查煤矿企业14家，排查各类隐患140项，整改率100%。加强对整合重组煤矿企业的安全监管，实行驻矿督导，严防停产整合期间私自生产行为。强化煤矿生产过程中的领导责任，落实领导带班下井制度。按照国家安监总局、国家煤矿安监局关于2013年6月底前全国所有煤矿全部完成“六大系统”建设完善工作的部署要求，积极推进煤矿井下安全避险

“六大系统”的建设，截至年底，2家企业（井陉矿业集团兴元矿业公司、瑞丰煤业有限公司）完成了“六大系统”建设要求中的五项（监测监控系统、井下人员定位系统、压风自救系统、供水施救系统、通信联络系统）。

【作业场所职业危害监管】 开展职业危害申报，全年申报企业1360家，累计申报企业3247家。开展职业危害摸底调查，全年调查企业1542家，接受调查的人数有303660人，接害人数42130人，接害率14%。其中，石英石材加工企业接害率达39%，电力企业接害率达32%，矿山开采企业接害率达31%，制药企业接害率达29%，制鞋业企业接害率达20%，木质家具制造企业接害率达20%。组织开展粉尘和高毒物品危害治理专项行动。4月20日，市安监部门会同市卫生部门、市人力资源和社会保障部门和市总工会，联合发文(石安监管〔2010〕68号)，决定用两年时间开展专项治理行动，有894家企业开展了自查和整改，查出职业危害隐患1449项，落实职业安全整改资金5395万元，整改1357项，整改率93.65%。

【淀粉（面粉）制造企业谷物磨制企业安全隐患排查活动】 2010年2月24日16时12分，秦皇岛抚宁骊骅淀粉股份有限公司淀粉四车间发生燃爆事故，造成重大生产安全事故，19人死亡、49人受伤（伤势较重8人），直接经济损失约450万元。为吸取此次事故的教训，石家庄市开展了全市范围内的淀粉（面粉）制造企业谷物磨制企业安全隐患大排查活动和专项整治行动，共排查隐患1386项，完成整改1275项，整改率90.69%。

【安全生产执法监察】 第一季度，开展“两节”“两会”期间安全生产专项执法监察；第二季度，开展非煤矿山、职业卫生、建设工程、人员密集场所、旅游景区、学校医院安全联合执法监察；7、8月份，开展危化品(含焦化)企业、矿山(含尾矿库和建材）企业、建筑和重大基础设施工地安全生产集中执法行动；9月份至12月底，集中开展了为期100天的打击非法违法生产经营建设行为执法专项行动。全年共检查生产经营单位726家，发现事故隐患或问题2727项,填写《现场检查记录》466份，下达《责令改正指令书》466份，下达《行政处罚决定书》180份；复查生产经营单位428家，下达《整改复查意见书》428份，对整改到期的生产经营单位复查率为100%。

【非法违法生产经营建设行为百日执法行动】 9月至12月底，全市集中开展打击非法违法生产经营建设行为百日执法专项行动，检查企业386家，依法对32家私挖滥采、无证无照或证照不全企业实施责令关闭或停产整顿措施；对51家证照齐全企业存在的安全生产违法行为,依法下达了《责令改正指令书》；对39家企业依法予以行政处罚。

【安全生产宣传教育】 积极开展职业卫生宣传教育，全国“安全生产月”期间,制作职业卫生宣传展牌，发放宣传资料10000份，《作业场所职业卫生宣传手册》3000册。加强淀粉行业安全教育，刻录秦皇岛骊骅淀粉股份有限公司粉尘爆炸事故警示教育光盘12张,编印《粉尘防爆安全规程汇编》120本，下发县（市）区及相关重点乡镇和企业，组织淀粉及淀粉制品、谷物磨制企业安全管理人员培训836人，制做危险危害因素图版268块、警示标牌683块。强化煤矿企业安全资格培训，有73名矿长和技术负责人、600余名特种作业人员、1500余名从业人员,参加了省、市、县、矿四级专业技能和安全知识培训。全年完成企业主要负责人新培、换证、复审培训班19期，培训2507人；举办企业安全管理人员培训班38期,培训人数3883人；举办各类特种作业人员培训班230期，培训人数22122人；企业其他从业人员培训14.48万人。

【“安全生产月”活动】 6月份是全国第九个“安全生产月”，围绕“安全发展、预防为主”活动主题，石家庄市组织开展了九项主题诠释活动,营造全社会关注安全的氛围。一次电视讲话。5月31日，政府副市长刘明轩发表电视讲话，题为“安全发展、预防为主”，启动“安全生产月”活动；一场大型咨询日活动。6月13日，在西清公园开展2010年“安全生产月”大型咨询、宣传活动;一次集中报道活动。宣传部门和相关媒体集中安排采编

6月13日，省安监局副局长陈强（前排右一）、副市长刘明轩（前排中）、市安监局局长崔云申（前排左一）在第九个全国“安全生产月”咨询日活动现场参观

活动，营造浓厚的舆论氛围；一次集中宣传活动。各级各类企事业单位组织开展知识竞赛、文艺演出、先进事迹报告会、猜谜语、安全演讲、办板报、悬挂宣传标语等宣传教育活动；一次集中警示教育活动。组织各级、各部门、各单位收看了“安全生产月”宣传片《安全发展、预防为主》和警示片《血的代价——重大事故案例剖析》、《泪的呼唤——讲述身边的事》；一次安全生产竞赛活动。组织开展“安康杯”竞赛活动，石家庄市邮政局、河北白沙烟草有限责任公司、石家庄电业局、中国电子系统工程第四建设有限公司、中国联合网络通信有限公司石家庄市分公司、石家庄市动力机械厂、石家庄市公安交通管理局等7家单位荣获全国“安康杯”竞赛先进集体；一次集中隐患排查治理活动。各级各部门各企事业单位在各自范围内开展了隐患排查治理活动，全市安监系统出动执法监察人员11975人次，排查事故隐患7607条；一次安全执法活动。认真组织开展专项执法检查，配合国家“安全生产万里行”和河北省“安全执法燕赵行”活动；一次集中救援演练活动。各级、各部门、各企事业单位结合各自实际，积极开展生产安全事故应急处置演习和消防演习活动。

【安全生产应急管理】 加强安全生产应急预案备案审查。印发《石家庄市生产安全事故应急预案备案评审实施办法》，组织开展生产经营单位生产安全事故应急预案审查备案，24个县（市）区、58家企业完成应急预案审查备案。开展应急演练周活动。各县（市）区组织各类预案演习326次，市属以上企业组织各类预案演习45次，参加观摩演习人员10800人。组织应急救援演习。6月9日，由石家庄市人民政府主办、正定县人民政府协办，在河北省消防培训基地组织2010年危化品事故灾难应急救援演习。

【安全生产监管机构管理】 开展安全评价活动，规范安全评价行为，安全评价机构依照法律、法规、规章、国家标准或行业标准的规定，在资质证书确定的业务范围内，准许在石家庄市开展安全评价工作的机构有20家；依法吊销9家安全评价机构资质。加强安全生产检测检验，以非煤矿山、化工、制药、电厂、汽车制造等重点企业职业危害因素检测检验为重点，开展作业场所职业危害因素监测，被检测的职业危害因素达80余种。加强安全工程师注册管理，全年办理安全工程师注册153人，变更31人，延续注册81人，重新注册37人；办理注册安全工程师执业资格考试合格人员电子档案227个。

【115家企业实现安全标准化】 截至年末，全市共有115家企业实现安全标准化。其中，完成安全标准化认证企业36家（烟花爆竹经营企业4家、危化品生产企业32家）；实现安全标准化达标挂牌企业12家（机械制造企业12家）；实现安全标准化达标企业67家（金属非金属矿山（尾矿库）企业67家，四级7家，五级60家）。

【现代床品百货城商贸楼火灾事故】 2010年2月10中午12时5分许，石家庄市现代床品百货城商贸楼部分区域突发火灾。该商贸楼共五层，建筑面积4万多平方米，主要经营针织品。火灾发生时该市场已闭市，有少数人员留守。火灾发生后，河北省省委书记张云川、省长陈全国立即作出指示，要求全力以赴灭火，避免人员伤亡，减少火灾损失，迅速查明原因，采取措施杜绝类似事故发生。省长陈全国，省委副书记、石家庄市委书记车俊，副省长宋恩华等省市领导赶赴现场指挥，石家庄市成立了灭火现场指挥部，市长艾文礼任总指挥，市领导栗进路、王大虎、张铁力、刘明轩、张树志，石家庄警备区司令员王亚光、政委李国伦任副总指安、卫生、城管、园林、建设、水务等部门及桥东区人员灭火，火势得到有效控制，未发现人员伤亡。截止到2月11日1时20分，明火全部扑灭。整个扑救工作及时、有力、有序、有效。

（寇军波）

国土资源管理

【概况】 2010年，石家庄市国土资源系统以“建设繁华舒适、现代一流”省会城市为目标，紧紧围绕产业发展、园区建设和“三年大变样”的决策部署，认真履行保护资源和保障发展的双重职责，严格贯彻耕地保护制度，大力推行节约集约用地，增强土地储备能力，全面提升土地出让和投融资水平，大力整顿和规范矿产资源开发秩序，严厉打击土地违法行为，加强干部队伍建设，强化责任，创新机制，全力为经济社会发展提供坚实保障。项目建设用地需求得到有力保障，新民居建设和城中村改造取得新成效。全年新增建设用地指标37667亩，为城中村改造项目供应土地14宗，面积1414亩，为已开工需要完善手续的16个村、231栋楼办理了用地手续。耕地保有量和基本农田保护面积得到严格落实。全年共验收占补平衡项目16个，新增耕地5387亩；验收土地整理项目43个，新增耕地17142亩；立项入库项目4个，新增耕地2419亩；全市基本农田保护面积稳定在52万公顷。土地收储和融资规模不断扩大。截至年底，共收储土地30156亩，库存储备总量达35039亩，超额完成市政府确定的25000亩的土地收储任务；全市供应土地444宗，总面积25462亩；市本级供应土地89宗，面积6769亩，其中公开出让48宗，面积3391.6亩，出让价款98.09亿元；协议出让11宗，出让价款2.2亿元。矿产资源管控力度进一步加大。全市共有需要整合的煤矿和非煤矿区36个，其中煤矿10个，非煤矿区26个，年内全部完成了具体整合方案的编写上报工作，24个非煤矿区整合方案已获批准。开展百日专项执法行动，共查处无证采矿147起，炸毁非法矿井7处，查扣非法采矿设备140台，罚款80.8万元，有效遏制了各类违法采矿行为的反弹，确保了矿业秩序的持续稳定。公开出让采矿权4宗，出让成交价1020万元。征收矿山地质环境恢复治理保证金1024.3万元，地质灾害防治取得良好效果，鹿泉、井陉、灵寿、平山、赞皇进入全国地质灾害群测群防“十有县”行列。

【矿产资源开发管理】 严格登记审查，加强采矿管理。全年办理新设采矿权3个、延续采矿权15个、审核开发利用方案32个。审核采矿权拟设方案8个，已经市政府审批。整合矿产资源，规范开采秩序。编制完成并上报审批整合实施方案36个（非煤矿区26个，煤矿整合矿区10个），其中非煤矿区整合实施方案获批24个。依法开展矿山企业开发利用年度检查，共查处违规采矿4宗，越层越界采矿42宗，追征资源补偿费39万元，罚款293.5万元。公开挂牌出让采矿权4宗，出让价款1020万元。严厉打击国家矿产资源盗采行为，切实保护矿产资源国家所有权益。9月～12月，组织开展百日执法专项行动，共查处无证采矿147起，炸毁非法矿井7处，查处越层越界采矿3起，查扣非法采矿设备140台件，查扣非法运输矿产品车辆6辆，罚款80.8万元，有效遏制了各类非法采矿行为的反弹，确保了矿业秩序的持续稳定。

【地质环境保护与灾害防治】 石家庄市是河北省地质灾害易发区、多发区之一。全市各类地质灾害隐患点437处，主要分布在西部山区。其中，行唐县36处，灵寿县50处，平山124处，鹿泉市25处，井陉及矿区44处，元氏县81处，赞皇县77处；按灾害类型分，滑坡115处，崩塌98处，泥石流194处，地面塌陷22处，地裂缝8处。这些地质灾害隐患点的存在，对人民群众的生命财产安全构成了极大的威胁。为了提高全社会防灾减灾意识，开展了发放防灾明白卡、举办地质灾害防治知识培训班等宣传教育活动。全年累计发放地质灾害科普宣教材料2万余份，地质灾害防灾避灾明白卡6千余份，更新或埋设警示宣传牌90余块。制定《石家庄市2010年地质灾害防治方案》及《应急预案》，完善三级群测群防网络和气象预警机制，开展重要地质灾害隐患排查，确定省级防灾重点22处，市级防灾重点64处。积极开展地质灾害群测群防“十有县”创建活动，鹿泉、井陉、灵寿、平山、赞皇进入全国“十有县”行列。强力征收矿山地质环境恢复治理保证金，全年征收保证金1024.3万元，较上年减少807.59万元。

【建设用地保障】 积极争取新增建设用地指标和土地利用规划建设用地规模，支持重点项目和重点工程建设。全年新增建设用地指标37667亩，名列河北省第一。全年新增建设用地指标和土地利用规划建设用地规模指标创历年之最。保障了铁路客运专线、西柏坡高速公路和22个重点项目（国家、省、市三级）征地组卷报批工作。土地置换工作得到积极推进，河北省国土资源厅批准建设用地置换立项43个，面积1800亩，其中已批12个批次，面积720亩，为国家督察局提供建设用地卷宗46个。

【基本农田和耕地保护】 按照《国土资源部、农业部关于划定基本农田实行永久保护的通知》（国土资发〔2009〕167号）要求，充分利用全国第二次土地调查和农用地分等定级成果，结合新一轮土地利用总体规划修编，调整划定基本农田，落实永久保护措施，确保调整划定的基本农田真正落实到地块和农户。严格落实耕地保有量和基本农田保护面积，市、县、（乡）镇、村层层签订耕地保护责任书，加大耕地保护力度，完善基本农田保护的图、表、卡、册及标识，强化基本农田保护管理，全市基本农田保护面积稳定在52万公顷。严格落实耕地占补平衡制度，实现耕地占补平衡。全年共验收占补平衡项目16个，新增耕地5387亩；验收土地整理项目43个，新增耕地17142亩；立项入库项目4个，新增耕地2419亩。

【地籍管理】 健全土地登记制度，夯实管理基础，加强人员培训，强化监督检查，规范地籍管理。采取以会代训的形式，推行城乡地籍一体化模式，统一登记，规范登记。5月初，石家庄市县级城镇地籍信息系统建设暨地籍管理规范化建设现场会在栾城县召开。加强日常土地登记指导，购置《土地登记指南》100多本。

（刘清振　张凤兰）

【土地储备供应】 以企业搬迁、城中村（旧城）改造、大片区征收为重点，加强国土收储。正定新区、药博园、滹太片区和铁路入地等重点项目土地收储工作扎实有效。全年共收储土地30156亩，超额完成市政府25000亩的土地收储任务，库存储备总量达35039亩；供应土地444宗，总面积25462亩，其中市本级供应土地89宗，面积6769亩（公开出让48宗，面积3391.6亩，出让价款98.09亿元；协议出让土地11宗，面积666亩，出让价款2.2亿元）。

（刘清振　张凤兰　陈家玉）

表 67 2010 年石家庄市国土资源局国有建设用地使用权出让结果

石家庄市国土资源局国有建设用地使用权公开出让结果（石国土资〔2010〕21 号）
石家庄市〔2009〕027 号地块于 2010 年 2 月 3 日公开出让

编号	土地位置	土地面积（平方米）	土地用途	容积率	出让年限（年）	受让人	成交价格（万元）	成交时间
[2009] 027 号	南二环以北、裕翔街以东、体育南大街以西、塔南路以南	119500.2	住宅	3.5	七十年	河北永昌房地产开发有限公司	4260	2010.2.3
石家庄市国土资源局国有建设用地使用权公开出让结果（石国土资〔2010〕49 号）石家庄市〔2010〕001 — 010 号地块于 2010 年 3 月 15 日公开出让								
[2010] 001 号	东至京广铁路，西至滨河街，南至汇明路，北至南二环路	$204049m^2$,含“吃遍中国”项目 $48913.4m^2$ 住宅用地 $155135.6m^2$	商服	≤ 4.55	四十年	石家庄联邦伟业房地产开发集团有限公司	97400	2010.3.15
			住宅	≤ 3.25	七十年			
[2010] 002 号	大经街以西，正义街以东，煤市路以北，电报局街以南	$51152.3m^2$	住宅商服	4.14	住宅用地出让年限为七十年，商服用地出让年限为四十年	石家庄中迪房地产开发有限公司	50900	2010.3.15
[2010] 003 号	裕华西路南侧、时光街西、规划路东	$11277.1m^2$（宗地一 $5836.5m^2$ 其中住宅分摊土地 $5557.2m^2$，商服分摊 $279.3m^2$；宗地二 $5440.6m^2$，其中住宅分摊土地 $5183.7m^2$，商服分摊 $256.9m^2$）	住宅商服		住宅用地出让年限为七十年，商服用地出让年限为四十年	河北创美房地产开发有限公司	5400	2010.3.15
[2010] 004 号	仓丰东路以南，祁连街以西，冲江河道以北	14249.1	工业	1.5	五十年	河北聚悦化纤有限公司	1250	2010.3.15

（续表）

编号	土地位置	土地面积（平方米）	土地用途	容积率	出让年限（年）	受让人	成交价格（万元）	成交时间
[2010]005 号	胜利大街以东，仓丰路以南	58767.9	商服	4.4	四十年	石家庄创世纪房地产开发有限公司	11700	2010.3.15
[2010]006 号	东风路以北、建设大街以西	21666.5	商服住宅	2.5	商服用地出让年限为四十年，住宅用地出让年限为七十年	石家庄金正房地产开发有限公司	23900	2010.3.15
[2010]007 号	中山西路南、苑西街西、吉恒街东	6763.0	住宅	2.8	七十年	石家庄中盛房地产开发有限公司	3600	2010.3.15
[2010]008 号	东至千米街，西至南大街，南至中山路，北至民族路	11665.7	商务金融	≤8.0	四十年	石家庄苏宁房地产开发有限公司	25500	2010.3.15
[2010]009 号	建华东路以北、仓盛东路两侧	144064.8	商服住宅	2.7	商服用地出让年限为四十年，住宅用地出让年限为七十年	石家庄众美城房地产开发有限公司、石家庄裕华区方村镇方村村民委员会	29500	2010.3.15
[2010]010 号	仓盛东路两侧、规划路以东	165235.8m² 其中商服 19998.1m²，住宅用地 145237.7m²	商服	4.5	四十年	石家庄众美城房地产开发有限公司，石家庄裕华区方村镇方村村民委员会	33800	2010.3.15
			住宅	2.7	七十年			

石家庄市国土资源局国有建设用地使用权公开出让结果（石国土资〔2010〕114 号）
石家庄市〔2010〕011 号地块于 2010 年 5 月 20 日公开出让

编号	土地位置	土地面积（平方米）	土地用途	容积率	出让年限（年）	受让人	成交价格（万元）	成交时间
[2010]011 号	高新技术产业开发区 38 号地块，南至湘江道，东至燕山大街，北邻麦迪森公司，西邻先河科技发展有限公司	15041.865	工业	0.8—1.5	50	河北先河环保科技股份有限公司	886	2010.5.20

（续表）

编号	土地位置	土地面积（平方米）	土地用途	容积率	出让年限（年）	受让人	成交价格（万元）	成交时间
石家庄市国土资源局国有建设用地使用权公开出让结果（石国土资〔2010〕199号）石家庄市〔2010〕012－033号地块于2010年8月19日公开出让								
[2010] 012号	谈固西街以东 中山路以北 北宋路以南 谈固大街以西	81387.6	商服 住宅	商业办公为5.35；居住为3.9	商服用地四十年，住宅用地七十年	河北广垣嘉和房士也产开发有限公司	48700	2010.8.19
[2010] 013号	中山路以北 谈固大街以东 跃进路以南 规划路以西	159654.04	商服 住宅	商业办公为5.3；居住为3.4	商服用地四十年，住宅用地七十年	石家庄国瑞房地产开发有限公司	85100	2010.8.19
[2010] 014号	中山路以北 规划路以东 谈固东街以西 跃进路以南	74666.04	商服 住宅	商业办公为5.3；居住为3.4	商服用地四十年，住宅用地七十年	石家庄国瑞房地产开发有限公司	42800	2010.8.19
[2010] 015号	中山路以北 谈固东街以东 三职专以西	15507.21	商服 住宅	3.7	商服用地四十年，住宅用地七十年	河北润龙房地产开发有限公司	7900	2010.8.19
[2010] 016号	和平路以南 跃进路以北 谈固东街以东 规划路以西	135380.88	商服 住宅	3.0	商服用地四十年，住宅用地七十年	石家庄国瑞房地产开发有限公司	57600	2010.8.19
[2010] 017号	谈固东街以西 跃进路以北	30804.18	商服 住宅	3.0	商服用地四十年，住宅用地七十年	石家庄市日哗兴房地产开发有限公司	13200	2010.8.19
[2010] 018号	中山路以南 谈固小学以东 规划路以西	9403.11	商服 住宅	3.5	商服用地四十年，住宅用地七十年	河北计发房地产开发有限公司	4560	2010.8.19
[2010] 019号	新石北路以南 河北金盾工贸有限公司以西 永生华清液晶有限公司以东 规划路以北	19953.14	商务金融 住宅	居民用地≤3.25 商业金融用地≤3.0	商务金融用地四十年，住宅用地七十年	河北宇东房地产开发有限公司	8900	2010.8.19
[2010] 020号	民心河以北青园街以东省棉麻公司以西，东岗路以南	6907.7	住宅 商服	3.5	商服用地四十年，住宅用地七十年	河北凯丰房地产开发有限公司	4320	2010.8.19

（续表）

编号	土地位置	土地面积（平方米）	土地用途	容积率	出让年限（年）	受让人	成交价格（万元）	成交时间
[2010]021号	中山路以北大经街以东建国食品城二期及金时尚以南，东华路以西	16423.3	商服	6.5	四十年	石家庄市新源发房地产开发有限公司	31450	2010.8.19
[2010]022号	东、西至规划路北至丰收路	57066.6	商服住宅	2.5	商服用地四十年住宅用地七十年	河北盈通房地产开发有限公司	34000	2010.8.19
[2010]023号	矿区古桥南街西侧	1240.19	商服	2.5	四十年	石家庄市矿区聚鑫缘大酒店	76	2010.8.19
[2010]024号	矿区古桥南街西侧	1122.33	商服	2.5	四十年	石家庄市矿区聚鑫缘大酒店	70	2010.8.19
[2010]025号	矿区古桥南街西侧	3102.14	住宅	2.0—3.5	七十年	河北佳维房地产开发有限公司	113	2010.8.19
[2010]026号	矿区中纬西路西端北侧	2067.6	商服住宅（底层商业）	不大于2.0	商业用地四十年住宅用地七十年	河北精彩置业房地产开发有限公司	215	2010.8.19
[2010]027号	矿区平涉路东	14040.4	住宅	不大于1.7	七十年	河北精彩置业房地产开发有限公司	525	2010.8.10
[2010]028号	高新区9号地内北至黄河大道东临祁连街，南至淮河道，西面为省出版总社	20407.839	商服	≤4.0	四十年	河北润都房地产开发有限公司	4600	2010.8.19
[2010]029号	高新区47号地内，北至湘江道，东至燕山大街，西面、南面为耕地	19852.212	工业	0.8—1.5	五十年	石家庄华海冶金科技有限公司	1150	2010.8.19
[2010]030号	建华东路以北规划路以东，仓盛东路以南	53563.7	工业	0.8—1.5	五十年	河北华丹完全生物降解塑料有限公司	5250	2010.8.19

（续表）

编号	土地位置	土地面积（平方米）	土地用途	容积率	出让年限（年）	受让人	成交价格（万元）	成交时间
[2010] 031 号	体育大街以西槐中路以北	16506.9	城镇住宅	2.5	七十年	河北基石房地产开发有限公司	15100	2010.8.19
[2010] 032 号	新华路北，儿童活动中心南，建设银行铁路办事处东，市丝弦剧团宿舍西	1047.7	城镇住宅	不大于3.0	七十年	河北兆亿房地产开发有限公司	1600	2010.8.19
[2010] 033 号	长征西路以南，平安大街以东	2650.4	商服	4.0	四十年	石家庄裕通运输有限公司	2540	2010.8.19

石家庄市国土资源局国有建设用地使用权公开出让结果（石国土资〔2010〕247 号）

石家庄市〔2010〕034 — 038 号地块于 2010 年 10 月 12 日公开出让

编号	土地位置	土地面积（平方米）	土地用途	容积率	出让年限（年）	受让人	成交价格（万元）	成交时间
[2010] 034 号	北至滹江道东至天山大街西至珠峰大街南面为耕地	78838.4	工业	≥0.8	50	石家庄以岭药业股份有限公司	4390	2010.10.12
[2010] 035 号	东至天山大街南至学院路（塔北路），西至珠峰大街，北至国有存量土地	87226.1	工业	0.8—2.0	50	石家庄以岭药业股份有限公司	4910	2010.10.12
[2010] 036 号	东至耕地，西至恒山街，南至耕地，北至沃德思源水处理公司	25337.7	工业	0.8—2.0	50	石家庄华能电力金具有限公司	1320	2010.10.12
[2010] 037 号	东至河北省石材市场，西至规划路，古城东路以北，规划路以南	16806.4	工业	0.6—1	50	河北华润药业有限公司	1100	2010.10.12
[2010] 038 号	党家庄旧村及明珠公园北侧城中村改造地块	145004.7	住宅	≤3.5	70	河北鸿川房地产开发有限公司	95100	2010.10.12

（续表）

编号	土地位置	土地面积（平方米）	土地用途	容积率	出让年限（年）	受让人	成交价格（万元）	成交时间
石家庄市国土资源局国有建设用地使用权公开出让结果（石国土资〔2010〕283 号）石家庄市〔2010〕039 — 041 号地块于 2010 年 11 月 24 日公开出让								
[2010] 039 号	东至西祥街，西至友谊大街，南至规划路北，北至古城西路	86332.6	城镇住宅	3.0	七十年	河北腾华房地产开发有限公司	46200	2010.11.24
[2010] 040 号	东至华润万家，西至西三庄大街，南至规划路，北至面粉厂	20286.1	住宅商服	≤3.5	商服四十年 住宅七十年	河北中拓房地产开发有限公司	9200	2010.11.24
[2010] 041 号	东至柏林庄园生活区，西至中华大街，南至柏林南路，北至规划路	19983.2	城镇住宅	综合≤3.8 居住≤3.5	七十年	河北尚元房地产开发有限公司、河北盈驰房地产开发有限公司	21100	2010.11.24
石家庄市国土资源局国有建设用地使用权公开出让结果（石国土资〔2010〕309 号）石家庄市〔2010〕042 号地块于 2010 年 12 月 14 日公开出让								
[2010] 042 号	体育东街以东，塔南路以北，塔北路以南，规划路以西	103976.1	商服住宅	3.5	商服四十年 住宅七十年	河北永昌房地产开发有限公司	62400	2010.12.24
石家庄市国土资源局国有建设用地使用权公开出让结果（石国土资〔2011〕14 号）石家庄市〔2010〕044、047、048、049、051 号地块于 2011 年 1 月 14 日公开出让								
[2010] 044 号	中山东路南、蓝天商厦以东	16902	商服	6.0	四十年	河北正阳房地产开发有限公司	11650	2011.1.14
			住宅	3.5	七十年			
[2010] 047 号	裕翔街以东、省军供储备库以北	20894.7	城镇住宅	≤3.0	七十年	河北骏景房地产开发有限公司	6700	2011.1.14
[2010] 048 号	东至石闫路，西至友谊大街，南至金水湾住宅，北至石闫路	8500.0	商务金融	≤3.0	四十年	河北中阳房地产开发有限公司	4500	2011.1.14

（续表）

编号	土地位置	土地面积（平方米）	土地用途	容积率	出让年限（年）	受让人	成交价格（万元）	成交时间
[2010]049号	体育大街以西，育才街以东，谈南路以南	60134.5	住宅商服	2.8	商服四十年住宅七十年	石家庄大远东房地产有限公司	51350	2011.1.14
[2010]051号	谈固大街以西、东岗路以北	4772.4	城镇住宅	详见石家庄市城乡规划局关于地块规划条件的意见	七十年	河北天海房地产开发有限公司	3100	2011.1.1

【新民居建设和城中村改造】 研究制定《关于支持城乡统筹发展用地意见》，全力支持农村新民居建设，推动城乡统筹发展。全年全市共上报新民居用地卷121个（申请周转用地14396亩），占全省上报卷的21.6%，名列全省第一。其中获得批复卷100个，涉及行政村238个，批复周转用地12645亩，占全省批复周转用地总量的13.25%，名列全省第一。周转用地五十亩以下属于市国土局审批权限的，办结批复41卷，涉及43个省级示范村，批准周转用地1525亩。2010年全市共批准使用周转用地达到14170亩。加强城中村改造保障服务，全年共为城中村改造项目供应土地14宗，面积1414亩。并按照城中村改造办公室提供的改造项目，为已开工需要完善手续的16个村、231栋楼房办理了用地手续。

【土地二次调查】 农村土地调查。按照河北省土地调查办要求的时限完成县级标准时点农村数据库成果和标准时点国家复核成果上报，完成县级国家“一张图”工程成果上报；核实“批而未用”土地3次；完成2009年变更调查，着手编写市级调查工作，技术分析、专著等理论成果。城镇地籍调查。补充完成市区城镇地籍调查41.8平方千米；完成石家庄市县城所在地城镇地籍调查17个，重点建制的城镇地籍调查2个，并全部通过省级验收；完成其他建制镇的抽样调查30个。

【土地测绘管理】 抓好重点项目管理，提升服务保障能力。石家庄市2000国家大地坐标系转换和地理数据整合项目。该项目由5个子项目组成，计划2011年7月底总体完成。“数字石家庄”地理空间框架项目。2009年12月，石家庄市被国家测绘局批准为全国“数字城市”试点单位。2010年7月29日，采购公告。8月19日，定标。10月底，项目通过财政评审，审定资金2512万元。11月21日，开标。至年末，项目按照计划有序进行。地形图修测补测。因城市建设“三年大变样”，全市地形变化很大，地形数据更新任务重。全年完成地形图修测补测33.5平方千米，城镇地籍补充调整41.8平方千米。开展资质复审换证，加强行业监督管理，维护良好市场秩序。截至10月底，石家庄市测绘资质复审换证工作全部完成，参加复审换证的单位有127家，其中通过复审换证113家，建议注销测绘资质14家，淘汰率达11%，超过国家测绘局和省测绘局提出的5%的目标。2010年，石家庄市国土资源局被省测绘局评为整顿和规范地理信息市场秩序先进单位。

（刘清振　张凤兰）

【数字石家庄地理空间框架建设启动】 7月23日，数字石家庄地理空间框架建设项目设计书通过专家评审，国家测绘局、河北省测绘局与石家庄市三方签订了共建共享合作协议，标志数字石家庄地理空间框架建设全面启动。国家测绘局总工程师胥燕婴，省国土资源厅副厅长、省测绘局局长高献计出席签约仪式。数字城市地理空间框架是国民经济和社会信息化的基础平台。2009年12月10日，国家测绘局批复同意石家庄市为全国试点城市。石家庄市在该项目建设中，结合市政府及各部门工作，以满足城市管理和政府决策需求为出发点和落脚点，制定一系列地理信息共享与交换的标准规范体系，运用现代测绘高新技术和计算机网络技术，构建统一、权威的城市地理信息公共平台，并实现项目成果国家、省、市三级共享。

（靳晓磊）

【国土执法监察】 5月至8月底，北京督察局对石家庄市2007—2009年度土地管理和土地利用情况进行例行督察，提出8类332个需要整改的问题。针对问题，严加整改。全市共补充完善卷宗资料225个，追缴土地出让金2.42亿元，查处并结案违规违法用地392宗，追缴罚款7745.54万元，拆除违法违规用地588.87亩，申请法院强制执行351宗，追究刑事责任2人，给予党政纪处分32人。2010年，全市新发生违法占地1093宗，面积18696.75亩(耕地13824.9亩)，制止22宗，恢复耕地662.1亩，立案查处1071宗，移送公安机关追究刑事责任6宗，移送纪检监察机关4宗，申请法院强制执行91宗，落实24宗，罚款563.07万元。

【第十次卫片执法检查】 十次卫片图斑涉及石家庄市24个县（市）区，共计3690个图斑，47535.51亩。经实地核查，共监测3803宗地，47535.51亩。对监测时段内397宗违法用地，立案392宗、2158.25亩（耕地1515.97亩），下达行政处罚决定书392份，结案392宗；没收105.63万平方米，拆除建筑物面积29.13万平方米，复耕369.23亩，罚款2837.07万元；移送纪检监察机关31宗，落实29人；移送公安机关追究刑事责任33宗，落实2人；申请法院强制执行320宗，落实19人。未立案5宗、41.25亩，系政府组织拆除或自行复耕。

【“4·22”世界地球日宣传】 根据河北省国土资源厅《关于组织开展第41个世界地球日主题宣传活动周的通知》要求，石家庄市国土资源局特别制定了活动方案，采取专题演出、知识竞赛、专题咨询、专题展览、科普讲座、流动宣传等多种方式，广泛开展科普进社区、进校园、进单位活动，宣传国土资源稀缺和资源现状，合理开发、有效管理、防灾减灾，引导全社会积极参与节约集约利用资源。充分利用报纸、广播、电视、网路各种媒体的宣传报道作用，争取公众的广泛参与，多渠道、多途径、多层次、多角度地开展“世界地球日”和科技活动周宣传活动。4月22日上午9时至10时30分，石家庄市在桥西区西清公园举办了第41个世界地球日暨科技活动周主题宣传活动，内容包括文艺表演、主题展览、发放宣传资料、咨询、悬挂气球条幅、拱门、展牌宣传、局机关大屏幕宣传等。

【“6·25”全国土地日宣传】 6月25日是第20个“全国土地日”，石家庄市国土资源局组织开展了“保障科学发展，保护耕地红线”主题宣传活动。“6·25”前后在各驻地及所辖区域发放土地日特刊等

2010年6月25日，石家庄市举行第20个全国“土地日”活动

宣传资料，张贴宣传口号，解答群众提问，帮助群众解决疑难问题。同时在主要街道张贴宣传挂图、发放宣传材料、书写大字标语，确保宣传活动落实到实处。6 月 25 日当日，石家庄市采用短信互动、发放宣传资料和学习读本、提供咨询服务、出动宣传车等形式，开展了广泛的宣传活动。发放知识宣传单 4 万余份，宣传袋 3000 份，土地日特刊 1000 份，宣传手册 1000 册；石家庄日报和声屏之友报进行了专题报道；石家庄电视台、广播电台、新浪网等新闻媒体进行了重点报道。

【“8·29”测绘法宣传】 2010 年是《中华人民共和国测绘法》颁布实施八周年，也是河北省实施《中华人民共和国测绘法》五周年。2010 年 8 月 29 日，河北省省会测绘系统在石家庄市西清公园广场、石家庄市博物馆广场举行了测绘系统大型宣传活动。围绕石家庄测绘事业发展呈现出的新局面，结合推进数字城市建设、发展地理信息产业等内容，大力宣传《中华人民共和国测绘法》以及《基础测绘条例》。突出展示数字城市对促进信息化建设、提高政府科学决策水平、服务人民群众生活等方面发挥的重要作用。展示全省地理信息市场专项整治工作所取得的成绩，增强全社会测绘法制意识和地理信息安全意识，维护国家安全和利益。

【国土信访维稳】 扎实开展“信访工作质量提升年”活动。深入开展排查化解活动，全年共排查出涉土矛盾和信访苗头 100 余件，并得到及时有效化解，化解率 100%。稳步推进信访积案化解工作，年内办结市联席办集中交办的信访积案三批 12 件，得到市联席办的充分肯定。按照局主要领导每两月、其他局领导每月至少安排一次到基层约访下访活动的要求，广泛开展接待下访活动，全年局领导共约访下访 130 余次，督导解决信访案件 150 余件，收到良好效果。2010 年，国土信访总量同比略有上升，来信下降明显，集体访呈多发态势。群众反映的主要问题集中在土地征占和补偿、非法占地、非法采矿、非法取土及乱占强占、私批乱放宅基地。截至年底，共受理群众信访 854 件次，其中：来访 119 起 501 人次（集体信访 16 起 157 人）；电话举报 531 人次；群众来信 204 封。与上年相比，信访总量上升 5%，来信下降 15%，来电上升 18%，来访批次下降 6%，来访人数上升 96%。受理信访复查 38 件，办结 35 件。办理各类转办、交办件 584 件（其中省厅转办、交办 470 件，市委、市政府、市信访局、市长公开电话等市级有关部门交办 38 件，新闻媒体曝光案件 11 件，市局本级交办 65 件），办结 521 件，办结率 90%。

（刘清振　张凤兰）

烟草专卖管理

【概况】 2010 年，石家庄市烟草专卖系统紧密围绕经营管理职能，结合业务营销新模式，前移监管重心，加强事前防范，提升监管水平，查处无证经营，严打公开售假，维护市场公平，营造健康和谐的市场环境。以服务烟农为突破口，扎实推进现代烟草农业建设，致力于打造“燕赵烟叶窗口”。开展卷烟对标活动，提高卷烟生产质量。加强卷烟品牌创建，搞好消费引导和品牌培育，实现卷烟合理、有序发展。品牌培育成效显著，累计销售全国 30 个重点骨干品牌 12.66 万箱，同比提高 27.5%。电子商务建设积极推进，创建了手机、互联网、烟信通、电话等多种订货模式，手机订货客户达到 12388 户，占全区零售户总数的 35.95%。全年累计销售卷烟 36.69 万箱，同比提高 4.2%，实现利税 9.57 亿元，同比增加 1.41 亿元，提高 17.28%；全市烤烟种植 0.56 万亩，烟农实现收入 0.12 亿元。现代烟草农业试点 2800 亩，与同地区大面积生产相比，试点区域亩产达 400 千克，提高 50 千克。全年共完成投入 0.056 亿元，完成烟叶生产基础设施项目 131 件，建成机井 8 个、管网 8 条、育苗大棚 20 个。新建卧式密集型烤房 60 座，烟水配套工程实际受益面积累计 0.53 万亩，受益农户 242 户。

【专卖管理】 突出日常监管，维护市场公平。前移监管重心，明确监管职责，细化监管内容，规范监管流程，有效预防了虚拟客户、代订、代收，以及违反价格规定等问题的发生。健全专卖管理制度，提高依法行政能力。周密组织零售许可新办、延期及证件系统升级工作，优化办理程序，提升服务质量。开展全区案卷评查活动，提高烟草案防能力。以"专卖进社区"为载体，开展法律法规宣传活动，树立责任烟草、诚信烟草的良好社会形象。协助开展"百日暴风"专项行动，严厉打击公开售假和无证经营行为，查扣各类违法卷烟 293 万支，案值达 143 万元，域内卷烟经营进一步规范，卷烟市场进一步净化。全年共查处各类违法案件 547 起，查获各类违法卷烟（实物）2393.57 万支，收缴罚款 12.28 万元。同时，破获较大涉烟网络案件 15 起，其中达到国家局、公安部标准的8起，涉案卷烟4209.6万支，案值 7526.4 万元，依法刑事处理 87 人，其中判刑 32 人，批捕 35 人，刑拘 27 人。新乐市局办理的"1.19"案件，被国家局、公安部列为督办案件。

【品牌建设】 加强卷烟品牌培育。以"重心下移、着眼基层、突出服务、加强基础"工作方针为指导，积极开展优秀县级营销部创建活动，进一步提高县级营销部在品牌培育工作中的主动性和自觉性。同时，将创建工作与卷烟上水平、企业文化建设、服务品牌建设以及贯标、对标等内容有机结合起来，不断增强品牌培育的整体孕育能力。印发《卷烟零售客户服务手册》，开展零售终端陈列大赛，完善行风评议、客户投诉咨询、满意度调查等服务评价形式，提高品牌培育服务水平。扎实推进烟叶工作。全年共投资 1.5 万元，在行唐、灵寿两个县局举办培训班 3 期，培训内容分别为烟叶苗期病虫害防治、烟叶烘烤技术及烤烟按国家标准分级、烟叶生产基础设施建设项目管理，参加培训的人员有烟叶管理员、基层烟站站长、技术人员、烟农代表，累计培训 500 余人次。烟草人员技术水平大幅提升，现代烟草农业建设稳步推进，年内完成烟叶生产基础设施建设项目密集烤房、育苗大棚、烟水配套和烟用农机购进等任务，现代烟草农业试点乡镇达到 20%。

石家庄市烟草专卖局（公司）

局　　长：刘庆岩
经　　理：罗明海
副 局 长：段纪俊(兼纪检组长)
　　　　　(9 月免)
　　　　　李琏柱　吴江
副 经 理：安志发
工会主席：贯永亮（2009 年
　　　　　12 月免）
　　　　　王义录（3 月任）
总会计师：付立民

（孙小清）

石家庄年鉴 Science & Technology

科学技术

科学技术

概　述

2010年，石家庄市取得科技成果276项，其中达到国际领先水平6项，达到国际先进水平46项。全市申请专利3305项，授权2299项，同比分别增长28.1%和45.8%，专利申请量和授权量居全省首位。年内驻石家庄科研院所获国家自然科学二等奖2项、国家科学技术特等奖1项、国家科技进步二等奖7项;获省突出贡献奖1项、省科技进步奖20项、市科学技术特别奖2项、市科技进步奖80项。全年争取国家、省各类科技项目及平台469项，资金26923.9万元，争取资金数量再创新高，位居全省首位。其中，国家级计划项目及平台78项，资金18805.5万元；省级计划项目及平台391项，资金8118.4万元。争取“国家新药创制重大专项”项目15项，为华药、石药、以岭、神威等企业争取经费1.4亿元，有力推动了生物医药产业研发与技术创新。为72家科技型中小企业争取国家、省创新基金3585万元，比2009年增长86%。实施市科技计划项目339项，落实资金8720万元。重点领域关键技术研发实现新的突破，华药集团“创新药物研究与开发技术体系建立”项目在抗病毒药物研究领域实现多个突破，2个新产品填补国际空白；以岭药业“抗心律失常中药参松养心胶囊生产工艺优化关键技术研究”项目在中药生产质量控制中，解决了超声逆流提取技术在中药生产应用中的关键点；神威药业“超向国际的治疗血管性痴呆有效组分维脑康胶囊的临床前研究”项目在维脑康胶囊临床研究方面，优选出环保、合理及适合工业化生产的原料提取工艺，制定出以多成分为控制条件的成品质量标准和方法。农业科技创新取得新成效，“抗旱高产小麦新品种选育”、“高淀粉含量玉米品系培育”、“高繁殖力美丹猪新品系的引入和选育”等14个项目技术达到国内领先水平。全年选育小麦玉米棉花等新品种（系）58个，参加各类区域性试验和生产性试验43个，其中通过国家审定2个，通过省级审定1个。年末全市拥有国家级重点实验室2家，省部共建国家重点实验室培育基地2家，省级重点实验室36家，国家级工程技术研究中心1家，省级工程技术研究中心31家、市级工程技术研究中心47家，39家企业被确定为高新技术企业，5家企业晋升为省级创新型企业，29家企业被认定为市级创新型企业。至年末，全市拥有高新技术企业160家，国家创新型企业2家，国家创新型试点企业2家，省创新型企业5家，省创新型试点企业20家；全市认定登记技术合同990项，合同成交额76130.62万元，技术交易额66949.17万元，分别比2009年增长17.11%和6.47%。2010年，石家庄市被确定为“国家创新型试点城市”、“国家知识产权工作示范城市”、“国家中小企业知识产权战略推进工程首批实施单位”和“首批河北省创新方法试点市”，被科技部、中宣部、中国科协联合授予“全国科普工作先进集体”称号；市科技局还荣获了“全省院士智力引进工作先进单位”称号，受到省委、省政府的表彰。

实施科技创新。围绕区域性科技创新平台和载体建设，引导创新要素向企业集聚，建设以企业为主体、市场为导向、产学研结合的技术创新体系。科技服务平台建设。以石家庄科技中心、石家庄市科技信息资源共享平台为重点的科技服务平台建设取得新进展。石家庄科技中心一期工程已运行，入驻孵化器企业达到42家；二期建设工程（石家庄科技创业中试基地）被列入省重点建设项目，总投资约4亿元，面积近16万平方米，计划2012年建成并投入使用。石家庄

河北省科学技术馆

科技资源共享服务平台建设完成仪器设备库等6个数据库建设，已为社会用户提供原文传送服务300余项，在线问答服务200余次。创新服务能力建设。年内，全市16家生产力促进中心（国家级3家、省级1家、市级12家）形成国家、省、市三级生产力促进中心服务网络体系。产业技术创新公共服务平台建设加快，“石家庄快速制造工程技术中心”被命名为“快速制造国家工程研究中心河北示范中心”，建筑面积达到4000多平方米，拥有20多台先进快速制造加工设备；高邑建陶生产力促进中心晋级为国家级示范生产力促进中心；“石家庄生物产业基地技术服务中心”二期建设正式启动，建筑面积达到1300平方米，整合仪器设备1000多万元；国家级抗生素、维生素、省级半导体照明、市中兽药、饲料5个产业技术创新战略联盟已经形成。完善科技创新发展环境。启动完成《石家庄市科学与技术发展“十二五”规划》的编制及相关任务的分解。加快科技政策制定和落实，为科技创新与发展营造良好环境。落实国家、省和石家庄市科技创新的各项政策，重点推进技术开发费加计抵扣、高新技术企业税收优惠等财税政策，激发了企业自主创新的积极性。实施企业技术创新工程。围绕创新主体、创新要素和创新机制，推进企业技术创新平台、创新型企业载体建设。石药、华药两家国家重点实验室进入建设实施期，“河北省皮革工程技术研究中心”（河北东明实业）进入省工程技术研究中心建设序列，“河北省高速工具钢工程技术研究中心”等5家工程技术研究中心成为省工程技术研究中心，12家企业工程技术中心被认定为市级工程技术研究中心。56家知识产权优势企业培育工程效果明显，石药、冀凯等6家单位被批准为第四批全国企（事）业知识产权试点单位，华药、石药被授予第二批全国企（事）业知识产权示范创建单位，华北制药、石家庄劲力宝石化两家企业荣获第十二届中国专利奖优秀奖。生物医药产业技术创新。发挥“全国抗生素、维生素产业技术创新战略联盟”和两个国家重点实验室的示范带头作用，组织实施15项国家“重大新药创制”项目，推动国际化药物制剂工程与注册平台、多功能药物中试放大平台、千克级生物技术药物制备中试技术平台等医药创新平台建设，形成了新药自主创新能力与产业技术体系。“硫酸寡糖抗肿瘤新型药物研发”等25项市级重点新药研发项目，形成一批具有自主知识产权、附加值高、市场前景好的高新技术产品；华药新药研发公司突破10个以上高附加值、高技术含量的新产品关键生产技术并实现产业化，成为全球掌握全免疫抑制剂类药物生产技术最全的制药企业；神威药业公司现代中药产品创新与产业技术创新，成为国内现代中药注射剂技术领域研发与产业化的引领者和风向标。半导体照明和信息技术创新。发挥“河北省半导体照明产业技术创新联盟”作用，推进半导体照明产业基地建设和“十城万盏”应用示范工程，加大对“低色温高显色性半导体室内照明灯具技术研究”等16个半导体照明产业重点项目的支持；开展半导体照明产业共性关键技术的研发和示范推广，培育半导体照明龙头企业，带动半导体产业发展；推进以中电科集团54所为依托的国家卫星导航高新技术产业基地建设，推动石家庄电子信息产业链形成和产品化进程。农业科技创新。加强农业新品种选育，“抗旱高产小麦新品种选育”、“高淀粉含量玉米品系培育”、“高繁殖力美丹猪新品系的引入和选育”等14个项目技术达到国内领先水平。实施现代农业关键技术集成应用与示范工程，加快“新型颗粒四合一肥料的研制及应用”等10项省以上重点项目实施，为现代农业产业体系建设提供科技支撑。加强农村科技示范基地和农村科技型企业建设。“藁城农业高科技示范园”等40余家现代农业科技示范基地开展农产品无公害化、标准化、集约化生产示范，带动了当地绿色农业经济发展；农业科技成果转化步伐加快，全市农业新技术推广率达85%以上，优良品种覆盖率达98%以上。科技支撑民生。围绕疾病防治临床技术开展研究，支持一批创新性强和应用前景广阔的研究项目；围绕食品安全和公共安全领域，实施“便携式畜产品激素快速检测系统”、“警用地理信息基础平台应用关键技术”等创新项目；围绕医药、化工、建材、冶金、环保等重点行业，组织开展节水节能节材技术、水循环利用技术、余热余能梯级利用、废弃物资源化利用、清洁生产技术等一批节能减排关键技术研究与示范，17项节能减排项目被列入市科技计划，为全市主导产业节能减排与实现可持续发展提供了科技支撑。引领新农村建设。推进“国家粮食丰产科技工程”，藁城市、赵县、辛集市小麦超高产攻关田亩均产超过600千克，整个项目区增产粮食593.8万吨，增加经济效益99.8亿元；推进“国家科技富民强县工程”，富民强县示范区人均农民增收490元，新增就业7000人，特色产业总产值达1.9亿元。推进52个新农村科技示范村（试点）建设。全年新农村科技示范村特色产业带动农户18959户，订单农户8360户，创建农业合作社50个，参加合作社农户16516户，创中国、河北省、石家庄市产品品牌29个，特色产业产值达到60多亿元；科技示范村新培育市农业科技型企业16家，建立科技示范基地77个，引进新技术162项，推广新品种170个，促进了农业技术转移和科技成果转化。组织农村科技特派行动，在不同产业集聚区建立特派员中心站3个，派驻科技特派员130名，法人科技特派员7家，创建龙头企业28家，利益共同体24家，实施科技开发项目122项，引进动植物新品种315个，推广先进适用农业新技术324项。开展农民科技培训，全市引进推广农业适用技术1200多项，示范推广农作物新品种330个，培训农民80万人次。

（市科技局）

科学技术研究与发展计划

【概况】 2010年，市科学技术研究与发展计划（简称科技计划）围绕“十一五”科技规划确定的目标任务，以提升自主创新能力为核心，以创建创新型城市为目标，以完善创新体系和创新机制为根本，以突破产业核心技术、发展民生科技、推进产学研合作、营造创新环境为重点，促进主导产业和战略性新兴产业发展，引领和支撑全市构建现代产业体系，为实现率先发展提供有力保证。至年末，全市获得国家和省支持的科技项目452项，支持经费25022.4万元，比2009年增长71.2%；获得国家、省创新基金（资金）3585万元，比2009年增长86%，位于全省之首。实施市科技计划项目339项，资金8720万元。重点领域关键技术研发实现新的突破，华药集团“创新药物研究与开发技术体系建立”项目在抗病毒药物研究领域实现多个突破，2个新产品填补全球空白；以岭药业“抗心律失常中药参松养心胶囊生产工艺优化关键技术研究”项目在中药生产质量控制中，解决了超声逆流提取技术在中药生产应用中的关键点；神威药业“超向国际的治疗血管性痴呆有效组分维脑康胶囊的临床前研究”项目在维脑康胶囊临床研究方面，优选出环保、合理及适合工业化生产的原料提取工艺，制定出以多成分为控制条件的成品质量标准和方法，为国际注册奠定了基础。

【年度计划】 按照“自主创新、重点跨越、支撑发展、引领未来”的思路，实现市科技计划与国家、省科技计划的衔接。年内，围绕现代产业体系建设和服务于创新城市建设，重点实施了“科技支撑”、“政策引导类”和“科技基础条件平台建设”三类计划。科技支撑：实施的主体科技计划，重点支持“十一五”科技规划中确定的对支撑和引领现代产业体系建设具有重要推动作用的科技专项、重大技术创新课题以及在石家庄市扩内需、保增长、上水平、惠民生方面的关键共性技术研发课题等。政策引导类计划：包括技术转移与科技成果转化推广课题、软科学研究以及国际科技合作课题。科技基础条件平台建设计划：包括工程技术研究中心建设和科技创新条件建设课题。为保持“十一五”科技计划体系的连贯性，为“十一五”科技计划总结评价以及“十二五”科技规划的编制提供依据，继续延续“十一五”期间确立的科技计划体系，重点实施了生物技术、创新药物及中药现代化；电子信息、半导体照明；现代农业及新农村建设、装备制造、化工与循环经济等“八大科技专项”。通过组织实施重大项目，全市攻克了一批制约经济发展的科技难题，掌握了一批核心关键技术，转化了一批科技成果，培养了一批具有较高水平的科研团队，有力推动了企业自主创新，提高了重点产业的核心竞争力。

【经费安排】 2010年，全市本级财政安排应用技术研究与开发专项资金14480万元，其中，市科技局掌握经费9880万元（包括课题经费9720万元，专利实施经费160万元），其他资金4600万元。全年，市科技局编制下发科技发展指令计划2批，课题333项，经费9720万元；指导性计划2批，课题148项。指令性计划中，科技支撑268项，经费4204万元；成果推广11项，经费180万元；软科学24项，经费77万元；国际科技合作5项，经费54万元；条件平台建设19项，经费4355万元；其他计划6项，经费850万元。八大科技专项安排课题200项，经费7253万元。企业安排课题252项，经费7894万元；科研院所安排课题17项，经费233万元；高等院校安排课题20项，经费98万。县域安排课题125项，经费1707万元，其中，山区县课题53个，经费668万元。产学研课题187项，经费2749万元。

【实施效果】 全年通过课题实施，吸引市外人才477人，其中省外人才141人，省外人才中京津人才58人，培养研究生107人；取得新产品、新材料198个，新工艺、新装置123个，计算机软件31个，完成学术论文（报告）188篇，专利申请153件，（其中发明专利申请65件），专利授权109件，（其中发明专利授权28件），制定技术标准498项；新增产值13.19亿元，新增利税2.85亿元，出口创汇713万美元；取得农业新品种35个，新品种推广面积32万亩，畜禽品种15头（只），推广数量61万头（只），年总收入2.55亿元；节煤5.5万吨，节电6355万度，节水153万吨，减排废气324.74万立方米，减排废水91.52万吨，减排废物0.5万吨。

【争取国家、省重大科技项目】 年内，石家庄市共争取国家、省各类科技项目及平台469项，资金26923.9万元，争取资金位居全省首位。其中，国家级计划项目及平台78项，资金18805.5万元；省级计划项目及平台391项，资金8118.4万元。争取“国家新药创制重大专项”项目15项，为华药、石药、以岭、神威等企业争取经费1.4亿元；为全市72家科技型中小企业争取国家、省创新基金3585万元，同比增长86%；新增河北省自主创新产品12项，至年底，全市共争取省自主创新产品32项，位居全省之首。

（市科技局）

工业科技与发展高新技术产业

【高新技术企业认定】 通过政策引导、考核、政策宣传和辅导培训，全年共有39家企业通过高新技术企业认定，高新技术企业总数达到160家，位居全省第一。2010年，河北省第一批高新技术企业认定有43家企业通过评审，其中石家庄市有17家，占总认定企业数的37%，位列全省第一。石家庄市17家企业分别是：申科电子、奇力科技、华孚管道、河北电机、中天生物、亿生堂医用品、益康针棉织、兄弟伊兰食品配料、人天通信、科一重工、星河通信、实华科技、奥森自动化仪表、鸿泰橡胶、博广热能、阀门一厂、河冶科技。自2008年高新技术企业重新认定后，至年底，全市累计有138家高新技术企业通过省级认定，并在国家高新技术企业认定管理办公室备案，主要涉及四大技术领域，分别是生物与新医药、电子信息、新材料、新能源与节能技术。

【首批认定29家创新型企业】 3月份，石家庄市正式启动创新型企业认定工作。根据最新出台的《石家庄市首批创新型企业认定实施方案》，创新型企业申报须符合以下条件：高新技术产品（服务）收入占企业当年总收入的60%以上；具有明确的技术创新计划和实施方案，有完善的创新战略或创新规划，对行业发展具有较强的带动性或带动潜力；有完善的创新激励机制，研发人员50人以上，且占企业当年职工总数的10%以上；近三年度研究与开发经费占企业销售收入的5%以上；具有健全的企业知识产权保护机制，近三年内至少申请1项发明专利或3项其他知识产权。石家庄市对近三年已认定的高新技术企业，已组建市级及以上工程技术研究中心，承担过省级或国家级科技计划项目、高技术产业化项目和技改项目，获得过市级或以上科技进步奖，参与制定行业（国家或国际）标准，拥有市级或以上名牌产品或著名（驰名）商标的企业予以优先认定。经认定的创新型企业，石家庄市将给予一定额度的科研资金支持其技术创新，优先支持申报各类科技项目，申报国家、省创新型企业，推荐重大科技成果在创新型企业产业化。9月25日，市科技局公布29家首批创新型企业名单，其中生物医药类和化工类企业居多，分别有9家和5家。经认定的创新型企业实行动态管理，有效期为2年。29家创新型企业分别是：华药集团新药研发、神威药业、常山生化药业、华药股份有限公司、常山恒新纺织、亚诺化工、石家庄四药、远征药业、石药集团恩必普药业、安瑞科、常山纺织、河冶科技、久强建材、河北电机、工大化工、石家庄中煤、永生华清、油漆厂、石家庄煤矿机械、威远生物化工、河北医科大学生物医学工程中心、小蜜蜂工具、河北农哈哈机械集团、石家庄科林自动化、河北极峰、君乐宝乳业、旭辉电气、京华电子、柏奇化工。

支持省级创新型企业试点工作，在省科技厅、省国资委、省总工会联合发布的首批16家河北省创新型企业名单中，石家庄市的华北制药集团新药研究开发有限责任公司、石药集团有限公司、石家庄以岭药业股份有限公司、神威药业有限公司、博深工具股份有限公司等5家企业名列其中。

（焦莉莉）

【开展企业科技创新对标活动】 充分认识对标工作的重大意义，并以科技创新对标作为完成好工业企业对标行动的着力点。制定工业企业开展科技创新对标行动的实施方案；选定13家企业作为科技创新对标行动示范单位，加强指导、发挥其示范效应；对企业在技术创新对标过程中遇到的重点、难点技术问题，加大市级科技资金扶持力度；广泛调研，编写电子信息、装备制造、化工、纺织等主导产业科技创新对标方案，明确工作重点。年内，河北冀凯实业集团有限公司通过科技创新对标行动，新产品研发周期缩短40%，生产成本降低15%。

（市科技局）

【石药成为石家庄市首家国家创新型企业】 1月份，在“全国科技工作会议”上，石药集团有限公司获颁“国家创新型企业”铜牌，是石家庄市首次跻身“国家创新型企业”行列。2007年8月，石药集团创新型企业试点申报成功。经过两年多试点，经科技部、国务院国资委和中华全国总工会三部门联合评价，石药集团被命名为创新型企业。2008年，在国家“重大新药创制”科技重大专项申报中，石药集团成功申报1个创新药物孵化基地、3个创新药物研究开发技术平台和6个新药开发项目，共争取到国家资金支持近2亿元。2009年年初，由石药集团牵头、联合国内十余家产学研单位共同承担的“抗生素大规模生产关键技术创新”、“维生素C与B12生产工艺技术创新研究与开发”项目，列入科技部国家支撑计划。集团子公司中奇公司“河北省制剂工程技术研究中心”承担国家“863计划”重点项目3项，国家“十五”重大科技专项项目2项，省、市科研项目10项以上。2010年，石药集团公司拥有“博士后科研工作站”、国家级企业技术中心和河北省制剂工程技术中心，是国家“863计划”高新技术产业化基地、全国抗生素产业技术创新联盟理事长单位。

（范玉蕾）

【16家企业被认定为农业科技型企业】 11月23日，经专家评审并公示，市科技局正式确定双鸽食品等16家企业为石家庄市农业科技型企业。农业科技型企业认定，要求是在现代农业产业领域内，持续进行研究开发与技术成果转化，拥有企业核心自主知识产权，对提升现代农业特色产业水平和规模、促进当地农民增收具有较强示范和带动作用的企业。直接利用科技优势来参与农业生产中间环节的企业，也属于农业科技型企业。此项认定工作，旨在加快建立产学研相结合的农业技术创新体系，引导企业成为农业科技创新的主体，引领现代农业发展，促进全市现代农业发展，促进农业增效、农民增收。16家企业分别是：双鸽食品，华牧牧业，天泉奶牛、君乐宝乳业、远征药业、科星药业、广威农牧、永丰饲料、农哈哈机械、省农业机械化、金太阳生物有机肥、极峰农业、丸京干果、惠康食品、天山绿色食品、新星林业科技。

（焦莉莉）

【主导产业技术创新】 围绕半导体照明、电子信息及现代服务业、装备制造关键技术、化工与循环经济关键技术、纺织新技术新产品等科技专项，组织实施了“分体式多点定向LED路灯”、“低色温高显色性半导体室内照明灯具技术研究”、“酶法生产新型头孢抗生素母核7-氨基-3-氢头孢烷酸的研究”等市级科技计划项目130项。加强与上级科技部门的沟通协调。全年企业承担“高可靠陶瓷管壳产品开发与产业化”、“移动通信与卫星定位系统多模多频射频芯片研发与应用”等国家、省科技计划87项，争取经费6440万元。

【科技创新服务平台建设】 按照国家级示范生产力促进中心的标准要求，指导和帮助高邑县建陶生产力促进中心完善功能，并被科技部认定为第九批国家级示范生产力促进中心。至此，石家庄市国家级示范生产力促进中心达到3家。探索科技金融工作新机制、新模式。年内石家庄生产力促进中心成为全国科技金融服务首批试点单位（24家）之一，共融资1.1亿元用于企业发展。推动科技园孵化器向专业型、多功能集成化发展。指导和帮助方大科技园成为省级科技企业孵化器，并成功申报“2010年河北省科技企业孵化器环境与能力建设”课题2项。产业技术创新公共服务平台建设快速发展。石家庄市医药化工产业技术创新公共服务平台、建陶产业集群技术创新服务平台项目得到国家中小企业公共技术服务机构补助资金的支持，获得扶持资金110万元；石家庄生产力促进中心与河北科技大学共同建设的快速制造中心升级为“快速制造国家工程研究中心河北省示范中心”。

【创新基金】 广泛宣传创新基金政策，深入挖掘符合条件的科技项目。全市组织科技创新基金专题培训10次，培训企业420家，帮助企业谋划上报项目近200项。有72家科技型中小企业获得国家、省创新基金（资金）支持，争取经费3585万元，其中争取国家立项47个，资金3190万元。年内，市科技局、石家庄生产力促进中心、博深工具、无线电四厂等5家单位被授予河北省科技型中小企业技术创新资金工作先进单位。

【半导体照明产业开发】 2010年成功举办石家庄国际半导体照明应用及标准检测创新论坛，石家庄市半导体照明应用重大示范工程顺利通过验收，“石家庄科技中心”示范工程获得2010“南海杯”国家半导体照明创新大赛“工程设计及应用创新奖”。开展半导体照明应用技术宣传推广活动。以“石家庄半导体照明产业发展成果展”为平台，广泛宣传半导体照明应用技术。组织一系列面向市直有关部门和大学生的参观活动；在大学生中开展有关半导体照明有奖征文，评出优秀奖16篇。组织专家对“石家庄半导体照明产业发展成果展”的企业参展项目进行评审，评出特等奖1项，金、银奖各7项。组织12家半导体照明骨干企业参加由国家半导体照明工程协调领导小组办公室等单位联合主办的第七届中国国际半导体照明展览会，参展展品近百件，展示了石家庄市在半导体照明研发及产业化方面所具备的独特优势。

（市科技局）

【科技中心LED照明获大奖】 2010年下半年，在深圳举行的2010“南海杯”国家半导体照明创新大赛评审中，石家庄市申报的“石家庄科技中心太阳能半导体照明系统”项目荣获“工程设计及应用创新奖”。该创新大赛由国家半导体照明工程协调领导办公室、中国照明学会、中国照明电器协会等主办，大赛共评出产品创新奖12件、工程设计及应用创新奖4件、学生创意奖3件。石家庄科技中心太阳能半导体照明系统是现阶段国内最大的综合性半导体照明集成技术示范工程，工程将LED照明技术应用于建筑景观照明、应急照明、疏散指示照明和具有持续需求的功能照明等，探索了照明系统的新能源利用技术、智能化控制技术、高效光源技术及产品的开发，集成应用了多项技术。同时，利用建筑屋顶的面积建设太阳能光伏电站，充分利用太阳能为地下车库和公共走廊、卫生间等昼间需要持续照明的区域提供能源。工程涵盖15个功能区域，包括常规照明、功能照明（应急）、装饰照明、特殊照明等四类照明在内的3000余盏LED灯具的研制、安装调试等。

（焦莉莉）

社会发展领域科技进步

【概况】 2010年，社会发展领域科技工作以自主创新能力为目标，大力推进新药创制、人口与健康、公共安全、节能减排、生态与环境、可持续发展等社会发展领域科技进步，组织实施市级科技支撑指令计划项目50项；争取国家科技计划项目4项，经费14055万元；有35个项目列入省科技支撑计划，经费1513万元。

【生物医药技术创新】 25项重大重点新药研发项目列入市科技支撑计划，包括硫酸寡糖抗肿瘤新型药物研发、新型抗耐药菌抗生素替考拉宁的研发；治疗心脑血管病的盐酸伊伐布雷定片、复方烟酸辛伐他汀缓释胶囊、降血脂药物阿托伐他汀钙药物等制剂的开发；治疗传染病的连花清瘟胶囊治疗甲型H1N1流感的实验与循证医学研究以及生物技术课题磁性标记CD14单克隆抗体分选DC系统的研发及应用研究等。15项国家“十一五”重大新药创制项目，经过国家重大新药创制中期评估组评估，运行正常，大幅提升了医药行业原始创新和新产品孵化能力。新药研发、新型制剂技术研究和新产品开发取得突破。抗肿瘤脂质体药物制剂的开发、盐酸多柔比星脂质体、盐酸米托蒽醌脂质体、长春碱和喜树碱衍生物脂质体以及新型药用辅料磷脂研究、生物制药关键技术研究及免疫抑制剂类系列产品研发、国家一类新药马来酸左旋氨氯地平／阿托伐他汀钙片、广谱抗真菌药物那他霉素、抗耐药菌新药－达托霉素、治疗心血管疾病缓控释新制剂、芪黄明目胶囊等重大项目的研究与开发均取得重大进展。年内，技术创新平台建设把国际化药物制剂工程与注册平台建设、多功能药物中试放大平台、石家庄国际生物医药技术服务平台予以立项支持，并开始建设。

【节能减排技术创新】 全年安排节能减排技术创新项目17项，项目更加注重行业共性关键技术的创新。围绕水泥、钙镁、建陶、住宅节能等行业的共性关键技术，组织开展技术攻关与示范，予以重点支持。“新型干法水泥熟料节能减排技术集成示范研究”项目将四个单元的先进技术集成为一体，建成国家首条新型干法水泥熟料生产节能减排示范线，已完成验收。还开展“半干法烟气脱硫产物资源化利用关键技术研究”、“高炉布袋除尘灰综合利用”、“常温常压废橡胶连续再生还原新技术”、“轻钙生产中碳化自动化与节能技术”、“烟气排放连续监测系统开发”、“集中供热分户热计量关键技术研究与示范”等技术创新。其中脱硫石膏深度资源化利用研究项目以脱硫石膏的深度资源化研究为方向，采用物理－化学复合工艺对脱硫石膏进行改性，提高了使用性能，解决了脱硫石膏利用的瓶颈，扩大了利用领域，制成了粉煤灰蒸压制品增强剂、水泥缓凝剂和石膏基胶凝材料等产品，实现了脱硫石膏的深度资源化利用。

【疾病防治技术研究】 全年组织医疗卫生立项66项，均属于临床应用技术研究，主要为常见疾病预防、诊断、治疗提供科学有效的手段，特别是在防治心脑血管病、妇幼保健、中西医结合治疗疑难病、肝病等方面的技术创新发挥作用。

【正定国家可持续发展先进示范区建设】 年内，《正定国家可持续发展先进示范区建设规划》已经实施。围绕农业产业化、农业循环经济、农业生态环境治理、节约型农业四方面可持续发展重点，实施了“平原农区农牧循环经济关键技术集成与示范”等可持续发展类科技项目15项，还组织实施了农业产业化、循环经济、清洁生产、资源高效利用、环境保护等重点示范工程18项。

（市科技局）

科技合作与交流

【概况】 2010年，科技合作与交流工作以提升自主创新能力为核心，以服务于主导产业、骨干企业、知名品牌发展为主线，组织实施市指令计划8项，安排经费90万元，争取省指令计划项目4项，经费110万元；科技部国际科技合作计划项目2项，经费480万元。河北大旗光电公司与几内亚政府签署项目置换资源合作协议合同总额达2.48亿美元。年内，河北冀凯实业集团有限公司、华北制药集团新药研究开发有限责任公司、中国电子科技集团公司第十三研究所3家单位被科技部授予“国际科技合作基地”称号；8家国际科技合作基地落户石家庄。

【举办“科技外交官走进石家庄”活动】 1月18日，启动“科技外交官走进石家庄”暨国际科技合作基地授牌仪式活动，邀请科技部国际合作司司长靳晓明、副司长马林英，中国驻美国、英国、欧盟、加拿大、印度、澳大利亚等国的10余位科技参赞与石家庄相关企业代表就充分利用国际科技资源、深入开展国际科技合作进行座谈，市政府还聘请15位科技外交官为“石家庄市人民政府国际科技合作顾问”。

【承办“中国－比利时园艺产业交流和发展研讨会”】 8月24日，由比利时东佛兰德省政府和河北省人民政府主办，河北省科技厅、石家庄市人民政府共同承办的“中国－比利时园艺产业交流和发展论坛会”在上海世博园比利时馆内成功举办。来自两省政府官员以及中国花卉协会、农业部、建设部、中国农业大学、华南农业大学的领导和专家，园艺花卉行业管理人员和花卉苗木企业代表共计100余人参加了此次研讨会，增强了中比双方业界的交流。

【参加科技展览活动】 2010年，石家庄市先后组团参加了北京“科博会”、重庆“高交会”、南宁“中国－东盟博览会”、成都“西洽会”以及深圳“高交会”等重大科技展览活动，帮助企业充分利用会展平台，推介项目、交流信息、增进了解、和谐互动，促进科经贸技术交流和区域经济合作。企业发放宣传资料7000余份，接待洽谈约2800人次；促成石家庄市企业与外地科研院所、高校及企业达成科技合作协议超过100个，合作金额超过6亿元。年内，石家庄市因组织有力、工作出色，荣获河北省科技厅颁发的“第十三届中国北京国际科技产业博览会最佳组织奖”。

【国际科技合作平台建设】 石家庄科技中心和Bimeda－Rainbow Holding Co,Ltd（润百控股有限公司）联合建设了高端国际性生物医药技术研发实验室——“中欧生物医药联合实验室”。该实验室作为石家庄科技中心国际生物医药技术服务平台建设的重要组成部分，通过引进、嫁接国外先进医药技术与产品，吸收先进管理理念，为从事医药成品与新剂型技术的检测、研发、推广等项目，为医药企业提供医药技术创新和管理创新服务，帮助其提高生物医药技术研发水平和生产质量控制水平，与国际生物医药市场接轨。

（市科技局）

民营科技管理与服务

【概况】 贯彻落实全省加快民营经济发展会议精神和省政府《关于进一步加快民营经济发展的意见》，坚持强化自主创新、集成优势资源、突破重点领域、实现跨越发展的基本思路，以推进民营企业自主创新为主线，在为企业创造宽松的创新环境和提高服务质量上下功夫，促进了全市民营科技企业稳步和健康发展。

【落实自主创新政策】 市科技局印发《关于深入学习贯彻国家支持自主创新政策的通知》，要求各县（市）区科技局将深入学习和贯彻国家支持自主创新政策做为一项重要工作积极推进。为让企业及早了解国家自主创新政策，市科技局编印了《自主创新政策选编》一书。同时，将76项实施细则在石家庄科技网上进行公布。为鼓励企业进行技术创新活动，加大研究开发费用投入力度，市科技局重视落实国家税务总局《企业研究开发费用税前加计扣除管理办法》（国税发〔2008〕116号）规定，对企业开发新技术、新产品、新工艺发生的研究开发费用，未形成无形资产计入当前损益的，在依据现行规定据实扣除基础上，按研发费用的50%加计扣除；形成无形资产的，按无形资产成本的150%在税前摊销。

【出台科技项目奖励办法】 鼓励民营企业按照国家产业和技术政策进行产品、项目开发与生产经营，鼓励民营企业申报承担国家、省、市科技计划项目。对承担国家科技计划项目的，市科技经费给予一定比例配套资金支持。对国家级和省级创新型企业，由市、县（市）区政府给予适当奖励，对其科技项目给予优先安排，获得国家级、省级科技进步奖的，除国家、省奖励外，市政府分别给予50万元、20万元奖励。鼓励民营企业建立自主研发机构，对新认定为国家级企业技术中心、重点实验室、中试基地、工程技术研究中心的，市政府给予500万元奖励。对获得省、市技术中心称号的企业，市政府分别给予50万元、10万元奖励。对新列入国家级、省级孵化器的，分别给予500万元、50万元奖励。加强技术创新公共服务平台建设，加大政府资金对公共技术服务平台建设的投入，引导驻石各类研究中心、机构为民营企业提供服务。支持有条件的投资者和相关机构建立公共技术平台、检测服务平台和科技合作交流咨询平台，为民营企业提供新产品和新技术研发、设计、测试、检测等服务。

（市科技局）

【神威药业技术中心获国家认定】 年内，神威药业技术中心获“国家认定企业技术中心”称号。“国家认定企业技术中心”由国家发改委、科技部、财政部、海关总署、国家税务总局等五部委共同认定，旨在建立以企业为主体、市场为导向、产学研相结合的技术创新体系，推动技术创新，突破重点领域核心技术，增强企业核心竞争力。根据规定，国家认定企业技术中心享受相关优惠政策扶持。国家发改委通过企业技术中心创新能力建设专项、科技部通过企业技术中心科技专项计划对国家认定企业技术中心给予政策支持。

（范玉蕾）

科学技术普及

【概况】 召开科普工作联席会议，下发《2010年科普工作要点》，对科普工作进行安排和部署，30家科普联席会成员单位参加。开展年度科普统计，按时高质量完成全市近400家单位的科普统计任务。举办“科技活动周”启动仪式和集中宣传活动。“科技活动周”期间，全市组织科普活动219场次，举办专题讲座、培训100余场，展出宣传展板2500块，赠送科技书籍、发放宣传资料、明白纸45万份，参与活动人数80

余万人次。开展“科普知识进万家”系列活动。在桥东区中基礼域举行启动仪式，组织了科普读本免费发放和科普知识宣讲活动，进行专题宣讲和讲座25场。编印《石家庄市城市居民科普知识读本》27万字，全部发放到社区，受到居民的好评。至年末，全市认定县级科普中心8家。

（市科技局）

【全国青少年机器人竞赛获大奖】 年内，在第十届中国青少年机器人竞赛中，来自全国32个省市的1700余人参加了5个项目的竞赛。石家庄市组队代表河北省参赛，最终获得1个一等奖、1个二等奖、5个三等奖。由萧晟韬、韩伟、于子川、尹一多同学组成的河北省高中FLL（家庭工程挑战赛）代表队，夺得该项目一等奖，实现了河北省在这个项目上“零”的突破。由王紫琳、刘清石组成的高中足球代表队获得该项目的二等奖。市第41中学获得“未来精英培训计划”殊荣，该校宋峰老师获得“全国优秀教练员”称号。

（顾晓萍）

【新添12家省级科普教育基地】 9月19日，第三批省级科普教育基地命名表彰活动在河北省血液中心举行。经过评审，河北省血液中心、赵州桥景区等67家单位被授予“河北省科普教育基地”称号，其中石家庄市有12家。省委常委、统战部部长刘永瑞，省人大常委会副主任马兰翠，副省长龙庄伟出席命名表彰仪式。石家庄市被授予的12家省级科普教育基地分别是：赵州桥景区、井陉矿区万人坑纪念馆、水生态风景区、平山县东方巨龟苑、河北孙庄革命老区科普示范教育基地、平山县驼梁景区管理处、冀中能源井陉集团段家楼景区、平山县战国中山国王陵文物陈列馆、裕华区图书阅览中心、元氏县芳菲园科普博物馆、市动物园、辛集皮革博物馆。此批科普教育基地命名有效期为2010年至2014年。

【7家单位入选河北省首批科普基地】 年末，河北省科技厅向社会公开发布首批21家省级科普基地名单，石家庄市有7家入选，其中场馆类为河北省科学技术馆、正定县科技馆和石家庄经济学院地球科学博物馆，非场馆类为石家庄市植物园、赞皇县嶂石岩国家地质公园科普基地、石家庄铁道大学现代铁路技术科普基地、科技大厦科技培训中心。

（焦莉莉）

山区经济技术开发

【星火产业带建设】 2010年是实施山区星火产业带建设规划第5年。自2006年起，星火产业带涉及的7大产业共组织实施各级各类科技项目512项，投入资金16.2亿元。其中，科技投入1.05亿元，研究开发新产品76个，新技术86项，选育新品种42个，引进推广新技术、新品种308多项；建成市级以上星火科技示范基地34个，面积240多万亩；培养科技型龙头企业26个，年总产值达到30.6亿元；建成并正式运行星火科技传播站15家；50个科技示范村在产业发展、农村科技、民生科技等方面显著提高；山区农民人均纯收入由2005年底的3400元增长到4630元。2010年，围绕山区星火产业带建设，积极组织实施省、市科技项目，大力提高星火产业带建设的科技含量。全年山区各县共承担省科技项目15项，经费188万元；组织实施市科技项目21项，总经费178万元。井陉县钙镁研发中心承担的“智能型石灰煅烧窑的研究与应用”项目，主要针对碳酸钙行业使用的传统式煅烧窑高径比失衡，间接加料、出灰，原料配比随意性大，燃烧不稳定、能耗高、效率低、质量差而不稳，污染严重等问题，对煅烧工艺进行优化改造，研究设计了机械化煅烧窑智能控制生产线，实现了全系统电脑自动控制、自动配料、自动供料、自动出灰，降低了燃耗和劳动强度，优化了操作环境，提高了产品质量和产量，单窑产量由50吨／日，提高到120吨／日，燃料消耗由180千克／吨降低到110千克／吨。灵寿县河北绿地生物技术有限公司承担的市科技计划项目“金针菇品种鉴别选育及其优良发菌关键技术研究”和“食用菌液体菌种的开发”项目，实现了食用菌工厂化、周年化、规模化生产，可提高产量30%，降低菌种生产成本80%，缩短发酵时间60%，且菌龄整齐，无污染。赞皇县承担的“太行山区野生酸枣开发及优质高产综合技术研究”项目，新成立河北神木野生酸枣加工有限公司，年加工酸枣仁6000吨，利用酸枣仁壳加工木炭7000吨，成为全国最大的酸枣仁加工企业。

【示范基地管理】 年内，元氏石榴产业基地、赞皇柴鸡产业基地和灵寿中药材产业基地被省科技厅认定为太行山星火产业带示范基地。至此，省科技厅认定的全省22个基地和园区中，石家庄市已占5家（2008年，井陉钙镁产业基地和行唐奶业产业基地被省科技厅认定为太行山星火产业带示范基地）。至年底，全市在5个示范基地实施省、市科技计划项目26项，并多次在示范基地举办各种类型的培训班、印发技术资料、推广新技术等活动。

【山区科技推广】 按照年初制定的重点任务，结合山区星火产业带产业基地建设，在有关县（市）区选择了三优一体苹果栽培技术、优质核桃标准化栽培技术、优质甜樱桃标准化栽培技术、散养柴鸡标准化养殖技术、食用菌规范化栽培技术、奶牛性控精液性控胚胎移植技术、国外优种鲜食葡萄、钙镁产业节能减排等10多项先进成熟和见效较快的技术成果进行推广。三优一体苹果栽培技术推广项目，已在全市山区推广2万多亩，仅行唐县安太庄一个示范区就推广3000多亩，鹿泉、平山等县也有大面积栽培。优质核桃标准化栽培技术推广项目，仅平山、赞皇2个县推广面积就达45万亩。年内，平山县获得了国家绿色食品办和中国绿色食品发展中心共同命名的“全国绿色食品原料（核桃）标准化生产基地”称号。

【增强龙头企业带动作用】 重点扶持星火产业带龙头企业开发新产品、新技术，提高龙头企业的技术创新能力和对产业的辐射带动作用。对石家庄君乐宝乳业有限公司承担的“高密度活性乳酸菌发酵关键技术的研究”、石家庄丸京干果有限公司承担的“核桃蛋白和核桃多肽提取技术的研究”、赞皇浩琦食品有限公司承担的“低糖低甜蜜枣产品的开发”等多个项目进行支持。“高密度活性乳酸菌发酵关键技术研究”项目，打破传统培养工艺，采取多种发酵工艺进行改善、优化，研究出一套完整独特的高密度活性乳酸菌生产技术，开发出高菌数含量疗效型产品。“核桃蛋白和核桃多肽提取技术的研究”项目，采取先进生产工艺，利用冷榨核桃饼生产用途广泛的核桃蛋白和核桃多肽，提高了核桃的附加值，带动核桃产业的发展。

【科技示范村建设】 按照石家庄市星火产业带建设规划，5年要在全市山区建设50个新农村建设科技示范村。年内，重点选择一部分示范村，除在科技项目方面进行支持外，还从市财政争取新农村建设专项资金20万元，支持示范村建立科技书屋、科技橱窗，聘请专家，开展培训等，提高了农民的科技文化素质和科技种养水平，加快了新农村建设进程。2010年，全市重点支持了赞皇县鲍家滩村的樱桃产业、鹿泉市荷莲峪村的大枣产业和北黄壁村的青鱼养殖、元氏县西岭底的核桃产业、灵寿县王家沟村的旅游产业和南朱乐村的食用菌产业、平山县南策城的中华寿桃产业、矿区天户峪村的苹果产业等，并结合产业发展在多个示范村进行了技术培训。

【农民技术培训】 为提高山区农民科技种养水平，加快脱贫致富步伐，针对山区农民科技水平较低、阻碍科学发展的问题，重点利用春、冬农闲季节，集中开展培训活动，在山区掀起农民培训高潮。培训内容重点结合当地种植、养殖、加工等产业的发展，农民急需解决的技术问题，聘请大专院校、科研单位专家教授到山区开展技术培训、技术咨询、技术服务，把科学技术手把手地传授到农民手中，实现了科技与农民零距离对接。至年末，全市共举办不同类型的培训活动300多场（次），培训农民10万多人（次）。

【经济技术开发项目验收】 按照《石家庄市山区经济技术开发项目验收办法》，从6月份开始，邀请省有关专家组成验收组，对5年来在山区实施并已完成的经济技术开发项目进行验收，共组织验收项目41项，全部通过专家验收。

（市科技局）

专利与知识产权保护

【概况】 2010年，石家庄市出台知识产权（专利）执法、知识产权保护、专利服务机构管理、专利代理机构专利申请工作奖励、县（市）区专利培训、医药产业知识产权战略推进工程申报、知识产权（专利）对标工作等8个规范性文件；召开“全市知识产权工作会议”，总结部署知识产权工作；开展“打击侵犯知识产权和制售假冒伪劣商品”、“雷雨”、“天网”等保护知识产权专项行动；组织“4.26”、“第四届中国河北专利周”等大型宣传活动；成功举办石家庄市专利技术展示交易活动。至年底，全市共有20家商贸企业被省知识产权局确认为“无假冒专利示范单位”。

（市科技局）

【批准成为国家知识产权工作示范城市】 2月11日，国家知识产权局根据实地考核评定结果，批准石家庄市等11个城市为国家知识产权示范城市，有效期为3年。石家庄市于2007年5月开展国家知识产权示范城市创建工作，先后出台《石家庄市保护知识产权工作实施方案》等一系列文件，知识产权政策法规体系逐步完善。2009年全市专利申请量超2400件，其中发明专利559件；授权专利1186件，其中授权发明专利168件。为做好“国家知识产权工作示范城市”考核评定，石家庄市成立了以主管副市长为组长的验收工作领导小组，组织协调法院、工商局、版权局、质量监督局等27家单位完成了示范城市创建52项工作任务。

（焦莉莉）

【专利权质押贷款试点】 落实《河北省专利权质押贷款管理暂行办法》，组织“石家庄金融担保评估机构支持专利权质押恳谈会”，3家企业列入河北省首批专利权质押贷款试点，获得银行贷款1500万元，获得省知识产权局资助30万元。

【优势企业培育】 年内，石家庄博深工具集团有限公司等6家单位列入第四批全国企事业知识产权试点单位；石药集团等6家优势培育单位专利项目列入省专利战略引导计划；华药集团等2家单位项目荣获第十届中国专利奖优秀奖；5家企业9个项目参加“中国国际专利技术与产品交易会”；市知识产权局荣获最佳组团奖。

【专利资助】 全年获得国家、省、市专利资助633项，资金190万元。其中，获得国家知识产权局国际专利申请资助17项，资助资金143万元；获得省知识产权局专利申请资助362项，资助资金27万余元；市知识产权局资助国际专利申请7项，实用新型专利247项，资助资金20万元。

（市科技局）

科学技术奖励

【概况】 2010年，石家庄市评出市科学技术特别奖2项、市科技进步奖80项；获省突出贡献奖1项、省科技进步奖20项；驻石家庄科研院所获国家自然科学二等奖2项、国家科学技术特等奖1项、国家科技进步二等奖7项。

表 69 2010 年度石家庄市科学技术特别奖

序号	项目名称	完成单位	主要完成人员
1	虫类药超微粉碎（微米）技术及应用	河北以岭医药研究院有限公司	吴以岭 赵韶华 田书彦 高学东 吴相君
2	两菌两酶非均相法生产 D－对羟基苯甘氨酸新技术	石家庄中天生物技术有限责任公司 河北科技大学	刘守信 崔哲峰 周志辉 马素卫 付建忠

表 70 2010 年度石家庄市科学技术进步奖一等奖

序号	项目名称	完成单位	主要完成人员
1	低分子类肝素技术开发	河北常山生化药业股份有限公司	姬胜利 崔　洁 张秀菊 白文举 李志敏 李宗科 李　彦 马志华
2	节水高产型冬小麦新品种选育及育成品种	石家庄市农林科学研究院 河北省小麦工程技术研究中心	郭进考 刘彦军 底瑞耀 何明琦 付大平 史占良 蔡　欣 张士昌
3	铝热轧乳化油	石家庄新泰特种油有限公司	丁贞君 丁　峰 杨秉陆 甄国芬 丁　浩 李学兵 周增强 周志刚 刘　文
4	G5 代 TFT－LCD 玻璃基板自动生产线	河北东旭投资集团有限公司	齐彦民 孙勤修 刘纪军 胡恒广 王丽红 郑　权 李学锋 高俊杰 温若壮
5	通信基站（机房）用高效节能智能隔离式空气换热器	河北博宇节能设备有限公司	孟繁春 孙如刚 张焕景 王景刚 鲍玲玲 张明杰
6	肥胖人群多重心血管危险因素发生风险的 7 年前瞻性随访研究	中国人民解放军白求恩国际和平医院	朱旅云 胡丽叶 李　伟 王秀慧 王广宇 杨少玲 马利成 单　巍
7	45MPa 储氢气瓶的研制	石家庄安瑞科气体机械有限公司	赵京茂 任英建 王五开 王红霞 张　洪 刘玉红 王会赏 翟兰惠 赵子禄 马广青
8	高产、稳产、广适型转基因抗虫棉石抗 39 选育及应用	石家庄市农林科学研究院	赵国忠 李爱国 李增书 赵丽芬 朱青竹 眭书祥 冯恒文 王兆祥 张艳丽 王　虎
9	优质高产小麦藁优 9618 选育与应用	河北科炬种业有限责任公司 藁城市农业科学研究所	李　萍 张志会 李广新 牛庆坤 何东生 李泽芳 高慧棉 贾　刚 秦增顺
10	彩色 STN－LCD（CSTN）用液晶材料	石家庄永生华清液晶有限公司	梁　晓 尹　环 张胜茂 田秋峰 邵　哲 刘鑫勤 刘文菊 李韶辉 韩耀华 陈子璇
11	基于 PLM 和 ERP 系统的采掘机械创新设计及快速制造的技术研究	河北冀凯实业集团有限公司	李占利 赵盘胜 陶永首 魏二宏 崔密增 盛效和 张艺新 耿坤英 李小胜

12	焊接型切割陶瓷专业金刚石锯片的研制开发	博深工具股份有限公司	王振东 时会彬 王成军 袁一飞 祁　勇 苏士伟
13	芪龙益气散治疗肌萎缩侧索硬化症呼吸衰竭的基础与应用研究	河北以岭医院	陈金亮 王殿华 胡军勇 贺会仙 刘玉祯 王继明 李建军 袁学山 杨晓黎 张强胜
14	新型C级矿用圆环链钢SZ1219CW的开发	石家庄钢铁有限责任公司 河北工业大学	席军良 王宝奇 梁　玫 齐建军 赵瑞华 巩　飞 戴观文 姜延飞 高士杰 杨锋功

表 71　　2010年度石家庄市科学技术进步奖二等奖

序号	项目名称	完成单位	主要完成人员
1	小麦新品种石新828示范与推广	河北嘉丰种业有限公司	孙志军 谷增辉 张广辉 张　辉 刘彦平 杨晓丽 江彦军
2	石家庄市科技中介机构现状分析与发展研究	石家庄市科技信息研究所	刘　延 冯　平 文　华 肖　培 姚培龙 谭　鑫 薛合庸
3	贫困山区5岁以下儿童健康状况相关因素分析与护理干预	河北省赞皇县医院	谷聚爱 李　贤 李彩英 安淑银 王志芹 秦爱华 陈雪芹
4	左室舒张功能与冠脉病变的严重程度及胰岛素抵抗的相关性研究	石家庄市第三医院	刘志红 张晓华等
5	低成本高光效LED面光源标准模块	河北神通光电科技有限公司	谷青博 付华亮 张万生 黄　杰 崔泽英 胡志民 许中兵
6	猪链球菌病快速诊断与综合防治技术研究	石家庄市畜牧兽医服务公司畜禽疫病防治医院 河北师范大学生命科学学院 石家庄市动物防疫监督总站	赵洪明 赵宝华 张德全 强慧勤 武瑞栓 张素巧 焦兰芬
7	太行山区抗缩果病枣树新品种的选育	石家庄金桥农林科技开发有限公司 河北省林业科学研究院	王振亮 刘彦伟 李开森 孙敬霞 李玉平 李庆国 冯晓亮
8	RGB三基色白光LED	河北立德电子有限公司	朱晓东 夏明颖 闫永生 董新芝 武　冰 聂丛伟 聂建峰
9	高清晰度低成本智能化LED流光式显示系统	石家庄科航光电科技有限公司	赵云龙 王　超 侯德明 赵　峰 王静峰 赵　剑 王力飞
10	阿莫西林注射液	河北远征药业有限公司	魏占勇 岳永波 李玉霞 刘海亮 杜震龙 陈　玲 刘　欣
11	慢性肝病流行病学发病机制及治疗策略的系列研究	石家庄市第五医院等	康海燕 周吉坤 张新元 任桂芳 王丽等
12	关节镜下辅助治疗复杂胫骨平台骨折	石家庄市第三医院	李　锋 聂喜增 刘金辉 刘树民 周　颖
13	肿瘤坏死因子基因多态性与西方型、亚洲型多发性硬化相关性	石家庄市第一医院 河北医科大学第二医院	宋秀娟 李　彬 郭　力 谭国军 王学明 张　静 董　惠

（续表）

14	先进泡绵异形切割机数控系统研制开发	石家庄浩普数控科技有限公司	陈利民 刘　强 郑旭涛 郑维松 吴　波 高　未 高玉国
15	石家庄市环境突发事件应急处置技术支持平台研究	石家庄市环境信息中心	李月彬 郭丽萍 樊小龙 罗　晓 唐小坤 王　毅 刘亚涛
16	铜包铁规则状复合材料的开发研究	石家庄铁道学院 石家庄市大冶金属粉末厂	张光磊 付　华 李元庆 李彦芳 任书霞 于建廷 吕玉栋
17	大花萱草等优良宿根花卉的引种及快繁技术研究	河北新星林业科技开发有限责任公司 河北省林业科学研究院	储博彦 尹新彦 赵玉芬 牛三义 王秀芬 伊宏岩 李庆国
18	高速工具钢锻件开发	河冶科技股份有限公司	孙贵清 何洲明 杜文华 朱长青 蔺海涛 安素梅 王　红
19	突变因子在急性颅脑损伤、脑血管病的系列研究	石家庄市第三医院	郑中慧 高瑞利等
20	城市污水处理厂污泥生物处理与生态利用技术	河北新星林业科技开发有限责任公司 河北省林业科学研究院	毕　君 郭伟珍 王　超 高红真 张丽荣 李银华 张玉梅
21	克林霉素磷酸酯无菌原料药	华北制药集团海翔医药有限责任公司	孙国伟 刘学文 杨燕平 牛宾华 刘世昌 吴春虎
22	体表溃疡及肋间止痛治疗的研究	石家庄市第一医院等	刘家宝 王立新等
23	50% 烯酰吗啉水分散粒剂	石家庄市河北三农化工有限公司	刘书彦 韦富坚 王玉平 谢月卿 苏菊平 杨云霞 郭惠平
24	高档 JC80—120S 无毛羽纱线开发	石家庄常山恒新纺织有限公司	薛建昌 梁著青 张晋生 梁淑花 闫雅军 高海文 龚际春
25	节能环保健康型油炸食品加工设备的研制	石家庄得宝机械制造有限公司 石家庄铁道学院	罗　勇 张玉伟 刘晓明 焦永刚 韩　鹏 王　兰 郝长生
26	吸收脱芳烃制脱苯溶剂油生产技术	石家庄恒跃科技有限公司 河北科技大学	冯树波 牛英润 郑二丽 张建勋 刘立新 王春芳
27	城市土地利用动态监测与模糊评估关键技术研究	石家庄市勘察测绘设计研究院 石家庄铁道学院 河北省基础地理信息中心	李　杰 张文胜 赵月霞 陈明长 张耕宁 王永强 崔志伟

表 72　　2010 年度石家庄市科学技术进步奖三等奖

序号	项目名称	完成单位	主要完成人员
1	肿瘤患者病理机制及介入治疗的研究	石家庄市第二医院等	关素安 陈利社 苑艳娟 桑荣霞等
2	石家庄网上技术市场研究与开发	石家庄市科学技术局 石家庄市科信计算机技术服务中心	封明彦 张焕景 李军强 李晓锁 白军辉
3	环保型造气型煤粘合剂	石家庄邦尔科技发展有限公司	刘翼洲 刘金树 董建敏 韩锦德 张国玺

(续表)

序号	项目名称	完成单位	主要完成人员
4	危重患者中心静脉导管相关性感染的危险因素及致病菌分析	石家庄市第一医院	崔　岭 肖国伟 张学丛 马建刚 高海燕
5	SG45 非调质钢的研究与开发	石家庄钢铁有限责任公司	戴观文 齐建军 梁　玫 郝彦英 吕永年
6	1- 丙烯 -1.3- 磺酸内酯	石家庄圣泰化工有限公司	郭秀彬 张　萍 梅银平 李彦改 李亚林
7	驱虫新药多拉菌素(Doramectin)经皮给药系统的研究与开发	河北康利动物药业有限公司	褚耀诚 赵凤玲 赵　宇 张素巧 王荣申
8	幽门螺杆菌对克拉霉素耐药基因突变检测方法的建立及其临床价值研究	石家庄市第三医院	任英霞 崔东来 霍晓霞 赵玉斌 邵　闳
9	石家庄市中小企业科技成果转化现状分析及对策研究	石家庄市科学技术局 石家庄市科技信息研究所	姚培龙 高任辰 谭　鑫 薛合庸 肖　培
10	急性经口中毒病人应用单剂量活性炭与预后关系的临床研究	石家庄市第三医院	辛　燕 张传静 赵彦菊 常智忠 胡晓宁
11	石家庄 HIV-1 基因序列分析	石家庄市疾病预防控制中心 赞皇县疾病预防控制中心	刘丽花 李秀娟 李卫红 徐保红 周　红
12	石家庄市地面水嗅味检测及去除研究	石家庄东方龙供水有限责任公司	金树华 胡长荣 张　清 赵成曦 孙鹏云
13	特色农产品贮藏、加工、深加工新技术应用示范——赵州雪花梨深加工(雪梨干、雪梨茶、雪梨膏)产品开发	石家庄市赵龙食品有限责任公司	沈心佩 赵锁军 付志然 时建设 孙瑞敏
14	基于移动通信网的雷达数据的传输与处理系统	石家庄市科技信息研究所	刘晓峰 王恩堂 张丽萍 贾永杰 袁树杰
15	影像工作站及思维图系统在临床诊断及护理中的应用研究	石家庄市中医院等	邵宜芬 韩素芹等
16	分米波促进神经生长及超比例真皮下血管网波瓣修复软组织缺损的研究	石家庄市第一医院等	李熙明　陶贤水等
17	中药穴位敷贴在重症急性胰腺炎治疗中的应用	河北省赵县中医院	高军杰 贾利辉 张中立 宋风林 路　标
18	围产期保健监测及干预对妊娠结局影响的系列临床研究	石家庄市妇幼保健院等	刘延伟 李淑贤 安淑银 焦红燕 刘均秋 刘凤巧 赵丹霓 李　望等
19	急性心肌梗死治疗前后心机灌注及其 CRP、cTnI、CKMB 水平的变化与心功能关系及冠心病病变程度的相关性研究	石家庄市第一医院等	王立君 王爱民 陈欣华 梁建英 王弘锦等

（续表）

20	大直径整体双翻边轴瓦制造工艺与设备的开发	石家庄市东方轴瓦有限公司	金铁汉 金建平 金慧洲 马　强 刘瑞金
21	模块化LED灯具及专用恒流源	石家庄开发区华威凯德科技发展有限公司	孟庆瑞 张玉森 兰自强 薄元亮 李　卓
22	轻质碳酸钙干燥及余热利用技术集成与示范	河北井陉钙镁研发中心 石家庄市三兴钙业有限公司 井陉县华北碳酸钙有限公司	陈文卓 马永山 赵卫新 康和义 赵喊生
23	农业科技园区产业化技术开发与示范	无极县农业技术推广中心 无极县农业技术市场	刘志良 袁运良 田月花 秦　艳 苗力军
24	石家庄市科技资源共享服务平台建设	石家庄市科技信息研究所	刘晓峰 封明彦 李国强 马学东 刘晓静
25	自体外周血干细胞移植联合PTA对下肢缺血性疾病治疗的临床研究	石家庄市第一医院	罗玉贤 胡雅萍 顾福杭 王雪平 吕英璞
26	两种型号加药注射器抽吸药液所用时间和药液残余量比较	河北省赞皇县医院	刘彦荣 张丽华 李　贤 郭月香 邓　漪
27	TY—6A聚羧酸缓凝高效减水剂	河北铁园科技发展有限公司	高勇利 李志鹏 郭会敏 郭晓磊
28	急性脑血管病的防治应用研究	石家庄市中医院等	李　庆 宋素景 董立英 闫淑静等
29	强心通络组方治疗心力衰竭的应用研究	石家庄市中心医院	孟　岩 郑　燕 何士彦 吴志红 楚　立
30	青贮机机械技术示范与推广	石家庄市农业机械化推广站	刘虹亚 郭荣钗 李香敏 孙建奎 张峻青
31	凹版里印中国产品质量电子监管网信息码技术	河北永新包装有限公司	许善军 方　洲 于　庄 姜志绘 柴红顺
32	猪尿中莱克多巴胺酶联免疫检测技术示范与推广	石家庄市畜产品质量监测中心	邱建琴 左晓磊 王　新 刘立国 韩爱云
33	不孕症患者卵巢血流灌注与临床妊娠的研究	石家庄市第四医院	周　莉 米梅艳 梁　莹 亓　蓉 孙　梅
34	石家庄市城市历史遗存保护利用研究及城市建设效益研究（(1)石家庄市城市历史遗存保护与利用研究 (2)石家庄市城市建设效益评价研究）	(1) 石家庄市规划设计院 石家庄市文物保护研究所 (2) 石家庄职业技术学院	(1) 李惠林 张献中 刘秉良 倪春波 肖立宾 (2) 张会欣 王爱军 鲁胜利 张丽云

（续表）

序号	项目名称	完成单位	主要完成人员
35	复方碳酸氢钠预防和治疗口咽部真菌感染的临床研究	石家庄市第一医院	韩书芝 李秀莉 吕义青 王桂华 杨 红
36	浓缩洋葱酱的研发与生产	石家庄市惠康食品有限公司	李建强 苑社强 牟建楼 何 义 谭文炳
37	人体食用调味品酱油中碘含量测定方法的研究	石家庄市卫生监督局	陈素玲 王军鹏 肖 霄 张坤领 杨 梅
38	新技术在五官科治疗方面的研究	石家庄市第一医院等	安雁鸣 杨二梅 王 新等
39	铁铬铝金属纤维过滤材料	河北小蜜蜂工具集团有限公司	王明智 曹雄志 江世腾 孙秋完 曹卫东

【市长特别奖项目简介】 项目名称：两菌两酶非均相法生产D-对羟基苯甘氨酸新技术；完成单位：石家庄中天生物技术有限责任公司、河北科技大学。D-对羟基苯甘氨酸是半合成青霉素和头孢菌素的重要原料，主要用于生产阿莫西林、头孢羟氨苄、头孢哌酮等药品。该项目是国内首家生物法生产线，为生物取代传统化工工艺的一个成功典范。该项目紧紧围绕河北省制药工业的产业结构优化、产品结构更新以及制药工业传统工艺改造中的关键技术，对氨基酸生产中的生物催化技术进行了深入研究。针对D-对羟基苯甘氨酸生产的化学法技术存在的污染重、生物催化均相转化技术存在的能耗高等实际问题，坚持持续自主创新，不断开发新技术改造原有工艺，大大提高了生物催化技术的生产效率和装置产能，有效降低了水、电、蒸汽等消耗，生产成本大幅度下降，明显提升了产品的市场竞争力。整体技术节能降耗、增收节支、清洁环保效果显著，技术创新性十分突出，符合国家当前大力推进技术创新、优化产业结构和发展低碳经济的产业政策要求。相关成果“化学合成联酶法D-对羟苯甘氨酸的生产技术”获2002年度河北省科学技术进步一等奖，“两菌两酶非均相法生产D-对羟基苯甘氨酸新技术”获2006年度河北省科学技术进步一等奖。相关成果“化学合成联酶法D-对羟苯甘氨酸的生产技术”获2002年度河北省科学技术进步一等奖，“两菌两酶非均相法生产D-对羟基苯甘氨酸新技术”获2006年度河北省科学技术进步一等奖。2010年，该项目经包括2名院士在内的专家组鉴定认为：该项目成果经鉴定达到国际先进水平，拥有完全自主知识产权。主要技术创新点表现在：1. 发现了新的高产菌株LZ98和LZ99，构建出适合于非均相催化所需要基因工程菌，并优化了相应的产酶发酵条件。2. 在原有的“两菌两酶”催化体系基础上，建立了工程菌的“一菌两酶”一步法D-对羟基苯甘氨酸生产新技术，解决了同类工艺水中生物催化的关键技术问题和工程问题。3. 充分利用可逆的溶解平衡和不可逆的酶催化化学反应特点，在国际同类工艺中第一次实现了生物催化非均相转化，一步出晶率可达70%，缩短了工艺过程，浓缩蒸发能耗降低60%。4. 对膜分离技术和电渗析技术进行了集成再创新，实现了水的回收重复利用，产品质量和收率达到国际水平。该项目工艺的节能减排、清洁环保效果突出，在类似工艺中具有很高的示范和借鉴价值。对传统化工、特别是精细化工行业高技术改造，向低碳化经济迈进具有良好的示范作用。该项目产品与石家庄市暨河北省医药产业高度关联。D-对羟基苯甘氨酸是半合抗药物的重要组成部分，是不可或缺的主要原料，而半合抗又占全市制药工业产品结构的较大比重，对D-对羟基苯甘

氨酸依存度较大。项目产能的提升，为抗生素深加工以及产业链拓宽提供了原料保障和支撑作用。同时，本项目产品生产成本的下降有利于提升相关半合抗产品的市场竞争力，对促进石家庄市和全省医药产业结构优化具有积极作用。该成果应用后，在不增加新设备的条件下，D－对羟基苯甘氨酸的产能提高50%，收率提高5~7个百分点。该项目在国内外同类产品中，首次研创出“两菌两酶”催化合成新方法，第一次在水中实现了生物催化非均相转化新工艺，是国内惟一形成规模化生产能力的生物催化非均相转化新技术。近三年累计新增产值3.3亿元，新增利税0.54亿元，创汇400万美元，节支1500万元。

项目名称：“虫类药超微粉碎（微米）技术及应用”；完成单位：石家庄以岭药业股份有限公司和清华大学材料系粉体工程研究室。该成果由石家庄以岭药业股份有限公司和清华大学材料系粉体工程研究室经过5年多联合攻关取得的，也是在国家发改委、科技部等部门支持下，第一次将超微粉碎技术成功应用于中成药生产，标志着国内中药现代化迈出重要步伐。在现代中药的生产研发中，如何用最小的服用剂量取得最大的药效，是一项亟待解决的难题。其中，提高药物吸收率成为影响中成药疗效的重要一环。而超微粉碎技术作为近几年兴起一项前沿科技，可以将原材料加工成微粉甚至纳米级微粉。经此处理的中药粉体，能取得动植物类药材细胞破壁的效果，从而大大提高药物的生物利用率。在国家高技术产业化示范工程和国家“十五科技攻关计划”的支持下，2001年以岭药业与清华大学材料系合作，以集中应用动物药组方的通心络胶囊为依托，开展超微粉碎工艺提升项目。研究人员采用多种动物、多种模型、多项指标明确了超微粉碎粒度与药理活性的相关性，建立了专属性强的TLC鉴别法，集成创新了M2FL－50型组合式超微粉碎系统并使之产业化。工艺上，突破了虫类药超微粉碎过程中的韧性、弹性、团聚、热变性及细胞壁内水分释放和异味等技术瓶颈，实现了以空气为介质的常温超微粉碎，成功地将药粉的粒度从原有的150至200μm减少到10μm。在优化研究的基础上，发明了虫类药组合超微粉碎系统设备，实现了1250目以上虫类药细胞破壁超微粉碎的连续、高效生产。药物细胞被打破后，增加了药粉的表面积，药物有效成分的溶出度、生物利用率，以及药物的药理活性均有大幅提高，并减少了胃肠道反应。临床研究表明，经超微粉碎工艺提升后的通心络胶囊，较原工艺服用量减少1/3后，临床有效率相当，显效率提高，不良反应明显减少。研究人员还首次在中成药质量标准中引入了超微粉碎粒度的标准，并提供了检测依据和方法。他们建立的虫类药超微粉碎粒度质控标准，已被批准为国家药品标准。

（市科技局）

【驻石科研院所10项目获奖】 2011年1月14日，在北京人民大会堂举行的2010年度国家科学技术奖励大会上，驻石家庄科研院所共有十项目获得奖励。其中国家科学技术奖特等奖1项，国家自然科学奖二等奖2项，国家科技进步奖二等奖7项。获奖项目涉及生物医药、节能减排、生命科学等多个前沿领域。由河北师范大学完成的“植物钙调素的功能及信息传导机理”，以及石家庄铁道大学等合作完成的“电磁固体的变形与断裂”分获自然科学奖二等奖，这是国家科技奖励制度改革后石家庄首次获得该奖项。荣获国家科学技术奖特等奖的“矮败小麦及高效育种方法的创建与应用”项目，由中国农业科学院作物科学研究所与河北省农科院遗传生理研究所、河北农业大学等共同合作完成。7项国家科技进步奖二等奖中，除“五十米口径天线”由中电科技集团54所独立完成外，其余6项均与其他单位合作完成。分别是：提高运动员体能的关键技术研究（河北省体育科学研究所）、金属压力器和常压储罐声发射检测及安全评价技术与应用（河北省锅炉压力容器监督检验院）、中国煤炭地质综合勘查关键技术与应用（河北工程大学、河北省煤田地质局）、芽孢杆菌生物杀菌剂的研制与应用（河北省农林科学院植物保护研究所）、有机废水碳氮硫同步脱除新技术及工程应用（华北制药集团环保研究所）、富含腐植酸的劣质煤梯级综合利用技术及其应用（石家庄中科涂层肥料研究所）。

【百万元奖励吴以岭院士】 1月4日，市政府在石家庄科技中心召开座谈会，祝贺吴以岭当选中国工程院院士。市长艾文礼向吴以岭颁发

100万元奖金，奖励他对石家庄市医药事业发展做出的贡献。高新区还奖励吴以岭院士50万元。吴以岭长期致力于络病理论指导心血管病治疗创新性研究，创建了中医络病学新学科，并应用络病理论指导难治性疾病治疗，研发出多个具有自主知识产权创新中药，将技术发明应用于中成药产业化，推动了行业技术进步和中药现代化进程。

【3个项目获国家科技进步奖】 1月11日，在首都人民大会堂举行的2009年度国家科学技术奖励大会上，石家庄市有3个项目被授予国家科技进步二等奖，分别是：以岭医药集团的“参松养心胶囊治疗心律失常应用研究”，石药集团的“丁苯酞原料及软胶囊”，以及农哈哈机械有限公司参与研究的“北方一年两熟区免耕播种关键技术与装备”。以岭医药集团是自2000年以来第四次获得国家科技奖励大奖。参松养心胶囊是以中医络病理论为指导开发的治疗心律失常的有效药物，在国内首先开展了中药抗心律失常的循证医学研究。该研究在全国各地36家大型综合性三甲医院中展开，研究结果表明，参松养心胶囊治疗心律失常，具有明显安全性优势，填补了缓慢性心律失常药物治疗的空白。该药物是科技部创新基金资助项目、国家高技术产品、国家重点新产品，每年服用患者达300万人以上，自上市后销售收入累计达4.09亿元，税收1.25亿元。“丁苯酞原料及软胶囊”是中国医学院药物研究所与石药集团共同承担的项目。丁苯酞（商品名为恩必普），是中国历史上第三个自主开发的国家一类新药，是首个作用于急性缺血性脑卒中多个病理环节的创新药物。丁苯酞是从芹菜籽中分离出的单一有效成分，适应症为轻、中度急性缺血性脑卒中，具有改善缺血区脑血流、改善脑能量代谢、缩小梗死面积等药效作用。石药集团经过科研攻关，实现了丁苯酞从天然产物提取到合成制备的跨越，提高了中国手性药物的合成和产业化水平；软胶囊工艺属国内外首创，解决了囊壳老化、胶壳与内容物相容性等一系列软胶囊开发难题，建立了国内第一个软胶囊技术开发平台。该项目申请专利19项，PCT8项，先后授权给美国、韩国等多家制药公司，开创了中国医药知识产权向发达国家授权的新纪元，上市后累计销售收入近5亿元。“北方一年两熟区免耕播种关键技术与装备”是由中国农业大学承担的国家科技攻关计划项目，农哈哈机械有限公司作为子课题承担单位，主要负责研制动力驱动圆盘式小麦玉米两用免耕播种机，研究河北省一年两熟区保护性耕作技术模式，开展相关技术示范，提升企业保护性耕作机具制造能力和水平。与传统耕作相比，项目技术应用后，藁城示范区两季作物累计增产10%以上，生产成本降低20%以上，每亩节约灌溉用水750立方米～1500立方米。

（焦莉莉）

科技成果转化推广与管理

【概况】 2010年，全市安排科技成果推广计划项目11项，安排资金125万元。科技成果推广项目都是环保、节能和公益性质。5月18日，市科技局组织有关专家，邀请河北电视台农民频道记者，对河北科星药业有限公司、河北医科大学和石家庄正康医药研究所共同承担的石家庄市科技成果推广计划“生猪健康养殖用复合预混合饲料”项目实施情况进行实地考察和报道。该项目在河北栾城科普示范基地和河南新乡等地推广应用效果明显，有助于生猪的生态养殖、健康养殖，是养殖户致富的一条捷径。年内，市农科院科技开发管理办公室被省科技厅评为“河北省省级技术转移示范机构”（首批共6家）。

【产学研合作】 召开“省会高校科研院所联席会”，来自全市近30个高校及科研院所联络员代表参加会议。会议布置了产学研合作工作，征集编印了《省会高校、科研院所专家、成果（专利）推介册》，加强了各成员单位之间的沟通联络。组织驻石高校科研院所与企业产学研合作对接，分别在桥东区、栾城县、鹿泉市举办了3次“促进县域经济发展、产学研合作对接会”。石家庄铁道大学、河北科技大学、河北师范大学、石家庄经济学院、河北省科学院、河北省机械科学研究院等20多家高校、科研院所在会上发布电子信息、生物医药、化工、机电一体化、农林等行业的科技成果及专利技术460余项，300余家企业带着技术需求，与专家进行技术洽谈和对接，达成技术合作意向180余项，达成初步投资意向金额近5亿元。

（市科技局）

【6个产品入围国家重点新产品计划】年内，全市有6个产品被科技部列入2010年度国家重点新产品计划。6个产品分别是河北中信联信息技术有限公司的“e-Switch企业应用集成平台”、河北中唐医药的“芪丹通络颗粒”、石家庄中煤装备制造的“气动架柱式钻机ZQJ-300/6”、以岭药业股份有限公司的“养正消积胶囊”、河北常山生化药业的“那曲肝素钙注射液”、博深工具的“DK32C台式三速工程钻机”。

【15项产品入选“十城万盏”目录】2010年，经国家半导体器件质量监督检验中心检测，石家庄市7家企业15项产品入选首批《河北省“十城万盏”半导体照明应用示范工程照明产品名录》，使石家庄成为河北省LED路灯的主要制造城市和应用城市。河北省共有13家企业28项产品入围产品名录。石家庄市7家企业分别是：神通光电、立德电子、大旗光电、立明电子、瑞兴太阳能照明、博信伟德、爱迪灯具。

【半导体照明示范工程通过验收】年末，省科技厅组织专家对“石家庄市半导体照明应用示范工程”进行了验收。专家一致同意项目通过验收，认为该项目提升了全市半导体照明技术的研发水平，提高了全市半导体照明产业的自主创新能力和市场竞争力。该项目由石家庄生产力促进中心承担，项目总投资5146万元，完成了石家庄科技服务中心大楼LED照明示范、石家庄中山路LED路灯示范、LED地下停车场照明示范、石家庄张石高速连接线LED路灯示范、石家庄三环部分路段LED路灯示范、石家庄京赞公路LED路灯示范、新型矿用隔爆型LED巷道灯示范、太阳能LED照明产品示范、新农村建设LED示范等9项示范工程。选用LED路灯2437盏、LED矿灯6120盏、室内照明灯2万余盏。专家组认为，该项目创新性地建立了政府引导和市场运作相结合的半导体照明应用示范工程运行模式，形成了管理、科研、生产、应用的有效运行机制。

（焦莉莉）

技术市场与技术贸易

【技术合同登记】 2010年，全市认定登记技术合同990项，合同成交额76130.62万元，技术交易额66949.17万元。按照市政府要求，市科技局制订了“审批服务事项办理流程图（技术合同认定登记）”，并正式在市行政服务中心实施。为方便开发区和市区东部企事业单位登记技术合同，市科技局对合同登记站布局进行调整，将“第一合同登记站”迁往石家庄科技中心办公。

【网上技术市场建设】 全市注册会员单位1398家，发布各类信息3984条。截至2010年底，在河北网上技术市场注册会员单位7216家，位居全省首位；信息总量为28803条，居全省第二位。

【技术市场调研】 为准确找出全市技术市场工作存在问题，市科技局加大调研力度，并在调查研究基础上，起草了《关于进一步加强技术市场工作的意见》。2月份，走访中国技术市场协会，了解中国技术市场协会2010年的主要工作安排，双方探讨了可能的合作事项。3月份，市科技局到郑州市科技局及郑州市人民政府技术市场管理办公室进行技术市场工作调研，学习和借鉴郑州市在技术合同登记站设置、技术合同认定登记、网上技术市场运营等方面的工作经验。4月份，市科技局派员参加科技部火炬高技术产业开发中心举办的“全国技术转移公共政策与实务培训班”，系统地学习技术市场与技术合同管理相关政策。9～11月份，市科技局对全市5个技术合同登记站进行工作调研，着手制订《石家庄市技术合同认定登记工作管理办法》。

（市科技局）

石家庄年鉴 Education

教　育

教　育

概　述

2010年，市教育系统坚持以开展创先争优和干部作风建设深化年活动为载体，围绕打造“现代一流、人民满意的省会教育”，紧紧扭住“管理·质量”这个核心，深入开展“管理·质量”年活动，在抓管理、提质量上下硬功夫，教育事业呈现出良好发展势头，各项工作取得明显成效。教育优先发展战略进一步落实，23个县（市）、区国家财政性教育经费为66.78亿元，比2009年的58.25亿元增长14.64%，国家财政性教育经费占全市国内生产总值（3401亿元）比例为2.15%，比2009年的2.03%提高0.12%；预算内教育经费占财政支出比例为23.07%，比2009年的25.71%减少2.64%。各个县（市）、区教育财政拨款高于财政经常性收入增长−0.15%；中小学在校生生均教育费用小学为4254.61元，比2009年的3817.36元增长11.45%，初中为5752.12元，比2009年的4815.55元增长19.45%。义务教育阶段学生人均公用经费小学为988.22元，比2009年的767.95元增长28.68%，初中为1408.53元，比2009年的1090.7元增长29.14%；教育费附加实征41004.8万元，比2009年的38656.96万元增加2347.84万元，剔除上解部分17018.3万元，拨付教育23986.5万元，拨付比例为100%；城市维护建设税实征51803.4万元，拨付教育4118.6万元，比2009年的3568.4万元增加550.2万元，拨付比例为7.95%；农村税费改革专项转移支付资金实际拨付教育为7916万元，比2009年的6767.6万元增加1148.4万元。中职助学金资助学生月6万人次，发放中职助学金5598万元，校助学金资助学生10223人，发放国家奖助学金2420.3万元。全年免费提供教科书惠及学生82万人，涉及资金8981万元。2010年春季福利彩票资助学生7427人，补助资金371.35万元。全年获得生源地助学贷款的学生人数达1655人，贷款金额906.9万元，比上年增加248人。布局调整持续推进，义务教育阶段办学规模和水平显著提升，全市共撤并小学219所，初中40所，高中1所。全市小学校均规模达到384人，比2009年的354.7人增加29.3人；初中校均规模达到1015.9人，比2009年的1000.4人增加15.5人。学校基础设施日趋完善，校安工程继续推进。23个县（市）、区学校新增占地面积59.81万平方米（897.31亩）；标准化学校建设完成50所；全市落实校安工程资金11.6亿元，累

石家庄市第四十四中学

计开工面积 136.5 万平方米，完成总任务的 36%。全市 23 个县(市)、区全部停止使用 D 级危房。高中阶段教育健康发展。晋州、藁城、正定三个县（市）通过省基本普及高中段教育达标验收，累计通过省验收的县（市）、区达到 11 个。全市中等职业学校招生 56713 人（不含省属职业院校、省管医学类民办中专），超额完成省下达中职招生计划 48000 人的指标。中等职业学校在校生为 157128 人，职普比例实现了大体相当。全市高中段毛入学率达到 88%，比 2009 年有较大提高。创造性开展“四比两优一满意”活动（比修养、比学习、比奉献、比业绩，争创师德优秀、教育教学质量优良，让学生家长满意），实施“122311”工程（即每名党员每年要联系 1 名群众教师，帮助 2 名学习生活困难的学生，培养 2 名入党积极分子，家访 3 户社区（居民）家庭,撰写 1 篇教育教学论文、向党组织提 1 条合理化建议），建立“在党员中培养优秀教师”和“在优秀教师中培养党员”的“双培养”制度，受到省委常委、组织部长梁滨的充分肯定。省级示范性高中的分配生招生比例提高到 80%，下浮 50 分录取，从政策上进一步导向义务教育生源的均衡分配。地方高等教育结构优化，专业设置与结构趋于合理，服务省会经济社会发展的能力增强。学前教育、特殊教育稳步发展,民办教育办学行为规范。素质教育彰显石家庄特色。未成年人思想道德教育、心理健康教育取得新进展，逐步推动心理健康教育向农村地区倾斜，实现心理健康教育全覆盖和城乡均衡一体化和谐发展。快乐体育教育、创新实践教育、艺术教育等在全省乃至全国产生一定影响。中小学教师入编工作取得积极进展，完成中小学教师入编 637 人，解决直属 3 所高校引进的 110 名硕士研究生以上高层次人才入编，各县（市）、区通过公开招录方式面向代课教师入编 686 人，组织 4094 名教师进行交流，安排 111 名教师进行支教。中小学校长、教育行政管理队伍培训 3161 名，培训形式多样，培训内容丰富，培训质量明显提高。全市学前三年适龄儿童入园率达到 93.47%，比 2009 年的 90.1% 提高 3.37%。国办幼儿园新增 180 所，规范化幼儿园达到 1594 所。推进省会教育国际交流与合作，把教育国际化作为助推教育振兴的重要引擎和动力，以教育国际化促进教育现代化。10 月 15 ~ 16 日，成功举办以“教育发展战略与教育质量”为主题的石家庄论坛,全国政协副主席罗富和、前教育部副部长陈小娅等领导出席开幕式并致词，国内外 500 余名专家、学者参加论坛。论坛受到众多媒体的高度关注，《人民日报》、新华社、中央电视台、《中国教育报》及香港《文汇报》、《大公报》等 40 多家媒体对论坛及市教育工作进行了宣传报道，扩大了全市教育在国内外的影响，推进了全市教育的国际化进程。

【校舍安全工程】 倡导“科学规划是学校建设的先决条件”的理念，提高县、校两级对科学规划的认识，严把审核关，坚持五个结合（校舍安全工程与防震减灾工作相结合，与本地中小学布局结构调整相结合，与农村新民居建设相结合，与农村初中改造工程相结合，与农村中小学校舍维修改造长效机制相结合），完成市教育事业改革和发展“十二五”规划和教育基建项目“十二五”规划的编制工作。按照国家调整校安工程相关政策，认真落实省统一部署，下大力推进校安工程顺利实施。一是从原规划 1014.4 万平方米的工程任务中筛选出 377.7 万平方米，列入未来三年重点规划任务，规划总投资 29.5 亿元。二是围绕调整后的三年规划和 2010 年度计划，全力加快校安工程建设，对各县（市）区工程进展进行专项督导。截至 2010 年 10 月底，全市累计开工 713 个项目，开工面积 110.5 万平方米（在建 81.2 万平方米，竣工 29.3 万平方米）。与三年规划项目数、建筑面积相比，全市的开工率分别为 24% 和 29%，与 2009、2010 两年的项目数、建筑面积相比，全市开工率分别为 51% 和 50%。其中：市直学校开工率为 60%。全市累计落实资金 10.52 亿元，其中中央、省级资金 4.94 亿元（校安专项资金 3.58 亿元，其他资金 1.36 亿元），市级资金 1.37 亿元，县级及其他资金 4.21 亿元。与三年规划投资相比，全市资金落实率为 36%，其中：市直学校已到位资金 1.24 亿元，资金落实率为 64%。三是把中央、省级资金项目作为重中之重来抓，2010 年，全市共利用中央、省级资金项目 2.36 亿元，共安排 180 个项目。其中：

中央资金项目涉及赵县北王里中学校安工程等34个项目，共计投资0.84亿元；省级资金项目涉及正定县南牛乡南牛小学教学楼等146个项目，共计投资1.52亿元。四是切实保证市直学校工程顺利实施。市直学校2009、2010两年共安排9所学校、21个项目，需改造C、D级校舍面积7.9万平方米，已到位资金1.24亿元，开工在建5个，竣工并交付使用3个。精心实施中小学校园环境改造工程，制订《石家庄市校园环境改造工程实施方案》和《石家庄市教育局“管理·质量”年校园规划环境建设评估办法》，并从2010年起在全市范围内实施中小学校园环境改造工程，着力打造精品校园、百年校园、文化校园。2010年已完成254所学校改造，其中桥西、新华两区超额完成改造任务。全市完成校园总体规划编制1101所，论证1101所，占全市规划改造1363所中小学的81%，已编制规划的论证率100%；完成纸质档案855所，电子版档案856所；全市完成校园环境规划编制892所，论证892所，占全市规划改造1363所中小学的65%，已编制规划的论证率100%；完成纸质档案669所，电子版档案670所。50所中小学标准化学校建设项目进展顺利。

【素质教育】 中学生心理健康教育再次受到中央领导关注。市心理健康教育工作再次得到国务委员刘延东同志批示：“很有意义，做法很好，教育部要予以关注，可在进一步总结完善的基础上做为试点推广。”为进一步广泛深入开展中小学生心理健康教育，在全国率先设立了“5·10”中小学生心理健康日，把每年5月定为心理健康教育活动月，开展了形式多样、富有成效的活动，得到了教育部领导的高度评价，中央及省、市新闻媒体给予了全面报道。中小学生艺术教育备受青睐。成立了石家庄市艺术教育委员会，实现了对艺术教育的专家引领。组织了全市首届少儿才艺电视展示活动，万余名中小学生报名参加，集中展示了市少儿的艺术风采；启动了戏曲进校园活动，市区45所中小学及大中专院校成为首批试点学校，传统艺术在校园生根发芽。创新教育继续深化。举办了第十届“探索者”科技创新大赛，通过组织“学生创新实践俱乐部”、“沙龙”等，对学生实行会员制注册管理，进一步规范学生创新活动。学校体育工作成效显著。竞技体育继续保持全省领先，在第15届省中运会上取得了团体总分第一名的好成绩，9个单项比赛项目中获得6个第一名；阳光体育和学校体育“四个一”工程深入开展，举办了全市首届中小学生阳光体育跳绳大赛等活动，特色体育项目广泛展开。教育教学改革进一步加强。建立听课制度，广泛开展“听课周”活动，形成了全市上下关心、关注教学，支持、服务教学的良好局面。深入推进课程改革，全力打造高效课堂，推广了正定南楼等学校的先进经验，教育教学质量稳步提高。

【存在问题】 一是财政投入仍有差距。全市国家财政性教育经费占国内生产总值比例为2.15%，与国家规定的到2012年要达到4%的比例仍有较大差距。赵县、高邑县财政支出总额中教育经费所占比例没有提高。全市13个县（市）、区城市教育费附加没有按“三税”总额的3%足额征收。征收比例偏低的有4个县(市)、区，分别是赞皇县(1.3%)、灵寿县（1.5%)、无极县（1.55%)、新乐市（1.57%)。各县（市）、区全年教育费附加共少征收2914万元。在落实农村税费改革专项转移支付资金20%用于教育方面，全市有一半的县（市）、区仍按2002年农村税费改革专项转移支付资金核定的标准拨付教育。按2006年新标准拨付教育比例偏低的有6个县（市）、区，分别是藁城市（3.2%)、晋州市（4.7%)、元氏县（5%)、无极县（5.7%)、赵县（6%)、赞皇县（9%)。2010年各县（市）、区农村税费改革专项转移支付资金共少拨5257.8万元。二是教师队伍仍需优化。各县（市）、区中小学教师核编数为90461人，现有在编教师86271人，缺编4190人。年龄老化、学科结构不合理的状况未从根本上解决。三是中小学校校舍安全工程任务艰巨。资金筹措力度不够，特别是县本级资金不到位现象较为突出，全市校安工程资金缺口为17.9亿元，其中县本级资金缺口达14.7亿元；工程进展缓慢，多数县（市）、区按三年规划开工率低于50%，其中，高新区开工率为0；审批手续环节多，耗时长，制约了工程进度。

（王素军）

【举办“教育发展战略与教育质量——石家庄论坛”】 10月15～16日，“教育发展战略与教育质量——石家庄论坛”在石家庄二中分校举行。全国政协副主席罗富和，教育部副部长陈小娅，省政协副主席王刚，副市长张妹芝和市政协副主席李天印出席开幕式。来自全国各地的教育专家、学者，教育行政人员、中学校长，美国、韩国、日本、新加坡等国有关专家和学者参加此次论坛。本届论坛以“教育发展战略与教育质量”为主题，同时设“教育质量国家标准”、“区域推进提高教育质量”、“普通高中特色发展战略”、“初中提高教育质量专题”、“小学提高教育质量专题”等五个分论坛。论坛就如何在课堂上激发学生的学习兴趣进行了探讨。专家认为，用问题引入式的教学方法可在第一时间让学生对所学内容产生兴趣。在这样的课堂教学模式下，学生要自己发现课本上的新内容，自己首先做出总结，对学生的记忆以及提高认识水平有很好的效果。本次论坛还围绕如何提高教学质量、如何加强学校管理等内容请国内外专家、学者进行了专题讲座。论坛由中央教育科学研究所、中国教育政策研究院、中国教育报、民进河北省委、河北省教育厅、石家庄市人民政府、美国安生文教交流基金会共同主办。

【13名教师获省师德标兵称号】 教师节前夕，省委教育工委、省教育厅决定，授予娄敬捧等100名教师“河北省师德标兵”称号。其中石家庄市12名中小学教师和1名高校教师榜上有名。石家庄市获得2010年河北省师德标兵教师分别为晋州市职教中心娄敬捧，市第十七中学冯春茹，灵寿县南宅乡中学胡素爱，井陉县辰兴中学于俊霞，市第四中学董海霞，行唐县龙泉中学张晓丽，辛集市辛集镇育红中学高静，正定县解放街小学武文青，市特殊教育学校丁丽辉，市一中杨朋聚，正定中学刘宽，市四十中学赵冉，石家庄职业技术学院吴英绵。

【民办教育协会成立】 12月24日，石家庄市在精英中学召开市民办教育协会成立大会。石家庄市民办教育协会名誉会长李宏英出席大会并讲话。2010年，全市各级各类民办学校和教育机构达到1032所，在校生28.5万人，民办教育已成为全市教育事业的重要组成部分。成立市民办教育协会，主要为推进办学诚信建设，规范办学行为，开展办学诚信行为评价与考核，同时，组织不同类别民办学校开展教育管理创新、教学模式创新、教法改革等交流观摩活动，全面提高民办学校教育质量和办学水平。

（顾晓萍）

表 73 2010 年石家庄市预算内教育经费占财政支出比例情况统计表

县（市）区	预算内教育经费（千元）			预算内教育经费占财政支出比例（%）		
	2009 年	2010 年	增长比例（%）	上年	本年	增减（%）
石家庄市	5825174	6678106	14.64	25.71	23.07	−2.64
长安区	298846	341008	14.11	52.17	53.66	1.49
桥东区	270360	317475	17.43	44.23	45.48	1.25
桥西区	264280	312602	18.28	39.67	39.79	0.12
新华区	340558	390496	14.66	50.71	52.86	2.15
矿　区	58289	59091	1.38	22.71	22.53	−0.18
裕华区	231695	280691	21.15	40.56	41.49	0.93
井陉县	166908	195236	16.97	24.16	25.34	1.18
正定县	249270	270105	8.36	35.11	29.37	−5.74
栾城县	207847	238042	14.53	35.48	33.10	−2.38
行唐县	190687	212539	11.48	26.95	27.13	0.18
灵寿县	144646	173612	20.03	24.84	21.96	−2.88
高邑县	87350	113920	30.42	23.42	24.38	0.96
深泽县	95070	103059	8.40	24.08	21.56	−2.52
赞皇县	114474	132245	15.52	27.56	18.21	−9.35
无极县	186352	210635	13.03	32.66	31.32	−1.34
平山县	240237	282598	17.63	21.07	20.94	−0.13
元氏县	194610	213507	9.71	33.25	29.73	−3.52
赵　县	247262	276720	11.91	33.35	30.13	−3.22
辛集市	322296	326403	1.28	28.62	27.01	−1.61
藁城市	382298	434847	13.75	30.72	26.73	−3.99
晋州市	247816	243220	−1.85	31.48	26.14	−5.34
新乐市	196448	222262	13.14	32.83	29.87	−2.96
鹿泉市	257769	324303	25.81	27.62	28.70	1.08
高新区	30188	71103	135.53	6.02	11.37	5.35

表 74　2010 年石家庄市预算内教育拨款增长与财政经常性收入增长情况统计表

县（市）区	预算内教育拨款本年比上年增长（%）	财政经常性收入本年比上年增长（%）	增长幅度比较（%）
石家庄市	14.64	14.79	−0.15
长安区	14.11	27.33	−13.22
桥东区	17.43	17.24	0.19
桥西区	18.28	27.31	−9.03
新华区	14.66	12.67	1.99
矿　区	1.38	4.94	−3.56
裕华区	21.15	21.36	−0.21
井陉县	16.97	6.7	10.27
正定县	8.36	6.45	1.91
栾城县	14.53	4.50	10.03
行唐县	11.48	22.52	−11.04
灵寿县	20.03	15.89	4.14
高邑县	30.42	20.47	9.95
深泽县	8.40	22.39	−13.99
赞皇县	15.52	18.17	−2.65
无极县	13.03	14.23	−1.20
平山县	17.63	16.23	1.40
元氏县	9.71	24.06	−14.35
赵　县	11.91	3.96	7.95
辛集市	1.28	10.71	−9.43
藁城市	13.75	19.96	−6.21
晋州市	−1.85	12.72	−14.57
新乐市	13.14	16.54	−3.40
鹿泉市	25.81	15.39	10.42
高新区	135.53	10.81	124.72

表 75 2010 年石家庄市义务教育生均预算内教育事业费增长情况统计表

县（市）区	普通小学			普通初中		
	2009 年（元）	2010 年（元）	增长率(%)	2009 年（元）	2010 年（元）	增长率(%)
石家庄市	3817.36	4254.61	11.45	4815.55	5752.12	19.45
长安区	4818.16	5651.52	17.30	8800.14	9177.74	4.29
桥东区	6823.99	8280.54	21.34	8221.28	9077.18	10.41
桥西区	4104.20	4531.82	10.42	5421.95	6000.94	10.68
新华区	4440.48	4916.94	10.73	7514.10	8190.94	9.01
矿　区	5712.34	6451.28	12.94	5170.39	5820.12	12.57
裕华区	3851.33	4467.41	16.00	4847.15	6107.19	26.00
井陉县	3429.36	4027.83	17.45	4312.83	5939.16	37.71
正定县	3797.29	3938.93	3.73	5327.17	5742.83	7.80
栾城县	3849.82	4120.86	7.04	4425.93	5572.39	25.90
行唐县	3541.19	3904.50	10.26	6052.90	6292.68	3.96
灵寿县	3563.04	3769.05	5.78	3422.49	3706.10	8.29
高邑县	5460.80	6271.20	14.84	4225.44	5381.17	27.35
深泽县	3594.93	3975.30	10.58	4615.15	6066.56	31.45
赞皇县	3516.32	3521.17	0.14	4820.26	6714.60	39.30
无极县	3741.05	3809.62	1.83	4438.88	5548.79	25.00
平山县	3824.79	3694.40	−3.41	4827.89	4574.40	−5.25
元氏县	3001.16	3361.36	12.00	4051.99	4163.68	2.76
赵　县	2417.53	2531.78	4.73	3663.48	4806.67	31.21
辛集市	2966.56	3891.31	31.17	3800.13	4986.62	31.22
藁城市	3277.48	3950.01	20.52	4006.85	5499.40	37.25
晋州市	3455.68	3497.55	1.21	4453.15	5528.45	24.15
新乐市	3247.30	3804.85	17.17	4034.62	4793.02	18.80
鹿泉市	5482.28	5903.54	7.68	5346.12	6135.52	14.77
高新区	5549.00	5812.04	4.74	6013.79	6178.73	2.74

表 76　2010 年石家庄市义务教育生均预算内公用经费增长情况统计表

县(市)区	普通小学			普通初中		
	2009 年(元)	2010 年(元)	增长率(%)	2009 年(元)	2010 年(元)	增长率(%)
石家庄市	767.95	988.22	28.68	1090.70	1408.53	29.14
长安区	542.51	554.08	2.13	1012.69	1013.60	0.09
桥东区	699.34	801.80	14.65	748.39	776.99	3.82
桥西区	587.40	642.81	9.43	687.10	733.87	6.81
新华区	414.40	572.66	38.19	1070.26	1387.19	29.61
矿　区	709.50	735.34	3.64	739.87	883.97	19.48
裕华区	800.25	809.67	1.18	689.71	886.82	28.58
井陉县	499.34	753.16	50.83	700.89	924.23	31.87
正定县	1366.32	1534.45	12.31	1701.79	1902.66	11.80
栾城县	470.46	607.22	29.07	840.95	1031.40	22.65
行唐县	1106.26	1352.68	22.28	1625.47	1982.54	21.97
灵寿县	975.76	1364.08	39.80	812.35	1253.45	54.30
高邑县	1148.58	1514.83	31.89	1144.37	1635.54	42.92
深泽县	891.77	1368.08	53.41	1484.29	2351.95	58.46
赞皇县	861.30	1054.73	22.46	1598.73	1936.69	21.14
无极县	809.31	816.25	0.86	1593.67	1668.20	4.68
平山县	651.02	814.24	25.07	762.74	1011.77	32.65
元氏县	545.18	726.63	33.28	1042.64	1369.80	31.38
赵　县	718.42	741.02	3.15	875.22	1555.68	77.75
辛集市	706.97	1179.83	66.89	1149.39	1740.97	51.47
藁城市	804.39	1142.29	42.01	1088.80	1780.91	63.57
晋州市	891.87	1001.41	12.28	967.89	1107.53	14.43
新乐市	1002.35	1791.07	78.69	1484.51	1745.76	17.60
鹿泉市	729.62	1067.35	46.29	1501.07	1548.14	3.14
高新区	1044.17	1046.73	0.25	1070.69	1074.84	0.39

表 77　2010 年石家庄市财政“三项经费”拨付情况统计表

单位：万元

县（市）、区	教育费附加					城市维护建设税			农村税费改革专项转移支付资金		
	增值税营业税消费税总额	实征数	征收比例(%)	拨付数	拨付比例(%)	实征数	拨付数	比例(%)	总数	实拨数	拨付比例(%)
合　计	1431045.4	41004.8	2.86	23986.5	100	51803.4	4118.6	7.95	64790	7916	12.00
长安区	167000	5009.6	3.00	947.4	100	11704	228	10.00	779	137	17.60
桥东区	124786	4539	3.64	1362	100	3180	318	10.00	196	39.2	20.00
桥西区	206370	6191	3.00	2193	100	4371	437	10.00	326	65.2	20.00
新华区	115433	3463	3.00	1040	100	2426	243	10.00	434	71	16.00
矿　区	30019	859	2.90	859	100	1977	138.4	7.00	211	42.2	20.00
裕华区	133154	3983	3.00	1195	100	2780	278	10.00	656	349	53.20
井陉县	54743	1326	2.40	1362	100	1775	124	7.00	1981	223	11.00
正定县	44876	1260	2.81	1260	100	1860	193.3	10.40	3434	686.6	20.00
栾城县	24075	800	3.32	800	100	1120	111	10.00	2674	455	17.00
行唐县	14124	218.5	1.55	218.5	100	378	37.8	10.00	4171	426.8	10.20
灵寿县	13901	208	1.50	208	100	265	27	10.00	2789	556	20.00
高邑县	12721.4	345	2.70	345	100	404	34	8.42	1830	366	20.00
深泽县	11940	331	2.80	331	100	487	39	8.00	2048	390	19.00
赞皇县	14158	177.6	1.30	177.6	100	243	19.5	8.02	1853	170.8	9.00
无极县	18616	392	2.11	392	100	607	61	10.00	4485	260	5.70
平山县	95189	2141	2.25	2141	100	3639	364	10.00	3289	644	19.60
元氏县	31663	765	2.40	765	100	919	66.3	7.20	3279	165.2	5.00
赵　县	21300	521	2.40	521	100	940	94	10.00	7440	450	6.00
辛集市	53833	1615	3.00	1615	100	2936.5	294	10.00	4671	775	16.60
藁城市	109700	3291	3.00	2685	100	3688	400	10.80	6655	216	3.20
晋州市	34405	844	2.45	844	100	2249.9	226	10.00	4745	224	4.7 0
新乐市	25295	398	1.57	398	100	673	67.3	10.00	4587	775	16.90
鹿泉市	73744	2327	3.16	2327	100	3181	318	10.00	2257	429	12.50
高新区	—	—	—	—	—	—	—	—	—	—	—

表 78 2010 年石家庄市学校建设情况统计表

县（市）、区	图书		常规仪器器材		现代教育技术装备											
					微机室		微机		语音室		电子备课室		多媒体室		校校通	
	总数（万册）	新增（万册）	新购置价值（万元）	新购置数量（件套）	共有（个）	新增（个）	共有（台）	新增（台）	共有（个）	新增（个）	共有（个）	新增（个）	共有（个）	新增（个）	共有（所）	新增（所）
合　计	4128.17	226.92	5586.21	783055	2786	222	127745	17780	658	19	1902	358	12520	2597	1642	347
长安区	128.41	14.69	71.2	9865	114	14	4657	1015	15	0	99	28	663	100	31	0
桥东区	99.63	2.40	81.2	542	54	8	3730	202	8	0	10	0	390	66	26	0
桥西区	122.50	2.99	896.9	5718	72	2	6618	1031	7	0	420	0	915	145	42	0
新华区	153.03	3.76	230	16797	77	4	6317	788	17	0	58	14	1110	108	64	0
矿　区	234.00	2.50	66.9	232	22	0	932	124	20	0	20	5	70	13	10	6
裕华区	151.91	5.67	87.53	10143	139	0	12808	518	41	0	262	17	914	108	41	2
井陉县	174.00	3.01	283	20312	93	4	3835	190	27	3	71	10	396	69	76	0
正定县	227.00	43.55	587.16	150100	172	2	6727	1220	60	5	115	50	755	435	103	0
栾城县	152.00	2.00	16	8000	104	2	4055	210	20	0	62	0	384	0	46	0
行唐县	300.70	4.50	371.08	192111	105	28	5619	2915	34	0	56	53	347	236	72	68
灵寿县	80.60	1.22	0	0	65	3	3035	1192	1	0	6	0	169	42	55	1
高邑县	58.00	1.80	12	5019	61	6	2166	172	17	0	10	1	111	64	59	4
深泽县	107.10	1.10	42.5	2038	55	2	2713	240	11	1	42	7	429	6	38	3
赞皇县	88.00	2.00	280	5124	54	3	1785	480	3	1	54	5	93	57	25	19
无极县	206.90	3.59	103	3180	155	4	6057	497	57	0	21	2	355	24	66	23
平山县	186.76	4.70	330.74	116821	148	36	5007	1805	20	0	23	17	413	119	116	82
元氏县	219.00	30.00	460	6070	252	6	4780	200	64	0	52	40	520	160	38	10
赵　县	216.30	32.00	17	54861	171	9	6700	510	42	0	13	5	234	48	17	3
辛集市	310.00	1.00	340	48600	237	5	6105	177	35	0	97	4	615	4	151	7
藁城市	316.00	10.50	249	33567	217	0	13643	564	36	2	56	5	1577	45	165	0
晋州市	179.90	16.20	386	23635	160	73	5387	659	46	7	273	87	587	213	184	81
新乐市	249.10	21.50	250	61955	141	2	7743	1388	27	0	33	0	462	49	109	38
鹿泉市	141	12.50	330	8362	93	8	6175	1373	48	0	38	6	796	384	82	0
高新区	26.33	3.74	95	3.26	25	1	1151	310	2	0	11	2	215	102	26	0

表 79

2010 年石家庄市校安工程进展情况一览表

县（市）、区	项目建设完成情况（平方米）							工程资金落实情况（万元）（不含中央、省、市资金）								
	累计开工面积	累计竣工面积	按 2009、2010 两年规划					累计落实资金	按 2009、2010 两年规划							
			规划面积	开工率 (%)	开工率排名	竣工率 (%)	竣工率排名		规划投资	资金落实率 (%)	排名	资金缺口合计	市级	县级	县级缺口比例 (%)	县级缺口比例排名
合　计	1365066	460593	2190998	62	—	21	—	116357	194236	60	—	77879	−4382	82261	65	—
长安区	48559	3680	146741	33	20	2	22	1623.80	9268	18	23	7644	—	7644	87	7
桥东区	130540	31408	136198	96	5	23	13	14775	29049	51	17	14274	—	14274	49	15
桥西区	34438	23815	38775	89	7	61	2	3568	3963	90	7	395	—	395	10	22
新华区	15580	7600	51366	30	23	15	18	1606	3546	45	20	1940	—	1940	57	13
矿　区	25388	0	62279	41	17	0	23	1479	5609	26	21	4130	—	4130	74	11
裕华区	49703	24971	13598	366	1	184	1	2719	544	500	1	−2175	—	−2175	−400	23
井陉县	32980	11769	99629	33	20	12	19	1592	11886	13	24	10294	—	10294	99	1
正定县	32347	16697	49163	66	13	34	5	3033	4563	66	12	1530	—	1530	83	8
栾城县	15859	6206	23145	69	10	27	7	1351	1891	71	10	540	—	540	46	16
行唐县	48419	7404	43068	112	3	17	16	4158	4256	98	4	98	—	98	43	17
灵寿县	61258	13842	61520	100	4	23	13	3305	4215	78	9	910	—	910	38	19
高邑县	25153	1724	37517	67	12	5	20	2203	4180	53	14	1977	—	1977	98	3
深泽县	32409	12852	53803	60	15	24	9	2152	4138	52	16	1986	—	1986	95	4
赞皇县	48483	19198	123020	39	18	16	17	4583	8288	55	13	3705	—	3705	71	12
无极县	45193	6310	137950	33	20	5	20	4782.20	10146	47	18	5364	—	5364	88	6
平山县	16411	11348	18391	89	7	48	4	1896	2218	85	8	322	—	322	15	20
元氏县	35447	8242	28686	124	2	29	6	4272.80	2859	149	2	−1414	—	−1414	−554	24
赵　县	119871	46219	194401	62	14	24	9	9628	13482	71	11	3854	—	3854	52	14
辛集市	79876	22616	94993	84	9	24	9	6856	7497	91	5	641	—	641	40	18
藁城市	86525	49715	92914	93	6	54	3	7924.12	8169	97	4	245	—	245	13	21
晋州市	64085	22423	94297	68	11	24	9	4375	8366	52	14	3991	—	3991	92	5
新乐市	85771	41018	151260	57	16	27	7	6953.50	14879	47	17	7926	—	7926	83	8
鹿泉市	93453	54259	243694	38	19	22	15	4070	16527	25	21	12457	—	12457	78	10
高新区	0	0	41293	0	24	0	23	30	1658	2	24	1628	—	1628	98	2

基础教育

【概况】 2010年，全市有幼儿园698所，比上年增加152所；在园幼儿19.05万人，比上年增加1.56万人；教职工9806人（其中专任教师6689人）。小学1750所，比上年减少75所；在校生67.19万人，增加2.46万人；教职工4.39万人（其中专任教师4.16万人）。普通中学437所，减少50所；在校生52.47万人，其中初中31.39万人，减少4.32万人，普通高中21.08万人，减少0.02万人；教职工4.2万人（其中专任教师初中2.37万人，高中1.24万人）。

【学前教育】 对各县（市）学前教育情况进行摸底调查，4个县（市）通过省教育厅的普三复查。组织验收14所一类幼儿园。起草石家庄市学前教育规划，力争用3～5年时间，使全市学前教育出现新局面。

【义务教育】 制订下发《石家庄市教育局管理·质量年目标任务分解书》和《石家庄市教育局管理·质量年示范学校验收标准》，明确“管理·质量”年活动内涵、目标、任务，并进行分解，重点抓好学校布局规划、校园环境建设、校园文化建设、教育教学质量提升等四个方面的突出问题，初步确定一批重点抓好的管理达标验收学校。6月10日，召开全市“管理·质量”年活动观摩交流会。按照“点上提高、面上推广”的思路，推进义务教育均衡发展。组织开展“城乡结对、互助共赢”活动，395所城乡中小学校、幼儿园结成对子，实现优质资源共享；利用学校联合体这种有效形式，组织教师在联合体内有序流动，全年交流教师4094人。“点上提高”方面，桥西区以学校文化建设为突破口，管理和办学水平迈上新台阶。7月份，桥西区成功承办全国第10届新教育年会，活动以“学校文化建设”为主题，赢得了来自全国24个省（市）1000余名专家、学者的肯定。“面上推广”方面，继桥西区、井陉县之后，又抓了鹿泉市“规划先行、分步实施、整体提升、发展”的典型。6月份，在鹿泉市召开全市义务教育均衡发展现场会，总结推广鹿泉市的经验做法。推进普通高中招生制度改革80%，下浮50分录取。加大教师交流力度，交流比例由5%提高到10%以上。制定和实施科技创新“我动手、我创新、我实践”主题活动方案，举办了第十届中小学“探索者”创新大赛。还在全市中小学生中广泛开展了向贫困农村中小学生捐赠图书活动，共捐赠图书50余万册。

“六一”节儿童表演

【高中教育】 总结课程改革经验和问题，推进普通高中课程改革。加强高中学校管理，注重普通高中网络平台建设。督促学校完成普通高中课改年级学生综合素质评价和学分认定。推进样本学校建设，参加全省高中课程改革样本校现场研讨会，石家庄二中、鹿泉一中在大会上作经验介绍。安排部署课程改革培训，共培训4200余人次。督促学校做好新课程开设，特别关注选修课程和新增必修课程开设，督促学校开全开齐课程。整合县（市）、区教育资源，优化教育结构，8 中、14 中、20 中、37 中等 4 所学校停止普通高中招生。安置青海玉树灾区 286 名学生来石就读。

（王素军）

【一中国际学校项目启动】 8 月 31 日，石家庄一中与澳大利亚教育基金会合作“SAT 国际班”开学典礼暨国际学校项目启动。在启动仪式上，副市长张妹芝与澳大利亚教育基金会中国区域总裁雷蒙德斯库恩托斯先生签署合作建设国际学校备忘录。澳大利亚教育基金会引进了美国劳雷尔斯普林斯学校核心课程，与石家庄一中合作开设“SAT 国际班”。国际班学生通过三年学习和考核，可拿到双方高中毕业证书，可以参加国内高考，也可以通过 SAT 考试，直接进入美国、英国、澳大利亚等国际著名大学深造。石家庄一中滨河新区国际学校建设是滹沱新区国际教育园区建设的核心组成部分。学校实行董事会领导下的校长负责制，属于股份制国际学校，按民办机制运行。滨河新区国际学校办学层次为高中，未来计划辐射到初中、小学及幼儿园，全部引入国际课程。

【二中获北大“校长实名推荐”资质】 11 月 1 日起，获得北京大学（简称北大）2011 年度“中学校长实名推荐制”资格的 161 所中学及其校长名单，在北大招生网上进行为期一周的公示，石家庄市二中为省会唯一一所获此资质中学。2009 年底，北京大学首次推出“中学校长实名推荐制”，在全国 13 个省份的 39 所中学进行试点，招收综合素质优秀或学科特长突出的高中毕业生。在此基础上，北大决定 2011 年在全国推广“中学校长实名推荐制”。河北省有 6 所中学获得北京大学 2011 年度“中学校长实名推荐制”资格，分别是石家庄市第二中学、唐山市第一中学、邯郸市第一中学、秦皇岛市第一中学、沧州市第一中学、冀州市中学。

【二中校舍改造工程开工】 11 月 2 日，石家庄二中校舍改造一期工程开工。市委常委、副市长王大虎，副市长张妹芝等参加奠基仪式。石家庄二中校舍改造工程共分三期，设计总用地 64412 平方米，总建筑面积 85940 平方米。实施更替规划，主要建筑有教学综合楼、实验楼、艺术楼、体育馆、学生食堂、学生公寓、运动场等。一期工程建筑面积 25564 平方米，新建综合教学楼一栋，地上主体为 11 层，办公教务楼一栋，阶梯教室及钟楼等建筑。一期工程总投资约 1.352 亿元。

（顾晓萍）

【远程教育】 发挥农村中小学远程教育平台作用，开展农村中小学远程教育应用培训 2 期，共培训 700 人。加快基础教育资源库建设，开发更多的优质信息化课程资源，努力实现“班班通，堂堂用”，让地处偏僻地区的孩子能够享受到优质教育资源。年内，全市确立赞皇县、行唐县、灵寿县 3 所明德小学远程教育建设项目。

【政治思想教育】 以活动为载体加强未成年人思想道德建设，开展“十佳百优美德少年”评选活动。4 月份，组织广大学生开展“温暖玉树·为灾区祈福”主题书信比赛，通过书信全市青少年儿童表达了对灾区伙伴的关心与支持，近 40 万名学生参加。开展环境“地球一小时”活动和“辉煌六十年”读书活动，其中读书活动有 50 余万名师生参与，取得了历史性突破。4 月底，组织学生参加省教育厅“走进世博”知识竞赛，普及世博会知识。与市环保局共同组织“创建绿色学校，做环保小卫士”活动。9 月 27 日，省教育厅、省军区司令部在河北大学人民武装学院召开全省学生军训工作经验交流会，市一中、市职教中心、市十一中、石家庄学院、职业技术学院、信息工程职业学院等 6 所院校学生方队参加军训汇演，展示出良好的精神风貌。

【心理健康教育】 与市文明办、编办等部门联合出台《关于加强心理健康教育教师队伍建设的意见》、《石家庄市中小学心理健康教育发展规划》，明确按照 1：1000 的标准配备专职心理健康教育教师，在编制总额内单列心理健康教育教师编制。推动市心理健康教育向农村地区倾斜，实现心理健康教育全覆盖和城乡均衡一体化和谐发展。加强心理健康教育三级体系建设督导管理。“心网”建设基本完成，大部分站点能进行相关文字、图片等信息上传，为站点学校提供了共同交流平台。编写《石家庄心理健康教育十五周年纪实》一书。

【师资队伍建设】 加强骨干教师、学科名师队伍建设，规范中小学骨干教师、学科名师的选拔、培训、使用和管理，制定并下发《石家庄市中小学骨干教师学科名师管理办法（试行）的通知》，第一次将骨干教师、名师纳入科学管理的轨道。将教师业务发展设置9个阶梯，将学科名师、骨干教师评选工作常规化。年内，全市评选市级骨干教师244名，市级学科名师120名。创办教师专业发展学校，全面提升教师专业化水平和素质教育能力。根据省教育厅有关精神，结合实际情况，制定了《石家庄市中小学教师专业发展学校实施意见》。市15中、9中率先挂牌成立教师专业发展学校，其他县（市）区、直属学校也按要求正在有序推进教师专业学校建设、师德建设。全市组织开展“加强师德建设 提高师德修养”为主题的实践活动和学习郭玉梅先进事迹活动，还组织开展了中小学教师师德建设征文活动，其中县（市）区、直属学校上报师德建设征文350余篇。做好“国培计划——中西部农村教师培训项目”工作，上报顶岗支教教师1231名。选拔、推荐171名教师参加中小学教师省级培训。录用特岗教师240名，涉及12个学科，其中平山县99名，赞皇县40名，灵寿县101名。评选“十佳师德标兵”和“十佳优秀班主任”，隆重召开庆祝教师节表彰大会，表彰优秀教师和优秀教育工作者，营造了尊师重教的浓厚氛围。创设引领辐射平台，铺筑教师成长通道。300余名中小学骨干校长、教育机关干部先后走进清华大学、北京师范大学等著名高校接受专家引领式培训。抓好“两坛一堂一校”，即“教育改革与发展论坛”、“中小学教师网络论坛”、“三支队伍（教师、校长和教育行政管理）培训大讲堂”，教师专业发展学校，邀请专家学者组织讲座24次，受益教师2.2万余名。8月18日，《中国教育报》头版头条以“石家庄培训大讲堂带出强队伍”为题对市“三支队伍培训”工作进行了报道。中小学教师入编工作取得进展。开展了市直部分学校代课教师公开招聘，完成637人入编，3年累计完成入编3436人；建立教师补充机制，首次启动面向社会公开招聘教师工作，共招聘教师655人。深入推进教师健康促进工程。以“健康、时尚、智慧、爱”为主题，成功举办首届教师职业风采电视展示活动，《中国教育报》、新华社等国家级媒体进行了报道。

【教学科研活动】 提高课堂质量。制定、推进《课堂质量工程》实施，推广正定县南楼中学抓课改、促管理，全面提高教育教学质量的经验。探索有效教学模式，推进新课程改革。为推进新课程改革进程，加强教研的针对性和实效性，开展了以课堂案例为基础的课堂教学专题研究，组织调研活动100余次。聚焦课堂，推进“教育局听课周活动”。全年深入学校听课指导1000多节，为新课程改革积累了大量第一手资料。建立课改试点联盟。5月中旬，在正定县南楼中学召开全市农村学校课程改革现场观摩暨研讨会，提出各县（市）、区要充分发挥南楼、九门中学的示范引领作用，选择合适的学校重点扶持，本着“跟踪指导、定期研讨、专家引领、典型带动”的原则，在全市推出一批课改试点学校，并建立课改试点联盟。推进教研工作全面开展，4个县（区）高标准通过省教学评估。开展形式多样的评优课活动。5月份，小学顺利举办语文、英语、科学、音乐、体育等5个学科的评优课活动；9月份，举办高中通用技术课技能大赛；10月份，初中文化课9科进行评优课活动。抓好课题立项、结题工作。全市取得国家教育部规划课题立项2项，省规划课题结题5项，市级课题结题11项。加大教学指导，提高教学质量。上半年，初、高中非毕业年级举行各种教学研讨活动30余次；毕业年级成功组织初三年级调研检测、质量检测和高三年级质量检测二、一模、二模考试，分学科及时进行考试分析会25余次；结合高中质检二、一模考试，全市组织大规模的考试分析会2次。8月份，修订完成2010～2011学年度高三教学工作指导意见，组织召开高三复习教学及教学管理研讨会、高三复习教学培训会。9月中旬，全面进行初、高中听课视导工作。11～12月份，全市进行了高三年级质检一、二试题的审稿定稿工作。搭建交流平台，营造科研氛围。全年市教育科学研究所教研员发表文章30余篇，其中国家级7篇，省级14篇，还出版了《闪光足迹》论文集。

【图书馆建设】 全市新建、改建中小学图书馆156个，面积25638平方米，新增图书680万册，电子阅览室65个，微机化管理学校59所，半开架、全开架管理学校98所。2所学校（市一中、宁安路小学）建成高标准数字化图书馆。38所学校申报省一级图书馆评估验收，并对15所达到省一级图书馆标准的学校进行复查。至年底，全市共有336所学校达到省一级图书馆标准。

【体育比赛】 10月17～23日，河北省第16届中学生运动会篮球、排球预赛在市精英中学和石家庄学院举行，石家庄市共有8支代表队、120名运动员、教练员参加比赛，取得了男、女篮和男、女排4个第一名的好成绩。

【参加第六次全国学生体质健康调研】 市学生体质健康调研协调小组周密安排，组织近百人的检测队伍，进行严格的岗前培训。2010年，石家庄市承担检测任务的点校为市四中、谈南路小学、晋州市和平路小学、晋州一中、实验中学，监测范围为城乡6～18岁男女学生约6000名。

【开展学生视力健康干预工程】 6月5日，市教育局在省博物馆广场举办了“6·6全国爱眼日纪念活动暨石家庄市教育局中小学生视力健康干预中心六周年‘视觉关爱’大型成果展”。积极推广阳光亮眼操。在全市中小学校推广普及“阳光亮眼操”这一新型眼保健操，帮助中小学生科学用眼，增强眼保健效果，降低近视率。按照国家教育部《中小学生近视防控工作方案》要求，全市对中小学学生进行了4次视力检查。

中等职业教育

【概况】 2010年，全市有中等职业学校166所，比2009年减少48所；在校生26.24万人，减少0.76万人；教职工1.45万人（其中专任教师0.97万人）；完成招生56713人，超额完成河北省下达招生任务的11.8%。年内，按照国家教育部2010年《中等职业学校专业目录》，指导和规范了各职业教育学校的专业设置；鹿泉、平山、辛集、新乐、晋州、栾城、灵寿职教中心和市职教中心、市三职10所学校的基础能力建设工程列入国家“十二五”职业教育基础能力建设项目，其中7个已经完工。2010年，石家庄市坚持把校企合作作为职业教育的中心工作，并成立市教产合作指导委员会，通过开展教产合作研讨会、共育人才恳谈会、就业洽谈会等形式，有效促进了校企合作和交流对接。启动“企业家职教行”系列活动，10位优秀企业家被聘为首批“石家庄职业教育特聘教授”。开展点评学校办学、骨干教师拜师企业等活动，促进职业教育教学改革。举办全市首届职业技能大赛，把技能大赛作为职业教育的“拳头产品”打造，激发职教学生苦练技能的积极性。中央电视台、职业技术教育杂志等国家级媒体对石家庄市校企合作、职业教育发展的经验和做法进行了多次报道。

【校企合作】 校企合作迈出新步伐，制度建设领先全省，其中“企业家职教行”系列活动连续进行一年以上。探索建立新时期职业学校办学评价机制，开展了校企共育人才创新实践活动。审核专业设置时，要求学校新增专业必须与合作企业签署校企合作协议书，详细规范协议内容，使校企合作双方利益得到保障。10月22～24日，来自北京、山东、长沙等九市区代表以及职业学校校长等100余人参加了在石家庄市举办的全国九市区职教协作会第二十三届年会。该届职教协作会以“深化校企合作，拓展服务功能”为主题进行了经验交流。

【技能比赛】 5月份，举办了2010年省级技能大赛第一阶段七大类23个项目的技能比赛，取得项目团体一等奖和个人二等奖以上名次居全省第一，有5所学校及15名学生代表河北省参加了国家级技能大赛。

（王素军）

【学前教育中等专业学校揭牌】 10月16日，石家庄市学前教育中等专业学校揭牌仪式在长安区职业中等专业学校举行。长安区职业中等专业学校是一所国办省级重点中等职业学校，1985年创办幼教专业。该校学前教育专业拥有4个现代化的钢琴教室、5个标准化的舞蹈教室、

3个设备齐全的声乐教室以及服装库微机室等硬件设施，还拥有一支高素质的师资队伍。年内，该校在校生有2000多人，毕业生就业率达到98%以上。

（顾晓萍）

高等教育

【概况】 2010年，石家庄市属高校招生达1.3万人，在校生数量达4.55万人。4所高校在基础建设、学科建设、队伍建设等方面取得发展，服务省会经济社会发展能力增强。石家庄学院成为全国高校本科教学工作合格评估调研试点单位，顺利通过教育部本科教学评估，得到专家组的充分肯定。石家庄职业技术学院、石家庄信息工程职业学院、石家庄科技工程职业学院在校企合作、学生就业、教学改革、人才培养模式改革等方面取得突出成绩。各高等教育院校在扩大办学规模的同时，加强专业建设和管理，加大投入，深化改革，强化优势，推进创新，办学实力和办学水平得到提高。

【石家庄学院】 石家庄学院2010年共招生5533人，其中本科招生2535人，专科招生2923人，成人教育招生75人。本科文史类录取最低分516分，超二本线12分，理工类录取最低分532分，超二本线14分。本科新生报到率达95%，专科报到率达94%。生源来自河北、山东、辽宁、吉林、安徽、河南、湖北、湖南、甘肃。2010届毕业生共4581人，毕业生初次就业率达到了87.78%。接受本科教学工作合格评估调研。8月份，石家庄学院成为教育部本科教学工作合格评估调研的试点单位。学校成立以党委副书记、院长杨鹏起为组长的评建工作领导小组，设立以副院长王升任主任的评建办公室。坚持"以评促建，以评促改，以评促管，提高质量"的基本思想，认真贯彻评建工作指导方针，以"促进经费投入，促进教学建设，促进管理规范，促进质量提高"为重点，把本科教学工作评估调研作为学校建设与发展的重要机遇与动力，加强领导，广泛动员，全面建设，确保学校教学条件基本达标，教学管理基本规范，教学质量基本保证。11～12月份，以北京工业大学孙崇正教授为组长的教育部评估中心专家组7位专家，以分散进校的形式，对学校本科教学工作进行了实地考察和评估。推进教学改革研究工作。石家庄学院根据省级教改项目的立项要求，结合学校应用性本科院校的办学定位，组织专家对学校现有教改项目进行了遴选，最终，石家庄学院院长杨鹏起主持的《河北省新建本科院校改革与发展研究》获2010年河北省高等教育教学改革立项重大项目；回文博主持的《地方新建本科院校加强专业内涵建设研究与实践》获2010年河北省高等教育教学改革立项支持项目；于京生教授主持的《电类专业实践教学体系整体优化的研究与实践》获2010年河北省高等教育教学改革立项指导项目。科研获多项成果。石家庄学院申报课题总数达342项，市级以上纵向课题立项为139项，引进横向课题20项，出版著作、教材28部，获专利9项，发表论文595篇，被三大检索收录论文46篇，人民大学复印资料全文转载1篇，中文核心期刊发表232篇。其中，王俊华教授的专著《大众传媒价值取向对青年思想影响的研究》、杨红莉副教授的专著《民间生活的审美言说》获河北省第十二届社会科学优秀成果二等奖；化学工艺学科带头人张星辰教授获得国家自然基金项目立项；政法系教师陆静获得国家社科基金项目立项；历史系教师贾丽英在教育部人文社会科学研究规划基金项目立项；教育学邢秀茶教授在全国教育科学规划课题立项；学校获石家庄市第十二届社科优秀成果奖共17项，河北省省会科技创新发明大赛奖2项，获石市知识产权工作先进集体、石家庄市提高全民科学素质贡献奖、第五届河北省社会科学学术年会论文优秀组织奖等奖励。在各类大赛中取得优异成绩。4月份，石家庄学院在河北省高等学校第二届网络技能大赛中，计算机系学生获得一等奖；5

月份，在2010年全国大学生英语竞赛河北省决赛中，体育系3名学生分获D类特等奖和C类一等奖；6月份，文传学院创作的作品荣获第十九届“金犊奖”银奖；在“挑战杯”2010“动感地带”河北省大学生创业计划竞赛中，经管系学生的作品分获一、二、三等奖；9月份，电气信息工程系学生在2010年全国电子专业人才设计与技能大赛总决赛中分别获得二等奖和三等奖；11月份，在2010年全国大学生数学建模竞赛中，数信系学生获国家级一等奖和两个国家级二等奖；外语系在2010年河北省第十一届“世纪之星”英语演讲比赛暨2010年“外研社”全国英语演讲比赛中获大赛专业组二等奖、三等奖，在全国高校GIS技能大赛中资源与环境系获操作技能组三等奖，获二次开发初级组A组三等奖；在首届河北省省会大学生科技创新创意大赛中物电系获一等奖、二等奖，资环系、化工学院共获三个三等奖，物电系、资环系共获三个优秀奖，同时，大赛组委会授予学校优秀组织奖；12月份，在河北省大学生校园歌手大赛中，音乐系学生获冠、亚军及“最佳上镜奖”。

【石家庄职业技术学院】 5月20日，青海省玉树灾区8名藏族大学生到石家庄职业技术学院就读。学院领导、全体教职工、学生代表举行了隆重的欢迎仪式，全体教职员工为8名玉树学生生活费、交通费等进行现场捐款。7月份，石家庄职业技术学院建筑工程系教师邵英秀被河北省教育厅评为省级教学名师。

【石家庄信息工程职业学院】 2010年，石家庄信息工程职业学院根据发展需要，制定实施了《岗位设置实施细则》、《关于进一步深化教学改革强化内涵建设的意见》、《青年教师教学研究会章程》，修订了《骨干教师管理办法》、《专业带头人管理办法》、《教学事故管理制度》和《听课制度》等规章制度。推进课程设计改革。组织开展第二届课程设计大赛，实现教师40%会进行课程设计；实施专业设计改革，举办首届专业设计大赛，检验了各专业群、系（部）专业设计情况，实现了每个专业至少2名教师会进行专业设计的目标。其中，《仓储管理》课程被确定为河北省精品课程；《Photoshop平面设计》、《财产保险》、《ERP供应链管理系统》和《客户服务技术》4门课程被确定院级精品课程。新增“多媒体设计与制作”、“机电一体化技术”、“影视广告”、“物业管理”、“动漫设计与制作（动漫衍生品设计方向）”、“信息安全技术”等6个专业。年内，经全国高等教育自学考试委员会审批，学院被确定为“数字媒体艺术”专业自考主考院校。至年末，学院取得科研项目80多项，课题立项72项，引进经费16.1万元，结题18项，其中学院师生开发的“一种窗户锁”、“一种拌种机”成功申请实用新型专利。年内，石家庄信息工程职业学院相继荣获“全国商科院校现代物流技能大赛”全国总决赛一等奖、二等奖及最佳院校组织奖；“首届全国商科院校市场调查分析技能大赛”总决赛二等奖、三等奖和最佳院校组织奖；“捷辉杯”全国通信行业职业技能竞赛（高职院校类）——3G基站建设及网络优化项目比赛团体三等奖；“用友杯”第六届全国大学生创业设计暨沙盘模拟经营大赛河北区总决赛团体一等奖和二等奖；“中国联通杯”河北省电子信息职业技能大赛电子设备装接项目团体一等奖和三等奖、园区网构建与服务实现项目团体一等奖和三等奖；“全国软件专业人才设计与开发大赛”C语言组特等奖、JAVA组三等奖；第二届全国普通高校信息技术创新与实践活动决赛（简称高校NOC活动）中制作的视频创作短片《牵手·爱》二等奖；第四届微软－ATA“校园之星”全国总决赛二等奖；第十四届全国多媒体教育软件大奖赛多媒体课件类二等奖、教学设计类二等奖；传媒艺术专业群张彩霞老师“石家庄市十佳教书育人优秀共产党员”、市场营销系韩玉老师“河北省有突出贡献中青年专家”、网络工程系唐磊老师“第六届石家庄市青年科技奖”和第二届网络技能大赛青年教师组一等奖；在河北省首届省会科技创新发明大赛中，计算机应用系李军老师获三等奖（风力发电）；冯哲、刘俊伏、解秀萍、黄清清、刘春艳老师获三等奖（沥青搅拌车自控系统）、底雪峰、贾景谱、黄清清、徐国华老师获优秀奖（LED群控器）；徐国华、底雪峰、陶玉梅、解秀萍老师获优秀奖（自动烤烟控制系统）。

【石家庄科技工程职业学院】 年内，石家庄科技工程职业学院承担河北省教育科研课题3项，分别是《职业学校实施心理健康教育内容与方法的研究》、《职业学校学生道德现状调查研究》、《职业中专计算机课程任务引领教学模式初探》。出版了《学海泛舟》、《心驰集》、《园丁集》、《烛光集》、《文心集》、《职教初探》6本公开论文集，创建了《石家庄科技工程职业学院报》，出版了《石家庄科技工程职业学院志》。学院设有“信息化人才职业技术培训项目速记培训基地”、“信息化人才职业技术培训项目河北省考试管理中心”、“华润集团白洋淀管理培训学院技能人才培养基地”、“北方大厦技能人才培养基地”，与美国、新西兰等国家和地区的学校建立了校际友好与合作交流关系，并与省市50多家大中型企事业单位开展合作，学生就业率达95%以上。

成人教育

【概况】 2010年，全市成人教育工作以服务“三农”为宗旨，以实施劳动力转移培训工程、农村实用人才培养工程为重点，在完善县级职教中心为龙头，乡镇成人学校为骨干，村成人学校为基础的农村三级教育培训网络基础上，充分发挥在提高劳动力素质与能力、传播专业技术、促进农村劳动力转移就业等方面的作用，增强了各级各类职业与成人学校面向“三农”服务能力。至年底，全市开展农村劳动力转移培训、农村实用技术培训达到65万人次。

【示范性乡镇成人学校】 继续开展市级示范性乡镇成人学校创建工程，年末市级示范性乡镇成人学校达到88所。全年验收20所，其中市级示范学校数占到50%，超额完成职业教育“十一五”目标要求。

特殊教育

【概况】 2010年，全市有特殊教育学校23所,比2009年减少1所；在校生1829人，减少137人；教职工333人(其中专任教师261人)。

【特教学校获多项荣誉】 2010年，石家庄市特殊教育学校以残疾人发展为本，扎实有效地开展教育教学工作，积极为聋生平等参与社会生活创造条件，为他们的人生做好准备。重视教师队伍建设,培育了“仁爱、团结、敬业、奉献”的石家庄特教人精神。在教师中树立终身学习的理念，努力创建学习型校园。制定奖励措施，鼓励教师参加学历进修和业务进修。为一线教师提供外出参观、学习机会。通过参观、学习，开阔了教师视野、拓展了教育思路，提高实施素质教育的综合能力。开展“名师工程”，激发教师的荣誉感与责任感，引导教师献身特教，许多教师获得荣誉。2010年，学校舞蹈队表演的节目《春天有你更美丽》在全国第三届中小学生艺术展演活动中获艺术表演类二等奖。8月，米洁老师获得了由教育部办公厅、中国残疾人联合会办公厅、交通银行股份有限公司授予的“交通银行特教园丁奖”荣誉称号。8月，中共河北省委教育工委、河北省教育厅授予丁丽辉老师河北省100名教师“河北师德标兵”称号。9月10日，在省教育厅组织的“河北省第十四届多媒体教育软件大奖赛”中，丁丽辉老师设计制作的多媒体课件《电流的磁效应》、张薇老师设计制作的多媒体课件《圆的认识》获特殊教育组一等奖；杨建勇老师设计制作的多媒体课件《电能》获特殊教育组二等奖；曹清老师设计制作的多媒体课件《全等图形》获特殊教育组三等奖。

（王素军）

石家庄年鉴 Culture

文 化

文 化

文化新闻出版

【概况】 2010年，市文化广电新闻出版局（简称市文广新局）以文化惠民为宗旨，以建设文化强市为目标，紧紧围绕文化发展主题，抓住转变文化发展方式主线，以思想解放破解发展难题，以创业精神推动工作落实。全年放映公益电影55032场，超额完成“一村一月放映一场公益电影”目标任务；73个乡镇综合文化站建设基本完成；新建农家书屋1360家，并完成图书配送；组织“彩色周末”演出2500场，组织优秀剧目展演和送戏下乡演出872场，均超额完成计划任务。年内，石家庄市开始实施县城数字影院工程建设，平山、灵寿两个试点县补贴资金已到位，正在建设。还完成行唐县39个20户以上自然村“村村通”工程，解决了1072户自然村农民看电视、听广播难的问题。至年底，全市全部完成“十一五”期间20户以上自然村“村村通”工程建设任务。

【文化体制改革】 12月28日，石家庄市原文化新闻出版局与广播电影电视局合并，成立石家庄市文化广电新闻出版局。按照市委、市政府规定的时间表和路线图，抽调精干力量，集中时间，集中精力，全力以赴开展工作，特别是针对经营性文化事业单位转企改制这一重点和难点，攻坚克难，强力推动。完成文化市场综合执法改革。4月29日，石家庄市文化市场综合执法支队正式挂牌，将原市文化市场稽查队、市出版物稽查队等进行整合，除承担原市文化新闻出版局执法职能外，还承担原市广播电影电视局的广播电影电视行业执法职能，使文化市场执法手段、执法标准进一步规范，责任进一步明确，关系进一步理顺。公益性文化事业单位内部机制改革全面启动，以岗位管理为重点，全面推进劳动人事、收入分配和社会保障制度改革，创新服务方式，提高服务质量。6月29日，石家庄市演艺集团有限责任公司举行成立大会。省委宣传部副部长王景武，市委常委、宣传部长孙万勇为集团公司揭牌。8月27日，石家庄市歌舞剧院有限公司、丝弦剧院有限公司正式成立，并举行揭牌仪式。石家庄市歌舞团是全市唯一以歌舞为主要表现形式的专业艺术团体，创排的民乐、声乐、舞蹈剧目多次荣获省级、国家级大奖。石家庄市丝弦剧团是国内仅有的丝弦专业演出团体，创排的一大批优秀剧目，多次荣获国家及省、市大奖，其中张宝英为全国“白玉兰”奖得主。 9月26日，石家庄市评剧院有限公司和石家庄市河北梆子剧院

石家庄市演艺集团举行揭牌仪式

有限公司正式成立，并举行揭牌仪式。转企改制后，这些院团将建立适应市场需要的艺术生产和营销机制。年内，还组织市级电影单位到外地进行考察调研，制定出市《影乐宫改制方案》和《职工安置方案》，召开市财政、发改委、国资委等部门参加改制协调会8次，职工及离退休人员座谈会40余次，为电影单位转企改制奠定了基础。

（刘锋 万顺道 岳金宏 于雅清）

【推进省会文化夜生活】 按照市委、市政府发展夜经济的要求，创新工作思路，努力把文化元素融入商贸、服务等领域，赋予夜生活文化内涵，使省会文化夜生活实现了由相对贫乏到较为丰富的跨越，文化夜消费日趋活跃，为省会夜经济注入了活力。盘活现有资源，培育演艺市场。组织举办的“一月一名剧”演出，在历年取得成效的基础上，进一步创新形式，与北京、天津等地建立了演出协作区，力促演出资源共享，已演出11场；市京剧团排练场改建成“梨园剧场”，推出戏曲演出、相声表演等市民喜闻乐见的夜间演出活动；采取市场化运作模式，将市群艺馆一楼西大厅改造成“洪顺曲艺社”，市民可以天天欣赏到高水准的曲艺表演；成功策划组织的“民心大舞台”等大型户外演出，深受好评，尤其是深入“三年大变样”施工现场的慰问演出，受到一线工人的热烈欢迎；经过培育和扶持，省会的滚石、夜色、碧海云天等大型演艺场所天天有演出，深受市民喜爱。特别是大力扶持进行改造后的卡西诺休闲广场，设施设备得到了全面升级，已成为省会具有本土特色的演艺品牌。同时，通过创办《省会演艺资讯》等宣传推介措施，引导广大市民参与夜间文化消费，推动了省会文化夜经济的良性发展。充分运用“彩色周末”平台，活跃群众夜生活。把“彩色周末”与活跃夜经济结合起来，发挥其面向基层、“多点开花”的优势，组织“彩色周末”节目走进社区、军营、广场、学校、农村、建筑工地演出，有效丰富了城乡文化夜生活。全力推动地域特色大型实景演出项目。按照省、市领导关于打造大型实景演出的要求，不等不靠，抽调精干力量，组成专门策划工作组，五赴北京、两赴上海寻求合作；多次奔赴承德、开封、登封、濮阳、杭州等地学习经验；反复与规划、水务、园林等市直部门沟通，寻求支持。经过两个月的艰苦努力，确定了演出地点和演出主题，并与中国实景演出创始人梅帅元团队签订了《实景演出项目委托创作协议》。

【公共文化服务体系建设】 文化设施网络更加完善。在城区，基层文化设施推进步伐加快，市美术馆和市民间工艺博物馆建成投用，新华区文体活动中心主体完工，桥西区“两馆”开工建设，桥东区完成选址工作，新开工住宅小区也都配建了不小于300平方米的社区文化中心。在农村，着力建设县级图书馆、文化馆、乡镇综合文化站和村文化活动室三级文化服务网络，新建73个乡镇综合文化站基本实现了全市222个乡镇乡乡建有综合文化站的目标；经过多年积极推进，全市已建成农家书屋2903个，进一步解决了农民读书难问题；对文化信息资源共享工程县级支中心进行了升级改造，完善与农村党员干部远程教育工程相结合的基层服务点1413个。8月份，市人大常委会对全市文化设施建设情况专项报告进行审议，满意度达97.7%，为市人大实行满意度测评制度以来的最好成绩。文化服务质量提升。全市各级公共图书馆共接待读者150万人次，举办各类讲座130期。组织开展“图书馆服务宣传周”和送书下乡、送书进社区、进校园等延伸服务活动。广泛开展“情暖故土、书香农家”帮扶联系活动，共建立农家书屋帮扶联系点1300个，向农

石家庄美术馆落成典礼暨“燕赵之巅”美术作品展开幕

家书屋捐赠各类图书 30 万册，对 1000 个农家书屋管理员进行了业务培训，均收到良好的社会效果；市博物馆着力提高办展质量，扩大办展范围，实施免费开放，共举办各类展览 25 个，接待观众 3 万余人次；市群艺馆及各县（市）区文化馆积极开展文艺培训、文艺调演、艺术展览等多种活动，共举办各类群众文艺活动百余项，各类文艺培训班 132 期，培训基层文艺骨干 2 万余人次。市美术馆举办的“燕赵之巅”美术作品展，参观者络绎不绝，每天达上万人次。文化生活丰富多彩。全年组织“彩色周末”演出 2500 场，并先后举办“欢乐大广场”、“盛世欢歌”、“鼓王争霸赛”、“亚洲国际标准舞公开赛”等系列大型文化活动，受到广泛好评。特别是“鼓王争霸赛”成功晋级国家级赛事，被命名为中国北方鼓乐大赛。市直文艺院团发扬艰苦奋斗传统，深入城市社区和农村演出，为基层群众提供高品质的艺术享受；组织开展的青年演员汇演、文化科技卫生“三下乡”综艺演出和纪念奚啸伯诞辰 100 周年系列活动，精彩纷呈，广受好评；全面启动戏曲进校园活动，中央电视台等多家媒体进行宣传报道；深入开展全民读书和科普宣传活动，成功举办第五届青少年读书节，石家庄市 2 名选手分获省阅读讲演成人组和少儿组第一名。

（刘锋 万顺道）

【美术馆建成开馆】 12 月 18 日，石家庄美术馆落成典礼暨“燕赵之巅”美术作品展开幕。省市有关部门领导，部分国家和省美术界专家、艺术家出席开馆典礼。文化部艺术司司长蔺永钧，著名画家、中央美院教授李天祥为石家庄美术馆落成开馆致辞。副市长张妹芝代表市委、市政府致辞。石家庄美术馆坐落于裕西公园，总建筑面积 11500 平方米，布局合理，功能齐全，设施完善，环境一流，是集美术作品收藏、保护、研究、展示、交流以及社会教育和服务等功能于一体的现代化公共文化设施。为庆祝石家庄美术馆落成，“燕赵之巅”美术作品展同时举办。该展览集中展示了 26 位河北省优秀艺术家作品 160 幅。

石家庄美术馆

（王庆芳）

【第五届鼓王争霸赛】 3 月 17 日（农历二月二），石家庄第五届鼓王争霸赛暨中国北方鼓乐展示大会在省会文化广场上演。来自北京、山东、山西、陕西、河北等地 16 支鼓队、3000 多名演员参赛。正定《常山战鼓》和陕西《韩城行鼓》技压群芳，夺得“金鼓王”称号；矿区《清凉山龙鼓》、藁城《金钹战鼓》和任丘《鼓震荷乡》获得“银鼓王”；赵县《背灯挎鼓》、山西《龙城盛世》、栾城《太极八卦鼓》、北京《京风锣鼓》和陕西《岐山转鼓》获得“铜鼓王”。

（岳金宏）

举办石家庄第五届鼓王争霸赛暨中国北方鼓乐展示大会

【举行第三届农民文化艺术节】 9 月 28 日～11 月 2 日，“金色田野”

锣鼓喧天

民间艺术表演

民间社火表演

石家庄市第三届农民文化艺术节（简称农艺节）在行唐县举行。农艺节期间，全市组织举办各类大型文艺演出70多场，参演人员8000多人次，活动现场直接受益观众达10余万人次；市业余作者创作各类群众文艺作品350多篇；撰写非遗保护征文和研究成果以及新农村文化建设征文96篇；举办大型美术书法摄影展2次，展出书画精品280多幅。所有作品和节目都根植于农村土地，洋溢着乡土气息和时代精神，雅俗共赏，受到广大农民群众的热烈欢迎和社会各界的关注。此次农艺节秉承前两届规模大、内容丰富、形式多样、面向基层、贴近群众的特点，在内容上结合“三年大变样”工作、非物质文化遗产保护、低碳环保等主题，赋予了丰富的新内涵。

（岳金宏　于雅清）

【举办2010中国·石家庄第五届国际动漫博览交易会】 9月30日～10月4日，2010中国·石家庄第五届国际动漫博览交易会（简称动博会）在石家庄人民会堂开幕。本届动博会由省委宣传部，石家庄市委、市政府，中国动画学会，省文化厅，省广播电影电视局，省新闻出版局共同举办，主题为“动漫，让生活更精彩”。主会场设在市人民会堂，分会场设在新华区，有11个国家和地区及国内319家知名动漫企业、院校参展参会，人数达105万人次。本届动博会共有15个项目现场签约，签约金额达到40.566亿元，比上届增长41%。签约亿元以上项目3个，千万元以上项目7个，占签约项目总数的三分之二。签约合作方涉及美国、韩国、香港和国内有实力的企业、机构，项目涉及动漫教育、精品开发、服务外包等动漫产业领域。其中，石家庄长安区发改局与杭州广电投资控股有限公司签署《河北东垣文化创意产业园》项目，签约金额14.71亿元；河北岳森影视动画制作有限公司与美国杰森国际投资集团签署《东方好莱坞影视动漫服务外包基地》，签约金额15.03亿元；河北精英影视文化传播有限责任公司与北京环宇星漫文化传播有限公司签署《中国动漫产业第一渠道运营平台》和《动漫产业发展研究院》两个项目，签约金额分别为3000万元和500万元。本届动博会基于石家庄市动漫衍生产品和动漫教育两大优势，策划和举办了“海峡两岸大学生动画短片节暨海峡两岸动画教育论坛”和“首届中国动漫衍生产品设计开发大赛”两大活动。由动博会组委会、中国美术家协会和中央美术学院共同举办的“海峡两岸大学生动画短片节暨海峡两岸动画教育论坛”活动中，动画短片节有中国大陆8大美院和台湾5所知名高校参加，共选送入围作品144件，经评委会专家评审，评出优秀作品18件；动画教育论坛邀请到大陆和台湾共18所高校的动漫界专家、学者，就两岸动漫产业发展及动画教育等话题进行了广泛交流。由动博会组委会与中国动画学会共同举办的“首届中国动漫衍生产品设计开发大赛”，在全国范围内征集到参赛作品210幅，设计稿59件，产品实物22件，并评出最佳产品创意奖、最佳开发设计奖、最具产业价值奖。本届动博会，参展企业水平更高，专业性更强。有国际知名的西班牙海神动画公司、日本最大的动漫玩具公司多美株式会社、爱尔兰最大的动漫公司爱尔兰BOULDERmedia公司；香港动漫画协会、香港职业训练局、台湾明日科技公司等。央视动画、辉煌动画、北京三浦灵狐、北京完美动力、蓝狐动漫等国内著名动漫企业，本土八大产业园区和获国家首批认定的动漫企业——精英影视公司、深度动画公司、极限科技公司等都到会参展。参展单位较上年增加近百家，展区总面积达到2万多平方米。新华区分会场突显出动漫衍生品集散交易中心的特色，交易总额达到2.46亿元。动博会还首次成功举办艺术作品拍卖交易会，有53幅作品参与拍卖，成交金额175.3万元。本届动博会展出国内外和本土动漫原创作品900余件。在海峡两岸大学生动画短片节上，144部入选优秀作品分别在市博物馆和主展馆电影厅进行播放，观众达4000余人；还举办了《石家庄国际动博会回顾摄影展》、《2010视觉油画展》、青少年动漫作文大赛、博纳影城动漫展映周、真人秀大赛等活动。石家庄本土动漫企业、院校和社团在本届动博会异常活跃。原创动画精品《赵州桥》、《豆丁的快乐日记》、《笨笨牛历险记》等在主展馆 LED大屏幕播放；河北传媒学院为动博会专门编排演出动漫舞台剧《青鸟》，演出3场，观众达4000余人；Cosplay真人秀大赛，有46个社团、1100多名演员参赛，演出7场，累计观众达12000余人次；博纳影城动漫展映周期间，放映国内外动漫大片18场次，观影人数达7000余人；深度动画公司推出3D动漫影片《济州岛》，展会期间观众总计超过万人。

（王庆芳）

【动画片及衍生品设计大赛颁奖】 9月30日，第五届国际动漫博览交易会的海峡两岸大学生动画短片节和全国首届动漫衍生产品设计开发大奖赛在市人民会堂举行颁奖典礼。国家文化部艺术司副司长诸迪、中国动画学会会长余培侠、文化厅厅长冯韶慧、市人大常委会副主任李屏东等领导出席颁奖典礼并为获奖者颁奖。海峡两岸学生动画短片节作品共收到来自内地和台湾优秀动画作品144件，经过专家评审，中央美院的《遇见》、清华大学美术学院的《创作》、中国传媒大学的《年》、北京电影学院的《月神》、河北传媒学院的《最后一个人》、台南艺术大学的《彼岸》、《抓周》等18件作品获优秀奖。全国首届动漫衍生产品设计开发大赛由动博会组委会与中国动画学会共同举办，在全国范围内征集产品实物和设计画稿共220件。大赛设最佳衍生品创意奖、最佳开发设计奖和最具产业价值奖，最终彼岸天（北京）文化有限公司的《BOBO&TOTO》、北京辉煌动画公司的动画片《三国演义》和央视动画公司的《美猴王》分获三个一等奖。

【第三届河北省图书交易博览会开幕】 10月14日，第三届河北省图书交易博览会暨“点燃读书激情，共建书香省会”读书节在新华区北方书城开幕。本届书博会和读书节活动由省新闻出版局、石家庄市人民政府、河北出版传媒集团有限公司主办，石家庄市文化新闻出版局承办，石家庄市书刊发行业协会协办。本届书博会和读书节活动旨在以图书交易展销带动全民读书活动的开展，着力实现发展新闻出版产业，创建文化品牌，推动全民阅读的目标。书博会和读书节活动日期为10月14～19日，有来自全国各地近 200 家出版发行单位参展，参加书展的出版发行单位创下历年之最；参展出版物品种达 20 余万种，满足了不同层次、不同爱好的市民需求；活动安排丰富，组织开展了图书漂流、读书讲座、知名作家签名售书等系列活动。河北省图书交易博览会于 2008 年开始，已成功举办了三届。

（岳金宏）

【文艺创作】 精品生产成果累累。全年共获国家级奖项 30 个、省级奖项 104 个。河北梆子《女人九香》经 4 度修改提高，继荣获全国“五个一工程”奖之后，又获全国舞台艺术政府最高奖“文华奖”，并在全国巡演，为河北省和石家庄市争得了荣誉；河北梆子《审女婿》和快板《这事妈做主》分获戏剧类、曲艺类“群星奖”；鼓王争霸赛获“群星奖”项目奖；在全国白玉兰戏剧奖—“主角奖”评选中，市京剧团赵玉华、丝弦剧团张宝英双双获奖。组织创拍的电视纪录片《京剧大师奚啸伯》由河北音像出版社出版发行；《留住记忆》和《新中国美术从石家庄走来》分别在中国数字电视、河北卫视播出，油画《进京赶考》被纳入全国重点美术作品。文艺产品推介成效明显。在搞好创作生产的同时，注重推介文艺产品，加强艺术交流，展示文艺成果。市歌舞团多次赴山西、河南演出，并参加了“韩国赵云国际文化节”开幕式，反响强烈；市京剧团优秀剧目三次在中央电视台播出，并应邀赴澳门参加“庆祝澳门回归祖国 11 周年—中国京剧艺术专场晚会”演出，获得成功；市评剧院一团、青年评剧团、市丝弦剧团积极开拓北京、上海、天津等地演出市场；组织石家庄市的《女人九香》和太原市的《傅山进京》举办优秀剧目交流演出并取得圆满成功。与太原、西安、呼和浩特三市签订了交流演出框架协议，搭建起华北、西北地区文化交流演出协作平台。各艺术院团坚持“走出去”，不仅取得良好的经济效益，而且提升了自身乃至石家庄的知名度和影响力。

（刘锋　万顺道）

【《红叶》荣获中国评剧艺术节一等奖】 9 月 25 日，第七届中国评剧艺术节在唐山闭幕。由评剧表演艺术家、中国戏剧梅花奖获得者刘秀荣与徒弟徐金仙主演、市青年评剧团打造的新戏《红叶》荣获评剧节一等奖。《红叶》以优秀纪检干部王瑛为创作原型，是一部贴近时代、讴歌时代、意义深远的现代评剧。团长刘秀荣是该剧出品人、编剧，还担纲主演。全国政协主席贾庆林和中纪委领导在观看《红叶》演出后给予高度评价。第七届中国评剧艺术节历时 10 天。本届艺术节在剧目遴选上，突出新创现代剧目和新编历史剧目，兼顾优秀传统剧目。中国评剧院、天津评剧院、石家庄市青年评剧团等 13 个国内知名院团，共演出了《马寡妇开店》、《红叶》、《家有九凤》等 15 台优秀剧目。除《红叶》外，获得一等奖的还有《马寡妇开店》。

（王庆芳）

【歌曲《飞翔石家庄》发布】 12 月 1 日，歌曲《飞翔石家庄》MV 发布仪式暨媒体推介会在石家庄日报社新闻中心举行。词作者、MV 主创张广瑞，曲作者李昊霖，音乐监制马光及部分歌手参加发布仪式。《飞翔石家庄》是石家庄市历史上第一首广为传唱的歌唱石家庄的通俗歌曲，词曲悠扬动听，朗朗上口，自 2010 年初在公交车数字电视及互联网播放后，受到广大市民和网民的广泛关注。该歌曲 MV 由河北广电移动数字电视《我行我秀》栏目组、河北盛世天达文化传播有限公司和河北娱乐圈联合制作，采用群星现场演唱的录制风格，共有 30 余名来自全市各行各业的工作者参加 MV 的录音和拍摄，包括普通市民、学生、专业歌手、电视台主持人等，充分体现了“让家乡人唱家乡歌”的宗旨。

（王欣）

【文化市场管理】 按照上级要求，文化市场执法部门积极开展扫黄打非专项整治活动，全面封堵政治性非法出版物及网上有害信息，遏制各类侵权盗版行为。全年共查处涉非涉黄案件 30 余起，收缴各类非法音像制品、出版物 57.2 万余册（张、盘），集中销毁非法音像制品、出版物 50 万余册（张、盘），吊销音像制品经营许可证 4 个。特别是查处的辛集“11 · 16”图书盗版大案，查封盗版图书 40 条万册，并移交公安机关处理。对无证书摊、手续不全的经营户或取缔或停业整顿。年内还以打击网吧接纳未成年人、侵权盗版、非法演出等经营活动为重点，开展“平安世博”、“绿色护考”、“校园周边文化市场整治”等一系列专项检查，对重点地区、重点领域和重点时段加大执法力度和检查频率。全年组织专项行动35次，出动4033人（次），检查各类经营单位4218家（次）。其中网吧2377家（次），出版物经营单位1022家，歌舞娱乐场所388家，音像制品市场281家，印刷企业单位504家，依法处罚26家。

【规范播放秩序】 年内，全市19个播出机构全部完整转播中央台《新闻联播》，18个县级台和5个企业电视站纳入统一供片渠道，对6个有违规行为的广播电视台进行了9次查处，同4名违规单位负责人进行警示谈话，责令播出机构对5名违规责任人分别予以行政和经济处罚。开展虚假违规医疗和药品广告专项治理行动，采用日常监管和集中整治相结合的方式，清理虚假违法广告32条，处理涉性和低俗广告4条。联合公安、工商等有关部门，牵头组织开展了全市卫星地面接收设施集中专项整治行动4次，收缴非法卫星地面接收设施200余套，查处非法销售窝点3个。对6家擅自从事互联网视听节目服务网站进行查处，停止其互联网视听节目服务。开展对有线电视“小片网”治理，关闭擅自开办频道5个，停传境外节目32套。还对大屏幕等新媒体进行调查摸底，为纳入管理奠定了基础。

【文化产业发展】 精心实施重大文化产业项目带动战略，努力打造文化品牌，重点引导演艺娱乐、出版印刷、文化旅游、动漫游戏和民间工艺品等文化业态健康、快速发展。积极探索文化产业多元化路子。加大对文化企业扶持引导力度，积极扶持藁城宫灯、井陉拉花、常山战鼓等项目做大做强，为8家文化企业申报了省文化产业发展引导资金。加强文化龙头企业的培育，组织开展全市第二批文化产业示范基地评选活动，10家企业被命名为“石家庄市文化产业示范基地”。精心组织节庆活动，积极搭建文化产业发展平台。成功举办第三届省图书交易博览会暨“点燃读书激情，共建书香省会”读书节，共有200多家单位参展，参展图书品种达21万余种，接待参观读者15万多人次，销售各类图书7万余册，实现销售码洋200余万元。成功举办第八届印刷包装机械器材展览会，有110家印刷包装机械器材厂商参会，合同订货额达1亿元。

（刘锋 万顺道）

举办河北第八届（石家庄）印刷包装机械器材展览会

【参加第六届深圳文博会】 5月14日，石家庄市在第六届深圳文博会“河北省文化产业招商推介会暨文化产业项目签约仪式”上，成功签约桥西区“河北国际文化中心”和平山县“上奉良爱国实践教育培训综合产业园区”两个大型文化产业项目，签约总额34.8亿元，居全省首位。深圳文博会由文化部等国家部委和深圳市政府共同主办，是唯一一个国家级、国际化、综合性文化产业博览交易会，每年5月在深圳举行。

（范亚飞）

【版权保护】 积极贯彻落实《国家知识产权战略纲要》，推进版权“四进（版权服务进社区、进企业、进学校、进科研单位）工程”，狠抓版权宣传，严格版权执法，加强版权管理，加大服务力度，版权保护水平明显提高。以版权服务“四进工程”为抓手，以贯彻落实“国家知识产权战略纲要”为重点，利用“4·23”和“4·26”版权宣传周、“12·4”普法宣传日，开展系列普法宣传活动。在市实验小学、方正电脑学校、河北师大等院校开展版权讲座。积极开展“版权卫士网上行”活动，组织了“保护版权，绿色上网”系列宣传活动。对40多家教辅图书发行商进行“原创教辅版权保护”讲座辅导。制定了《企业使用正版化软件先进单位评选办法》，组织开展“识版权、送温暖”活动，对上百家企业进行软件正版化工作督导调研，对300多家勘察设计、制造企业进行软件正版化培训。对20余家软件正版化工作进展缓慢的企业负责人进行约谈。35家重点企业完成软件正版化工作，百余家企业阶段性完成软件正版化工作，受到省版权局肯定。在全国率先建立世博会反盗版快速反应机制。组织开展打击侵犯知识产权与制售假冒伪劣商品专项行动。组织开展全市图书馆著作权保护及打击网络侵权盗版“剑网行动”，对全市各级图书馆及图书、音像经营场所、网站、网吧等领域进行专项检查。受理了国际唱片协会投诉案件，并对涉嫌销售盗版音像制品发行单位进行依法查处。查处国家版权局交办的全国网络侵权重点案件3起，受到国家版权局和省版权局领导好评。

（刘锋　万顺道）

报　纸

【概况】 2010年，石家庄日报社坚持以企业化管理、市场化经营、产业化发展为目标，锐意进取，勇于改革，创新经营，构建起以《石家庄日报》为主报，以《燕赵晚报》、《精品导报》、新闻网站、手机报等为媒体的现代报业传媒框架。全年80件新闻作品获省级以上奖项，在《人民日报》等中央媒体发稿382篇，稳居全省地市级报社之首。2010年，石家庄日报社获得2009～2010首届中国传媒融合高峰论坛颁发的最具传媒融合力报业案例、石家庄市文明单位等市级以上多项奖励，其中《燕赵晚报》在第3届品牌媒体高峰论坛上再获中国“城市晚报10强”称号、在“2009～2010中国报刊广告投放价值排行榜”上第三次获得中国晚报20强，《精品导报》第2次获得全国城市周报10强。10月15日，经改版“瘦身”，新的《石家庄日报》正式面世。改版后，《石家庄日报》与国际流行报型接轨，版式设计庄重简约，新闻内涵得到提升，受到社会各界的认可。年内，石家庄日报社记者李东顺倡议并联合燕赵时评等20个博客圈签署的国内首个《博客圈自律公约》，受到胡锦涛等中央领导的关注，并要求在全国推广河北博友践行文明自律的做法，《人民日报》等近百家媒体进行了报道，为石家庄市赢得了荣誉。

【“三年大变样”宣传】 石家庄日

2010年6月24日，国家新闻出版总署副署长孙寿山等到石家庄日报社视察

报社下大力度组织旗下各媒体对城市“三年大变样”工作进行及时报道。日报开设“决胜之年看变样”“日新月异看变样之观光车”专栏，对各地大变样工作、重点工程进展等跟踪报道，全方位展示石家庄市“三年大变样”工作开展以来的巨大变化。刊发10个摄影专版，发表“三年大变样”照片1500多幅。晚报给予全程跟踪，并在滹沱河通水之际推出特刊，受到读者肯定。导报推出多个版的“三年大变样”收官报道，全面反映石家庄市在三年大变样中的个性和魅力。

【“十一五”系列成就报道】 石家庄日报社紧紧围绕市委、市政府重点工作，举全社之力推出“十一五”成就报道宣传，日报策划了以“新”为主题的《石家庄辉煌之路》、“回眸十一五点击新生活”等系列报道，梳理五年来石家庄经济社会发展中富有思想性、规律性、指导性的认识和实践，全面反映城市变化。晚报结合自身特色推出大型专题报道《回眸十一五 展望十二五》，回顾十一五期间省会所走过的不凡历程，记录5年来发生的巨变。

【推出“世界杯专题”】 2010年南非举办世界杯足球比赛期间，石家庄日报社精心策划一系列世界杯专题报道，特派记者到南非一线报道世界杯，燕赵晚报推出世界杯特刊及体育新闻专业人士的专栏。石家庄新闻网制作了《2010南非世界杯》专题，专题图文并茂、内容详实，赢得网友称赞。

【民生舆论监督】 石家庄日报社各媒体在坚持正面宣传报道的同时，还坚持以人为本，加强民生报道力度，发挥好监督作用，彰显媒体的责任。日报的《“东方名邸”规划绿地全成了停车位》、《30名求助者被违规收取保证金》等报道，晚报《征地补偿款村委会“打折”发放？》等多篇稿件叫好又叫座，取得强烈社会反响。

（黄珊珊）

【石家庄报业传媒集团有限公司成立】 9月30日，石家庄报业传媒集团有限公司正式成立。省委常委、市委书记孙瑞彬，市委副书记、市长艾文礼，省新闻出版局局长李晓明，市委常委、秘书长杨志辉，市委常委、组织部长王俊钟出席成立大会，孙瑞彬、艾文礼共同为石家庄报业传媒集团有限公司揭牌，艾文礼作重要讲话，市委常委、宣传部长孙万勇主持大会。来宾代表郑州日报社党委书记、社长李甦发表致辞。人民日报河北分社社长王方杰，新华社河北分社社长杜文峰，以及光明日报、经济日报、法制日报等中央媒体驻冀机构负责同志；河北日报报业集团、太原日报报业集团、济南日报报业集团等传媒集团来宾；市文化体制改革领导小组成员单位领导和长期支持石家庄日报社发展的北人集团股份有限公司、上海高斯图文印刷系统（中国）有限公司等企业代表参加揭牌仪式。石家庄报业传媒集团有限公司成立后，计划整合报社的经营性资产和业务，优化产业结构，逐步建立以新闻宣传为主业，以广告、发行、印刷、数字出版等多产业协调发展的综合性现代传媒集团，提出在三年时间内进入中国北方省会城市报业传媒第一方阵。

（张明星　王静）

【通讯报道获得一等奖】 10月27日，由中华全国新闻工作者协会主办的第二十届中国新闻奖、第十一届长江韬奋奖评选结果揭晓。《石家庄日报》选送作品《栾城草农

2010年9月30日，市委书记孙瑞彬、市长艾文礼为石家庄报业传媒集团有限公司成立揭牌

敢闹海》(作者：赵俊芳、郝斌生，编辑：周剑瑭)荣获中国新闻奖一等奖，是该报成立后首次获得这一中国新闻界最高奖项，实现了河北省地市级报纸在中国新闻奖一等奖零的突破。《栾城草农敢闹海》一文于2009年6月9日刊发于《石家庄日报》头版头条。人民日报社原总编辑、清华大学新闻与传播学院院长范敬宜对该报道给予高度评价，专门撰文进行评析，认为该文是反映中国“三农”巨变的一篇上乘佳作，以其宏大深刻的立意、鲜明的主题、清晰的架构和带有泥土芳香的语言为典型报道吹来一股新风。在本次评选中，共有来自全国报社、通讯社、电台、电视台和新闻网站277件作品荣获中国新闻奖，其中特别奖2件，一等奖42件(含9个新闻名专栏)。10人获长江奖，10人获韬奋奖。河北省共有10件作品获本届中国新闻奖。

(张明星)

【举办2010传媒与城市发展峰会】 11月6日，由中国传媒大学、中外名人文化产业集团联合发起的“2010传媒与城市发展峰会”在石家庄举行。国务院新闻办副主任王国庆、全国政协教科文卫体委员会驻会副主任张秋俭、全国政协教科文卫体委员会副主任、中国中外名人文化研究会理事长蒋效愚、全国妇联副主席孟晓驷，省市领导付志方、艾文礼、张妹芝，著名专家学者、中央和省级媒体负责人刘进昌、曾海生、张大业、陈泉涌、高福安、马新景、杨慧、张世良、徐华西、杨国均、陈建国、李怀亮、陈建平、赵小玲、鲍强、鲍建等200余人出席本次峰会。省委副书记付志方宣布开幕。本届峰会以“城市品牌与传媒应用——如何运用传媒力量提升城市品牌”为主题，围绕城市危机事件处理、城市品牌与经济发展以及新闻媒体与舆论监督等话题开展研讨，旨在融通政产学研的力量，打造城市管理者与媒体高端人士的对话平台，共同提升中国的城市发展水平。会议还围绕城市管理者如何借势媒体力量、树立城市品牌、化解舆论危机进行了高峰对话。

(李云萍　苏卉卉)

【《精品导报》再获全国城市周报十强】 11月20～21日，“2010全国城市周报十强荣誉盛典暨第八届全国生活服务类报刊峰会论坛”在四川成都举行。石家庄的《精品导报》在该论坛上荣获“2010第二届全国城市周报十强”，这是《精品导报》继2008年获得首届全国城市周报十强后，再次获得此奖项。“全国周报十强”评选由全国生活服务类报刊联谊会主办，参评对象涵盖全国各地城市周报。由来自主管部门、学界、业界、市场监测机构的专家组成评审团，通过参评单位自我评述、媒体监测机构市场监测数据、样报文本分析、专家分析评议等程序评出。同《精品导报》一起获得该奖项的有北京的《精品购物指南》、上海的《申江服务导报》、天津的《假日100天》、重庆的《新女报》和《渝州服务导报》、沈阳的《时尚生活导报》、成都的《新潮生活周刊》、杭州的《都市周报》、贵阳的《新报》。

(胡立杰　磨建昆)

【推进报业战略转型】 年内，石家庄日报社在巩固燕赵手机报、户外视屏传媒、出租车移动视屏传媒等已有新媒体基础上，不断加强新老媒体互动融合，推进传统媒体向数字化转型，推进单一媒体向多媒体转型，战略转型初见成效。同时，加快已有新媒体建设步伐，摸索出具有成长性的模式，推出电子阅报栏、健康网等新媒体，新老媒体融合得到加强。

石家庄日报社

社　　长：王贵海(4月免)
　　　　　赵俊芳(4月任)
总 编 辑：赵俊芳(4月免)
　　　　　王勋涛(12月任)
纪委书记：王海刚(12月免)
副 社 长：杨东波　冯立恒
　　　　　翟洪权　王乃飞
副总编辑：王海刚(12月任)
　　　　　张振江　祁辉
　　　　　李永林　刘云道
　　　　　王海刚

(黄珊珊)

广播电影电视

【概况】 2010年6月28日，石家庄广播电视台挂牌成立。在整合原石家庄人民广播电台、石家庄电视台所属频道（率）、声屏之友报社、石家庄广电网等资源的基础上，融合各媒体之长，搭建了全新的多媒体传播平台，并出资成立石家庄广电传媒集团有限公司。作为多媒体的传播平台，石家庄广播电视台拥有新闻频率、经济频率、音乐频率、交通频率、农村频率5个广播频率，新闻综合频道、娱乐频道、3频道、都市频道4个电视频道，以及《声屏之友》报和石家庄广电网。广播自办节目62个，实现了24小时不间断播出。电视自办节目16个，全天播出91小时。台主办的《声屏之友》报4开52版，周刊，期均发行量7万份。石家庄广电网日点击量2.1万人次，实现了网上节目直播、点播。石家庄广播电视台坚持“与众相通”办台理念，大力实施“人才强台”和“品牌带动”战略，着力推进“机制创新、节目创优、经营创富”，努力打造富有活力、影响力和竞争力的一流省会强台。新闻综合频道收视份额在石家庄地面频道中位列第一，广播市场份额在省会市场保持近50%优势地位。2010年，石家庄广播电视台在开展作风建设和创先争优活动中被石家庄市列为十个先进典型之一。年末，石家庄广播电视台荣获河北省文明单位、河北省“城市面貌三年大变样先进集体”等荣誉称号。

【体制机制改革】 按照市委、市政府决策部署，经过思想动员、机构整合、竞聘上岗、双向选择，积极稳妥地完成了体制改革的主要任务。石家庄广播电视台于6月28日正式挂牌成立，组建了台属、台管、台控的石家庄广电传媒集团有限公司。通过改革初步实现了制播分离，搭建了事业产业发展的平台；实现了机构简化、扁平管理，管理层级由三级减为两级，频道（率）作为基本生产单元的地位初步确立；实现了资源优化配置，集约经营，整合共享技术设备资源、采编资源、节目资源等，集中打造石家庄广电媒体品牌；实现了体制与机制同步改革，实施了第三轮中层竞聘上岗，共有201人竞争136个制片（作）人以上岗位，出现了4人同时竞争1个岗位的情况，一批年富力强的优秀人才脱颖而出。实施了员工双向选择，828名员工重新择岗。建立了单位预算管理制度，完善了目标考核管理，实现了人财物资源向一线倾斜，为广电发展注入了新的生机和活力。

【广播电视台和广电传媒集团有限公司成立】 6月28日，石家庄广播电视台和石家庄广电传媒集团有限公司成立大会在石家庄广电中心演播大厅举行。省委常委、宣传部长聂辰席，市委副书记、市长艾文礼共同为石家庄广播电视台暨石家庄广电传媒集团有限公司揭牌。石家庄广播电视台和石家庄广电传媒集团有限公司的成立标志着石家庄市广播电视体制改革迈出了决定性步伐，为解放和发展广播电视生产力开辟了广阔的道路，对加快文化强市建设是一个有力的措施，对全市文化体制改革起到了示范带头作用。石家庄广播电视台由原石家庄人民广播电台和石家庄电视台合并组建，并出资组建台属、台管、台控的石家庄广电传媒集团有限公司。整合后的石家庄广播电视台拥有5个广播频率、4个电视频道，业务范围涵盖广播电视的采编、制作、播放、节目经营、新媒体运营服务以及传媒相关业务等领域，形成了事业产业协调发展格局。

（岳全宏）

【重点品牌栏目】 《石家庄新闻》、《新闻882》、《民生关注》、《新闻午报》等新闻类品牌节目时效性和信息量明显提升。《小吴帮忙》获2010年度“全国广播电视民生影响力电视节目60强”。改革后推出的《新闻夜班车》、《情感密码》、《调和》、《天天惠生活》等新栏目呈上升势头，影视频道重新定位，成功向法制类频道转型。全台收听收视率和市场份额明显提升，电视市场份额较上年增加0.8个百分点，增幅6.19%。下半年较上半年增加2.23个百分点，增幅17.66%。广播市场份额在省会市场始终保持优势地位。音乐频率荣获2010“中国消费者理想品牌大调查”广播类全国第9名，经济频率《玫瑰有约》获2010年度“全国广播电视民生影响力广播节目60强”。全台4件作品获省新闻奖一等奖，广播剧《盖楼的哥们儿》获河北省“五个一工程”奖。十集电视纪录片《璀璨时空》在央视七套播出，之后在台湾东森卫视编辑播出，扩大了石家庄的美誉度和影响力。连续两年举办《我要秀春晚》和春节联欢晚会，丰富市民文化生活。连续六年举办“感动省城”十大人物评选及颁奖盛典，孙瑞彬书记在接见感动人物时给予高度评价。

【新闻报道】 紧紧围绕市委市政府中心工作、重点工作，特别是围绕市委八届六次全会、城镇建设三年大变样、构建现代产业体系等重点工作，加强策划把关，开设专栏专题，推出重头报道，有力地促进了各项工作的开展。加大对上报道力度，2010年在中央台上稿518条，其中在中央电台播发140篇（《新闻和报纸摘要》、《全国新闻联播》播发40篇）、在中央电视台播发378条（《新闻联播》播发74条）。省委常委、市委书记孙瑞彬先后多次批示“很好”，予以充分肯定。新闻频率荣获中央电台发稿量“十强”称号。

【基础设施和装备建设】 继续完善广电中心配套设施和功能，在实现环境、质量、安全省优示范称号基础上，经中国建筑协会组织专家评审，获得全国建筑业质量最高奖“鲁班奖”。加大技术设备、设施投入，为节目生产播出提供保障。建立了新闻媒资管理库，存储、编录、共享新闻资源，为做深做活节目奠定了基础；配置采用了3G传输设备，为大量日常直播提供了技术条件；开工建设1000平方米开放式高清演播室，进一步扩大新闻直播节目的制播空间。改造升级两条编辑线，提升节目后期制作能力。加大广电网设备投入和改版力度，丰富音视频内容，实现了广播电视音视频节目直播和点播。

【经营创收】 加强广播、电视、网络、报纸等所属媒体的互动，扩大影响。2010年，全台经营创收比2009年增长10%，在全省11个城市台中稳居第一。特别是新闻综合频道创收增长19.73%，成为全国省会台地面频道为数不多的亿元频道之一。尝试TV团购，举办秋季家居建材博览会，探索创收新模式。整合广播、电视、报纸等资源，成功举办了石家庄广播电视台广告年会，进行集中营销，来自省内外的60多家企业参与了广告资源的竞标，成交额较标底价平均上涨了54.83%。

石家庄广播电视台

台　　长：王智（兼石家庄广电传媒集团有限公司董事长）
党委副书记：胡全栋
副 台 长：商业南　潘增泉
　　　　　李银龙（兼石家庄广电传媒集团有限公司总经理）
纪委书记：鲁小平

（石家庄广播电视台）

档案工作

【概况】 2010年，石家庄市档案局（馆）深入贯彻落实科学发展观，认真开展“创先争优”活动，切实加强干部作风建设；同时，紧紧围绕省委、省政府“两办”《关于加强档案工作的意见》及市委、市政府“两办”《石家庄市档案事业发展实施意见》抓落实，切实加强档案馆基础建设、档案法制建设、档案信息化建设及业务基础建设，圆满完成了对23个县（市）区档案事业发展状况的综合评估工作，档案工作服务民生、服务大局能力进一步增强。年内，市档案局（馆）先后组织机关团体事业单位档案员培训、重点项目档案员培训等，共培训业务人员680余人次。

【档案资源整合】 2010年，市档案局全面推进全市档案资源整合工作，并加强督导和指导力度，到年底基本完成。通过档案整合及依法接收，市、县两级档案馆馆藏总量达到120万卷152万件，超额完成省局下达的馆藏翻番的目标。

【档案移交与接收】 市直单位满10年的、属于永久和长期保存的文书档案移交工作分两批进行，第一批进馆的市直单位38个，第二批进馆的市直单位42个，共计80个单位。市档案馆已接收市编办、地震局、社科院、发改委、机关事务管理局、文化局、新闻出版局，人力资源和社会保障局等单位档案3719卷，35613件。专题档案接收工作。辛集市档案局接收了辛集市皮革展销会、鸭梨节、第二届运动会等专题档案进馆；根据市委要求，共征集2002年以来党和国家领导人到石家庄及各县市区视察工作的照片，以及指示和各地落实情况等文字材料12份，照片42张（电子版）。

【新民居建设档案工作】 根据石家庄市农村新民居建设已全面展开，现有的村庄和村民住宅将会统一规划，陆续拆迁改造和新建的现状，各级档案管理部门有计划、有步骤地做好现有村庄、农户拆迁前的拍照和摄像工作，为各级档案馆留存下系统、完整、珍贵的声像档案资料。赞皇、行唐、鹿泉、正定基本完成辖区的拍照摄像任务。已接收市内五区及高新区拍摄的照片及录像等声像资料，连同市档案局拍摄的照片计16082张，录像带及光盘44盘；一大批古代民居、院落、门楼、神庙、石碑、古水井等影像资料保留了下来。

【重点档案抢救】 为尽可能多的征集白求恩的档案资料，市档案局先后到华北烈士陵园、白求恩医学院、白求恩医院、唐县、五台县等地征集白求恩资料，共计征集白求恩档案资料14册、光盘1盒，翻拍照片110张、录像6盒。

【档案开发利用】 按照《档案法》对满30年的档案需要开放的规定，市档案馆逐卷、逐件审查档案内容，确保相关档案内容不泄密、不失密，较好地完成了鉴定工作，向社会开放了1980年前全部应开放的档案。2010年，市县两级档案部门接待各界利用者10232人次，提供利用档案28005卷次，5924件次，其中，市档案馆提供利用档案2773卷次，资料257册次，现行文件180件次，接待利用者884人。

【机关档案工作】 对2009年政府机构改革撤并的14个单位的档案整理移交工作进行了督导；印发了《石家庄市档案局关于市直机关文书档案入市国家档案馆的通知》，对市直机关各单位向市馆移交文书档案做出了安排部署；对市学习实践科学发展观暨干部作风建设年和“三年大变样”中街道景观综合整治、滹沱河综合整治等重大活动档案工作进行了督导；调整了市直机关档案工作协作组，印发了对市直机关、团体事业单位年度档案整理归档工作进行考核的通知，以协作组为单位，对市直机关、团体、事业单位档案工作进行了指导；对市质监督局、栾城县信用联社档案工作目标管理晋升省一级工作进行了考核验收；对2009年机构改革新设立单位及市委宣传部、统战部、市文明办等单位编制《机关文书材料归档范围和文书档案保管期限表》工作进行了督导。8月1日至9月28日，分14个考核组对市直机关、团体、事业单位的年度档案整理归档工作进行了检查考核。在列入考核的116个市直机关、团体、事业单位中，有112个单位按时完成2009年度文书档案整理归档工作，共形成文书档案4645盒116417件，其中永久857盒21426件、30年1645盒49358件、10年2143盒45633件，档案整理合格率达到99.2%。

【企业和重点建设项目档案工作】 会签转发了国家档案局、国务院国有资产监督管理委员会《关于进一步加强中央企业档案工作的意见》的通知；起草了《关于进一步加强企业档案工作的函》(给市国资委)；对市漆包线厂、市电机厂、市第二机电公司等国有破产企业档案处置工作进行了督导；转发了省档案局《关于做好重点建设项目档案工作的通知》，向省档案局上报了2010年全市92家重点建设项目登记表；会同有关部门对西北生态供水工程和八一水库除险加固两个重点建设项目档案工作进行了专项验收，对部分重点建设项目档案工作进行了指导。

【农业农村档案工作】 “村档乡代管”工作在鹿泉市试点成功的基础上，在全市全面推动“村档乡代管”工作。市纪委、市档案局起草了《石家庄市“村档乡代管”暂行办法》，市纪委、市监察局、市档案局还联合下发《石家庄市“村档乡代管”工作推进方案》，要求到2011年10月底前，完成全市全部乡镇“村档乡代管”工作。10月12日始，市档案局和市纪委组成联合督察组，对全市“村档乡代管”工作进行了督导检查。

（崔忱立）

文物工作

【概况】 2010年，市文物工作以遗产保护规划编制、古城保护、大遗址保护为重点，积极推动文化遗产保护、传承和利用。围绕“三年大变样”，做好重点历史文化遗存保护工作。在“三年大变样”城市大拆大建中，下力量从规划控制入手，从根本上加强城市历史遗存的保护和利用，编制完成了《石家庄市域历史遗存保护规划》《东垣故城遗址公园景观概念方案》和《中山古城遗址保护利用项目规划》，为全市历史遗存及工业遗产保护奠定了基础。会同市政协，成功组织举办正定古城文化保护高峰论坛，全国政协副主席孙家正和200多位知名专家学者齐聚正定，出谋划策，为古城保护和风貌恢复起到巨大推动作用。举办“古中山国都学术论辩会”，提出了柴武台等遗存保护意见。大力开展古建筑抢救与维修工作，完成了“韩氏先祠”基础工程的修缮。同时，加大文物执法力度，共查处文物盗窃、违法建筑案件19起，确保了文物安全。结合第三次全国文物普查，做好文物发掘整理工作。结合省会“三年大变样”和南水北调等重点工程，认真组织开展考古发掘工作。在南水北调工地赞皇段，发掘9座北朝时期大型墓葬，出土大量北方青瓷、陶俑及五合重要墓志，其墓室规模和出土文物的数量、规格，国内罕见，堪称重大发现。在陕京三线输气管道工程鹿泉段，对北胡庄遗址进行抢救性发掘，弥补了石家庄市在先商遗址考古发掘中的空白。在谈固村整体拆迁改造工地，出土数万枚清代钱币，为研究石家庄清代钱币提供了实物资料。突出重点项目，加强非遗保护工作。启动“非遗”重点项目系统整理工作，整理、录制省级非遗戏剧（曲艺）项目101个中的21个；拍摄非遗专题记录片《留住记忆》；组织井陉拉花、常山战鼓、藁城宫灯积极参与上海世博会等大型展演活动，提升了石家庄的文化影响力。井陉晋剧、石家庄评剧和新乐太昊伏羲祭典入选第三批国家级非物质文化遗产名录推荐项目名单。结合“文化遗产日”，大力开展文化遗产宣传推介工作。以“文化遗产在我身边”为主题，在平山沕沕水“水帘洞遗址”举办“探访石家庄先民之家”公众考古活动，引起强烈反响。各县（市）区也都结合各自实际，开展丰富多彩的文化遗产宣传活动，提升全民保护意识。

（刘锋 万顺道）

【考古发掘取得突破】 年初发掘完成的南水北调文物保护工程赞皇县西高北朝墓地共发掘出土北朝时期赵郡李氏家族墓葬9座。墓葬形制分为砖室墓和土洞墓两种，出土墓志5合、各类青瓷器、陶俑、铜

南水北调赞皇县西北朝墓地发掘

夏素颖摄

鹿泉北胡庄遗址发掘
夏素颖摄

器、铁器等随葬品500余件。西高北朝李氏家族墓群规模大、排列有序、随葬品丰富、纪年明确，在已发现的北朝家族墓地中少有。墓中所出土墓志及青瓷制品，为研究北朝时期的艺术、南北文化交流提供了珍贵实物资料，为北朝墓葬年代研究建立起标尺。5月，配合陕京三线输气管道工程，河北省、石家庄市、鹿泉市文物保护单位联合对鹿泉市北胡庄遗址进行抢救性发掘，出土包括陶罐、陶盆及陶片、鹿角等大量先商时期遗物。此次发掘是石家庄有史以来所发掘规模最大、出土文物数量最多的先商时代遗址，印证了相关史料记载“石家庄为先商发祥地”之说，填补了石家庄先商考古的空白。

（夏素颖）

【举行古中山国国都学术辩论会】 4月9日，由市文物局主持，来自灵寿3位民间研究者与发掘中山国王陵的考古专家针对“古中山国国都到底在哪里”进行公开辩论。辩论现场设在灵寿县故城村古中山国一处古城遗址所在地。3位民间研究者所持观点是：古中山国国都在灵寿故城村。并就此向判定平山三汲为古中山国国都的考古专家提出四大疑问：王陵建在都城内符合国都建制吗、故城村及周边村名可否为国都定位、“召王台”还是“赵王台”、故城村保存较好的夯土城墙使故城国都之说是否更有说服力，考古专家就此四大疑问一一辩析，并对定平山三汲为古中山国国都的缘由进行详细说明。双方经过3个多小时的激烈辩论，依然不能认同对方的说法，民间研究者称将成立“中山国文化研究会”，进一步搜集资料，寻找证据；而考古专家对民间研究者史料和实地考察相结合而进行的推理、演绎的研究方法给予肯定，但称现阶段没有对故城村一带的古城遗址进行科学、系统的考古发掘，很难对其进行具体定位。

【“探访石家庄先民之家”公众考古活动】 6月13日，石家庄市10位文化名人、50位市民、16家新闻媒体亲临平山县沕沕水水帘洞遗址考古发掘现场，通过现场体验、考古成果汇报、考古知识讲座等方式，共同走近考古发掘工作，感受远古文明，触摸历史。这次活动是河北省有史以来最具开放性的考古项目，从工作筹备、志愿者招募、文化名人遴选，全程公开进行，接受媒体、广大市民的监督、参与。此次考古活动是考古工作走出象牙塔，了解公众，服务公众的一次有益而成功的尝试，它搭建起考古与公众沟通的桥梁，使公众切身感受到本土历史文化的悠远与丰厚，增强公众对本土文化的认同感。同时，对此次活动的具体情况进行详细记录，出

平山沕沕水水帘洞遗址公众考古和学习古人打制石器
张慧摄

版发行河北省首部公众考古著作——《水帘洞揭秘——探访石家庄先民之家》一书，方便广大市民了解公众考古、参与公众考古。

（夏素颖）

【河北习三内画博物馆、石家庄民间工艺博物馆开馆】 6月29日，河北习三内画博物馆、石家庄民间工艺博物馆开馆。河北习三内画博物馆、石家庄民间工艺博物馆位于中山西路96号，是石家庄市人民影院与衡水习三内画艺术有限公司共同合作，经过四年多的努力，在影院原址建设的一个集挖掘、收藏、传承、展销为一体的民间艺术博物馆。整个博物馆的设计及布展，充分体现了艺术性、大众性、公益性和文化教育功能，是民间艺术、传统艺术和现代艺术的集中展现。博物馆把散落在各地的非物质文化遗产及民间艺术精品集中起来，形成了“文化超市”、“艺术平台”，满足了人们同一时间、同一地点对艺术品的游览、欣赏、选购等多种需求。博物馆共分八层。“两馆”的建成填补了石家庄市民间工艺没有展示平台的空白。

（王庆芳　岳金宏）

【中国石家庄·正定古城文化保护高峰论坛举行】 9月6日，中国石家庄·正定古城文化保护高峰论坛在石家庄市举行。来自全国各地的200多位各级领导和专家学者就正定古城文化保护和传承发展进行深入研讨，为推动正定古城文化保护，传承历史文脉，塑造特色文化发表了真知灼见。全国政协副主席孙家正，全国政协文史和学习委员会副主任卞晋平，全国政协副秘书长林智敏，全国政协文史和学习委员会副主任毛福民、崔占福，文化部原副部长赵维绥，国家历史文化名城专家保护委员会主任、原建设部副部长周干峙，国家文物局古建筑专家组组长罗哲文，国家住房和城乡建设部总规划师唐凯，国家文物局副局长董保华，文化部、国家旅游局等有关部门负责同志，部分国家驻华大使和文化官员，部分国内历史文化名城、友好城市和河北省设区市的代表等200多位各级领导和专家学者应邀出席论坛。省市领导陈全国、刘德旺、孙瑞彬、孙士彬、王玉梅、艾文礼等出席论坛。会上，国家历史文化名城专家保护委员会主任周干峙，国家文物局古建筑专家组组长罗哲文，中国社会科学院学部委员刘庆柱，中央文史研究馆馆员舒乙，北京大学世界遗产研究中心主任谢凝高，清华大学建筑学院教授张杰，清华大学建筑与城市研究所副所长武廷海，中国人民大学宗教高等研究院院长方立天等分别围绕“保护、创新、融合、发展”主题，就正定古城文化保护与发展发表了主题演讲。省文物局局长张立方宣读了《古城保护正定宣言》，重申古城文化保护的重要性，倡导古城保护要实现政府主导、全民参与，科学制定规划，强化控制效果，营造以人为本的古城生活空间，提升古城文化品质，鼓励公众参与古城保护，实现文化遗产保护成果惠及民众的美好愿望。中国石家庄·正定古城文化保护高峰论坛于9月6日下午闭幕，市政协主席王华清主持闭幕式，全国政协文史和学习委员会副主任毛福民致辞，他认为这次论坛进一步树立了保护好、发展好历史文化遗产的科学理念，希望进一步营造良好的环境和条件，使历史文化遗产得到更好的保护和传承。

（王更）

【大梁江村入选中国历史文化名村】 2010年12月13日，国家住房和城乡建设部与国家文物局公布第五批中国历史文化名镇(村)名单，大梁江村成功入选。大梁江村位于太行山东麓、千年古县井陉县西南28千米，冀晋两省交界处。大梁江村有600多年的历史，青山环抱，

举办中国石家庄·正定古城文化保护高峰论坛

中国历史文化名村——大梁江村

建有一座连一座保存完好的古民居建筑群，集太行传统民居之大成，享有“井陉梁家大宅院”、“大山深处的乔家大院”、“太行历史民居博物馆”等雅称。2005年，大梁江村被评为井陉县民俗文化村；2008年，大梁江村被命名为第二批省级历史文化名村。大梁江村历史上属山西平定管辖，1959年划归河北省井陉县，村里有修筑于明清两代、保存完好的四合院314座，房屋4000多间。大梁江村是一个完整的山区古村落，其古民居兼有北京四合院和山西民居的双重特色，依山就势而建，高低错落，古色古香，别具风格；村中的街道和巷子全部用青石和卵石铺成，高低交错、纵横交织；石碾、石碑、石刻、木雕、砖雕等随处可见，石砌排水洞贯穿整个村落。村中房屋材料以石材为主，辅以砖木，有的粗犷奔放，一派农家淳朴风貌；有的精雕细刻，雕梁画栋，于淳朴之中显示富贵之气。最有代表性的是“武举人院”，占地两亩，房屋百间；该宅院有九个院落，相通相连，又各自独立，俗称“一宅九院”；整座院落高大宏伟，气势威严，是大梁江村最豪华的四合院群落，也是开始第三次全国文物普查后，石家庄市发现的保存最好、规模最大、价值最高的一处四合院群落。

（王孟新　苟志俊）

【文物安全】 贯彻落实全国文物安全与执法督察工作会议精神，联合消防、公安部门在重大节日对重点县、市进行文物安全大检查。针对正定南城门失火情况对重点县、市进行消防大排查，对查出的问题当场责令限期整改，对解决有难度的问题，向县、市政府发送整改函。与市消防、刑警支队联合对重点县、市、区文物保护单位进行防火、防盗检查。全年共检查文物保护单位135处，查出重大隐患76处，防火、防盗隐患17处，使安全隐患及时得到有效整改。督促各县、市、区建立看护队伍，完善看护协议，落实看护员待遇。2010年，全市新增看护员20名，重新签订看护协议50份，做到了对各类文物进行最大限度的保护。

（夏素颖）

西柏坡纪念馆

【概况】 2010年度，西柏坡纪念馆以创先争优活动为契机，紧紧围绕“抓住做大做强西柏坡品牌这一中心，实施发挥教育基地功能和发展红色旅游齐头并进双引擎驱动，全面开创西柏坡纪念馆各项事业新局面”的发展目标，团结务实，开拓创新，各项工作进展顺利，在参观接待、基础设施建设、宣教工作开展、研究成果、文化产业开发等方面取得显著成绩，荣获了“全国廉政教育示范基地”、“巾帼建功示范岗”、“普法先进单位”等荣誉称号。年内，西柏坡纪念馆创新宣教形式，在原有讲、唱、跳、快板、民谣基础上增加了情景短剧等艺术形式，打造出一批经典品牌文化旅游项目，特别是在旧址前广场推出历史情景剧，生动再现了60年前的历史片段，还策划排演了大型交响音画舞台节目《西柏坡故事》。

【参观接待实现突破】 全年社会各界到西柏坡纪念馆参观人数创下新高，共接待游客306万人次。2010年3月29日，中共中央政治局常委李长春到河北省调研时，专程到西柏坡纪念馆考察指导工作。在西柏坡纪念馆，李长春瞻仰了中共中央旧址，参观了西柏坡陈列展览馆，认真地听讲解员讲解，仔细端详每一张照片，凝视每一件文物。在大决战展室，当他看到后方群众大力支援解放战争的情景时，深有感触地说："得民心者得天下，军队好的后勤保障主要是因为有了民心。群众的力量是无敌的！"在参观过程中，李长春对西柏坡纪念馆的陈列内容、展示手段、灵活的讲解形式以及与观众的互动形式都给予了高度评价。李长春强调，要加快组织实施红色文化保护工程，把党在革命、建设、改革过程中留下的重要影视、图片、实物等进行系统整理和数字化处理，使这些珍贵的红色文化遗产成为长期进行爱国主义教育的重要内容，世世代代传承下去。2月2日，中共中央政治局常委、中央政法委书记周永康在河北考察时专程赴西柏坡参观考察。河北省委副书记、省长陈全国，省委副书记、石家庄市委书记车俊，石家庄市市长艾文礼等陪同。6月24日，在中国共产党成立89周年来临前，中共中央政治局常委、国务院副总理李克强在河北省委书记张云川、省长陈全国陪同下到西柏坡学习考察。李克强参观了陈列展览馆，瞻仰了西柏坡中共中央旧址。1997年李克强任共青团中央书记处第一书记期间，曾到西柏坡纪念馆参观视察，此行是第二次来到西柏坡。李克强认真听取讲解员的讲解，仔细观看每一件珍贵的文物和一幅幅感人的照片。参观结束时，李克强动情地说："'两个务必'是西柏坡精神的精髓与核心，是我们党克敌制胜的法宝，也是同人民群众紧密联系的法宝。看到你们将展览办得这样好，并且有这么多的游客到西柏坡参观，我很高兴。你们的讲解员不仅会唱红歌，而且还用快板讲西柏坡的故事，给我留下很深的印象！希望西柏坡纪念馆的工作越做越好！"9月9日，中共中央政治局委员、中央军委副主席郭伯雄到西柏坡学习考察。在西柏坡纪念馆广场，郭伯雄一行向5位书记铜像敬献了花篮，并在铜像前合影留念。随后观看了西柏坡历史资料片《新中国从这里走来》，参观了西柏坡陈列展览馆，瞻仰了中共中央旧址，重温了毛泽东在中国共产党七届二中全会上提出来的"两个务必"著名论述和胡锦涛同志在西柏坡学习考察时的重要讲话。6月19日，中央军委委员、国务委员、国防部长梁光烈到西柏坡纪念馆学习考察。在西柏坡纪念馆广场，梁光烈一行向5位书记铜铸像敬献了花篮，观看了历史资料片《新中国从这里走来》，参观了陈列展览馆，瞻仰了西柏坡中共中央旧址大院。在西柏坡陈列展览馆半景画馆，梁光烈一行还观看了由西柏坡纪念馆讲解员自编自演的情景短剧《决战时刻》。11月18日，河北省委常委、常务副省长赵勇在副省长孙士彬、石家庄市副市长张妹芝等省市有关领导陪同下到西柏坡纪念馆就大西柏坡建设工作进行现场调研。赵勇一行到西柏坡中央旧址大院，参观了毛泽东、周恩来同志旧居，军委作战室、中共七届二中全会旧址。参观过程中，赵勇说："我们现在还在不断的思考治党、治国、治军的问题，其实治党、治国、治军的雏形就是在这里诞生的，孕育了好多好的想法。因此，西柏坡纪念馆要加大红色资源挖掘力度，系统总结党在西柏坡时期的执政经验，提升文化品位和政治影响力，着力打造大西柏坡核心景区。"参观结束后，在召开座谈会上，赵勇强调，在大西柏坡建设中，要弘扬西柏坡精神，建设好大西柏坡，并就规化编制、基础建设、环境保护与整治等方面做出要求。同时，赵勇还要求省社科院和行政学院要在研究西柏坡精神方面下功夫，加强对"西柏坡经验"的研究，使之成为重要的教材。

【基础设施建设】 一是创建AAAAA级旅游景区。自年初起，西柏坡纪念馆在省市领导和有关部门的大力支持下，从景区质量入手，按照国家AAAAA级景区标准，完善基础设施，共投入建设资金400多万元。主要包括景区引导标识、标牌的制作更换，停车场设施完善，游客中心设施完善，景区美化、亮化、净化，旅游厕所改造等；同时，从管理着手，完善各种规章制度，实现管理的精细化、标准化。12月26日，通过国家旅游局对西柏坡纪念馆的景观价值评审。二是完成污水处理站改造工程。共争取519万元建设资金对景区污水处理站进行全面改造。改造后景区污水处理完全达标，达到国家排放标准。并且排放后的水通过中水回用系统用于景区内绿化灌溉，实现了循环、绿色、环保三项要求。三是完成景区入口改造工程。争取到专项资金700万元，国庆节前完成了主题雕塑的安装，年底前完成两侧浮雕的安装。门口雕塑已成为景区第一地标。

【研究成果】 年内，西柏坡纪念馆加大对西柏坡历史、景区发展方向的研究。一是承担市委宣传部重点课题《大西柏坡核心景区的提升的思考》，通过深入调研、论证和组织人员撰写，重点分析了核心景区存在的问题和解决途径。二是完成《西柏坡记忆》和《西柏坡档案》两套书8卷的编辑出版工作。《西柏坡记忆》以当事人口述的形式，全面再现了中共中央在西柏坡时期的历史史实。《西柏坡档案》以日志的形式全面反映了中共中央和五大书记在西柏坡每天的工作情况，为研究西柏坡历史提供了翔实的史料。三是以复原中央机关各部委旧址为契机，加大对中央各部委历史研究。基本搞清了中宣部、中组部、中央办公厅、中央妇委等部委在西柏坡的历史情况，为打造红色旅游集群的建设和发挥教育功能奠定了基础。四是配合市委有关部门成功举办了“西柏坡高层论坛”，中央有关部门专家云集省会石家庄，对西柏坡精神的内涵及现实意义进行了深入探讨和研究，各大媒体进行了详细报道，对宣传和弘扬西柏坡精神起到了积极的推动作用。

【首届“西柏坡杯”全国书画艺术展举行】 2009年12月31日至2010年1月7日，新华月报社、中国书画家联谊会、西柏坡纪念馆共同举办了首届“西柏坡杯”全国书画艺术展。这是一次高层次、大手笔的书画展事活动。作品来自祖国内地31个省、自治区、直辖市以及港、澳、台，美国、加拿大、新加坡海外华人华侨书画家及青少年儿童作品约5000余幅。展出作品全部是在此次比赛中荣获三等奖以上作品，还有一部分是名家特邀作品，共计200余幅。这些作品充分反映了华夏儿女、炎黄子孙对中华民族的拳拳爱国之心、民族自豪之情及对祖国未来的美好祝愿。

2010年11月10日，举办军旅作家西柏坡书画创作

【举办“国产优秀影片进老区”赠送活动】 2月27日，受国家广播电影电视总局、国家电影局的委托，华夏电影发行有限公司和河北省广电局、河北省电影制片厂为西柏坡革命老区人民送来新春贺礼——《谁主沉浮》等二十余部国产优秀影片拷贝，以活跃老区人民的文化生活。赠送仪式上，华夏电影发行有限公司执行董事长谷国庆表示：希望此次活动在丰富革命老区人民新春精神文化生活的同时，进一步激发爱国热情，提高对国产优秀影片关注程度。并且将继续免费赠送更多的优秀电影，为国产电影的推广和民族电影事业的发展做出更大贡献。西柏坡纪念馆馆长王荣丽代表纪念馆和老区人民致辞感谢并回赠了西柏坡红色文化书籍，她表示：一定将赠送的电影拷贝保存好、利用好，今后还要不定期深入到老区山村免费放映，以充分发挥这些国产优秀影片的教育作用，丰富老区人民的精神文化生活。同时希望回赠的这些红色文化书籍能催生出更多红色经典电影作品，为河北红色文化的传承、西柏坡精神的弘扬做出更大努力。

【“2010走进世博－旅游大篷车”驶入西柏坡】 3月29日，“2010走进世博－旅游大篷车”驶入西柏坡。为了让老区人民亲眼目睹“2010上海世博会”的风采，切身感受伟大祖国的辉煌成就，国家旅游局、河北省旅游局、石家庄市人民政府共同举办了此次活动。仪式上，国家旅游局局长邵琪伟向老区代表赠送了“世博会”门票，邵琪伟和副省长龙庄伟向西柏坡的老党员、先进模范代表赠送“世博旅游参观团”邀请函。石家庄合作路小学、西柏坡希望小学的学生代表向上海世博会赠送“祝福世博”画卷，该画卷长7.2米，寓意着六十多年前，党中央在西柏坡运筹帷幄，召开了党的七届二中全会，并从这里出发建立新中国，在中国革命史上留下了辉煌灿烂的篇章。画卷寄托了孩子们对“世博会”的美好祝愿。

（王彦红）

【西柏坡综合开发建设现场办公会召开】 4月10日，省长陈全国到西柏坡考察了西柏坡纪念馆、梁家沟村和西柏坡村，详细了解西柏坡景区建设、旅游产业发展、当地农民收入和新农村建设等情况，认真听取石家庄市关于大西柏坡规划建设情况汇报，并在西柏坡主持召开了西柏坡综合开发建设现场办公会。陈全国共提出5个要求：一是认识必须上去。要带着对老一辈革命家的深厚感情，以对党和国家前途未来高度负责的精神，从更好地发挥爱国主义教育基地作用的高度，从深入贯彻落实科学发展观、加快转变经济发展方式、调整优化产业结构的高度，从发展壮大红色旅游产业的高度，从打造集教育、休闲、旅游、度假、健身于一体的大西柏坡的高度，从发挥窗口作用、提升河北形象的高度，充分认识西柏坡综合开发建设的重大意义，进一步增强责任感和紧迫感，又好又快地推进西柏坡综合开发建设，真正把西柏坡开发好、建设好、利用好，使之成为全国一流的爱国主义教育基地、河北红色旅游的响亮名片。二是思想必须解放。要打开解放思想的总开关，开启转变观念的总阀门，以新的思维、新的思路、新的理念、新的眼光，推进西柏坡开发建设。要按照建设大西柏坡的思路，坚持政府主导、市场运作，政府搭台、企业唱戏，积极发展教育、旅游、休闲、度假、健身五位一体的大产业。三是目标必须明确。要通过3至5年的努力，使西柏坡开发建设进入全国红色旅游一流水平，做到一年小变、两年中变、三年大变，五年成规模、上水平，到2015年实现游客超千万、旅游和相关产业带来的收入达到100亿元。四是重点必须抓住。要高起点高标准大手笔地搞好一个规划，引领好、指导好、规范好西柏坡的开发建设；尽快恢复一批革命文物主要设施，丰富红色旅游内容，再现当年“红色首都”风采；建设一批以旅游休闲度假健身为主要内容的重点项目，为大西柏坡产业发展提供支撑；建立一个干部教育培训基地，真正把西柏坡爱国主义教育的作用发挥出来；打造一台以三大战役为题材的实景演出项目，丰富西柏坡红色文化，延伸西柏坡旅游链条；拍摄一部新中国从这里走来的电视剧，叫响西柏坡品牌，让“新中国从这里走来”这一名片传遍全国、传遍世界；培训一批发展红色旅游产业的致富能手和企业家，实现旅游业快速发展与当地群众增收致富的良性互动；打造一个方便快捷的交通体系，加快石家庄至西柏坡的高速公路和景区内部路网建设；以新民居示范村为标准、以农家游为产业，建设一个红色西柏坡村镇，改变老区面貌、提高老区人民生活水平；理顺西柏坡开发建设的一套体制，为加快西柏坡开发建设增添活力。五是组织必须得力。要发挥好中央领导同志亲切关怀和高度重视、省委省政府大力支持的政治优势，切实加快西柏坡综合开发建设。各级各部门要明确分工、各司其职，齐抓共

2010年4月10日，省长陈全国在西柏坡视察、调研

管、密切配合，形成西柏坡开发建设的强大合力。石家庄市要承担起西柏坡开发建设的主要责任，不断增强工作的主动性和创造性。平山县要为西柏坡开发建设做更多的工作、营造更好的环境。要制定一套好政策，推动西柏坡大开发、大建设、大发展。

（王彦红　石磊）

【西柏坡国防教育馆开馆】 西柏坡国防教育馆位于西柏坡纪念馆以西300米处，西柏坡博物馆（原西柏坡中华民俗博物馆）西侧，由民间集资建立。2005年立项，2006年破土动工，2010年5月1日正式开馆。该馆外形为银灰色导弹驱逐舰，高17.5米，长70米，建筑面积3360平方米，内设四大展厅，展品以实物、图片为主，其中图片2735张，实物300多件。第一展厅展品主要由世界各国海、陆、空先进武器，中共中央撤离延安、转战陕北、驻扎西柏坡，指挥三大战役、召开九月会议和七届二中全会，进驻北平、成立中华人民共和国中央人民政府，建国60周年大庆等历史图片，以及抗日和解放战争中聂荣臻及晋察冀军区使用磨面的大型水磨，二战时期的吉普车、老爷车、高炮车、火药铁炮等实物展品组成。展厅中央为中共中央进驻西柏坡后的大型沙盘和中国航天长征二号模型。第二展厅展现的是从旧石器时代到清末各朝代的政治、军事、经济、文化状况，以及在此阶段涌现出的各式各样的古代兵器、古战车和从五帝到清末的历代名将（共54名）。第三展厅为中国人民解放军将帅名录及革命历史文物，包括10名元帅、10名大将、57名上将、177名中将和1359名少将的照片简历，以及二战时期常用枪支、战刀、地雷、手榴弹等。第四展厅为红色平山，即在抗日战争和解放战争时期，太行山上铁的子弟兵“平山团”，让敌人闻风丧胆的回舍“大枪班”，子弟兵的母亲“戎冠秀”英雄人物等，以及中共中央进驻西柏坡后五大书记及其房东和七届二中全会旧址照片。

（王孟新）

西柏坡国防教育馆

王孟新 摄

【百名记者寻根西柏坡】 5月23～29日，由中宣部和全国“三项学习教育”活动领导小组组织实施的中央新闻单位百名青年编辑记者寻根西柏坡活动在西柏坡及其周边区域举行，来自30家中央媒体的100名青年编辑记者在这里深入采访和体验，接受党的新闻工作传统教育。在历时七天的“寻根”活动中，百名青年编辑记者参观了西柏坡纪念馆、中共中央旧址、中宣部旧址和人民日报社旧址，观看了《为共和国新闻大厦奠基》专题片等。在七届二中全会旧址前，青年编辑记者们齐声宣誓：“时刻牢记‘两个务必’，继承和发扬党的革命传统和新闻工作优良传统，努力做让党放心、让人民满意的新闻工作者。”在西柏坡期间，青年编辑记者们还分赴周边的刘家会、南山坡、南滚龙沟等十个村，与当地农民同吃、同住、同劳动，并在农村开展调研，与农民座谈、联欢，切身体验农民、农村生活。

【“纪念中共中央移驻西柏坡62周年暨西柏坡精神高层论坛”在石举行】 5月26日，由中共石家庄市委主办的“纪念中共中央移驻西柏坡62周年暨西柏坡精神高层论坛”在石家庄市举行。来自全国理论界的著名专家学者和人民日报社、光明日报社、解放军报社等中央新闻单位的领导共聚一堂，就进一步弘扬西柏坡精神，推进大西柏坡建设畅所欲言，建言献策。省委副书记、市委书记车俊出席论坛并作重要讲话。他指出，西柏坡精神是党和国家宝贵的精神财富，一定要大力弘扬西柏坡精神，并把西柏坡精神贯穿到各项工作中去，加快干部队伍建设，强化执政理念，提高执政能力，为推进“大西柏坡”建设，建设繁华舒适、现代一流省会城市，实现全市科学发展、率先发展提供强大精神动力。论坛期间，中共中央文献研究室第一编研部副主任卢洁、中国社科院马克思主义研究院副主任金民卿、中国人民军事博物馆研究馆员王聚英、北京师范大学政治学与国际关系学院教授张静如、国家行政学院政治学部主任兼中国领导科学研究中心主任刘峰分别作了主旨发言，人民日报副秘书长倪晓旭、光明日报副总编辑李春林、解放军报副总编辑陶克也围绕弘扬西柏坡精神、加快西柏坡建设等方面谈了看法并为推进“大西柏坡”建设提出了宝贵意见和建议。

【新建升国旗台全新亮相】 为了进一步加强红色旅游基础设施建设，改善红色旅游发展的基础条件，增强和完善爱国主义教育功能，促进红色旅游持续、快速、健康发展，由中央政法委援建的西柏坡展览馆广场升国旗台项目于2010年7月28日完工，此工程由曲阳县兴华石材雕刻有限公司施工，工期一个月，于6月28日开工，结束了西柏坡纪念馆升降国旗需人工完成的历史。新建的升国旗台主要由基座、旗杆、国旗自动升降系统组成：国旗台基座：长5.26米（为毛主席移驻西柏坡的纪念日），宽5.26米，高0.45米。基座四边制作安装75厘米高的房山一级汉白玉拦板，中间留1.5米宽的升降出入通道，基座地面和台阶铺贴印度花岗岩石材，象征“人民江山万代红”。国旗台旗杆采用三节不锈钢管焊接制作，高度为16米。其最大特点是升降系统能通过遥控实现国旗自动升降、停止且与国歌乐曲同步。能够满足大型的纪念活动日自动升降国旗的要求，更好地展现了西柏坡纪念馆的良好形象，进一步丰富了纪念馆的教育设施。

【西柏坡中央各部委旧址修复工程】 3月29日，李长春同志参观西柏坡纪念馆、中共中央旧址和中央宣传部旧址后指示：由中宣部牵头，负责协调中央有关部委统一修缮恢复西柏坡时期中央各部委旧址。省委、省政府把修复西柏坡革命旧址作为一项重要的红色文化资源保护工程，高度重视，积极推进落实。8月26日，市委、市政府召开修复西柏坡革命旧址工作会议，全面启动旧址修复工作。会议要求进一步丰富西柏坡革命圣地的红色文化内涵，拓展西柏坡红色旅游线路，打造以西柏坡纪念馆为龙头的爱国主义教育基地集群，建设全国一流的爱国主义教育基地和全国一流的红色旅游基地。会议决定将原中共中央办公厅和组织部等34处旧址作为修复候选单位。按照科学规划、分批推进的原则，首先做好第一批18处旧址的修复工作。18处旧址总占地面积125亩，总建筑面积1.2万平方米。分三类情况进行：对已经修复完成主体工程的中央办公厅等5处旧址，进一步充实文物资料，丰富展览内容，完善配套设施，早日实现对外开放；对旧址尚存的人民日报社等4处旧址，按照修旧如故、保持原貌的原则，在原址基础上进行修缮恢复；对因修建岗南水库淹没的中央社会部、中央财政部等9处旧址，在西柏坡纪念馆周边重新选址，参照当年修建西柏坡中共中央旧址的做法，设立中央部委旧址区，按照相对集中的原则进行恢复。11月4日，西柏坡中央各部委旧址修复工程举行开工奠基仪式。省市领导陈全国、聂辰席、孙瑞彬、艾文礼、张殿奎，以及中央部委和省直部门有关领导出席奠基仪式。按照中宣部提出的科学规划、分批推进的修复意见，计划分两批修复中央各部委在西柏坡的旧址，2012年“七一”前完成第一批18处旧址的修复工作。

西柏坡纪念馆

馆　　长：王荣丽
党委书记：李海明
副 馆 长：陈宗良
　　　　　李庆安
　　　　　张跃新

（王彦红）

石家庄年鉴 Public Health &Sport

卫生·体育

卫生·体育

卫　生

【概况】 2010年，全市共有各级各类医疗卫生机构2414个，其中，医院174个，社区卫生服务机构220个，乡镇卫生院222个，疾病预防控制机构25个，卫生监督所24个，妇幼保健机构25个，床位43631张，拥有卫生技术人员47144人，其中，执业医师18102人，注册护士15532人。设有村卫生室5115个，乡村医生8470人。完成农村改厕5603座。

【卫生应急】 在全市开展创建卫生应急工作示范县（市）区活动，出台《石家庄市核事故与辐射事故卫生应急预案》、《石家庄市传染病暴发疫情应急预案（试行）》等规范性文件。全市选拔76名具有师资潜力的卫生应急队员，分两批参加中国医学救援协会举办的“紧急灾害医学救援技能培训班”，有效提高了现场紧急医学救援能力。对“传染病预警与指挥调度系统”进行升级改造，实现学校传染病疫情和突发公共卫生事件监测关口前移。根据《全国卫生应急基本情况调查方案》，对市、县两级卫生行政部门、疾控机构、监督机构及38所二级以上医院卫生应急情况进行问卷调查。全年发生18起较大突发公共卫生事件全部得到有效处置。

【实施基本药物制度】 市内五区和高新区30个社区卫生服务机构及栾城县、赞皇县等6个县（市）的66个乡镇卫生院推行基本药物制度，配备国家基本药物307种和省增补药物193种，全部通过省级采购平台实行网上集中采购、统一配送，实行零差价销售。成立市级基本药物使用专家组，建立基本药物实施情况动态监控系统。确定元氏县、高邑县等5个县（市）的60个乡镇卫生院和市区17个政府举办的社区卫生机构作为第二批基本药物试点，覆盖率达到67%。实施基本药物制度成效明显，截至12月底，12个综合医改试点县（市）区基层医疗机构门诊日均药费为20.73元，同比下降27%；住院日均药费为119.78元，同比下降15%；患者门诊量为102.51万人次，同比增长21%；药品销售总额为3250.1万元，同比下降36%；实行基本药物零差率销售为群众减免医药费用1164.33万元。

【农村卫生】 2010年全市农村卫生工作开展“标准化、规范化”乡镇卫生院示范县（市）创建、村级医疗资源整合及乡村卫生服务一体化管理工作。利用国债资金和地方配套资金3.91亿元，新建县级医院9个、中心卫生院13个、村卫生室112个，全市15个农村县（市）达到示范县（市）要求，达标率达到88.23%。在全市村卫生室建设中，完成“一村一室”整合3515个，启动乡村卫生服务一体化管理3685个。培训农村卫生人员6287人次，其中乡镇卫生院专业培训888人次，村卫生室公共卫生服务培训5399人次。组织市、县两级50所二级以上医疗机构对口支援乡镇卫生院65所，安排四期596人次医务人员下乡驻点工作，诊治病人33989人次，实施各类手术612例，抢救危重病人203例，举办各种培训班541次，培训基层卫生人员12610人次。组织“医学大篷车”活动6次，咨询服务达2000余人次。

【新型农村合作医疗】 年内，新农合筹资标准由2009年120元提高到140元，筹资8.5亿元，乡、县、市、省四级医疗机构报销比例分别达到75%、65%、55%、45%，同比增长5个百分点，最高支付限额达到4.5万元。晋州市、行唐县开展支付方式改革试点，元氏县、辛集市开展白血病、儿童先天性心脏病等重大疾病医疗保障试点，栾城县、赞皇县等10个县（市）开展门诊统筹工作。继续推进新农合信息化建设，所有市级定点医疗机构与所有县(市)实行了网络连接，全部实现“出院即报”。加强基金监管，对基金使用率、住院率、域外转诊率进行指标控制。至年底，全市参合率达到96.12%，其中五保户、贫困户全部由政府资助参合，参合率达到100%；全市补偿参合农民1079.63万人次，补偿金额 7.98亿元。

【社区卫生服务】 开展《国家基本公共卫生服务规范》落实年活动，启动“社区首席医师”试点工作，在国内率先实现双向转诊信息网上传输。全年220所社区卫生服务机构接诊门诊患者361.68万人次，较上年提高11.29%；建立家庭病床1.14万人次；建立健康档案208.97万份，提高7.94%；管理高血压病人13.68万人，提高22.59%；冠心病病人3.16万人，提高7.91%；糖尿病病人3.97万人，提高30.48%。先后有日本国以及新疆、天津等地领导、专家到石家庄市观摩交流，市委书记孙瑞彬、市人大常委会主任王增明、市政协主席王华清等领导及全国社区卫生服务重点联系城市技术指导组分别到社区卫生服务机构进行工作视察。

（王鑫　赵彦朋）

【建立农村居民健康档案管理制度】 从2010年开始，石家庄市为常住农村居民逐步建立规范的居民健康档案。7月21日，市卫生局下发《石家庄市农村居民健康档案管理实施方案》，明确在全市范围基本建立统一、科学、规范的农村居民健康档案管理制度，逐步实现农村居民健康档案管理信息化。建立农村居民健康档案内容主要包括：个人基本信息、健康体检、重点人群（0～3岁儿童、孕产妇、老年人、慢性病患者和重性精神疾病患者等）管理记录和其他医疗卫生服务记录。建档工作主要由乡镇卫生院和村卫生室等基层医疗机构负责，通过门诊、上门提供医疗卫生服务、健康体检、健康讲座等服务方式，并在村民自愿基础上逐步完成。辖区居民到乡镇卫生院、村卫生室接受服务时，由医务人员负责为其建立农村居民健康档案，根据其主要健康问题和服务提供情况填写相应记录。同时为服务对象填写并发放农村居民健康档案信息卡。

（王丽强）

【疾病预防控制】 深入开展遏制麻疹和手足口病流行集中行动决战月活动，主动对托幼和中小学校开展疫情搜索3100余次，及时处置聚集性疫情308起，印制防治手足口病明白纸、宣传画等宣传资料200余万份，确定普通病例集中收治医院18所和重型患者集中收治医院2所。至年底，全市麻疹报告发病率由全省第3位下降至第6位，手足口病报告发病率由全省第3位下降至第4位，城乡居民手足口病知识知晓率由60.2%提高到91.1%，实现了疫情知识知晓率提高、发病率降低、重症率降低、病死率降低的“一高三低”防控成果。开展麻疹强化免疫接种工作，设立接种点6574个，累计组织工作人员12.1万人次，接种率达到99.08%，居全省第一。召开全市艾滋病防治工作会议，启动预防艾滋病健康教育系列活动。完成全市结核病防治规划（2003～2010年）终期评估，实现DOTS策略覆盖率100%，传染性肺结核病患者督导治疗覆盖率、规则治疗率和治愈率分别达95%以上。全年举办23场“燕赵讲坛——百姓健康讲堂”，直接听众1万余人，间接受益听众670多万人，群众健康知识知晓率达到85%。还在新华区开展了全国居民营养与健康状况监测工作。

（王鑫　赵彦朋）

【参加第五次全国营养监测】 年内，石家庄市作为河北省唯一的大城市样本点参与了第五次全国营养监测。新华区和井陉县分别作为城乡样本点参与了监测工作。2010～2012年中国居民营养与健康状况监测工作是继1959年、1982年、1992年和2002年四次营养调查后开展的第五次营养监测，本轮监测计划在3年内完成。全国共抽取34个大城市、41个中小城市、45个农村、30个贫困农村和40个婴幼儿童及母乳监测点，最后形成一个约20万样本人群的、具有全国代表性的膳食营养与健康数据库。河北省在本次调查工作中被抽取1个大城市、2个中小城市、2个农村点和2个贫困农村点。按照监测方案，2010年，河北省在石家庄市新华区和邯郸市邯山区开展此次监测工作，每个区抽取6个居委会，每个居委会抽取75户，2个区共抽取900户2000余人。其余监测点将陆续在2011～2012年开展监测工作。11月2日，2010年中国居民营养与健康状况监测石家庄市监测点启动。根据监测方案，石家庄市在新华区抽取了宁安小区、和平西路、校园、经贸、西三庄街、世纪康城6个居委会，每个居委会抽取75户共计450户家庭约1200余人，每个被抽中家庭所有常住家庭成员均在签署“知情同意书”后确认为调查对象。每个居委会75户家庭中30户参与膳食调查、25户参与食物频率法调查、20户参与即食食品调查。现场调查包括询问调查（一般情况、个人健康情况和身体活动调查）、医学体检（测身高、体重、腰围、血压）、实验室检测(测血红蛋白、血糖、糖耐量、血脂、维生素A和D等生化指标）和膳食调查（膳食询问、家庭调味品称重、问卷调查等）4个部分。

（王丽强）

【卫生执法监督】 市政府办公厅名义出台《石家庄市职业病防治工作规划（2010～2015)》，要求劳动合同需明确职业病危害，同时在12个县（市）开展职业病防治规范化管理示范县活动。推进公共场所量化分级管理，市直管524家单位全部量化等级评定，县（市）区量化等级评定2116家单位，评定率达84.7%。实行县级卫生监督体系标准化建设，面向社会公开招录91名高学历、年轻化、高素质的卫生监督协管员。完成与市食品药品监督局职能和人员划转，开展3·15卫生监督维权、饮用水卫生安全、消毒产品、传染病、公共场所检查等集中行动，严厉打击非法行医，取缔无证医疗机构140家，立案450件，罚款90余万元。完成《石家庄市亚硝酸盐监督管理办法》、《石家庄市生活饮用水二次供水管理办法》两个立法件的起草审修工作。

【妇幼卫生】 2010年，全市孕产妇死亡率为18.16／10万，婴儿死亡率为7.64‰，5岁以下儿童死亡率为7.96‰。出台“母婴保健技术服务不良执业行为计分管理办法”，对全市36家助产单位和57家计划生育手术单位进行监督检查。完成560名计划生育手术从业人员考核换证工作。完善出生缺陷监测与综合干预体系，免费婚检县市增加到6个，新生儿疾病筛查率上升到92%，出生缺陷发生率降至7.99‰。重大妇幼卫生项目进展顺利，全年共补助农村孕产妇9.25万人，免费服用叶酸人数达12.49万人，免费筛查乳腺癌和宫颈癌妇女22000例，孕产妇和儿童系统管理率分别达到83.66%和84.86%，孕产妇住院分娩率达到99.71%。

【医政管理】 深入开展医疗质量万里行及医院管理年活动，加强业务培训，落实医院管理核心制度，规范病历书写规范，强化院内感染控制。加强院前急救工作，市区及农村县市急救站点分别实施五星级和4A级建设标准，开展急救技能大赛和急救知识下乡活动，举办各种应急演练。强化法制卫生理念，全面加强医疗机构管理，编制《医疗机构设置规划》，规范医疗机构设置、审批、校验等。做好手足口病重症患儿的医疗救治工作，妥善处置元氏8.1事件等突发事件。谋划实施市二院规划用地、市一院滹沱分院、市妇产医院、市妇女儿童医院、市精神病医院、市卫生监督局综合办公楼等6个建设项目。

【中医药管理】 市政府出台《关于扶持和促进中医药事业发展的实施意见》进一步扶持和促进中医药事业发展，深化医药卫生体制改革。全市组建5个重点中医专科（专病）协作组。完善农村中医药三级服务网络建设，推广中医药适宜技术，赵县和晋州市成功创建“省级农村中医工作先进县”。开展“综合医院中医药工作示范单位”创建工作，市中心医院被命名为“全国综合医院中医药工作示范单位”，市二院被命名为“全省综合医院中医药工作示范单位”。还承办了“中医中药中国行河北文化科普宣传周”暨石家庄站活动启动仪式。

【食品安全综合协调】 9月份，市卫生局成立食品安全综合协调处，除承担从市食品药品监管管理局划转的食品安全综合协调和组织查处重大食品安全事故2项职责外，还依法新增食品安全风险监测评估、食品安全信息发布、食品检验机构资质认定条件和检验规范的制定等职责。在市疾控中心和市卫生监督局分别组建食品安全风险评估监测管理中心和食品安全事故查处技术支持中心。代表河北省接受全国食品安全整顿工作的督导检查。扎实推进食品安全最放心城市创建工作，完成对县市区政府和职能部门创建工作的年度考核。安排部署中秋国庆、元旦春节两个双节的食品安全整顿工作，组织6个督导小组加强督导，承办5次省、市领导对节日食品安全的视察活动。确定38名食品安全专家委员会名单，拟定专家委员会工作制度和职责。

（王鑫　赵彦朋）

体　育

【概况】 2010年，全市举办、承办市级以上运动会28项，参与运动员4400人次；审核、审批一级、二级运动员405名；更新社区健身路径50条，城区广场安装健身工程23个，新建城区篮球场12个，新建农民体育健身场所455处。全市拥有经营规模较大且具有一定影响力的健身俱乐部30余家，体育经营场所设施总投资达到10亿多元，开展包括游泳、滑雪、健身健美、武术、羽毛球等体育经营项目28项，从业人员近2万人。截至年底，全市在122个公园广场安装了健身设施，安装全民健身路径1194条，农民体育健身工程1789个；全市拥有电脑体育彩票投注站860个，体育电脑彩票销售2.72亿余元，总销售额位居全省前列。

【竞技体育】 4月29日至9月16日，石家庄市派出45支代表队，1300余名运动员参加河北省第十三届运动会。最终夺得金牌248.2枚、奖牌675.5枚、团体总分13366.44分和体育道德风尚奖，打破1人1项省青少年纪录、1人1次创超省优秀运动队纪录，取得金牌总数、奖牌总数、团体总分三项第一名。圆满完成全国青年田径锦标赛，省运会射击预赛、射击决赛、体操比赛，省武术套路比赛，省第七届残疾人运动会和省教练员、裁判员培训班的承办工作。举办了市中小学生田径运动会以及校园足球活动、省级传统学校、幼儿基本体操大会等比赛。9月份，参加在承德市举行的河北省第八届少数民族传统运动会，市代表队取得9金9银9铜的好成绩。

【群众体育】 举办“中国体育彩票杯”第40届元旦长跑活动，来自全市各行各业近3万名群众参与，该活动已成为石家庄市全民健身活动的品牌赛事和省会辞旧迎新的标志性活动。5月30日，在长安区金谈固家园社区启动“澳瑞特杯”石家庄市第三届社区运动会，没有严格比赛规则，没有年龄性别限制，注重运动的趣味性，让健身快乐走进全市56个社区。8月8日，在市人民广场举行了省会“全民健身日”活动。此次安利纽崔莱健康运动嘉年华活动，吸引了广大群众的踊跃参与，尤其受到广大青少年朋友们的青睐。10月17日，第八届环石家庄自行车赛在市高新区火炬广场举行，来自北京、天津、重庆等全国23个省市及国外自行车爱好者1500人参加比赛。此项赛事由国家体育总局主办，为石家庄市近年来承接的最

晨练

高规格的国际体育赛事，已连续成功举办七届，知名度逐步提高，国家体育总局已将该项赛事纳入国家竞赛计划，成为全国自行车系列联赛之一。7月15日至8月15日，全市组织开展第三次国民体质监测工作，2592名不同年龄段、不同地域、不同性别、不同行业的人群参与监测，所有样本均符合监测要求。

【社会体育】 至年末，全市由市体育总会直接管理的体育协会17个，专业技术运动委员会5个，县（市）区体育总会24个，单项体育协会近200个。全年举办市级比赛15项25次，协助基层办赛事40次，筹集社会资金79.5万元，举办各级各类培训班15次。10月16～26日，成功举办全国象棋个人锦标赛。该赛事是由中国象棋协会主办的高规格A级赛事，来自全国31个省市20余位锦标赛冠军、60余位象棋大师、近150名象棋界顶尖高手参加了此次比赛。

（市体育局）

社会生活

社会生活

人口和计划生育

【概况】 2010年，市委、市政府始终把统筹解决人口问题放到经济社会发展的全局中考虑，把人口计生工作同经济工作同部署、同落实、同检查、同奖惩。4月29日，市委常委会专题听取了人口计生工作汇报，研究人口计生工作中的重点、难点问题，明确新年度工作重点。市政府常务会议研究确定，把实施独生子女家庭意外伤害保险工作继续列入市政府为民办实事内容，由各级财政为独生子女家庭投保补贴。为纪念《中共中央关于控制全国人口增长问题致全体共产党员共青团员的公开信》发表30周年，省委常委、市委书记孙瑞彬，市委副书记、市长艾文礼在《石家庄日报》联合发表题为《坚持以科学发展观为指导大力推进我市人口长期均衡发展》的署名文章，要求各级党委、政府强化统筹发展的观念，任何时候不能忽视人口问题，增强了各级党政一把手亲自抓、负总责的意识。市委、市政府坚持层层实行人口计生目标管理责任制，严格考核，兑现奖惩。2010年，依据年度考核结果，拿出48.5万元对2009年度人口计生目标管理先进单位进行表彰奖励。各县(市)、区也都层层签订目标管理责任书，逐级明确任务，落实责任。全市因计划生育否决39个单位、21名个人的评先资格。2010年，把落实乡镇计生办主任享受正科级待遇和协会专职副会长（秘书长）享受副科级待遇，及小组长月工资提高到60元以上列入年终责任目标考核内容。全市289个乡（镇）计生办主任正科级待遇全部落实，231个乡（镇）计生协副会长或秘书长落实了副科级待遇。全市18083名育龄妇女小组长每月60元工资均纳入当地财政预算，足额按时发放到位。市委、市政府对人口计生经费投入问题高度重视，2010年人口计生经费投入按照省确定的市级人均2.5元、县级人均24.5元的标准，全市预算内安排25914万元，预算外安排3493.55万元，其中市本级预算内安排1520万元，并追加“民心工程”专项经费100万元。

【经常性基础工作】 始终把严格落实计划生育月访视、季服务工作制度作为完成人口计划、强化基层基础工作的重中之重。全年以深入开展创建无政策外多胎生育乡（镇）和无政策外生育村的“双无创建”活动为契机，积极探索建立落实长效节育措施奖励制度，引导育龄群众落实以长效为主的避孕节育措施，减少非意愿妊娠行为的发生。至年底，全市落实长效节育措施118532例，创建无多胎生育乡（镇）58个，无政策外生育村1137个。严格执行计划生育政策审查制度，对提拔的57名市管干部，全部进行计划生育政策审查，无违反计划生育政策情况；对942个申报省、市级文明单位进行计划生育政策审查，否决78个。加大对党员干部违纪查处力度，全市各级纪检监察机关立案调查违反计划生育政策案件289件，给予党纪处分224人，双重处分3人。严格征收社会抚养费，全市17个农村县（市）全部成立了人口计生行政执法大队，基本实现“立案在县、征收在县、管理在县、支付在县”的“四在县”工作模式。2010年全市社会抚养费征收立案12552件，立案率达100%，征收社会抚养费11434.12万元。实施重点帮促，力促后进转化。年内全市对32个后进乡（镇）实行市人口计生委主任分包，业务处（室）重点联系，重点帮促督导，有力地促进了后进乡（镇）转化工作，全市后进转化率达到95%以上。开展“百村（居）示范”活动，积极推进基层群众自治。2010年，全市基层群众自治国家级示范点达7个、省级示范点达30个、市级示范点达50个。同时，加强基层计生协组织建设，在200人以上的流动人口聚集地建立了流动人口计生协组织，在200人以下的企业单位建立了社区联合会，年末全市基层计生协组织已达5086个，推动了基层群众自治工作的开展。

【生育关怀行动】 市、县两级通过政府投入、企业赞助、社会捐助等形式筹集830多万元，建立了“生育关怀公益金”。市本级对141名独生子女死亡或重症家庭父母进行了救助，发放救助金82万元；开展“天使圆梦”爱心救助活动，动员22个市直理事单位捐款3万元，资助30名考入大学和重点高中的贫困计生家庭女孩；与市红十字会联合为200个计划生育贫困家庭的白内障患者免费实施手术。争取省财政小额贴息资金20万元，分别投放到赞皇、深泽两县的360个计划生育家庭开展“少生快富”项目。在平山县黑山关村举行“幸福工程”款发放仪式，为24名贫困母亲发放了每户5000～10000元的项目款，帮助她们通过发展家庭旅馆脱贫致富。继续把落实独生子女家庭意外伤害保险列为政府实事，由政府“埋单”，强力推动。全市共为121228户独生子女家庭投保，市、县两级财政为农村和城镇低保独生子女家庭投保补贴152万元，累计为970户出险家庭办理赔付，赔付金额315.7万元，增强了独生子女家庭抵御风险的能力。

【计生政策衔接】 制定出台《关于在普惠政策中对计划生育家庭实行优先优惠的若干意见》。年初在元氏县抓试点，率先建立县级计划生育关怀扶助中心，该中心集“政策咨询、法律援助、奖励扶助、特困救助、项目支持、志愿者服务、资助帮扶、生育关怀”于一体，把办事窗口延伸到乡（镇）便民服务大厅，形成个人申办、乡村代办、各责任部门直接承办、关怀扶助中心集中受理承办、转办、督办、便民快捷的绿色通道。鹿泉市制定、落实了在新农保中对计划生育家庭的优惠政策，赞皇县对大学本二以上毕业的独生女无条件安排在县财政开支单位就业，赵县在农村住院分娩中提高对计划生育家庭补贴标准，灵寿县居家养老亲情服务做法受到省、市领导的充分肯定。

【生殖健康服务】 推进生殖健康免费服务升级。以建立农村计划生育家庭体检中心为载体，免费服务对象由已婚育龄妇女逐步延伸到计划生育家庭全体成员，免费服务项目由原来3项增加到5项，并为计生家庭成员分别建立健康管理档案。为确保免费服务拓展升级顺利实施，市、县两级政府对免费服务投入标准由原来人均5元增至不低于10元。2010年，市级财政投入免费服务资金180万元，各（县）市财政投入免费服务资金累计777.62万元，服务群众133万人次，农村妇女的妇科和乳腺疾病总体发病率由2005年的52.31%降至35.26%。拓展人口计生和卫生部门联合服务领域。按照资源共享，优势互补、服务互动原则，积极与卫生部门合作，联手组织实施农村妇女“双癌筛查”、增补叶酸预防神经管缺陷等重大公共卫生服务项目。辛集市人口计生部门积极配合当地妇幼部门开展两癌筛查动员、组织、登记、随访等工作；晋州、赵县对免费检查中发现的不孕不育症患者与河北省计划生育研究院和白求恩国际和平医院建立协作治疗关系；晋州市人口计生部门与残联合作，建立脑瘫患儿康复中心，实行免费、优惠检查治疗。开展优质服务先进单位创建活动。在晋州、新乐、正定、辛集4个县（市）创建为国家优质服务先进单位基础上，2010年，无极县创建为国家优质服务先进单位，晋州、鹿泉2个县级计划生育服务站创建为全国计划生育优质服务县级示范站，鹿泉市上寨乡、大河乡，晋州市马于镇、东里庄镇，辛集市新城镇、新垒头镇，正定县北早现乡、诸福屯镇8个乡级计划生育服务站创建为全国计划生育优质服务乡级示范站。

【优生促进工程】 引进孕前风险评估信息系统，为全市待孕夫妻免费开展12类584项孕前风险评估服务，建立全市出生缺陷高危风险人群数据库。与市妇产医院和妇幼保健院合作建立市级优生促进和妇科疾病防治服务基地，为育龄夫妻提供集“孕前宣传培训、优生咨询、风险评估、健康检查、技术干预、孕期孕前跟踪服务、新生儿筛查和不孕不育治疗”八位一体的出生缺陷干预系列服务链条。全市累计开展各类优生服务102万人次，县级开展孕前优生健康检查6.5万人次，计划怀孕夫妇优生科学知识知晓率达85%以上。积极推进婴幼儿早期教育。与社会早教机构“淘宝贝”合作，组织开展以“万份早教问卷调查、千家亲子娱乐、百场父母课堂及宝宝早期发展测评”为主要内容的“儿童传承希望，早教塑造未来”系列早教进社区公益活动。有条件的县（市）区设置了早教培训指导中心和宝宝乐园，开展早教知识的宣传指导和婴幼儿生长检测等项目，在当地形成以服务站为中心的早教文化辐射网络。

【避孕药具发放】 依托乡村卫生院、社区卫生服务站及药店等社会资源，全市布设避孕药具免费发放点4925个，推广了避孕药具便民“一卡通”发放模式。流动人口、下岗职工、残疾人群、未婚人群、艾滋病高危人群凭《避孕药具免费领取服务卡》到任一发放点可免费领取避孕药具，逐步实现由按计划数量发放向按群众实际需求发放的转变。与上海赛涛尔传媒公司合作，在大中型社区、大中专院校等重点场所首批安装100台融“人口文化、药具知识、发放政策和药具领取”于一体的新型公益性灯箱式自动售套机，完善了避孕药具社会化宣传发放服务模式。

【军人家属“一通三”服务】 全市推广实施军人家属计划生育服务“一通三”工程，即为户籍在石家庄且无固定职业的军人家属和临时来石家庄探亲一个月以上且无固定职业的军人家属办理《石家庄市军人家属计划生育服务手册》。军人家属凭《手册》到军、地医院和各县（市）区人口计生服务机构就医享受相关优惠政策。为扩大就诊服务范围，市人口计生委、市卫生局、市警备区联合印发《关于深化无工作军人家属计生服务管理“一通三”工程延伸定点服务机构的通知》，延伸拓展“一通三”定点服务机构，方便了军人家属。“一通三”试点启动后，为无工作军人家属开展健康检查诊疗服务8600多人（次），减免优惠体检诊治费用40多万元，查出各种妇科疾病1327例。7月27日，省军区和省人口计生委在石家庄市召开“一通三”工程现场会，推广石家庄市“一通三”工程经验。

【阳光计生行动】 实施阳光管理。把全面实施人口计生政务公开作为实行“阳光计生行动”的切入点，利用媒体、网络、政府信息网、公开栏等形式向社会公开人口计生部门的职权范围、办事程序、办事依据、办事内容、办事标准、办事纪律。全市23个县（市）区、289个乡（镇、办事处）、4447个村都建立了高标准政务公开栏。实施阳光政务。本着改进作风、简化程序、方便群众、提高效率的原则，全面推进一站式便民服务大厅建设。全市各乡（镇）均建立了高标准人口计生便民服务大厅，全面改善了办公条件和服务环境，方便了群众，提高了工作效率。实施阳光维权。与市司法局联合成立计划生育法律援助中心，市、县开通“12356”阳光服务热线，定期参加市电视台阳光访谈节目，畅通群众诉求。同时，实行有奖举报制度，市级设立举报奖励基金10万元，用于对违法生育、“两非”行为及违法施政的举报奖励。全年受理群众举报73件（次），兑现奖励2例，兑现奖金4000元。实施阳光执法。按照国家、省要求，集中开展基层文明执法专项治理活动，市制定方案，明确任务，进行专项检查，使执法人员文明执法理念深化，执法行为更加规范。全市开展创建100个高标准便民服务大厅、树立100名依法行政文明执法标兵“双百创树”活动，提高基层依法行政水平，群众对计生工作满意度提高。年内，在全省人口计生系统党风廉政建设和纠风工作会议上，石家庄市以“扎实开展阳光计生行动努力打造群众满意的服务型政府”为题，作了大会发言。

【流动人口服务】 完善流动人口工作网络。市、县（市）区专门增设流动人口管理服务处（科），配备专职人员，城区乡（镇）街道办事处明确专职人员。同时以社区为单位，建立社区负责人（居委会主任）－信息管理人（社区计生干部）－信息联系人（楼院长）－信息采集人（单元长、协会会员）－信息报告人（房主）五级“服务责任链”，形成流动人口工作责任网。建立流动人口工作制度。在全面掌握流动人口居住信息基础上，建立“四图两卡”制度，即：组织网络图、工作流程图、社区平面示意图、房屋租用动态图、《流动人口已婚育龄妇女信息登记卡》、《石家庄市流动人口已婚育龄妇女生殖健康检查服务卡》。通过“四图两卡”，直观、迅速、准确地将流动人口现状和动态信息反映出来，消除管理空档。与51个地级市签订跨区域协作协议书，与市公安、工商、劳动等部门建立“三联一通报”制度，即联席会议、联合办公、联合巡检、信息通报制度，初步形成相关部门信息互通、管理互动、服务互补、合作共赢的局面。推动流动人口计划生育服务均等化。石家庄市作为全国流动人口计划生育基本公共服务均等化试点城市，认真谋划，大胆探索，积极推动均等化服务工作，起草《石家庄市流动人口计划生育均等化服务实施方案》，以市委、市政府文件印发。把流动人口计生经费按常住人口经费投入标准列入财政预算，保障流动人口计划生育服务管理正常开展。

（市人口和计划生育委员会）

【石家庄市被确定为全国流动人口均等化服务试点】 年内，经过申报和综合评估，石家庄市被国家人口计生委确定为河北省唯一的全国流动人口均等化服务试点城市。为贯彻落实《流动人口计划生育工作条例》和推进基本公共服务均等化，国家人口计生委联合相关部委在全国部分城市开展创新流动人口服务管理体制、推进流动人口计划生育基本公共服务均等化试点工作。流动人口均等化服务主要包括四方面的内容：一是全面推进流动人口计划生育基本公共服务均等化；二是建立健全流动人口工作统筹管理、综合决策体制；三是完善流动人口基本公共服务网络体系；四是建立健全流动人口综合服务管理信息系统。

【石家庄市被确定为国家人口计生综合改革示范市】 2010年年末，石家庄市被国家人口计生委确定为全国人口和计划生育综合改革示范市。按照国家人口计生委安排，从2009年开始，利用3～5年时间，重点培育、确立100个左右有东、中、西部代表性、处于不同发展阶段的国家级综合改革示范市，发挥示范和带头作用，完善稳定低生育水平长效工作机制，建立统筹解决人口问题、促进人口长期均衡发展的体制机制。石家庄市自20世纪90年代初进入低生育水平阶段，年均出生人口11.5万人，年均人口自然增长率5.6‰，出生率12‰左右，符合政策生育率保持在90%左右，出生人口性别比基本保持在正常值范围，人口计生工作主要指标位居全省前列。至2010年底，全市创建国家级优质服务先进县5个，省级12个；群众对人口和计划生育工作满意率达到95%以上。

（王丽强）

【打造人口文化传播新载体】 加强人口文化园区建设，建成西柏坡红色旅游人口文化传播基地等8个特色系列人口文化传播基地，为新型人口文化传播增添新的活力。开展“情系农民工·关爱留守儿童”影视文化送温暖活动。晋州市、长安区组织2场文艺汇演。与市书法家协会、美术家协会、摄影家协会联合举办“西柏坡杯”人口·家庭·健康美术、书法、摄影作品展，征集作品548件，展出作品134件，并以《丹心绘国策》为名辑印成册，由中国人口出版社出版发行。9月21日，在石家庄市举行纪念《中共中央关于控制全国人口增长问题致全体共产党员共青团员的公开信》发表30周年大会专场演出，开展青春健康教育进校园活动。河北省青春健康教育·人口文化进校园示范基地在市81中学揭牌。启

举办石家庄市“西柏坡”人口家庭健康美术书法摄影展

副市长张妹芝（右）为河北省青春健康教育人口文化进校园示范基地揭牌

动人口影视戏曲文化，与省电视台等部门联合拍摄反映人口计生工作的专题影片《小丫头子》，在中央电视台、河北电视台播出；人口题材现代坠子戏《女儿情》在全省公演。

【综合治理出生人口性别比偏高】根据卫生、公安、教育、人口计生等部门出生报表情况，对24个县（市）、区的出生性别比进行综合分析，确定赵县、无极、赞皇为省级出生人口性别比偏高重点治理县，元氏、高邑为市级重点治理县，落实“治理靠县、责在政府”的要求，实施重点治理。严格落实全员全程包保责任制，进一步规范B超机准入制度和孕情跟踪服务制度，突出抓好B超、终止妊娠手术、终止妊娠药品等关键环节和二胎持证育龄妇女等重点人群管理。协调卫生、公安、食药监等部门开展集中治理行动，加大“两非”案件查处力度。至年末，全市共查处“两非”案件44起。制定有利于女孩成长的社会经济政策，对女孩实行优先优惠和救助，建立对独女户、双女户的长效帮扶救助机制，在新农合、新农保中落实对独女户、双女户的优先优惠政策，为女孩的健康成长创造良好的社会环境。2010年，全市扶助、救助计生女孩家庭4055户，发放扶助、救助金371.2万元。

【人口信息管理】全员人口信息库建设取得突破性进展，初步建成信息动态采集、数据及时更新、质量较为可信，辅助决策较为有力的全员人口数据库。11月4日，全国人口宏观管理与决策信息系统一期成果应用现场会在石家庄召开，副市长张妹芝在会上介绍了经验，与会代表现场考察了新华区和栾城县两个现场，国家人口计生委副主任江帆给予高度评价。

（市人口和计划生育委员会）

城乡居民生活

城市居民生活

【概况】2010年，石家庄市社会经济平稳发展，居民收入稳步提高，居民消费稳中有升。国家统计局石家庄调查队对市区300户居民家庭抽样调查显示，2010年市区居民家庭人均可支配收入达到18290元，比2009年同期增长10.13%。2010年构成居民家庭收入的工资性收入、经营净收入、财产性收入、转移性收入均呈现增长的态势，其中财产性收入大幅度增长，工资性收入和转移性收入继续占据家庭总收入的绝大部分。2010年全市市区居民人均消费性支出10568.49元，比2009年同期增长4.9%，同比涨幅扩大3.6个百分点。2010年市区居民家庭人均工资性收入为10306.78元，同比增长7.7%，拉动人均可支配收入增长4.4个百分点。工资性收入占家庭总收入的比重为52.6%，比2009年下降1.1个百分点。2009年，受金融危机的影响，石家庄市个体经营者受到很大冲击，收入滑坡。2010年，随着经济形势的好转，全市个体经营状况逐渐恢复，居民家庭中来源于个体经营净收入人均为1256.49元，比2009年增长5.7%。2010年居民家庭人均转移性收入7896.90元，同比增长12.3%，其中离退休金收入人均7476.33元，同比增长10.0%，比工资性收入增速高出2.3个百分点。其主要原因，一是为切实保障退休人员生活水平，国家已连续四年提高企业退休人员养老金标准，市委、市政府高度重视并积极落实相关政策；二是随着老龄化速度加快，离退休人员占家庭人口的比重越来越大，使得离退休人员收入在家庭总收入中的比重逐年增加。调查资料显示，2010年市区居民家庭中户均离退休人数为0.88人，占户均人口的32.9%，离退休人员收入占家庭总收入的38.1%。2010年居民家庭中来源于财产性收入为人均145元，同比增长2.5倍。市区居民家庭财产性收入主要由利息收入、股息及红利收入、出租房屋收入几项构成，由于这些收入受政策和经济形势影响较大，所以波动较大。近些年市区居民家庭财产性收入占家庭总收入的比重始终在1%以下，2010年增速较快，仍然只占家庭总收入的0.7%。2010年，全市城镇居民八大类消费支出总体呈现“六升两降”格局，其中食品、居住和交通通信类支出所占绝对份额居前三位，交通通信、家庭设备用品及服务类支出同比涨幅超过两位数，医疗保健、其他商品和服务类支出明显下降。

（郭社发）

【居民家庭消费构成】 食品类支出继续上升。2010年，全市城镇居民人均食品类支出3660.85元，同比上涨3.6%，因其在消费支出中占到34.6%的份额，所占比重最大，故最终拉动消费支出增长1.3个百分点。其中，粮油类支出593.08元，增长6.8%；肉禽蛋水产品类支出896.87元，增长8.4%；蔬菜类支出459.84元，增长1.4%；干鲜瓜果类支出310.66元，增长34.1%；饮食服务支出507.75元，增长12.2%。衣着类支出稳步提高。2010年，城镇居民人均衣着消费支出1192.27元，同比增长6.7%。其中，人均服装支出832.83元，同比增长19.7%。居住类支出明显上涨。2010年，全市城镇居民人均居住支出1402.45元，同比增长6.9%，同比涨幅扩大4.2个百分点。该类消费占消费支出的13.3%，位居第二，最终拉动2010年消费支出上升0.9个百分点。其中人均住房支出184.43元，同比增长18.8%。居住配套费用提高使得人均居住服务费支出66.39元，同比增长59.4%。家庭设备用品及服务类支出显著增加。2010年，全市城镇居民人均家庭设备用品及服务支出759.59元，同比增长16.1%，该大类同比增速仅次于交通通信类位居第二，其最终拉动消费支出上升了1.0个百分点。其中：生活品质提高加快了居民对彩电、冰箱、空调、电脑等耐用消费品更新换代的步伐。2010年，全市人均耐用消费品支出389.41元，同比增长38.3%。另外，家庭服务理念更新，使得居民用于家庭服务的支出明显增加，2010年，全市人均用于家庭服务的支出为55.26元，同比增长71.8%。医疗保健类支出明显由升转降。2010年，全市城镇居民人均医疗保健支出830.53元，同比下降29.6%，医疗体制改革的推进，减轻了居民家庭看病负担。2010年全市滋补保健品、医疗费、其他医疗保健和药品费支出降幅最大，分别下降43.3%、33.7%、33.2%和25.4%。交通通信类支出增速迅猛。2010年，全市城镇居民人均交通通信支出1335.98元，同比增长56.7%，增速居八大类之首，加上该大类在消费支出中所占比重为12.6%，位居第三，最终拉动消费支出增长4.8个百分点。其中：家用汽车购买力增加，使得交通支出明显上升，2010年人均交通类费用支出755元，同比增长151.3%。教育文化娱乐服务支出继续增长。2010年，城镇居民人均教育文化娱乐服务支出1029.94元，比上年同期增长5.8%，同比涨幅扩大5.3个百分点。其中，人均教育支出475.6元，增长35.5%；人均文化娱乐服务支出265.75元，上涨7.4%；人均文化娱乐用品支出288.58元，同比下降23%。其他商品和服务支出降幅较大。2010年，全市城镇居民人均杂项商品及服务支出356.89元，同比下降21.5%。

【居民家庭消费特点】 居民家庭消费率下降，消费空间有待拓展，消费信心有待加强。2010年全市居民消费保持了平稳发展的势头，但总体来说，消费需求潜力还未得到应有释放。2010年，全市城镇居民家庭消费率为54%，较2009年同期降低3个百分点。居民消费空间有待进一步拓展，居民消费信心有待进一步加强。分析影响居民消费率下降的因素：首先，居民收入差距的影响。2010年全市最高与最低收入组收入之比为4.5∶1。其次，居民消费习惯的影响。居民消费中温饱知足、小富即安的消费习惯对消费行为产生了消极作用。再次，居民收支不确定性的影响。一方面是收入预期不确定，主要是就业稳定性变数大，影响居民收入预期。另一方面是支出预期不确定，住房、养老、医疗、教育等改革增加了人们的支出预期。收支预期相反方向变化的结果，在一定程度上影响了消费的即期增长。服务性消费与商品性消费同步增长，但前者所占比重较低。调查资料显示：2010年，全市市区居民人均消费性支出10568.49元，其中人均商品性消费支出8330.27元，人均服务性消费2238.22元，同比分别上涨4.9%和4.8%，两者仅相差0.1个百分点。服务性消费与商品性消费并行，表明随着经济的发展和居民收入水平的不断提高，花钱买享受、买时尚、买轻松、买健康已成为部分居民家庭消费的新趋势，服务性消费已成为居民消费的重要组成部分。2010年服务性消费与商品性消费增速基本持平，但服务性消费占消费支出的绝对份额仍然较低，仅为21.2%，其发展空间还需拓展和提高。

（冉红）

农民生活

【概况】 2010年，全市贯彻落实党在农村各项惠农政策，紧紧围绕农业增效、农民增收这一中心任务，大力调整农业产业结构，狠抓农业基础设施和生态环境建设，加大新农村建设力度，农村经济继续保持平稳发展态势，农民收入稳定增长。据对全市18个农村县（市）区1800个农村住户抽样调查，2010年全市农民人均纯收入6577元，比2009年增加600元，增长10.04%。

【农民收入增长的主要特点】 工资性收入增长较快，是农民收入增长的重要支撑点。2010年全市农民工资性收入人均3417元，比2009年增加371元，增长12.2%，对农民纯收入增长的贡献率为61.9%，占农民纯收入的比重为52.0%，比2009年增加1个百分点；其中在非企业组织中劳动得到的收入人均344元，与2009年基本持平；在本乡地域内劳动得到的收入人均2490元，比2009年增长15.6%；外出从业得到的收入人均583元，比2009年增长6.2%。家庭经营纯收入小幅增长，拉动了农民收入的增长。2010年农民家庭经营纯收入人均2685元，比2009年增加133元，增长5.2%，占农民纯收入的比重为40.8%，比2009年减少1.9个百分点。分产业情况看：第一产业纯收入人均1951元，比2009年增长5.7%；第二产业纯收入人均177元，比2009年增长1.1%；第三产业纯收入人均557元，比2009年增长5.1%。种植业和牧业是全市农民第一产业纯收入的主要来源。调查结果显示，种植业纯收入人均1613元，比2009年增长11.3%，对农民纯收入增长的贡献率为26.7%，增长的主要原因是农产品价格增长拉动。牧业纯收入人均326元，比2009年下降16.0%，主要受牧业用饲料价格上涨因素影响。2010年二三产业稳定发展促进了农民增收。具体来看，建筑业增长34.3%，批零贸易饮食业增长15.8%，文教卫生业增长12.1%，社会服务业增长0.3%，其他行业收入增长5.3%，工业、交通、运输、邮电业等行业收入呈下降态势。财产性纯收入大幅增长，成为农民纯收入增长的新亮点。2010年全市农民财产性纯收入人均199元，比2009年增加62元，增长44.9%，占农民纯收入的比重为3.0%，比2009年增加0.7个百分点。其中，转让承包土地经营权收入人均8元，比2009年增长1.7倍；农民得到股息与红利收入人均54元，比2009年增长81.1%；租金收入人均24元，比2009年增长10.6%。转移性纯收入快速增长，成为农民纯收入增长的重要补充。2010年全市农民转移性纯收入人均276元，比2009年增加34元，增长14.0%，占农民纯收入的比重为4.2%，比2009年增加了0.2个百分点。其中粮食直接补贴、良种补贴、购置或更新大型农机具补贴三项补贴收入人均67元，比2009年增长8.9%。

【农民收入增长的主要原因】 政策支持。2010年全市各级党委政府认真贯彻“中央一号”文件和省、市农村工作会议精神，把提高粮食生产、保护农民利益、增加农民收入作为宏观调控的主要抓手，积极落实各项支农政策，对促进农民收入持续快速增长发挥了重要作用。调查结果显示，2010年全市农业政策补贴收入人均106元，比2009年增加6元，增长5.8%，广大农民真正得到了实惠。务工形势趋好。2010年，全市各级党委、政府制定了促进农民就业的相关政策，在宏观经济企稳回升、“三年大变样”的拉动下，全市农村劳务经济发展势头良好，外出务工人数较2009年增长0.9%，从业时间累计6个月以上的人数增长0.4%，支撑了工资性收入的增长。价格拉动。2010年，农产品价格持续高位运行，是实现农民纯收入增长的重要因素。调查显示，农户出售粮食的综合平均价格为1.8元／千克，同比增长13.4%；其中小麦价格增长10.9%；玉米价格增长10.6%；其他农产品如豆类价格增长2.9%，棉花价格增长60.4%，油料价格增长37.2%，蔬菜价格增长17.0%。农产品价格的高位运行，增强了农民从事农业生产的信心，对农民收入的增加起到重要的促进作用。二三产业发展势头良好。发展农村二三产业是促进农村经济发展、增强农村经济活力、提高农民收入的有效途径。从全市看，随着全市经济整体回升向好，二三产业发展势头加快。调查显示，2010年二三产业主要行业实现较快增长，其中建筑业增长34.3%、批零贸易饮食业增长15.8%、文教卫生业增长12.1%、其他行业收入增长5.3%。

（刘利萍）

扶　贫

【概况】 2010年，国家和省累计下达财政扶贫资金4069万元，市级配套资金380万元，涉及扶贫项目163个。按照分级扶持的原则，国家和省的资金主要用于4个扶贫重点县，市级资金主要用于井陉、元氏两个非重点县的重点贫困村。2010年，是全市对第三批180个贫困村实施扶持的最后一年，市扶贫办紧紧围绕“稳定解决3.3万贫困人口脱贫问题”的主要目标，探索扶贫开发新机制，积极谋划，科学组织，突出重点，狠抓落实，全市3.3万贫困人口脱贫的任务目标基本完成。

【帮扶措施】 扎实做好互助金试点工作。全市互助金试点村64个，按照省扶贫办要求，4个重点县互助金试点村的注册问题已逐步解决，其他方面按国务院扶贫办103号文件规定规范运行。发挥龙头企业带动作用。通过对各县龙头企业进行筛选、评定，15家龙头企业与贫困家庭签订具体的帮扶协议。7月份，组织召开扶贫龙头企业暨成长型企业项目申报培训会议。实施提高技能促就业培训。结合当地产业特点加大培训力度，建立完善贫困家庭“两后生”信息库，确保转移培训资金真正用于贫困人口。探索“雨露计划”与农村中等职业教育有机结合的途径，逐步将短期培训转向职业教育。至年末，全市共组织劳动力转移培训800人，农民实用技术培训10767人。

【“两项制度”扩大试点工作启动】 成立以市政府副秘书长常志卷为组长，市民政局局长、扶贫办主任为副组长的农村最低生活保障制度和扶贫开发政策有效衔接领导小组，并于10月底组织召开“两项制度”扩大试点工作协调会，对8个有扶贫任务的县扶贫办主任、主管主任进行培训。10月29日市政府办公厅下发《关于做好农村最低生活保障制度和扶贫开发政策有效衔接扩大试点工作的实施意见》，决定自2010年10月开始，在全市有扶贫开发任务的8个县（市）开展“两项制度”有效衔接扩大试点工作，到2011年1月结束。

【资金监管】 年初，市扶贫办向全市180个第三批贫困村发出2010年第一批到村财政扶贫资金项目公开直通车通知函，加大扶贫资金的公开透明和项目资金的监督力度，确保了广大群众的知情权、参与权和监督权。为促进项目管理规范，运作机制协调，保证资金到项目，效益到贫困户，下发《石家庄市扶贫开发领导小组办公室关于做好监督检查工作的通知》和《2010年财政扶贫项目资金治理工作实施方案》等文件，编制了《第三批重点村到村资金一览表》。及时对惠农资金专项清理和检查工作进行安排部署，组织各县及市本级自查，协调解决工作中遇到的矛盾和问题。做好举报受理工作，设立举报电话，建立举报和查处督办制度，做到举报件件有交待，事事有着落。

（王广才）

社会福利和社会事务

【概况】 2010年，全市收养登记办理110起，登记合格率100%；其中华侨及港澳台胞收养登记2起。火化遗体52396具，社会火化率91.1%。全市婚姻登记工作进展良好，多个县（市）、区婚姻登记处获得全国婚姻登记规范化单位称号，其中栾城县获得全国婚姻登记规范化单位和省行风建设先进单位2项表彰。至年底，全市福利彩票销售再创新高，共销售彩票5亿元，筹集社会公益金1.75亿元。

【养老服务】 年内，成立由主管市长任组长，多个成员单位组成的养老服务体系建设领导小组。12月21日市民政局、市财政局联合下发《关于对社会福利机构进行资助的通知》（石民政[2010]110号），决定自2011年起，对社会养老服务机构进行资助。对市区新建100张床位（含100张）以上的社会养老服务机构给予每张床位2000元的一次性资助；对社会养老机构给予每位老人每月50元的床位运营补贴。为确保养老服务业可持续发展，结合都市区人口整体规划，制定了《石家庄市2011～2020年养老服务设施规划》和《石家庄市2011～2015年养老服务业发展规划》，明确了养老服务业发展目标和落实措施，并规划养老服务设施用地111块。12月13日，《石家庄市2011～2015年养老服务业发展规划》经市政府常务会讨论通过，确定2011年起执行。

【示范性老年公寓开工】 10月28日，市示范性老年公寓奠基，该公寓位于体育北大街，环保公园东北角，项目总投资7332.7万元，总建筑面积28900平方米，设计床位600张。

【“12349”社区服务热线开通】 以社区服务信息数据库为基础，以呼叫中心技术为支撑，开通了“12349”社区服务热线。“12349”社区服务热线利用电话、网络等现代信息手段，24小时为社区居民提供信息咨询、生活照料、家政服务、医疗保健等十大类百余项服务。为让更多的老年人享受到方便快捷的服务，向全市老年人推出具有一键求救、求助功能的“百姓通”老人手机，首批办理“百姓通”手机10000部，其中为市区“三无”、“低保”老人免费发送4000部。

【殡葬服务】 全年社会死亡人数57499具，火化区死亡人数51844具；全市火化遗体52396具，社会火化率91.1%，火化区火化率98.7%。火化较好的县（市）区为矿区、鹿泉市、正定县、栾城县、深泽县、高邑县。

（杜顺庄）

城乡救助

【社会救助】 制定实施了《城市低收入家庭认定办法》，城乡低保和临时救助制度得到规范，形成以城乡低保制度为基础，农村五保供养、城乡医疗救助制度为辅助，临时救助、住房保障、医疗保险、法律援助、慈善救助为补充的多层次、多方位社会救助体系，社会救助水平大幅提高。至年底，全市共有城市低保对象6万人，累计发放保障金1.2亿元，月人均补助176元。农村居民最低生活保障人数15.18万人，发放资金1.27亿元，月人均补助72元。“三院合一”（敬老院、光荣院、福利院）模式“民政事业服务中心”建设步伐加快，全市17个涉农县市建成13所民政事业服务中心，投入资金1.7亿元，新增床位5890张。2010年，鹿泉市宜安敬老院、井陉县中心敬老院被国家民政部评为全国模范敬老院；全市有4所被省民政厅命名模范五保供养中心、24所被命名为为三星级、2所被命名二星级。全市有五保对象20732人，其中集中供养11332人，集中供养率54.7%，累计发放供养资金4003万元。城乡医疗救助"一站式"网络全面建设，有9个县（市）区医疗救助实现与定点医院联网"一站式"及时结算。至年底，全市城乡医疗救助支出4200万元，共救助26万人次。

（邢朝辉）

【"一日捐"善款首次启用】 8月4日，市人大常委会副主任、市总工会主席、市"救助困难职工一日捐"活动领导小组组长傅世武到白求恩国际和平医院看望因液化气泄漏引起爆炸导致大面积烧伤的石家庄供水集团有限责任公司职工马迎秋和她的女儿李碧杰。2010年7月31日，市供水集团职工马迎秋和女儿李碧杰因家中液化气泄漏引发爆炸造成大面积烧伤，马迎秋烧伤面积达70%，女儿李碧杰烧伤面积达80%，家庭直接经济损失达10万元。为帮助这个不幸的家庭缓解经济上的压力，市总工会"救助困难职工一日捐"活动领导小组紧急启动捐助程序，一次性给予马迎秋母女俩一万元的救助。马迎秋母女是石家庄市"救助困难职工一日捐活动"的第一笔救助款受助者。马迎秋母女经治疗出院，其后期治疗费用仍需80万元。鉴于马迎秋母女后续治疗费用巨大，经市"一日捐"领导小组办公室研究议定，向省"一日捐"领导小组申请特别重大救助资金对其实施救助。经各级研究确定，省"一日捐"资金提供特别重大救助款7万元，省"专项帮扶资金"提供医疗救助款1万元，市"一日捐"资金提供医疗救助款2万元。这是石家庄市开展"救助困难职工一日捐"活动后，首次申请省级"一日捐"资金对发生救助事项的职工进行救助。11月10日，省人大常委会副主任、省总工会主席马翠兰、市人大常委会副主任、市总工会主席傅世武到马迎秋家中慰问，并送上10万元的救助资金。

（王静　苏卉卉）

防灾救济

【概况】 2010年，石家庄市遭受到低温冷冻、风雹和干旱等自然灾害。为保障灾民群众基本生活，市民政局及时下发通知，建立和完善了灾民生活救助方案；市、县两级民政部门组织督导组多次深入乡（镇）、村，入户摸清灾民需救助底数。至年末，全市共发放救灾资金2489万元，安排救济口粮228.8万千克，衣被14.35万件，累计救济灾民35.7万人次，有效保障了灾区群众基本生活和社会稳定。

【防灾减灾宣传】 举办5·12"防灾减灾日"减灾科普知识宣传活动。市减灾委成员单位协调配合，落实责任，组织了减灾科普知识讲座、技能培训、法律咨询等活动。县（市）、区充分利用广播电视、海报标语、科普展览、板报专栏等形式，开展了丰富多彩、喜闻乐见的防灾减灾宣传，形成全社会共同关心和积极参与防灾减灾的良好局面。5月12日，省、市减灾委在省博物馆广场举办了省会5·12"防灾减灾日"大型宣传活动仪式，省、市领导及省会党政机关、企事业单位、社会团体、大中院校、科研医院、基层社区和驻石武警部队等3000多人参加了大型宣传活动。

【避震防火应急预案演练】 5月份，石家庄市在长安区和平路社区举行了基层社区避震防火应急预案演练现场观摩会，演练涉及基层社区干部群众、医护人员、公安干警、社区保安及消防官兵等1500多人，动用应急指挥、抢险救护、公安消防等车辆10余部。省、市有关领导现场观摩了演练全过程，给予高度评价。

【获得全国防灾减灾知识大赛亚军】 8月份，市代表队荣获全省防灾减灾知识大赛预赛、决赛冠军。按照省民政厅要求，石家庄市组建河北省代表队于8月中旬进行了集中封闭式训练。9月17～20日，石家庄市代表河北省参加了2010年全国防灾减灾知识大赛，经过选拔赛、半决赛和总决赛三个阶段的激烈角逐，最终进入全国防灾减灾知识大赛央视总决赛并荣获亚军。

【争创全国综合减灾示范社区】 围绕创建"全国综合减灾示范社区"活动，建立了社区灾害应急管理工作体系，制定社区灾害应急预案，完善社区减灾基础设施，有力提升了社区综合减灾能力。年内，西三教和世纪花园等9个基层社区被国家民政部授予第四批“全国综合减灾示范社区”称号，全市“全国综合减灾示范社区”数量累计达到 14 个。

【抗灾捐赠】 积极开展支援青海玉树和甘肃舟曲救灾捐助活动，全年接收支援玉树救灾捐款 793.9737 万元，接收舟曲慈善捐赠款物 250.39 万元，都及时汇往和发运到灾区。

（刘建伟）

双拥工作

【概况】 2010 年，全市双拥工作以创建双拥模范城（县）为载体，强化组织领导，完善工作机制，拓展服务领域，丰富双拥内容，广泛开展双拥共建活动，促进了地方经济社会发展和部队战斗力的提高，取得了军地建设的双丰收。

【宣传教育】 结合建军 83 周年，积极开展“双拥宣传月”活动，组织了双拥文艺创作、读书演讲、趣味运动会等多项活动。集中树立一批双拥先进典型单位和个人。3 月份，组织开展了“好军嫂”评选活动。全年共组织国防知识报告会、知识竞赛、文艺演出等 200 多场，受教育军民达百万余人。

【军民共建】 加强与“石家庄舰”共建交流。10 月份，受省委常委、市委书记孙瑞彬委托，市委副书记刘云峰率团走访慰问了“石家庄舰”全体官兵，并送去价值 35 万元的慰问品。全市深入开展军民共建活动，围绕实现省会“三年大变样”工作，深入组织了军民共建文明生态村、文明安全社区活动。

【拥军优属】 春节、“八一”节前夕，市领导到驻石部队、光荣院、部分重点优抚对象及军队离退休干部休养所进行了走访慰问。5 月份，会同警备区政治部、市工商联开展了“企业家进军营”活动，激发和调动了企业家支持参与双拥工作的积极性和主动性。6 月份，市委、市政府慰问参加“河北省非战争军事行动能力建设试点任务”的部队官兵。加大为部队办实事、解难题力度。年内安置 200 名随军家属到公益岗位工作；做好部队营区周边道路、排水设施、夜间照明维护，增加公交运营线路，保证官兵出行畅通；为部队举办各类学习班、培训班 30 多期，科技报告讲座 40 多场，培训官兵 3000 多人，帮助解决技术难题 5 项。

【拥政爱民】 驻石部队主动参与地方精神文明建设，支持省会“三年大变样”工作，积极做好南水北调工程、铁路穿城入地、滹沱河综合改造和环城水系建设中的国防设施迁建和国防工程保护工作。驻军单位完成部分老旧建筑、围墙拆除，营门整治美化和沿街建筑的亮化，提升了营区及周边的形象和品质。驻军结合所担负的非战争军事行动能力建设试点工作，整理和规范 9 类 12 项应急预案，组织动用各类应急专业力量 18 支 1200 余人，民兵应急分队 2000 余人次，车辆 120 余台，装备器材 1000 余台（件），反复演练，强化遂行非战争军事行动任务的能力，完成了省军区拉动演练和石家庄市维稳办、反恐办组织的防化演练等应急演练 10 余次。在南三环防护林带和山前大道省会义务植树基地植树 6000 余株，造林 70 余亩。驻军单位积极参加全市扶贫开发，继续开展对赞皇县对口帮扶工作，深化产业扶贫，落实对口帮扶经费 70 余万元。

（王燕芳）

优待抚恤

【概况】 2010 年，全市有各类重点优抚对象 41035 人，其中伤残人员 10370 人，“三属”（烈士遗属、因公牺牲军人遗属、病故军人遗属）6301 人，在乡复员军人 13292 人，带病回乡退伍军人 1873 人，参战参试退役人员 9199 人。年末全市有光荣院 17 所，县级以上烈士纪念建筑物保护单位 10 个，优抚医院 1 所。

【补助标准提高】 根据省民政厅、省财政厅通知，从 2010 年 10 月 1 日起，提高残疾军人、伤残人民警察、伤残国家机关工作人员、伤残民兵民工残疾抚恤金，烈士遗属、因公牺牲军人遗属、病故军人遗属定期抚恤金和在乡复员军人、带病回乡退伍军人及部分参战、参试退役人员生活补助标准。在 2009 年基础上，残疾抚恤金每人每年提高 2610 ~ 200 元不等，“三属”定期抚恤金每人每年提高 790 ~ 440 元不等，在乡复员军人生活补助每人每年提高 480 元，带病回乡退伍军人生活补助每人每年不低于 2880

元，不高于 2900 元，部分参战涉核部队退役人员每人每年 2640 元。

【优抚政策落实】 4 月份，召开全市推行优抚对象医疗保障“一站式”即时结算系统培训会，在全市范围内全面启动“一站式”结算服务。5 月下旬，全市统一安排，分组对 23 个县（市）、区优抚专项资金管理使用情况进行检查督导。9 月份，与市档案局联合下发《关于进一步规范伤残抚恤人员档案管理的通知》，对全市伤残抚恤人员档案收集整理工作提出具体要求，11 月 15 日起，全市集中开展了伤残档案规范整理工作。11 月中旬，为每位在乡重点优抚对象发放采暖补贴不少于 500 元，对市内 6 区部分重点优抚对象继续实行冬季采暖补贴。还协助省民政厅为部分建国前入伍在乡的残疾军人配发了助听器。

【事业单位建设】 光荣院硬件建设和辅助设施配置有较大改善，服务管理水平和老人生活水平进一步提高。分散烈士纪念建筑设施修建迁建成果显著。2010 年，全市投入资金 1000 多万元，相继将分散的烈士纪念建筑物迁移至烈士陵园集中管理。其中，石家庄解放纪念碑、藁城、辛集、无极、栾城、赵县等烈士陵园建设发生根本性改观，深泽县烈士陵园举行了迁建、奠基仪式。

（王燕芳）

军休安置

【概况】 2010 年，全市接收安置军队离退休干部、退休士官 4733 人，无军籍退休退职职工 1427 人；接收 2009 年冬季退伍义务兵、复员、转业士官 5682 人。10 月 13 日，省会驻军军休干部移交安置军地联席会成立并举行第一次会议，明确了联席会的组织机构、主要职责及活动安排，通报了有关军休干部（士官）移交安置的情况，并就移交工作有关事宜进行协商，达成共识。年内全市接收军队退休干部（士官）385 名，做到了部队、地方和休干本人“三见面、三满意”。“八一”建军节前夕，市长艾文礼深入军休二所慰问了军休干部。至年底，全市下拨军休经费 33057 万元。

【医疗保障】 全年解决军队离退休干部、六级（含）以上伤残退休干部及经组织批准随军无经济收入家属遗属医疗费 1674.3 万元。对加入石家庄市医保后个人负担较重的 197 名退休干部按规定给予医疗补助，补助金额 40.4 万元。对 2010 年新接收的 359 名军队退休干部纳入市医疗保障体系。组织 3678 名军休干部、包干家属、遗属进行了健康体检。

【退役士兵安置】 全年接收 2009 年冬季退伍义务兵、复员、转业士官 5682 人，其中回农村安置 2533 人，城镇安置 3149 人；在城镇安置中，市区安置 2400 人，所辖县安置 749 人。至年末，全市有 1357 名退役士兵办理自谋职业手续，自谋职业率达到 43.1%。2010 年 12 月 13 日，市政府第 45 次常务会议研究决定提高石家庄市退役士兵一次性补助标准，自 2010 年冬季退役士兵开始。本次提升标准为：市区退役士兵自谋职业一次性补助标准由原退伍义务兵 4 万元、一期士官 4.5 万元、二期士官 5 万元、转业士官 6 万元，提高到退伍义务兵 6 万元、一期士官 7 万元、二期士官 8 万元、转业士官 10 万元。

（杨建军　李红武）

老龄工作

【概况】 2010 年，全市老龄工作按照统一部署和坚持创先争优的要求，逐步建立起老龄工作机制，形成全社会对老龄问题关注，全社会关心老年人的良好社会氛围。按照省老龄办安排，在全市开展了老年人“助老健康御险”活动。经过谋划，把过去开展的一些老龄工作和敬老助老活动统一整合，提升高度，下发了《关于在全市开展“敬老月”活动的通知》，增强宣传效应，提升了社会影响力。各单位和县（市）、区高度重视，积极按照要求组织进行各项活动。开展“敬老月”活动期间，全市发表老龄工作新闻稿件 100 余篇（条），形成了宣传高潮。各级领导带队，对贫困和高龄老人进行走访慰问近 400 人。组织志愿者直接为老年人服务达 2100 余人次。各单位、县（市）区结合自身特点，组织了书画、舞蹈、体育、文艺等多种比赛活动。9 月 29 日至 10 月 14 日，市妇联在全市范围内组织开展了首届“孝老敬亲好儿媳”评选活动。

（付文领）

【第二届中国老年文化艺术节在石家庄开幕】 9月20日，第二届中国老年文化艺术节在石家庄开幕，来自全国25个省、市、自治区的63支老年代表队、总计近千名老年人，进行合唱、服饰等项目的比赛角逐。国家民政部党组成员、全国老龄办党组书记、常务副主任陈传书，民政部原副部长、中国老龄事业发展基金会理事长李宝库，省委常委、组织部长梁滨等出席艺术节开幕式。本届中国老年文化艺术节由全国老龄委办公室、省老龄委主办，旨在积极推动开展老年文化活动，丰富老年人精神文化生活，提高全社会对老年群体的关注，弘扬中华民族孝亲敬老的优秀文化。本届艺术节在石家庄举行服饰表演大赛、合唱大赛两项赛事，为期2天。石家庄市有市老干部活动中心服饰艺术团、鸿锐集团时装艺术团2支队伍参赛。第二届中国老年艺术节服饰比赛，全国各省市有40多支队伍参赛，各队特色鲜明，竞争激烈，市老干部活动中心服饰艺术团凭借身着玲珑精致的草编服饰，浓浓乡土气息中舞动靓丽的环保时尚，原始特色的花纹图案，现代人低碳发展的生活理念，表演清新文雅，赢得现场观众和评委一致好评，夺得本届金奖。此外，本届艺术节还分别在呼和浩特和西安举行舞蹈和书画比赛。

（王叓　苏卉卉）

【百岁老人生活补贴提高】 年内，石家庄市下发《关于提高百岁老人生活补贴标准的通知》，要求自2010年10月1日起，将百岁老人生活补贴标准由每人每月100元提高到220元。

（付文领）

防震减灾

【概况】 2010年，市政府办公厅印发《关于进一步做好防震减灾工作的通知》（石政办函[2010]36号），明确五个方面的具体任务，做到了责任落实。调整充实市政府抗震救灾指挥部和防震减灾工作联席会议成员。5月，市政府防震减灾工作联席会议办公室对全市抗震救灾物资储备和人员聚集场所应急疏散通道建设进行了专项督查。市地震局、民政局、粮食局、财政局、商务局等职能部门相互配合，摸清了救灾帐篷、棉衣被、药品、食品、饮用水、应急抢险设备、预留救灾资金的储备地点、品种、数量等情况。地震安全社区建设由市区向县（市）逐步推进，建成示范社区18个，中苑社区、联盟社区、裕新社区被授予河北省地震安全示范社区称号。完成国家社会服务工程震害防御信息服务系统项目石家庄市基础数据调查工作，更新收编全市地震应急指挥基础数据37万组。对温塘地震观测站的观测环境和设施、辛集市地震台晋2井、栾城王家庄井SW40—1水位仪、市地震观测站网络中心机房进行优化改造。

【开展宣传教育活动】 4月29日，在《防震减灾法》修订颁布实施一周年之际，省地震局、市地震局、元氏县政府在元氏县文化广场联合举办了防震减灾大型宣传活动，省地震局领导为河北省第一支县级专业地震救援队——元氏县地震灾害紧急救援队授旗，市地震局领导为市级防震减灾科普示范学校——元氏县黑水河乡中学授牌，参加群众3000余人次，共发放防震减灾法律、法规和科普知识宣传资料5000余份。5月7日，在石家庄铁道大学举办地震科普知识讲座，参加师生千余名。5月12日，参加省会5·12防灾减灾日大型宣传活动，发放宣传资料3万余份，接受公众咨询万余人次。5月13日，市地震局、裕华区教育局联合在槐北路小学举行地震逃生应急演练，全校1200余名同学参加。5月16日，桥西区政府、市地震局、河北师范大学在市中山广场联合举办让地震安全融于生活宣传活动，河北师大400余名师生及桥西区千余名机关干部、居民、学生参加，发放宣传资料2万余份，展出宣传展牌59块，接受公众咨询万余人次。5月15日、26日，在人民商场、国宾大酒店分别举办了全市商务系统地震应急知识培训班和全市商贸流通企业负责人地震应急知识培训班。5 月 19 日，河北科技大学校园安全教育周系列活动启动仪式在校园礼堂拉开序幕，省地震局宣教中心主任王立军在启动仪式上为河北科技大学学生做了地震安全科普知识讲座，并举行了地震逃生疏散演练，市地震局总工程师梁贵平对演练进行了点评，河北科技大学 5000 余名同学参加演练。5 月 26 日，市地震局与裕华区地震局组织裕华区 40 名社区安全员到石家庄防震减灾科普教育培训基地进行社区地震安全科普培训活动。

【组建民兵志愿者地震应急救援分队】 市地震局作为石家庄市非战争军事行动能力建设试点活动成员单位，全力做好市民兵志愿者地震救援分队建设，成功组建由 80 人组成的民兵志愿者救援分队。市政府投入预算外经费 34 万元，为救援分队购置了专业设备。

【活断层项目通过阶段性验收】 石家庄市目标区控制性浅层地震探测专题和工作区地震精确定位与应力应变环境分析专题等通过河北省活断层项目领导小组办公室和工程监理单位北京震科工程监理有限公司的检查验收，鉴定为“工程质量达到国家优良水平”。召开石家庄市活断层项目浅层地震勘探和地震精确定位专题验收会，通过中国地震局专家组的验收，并基本完成该项目主要野外现场施工任务，做到资金和项目进度同步到位。

【创建防震减灾科普示范学校】 年内，全市 23 个县（市）、区建成市防震减灾科普示范学校 45 个，达到了有规划、有阵地、有老师、有教材、有活动的“五有”标准。市第二十四中学、市第六中学、赵县石塔中学、平山中学等 29 个中小学校，被省地震局、省教育厅、省科技厅、省科协联合授予河北省防震减灾科普示范学校称号。

【建立震情信息插播“绿色通道”】 2010 年春节期间，新乐、无极等地出现大范围地震谣传，市地震局第一时间通过媒体进行宣传解释，同时派出工作小组，连夜赶往谣传地区，做好辟谣工作，维护了当地群众的生活和工作秩序。6 月 5 日 20 时 58 分，山西阳曲发生地震，石家庄市有较强震感，群众纷纷上街避震，不敢回家休息。市地震局通过石家庄电视台及时滚动发布相关信息，稳定群众情绪，维护了社会安定。总结应对 4 起地震应急突发事件的经验，市地震局与市广播电视台密切配合，建立了震情信息插播“绿色通道”，即遇到地震应急突发事件，广播电视台通过“绿色通道”第一时间在新闻频道（率）插播震情信息，做到安定民心，维护社会稳定。

（王秀辰）

石家庄年鉴 An Introduction of Cities & Counties

县（市）区概况

县（市）区概况

长　安　区

【概况】 长安区总面积110.24平方千米，常用耕地面积4360公顷；辖3个镇、8个街道办事处，61个居委会，33个行政村；总人口42.7万人，人口自然增长率3.8‰。2010年，全区地区生产总值完成174.1亿元，比上年增长11.9%。其中，第一产业完成增加值2.3亿元，比上年增长2.3%；第二产业完成增加值58亿元，增长6.5%；第三产业完成增加值113.8亿元，增长15%。工业完成增加值40亿元，比上年增长1.2%。农林牧渔业总产值3.7亿元；粮食总产量4.98万吨；财政收入38.38亿元，比上年增长20.36%；社会消费品零售总额92.1亿元，比上年增长19.6%；市场成交总额151.32亿元，比上年增长4.1%；全年完成城镇固定资产投资214.2亿元，比上年增长22.2%；区属在岗职工年平均工资30391元，比上年增长9.76%；农民人均纯收入8481元，比上年增长8.3%。弱势群体救助机制逐步健全，全区累计发放最低生活保障金4870万元，发放廉租住房补贴3102万元。还投资300余万元，为辖区1000名白内障患者免费实施了复明手术。

中共长安区委书记：安树国
区人大常委会主任：苌大雨
区　　　长：张聪
区政协主席：李世奎

【产业结构调整】 全年续建、新建及谋划项目99个，总投资1307亿元。按照构建现代产业体系要求，调整产业结构，形成了以现代服务业为主导，高科技环保型工业为重点，都市型农业为支撑的产业发展格局，一、二、三次产业结构比例调整为1.3∶33.4∶65.3。年末，滹沱河现代都市型农业观光带初具规模。

【城区建设】 按照“拆建结合，以建为主，建管结合，综合治理”的要求，全区累计拆除各类建筑473万平方米，粉刷楼宇687栋，平改坡273栋，亮化楼宇124栋，整修道路46条。谈固、花园等4个村回迁楼建设正在施工，南高营、北高营等9个村和天同一生活区等旧城改造项目正在推进。谈北路、广安街中心线等4条特色商业街投入运营，16个改扩建、新建便民综合市场全部投入使用。到年底，全区共拆除燃煤锅炉（烟囱）164台（根），治理275台，推广优质低硫煤13.4万吨，二氧化硫排放削减279吨，化学需氧量削减800吨。年末城区绿化覆盖率达到35%，其中69个园林式小区（庭院）通过省市验收。

【社会事业】 全年科技研发经费支出2939万元，建立国家级、省级研发中心3个，转化推广科技成果42项。安装健身路径36套。餐饮业卫生监督和量化分级管理工作提升，辖区中小餐馆持证率达到93%。社区卫生服务较快发展，街道覆盖率达到100%。救助残疾人、低保户和贫困家庭达到2.2万余人。年内，长安区被评为全国科普示范区、全国科技进步工作先进区、全国全民健身活动先进区、全国社区卫生服务示范区和首批全国白内障无障碍区。

（长安区）

桥　东　区

【概况】 桥东区总面积43.07平方千米，常用耕地面积377公顷；辖1个镇、9个街道办事处、67个民委会；总人口51.4万人。2010年，全区地区生产总值完成104.1亿元，同比增长13.6%。其中，第一产业增加值完成0.4亿元，同比下降19%；第二产业增加值完成18.8亿元，同比增长8%；第三产业增加值完成84.9亿元，同比增长15.3%；三次产业结构比例由2009年的0.63∶29.21∶70.16调整为0.4∶18∶81.6。财政一般预算收入完成32.66亿元，同比增长15.83%；地方一般预算收入完成14.38亿元，增长23.13%。一般预算支出为7.53亿元，同比增长18.41%。全年引进市外资金13亿元，增长30%；实际利用外资6009万美元，同比增长837%；贸易出口额33036万美元，同比增长33.3%。全区个体工商户注册登记18192户，拥有私营企业4005户；非国有经济完成增加值629556万元，同比增长14.5%；实现税金62755万元，同比增长15.1%。

中共桥东区委书记：李旭阳
区人大党委会主任：张丙谦
区　　长：陈彦报
区政协主席：田玉芬

【农业经济】 全年完成农业总产值0.7亿元，同比下降17.5%。粮食产量2314吨，蔬菜产量11319吨，水果产量3045吨，肉、蛋、奶产量分别是405吨、300吨、171吨。全区共免疫高致病性禽流感鸡8万只，牲畜口蹄疫免疫猪1.12万头，羊0.4万只，牛800头；高致病性猪蓝耳病免疫1.12万头；猪瘟免疫1.12万头；鸡新城疫免疫8万只，免疫密度均达到100%。免疫档案建档率达到100%；耳标佩戴率、免疫合格证发放率达到100%。年内，全区各类农产品市场共抽检蔬菜水果样品15540个，总体农药残留合格率99.34%；抽检肉类样品1000个，瘦肉精、莱克多巴胺合格率100%；开展生猪出栏前盐酸克伦特罗、莱克多巴胺检测150批次，合格率100%。

【工业经济】 扶持龙头和品牌企业，开展治乱减负和对标行动，制定《桥东区2010年企业治乱减负工作要点及责任分工》和《桥东区2010年关于开展企业对标行动的实施方案》，为企业争取政府贴息补助114万元、谋求贷款4000万元。全区规模以上工业企业完成增加值5.9亿元，同比增长1%；实现利税2.2亿元,同比增长8.12%;实现利润1.1亿元，同比增长63.86%。调整工业产业结构，淘汰落后产能，做好节能减排工作，开展“三高一低”企业专项整治活动，强制关停小化工、小食品等企业13家，限令14家单位拆除燃煤锅炉19台、窑炉8座2组。严格重点项目和重点行业初审，完成低硫煤推广任务1.16万吨，万元工业增加值能耗降低5.04%。

【重点项目】 年内，全区全社会固定资产投资完成207.7亿元，同比增长23%。安排重点项目56项，国瑞城、中铁广场、昆仑·盛阳门、润德商贸城、汇隆公馆、国泰小区、东三教北区、东风路华夏商务楼等8个项目完工；中基礼域、阿尔卡迪亚、休门E区商务大厦等27个项目完成部分主体;棉一西生活区，东风小区，浙商餐饮广场,休门A、B区改造，塔谈旧村改造，陈章旧村改造，留村旧村改造等7个项目正在拆迁。全年新增商业面积50万平方米。

【国内贸易】 发展会展服务业，举办了总部经济高峰论坛和NASA城市艺术论坛、中国石家庄国际美妆艺术节、中国·北方五金机电产品订货会，中国核电工程有限公司河北分公司、光大银行石家庄分行入住中铁商务广场，家乐福入驻勒泰中心，大洋百货集团公司入驻滨江商务中心，共引进总部企业39家，累计实现税收13.74亿元，占全部财政收入的42.05%。扩大消费品市场规模，设立“家电下乡”销售网点21个，家电下乡产品累计销售6.8万台，销售金额1.61亿元，家电下乡产品累计实现补贴44516台，兑付财政补贴资金1354万元。至年末，全区社会消费品零售总额完成58亿元，同比增长19.9%；市场成交额完成371亿元，同比增长1.45%。年内，光华路社区被评为国家级社区商业示范区，润德国际五金机电城被评为“全国四星级品牌市场”。

（姚建梅）

【获得“中国总部经济发展实践研究基地”称号】 12月29～30日，在广州召开的第六届中国总部经济高层论坛上，桥东区被授予“中国总部经济发展实践研究基地”称号。这是河北省2010年惟一获此称号的城区。中国总部经济研究中心“中国总部经济高层论坛”是由北京市社会科学院发起的品牌论坛，已连续举办五届，是全国总部经济理论研究和实践交流的高端平台。此届高层论坛以“发展总部经济，推动经济发展方式转变”为主题，出席本届论坛的还有来自北京、上海、天津、重庆等二十多个城市的300余名专家、学者、企业代表。桥东区在此次论坛上做了“放大优势，创优环境，加快建设石家庄市总部经济集聚区”的主题演讲，受到与会代表的高度评价，总部经济成就被纳入到此次论坛发布的《2010中国总部经济蓝皮书》中。2010年，桥东区共新增17家总部企业，驻区总部企业达到39家，总部企业实现税收13.74亿元，占到全区财政收入的42.05%。

（刘宝芝　綦鑫鑫）

【城区建设】　全年完成拆迁318万平方米，拆除违法建筑79.48万平方米，完成建筑面积517万平方米，其中建设回迁楼58.86万平方米。全区19个城中村已有东三教、义堂等9个城中村完成改造或拆迁，休门、留村等2个城中村正在拆迁。城区环境综合整治37个旧小区，整修96条小街巷，完成楼宇平改坡381栋，粉刷建筑外立面788栋，规范整治广告牌匾18.4万平方米，夜景亮化楼宇125栋，绿化整治10余条街道，新增绿化面积22万平方米；建成便民市场和标准化菜市场18个。

【社会事业】　企业完成新产品开发、科技成果推广与应用、专利实施项目6项，新增产值9442万元，利润1889万元。市无线电四厂的“多通道双混频时差测量系统”、中润制药厂的“抗生素产业技术联盟建设－抗生素菌渣废菌丝无害化处理”2个科技项目被列入省指令性计划；晓进机械的“ZB/K200针孔斩拌机”、华荣制药的“羟钴胺素的研制与开发”等15个科技项目列入市指令性扶持计划。全年16家企业获得国家、省、市科技资金扶持293万元。年内，全区城镇登记失业率控制在2.37%，新增就业8903人，下岗失业人员再就业5512人；全区在岗职工9163人，工资总额39042万元，年平均工资42847元，同比增长20%；全区养老保险参保人数43573人，工伤保险参保人数19423人，失业保险参保人数8444人；享受城市低保待遇55011人次，累计发放低保金1058.84万元；医疗救助411人，发放医疗救助金72.78万元。

（姚建梅）

桥　西　区

【概况】　桥西区总面积54.46平方千米，常用耕地面积621公顷；辖12个街道办事处，15个行政村，80个居委会；总人口51.4万人。2010年，全区完成地区生产总值211.5亿元，同比增长15%，增速位居市内五区第一。全部财政收入（扣除烟厂搬迁划转部分）完成46.48亿元，同比增长29.39%，其中，地方一般预算收入完成19.63亿元，同比增长33.08%，总量位居全市第一。规模以上工业企业完成增加值35.5亿元，同比增长24.1%，增速位居市内五区第一，利税16.7亿元，同比增长11.97%。城镇固定资产投资完成196.5亿元，同比增长23.1%，增速位居市内五区第一。社会消费品零售总额完成42.0亿元，同比增长19.5%。

中共桥西区委书记：聂英武
区人大常委会主任：王来传
区　　　长：陶明法
区政协主席：路中林

【经济结构调整】　按照《关于加快发展现代服务业的意见》要求，坚持把加快发展现代服务业作为优化产业结构、转变经济发展方式的重要途径，通过壮大发展规模、提升发展水平、丰富发展业态，现代服务业得到快速发展，经济结构持续优化，三次产业结构比例为0.4：26.4：73.2。年末全区服务业增加值完成156.23亿元，同比增长15.50%，增速位列市内五区第一名。

【改革改制】　按照积极稳妥原则，扎实推进各项改革。华新制药厂、石家庄汽车配件公司等5家企业完成股份制改造，共融资1350多万元。区口腔医院完成产权重组，探索了财政补贴公益性事业单位改制新出路。“城中村”集体经济组织改制及资产处置工作稳步推进，完成城市化改革的“城中村”达到21个。

【招商引资】　以金融经济聚集发展，总部经济壮大发展，楼宇经济提质发展为目标，通过优化招商环境，明确招商重点，创新招商手段，广招商，巧招商，招真商，招大商，招商引资取得成效。成功引进中国银行河北省分行、招商银行石家庄分行、张家口银行石家庄分行等金融机构及河北钢铁集团、富登投资信用担保有限公司河北分公司等一大批总部型企业。沃尔玛等国际连锁企业与项目单位签订合作协议。至年底，全区实际利用外资23180万美元，同比增长145.67%，总量和增速均列市内五区第一位；新增外资企业2家；外贸进出口总值达到39.27亿美元，是2009年的16.85倍。

【项目建设】 坚持项目带动，投资拉动的发展理念，把项目建设作为主要抓手，深入开展“项目建设年”活动。通过完善工作机制，落实工作责任，强化协调服务，重点项目建设按计划进度顺利推进。其中，桥西污水处理厂二期、北杜花园二期、西里友谊大厦、振泓嘉苑、盛世华庭三期等项目如期竣工投用；百年华府、西五里村旧村改造等项目实现部分完工；祥云国际·吃遍中国文化主题公园、中国工商银行后台中心（石家庄）新办公楼建设等前期项目提前开工建设。金正海悦天地、河北烟草物流中心、中银广场、恒大城、金世界二期等项目按照项目计划顺利推进。28个区控重点项目全年完成投资51.87亿元，完成年度投资计划的169.41%。其中，桥西污水处理厂二期、祥云国际·吃遍中国文化主题公园2个省重点项目完成投资11.80亿元，占其年度投资计划的786.67%；中银广场、百年华府、金正海悦天地、河北烟草物流中心4个市重点项目完成投资13.07亿元，占其年度投资计划的237.64%。

【城区整治】 年内，把争创“省会最清洁主城区”作为实现“三年大变样”决战决胜的重要内容和关键环节，围绕“最干净、最有序、最优美、最文明”四大目标，深入开展“城市管理年”活动。通过狠抓拆迁改造、景观整治、环境改善等重点工作，实现了“三年大变样”工作完美收官，提高了城区建设管理水平，提升了城区形象和品位。完成铁路货运线、石环辅路、维明街南延、青年街市场等重点工程和重点项目的拆迁任务。至年末，全区共拆违拆迁153.44万平方米，创造了省会黄金地段和谐拆迁、高效拆迁的成功典范。“城中村”改造累计拆迁41.5万平方米，西五里、北杜、振二街、振四街等村57栋约85万平方米的回迁楼建设实现主体封顶。景观整治完成平改坡7栋，楼宇粉饰245栋，整修公建楼宇43栋；整修中山西路、裕华西路等15条道路围墙栏杆；改造小街巷11条，完成15条主干道和小街巷门头牌匾综合整治，创建市容管理达标街道32条，达标社区32个。绿化整治扎实推进，全区创建省级园林式单位2个，省级园林式居住小区1个，市级园林式居住小区1个；28个老旧小区完成绿化整治；升级改造了槐安路、汇文街、汇宁街、红旗大街等道路实施，石环路实施了绿化工程；精心打造样板街2条，完成绿化整修样板街4条。

【人民生活】 全年把保障和改善民生作为出发点和落脚点，以解决与群众生活息息相关的热点、难点问题为突破，全力推进大服务、大和谐战略，人民生活水平显著提高。居民收入稳步增长。城镇居民人均可支配收入达1.87万元，同比增长11.90%，总量和增速均列市内区第一位；农民人均纯收入突破万元，达到1.11万元，同比增长12.10%，总量和增速均列市内区第一位。社区服务水平提高，基本实现民有所需、我有所为，民有所难、我有所助。全区初步构建了以“居家养老为基础、社区养老为依托、机构养老为补充”的养老服务体系，建成3514、西雅和铁苑等社区为老服务站。年内，全区养老服务走在石家庄市前列，被国家民政部授予“全国养老服务示范活动示范单位”。社会保障完善，劳动关系和谐。全年新增就业岗位1.23万个，城镇失业人员实现再就业6921人，城镇登记失业率控制在4.3%以内；参加城镇基本养老保险人数达到4.35万人，参加失业保险人数达到1.90万人，参加工伤保险人数达到1.75万人，城镇居民参加基本医疗保险人数达11.30万人；对557家用工单位进行了劳动保障年审，为3200多名劳动者追讨工资2183.97万元；创建充分就业社区80个，创建率达100%；离退休人员养老金社会化发放率达到100%。社会救助体系日益完善，弱势群体权益得到保障。全年累计保障低保对象1.77万户、3.91万人，发放低保金853.04万元；对1412名困难群众进行了医疗救助，共支出救助金50.01万元；对4217户低收入家庭实行廉租住房租金补贴，共补贴金额925万元。

【社会事业】 全年共有3项课题列入国家级科技计划，2项课题列入省级科技计划，21项课题列入市级科技计划；新增高科技企业2家，2个项目获2010年度石家庄市科技进步奖。投资近3800万元实施了校园安全工程、精品校园建设工程和重点项目建设工程，教育设施、技术装备水平和校园环境建设均取得长足进步，基本完成了城郊校和薄弱校改造，实现了区域基础教育均衡发展；成功承办全国新教育第十届研讨会，桥西区教育在省、市领先基础上，扩大了在全国的影响。在荣获“全国社区卫生服务示范区”基础上，桥西区又在全省率先启动“首席医师进社区”活动，社区卫生服务能力和综合管理水平全面提高；积极推进医疗卫生体制改革，国家九类基本公共卫生项目得到落实；科学有效地开展重大传染病防控工作，处置突发公共卫生事件能力增强；组织开展问题乳粉等多项专项整治活动，食品、医疗质量安全提升。统筹解决人口素质、数量、结构等方面的突出问题，继续稳定适度低生育水平，保持人口长期均衡发展。开展“文化市场和谐发展示范区”创建活动，举办“彩色周末”等文体活动，丰富群众文化生活；创新理顺文化市场管理体制和机制，引导文化市场向健康、稳定、有序的方向发展。

（桥西区政府办公室）

新　华　区

【概况】 新华区总面积92.11平方千米，常用耕地面积2181公顷；辖4个乡（镇）、11个街道办事处、69个居委会、25个行政村；总人口49.0万人。辖区有少数民族39个，人口12803人。其中，回族5827人，满族5394人，蒙古族746人，其他36个少数民族人口836人。2010年，全区地区生产总值完成123.2亿元，同比增长12.0%；全部财政收入完成22.68亿元，同比增长25.93%，其中一般预算收入完成12.53亿元，同比增长33.50%；全社会固定资产投资额完成209.5亿元，同比增长22.2%；实现社会消费品零售额117.4亿元,同比增长17.5%。年内，全区11个标准化菜市场按期完工；停用燃煤蒸汽小锅炉20台；立案调查安全生产违法案件6起，取缔非法经营、储存危险化学品场所2处；率先在全市组建网上侦查中队，成立公安监督信息中心，社会治安秩序得到明显好转。

中共新华区委书记：蒋文红
区人大常委会主任：门秀敏
区　　　长：王德庆
区政协主席：周玉林

【产业布局】 抓住城市和产业布局调整的有利时机，依托城区功能定位和资源优势，把第三产业发展放到更加重要的位置，特别是现代服务业发展。2010年，全区第三产业实现增加值同比增长15%，占经济总量比重达66.2%，税收占到全部财政收入的81.2%。“一市一站一街一路一区一环”为主的产业布局特色显现。投资16亿元的苏宁电器广场城市综合体项目开工建设，投资33亿元的华强广场项目拆迁基本完成，苏宁二期、湾里庙热源厂改造等项目正在谋划，“一市”格局初步形成。广厦新城、市庄村改造、美亚大厦、滨华路酒吧一条街项目启动，石墨电极厂地块开发正在进行，“一站”区域商业开发建设氛围日渐浓厚。中华北大街沿线商业发展水平全面提升，金海银庭、天山新公爵、锦麟花园、北郡国际、宏远大厦、克拉公馆、东焦一期等12个项目，总投资103亿元的“一街”已具雏形。分布在植物园路沿线的文化创意产业园、传媒观光园、大郭商务酒店、五菱佳宝4S店等项目全面启动，“一路”绿色生态优势和人文资源优势逐步展现。投资120亿元、占地1088亩的省重点项目——河北航空城开工建设，百盛大厦、中远大厦、中粮广场、英华时代商厦等商务楼宇为“一区”奠定了坚实基础。阳光生活家居广场、广本恒达二期建成开业，晨阳汽贸二期、博大汽车城、中拓名车港、华博汽车城项目启动，“一环”汽贸建材特色经济带得到完善。

【招商引资】 出台《招商引资工作奖励办法》，瞄准国内外大企业，组织大招商、招大商，促成河北航空、苏宁广场、华强广场、中石油华北总部、沃尔玛、上海金指数、金拓投资、国大36524等一批知名企业落户新华区。至年末，全区开工建设新项目 11个，其中亿元以上项目9个，5亿元以上项目5个；竣工投产项目13个，谋划项目73个。

【城区建设】 全年拆除旧村24.2万平方米，新开工建设回迁楼75栋，建筑面积71万平方米，有18个村列入市城中村改造计划，5个村完成整村拆除，7个村正在进行回迁楼建设。新华路市委宿舍、东焦一期、鑫源雅居二期、汇真民族大厦等5个片区改造工程启动。整修、拓宽城区主街道19条，完成主次干道沿线楼宇景观整治10条。对石获北路、新华路等21条主次干道进行绿化补植，对水上公园、儿童少年活动中心等11个公园广场开展提升改造。完成老旧小区改造5个，整修维护小街巷13条。至年末，全区共完成拆迁拆违65.7万平方米，整治建筑493栋、107.3万平方米。“一渠两河三园”水景工程顺利推进，石津灌区综合整治取得阶段性成果，民心河、太平河沿线景观提升，太平河公园、前太保公园和毗卢寺公园启动扩建。

【社会事业】 投入科技专项资金730万元，科技课题通过市以上科技成果鉴定15项。投入1864万元进行校园环境整修，启动35中新校区建设，完成水源街小学重建，为全区50所中小学校配备了保安人员；校际间交流教师136名，90名代课教师落实转正；接收学校1所（北苑小学）。区文体中心建设主体封顶，华北最大的图书交易市场——北方书城建成开业。3个社区卫生服务站基本药物零差率销售试点工作完成。2次作为省示范单位迎接国家计生工作考察组的考核验收。养老保险、工伤保险参保人数比上年增长10%，全区共发放最低生活保证金1194万元，医疗救助金100万元，有4412户居民享受到住房保障补贴。落实再就业扶植政策，实施再就业援助工程，实现下岗人员再就业9360人。设立供暖专项保障金300万元，联强等老旧小区换热站顺利移交。

（潘志勇）

裕 华 区

【概况】 裕华区总面积60.8平方千米，常用耕地面积998公顷；辖2个镇、7个街道办事处、75个居委会、6个行政村；总人口52.7万人，人口自然增长率为4.59‰。2010年，全区地区生产总值完成114.2亿元，同比增长12.1%；全部财政收入完成23.9亿元，同比增长20.21%，其中，地方一般预算收入完成13.43亿元，同比增长29.33%；全社会固定资产投资完成221.6亿元，同比增长21.5%；全区规模以上工业企业实现增加值7.5亿元，完成利税7.3亿元；社会商品零售总额67.8亿元，增长19.5%；城镇居民人均可支配收入18685元，同比增长11.7%；农民人均纯收入10112元，增长8.2%。

中共裕华区委书记：赵宏魁
区人大常委会主任：张金海
区　　　长：王丽君
区政协主席：韩志芳

【项目建设】 坚持把项目建设作为拉动经济增长龙头，优先摆位，多措并举，落实区领导分包重点项目责任制。全年新建、续建项目108个，其中，亿元以上项目76个，10亿元以上项目25个。东明家具基地、河北粮食交易中心、怀特国际陶瓷城等44个项目竣工投用，投资规模位居全市首位。

【产业布局】 年内，全区商业总面积达到860万平方米，三次产业结构比例调整为0.5：28.3：71.2，经济结构更加优化。怀特商圈增量扩容，营业面积达到130多万平方米，已成为全区商贸服务业发展最具活力的区域，其中，国际陶瓷博览中心建成投用，怀特商务中心正在施工，家乐福石家庄总部成功落地。联邦商圈已形成时尚特色鲜明的商业街区，商业面积达到40多万平方米，集聚了北国益东百货、联邦明珠地下商业街等知名品牌和大型商业设施。裕华东路沿线大型商业设施密集布局，方北购物广场、鱼翅皇宫酒店、神农大厦等一批项目集中完工，“华北重要商埠”第一形象窗口初见规模。东、南二环沿线特易购、东明家具博览中心、众美商业、南茵河城市园林、罗马假日广场等项目积极布点，商贸服务业活力显现。金马、东岗头等商业片区正在成为新的经济增长点。中央悦城写字楼、方北购物广场商务楼、财库大厦等高端商务楼宇主体完工，金领大厦交付使用。联邦明珠地下商业街、大石门1925、富强商业街成为省会夜经济的特色亮点工程。落实鼓励民营经济发展的各项政策，在争取发展资金、推进银企合作、引进和培训人才等方面加强主动服务。至年底，全区新增民营企业636家、个体工商户3643户，民营经济从业人员达到7.9万人；完成增加值58.7亿元，增长18.6%；引进外资5800万美元。方村工业园建设取得进展，无公害蔬菜、君子兰基地等现代农业园区相继建成。

【城区整治】 全区围绕“三年大变样”工作总体要求，攻坚克难，圆满完成各项任务。3年来，全区共拆迁拆违600多万平方米，位居全市首位，10个城中村实现整体拆迁，9个村实现回迁，腾地7701亩，建设回迁楼142栋、350万平方米，新增绿地面积152万平方米，圆满完成平改坡、小区整治、小街巷整修的目标任务。省、市重点工程征地拆迁任务全部完成，共征地6900多亩、拆迁100多万平方米。东南分区开发稳步推进，共征收土地7642亩，挂牌出让土地2868亩。整修谈固东街、建华东路等道路14条；铺设水、电、暖、气、讯管网125千米；整治老旧小区5个；建成标准化菜市场11家；还新建了希望绿洲公园等公益项目。城市管理突出精细化、长效化，实施了万米单元网格化和城乡一体化管理，创新了“垃圾蚕食清理”、“道路延时保洁”等机制。至年末，全区绿化覆盖率达到46%，绿地率达到40.7%，人均占有公共绿地面积达43.2平方米，均高于石家庄市平均水平。年末裕华区被市委、市政府授予全市“三年大变样突出贡献奖”，区“三年大变样”工作指挥部被省委、省政府评为模范集体，并在全省总结表彰大会上作典型发言。

【政法工作】 重视源头治理，探索实施“心理减压计划”，利用社区“阳光心灵驿站”、“律师会客厅”等多种形式，为群众解疑释惑、理顺情绪，并在全市政法工作现场会上进行推广。建立“四加二”信访工作机制，村、居委会全部建立“矛盾纠纷排调工作站”，街道、镇全部设立“矛盾纠纷分析会”，构建了上下贯通、覆盖基层的排调网络。开展大排查、大化解和“百日攻坚”活动，落实区领导包案责任制，处置突出矛盾和重点问题的效能得到提高。年内，联合接访中心投入运行。加强“人防、物防、技防”安保体系规范化建设，共组建治安办公室48个，配备职业保安120名，安装监控探头2050个。推进社会治安综合治理，所有街道、镇均成立了综治委和综治维稳中心。区反恐防暴指挥中心主体完工，区法院审判大楼建设方案确定。2010年，裕华区检察院被授予“全国模范检察院”荣誉称号。

【社会事业】 全年新增就业9740人，下岗失业人员实现再就业5905人，就业困难人员实现再就业2536人，农村劳动力向非农产业转移7447人，城镇登记失业率控制在2%以内。城镇职工基本养老保险、失地农民参保、城镇居民医保、最低生活保障、廉租住房保障制度全部得到有效落实。推进医药卫生体制改革，基本医疗服务实现社区（农村）全覆盖。区医院转型的9家社区卫生服务机构全部实行绩效考核，走在全市的前列。年内，在全市卫生工作现场会上，裕华区的工作经验作为唯一城区代表进行了大会交流。公开招考105名教师补充公办教师队伍，教育整体水平提升。稳定适度低生育水平，诚信计生、网格化服务管理、利益导向等机制创新在“全市人口计生机制创新现场会”上等到推广。群众文化活动蓬勃开展，新增群众文化队伍32支，开展“盛装欢歌”、“感动裕华”等各类文化活动180多场次，被市委、市政府评为“2010年春节文化活动先进区”和“第十七届‘彩色周末’文化活动先进区”。倡导城中村群众“争做文明新居民”，并新建文明示范社区2个。建立区级社区服务信息中心，发展居家为老服务，新成立凤凰、东方绿洲2个社区居委会。方村镇综合文化站、农村绿化等4个项目完工，31条村内道路得到整修，村民生活环境明显改善。2010年，裕华区还被评为全省未成年人思想道德建设“先进区”和“先进单位”。

（裕华区政府办公室）

矿 区

【概况】 井陉矿区总面积70.29平方千米，常用耕地面积1837公顷；辖2镇1乡2个办事处，52个居民委员会；总人口9.66万人。2010年，全区完成地区生产总值35.8亿元，同比增长14.9%。其中，第一产业增加值完成0.6亿元，同比增长1.7%，占GDP比重为1.8%；第二产业增加值完成25.4亿元，同比增长15.7%，占GDP比重为71.0%；第三产业增加值完成9.8亿元，同比增长13.7%，占GDP比重为27.2%。财政收入完成4.54亿元，同比下降17.56%。农林牧渔业总产值1.2亿元，同比增长2%。其中，农业产值6109万元，同比下降8.4%；林业产值

280 万元，同比下降 38.3%；畜牧业产值 5266 万元，同比增长 15.7%；渔业产值 26 万元，同比下降 14.3%。粮食总产量 13519 吨，同比下降 5.17%。规模以上工业企业完成增加值 22.6 亿元，同比增长 17%。全社会固定资产投资完成 33.4 亿元，同比增长 25.8%。社会消费品零售总额 6.8 亿元，同比增长 18.2%。城镇居民人均可支配收入 15641 元，同比增长 12.5%；农村居民人均纯收入 8461 元，同比增长 10.5%。区行政服务中心全面启动，112 项行政许可项目实现集中办理。开展非战争军事行动，定期组织“防空防灾疏散”演练；专职消防队成立；煤矿资源整合基本完成。率先在全市实施国库集中支付“零余额管理”模式，财政资金科学、高效利用，完成了“保工资、保运转、保重点、保变样、保稳定、保民生”目标。

中共矿区区委书记：黄朝庆
区人大常委会主任：王禄文
区　　长：栾建英
区政协主席：康贵春

【经济发展比较】 全年完成地区生产总值 35.8 亿元，“十一五”期间年均增长 13.3%，是“十五”末的 2.1 倍。城镇固定资产投资 32.7 亿元，年均增长 36.2%，是“十五”末的 4.6 倍。规模以上工业完成增加值 22.6 亿元、利税 9.4 亿元，分别是“十五”末的 3.8 倍和 3.4 倍。城镇居民人均可支配收入 15641 元，年均增长 13.5%，农村居民人均纯收入 8461 元，年均增长 9.9%，分别是“十五”末的 1.9 倍和 1.6 倍。社会消费品零售总额完成 6.8 亿元，年均增长 19.5%，是“十五”末的 2.4 倍。

【产业结构】 三次产业比例由 4.7 ：64.5 ：31.4 调整到 2 ：67 ：31。区循环经济煤化工产业园区列入“省级煤化工园区”和全市重点产业聚集区。园区基础设施建设得到完善，贾凤路等 5 条干道竣工通车，新井支线扩能改造项目进入可研设计阶段，西王、贾庄 2 个 110KV 变电站竣工投运，井矿 220KV 变电站开工建设。开展企业对标行动，与天津大学签订产学研战略合作协议，成为天津大学创新基地。标准化种植、养殖园区达到 19 个，昊源林果场被中国科协、财政部评为“全国农村科普示范基地”。服务业完成增加值 8.27 亿元，比上年增长 14.5%。冀西、天星煤炭物流项目竣工投产，旅游业发展总体规划编制完成，段家楼列入第七批国家级文物保护单位，并与天户峪、清凉山分别入选省级工业、农业旅游示范点和风景名胜区。连续 6 年成功举办清凉山冰雪旅游文化节，已成为省体育文化产业的知名品牌。

【项目投资】 全年续建和新开工项目 103 个，总投资 89.8 亿元，实际完成投资 20.8 亿元。其中，亿元以上项目 14 个，省市重点项目 6 个。新星化炭炭黑、新世纪捣固焦化产回收等 32 个项目竣工投产，矿峰水泥、民海化工项目实现当年开工、当年试产，石钢鑫跃原料基地、佳和 PVC 手套等新开工项目进展顺利。“十一五”期间，全区引进冀中能源、河北钢铁等大型企业，实施投资千万元以上项目 68 个，其中 4 个大焦化和采煤沉陷区治理等 16 个亿元项目竣工投产，“煤—焦—化—钢”循环经济产业链初步形成，基本实现“由以焦为主向焦、化双赢，由初加工向深加工，由污染型向清洁型”转变。

【节能减排】 开展环境综合整治集中行动，拆除、整改企业 34 家；审批各类项目 62 个，建设项目环境影响评价率达到 95%。2006 ~ 2010 年，全区淘汰落后水泥产能 188 万吨、焦化产能 55 万吨、印染产能 2000 万米，单位 GDP 能耗下降 22%；全年二级以上良好天数 312 天，比 2005 年增加 162 天；森林覆盖率 45.1%，比 2005 年增长 11 个百分点。至年末，“十一五”期间节能减排任务圆满完成；规模以上企业全部配套建设环保设施，全部实施煤改气、燃油改气工程，废水实现达标排放。

【城市建设】 2008 ~ 2010 年，全区“三年大变样”工作累计完成投资 45 亿元，实施城建工程 131 项。其中，2010 年投资 21 亿元，完成重点工程 51 项。年内，全区总体规划获得市政府批复，土地利用总体规划修编在全市率先启动，完成“一城两镇”控制性详规和 11 个专项规划；城区主要部位和道路监控实现无缝隙覆盖，9 个主要路口全部安装交通信号灯，大货车进城得到有效遏制；新、改、扩建道路工程 18 条，区乡之间、乡镇之间主干道首次实现绿化、亮化无缝隙衔接；东入区口改造工程基本完成，彻底解决了入区口形象问题；新世纪综合楼、项目会展中心、人民广场、清凉湾湿地公园、南纬路样板街提档改造等重点工程竣工投用；污水处理厂、垃圾填埋场建成并通过验收，煤改气和煤气入镇工程加快推进，城区燃气普及率达98%，集中供热普及率达95%，结束了矿区废水直排、垃圾散放和城区取暖用煤的历史；统筹城乡发展列入全市首批试点，争取到周转用地指标458亩，农村社区列入省、市示范点25个，新民居规划率、开工率和周转用地批复率实现3个100%，其中横西社区入选全市“十大魅力村庄”，佳诚东区“七村联建”被确定为省级新民居联村并建试点。

【社会事业】 全年城镇新增就业2445人，下岗再就业558人，城镇登记失业率控制在3.9%。发放60岁以上老人养老补贴294.6万元，发放低保金454.4万元，低收入群体实现应保尽保。事业单位完成岗位设置并实施绩效工资，43家企业建立工资集体协商制度。总投资1300万元的10项为民办实事项目全部完成。投资5500万元，为矿区中学、职教中心等5所中小学新建校舍3.5万平方米。新建区、乡文化中心4个，纪念抗日战争影视剧《烽火长城》在区内顺利拍摄。医药卫生体制改革稳步推进，贾庄中心卫生院扩建项目开工建设，9项基本公共卫生服务全面展开。率先在全市建成人口安全文化共建基地，低生育水平保持稳定。完成第六次人口普查工作。“十一五”期间，区委、区政府累计为民办实事项目84项，累计为5861名灵活就业人员发放养老、医疗补贴1200万元，实施了就业再就业、标准化水厂、民办医院、学校危房改造、殡仪馆改造等惠民工程。

（矿区政府办公室）

井 陉 县

【概况】 井陉县总面积1381平方千米，常用耕地面积22881公顷；辖10个镇、7个乡，4个居民委员会、318个行政村；总人口32.86万人。2010年，全县地区生产总值完成105亿元，同比增长11.8%。其中，第一产业增加值8.4亿元，增长2.8%；第二产业增加值53.6亿元，增长9.9%；第三产业增加值43.0亿元，增长15.8%。农林牧渔业总产值14.8亿元，增长3.0%；粮食总产量10.58万吨，下降4.84%。财政收入10.66亿元，同比增长6.45%。全社会固定资产投资147.9亿元，同比增长22.9%，其中城镇固定资产投资129.3亿元，同比增长22.6%。全社会消费品零售总额23.4亿元，同比增长18.4%。城镇居民人均可支配收入1.7万元，同比增长12%；农民人均纯收入6006元，同比增长8.08%。金融机构存款余额78.6亿元，较年初增加6.3亿元；城乡居民储蓄余额61.2亿元，较年初增加4.8亿元。

中共井陉县委书记：庞彦须
县人大常委会主任：彭朝信
县　　　长：田耀筠
县政协主席：王新民

【重点项目】 全年实施项目213项，总投资298.8亿元；其中千万元以上项目68项，亿元以上项目33项，列入省、市重点项目11项。晋冀北方物流交易中心、张真生物科技等102个项目正式开工建设；盖尔克斯纳米钙、乾昊120万吨冶金钙等189个项目竣工投产；秦皇岛耀华玻璃、华星大水泥等一批大项目洽谈招商有序进行。乾昊集团、旭跃集团、沃林公司、金宇集团、嘉远物流年内分别完成投资7.8亿元、2.7亿元、2.9亿元、1.2亿元、2亿元。

【产业结构】 天宁公司乳化炸药扩能、原火陶瓷燃气推板窑等一批技改扩能项目顺利实施，聚能管业改性尼龙管等一批工业项目相继建成。规模以上工业企业增加值完成35.3亿元，实现利税16.4亿元。开展“碧水蓝天”等环保专项综合整治行动，淘汰取缔和限期治理企业200多家，新上除尘器80台（套），新建彩钢瓦大棚60座，封堵55个排污口；按时完成水源地立标及上安电厂等重点企业综合节能技术改造。小杂粮、优质粉条、柴鸡养殖等特色农业规模效益壮大提升，“苍岩山”牌商标荣获河北著名商标。核桃种植面积7000亩，冷水鱼养殖面积1000亩，建成华北最大的连翘生产基地。全县80个村镇农家超市实现升级改造，新发展各类专业合作社30个，“维明百货”等大型商贸超市落户井陉。加大旅游投资力度，推进“五最十景”旅游产业提档升级，形成集古、红、绿、民俗为一体的大旅游格局，全年接待旅客140万人次，实现旅游总收入8000万元。

井陉拉花表演

【县域经济】 钙镁产业年产量175万吨，煤炭行业年交易量2600万吨，“一白一黑”两大特色产业利税达到8亿元。乡镇财政收入4.5亿元，其中超2000万元乡镇9个，超5000万元乡镇4个，天长镇达到1.24亿元。年内新增民营企业159家，个体工商户1000户；新注册商标15件，申报省著名商标2件，国家驰名商标1件；年纳税超100万元民营企业达到63家，超1000万元企业6家，超3000万元企业3家。组织参加了深圳投洽会、石洽会等招商洽谈活动，引进内资6.4亿元、项目21项、人才364名。

【产业园区】 一区（井陉经济技术开发区）、两园（秀林科技工业园、北正特色工业园）、十沟（固底、乾昊、沙窑、麻胡、北峪5个钙镁工业沟，天长、小作、割髭河3个煤炭市场沟，苗峪建材工业沟，大王帮硅石工业沟）、一带（“上安—威州—孙庄”建材工业带）产业聚集区建设顺利推进，建立产业聚集园区管委会，制定《井陉县经济技术开发区控制性详细规划》和《井陉县鼓励企业入驻园区（产业聚集区）发展优惠办法》，北正特色产业园区水、电、路等基础设施建设和环评工作正在进行，十大特色经济沟初具规模，一批入园项目正在洽谈。

【三年大变样工作】 全力打造繁华舒适、宜居宜看秀美山城，陆续实施热源扩建、道路畅通、水景亮化等39项重点工程，污水处理厂实现稳定达标运行，垃圾卫生填埋场投入使用。投资1500万元新建韩信公园文化墙、主题雕塑等续建工程成为城区一道新的靓丽风景线，县城韩信公园被评为“石家庄市十佳公园”。陉山腾飞纪念园、绵蔓河水景及新改造的河边路成为县城标志性景观；陉山大道高标准绿化、景观路灯安装等配套工程建设进入收尾阶段；陉山双星商住楼工程正在施工，盛世华庭、金辰家园等7个标准化小区业已开工建设，井陉县城被授予省级园林县城称号。栽植各类树木200多万株，新建景观点9个、绿色景观带6条、冠名林24个（累计达到80多个）；完成造林面积3.2万亩，封山育林7.7万亩。全年县城Ⅱ级以上优良天气达到306天，同比增加10天。农村公园实现提档升级，文化品位显著提升，年内新建农村公园10个，累计达到178个，农村公园建设成为省、市特色和亮点工作，得到中央及省、市文明委的充分肯定。启动13个乡镇、22个新民居示范村建设，累计达到33个，其中省级新民居示范村达到22个。

【基础设施建设】 绵河灌渠节水改造工程全面实施，整修渠道20千米，完成长峪等4座水库除险加固；全面实施农村饮水安全工程，全县3个村、2512人的饮水安全问题得到解决。307国道天长至省界大修等4项国、省道路干线建、养工程如期完成，在全县启动实施“五桥十路”农村公路畅通工程，新开通客运线路6条，建成乡村客运站点4个、候车亭14个、招呼站牌50个。新建微城变电站一座，完成110千伏线路4.76千米，改造35千伏线路14千米、10千伏线路3千米，完成35千伏雪花山变电站增容改造。全县固定电话用户45893户，移动电话13万户，计算机互联网用户21589户，同比增长48.3%。

【社会事业】 井陉一中整体迁建工程稳步推进，井陉县被确定为全省唯一一个中国爱生学校标准项目建设试点县；高考本科一批上线人数230人，比上年增加89人。成功举办首届中国·井陉于家石头村民俗文化节，井陉拉花荣获全国第八届民间艺术节金奖，并全程参加上海世博会展演；大梁江村被命名为中国历史文化名村；井陉非物质文化遗产保护中心研究开发基地在石家庄学院挂牌成立。医药卫生体制改革扎实推进，中医工作先进县创建进展顺利，17个乡镇卫生院和91%的村卫生室达到省标准化建设要求，新农合参合率达到96%。全县人口保持低增长，年内出生人口4547人，出生率13.8‰，人口自然增长率控制在0.36‰以内。申报国家、省、市三级科研项目60项，12项鉴定验收为科研项目，其中2项达到国际先进水平，2项达到国内领先水平，2项达到国内先进水平，6项通过鉴定验收。全年新增就业岗位2095个，城镇登记失业率为2.39%；养老等五大保险覆盖面扩大，新增各类参保人员4446人；累计发放各类抚恤、救助补助资金4000多万元；启动138套、7897平方米的廉租房建设，较好地解决了困难群体和优抚对象生活难、医疗难、住房难问题。深入开展严打整治、食品药品安全大检查、问题乳粉整治、安全生产“三项行动”和“三项建设”等专项行动，保持了全县社会和谐稳定。

（朱凯荣）

正　定　县

【概况】 正定县总面积470平方千米，常用耕地面积29924公顷；辖4个镇，5个乡，1个街道办事处，14个居委会，174个行政村；总人口46.82万人，人口自然增长率6.41‰。2010年，全县地区生产总值完成169.6亿元，同比增长12%。其中第一产业完成增加值23.5亿元，比上年下降0.5%；第二产业完成增加值80.8亿元，增长15.6%；第三产业完成增加值65.3亿元，增长11.1%。地区生产总值中三次产业比例调整为13.9：47.6：38.5，非农产业增加值占GDP比重达到86.1%，同比提高1.9个百分点。全社会固定资产投资123.8亿元，同比增长27%。财政收入8.07亿元，比上年增长23.09%，其中一般预算收入5亿元，同经增长31.29%。财政支出9.63亿元，比上年增长31.07%。城镇居民人均可支配收入11545元，比上年增长10%；农民人均纯收入8139元，比上年增长10%。人民居住条件改善，城镇居民人均建筑面积35.93平方米，农民人均居住面积32.9平方米。金融机构各项存款余额180亿元，比年初增长22.1%；城乡居民储蓄存款余额130.2亿元，增长16.29%；金融机构各项贷款余额71.0亿元，比年初增长48.46%。年内，全县经济综合实力在全省排位由第18位前进到第14位，第五次荣获“全国最具投资潜力中小城市百强”称号，还荣获了全国社会治安综合治理先进县、全国生态示范县、全国科技进步先进县、全国可持续发展先进示范区、全国文化先进县、全国体育先进县、全国粮食生产先进县等荣誉称号。

中共正定县委书记：牛祯贵（3月免）
毛全球（4月任）
县人大常委会主任：肖建儒
县　　长：米志奇
县政协主席：徐玲（女）

河北正定国家乒乓球训练基地

【农业农村工作】 全年农林牧渔业总产值49.2 亿元，其中畜牧业产值26.6亿元，占农林牧渔业总产值比重达54.1%，同比增长2.2%。

粮食总产量为31.99万吨。粮食播种面积640892亩，比上年增加582亩；其中小麦播种面积318258亩，总产143534吨；玉米播种面积303063亩，平均亩产561千克，总产170012吨，增长0.34%。发展特色农业、生态农业、都市农业等现代农业，无公害蔬菜、畜禽养殖、特色养殖规模壮大。至年末，肉、蛋、奶产量分别达到7.4万吨、12.7万吨和10.5万吨，同比分别增长4.6%、0.6%和12.3%；生猪存栏31.5万头，家禽存栏1502.66万只，奶牛存栏4.72万头，分别增长4.3%、0.1%和0.1%；水产品产量1610吨；新增育苗面积24公顷。产业化龙头企业规模壮大，专业合作社达到100家，产业经营率达到69.5%；农业产业化经营总额达75.8亿元，同比增长10.6%；拥有有各种加工、销售龙头企业25家，实现销售收入44.3亿元，同比增长7.1%；市场贸易产值3.1亿元，同比增长14.2%；中介组织服务收入379万元，同比增长4.4%。农村基础设施建设加快，24个新民居示范村完成投资3亿元。农村财富积累机制逐步深化，村级集体收入达到7868.39万元。

【工业经济】 转变发展方式，提前完成“十一五”节能减排目标。实施“2+1”企业上台阶和中小企业成长工程，开展“工业发展攻坚战”活动，加快项目园区建设步伐，加大科技创新和结构调整力度，壮大主导产业，培植骨干优势企业，工业经济发展加速。全县规模以上工业企业达148家，完成增加值67.7亿元，增长16.8%；实现利税31.3亿元，增长12.1%。五大优势产业规模和效益提升，骨干企业上台阶工程效果明显，7家“2+1”企业进入市“5+3”行列，2家企业被列为省百强民营企业。年内，全县组织实施重点技术创新项目15项，高新技术产业化项目6项；争取国家、省、市科技项目35项，争取资金1209万元；完成鉴定验收18项，拉动企业和社会投入1.72亿元，取得国内先进水平以上科技成果8项；有6个项目获得市科技进步奖。年末经省级认定高新技术企业发展到5家，省级以上名牌和著名商标达56个。

【商贸流通产业】 全社会消费品零售总额实现62.3亿元，同比增长18.5%。市场交易额101亿元，同比增长20% 。总投资66亿元的北方国际现代物流基地，被省政府确定为省重点产业支撑项目，正在申报规划面积16平方千米的省级物流产业聚集区。小商品城一期工程竣工投用，二期、三期部分竣工投用。物流园区一期仓储工程建成投用，吸引丁家宜、海尔、李宁等8家国内知名企业入驻，二期医药物流中心项目部分竣工。成功举办三届“正博会”，2010年实现综合经济效益18.35亿元，增长38.4%。第二届北方茶博览会实现综合经济效益7200万元，增长44%。“千年古韵”历史文化节、春节大庙会等文化旅游活动成效明显，名城形象提升，旅游业收入达到3633.1万元，增长2.23%。

【改革开放】 采取股份制、股份合作制、破产重组等形式，全面完成国有企业改制工作，初步建立现代企业制度。常山生化上市融资正在筹备。筹资8000多万元，完成工业、商务等系统14个改制企业2235名职工的安置。做大做强县建设投资公司，实收资本由0.3亿元达到2.23亿元，增强了政府投融资能力。文化体制、医药卫生体制、农村综合改革稳步推进。对内对外开放扩大，实际利用外资169万美元，引进市外资金11.8亿元。实现进出口贸易总额10119万美元，比上年增长48.62%，其中出口9388万美元，同比增长46.97%；进口731万美元，同比增长73.57%。

【重点项目】 28个重点建设项目完成投资36.1亿元，占年度计划的107.44%。石家庄北部热电厂等2个重点前期项目取得实质性进展。11个重大谋划项目已在洽谈办理。综合工业园正在争列省级工业聚集区，9个入驻项目5个竣工投产；科技工业园18个入驻项目总投资达24亿元，有4个项目竣工投产；纺织服装基地总投资50多亿元常山纺织升级改造项目进展顺利；木都工业园6个入驻项目正在建设。全力支持配合正定新区、滹沱河综合整治、空港工业园、机场改扩建、京石高铁、中华大街北延和生态宾馆等省、市重大工程建设，做好征地拆迁等工作，促进工程顺利推进。

【城市建设】 全面实现“三年大变

样”各项目标，完成《正定县城概念性规划》、《正定县城市总体规划》及部分专项规划编制。推进基础设施建设，配合市搞好省会中华大街、太行大街北延、107国道北出市口拓宽改建工程，完成成德街南延中改、晨光路拆迁拓通、子龙大桥一号连接线等7条城市主次干道、21条小街小巷建设工程，城市道路面积达174万平方米。加大拆迁拆违力度，投资3亿多元，完成拆迁面积86.2万平方米，建成高标准居民小区30多个。建成子龙广场、长乐门绿地广场等一批公园绿地广场，打造了3个夜景群、5个夜景带，新增绿化面积102.3万平方米，绿化覆盖率达到42.18%，人均公园绿地面积达10.22平方米，建成区绿地率、绿化覆盖率分别达36.13%和42.21%。古城风貌恢复稳步推进，编制了《正定历史文化名城保护整治与提升规划方案》，完成王士珍故居和府文庙等修缮工程，对8处国家文物保护点加装消防和安防设施，投资500万元完成古城墙迁坟工作。成功举办古城文化保护高峰论坛，为古城风貌恢复指明方向。推进城市精细化、标准化管理，初步形成大城管格局。开展“洗城净天”和“碧水蓝天”等专项行动，改善生态环境质量，全年空气优良天数达323天，出境污水COD含量控制在107mg/L，大大低于省控标准。

【社会事业】 全年城镇新增就业2260人，转移农村劳动力18100人，城镇登记失业率控制在3.02%。城镇职工基本养老、医疗、失业、工伤保险覆盖面扩大，企业退休人员养老金标准提高。城乡低保、优抚优待、救灾救济和五保供养工作全面加强，全年为城镇居民535户1123人发放低保金217.483万元，为农村居民3990户8767人发放保障金588万元，农村五保集中供养率达到60%。新农保试点工作全面启动，参保人数达到18.5万人，发放保障金676.5万元。财政供养人员工资和采暖补贴提高。推进国家可持续发展先进示范区和实施国家创新型城市建设。争取国家、省、市科技项目35项，争取资金1209万元。完成鉴定验收18项，拉动企业和社会投入1.72亿元，取得国内先进水平以上科技成果8项。申请专利75项，授权59项。有6个项目获得市科技进步奖。推广重大科研成果11项，研发市级以上新产品10个。加强教育基础设施建设，投资近800万元，新建校舍5200多平方米，完成22所校舍维修改造。投资1440万元完成车站街小学搬迁前期投入工作。顺利通过省政府教育督导评估验收。公开招考补充120名义务阶段教师，全部充实到师资较薄弱的偏远农村学校。抓好“农家书屋”工程，举办民间文化艺术节、鼓王争霸赛等活动；《正定县志》出版发行。标准化乡镇卫生院达标率100%；农民参加新型农村合作医疗达到99.31%。实施6个方面25件为民办实事，基本完成计划任务。深化行政审批制度改革，削减行政许可项目，开辟项目审批绿色通道，成立行政服务中心。突发公共事件应急预案体系基本形成，群众对社会治安满意度上升。

（戴世丽）

栾城县

【概况】 栾城县总面积345平方千米，常用耕地面积24879公顷；辖5个镇，3个乡，6个居委会，173个行政村；总人口35.07万人，人口自然增长率0.13‰。2010年，全县地区生产总值完成119.5亿元，同比增长12.5%。其中，第一产业增加值23.9亿元，增长2.3%；第二产业增加值67.1亿元，增长14.8%；第三产业增加值28.5亿元，增长14.2%。农林牧渔业总产值44.2亿元，增长2.5%；粮食总产量26.14万吨，增长12.06%。规模以上工业企业完成增加值44.9亿元，比上年增长18.4%。财政收入7.35 亿元，增长16.24%。全社会固定资产投资95.5亿元，比上年增长21.6 %。社会消费品零售总额40.8亿元，增长18.53%。城镇居民人均可支配收入17678元，增长13.1%；农民人均纯收入7938元，增长10.02%。

中共栾城县委书记：毛全球（4月免）
王韶华（4月任）
县人大常委会主任：李雪辉
县　　长：王韶华（4月免）
孟胜林（4月任）
县政协主席：曹金亮

【基地建设】 装备制造基地被批准为省级工业聚集区。南车路、安瑞科、南车工业园等重点区域土地收储3300亩。基地新民居建设规划和村庄搬迁方案，地表水厂、裕华铁路重车线建设，南车路、石飞工业园雨水污水管网建设完成。

【农业农村工作】 全县粮食总产26.14万吨，同比增长12.06%，被评为2010年全省粮食生产先进县，并列入国家农业综合开发县。万亩生态农业观光园规划编制完成，已签约进入实质性建设阶段。成功举办第八届“阳春草莓采摘节”。新增蔬菜3000亩。建成标准化兽医室46个。推广大型拖拉机、玉米联合收割机等大型农机具近1000台。农业产业化经营率达到62%。实现土地流转2.7万多亩。村级公益事业“一事一议”财政奖补项目建设力度加大，争取奖补资金428万元。

【工业经济】 企业开展对标行动成效明显，经营管理水平和综合竞争力提高。实施重点技改项目9项，总投资13亿元，年度完成投资7.86亿元。大力实施品牌战略，拥有国家和省驰名、著名商标27个，国家和省名牌产品、优质产品18个。认定国家企业技术中心1家、建成国家级实验室3个、省级企业技术中心2个。至年末，全县利税500万元以上企业达到101家，超千万元以上企业达到64家，超亿元以上企业1家。全年万元GDP能耗下降2.6%，工业增加值能耗下降7.8%。

【重点项目】 全年安排项目114项，其中省市重点项目18项，神威中药园、石飞工业园、石煤机、顺邦百营物流、河北传媒大学等项目建设加快，总投资50亿元石药集团高端医药产业园项目快速推进。德泽龙医药物流、南方包装等大项目签约。全县省市重点项目数量和投资额均创历史新高。

【城乡建设】 开展城乡容貌环境综合整治取得初步成效。城乡统筹规划等41项规划完成，人民公园、中心敬老院等一批惠民工程建成。古柏园、栾城商城拆迁启动。投资8000多万元，进行县城污水处理厂一期升级改造和二期扩能；拆除锅炉70台，推广低硫煤43.28万吨。开展争创国家园林县城活动，实施裕泰路绿化升级改造、县标广场升级及主要道路绿地、游园等建设工程。完成植树103万株，林地净增1223亩，林木覆盖率净增长0.25%，达到21.95%。投资4628万元，改建硬化6条城乡道路。太行大街南延工程栾城段在全市率先竣工。环城水系栾城段建设创造20天拆迁37万平方米的“栾城速度”。22个新民居示范村规划编制完成，9个村被正式批准列入省级新民居建设示范村。

【社会事业】 全部拆除、封闭C、D级危旧校舍64座、3.7万平方米；完成柳林屯一中实验楼改造等4座教学楼建设和龙门等24个教学点校舍改造工程。县乡村三级医疗机构基础设施建设完成，新增医疗用房面积5万平方米；乡镇卫生院在全省率先通过标准化建设示范县验收，97%的村集体卫生室达到标准化要求。全年新增城镇就业2262人，登记失业人员再就业611人，城镇登记失业率1.9%。总投资1500万元、总建筑面积1.4万平方米的县民政事业服务中心竣工投用，重点救助对象和优抚对象医疗救助“一站式”即时结算系统开通运行，五保集中供养率达到62%。6个乡镇建成文化站，68个村建成

栾城县举行新编《栾城县志》发行仪式

农家书屋，形成县乡村三级文化设施网络。人口和计划生育工作被命名为“全省全员人口信息管理先进县”，全国人口宏观管理与决策信息系统一期成果应用演示现场会在栾城县召开。新编《栾城县志》高质量印刷出版，二轮修志圆满完成。10项助残工程成效明显，获得中残联“白内障无障碍县”称号。

（栾城县史志办公室）

行 唐 县

【概况】 行唐县总面积1025平方千米，常用耕地面积35850公顷；辖4个镇、11个乡，8个居委会，322个行政村；总人口44.49万人，人口自然增长率14.02‰。2010年，全县地区生产总值完成88.0亿元，比上年和2006年分别增长13.6%和88.34%，2006～2010年累计完成352.44亿元，年均增长13.4%。其中，第一产业增加值18.3亿元，比上年和2006年分别增长2.7%和19.2%；第二产业增加值50.3亿元，比上年和2006年分别增长16.5%和93.9%；第三产业增加值19.4亿元，比上年和2006年分别增长13.5%和74.5%。农业总产值14.41亿元，比上年和2006年分别增长0.86%和4.8%；林业总产值2918万元，比上年和2006年分别下降29.15%和6.4%；畜牧业总产值18.96亿元，比上年和2006年分别增长6.02%和41.2%；渔业总产值2139万元，比上年和2006年分别增长7.9%和142.9%。规模以上工业总产值171.1亿元，比上年增长0.29%；工业增加值44.5亿元，比上年增长18%，2006～2010年累计完成184.19亿元，年均增长23.2%，占GDP比重由47.2%增加到50.5%。粮食总产量30.31万吨，2006～2010年累计粮食总产量152.39万吨；夏、秋粮食亩产分别为377千克和482千克；棉花总产量480吨，平均亩产48千克；油料总产量20500吨，平均亩产217千克。财政收入2.48亿元，比上年和2006年分别增长3.26%和88.4%，2006～2010年累计完成10.47亿元，年均增长13.5%；财政支出7.91亿元，比上年和2006年分别增长10.8%和220.3%，2006～2010年累计完成28.38亿元，年均增长26.2%。社会消费品零售总额31.8亿元，比上年和2006年分别增长17.9%和134.3%，2006～2010年累计完成114.04亿元，年均增长22.6%。商品交易市场成交额4.54亿元。全社会固定资产投资完成95亿元，比上年和2006年分别增长24.2%和289.9%，2006～2010年累计完成293.12亿元，年均增长31.3%。在岗职工年平均工资22142元，比上年和2006年分别增长8.25%和131%，2006～2010年在岗职工年平均工资年均增长18.3%。城镇居民人均可支配收入15983元，比上年和2006年分别增长13.2%和98%，2006～2010年年均增长14.6%。农民年人均纯收入3647元，比上年和2006年分别增长5.1%和24.5%，2006～2010年年均增长3.5%。年末城乡居民储蓄存款余额51.7亿元，比上年增长17.22%。

中共行唐县委书记：李震国
县人大常委会主任：高和福
县　　　长：吕素维
县政协主席：赵大水

【特色经济】 以构建现代化产业体系为导向，从延伸特色产业链条入手，围绕做大做强大枣产业，按照“以点带面，分步实施，辐射周边”的原则，实施红枣提质增效工程。年内，全县32万亩红枣通过无公害果品生产基地认证，完成枣树树体改造3万亩，重点建设了鳌鱼、芦家庄、满撒、要角等5个大枣生态科技示范基地，其中满撒示范基地投资50万元，亩增效益近2000元，被河北省老科技工作者协会命名为“行唐大枣生态科技示范园区省老科协科普基地”。年末全县枣树面积65万亩，年产红枣1.15亿千克，云蒙山、太行娃、兴唐等行唐品牌大枣的知名度和市场占有率提高。奶牛养殖业推广奶牛入股分红、合作社经营、奶牛托管股份合作等养殖模式，加大乳品质量检测力度，健全疫病防控监管责任制和责任追究制，奶牛免疫密度100%。至年底，全县奶牛存栏8.03万头，标准化奶牛养殖小区110个，全部取得生鲜乳收购许可证，其中34个养殖小区完成升级改造，19个养殖小区通过国家农产品无公害产地认证，7个小区被评为省级典型示范场，初步建成华北最大、最放心生态奶源基地。2010年，行唐县几丁质甲壳素红枣基地建设初具规模，食用菌、设施蔬菜、中药材、小杂粮等传统特色产业日益壮大，农业产业化经营率达47%，已成为全国重要的粉制品集散地、国家标准化苹果示范基地、河北最大的红薯生产基地。

【招商引资】 全年办理项目56个，签约14个，其中投资13亿元鑫裕陶瓷微晶粉高密度地板砖、投资1.2亿元玉龙镜业玻璃深加工、投资6亿元玉晶玻璃三四线、投资2517万元九州兽药等10个项目开工。成立经济开发区领导小组和开发区筹委会,实施“两园一区”（行唐工业园 、港澳台创业园、乳业产业聚集区）强县工程，按照“规模企业向园区集中，主导产业向园区聚集，园区向县城靠拢”的发展思路，确立以项目投入为中心，借力发展建设行唐工业园；以突出特色为引导，建设乳业产业聚集区；以优化环境为动力，加快港澳台创业园建设。编制完成开发区总体规划、控制性详规、产业布局等5个规划；完成园区内7个行政村事务交接；完成园区内水、电、路、通讯等基础设施建设，累计投入资金2亿多元；园区规划面积达30多平方千米，入驻企业30余家，实现工业总产值56亿元，销售收入51亿元，利税10亿元。全县经济结构已由“两红一白”初级资源富民型向“两园一区”高新产业强县型转变，“两园一区”成为行唐县转变发展方式的重要载体和平台。至年末，全县投资规模100万元以上续建、新建项目96个，投资5亿元以上续建、新建项目5个，实际引进国外资金1200万美元。

【县城建设】 修改、完善县城总体规划，编制完成城市专项规划等6大类29项规划和6项规划技术导则、规定的制定工作。在原有路网格局基础上，投资55914万元实施张石高速连接线建设、县城主干道路修复、1号路整治配套等工程。投资4124.3万元生活垃圾卫生填埋场投入试运行，新建垃圾转运站10座，新增活动公厕21座，群众如厕难问题得到解决。投资4102万元完成香港路绿化整体改造、龙州大街全段绿化综合整治等工程，龙州生态公园一期建设工程基础建设基本完工。投资2600万元创建香港路、玉城大街、龙州大街三条特色、样板街道。投资2200余万元，整治章武路等街道景观；制订《城区夜景亮化规划》，投资350万元完成龙州大街、永昌路等7条主干道路夜景照明提升工程，亮灯率98%，主干街道两侧公共建筑和玉城公园、文化广场等关键部位均进行了高标准亮化装饰；制订《行唐县城区门店牌匾管理办法》、《行唐县城区户外广告设置管理办法》，对广告牌匾设置实行规范管理，统一更换广告牌匾3200块1.8万平方米。成立由建设、工商、公安、环保等单位组成的城市管理综合执法大队，推行网格化、无缝隙、责任制管理，实现建设与管理互促双赢局面。

【农村劳动力转移】 以县人力资源市场为中心、乡镇劳动保障事务所为平台、村级信息员为辐射点，按性别、年龄、文化程度、就业现状及愿望等项目为各行政村劳动力造册登记，建立县、乡、村就业信息三级服务网络。通过举办“民营企业招聘周”、承办“石家庄市创业服务乡下行走进行唐”招聘会等活动，宣传国家就业政策，发放材料12000多份，接受咨询5000余人次，现场指导500人次，签订劳务输出订单9000人，向北京、天津、石家庄等地输出8300人；执行对进城务工农民和用工单位实行免费求职登记等八项制度，对集中输出的劳动力组织专人护送，并定期回访，帮助解决实际困难，实现输出一批、稳定一批、成功一批。至年末，全县组织各类培训2.55万人次，发放职业培训补贴19万元；启动就业方案8个，扶持农户141户，发放项目专项经费73万元，直接吸纳就业1812人，间接带动就业458人，户均增收1.24万元。年内，行唐县被国家人力资源和社会保障部确定为“全国农村劳动力转移就业工作示范县”。

【民生实事】 践行“以民为本”宗旨，坚持“凡是惠民政策坚决落实，凡是为民承诺坚决兑现”。年初向群众承诺10方面23件民生实事全部落实到位：投资4879万元“校安工程”，投资2700万元县医院病房楼新建，投资5816万元口头和杨家庄水库除险加固，投资4000万元建成河北省山区贫困县投资最大、设施最全集敬老院、光荣院、福利院“三院合一”的民政事业服务中心等重点民生工程；集中开展乳品专项整治和食品药品安全检查行动，确保老百姓买到放心食品和药品；改造县城自来水入户主管路1400米，支管路2600米；投资330万元，打深井4眼，解决许由、北河等5村6600人饮水问题；实施城乡医疗救助制度，为特困居民发放医疗救助金96.69万元，救助477人次；“万村千乡”工程建成农家店260家，家电下乡销售额1.28亿元，支付补贴资金1659万元，兑付率位列全省第一；新农合规范运行，农民参合率为92.3%，农民看病难、看病贵问题得到有效缓解；基本养老、失业、工伤、生育等各项社会保障覆盖面提高，最低生活保障、农业补贴等惠民政策全部落实，用于民生财政性投入达3.5亿元，群众幸福指数明显提升。

【获得4张国家级文化名片】 实施“文化兴县”战略，推进崇尚文明、昂扬向上的文化生态建设，继2008年联合国教科文组织授予“千年古县”称号后，又获得4张国家级文化名片：文学创作推出一批在国家、省、市获奖的散文、诗歌精品，6月份中国纪实文学研究会授予行唐“中国纪实散文之乡”称号；成立红枣文化和产业文化协会，广泛开展一系列红枣文化研究活动，10月份中国文联民间文艺家协会授予行唐“中国红枣文化之乡”称号，同时挂牌成立国内唯一“中国红枣文化研究中心”；挖掘县域孝义文化，出台《关于弘扬传统美德、打造“孝义之县”的实施意见》，成立以县委书记李震国为组长、县长吕素维等县级领导为副组长及宣传部、文明办等职能部门一把手为成员的创建领导小组，发挥孝老敬亲模范典型的激励、引领和促进作用，相继开展“双十佳美德少年”、第二届“感动行唐”十大孝子、道德模范评选表彰等活动，推出“中华孝亲敬老楷模”张建霞、“中国好人”郄秀英、“感动河北”十大人物之一范兰荣等多种类型、多种层面的道德模范41名，10月份中国老龄事业发展基金会授予行唐县“全国孝亲敬老示范单位”称号，成为唯一一个获得“弘扬中华孝道杰出贡献奖”的县级单位。行唐县以文化软实力打造经济社会发展硬支撑的典型做法得到省委常委、宣传部长聂辰席批示肯定，并在全省推广。

【全民科学素质工作】 加强科普基地建设，提高科普宣传能力。15个乡镇均成立科普领导小组和科普学校，200多个村建立科普活动站和宣传栏，北河乡龙兴贡米等7个科普基地被市科协命名为农村科普示范基地（有效期为2011～2013年）。抓好未成年人、农民、城镇劳动人口及领导干部和公务员等四类人群的科学素质提升工作。中小学校广泛开展“科学在我身边，科技伴我成长”科普节、科学小论文比赛、科技创新大赛等活动，在校学生参与率达90%；实施农村党员干部和农民科技培训、农村劳动力转移培训及农业科技入户示范工程，推行“科技互助组”、深化“科技结亲”活动，培养有文化、懂技术、会经营的新型农民，共举办培训班200多期，受训农民2万人次；成立科技互助组600多个，“科技结亲”320多对；在城镇劳动人口中开展群众性职业技能竞赛、技术创新活动，实施技能型人才培养培训工程，全年培训城镇劳动人口2.5万人次；把提高领导干部和公务员科学素质工作列入培训规划，重点加强公务员初任、任职、更新知识、专门知识等四类培训工作，全年举办领导干部科普、政策、法制等讲座10余次。按照“纵向按年，横向按块”原则，对全民科学素质工作档案进行有序管理。9月7日，行唐县代表河北省就《全民素质计划纲要》落实情况接受国务院办公厅督查，督查组充分肯定行唐县把提升全民科学素质工作视为“一把手工程”，“干出了实绩，干出了特色，干出了亮点”。

【“三位一体”大调解】 2009年，行唐县在石家庄市率先推出“党委牵头、政府支持、法院主导、社会各界积极参与”，融人民调解、行政调解、司法调解于一体的“三位一体”大调解工作机制，出台《调解民间纠纷奖励办法》、《民间纠纷首次调解责任制》、《责任倒查追究制度》、《民调指导员上站制度》等十项制度，成立县委书记李震国任组长的“三位一体”大调解工作领导小组，15个乡镇、25个政府职能部门相应成立“一把手”负责的领导机构和调解中心，330个行政村成立调委会，形成县大调解中心、乡镇调解中心、村民调解组织三级调解网络。大调解中心履行政策宣传解释权、矛盾纠纷直接调处权、基层调处协调调度权及调处责任的追究建议权等职能，以首调责任制为主线，自下而上，开展诉前建议调解、诉中委托调解和判后延伸调解，三级调解组织各司其职，协调联动，化解对立情绪，提高调解的社会公信力，促进社会和谐。2010年，三级调解员队伍达1300多人，实现全县范围矛盾纠纷信息排查、收集网络全覆盖，对将矛盾发现在萌芽状态、控制在初期、化解在基层发挥了积极作用，县大调解中心成为“三大调解”衔接配合一体化的统一指挥与协调机构和核心平台。年内各级调解组织共排查医疗事故、交通事故致死、意外死亡等社会矛盾纠纷3343件，有效化解3245件；信访交办案件185件，同比下降20%；法院受理民商事案件949件，同比下降18.8%；各级调解组织申报奖励案件2139件，发放奖金23万元。“三位一体”大调解成为行唐县解决群众矛盾纠纷的“第一选择”，维护稳定的“第一防线”，促进发展的“第一保障”。行唐县探索形成独具特色的大调解模式，得到省、市政法委充分肯定和高度评价。

（李蕙萍　李永）

灵　寿　县

【概况】 灵寿县总面积1546平方千米，常用耕地面积22116公顷；辖6个镇、9个乡，3个居委会、279个行政村；总人口32.24万人。2010年，全县地区生产总值完成66.5亿元，同比增长14.0%。其中，第一产业增加值11.2亿元，增长6.4%，占生产总值比重为16.78%；第二产业增加值37.5亿元，增长15.8%，占生产总值比重为56.35%；第三产业增加值17.8亿元，增长13.9%，占生产总值比重为26.87%。全社会固定资产投资63.2亿元，其中城镇固定资产投资完成53.5亿元。全社会消费品零售总额21.2亿元，同比增长18%。规模以上工业企业完成增加值26.5亿元，比上年增长19.2%。财政收入2.53亿元，比上年增长4.72%，其中地方一般预算收入1.20亿元，增长7.14%。城镇居民人均可支配收入15103元，同比增长13.3%；农民人均纯收入3167元，同比增长6.99%。年末金融机构各项存款余额58.2亿元，同比增长16.88%；城乡居民存款余额48.0亿元，同比增长12.25%。

中共灵寿县委书记：王建海

县人大常委会主任：郝建英

县　　　长：姜阳

县政协主席：傅连英

【三年大变样工作】 年内，全县确定14个大工程、53个城建重点项目，拆除违章建筑15.1万平方米。编制完成总投资561.68万元县城控制性详规、松阳河综合整治规划、城乡统筹和镇村体系规划等15项规划。开展广告牌匾整治、楼体清洗粉刷、交通秩序整顿、拆违拆陋、夜景亮化等为主要内容的城市容貌综合整治活动。投资3733万元建成生活卫生垃圾填埋场。实施县城4个出入口主题公园、样板路、样板街升级提档工程，在2010年石家庄市城镇绿化覆盖率增量考核中取得第4名。启动建设岗头、西关、大东关等3个棚厅式市场。开工建设总面积25.7万平方米凯旋盛世、幸福华庭、中央府邸等7个高层楼盘。启动建设投资557万元廉租住房项目。全面启动“人和春天”旧城改造项目及孟托、南营、白家河等12个村新民居建设项目。争取国家补助资金613万元，改造农村危房1084户。完成张石高速行唐南出口至灵寿县城连接线16千米主线路基工程和8千米油面铺筑工程、正南路（正定灵寿界至县城段）大修拓宽工程、阜上线改造升级工程及24个村“村村通”工程。

【农业农村工作】 按照“壮龙头、建基地、扩规模”发展思路，培育发展龙头企业。农民专业合作经济组织达到306个，建成省级龙头企业1个，市级龙头企业9个，建成南朱乐、岗头和孟托3个农产品产地批发市场。投资1000多万元建成河北省种猪生产性能测定中心，并成功举办河北省生猪良繁体系建设暨首届种猪拍卖会。特色产业种植发展迅速，食用菌、脱毒丹参、茶叶、红薯等种植面积扩大。2010年，在全国食用菌会议上，灵寿县被授予“全国食用菌行业优秀基地县”称号；在廊坊农产品交易会上，灵寿县脱毒丹参获得金奖。实施生态家园富民工程，新建沼气池1670个。开展造林绿化活动，森林覆盖率达到42.03%，比上年净增1个多百分点。全年争取扶贫资金1014万元，对第三批贫困村进行了有效扶持。

【项目建设】 全年确定重点项目77个，总投资281.71亿元。其中，投资5000万元无纺布、2000万元医药中间体等项目竣工投产；投资

33亿元石家庄小商品加工制造产业园、8亿元正元化肥综合节能技改、6.24亿元日产4500吨熟料新型干法水泥生产线、2.7亿元海燕农牧“五环”产业循环经济示范区等12个项目正在建设；109.8亿元滨水半岛综合开发等28个谋划项目正在运作办理。园区建设，完成城东工业园区一区总体规划、详细规划及产业发展规划论证工作及争列省级工业聚集区基础工作；5个项目入驻城东工业园区二区。完成工业路拓宽和污水管网铺设、北洼110KV变电站至工业园区电力线路铺设、焦化厂至无纺布项目污水管网铺设等工程和污水处理厂扩能改造中水回用工程。2010年，灵寿县被评为石家庄市重点项目建设先进单位，获得三等奖奖励。

【旅游经济】 完成《灵寿县旅游发展总体规划》、《五岳寨景区重点区域修建性详细规划》等7个规划和古中山国遗址保护方案，正在编制《横山湖南岸控制性详细规划》、《燕川水库旅游发展规划》和《五岳寨创建5A景区提升改造规划》。聘请高资质设计单位，制作宣传册和宣传片，并在五岳寨举办首届旅游文化美食节。依托计划生育家庭居家养老亲情服务工程，实景实名拍摄电影《小丫头子》，在中央电视台等媒体播出。成功举办“河北灵寿首届古中山文化艺术节”。完成13个旅游项目土地征用审批，落实土地指标540.2亩。采用市场化运作方式，建设五岳寨客运索道、五岳寨天赐假日酒店、五峰大酒店（西三教投资宾馆）等项目。在横山湖北岸谋划建设水郡花洲高档别墅和纯天然生态采摘园。水泉溪、秋山2个景区通过河北省4A级旅游区验收，并向国家旅游局申报备案。推动陈庄歼灭战、抗大二分校、晋察冀边区银行旧址等红色旅游资源整合。

灵寿县幽居寺塔

【食品安全监管】 开展食品药品安全集中整治活动，重点开展问题乳制品清查工作，未发现1起问题乳制品。规范宝阳、双鹤、双雨生猪定点厂和洁利、兴源生鸡定点厂屠宰行为，严格执行各项规章制度。成立肉品市场管理联合执法办公室，对小韩楼等重点区域进行重点打击，防止私屠滥宰违法行为发生。建立运行市场风险抵押、台帐管理、公开监督制度等长效管理机制，对小东关市场入市肉品实行备案登记制度和肉品品质检验合格证制度，实现城区定点屠宰率达到100%，城乡结合部定点屠宰率达到96%以上，基本实现群众吃上“放心肉”工作目标。按照《酒类商品流通监督管理办法》，落实酒类随附单制度，开展市场监督检查，打击假冒伪劣酒品，查获无随附单酒类120余件，涉及酒类商品8个品牌。

【节能减排】 开展3次节能专项行动，强制拆除落后变压器3台，淘汰落后压缩机3台；拆除30立方米炼铁高炉1座，淘汰云母、石粉、蛭石、铁选等耗能高、治理难度大的企业23家。推进节能重点工程建设。河北石灵碳素煅烧炉节能技改及余热利用项目竣工，在自身节能基础上，供应区域内2家重点耗能企业生产用能，3家企业节能1.2万吨标准煤；金博翔金属制品司溶化炉实施节能技改，年可节约标准煤5600吨；正元化肥节能改造工程正在建设中，年可节约标煤5.48万吨。严抓重点企业节能。将正元化肥等年耗标煤2000吨以上14家企业列为重点企业，下达年度节能目标、用能用电量限定指标，全年节能 1.37 万吨标准煤。全县所有项目进行节能评估和审查，未通过审查一律不得审批。年内拒批高耗能项目 5 个，审批项目全部通过节能评估审查。

【社会事业】 完成年初确定为民办实事 15 件，涉及到医疗、道路、饮水等民生问题。新农合补偿比例提高，参合率达到 98.4%。城镇登记失业率控制在 3.5% 以内。新建“农家书屋”88 个。推进乡村卫生一体化管理，完成 30 个村卫生室建设；投资 3357 万元县医院综合业务楼和投资 110 万元牛城中心卫生院业务用房项目开工建设。中小学校 D 级危房全部拆除；投资 3297 万元建设校安工程项目；灵寿县被国家发改委、教育部确定为 2010 年教师周转宿舍项目试点县，争取国债资金 1200 万元用于教师周转宿舍项目建设。全年发放家电下乡补贴款 1127.56 万元。投资 2800 万元建设第三水厂。投资 500 万元解决高阳庄、七祖院等 9 个村庄、1 万人的饮水安全问题。投资 830 万元，完成第一、第二中心敬老院建设。按照“三不留，一毁闭”(不留人员，不留采矿设备，不留建筑物、毁闭井筒，恢复地貌）标准，组织多次专项行动，打击私挖滥采行为。

（郑云鹏）

高 邑 县

【概况】 高邑县总面积 211 平方千米，常用耕地面积 15859 公顷；辖 3 个镇、2 个乡、1 个街道办事处，9 个居委会，107 个行政村；总人口 18.86 万人，人口自然增长率 8.04‰。2010 年，全县地区生产总值完成 40.9 亿元，同比增长 14.4%。其中，第一产业增加值 7.9 亿元，增长 3.7%；第二产业增加值 20.9 亿元，增长 17.7%；第三产业增加值 12.1 亿元，增长 13.6%。全社会固定资产投资 35.2 亿元，增长 24.6%，其中城镇固定资产投资 28.2 亿元，增长 24.8%。财政收入 2.04 亿元，增长 23.43%，其中地方一般预算收入 1.23 亿元，增长 36.09%；财政支出 4.81 亿元，增长 25.25%。城市空气质量等级好于二级以上天数 325 天，占全年天数的 89.04%。农林牧渔业总产值 14.1 亿元，增长 3.1%。粮食总产量 14.18 万吨，蔬菜总产量 44.25 万吨，棉花总产量 105 吨。规模以上工业完成增加值 14.0 亿元，增长 19.6%，实现利税 6.5 亿元，增长 27.8%。金融机构存款余额 35.4 亿元，较年初增长 17.22%；贷款余额 14.3 亿元，较年初增长 31.43%。社会消费品零售总额 17.4 亿元，增长 17.2%。在岗职工年平均工资 19311 元，增长 11.11%；城镇居民人均可支配收入 13405.03 元，增长 13.6%；农民人均纯收入 6105 元，增长 12.06%。年末城乡居民存款余额 29.1 亿元，增长 13.13%。实际利用外资 1300 万美元，出口创汇 1948 万美元。

中共高邑县委书记：崔欣元（4 月免）
李锡海（4 月任）
县人大常委会主任：李连平
县　　　　长：王雁南
县政协主席：陈金锁

【农业农村工作】 2006～2010 年累计争取市级以上项目资金 1.1 亿元，发放粮食直补、综合直补和农机具购置等各类补贴 7600 万元。蔬菜种植面积达到 10 万亩，跨入全市蔬菜 12 大县、全省蔬菜 30 强县行列。苗木产业发展壮大，建设大苗基地 1.2 万亩。2006～2010 年累计植树 460 万株，森林覆盖率由 1.85% 提高到 10.8%，获得省“造林绿化先进县”称号。城乡统筹稳步推进，谋划启动“千秋小镇”、“良庄社区”等 4 个联村并建示范项目。农业基础设施建设成效明显，解决了 28 个村 4.2 万人农村饮水安全问题，发展节水灌溉 2.43 万亩，综合开发治理土地 4.4 万亩，受益农户 3.1 万人，列为全省 6 个农业综合开发重点县之一。还成功办理南水北调高邑分水口。

【交通枢纽建设】 确定建设“省会南部重要交通枢纽”战略定位，启动重要站、场、路建设。经过运作，石武高铁客专“高邑西客站”正式获批，成为河北省境内唯一一家县级站点，站房已开工建设。石武高铁工程建设指挥部落户高邑县；京广铁路货运站扩建方案通过北京铁路局批复；京广铁路高邑客运站成功保留并完成升级改造。大型汽车站项目列入省交通厅建设规划。城乡路网建设成效突出，累计投资 6.85 亿元，完成 107 国道南段拓宽改造、393 省道大修、农村公路村村通等146项工程，建设和改造路网598千米，相当于前20年的总和，建设里程、工程投资、利用上级资金均创下历史之最。

【重点项目】 2006～2010年累计竣工重点项目98个，在建和新开工项目45个，总投资146.42亿元。项目质量、投资规模实现重大突破，莱特陶瓷等4个项目列为河北省重点项目，污水处理厂一期、富村110KV电站等一批重要基础设施竣工投用，力马煤改气、工大核压力容器、左安铝业、金翱单晶硅等12个投资亿元以上，对产业升级、结构优化具有重要支撑作用的工业项目开工建设或竣工投产。

【工业经济】 全县规模以上工业增加值完成14.0亿元，实现利税6.5亿元，分别较“十五”末增长57.9%和27.9%。园区建设全面推进。凤凰山开发区列入石家庄南部工业区规划，并完成总体规划设计；建陶新区纵干道、横干道和金世纪至石贾线3条道路竣工通行，红旗大街南延一期、工业区1号路、2号路基本竣工，路网框架初步拉开。辛庄110KV电站正式批复，力马110KV电站建设计划上报待批。城东工业区正在申报省级工业聚集区，初步列入市第二批申报计划；供水、排水、气、电设施基本配套，兴华路东延工程启动建设。特色产业发展势头强劲。建陶产业，新增高档生产线25条，被认定为“河北省建筑陶瓷产业集群”、“河北省建筑陶瓷特色生产基地”，“建陶生产力促进中心”被评为国家级示范生产力促进中心。纺织产业新增纺纱能力25万锭。化工产业新上氧化锌生产线60条。产业结构调整加快，引导建陶产业提高技术装备水平，谋划、发展建陶－煤焦化循环经济、装备制造等新兴产业。铁腕治理建陶、浆纱、城区燃煤锅炉大气污染和水污染，取缔关停小建陶、小铸造、小化工等高耗能、高污染企业30余家，圆满完成“十一五”节能减排任务目标。争取建设用地指标2532亩。

【服务业】 全年社会消费品零售总额达17.4亿元，是“十五”末的2.25倍，第三产业占全县GDP比重提高到28.7%。蔬菜市场时隔9年再次列为全国定点农产品批发市场，“双百”市场项目正式获批，被认定为全国蔬菜类市场50强。金鱼建材装饰城、亿博建材市场正在建设。扶持现代物流产业发展，完成物流园区规划草案。

【城区建设】 编制完成县城总体规划和部分专项规划、控制性详规，明确“一县两城、带状发展”城市发展空间布局。推进“三年大变样”工作，开展拆迁拆违，累计拆除违法、违章、破旧建筑58.5万平方米。多渠道筹资28.1亿元，启动污水处理厂、统一供水、污水管网改造、生活垃圾填埋场、天然气民用、城区路网等75项重点工程。大规模开展城区绿化，新建公园、游园40处，绿地面积达到260万平方米，人均公园绿地面积达到12.7平方米，在全市考核中连续3年保持一档县行列，被省政府评为“省级园林县城”。

【财政金融】 全部财政收入首次突破2亿元，增幅达到23.43%，位居全市第二；一般预算收入增幅达到36.09%，位居全市第一。公务人员13个月工资首次发放，事业单位绩效工资全部落实。税收结构显著优化，全部财政收入占GDP比重达到4.5%，一般预算收入占全部财政收入比重达到60.3%，工商税收占全部财政收入比重达到91%。至年末，全县金融机构存款余额35.4亿元，贷款余额14.3亿元，分别较“十五”末增长147%和58.2%，贷存比达到40.34%，位居全市17个农村县(市)第五名，其中贷款余额净增长3.4亿元，创近十年新高。华鹏小额贷款、万邦担保、凤城投资公司组建运行。

【社会事业】 年末全县城镇居民可支配收入13405元，农民人均纯收入6105元，分别较“十五”末增加5816元和2130元。新农合运行平稳，参保率达到95.91%。农村五保集中供养率连续3年位居全市第一，第一中心敬老院成为全市首家省三星级敬老院。开展创建“食品安全最放心城市”活动，持续加强安全生产监管。深化“三位一体”大调解机制，建成启用县联合接访服务中心和涉法涉诉联合接访中心。年内高邑县被评为“全国老龄工作先进单位”。事业单位全面推行全员聘任、定岗定编和绩效工资改革。合并新成立文广新局、文化市场执法大队和广播电视台。高邑电台恢复播出。中小学布局调整稳步推进，校舍安全工程扎实开展，新改建学校 16 所；学前教育发展迅猛；中学万人升学率稳居全市前列；职教中心通过“省级重点职业学校”验收。标准化村卫生室建设全面完成，新建乡镇卫生院 4 所，县医院病房楼主体完工，中医院病房楼正式启用。刘秀公园完成一期、二期工程建设，南星祠堂文物陈列馆竣工投用。低生育水平得到巩固，乡镇计生站建设加强。

（籍飞龙）

深　泽　县

【概况】 深泽县总面积 286 平方千米，常用耕地面积 18833 公顷；辖 2 个镇、4 个乡、2 个办事处，3 个居委会，125 个行政村；总人口 25.67 万人，人口自然增长率 5.54‰。2010 年，全县地区生产总值完成 54.2 亿元，同比增长 11.7%。其中，第一产业 10.2 亿元，增长 3.9%；第二产业 31.4 亿元，增长 13.5%；第三产业 12.6 亿元，增长 12.3%。规模以上工业增加值 22.2 亿元，增长 18.1 %。粮食总产量 18.34 万吨；棉花总产量 623 吨。民营经济增加值 40.83 亿元。财政收入 2.43 亿元，增长 12.99 %；财政支出 4.93 亿元，增长 21.74%。社会消费品零售总额 22.4 亿元，增长 17.3%。全社会固定资产投资 36.5 亿元，增长 23.9%。城镇居民人均可支配收入 13563 元，增长 12 %；在岗职工年平均工资 20707 元；农民人均纯收入 5745 元，增长 8.07%。年末城乡居民储蓄存款余额 48.7 亿元，贷款余额 15.1 亿元，同比分别增长 11.32% 和 29.53%。空气质量二级以上天数 320 天 。

中共深泽县委书记：杜振琪
县人大常委会主任：王生力
县　　　长：盛庆功
县政协主席：杨秋

【农业农村工作】 农林牧渔业总产值 18.8 亿元，同比增长 5.4%。粮食总产量 18.34 万吨；肉、蛋、奶产量分别为 2.1 万吨、1.7 万吨、3.7 万吨，分别增长 5%、4.3%、10%。争取国家、省市补贴资金 4416 万元，实施土地整理等项目 33 个，推广节水灌溉等生产技术 9 项，新建沼气池 500 个。全县规模养殖场达 181 个，11 个奶牛养殖小区全部达标，金玉奶牛繁育中心被农业部命名为标准化示范场。果品年产量 8 万吨，种植优质葡萄 5600 亩，种植优质核桃 3000 亩；绿化造林面积 7.88 万亩，森林覆盖率达到 17.7%。种植设施蔬菜 3000 亩，蔬菜总产量 38.4 万吨。拥有农业产业化龙头企业 52 家，市级龙头企业 3 家，专业合作社 101 个。

【重点项目】 开展“大项目攻坚年”活动，强化县级领导包项目、乡镇二分之一招商、部门捆绑企业“三个工作法”。全年办理及在建投资超千万元项目 97 个，其中亿元以上项目 29 个，列入省市重点项目 7 个。总投资 12 亿元鸿泽塑胶一期、总投资 1.06 亿元鸿泽包装一期、总投资 3600 万元微河化工等 20 个项目建成投产。工业园区建设全面推进，被省政府命名为省级工业聚集区。

【城乡建设】 确立“小县大县城”城乡规划定位。全面完成城乡建设“三年大变样”目标任务。2006 ~ 2010 年，城乡道路建设累计投资 1.5 亿元，新建、改建南苑路、北苑路、西环路等城区道路 11 条，城市人均道路面积达到 15.5 平方米；投资 8307 万元改造定深公路、正港公路等主干道 43.3 千米；投资 5100 万元新建、改建农村公路 123 千米。2006 ~ 2010 年，电网改造累计投资 4 亿元，实施项目 26 个，建成电气化村 39 个。2006 ~ 2010 年，通讯设施建设累计投资 8720 元，建成通讯基站 120 个，新增传输线路 75 千米；投资 260 万元推广数字电视，用户达到 6000 户。2006 ~ 2010 年，供水、供热、供气累计铺设供水管网 46 千米，铺设集中供热管到 20 千米，新增供热面积 20 万平方米；完成集中供气建设前期工作和城区污水处理厂改造，垃圾处理厂竣工投用。启动向阳街中段改造、文庙广场和商贸文化中心建设。投资 950 万元，完成北极台公园和丽泽公园升级改造、主干街道亮化、西苑街平改坡等工程。6 个城中村改造启动，金世纪、林风盛世等精品小区基本建成。15 个新民居示范村全部开工。

【社会事业】 城乡居民收入增长，居民储蓄存款余额达到 48.7 亿元；社保扩面整体推进，2006 ~ 2010 年累计新增参保人员 3.3 万人；新农合覆盖面扩大，全县农民参合率达 94.5%，累计补偿 25.1 万人次；

建成6个乡镇文化站、81个农家书屋、89个农民健身工程等城乡文体设施；低生育水平保持稳定。

（何志敏　陈殿立）

赞　皇　县

【概况】　赞皇县总面积1210平方千米，常用耕地面积20608公顷，山场面积76700公顷；辖2个镇、9个乡、1个街道办事处，8个居委会、212个行政村；总人口25.77万人，自然增长率7.32‰，人口出生率12.89‰。2010年，全县生产总值完成54.8亿元，比上年增长13.8%。其中，第一产业增加值11.0亿元，增长3.1%；第二产业增加值32.5亿元，增长17.8%；第三产业增加值11.3亿元，增长12.5%。全社会固定资产投资81.5亿元，比上年增长26.7%。财政收入2.51亿元，比上年增长8.83%。其中，一般预算收入1.21亿元，比上年增长22.71%。规模以上工业增加值完成28.1亿元，比上年增长19.7%；实现利税18.1亿元，比上年增长72.86%。城镇居民人均可支配收入13565元，比上年增长13.2%；农民人均纯收入3082元，比上年增长5.91%。年末金融机构各项存款余额38.7亿元，比上年增长23.06%；各项贷款余额15.4亿元，比上年增长43.61%。

中共赞皇县委书记：吴时茂（4月免）
凌青利（4月任）
县人大常委会主任：武瑞国
县　　　长：凌青利（4月免）
宋存汉（4月任）
县政协主席：张万银

【农业农村工作】　粮食总产量12.52万吨，创历史新高。发放粮食直补资金948.7万元，其中，综补841.2万元，直补107.5万元。大枣、核桃、柴鸡等产业发展迅速，66家蜜枣加工企业通过QS认证，年加工能力5.6万吨。产值4.1亿元。赞皇大枣在新疆异地种植5万亩。核桃产业实施连片开发，完成核桃基地建设20万亩；中国经济林协会命名赞皇为“中国核桃之乡”。柴鸡饲养量达到500万只；赞皇柴鸡被农业部正式命名为“太行鸡”。原村土布、蜜蜂养殖、酸枣仁加工等特色产业规模壮大。年末全县有农民专业合作社113家，农业产业化经营率达32.3%。新民居建设稳步推进，14个示范村新民居建设规划全部完成。农业综合开发5800亩，9座小水库除险加固工程竣工。义务植树80多万株，“两河”绿化2000亩，“万树进村”植树72万株，封山育林10万亩，森林覆盖率达49.1%。

【产业结构】　三次产业结构比例调整为20：59.4：20.6，第二产业比例较上年提高3.4个百分点，工业经济显示强劲发展势头。全年五马山工业区实现主营收入40亿元，利税7亿元，成为石家庄六大基地之一——南部工业区核心部分。销售家电下乡产品27025台（件），落实补贴资金746.76万元；销售汽车、摩托车下乡产品3219辆，补贴资金610万元。全社会消费品零售总额21.7亿元，增长18.1%。煤炭营销业营业额48亿元，实现利税7000万元。旅游开发加快，棋盘山成为国家4A级景区。

【重点项目】　全年安排1000万元以上重点项目59项，总投资130.9亿元。年度计划投资22.6

赞皇县棋盘山风景区

亿元，实际完成投资22.8亿元。其中，列入省重点项目2项，市重点项目1项。投资3.4亿元建设京赞公路赞皇段；红旗大街南延二期主体工程完工；完成郑昔线至北清河、下段至上桃坡、郑昔线至东郭家庄11条19千米公路建设和郑昔线9千米大修工程，便捷畅通的交通网络初步形成。南水北调工程赞皇段提前完成征迁安置任务。电力低压工程完成新建改造线路16.75千米，220千伏输变电站顺利挂网运行。

【城区建设】 谋划实施总投资17.5亿元六大类41项重点工程，投资数额为历年之最。完成盛贸路西延、新开街南延、太行路东延、新开街北延、坛山街及城五街14条小街巷改造任务。《县城绿地规划》等6个专项规划已经专家论证，按照法律程序审批。县城重点地段（槐河生态景观带）详规修编工作完成。总投资8500万元污水处理厂、垃圾填埋场竣工投用。廉租住房一期主体工程竣工。完成馨苑小区、西街花园、旭东花园等工程建设，全县城镇居民人均住房面积达到23.5平方米，县城建成区面积达到5.5平方千米，城镇化率达到21.96%，同比增长2个百分点。

【社会事业】 办理利民惠民实事12件，解决了群众吃水、行路、上学、就医等困难。转移农村劳动力2.5万余人次，城镇新增就业2176个，城镇登记失业率为1.63%。企业养老保险征缴2841万元，扩面1015人。城镇低保1490户2765人，农村低保5033户7003人。实施各类科技项目18项，科技部国家北方山区农业工程研究中心枣绿色标准化示范生产基地落户赞皇。完成一中等15所中小学校舍改造工程，赞皇中学创建省级示范性高中顺利通过省市验收。投资600万元中医院综合大楼竣工投用，投资3910万元县医院综合大楼开工建设。新型农村合作医疗参合率达95%。率先在全省启动乡镇医药卫生体制改革试点，全县11个乡镇卫生院全部实施“零差率”销售。集体林权制度改革稳步落实，发放林权证2.02万本，发证率达90.32%。推进行政体制改革，增设行政服务中心，建立审批绿色通道。全年办理人大代表建议51件，政协委员提案87件，综合结案满意率达98%。专项资金治理和“收支两条线”管理成效明显。开展食品药品安全最放心县创建活动。增设县级领导信访接待日，矛盾纠纷得到有效化解。开展“打黑除恶”专项活动，建立民警包片责任制和乡村治安联防队。连续7年被市委、市政府评为安全生产目标管理优秀单位。

（田凤英）

无 极 县

【概况】 无极县总面积524平方千米，常用耕地面积35200公顷；辖6个镇、5个乡，4个居委会、213个行政村；总人口51.02万人，人口自然增长率为7.43‰。2010年，全县地区生产总值完成114.7亿元，增长11.6%。其中，第一产业增加值19.4亿元，增长0.7%；第二产业增加值63.5亿元，增长13.5%；第三产业增加值31.8亿元，增长13.5%。农林牧渔业总产值37.7亿元，增长1.7%；粮食总产量34.5万吨，增长4.52%。全社会固定资产投资完成77.3亿元，比2005年增长3.4倍。财政收入3.26亿元，一般预算收入1.69亿元，分别比2005年增长52.5%和62.1%。全社会消费品零售总额61.0亿元，比2005年增长1.3倍。城乡居民收入大幅度增加，城镇居民人均可支配收入15243元，农民人均纯收入6790元，同比分别增长11.2%和8.26%。全县金融机构各项存款余额84.1亿元，贷款余额22.6亿元，分别比2005年增长96.3%和31%。城镇登记失业率控制在1.64%，城镇新增就业2110人。基本农田保有量保持在31.46万亩；森林覆盖率达12.1%。

中共无极县委书记：范彦刚
县人大常委会主任：岳双群
县　　　长：韩清榕
县政协主席：杨成岱

【农业农村工作】 全县农林牧渔业总产值37.7亿元，畜牧业产值占农业总产值比重达52.4%。夏粮产量15.97万吨，受恶劣天气影响，比2009年减产2.5万吨；秋粮喜获丰收，达到17.17万吨，增产3.3万吨。各类规模养殖场（区）发展到832个，肉、蛋、奶产量分别达到5.3万吨、7.4万吨、9.5万吨。设施蔬菜种植规模和效益提高，种植面积达到5万亩，被石家庄市列为蔬菜生产大县。王村蔬菜市场被评为AA级标准化农产品产地批发市场，郭庄食用菌种植基地被农业部认定为无公害蔬菜基地。年末，全县有市级以上农业产业化龙头企业11家，农业产业化经营率达76.6%；创建专业合作社144个，各类行业协会15家。农民生产生活条件改善，强农惠农政策有效落实，累计发放粮食直补等各类涉农补贴2.1亿元；实施农田水利基本建设项目7项，改造中低产田7.45万亩，铺设防渗管道425千米。建设北丰、流村、店尚水厂3座，解决了43个村8万人的饮水安全问题。列入省市级新民居示范创建20个村已启动18个，城乡统筹首批4个社区点有序推进。

【工业经济】 全年规模以上工业企业达到88家，新增22家，规模以上工业总产值167.5亿元，增长5.02%；实现增加值53.5亿元，增长15.5%；实现利润12.0亿元，增长17.6%；三次产业结构由“十五”末的19.2∶53.4∶27.4调整到17∶55∶28。皮革、化工、制药等产业转型升级步伐加快，装饰板材、装备制造等产业增势强劲，印刷包装等产业正在培育形成。工业园区承载功能增强，辐射带动作用日趋显现。“一区三园”被列为省级县城周边产业聚集区；城西木业产业聚集区、郝庄汽车产业聚集区被确定为市级特色乡镇产业聚集区。

【项目投资】 全社会固定资产投资完成77.3亿元，同比增长25.3%，其中城镇固定资产投资完成49.6亿元，同比增长21.6%。合成氨综合节能改造等8个省市重点建设项目完成投资7.5亿元，超出计划任务的96%。风能发电设备等48个千万元以上项目竣工投运，农牧机械加工等13个亿元项目顺利建设。2010年，全县大项目建设规模、项目个数都创造了历史最好水平。

【改革改制】 国有集体企业改革顺利推进，36家企业进入改制程序，投入改制资金2.24亿元，彻底解决了5071名改制企业职工养老保险等问题。行政审批制度改革深化，教育、卫生系统和其他事业单位绩效工资制度全面实施；医药卫生体制改革、农村综合改革积极推进，文化体制改革取得突破，政府机构调整和设置工作圆满完成。对外开放水平提高，2006～2010年累计利用外资948万美元，引进县外资金27.2亿元。

【节能减排】 按照“削减总量、控制增量、腾出容量”的思路，大力淘汰落后生产能力，否决“两高一资”项目47个，淘汰落后产能企业和项目19个，关停非法排污企业130余家，拆除转鼓141台；中冀正元公司混燃炉改造等5项重点节能减排项目建设完成；年末万元工业增加值能耗为0.847吨标准煤，化学需氧量排放量为7482.9吨，二氧化硫排放量为1336.88吨。磁河、滹沱河出境水质基本稳定在省控指标以内，大气环境质量明显改善。省“双三十”考核顺利通过。城市综合污水处理厂升级改造工程如期通水，城北工业园区综合废水集中处理工程、制革废水集中处理工程正在建设。

【城乡建设】 《无极县城市总体规划（2008～2020）》和城市总体设计、道路交通、绿地系统等专项规划编制完成。2010年“三年大变样”工作实施总投资26.1亿元、45项城建工程；三年累计投资52亿元实施建设项目109个，拆除违章破旧等各类建筑42万平方米。旧城改造和新区开发，平安公园、千山路绿化景观带、无极路样板街、城市无害化垃圾处理厂等基础设施相继完工，世纪城、盛祥苑等商住小区正在建设，一批高标准小区正在谋划推进。城市经营管理力度加大，建筑市场、房地产市场逐步规范，人居环境明显改观，“三年大变样”工作验收顺利通过。至年末，全县城镇化率达到24.5%。年内，定魏线升级改造等49个工程项目完成，总里程达109.4千米；第一批农网完善工程建成，新上配变电160台，新架10千伏线路10千米；建设水厂2座，解决了13个村3.86万人的饮水安全问题。

【社会事业】 职教中心搬迁完成，学校建设项目9个，建筑面积2.5万平方米。县医院新病房楼主体完工，新建扩建乡镇卫生院7所；开展村卫生室撤并工作，全县213个行政村全部实现“一村一室一址”设置，农村卫生室“一村一室”改革和服务水平居全市前列。新农合稳健运行，参合率达到98.3%。新建农民健身活动场地25个，新农村书屋50家，成功举办第一届“美食文化节”，“无极剪纸”、“七汲全羊宴技艺”入围河北省非物质文化遗产名录；快板《这事妈儿做主》在第九届中国艺术节上荣获国家社会文化艺术最高奖“群星奖”。年内，城镇职工参加养老保险、医疗保险、生育保险、工伤保险人数分别达到16928人、38731人、5000人、13898人，城镇新增就业人员2110人，城镇登记失业率为1.64%。计划生育保持低生育水平，人口自然增长率为7.43‰。2010年，无极县被评为全国、省科技工作先进县和国家级计划生育优质服务先进县。

（无极县政府办公室）

平 山 县

【概况】 平山县总面积2951平方千米，常用耕地面积30125公顷；辖12个镇、11个乡，7个居委会、717个行政村；总人口47.99万人，人口自然增长率5.86‰。2010年，全县生产总值完成156.0亿元，比上年增长13.0%。其中，第一产业18.0亿元，增长4.3%；第二产业101.9亿元，增长14.2%；第三产业36.1亿元，增长12.6%。财政收入14.42亿元，比上年增长17.39%。城镇居民人均可支配收入15949元，农民人均纯收入3681元，分别增长12%和11.14%。外贸进出口总额1.74亿美元，增长30%。粮食总产量20.99万吨，核桃栽植面积30.2万亩，食用菌种植面积90万平方米。新增国家认证绿色食品3个、有机食品3个。规模以上工业完成增加值94.3亿元，增长17.1%；实现利润8.6亿元，增长37.83%。西柏坡景区创5A级顺利通过验收；新增4A级景区2家，总数达到10家；新增星级宾馆3家，总数达到14家。全年接待游客526万人次，增长75%；旅游总收入28亿元，增长75%。全社会消费品零售总额28.9亿元，增长18.9%。全社会固定资产投资完成97.8亿元，增长27.3%。其中，城镇固定资产投资完成71.6亿元，增长26.7%。年内，平山县获得“国家粮食生产先进县”、“中国优秀红色文化旅游县”和“中国优秀温泉旅游县”荣誉称号。

中共平山县委书记：王俊英

县人大常委会主任：郝书文

县　　长：李彦明

县政协主席：张大平

【大西柏坡建设】 按照省长陈全国提出建设“大西柏坡”的目标要求，全县不等不靠，主动工作，组建专门工作机构，编制完成“大西柏坡”开发建设规划，建立总投资400多亿元“大西柏坡”项目库，制定了“三零三优”优惠政策。投资2000万元，在首都机场、高速

平山县白鹿温泉

公路、央视及省、市主流媒体开展全方位宣传推介，赴北京、海南、香港等地开展大型宣传活动，吸引一大批国内知名企业和高等院校前来参与“大西柏坡”建设。年内，河北行政学院、西柏坡圣地城、外语翻译学院及18部委旧址恢复等一批项目开工建设；邮电学院西柏坡校区、西柏坡环湖公路等项目已在做开工建设准备；石家庄经济学院、职工大学、职业技术学院等项目正在加紧运作。全县278项续建、新开工项目完成投资86.3亿元，争列省市重点项目13项，连续两年荣获全市项目建设第一名。其中，白鹿温泉二期、北马冢滑雪场等一批项目如期完工；敬业200万吨棒材生产线、三环阀门一期、大宋地铁延伸线、双龙洗配煤等一批项目竣工投产；敬业240万吨矿粉生产线和余热余压发电项目、华莹玻璃第二条全自动生产线、三环锰硅扩能改造、圣源纺织二期等工程进展顺利；新引进九源塑业、冀华铝业、炳岩特钢等一批新企业、新项目。

【基础设施建设】 实施总投资59亿元48项重点工程，建成明珠、文昌、滨河3个公园，完成迎宾路安置、南贾壁、北街、西街改造主体工程；县城北环路、柏坡路东延基本完工，拉大了城市路网框架；桥西水厂竣工投运；电厂供热实现桥东全覆盖。西柏坡高速公路全线开工。实施99千米农村公路改建和石闫线冶河大桥维修加固工程。完成苏家庄110千伏、35千伏和王坡35千伏输变电新建扩建工程。以华润希望小镇、大马冢社区为重点的新民居建设扎实推进，29个省市级示范村开工建设。建成沼气池1400户，被列为“国家级绿色能源示范县”。

【节能减排】 落实节能减排责任制，加大重点企业监控力度，实现了污染物稳定达标排放。拆除25座石灰土立窑，取缔无证煤炭经营企业245家，对一、二级水源保护区内的直接排污口和企业全部进行关闭、搬迁，严格杜绝高耗能、高污染项目落地。全县万元生产总值能耗下降6%，化学需氧量、二氧化硫排放量提前完成“十一五”任务。开展义务植树、退耕还林、道路绿化美化等工程。全县森林覆盖率达到49.73%，县城空气质量优良天数达到334天，荣获“国家生态建设突出贡献奖”。

（曹军军）

【荣获国家绿色能源示范县】 下半年，国家能源局、财政部和农业部对可再生能源开发利用基础较好、成绩突出、发展目标明确、管理体制健全的河北省平山县等108个县（市）授予“国家首批绿色能源示范县”称号。平山县是石家庄市唯一一个获此殊荣的山区县。平山县风能、水能、太阳能和生物质能等可再生能源开发潜力巨大，境内常年平均风速达4米／秒，13条季节性河流水能资源总蕴藏量约18.95万千瓦，可建1000万千瓦太阳能电厂区域2处，全县每年产农作物秸秆21.2亿吨，为农村可再生能源发展提供了丰富的原料。至年末，平山可再生能源开发量年折合标煤达4.7万吨。

（马利强　史雷）

【社会事业】 西柏坡中学项目完成校址选定、土地预审等前期工作；投资4300万元，实施3所标准化小学新建和10所农村标准化学校配套工程；投入600多万元，为中小学安装视频监控、报警系统，配备保安238名；率先在全市免除高中阶段学生课本费，高考成绩进入全市先进行列；高标准通过省政府教育督导评估验收。总投资1.6亿元县医院新建项目进展顺利；投资1000多万元，对西柏坡等3所中心卫生院和200所村卫生室进行标准化改造。新农合参合率达到98.7%，统筹基金使用率达到90%以上。率先在全市建立免费婚检制度。对考入本一的独生子女给予奖励。投资500万元，完成15个乡镇综合文化站和100个新农村书屋建设，组织文化下乡演出200场次。中山古城遗址保护规划通过专家评审。无线地面数字电视完成中心基站建设，平原地区先期试点成功，为向山区纵深推进创造了条件。引进新技术、新品种35项，培训人员3.5万人次，华莹环保电熔炉技术改造、山区特色菌类新技术开发等10个科研项目列入上级支持计划。城乡低保、农村五保覆盖范围和保障标准在全市领先。率先在全省建立60岁以上老人意外保险制度。温塘敬老院达到入住条件，社会福利中心、200套廉租房完成主体工程。城镇就业再就业3300人，转移输出农村劳动力2.7万人次。争取扶贫资金3400万元，解决了

6130名贫困人口温饱问题。移民开发工作荣获“全国移民工作先进集体”称号。第六次人口普查顺利完成。安全生产实现事故起数和伤亡人数“双下降”。

（曹军军）

元 氏 县

【概况】 元氏县总面积849平方千米，常用耕地面积35056公顷；辖6个镇、9个乡、1个街道办事处，4个民委会、208个行政村；总人口42.18万人，人口出生率12.59‰，自然增长率6.53‰。2010年，全县地区生产总值完成102.1亿元，同比增长13.4%。其中，第一产业增加值17.1亿元，增长2.8%；第二产业增加值50.4亿元，增长16.1%；第三产业增加值 34.6亿元，增长13.9%。粮食总产量31.65万吨；油料总产量7604吨；肉、蛋、奶总产量分别为4.26万吨、5万吨、7.73万吨。财政收入5.59亿元，增长14.69%。城镇固定资产投资完成84.8亿元，增长22.4%。全社会消费品零售总额27.4亿元，增长17.2%。城镇居民人均可支配收入和农民人均纯收入达到1.64万元和6600元，分别增长11.6%和12.28%。年末金融机构存贷款余额68.6亿元和25.1亿元，分别增长15.15%和19.61%。

中共元氏县委书记：李义增（4月免）

吴时茂（4月任）

县人大常委会主任：孙辰彦（4月免）

县　　长：陈联记（1月代，3月任）

县政协主席：史全斌

【三年大变样工作】 以县城建设为重点，提出“三年大变样，一年要实现”的工作目标，相继开展“万人绿化县城”、“拆迁攻坚”、“决战六十天”等一系列攻坚战役，实施了总投资50亿元35项城建重点工程，是元氏县近10年城建投资力度最大、实施项目最多一年。完成城市环境质量、城市承载能力、城市现代魅力建设、城市管理等工作目标，创造了多个全市第一：常山路西延2.6千米，全长达到6千米，在全市17个县（市）中里程最长，安装中华灯242盏，成为全市第一个在整条街道安装中华灯的县；槐阳垃圾处理厂在全市农村县（市）中建设规模最大、设计理念最先进；污水处理厂日处理污水能力由2万吨提高到4万吨，代表石家庄市接受了国家环保部验收。

【项目建设】 立足建设石家庄南部大郊县发展定位，确立工业园区“两区一带”（槐河工业区、诚信工业区、107国道两侧工业带）发展思路，成立工业园区管理委员会，出台园区管理、区内土地收储等文件，完成各区规划和区域环评。九天医药、远征药业等项目竣工投产，博奥农业、开源机械等项目加快建设，耐力压缩机、新宇宙电动车等项目已签约供地。年内南部工业区和装备制造基地起步区规划面积分别达到14.53平方千米和2.5平方千米，列入全市规划盘子。城南工业区路网、红旗大街南延、滨河大道东段、槐阳污水处理厂等工程按期竣工，投资4.5亿元天山国际制造产业园建设进展顺利，投资8000万元槐东污水处理厂项目正在做开工准备。年末工业园入园企业达到45家，比上年增加20家，完成投资35亿元，实现产值55亿元、利税8亿元。

【农业农村工作】 发放粮食直补、综合直补等涉农补贴资金6239万元。优质麦、特色林果、无公害蔬菜和奶牛等特色产业优势明显。粮食总产32.64万吨，再创历史新高；优质麦种植面积达30万亩。核桃、石榴、大枣等特色林果种植面积达13.6万亩。规模化、标准化奶牛养殖场达到21个，奶牛存栏2.47万头，故元乳业公司被评为省级重点龙头企业；国富农业综合开发园、赵同现代农业园、南因生源绿色农业示范园等项目开工建设。无公害蔬菜种植面积5万亩。完成植树造林7.39万亩，森林覆盖率达到20%。投资644万元实施水利工程26项，节水灌溉面积27万亩。投资1465万元实施农村饮水项目，解决了2.8万人的饮水安全问题。2010年，元氏县被列为国家农业综合开发县，并被评为全国农业综合执法先进县、玉米机械化收获示范县。

【工业经济】 全年入统企业实现增加值30.9亿元、利税20.0亿元，分别增长19.2%和115.72%。纳税超百万元企业增加到52家，上缴税金增加到3.74亿元。全县用电量达到13.74亿千瓦时，增长19.5%。拆除落后产能设备1020多台（套），淘汰落后产能3万吨。单位GDP能耗同比下降5.5%，主要污染物COD、二氧化硫排放量分别削减3314吨和1103吨。

【商贸服务业】 年内，全县农家店、社区综合服务中心等达到900多个，比上年增加300多个；销售“家电下乡”产品5.55万台（件），财政补贴资金1661万元，拉动社会消费1.35亿元；汽车下乡产品3954辆，财政补贴资金1076万元。食盐安全村创建工作顺利通过市政府验收。煤炭营销企业达到156家，营运货车保有量6400多辆，实现税收6000多万元。成立“两龙”旅游开发领导小组，启动总体规划及详细规划编制工作，探索实施蟠龙湖、封龙山和白果树景区托管经营开发；投资108亿元天山•龙湖世界项目开工建设。深入挖掘汉碑、常山郡等历史文化资源，成功申报“千年古县”。

【城乡建设】 编制县城总体规划及相关专项规划，县城规划面积由15平方千米扩大到22平方千米，城镇化率达到26.5%。投资19亿元实施14条城区道路建设改造，建成全长13.6千米、宽60米、双向六车道环城路（西环路、南环路、北环路），县城形成“六横六纵”道路格局，年末城区道路总长达到94.9千米，路网密度达到8.78千米／平方千米。全县完成道路建设104千米，公路总里程达到786千米，超额完成“村村通”目标任务。彻底解决了困扰县城近20年的南地道桥排水、城东污水坑、文化宫半拉子工程、集中供暖等难题；投资8亿元新建公园5个、绿地8块；荣仕名门、嘉宏地产等高档小区和元龙星级酒店等工程启动。电力建设完成投资2.92亿元。新民居建设加快，34个省市级示范村全部开工。实施县城精细化管理，城市容貌明显改观，土地收益提升，拍卖价格达到150万元／亩，是年初价格的5倍。

【社会事业】 年末全县参加基本养老保险职工人数1.47万人，覆盖率95%；参加基本医疗保险职工人数2.03万人，覆盖率95%；参加失业保险人数1.36万人。城镇居民最低生活保障人数2242人，农村居民最低生活保障人数8940人，农村五保供养人数705人。参加新型农村合作医疗人数35.88万人，参加农村社会养老保险人数4941人。社会保障资金支出1.37亿元，增长25.69%，保证了企事业单位离退休人员、城乡最低生活保障、抚恤对象和五保供养人员的基本生活需要。新农合财政补贴标准由每人80元提高到每人120元，累计补偿86.05万人次、4570.5万元。全年拨付教育经费2.21亿元，同比增长10.82%，保障了学校正常运转、维修以及校舍安全工程建设。拨付医疗卫生经费9077万元，同比增长67.41%，支持了城乡公共卫生和医疗保障体系建设。15个乡镇均建成综合文化站，110个新农村书屋投入使用，县图书馆被评为国家“三级图书馆”。创建全国首个计生家庭关怀扶助中心，中央电视台《新闻联播》和《中国新闻》分别进行了报道。2010年，元氏县被《求是•小康》杂志评为“2010中国全面小康成长型百佳县（市）”；连续13年通过“全国科技进步先进县”考核；还被评为“全国防震减灾工作先进县”和“河北省标准化、规范化乡镇卫生院示范县”。

【民主法治】 出台关于加强国有资产、资本、资源、资金“四资”管理和城乡规划管理等7个方面10项制度，规范行政行为。推进行政审批制度改革，取消行政审批项目20项、收费项目48项。开通政府门户网站，及时公开县政府及42个县直部门、15个乡镇政务信息，确保行政权力公开透明运行。开展“三级领导干部大接访”活动，一大批信访积案和遗留问题得到解决。社会治安综合治理效果明显，命案侦破率保持100%。率先在全市组建县乡两级处理突发事件队伍，应急处置能力显著提高。

（曹立刚　杨夕群）

赵　县

【概况】 赵县总面积714平方千米，常用耕地面积48217公顷；辖7个镇、4个乡，9个居委会、281个行政村；总人口58.84万人，同比增长8.4‰，人口自然增长率6.06‰。2010年，全县生产总值完成136.1亿元，同比增长12.3%。其中，第一产业增加值26.5亿元，增长1.0%；第二产业增加值81.5亿元，增长15.3%；第三产业增加值28.1亿元，增长14.0%。农林牧渔业总产值45.1亿元，增长1.6%。粮食总产量53.55万吨，增长5.14%。财政收入 3.8亿元，财政支出9.36亿元，分别比上年增长15.21%和24.21%。社会消费品零售总额58.5亿元，增长17.1%。全社会全年固定资产投资87.2亿元，增长24.3%。用电量114507万度，增长24.5%，其中工业用电量84522万度，增长27.1%。在岗职工年平均工资24399元，增长15.54%；农民人均纯收入6815元，增长11.43%，城镇居民人均可支配收入16076元，增长12.3%。年末城乡居民存款余额54.0亿元，增长14.66%。

中共赵县县委书记：罗二虎
县人大常委会主任：孟国忠
县　　　长：张军卫
县政协主席：陈炜兴

【农业农村工作】 实施国家优质粮项目和科技示范工程，粮食生产获得丰收，再次荣获“全国粮食生产先进县标兵”称号。开展院县合作，中国农科院、中国科学院相继在赵县建立试验站，研发出具有自主知识产权的小麦新品种。恢复重建县域农技推广体系，被列为省农技推广创新示范点和全国试点、河北省唯一科技入户工程示范点。以建设标准化规模养殖场为载体，畜牧养殖业健康发展。梨果业全部实现无公害、标准化生产，“赵县雪花梨”地理标志证明商标获准使用，“赵州桥”牌雪花梨被评为“中华名果”，赵县被评为“中国优质雪花梨生产基地县”。发展农业产业化经营，培育扶持龙头企业和农民专业合作社，农业产业化经营率提高3个百分点。实施农业基础设施项目，提高农业综合生产能力。年内，赵县被批准为国家农业综合开发县。2010年，赵县售电量首次突破十亿大关，同比增长24.47%，在全市18个有农村县（区）中排名第8位。投资1680万元，解决了11个乡镇、30个村、3.37万人的饮水安全问题。

【重点项目】 坚持抓投资、上项目、兴产业、强园区工作。河北华泰、金鱼油漆、统万珍极等一批大项目竣工投产，克尔化工、宏润化工、泰合药业等项目正在抓紧建设。推进工业经济聚集发展，淀粉产业集群晋身省级产业聚集区，兴柏药业、利民集团被认定为河北省产业集群龙头企业。生物产业园被列为石家庄国家生物产业基地重点发展园区之一。抓住省政府扶持发展省级工业聚集区机遇，规划整合19.6平方千米赵县工业园区，被省政府批准为第一批省级工业聚集区。玉米生物、化工、纺织等重点产业发展势头良好，工业经济运行平稳有升。开展“转摸解保”和对标行动，鼓励、支持骨干企业提档升级、做大做强。年末全县纳税百万元以上企业增加到35家。

【服务业】 挖掘历史文化资源，全面发展文化旅游业。全年接待游客90万人次，实现旅游行业收入6000余万元。年内，赵州桥景区晋升为国家4A级景区，景区建设列入省“十二五”旅游发展首批重点项目；“梨花节”列入市十大旅游节日之一。首家在全省编制县域《商业网点布局规划》；“万村千乡市场”工程被商务部确定为全国20个示范县之一。全面启动家电下乡工作，累计发放补贴1625万元。投资1.2亿元信誉楼商厦建成开业，畅运物流园列入省重点项目，移动通信枢纽楼征地工作完成。

赵县柏林寺

【城区建设】 按照建设石家庄南部中等城市定位，编制完成县城总体规划和各专项规划；严格规划执法，对违规建筑进行清理和拆除，增强规划意识。对县城主要街道进行改造提升，新修外环路，形成“六横六纵一环”城区路网和“一城四区”发展框架。城区水厂、污水处理厂、垃圾处理厂等市政工程竣工投用，集中供暖覆盖面扩大。建成银基花园、碧水庄园等20个住宅小区，新增住宅面积120万平方米。古城墙遗址园、安济广场、永通桥公园等一批公园和街旁游园陆续开放，新增绿地面积11.3万平方米，城区绿地率达到35.18%。县城建成区面积扩大4.3平方千米，城镇化率提高9.4个百分点。深化县城环卫体制改革，县城管理水平取得新提升。

【社会事业】 全年养老、医疗、失业、工伤、生育社会保险参保人数110354人，完成各种社会保险基金征收9468.37万元，超额完成征收任务。困难群众、弱势群体基本生活得到保障，城乡低保实现动态管理下应保尽保。县中心敬老院和南柏舍、新寨店区域敬老院投入使用，被评为河北省五保工作先进县。新增城镇就业岗位2318个，转移农村劳动力20470人（其中劳务输出5763人）。4月份，在全省农村劳动力转移就业座谈会上，赵县做为20个劳务输出重点县之一介绍了经验做法。改善办学条件，投资5100万元完成9所学校加固改造，对6所中学进行了改扩建；职教中心顺利通过国家级重点中等职业学校验收。推进基层医药卫生体制改革，新建、改造2家县级医院和11个乡镇卫生院；村卫生室92%达到标准化要求；新农合参合率达96.18%，有效缓解了农民看病难、看病贵问题。完善城乡文体基础设施，建成乡镇综合文化站7个，文体活动广场64个，农家书屋152个。年内，赵县被命名为“河北省农村中医工作先进县”、“河北省文化先进县”和“河北省民间文化艺术之乡”。

（孟伟丽）

辛　集　市

【概况】 辛集市总面积1100平方千米，常用耕地面积55767公顷；辖15个乡镇、15个居委会，344个行政村，总人口62.25万人。2010年，辛集市地区生产总值完成254.1亿元，财政收入11亿元，其中地方一般预算收入5.28亿元。工业经济保持较快增长态势，工业用电量22.9亿千瓦时，规模以上工业实现增加值124.2亿元。推广国家和省科技成果转化项目26个，双吉农药、东明革皮等8个产品荣获中国名牌或中国驰名商标，46个产品荣获省级名牌或著名商标，名牌拥有量位居全省县市首位。粮食总产51.09万吨，蛋鸡存栏1500万只，奶牛存栏1.8万头，生猪饲养量100万头。发展农民专业合作社306家，产业化经营率达76.7%。森林覆盖率为32%。城市建成区面积由2005年的17.8平方千米发展到 23.99平方千米，新增城市绿地362.6公顷，城市绿化覆盖率达41%。全年市区二级以上天数为351天，比2005年增加72天；COD、SO2排放量控制在1450.7吨、5530.87吨， 比2005年分别削减49. 6%、23.6%。城镇居民可支配收入16448元，农民人均纯收入7652元，比2005年分别增长83.8%、71.3%。新型农民合作医疗参合率97.7%，城镇居民医疗保险参保率98.3%。人口自然增长率为4.5‰。2010年，辛集市被评为“全国科技进步先进县（市）”、“全国绿化模范县（市）”、“国家可再生能源建筑应用示范县”、“国家计划生育优质服务先进县”和省级园林城、省级卫生城、“全省节能减排优秀单位”。

中共辛集市委书记：张国亮（1月任，4月免）
张连钢（4月任）
市人大常委会主任：刘计良
市　　长：张连钢（4月免）
巴利凯（4月任）
市政协主席：高保平

【国际皮革城建成开业】 9月28日，辛集国际皮革城建成开业，全国人大常委会副委员长周铁农、全国政协常委、中国轻工业联合会副会长潘蓓蕾、河北省委常委、石家庄市委书记孙瑞彬等领导参加开业庆典并剪彩。辛集国际皮革城是2009年河北省重点建设项目，总投资10亿元，占地380亩，位于辛集市教育大道以东，市府街以北300米处，是一个以皮革制品销售为主，集购物、休闲、游览、信息发布、商务、服装表演、皮革博物馆于一体的商业综合体。一期工程建筑面积32万平方米，包括地下1层、地上4层，宽108米、长330米的交易大厅1座和配套公寓。地下一层为革皮、毛皮产品；地上一层为箱包、皮具、皮鞋等；二层为皮衣、尼克服等；三层裘皮、皮衣、尼克服；四层为外贸专区、餐饮、娱乐、办公、博物馆。城区四周为大型停车场，步行街贯穿商城。2010年入驻商户900多户，汇集国内外多个知名品牌。辛集国际皮革城与北京、天津、石家庄、济南、太原、郑州等地旅游公司合作，开通了旅游购物直通车。

【建立皮革产业污水三级治理体系】 年末，辛集制革工业区发展到2160亩、固定资产总投入达20.8亿元、入区企业73家、年产革皮3650万张，成为国内规模最大的制革基地，也是亚洲最大的羊皮制革基地。建有10万吨城市污水处理厂1座、制革污水处理厂3座。年内，辛集投资5000万元对城市污水处理厂升级改造，出水COD浓度控制在50mg/L以内，达到《城镇污水处理厂污染物排放标准》一级A标准。区内制革企业集中生产、综合治污、规模经营，全市制革污水严格按照标准收纳、处理，出境断面水质长期稳定达到国家排放标准。在国内制革业首创了企业初级治理、制革区集中专业治理、城市污水处理厂最后综合治理的三级治理体系。制革污水在企业内经一级预处理，降低污水中的悬浮物和COD，同时对制革液中的铬液分流；经一级处理后的污水进入制革区污水处理厂进行"物化＋生化"二级处理，采用"加碱沉淀法"工艺从铬液分离沉淀出铬渣，铬渣再经过专业环保公司进行无害化处置后，由制革企业回收循环使用；经二级治理的污水排入城市污水处理厂进行三级处理，出水指标达到国家排放标准。

【农村连续供水工程】 农村实施以改造供水管网、安装变频设施、取水计量入户为主要内容的农村连续供水工程。该工程惠及千家万户，计划3年内全市农村全部实现24小时连续供水。至年底，按计划完成64个村的连续供水工程建设，其中依靠市财政补贴村48个，利用国家饮水安全项目资金村16个，有效解决了部分村供水资金无保障、水资源大量浪费和吃不上水等问题。

【纪念公木诞辰100周年】 6月24日，辛集市举行公木诞辰100周年系列活动。活动内容包括纪念公木诞辰100周年书画作品展、座谈会以及文艺晚会等。公木原名张永年，后改名张松如，1910年6月21日出生在辛集市中里厢乡北孟家庄村，是杰出的革命者、诗人、学者、教育家。一生致力于中国的文学和教育事业，在诗歌创作、教育实践、学术研究等方面成就卓著，是《中国人民解放军军歌》、《英雄赞歌》的词作者，参与创作了《东方红》、《白毛女》等优秀作品，出版了《中华人民共和国颂歌》等多部诗集。公木热爱家乡，出资举办"公木杯"作文大赛、诗歌大赛，捐款建立薪火奖学金，把个人近三万册藏书、百余幅书画墨宝、部分手稿、学术成果和生前用过的办公与生活用品捐献给家乡。为纪念公木，辛集市建立了"公木书屋"、"公木纪念馆"，并在辛集市烈士陵园为公木辟地建墓。

【河北省皮革工程技术研究中心成立】 年内，辛集市东明集团公司结合具有制革技术优势的中国皮革和制鞋工业研究院、陕西科技大学、四川大学等高校及科研院所，建成河北省皮革工程技术研究中心。研究中心集皮革加工及皮革服装设计、开发、试验、检测为一体，面向皮革行业，围绕制革清洁生产技术、节水工艺技术、先进制革机械和制革设备等进行开发与研究，以提高辛集市皮革业技术创新能力，推动区域特色产业健康发展。7月9日，河北省皮革工程技术研究中心通过省科技厅、财政厅、发改委组织的专家论证，纳入省级工程技术研究中心管理序列。

【一中女子篮球队获得世界中学生运动会冠军】 7月份，辛集市一中女篮代表中国参加在美国克里弗兰市举行的世界中学生运动会，经过激烈角逐，获得世界中学生运动会女篮比赛冠军。辛集市一中女子篮球队是一支优秀的中学体育运动队，在国家和国际赛事中屡创佳绩。1994～2009年连续16次获得河北省中学生篮球赛女子组第一名；1996～2009年连续14次获得河北省青少年篮球锦标赛第一名；1995～2009年连续5次代表河北省参加全国第六、七、八、九、十届中学生运动会，分别取得了四、三、二、四名和第十届中学生运动会决赛第一名；2004、2005年连续两年获得全国中学生女子篮球锦标赛冠军；2005～2010年连续五年获得中国中学生高中女子篮球联赛总冠军，实现了全国锦标赛、联赛、中学生运动会3项赛事大满贯。一中女篮主教练郑建峰是辛集市双柳树村人，中学特级教师，中国中学生体育协会篮球秘书长、教练员委员会副主任，辛集市第一中学体育教研组组长。在其30年辛勤培育下，一中女篮成为名闻遐迩的篮球劲旅。其本人曾获得全国模范教师、全国优秀体育教师、全国优秀（最佳）教练员、石家庄市优秀知识分子、石家庄市拔尖人才、石家庄市优秀共产党员、石家庄市“十佳园丁”教师、石家庄市中青年专家、辛集市优秀共产党员、辛集市优秀教师等荣誉称号。

【九街农场小麦获得高产】 年内，九街农场石麦18示范田种植面积250亩，平均亩穗数46.8万，穗粒数35.8个，千粒重39克，亩产555.4千克，其中高产攻关田50亩。5月28日，河北农业大学李雁鸣教授、石家庄市农技中心主任李月华等专家测产，亩穗数53.5万，穗粒数36.8个，千粒重40克，亩产669.4千克。 6月19日，实测千粒重38克，实收亩产619千克。

【多家企业成为行业排头兵】 在河北省工业经济联合会主办的2010年河北百强企业排序活动中，澳森钢铁有限公司入选百强企业，以52.61亿元营业收入名列第58位。该公司还在“2010年河北制造业百强企业”中名列第42位。在2010年河北重点行业排头兵名单中，河北辛集化工集团有限责任公司在“化学原料及化学制品制造业”排名第七，河北大羽制衣集团有限公司在“纺织服装、鞋、帽制造业”排名第三，河北东明实业集团有限公司、河北佰立特皮业有限公司、河北辛集腾跃实业有限公司在“皮革、毛皮、羽毛（绒）及其制品业”分别排名第一、第二和第四。

【命名为“中国民间文化艺术之乡”】 辛集市重视优秀非物质文化遗产项目保护，“农民画”被列入河北省非物质文化遗产项目，“花钹舞”、“狮子舞”等8个项目列入辛集市非物质文化遗产。传统民间文艺队伍由原来的150支发展到现在的237支。2010年10月，辛集市被国家文化部命名为“中国民间文化艺术之乡”。

（张建辉）

藁 城 市

【概况】 藁城市总面积836平方千米，常用耕地面积53208公顷；辖15个乡镇区，6个居委会，236个行政村；总人口78.8万人，人口自然增长率6.47‰。2010年，全市地区生产总值完成314亿元，比上年增长12%。其中，第一产业增加值49亿元，增长1.3%；第二产业增加值186.9亿元，增长15.1%；第三产业增加值78.1亿元，增长10.2%。规模以上工业增加值149.1亿元，增长18.5%。粮食总产量53.21万吨，减少4.61%。蔬菜总产量276.76万吨。财政收入76.09亿元，增长43.28%；财政支出17.27亿元，增长33.19%。全社会固定资产投资172.7亿元，增长27.8%。实际利用外资额1222万美元。社会消费品零售总额92.1亿元，增长17.6%。在岗职工年平均工资28025元，增长21.58%。农民年人均纯收入8603元，增长11.28%。城镇居民人均可支配收入17358元，增长14%。年末城乡居民储蓄余额113.6亿元，比上年增长9.79%。

中共藁城市委书记：王普增
市人大常委会主任：高国才
市　　　长：张旭
市政协主席：王永生

【财政收入突破76亿元】 转变经济发展方式，强化税源培植，扶持骨干税源项目，加强税收征管，财政收入在2009年42.7亿元基础上实现了大跨越，达到76.09亿元，占到石家庄市财政收入1／5强，一举跃居全省县市级第二位。镇域经济跨上新台阶，13个乡镇（区）财政收入超越千万元，其中藁城经济开发区完成财政收入27.6亿元，廉州、丘头、岗上三个乡镇分别达到1.4亿元、9025万元、3085万元，镇域经济成为全市经济的重要支撑。

【项目建设】 全年完成固定资产投

资172.7亿元，同比增长27.8%。建设超千万元项目130个，其中超亿元项目31个，超十亿元项目6个，在建项目个数、总投资规模、项目平均单体规模创下历史新高。全市将园区作为工业发展的载体和平台，依托藁城经济技术开发区、藁城新区、化工基地3个省级产业聚集区优势，加大招商引资力度，优化主导产业发展。“三区”已成为项目建设的主阵地，集中了藁城市83%的重点项目和93% 的投资规模。年内，16个重点城建项目建设进展顺利，有力地提升了城市品位，改善了城市面貌。其中，投资2200万元迎宾线（北马街、廉州路、四明街）升级改造工程如期完工，打造出高标准样板路；投资180万元渠北路改造工程竣工，改善了梨园庄工业区出行条件；全长9.8千米，总投资800余万元307国道道收费站至良村立交桥段中修工程完工；全长1.62千米，投资2200万元省道新赵线木刀沟大桥段工程竣工通车；利用3个月时间，高标准、高质量建成投资1.1亿元石家庄现代农业观光园工程；全长19.32千米，投资1500万元定魏线南段(307国道以南）大修工程交付使用；投资330万元内陆港铁路立交桥引道工程完工；投资1455万元，占地30亩新汽车站工程，综合楼完工并投入使用；投资2117万元四明楼重建工程，完成四明牌坊移建；投资3852.5万元兴华路工程完成1600米管道开挖埋设，完成投资500万元。

【藁城经济技术开发区】 藁城经济技术开发区成立于1991年，位于藁城市境内西部，与石家庄裕华区接壤，总体规划面积9.8平方千米，起步区为3.6平方千米。辖良村、北席、北邑3个行政村。1995年7月，经省政府批准，良村开发区更名为石家庄经济技术开发区。2009年12月，将岗上镇内族、南席、西马村北街、西马村南街、塔元庄五村划归藁城经济技术开发区托管，规划面积扩展到26.3平方千米。2010年，藁城经济技术开发区签约项目8个，总投资62.8亿元，实现了当年签约、当年开工的高速度。年内，安排重点建设项目18个，总投资165.9亿元。华药头孢、良村电厂一期等项目顺利投产，华药新制剂、石药国际化、青岛啤酒等项目已具建设雏形。投资3.1亿元完成清源大街、塔中大街、工业大街南延以及供排水、天然气等工程。河冶科技、中电投良村电厂输电线路建设完成。污水处理厂实现一级A 达标排放。投资70亿元中电投良村电厂项目建设使藁城经济技术开发区的配套能力得到提升。至年末，藁城经济技术开发区生产总值达到55亿元，销售收入达到200亿元，完成固定资产投资53亿元，财政收入27.6亿元，各项经济指标增幅均在40%以上，财政收入实现了4年连续翻番，被省政府评为“河北省先进开发区”，综合实力位列全省60多家(含国家级）开发区第4位。

【新民居建设】 藁城市共有省市级新民居示范村53个，其中省级示范村39个（2009年13个，2010年26个）。截至年底，35个省市示范村通过规划批复，20个示范村开工建设，开工率达到80%，共建设多层居民楼72栋、2840户、32.66万平方米，总投资8.46亿元。藁城市财政出资，专门为所有市级以上示范村编制了新民居建设规划，按照“三新六有”标准，设计了符合现代生活需要，具有鲜明地方特色，既经济又安全的新民居。确定完善用地政策、加大财政支持、扩大金融支持、有效整合资源等4条扶持政策，建设专项资金从200万元增加到500万元。为加快新民居建设，及时研究解决新民居建设中的矛盾和问题，藁城市成立了新民居建设领导小组，并定期召开专题会议，推动新民居工作落实。年内，藁城市岗上村入选省会十大魅力村庄。

【农业产业化】 全年新建、扩建、续建投资500万元以上农产品加工项目17个，总投资18亿元。其中，“115行动计划”项目总投资10.6亿元。石家庄现代农业产业观光园1号路、新赵线改造和跨石津渠中桥提前贯通，观光园起步区“四园一厅”正式开放，被评为河北省农业旅游示范点，并得到省长陈全国充分肯定。益海粮油二期日处理1000吨小麦和1000吨棉籽植物油项目完成前期工作，正在进行基础设施建设。青岛啤酒（石家庄股份有限公司）年产40万千升啤酒生产项目顺利开工，计划2011年5月1日竣工投产。至年底，全市新增规模以上农业龙头企业4家，新增省级重点龙头企业2家；年销售收入500万元以上农产品加工企业达到87家，其中年销售收入亿元以上企业9家，省级农业产业化重点龙头企业9家，市级农业产业化重点龙头企业23家，带动基地60多万亩，农户14.2万户。

【社会事业】 全市城镇居民人均可支配收入达到17358元，农民人均纯收入达到8603元。教育经费投入15.8亿元，撤并中小学95所，新一中规划编制完成，义务教育阶段学杂费全部免除。城乡居民基本医疗保障实现全覆盖，新型农村合作医疗、城镇居民基本医疗专项资金投入7899万元，财政补助标准由年人均80元提高到120元，人均基本公共卫生服务补助经费达到18元。全市社会保障和就业支出20989万元，同比增长48%。新型农村养老保险试点全面铺开，全市9万多名60岁以上农村老人从10月份开始领取每人每月55元的基本养老保险金。农村低保标准达到年人均1100元，城镇低保标准达到月人均265元，保障了16251名城乡低收入群体基本生活，实现应保尽保。拨付廉租住房资金200万元，为城市低收入家庭提供廉租住房。2006～2010年新增就业2.3万人。

（米志科　路永兵）

【成为国家首批绿色能源示范县】 年内，藁城市被国家能源局、财政部、农业部授予“国家首批绿色能源示范县”称号。绿色能源示范县是国民经济和社会发展“十一五”规划纲要确定的新农村建设重点工程，通过开发利用可再生能源资源、建立农村能源产业服务体系、加强农村能源建设和管理等措施，为农村居民提供绿色能源、清洁能源。“十一五”期间，该市平均每年新建沼气池5060个，建成贾市庄、梅花、常安等生态家园富民工程示范乡镇，贯庄、刘海庄、黄家庄、屯头等15个生态家园富民工程示范村；完成养殖场大型沼气工程1处、养殖小区联户沼气工程5处、沼气物业服务网点68处。

（张建岗　彭辉）

【体育竞技】 8月26日～9月2日，在河北省第八届少数民族运动会比赛中，藁城市运动员获得2块金牌、1块银牌和3块铜牌。12月份，在广州亚洲残疾人运动会上，藁城市获得3金2银1铜。其中，黄丽莎获得轮椅竞速T53级100米、200米两块金牌、400米1块银牌。张学龙获得F37/38级男子标枪金牌、铁饼银牌、铅球铜牌。

（米志科　路永兵）

晋　州　市

【概况】 晋州市总面积716平方千米，常用耕地面积27650公顷；辖9镇1乡，10个居委会，224个行政村，总人口53.76万人。2010年，全市地区生产总值完成142.1亿元，同比增长13.0%，其中第一、二、三产业完成增加值21.1亿元、70.2亿元、50.8亿元，分别比上年增长3.6%、14.5%、14.0%。财政收入6.38亿元，同比增长13.85%，其中地方一般预算收入3.36亿元，同比增长19.03%。粮食总产量38.52万吨。全社会固定资产投资完成124.4亿元，同比增长25.0%；城镇固定资产投资完成106.4亿元，同比增长22.3%。社会消费品零售总额完成59.4亿元，同比增长17.9%。县域经济综合发展水平在全省各县（市）排名比2007年前进两位，位居第35位。金融机构存贷款余额分别达到124.9亿元、44.1亿元。城镇居民人均可支配收入16560元，比上年增长13.4%；农民人均纯收入8327元，比上年增长11.1%。城镇居民参保率达99%，农民参合率达96.1%。

中共晋州市委书记：楚行宇
市人大常委会主任：杨立保
市　　长：田嘉一
市政协主席：柴香稳（女）

【主导产业】 新建续建投资千万元以上项目103项，同比增加14项，亿元以上项目18项，列入省、市重点建设项目6项，全部项目投资完成47.4亿元。针对晋州民营经济小规模、大群体、“群龙无首”的实际，政府改造提升传统产业、谋划培育新兴产业和高新技术产业，扶持壮大五大龙型产业。纺织产业以拉伸产业链、发展终端产品为目标，建成石家庄首家县（市）级检验检测机构——纺织品检验室；引进投资9亿元的新大东牛仔布等3个亿元以上项目，投资3亿元的金思曼无纺布项目签约，纱锭发展到230万枚，约占全省总量的1/4，形成以布匹城为龙头，纺织、织布、服装、制帽等生产销售成龙配套的完整产业体系。建材业完成16家装饰建材企业升级改造，新增硅钙板、轻质矿棉吸声板等大型自动化生产线12条，发展新型产品生产企业60余家，轻质矿棉板、纸面石膏板占全国市场份额的95%、50%左右。以“绿色化工、生态化工、零污染化工”为目标，大力发展涉农化工、精细化工，引进建设投资1.3亿元的博伦特医药中间体等精细化工项目，签约投资2.6亿元的无水哌嗪、投资2.2亿元的生物农药、投资1.5亿元的纤维素钠等一大批化工项目，鹰特化工股改工作正在进行。装备制造业发展上，谋划实施投资均达2亿元以上的轴承厂搬迁升级项目和地源热泵空调项目，立项总投资25亿元的海缔斯电梯项目。加大节能减排力度，先后关停小电镀企业104家，化工企业11家，拆洗漂洗池630多个。发展省名优产品19件，省级著名商标达到14个。举办晋州市首届“3.18”企业家节，拿出100万元对项目建设先进单位及个人、纳税大户等进行表彰奖励。

【农业产业化】 双鸽肉品加工基地、卓创果品批发市场两大产业化龙头项目正加紧建设，双鸽集团被评为国家级农业产业化龙头企业，集团原种猪场建成投用，肉品加工基地正在建设，开始在马于等乡镇建立种猪扩繁基地，与18家养猪场建起扩繁合作关系。“晋州鸭梨”被评为国家地理标志保护产品。长城经贸公司8500万元1.2万吨果品储藏气调保鲜库项目建成投用，6360亩果园通过SGS EUREP GAP（瑞士通用公证行良好农业规范）认证，基地果园扩大1.5万亩，达到2.45万亩，年出口量在河北省果品出口企业中居第一位，被命名为河北省出口鲜梨质量安全标准化示范市。年内，拥有石家庄市级以上龙头企业14家，其中省级以上5家、国家级2家，农业产业化水平走在全省乃至全国前列。

【第三产业】 在抓好新世纪商城、东翼农产品市场、总十庄新时代商城等市场基础上，谋划一批高档商贸项目，投资1.6亿元香江国际商城、投资1.9亿元卓创果品市场正加紧建设，投资2.6亿元滨河市场升级改造、投资2.8亿元世纪金街、投资1亿元信誉楼等项目正进行前期工作。引进投资1亿元中海油物流项目，谋划投资12亿元煤炭物流、投资2亿元汽车城等大的物流项目。依托魏征文化、周家庄文化以及营里温泉等资源和特色，打造石家庄市近郊东部平原区特色旅游县。营里温泉度假区2个分别投资达3亿元项目签约，鲁家庄温泉社区、魏征故居景区二期工程正加紧建设；总投资2.7亿元帝景怡园酒店、迎宾酒店、金惠生态园等3家星级酒店全部开建。年末第三产业占GDP比重达到33.7%。

【城市建设】 城乡建设“三年大变样”任务完成，累计拆迁拆违91.5万平方米，新建改造65.3万平方米，新增绿化面积86.7万平方米，新建改建道路226千米。城市环境质量改善，全年二级以上优良天数达到310天以上，投资5000万元城市污水处理厂出水水质达到国家一级A类标准，日处理能力170吨生活垃圾无害化处理场投入运行。城市承载能力提升，投资约2.9亿元朝阳路拓宽改造、新华街翻修、东环桥等14项、总长77.8千米的路网建设工程建成投用，城区人均道路面积达到26.63平方米，路网密度达到9千米／平方千米。供热供气管网建设快速推进，集中供热普及率达到80%，20多个居民小区25300多户居民用上管道天然气。旧城改造取得突破性进展，晋州城建史上最大的旧城改造工程——朝阳路中段拆迁改造顺利实施。滨河市场、轴承厂西院、市医院搬迁完成土地拍卖，朝阳路以北、向阳街东西两个城中村片区拆迁改造顺利签约，总拆迁改造面积116万平方米。住宅小区建设快速推进，投资20亿元的13项住宅小区工程正加紧建设。城市亮点彰显特色，中兴路、向阳街整体装饰及中兴路重要路段、节点亮化和夜景整治成效明显，投资1.5亿元石津渠生态景观走廊工程设计方案已报省水利厅待批，投资3500万元时代公园建设、向阳街绿化带改造等工程全部完工，投资5000万元魏征故居景区初步开放，全年新增绿化面积12万平方米。投资5000万元、日处理170吨生活垃圾无公害化处理场一期工程投入使用。新民居建设有序进行，35个新民居建设示范村已有32个村开工。2010年12月，市住建局被省委、省政府评为“城镇面貌三年大变样工作先进集体”。

【民生保障】 城乡居民收入持续增长，城镇居民人均可支配收入、农民人均纯收入分别达到16560元、8327元，同比增长13.4%、11.1%。社会保障水平提高，全市企业养老、职工医疗、企业工伤等参保人数达到14.3万人，城镇居民医疗保险参保人数达到27118人，农民参合率达到96.12%，五保集中供养率达到55%。研究出台《晋州市城市低收入家庭廉租住房申请审批公示及退出管理实施办法》，为54户140人提供住房保障，其中50%实现了实物配租。对城区西部新开发的28亩土地推行廉租住房配比制度。农村新打深井40眼，8万人饮水安全得到保障。城北22万变电站顺利投运，困扰多年的田村、小樵等区域性、季节性过负荷拉闸问题成为历史。

【社会事业】 总投资370万元的5所乡镇卫生院新建业务用房全部建成投用，投资1.19亿元的市医院整体迁建项目正在加紧建设，总投资4亿元的中医院搬迁、刚进泽仁医院、健康服务中心等项目签约立项。投资500万元一中学生宿舍楼建成投用，投资1500万元第五小学、第六小学和河头小学正在建设。投资300万元青少年活动中心主体工程完工，投资2.2亿元体育中心建设项目签约。完成投资600万元的26集电视连续剧《咱们的小城故事多》拍摄，展示晋州城乡建设风貌、反映风土人情的《晋州女人》系列之《梨花美人》、《雪痕》两部全高清数字电影顺利杀青。2010年，晋州市计划生育技术服务站被国家人口和计划生育委员会授予“全国计划生育优质服务示范站”；残疾人工作被全国残疾人康复工作办公室授予“全国白内障无障碍县”，被民政部、卫生部、中国残联授予“全国残疾人社区康复示范市”；《晋州年鉴》（2008）分别获全国和河北省地方志系统县区级综合年鉴二等奖。

【基层组织建设】 落实村干部“一定三有”（定职责目标和收入有保障、干好有希望、退后有所养）工作机制，出台《农村功勋支部书记选拔管理办法》和《农村离任党组织书记、村主任生活补贴办法》，给予农村功勋党支部书记工资高出本乡镇其他支部书记平均数的20%，并自市委批准当选的下月起每月享受300元的特殊津贴；对连续任职10年、间隔任职20年，男年满60周岁，女年满55周岁的离任农村干部给予每人每月100元生活补贴，从根本上解决了农村党支部书记的“后顾之忧”。加强村级组织活动场所建设，制作全市村级组织场所建设信息库，采取“党费补一点、乡镇出一点、村集体筹一点、部门帮一点”的办法，建设5个乡镇8个农村“两室”。强化后进村转化，采取“市级领导干部带头抓、部门协助抓、乡镇党委具体抓”三项措施，有针对性地解决后进村存在的问题。全年排查出的10个后进村全部实现转化。

（安镇然　韩彦欣）

新乐市

【概况】 新乐市总面积525平方千米，常用耕地面积27525公顷；辖8个镇、3个乡、1个街道办事处，10个居委会，160个行政村；总人口49.14万人，其中农业人口36.5万人，占74.3%。2010年，新乐市完成地区生产总值124.2亿元，同比增长11.7%，其中，第一产业增加值20.8亿元，增长1.3%；第二产业增加值67.5亿元，增长13.9%；第三产业增加值35.9亿元，增长12.2%。农、林、牧、渔业总产值38.0亿元，同比增长1.7%，其中农业总产值19.71亿元，减少0.6%；林业总产值1001万元，减少3.7%；牧业总产值16.79亿元，增长4.4%；渔业总产值16万元，减少20%；农林牧渔服务业产值13560万元，增长2.1%。年销售收入500万元以上工业总产值246.31亿元，增长29.1%。民营经济增加值94.3亿元，增长12.9%。粮食总产量32.3吨，减少3.06%；平均亩产483千克，其中夏粮亩产415千克，秋粮亩产572千克。棉花总产量193吨。财政收入4.05亿元，增长14.43%；财政支出7.57亿元，增长24.2%。社会消费品零售总额55.0亿元，增长18%。全社会固定资产投资完成125.4亿元，增长21.9%。在岗职工年平均工资23656元，增长14.2%；单位从业人员平均报酬23258元，增长13.82%。农民人均纯收入8169元，增长10.99%；城镇居民人均可支配收入16218元，增长12%。年末城乡居民储蓄余额 60.1 亿元，增长 16.69%。

中共新乐市委书记：刘海生
市人大常委会主任：张鹏
市　　　长：赵丽娟
市政协主席：杨运良

【项目建设】 实施“工业立市”战略，破解项目建设占地难题，按照“竣工项目抓投产、在建项目抓进度、签约项目抓进场、谋划项目抓签约”的工作思路，集全市之力、全民之智，上大项目，求大发展，以大项目领跑经济，实现项目建设新突破。全年投资 500 万元以上重点项目 85 项，总投资 75.2 亿元；竣工项目 36 个，完成投资 6.99 亿元；在建项目 33 个，完成投资 9.66 亿元。对重点项目实行领导分包责任制，每个项目明确一名市级领导牵头，建立一个专门班子服务，将每项工作落实到具体单位、具体人员，确保建设项目按时间节点完成投资额度，投产达效。市政府严格按照《鼓励全民创业的实施意见》和《新乐市特别贡献、项目建设奖励办法》，在全市各界掀起抓项目、上项目新高潮。至年末，全市投资 50 万元以上项目 40 个，总投资 5.6 亿元。其中，新建项目 24 个，扩建项目 16 个。40 个项目均已开工建设，完成投资 4.6 亿元。

【招商引资】 制定和完善《促优势企业增收、帮亏困企业解忧活动方案》，因企制宜，一企一策。对重点项目实行“保姆式”、“一站式”服务，严格落实企业“清净日”等制度。出台《建立金融支持经济发展沟通协调机制的意见》和《优化金融生态环境促进经济金融和谐发展指导意见》，建立金融机构支持工业经济发展的良性机制，多次召开银企对接座谈会，加强金融机构与企业沟通，有效缓解了企业融资难问题。开展整治违法占地案件专项活动，严肃查处各类违法占地行为，清理闲置土地、盘活废弃厂房，为大上项目、上大项目留足空间。将园区作为加快工业经济发展、构建现代产业体系的载体，谋划了以省级战略为起点的“临空经济区”。按照规模做大、功能做强、形象做美的要求，加强工业新区起步区规划建设。工业新区作为石家庄北部产业聚集区，被列为省政府重点支持发展的 58 个产业聚集区之一。年内，新乐市以大企业和大项目为核心，整合招商资源，有针对性、有选择性地开展定向招商活动，实现了招商引资总量、质量和效益的新突破。全年谋划洽谈项目 37 个，其中列入省重点项目 7 个，城市核心区、空港物流、多层电子线路板、易达钢筋连接线、伏羲湾生态文化产业园等 10 个项目签订合作协议，总投资 215.9 亿元。入驻投资 500 万元以上企业 26 家，投产 18 家，在建 8 家。

【工业经济】 全年规模以上工业企业完成工业总产值 218.2 亿元，同比增长 14.92%；完成工业增加值 50.4 亿元，同比增长 17.1%；实现利税 31.9 亿元，同比增长 7.16%；实现利润 23.2 亿元，同比增长 7.16%。扶持优势骨干企业搞技改、增投入，在政策、资金上予以倾斜。对“20+10”重点企业进行调整，实行市级领导分包制度；在企业中积极开展“对标行动”，督促企业把对标行动转化为企业管理行为，引导企业在研发、制造、生产、经营等环节与同行业先进水平进行全面对标，走技术品牌发展道路。年内，新化公司投资 4000 万元锅炉技改项目和投资 3000 万元亚硝酸钠新产品项目已备案；投资 2.96 亿元奥星药业乐仁堂搬迁项目，主体厂房已完工，正在进行装修；投资 8000 万元久乐公司预紧式安全带项目，正在进行设备采购。扶持乡镇特色产业升级改造。按照“控制总量、扶大关小、组建集团、入区发展、提升质量”的工作思路，一手抓规范、一手抓扶持，实行网格化管理，促进特色产业整合升级、提质增效。对防水材料和板材行业进行整顿、规范，鼓励纳税少、规模小的企业进行整合重组，扩大规模，提高整体竞争力和企业效益。关停无证照企业 36 家。特色经济区建设顺利。按照“园区向城镇集中、企业向园区集中”原则和“交通便利、成方连片、产业集中、集约发展”思路，引导乡镇根据产业特点，对特色经济区进行规划设计。加强特色经济区路、电、供排水等基础设施建设，建立统一、灵活、高效的管理体制，引导特色产业企业进园区生产。至年底，全市共建设特色经济区 8 个，乡镇工业小区 17 个，入驻企业 338 家，规模以上工业企业达到 128 家，实现民营经济增加值 81.2 亿元。发挥创业辅导基地的作用，加强生产要素的协调和供给，积极为企业提供信息咨询、创业辅导、技术支持等服务。2010年，石家庄乐盈食品创业辅导基地被确定为国家农业产业化示范创业辅导基地，入驻企业13家，孵化企业5家。

【商贸服务业】 利用交通区位优势和现有服务业发展基础，实施“商贸活市”和“以商兴市”战略。谋划“南部临空经济区”、空港物流项目和城市综合体项目，其中空港物流项目签订项目合作开发协议，正在争取“南部临空经济区”列入石家庄市产业布局规划体系。打造高档次商业亮点，启动商业网点规划编制，新建爱尚购物中心，支持飞云超市做大做强。提高流通服务业经营档次，改善农村消费环境，实施“农改超”、“露进超”工程。扩大“万村千乡”市场工程农家店覆盖面，新开发改造加盟店40家，全市加盟店和配送店累计达到249家。全年“家电下乡”发放41090台家电下乡补贴资金1857万元，销售补贴率达100%，补贴率位列全省第一名。总投资4.86亿元石家庄东方美院动漫制作中心项目已见雏形，动漫产业大楼（灰姑娘城堡）主体竣工，正在进行装修，完成投资3亿元。年末，全市实现社会消费品零售总额55.13亿元，同比增长18.2%。外贸进出口总额达到4033万美元，同比增长14.67%，其中出口2523万美元，同比增长19.01%；进口1510万美元，同比增长8.09%，外贸进出口回升态势显现。

【财税金融】 实行分税制与统收统支加激励并行的财政体制，不间断开展清理漏征漏缴活动，强化零散税收和代征代管税收管理。涉税部门以乡镇为单位，分行业进行税源信息普查。推行国库集中支付和政府非税收入集中收缴两项重大改革。政府非税收入集中收缴将全市128类非税收入集中到行政服务中心收缴，统一使用省财政厅研发的管理系统。年内，全市安排社会保障和就业支出22571万元，同比增长22.74%；养老保险支出4733.79万元；低保资金支出1015.1万元，保障了27842名城市低保对象和36256名农村低保对象的生活。金融机构各项存贷款余额及居民储蓄存款稳定增长，其中金融机构存款余额70.1亿元，贷款余额27.8亿元，居民储蓄存款60.1亿元，分别比上年增长14.50%、4.65%、16.69%。

【城市建设】 按照“生态城、文化城、宜居宜看魅力城”目标，以建设“繁荣、舒适”现代一流省会次中心为城市定位，拆建结合、以建为主，打造一批亮点工程，实现了城市容貌大变样、品位大提升。全市完成拆迁拆违14.42万平方米，新增绿地0.92万平方米，顺利通过石家庄市“三年大变样”检查验收。城乡规划编制完成《中心城区控制性详细规划》、《综合防灾规划》、《总体城市设计》、《城市供电》、《城市通信》、《城市燃气》、《城市供热》、《城市给水工程》、《地下空间开发利用规划》、《西长寿村修建性详细规划》、《东名村修建性详细规划》11项城市专项规划，还编制完成《城乡统筹规划》、《镇村体系规划》、“八镇三乡”镇区规划、24个新民居规划及26个迁村并点社区村规划。旧城改造、城中村改造按照“拆旧建新、提档升级、构筑亮点”的思路，采取开发商运作、集体开发改造的方法，完成老干部宿舍、新华胡同等旧城拆迁14.23万平方米，开工建设了宝港　上城、雅荷春天、郦景名都、清华园、大地庄园、民政家园、金柏园、福门里等16个高标准住宅小区。选定24个基础较好的村作为新民居示范村，已全面开工建设，其中东关、东王庄、北坦等村主体已完工，完成建筑面积11.1万平方米。城市基础设施建设得到加强，投资1930万元，翻修改造京新大街、东名街、新开路西段、南环路西段等4条道路竣工通车；投资5032万元，采取BT方式建设生活垃圾卫生填埋场，项目占地197亩，设计日处理能力220吨，填埋库区已竣工，正在进行场外环境整治、设备采购、渗滤液设施建设等工作；采取BT方式，投资1700万元，实施污水处理厂升级改造工程，通过石家庄市环保局验收组验收，出水水质达到一级A标准，木刀沟出境断面COD排放浓度均控制在130mg/L以下；投资400万元，铺设污水管道500米，工业园区、机场路两座污水提升泵站竣工，其余正在加紧施工；幸福路建设及西延、新华路西延、育才北街建设、新华路地道桥等建设改造工程完成招投标等前期工作。园林绿化实施了拆违建绿、退路还绿、添景增绿工程。投资40万元，对汽车站西侧游园进行修缮，栽植各类花灌木500余株，宿根花卉3万余株，新增绿化面积1200平方米；投资80万元，对南环路迎宾大道、礼堂街、新开路等街道缺株苗木进行补栽补种，栽植花灌木4000株、地被植物3000余平方米。2010年，新乐市共新增绿化面积5000余平方米，城区绿地率达到43.62%，人均绿地面积达到10.15平方米，被河北省确定为“省级园林城重点推进市”。城市容貌明显改善。按照“主街道严管，小街巷放活”原则，制定完善了《加强城市管理实施方案》，对摊点乱摆、小广告乱贴、垃圾乱倒等行为全天候综合治理，共取缔各类占道经营摊点600余个，查处违法涂写小广告人员30余人，清理垃圾20余万立方米。实施“弱线入地”工程，完成弱电线路入地20.11千米。实施“穿鞋带帽”工程，粉刷墙体3.5万平方米，平改坡5万平方米。临街建筑物外立面安装空调室外机、遮阳篷进行统一规范。拆除有碍观瞻广告牌匾200余块、7500余平方米，违规灯箱23个，新审批广告牌匾150余块、1200余平方米，安装电子显示屏2500平方米。设置果皮箱400个，环保式公厕10座，改造垃圾转运站11座，新建下沉式垃圾转运站27座，做到垃圾日产日清。开展水泥粉磨企业治理，对桥东水泥厂、神马水泥厂等6家企业进行治理，均实现达标排放，通过石家庄市验收；整治国省干道两侧企业和煤堆、料堆、灰堆，加大对重点企业燃煤工业锅炉治理力度及污染防治设施监督管理，定期检查企业污染防治设施运行情况，对擅自停运污染防治设施违法行为，严肃查处，确保污染防治设施正常运行。至年末，新乐市二级及以上天数达到336天；一级以上天数达到47天，同比增加19天；削减二氧化硫1700.576吨，削减化学需氧量488.058吨，均实现“十一五”减排目标。

【农业农村工作】 粮食生产实现新突破。坚持以稳定耕地面积为基础，以落实国家扶持政策为动力，以提高农民组织化程度为突破口，加大种粮扶持力度，农民种粮效益提高。2010年，全市粮食生产实现总产32.3万吨，再创历史新高。特色农业按照“发挥比较优势、发展特色经济”的思路，坚持以西瓜、花生、蔬菜、生猪、奶牛“三种两养”五大特色农业为抓手，采取政策引导、资金补贴等方式，扩大种养规模，推动五大产业向规模化、标准化、特色化、产业化方向发展。至年底，全市种植大棚西瓜5.9万亩，设施蔬菜13.5万亩，地膜花生6万亩；存栏奶牛2.8万头，生猪24.6万头。以农业项目推动农业农村经济快速发展。投资1137.86万元，实施现代农业项目，新增管道节水灌溉面积3.3万亩；投资173.55万元新建农村沼气服务网点9个，农村沼气池1000个，沼气池总数达到2.1万个。年末全市累计发放良种补贴、农机补贴等支农资金2093.7万元；拥有年销售收入100万元以上农业产业化龙头企业40家，农业产业化率达到44.4%。实施“万树进村”、“两河绿化”工程，植树24.5万株，营造片林2016.3亩。开展“乡村清洁”活动，重点开展清扫街道、清运垃圾、栽树种花，农民生产生活条件和农村环境得到改善。城乡一体化发展在巩固提升114个示范型文明生态村创建成果基础上，第六批13个文明生态村创建工作进展顺利，第五批4个村民中心建设正在推进。年内，新乐市被评为国家级“农业综合开发县”。

【社会事业】 适度超前发展教育事业，加大投入，改善环境，提升质量，巩固基础教育，做强职业教育，突出高中教育，鼓励民办教育，各类教育得到健康、协调、可持续发展；深化“管理　质量”年活动，学校管理水平和教育质量稳步提高；以创建平安校园活动为突破口，开展“安全教育月”、“安全教育周”、“安全教育日”、“防灾减灾日”等活动。推进中小学校舍安全工程，规划新建项目33个，规划建设资金4498万元，规划建筑面积近4.7万平方米；赤埃小学教学楼等9个项目主体完工，大岳中学宿舍楼等21个项目正在主体施工，其他3个项目正在进行基础建设；8所学校完成校园环境规划，2所学校正在改造。落实农村义务教育经费保障机制改革政策，发放农村义务教育保障机制改革公用经费2267万元，发放补助贫困寄宿生生活费276万元，惠及学生3957人。推进城乡公共卫生均等化，完成138个村集体卫生室建设。健全完善农村新型合作医疗制度，全年参合人数374250人，参合率达97.46%，比上年增长5个百分点；按照“以收定支，收支平衡，保障适度，略有结余”及当年基金结余率低于15%的使用原则，大病统筹基金使用率达93.65%。基层卫生院改造力度加大，投资220万元承安、邯郚两个乡镇中心卫生院扩建项目开工建设。完善和落实利益导向政策机制和责任追究制度，遏制计划外生育，政策生育率达82.8%。建成农家书屋42个，其中承安、木村乡镇文化站建成投用。开展“彩色周末”、文化下乡、送电影下乡活动，电影公司被石家庄市文化广电新闻局评为“电影放映先进管理站”。鼓励劳动密集型产业特别是中小企业和服务业吸纳就业，增强公益性就业岗位开辟力度；实施城乡技能就业扶助计划，对失业人员、下岗职工、农民工和就业困难人员实行优先扶持和重点帮助；落实再就业优惠政策，发放个人、合伙企业小额贷款及劳动密集型企业贷款1522.5万元，发放额位于全省136个县市第一位；依托就业服务中心、职业教育中心等培训基地，开展“阳光培训”工程，共培训3070人，新增城镇就业人员2600人，城镇失业率控制在1.62%以内。探索农村社会养老保险，推行被征地农民养老保险，扩大城乡基本保险覆盖面。城镇低保户和农村低保户、五保户基本实现“应保尽保”。至年末，全市共支出城镇职工医疗保险2036.9万元，生育保险28.3万元，城镇居民医疗保险241.1万元，机关事业养老保险5245.8万元，企业养老保险4885.7万元。开展“送温暖、献爱心”社会捐助活动，发放救助金42.45万元，救助特困家庭849户、3090人。下拨冬令雪灾款90万元，春荒救灾款27.5万元。

（吴静　丁然平）

鹿泉市

【概况】 鹿泉市总面积603.09平方千米，常用耕地面积23355公顷；辖9个镇、3个乡，11个居民委员会、208个村民委员会；总人口38.55万人，人口自然增长率8.1‰。2010年，全市完成生产总值208.5亿元，比上年增长12.4%。其中，第一、二、三产业增加值17.5亿元、123亿元、68亿元，分别比上年增长0.7%、12.7%、14.1%。民营经济增加值160.2亿元。粮食总产量20.6万吨。财政收入完成13.56亿元，比上年增长14.55%；财政支出12.11亿元，比上年增长20.65%。全市优良天数达到331天，同比增加13天。全社会消费品零售总额完成64.8亿元，增长17.7%。全社会固定资产投资完成156.6亿元，比上年增长27.4%。职工年平均工资28787元，比上年增长12.8%；农民人均纯收入达到8638元，增长10.26%；城镇居民人均可支配收入达到17177元，增长13.1%。年末城乡居民存款余额101.9亿元，比上年增长16.95%。综合经济实力位居石家庄各县(市)首位。

中共鹿泉市委书记：安树国（4月免）
郝竹山（4月任）
市人大常委会主任：安明法
市　　　　长：郝竹山（4月免）
董晓航（4月代，6月任）
市政协主席：尤栓庆

【产业结构】 建材业优化重组。2月份，鼎鑫集团成功收购燕赵水泥，全市仅保留鼎鑫、曲寨2家大型水泥企业和8条现代化旋窑生产线；全年水泥熟料产能940万吨，实现税收2.5亿元，比调整前翻了近一番。信息产业基地总体规划编制完成，中国电子科技集团第54所研究所天线产业化、石家庄惠得科技有限公司电子绝缘材料生产项目、中国电子科技集团地54研究所电子装配楼、13所集成电路设计中心和项目管理中心、河北超亚精密冲制电子有限公司微型扬声器和振动马达等项目竣工投产。休闲旅游服务业引进西部长青、众城体育等千万元以上服务业项目84个，总投资939.6亿元，分别占全市千万元以上项目数和投资额的39%和63%。轻工食品业迅速发展，君乐宝与蒙牛集团实现强强联合，永盛乳业于4月份竣工投产，洛杉奇食品项目于11月份开工建设。至年底，4大主导产业税收占全市比重达到53.9%。经济发展方式正在由依赖资源消耗向依靠科技创新、区位环境优化等转变。

【招商引资】 鹿泉经济开发区引进建设中兴物流等一大批核心优势企业，形成以电子信息、仓储物流为主的综合性开发区。绿岛火炬开发区完成省级工业聚集区申报工作，引进了全球机械制造50强——三一重工等知名企业。依托园区，全年引进建设千万元以上项目212个，总投资1488.2亿元，其中亿元以上项目134个。年末投资鹿泉市世界500强、中国500强等大型企业集团达到10家。其中，总投资100亿元鹿华热电项目一期建设取得突破，总投资300亿元恒大金碧天下于2月份开工。

【工业经济】 全市规模以上工业企业发展到236家，完成增加值97.3亿元，实现利税57.4亿元，同比增长15.7%和31.69%，其中，“2+1”企业产值和利税分别占规模以上工业的39.3%和41.4%。出台实施加快高新技术企业发展的意见等6项制度措施，全面实施工业“2+1”发展战略，鼓励开展技改和对标行动。出台《金融机构支持地方经济发展的意见》，辖区金融机构各项贷款余额达到80.9亿元，增长24.90%，存贷比达到54.93%，在石家庄市17个县（市）中均位居第一。至年底，全市新增高新技术企业4家，分别是河北华微节水设备有限公司、河北中瓷电子科技有限公司、同辉电子科技股份有限公司、中铁十七局集团第三工程有限公司；拥有石家庄市工程技术研究中心3家，分别是石家庄市发酵乳制品工程技术研究中心（石家庄君乐宝乳业有限公司）、石家庄市软包装工程技术研究中心（河北永新包装有限公司）、石家庄市中兽药现代化质控工程技术研究中心（河北科星药业有限公司）；新增省级著名商标、名牌和优质产品16个。年末全市高新技术企业发展到13家，税收超千万元企业达到17家，拥有省级著名商标、名牌和优质产品38个。

【节能减排】 全市单位工业增加值能耗降低10.3%，化学需氧量和二氧化硫排放量分别消减31.6%和12.3%，超额完成省、石家庄市下达目标任务。西泄洪渠出境断面化学需氧量浓度始终稳定达标；建成区二级以上天数达到331天。筹资3.1亿元实施上庄污水处理厂管网建设等31项节能减排工程；227家传统企业实施能耗控制等综合治理，促进企业升级转产。2010年，鹿泉市环保考核取得石家庄市第一名，顺利通过省、石家庄市“双三十”预考核，连续2年被省委、省政府授予“节能减排优秀单位”称号。

【城乡建设】 全年城乡建设累计投入101.5亿元，城镇化率提高到42%。主城区重点实施“一环、两线、三区”（一条城区外环、两条迎宾线路、三个城市分区）建设，西南外环、石柏大街拓宽改造、抱犊寨水景、幸福桥重修等工程竣工投用，中心区改造居民顺利回迁。西部山前生态型新区建设加快，省国控担保公司、省建筑科技研发中心、省质检中心等总部项目相继落户。投资5.3亿元新建、改建红旗大街南延等18条道路、55.6千米；高标准完成翠屏路建设及景观提升工程；与省会主城区连接主干道达到11条，公路通车总里程达771千米，密度位居全国前列。全力支持西柏坡高速、环城水系等国家、省、石家庄市重点工程建设，完成征地1.5万亩，拆迁47.8万平方米。实施山体、道路、乡村等绿化工程，栽植各类树木218万株，建成区绿地面积达692.6万平方米，城区绿地率达到38.1%，获得“全国绿化模范市”称号。年末全市人均道路面积24.4平方米，年供水量达到827万吨，集中供热面积增加到297万平方米。2010年，鹿泉市“三年大变样”工作在石家庄各县（市）中排名第一，获得“全省进步奖”荣誉称号；在环境容貌总评中，名列组团县（市）第一名，连续三次荣获“全国宜居城市金奖”，被评为省级园林城市和省级卫生城。

【农业农村工作】 高标准编制完成城乡统筹和镇村体系规划。57个省、石家庄市级新民居示范村和3个新型社区开工建设；积极开展文明生态村创建，新建村民中心12个。至年底，全市建成村民中心87个，村级文体活动广场168个。发放支农资金1.1亿元；成功实施源泉渠节水改造等工程。新增省、石家庄市级现代农业龙头企业6家，北方农产品物流中心等3个项目被列为石家庄市标志性项目；上寨休闲采摘、滹沱河都市农业等特色园区初具规模。年末，鹿泉市农业产业化经营率达到63%，土地流转率达到8.2%，连续五年被认定为省农产品加工示范基地。

【社会事业】 全年直接用于民生财政资金4.1亿元，占全部财政支出的45.9%。教育均衡发展，义务教育阶段入学率达100%，高中阶段毛入学率达90%，黄壁庄镇中学等6所学校建成投入使用。启动基层医药卫生体制改革，推进全民健康促进工程。年末全民体检率、建档率分别达到94%和96%。率先启动全国首批新农保试点工作，参保率达到97.6%。完成城区五保集中供养中心建设，集中供养率达到60%。城镇登记失业率降低到1.58%。2010年，鹿泉市入选首批国家、省知识产权强县工程，连续七年获得“科技进步先进市”称号；被评为计划生育优质服务和协会工作“双国优”市，列为国家级改革试点；还被评为省级双拥模范城，成功实现“三连冠”。

（鹿泉市史志办）

石家庄年鉴 Figures

人 物

人　　物

全国劳动模范

李春雷　33岁，博士，石药集团中奇制药技术有限公司首席研究员、药物制剂与释药技术国家重点实验室副主任、河北省制剂技术工程中心副主任等职务。2005年获沈阳市科学技术进步奖一等奖，2006年荣获中国药学会科学技术奖三等奖、辽宁省科学技术奖励三等奖，2007年获2004～2006年度石家庄市劳动模范称号、第五届石家庄市青年科技奖、石家庄市青年拔尖人才，2009年4月荣获河北省劳动模范称号，2010年获全国劳动模范称号。李春雷为石药集团搭建了脂质体药物开发的平台，主持完成了盐酸多柔比星脂质体的临床前和临床研究、完成了有自主知识产权的脂质体药物－盐酸米托蒽醌脂质体的临床前研究；协助建成了年产50万支的脂质体中试车间、持续进行其他抗肿瘤脂质体药物喜树碱类及长春碱类脂质体药物的研究工作。在载药技术方面，首次证明优化药物释放的新原理新理论；通过对多柔比星脂质体的研究，得出抗肿瘤的治疗效果取决作用的结论。在缓控释技术发展方面，发明了一种具有独特释药行为和机理的给药系统。该系统可以迟释特定时间，可以解决某些疾病的临床用药困难（如脑卒中及哮喘等）。还参与和组织了石药集团申报药物制剂与释药技术国家重点实验室、河北省制剂工程技术中心的申报工作，并获得成功。年内承担国家863课题一项，十一五重大新药创制候选药物一项，河北省科技厅项目三项，石家庄市科技局项目一项，国家自然科学基金项目一项；并做为科研骨干参与十一五重大新药创制创新药物孵化基地、制剂技术平台等项目。近年来在药剂学领域重要的SCI杂志上发表和本专业有关的论文15篇，其中10篇为第一作者或通讯作者；申请专利7项，其中PCT专利2项，应邀参加编写国内专著“脂质体技术”和国际专著“Liposome Technology”第三版，第3章书稿。

许秀峰　44岁，中共党员，中国南车石家庄车辆有限公司技术中心副主任，教授级高级工程师。曾获得铁道部科技进步奖等多项奖励，先后发表学术论文10篇，拥有2项发明专利，现为中国铁道学会特种货车学组委员。2007年4月获石家庄市劳动模范称号；2009年4月获河北省特等劳动模范称号；2010年获全国劳动模范称号。2003年调入公司后，主持研发了第一辆载重150吨凹底平车及25吨轴重，载重100吨的气动自翻车，不仅填补了自主研发领域的空白，而且各项性能指标在国际同行业中也处于领先水平。主持研制的军用车辆，创造了国内同类车辆地板面距轨面最低、承载面最长两项纪录，极大提高了该车的适运范围。几年来总后勤部多批次订购这种车型，为企业创造了可观的经济效益。近两年，带领技术人员还研制了200吨平车等12个产品，达到了公司研发的最高水平，并且有三个车型实现当年批量生产。带领科技人员，用新的机制为新产业的研发提供动力，所分管的8个新产业项目，在公司内率先实行了项目工资制，充分调动了科技人员的积极性，为企业持续发展提供更优质新产品奠定了基础。

杨普　女，27岁，中共党员，大专，高级技师，石家庄常山纺织股份有限公司恒盛分公司织造车间代理副值班长。2005年9月在河北省职工职业技能大赛上获布机挡车工第一名，并被河北省劳动厅、省总工会、团省委等7部门联合授予“河北省技术能手”、“河北省布机挡车工技术状元”称号；2005年11月荣获“河北省五一奖章”；2006年1月荣获“石家庄市新长征突击手”称号；2007年7月被市委、市政府评为“市管专业技术拔尖人才”；2008年9月获得“河北省燕赵技能大奖”；2009年5月获全国“五一劳动奖章”、“石家庄市优秀高技能人才”荣誉称号；2010年获全国劳动模范称号。自2000年参加工作起，累计超产棉布近20万米，疵布比计划少出900多匹。在工作中勤学苦练操作技术，探索出了挡车工最基本的“机下打结”要领口诀：“掐头快而挺、搭头绕圈小、压纱拉纱准、动作要连贯”。在日常处理断经、断纬停台中，琢磨出点梭、滑筘等操作方法；对新型织机操作法进行了创新和改善，使该工种操作法提高了一大步。作为一名新时代的青工，面对行业设备、技术不断革新，先后学习了《棉织基础》《织布工人培训教材》《纺织材料学》等书籍，不仅如此，还拓宽知识面，坚持自学，2004年通过成人高考，以优异的成绩被河北科技大学继续教育学院录取，于2007年底顺利毕业。后又在河北省纺织服装学院与股份公司联办的纺织工程大专班进行更专业、更深入的学习。2009年7月被股份分公司作为首批技术骨干派往正定纺织基地——常山纺织股份恒盛分公司，负责培训和管理学员的工作。

李丽　女，41岁，中共党员，石家庄市液化气总公司八一供应站站长。2001年4月荣获“石家庄市劳动模范”；2002年4月荣获“河北省五一奖章”；2004年4月荣获“河北省劳动模范”；2006年4月荣获“全国五一劳动奖章”；2010年获全国劳动模范称号。作为石家庄市液化气总公司八一供应站的一名站长，一名普通共产党员，心系用户，倾情服务。在公司内率先推行“一站式服务”，站内设立“台下服务岗”，为换气用户提供包括“帮抬、帮扶、帮捆”等内容的“三帮”服务，以及针对老弱病残等特殊人群的主动上门服务。积极优化工作流程，提高服务质量，为确保用户安全用气推行的“二次试漏”法被用户认可并在全公司内推广，受到了公司和用户的广泛好评。担任站长多年来，视站如家，曾多次因超负荷工作晕倒在站上，脑瘤手术未愈便回到岗位，面对家人因病住院，也从未请过假。然而，在慰问灾区援建人员、城建农民工和交警的劳模服务队里都有李丽的身影。五年来，为用户安全供气36万余瓶，义务维修燃气灶具400余套，走访用户6000余户，向用户宣传安全常识、发放安全传单10万余人次，累计义务加班达700多小时。确保了所在供气站的安全供气无事故，用户满意无投诉，为实现公司经济效益和社会效益的双丰收做出了突出贡献。

褚现英　53岁，大学，高级工程师，中共党员，现任河北诚信有限责任公司总经理兼党委书记。1995年5月被河北省人民政府授予“劳动模范”称号；2005年被河北省人民政府授予“2003～2004年度河北省优秀民营企业家”称号；2006年7月被石家庄市人民政府授予“石家庄市‘十五’期间有突出贡献企业家”称号；2007年1月被石家庄市人民政府授予“2006年度石家庄市有突出贡献中青年专家”称号；2007年被河北省企业联合会授予“河北省优秀企业管理者”称号、被中国无机盐工业协会授予“中国无机盐工业协会第二届专家委员会委员，无机盐学科学术带头人”荣誉称号；2008年6月被河北省国资委、河北省中小企业局、河北省企业联合会授予“河北省第二届最受关注企业家”称号、被中国石油和化学工业协会授予“中国石油化工优秀民营企业家”称号；2010年获全国劳动模范称号。短短几年时间就将一个亏损160万元、濒临倒闭的小厂建成了国内规模最大、效益最好的氰化钠及其衍生物生产企业。企业实现了跨越式发展，企业职工由原来的100人，增加到现在的3350人，经营模式由原来的国有企业改制成为现在的股份制企业，主要产品也由原来的单一品种扩展到现在的30多个品种。企业技术水平和产品规模均处于全国同行业最好水平，产品销往全国各地，部分产品还远销东南亚、印度、美国、日本等地，其中三聚氯氰、丙酯系列产品分别占到国际市场份额的60%和50%以上。利税年递增达到26%以上，企业规模和销售均实现了快速扩张。2009年销售收入达20.46亿元，实现利税3.65亿元。至2010年末，企业已发展成为拥有子公司7家，总资产30

亿元、累计为国家上交税金超10亿元的集团公司。2009年企业位居中国化工企业500强第71位，经济效益、综合实力名列全国同行业第一。严格按照ISO9001质量管理体系、ISO14001环境管理体系、OHSAS18001职业健康安全管理体系和5S管理的要求进行管理，企业先后投资150余万元，建立了图书室、电教室等职工文化教育活动设施，建立了职工培训等制度。企业与职工签订了全员劳动合同，建立和完善了集体合同、职工工资集体协商等制度，职工"五险一金"全部缴纳，保障了职工的合法权益。同时，企业积极捐资，用于教育、帮扶、救灾等社会事业，2008年，捐款143万元支援四川地震灾区。

仇淑芳 47岁，中技，中共党员，石家庄市邮政局速递公司速递局特快营销员。为真正做好邮政速递业务营销工作，利用业余时间自学了《市场营销学习》、《消费心理学》等大量业务书籍，逐渐成为理论与实践相结合、业务精通的营销能手，认真总结十多年来从事特快受理工作经验，形成了自己独到的"细"字工作方法——《特快受理工作法》，在2006年6月19日《中国邮政报》发表。根据自己的《特快受理工作法》，努力争当优质服务的巧匠，在如痴的敬业精神支持下，多次取得专业技能竞赛优异成绩，获得2003年度河北省邮政效益杯状元称号。在激烈的市场竞争中，多次在市速递局及县邮政局，给同事传授特快营销经验及营销技巧，并把自己稳定的老客户交给别人去维护，自己却毅然大胆的去开发新市场、新客户。仇淑芳突出的营销业绩赢得了各部门的好评，是邮政局多年的先进生产者。2001年荣获市劳模称号；2002年被评为河北省邮政系统先进个人；2003年荣获河北省邮政"效益杯"竞赛"营销状元"称号；2004年荣获省劳模称号；2005年被信息产业部评为"技术能手"、"全国邮政系统百名优秀员工"；2007年获全国五一劳动奖章荣誉称号；2008年获河北省首届"百名能工巧匠"称号；2010年获全国劳动模范称号。

曹慧贤 女，54岁，中共党员，华北制药集团有限责任公司集团公司董事、党委副书记兼股份公司董事、党委副书记、纪委书记。2002年9月获"全国质量管理先进工作者"；2005年4月获"河北省有突出贡献中青年科学、技术、管理专家"；2007年3月获"河北省有特殊贡献企业管理创新带头人"；2009年4月获"河北省劳动模范称号"；2010年获"全国劳动模范称号"。协助党委书记分管集团公司和股份公司党群日常工作、规章制度建设、信访稳定工作和共青团工作。经过多岗位锻炼，既担任过主要生产单位的书记、代理主任，又担任过企业管理部的部长。指导分管的各部门创造性开展工作，并大胆提出把现代化管理方法运用于党群工作，促进和提升党委工作水平，借鉴ISO9001质量体系与行政同步建立了党群工作质量体系。组织建立并发布了党委会管理制度、组织工作制度、宣传工作制度、团组织管理制度、武装管理制度、新闻报导管理制度七大类共54个党委工作制度，使党委工作制度化、规范化、程序化。在干部管理中推出任期制、交流制、双向进入交叉任职竞聘制和用"随机取样"、"双盲法"考察干部等，为培养复合型企业领导干部队伍奠定了基础。特别是2009年冀中能源重组华药集团，曹慧贤作为华药集团公司"土生土长"且工龄最长的班子成员，对华药集团的满腔挚爱化为强大的爱企爱岗热情，常常下班走的最晚，休息日上班最多，因高压力、高节奏的工作造成过度疲劳，严重过敏，坚持不住院，而是边输液边工作，全身涂满药膏抱病坚持奋战在分管的岗位上，为华药集团打赢"扭亏增盈攻坚战"做出了贡献。还兼任中国医药职工思想政治工作研究会（中国医药企业文化建设协会）副会长、中国能源化学工会常委、河北省党建研究会常务理事、河北省思想政治工作研究会副会长、河北省女企业家协会副会长、河北省群众文化艺术协会副会长、石家庄市政协委员等多个社会团体职务。

冯志华 50岁，大专，中共党员，藁城市南孟镇南孟村党支部书记。在冯志华带领下，南孟村多次被石家庄市委、市政府授予"村民自治模范村"、"先进基层党组织"。冯志华先后被评为石家庄市"农业劳动模范"、"农村优秀党支部书记"、"优秀共产党员"、"党风廉政建设工作者"、"务实标兵先进个人”、“优秀人大代表”；2006年被河北省委授予“优秀共产党员”称号；2007年被河北省委授予“优秀党务工作者”称号；2009年获省农民劳动模范；2010年获全国劳动模范称号。2006年2月7日，冯志华作为全国亿万农民代表参加温家宝总理在中南海主持的《政府工作报告征求意见稿》征求意见座谈会的发言受到温总理称赞和鼓励。南孟村被农业部定为全国新农村建设示范村。自1989年至今班子稳定，廉洁勤政高效，每届选举班子干部都是高票当选，冯志华及村委成员关心群众疾苦，老党员老干部、光荣复、转退、军人、残疾人、困难户、村内弱势群体都是关心的对象，每年筹措上万元资金对其进行帮扶、照顾，帮助特困户交纳参合基金。同时创办了新农村简报，主要宣传党的方针政策，报道村内好人好事。为了增加村民收入，鼓励村民经商，成立了农工贸实业有限公司，对村内搞养殖、运输、废品回收、经商等行业进行服务，壮大了本地特色产业，冯志华利用村西沙河滩地建立沙滩工业园区，工业园区初具规模，现入驻园区7家，安排农村闲散动力千余人。2009年全村实现工农业总产值8.6亿元，人均收入达到8199元。

杜为红 45岁，中共党员，大学，工程师，河北白沙烟草有限责任公司总经理、党委副书记。在杜为红的带领下，河北白沙取得了优异成绩，连续荣获全国五一劳动奖状、全国烟草行业先进单位、河北省五一奖状、河北省文明单位、河北省诚信企业、河北省AAA级劳动关系和谐单位等多个荣誉称号；2009年4月光荣当选河北省劳动模范。2010年获全国劳动模范称号。杜为红自担任公司总经理后，积极推进企业改革发展，使河北白沙成为中国烟草行业第一个，也是最成功的一个以资产为纽带、以名优品牌为支撑的跨省联合重组企业，为烟草行业的改革发展做出了积极的实践探索，为地方经济建设做出了重要贡献。自2006年至2009年，公司产量由55万箱增加到67.5万箱，增长22.73%，实现了产品合格率100%；销售收入由30.36亿元增加到49.02亿元，增长61.46%；完成利税由19.78亿元增加到32.3亿元，增长63.3%；其中利润由4.54亿元增加到5.99亿元，增长31.93%，实现了四年四大步的跨越式发展。注重人才队伍建设，实施了“4060人才工程”，创立了“河北白沙网络学院”，为企业长远发展奠定了人才基础。坚持抓班子带队伍，在学习实践科学发展观活动中，群众满意率达99.2%；坚持依靠职工办企业，大力开展厂务公开、民主监督，严肃集体合同，营造了民主管理的良好氛围；一身正气、清正廉洁，将地方政府自2007年起给予自己的各项奖励共计120余万元全部划入企业账户；致力于社会公益事业，河北白沙自2006年起扶贫帮困投入累积79万元，展现企业良好的社会形象。

张玉锁 52岁，大学，中共党员，石家庄市公共交通总公司总经理。2007年荣获石家庄市“劳动模范”称号；2009年荣获河北省“劳动模范”称号。企业在2005年至2009年先后被评为“河北省AAA级劳动关系和谐企业”、“河北省三星级职代会企业”、“全国模范职工之家”、“全国城市公共交通文明企业”、“全国精神文明建设工作先进单位”、“中国用户满意鼎”、“全国五一劳动奖状”，2010年获全国劳动模范称号。自2004年担任市公交总公司总经理后，带领8000多名干部职工实现了公交发展的大跨越，创造了一个又一个辉煌的成绩。2004年至2009年公司共开辟公交线路78条，使公交线路达到145条；共购置公交车2094辆，使营运车辆达到3018辆；实行了残疾人、伤残军人、现役军人及70岁以上老年人免费乘车服务。年内石家庄市公交出行分担率达到17.3%，服务市民实现了质的飞跃。公司已实现了公交IC卡自动收费、智能化调度、自动化办公，形成现代化管理的新体系。到2009年企业总资产达到10.4亿元，比2003年增加资产8亿元；年总收入达到3.9亿元，比2003年增加182.5%。到2009年企业职工平均月工资达到2131元，比2003年增加156.4%。被首批命名为“河北省AAA级劳动关系和谐企业”、“河北省三星级职代会企业”并首批与职工签订了维护职工利益的共同约定，密切了党群和干群关系。

王新满 女，57岁，中共党员，大专，辛集市总工会主席。辛集市总工会连续15年被辛集市委、市政府评为“实绩突出领导班子”，连续15年被石家庄市总工会评为“工会工作模范县市”，连续5年被河北省总工会评为“全省工会工作先进县市”，荣获河北省“五一奖状”称号，被全国总工会授予“全国困难帮扶中心先进集体”。王新满先后被评为石家庄市劳动模范、河北省劳动模范，全国优秀工会工作者，全国先进女职工干部等荣誉称号，2010年获全国先进工作者称号。为贯彻实施《劳动法》，在全国率先推行集体合同制度，有力促进了企业劳动关系和谐稳定。全总书记处原第一书记、副主席张丁华率全国29个省市工会主席、副主席到辛集召开经验交流现场会。继而又先后推行了1+X模式，将企业职工的工资报酬、安全卫生、女职工权益等签订了专项合同，此做法在《工人日报》头版头条刊登。为保证职工的民主权益，经常深入企业搞调研，在各类企业特别是私营企业大力推行了职代会制度和厂务公开制度，收到非常好的效果。2002年，在河北省总工会在辛集召开了“五突破一加强”工会工作会议上做了经验介绍，并被树为“标兵县市工会”。率先在全省建立了帮扶中心，为困难职工提供培训、职介、法律援助等全方位服务，为下岗职工、困难职工解决了许多实际问题。2008年3月在天津参加了全国总工会帮扶工作经验交流表彰会议，在会上做了典型发言，2009年，河北省工会在辛集召开帮扶工作现场会予以推广。连续多年在省工会新任工会主席培训班上讲课。曾三次参加中国工会代表大会，受到尉健行、王兆国的接见。

王生池 53岁，大学，中共党员，石家庄市第一医院急诊科主任。2000年市政府给其记二等功；2001年获市级优秀共产党员、市卫生系统知名医学专家称号；2003年被省会精神文明建设委员会授予省会“服务明星”称号；2004年被评为石家庄市劳动模范；2005年获得河北省五一奖章；2008年获得全国“五一劳动奖章”；2009年度被评为感动省城十大人物；2010年获全国先进工作者称号。30多年来勤勤恳恳、兢兢业业的工作在医疗工作第一线，刻苦钻研医疗技术，强化自身业务素质，曾先后到日本、北京、上海等国内外大医院学习研修，在心、脑血管疾病等危重症抢救领域有着丰富的临床经验。带领急诊科医护团队勇于创新，大胆开拓，创造了多个全国及省会第一（第一个在全国建立了急性心肌梗死急救绿色通道，在省会急诊科第一个建立了重症监护室（ICU）），带出了一支技术精湛、医德高尚的急救医护队伍。2009年，甲型H1N1流感疫情袭来，王生池又主动冲到最前线，打响了防控甲流的战争。每天奔波于发热门诊和急诊病房之间，为发热病人筛查、会诊、采样，经常是半夜赶到医院和专家组其他成员为重症甲流病人会诊、制定治疗方案，和医院专家组以及发热科医护人员一起，门诊诊疗、检测发热患者7000人次，救治21例重症和危重症甲流患者，无一例死亡，圆满完成了上级交给的救治任务。王生池同志从事急诊工作20年，从死神手里挽救了两万多条生命，二十年中共休假八天，多次被评为先进工作者，并获得“全国五一劳动奖章”和2009年度感动省城十大人物的荣誉。人们感动地称为“生命驿站的守护人”。

赵志武 57岁，中共党员，大学，石家庄市建设局调研员。从事城建工作二十多年，被誉为建设战线上的“急先锋”和“拼命三郎”。作为拆迁办主任，始终靠道理说服人心，靠真情温暖人心，靠实干感动人心，靠德政赢得人心的管理目标。赵志武没有过上一个完整的节假日，加班加点已成为家常便饭。工作中，面对个别态度强硬、说话难听的被拆迁人，他苦口婆心，循循善诱，耐心解释政策；面对无理取闹，漫天要价的钉子户，他动之以情、晓之以理，靠自己的热心感动对方，面对野蛮拆迁、违反拆迁的不良行为，一身正气、敢于碰硬，威胁面前毫不畏惧。近年来旧城和城中村改造安置居民近5万户，没有一户因拆迁失去住所。多年来赵志武一直工作在风口浪尖上，没有出现任何违规违纪行为。2009年先后圆满完成了中山路拓宽改造、槐安路东拓西延、体育大街南延北跨、建设大街综合整治、城中村改造等项目的拆迁腾地工作以及民心广场项目建设、中山路繁华大道改造项目建设等省市重大项目。赵志武先后荣立二等功3次、3等功2次；2006年12月被评为石家庄市劳动模范；2007年被国家人事部、建设部授予建设系统先进工作者荣誉称号；2009年4月被授予河北省先进工作者荣誉称号；连续7年被市委、市政府评为年度优秀干部；连续5届市人大代表、3届市人大城乡环保委员会委员；多次获得"优秀共产党员"、"人大优秀代表"、"优秀军转干部"、"房地产开发先进工作者"、"旧城改造先进个人"等荣誉称号；2010年获全国先进工作者称号。

范秀菊 女，52岁，本科，中共党员，石家庄市裕华区东苑街道残联理事长。曾荣获省市级"模范残疾人工作者"、"石家庄市劳动模范"、"河北省五一奖章"、全国"五一劳动奖章"、"感动省城十大人物"等荣誉称号，2010年获全国先进工作者称号。其所在单位先后荣誉省市区残联"残疾人工作示范街道"、"河北省残疾人之家"等称号。范秀菊是一个热心服务，勇于创新的基层残疾人工作者，在全国和全省取得了5项第一：在全国第一个实现残协进社区、第一个创办"爱心残联"、第一个建立农民工维权服务中心、第一个组建街道"农民工艺术团"、在全省第一个基层残联联合慈善机构救助残疾人。范秀菊联合慈善机构，整合16万多元救助困难群众。帮助精神残疾人姚明免费做手术；为患白血病的谷彦菊筹备了1200多人参加的救助晚会；为4位贫困残疾人上了特殊保险，为3名精神残疾人送上3万多元医疗救助；为23名困难残疾人送去救助金；连续5年资助残疾女孩上大学。扶持下岗职工开办"刘老根饭店"，年收入上百万；帮扶特困残疾人王继宁创办再就业培训基地，培训职工1600多人。为12名农民工讨薪3万多元。自己出资创办全国首家"农民工艺术团"，带领队员下工地、进社区，2007年走进央视大舞台。先后8次参加省市为"5.12"地震灾区义演，募捐资金6万多元。各大新闻媒体先后近百次对其工作进行报道，专题片达12部。

刘秀荣 女，55岁，民进中央委员，大专，石家庄市评剧院青年评剧团团长，国家一级演员，师承已故评剧大师新凤霞，被誉为新（凤霞）派第一传人。河北省第一批享受国务院颁发的"政府特殊津贴"，被中国文化部授予"优秀专家"称号及评剧非物质文化遗产第一传承人，被授予河北省劳动模范等荣誉称号。2010年获全国先进工作者称号。从艺近40年来，在舞台上成功塑造的一批栩栩如生的艺术形象，深受广大观众的喜爱和好评，被誉为"小新凤霞"。赴香港演出被港岛观众誉为"国宝再现"。1986年以来，被评为"全国评剧十佳演员"，全国戏剧第五届"梅花奖"，石家庄市评为"十大文艺家"，主演的《胡风汉月》获"全国五个一工程"奖，并摘得文化部第十届"文华"大奖，填补了河北省"文华"奖的空白，刘秀荣本人荣获优秀表演奖，同年又获第十九届中国戏剧"二度梅花"奖。2005年率团赴法国参加第二届巴黎中国戏曲节，赢得戏曲节的惟一大奖——中国戏曲塞纳大奖。2006年凭借《胡风汉月》蔡文姬一角摘得上海国际艺术节"白玉兰奖"。2008年由她本人编剧并主演的现代评剧《灯魂》在石家庄市戏剧节首场演出并获一等奖。2009年由刘秀荣担任制片人并主演的《新凤霞》获中国戏曲艺术片"兰花杯"一等奖，同年在中央纪委特别指派和河北省委宣传部高度重视下，自编自演的现代评剧《红叶》也得到各级领导和观众的一致肯定和认可。刘秀荣除了排演精品剧目外，还多次率团赴西欧、日本及台湾等地进行访问演出及讲学活动，大力宣传评剧，让更多的人了解中国及其传统艺术。在台湾拍摄的二十集电视专题片《刘秀荣看台湾》播出后社会反响强烈，得到中央领导的高度评价和肯定，被文化部评为中国大陆"十大对外文化使者"之一。

殷玉波 48岁，高中，中共党员，栾城县殡仪馆馆长。2009年4月荣获河北省劳动模范称号，2010年获全国先进工作者称号。自1985年从事殡葬工作起，20多年来既当接尸工，又当火化工，热爱殡葬事业，处处高标准严格要求自己，积极发挥模范带头作用，对工作兢兢业业，任劳任怨，无私奉献，牢固树立全心全意为人民服务的宗旨，视逝者如亲人，切实做到规范程序，文明服务，坚持制度，以身作则，在抬尸、运尸、火化等工作面前身先士卒，一直战斗在殡仪服务工作第一线。同时，他还重视新生力量，努力做好传、帮、带，仅修理费一项，累计为国家节约资金20多万元，车队连续20年安全行驶无事故。多年来几乎没有休息过节假日，累计放弃节假日1200多天。走上领导岗位后，积极探索殡葬改革的新特点、新形势，不断强化管理机制，确保全县社会火化率继续保持100%。2008年，殡仪馆被评为县级“十佳文明服务窗口”，绿化美化向高标准迈进，服务设施成龙配套，更新服务设备3台套，硬化道路1800多平方米，固定资产增加30多万元，进一步加快了殡仪馆的建设步伐，各项可比指标在全省同行业名列前茅。

全国三八红旗手

张贺荣　43岁，大学，中国电子科技集团公司第五十四研究所高级工程师。主要从事通信网络的研究、设计和通信设备的研制工作，担任载人航天工程数据传输系统副总设计师、载人航天工程数据传输系统第二路由副总设计师、载人航天工程数据传输系统扩容副总设计师等，为载人航天工程做出了贡献。从1997年起，张贺荣作为主要技术负责人参加了载人航天工程数据传输系统的研制工作。载人航天工程数据传输系统担负着航天任务期间各种测控数据、指挥调度、天地话音和图像等信息的传输，该系统是一个大型的系统网络工程，它的网络规模大、建设周期长，覆盖国内和海外几十个站点，既有固定站，也有车载站和船载站，具有相当大的技术难度。张贺荣全程参加了系统的论证、设计、安装开通、联试等工作。张贺荣参加了“神舟”一号到“神舟”六号全部航天飞行任务的准备工作，并多次到现场执行技术保障任务，确保“神舟”飞船顺利地发射、飞行、回收。“神舟”飞船在太空飞行多长时间，技术人员就要紧张工作多长时间。“神舟”六号飞行时，张贺荣在北京指控中心进行技术保障，从火箭发射前四小时准备，就要工作在第一线，检查设备的每一个技术状态，确保万无一失。任务期间吃住在机房里，密切注视系统运行是否正常，每天只能休息两、三个小时，直到飞船顺利回收。某工程技术总体项目涉及面广，技术新，她负责部分的设备种类多、互连接口复杂、技术难度很大。张贺荣同志不怕困难，通过查阅大量技术资料，在很短的时间内掌握了系统原理，完成了系统设计和建设。在联试阶段，她积极组织各分系统进行联试，协调设备间接口，解决了许多实际网络环境中遇到的问题。该项目获得了中国电子科技集团科学技术一等奖。

河北省特等劳动模范

许秀峰　南车石家庄车辆有限公司技术中心副主任。

牛树银　石家庄经济学院地学中心主任、教授。

河北省职工劳动模范

崔俊玉　女，石家庄市长安区环境卫生大队清扫工

董军杰　河北诚信有限责任公司车间主任

董树茂　石家庄市油脂公司经理

杜为红　河北白沙烟草有限责任公司总经理

范建平　河北国信投资控股集团股份有限公司总裁

范秋菊　女，中国建设银行股份有限公司河北省分行营业部运河桥储蓄所所长

郭福田　中国化学工程第十二建设公司党委副书记

郭庆白　石家庄强大泵业集团有限责任公司董事长

何岩宾　石家庄金石化肥有限责任公司水汽车间副主任

白树惠　石家庄光明实业总公司工会主席

曹慧贤　女，华北制药集团有限责任公司党委副书记、工会主席

陈保书　石家庄双联化工有限责任公司常务副总经理

陈海明　中国电子科技集团公司第十三研究所党委副书记、工会主席

何营房　中国建筑一局集团第六建筑有限公司施工队长

贾力强　冀中能源井陉矿业集团元氏矿区长

蒋国庆　河北怀特集团股份有限公司副董事长

焦辉军　石家庄市油漆厂建筑涂料公司经理

孔鲁明　中国联合网络通信有限公司石家庄市分公司长安服务中心班长

李刚　石家庄市釜洋斋总店厨师

李春雷　石药集团中奇制药技术（石家庄）有限公司首席研究员

李庚奎　石家庄高新区供水排水公司纪委书记、工会主席

李国玲　际华三五零二职业装有限公司纪委书记、工会主席

李建民　石家庄焦化集团有限责任公司维修班长

李丽云　女，石家庄常山纺织股份有限公司棉一分公司挡车工

李连君　女，石家庄市天荟商贸有限公司理货员

李喜贵　新乐市供电局外线工

李宗力　石家庄国大集团有限责任公司洛杉奇分公司经理

刘军　石家庄印钞厂钳工

刘建国　石家庄市和合化工化肥有限公司车间主任

刘明山　河北省荣昌达铸造有限公司机加工

刘泡林　石家庄煤矿机械有限责任公司铆工

刘须华　赵县兴柏淀粉糖业有限责任公司车间主任

刘志彬　南车石家庄车辆有限公司电焊工

罗假妮　河北晨光水泥有限责任公司化验室主任

马增年　满族，石家庄常山纺织股份有限公司分公司经理

米风建　石家庄市裕华区裕东街道九里庭院社区保洁员

秘国爱　河北敬业集团车间主任

聂续民　石家庄鑫源乳品有限公司经理

屈玉文　石家庄市井陉矿区新王舍煤矿采煤区长

尚建斌　石家庄宝石电子集团有限责任公司董事长

史立军　河北飞达工具制造有限公司董事长

孙金贵　石家庄市建设集团有限公司十分公司经理

谭福增　河北省光华企业集团公司副总经理

谭南征　石家庄光明正大日化有限公司工会主席

王强　石家庄钢铁有限责任公司炼钢厂转炉工段副段长

王广合　中国人民解放军第6410工厂厂长

王红卫　女，石家庄东方热电集团有限公司湾里庙热源厂车间主任

王彦梅　女，石家庄常山纺织股份有限公司棉三分公司槽筒挡车工

王秀梅　女，石家庄柏林大

厦楼层主管

王志平　石家庄印钞厂胶印车间班长

魏景生　石家庄煤矿机械有限责任公司总经理

魏明义　石家庄三环阀门股份有限公司董事长

温德军　石家庄南三条市场个体农民工

吴国平　石家庄三环阀门股份有限公司车工

吴相君　河北以岭医药集团有限公司销售主任

信云霞　女，神威药业有限公司常务副总裁

薛孟玲　女，石家庄农业机械股份有限公司电焊工

闫振法　河北东华化工总公司车间主任

姚建玲　女，鹿泉市大众商贸有限责任公司电工

张弘　女，华北制药集团有限责任公司108车间副主任

张庆　河北威远生物化工股份有限公司工艺管理工程师

张彩霞　女，石家庄金刚内燃机零部件集团有限公司副总工程师

张任辰　石家庄运输总公司一公司车间主任

张雪刚　中国电子系统工程第四建设有限公司工长

张英芳　女，石家庄市邮政局党委副书记

张拥华　石家庄钢铁有限责任公司炼铁厂供料工段段长

张玉锁　石家庄公共交通总公司总经理

赵春更　河北金源化工股份有限公司造气岗位操作工

赵存恒　石家庄市动力机械厂厂长

赵建国　石家庄新奥燃气有限公司管网维修所所长

赵建豪　华北制药集团有限责任公司制剂公司操作工

赵俊平　井陉县医药药材公司营销部经理

赵小锁　河北辛集化工集团化肥有限公司经理

赵运刚　河北丽华童装厂生产科长

赵智勇　河北渝乡辣婆婆餐饮管理有限公司厨师

周庆水　中国石油化工股份公司石家庄炼化分公司副总经理

周素志　石家庄志诚农药化工有限公司销售部经理

河北省先进工作者

白彦伟　河北赵县中学教师

卜书波　华北有色工程勘察院纪检书记

党辉　女，石家庄市石岗大街小学副校长

樊国平　河北省平山县地方税务局局长

葛志存　河北省鹿泉市地方税务局局长

谷延辉　石家庄市地方税务局石家庄市国际税收研究会会长

国献波　河北省高邑县公路管理站路政副大队长

郝振军　赞皇县交通局局长

贾爽　女，辛集市第一医院妇产科主任

李锋　石家庄市第三医院副院长

李维　石家庄市长安区人民检察院检察长

李丙义　正定县国土资源局党委书记局长

李春光　石家庄市公安交通管理局事故处处长

李根红　石家庄市公安局桥西分局纪委副书记

李书宏　石家庄市桥东区卫生队队长

李月华　石家庄市农业技术推广中心主任

梁春华　女，石家庄第24中学教师

刘生彦　石家庄市财政局经济建设处处长

刘玉玲　女，河北省新乐市农业技术推广中心主任

柳献珠　元氏县总工会党组书记、常务副主席

骆亚男　女，石家庄市夕阳红老年公寓院长

米丽霞　女，石家庄市第54中学教师

米志斌　行唐县财政局局长

强新志　满族，石家庄外国语学校校长

沈进平　鹿泉市文化旅游公司经理

田计生　河北省灵寿县地方税务局局长

田运隆　石家庄市第一中学校长

王静　女，石家庄日报社新闻部副主任

王发成　石家庄市第八十一中学教师

王建民　井陉县第一中学教师

王建伟　石家庄市公路管理处副处长

殷玉波　栾城县殡仪馆馆长

尹庆怀　新乐市环境保护局局长

于全友　藁城市人民医院院长

袁新忠　正定县总工会党组书记、常务副主席

袁秀敏　女，河北无极中学教师

翟志海　石家庄精英中学校长

张东喜　藁城市财政局财政局长

张恒谦　辛集市交通局局长

张瑞海　栾城县交通局局长、党组书记

赵志武　石家庄市拆迁管理办公室主任

郑克俭　深泽县地方税务局局长

河北省农民劳动模范

陈铁刚　深泽县桥头乡西小丰村党支部书记

冀泽海　井陉县南障城镇孙家峪村农民

贾拴成　新乐市长寿街道东名村农民

李荣辉　女，栾城县栾城镇小裴村农民

冯志华　藁城市南孟镇南孟村党支部书记

李银锁　辛集市制革区锚营村农民

柳全付　灵寿县慈峪镇柳家庄村农民

卢文学　行唐县安香乡东安香村农民

任国强　晋州市马于镇北辛庄村农民

王保申　赞皇县赞皇镇东高村农民

王会杰　石家庄市惠康食品有限公司董事长

王建锋　高邑县高邑镇西南关村农民

王兆青　赵县北中马办事处南中马村农民

杨全友　平山县温塘镇北马冢村党支部书记

杨润月　行唐县北河乡龙兴庄村农民

杨书学　辛集市王口镇恒邱村农民

袁印罗　女，无极县宏飞皮革有限公司董事长

张会立　无极县无极镇西中铺村农民

赵对波　晋州市马于镇前彭头村农民

翟润兵　平山县星光矿业有限公司董事长

赵二文　井陉县小作镇赵东岭村农民

赵金红　鹿泉市石井乡栈道村农民

赵立中　赵县赵州镇县前村农民

郑根顺　藁城市惠农粮食贸易有限公司董事长

感动省城十大人物

贴心民警王春意 “一个个洒满月光的夜晚,都书写着他的辛劳。他把自己所有的智慧和精力都用在了为百姓创建和谐平安上，视责任如泰山，视名利如鸿毛”——这是2010年河北省公安机关“范党育式公安民警”评选组委会给他的颁奖词，也是“片儿警”王春意最真实的写照。从警27年来，普普通通的小社区民警，没有做过什么惊天动地的大事，也没有破过一起大案，他每天与老百姓打交道，接触的都是些“鸡毛蒜皮”的小事。20多年来，他处理过大大小小上千起纠纷，没有跟群众红过一次脸，没有引起一起投诉，有时为了解决一个纠纷，往往十余次奔波于双方当事人之间。二十几年来，一直以最质朴的情感坚守着一个朴素的信条：“把群众当成自己的亲戚邻居，把群众的事当作自己的事来办。”

见义勇为好战士习朝峰 24岁，河北省新乐人，驻石某集团军高炮旅士官。2010年2月7日22时30分，习朝峰在家乡新乐市街头目睹一名女子挎包被抢，见此情景，习朝峰立即放下自行车，向着穷凶极恶的歹徒冲去。就在歹徒抢走手包准备上车逃走时，习朝峰一拳把拿包歹徒打翻在地，夺回被抢手包。其他两名歹徒见状，手持砍刀、铁棒凶狠地向习朝峰扑来，叫嚣着：“你小子多管闲事，找死！”习朝峰毫不畏惧，赤手空拳与3名歹徒搏斗。并将挎包夺回，结果，歹徒的两名同伙从暗中冲出，手持刀棒，对他疯狂砸、砍。面对疯狂的歹徒，人单势孤的习朝峰紧紧将挎包压在身下,右小臂被连砍3刀，鲜血直流，强忍剧痛把两名歹徒打倒在地，但终因寡不敌众，头部又被歹徒连击数棒，后背被砍3刀。见周围群众闻声赶来，3名歹徒仓皇开车逃走。倒在血泊中的习朝峰顽强爬起来，又追了上去。 直到其不省人事后。 2010年，习朝峰先后荣获“中国青年五四奖章”、“石家庄市见义勇为模范”、“文明公民标兵”等荣誉称号，第十四届“中国青年五四奖章”评选揭晓，习朝峰榜上有名。

玉树孩子的“石家庄爸爸”王鹏 原为36中教师，现为玉树民族中学老师。2010年7月28日，石家庄市玉树民族中学成立。这是一所特殊的学校——286名学生中，22个单亲，59个孤儿，100%藏族,分别来自玉树灾区四所学校。7月中旬，作为党员的36中老师王鹏，来到离家单程近两个小时的石家庄市玉树民族中学主抓学生教育管理。由于玉树中学的学生都是刚刚经历过大地震的打击，同时，习惯了雪域高原的气候,初到平原，身体无法适应，有很多学生出现了心理和生理上的问题。面对这种情况，王鹏老师与每位学生座谈，帮助学生尽快适应新的生活。每天早上5点钟起床,一直忙到夜里12点，王鹏老师用自己的爱心，让这些从大地震中生还的孩子重新看到了生活的希望。

世博园里的“微笑使者”世博服务者(群体) 5月4号，河北省志愿者团队共56名志愿者来到上海世博会，这些20岁左右的年轻人担负起了主题馆的部分志愿工作和河北周的全部志愿工作。志愿者郭耀在服务期间，总把微笑留给所有的人，而自己的亲人病重；志愿者郑维娜担任讲解员工作，母亲是从省会发往上海的列车员，因为工作忙碌，小郑却无法和母亲见一次面……这些志愿者苦过、累过、哭过、笑过，把青春的身影和灿烂的笑容永久定格在全世界游客的记忆中，不但为家乡和国家形象赢得了一片叫好声，也为自己的人生留下了一段华彩乐章。

编外“城管”李方功 73岁，三年前自发地开始了对城市管理和市容卫生的监督工作，被人们尊称为编外“城管”。每天清晨6点，李方功驾驶着一辆喷有“卫生督查”字样的三轮摩托车，穿梭于省会的大街小巷进行义务巡查，并用相机记录每一处卫生死角，然后拨打城管电话，有时还对一些占道经营者进行劝说。几年来，督促改正的不文明行为不计其数，发现的安全隐患更是不胜枚举。受到李方功的鼓舞，很多人也加入了进来，如今，这支特殊“城管”队伍活跃在的省会大街小巷，所有人都没有穿制服，不是正式的城管工作人员，但却在为城市的管理贡献着自己的力量。

英雄乘客周中强 47岁，石家庄市西兆通村村民，曾经当过三年海军航空兵。2010年5月23日凌晨3点多，长深高速公路辽宁彰武段发生了一起震惊全国的特大交通事故，一辆货车从服务区开出后，逆向行驶撞上了一辆长途客车，此时，周中强正好就在这辆由天津开往哈尔滨的高客上。车祸发生后，客车内着火并迅速蔓延，但周中强不顾自己的生命安危，砸开六块车窗玻璃，为车上的幸存者打开了一条生命的通道，同时，他还忍着烧伤的剧痛搀扶乘客逃离车厢，一对年轻夫妇、一位年事已高的老奶奶，一名中年妇女……当周中强救出最后一个人时，客车在十秒后发生了爆炸。这起长深高速公路辽宁段特大交通事故造成了32死24伤，而周中强一个人就亲手挽救了7条生命。

无臂好男儿索鹏飞 出生在邯郸市磁县的白土村，2000年6月16日因为一场意外，9岁的索鹏飞失去了双臂，并没有放弃上学的念头，出事两个月后，索鹏飞毅然回到了久违的课堂，开始尝试着用脚书写自己的人生。已经适应了以手代脚的索鹏飞不仅生活能够自理，而且学习成绩优秀，2010年的高考，索鹏飞拒绝了有关部门帮他安排的独自考场，与众多学子一样参加了考试，终于，索鹏飞以优异的成绩走进了河北科技大学理工学院。

石家庄历史传播者郭西昌 43岁，著名导演。“石家庄到底有没有厚重的历史？石家庄到底有没有璀璨的文化？”全面反映石家庄历史文化的大型电视纪录片《璀璨时空—石家庄历史文化影像志》就以充分肯定的语气，解除了所有人心中的疑问，而这部纪录片的总编导就是郭西昌。郭西昌是中国视协电视纪录片学术委员会副秘书长，曾创作多部纪录片，获“五个一工程奖”、中国电视金鹰奖等奖励。2007年，担纲拍摄了纪念石家庄解放60周年5集电视大型文献纪录片《石破天惊》，2009年10月～2010年9月，担任《璀璨时空—石家庄历史文化影像志》总编导。上述两部大型纪录片均在央视播出，为宣传和提升石家庄市美誉度，推进石家庄文化建设作出了突出贡献。经省会精神文明建设委员会研究决定，郭西昌被授予“石家庄市荣誉市民”称号。

城市绿肺“守护人”靳广恩 52岁，小壁林区的管委会主任。15年前，靳广恩来到省会西北部的小壁林场，当上了管委会主任。搏击漫天风沙，悉心照料林木，15年里，靳广恩克服了不计其数的艰难险阻，顶住了来自各方面的压力，抵御了破坏者的种种不法行为，只为一个信念：守住这片林，护住这片绿。15年间，以林为家，几乎放弃了所有的节假日，2002年冬天，靳广恩在上班途中，得知母亲病危，仍坚持到了单位，直到把工作安排好才往家里赶，结果没能见到母亲最后一面。同事们说：“靳广恩就是这样一个人，为了小壁林什么都舍得。”15年的默默守护和全身心呵护下，小壁林场面积已经达到一万多亩。这道可贵的绿色屏障，发挥着防风、固沙和涵养水源的重要作用，被市民亲切的称为“省会绿肺”。靳广恩说：“我不会离开这里，林子需要我，我也需要它。”

母亲河畔的战斗“堡垒”滹沱河整治工程党员突击队 作为2010年省会三年大变样的重点工程，滹沱河综合整治工程将打造一个环石家庄北部的滨水景观长廊。在这样一个大型整治工程现场，一直活跃着一批兢兢业业的共产党员突击队，他们不畏艰难、敢打硬仗，始终工作在整治工程的第一线，白天到工地巡查建设进度、叮嘱施工人员注意质量控制，夜晚还要深入一线和各标段负责人协调第二天的工作，1.68千米的河道中日日夜夜留下了这些党员们执着的脚步，正是这支先锋队在急难险重面前的日夜奋战，才保质保量的完成了滹沱河2号水面的整治工作，而且工期从原定5个月压缩到2个月。是他们，让石家庄这个缺水的城市拥有了醉人的自然水景，再现了石家庄母亲河碧波浩荡的英姿。 母亲河边的战斗堡垒。

逝世人物

有明（1916～2010） 中国佛教协会理事，原河北省政协委员、河北省佛教协会名誉会长、石家庄市佛教协会会长、河北省正定县临济禅寺方丈、临济宗第四十五世传人。有明大和尚1916年生于平山县，俗姓焦，名有名，2010年11月20日在临济寺圆寂，享年95岁。

左海小（1921～2010） 原栾城县第二机械厂离休干部，1946年9月加入中国共产党，1955年11月转业到河南省长垣县粮食局工作，1963年调回栾城县工作，1983年10月离休，享受县（处）级政治生活待遇。因病于2010年8月1日逝世，享年90岁。

魏斌（1921～2010） 原郊区统战部副部长，1938年11月1日入党，1938年11月1日参加工作。享受副县级待遇。因病于2010年8月1日逝世，享年90岁。

丁奎生（1922～2010） 山东省日照市人，原中国人民解放军3514工厂离休干部，1940年参加革命工作，1947年加入中国共产党，1982年离休，享受司局级政治生活待遇。因病于2010年4月14日逝世，享年89岁。

欧阳樊（1922～2010） 原石家庄市交通局高级工程师，江西省彭泽县人，1949年5月参加革命工作，1985年5月加入中国共产党，1985年获全国“五一”劳动奖章和全国优秀科技工作者称号，1987年8月被河北省政府授予“河北省劳动模范”。1988年6月退休，享受县级待遇。因病于2010年12月20日逝世，享年89岁。

王志勇（1923～2010） 河北省辛集市人，原石家庄地区物资局副局长、市国有资产监督管理委员会副主任，1941年8月参加革命工作，1943年4月加入中国共产党，1983年12月离休，享受副厅级政治生活待遇。因病于2010年1月24日逝世，享年88岁。

王同聚（1923～2010） 原物价局物价委员会副主任，1938年8月加入中国共产党并参加革命工作。1983年12月离休，享受副厅级待遇。因病于2010年10月8日逝世，享年88岁。

张忠之（1924～2010） 原石家庄市城乡建设委员会副主任、离休干部，1939年参加工作，1941年入党，1988年离休，享受副厅级待遇。因病于2010年1月16日去世，享年87岁。

赵子重（1924～2010） 河南省郾城人，原石家庄电业局离休干部，1945年参加革命工作，1985年加入中国共产党，1986年离休。因病于2010年4月7日逝世，享年87岁。

张忠民（1923～2010） 原石家庄棉纺一厂党委副书记、离休干部，河北省晋县人，1938年8月参加革命工作，1945年10月加入中国共产党，1982年11月离休，享受县处级政治生活待遇。因病于2010年2月7日逝世，享年87岁。

吴林森（1924～2010） 石家庄供水集团离休干部，河北省深州人，1944年7月加入中国共产党，1960年至1983年任石家庄市供水总公司经理，1988年12月退休，享受副地市级待遇。因病于2010年11月12日逝世，享年86岁。

范隆卿（1925～2010） 原市财政局离休干部，河北省深州市人，1925年7月出生，1940年8月参加革命工作，1944年4月加入中国共产党，1985年6月离休，享受副厅级待遇。因病逝世，享年85岁。

蒋陶然（1926～2010） 河北省清苑县人，中国天主教主教团副主席、河北省天主教爱国会教务委员会副主席（兼秘书长）、石家庄市天主教爱国会主席、天主教石家庄教区主教，河北省七届人大代表，八、

九、十届人大常委，石家庄市政协第八、九、十届常委。于2010年11月15日逝世，享年85岁。

赵孟岐（1925～2010） 河北省宁晋县人，1948年12月加入中国共产党，1948年5月参加工作，1978年8月任石家庄市桥西区人民检察院检察长。因病于2010年12月29日逝世，享年85岁。

鲁文汉（1926～2010） 原石家庄市副食糖酒总公司副经理、离休干部，山西省浑源县人，1989年3月离休，享受副处级待遇。因病于2010年3月17日逝世，享年84岁。

魏书香（1926～2010） 原石家庄市交通局离休干部，河北省献县人，1927年11月生，1944年5月加入中国共产党，1945年6月参加革命工作，1983年3月离休，享受副县级待遇。因病于2010年10月9日22时逝世，享年84岁。

白风金（1926～2010） 河北威远集团有限公司（原石家庄市无线电十四厂）离休干部，中共党员，1947年11月参加革命工作，生前曾任中国人民解放军42军124师372团政治指导员，1950年首批入朝作战，1987年离休，享受副处级待遇。因病于2010年3月18日逝世，享年84岁。

柴志忠（1926～2010） 原石家庄市科委副主任，1926年生，1941年加入中国共产党，1940年参加革命工作，享受副厅级待遇。因病于2010年11月25日逝世，享年84岁。

张益民（1927～2010） 原石家庄市信息产业局离休干部、中国共产党党员，1941年6月参加工作，1988年12月离休，因病于2010年8月1日逝世，享年83岁。

齐省三（1927～2010） 石家庄市食品药品监督管理局副处级离休干部，1947年10月参加革命工作，1948年4月加入中国共产党，1989年12月离休。因病于2010年11月12日逝世，享年83岁。

李勇（1928～2010） 原石家庄地区二轻供销公司离休干部、1944年7月参加工作，1983年9月离休，中国共产党党员。因病于2010年10月10日去世，享年82岁。

田德奎（1928～2010） 原石家庄市建材局局长、市国有资产监督管理委员会退休干部，河北省黄骅县人，1928年2月出生，1949年1月参加工作，1949年9月加入中国共产党，1988年2月退休，享受正县（处）级待遇。因病于2010年12月23日逝世，享年82岁。

赵桂荣（1928～2010） 原石家庄市纺织局副书记、市国有资产监督管理委员会离休干部，辽宁大连市人，1945年8月参加革命工作，1948年9月加入中国共产党，1983年10月离职休养，享受副厅级政治生活待遇。因病于2010年3月13日去世，享年82岁。

韩银和（1928～2010） 河北邯郸人，原石家庄化炭局党委书记，1945年7月参加革命工作，1946年7月加入中国共产党，1989年3月离休，享受副厅级待遇，于2010年2月7日因病逝世，享年82岁。

王淑兰（1929～2010） 女，原石家庄市五金工业公司副经理、离休干部，1929年3月生，1947年1月参加革命工作，1948年12月参加中国共产党，1984年8月离休，享受副处级待遇。因病于2010年3月5日逝世，享年81岁。

张文洁（1930～2010） 女，河北省晋县人，石家庄市第四十中学原副校长（享受副处级待遇），1945年10月参加革命，1947年4月加入中国共产党。因病于2010年3月8月逝世，享年80岁。

张博书（1930～2010） 河北省雄县人，原石家庄棉纺三厂副厂长，1945年参加工作，1944年加入中国共产党，1991年离休，享受正处级待遇。因病于2010年11月24日逝世，享年80岁。

丁玉珍（1930～2010） 河北定州市人，原石家庄市建材局干部、现石家庄市人民政府国资委离休干部，1945年参加革命工作并加入中国共产党，1985年离休，享受副厅级单项待遇。因病于2010年4月5日逝世，享年80岁。

张福增（1931～2010） 原石家庄市新华区人大常委会副主

任，1956年2月参加工作，1991年3月退休，2010年2月7日逝世，享年79岁．

田德奎（1932～2008） 河北黄骅人，原石家庄建材局局长，1949年1月参加工作，1949年加入中国共产党，1988年2月退休，享受正县级待遇。因病于2010年12月23日逝世，享年78岁。

朱云起（1934～2010） 原石家庄市市政设施管理处处长，1954年7月参加革命工作，享受正处级待遇。因病于2010年3月6日逝世，享年76岁。

管美贤（1935～2010） 原石家庄市第二中学校长，浙江省上虞县人，1958年8月参加革命工作，第七届全国人大代表，河北省第七届、第八届政协委员，省民进常委、副主委，2003年6月退休，享受正处级待遇。因病于2010年3月1日逝世，享年75岁。

乔峰同（1935～2010） 原石家庄市卫生局党组副书记、直属党委书记，河北省栾城县人，1957年7月参加工作，1959年9月加入中国共产党，1995年12月退休，享受正处级待遇。因病于2010年1月31日去世，享年75岁。

高俊生（1936～2010） 河北唐山人，原石家庄市纺织局调研员，1952年3月参加工作，1954年12月加入中国共产党，1996年6月退休，享受副县级待遇。因病于2010年3月29日逝世，享年74岁。

刘照新（1938～2010） 河北无极人，原石家庄市化炭局副局长，1952年8月参加工作，1960年3月加入中国共产党，1998年7月退休，享受副县级待遇。因病于2010年12月6日逝世，享年72岁。

陈涪生（1939～2010） 民革党员，民革石家庄市委员会退休干部。因病于2010年11月6日逝世，享年71岁。

杜江（1950～2010） 原石家庄市长安区人大常委会主任，1969年参加工作，历任石家庄新华区委副书记、石家庄市科协主席、党组书记，石家庄市长安区人大常委会主任。因病于2010年12月6日逝世，享年60岁。

杨英波（1952～2010） 石家庄市审计局原局长、调研员，不幸于2010年4月8日去世，享年58岁。

石家庄年鉴 Literatures & Regulations

文献法规

石家庄市人民政府令第169号

《石家庄市农村聚餐食品安全管理办法》已经二〇〇九年九月九日市第十二届人民政府第二十九次常务会议讨论通过，现予发布。自二〇一〇年十一月一日起施行。

市长：艾文礼

二〇一〇年七月二十八日

石家庄市农村聚餐食品安全管理办法

第一条 为加强农村聚餐食品安全管理，保障公众身体健康和生命安全，依据《中华人民共和国食品安全法》等有关法律法规，结合我市实际，制定本办法。

第二条 本市行政区域内的农村聚餐食品安全管理适用本办法。

第三条 本办法所称农村聚餐是指村民因婚丧嫁娶、乔迁、做寿、升学、节日庆典等在非餐饮服务场所举办的群体性用餐活动。

第四条 举办农村聚餐提倡勤俭节约，反对铺张浪费，倡导健康饮食方式。

第五条 农村聚餐食品安全管理实行报告登记和分级技术指导服务制度。

第六条 市、县（市）区人民政府负责本行政区域内农村聚餐食品安全监督管理工作，建立健全农村聚餐食品安全工作机制，制定农村聚餐食品安全工作方案，完善、落实农村聚餐食品安全监督管理责任制，做好农村聚餐食品安全事故处置工作。

农村聚餐食品安全管理所需费用列入同级人民政府财政预算。

第七条 各级食品药品监督管理部门负责本行政区域内农村聚餐食品安全的监督管理和指导服务，各级卫生、农业、畜牧兽医、质量监督、工商行政管理等监督管理部门按照各自职责分工，共同做好农村聚餐食品及其原料的食品安全监督管理工作。

新闻媒体应当开展农村聚餐食品安全法律、法规、食品安全标准和防范食品安全事故的公益宣传，对违反本办法的行为进行舆论监督。

第八条 乡（镇）人民政府应落实农村聚餐食品安全各项管理制度，建立食品安全事故应急预案，开展食品安全知识的宣传教育和培训，做好辖区农村聚餐报告登记工作以及食品安全事故报告和处置工作。

第九条 村民委员会应加强农村聚餐管理工作，开展食品安全法律、法规以及食品安全标准和知识的普及工作，增强村民食品安全意识和自我保护能力，落实厨师健康管理制度，负责农村聚餐报告登记，协助做好食品安全事故的调查处置工作。

第十条 乡（镇）人民政府、村民委员会应当设立食品安全管理员，负责农村聚餐登记，提供技术指导服务，报告食品安全事故，协助相关部门开展食品安全事故的调查处置。

县级食品药品监督管理部门应定期对食品安全管理员进行培训。

第十一条 农村聚餐的举办者或承办者应当遵守农村聚餐食品安全管理制度，保证农村聚餐食品及原料的卫生安全。

承办农村聚餐的红白理事会应当引导举办者依法对农村聚餐进行报告，主动接受食品药品监督管理部门的技术指导，按照食品安全要求采购和制作食品，依法报告食品安全事故。

第十二条 从事农村聚餐食品加工的厨师应当每年进行一次健康检查。患有痢疾、伤寒、甲型病毒性肝炎、戊型病毒性肝炎等消化道传染病的人员，以及患有活动性肺结核、化脓性或者渗出性皮肤病等有碍食品安全的疾病的人员，不得从事农村聚餐食品加工工作。

农村聚餐食品加工的厨师健康检查应当免费，所需费用纳入农村聚餐食品安全管理费用。

第十三条 农村聚餐的举办者或承办者应提前三天或决定举办聚餐时向村民委员会进行报告，超过300人的聚餐村民委员会还应向乡（镇）人民政府进行报告。

村民委员会、乡（镇）人民政府应当对聚餐时间、地点、人数等进行登记，并提供食品安全技术指导服务。

农村聚餐的举办者或承办者未及时报告的，村民委员会应主动上门服务，确定聚餐时间、地点、人数等，并进行登记和提供食品安全技术指导服务。

第十四条 农村聚餐由村食品安全管理员到现场进行食品安全技术指导和服务。

乡（镇）食品安全管理员和县级食品药品监督管理部门可以随机对农村聚餐活动进行抽查和提供食品安全技术指导服务。

食品药品监督管理部门和食品安全管理员提供现场技术指导和服务不得收取任何费用。

第十五条 农村聚餐场所应保持内外环境整洁，原料储存、清洗整理、烹调加工、餐饮具消毒等应相对分区，做到生熟分开。

第十六条 餐饮具和盛放直接入口食品的容器使用前应洗净、消毒。

第十七条 农村聚餐举办者或承办者应采购符合食品安全标准的食品及原料，并索取购物凭证。

使用自产食品及食品原料的，应符合相应的食品安全要求。

第十八条 农村聚餐禁止采购和使用病死、毒死或者死因不明的禽、畜、兽、水产动物肉类及其制品，禁止使用非食品原料和食品添加剂以外的化学物质加工烹调食品，现场加工食品禁止使用亚硝酸盐。

第十九条 农村聚餐每餐应按品种留样，盛放于洁净的容器内，在冷藏条件下存放不少于48小时，每个品种留样量不少于100克。

第二十条 农村聚餐发生食品安全事故，举办者或承办者应当立即予以处置，防止事故扩大。举办者或承办者、村民委员会和接收病人进行治疗的单位应当立即向事故发生地县级卫生行政部门报告。接到报告的县级卫生行政部门应当按照规定向本级人民政府和上级人民政府卫生行政部门报告。

任何单位或者个人不得对食品安全事故隐瞒、谎报、缓报，不得毁灭有关证据。

第二十一条 县级以上卫生行政部门接到食品安全事故的报告后，应当立即组织救治，并会同乡（镇）人民政府及食品药品监督管理部门进行调查处理，采取相应措施，防止或者减轻社会危害。涉及其他相关监督管理部门的，有关部门应予以配合。

第二十二条 发生食品安全事故，县级以上人民政府卫生行政部门应当按照规定会同有关部门进行事故责任调查，除了查明食品安全监督管理部门的责任，还应当查明负有监督管理和技术指导服务职责的工作人员失职、渎职情况，向本级人民政府提出事故责任调查处理报告。

第二十三条 发生食品安全事故，县级以上疾病预防控制机构应当协助卫生行政部门和有关部门对事故现场进行卫生处理，并对与食品安全事故有关的因素开展流行病学调查。

第二十四条 违反本办法规定，农村聚餐食品安全监督管理部门、乡（镇）人民政府在监督管理和技术指导服务中未履行职责，致使出现农村聚餐重大食品安全事故、造成严重社会影响的，发生食品安全事故后隐瞒、谎报、缓报，或者滥用职权、玩忽职守、徇私舞弊的，依法对直接负责的主管人员和其他直接责任人员给予记大过、降级、撤职或者开除的处分，其主要负责人应当引咎辞职。

第二十五条 本办法自2010年11月1日起施行。

石家庄市人民政府令第171号

《石家庄市人民政府关于修改〈石家庄市公共交通治安管理办法〉的决定》已经二〇一〇年一月五日市第十二届人民政府第三十六次常务会议讨论通过，现予发布。自二〇一〇年三月十五日起施行。

市长：艾文礼

二〇一〇年二月二日

石家庄市人民政府
关于修改《石家庄市公共交通治安管理办法》的决定

石家庄市人民政府决定对《石家庄市公共交通治安管理办法》作如下修改：

一、将第二条修改为："本市市区以及藁城市、鹿泉市、正定县、栾城县行政区域内公共交通的治安管理，适用本办法。"

二、将第三条修改为："本办法所称公共交通治安管理，是指从事客运经营的出租汽车、长途汽车、公共汽车和旅游汽车及与此相关的停车场、车站的治安管理。"

三、将第四条增加一款，作为第三款："藁城市、鹿泉市、正定县、栾城县公安机关负责本辖区公共交通治安的日常管理工作。"

四、将第七条修改为："出租汽车的治安管理实行治安备案制度。

出租汽车经营者应在办结运营手续后十五日内到辖区公安机关办理治安备案手续。

出租汽车司机应在取得从业资格后十五日内到辖区公安机关办理治安备案手续。"

五、将第八条修改为："公安机关对出租汽车司机应当进行治安安全教育培训。"

六、将第十三条第（一）项修改为："运营时携带公安机关核发的与所驾车辆相符的治安备案证件和标志"；第（四）项修改为："运营车辆应当安装经公安机关检验合格的安全技术防范设施，不得随意改动"；增加一项，作为第（九）项："不得参与非法集会、游行、示威等活动。"

七、将第十四条修改为："长途汽车、公共汽车和旅游汽车的治安管理实行治安备案制度。

长途汽车、公共汽车和旅游汽车经营者应在办结运营手续后十五日内到辖区公安机关办理治安备案手续。

长途汽车、公共汽车、旅游汽车司机和乘务人员应在取得从业资格后十五日内到辖区公安机关办理治安备案手续。"

八、将第十九条增加（一）、（二）、（六）项内容：

"（一）运营时携带公安机关核发的与所驾乘车辆相符的有效证件和标志；

（二）运营车辆应当安装安全技术防范设施，经公安机关检验合格；

（六）运营时应在规定的停车场、车站拉载经过安全检查的乘客。"

九、将第二十条修改为："公共交通行业停车场、车站的治安管理实行治安备案制度。

停车场、车站经营者应在办结运营手续后十五日内到辖区公安机关办理治安备案手续。"

十、将第二十三条增加一项，作为第（二）项："安装安全技术防范设施，经公安机关检验合格。"

十一、将第二十六条第（一）项修改为第二十六条："出租汽车、长途汽车、旅游汽车和停车场、车站经营者未办理备案手续的，由公安机关予以警告，并按每辆汽车处以八千元以下罚款。"

将第（二）项修改为第二十七条："出租汽车司机，长途汽车、旅游汽车司机和乘务人员未办理备案手续的，由公安机关予以警告，并处以三百元以上五百元以下罚款。”

将第（四）项修改为第二十九条：“违反第十一条、第十七条、第二十三条规定，治安保卫制度不落实，发生重大治安事件和刑事案件的，由公安机关对经营单位处以三千元以上五千元以下罚款。”

将第（五）项修改为第三十条：“违反第十三条第（三）、（四）、（五）、（六）、（七）项，第十九条第（二）、（四）、（六）项规定的，由公安机关对从业人员处以三百元以上五百元以下罚款。”

十二、增加一条，作为第三十一条：“违反第二十三条第（二）项规定的，由公安机关对经营单位处以五千元以下罚款。”

十三、增加一条，作为第三十二条：“违反第十三条第（一）项、第十九条第（一）项规定的，由公安机关对从业人员处以五十元罚款。”

十四、增加一条，作为第三十三条：“违反第十三条第（九）项规定，按照《中华人民共和国集会游行示威法》的规定，由公安机关对其负责人和直接责任人员处以警告或者十五日以下拘留。”

十五、增加一条，作为第三十四条：“出租汽车司机，长途汽车、旅游汽车司机和乘务人员违反本办法规定，情节严重的，由公安机关注销治安备案手续。”

此外，对条文的顺序和部分文字作了相应的调整和修改。

本决定自二〇一〇年三月十五日起施行。

《石家庄市公共交通治安管理办法》根据本决定作相应的修订，重新公布。

石家庄市公共交通治安管理办法

第一章　总则

第一条　为了加强公共交通治安管理，维护公共交通行业的治安秩序和公共安全，保障经营者、从业人员和乘客的合法权益，根据有关法律、法规的规定，结合本市实际，制定本办法。

第二条　本市市区以及藁城市、鹿泉市、正定县、栾城县行政区域内公共交通的治安管理，适用本办法。

第三条　本办法所称公共交通治安管理，是指从事客运经营的出租汽车、长途汽车、公共汽车和旅游汽车及与此相关的停车场、车站的治安管理。

第四条　石家庄市公安局是本市公共交通治安管理工作的主管部门。

石家庄市公安局公共交通分局负责本市市区公共交通治安的日常管理工作。

藁城市、鹿泉市、正定县、栾城县公安机关负责本辖区公共交通治安的日常管理工作。

第五条　公共交通治安管理工作，应当坚持教育与处罚相结合的原则。

第六条　对在公共交通治安管理工作中做出突出成绩的单位和个人，由市人民政府或者有关部门给予表彰和奖励。

第二章　出租汽车的治安管理

第七条　出租汽车的治安管理实行治安备案制度。

出租汽车经营者应在办结运营手续后十五日内到辖区公安机关办理治安备案手续。

出租汽车司机应在取得从业资格后十五日内到辖区公安机关办理治安备案手续。

第八条　公安机关对出租汽车司机应当进行治安安全教育培训。

第九条　公安机关应当建立出租汽车经营单位、运营车辆和从业人员档案。

第十条　出租汽车经营者停业、歇业、更新车辆、过户、地址迁移、产权转让等，应在相关部门批准后十五日内，到公安机关办理备案手续。

第十一条　出租汽车的经营单位应当履行下列治安管理职责：

（一）建立治安保卫组织，配备治安保卫工作人员，建立健全治安管理、安全保卫工作制度，并向公安机关备案；

（二）组织从业人员参加公安机关的治安安全教育；

（三）组织治安安全检查，发现和消除治安安全隐患，对公安机关指出的治安安全隐患及时整改。

第十二条 出租汽车经营单位的治安保卫组织和治安保卫工作人员应当履行下列职责：

（一）熟悉并掌握本单位从业人员的基本情况；

（二）协助公安机关掌握行业治安动态；

（三）配合公安机关维护公共交通行业治安秩序；

（四）配合公安机关处置突发事件，预防、制止、打击违法犯罪活动。

第十三条 出租汽车从业人员应当遵守下列治安管理规定：

（一）运营时携带公安机关核发的与所驾车辆相符的治安备案证件和标志；

（二）自觉接受公安机关的治安检查，

（三）运营中提醒乘客保管好自己的财物，发现乘客遗忘的财物时，主动送还失主或交有关部门处理，不得隐匿或占用；

（四）运营车辆应当安装经公安机关检验合格的安全技术防范设施，不得随意改动；

（五）汽车门窗玻璃不得粘贴太阳膜、夜光纸，悬挂遮挡物，不得以任何方式遮挡、隐匿号牌；

（六）运营时驶出市区的，必须在出市口进行登记，并配备安全员；

（七）不得变造、伪造、出租、出借、买卖治安备案的有关证件、标志；

（八）发现乘客携带违禁品和易燃、易爆等危险品的，应当予以阻止并报告公安机关；

（九）不得参与非法集会、游行、示威等活动。

第三章 长途汽车、公共汽车和旅游汽车的治安管理

第十四条 长途汽车、公共汽车和旅游汽车的治安管理实行治安备案制度。

长途汽车、公共汽车和旅游汽车经营者应在办结运营手续后十五日内到辖区公安机关办理治安备案手续。

长途汽车、公共汽车、旅游汽车司机和乘务人员应在取得从业资格后十五日内到辖区公安机关办理治安备案手续。

第十五条 公安机关应当建立长途汽车、公共汽车和旅游汽车经营单位、运营车辆、从业人员档案。

第十六条 长途汽车、公共汽车和旅游汽车经营单位运营车辆增减、车辆更新、运营线路变更、从业人员变动、更换名称、产权转让、地址迁移等应当在十五日内到公安机关备案。

第十七条 长途汽车、公共汽车和旅游汽车经营单位应当履行下列治安管理职责：

（一）建立治安保卫组织，配备治安保卫工作人员，建立健全治安管理、安全保卫工作制度，并向公安机关备案；

（二）接受公安机关的监督和治安检查；

（三）组织治安安全检查，发现、消除治安安全隐患，对公安机关指出的治安安全隐患进行整改；

（四）组织从业人员参加公安机关的治安安全教育。

第十八条 长途汽车、公共汽车和旅游汽车经营单位的治安保卫组织应当履行下列职责：

（一）熟悉并掌握本单位运营车辆和从业人员的基本情况；

（二）协助公安机关掌握行业治安动态；

（三）配合公安机关维护公共交通行业治安秩序；

（四）配合公安机关处置突发事件，预防、制止、打击违法犯罪活动。

第十九条 长途汽车、公共汽车和旅游汽车的从业人员应当遵守下列规定：

（一）运营时携带公安机关核发的与所驾乘车辆相符的有效证件和标志；

（二）运营车辆应当安装安全技术防范设施，经公安机关检验合格；

（三）运营中服从公安机关的管理，协助公安机关维护行业治安秩序；

（四）运营中应提醒乘客保管好自己的财物，发现乘客遗忘财物时，应当主动送还失主或交有关部门处理，不得隐匿或占用；

（五）发现携带违禁品和易燃、易爆等危险品乘车的，应予以阻止并报告公安机关；

（六）运营时应在规定的停车场、车站拉载经过安全检查的乘客；

（七）配合公安机关打击车上的违法犯罪活动。

第四章 停车场、车站的治安管理

第二十条 公共交通行业停车场、车站的治安管理实行治安备案制度。

停车场、车站经营者应在办结运营手续后十五日内到辖区公安机关办理治安备案手续。

第二十一条 公安机关应当建立停车场、车站的经营单位、运营车辆、从业人员档案。

第二十二条 停车场、车站经营单位运营车辆增减、从业人员变动、更换名称、地址迁移、产权转让等应当在十五日内到公安机关备案。

第二十三条 停车场、车站的经营单位应当履行下列治安管理职责：

(一) 建立治安保卫组织，配备治安保卫工作人员，建立健全治安管理、安全保卫工作制度，并向公安机关备案；

(二) 安装安全技术防范设施，经公安机关检验合格；

(三) 接受公安机关的监督和治安检查；

(四) 组织治安安全检查，发现、消除治安安全隐患，对公安机关指出的治安安全隐患进行整改；

(五) 组织从业人员参加公安机关的治安安全教育。

第二十四条 停车场、车站经营单位的治安保卫组织应当履行下列职责：

(一) 熟悉并掌握本单位运营车辆和从业人员的基本情况；

(二) 协助公安机关掌握行业治安动态；

(三) 配合公安机关维护停车场、车站的治安秩序；

(四) 配合公安机关处置突发事件，预防、制止、打击违法犯罪活动。

第二十五条 停车场、车站从业人员应当遵守下列规定：

(一) 配合公安机关进行治安检查，维护停车场、车站治安秩序；

(二) 提醒乘客保管好自己的财物，发现遗忘财物的，应当主动交还失主或交有关部门处理，不得隐匿或占用；

(三) 发现携带违禁品和易燃、易爆等危险品乘车或雇车的，应予以阻止并报告公安机关。

第五章 法律责任

第二十六条 出租汽车、长途汽车、旅游汽车和停车场、车站经营者未办理备案手续的，由公安机关予以警告，并按每辆汽车处以八千元以下罚款。

第二十七条 出租汽车司机，长途汽车、旅游汽车司机和乘务人员未办理备案手续的，由公安机关予以警告，并处以三百元以上五百元以下罚款。

第二十八条 违反第十条、第十六条、第二十二条规定的，由公安机关处以五百元以上一千元以下罚款。

第二十九条 违反第十一条、第十七条、第二十三条规定，治安保卫制度不落实，发生重大治安事件和刑事案件的，由公安机关对经营单位处以三千元以上五千元以下罚款。

第三十条 违反第十三条第(三)、(四)、(五)、(六)、(七)项，第十九条第(二)、(四)、(六)项规定的，由公安机关对从业人员处以三百元以上五百元以下罚款。

第三十一条 违反第二十三条第(二)项规定的，由公安机关对经营单位处以五千元以下罚款。

第三十二条 违反第十三条第(一)项、第十九条第(一)项规定的，由公安机关对从业人员处以五十元罚款。

第三十三条 违反第十三条第(九)项规定，按照《中华人民共和国集会游行示威法》的规定，由公安机关对其负责人和直接责任人员处以警告或者十五日以下拘留。

第三十四条 出租汽车司机，长途汽车、旅游汽车司机和乘务人员违反本办法规定，情节严重的，由公安机关注销治安备案手续。

第三十五条 公安机关工作人员在工作中滥用职权、玩忽职守、徇私舞弊的，由所在单位或上级机关给予处分；涉嫌犯罪的，移送司法机关处理。

第六章 附 则

第三十六条 其他县(市)、矿区的公共交通治安管理，参照本办法执行。

第三十七条 本办法自二○○三年十月一日起施行。

石家庄市人民政府令第172号

《石家庄市人民政府关于修改部分政府规章的决定》已经二〇一〇年九月二十六日市第十二届人民政府第四十三次常务会议讨论通过，现予发布。自二〇一〇年十一月十日起施行。

市长：艾文礼

二〇一〇年九月二十七日

石家庄市人民政府关于修改部分政府规章的决定

根据《国务院办公厅关于做好规章清理工作有关问题的通知》的要求，石家庄市人民政府组织对现行有效的市政府规章进行了清理，决定对下列规章予以修改：

一、《石家庄市城市市区供水管理办法》

（一）将办法中的“城市管理部门”修改为“水行政主管部门”。

（二）将第四十条的“供水管道及其附属设施两侧一米以内”中的一米修改为二米；将“二百毫米（含本数）以上口径管道两侧各二米”中的二米修改为三米。

（三）将第四十七条第（九）项第一句修改为：“用户接到水费通知单后15日内仍未按规定缴纳水费的，自第16日起，每日按千分之五收取滞纳金。”

二、《石家庄市外地驻石机构管理规定》

（一）将规定中“石家庄市经济协作办公室”以及“经协办”修改为“石家庄市商务局”。

（二）将第三条修改为：“本规定所称的外地驻石机构，是指本规定第二条所列单位设立的下列非经营性机构：办事处、联络处、业务代表处、业务代办处等，以下统称办事机构。”

（三）删除第七条第一款。将第七条第二款修改为：“建筑、医药、卫生、新闻出版等特种行业来本市设立非经营性分支机构的，应提供经本市有关行业管理部门进行资质审查后的资质证书。”

三、《石家庄市机关事业单位工资基金管理实施细则》

将实施细则中所有的“人事部门”和“人事局”修改为“人力资源和社会保障行政部门”。

四、《石家庄市军队转业干部分配实施细则》

将办法中的“市人事行政部门”修改为：“市人力资源和社会保障行政部门（以下简称主管部门）”。

五、《石家庄市专业技术职称评定管理办法》

将办法中所有的“人事行政部门”修改为“人力资源和社会保障行政部门”。

六、《石家庄市流动人口管理办法》

将第九条修改为：“流动人口持本人居民身份证或其他合法有效证明、两张免冠照片到暂住地公安派出所申领《暂住证》。公安派出所按一人一证方式及时办理，《暂住证》有效期为一年。”

七、《石家庄市散装水泥管理办法》

（一）第一条“根据”后加“《中华人民共和国循环经济促进法》、”。

（二）第三条第二款“中小企业”改为“工业和信息化”。

（三）第十四条增加“设立预拌混凝土、预拌砂浆生产企业要向所在城市散装水泥管理机构备案，并符合本市预拌混凝土、预拌砂浆发展规划布局要求。”作为第二款。

（四）将第十六条修改为：“散装水泥、预拌混凝土和预拌砂浆专用车辆经过城市道路时，公安交通管理部门应当给予方便。散装水泥、预拌混凝土和预拌砂浆专用车辆报市散装水泥管理机构备案后，统一办理市城区通行手续。”

（五）将第十八条的“散装水泥使用率必须达到百分之八十以上”修改为“必须全部使用散装水泥，逐步实行禁止现场搅拌混凝土”。

（六）将第二十条的“散装水泥储存设施”修改为：“散装水泥、预拌砂浆储存设施”。

（七）将第二十一条的“散装水泥生产、运输和施工单位”修改为：“散装水泥、预拌混凝土、预拌砂浆生产、运输和施工单位”。

（八）第二十七条“部门”后增加“依据有关法律法规规章”。

八、《石家庄市建设工程施工现场扬尘污染防治办法》

（一）将第七条修改为：“市区内建设工程施工作业禁止现场搅拌混凝土和砂浆。”

（二）增加一条，作为第二十条：“施工单位违反本办法第七条规定的，由建设行政主管部门责令限期改正，并处1万元以上2万元以下罚款；对逾期仍未达到规定要求的，责令其停工整顿。”

九、《石家庄市医药行业工作人员健康检查管理办法》

增加一条，作为第二十一条：“未经所在地食品药品监督管理部门确定，擅自承担医药行业工作人员健康检查，制作、发放本办法第八条第（二）项规定的《医药行业工作人员健康检查表》或《医药行业工作人员健康合格证》的，由食品药品监督管理部门责令限期改正，并处1000元以上5000元以下的罚款。”

上述修改的政府规章条文顺序根据本决定作相应调整。本决定自二〇一〇年十一月十日起施行。

上述修改的政府规章根据本决定作相应的修改，重新公布。

石家庄市人民政府令第173号

《石家庄市人民政府关于废止和宣布失效部分政府规章的决定》已经二〇一〇年九月二十六日市第十二届人民政府第四十三次常务会议讨论通过，现予发布。本决定自公布之日起施行。

市长：艾文礼

二〇一〇年九月二十七日

石家庄市人民政府关于废止和宣布失效部分政府规章的决定

根据《国务院办公厅关于做好规章清理工作有关问题的通知》的要求，石家庄市人民政府组织对现行有效的市政府规章进行了清理，决定对下列规章予以废止和宣布失效：

1、《石家庄市机关团体企事业单位安全保卫工作实施办法》（废止。1990年2月14日市人民政府令第16号发布）；

2、《石家庄市沙、土、石开采用地管理规定》（废止。1991年3月14日市人民政府令第27号发布，1997年11月17日市人民政府令第90号决定修订）；

3、《石家庄市社会力量办学管理实施办法》（废止。1991年7月7日市人民政府令第40号发布，1997年11月17日市人民政府令第90号决定修订）；

4、《石家庄市国有土地登记确权发证办法》（废止。1992年8月7日市人民政府令第41号发布，1997年11月17日市人民政府令第90号决定修订）；

5、《石家庄市城市节约用水管理办法》（废止。1994年8月18日市人民政府令第50号发布，1997年12月30日市人民政府令第94号决定修订）；

6、《石家庄市科学技术奖励办法》（废止。1996年1月13日市人民政府令第72号发布）；

7、《石家庄市计算机信息系统安全管理规定》（废止。1996年7月30日市人民政府令第78号发布）；

8、《石家庄市限制养犬规定》（废止。1996年9月20日市人民政府令第79号发布）；

9、《石家庄市外商投资企业投诉处理办法》（废止。1996年11月1日市人民政府令第82号发布）；

10、《石家庄市城市住宅小区物业管理暂行办法》（废止。1998年11月9日市人民政府令第100号发布）；

11、《石家庄市保护中小学校

教育环境管理办法》（废止。2000年7月17日市人民政府令第115号发布）；

12、《石家庄市住宅小区综合验收管理办法》（废止。2001年8月22日市人民政府令第122号发布）；

13、《石家庄市城市市政排水设施有偿使用管理办法》（宣布失效。1992年6月12日市人民政府令第38号发布，1997年11月17日市人民政府令第90号决定修订）；

14、《石家庄市国有土地使用金征收办法》（宣布失效。1994年12月8日市人民政府令第54号发布）；

15、《石家庄市二环路管理办法》（宣布失效。2000年7月20日市人民政府令第27号发布）。

本决定自公布之日起施行。

石家庄年鉴 Statistical Data

统计资料

统计资料

表 80　人口情况

行政单位	年末总户数（户）	2010 年比 2009 年（±%）	年末总人口（人）	2010 年比 2009 年（±%）
全市总计	2763407	1.88	9891648	1.20
市区合计	632995	2.29	2438730	0.45
# 长安区	119447	3.22	426982	0.88
桥东区	93948	1.51	384086	1.93
桥西区	124164	1.58	513850	0.58
新华区	135879	1.79	490194	0.58
裕华区	130810	3.84	527006	1.24
矿　区	28747	0.49	96612	0.74
高新区				
井陉县	103762	2.15	328597	0.14
正定县	125454	0.41	468156	2.05
栾城县	93500	2.55	350663	2.41
行唐县	137987	1.41	444899	1.35
灵寿县	99537	1.67	332446	1.78
高邑县	51479	1.68	188582	2.42
深泽县	78607	4.15	256661	0.65
赞皇县	81172	4.71	257748	4.08
无极县	138227	1.30	510207	1.88
平山县	151331	2.36	479887	0.95
元氏县	97397	1.37	421786	1.80
赵　县	164292	2.04	588395	0.84
辛集市	201451	2.91	622543	0.59
藁城市	211735	2.61	787857	1.93
晋州市	151101	1.03	537563	0.87
新乐市	129844	1.42	491447	1.24
鹿泉市	113536	0.73	385481	1.33

表 81　地区生产总值

行政单位	地区生产总值（万元）	2010 年比 2009 年（±%）	人均地区生产总值（元）	2010 年比 2009 年（± 元）
全市总计	34010186	12.2	33915	3487
市区合计	12397815	12.9		
# 长安区	1741372	11.9	40964	5425
桥东区	1040954	13.6	27101	3118
桥西区	2115286	15.0	41042	6147
新华区	1231631	12.0	25135	3494
裕华区	1141929	12.1	27503	1382
矿　区	357661	14.9	63868	6221
高新区				
井陉县	1050009	11.8	31973	1351
正定县	1696041	12.0	36600	5744
栾城县	1194625	12.5	37426	3817
行唐县	879739	13.6	19904	402
灵寿县	664665	14.0	20172	1898
高邑县	408798	14.4	21931	1961
深泽县	542272	11.7	22270	2495
赞皇县	547670	13.8	21673	3378
无极县	1147490	11.6	22700	2512
平山县	1560146	13.0	32666	2875
元氏县	1021089	13.4	24208	2771
赵　县	1360688	12.3	23224	3977
辛集市	2541378	13.2	40944	7421
藁城市	3140236	12.0	40239	6221
晋州市	1421442	13.0	26554	2224
新乐市	1242114	11.7	25432	2207
鹿泉市	2085460	12.4	54465	3996

表 82 全社会固定资产投资

行政单位	全社会固定资产投资（万元）	2010 年比 2009 年（±%）	城镇固定资产投资（万元）	2010 年比 2009 年（±%）	建设项目投资（万元）	2010 年比 2009 年（±%）
全市总计	29579966	21.40	26968136	21.00	21588142	16.39
市区合计	11926594	23.69	11919374	23.68	7426797	15.87
# 长安区	2141700	22.20	2141700	22.20	727442	15.18
桥东区	2077199	23.00	2077199	23.00	931185	23.48
桥西区	1965056	23.10	1965056	23.10	1503931	20.32
新华区	2094888	22.20	2094888	22.20	1798637	16.22
裕华区	2215612	21.50	2215612	21.50	1189666	84.21
矿　区	334188	25.79	326968	25.50	326968	25.50
高新区	1097951	26.15	1097951	27.93	948968	71.52
井陉县	1478696	22.87	1292980	22.60	1292980	22.60
正定县	1238041	26.96	1173481	25.71	1129424	31.88
栾城县	954894	21.65	809434	23.50	656408	13.25
行唐县	950213	24.21	768576	21.70	767876	21.72
灵寿县	632039	−35.87	534790	−38.04	517390	60.75
高邑县	351994	24.62	282172	24.80	282172	24.80
深泽县	365150	23.90	306446	21.80	306446	21.80
赞皇县	815226	26.69	588485	22.88	588485	35.94
无极县	773069	25.30	496387	21.59	492764	20.70
平山县	977739	27.30	715914	26.69	712142	10.34
元氏县	1020913	14.64	847834	22.40	777834	5.05
赵　县	872221	24.30	829392	25.15	829392	26.97
辛集市	1431710	26.02	1338991	25.21	1243839	20.76
藁城市	1727410	27.81	1578653	23.40	1575973	29.07
晋州市	1243694	25.02	1063859	22.30	930109	8.78
新乐市	1254122	21.95	945701	22.10	801841	19.49
鹿泉市	1566241	27.43	1475667	25.44	1256270	22.02

表 83 财政收入情况

行政单位	全部财政收入（万元）	2010年比2009年（±%）	一般预算收入（万元）	2010年比2009年（±%）
全市总计	3879254	25.04	1636303	29.91
市　区	2117388	16.63	1047751	35.62
# 长安区	383751	20.36	177229	31.23
桥东区	326630	15.83	143757	23.13
桥西区	464768	29.39	196341	33.08
新华区	226798	25.93	125305	33.50
裕华区	238951	20.21	134342	29.33
矿　区	45387	−17.56	17614	−3.13
高新区	204555	18.17	71053	20.74
井陉县	106648	6.45	40167	13.81
正定县	80656	23.09	49990	31.29
栾城县	73518	16.24	36684	26.95
行唐县	24808	3.26	13478	−15.56
灵寿县	25265	4.72	12033	7.14
高邑县	20438	23.43	12285	36.09
深泽县	24309	12.99	15365	6.21
赞皇县	25060	8.83	12134	22.71
无极县	32573	16.08	16938	17.19
平山县	144176	17.39	59138	12.22
元氏县	55871	14.69	25034	33.96
赵　县	38039	15.21	18780	12.54
辛集市	110039	18.31	52813	6.73
藁城市	760892	43.28	96220	33.63
晋州市	63819	13.85	33565	19.03
新乐市	40475	14.43	23621	12.77
鹿泉市	135280	14.55	70307	22.76

表 84 农产品总产量

行政单位	粮食总产量（吨）	2010 年比 2009 年（±%）	小麦总产量（吨）	2010 年比 2009 年（±%）	玉米总产量（吨）	2010 年比 2009 年（±%）	油料总产量（吨）	2010 年比 2009 年（±%）	棉花总产量（吨）	2010 年比 2009 年（±%）
全市总计	5079153	2.01	2352737	−5.06	2493160	9.83	213333	2.39	13987	−3.50
市区合计	129015	7.81	54569	−10.24	73729	26.87	1215	87.50	150	−18.03
# 长安区	49811	25.30	21512	38.23	27979	17.09	911	264.40	133	16.67
桥东区	2314	−6.73	995	−15.82	1316	1.31			14	
桥西区	2938	−29.61	1498	−25.47	1215	−32.39				
新华区	16794	4.63	6293	−22.60	10501	33.09	190	−33.10		
裕华区	9696	−2.17	3850	−36.23	5846	50.90				
矿　区	13519	−5.17	5029	−12.58	8321	−0.16	111	−2.63		
高新区	33943	2.72	15392	−30.41	18551	68.23	3		3	
井陉县	105780	−4.84	34055	−9.54	57403	−1.01	5503	−9.64	115	19.79
正定县	319915	−4.33	143534	−8.91	170012	0.34	19439	1.90	560	3.51
栾城县	261356	12.06	121014	−7.89	139147	37.60	1501	193.74	38	322.22
行唐县	303150	−1.13	113100	−6.91	157199	1.49	20500	1.46	480	6.67
灵寿县	145377	0.56	57147	−5.56	69859	4.09	5102	2.99	170	0.00
高邑县	141833	5.83	77162	−1.48	62711	16.50	4695	10.57	105	−72.80
深泽县	183416	0.89	85767	0.13	88559	2.58	6642	0.59	623	1.47
赞皇县	125240	6.27	55451	15.89	60190	2.46	14164	0.75	92	−61.34
无极县	345009	4.52	159777	−13.72	171738	29.18	16350	15.22	250	51.52
平山县	209924	0.59	93955	−3.97	101371	5.27	8837	3.27	448	−14.18
元氏县	316480	2.57	147312	0.14	139444	5.77	7604	0.00	769	9.86
赵　县	535517	5.14	292331	0.20	241238	16.75	3806	−2.36	261	76.35
辛集市	510934	11.74	254848	0.23	235457	22.84	35580	1.25	8827	−1.26
藁城市	532144	−4.61	237343	−11.83	279303	2.18	11355	−1.25	508	−24.52
晋州市	385216	0.42	179837	−5.19	182795	6.86	9664	0.00	155	−17.55
新乐市	322870	−3.06	151050	−8.39	161315	1.99	37440	0.00	193	−2.53
鹿泉市	205977	−0.72	94485	−2.71	101690	1.24	3936	−0.71	243	−10.99

（续表）

行政单位	蔬菜总产量（不含瓜类·吨）	2010年比2009年（±%）	园林水果总产量（吨）	2010年比2009年（±%）	肉类总产量（吨）	2010年比2009年（±%）	禽蛋总产量（吨）	2010年比2009年（±%）	水产品总产量（吨）	2010年比2009年（±%）
全市总计	12002048	3.07	2106614	−5.56	747696	4.88	1039365	4.50	34258	−0.66
市区合计	451534	−3.22	13594		9166		8940		122	
# 长安区	103035	−1.80	2680	0.00	2742	−3.65	1790	−33.95	12	−40.00
桥东区	11319	−22.33	3045	−0.65	405	−10.20	300	−52.53	4	−50.00
桥西区	63298	−5.31	137	39.80	519	−34.88	802	−28.71	6	−70.00
新华区	104744	−2.53	2587	−2.04	1092	−29.46	1132	−28.26	66	10.00
裕华区	32024	116.19	50	0.00	783	−68.01	748	−47.95	4	−80.00
矿　区	19220	−7.00	4600	−18.58	2398	13.01	1900	23.38	30	−14.29
高新区	117894	−14.11	495		1227		2268		0	−9.39
井陉县	189113	3.87	35704	2.53	23962	3.81	29566	25.98	501	9.39
正定县	809590	−1.18	16238	−3.06	74394	3.32	126930	0.60	1610	0.63
栾城县	1164424	−1.15	1860	−15.45	54994	−2.04	106900	−1.31	13	−78.33
行唐县	257930	0.33	68545	−0.76	37217	1.06	29950	1.03	1995	0.10
灵寿县	175912	6.17	20174	−2.80	26772	13.14	17089	15.00	7680	−4.00
高邑县	442494	1.00	1592	−0.50	12445	12.55	14136	11.00	0	−100.00
深泽县	383520	2.01	78979	−1.90	21469	6.79	17174	6.66	74	19.35
赞皇县	111566	4.04	103890	−31.52	27558	7.08	19600	6.06	1220	1.67
无极县	705930	2.00	35300	−8.41	53096	1.39	73948	1.00	62	−4.62
平山县	163863	9.12	53257	−0.08	20240	7.59	11371	6.13	13600	0.59
元氏县	389288	2.20	15120	−28.14	42604	6.07	50046	6.00	1020	2.00
赵　县	921115	−4.70	523052	0.00	44968	7.06	58311	6.00	46	−8.00
辛集市	950497	31.73	464902	−12.51	81786	5.73	153670	8.02	70	−53.95
藁城市	2767646	3.00	190307	4.56	80780	8.86	142534	3.78	75	−1.32
晋州市	454282	13.39	416860	0.23	54755	7.91	71112	6.79	30	31.82
新乐市	804790	0.69	26000	−13.33	53498	3.96	71635	4.00	20	0.00
鹿泉市	858554	0.22	41240	−5.88	27992	4.00	36453	6.00	6120	1.66

表 85 农林牧渔业总产值

行政单位	农林牧渔业总产值（万元）	2010年比2009年（±%）	农林牧渔业增加值（万元）	2010年比2009年（±%）
全市总计	6515543	3.1	3696054	19.88
# 长安区	37447	2.64	23103	8.26
桥东区	7223	−17.54	4223	−14.41
桥西区	15876	−6.85	8659	6.78
新华区	24372	−11.52	16618	0.50
裕华区	10293	0.01	5645	−54.05
矿　区	11981	2.04	6345	9.40
高新区	22093		12498	
井陉县	147616	3.03	84564	8.88
正定县	492033	−0.03	235116	5.71
栾城县	442135	2.49	239354	1.42
行唐县	343944	3.06	182936	21.52
灵寿县	205884	7.63	111703	20.29
高邑县	141130	3.06	78818	14.29
深泽县	188044	5.38	101724	20.68
赞皇县	177562	2.66	109766	10.01
无极县	376988	1.74	194738	12.04
平山县	296195	4.89	180363	18.66
元氏县	317249	3.3	171207	14.95
赵　县	451498	1.63	265062	16.69
辛集市	719857	3.94	382433	17.51
藁城市	896390	1.75	490392	17.23
晋州市	390163	3.94	211225	19.64
新乐市	379573	1.68	208487	9.63
鹿泉市	298363	0.56	175295	15.03

表 86 社会消费品零售额

行政单位	社会消费品零售额（万元）	2010 年比 2009 年（±%）
全市总计	14098923	18.4
市区合计	5844284	19.3
# 长安区	920660	19.6
桥东区	587925	19.7
桥西区	419910	19.5
新华区	1173716	17.5
裕华区	678158	19.5
矿　区	68341	18.2
高新区		
井陉县	234213	18.4
正定县	623172	18.5
栾城县	408047	18.3
行唐县	318207	17.9
灵寿县	212308	18
高邑县	173507	17.2
深泽县	223789	17.3
赞皇县	216888	18.1
无极县	610483	17.4
平山县	289028	18.9
元氏县	274359	17.2
赵　县	585450	17.1
辛集市	1372468	17.8
藁城市	920660	17.6
晋州市	593565	17.9
新乐市	550389	18
鹿泉市	648106	17.7

索　引

使用说明：

一、本索引包含类目、分目、主要条目和部分内文，按照首字汉语拼音字母顺序排列。

二、索引类目采用黑体字，其他采用宋体字，数字表示内容所在的页码。

A

B

C

D

E

F

G

H

J

K

L

M

N

P

Q

R

S

T

W

X

Y

Z